Politische Vierteljahresschrift   Sonderheft 37/2006

D1723081

Deutsche Vereinigung für Politische Wissenschaft

Politik und Verwaltung

Herausgegeben von
Jörg Bogumil
Werner Jann
Frank Nullmeier

VS VERLAG FÜR SOZIALWISSENSCHAFTEN

Bibliografische Information Der Deutschen Nationalbibliothek
Die Deutsche Nationalbibliothek verzeichnet diese Publikation in der
Deutschen Nationalbibliografie; detaillierte bibliografische Daten sind im Internet über
<http://dnb.d-nb.de> abrufbar.

1. Auflage September 2006

Alle Rechte vorbehalten
© VS Verlag für Sozialwissenschaften | GWV Fachverlage GmbH, Wiesbaden 2006

Lektorat: Frank Schindler

Der VS Verlag für Sozialwissenschaften ist ein Unternehmen von Springer Science+Business Media..
www.vs-verlag.de

Druck und buchbinderische Verarbeitung: Wilhelm & Adam, Heusenstamm
Satz:ITS Text und Satz Anne Fuchs, Pfofeld-Langlau
Gedruckt auf säurefreiem und chlorfrei gebleichtem Papier
Printed in Germany

ISBN-10 3-531-14888-5
ISBN-13 978-3-531-14888-5

Inhaltsverzeichnis

III. Internationale Perspektiven

IV. Neue Ausbildungsvoraussetzungen und Studiengänge

Politik und Verwaltung – Perspektiven der politikwissenschaftlichen Verwaltungsforschung

Jörg Bogumil / Werner Jann / Frank Nullmeier

1. Verwaltungswissenschaft nach 25 Jahren: Alte Bekannte und neue Entwicklungen

Nach beinahe 25 Jahren gibt es wieder ein PVS-Sonderheft, das sich mit der öffentlichen Verwaltung beschäftigt (vgl. Hesse 1982). Als erstes drängt sich daher die Frage auf, was sich in der Zwischenzeit geändert hat, zum einen in der Verwaltung und in ihren Beziehungen zu Politik, Wirtschaft und Gesellschaft, zum anderen aber auch in ihrer wissenschaftlichen Reflexion, also in der Politik- und Verwaltungswissenschaft. Anders gefragt: Haben wir in den letzten 25 Jahren etwas gelernt, oder vielleicht auch, was haben wir zwischenzeitlich wieder vergessen, welche Fragen sind weiterhin ungelöst oder werden ignoriert? Welche praktischen wie theoretischen Innovationen und Moden hat es gegeben, welche haben wir überwunden, welche haben sich bewährt und welche sind derzeit absehbar?

1982 ging es vorrangig um Selbstvergewisserung, daher auch der programmatische Titel „Politikwissenschaft und Verwaltungswissenschaft". Ausgangspunkt war immer noch die Überwindung der Planungsdiskussion der sechziger und siebziger Jahre, deren rationalistische wie optimistische Annahmen, wie der Herausgeber Hesse nicht müde wurde zu betonen, zwar „historisch verständlich" aber eben doch auch leider empirisch unhaltbar waren. Gemeinsamer Nenner der meisten Beiträge war daher die theoretische wie empirische Aufarbeitung der, je nach Standpunkt, möglichen oder unmöglichen „Problemverarbeitung durch das politisch-administrative System" (Mayntz). Verwaltungswissenschaft war weitgehend identisch mit Policy-Forschung, und folgerichtig beschäftigten sich auch über ein Drittel der Beiträge mit spezifischen Politikbereichs-Analysen. Von der Arbeitsmarkt- über die Gesundheits-, Medien- bis hin zur Sozialpolitik, alles auch heute noch immer gute alte Bekannte, in deren Analyse die öffentliche Verwaltung allerdings allenfalls peripher vorkam.

Aber auch sonst trifft man bereits 1982 viele inzwischen liebgewordene Themen, von der Bürokratiekritik über die Bürgernähe, der Föderalismusreform bis hin zur politischen Kontrolle, Effizienz und Reformfähigkeit der öffentlichen Verwaltung und den Erklärungswert „binnenstruktureller" Faktoren (Scharpf). Auch über die Möglichkeiten und Grenzen verwaltungswissenschaftlicher Ausbildung wurde debattiert. Es gibt offenbar einen Grundstock von praktischen und theoretischen Problemen, der weitgehend konstant bleibt.

Auffällig ist aber auch, was 1982 praktisch keine Rolle spielte: Der inzwischen ubiquitäre Modebegriff Governance taucht nicht ein einziges Mal auf (während Regulierung zumindest im Kontext der regulativen Politik durchaus reflektiert wurde), und auch von Regimen, oder gar „regulativen Governanceregimen" liest man noch nichts. Es gab, außer zwei Beiträgen zur „Entwicklungsverwaltung", kaum internationale Bezüge und praktisch keinerlei internationale Vergleiche, und auch die EU oder etwa eine mögliche oder denkbare Europäisierung der Verwaltung lag weit außerhalb des Interesses der Autoren und des damaligen Herausgebers. Fast schon selbstverständlich wird die DDR oder die real-sozialistische Welt mit keinem Wort erwähnt.

Es gab, wie wohl zu erwarten, keine Diskussion konstruktivistischer oder etwa diskursiver Ansätze, aber auch keine eingehende Reflexion der Bedeutung von Institutionen, wie auch die gesamte moderne Organisationstheorie weitgehend ignoriert wird. So gibt es auch keine expliziten Bezüge zu ökonomischen oder soziologischen Theorien, etwa Institutionentheorien. Wenn theoretische Anknüpfungspunkte gesucht wurden, dann eher in der allgemeinen Staatstheorie und in der Policy-Forschung. Und, vielleicht am überraschendsten, es gibt 1982 keinen Beitrag, der sich mit einer etwa bevorstehenden managerialistischen Wende oder einer zu befürchtenden Ökonomisierung der Verwaltung auseinandersetzt, wenn man von allgemeinen Erläuterungen der Bedeutung von Effizienz und Effektivität absieht.

Selbstverständlich sind wir heute klüger, und auch dieser Band wird sich in 25 Jahren vorhalten lassen müssen, was er alles übersehen und nicht erkannt hat. Aber darum geht es nicht. Dieser kurze, kursorische Rückblick soll den Blick dafür schärfen, was sich tatsächlich in den letzten 25 Jahren getan hat (vgl. hierzu auch Benz 2003, 2005; Bogumil 2005; Bogumil/Jann 2005). Grob zusammengefasst sind dies folgende Tendenzen:

– eine Konzentration auf den engeren Gegenstand „öffentliche Verwaltung", und vor allem auf dessen Veränderung und Transformation,
– eine bemerkenswerte Breite empirischer Untersuchungen, ausdrücklich auch zu den Beziehungen zwischen Politik und Verwaltung,
– verbunden mit der Etablierung einer ansehnlichen international vergleichenden Verwaltungsforschung, und nicht zuletzt
– eine Konsolidierung theoretischer Erklärungen, insbesondere durch die Einbeziehung und Entwicklung institutionentheoretischer und konstruktivistischer Ansätze.

2. Empirische Erträge und theoretische Erkenntnisse

Normative Theorie der Verwaltung

Ellwein hatte 1982 eine „Vorausschau" gewagt, und dabei drei Bereiche identifiziert, die sich als dauerhafte Bestandteile der Verwaltungswissenschaft herausstellen würden, weil sie auf strukturelle Probleme des politisch-administrativen Systems verwiesen: die Steuerungsschwäche der Politik, Bürokratiekritik und Verwaltungskosten – darunter verstand er auch Aufgabenkritik, -abbau und -verlagerung, die nach seiner Auffassung allerdings „kaum im Mittelpunkt wissenschaftlichen Interesses" stehen würden. Diese Thesen haben sich leider bestätigt, denn genau diese Themen haben zwar die verwaltungswissenschaftliche wie -politische Diskussion der letzten 25 Jahre bestimmt, allerdings unter nur begrenzter Beteiligung der Politikwissenschaft. Diese hat diese Themen lange Zeit weitgehend einer ökonomisch inspirierten managerialistischen Verwaltungswissenschaft überlassen.

Die Praxis der öffentlichen Verwaltung, und damit aber auch ein Teil der Theoriebildung in der Verwaltungswissenschaft stand daher in den 1990er Jahren im Zeichen einer *normativen Theorie der Verwaltung*. Die öffentliche Verwaltung sollte nach den *Konzepten der New Public Management-Bewegung* zu einer Organisation umgebaut werden, die im Wesentlichen den gleichen Regeln und Verfahren folgte, die auch für fortgeschrittene Unternehmensorganisationen gültig waren. Verwaltung sollte strikter von der Politik getrennt werden, ihres alten Charakters als Bürokratie entkleidet und in modernes, aber politisch, nicht unternehmerisch beauftragtes Management verwandelt werden. Die traditionelle Administration sollte damit in ein politikfreies, aber politisch beauftragtes Management unter dem Leitbild der Wirtschaftlichkeit umgestaltet werden: Wirtschaftlichkeit nicht mehr als umsichtig-vorsichtige Verwendung der öffentlichen Mittel, sondern Wirtschaftlichkeit in einem umfassenden Sinne als Gesamtausrichtung aller administrativen Prozesse auf die Erhöhung von Effizienz und Effektivität.

Die ersten empirisch vergleichenden Begleitforschungen, die Erfahrung der sehr selektiven Umsetzung des *New Public Management* in Deutschland wie die weitere Arbeit an der Ausformung des normativen Management-Konzeptes ließen allerdings bald erkennen, dass die scheinbar in sich kohärente Norm Wirtschaftlichkeit ein in sich plurales, partiell widersprüchliches und weit ausdeutbares Leitbild darstellt. Wird Effizienz – als Minderung des Ressourceneinsatzes bei gegebenem Output (Strategie der Ressourceneinsparung) oder als Maximierung des Outputs unter Beibehaltung des Ressourcenniveaus (Strategie der Produktivitätserhöhung) – zum Kern der Verwaltungsreform erhoben, erhält man eine gänzlich andere Ausrichtung der administrativen Umbauaktivitäten als bei einer prioritären Befolgung der Norm Effektivität bei gesetzten politischen Zielen.

Aber es gab weitere Variationsmöglichkeiten: Wirtschaftlichkeit ließ sich entweder als organisationelle Strategie der Optimierung der Abläufe innerhalb einer gegebenen Organisation, mithin als betriebswirtschaftliche Strategie der Optimierung einer Aufgabenerledigung (auch samt Umbau der Aufbauorganisation), oder als „branchenbezogene" Strategie des Umbaus eines ganzen Politikfeldes, des Umfeldes der Bereitstellung eines öffentlichen Gutes verstehen. Blieb der Reformansatz auf der ersten Ebene – wie in der Bundesrepublik meist geschehen – stehen, so war der Instrumenteneinsatz grundlegend restringiert und reichte nur von der Kosten-Leistungs-Rechnung bis zur Ausgliederung und Privatisierung. Dagegen verlangte eine auf Produktpaletten und Branchen bezogene Denkweise die Entfaltung von Wettbewerb und Marktlichkeit, die Überführung einer (weitgehend) monopolistischen Aufgabenerledigung durch öffentliche Einrichtungen in eine plurale Aufgabenbewältigung durch miteinander im Wettbewerb stehende Träger, seien diese öffentlicher, zivilgesellschaftlicher oder privater Art.

Das Fehlen einer derartigen Reformstrategie in Deutschland mag mit einem vielleicht nicht immer beachteten Element der manageriellen Verwaltungsreform zusammenhängen: Sie benachteiligt das Territorialprinzip zugunsten einer funktionalen Sicht auf Verwaltungsabläufe (siehe auch Wollmann[1]). Die konsequente Verfolgung der Wettbewerbsstrategie hätte verlangt, das in Deutschland den öffentlichen Sektor dominierende Territorialprinzip (Aufgabenerledigung durch und auf der Ebene einzelner Ge-

---

1 Autorenhinweise ohne Jahreszahl beziehen sich immer auf Beiträge in diesem Band.

bietskörperschaften) grundlegend zu durchbrechen – schließlich lassen sich nicht für das Gebiet jeder einzelnen Gebietskörperschaft lokale Märkte ausbilden. Wettbewerbs-einführung heißt Einschränkung des Gebietsbezugs, da im Wettbewerb stehende Ak-teure größere Einzugsgebiete benötigen und entsprechend den lokalen Raum transzen-dieren und darüber hinaus nach räumlicher Expansion ihres „Geschäfts" streben. Die funktionale Dimension der Bearbeitung einer Aufgabe, die Bereitstellung eines Gutes wird zum primären Bezugspunkt der Organisation. Das kann aus Sicht territorialer Akteure, wie es Gebietskörperschaften sind, als Machtverlust und grundlegende Bedro-hung des eigenen Status betrachtet werden. Wirtschaftlichkeit verliert hier den Stellen-wert einer zusätzlichen Norm zur Gestaltung der Verwaltung, sie wird zum Boten des tendenziellen Falls der Verwaltung als Gebietsverwaltung.

Noch in einer weiteren Hinsicht war die Forderung nach mehr Wirtschaftlichkeit in sich widersprüchlich, beförderte sie doch sowohl die Herstellung oder Steigerung der Autonomie einzelner Verwaltungseinheiten als auch die strategisch-planerische Aus-richtung der Gesamtverwaltung auf die effektive und effiziente Bereitstellung von Pro-dukten für die Bürgerinnen. Dies ließ sich nur miteinander verbinden, wenn im Sinne einer zentral vorgenommenen Produktplanung die Autonomie der unteren Einheiten als instrumentelle Autonomie der Effizienzsteigerung verstanden wurde. Wo immer diese gesamtplanerische Produktlogik ernsthaft verfolgt wurde, ohne dass es zu marktli-cher Konkurrenz kam, erinnerten die Ergebnisse jedoch eher an die Verfahren sozialis-tischen Wettbewerbs.

Nicht zuletzt, und vielleicht entscheidend, blieb bei der Forderung nach Wirt-schaftlichkeit das Verhältnis von Politik und Verwaltung unbewältigt. Tatsächlich war diese normative Theorie vollkommen unbeleckt von der jahrzehntelangen empirischen wie theoretischen Diskussion in der Verwaltungswissenschaft, über die vielfältigen Be-ziehungen und schwierigen Abgrenzungsprobleme innerhalb des politisch-administra-tiven Systems. Darüber hinaus fehlte es an ausgewiesenen Überlegungen, ob Politik au-tonom Ziele setzen konnte oder selbst auch an Wirtschaftlichkeit als Maßstab gebun-den war: Schließlich hätte eine Politik, die der Verwaltung gegenüber berechtigt wäre, neue Aufgaben und Produkte zuzuweisen, zunächst auf jeden Fall den Gesamtressour-cenverbrauch erhöht.

In mehrfacher Hinsicht bot der Managerialismus in der öffentlichen Verwaltung daher nicht jenes stimmige Konzept, das er in der ersten Emphase seiner Protagonisten zu verkörpern schien. Die Eindeutigkeit des neuen Leitmaßstabes Wirtschaftlichkeit zerfällt bei näherer Betrachtung. Folglich galt die Kohärenz des NPM-Programmes schnell als überschätzt.

Erste *Gegenbewegungen* normativer Theoriebildung lagen darin, die ökonomischen Kosten der Verwaltungsreform und speziell der Privatisierungen und des Organisations-umbaus zu erheben und im Namen einer umfassenderen Wirtschaftlichkeitsbetrach-tung die gerade realisierte Effizienzreform zu kritisieren. Damit war freilich kein neuer Maßstab etabliert, sondern nur ein neu eingeführter Maßstab gegen sich selbst ausge-spielt. Eine zweite Gegentendenz bestand darin, die Folgen der Wirtschaftlichkeitsstra-tegie für die Realisierung älterer Werte und Verwaltungsleitbilder, insbesondere die Rechtlichkeit, zu benennen und so auf einen Widerspruch zwischen zwei gleicherma-ßen verteidigungswerten Normen zu verweisen. Die Ökonomisierung der Verwaltung habe die Rechtsförmigkeit der Verfahren beeinträchtigt und damit die rechtliche Verfahrensrationalität exekutivischen Handelns reduziert. Jedoch: Solange Wirtschaftlichkeit und Rechtmäßigkeit als Verfahrensmaßstäbe oder Bewertungen des administrativen Throughputs gelten, mag diese Konkurrenz existieren, sobald Wirtschaftlichkeit aber als Output-Maßstab oder Maßstab der Ergebnisbewertung (Effektivität als Erreichen oder Nicht-Erreichen eines gewünschten Ergebnisses) hinzugezogen wird, gerät die Rechtmäßigkeit in die Defensive.

Rechtmäßigkeit und Wirtschaftlichkeit stehen aber noch grundsätzlicher im Konflikt, ist Wirtschaftlichkeit doch allein auf eine Aufgabe, auf die Erfüllung einer Funktion oder Leistung bezogen, Rechtmäßigkeit aber auf eine Rechtsordnung, die regelmäßig von territorialen Einheiten gesetzt wird. Letztlich handelt es sich – solange Rechtsordnungen primär für (Staats-)Gebiete gesetzt werden und gelten – wiederum um einen Widerspruch von Territorial- und Funktionalnorm. Die unter dem Primat des Ökonomischen stehende Verwaltungsreform neigt zu einer schleichenden Privilegierung des Funktionalen gegenüber einem – ohne Zweifel immer noch dominanten – Territorialen. Die Entstehung regulativer Regime mit autonomisierten Verwaltungseinheiten (Regulationsbehörden oder Agencies; vgl. den Beitrag von Döhler) kann auch als Ausfluss dieses Vorrückens der funktionalen Politikdimension gegenüber der territorialen interpretiert werden. So befindet sich das Plädoyer für Rechtmäßigkeit in doppelter Hinsicht in der Defensive, wird doch nicht nur das alte Webersche Ideal gegen den Managerialismus verteidigt, sondern auch das Territoriale gegen alle Tendenzen der Deterritorialisierung im Zuge von Europäisierung und Globalisierung.

Inzwischen hat sich aus den jeweils realisierten Elementen der NPM-Reform, den Widerständen dagegen und den bleibenden Strukturen klassischer Bürokratie eher eine Vielfalt von Hybridisierungen aus alt und neu herausgebildet. Die begriffliche Erfassung des gegenwärtigen Standes der Verwaltungsentwicklung in Deutschland wie auch im internationalen Vergleich hat dafür erst wenige scharfe Charakterisierungen gefunden. Noch regiert der Post-ismus und Neo-logismus: Zwischen *„Postmanagerialismus"* und *„neoweberianischem Staat"* (so Bouckaert) bewegen sich die Deutungsversuche. Die Implementation des NPM ist ebenso allgegenwärtig wie partiell. Der Muff der alten weberianischen Verwaltung hat sich weitgehend verzogen (siehe Bogumil/Grohs/Kuhlmann), doch ein wirklicher Wohlgeruch breitet sich auch in den neuen Synthesen aus Weberianismus und Managerialismus nicht aus. Zugleich wird durch die ersten Versuche der empirisch-deskriptiven Erfassung der Ergebnisse der NPM-Reformen noch deutlicher, wo die Defizite der bisherigen Reformbemühungen lagen.

Folgt man Bouckaert darin, dass die Ausrichtung auf Output-Performanz das Neue am neo-weberianischen Staat sei, wird die Rolle der demokratischen Programmierung der Exekutive problematisch. Welche Rolle spielt der Input in Form demokratischer Willensbildung und wie soll er ausgestaltet werden, wenn es vor allem auf die Qualität des Outputs ankommt? Parallel zu dieser verwaltungswissenschaftlichen Fragestellung verläuft in der normativen Demokratietheorie wie in der empirisch ausgerichteten Akzeptanz- und Legitimationsforschung die bekannte Debatte über die Relation zwischen Input- und Output-Legitimation. Während auf diesen Diskussionslinien das Vordringen der Output-Dimension und die verringerte Rolle der Input-Legitimation betont wird, kann in der Analyse der Beteiligungsformen auf kommunaler Ebene der Eindruck aufkommen, dass sich bei zunehmend beschränkter Handlungsfähigkeit der Kommunen angesichts dramatischer Haushaltslagen eine Expansion von Beteiligungsmöglichkeiten auf der Input-Seite des lokalen politischen Systems ergibt, die strukturell folgenlos bleiben muss: Eine „Demokratisierung der Machtlosigkeit", weder Steigerung der Input- noch der Output-Legitimation (siehe Holtkamp).

Dennoch häufen sich seit der Jahrtausendwende wiederum die Überlegungen zugunsten einer bürgeroffeneren, partizipatorischen Verwaltung, einer inputbezogenen Reform der Administration (siehe die vergleichenden Untersuchungen von Kuhlmann und Wollmann zu Demokratisierung und Dezentralisierung). Mit dem *Einzug des Governance-Begriffs in die Verwaltungsreformdebatte* verbindet sich die Einführung erweiterter – nicht nur auf Wirtschaftlichkeit und Rechtmäßigkeit bezogener – Maßstäbe des Verwaltungshandelns. „Good Governance", „Civic Governance" und „New Public Governance" fordern u.a. eine dauernde Legitimierung von Verwaltung anhand von Maßstäben der Bürgermitwirkung und Bürgeraktivierung. Dieser neue Schub einer normativen Theorie der Verwaltung setzt bei Maßstäben wie Partizipation, Mitwirkung, Ko-Produktion und Transparenz an und konkretisiert die Reformnotwendigkeit in Konzepten von neuen Governancestrukturen, die in der Entscheidung über Verwaltungshandeln wie bei der Produktion öffentlicher Güter ein netzwerkartiges Zusammenwirken von Staat und Zivilgesellschaft (und auch privater Wirtschaft) vorsehen. Die partizipativen wie unmittelbar produktiven Impulse der Bürgerschaft sollen sowohl auf der Ebene der Politik als auch auf der Ebene der Verwaltung wirksam werden. Statt der NPM-Politik der Trennungen parallelisiert sich im Civic-Governance-Diskurs das Verhältnis von Politik und Verwaltung: beide sind bürgeroffen und produzieren das, was sie zu produzieren haben, Entscheidungen und öffentliche Dienstleistungen, unter entscheidender Mitwirkung der Wirtschaft, der Bürger und der sog. Zivilgesellschaft. So spricht die mit Reformabsichten geführte neuere Governance-Debatte für ein Wiederaufleben der Input-Frage: Welche Formen der Bürgerbeteiligung (oder der Beteiligung zivilgesellschaftlich organisierter Akteure) am administrativen Handeln und an der Produktion öffentlicher Güter sind erweiterbar?

Der Zug zur Bürgerkommune wird sich allerdings nicht auf die unterste Ebene im Staatsaufbau beschränken lassen. Neben der direkten Demokratie auf landes- (Bemühungen zu Verfahrenserleichterungen) und bundespolitischer Ebene (Bestrebungen zur Einführung jenseits der Frage der Länderneugliederung) wird auf Seiten der Administration die Frage der Selbstverwaltung in der funktional ausgegliederten, mittelbaren Staatsverwaltung akut (z.B. Sozialversicherungen; vgl. dazu den Beitrag von Klenk/ Nullmeier) und die der bürgerschaftlichen Verwaltungspartizipation in der unmittelbaren Staatsverwaltung. Die Stärkung der Leitungen im Zuge der NPM-Reformen lässt eine vorher wenig beachtete Thematik in den Vordergrund rücken: die Auswahl der Führungskräfte in den Verwaltungen. Dem allgemeinen Zug zu einer stärkeren Personifizierung oder vorsichtiger: personellen Sichtbarkeit dürfte es entsprechen, wenn überlegt wird, ob nicht Führungskräfte von Verwaltungseinheiten, insbesondere jene der verselbstständigten, nur formell privatisierten Verwaltungseinheiten, auf dem Wege von Wahlen bestellt werden. Zwar werfen solche neuen Partizipationsformen die Frage auf, wer jeweils als wahlberechtigt gelten soll, wer als das „Volk" einer spezifischen Verwaltung gelten darf, doch lassen sich hier Lösungen finden. Und wendet man sich gegen direkte Wahlen, so wird man sich Gedanken um die Konstruktion von wahlberechtigten Gremien machen müssen, in denen die Bürger als Auftraggeber oder zumindest als Nutzer, Klienten und Kunden vertreten sind.

Wie an dieser Frage der Repräsentanz deutlich wird, kann der Partizipationskurs mit dem Kundenverständnis der NPM-Bewegung in Einklang gebracht werden: Partizipation dort, wo der Bürger als Kunde betroffen ist: produktbezogen und im Sinne von Verbraucherschutz und Erhöhung der Dienstleistungsqualität. Die neue Bürger-Verwaltungs-Beziehung bleibt die zwischen Kunden und Dienstleistern. Das prägt jedoch auch das Selbstverständnis des Bürgers als Wahlbürger und natürlich auch das Selbstverständnis der Verwaltung. Überträgt der Bürger seine Kundenrolle auf sein Wahlverhalten, dann verhält er sich – gleichsam in Spezifizierung des Downsschen rationalen Wählers – als Verbraucher eines Pakets von Dienstleistungen. Politik in seinem Namen wird zur Verbraucher(schutz)politik. Und entsprechend könnte Politik der Verwaltung gegenüber als Vertreter der Verbraucherinteressen auftreten. Politik wird in diesem Deutungsschema nicht als programmatische Gestaltungskraft, als Zielsetzungsgeber, als öffentlicher Ort der Auseinandersetzung über die Zukunft eines Landes und seiner Bürger verstanden, sie schrumpft oder mutiert zur Interessenvertretung der Verbraucher gegenüber einem Produktproduzenten namens öffentliche Verwaltung. Überspitzt formuliert: Die Politik wird zur Stiftung Warentest mit Anweisungsbefugnis. Die an Produkten orientierte Outputorientierung öffentlicher Verwaltung könnte mithin sowohl die partizipative Dimension überformen als auch das Verhältnis Politik-Administration neu gestalten. Allerdings gibt es in der Verwaltungspraxis bisher wenig Hinweise auf derartige Veränderungen.

Eine weitere Überlegung spricht gegen eine dauerhafte Dominanz dieser Outputzentrierung des Verwaltungsdenkens und -handelns. Die Leitung einer Verwaltung mag noch so gut sein, Politik dürfte – und sollte – der Ort bleiben, wo nicht nur die Output selbst, sondern auch der durch ihn mitbewirkte gesellschaftliche Zustand – also der Outcome – diskutiert wird. Die NPM-Sicht trennt nicht nur Politik und Verwaltung, sie entfaltet auch eine parzellierte Weltsicht: Die Verwaltungswelt ist die Summe der öffentlich verantworteten Produkte und Dienstleistungen. Deren Bereitstellung, Konsum oder Nutzung hat jedoch Wirkungen, die über das Produkt hinausweisen. Gegen die NPM-Sicht wird deutlich, dass die Welt auch die Gesamtheit aller internen und externen Effekte der Gutsproduktion ist. Und diese Welt wird nicht nur produktbezogen wahrgenommen, sondern als Gesamtzustand. Wird aber diese holistische Betrachtungsweise relevant, die über die Beurteilung einzelner Produkte und deren Qualität hinausführt, wird eine den Verbraucher- und Kundenstatus überschreitende Politik erforderlich. Die Beurteilung des gesellschaftlichen Zustandes durch die Bürger bleibt der Motor einer auf die Verwaltung einwirkenden Politik, die sich nicht produktbezogen zerlegen lässt, sondern nach Programmen und kohärenten Strategien fragt. Auch die Verwaltung wird letztendlich daran gemessen werden, ob sie in der Lage ist, auf diese holistische Sicht zu reagieren – ob es ihr gelingt, auf den Zustand einer Gesellschaft positiv einzuwirken.

Der Grad und die Art der Einwirkung werden jedoch weiterhin im Zentrum einer jeden normativen Theorie der Verwaltung stehen. Und es müssen nicht die etatistischen Theorien sein, die ein weiteres Ausgreifen der Verwaltung begleiten und begrün-

den. Ausgelöst durch die NPM-Reformen (so Andersen) und Politiken des aktivierenden Staates stehen die Grenzen des öffentlichen Sektors, die Grenzziehungen zwischen
Politik und Verwaltung, zwischen öffentlich und privat, Bürger und Verwaltung auf
dem Spiel. Die Verwaltung gibt zwar Aufgaben an die Privatwirtschaft ab, beschränkt
sich andererseits jedoch nicht darauf, Freiheitsräume nur zu sichern und auszuweiten,
sondern will auch eine bestimmte Form der Nutzung dieser Räume herstellen. So wird
im Rahmen von therapeutischen, erzieherischen, beratenden Programmen, die zunehmend auch sanktionsbewehrt sind und dadurch zu kontrollierenden Politiken neigen,
eine Pflicht zur Freiheit und eine Pflicht zur gesellschaftsverträglichen Freiheitsnutzung
zu implementieren gesucht. Zwar wird dies in die Sprache horizontaler Beziehungen
zwischen Gleichberechtigten durchgeführt (Bürgerkontrakte), aber der gut begründete
Verzicht auf rechtliche Gebote führt zu einer staatlichen Interventionspraxis, die nicht
mehr erkennen lässt, was tatsächlicher privater Freiraum des Einzelnen ist und was bereits öffentlich Gestaltetes. Öffentliches Administrieren dehnt sich einerseits auf den
Einzelnen und dessen Verhalten soweit aus, dass bei manchem Assoziationen an erzie-
hungsdiktatorische Konzepte aufkommen, und andererseits werden die öffentliche Leis-
tungsproduktion sowie der Anspruch auf die Gestaltung gesellschaftlicher Makrokon-
stellationen zurückgenommen. Die administrative Steuerung, die allerdings durchaus
politisch gewollt und legitimiert ist, ändert ihr Objekt, sie individualisiert und psycho-
logisiert es. Statt allein Anreize zu setzen, kommen nun Programme der Steuerung qua
Geld unter Gegenleistung von persönlichen Verhaltensverpflichtungen auf.

Positive Theorie der Verwaltung

Die zunächst normative Nutzung des Governance-Begriffes hat entscheidend zu einer
verstärkten Rückwendung zu einer positiven Theorie der Verwaltung beigetragen.
Denn statt *Governance* als ein bestimmtes normativ ausgezeichnetes Arrangement der
gesellschaftlichen Koordination zu verstehen (Jann 2005), lässt sich das Konzept vor allem auch als *allgemeines analytisches Instrument* nutzen (Mayntz 2005). Die Verwendung eines solchen allgemeinen Governance-Begriffs, der den Möglichkeitsraum gesellschaftlicher Regelungsstrukturen ausschöpft und in einer typologischen Verortung erfasst, bietet sich heute als attraktiver Ausgangspunkt verwaltungswissenschaftlicher Analyse an (vgl. die Beiträge von Benz und Blatter). Verwendet man z.B. die typologische
Gliederung in Hierarchie, Netzwerk, Wettbewerb/Markt, Verhandlung (vgl. Benz), so
läge eine *erste Möglichkeit* der Nutzung darin, Verwaltungswissenschaft als Detailanalyse
von Regelungsstrukturen des Typs Hierarchie anzulegen. Dann würde der analytische
Typus Hierarchie den Gegenstandsbereich für die Verwaltungsanalyse vorgeben: Wo
immer man in der Analyse Hierarchien vorfindet, handelt es sich danach um Verwaltungen. Die Unterscheidung zwischen öffentlichen Verwaltungen und privaten Unter-
nehmenshierarchien wäre dann eine abgeleitete Unterscheidung. Diese stark theoriegeleitete Gegenstandsbestimmung widerspricht sehr dem Alltagsverständnis – schließt
aber direkt an die Webersche Bürokratieanalyse an.
    Entsprechend ist der *zweite Weg*, Verwaltung vorgängig und im Sinne des Alltags-
verständnisses als öffentliche Organisationen und Institutionen zu bestimmen und die

derart als öffentliche Verwaltung identifizierten Objekte mit der Governance-Analytik zu beschreiben, der sinnvollere: Entsprechend wird man konkrete Verwaltungseinheiten bzw. Koordinationen unter Einschluss der Verwaltung als Mischtypen aus Hierarchie und Wettbewerb, Hierarchie und Netzwerk und Wettbewerb vorfinden. Arthur Benz verwendet für diese Konstellationen den Ausdruck „Governanceregime". In derartiger Verwendung tritt die Frage auf, ob Hierarchie ein unaufgebbares Grundmerkmal von Verwaltung darstellt oder ob eine nicht-hierarchische öffentliche Verwaltung denkbar ist. Schließlich setzen gerade die auf Outputsteuerung setzenden NPM-Modelle – oft nicht hinreichend bemerkt – ein gehöriges Maß an Hierarchie voraus, auch wenn sich derartige Mechanismen in die Terminologie von „Vereinbarungen" kleiden mögen (vgl. dazu den Beitrag von Andersen). Falls Hierarchie ein notwendiges Element von öffentlicher Verwaltung sein sollte, sind alle verwaltungsrelevanten Governanceregime Mischformen unter Einbeziehung von Hierarchie. Jenseits dieser Grundsatzfrage wird sich eine solche Forschung auf typische bzw. besonders erfolgreiche Hybridformen von Governance-Grundtypen konzentrieren und die bisherige Forschung zu Public-Private-Partnerships, Outsourcing, Verwaltungsverhandlungen und Einbeziehung der Zivilgesellschaft und bürgerschaftlichem Engagement analytisch bereichern.

Aber neben der Wahl von Governance-Typen als Ausgangspunkt der Verwaltungsforschung bietet sich auch an, Verwaltungen im Rahmen feldspezifisch ausgerichteter politischer Prozesse – folglich mit Mitteln der Policy-Forschung – zu analysieren. Der Vorschlag von Janning, eine policy-analytisch angereicherte Verwaltungsforschung und eine durch verwaltungswissenschaftliche Fragestellungen angeleitete Policy-Forschung zu entwickeln, ließe sich nämlich dahin radikalisieren, die Untersuchungsansätze, -kategorien und -methoden der Policy-Analyse auf die verwaltungsinternen Abläufe anzuwenden. Der Rückgriff vorrangig auf die Policy-Analyse bietet sich an, weil deren Ausgangspunkt in Interorganisations- und Multiaktoranalysen liegt. Statt Verwaltung als Organisations- und Managementproblem zu betrachten, analysierte man Verwaltungsprozesse als politische Prozesse, die sich um die politische Regelung von bestimmten Problemlagen und Materien ansiedeln. Verwaltung erschiene als ein in viele einzelne Akteure und Policies (Sachmaterien) zergliederbares Feld, auf dem sich Konflikte, Bündnisse, Allianzen, Netzwerkbildungen abspielen, um zu Entscheidungen zu kommen. Statt einer eigenen organisationswissenschaftlichen Theorie der Mikropolitik zur Erfassung von verwaltungsinternen Prozessen, könnte man Kategorien der mikropolitischen oder anderer organisationswissenschaftlichen Traditionen mit denen der Policy-Analyse zu einem einzigen kategorialen Rahmen verbinden, der dann für organisationsinterne als auch organisationsexterne Analysen zur Anwendung gelangen könnte (der Ansatz der „skandinavischen Schule" weist in diese Richtung, siehe dazu Jann).

Ein solcher generalisierter politikprozessanalytischer Ansatz böte ein taugliches Instrument für jede Ebene der Analyse: von den kleinsten Vorgängen in einem Behördenreferat bis hin zu den internationalen Politikprozessen zwischen internationalen Organisationen (und ihren Verwaltungen, vgl. dazu den Beitrag von Liese/Weinlich), Nationalstaaten (und deren Verwaltungen), Großunternehmen (und deren Management) und NGOs (und deren Büros). Auf analytischer Ebene (nicht auf der Ebene des Gegenstandsbezuges!) wird damit zum einen die Differenz zwischen organisationsinternen und organisationsübergreifenden politischen Prozessen überwunden, zum anderen aber auch die Differenz zwischen Administration und Politik eingezogen. Administration ist dann kein Gegenstand, der einer besonderen und gesonderten Vorgehensweise bedürfte. Verwaltung ist in dieser Analyserichtung ein Feld politischer Prozesse ebenso wie Parteien, Verbände, Regierungen und Parlamente. Sollte Verwaltungswissenschaft sich als Disziplin verstehen wollen, die durch eine eigene Vorgehensweise, kategorial und methodisch ausgezeichnet ist, so wird sie damit negiert – nicht jedoch dann, wenn sie sich darauf beschränkt, eine politikwissenschaftliche Disziplin mit einem besonderen Gegenstand zu sein.

Drei Probleme dürften sich jedoch bei einer derartigen Vorgehensweise ergeben:

– Zum einen könnte die Einheit der Verwaltung und die Rolle des einheitsbezogenen Handelns in Verwaltungen aufgrund des Multiaktoransatzes der Policy-Forschung systematisch unterschätzt werden. Während Organisationstheorien bei der Einheit der Organisation auch dann ansetzen, wenn sie fragen, wie diese Einheit überhaupt hergestellt und gesichert wird, gibt es in der Policy-Analyse keinen explizierten kategorialen Ort für die vorausgesetzte Einheit der Verwaltung oder der jeweiligen Verwaltungseinheit.
– Zum zweiten wird die Einheit des kategorialen Angebots der Policy-Forschung überschätzt. Zwar lassen sich Policy-Phasen-Zyklus, Instrumentenklassifikationen, Konzepte wie epistemic communities, iron triangle oder advocacy coalitions nebeneinander anwenden, auch die Verwendung der Methoden der quantitativen Netzwerkanalyse sowie der quantitativen und qualitativen Textanalyse lassen sich durchaus auch zur Aufklärung der internen Verwaltungsverläufe und der Interaktion zwischen Verwaltung und Umwelt verwenden, doch ist damit nicht aufzuheben, dass in der Policy-Analyse Konzepte der kausalen Erklärung neben solchen der intentionalen Erklärung, variablen- oder faktorenanalytische Vorgehensweise neben sozialkonstruktivistischen und diskursanalytischen stehen.
– Zum Dritten wird auch die Qualität des theoretischen Angebots der Policy-Forschung überschätzt. Die vorliegenden Kategorien, wie sie in Lehrbüchern zusammengefasst sind, taugen in der Regel als Rahmen, um eine geordnete Untersuchung eines materialen Politikfeldes zu erreichen. Diese praktische Nützlichkeit ist aber nicht mit theoretischer Qualität gleichzusetzen, fehlt es doch sowohl an der Bestimmung der analytischen Elementareinheit einer Policy-Analyse als auch an dem Versuch einer Integration der praktisch wichtigen Kategorien in einen konsistenten Theoriezusammenhang.

Betrachtet man jedoch nicht die Ebene, auf der die Theoriebildung ansetzt, sondern die *grundlegenden wissenschaftstheoretisch unterfütterten Analysetraditionen vom ökonomischen Rational-Choice-Ansatz über die diversen Institutionalismen bis zum Sozialkonstruktivismus*, so wird Verwaltung heute mit genau jenen Analyseansätzen untersucht, die in der Politikwissenschaft zur Geltung kommen, wenn es um die Europäische Union, die Internationalen Beziehungen, die vergleichende Politik-Analyse oder die Untersuchung von Interessenvermittlungsstrukturen und Parteiensystemen geht – oder sogar umgekehrt: ein Teil dieser Ansätze kommt ursprünglich aus der Organisations- und Verwaltungsforschung und ist dann von anderen Bereichen der Politikwissenschaft aufgegriffen worden. Verwaltung ist kein Gegenstand, dem ein eigener Ansatz gewidmet werden muss, der andere analytische Kategorien und Vorgehensweisen erfordert als andere Objekte der Politikwissenschaft.

Damit hat sich die Verwaltungsforschung, nachdem sie bereits als Anreger einer politikwissenschaftlichen Konsolidierung insbesondere im Feld der Policy-Analysen tätig war, in die politikwissenschaftliche Forschung nahtlos eingefädelt: Sie nutzt die üblichen Ansätze, Konzepte und Methoden, und arbeitet ebenso wie andere Teilgebiete an deren Weiterentwicklung mit. Ebenso wie andere Teildisziplinen der Politikwissenschaft ist sie nicht beherrscht von einem einzigen Analyseansatz, sondern nutzt die Pluralität der angebotenen Konzepte – bei wechselnden Konjunkturen in der Vorherrschaft einzelner Ansätze. Verwaltungsforschung partizipiert mithin an der genuin politikwissenschaftlichen Theoriebildung unter Nutzung der Beiträge anderer Disziplinen wie insbesondere der Ökonomie und der Rechtswissenschaft – aber auch darin sich nicht von den Teildisziplinen Internationale Beziehungen, Europäische Politik oder Vergleichende Politikforschung unterscheidend, sondern oft sogar genuin interdisziplinärer als diese.

Für die Integration der Politikwissenschaft als Erforschung der Gesamtheit des politischen Geschehens ist die Übereinstimmung der Analyseansätze in allen Teilgebieten ein unschätzbarer Vorteil, können doch nun Ergebnisse von einem Feld in ein anderes unter Wahrung der Theoriesprache übersetzt werden. Der Nachteil besteht darin, dass sich die Forschung in jedem Teilgebiet auch mit den Konkurrenzen zwischen den Analyseansätzen und den jeweiligen internen Schwierigkeiten dieser Ansätze beschäftigen muss. Zwei Problematiken, die alle großen Forschungsansätze betrifft, seien hier herausgegriffen und erörtert.

Die auf empirische – deskriptiver oder explanatorischer Art – Untersuchungen zielenden Forschungsansätze transportieren oft sogar in ein und demselben theoretischen Element auch normative und evaluative Zielsetzungen. Dies gilt für den ökonomischen Institutionalismus ebenso wie für den soziologisch-institutionalistischen Zugang und auch für den diskursanalytischen. Der ökonomische Institutionalismus bildete die präferierte Theoriegrundlage des New Public Management. Die Rezeption der einzelnen Konzepte – Property Rights, Principal-Agent, Transaction Cost etc. – erfolgte in vornehmlich normativer Absicht, die Theorie wurde als Optimalitätsmodell, als abstrakter Leitfaden der Effizienzsteigerung verstanden. Die analytisch-explanatorische Funktionsweise des ökonomischen Institutionalismus blieb demgegenüber zunächst verdeckt oder verband sich allzu leicht mit einer bewertenden Perspektive, die wiederum leicht zur Folie für reformerische Anregungen genutzt werden konnte.

Steht daher bis heute der ökonomische Institutionalismus in Gefahr, sich an Reformkonzepte zu assimilieren statt Erklärungen mit zu tragen, so gilt dies vorgängig nicht für Spielarten des soziologischen Institutionalismus, wie das Jann für die skandinavische Schule der Verwaltungswissenschaft zeigt. In ihr ist die Einbettung rational-strategischen Verwaltungshandelns in eine spezifische Verwaltungs- und politische Kultur mit ihren eigenen Normen und Konventionen sowie ihre Bindung an Rituale, Mythen und Traditionen theoretisch vollzogen worden. Der institutionalistische Blick auf die Praxis der Organisation Verwaltung lässt die empirische Analyseabsicht in den Vordergrund rücken gegenüber der Bewertung und dem Entwurf verbesserter Verwaltungsstrukturen. Es wird gezeigt, wie der Verzicht auf theoretische Vereinseitigungen, die Einbeziehung von Rationalitäten wie Traditionalismen, das Wissen um die Rolle von

Wissen, Normen und Argumenten, die Kenntnis von Beharrungskräften und Pfadabhängigkeiten, vor technokratisch-rationalistischen Politikansätzen zu schützen vermögen. Der skandinavischen Schule ist durch den gewählten Theorieansatz ein pragmati-
scher und durchaus praxisrelevanter Zug inhärent, der oft durch eine gelungene politische Wirkung, aber nicht immer durch seine theoretische Konsistenz zu überzeugen
vermag, eben *„less elegant, but more realistic"*, in ihrer eigenen Einschätzung.

Zu den etablierten sozialwissenschaftlichen Konzepten gehören mittlerweile auch
diskursanalytische und sozialkonstruktivistische Ansätze. Häufig wird eine diskurs-, wis-
sens- und ideenzentrierte Forschung jedoch als eine Variante kausalanalytischer Forschung (miss-)verstanden, die einen bisher vernachlässigten Faktor (Wissen, Diskurse,
Ideen) nunmehr in ein weiteres Faktoren- und Variablenset einfügt. Diesem Verständnis widerspricht der Beitrag von Andersen deutlich. Statt um Erklärung und Kausal-
theorie kann es bei der Diskursanalyse nur um Beschreibung gehen: um eine besondere
Sicht auf Politik und Verwaltung, eine auf das Konkrete, auf das Wie des Funktionie-
rens gerichtete Sicht. Dabei ist es Aufgabe der Diskursanalyse, die Verschiebung ganzer
Deutungssysteme aufzuzeigen, die Veränderung der Welt durch die Veränderung ihrer
kategorialen Fassung sichtbar zu machen. Der diskursanalytische Ansatz in der Fassung
Andersens kommt allerdings defensiv daher. Er will nicht als gleichwertige Alternative
zu den kausalanalytischen Vorgehensweisen auftreten, nicht deren Überlegenheit oder
gar Berechtigung bestreiten, er will nicht die Hegemonie in der Verwaltungsforschung
anstreben, sondern eine Nische, immerhin aber eine „notwendige Nische", besetzen.
Ob diese Bescheidenheit das Überleben dieses Forschungsansatzes garantiert, ist nicht
ausgemacht, doch geht sie einher mit einer anderen, jedoch nicht eingelösten Bescheidenheit: Trotz des Ziels, Verschiebungen in Deutungssystemen im konkreten Funktionieren von Verwaltungen aufzuzeigen und dabei nicht etwas Verborgenes sichtbar zu
machen, gerade nicht eine Form der Kritik darzustellen, wird durch das Vorhaben, das
Gegebene als kontingent, als Möglichkeit unter anderen Möglichkeiten, als auch anders denkbar darzustellen, das zunächst fast positivistisch Beschriebene und Erhobene
eingeklammert und letztlich einer Wertung unterzogen: Es ist nicht mehr nur gegeben,
sondern jederzeit anders möglich. Man kann die Bedingungen der Möglichkeit studieren, aber auch andere Möglichkeiten imaginieren, um diese Kontingenz des Gegebenen
zu erkennen. So kritisiert der Ansatz nichts, aber lässt auch nichts so stehen, wie es ist.
Immer ist es auch anders möglich, bleibt daher eine Selektion aus dem Raum der
Möglichkeiten – und damit letztlich begründungs- und rechtfertigungsbedürftig. Nur
wird diese Rechtfertigung nicht eingefordert. Es bleibt bei der bloßen Öffnung des
Möglichkeitsraums – und dem Verdacht, dass die realisierte Möglichkeit vielleicht
nicht die angemessene, rationale, erfolg versprechende ist – aber diese denkbaren Be-
wertungsmaßstäbe werden gerade nicht in die Analyse mit einbezogen. So ist die Diskursanalyse bei allen Vorzügen, die sie in der Annäherung an konkretes Prozessieren
und die Rolle der kategorialen Erfassung und Formung von Realität besitzt, doch auch
eine normativ-bewertende Analyse, die insofern nicht offen und transparent verfährt,
als sie sich nicht auf die Diskussion von Beurteilungsmaßstäben einlässt, sondern es bei
dem Hinweis auf andere Möglichkeiten bewenden lässt. Der implizite Maßstab ist Öffnung und Offenheit, das Kritisierte heißt Geschlossenheit oder Schließung.

Eine zweite, die gesamte Politikwissenschaft betreffende Problematik liegt in dem ungeklärten Verhältnis zentraler Konzepte zu den grundlegenden sozialwissenschaftlichen Handlungstheorien. Sicherlich ist es eine vereinfachende Formulierung, der Ökonomie eine handlungstheoretische Fundierung zu unterstellen, die auf dem Modell eines homo oeconomicus aufruht, einem Modell, das selbst permanent eine Weiterentwicklung erfährt, aber doch immer als Leitlinie der Theorieentwicklung fungiert hat: von einer bereichsbezogenen Theorie der Wirtschaft zu einem allgemeinen, manchmal gar als „imperialistisch" bezeichneten analytischen Modell zum Verständnis aller sozialen Erscheinungen. Ebenso simplifizierend ist es, der Soziologie ein handlungstheoretisches Grundmodell basierend auf dem normorientierten Handeln des homo sociologicus zuzurechnen. Dies gilt für den Fall der Soziologie um so mehr, als sich mit dem interpretativen soziologischen Paradigma eine Überführung des homo sociologicus als Normbefolger in das sozialkonstruktivistische Verständnis des homo sociologicus als Interpreten, Deuter von Begriffen, Wissen, Normen vollzogen hat. Nur dürfte trotz aller Überzeichnung der grundlagentheoretischen Situation in den Nachbarfächern kaum bezweifelbar sein, dass gerade die Politikwissenschaft nicht über einen derartigen analytischen Homunculus verfügt: Die Politikwisssenschaft besitzt kein handlungstheoretisches Modell eines homo politicus, sie gründet ihre handlungstheoretischen Überlegungen auf Adaptationen der ökonomischen Rational-Choice-Tradition und auf soziologische Forschungsansätze. So ist es kein Wunder, dass gerade dort, wo ein Zentralgegenstand der Politikwissenschaft, Institutionen, ins Zentrum der Theoriebildung rückt, gerade kein selbständiger politikwissenschaftlicher Institutionalismus entsteht, sondern ein „historischer Institutionalismus" (der eigentlich ein politischer ist) mit einem „ökonomischen" und einem „soziologischen Institutionalismus" konkurriert. Die Spezifik politikwissenschaftlicher Theoriebildung liegt vielleicht eher darin, immer wieder neue Synthesen zwischen den Paradigmen des homo sociologicus und des homo oeconomicus zu suchen, weil weder eine rein rational-strategische Sicht noch eine normorientierte-sozialkonstruktivistische Perpektive ein hinreichendes Verständnis politischen Geschehens erlaubt. Nur muss hinzugefügt werden, dass diese Syntheseversuche zwar eine größere Gegenstandsnähe zu entwickeln vermögen, aber als Theorien noch nicht wirklich überzeugend sind. So verbleiben der akteurzentrierte Institutionalismus (bei Fritz W. Scharpf ausgeprägter als bei Renate Mayntz) und das Institutional Analysis and Development Framework von Elinor Ostrom letztlich stark im Fahrwasser ökonomischer Theorietraditionen, die skandinavische Schule dagegen eher im Bereich der soziologischen Interpretationen.

Die Verwaltungsforschung hat sich durch die Nutzung der üblichen politikwissenschaftlichen Forschungsansätze und die Aufnahme der Governance-Terminologie in den Mainstream der allgemeinen Theoriebildungsprozesse der Politikwissenschaft – und darüber hinausgehend – eingeordnet. Sie muss sich mit der transparenten Verbindung von normativer und positiver Theorie ebenso beschäftigen wie mit der Integration verschiedener Theorieebenen und der Konkurrenz unterschiedlicher Analyseweisen.

Jenseits dieser theoretischen Probleme, die ja für die gesamte Politikwissenschaft gelten, zeigen die Beiträge des vorliegenden Bandes den erheblichen Erkenntnisfortschritt der empirischen Verwaltungsforschung. Als gemeinsamer Bezugspunkt der nationalen wie vergleichenden Beiträge kann dabei die Frage nach den erkennbaren Veränderungen der öffentlichen Verwaltung, ihren Voraussetzungen und Folgen gelten. Wir wissen einiges darüber, wie sich Verwaltung in den letzten 25 Jahren gewandelt hat. Wir haben belastbare Erkenntnisse über die Folgen von Ökonomisierung und Verwaltungsreformen in Deutschland (Bogumil/Grohs/Kuhlmann, Holtkamp), über unterschiedliche nationale Pfade der Veränderung lokaler und regionaler Verwaltungen (Kuhlmann, Wollmann) und neue Organisationsmodelle bei der Implementierung von E-Government (Kubicek), über die Entwicklung unserer administrativen Eliten (Schwanke/Ebinger) und Autonomisierungstendenzen bei den Bundesoberbehörden (Döhler), die Wandlungen der funktionalen Selbstverwaltung (Nullmeier/Klenk) sowie die Beziehungen zwischen Verwaltung und Parlament (Kropp).

Wir wissen mehr über die Transformation der Verwaltung durch Europäisierung (Demmke), über mittel- und unmittelbare Effekte auf der Ebene der politischen und administrativen Institutionen, aber auch über die normativen und verwaltungskulturellen Auswirkungen der europäischen Integration bis hin auf die lokale Ebene (Goetz). Neue Forschungsthemen wie die Rolle von Verwaltungsstäben in internationalen Organisationen (Liese/Weinlich) oder die Bedeutung von Ethik-Maßnahmen in der öffentlichen Verwaltungen (Behnke) werden herausgearbeitet. Die sowohl theoretisch wie empirisch belegten Entwicklungen der vergleichenden Verwaltungsforschung zeigen den Fortschritt der verwaltungswissenschaftlichen Forschung dabei besonders eindringlich (Schnapp).

Verwaltung verändert sich, vielleicht sogar stärker als die Institutionen, die gewöhnlich im Scheinwerferlicht der Politikwissenschaft stehen, also Parteien, Parlamente, Interessengruppen und Wahlen. Wie Döhler in seinem Beitrag zeigt, kann die Transformation der Verwaltung durchaus weitgehend unbewusst, „schleichend" und inkremental vor sich gehen, und gerade dann ist die Verwaltungswissenschaft gefragt. Es gibt eine inzwischen ausufernde Diskussion über neue Formen der „Staatlichkeit", aber inwieweit diese neue Staatlichkeit auch eine neue Form der öffentlichen Verwaltung mit sich bringt, oder gar erfordert, wird bisher viel zu wenig problematisiert.

Im Interesse einer positiven wie normativen Verwaltungswissenschaft wie -theorie sollte aber auch und gerade die bewusste, zielgerichtete und intentionale Transformation der Verwaltung stehen, oder jedenfalls deren Versuch, also das, was gewöhnlich als Verwaltungspolitik oder umfassender und korrekter als Institutionenpolitik bezeichnet wird. Ellwein hat darauf hingewiesen, dass sich gerade in der Empirie und Theorie der Verwaltungspolitik die Bemühungen um eine empirische wie normative Theorie der Verwaltung treffen. Die skandinavische Schule der Verwaltungswissenschaft deutet an, wie die Integration theoretischer und empirischer Bemühungen zu realistischeren, damit auch praxisnäheren und relevanteren Einschätzungen der Voraussetzungen und Folgen von Verwaltungspolitik beitragen könnte.

3. *Schlussfolgerungen für Forschung und Lehre: Verwaltungsforschung und Verwaltungswissenschaft*

Verwaltung scheint – das ist das Ergebnis der empirischen Erträge und theoretische Erkenntnisse des vorliegenden Bandes – aus der Sicht der politikwissenschaftlichen Forschungslogik keine Besonderheiten aufzuweisen. Sie wird wie Politik insgesamt analysiert – und soll doch – so zumindest der Titel dieses Bandes und ein etabliertes Verständnis – in einer bestimmten Spannung, Gegensätzlichkeit und Abgegrenztheit zur Politik untersucht werden. Ist diese Gegenüberstellung überholt und Verwaltung als ein normales Feld der Politikwissenschaft, als exekutivische Politik, zu interpretieren? Und warum kann man dies vermutlich eher akzeptieren, als eine gleichgerichtete Vereinnahmungsbewegung beim Thema „Recht und Politik"? Oder muss die politikwissenschaftliche Verwaltungsforschung die Spezifik ihres Gegenstandes doch noch weiter herausarbeiten, um nach einer Phase der Übernahme etablierter Forschungsweisen, einer Phase der Normalisierung und Professionalisierung sich wieder rückzubesinnen auf ihren eigentlichen Gegenstand? Oder gibt es gar noch immer einen Gegensatz zwischen Politikwissenschaft und Verwaltungswissenschaft?

Schon 1982 hatte Ellwein in seinem Überblicksaufsatz ausdrücklich darauf verzichtet, in das normale „Gejammer" über mangelhafte Interdisziplinarität, theoretische Fundierung und Praxisbezug der Verwaltungswissenschaft einzustimmen, und tatsächlich sind auch heute diese wohlfeilen Standardklagen unbegründet. Wenn es einen politikwissenschaftlichen Teilbereich gibt, der durch kontinuierliche Bestrebungen der interdisziplinären Zusammenarbeit gekennzeichnet ist, dann die Verwaltungsforschung, und auch der Praxisbezug lässt nicht zu wünschen übrig, eher im Gegenteil wird ihr ja gelegentlich eine allzu große Nähe zu den Bedürfnissen und Fragestellungen der Praxis vorgeworfen. Interdisziplinarität und Praxisbezug werfen Probleme und „Kosten" auf, die keineswegs zu vernachlässigen und gelöst sind, aber sie gehören nicht zu den Defiziten der Verwaltungsforschung. Ähnliches gilt für die theoretische Fundierung. Diese ist in der Politikwissenschaft immer prekär und umstritten, aber auch hier kann man der neueren Verwaltungsforschung eher ihre Vielfalt, als ihre Abstinenz vorwerfen.

Ellwein hatte ausdrücklich darauf verzichtet, eine Definition von Verwaltungswissenschaft zu liefern, und auch diese Diskussion scheint ausgestanden zu sein. In den Beiträgen des vorliegenden Bandes geht es nicht darum, irgendeine spezifische, disziplinäre Verwaltungswissenschaft, etwa mit eigenen Methoden oder Theorien zu definieren oder auszugrenzen, sondern die empirische wie theoretische Relevanz des Gegenstandbereich und Tätigkeitsfeldes „öffentliche Verwaltung" als originären Gegenstand der politikwissenschaftlichen Forschung (und damit auch Lehre) zu erkunden. Wenn man akzeptiert, dass Politik Domäne der Politikwissenschaft ist, öffentliche Verwaltung aber einen erheblichen Einfluss auf politische Inhalte und Ergebnisse hat, Teil des politischen Institutionengefüges ist, sowohl als Akteur wie Adressat politischer Auseinandersetzungen auftritt und daher nicht ohne ihren politischen Kontext verstanden werden kann, bedarf es eigentlich keiner weiteren Begründung, warum Verwaltung Teilgebiet der Politikwissenschaft sein muss.

Sämtliche Beiträge des vorliegenden Bandes gehen daher von einem empirisch vorhandenen, aber theoretisch genauer zu bestimmenden Gegenstandsbereich „öffentliche

Verwaltung" aus. Sie verstehen diese, oder vielmehr die öffentlichen Verwaltungen, als wichtige und zentrale Akteure in komplexen politischen Handlungskonstellationen. Ausgehend von dieser Perspektive können Verwaltungen sowohl als Organisationen (kollektive Akteure) oder Institutionen (Regelsysteme), als Aggregate von individuellen (intra-) und kollektiven Akteuren (inter-organisationelle Perspektive) aufgefasst werden. Konkret geht es um öffentliche, d.h. politisch kontrollierte oder etablierte Organisationen, also um Ministerien, nachgeordnete Behörden, lokale und funktionale Selbstverwaltungen, aber auch um die professionellen Apparate von internationalen Organisationen oder verselbständigten Einheiten in ihren vielfältigen Bezügen und Netzwerken. Es geht schließlich um wissenschaftliche, also empirische wie theoretische Erkenntnisse und Entwicklungen, und nicht um die vielfältigen normativen Konzepte der letzten Jahre, und auch nicht um praktische Reform- oder Modernisierungsvorschläge – außer natürlich als Gegenstand der wissenschaftlichen Reflexion.

Bereits 1982 hatte Ellwein eine engere und eine weitere Sicht der Verwaltungswissenschaft unterschieden. Dies war und ist zum einen Verwaltungswissenschaft als allgemeine Theorie des politisch-administrativen Systems, also eine allgemeine politische Steuerungstheorie, die damals von Fach als das „dominierende Paradigma der Politikwissenschaft" ausgemacht wurde. Als die engere Version identifizierte Ellwein demgegenüber eine Verwaltungswissenschaft, die sich einfach durch ihren Gegenstand definiert, also öffentliche Organisationen und Institutionen. Er kritisierte eine wahrnehmbare Spezialisierung und Fragmentierung der Verwaltungswissenschaft, die insbesondere durch die Policy Forschung vorangetrieben wurde, noch bevor es gemeinsame Grundlagen gab. Ihm schien sicher zu sein, „dass es relativ schwer ist, von policy-bezogenen Analysen zurück zur Verwaltung als solcher zu kommen" (Ellwein 1982: 43). Diese Voraussage hat sich eindeutig bewahrheitet, Policy Forschung und Verwaltungswissenschaft sind verschiedene Wege gegangen, auch wenn noch immer, oder wieder, versucht wird, sie zusammenzuführen.

Die sich damals bereits andeutende Differenzierung zeigt sich heute in zwei unterschiedlichen Ausbildungskonzepten, den multi-disziplinären Policy- und Governance-Schulen, und den disziplinär verorteten verwaltungswissenschaftlichen Studiengängen. In ersteren geht es, wie damals, um eine umfassend verstandene politische und gesellschaftliche Steuerung, allerdings informiert durch die moderne Governance-Diskussion, also um einen weit verstandenen Begriff von „Regieren", der über das Agieren von Regierungen herausreicht (siehe Bertram/Walter/Zürn). Anknüpfungspunkt sind die amerikanischen *Professional Schools*, d.h. eine professionelle Orientierung am Wissens- und Ausbildungsbedarf bestimmter Sektoren, in diesem Fall von Regierung und Verwaltung. Es geht um gezielt anwendungsorientierte Forschung und Lehre, die multidisziplinär und praxisorientiert sein soll. Wie König in seinem historischen und vergleichenden Überblick zeigt, war diese Professionalisierung der Ausbildung in Richtung auf das Berufs- und Tätigkeitsfeld Politik und Verwaltung allerdings bisher nur in den USA erfolgreich, in Frankreich war sie ohnehin nie wirklich mit empirischer oder gar multidisziplinärer Forschung verbunden. In Europa gab und gibt es andere Ausbildungs- und Sozialisationswege, die sich, wenn die Einsichten der Institutionentheorie tragfähig sind, nicht ganz einfach ändern lassen. Diese Erfahrung hat auch der verwaltungswissenschaftliche Studiengang in Konstanz gemacht, dessen ursprüngliche Intentionen sehr den heutigen Governance-Schulen ähnelten.

Während Forschung und Lehre an den Governance-Schulen also sehr breit angelegt sind, konzentriert sich die politikwissenschaftliche Verwaltungsforschung, wie der vorliegende Band zeigt, und damit auch die inzwischen etablierten disziplinären Zentren verwaltungswissenschaftlicher Forschung und Lehre, auf ein engeres Konzept der Verwaltungswissenschaft. Ausgangspunkt sind hier die organisatorischen und institutionellen Voraussetzungen des Regierens, wie sie sich in öffentlichen Organisationen manifestieren. Es geht um den Stellenwert der öffentlichen Verwaltung in der Formulierung, Implementierung und Evaluierung öffentlicher Politiken, auch und gerade in modernen Governance-Strukturen. Verwaltungswissenschaft „im engeren Sinne" beschäftigt sich daher auch mit allgemeinen Fragen von Governance, aber immer unter dem Blickwinkel des spezifischen Beitrages und der Problemlösungsfähigkeit des öffentlichen Sektors, und dabei ganz besonders mit den Voraussetzungen, Merkmalen und Folgen seiner Veränderungen. Ausgangspunkt ist dabei die banale Vermutung, dass die „zielgerichtete Regelung gesellschaftlicher Beziehungen und der ihnen zugrundeliegenden Konflikte" (Zürn 2004: 12) auch und nicht zuletzt durch die Strukturen und Prozesse des öffentlichen Sektors bestimmt werden. Dieses Verständnis von Verwaltungswissenschaft i.e.S. mit „neudeutsch Public Management" gleichzusetzen, wie es Bertram/Walter/Zürn in diesem Band vorschlagen, reicht vermutlich nicht aus.

Allerdings sollte man diese Unterschiede auch nicht überbetonen. Beide Bereiche beschäftigen sich sowohl mit Grundlagen- wie mit angewandter Forschung, beide pflegen intensive Kontakte zur Praxis, und dass sich verwaltungswissenschaftliche Forschung nicht nur an theoretischen Diskursen orientiert, sondern sich gerade auch aus politischen und praktischen Problemlagen speist, zeigt besonders beeindruckend das Beispiel der skandinavischen Verwaltungswissenschaft.

In diesem Sinne scheinen die alten konzeptionellen Fragen geklärt: Verwaltung ist ein etablierter und wichtiger Gegenstand der politikwissenschaftlichen Forschung, Verwaltungsforschung ist eine anerkannte politikwissenschaftliche Subdisziplin, und – auch wenn es unterschiedliche Auffassungen über den Umfang von Verwaltungswissenschaft gibt – es besteht doch Einigkeit darüber, dass es keine spezifische, disziplinäre Verwaltungswissenschaft mit eigenen Methoden, Konzepten oder Theorien gibt und diese auch nicht anzustreben ist.

Diese Normalisierung der Verwaltungsforschung ist sicherlich zu begrüßen. Sie wird dazu beitragen, dass die Spezialfragen des Forschungsgebietes Verwaltung hinreichend mit jenen Themen und Begrifflichkeiten verbunden werden, die das ganze Fach Politikwissenschaft beschäftigen. Und sie wird helfen, mit neuen, an anderen Gegenständen erprobten Mitteln auf Verwaltungsthemen zuzugreifen. Und sie kann vielleicht dazu beitragen, Verwaltung nicht mehr für einen gesonderten, eher nachrangig zu beachtenden Bereich zu halten, der nicht ganz im Zentrum der Politikwissenschaft steht.

Literatur

Benz, Arthur, 2003: Status und Perspektiven der politikwissenschaftlichen Verwaltungsforschung, in: Die Verwaltung 3, 361–388.

Benz, Arthur, 2005: Public Administrative Science in Germany: Problems and Prospects of a Composite Discipline, in: Public Administration 83, 659–668.

Bogumil, Jörg, 2005: On the Relationsship between Political Science and Administrative Science in Germany, in: Public Administration 83, 669–684.

Bogumil, Jörg/Jann, Werner, 2005: Verwaltung und Verwaltungswissenschaft in Deutschland. Einführung in die Verwaltungswissenschaft. Wiesbaden: VS Verlag für Sozialwissenschaften.

Ellwein, Thomas, 1982: Verwaltungswissenschaft: Die Herausbildung der Disziplin, in: *Hesse, Joachim Jens* (Hrsg.), Politikwissenschaft und Verwaltungswissenschaft. Opladen: Westdeutscher Verlag, 34–54.

Hesse, Joachim Jens (Hrsg.), 1982: Politikwissenschaft und Verwaltungswissenschaft. Opladen: Westdeutscher Verlag.

Jann, Werner, 2005: Governance als Reformstrategie – Vom Wandel und der Bedeutung verwaltungspolitischer Leitbilder, in: *Schuppert, Gunnar Folke* (Hrsg.), Governance-Forschung. Vergewisserung über Stand und Entwicklungslinien. Baden-Baden: Nomos, 21–43.

Mayntz, Renate, 2005: Governance Theory als fortentwickelte Steuerungstheorie?, in: *Schuppert, Gunnar Folke* (Hrsg.), Governance-Forschung. Vergewisserung über Stand und Entwicklungslinien. Baden-Baden: Nomos, 11–20.

Zürn, Michael, 2005: Regieren jenseits des Nationalstaates. Globalisierung und Denationalisierung als Chance. Frankfurt a.M.: Suhrkamp, 2. Auflage mit einem Nachwort.

I.

Theoretische Zugänge

Eigendynamik von Governance in der Verwaltung

Arthur Benz

1. Einleitung

Es gehört zu den primären Aufgaben der Verwaltungswissenschaft, herauszufinden und zu verstehen, wie die Verwaltung funktioniert. Zweifellos hat die Forschung in verschiedenen Zusammenhängen unsere Kenntnisse darüber erweitert. Die Bürokratieforschung hat auf die Entstehung informaler Beziehungen in formalen Organisationen aufmerksam gemacht. Untersuchungen der Ministerialverwaltung und der planenden Verwaltung zeigten die positiven wie negativen Auswirkungen von vertikaler und horizontaler Arbeitsteilung auf die Bewältigung komplexer Aufgaben, einschließlich der Tatsache, dass diese Effekte durch Beziehungen von Verwaltungseinheiten zu Interessengruppen und Klienten verstärkt werden. Die demokratietheoretisch inspirierte Verwaltungsforschung der 1960er und 1970er Jahre ermittelte Beharrungskräfte und Verselbständigungstendenzen der Verwaltung gegenüber der politischen Führung. In der Implementationsforschung erkannte man die Möglichkeiten und Grenzen der Steuerung durch Recht, finanzielle Anreize, Vereinbarungen und Überzeugung. Unter dem Begriff der „kooperativen Verwaltung" wurden Beziehungen zwischen Verwaltung und Adressaten des Verwaltungshandelns als Verhandlungsprozesse analysiert.

Die Aufzählung ließe sich sicher erweitern. Nicht zu widerlegen wäre dadurch aber, dass in den einzelnen Forschungszusammenhängen immer nur spezifische Aspekte der Funktionsweise von Verwaltung erfasst worden sind. Eine empirische Verwaltungsforschung ist in der Tat auf eine solche Spezialisierung angewiesen. Allerdings verliert sie dabei leicht generalisierbare Aussagen und vergleichende Analysen aus dem Blick. Dies wurde schon in den 1960er Jahren bemängelt, und einzelne Verwaltungswissenschaftler bemühten sich um Analysekonzepte, welche die Verwaltung insgesamt erfassen sollten. Der systemtheoretische Entwurf von Niklas Luhmann (1966) erwies sich allerdings für die empirische Forschung als zu abstrakt, und gleiches galt für politökonomische, neomarxistische (Ronge 1974) und institutionenökonomische (Niskanen 1971) Ansätze der Verwaltungsforschung. Auch die Forderungen, Verwaltungswissenschaft in eine Staatswissenschaft zu integrieren, wie dies der Herausgeber des Sonderhefts der PVS zum Thema „Politikwissenschaft und Verwaltungswissenschaft" beabsichtigte (Hesse 1982), trafen auf wenig Resonanz. Dies ist insofern verständlich, als all diese Bemühungen um eine übergreifende Theorie- oder Analyseperspektive der Differenziertheit des Gegenstands nicht gerecht werden konnten.

Wenn nach der Funktionsweise von Verwaltung gefragt wird, so sind Funktionen der Verwaltung, ihre gesellschaftlich bedingten Handlungsspielräume, Eigeninteressen der Verwaltungsangehörigen gegenüber der Politik oder der staatstheoretische Kontext, die in den genannten Ansätzen ins Zentrum gerückt werden, nicht ohne Belang. Wie die Verwaltung arbeitet und mit welchen Ergebnissen und Folgen hängt jedoch vom Zusammenwirken von Personen und Organisationen ab, das durch Regeln beeinflussbar, aber nie determinierbar ist. Um das Funktionieren (oder auch Funktionsstörungen) der Verwaltung zu verstehen und zu erklären, müssen wir daher die Mechanismen identifizieren, die das Zusammenwirken von Personen und Organisationen (als kollektive Akteure) bzw. Institutionen (als Regelsysteme, die explizit beschlossen oder in kulturellen Kontexten begründet sind) herbeiführen. Dies zu leisten ist nicht ohne empirische Forschung möglich, eine Forschung, die Verwaltung in ihren vielfältigen Erscheinungen und ihren Veränderungen erfassen sollte. Dabei ist nicht zu erwarten, dass diese Forschung durch eine einzige Theorie angeleitet werden kann. Wenn Verwaltungswissenschaft aber über Einzelanalysen hinaus gelangen will, bedarf sie eines analytischen Werkzeugs, mit welchem Funktionsmechanismen kategorisiert und auf den Begriff gebracht werden können. Theoriebildung kann erst auf dieser Grundlage geleistet werden, indem etwa Bedingungen, Zusammenhänge und Folgen der Funktionsmechanismen ermittelt und erklärt werden.

Im Folgenden soll eine solche Perspektive skizziert werden. Ich bezeichne sie als „Governance-Perspektive", die den Blick auf die Art und Weise lenkt, wie Akteure in institutionellen Kontexten oder Interaktionsbeziehungen ihre Handlungen koordinieren. Als Governance sollen Koordinations- bzw. Ordnungsformen verstanden werden, die sich durch spezifische Struktur-Prozess-Zusammenhänge und die durch sie bestimmten Mechanismen der Interaktion von Akteuren beschreiben lassen (vgl. Lange/Schimank 2004; Schimank 2003). Nach einer knappen Darstellung elementarer Koordinationsmechanismen will ich zeigen, dass in der Verwaltung, wie in anderen Bereichen von Staat und Gesellschaft, komplexe Governanceregime zu beobachten sind, die über die Grenzen formaler Organisationen und meistens auch über die Grenzen des öffentlichen Sektors hinaus reichen, wobei sie einer eigenen Dynamik unterliegen (Benz/Papadopoulos 2006; Kooiman 2003; Pierre/Peters 2000). Es versteht sich von selbst, dass die vorgestellte Systematik von Governanceformen und -regimen nicht auf Vollständigkeit angelegt ist. Vielmehr geht es um die Erläuterung der analytischen Perspektive und ihres Nutzens für die Verwaltungsforschung.

2. Elementare Governanceformen in der Verwaltung

Wenn wir unter Governance kollektives Handeln zwischen Akteuren in institutionellen Kontexten verstehen, dann stellt sich zunächst die Frage, wie Akteure grundsätzlich ihre Handlungen koordinieren, d.h. welche sozialen Mechanismen (Hedström/Swedberg 1998) in Struktur-Prozess-Zusammenhängen angelegt sind und Handlungen so kausal verknüpfen, dass gemeinsames Handeln erreicht wird. Dabei müsste, wie Joachim Blatter (in diesem Band) zu Recht betont, berücksichtigt werden, dass Akteure unterschiedliche Handlungsmodelle verwirklichen und dementsprechend die Koordination variieren kann. Zur Vereinfachung gehe ich hier davon aus, dass Akteure Interessen verfolgen und Ergebnisse von Koordination hinsichtlich der Folgen für ihre eigenen Interessen bewerten. Die Handlungskoordinierung zwischen solchen Akteuren kann über Anpassung auf der Grundlage von Beobachtung oder durch Einfluss auf der Grundlage von Kommunikation erfolgen (Lange/Schimank 2004: 20–21). Anpassung wie Einfluss können einseitig oder wechselseitig erfolgen. Da Governance im Kern auf Interaktionen beruht (Kooiman 2003), sind grundsätzlich wechselseitige Verhaltensänderungen zu erwarten. In der Terminologie der Spieltheorie handelt es sich bei Anpassung um ein nicht-kooperatives, bei Einfluss um ein kooperatives Spiel. Zur Anpassung von Verhalten werden Akteure entweder durch Restriktionen (Zwang) oder durch Optionen (Chancen) veranlasst. Einfluss kann durch Überzeugung (Information, Argumente) oder Anreize (Ressourcentausch) erfolgen.

Diese Mechanismen der Handlungskoordinierung sind in jeweils unterschiedlichen komplexeren Interaktionsformen festzustellen. Die Governanceforschung liefert für diese Formen eine verwirrende Vielfalt von Kategorisierungen, die mit den Variationen der Forschungsgebiete zu erklären ist. Man kann daher versuchen, diese Variationen in einem möglichst differenzierten Schema abzubilden, oder man kann Koordinationsformen für ein besonderes Forschungsgebiet bestimmen und nur die relevanten Formen in das Analyseschema aufnehmen. Im Folgenden wird der zweite Weg gewählt.

Für die Verwaltung ist zweifellos das Ordnungsmuster der *Hierarchie* besonders relevant, und zwar sowohl für die binnenadministrativen Strukturen und Prozesse wie für das Verhältnis von Gesetzgebung, politischer Führung, Verwaltung und Adressaten von Verwaltungsakten. Dafür gibt es gute Gründe: Eine hierarchische Verwaltungsorganisation sichert Berechenbarkeit, die sowohl für einen Rechtsstaat als auch eine Demokratie erforderlich ist. Sie ermöglicht die Bewältigung komplexer Aufgaben durch Arbeitsteilung (Simon 1978) sowie Machtbegrenzung durch immanente Kontrollen. Diese Anforderungen erfüllt eine hierarchische Verwaltungsorganisation aber nur, sofern Handlungen der Akteure koordiniert werden, d.h. wenn die ausführenden Einheiten dem Willen des Gesetzgebers, der politischen Führung und der vorgesetzten Verwaltungsleitung folgen. Vielfach wird angenommen, dass Koordination in der Hierarchie unproblematisch sei, weil Akteure sich in einem Über-Unterordnungsverhältnis befänden und formale Regeln durch Zwang durchgesetzt werden könnten. Die ökonomische Institutionentheorie hat dagegen darauf aufmerksam gemacht, dass den verschiedenen Rängen der Hierarchie jeweils besondere Funktionen zugeordnet sind, nämlich die Leitung und Kontrolle durch die sog. „Principals" und die Ausführung durch die „Agenten". Mit der Funktionsdifferenzierung sind demnach Interessenkonflikte verbunden. Zudem wird die asymmetrische Verteilung von Zwangsmitteln und Ressourcen kontrastiert durch eine umgekehrt asymmetrische Verteilung von Informationen (Miller/ Moe 1986; Moe 1984). Hierarchische Koordination beruht zwar auf asymmetrischer Machtverteilung, die aber wechselseitige Anpassung erfordert. Ihr Gelingen hängt von der Funktionsteilung, von einem austarierten Verhältnis von Zwängen (Verhaltensregeln, Anweisungen) und Optionen (Anreizen) sowie von emergenten Interaktionsregeln ab.

Hierarchische Koordination kann also misslingen. Koordinationsschwierigkeiten treten nicht nur als unerwünschte Nebeneffekte auf, sondern sind auch dem Koordinationsmodus immanent. Zwangsausübung findet ihre Grenzen in Informationsdefiziten der Leitungsebene; Anreize wirken selten genau, weil ihre Wirkungen nicht kalkuliert werden können, was zu ineffizienter Aufgabenerfüllung oder unerwünschten Effekten führen kann; nachgeordnete Einheiten können aufgrund ihres Informationsvorsprungs die formale Über-Unterordnung in ihr Gegenteil verkehren, indem sie Anpassung an Vorgaben verweigern. Aus diesen Erkenntnissen, die alles andere als neu sind, sollte man nun nicht auf das Ende der Hierarchie in der Verwaltung schließen. Vielmehr soll die präzise Analyse von Governance die spezifischen Funktionsmechanismen von Hierarchien aufzeigen. Diese erweisen sich in dieser Perspektive bereits als relativ komplexe Struktur-Prozess-Muster, die Handlungen nicht determinieren, sie aber an bestimmte Regeln binden. Diese Regeln betreffen neben den formalen Weisungsbefugnissen auch die Verteilung von Funktionen und Ressourcen, die in der Realität variieren, ohne dass sich deswegen an der grundsätzlichen Funktionsweise hierarchischer Koordination etwas ändert.

Die empirische Bürokratie- und Verwaltungsforschung (Mayntz 1968) hat frühzeitig gezeigt, dass in realen Verwaltungen informale Beziehungen zwischen Personen existieren, die formale Regeln ergänzen oder von ihnen abweichen. Diese Abweichungen wurden nicht notwendig negativ bewertet, sondern als durchaus „brauchbare Illegalität" (Luhmann 1964: 304) bezeichnet. Der Begriff „informal" beschreibt Regeln, die nicht explizit festgeschrieben sind und sagt noch nichts über die Art, wie Akteurshandlungen koordiniert werden. Die Governanceforschung erfasst diesen Sachverhalt mit dem Begriff *Netzwerke*.

Ein Netzwerk – im Sinne einer Governanceform – liegt vor, wenn formal autonome Akteure in relativ dauerhaften, aber nicht formal geregelten Interaktionsbeziehungen gemeinsame Ziele oder Werte verwirklichen. Koordination erfolgt durch wechselseitigen Einfluss, sei es auf der Basis von Informationsvermittlung oder Ressourcentausch. Netzwerke, in denen Ressourcen getauscht werden, widersprechen in der öffentlichen Verwaltung meistens formalen Regeln, weil sie entweder Korruption oder verbotene Kopplungen von Entscheidungen implizieren. In privaten Organisationen oder in Verwaltungen des „Dritten Sektors" können sie beim Tausch spezifischer Güter oder Leistungen Transaktionskosten verringern. Wichtiger als der Ressourcentausch ist für die Handlungskoordination allerdings die Kommunikation, also der Austausch von Informationen. Akteure in Netzwerken sind autonom und unterliegen keinen Zwängen, gleichwohl sind Einflusspotentiale selten symmetrisch, sondern je nach Netzwerkstruktur mehr oder weniger ungleich verteilt. Akteure mit vielen Beziehungen zu anderen Akteuren sind einflussreicher als diejenigen, die nur über wenige Beziehungen verfügen. Netzwerke bilden (oft mehrere) Zentren verdichteter multilateraler Interaktionen zwischen wenigen Akteuren und Peripherien von bilateraler und eher schwacher Kommunikation aus.

Die wechselseitige Einflussnahme durch Informations- und Ressourcenaustausch erklärt, wie Koordination in Netzwerken hergestellt wird, nicht aber, worauf die Stabilität der Beziehungen zwischen Akteuren beruht und weshalb die Koordination in Netzwerken strukturell gesichert ist. Ein Grund hierfür liegt in der Anerkennung von Interdependenz, also in der Erfahrung von Akteuren, aufeinander angewiesen zu sein. Ein weiterer Grund liegt im wechselseitigen Vertrauen der Netzwerkpartner, das der Dichte ihrer Beziehungen und ihrer Bereitschaft entspricht, gemeinsame Ziele bzw. Werte zu unterstützen. Vertrauen muss wachsen und es muss, wenn es besteht, gepflegt werden, was für die Akteure mit Aufwand verbunden ist. Es stellt also eine Art sozialen Kapitals, eine Investition (Scharpf 1993: 76) dar, dessen Nutzen Akteure beim Verlassen des Netzwerks verlieren. Akteure können sich in Netzwerken zwar leichter als in hierarchischen Strukturen durch „Exit" dem Einfluss entziehen, die Realisierung dieser Option ist aber mit hohen Kosten verbunden. Vertrauen führt daher zu einer relativ hohen Stabilität der Interaktionsbeziehungen und der Koordinationsleistungen von Netzwerken.

Der dritte Governancemodus, der für die Verwaltungsforschung relevant ist, ist die *Verhandlung*. Bei Verhandlungen tritt der Prozessaspekt stärker in den Vordergrund, allerdings stellen sie nicht lediglich ein Verfahren dar, sondern basieren auf spezifischen Strukturen. Stabile und Erfolg versprechende Verhandlungen kommen nur zustande, wenn die beteiligten Akteure wissen, dass sie gemeinsame Interessen verwirklichen müssen, um ihre individuellen Interessen zu erreichen. Diese Situationsstruktur wird durch institutionelle Regeln unterstützt, die zumindest grundlegende Verfahrensweisen festlegen: Akteure müssen sich als formal gleichberechtigt behandeln und grundsätzlich bereit sein, sich zu einigen. Darüber hinaus können Verhandlungssysteme auf Dauer institutionalisiert sein und den Akteuren einseitiges Handeln mit der Folge verbieten, dass eine Einigung zwingend erforderlich ist, wenn der Status quo verändert werden soll. Im Unterschied zu diesen „Zwangsverhandlungen" erlauben freiwillige Verhandlungen den Austritt, so dass jeder der Beteiligten autonome, wenngleich unkoordinierte Entscheidungen treffen kann (Scharpf 1992: 65–68).

Koordination erfolgt in Verhandlungen durch wechselseitige Einflussnahme in direkter Kommunikation, sei es in Form von unbedingten oder bedingten Konzessionen oder von verallgemeinerungsfähigen Begründungen. Im ersten Fall interagieren Verhandlungspartner im Modus des „bargaining" und einigen sich entweder durch Annäherung von Positionen (Kompromiss) oder wechselseitige Konzessionen (Tauschgeschäfte in Paketlösungen). Wenn sie sich durch rationale Argumente wechselseitig zu überzeugen versuchen, verhandeln sie „verständigungsorientiert", also im Modus des „arguing" (Benz 1994: 118–134; Elster 1993). In realen Verhandlungen beobachten wir in der Regel eine Kombination beider Verhandlungsweisen, die je nach Verhandlungsgegenstand sowie der institutionellen Einbindung der Akteure und Phasen des Prozesses variiert (Benz 1994: 130–134; Holzinger 2001). Darüber hinaus bieten Verhandlungen allen Akteuren die Option, Zwang auszuüben, allerdings nur in Form von Vetomacht. Keiner kann ein Verhalten anderer Akteure direkt erzwingen, aber jeder kann eine Einigung verhindern und durch die Drohung mit dem Abbruch von Verhandlungen seine Verhandlungspartner indirekt zur Verhaltensanpassung veranlassen. Formal betrachtet ist Vetomacht, anders als Informationen und Ressourcen, gleich verteilt, die Konsequenzen von Vetos können aber die Akteure in verschiedener Weise betreffen.

Wettbewerb, die vierte elementare Governanceform, die für die Verwaltungsforschung bedeutsam ist, wird vielfach mit dem Markt in Verbindung gebracht. Wenn, etwa im Kontext des New Public Management-Diskurses, vom Wettbewerb in der Verwaltung die Rede war, schien dies eine Steuerung des Verwaltungshandelns durch Angebot und Nachfrage bzw. Preise (Gebühren) zu bedeuten. Der Markt stellt jedoch einen speziellen Wettbewerb in einem komplexen institutionellen Kontext dar. Wettbewerb bezeichnet zunächst einen Mechanismus der Handlungskoordinierung, mit dem Akteure zu wechselseitiger Anpassung ihrer Chancen veranlasst werden. Der Grund, weshalb diese Anpassung erfolgt, liegt zum einen in der Abhängigkeit von oder dem gemeinsamen Interesse an einem grundsätzlich knappen Gut, zum anderen am individuellen Interesse der Akteure, dieses Gut (oder im Fall von teilbaren Gütern, mehr als andere von diesem Gut) zu erlangen. Damit Koordination im Wettbewerb gelingt, müssen alle Beteiligten die Grundregel akzeptieren, dass der oder die „Leistungsfähigere" gewinnt. Diese Regel verlangt einen Vergleich von Leistungen nach anerkannten und eindeutigen Normen. Wettbewerb setzt also gemeinsame Vergleichsmaßstäbe und komparative Handlungsorientierungen (Nullmeier 2000) voraus.

In der Verwaltung spielt der Marktwettbewerb bei der Personalrekrutierung und bei der Vergabe öffentlicher Aufträge an private Unternehmen eine wichtige Rolle. Vergleichsmaßstäbe werden hier in Ausschreibungstexten definiert. In einer Reihe von Ländern wird auch über die Zuweisung von Aufgaben an staatliche und private Träger nach Anbieterwettbewerben entschieden (Wegener 2002). Außerhalb des Marktes wird Wettbewerb in der Verwaltung eingesetzt, um Qualitätsstandards durchzusetzen oder Innovationen zu erreichen (Bogumil 2003: 223–226). Hierbei nutzt man den Institutionenwettbewerb, der unter Rückgriff auf ökonomische Theorien der Institution und des Föderalismus analysiert werden kann (Breton 1996; Vanberg/Kerber 1994; Salmon 1987). Demnach gibt es zwei Mechanismen, die Institutionen zum Leistungsvergleich und zur wechselseitigen Anpassung an Leistungsstandards veranlassen können: zum einen die Aussicht auf Zugewinn an Ressourcen, zum anderen die Chance auf Zustimmung durch Mitglieder, Wähler, Kooperationspartner oder Klienten. Verwaltungen können im Leistungswettbewerb entweder damit rechnen, dass sie leistungsabhängige Zuweisungen erhalten, oder sie können durch Reputation bzw. Zustimmung seitens der Parlamente oder der Klienten belohnt werden.

Eine grundlegende Schwierigkeit dieser Wettbewerbe liegt im Vergleich der Leistungen und in der Durchsetzung komparativer Handlungsorientierungen. Vergleiche scheitern oft an der Komplexität von Aufgaben, auf die sich die Leistungsmessung erstreckt, an Divergenzen über die Evaluierungsergebnisse oder an fehlendem Konsens über Maßstäbe, zum Teil aber auch schlicht an der Manipulation von Informationen durch die konkurrierenden Organisationen oder Akteure (Kuhlmann u.a. 2004). Wettbewerb setzt bekanntlich Transparenz voraus, die nicht ohne weiteres und vor allem nicht ohne Kosten zu erreichen ist. Selbst wenn Vergleichsmaßstäbe in Form von Standards oder Zielen vorhanden sind, bedeutet dies noch nicht, dass sich Konkurrenten untereinander vergleichen und sich damit wechselseitig zu einer Leistungssteigerung antreiben. Denn Wettbewerb bedeutet nicht die erzwungene Anpassung an Restriktionen, sondern erfordert von allen Beteiligten die wechselseitige Beobachtung und immer wieder neue Anpassungen an die leistungsstärksten Akteure mit dem Ziel, diese zu übertreffen. Anders als die vorher genannten Governanceformen richtet sich der Wettbewerb auf die ständige Überwindung vorhandener Leistungsniveaus und auf die Koordination in einem eigendynamischen Lernprozess. Dabei kann die Überwindung von Standards auch zu einer Verschlechterung, zu einem „race to the bottom" führen, wenn nicht beabsichtigte Anreize darauf hinwirken. In diesem Fall hätten wir es mit einem versagenden Koordinationsmechanismus („governance failure") zu tun.

Eine präzise Analyse der Funktionsmechanismen, die in diesen elementaren Koordinationsformen angelegt sind, kann die verwaltungswissenschaftliche Forschung bei der Beantwortung wichtiger Fragen anleiten. Die Betrachtung der Praxis bürokratischer Verwaltung als Interaktion in einer hierarchischen Ordnung kann dazu beitragen, Leis-

Tabelle 1: Elementare Governanceformen in der Verwaltung

	Hierarchie	**Netzwerk**	**Verhandlung**	**Wettbewerb**
Koordinations-mechanismus	wechselseitige Anpassung	wechselseitiger Einfluss	wechselseitiger Einfluss	wechselseitige Anpassung
Struktur	asymmetrische Verteilung von Macht und Informationen	variable Verteilung von Einfluss-beziehungen	gleiche Vetomacht variable Verteilung von Informationen und Tauschpoten-tialen (Ressourcen)	formale Gleichheit variable Wettbewerbs-fähigkeit
Stabilisierung	formale Regeln	Interdependenz, Vertrauen	individuelle und gemeinsame Interessen	komparative Orien-tierung, indivi-duelle Interessen
Austrittskosten	sehr hoch	relativ hoch	relativ gering	gering

tungsfähigkeit sowie Probleme dieses „klassischen" Typs öffentlicher wie privater Verwaltung besser zu verstehen. Die Konzepte des Netzwerks und der Verhandlung verweisen auf Analysekategorien, die für die Untersuchung von realem Verwaltungshandeln essentiell sind. Wenn man Wettbewerb als eine elementare Koordinationsform begreift, dann lässt sich erkennen, dass dessen Einführung nicht in jedem Fall eine „Ökonomisierung" der Verwaltung oder deren Steuerung durch den Markt bedeutet.

In der Realität treffen wir auf Strukturen und Prozesse, die diese „einfachen" Koordinationsformen zu komplexeren „Governanceregimen" verbinden. Wir wissen, dass Netzwerke und Verhandlungssysteme meistens hierarchische Strukturen überlagern. Wettbewerbe finden oft zwischen hierarchischen Organisationen statt, sie können aber auch Akteure einschließen, die in Netzwerke oder Verhandlungssysteme eingebunden sind. Die Modernisierung der Verwaltung kann man als eine Veränderung in der Kombination von elementaren Governanceformen interpretieren. Dies wirft die Frage auf, wie sich solche Kombinationen und ihre Veränderung auf die Funktionsweise der Verwaltung auswirken.

Mit der Betrachtung von Governanceregimen erreicht die Analyse ein Komplexitätsniveau, das einerseits realitätsgerecht ist, andererseits aber generalisierbare Aussagen erschwert. Zudem steigt die Zahl der denkbaren Governancetypen durch die Vielfalt der Kombinationsmöglichkeiten. Im Folgenden werden daher nur einige wichtige Konfigurationen exemplarisch beschrieben, und zwar ohne Anspruch auf Vollständigkeit. Im Hinblick auf die Steuerungsfähigkeit und die Eigendynamik scheint mir allerdings ein Merkmal bedeutsam zu sein, weshalb ich die Beispiele danach einteilen will: In Anlehnung an die spieltheoretischen Begriffe „embedded" und „connected games" (Tsebelis 1990; Scharpf 1991) lassen sich komplexe Governanceformen zunächst danach unterscheiden, ob es sich um *eingebettete* oder *verbundene* Zusammenhänge handelt. Im ersten Fall dominiert ein Koordinationsmechanismus, der im Konfliktfall die Interaktionen und Ergebnisse kollektiven Handelns bestimmt. Im zweiten Fall liegt keine vergleichbare Regel vor, vielmehr werden Interaktionen durch die Mechanismen der verbundenen Koordinationsformen gleichermaßen bestimmt. Durch Kombinationen werden neue Governancemechanismen erzeugt, in denen sich die Defizite der elementaren Koordinationsformen entweder wechselseitig kompensieren oder verstärken.

3. Governanceregime I: Eingebettete Koordinationsmechanismen

Einbettung bedeutet nicht, dass der dominierende Koordinationsmechanimus das kollektive Handeln der Akteure direkt determiniert, er beeinflusst aber die Handlungsorientierungen von Akteuren, die innerhalb eines institutionellen Kontexts in einem anderen Modus interagieren, sowie die Exit-Optionen. Die Leistungsfähigkeit eingebetteter Koordinationsformen hängt daher davon ab, ob der dominierende Mechanismus die für kollektives Handeln erforderlichen oder günstigen Orientierungen unterstützt und ob er bei gescheiterter Koordination einen für die jeweilige Situation oder Aufgaben geeigneten „sekundären" Koordinationsmechanismus bietet.

3.1 Verhandlungen im Schatten der Hierarchie

Verhandlungen unterliegen in den meisten Fällen nicht nur den oben genannten basalen Regeln, sondern auch dem Schatten von Hierarchien. Die Bezeichnung „Schatten" charakterisiert die Einbettung. Sie deutet an, dass ein übergeordneter Koordinationsmechanismus existiert, der aber nur dann zur Wirkung kommt, wenn Koordination in Verhandlungen scheitert. Die möglichen Folgen des Scheiterns werden aber von den Verhandlungspartnern einkalkuliert. Fritz W. Scharpf entdeckte dieses Governanceregime in der Ministerialverwaltung des Bundes (Scharpf 1993, 1997: 198–205). Albert Breton (1996: 102) erkannte die gleiche Konstellation bei interministeriellen Haushaltsverhandlungen in parlamentarischen Regierungssystemen, die er als Verhandlungen mit Interventionsmöglichkeiten des Regierungschefs beschrieb. Bei der Aufstellung des Haushalts in der deutschen Ministerialverwaltung lässt sich ein differenziertes, hierarchisch gestuftes Verhandlungssystem beobachten, in dem die jeweils übergeordnete Ebene nur die Konflikte behandelt, die in Verhandlungen der unteren Ebene nicht gelöst werden.

In allen diesen Fällen werden Interdependenzen oder Verteilungskonflikte zwischen spezialisierten Aufgabenfeldern in der Regel durch Verhandlungen zwischen den dezentralen Einheiten bearbeitet, um die begrenzten Kapazitäten der Leitungsinstanzen zu schonen. Dabei können, etwa in Arbeits- oder Projektgruppen, Interessenkonflikte multilateral verhandelt oder, wie bei Haushaltsverhandlungen, nach dem Muster der „negativen Koordination" in bilateralen Verhandlungen bearbeitet werden. Beide Varianten von Verhandlungen können am Veto eines jeden der beteiligten Akteure scheitern. In einer hierarchischen Verwaltungsorganisation erzeugt jedoch – unabhängig von in der Sache begründeten gemeinsamen Interessen – die Interventionsdrohung der übergeordneten Ebene Anreize, sich zu einigen. Der Schatten der Hierarchie bedeutet hier, dass „Vorgesetzte" ein Verhandlungsergebnis erwarten und im Falle des Scheiterns von Verhandlungen die Entscheidung an sich ziehen. Die hierarchische Koordination ist für die Verhandlungspartner unattraktiv, weil sie dadurch ihren Einfluss verlieren und Reputation einbüßen können. Aus diesem Grunde entsteht praktisch ein Einigungszwang, weshalb die Einbettung von Verhandlungen deren Effektivität verbessert. Ein ähnliches Muster finden wir, wenn Verwaltungen mit Verbänden Absprachen treffen, die Gesetze ersetzen. Für Verwaltungen ist diese Form der Koordination vorteilhaft, weil sie den langen Weg und die Unsicherheiten des Gesetzgebungsverfahrens vermeiden und die Vollzugsmodalitäten kontrollieren können. Verbände profitieren vom direkten Einfluss in Verhandlungen. Der Schatten der Hierarchie wird in diesem Fall durch die Regelungsmacht des Gesetzgebers hergestellt. Man könnte damit eine hohe Effektivität von solchen Absprachen annehmen. Tatsächlich sind die Governanceformen der „kooperativen Verwaltung" komplexer und umfassen auch, wie unten erläutert wird, verbundene Governanceregime, die inkompatible Mechanismen einschließen.

3.2 Verhandlungen oder hierarchische Koordination in Netzwerken

Genauso wie formale Regeln können Netzwerke den Rahmen für Verhandlungen oder hierarchische Koordination bilden. Auch hierbei handelt es sich um eine grundsätzlich positiv wirkende Kombination. Netzwerke können die Koordination in der Hierarchie sowie in Verhandlungen begünstigen, weil sie trotz aller Interessenunterschiede die Interaktionen und das Vertrauen zwischen Akteuren stabilisieren.

Im Fall hierarchischer Koordination senken Netzwerke die Transaktionskosten zwischen den Auftraggebern und den Agenten, indem sie Informationsasymmetrien und Interessenkonflikte reduzieren. Vertrauensbeziehungen in Netzwerken veranlassen die Akteure zu verlässlichen Informationen und die Principals zur Unterstützung über die vertraglich festgelegten oder in Organisationsregeln definierten Verpflichtungen hinaus (Breton/Wintrobe 1982, Kap 2). In der Verwaltung lassen sich oft Netzwerke zwischen Angehörigen gleicher Profession feststellen, die die Kommunikation und Koordination zwischen den Ebenen der Hierarchie erleichtern. Die Dominanz von Netzwerken, die meistens nur bestimmte Akteursgruppen verbinden, kann allerdings dazu führen, dass Zugänge zu Vorgesetzten oder zur Leitungsebene unter den Verwaltungsmitarbeitern ungleich verteilt sind. Hierdurch können Konflikte in der Hierarchie verschärft werden. Die Einbettung erfasst in diesem Fall nur einen Teil der Organisation, während andere Teile mit dem Netzwerk nur horizontal verbunden oder davon abgekoppelt sind.

Bilden Netzwerke den Rahmen für Verhandlungen, so schaffen sie die Grundlage für reziprokes Verhalten der Akteure, die in stabilen Vertrauensbeziehungen erwarten können, dass Angebote an Argumenten, Kompromissen oder Tauschgeschäften mit entsprechenden Gegenleistungen erwidert werden. Sollten Verhandlungen dennoch scheitern, dann tragen Netzwerke dazu bei, dass Interaktionsbeziehungen nicht dauerhaft gestört, sondern aufrechterhalten und Verhandlungen leichter wieder aufgenommen werden. Gerade diese Leistung von Netzwerken macht allerdings Verhandlungen der Verwaltung mit Privaten anfällig für Fehlentwicklungen, etwa wenn Vereinbarungen zu Lasten „Dritter", nicht dem Netzwerk angehörender Akteure, geschlossen oder Vertrauensverhältnisse zur Korruption ausgenutzt werden (Benz/Seibel 1992). Partielle

Einbettung in Netzwerke beeinflusst auch die Koalitionsbildung in Verhandlungen, was etwa am Beispiel der verhandelnden Ministerialverwaltungen zwischen Bund und Ländern (Benz 1997) oder in der Europäischen Union (Thurner u.a. 2005) beobachtet werden kann. Wie schon bei der in Netzwerke eingebetteten Hierarchie liegt die Ursache für die Probleme nicht in der Kombination von Governanceformen, sondern in den Zielen der Akteure und in der Selektivität der Einbettungsstruktur.

3.3 Hierarchie, Netzwerke und Verhandlungen im Schatten des Wettbewerbs

Governanceregime, in denen Hierarchie, Netzwerke oder Verhandlungen in einen Wettbewerb eingebettet sind, kommen im privaten Sektor vor, wo hierarchische Strukturen von Unternehmen maßgeblich durch den Kontext des Marktes bestimmt werden, wo Unternehmen einer Produktionskette Netzwerke bilden oder wo potentiell konkurrierende Firmen Vereinbarungen aushandeln. In der öffentlichen Verwaltung wird der Markt selten zum dominanten Koordinationsmechanismus, hier spielen allerdings andere Formen des Wettbewerbs eine Rolle. Und auch sie können andere Governanceformen überlagern.

Ähnlich wie in privaten Unternehmen können in der öffentlichen Verwaltung hierarchische Koordinationsformen durch Institutionen-, Leistungs- und Ressourcenwettbewerbe unterstützt werden. Das war ein wichtiges Ziel der Verwaltungsmodernisierung nach dem Konzept des New Public Managements (Naschold 1995; Pollitt/ Bouckaert 2004), welches Verselbständigungen von Agenten in der Verwaltungshierarchie und die dadurch verursachten Steuerungsdefizite (etwa wegen Budget maximierenden Verhaltens) überwinden wollte. Leistungs- oder Qualitätswettbewerbe sollten die ausführenden Verwaltungseinheiten dazu motivieren, ihre Performanz im Vergleich mit anderen Organisationen zu messen, sich damit an übergeordneten Zielen zu orientieren und Informationen über ihre Tätigkeit offen zu legen. Die Leitungsebenen von Verwaltungsorganisationen wurden gleichzeitig in ihrer Steuerungskompetenz gestärkt, da sie entscheiden, ob und an welchem Wettbewerb sich eine Verwaltung beteiligt. Sie können in diesem Kontext ihre Definitionsmacht über Ziele und Standards der Aufgabenerfüllung leichter durchsetzen als ohne Wettbewerb.

In der Regionalpolitik wird neuerdings versucht, regionale Netzwerke durch Leistungswettbewerbe zu steuern. Unterstellt wird dabei, dass der Konkurrenzdruck diejenigen Akteure in Regionen zusammenführt, die zur Zielerreichung beitragen können. Ferner sollen innovative Netzwerke gefördert werden, während Verflechtungen von Akteuren, die den Status quo oder ihre eigenen Vorteile verteidigen, aufgebrochen werden sollen. Der Leistungsvergleich soll zugleich Vernetzungen zwischen Regionen induzieren, die wechselseitiges Lernen fördern sollen. Die Einbettung regionaler Governancestrukturen, die im Kern durch Netzwerke gebildet werden (Fürst 2003), in interregionale Wettbewerbe soll also innerhalb von Regionen innovative Akteure mobilisieren, zu einer den Zielen angemessenen Umstrukturierung von Netzwerken führen und komparative Handlungsorientierungen fördern. In der Praxis scheitert dies allerdings leicht, weil die Effekte von Leistungswettbewerben auf das Handeln regionaler Akteure zu schwach sind, um sich gegen handlungsprägende Wirkungen anderer Governance-formen durchzusetzen. Sektorale Netzwerke zwischen Fachverwaltungen und ihren Klienten können sich in der Regel trotz der Herausforderungen des Wettbewerbs behaupten, und oft sind auch parteipolitische Orientierungen auf regionaler Ebene so stark, dass die Bereitschaft zum Leistungsvergleich zwischen Regionen gering ausfällt. Für Akteure in regionalen Netzwerken hat ein Wettbewerbserfolg häufig nur symbolische Bedeutung, weshalb er nur geringe Anreizwirkungen erzeugt (Benz 2005).

Einen zu Verhandlungen zwischen Unternehmen komplementären Fall, in dem die Verhandlungen in den Markt eingebettet sind, finden wir im Bereich der öffentlichen Verwaltung auf kommunaler Ebene, wo Städte und Gemeinden dem Steuerwettbewerb ausgesetzt sind und um die Ansiedlung von Einwohnern und Betrieben konkurrieren. Dieser Wettbewerb beeinflusst Verhandlungen, in denen Kernstädte und ihre Umlandgemeinden Flächennutzungsplanungen oder größere Infrastrukturprojekte koordinieren. Dabei sind nicht nur Verteilungskonflikte im Spiel, der Steuerwettbewerb beeinflusst auch die Handlungsorientierungen und die Verhandlungsmodi. Konkurrierende Akteure wollen relativ zu anderen Akteuren gewinnen, und wenn sie verhandeln, dann nur unter der Bedingung, dass ihre Wettbewerbsvorteile nicht beeinträchtigt werden. Dies verleitet sie zwangsläufig zu antagonistischen Orientierungen, zum Verhandeln im Bargaining-Modus, in dem Positionen verteidigt werden und Kompromisse leicht am Verhandlungsdilemma (Lax/Sebenius 1986) scheitern. Blockaden von Verhandlungen können in diesem Fall meistens nur dadurch aufgelöst werden, dass der Einfluss des Wettbewerbs durch einen relativ starken Schatten der Hierarchie zurückgedrängt wird, den eine leistungs- und durchsetzungsfähige regionale Planungsinstanz herstellt. Ähnliche Folgen können durch kompetitive Verfahren der Vergabe staatlicher Fördermittel ausgelöst werden, sie werden aber, anders als etwa in Großbritannien (John u.a. 2005), in der deutschen Verwaltung eher selten eingesetzt.

Abgesehen von den zuletzt angesprochenen negativen Interferenzen der Mechanismen haben Einbettungsstrukturen prinzipiell den Vorteil einer klaren Rangordnung zwischen den Mechanismen, die das kollektive Handeln der Akteure beeinflussen. Trotzdem sind sie tendenziell instabil, weil die Rangordnung schwerlich durch organisatorische Gestaltung auf Dauer gestellt werden kann. Am ehesten gelingt es noch, den Schatten der Hierarchie durchzusetzen. Dieser kann aber abgeschwächt werden, wenn Akteure einen mit hierarchischer Steuerung inkompatiblen Koordinationsmodus nutzen. In der Tendenz sind daher eingebettete Governanceformen primär innerhalb von Organisationen festzustellen, wo formale Regeln sie stabilisieren. In Interorganisationsgefügen, in denen übergreifende formale Regeln entweder geringe Wirkungen haben oder fehlen, beobachten wir dagegen meistens Verbundstrukturen von Governance.

4. Governanceregime II: Verbundene Koordinationsmechanismen

In verbundenen Governanceformen stehen die kombinierten Mechanismen kollektiven Handelns nicht in einer Rangordnung. Akteure müssen in diesem Fall ihre Handlungen koordinieren, obgleich sie unterschiedlichen und unmittelbar geltenden Regeln unterliegen. Das trifft regelmäßig auf Interorganisationsgefüge zu, in denen Entscheidungsprozesse mehrere „Arenen" durchlaufen. Der Begriff Arena steht für einen Bereich kollektiven Handelns, der durch spezifische institutionelle Regeln sowie durch territoriale, funktionale oder soziale Grenzen der Interaktion bestimmt ist. Governance in verbundenen Arenen (Héritier 2002) dient also der geregelten Koordination zwischen Akteuren, die jeweils in eigenen Regelsystemen tätig sind. Sie ist erheblich störungsanfälliger als vertikal eingebettete Strukturen, weil Konflikte zwischen Funktionsmechanismen nicht durch eine klare Rangfolge oder durch Entscheidungssequenzen gelöst werden können. Störungen müssen allerdings nicht zum Scheitern kollektiven Handelns („governance failure") führen, da gerade verbundene Formen endogene Flexibilitäten aufweisen, die von den Akteuren strategisch genutzt werden können. Ich will dies an zwei Beispielen illustrieren.

4.1 Kooperative Verwaltung

Mit dem Begriff „kooperative Verwaltung" wird eine Praxis des Gesetzesvollzugs und der Leistungserbringung durch Behörden bezeichnet, die im Kern auf Verhandlungen beruht (zum Folgenden: Benz 1994). Während in der Leistungsverwaltung eine Behörde Bürgerinnen und Bürgern gegenüber tritt, die einen an bestimmte Bedingungen gebundenen Anspruch auf Leistungen haben, was die Leistungsgewährung zu einer Art Tauschgeschäft in einem Kooperationsverhältnis macht, scheinen Verhandlungen in der Ordnungsverwaltung mit der Kompetenz des Staates auf „hoheitliche" Rechtsdurchsetzung zu konfligieren. Für die Analyse der verhandelnden Verwaltung aus der Governance-Perspektive werde ich die Unterschiede zwischen Ordnungs- und Leistungsverwaltung (dazu Benz 1994: IV. Teil) nicht näher betrachten.

Zunächst scheint im Fall der kooperativen Verwaltung eine eigentümliche Kombination von Hierarchie und Verhandlung vorzuliegen. Die an der Verhandlung beteiligte Verwaltung verfügt selbst über die Kompetenz zur autoritativen Entscheidung über Rechtsanwendung oder Leistungsvergabe. Sie kann also in freiwilligen Verhandlungen jederzeit ihre Exit-Option realisieren und ihre Ziele durchsetzen. Den Adressaten eines Verwaltungsakts steht dann die riskante Möglichkeit der Klage offen, mit der sie Entscheidungen wenigstens erheblich verzögern oder blockieren können. Einflussstrukturen in Verhandlungen sind somit zwar durch ungleiche Machtverteilung geprägt, sie fallen aber nicht so eindeutig asymmetrisch aus wie in einer Hierarchie. Die verhandelnde Verwaltung operiert daher in einem bestenfalls schwachen Schatten der Hierarchie.

Tatsächlich interagieren die Akteure im kooperativen Gesetzesvollzug in verbundenen Arenen, die verschiedene Koordinationsformen beinhalten. Beteiligte an diesen Verhandlungen sind Verwaltungsbeamte, die der Behördenhierarchie unterworfen sind, Vertreter von Verbänden, die entweder hierarchisch strukturiert sind oder in denen politischer Wettbewerb um Einfluss vorherrscht, sowie Interessenvertreter, die in Netzwerken (etwa zwischen Verwaltungen, Kommunen oder Unternehmen) eingebunden sind.

Verhandlungen zwischen Vertretern hierarchischer Organisationen, also Verwaltungsbehörden oder Unternehmen, scheinen durch den Verbund an Governanceformen nicht besonders störungsanfällig zu werden. Das gilt allerdings nur, wenn Vertreter der Leitungsebene verhandeln, die beteiligten Organisationen also wie unitarische Akteure

handeln. Verhandeln ausführende Einheiten verschiedener hierarchischer Verwaltungsorganisationen miteinander, dann können erhebliche Koordinationsprobleme entstehen, entweder weil die „Agenten" über keine hinreichenden Verhandlungsspielräume
verfügen oder weil sie die formalen Zwänge der Hierarchie zu taktischer Selbstbindung
ausnutzen können. Im ersten Fall sind verhandelnde Akteure an fixierte Positionen gebunden und können kaum Konzessionen oder Tauschangebote machen, im zweiten
Fall werden Verhandlungen durch Unsicherheiten über mögliche Konzessionen und
über den Einigungsspielraum belastet. In beiden Fällen steigt die Gefahr von Blockaden der Verhandlungsprozesse.

Blockadegefahren entstehen auch in Verhandlungen zwischen Gebietskörperschaften
oder zwischen Verwaltungsbehörden und Verbänden, wenn die kollektive Willensbildung in beteiligten Organisationen im politischen Wettbewerb erfolgt. Eine solche
Konstellation des kooperativen Verwaltungshandelns beobachten wir beispielsweise,
wenn leitende Vertreter von Stadtverwaltungen miteinander verhandeln, die zugleich
innerhalb ihrer Stadt die Spielregeln der Parteienkonkurrenz beachten müssen. Der
Parteienwettbewerb ist zwar in Kommunen selten so intensiv wie auf Bundes- oder
Landesebene und zudem variiert seine Wirkung je nach Größe der Kommunen bzw. je
nach Kommunalverfassung (Bogumil 2001). In süddeutschen Kommunen etwa kann
die Verwaltung unter der „exekutiven Führerschaft" (Grauhan 1969) eines starken Bürgermeisters viel unabhängiger vom Parteienwettbewerb verhandeln. Dort jedoch, wo
Parteien die lokale Governance prägen, werden Kommunalverwaltungen eher zu einer
strikten Verfolgung von Eigeninteressen verleitet, was eine Einigung in Verhandlungen
erschwert. Repräsentanten der Kommunalverwaltung müssen damit rechnen, dass ein
kompromiss- oder verständigungsorientiertes Verhandlungsverhalten öffentlich als Ver-
letzung von Belangen ihrer Kommune angeprangert wird, wenn schon nicht durch
Mehrheitsfraktionen im Rat, dann jedenfalls durch die Oppositionsgruppierungen.
Noch mehr als Kommunalverwaltungen sind Ministerialverwaltungen des Bundes und
der Länder den Regeln des Parteienwettbewerbs ausgesetzt. Dementsprechend schwierig
gestaltet sich die Koordination zwischen den Ebenen des föderativen Staats in politisierten Verwaltungsbereichen, etwa bei der Verteilung von Finanzen.

Auch Verbände, die gegenüber der Verwaltung Interessen vertreten, unterliegen
nicht selten den Regeln des internen politischen Wettbewerbs. Besonders ausgeprägt ist
dieser bei Organisationen, die aus sozialen Bewegungen hervorgegangen sind und die
demokratische Ideale verwirklichen wollen. Konzessions- oder Kompromissbereitschaft
im kooperativen Verwaltungshandeln oder gar der Wille zur Verständigung löst in solchen Verbänden oft Fraktionsbildungen und Konflikte über Ziele und Strategien aus,
die entweder Verhandlungserfolge gefährden oder den Zusammenhalt des Verbands be-
drohen. Dauerhafte Kooperationsbeziehungen zwischen Verbänden und der Verwaltung
wiederum können zu Anpassungen der Governanceformen von Verbänden in Richtung
Hierarchie führen.

Schließlich können Akteure im kooperativen Verwaltungshandeln auch in Netzwerke eingebunden sein, die „quer" zur hierarchischen Struktur liegen. Solche Netzwerke
existieren in der öffentlichen Verwaltung vor allem als „Fachbruderschaften" zwischen
den Ländern oder zwischen den Verwaltungen des Bundes und der Länder. Bekannt
sind auch Netzwerke zwischen Abgeordneten in Parlamenten, Verbandslobbyisten und

Verwaltungen, die interne Kontrollstrukturen in der Ministerialbürokratie konterkarieren. Ähnliche Effekte haben „klientelistische" Netzwerke zwischen Verwaltungen und Unternehmen. Obgleich sie wichtige Koordinationsfunktionen erfüllen, werden sie mit überzeugenden Gründen kritisiert, da sie Informationsasymmetrien in der Hierarchie verstärken und die Kontrolle der gegenüber dem Parlament verantwortlichen Verwaltungsführung unterlaufen. Allerdings hat der Verbund zwischen Hierarchie und Netzwerken für das kollektive Handeln andere Auswirkungen als das oben angesprochene Governanceregime, in dem Netzwerke die hierarchische Koordination dominieren. Einerseits werden die Eigeninteressen und der Informationsvorsprung der ausführenden Einheiten gegenüber ihren Vorgesetzten durch Beteiligung in Netzwerken verstärkt, andererseits müssen Akteure immer auch die Ziele und formalen Regeln der hierarchischen Verwaltung beachten. Sofern die beiden Koordinationsmechanismen in verschiedene Richtung wirken und Akteure an den „Schnittstellen" der Arenen in Rollenkonflikte geraten, hängt die Stabilität der Governancestruktur von der Belastbarkeit der Interdependenzen und des Vertrauens im Netzwerk bzw. den Handlungsspielräumen in der Hierarchie ab. Hierarchie und Netzwerke haben dabei den Vorteil, dass ihr Bestand nicht durch jedes Koordinationsversagen gefährdet ist, da die Austrittskosten für die Akteure relativ hoch sind. Und gerade deswegen besteht hier relativ viel Spielraum für den strategischen Umgang mit inkompatiblen Koordinationsmechanismen. Akteure können also Regelkonflikte je nach Situation bewältigen, indem sie jeweils in einer Arena im Sinne einer „brauchbaren Illegalität" Regeln verletzen. Wichtige Entscheidungen werden meistens mit Unterstützung der Hierarchie getroffen, während Netzwerke in der Routinearbeit stabilisiert werden. Umgekehrt können Netzwerke mobilisiert werden, um schwierige Informations- oder Ressourcenprobleme zu lösen, bei denen die hierarchische Organisation auf Grenzen stößt.

Treten Netzwerkakteure, die gleichzeitig hierarchischen Organisationen gegenüber verpflichtet sind, in Verhandlungen ein, so macht die Fähigkeit oder gar die Notwendigkeit, zwischen beiden Governanceformen zu wählen, ihr Verhandlungsverhalten unberechenbar. Beide Arenen legen zwar Verhandlungsverhalten oder Positionen nicht fest, aber durch ihre Verbindung werden Verhaltensprämissen und Verpflichtungen der Verhandlungspartner unkalkulierbar, so dass die Koordination durch Verhandlungen gestört wird. Die Kombination von Hierarchie, Netzwerken und Verhandlungen lässt sich bei der Implementation der europäischen Strukturfonds in den deutschen Ländern beobachten. Verhandeln Landesministerien mit der Europäischen Kommission über ihre Regionalen Entwicklungsprogramme, dann verlaufen diese Prozesse immer vor dem Hintergrund, dass die zuständigen Fachverwaltungen in die Netzwerke der Gemeinschaftsaufgaben von Bund und Ländern eingebunden sowie der Kontrolle durch die Regierung und das Parlament unterworfen sind. Die widersprüchlichen Anforderungen, die sich daraus ergeben, können die Fachverwaltungen der Länder in den Verhandlungen mit der Kommission strategisch nutzen, was allerdings erhebliche Risiken in sich birgt. Da es in Verhandlungen um die Zuteilung von Fördermitteln geht, haben die Ministerien aber ein hohes Interesse an einer Einigung, und dies verschärft ihr Dilemma. Die wechselseitige Blockierung der drei Governancemechanismen wird in diesem Fall vermieden, indem die drei Arenen faktisch weitgehend entkoppelt bzw. nur lose verbunden werden. Strukturfonds und Gemeinschaftsaufgaben entwickelten sich zu parallelen Fördersystemen (Conzelmann 2002), zwischen denen nur indirekte Anpassungen vorgenommen wurden. Die politische Führung wirft nur einen schwachen Schatten der Hierarchie und eine parlamentarische Kontrolle der Programmentwicklung wie auch der dabei eingesetzten Haushaltsmittel findet nur in begrenztem Maße statt (Auel 2003). Das Beispiel zeigt besonders gut, wie wechselseitige Störungen von Koordinationsmodi durch Anpassung des Governanceregimes vermieden werden. Diese Eigendynamik ist für verbundene Governanceformen typisch.

4.2 Verwaltung im New Public Management

Als zweites Beispiel eines Verbunds von elementaren Governanceformen erörtere ich, wiederum in einer knappen und vereinfachenden Skizze, das Reformkonzept des „New Public Management". Anders als beim kooperativen Verwaltungshandeln geht es dabei weniger um ein reales Governanceregime als vielmehr um ein Modell. Meine These lautet, dass dessen Probleme in der praktischen Umsetzung mit der hier vorgestellten Analyseperspektive besser verstanden werden können. Damit setze ich New Public Management weder mit Governance gleich noch verbinde ich mit diesem Begriff ein normatives Konzept einer effizienten Verwaltung (vgl. etwa Rhodes 1997). Vielmehr soll der Governance-Begriff den Blick auf die in diesem Modell angelegten Koordinationsmechanismen sowie ihre Verbindungen und wechselseitigen Störungen mit Mechanismen der realen Verwaltung lenken.

Das Verwaltungsmodell des New Public Management beinhaltet eine ganze Reihe von Elementen, die in der Reformdiskussion und Praxis in verschiedener Weise kombiniert wurden (als Überblick Pollitt/Bouckaert 2004; Schedler/Proeller 2000) und die ich aus Gründen der Vereinfachung auf einige wenige wesentliche Bausteine reduzieren muss. Demnach soll die Effizienz der Verwaltung vor allem durch Trennung zwischen politischer Zielsetzung und ausführender Tätigkeit, durch Leistungswettbewerbe, durch Zielvereinbarungen sowie durch ein systematisches Controlling verbessert werden.

Dieses Modell ergibt an sich ein Governanceregime, in dem sich eingebettete Koordinationsmechanismen wechselseitig unterstützen: Die Trennung zwischen den strategischen Aufgaben der politischen Führung und dem operativen Geschäft der Verwaltung entspricht einer Funktionsdifferenzierung zwischen Principals und Agents, die die hierarchische Koordination auf das notwendige Maß reduziert und den ausführenden Einheiten Freiräume gibt. Steuerung erfolgt ex ante durch Leistungsvereinbarungen und damit verbundene Anreize, also in Verhandlungen im Schatten der Hierarchie. Ex post sollen Systeme der Leistungskontrolle die hierarchische Steuerung effektiver machen. Die Informationsasymmetrien und Verselbständigungstendenzen in der so gestärkten Hierarchie sollen durch Wettbewerb verringert werden, der sowohl zielgerichtete Leistungsanreize setzen als auch für Transparenz über die Ausführung von Zielen sorgen soll.

Bei der Umsetzung dieses Modells in die Praxis werden allerdings dessen Inkonsistenzen offenkundig, da es wichtige Governancemechanismen vernachlässigt, die mit interorganisatorischen Strukturen verbunden sind.

- Zum einen versagt die Funktionstrennung zwischen Politik und Verwaltung, wenn politische Ziele im Parteienwettbewerb oder in verhandlungsdemokratischen Verfahren gefunden werden müssen. Beide Mechanismen machen Entscheidungen zum einen davon abhängig, wie Interessenkonflikte definiert und ausgetragen werden. Zum anderen suchen die konkurrierenden oder verhandelnden Politiker in der Regel eher Zustimmung zu ihren Entscheidungen, indem sie spezifische Belange der von ihnen repräsentierten Wählergruppen aufgreifen, als dass sie sich auf Zielsetzungen zurückziehen. Das Modell des New Public Managements ignoriert diesen erweiterten Verbund an Governancemechanismen (der in den USA, wo die theoretischen Grundlagen des Konzepts entstanden, eine geringere Rolle spielt als in europäischen Parteiendemokratien). Es unterstellt eine unpolitische Verwaltung bzw. eine starke Verwaltungsführung.
- Zum zweiten ist es zwar richtig, dass bei Interessenkonflikten und Informationsasymmetrien hierarchische Steuerung versagt. Allerdings sind Zielvereinbarungen keine Lösung dieses Problems, vielmehr machen sie die Problematik nur explizit, indem sie ein ohnehin fragwürdiges Befehlsmodell durch ein Vertragsmodell ersetzen. Dieses mag in isolierten Hierarchien funktionieren. In komplexen Governanceregimen der Verwaltung sind Prozesse der Zielvereinbarungen aber mit Arenen verbunden, in denen Leistungsstandards definiert werden. Die Leitung der Hierarchie wird dabei von demokratischen Prozessen oder von Expertennetzwerken beeinflusst, ausführende Einheiten müssen Erwartungen der Adressaten ihrer Entscheidungen bzw. Leistungen berücksichtigen. Besonders zu beachten ist, dass Dienstleistungen aus der Koproduktion zwischen Verwaltung und Kunden hervorgehen und in diesem Prozess Qualitätskriterien definiert werden, die nicht zwingend mit Zielvereinbarungen kompatibel sind. Wenn Vertreter des New Public Management die Kundenorientierung der Verwaltung betonen, dann nehmen sie diesen Konflikt der Koordinationsmechanismen in ihr Modell auf, ohne zu erörtern, wie er zu lösen ist.
- Drittens ist nicht zu bezweifeln, dass Controlling, d.h. ein systematisches Verfahren der Evaluation und der Kontrolle von Verwaltungen, erforderlich ist. Nicht übersehen werden darf aber, dass sich dabei nicht nur Probleme der Datengewinnung stellen, sondern auch Fragen der geeigneten Indikatoren, der Bewertung und der Abwägung zwischen verschiedenen Aspekten von Leistungsqualität. Dafür sind besondere Strukturen und Verfahren erforderlich, wobei in der Praxis Formen der hierarchischen Steuerung der Evaluation durch unabhängige Agenturen ebenso vorkommen wie der Rückgriff auf Expertennetzwerke.
- Viertens gilt alles, was bisher gesagt wurde, auch für Leistungswettbewerbe zwischen Verwaltungen. Auch hier wird in der Regel weder gefragt, nach welchen Regeln welche Akteure Qualitätsstandards definieren, noch wird berücksichtigt, dass die Wettbewerbsfähigkeit und die durch Wettbewerbe ausgelösten Verhaltensweisen von Verwaltungsorganisationen durch interne Mechanismen kollektiven Handelns geprägt werden. In der Praxis werden Wettbewerbe nicht unbedingt von Verwaltungsführungen genutzt, um operative Einheiten zu Leistungen zu motivieren, vielmehr entwickeln Akteure unterschiedlicher Hierarchieebenen einer Verwaltungsorganisation gerade unter dem Konkurrenzdruck ein gemeinsames Interesse an der Verschleierung von Defiziten bzw. an einer gefilterten Weitergabe von Daten für die Evaluierung

(Kuhlmann 2003: 126). Das liegt letztlich an Verhaltenserwartungen, die gegenüber politischen Kontrollorganen, Verhandlungspartnern oder Netzwerkakteuren bestehen.

Wenn in der Verwaltungswissenschaft inzwischen die Rhetorik des New Public Managements durch die Terminologie der Governanceforschung verdrängt wurde, dann kann dies als konsequente Reaktion auf die vereinfachende Perspektive der Reformprotagonisten interpretiert werden (Jann 2002). Der Governance-Ansatz kann zeigen, dass die Verwaltungsmodernisierung seit den 1980er Jahren nicht einfach an Implementationsdefiziten oder an den Besonderheiten eines nationalen Verwaltungsmodells gescheitert ist, sondern an der Unterschätzung der Komplexität und der unzureichenden Analyse der Governanceregime in der Verwaltung. Eine solche Analyse macht auf inkompatible Mechanismen und mögliche Störungen aufmerksam, die im Reformkonzept angelegt sind. Und sie macht verständlich, dass die Umsetzung von New Public Management zwangsläufig Anpassungen von Governance in der Verwaltung mit entsprechenden Rückwirkungen auf das Reformkonzept auslösen musste.

5. Störungen, Governanceversagen und Eigendynamiken

Die bisherige Skizze sollte zeigen, dass die Verwaltung nicht mit einfachen Analysekategorien der Governanceforschung beschrieben werden kann. Die öffentliche Verwaltung kann genauso wenig wie die Verwaltung von Unternehmen oder Verbänden auf das Merkmal der Hierarchie reduziert werden; die kooperative Verwaltung kann nicht allein durch die Betrachtung von Verhandlungen verstanden werden, sondern nur unter Beachtung der Regelsysteme der kooperierenden Organisationen bzw. kollektiven Akteure; das Verwaltungsmodell des New Public Managements ist zwar mit Kategorien der ökonomischen Theorie der Bürokratie zu charakterisieren, seine Funktionsweise in der Praxis kann damit aber nicht erklärt werden. In der Realität wirken verschiedene Koordinationsformen zusammen. Diese können sich wechselseitig unterstützen, in vielen Kombinationen setzen sie die Akteure aber divergierenden Anforderungen aus und lenken die Interaktionen in verschiedene Richtungen. Dadurch kommt es zu Störungen der Koordination.

Grundsätzlich lassen sich drei Typen von Störungen unterscheiden: Zum einen können Entscheidungen durch inkompatible Mechanismen verhindert, verzögert oder inhaltlich beeinträchtigt werden (Effektivitätsdefizit). Zum zweiten können einander entgegenwirkende Governanceformen dazu führen, dass Entscheidungen nicht oder nicht in der erforderlichen Weise vollzogen werden (Implementationsdefizite). Schließlich kann es an der erforderlichen Zustimmung zu Entscheidungen fehlen (Legitimationsdefizite). Letzteres trifft insbesondere zu, wenn Entscheidungen zwischen Organisationen ausgehandelt oder koordiniert und dann innerhalb der beteiligten Organisationen ratifiziert oder akzeptiert werden müssen.

Störungen sind nicht gleichzusetzen mit einem Versagen von Governance. Zunächst müssen wir bedenken, dass komplexe Governanceformen eine Reaktion auf Defizite von elementaren Koordinationsformen darstellen. Zudem verweist der Begriff Störung hier nicht auf eine Bewertung, sondern bezeichnet Folgen von Inkompatibilitäten, die mit der Steigerung von Komplexität fast immer in Kauf zu nehmen sind. Die Governanceanalyse ermittelt damit Dilemmasituationen, die schon in einfachen Konstellationen kollektiven Handelns nicht selten anzutreffen sind, in komplexen Konstellationen infolge des Zusammentreffens von Mechanismen kollektiven Handelns aber sehr wahrscheinlich entstehen. Da sie der Kombination von Regelsystemen entspringen, lassen sie sich nicht einfach durch institutionelle Regeln beseitigen. Die Suche nach idealen Modellen von Governance in der öffentlichen Verwaltung läuft vermutlich deshalb auf ein vergebliches Bemühen hinaus.

Normativ betrachtet kann Governance scheitern, aber auch komplexe Governanceregime scheitern nicht schon an wechselseitigen Störungen der Koordinationsmechanismen. In der Regel sind Akteure in der Lage, mit Inkompatibilitäten strategisch umzugehen. Sie sind dies umso mehr, wenn sie die Hintergründe von Dilemmasituationen erkennen. Die Fähigkeit von Akteuren zur Reaktion auf Störungen hängt zunächst von praktischen Erfahrungen ab, die sie in die Lage versetzen, Heuristiken für den Umgang mit Dilemmasituationen zu entwickeln (Ostrom 1998: 9). Entscheidend ist darüber hinaus, wie stark ihre Interaktionen durch die jeweiligen Regeln bzw. Koordinationsmechanismen gesteuert werden, ob und in welchem Umfang diese Handlungszwänge auslösen (enge Kopplung der Arenen) oder ob sie Freiräume in der Anwendung einräumen (lose Kopplung der Arenen).

Strategien können inhaltliche, prozessuale oder strukturelle Aspekte von kollektivem Handeln betreffen. Akteure können Aufgaben oder Probleme umdefinieren, so dass sie in Arenen arbeitsteilig abgearbeitet werden können oder sie soweit vereinfachen, dass sie in einer Arena lösbar sind und keine weiteren Koordinationsmechanismen tangieren. Durch die Gestaltung von Prozessen können inkompatible Governancemechanismen ebenfalls umgangen werden, etwa indem Verfahren in Sequenzen eingeteilt oder Leistungsziele faktisch in ex-post-Kontrollen definiert werden. Strukturbezogene Strategien verändern das Governanceregime, so dass faktisch eine Arena die Interaktionen und Entscheidungen dominiert oder inkompatible Mechanismen ausgeschaltet werden. Das kann durch Verlagerung von Verhandlungen auf Expertengremien bzw. in informelle Netzwerke geschehen oder durch Zentralisierung von Entscheidungsmacht in kooperierenden oder konkurrierenden Organisationen mit dem Ziel, Verhandlungen mit parlamentarischen Gremien bzw. Mitgliederversammlungen zu vermeiden. Strukturveränderungen in Governance-Regimen treffen allerdings in der Regel auf Gegenmacht der davon negativ betroffenen Akteure und sie gelingen deswegen meistens nicht auf Dauer. Genauso wie inhalts- und prozessbezogene Strategien sind sie jedenfalls verantwortlich für die Dynamik von Governanceregimen.

6. Schluss

Mit der Betonung der Komplexität und Eigendynamik der Verwaltungspraxis scheint die Governanceperspektive Theoriebildung unmöglich zu machen. In der Tat ist damit einer allgemeinen Theorie der Verwaltung die Grundlage entzogen. Theoriebildung ist gleichwohl möglich, sie setzt jedoch ein höheres Maß an Differenzierung nach Konstellationen der Verwaltung voraus, als dies in der politikwissenschaftlichen Verwaltungsforschung erkennbar ist, wobei nicht nur in traditioneller Manier nach Funktionen (Ordnungs-, Leistungs-, Entwicklungsverwaltung), sondern auch nach Strukturtypen und -kombinationen zu unterscheiden wäre. Selbst normative Theorieaussagen sind nicht ausgeschlossen. Die Aussage, dass Störungen von Koordination in Governanceregimen eigendynamische Anpassungen auslösen, steht einer Bewertung der Leistungsfähigkeit nicht entgegen, denn Anpassungen können auch unerwünschte Effekte hervorrufen.

Die Governanceperspektive verändert allerdings die Grundlage der Theoriebildung. Die Beachtung der Dynamik von Governance impliziert, dass Verwaltungspraxis nicht einfach als Regelanwendung oder Regelverletzung (im Sinne des informalen Verwaltungshandelns oder der Implementationsdefizite) verstanden werden sollte, sondern als kollektives Handeln von Akteuren, die in der Praxis auf Dilemmasituationen treffen und diese bewältigen müssen. Sozialwissenschaftliche Analyse der Verwaltung sollte die Merkmale der Interaktionssituationen und die Zusammenhänge mit Regelsystemen explizit machen, in denen Akteure handeln, ohne die dabei wirkenden sozialen Mechanismen zu kennen. Sie kann darüber hinaus aufdecken, unter welchen Bedingungen die Bewältigung von Dilemmasituationen gelingt oder scheitert. Schließlich kann sie Strategien identifizieren, mit denen Akteure Konflikte zwischen Koordinationsmechanismen bewältigen können, und zwar nicht nur, um Probleme zu bewältigen, sondern auch mit der Absicht, ihre Macht zu steigern (vgl. Tils 2005).

Gerade weil der Governance-Ansatz keine Theorie vorgibt, sondern einen Rahmen für die Entwicklung konkreter, bereichsspezifischer Theorien, stellt er eine geeignete Grundlage für die politikwissenschaftliche Verwaltungsforschung dar. Er bietet zudem einen übergreifenden Rahmen, in dessen Kontext vergleichende Analysen der differenzierten Verwaltungswirklichkeit möglich sind.

Literatur

Auel, Katrin, 2003: Regionalisiertes Europa – demokratisches Europa? Eine Untersuchung am Beispiel der europäischen Strukturpolitik. Baden-Baden: Nomos.

Benz, Arthur, 1994: Kooperative Verwaltung. Funktionen, Voraussetzungen und Folgen. Baden-Baden: Nomos.

Benz, Arthur, 1997: Verflechtungen der Verwaltungsebenen, in: *König, Klaus/Siedentopf, Heinrich* (Hrsg.), Öffentliche Verwaltung in Deutschland. Baden-Baden: Nomos, 165–184.

Benz, Arthur, 2005: Regions in a Competitive Environment. New Trends in Multilevel Governance in German Regional Policy, Beitrag zur Konferenz „Territorial Governance for the 21st Century", Royal Flemish Academy of Belgium for Arts and Sciences, 16./17. 09. 2005 in Brüssel.

Benz, Arthur/Papadopoulos, Yannis, 2006: Governance and Democracy: Concepts and Key Issues, in: *Benz, Arthur/Papadopoulos, Yannis* (Hrsg.), Governance and Democracy – Comparing National, European and Transnational Experiences. London: Routledge, 1–26.

Benz, Arthur/Seibel, Wolfgang, 1992: Zwischen Kooperation und Korruption. Abweichendes Verhalten in der Verwaltung. Baden-Baden: Nomos.

Bogumil, Jörg, 2001: Modernisierung lokaler Politik. Kommunale Entscheidungsprozesse im Spannungsfeld zwischen Parteienwettbewerb, Verhandlungszwängen und Ökonomisierung. Baden-Baden: Nomos.

Bogumil, Jörg, 2003: Ökonomisierung der Verwaltung, in: *Czada, Roland/Zintl, Reinhard* (Hrsg.), Politik und Markt (PVS-Sonderheft 34). Wiesbaden: VS Verlag für Sozialwissenschaften, 209–231.

Breton, Albert, 1996: Competitive Governments: An Economic Theory of Politics and Finance. Cambridge: Cambridge University Press.

Breton, Albert/Wintrobe, Ronald, 1982: The Logic of Bureaucratic Conduct. An Analysis of Competition, Exchange and Efficiency in Private and Public Organizations. New York: Cambridge University Press.

Conzelmann, Thomas, 2002: Große Räume, kleine Räume. Europäisierte Regionalpolitik in Deutschland und Großbritannien. Baden-Baden: Nomos.

Elster, Jon, 1993: Constitutional Bootstrapping in Philadelphia and Paris, in: Cardozo Law Review 14, 549–575.

Fürst, Dietrich, 2003: Regional Governance zwischen Wohlfahrtsstaat und neoliberaler Marktwirtschaft, in: *Katenhusen, Ines/Lamping, Wolfram* (Hrsg.), Demokratien in Europa. Opladen: Leske + Budrich, 251–268.

Grauhan, Rolf-Richard, 1969: Modelle politischer Verwaltungsführung, in: Politische Vierteljahresschrift 10, 269–284.

Hedström, Peter/Swedberg Richard (Hrsg.), 1998: Social Mechanisms. An Analytical Approach to Social Theory. New York: Cambridge University Press.

Héritier, Adrienne, 2002: Introduction, in: *Héritier, Adrienne* (Hrsg.), Common Goods. Reinventing European and International Governance. Lanham: Rowman and Littlefield, 1–12.

Hesse, Joachim Jens (Hrsg.), 1982: Politikwissenschaft und Verwaltungswissenschaft (PVS-Sonderheft 13). Opladen: Westdeutscher Verlag.

Holzinger, Katharina, 2001: Verhandeln statt Argumentieren oder Verhandeln durch Argumentieren? Eine empirische Analyse auf der Basis der Sprechakttheorie, in: Politische Vierteljahresschrift 42, 414–446.

Jann, Werner, 2002: Der Wandel verwaltungspolitischer Leitbilder: Von Management zu Governance, in: *König, Klaus* (Hrsg.), Deutsche Verwaltung an der Wende zum 21. Jahrhundert. Baden-Baden: Nomos, 279–303.

John, Peter/Ward, Hugh/Dowding, Keith, 2005: The Bidding Game: Competitive Funding Regimes and the Political Targeting of Urban Programme Schemes, in: British Journal of Political Science 34, 405–428.

Kooiman, Jan, 2003: Governing as Governance. London: Sage.

Kuhlmann, Sabine, 2003: Benchmarking auf dem Prüfstand: Kosten, Nutzen und Wirkungen interkommunaler Leistungsvergleiche in Deutschland, in: Verwaltungsarchiv 94, 99–126.

Kuhlmann, Sabine/Bogumil, Jörg/Wollmann, Hellmut (Hrsg.), 2004: Leistungsmessung und Vergleich in Politik und Verwaltung. Konzepte und Praxis. Wiesbaden: VS Verlag für Sozialwissenschaften.

Lange, Stefan/Schimank, Uwe, 2004: Einführung, in: *Lange, Stefan/Schimank, Uwe* (Hrsg.), Governance und gesellschaftliche Integration. Wiesbaden: VS Verlag für Sozialwissenschaften, 9–44.

Lax, David A./Sebenius, James K., 1986: The Manager as Negotiator. Bargaining for Cooperative and Competitive Gain. New York: Free Press.

Luhmann, Niklas, 1964: Funktionen und Folgen formaler Organisation. Berlin: Duncker & Humblot.

Luhmann, Niklas, 1966: Theorie der Verwaltungswissenschaft. Bestandsaufnahme und Entwurf. Köln/Berlin: Grote.

Mayntz, Renate (Hrsg.), 1968: Bürokratische Organisation. Köln: Kiepenheuer und Witsch.

Miller, Gary J./Moe, Terry M., 1986: The Positive Theory of Hierarchies, in: *Weisberg, Herbert* (Hrsg.), Political Science: The Science of Politics. New York: Agathon Press, 167–198.

Moe, Terry M., 1984: The New Economics of Organization, in: American Journal of Political Science 28, 739–777.

Naschold, Frieder, 1995: Ergebnissteuerung, Wettbewerb, Qualitätspolitik. Entwicklungspfade des öffentlichen Sektors in Europa. Berlin: edition sigma.

Niskanen, William A., 1971: Bureaucracy and Representative Government. Chicago: Aldine-Atherton.

Nullmeier, Frank, 2000: Politische Theorie des Sozialstaats. Frankfurt a.M./New York: Campus.

Ostrom, Elinor, 1998: A Behavioral Approach to the Rational Choice Theory of Collective Action, in: American Political Science Review 92, 1–22.

Pierre, Jon/Peters, B. Guy, 2000: Governance, Politics and the State. London: MacMillan.

Pollitt, Christopher/Bouckaert, Geert, 2004: Public Management Reform. A Comparative Analysis. 2. Aufl., Oxford: Oxford University Press.

Rhodes, Roderick A. W., 1997: Understanding Governance. Policy Networks, Governance, Reflexivity and Accountability. Buckingham/Philadelphia: Open University Press.

Ronge, Volker, 1974: Der „politökonomische Ansatz" in der Verwaltungsforschung, in: *Grottian, Peter/Murswieck, Axel* (Hrsg.), Handlungsspielräume der Staatsadministration. Hamburg: Hoffmann und Campe, 84–110.

Salmon, Pierre, 1987: Decentralisation as an Incentive Scheme, in: Oxford Review of Economic Policy 3, 24–43.

Scharpf, Fritz W., 1991: Games Real Actors Could Play: The Challenge of Complexity, in: Journal of Theoretical Politics 3, 277–304.

Scharpf, Fritz W., 1992: Koordination durch Verhandlungssysteme: Analytische Konzepte und institutionelle Lösungen, in: *Benz, Arthur/Scharpf, Fritz W./Zintl, Reinhard* (Hrsg.), Horizontale Politikverflechtung. Zur Theorie von Verhandlungssystemen. Frankfurt a.M./New York: Campus, 51–96.

Scharpf, Fritz W., 1993: Positive und negative Koordination in Verhandlungssystemen, in: *Héritier, Adrienne* (Hrsg.), Policy-Analyse (PVS-Sonderheft 24). Opladen: Westdeutscher Verlag, 57–83.

Scharpf, Fritz W., 1997: Games Real Actors Play. Boulder, Col.: Westview Press.

Schedler, Kuno/Proeller, Isabella, 2000: New Public Management. Bern u.a.: Paul Haupt.

Schimank, Uwe, 2003: Theoretische Modelle sozialer Strukturdynamiken. Ein Gefüge von Generalisierungsniveaus, in: *Mayntz, Renate* (Hrsg.), Akteure – Mechanismen – Modelle. Frankfurt a.M./New York: Campus, 151–178.

Simon, Herbert A., 1978: Die Architektur der Komplexität, in: *Türk, Klaus* (Hrsg.), Handlungssysteme. Opladen: Westdeutscher Verlag, 94–120.

Thurner, Paul/Stoiber, Michael/Weinmann, Cornelia, 2005: Informelle transgouvernementale Koordinationsnetzwerke der Ministerialbürokratien der EU-Mitgliedstaaten bei einer Regierungskonferenz, in: Politische Vierteljahresschrift 46, 552–574.

Tils, Ralf, 2005: Politische Strategieanalyse. Konzeptuelle Grundlagen und Anwendungen in der Umwelt und Nachhaltigkeitspolitik. Wiesbaden: VS Verlag für Sozialwissenschaften.

Tsebelis, George, 1990: Nested Games: Rational Choice in Comparative Politics. Berkeley, Cal.: University of California Press.

Vanberg, Viktor/Kerber, Wolfgang, 1994: Institutional Competition Among Jurisdictions: An Evolutionary Approach, in: Constitutional Political Economy 5, 193–219.

Wegener, Alexander, 2002: Die Gestaltung kommunalen Wettbewerbs. Strategien in den USA, Großbritannien und Neuseeland. Berlin: edition sigma.

Governance als transdisziplinäres Brückenkonzept für die Analyse von Formen und Transformationen politischer Steuerung und Integration

Joachim Blatter

1. Eine Typologie von Governance-Formen als Chance der Verwaltungswissenschaft für einen transdisziplinären Brückenschlag

Der Begriff Governance gehört um die Jahrtausendwende zu den Favoriten im Wettbewerb um den Titel des meistbenutzten Begriffes in den Sozialwissenschaften. In Überblicken zur Verwendung und Entstehungsgeschichte wird darauf hingewiesen, dass der Governance-Begriff zuerst in einem normativen Verwendungszusammenhang eingeführt wurde. Vor allem internationale Organisationen entwickelten Kriterien für Good Governance, nachdem die Bedeutung des politisch-administrativen Systems für die gesellschaftliche Entwicklung wieder neu entdeckt worden war und man entsprechende Qualitätskriterien für „gutes Regieren" suchte (vgl. z.B. Hill 2005). Mehr und mehr gewinnt mittlerweile ein analytischer Gebrauch des Governance-Konzepts an Verbreitung. Wobei es kein Zufall ist, dass häufiger offen bleibt, ob damit eine neue, umfassendere Betrachtungsweise von politischer Steuerung (und Integration) auf den Begriff gebracht oder ob mit dem Begriff Governance eine tatsächliche Veränderung der realen Steuerungs- und Integrationsformen beschrieben werden soll (Benz 2004b).

Die von Arthur Benz (2004a) und von Gunnar Folke Schuppert (2005a) herausgegebenen Bestandsaufnahmen zum Thema verdeutlichen, dass der Governance-Begriff nicht nur in allen Subdisziplinen der Politikwissenschaft, sondern auch in der Verwaltungswissenschaft und der Ökonomie Verbreitung gefunden hat. Governance ist im Bereich der Kommunal- und Regionalpolitik genauso wie in der Forschung zur Europäischen Integration und in den Internationalen Beziehungen zu einem Leitbegriff geworden. Ebenso prominent ist er in der jüngeren Diskussion zur Reform des Staates und der öffentlichen Verwaltung (Jann/Wegrich 2004; Klenk/Nullmeier 2004). In der deutschen Politikwissenschaft überlagert das Governance-Paradigma immer mehr die klassische Steuerungsperspektive (Mayntz 2004). Die durch die Europäische Integration deutlicher gewordenen Verbindungen zwischen verschiedenen Ebenen der Politik werden nicht zufällig mit dem Begriff der Multi-Level-Governance beschrieben und analysiert. Auffällig ist, dass die ökonomische Governance-Perspektive nicht nur den öffentlichen Diskurs geprägt hat (in jüngster Zeit vor allem aufgrund der Diskussion über Good Corporate Governance), sondern auch die politikwissenschaftliche Perspektive stark von der Neuen Institutionenökonomik beeinflusst ist, deren wichtigster Vertreter, Oliver E. Williamson, den Governance-Begriff bereits Ende der 1970er Jahre einführte (Williamson 1979).

In diesem Beitrag wird für eine Ergänzung der ökonomischen durch eine soziologische Governance-Perspektive plädiert, da nur dadurch ein adäquates Verständnis der gegenwärtigen Transformationsprozesse erreicht werden kann. Erfreulicherweise spiegelt sich diese Erkenntnis bereits sehr gut in einem von Stefan Lange und Uwe Schimank herausgegebenen Band wider. Die Texte von Lange und Schimank (2004) sowie verschiedene weitere Beiträge des Bandes liefern theoretische und empirische Grundlagen, die deutlich machen, dass die umfassendere Betrachtungsweise, die mit dem Governance-Begriff einhergeht, in erster Linie so zu verstehen ist, dass die instrumentelle Steuerungsperspektive der (Polit-)Ökonomie durch eine konstitutive Integrationsperspektive der Soziologie (und der Medienwissenschaften) ergänzt wird. Aus diesem Grund wird der Governance-Begriff in diesem Beitrag zum einen als generischer Grundlagenbegriff verwendet, der alle Formen der politischen Steuerung und Integration von Gesellschaften umfasst, zum anderen aber auch – in Kombination mit spezifizierenden Adjektiven – als Teil der Bezeichnung von spezifischen Governance-Formen, die durch soziologische Handlungs- und Institutionentheorien gekennzeichnet sind. Dies entspricht der Verwendung des Netzwerkbegriffs in den Politik- und Verwaltungswissenschaften. Dieser Begriff wurde ebenfalls zum einen als umfassender Ansatz zur Beschreibung von Interaktionsstrukturen und zum anderen als spezifische Steuerungsform eingesetzt (Pappi 1993).

Die vielfältige und verbreitete Verwendung des Governance-Begriffs deutet darauf hin, dass damit ein „Nerv der Zeit" getroffen ist. Eine inflationäre Verwendung führt aber auch dazu, dass die Konturen des Begriffs immer unschärfer werden. Versuche, aus den vielfältigen Verwendungen des Governance-Begriff in verschiedenen Feldern eine „Schnittmengendefinition" herauszudestillieren, führen zu sehr diffusen Ergebnissen (vgl. z.B. van Kersbergen/van Waarden 2004). Darüber hinaus zeigen sich weitere Schwächen der gegenwärtigen Governance-Literatur: Von der von Volker Schneider (2004: 177) eingeforderten handlungstheoretischen Mikro-Fundierung von Governance-Formen ist bisher kaum etwas zu sehen. Der eigenständige und innovative Ansatz von Jan Kooiman (2003) versucht dies zwar, seine drei Typen von Interaktionen schließen aber nicht an grundlegende sozialwissenschaftliche Handlungstheorien an. Ebenfalls sehr diffus bleiben die Diagnosen zur gesellschaftlichen Transformation, vor deren Hintergrund das Aufkommen von neuen Governance-Formen beschrieben und erklärt wird. Schließlich leidet der Governance-Diskurs auch darunter, dass das Verhältnis von normativer und positiver Analyse oftmals nicht geklärt ist. Dies ist bei offen normativen Governance-Konzepten (im Sinne von „Good Governance") weniger problematisch, oftmals finden man aber eine implizite Mischung zwischen analytischer und programmatischer Verwendung (z.B. Jann 2002; Jann/Wegrich 2004). Zudem sollte man sich auch bei analytisch-theoretischen Governance-Konzepten im Klaren darüber sein, dass über die ontologischen Grundannahmen, auf deren Basis Governance-Formen konzeptionalisiert und analysiert werden, analytische Untersuchungen eine normative bzw. ideologische Prägung erhalten (eine ausführliche Kritik an der Governance-Literatur findet sich bei Blatter 2006: 25–43).

Angesichts dieser Ausgangslagen und Erkenntnisse wird im Folgenden dafür plädiert, die Chancen der breiten Verwendung des Governance-Begriffs in allen Teilbereichen der Gesellschaft und in allen sozialwissenschaftlichen Teildisziplinen für einen Brückenschlag zwischen fundamentalen sozialwissenschaftlichen Theorieansätzen zu nutzen, gleichzeitig aber durch eine relativ breite Ausdifferenzierung von idealtypischen Governance-Formen die Präzision und damit die analytische Nützlichkeit des Governance-Begriffs zu erhöhen. Das bedeutet, dass der Governance-Begriff zunächst im Sinne einer umfassenden Betrachtungsweise verstanden wird. Mit Hilfe einer auf einer breiten Basis entwickelten, aber intern fein differenzierten Typologie kann dann in einem zweiten Schritt empirisch untersucht werden, inwieweit sich konzeptionelle Vorstellungen und empirische Realitäten politischer Steuerung und Integration in jüngerer Zeit verändert haben.

Für einen transdisziplinären Brückenschlag (Schuppert 2005b) auf der Grundlage des Governance-Begriffs scheinen die Politik- und Verwaltungswissenschaften besonders geeignet zu sein.[1] Sie besitzen gute Chancen, eine Brücke zwischen Ökonomie und Soziologie auf der Basis einer gleichgewichtigen Berücksichtigung dieser beiden fundamentalen Disziplinen der Sozialwissenschaften zu schlagen, weil sie nicht in gleicher Weise auf ein eigenständiges ontologisches Fundament zurückgreifen können, wie das für die anderen beiden Disziplinen mit dem „Homo Sociologicus" und dem „Homo Oeconomicus" der Fall ist. Die damit verbundenen Menschenbilder prägen sowohl die jeweils dominierenden Handlungstheorien als auch die Institutionenvorstellungen in diesen beiden Disziplinen (vgl. unten).

Der Brückenschlag zwischen Ökonomie und Soziologie, der im Folgenden unter dem Dach des Governance-Begriffs vorgenommen wird, unterscheidet sich von bisherigen Versuchen in den Politik- und Verwaltungswissenschaften. Die Entwicklung in der Politikwissenschaft war bisher dadurch gekennzeichnet, dass sich in fast allen Subdisziplinen Forschungsprogramme und Schulen herausbildeten, die massive theoretische Anleihen von einer der beiden grundlegenden sozialwissenschaftlichen Disziplinen vornahmen („politische Soziologie" und „politische Ökonomie" – korrektere Bezeichnungen dieser Forschungsansätze wären allerdings „soziologische Politikwissenschaft" und „ökonomische Politikwissenschaft"). Die Entwicklung in den anwendungsorientierteren Verwaltungswissenschaften ist dagegen dadurch gekennzeichnet, dass die Analyserahmen nicht auf einer eindeutigen handlungstheoretischen Grundlage beruhen und ihre theoretischen Fundamente oftmals aus der ebenfalls multidisziplinären Organisationstheorie beziehen. Die in diesen wissenschaftlichen Feldern typische, weniger eindeutige und explizite aber auch weniger einseitige handlungstheoretische Fundierung ermöglichte eine umfassende Perspektive auf politisch-administrative Interaktionen und Institutionen (vgl. z.B. Benz 1994). Eine spezifische Form der Synthese stellt der „akteurzentrierte Institutionalismus" dar, den Renate Mayntz und Fritz Scharpf entwickelt haben, wobei dabei das handlungstheoretische Modell des Homo Oeconomicus im Zentrum steht und den Ansatz klar dominiert (Mayntz/Scharpf 1995).

Was bisher fehlt, ist ein Brückenschlag, der die klaren Fundamente der beiden Disziplinen für die Analyse von Politik und Gesellschaft nutzbringend einsetzt und die damit verbundenen konzeptionellen Klarheiten nicht durch mangelnde Tiefenschärfe oder durch synthetische Integrationsversuche verwischt, jedoch ohne dass dies mit der

---

1 Schuppert (2005b: 374) bezeichnet den „Governance-Begriff als geradezu ideale[n] Kandidat[en] für die Aufnahme in den ‚Club' der Brückenbegriffe". Sein Überblick über die Verwendungszusammenhänge des Governance-Begriffs in verschiedenen sozialwissenschaftlichen Disziplinen und Perspektiven ist äußerst umfangreich, dafür aber nicht durch eine systematische Vergleichsperspektive angeleitet. Er bezeichnet den Governance-Begriff als „interdisziplinären" Brückenbegriff. Das Adjektiv „transdisziplinär", das stattdessen hier verwendet wird, soll deutlich machen, dass keine Fusion der verschiedenen disziplinären Ansätze, sondern eine lose Kopplung in einer Typologie als sinnvolle Umsetzung der Brückenfunktion betrachtet wird.

Hegemonie einer Perspektive verbunden wäre. In diesem Beitrag wird ein Ansatz vorgestellt, der einen Brückenschlag in Form einer disziplinen- und theorienübergreifenden Typologie vornimmt. Eine gleichgewichtige Nutzung grundlegender sozialwissenschaftlicher Konzepte in Form einer Typologie ermöglicht einen Beitrag zu einer „lose gekoppelten" Integration sozialwissenschaftlicher Forschung und entspricht der Forderung nach einer transdisziplinären Wissenschaft, ohne dabei die Vorteile der disziplinären Differenzierung und Spezialisierung aufzugeben.

In den folgenden Abschnitten werden zuerst die Fundamente für eine transdisziplinäre Governance-Typologie gelegt. Das fundamentalste Kriterium zur Differenzierung von Governance-Formen stellen die damit verbundenen „Weltbilder" dar – als „Weltbilder" werden hier die ontologischen Grundannahmen über die Funktionsweise der Welt bezeichnet. Als zweites Kriterium für die Differenzierung von Governance-Formen werden „Gesellschaftsbilder" eingeführt. Unter dem Begriff der „Gesellschaftsbilder" sollen hier grundlegende Vorstellungen darüber verstanden werden, in welcher Form Gesellschaften ausdifferenziert sind und was solchermaßen differenzierte Gesellschaften zusammenhält. Auf einer dritten Ebene spielen verschiedene „Menschenbilder" für die Konzeption von politischen Steuerungs- und Integrationsformen eine große Bedeutung. Diese Menschenbilder prägen die sozialwissenschaftlichen Handlungstheorien und die jeweils entsprechenden Institutionenvorstellungen. Auf der Basis dieser drei Differenzierungskriterien werden anschließend acht idealtypische Governance-Formen definiert. Im abschließenden Kapitel wird auf den möglichen Nutzen dieser Typologie verwiesen: Beispielhaft werden einige zentrale Ergebnisse einer Untersuchung über den Wandel der Governance-Formen in US-amerikanischen Metropolregionen von 1850 bis ins Jahr 2000 skizziert.

2. Weltbilder und Gesellschaftsbilder als Fundamente politischer Steuerungs- und Integrationskonzepte

2.1 Holistische und partikularistische Weltbilder

Die grundsätzlichste Unterscheidung in Bezug auf die Vorstellungen, die sich Wissenschaftler aller Disziplinen von der Welt machen, ist die Differenzierung zwischen holistischen und partikularistischen Ansätzen. Partikularistische Ansätze gehen davon aus, dass das Verhalten der Teile eines Systems durch ihre internen Eigenschaften bestimmt ist und das Ganze des Systems durch das Zusammenwirken der autonomen Einzelteile festgelegt wird. Holistische Ansätze behaupten dagegen, dass das Verhalten der Einzelteile durch das Gesamtsystem bestimmt wird, d.h. dass Gesamtheiten einen eigenständigen ontologischen Status haben und mehr als die Summe der Einzelteile darstellen (Esfeld 2003). Diese Differenzierung findet man in allen Disziplinen der Wissenschaft als grundsätzliche Annahme über die Seinsweise des Gegenstandsbereichs (Ontologie) wie auch als grundlegende Annahmen über die Möglichkeiten der Erkenntnisgewinnung (Epistemologien). Für die Sozialwissenschaften besitzt die Unterscheidung zwischen Holismus und Partikularismus eine zentrale Bedeutung – oft als Gegensatz zwischen individualistischen und kollektivistischen Konzepten thematisiert. Will man die

Governance-Theorie an breitere Theoriediskussionen und an die Praxis anschlussfähig machen, erscheint es nützlich, Governance-Ansätze – sowohl in ihren normativ-programmatischen wie auch in ihren analytischen Ausrichtungen – danach zu unterscheiden, ob sie auf einem holistischen oder einem partikularistischen Weltbild aufbauen.

Trotz der partiellen Ablösung durch das Gegensatzpaar „Mikro – Makro" als grundlegendes Differenzierungskriterium für die Einordnung von theoretischen Ansätzen (z.B. Alexander/Giesen 1987; Knorr-Cetina/Cicourel 1981) wäre es ein Fehler, die Unterscheidung zwischen holistischen und partikularistischen Perspektiven ganz aufzugeben, denn sowohl bei handlungstheoretisch fundierten Institutionentheorien als auch bei Theorien gesellschaftlicher Differenzierung und Integration lassen sich jeweils eher partikularistische von eher holistischen Ansätzen unterscheiden. Für ein wirkliches Verständnis dieser Theorien und der daraus abgeleiteten (normativen und analytischen) Governance-Konzepte ist es von großer Bedeutung, deren ontologische Grundausrichtung zu begreifen, weil damit unausweichlich bestimmte Werturteile bzw. ideologische Affinitäten verbunden sind.

2.2 Gesellschaftsbilder: Segmentär-mechanische und funktional-organische Konzeptionen zur gesellschaftlichen Differenzierung und Integration

Als Gesellschaftsbilder sollen hier Vorstellungen über die Art der Ausdifferenzierung der menschlichen Gesellschaft in Teilbereiche und über die Art der daraus folgenden gesellschaftlichen Integrations- bzw. Koppelungsmechanismen verstanden werden. Wie nachfolgend skizziert wird, gibt es unterschiedliche Vorstellungen darüber, inwieweit eine gesamtgesellschaftliche (Re-)Integration im engeren Sinne des Wortes notwendig ist (so die holistische Perspektive), oder ob für die Stabilität und die positive Entwicklung der Gesamtgesellschaft eher die Sicherung der Autonomie der Teile von Bedeutung ist. Aber auch bei der letzteren, partikularistischen Sichtweise gibt es stets Überlegungen zum Zusammenspiel der Subsysteme, so dass dann von einer strukturellen Koppelung gesellschaftlicher Teilsysteme gesprochen werden soll.

Émile Durkheim gilt als Gründervater einer differenzierungstheoretischen Perspektive in der Soziologie (Schimank 1996: 27). Wie alle soziologischen Klassiker stellt er die Frage nach Differenzierungs- und Integrationsprinzipien von Gesellschaften in den Kontext gesellschaftlicher Modernisierung. Er unterscheidet die „höheren" von „einfachen" Gesellschaften durch das Ausmaß gesellschaftlicher Arbeitsteilung. Die einfachen Gesellschaften sind segmentär differenziert, d.h. sie bestehen aus vielen gleichartigen Segmenten (z.B. Familienclans), zwischen denen eine relativ geringe soziale Interdependenz besteht. Die einzelnen Segmente sind in hohem Maße autark. Innerhalb der Segmente gibt es eine gewisse Arbeitsteilung, die aber relativ schwach ausgeprägt, nach askriptiven Kriterien ausgerichtet und statisch ist. Im Gegensatz dazu zeichnen sich arbeitsteilige Gesellschaften durch die Unterschiedlichkeit der Teile, die auf funktionaler Spezialisierung beruhen, und die starke Interdependenz der einzelnen Teile der Gesellschaft aus.

Durkheim hat mit der Unterscheidung von segmentären Gesellschaften, deren Integration auf der Ähnlichkeit der Teile beruht, und von arbeitsteilig differenzierten Gesellschaften, deren Integration primär auf der gegenseitigen Abhängigkeit der Teile beruht, bereits das grundlegende Differenzierungskriterium für Gesellschaftsbilder herausgearbeitet. Durkheim hat jedoch – ebenso wie andere Differenzierungstheoretiker – durch die Fokussierung auf Entwicklungen innerhalb von nationalstaatlich verfassten Gesellschaften eine Entwicklung kaum wahrgenommen, die parallel zur Industrialisierung und der damit einhergehenden gesellschaftlichen Arbeitsteilung erfolgte. Dies ist die Herausbildung eines territorial definierten Staatensystems und der damit verbundenen Ideologie des Nationalismus als kulturelle Klammer für die solchermaßen nationalstaatlich segmentierten Völkergemeinschaften (z.B. Delanty/O'Mahoney 2002: ix). Die breite Durchsetzung des Modells souveräner Territorialstaaten bedeutete eine Segmentierung des politischen Weltsystems in institutioneller Hinsicht. Die stratifikatorische Differenzierung der Ständegesellschaft hat mehr und mehr einer segmentären Differenzierung nationaler Gesellschaften Platz gemacht.

Jenseits dieser mit modernisierungstheoretischen Überlegungen verbundenen Beschreibungen lassen sich die Unterschiede zwischen einer segmentär und einer funktional differenzierten Gesellschaft auch mit den abstrakten komplexitätstheoretischen Überlegungen aus der Netzwerkanalyse darstellen. Dadurch werden die zentralen Anknüpfungspunkte für eine handlungstheoretisch ausgerichtete Governance-Theorie noch deutlicher als in der entwicklungstheoretischen Perspektive. Ausgangspunkt ist die von Herbert Simon (1962: 477) vorgenommene Definition von formalen Hierarchien. Dieser betrachtete Hierarchien als die in der Moderne dominante Architektur von Komplexität und definierte Hierarchien rein strukturalistisch als Interaktionsmuster mit der Eigenschaft der near-decomposability. Dies bedeutet: „Intra-component linkages are generally stronger than inter-component linkages" (Simon 1962: 477). Kenis und Schneider (1991: 25) definieren Netzwerke ebenfalls rein strukturalistisch und in Abgrenzung zur Simonschen Definition von Hierarchien. Netzwerke unterscheiden sich als Strukturmuster von Hierarchien genau dadurch, dass eine near-decomposability nicht mehr gegeben ist. Die Verbindungen zu Elementen anderer Einheiten laufen nicht mehr nur über eine übergeordnete Instanz. Querverbindungen zu anderen Einheiten treten so häufig auf, dass sie im Vergleich zu den internen Bindungen nicht mehr vernachlässigt werden können. In anderen Worten: Laterale Kontakte über Organisationsgrenzen hinweg sind so ausgeprägt, dass kein Akteur mehr eine gate-keeper-Position einnimmt. Es bilden sich mehrere Knotenpunkte im Interaktionsnetz, so dass man Netzwerke auch als polyzentrale Strukturmuster der Interaktion bezeichnen kann, während Hierarchien monozentrale Strukturmuster darstellen.

Marin und Mayntz legen den definitorischen Schwerpunkt auf die unterschiedliche Abgrenzung nach außen und auf den Aspekt der Mitgliedschaft statt der Kontakte. Sie unterscheiden Organisationen und Netzwerke primär dadurch, dass der Zugang/Austritt und die Mitgliedschaft bei der Organisation eindeutig und eher rigide geregelt sind als auch beim Netzwerk entry/exit bzw. Mitgliedschaft offener gestaltet sind (Marin/Mayntz 1991: 16). Auch dieses Unterscheidungskriterium kann man auf das strukturalistische Merkmal der near-decomposability zurückführen. Organisationen sind auch nach außen hin nearly decomposable, da grenzüberschreitende Fluktuationen aufgrund der rigiden Grenzsetzungen deutlich geringer sind als interne Fluktuationen – für Netzwerke gilt das Gegenteil. Verbindet man diese strukturalistischen Definitionselemente mit den beiden Gesellschaftsbildern, lässt sich festhalten: Segmentär differenzierte Gesellschaften besitzen genauso wie Hierarchien und Organisationen die Eigenschaften der near-decomposability (Monozentralität, gate-keeper-Position, Geschlossenheit), während funktional differenzierte Gesellschaften als Netzwerke durch Polyzentralität, laterale Kontakte und relative Offenheit der Teileinheiten gekennzeichnet sind. In Tabelle 1 sind die zentralen Unterschiede der zwei Modelle gesellschaftlicher Differenzierung und Integration noch einmal zusammengefasst. In den anschließenden Kapiteln wird dargestellt, wie sich innerhalb der zwei Modelle ein Wandel von holistischen zu partikularistischen Konzepten entwickelte und wie sich damit auch die Vorstellungen der Integration bzw. Koppelung von gesellschaftlichen Teilsystemen änderten.

Tabelle 1: Unterschiede zwischen segmentärer und funktionaler Differenzierung

	Segmentäre Differenzierung	Funktionale Differenzierung
Arbeitsaufteilung zwischen den gesellschaftlichen Teilen	Geringe Spezialisierung	Starke Spezialisierung
Ausmaß der Interaktion	Gering (Autarkie)	Hoch (Austausch)
Strukturmuster der Interaktion	Near-decomposability	No decomposability
Integration/Koppelung	Ähnlichkeit	Abhängigkeit

2.3 Holistische und partikularistische Ausprägungen von funktional-organischen und segmentär-mechanischen Gesellschaftsbildern

In der sozialwissenschaftlichen Theoriebildung wurden sowohl die funktional-organischen wie auch die segmentär-mechanischen Gesellschaftsbilder mit holistischen und – historisch meist jüngeren Datums – mit partikularistischen Weltbildern verbunden. In einer Systematisierung dieser Theorieansätze können aus der Kombination dieser ersten beiden Differenzierungskriterien vier idealtypische Formen gesellschaftlicher Integration bzw. Koppelung abgeleitet werden (vgl. Tabelle 2): Innerhalb holistischer Weltbilder basiert die gesamtgesellschaftliche Integration segmentärer Teilbereiche auf einer gemeinsamen Identität, deren Basis die formale Ähnlichkeit der Teile ist. Die gesellschaftliche Integration funktional differenzierter Teilbereiche erfolgt dagegen durch deren gegenseitige Abhängigkeit bzw. durch die aufgrund der funktionalen Arbeitsteilung ermöglichten gegenseitigen Austauschbeziehungen.

Innerhalb partikularistischer Weltbilder gibt es keine gesamtgesellschaftliche Integration im strengen Sinne mehr, da diese Weltbilder primär auf die Selbstbestimmung (Autonomie) bzw. Selbstentwicklung von gesellschaftlichen Teilen (Autopoiesis) ausgerichtet sind. Es gibt aber durchaus Vorstellungen zur Form der gesamtgesellschaftlichen Koppelung zwischen den Teilen. Die gesellschaftliche Koppelung segmentärer Teilbereiche erfolgt dabei durch den Wettbewerb zwischen autarken (im Sinne von funktional umfassenden) Teilbereichen um mobile Ressourcen (Individuen und Investitionen) und den (potentiellen) Wechsel dieser gesellschaftlicher Ressourcen von bestimmten Segmenten zu anderen Segmenten. Die gesellschaftliche Koppelung funktional differen-

Tabelle 2: Formen der gesellschaftlichen Integration/Koppelung in segmentär und funktional differenzierten Gesellschaften

		Formen der gesellschaftlichen Differenzierung	
		Segmentäre Differenzierung	Funktionale Differenzierung
Formen der gesellschaftlichen Integration/ Koppelung (Systemintegration)	holistisch	**Identität** durch formale Ähnlichkeit und interne Anpassung	**Interdependenz** durch funktionale Arbeitsteilung und Austausch von Leistungen
	partikularistisch	**Autonomie** durch funktionale Autarkie und Austausch von Ressourcen	**Autopoiesis** durch interne Anschlussfähigkeit und externe Anregung

zierter Teile der Gesellschaft basiert dagegen auf der gegenseitigen Anregung dieser Teilbereiche, wobei diese Anregungen zu selektiven Anpassungsleistungen der Funktionsbereiche an Leistungsanforderungen anderer gesellschaftlicher Teile führen können. Sie dienen aber primär dazu, die interne Reproduktion und Weiterentwicklung zu befördern.

Die dargestellten Überlegungen zur gesellschaftlichen Differenzierung und Integration/Koppelung konzentrierten sich vor allem auf die gesellschaftliche Meso-Ebene (bzw. auf den Aspekt der Systemintegration), ohne dass dabei eine spezifische Konzeption individuellen Handelns bzw. eine bestimmte Vorstellung der Sozialintegration impliziert wurde. Gerade diese konzeptionelle Entkoppelung von Systemintegration und Sozialintegration ermöglicht bei der abschließenden Entwicklung von Governance-Idealtypen in Kapitel 4 eine freie Kombination der verschiedenen Konzepte zur System- und Sozialintegration. Zuvor gilt es allerdings, sich einen Überblick über die wichtigsten Konzepte der Sozialintegration zu verschaffen.

3. Handlungstheorien und die entsprechenden Institutionenvorstellungen

Innerhalb der Sozialwissenschaften stellen unterschiedliche Vorstellungen über das Wesen des Menschen den geläufigsten Ankerpunkt für Theoriebildungen dar. Die beiden wichtigsten Menschenbilder, der Homo Oeconomicus und der Homo Sociologicus (Kirchgässner 1991; Dahrendorf 1977), haben sich dabei sogar als Kristallisationskerne von eigenständigen sozialwissenschaftlichen Disziplinen herausgestellt. Mit diesen beiden Menschenbildern sind verschiedene Handlungsmodelle und unterschiedliche Vorstellungen über die Einbindung des Individuums in die Gesellschaft und damit über die Rolle und die relevanten Aspekte von sozialen Institutionen verbunden. Für viele ist das Menschenbild des Homo Oeconomicus mit einem individualistisch-partikularistischen Weltbild und das Menschenbild des Homo Sociologicus mit einem kollektivistisch-holistischen Weltbild verbunden. Dabei wird unterstellt, dass bei ersterem primär die Entstehung von sozialen Strukturen und Institutionen auf der Basis von individuellem Handeln – also akteurzentriert – erklärt wird, während beim zweiten das individuelle Handeln als durch soziale Strukturen und Institutionen determiniert betrachtet wird – und damit eine strukturalistische Perspektive vorherrscht (vgl. Schimank 1996: 72). Seit der „interpretativen Wende" (Wilson 1973) im Bereich der soziologischen Handlungstheorien und der stärkeren Betonung des Kognitiven im Vergleich zum Normativen (Scott 1995: 13) sollte aber deutlich geworden sein, dass diese Wahrnehmung auf einer zu geringen Differenzierung zwischen Weltbild und Menschenbild basiert. Stattdessen muss man davon ausgehen, dass sich mit jedem Menschenbild sowohl eher individualistisch-partikularistische Konzeptionen als auch kollektivistisch-holistische Konzeptionen verbinden lassen (Alexander/Giesen 1987: 15). Bei der nun folgenden Darstellung des Homo Sociologicus wird deswegen nicht auf das normative Paradigma (Schimank 2000: 38–44) abgehoben, sondern es werden diejenigen Aspekte herausgestellt, die allen sozial bzw. relational ausgerichteten Handlungskonzepten im Gegensatz zum selbstbezüglichen Homo Oeconomicus gemeinsam sind.

3.1 Homo Oeconomicus und Homo Sociologicus

Das Menschenbild des Homo Oeconomicus geht davon aus, dass die individuelle Wahl von Handlungsalternativen aus der Kalkulation von Kosten- und Nutzenerwartungen auf der Basis einer gegebenen Präferenzordnung erfolgt. Die Präferenzen, d.h. die Motive, Ziele, Zwecke und Interessen des Homo Oeconomicus werden jeweils individuell durch spezifische biologische und soziale Bedürfnisse festgelegt, sie sind konsistent und relativ stabil. James March (1994) spricht deswegen auch von einer logic of consequentiality, die das Handeln des Homo Oeconomicus bestimmt. Beim Menschenbild des Homo Sociologicus bestimmt dagegen die logic of appropriateness das individuelle Handeln. Die Angemessenheit des Handelns richtet sich nach der sozial konstruierten Identität des Handelnden und nach den sozial konstruierten Erwartungen der Umwelt: Stehen Identität des Individuums und die Definition der Situation fest, folgt der Handelnde den damit verbundenen Regeln und Handlungsanweisungen, ohne besonders auf seine individuellen Kosten und Nutzen zu achten. Die beiden Menschenbilder setzen unterschiedliche Schwerpunkte in Bezug auf das Problem des Handelns unter Bedingungen der Komplexität und Unsicherheit. Während beim Homo Oeconomicus das Problem in der Berechnung der Konsequenzen der Handlungen liegt, steht beim Homo Sociologicus das Problem der Einschätzung der aktuell adäquaten Identität im Vordergrund. Die beiden Komplexitätsprobleme sind allerdings von sehr unterschiedlicher Natur. Mit James March (1994: 178/179) lässt sich diese Differenz in der Unterscheidung von „Unsicherheit" und „Ambiguität" ausdrücken. Unsicherheit bezieht sich auf die Unklarheiten, die bezüglich der zukünftigen Ergebnisse gegenwärtigen Handelns existieren. In rationalistischen Theorien spielt hier vor allem die Unklarheit über das Handeln der anderen Akteure eine Rolle, von deren Handeln das eigene Ergebnis abhängt. In einer solchen Konzeption gibt es eine objektive Realität, Kausalität und Ergebnisse, die im Laufe der Zeit oder durch zusätzliche Informationen deutlich werden. Soziale und politische Institutionen, die Wissen (Wahrheiten) über Kausalbeziehungen, klare und sanktionierte Verhaltensregeln und -normen und damit berechenbare Wahrscheinlichkeiten über das Verhalten der anderen produzieren, helfen das Unsicherheitsproblem zu lösen. Mit dem Begriff der Ambiguität ist dagegen eine relativistische Weltsicht verbunden, in der es keine sich gegenseitig ausschließenden Realitätszustände gibt, sondern vielfältige Überlappungen und Indifferenzen. Unter den Annahmen von multiplen und sich keineswegs gegenseitig ausschließenden Identitäten des (post-)modernen Menschen und der vielfältigen Interpretationsrahmen einer kulturell differenzierten (post-)modernen Gesellschaft ist das Ambiguitätsproblem besonders ausgeprägt. Wenn soziale und politische Institutionen das Problem der Ambiguität reduzieren sollen, müssen sie die Wahrnehmung und die Einschätzung der Wichtigkeit von einer spezifischen Identität des Individuums oder eines spezifischen Interpretationsrahmens für die Definition der Situation erhöhen.

Der Homo Oeconomicus unterscheidet sich vom Homo Sociologicus auch dadurch, dass in den Beziehungen zu anderen Akteuren die objektive Sachdimension deutlichen Vorrang im Vergleich zur (inter-)subjektiven Beziehungsdimension genießt. Deswegen spricht man in der ökonomischen Handlungs- und Institutionentheorie nicht von Interaktionen, sondern von Transaktionen (Williamson 1996), was den Zweck- und Objektcharakter des auf einander bezogenen Handelns abbildet. Beim Homo Sociologicus spielt dagegen die intersubjektive Beziehungsdimension die entscheidende Rolle in der Bewertung von interdependenten Handlungen. Die Kosten und Nutzen einer Handlung werden nicht ausschließlich in Bezug auf sich selbst mit denen von anderen Handlungsalternativen verglichen, sondern vor allem mit den jeweils erwartbaren Kosten und Nutzen für die anderen Beteiligten. Eine solche relationale Interaktionsorientierung kann dabei verschiedene Ausprägungen besitzen und zwar nicht nur solche, die man mit einer „sozialen" Interaktionsorientierung assoziiert.[2] Für den Homo Sociologicus ist es entscheidend, mit wem eine Interdependenz existiert bzw. mit wem eine soziale Interaktion erfolgt, denn je nach Interaktionspartner werden die gleichen Gegebenheiten subjektiv unterschiedlich bewertet. Der Homo Oeconomicus berücksichtigt zwar auch die Person des Anderen, aber nur insofern, als er davon eine spezifische Verhaltenserwartung ableitet – in Bezug auf die Bewertung der möglichen Handlungsergebnisse bleibt der Andere ihm etwas Fremdes bzw. Externes. Nicht nur andere Akteure (Alter), sondern auch gesellschaftliche Institutionen stellen für den Homo Oeconomicus etwas Objektiv-Externes dar. Als strategischer Akteur berücksichtigt er bei seinen Handlungen Institutionen genauso wie Interdependenzen als objektive Rahmenbedingungen, die seinen Möglichkeitsraum einschränken aber auch erweitern können. Auch Institutionen beeinflussen seine inneren Antriebe, Motive und Zielsetzungen nicht. Eine kulturelle bzw. ideelle Wirkung von Institutionen auf die Sinnbildung der Akteure wird oftmals explizit ausgeschlossen (vgl. z.B. Rothstein 1996: 147; Mayntz/Scharpf 1995: 45/46). In anderen Worten: Institution und Idee/Kultur werden konzeptionell differenziert.

---

2 Vier solche relationale Interaktionsorientierungen werden von Scharpf (1997: 84–87) aufgeführt: Eine „solidarische" Interaktionsorientierung entspricht einer vollständigen „Wir-Identität", bei der der Nutzen des anderen als der eigene Nutzen wahrgenommen wird. Bei einer „Wettbewerbsorientierung" ist die Differenz zwischen dem Nutzen von Ego und dem Nutzen von Alter entscheidend (ebd.). „Altruistische" und „feindliche" Interaktionslogiken berücksichtigen nur den Nutzen (im ersten Fall) bzw. die Kosten (im zweiten Fall) von Alter, die eigenen Kosten und Nutzen werden nicht beachtet.

Im Gegensatz dazu wird mit dem Menschenbild des Homo Sociologicus ein wechselseitig konstitutives Verhältnis von Akteur und Institutionen verbunden. Statt als externe Rahmenbedingungen werden Institutionen als normative, kognitive und/oder affektive Orientierungsrahmen und Bezugspunkte konzipiert, die bei der internen Sinnbildung der Individuen eine wichtige Rolle spielen. Sie konstituieren den Akteur zu einem erheblichen Teil, indem sie nicht nur die Strategien des Akteurs, sondern seine Identitäten und Interpretationsrahmen und damit auch seine Wahrnehmung der Welt, seine Antriebsmotivation und seine Zielbildung beeinflussen. Zwischen Akteur und institutioneller Struktur findet damit eine deutlich geringere Trennung bzw. Differenzierung statt als beim Homo Oeconomicus. Institutionen und Akteure werden nicht als etwas füreinander Externes konzipiert, sondern durchdringen sich gegenseitig. Im Rahmen des Homo Sociologicus wirken institutionelle Vorgaben vor allem durch ihre (inter-)subjektive Wahrnehmung und Geltung. Dies bedeutet, dass die Wirksamkeit von Institutionen weniger von deren materiellen Sanktions- und Anreizpotentialen, sondern vielmehr von ihrer Sozialisations- und Antriebskraft abhängt. Das Institutionenverständnis geht damit über formale, explizite Regeln und materielle Handlungsanreize hinaus und umfasst insbesondere auch informelle, nicht explizite Regeln und immaterielle Rahmen sowie Stimulierungen für Handlungen. Von soziologischen Institutionalisten wird deswegen besonders die Rolle von Symbolen, Ritualen, Leitbildern und Diskursen betont (Göhler 1994, 1997; March/Olson 1989).

Wenn sich Institutionen im Rahmen der Theorie des strategischen Handelns zu einem Gebilde verdichten, dann entstehen korporative Akteure bzw. formale Organisationen mit mehr oder weniger stark ausgeprägter rechtlicher, finanzieller und personeller Eigenständigkeit. Formale Organisationen sind besonders stabile und effiziente Instrumente zur rationalen Zielverfolgung bei starken kollektiven Interdependenzen. Sie tendieren aber auch dazu, sich zu verselbständigen, da sich zwischen Prinzipalen und Agenten eine Informationsasymmetrie entwickelt (Coleman 1974). Gebilde im Kontext des Homo Sociologicus sind kollektive Akteure bzw. Gruppen und Bewegungen mit einer gemeinsamen Identität. Bei Scharpf (1997: 54) liegt der Unterschied zwischen korporativen und kollektiven Akteuren beim Ausmaß der Verselbständigung des Gebildes im Verhältnis zum individuellen Akteur. Esser (2001: 39–41) unterscheidet in ähnlicher Weise zwischen Organisationen und Assoziationen und formuliert als zentralen Unterschied, dass Assoziationen in ihrer Existenz an die Identität bestimmter Akteure gebunden sind. Organisationen sind dagegen anonyme Gebilde, die nur „Positionen" festlegen, welche von beliebigen individuellen Akteuren eingenommen werden können.

Insgesamt lässt sich festhalten, dass für den Homo Oeconomicus Institutionen Instrumente zur Ermöglichung und Beschränkung der Realisierung von exogen entwickelten Handlungszielen darstellen, während Institutionen beim Homo Sociologicus vor allem bei der Konstitution von Handlungsmotiven, d.h. bei der Stimulierung und Unterdrückung der Entstehung von Handlungszielen und -abläufen, eine Rolle spielen. Die unterschiedliche Tiefe, mit der die Wirkung von Institutionen auf Akteure konzipiert wird, soll durch die Begriffe instrumentelles versus konstitutionelles Verhältnis von Akteuren zu Institutionen verdeutlicht werden (vgl. Tabelle 3).

Tabelle 3: Unterschiede zwischen instrumentellen und konstitutionellen Handlungs- und Institutionentheorien

	Homo Oeconomicus	**Homo Sociologicus**
Handlungstheorie	Zweckorientiertes, strategisches Handeln	Identitätsorientiertes, soziales Handeln
Handlungsorientierung	Objektivistisch/Individualistisch „Sachdimension"	Relational/Sozial „Beziehungsdimension"
Funktion + Ausrichtung von Informationen	Reduktion von Unsicherheit Wahrheit und Wahrscheinlichkeit	Reduktion von Ambiguität Wahrnehmung und Wichtigkeit
Verständnis sozialer Institutionen	Institutionen als objektiv-externe Rahmenbedingungen menschlichen Handelns	Institutionen als subjektiv-interne Orientierungspunkte menschlichen Handelns
Rolle von Institutionen für Akteure	Instrumentell: Ermöglichung und Beschränkung der Realisierung von (exogen entwickelten) Handlungszielen	Konstitutionell: Stimulierung und Unterdrückung der Entstehung von Handlungszielen/-motiven
Funktion(-serfordernis) von Institutionen	Steuerung/Regulierung Sanktionen/Anreize	Orientierung/Motivierung Sozialisation/Antriebe
Spezifische Mechanismen von Institutionen	Erleichterung von Transaktionen: Information, Entscheidungsfindung und Kontrolle	Erleichterung von Interaktionen: Identifikation, Mobilisierung und Kohärenz
Gebildecharakter von Institutionen	Organisationen Korporative Akteure	Gruppen und Bewegungen Kollektive Akteure

3.2 Variationen der instrumentellen Handlungs- und Institutionentheorien

Beim Homo Oeconomicus basiert die Ausdifferenzierung der strategischen Handlungs- und instrumentellen Institutionentheorien in erster Linie auf der Unterscheidung des Akteurstyps, dem eine Ziel- bzw. Präferenzbildung zugerechnet wird. Mit den verschiedenen Akteurstypen, denen Ziele und Präferenzen zugeordnet werden, sind auch verschiedene Kontrollfunktionen verbunden, die durch Institutionen wahrgenommen werden müssen, um die rationale Wahl der Ziele und deren strategische Umsetzung zu ermöglichen.

Eine *erste Möglichkeit* besteht darin, umfassende politische Gemeinschaften, wie z.B. Nationen, als Akteure mit gemeinsamen Interessen bzw. einem gemeinsamen Willen zu betrachten. Die Aufgabe von Institutionen besteht darin, Instrumente bereitzustellen, welche es ermöglichen, die Interessen der politischen Gemeinschaft bzw. den Willen des Volkes in der Gesellschaft bzw. gegenüber dem sozio-ökonomischen System umzusetzen.[3] Entscheidende Voraussetzungen für die Umsetzung des Volkswillens

---

3 Solche Vorstellungen zeigen sich vor allem in der politischen Philosophie von Rousseau (vgl. z.B. Bertram 2004: 148–150) und in einzelnen Strömungen neomarxistischer Theoriebildung, in der deutschen Staatsrechtslehre und in der keynesianischen Wohlfahrtstheorie (z.B. Musgrave 1999).

durch den Staat sind (a) ausreichende Steuerungskapazitäten durch einen zentralisierten, funktional umfassenden, von partikularistischen Interessen abgeschotteten und mit ausreichenden Informationen versehenen Staat, und (b) eine relativ große Kongruenz zwischen dem Raum des politisch-administrativen Systems und dem Raum des sozioökonomischen Systems – bzw. eine rigide Kontrolle sozio-ökonomischer Austauschprozesse über politische Grenzen hinweg (Scharpf 1999: 27, 35/36).

Zweitens: Analytische und normative Konzepte, die ausschließlich Individuen als mit authentischen, intern konsistenten und stabilen Präferenzen ausgestattete Akteure akzeptieren, entdecken andere Kontrollprobleme bei der Umsetzung dieser Präferenzen in politischen Prozessen und kommen dementsprechend zu anderen Anforderungen an und Ausformungen von politischen Institutionen.[4] Notwendig sind formale, klare und transparente Regeln. Diese Regeln müssen an positive Anreize und/oder an negative Sanktionen geknüpft sein, wobei bei größeren sozialen Einheiten eine externe Sanktionsinstanz notwendig ist, obwohl damit Transaktionskosten und die Gefahr der Verselbständigung auftreten. Deswegen gibt es bei diesen Ansätzen eine klare Tendenz zur Befürwortung von kleinen und möglichst homogenen Einheiten, in denen die Sanktionierung von Regeln und Normen eher endogenisiert werden kann. Ist eine organisatorische Verselbständigung der Agenten unumgänglich, dann ist die entscheidende Empfehlung der rationalistischen Theorie die Sicherung der Pluralität von und des Wettbewerbs zwischen den Agenten (Braun 1999: 262–264).

Im Bereich der instrumentellen Handlungs- und Institutionentheorien gibt es eine weitere große Gruppe von Ansätzen, die weder von umfassenden Kollektiven noch von Individuen als den zentralen Akteuren politischer Prozesse ausgehen. Stattdessen bildet hier eine Mehrzahl von korporativen Akteuren den Ausgangspunkt der Überlegungen. Mehr oder minder explizit wird ihnen Handlungs- und Strategiefähigkeit zugesprochen. Je nachdem, ob diese positiven und/oder normativen Ansätze mit einem holistischen oder partikularistischen Weltbild verbunden sind, ergeben sich deutlich unterschiedliche Vorstellungen zur primären Funktion und Form von politischen Institutionen.

Innerhalb der Föderalismustheorien repräsentiert die auf den federalist papers fußende US-amerikanische Tradition eine *dritte* Möglichkeit auf der Basis einer holistischen Perspektive, denn das Konzept einer compound republic (Ostrom 1987) zielt darauf ab, durch institutionelle Regeln (v.a. durch ein symmetrisches Zweikammernsystem) gleichzeitig möglichst viele verschiedene Interessengruppen (factions) in den parlamentarischen Entscheidungsgremien vertreten zu haben und andererseits diese Gruppen durch Kompetenzverflechtungen zu Verhandlungen und zum Interessenausgleich zu bringen.

Die wirtschaftswissenschaftliche Linie des fiscal federalism bietet eine *vierte* Variante und betont, dass ein föderales Mehrebenensystem eine bessere Zuteilung von staatlichen Aufgaben auf administrative Einheiten erlaubt als ein zentralistisches System. In den jüngeren Weiterentwicklungen des Fiskalföderalismus betonen Frey und Eichenberger, dass nicht Koordination und Kooperation, sondern Wettbewerb, freiwillige Ver-

---

4 Verschiedene Teilbereiche des „ökonomischen Institutionalismus", insbesondere der „Transaktionskosten-Ansatz", die „Spiel- und die Tauschtheorie" sowie der Principal-Agent-Ansatz, liefern Beiträge für die Politikwissenschaft und die Governance-Theorie (vgl. z.B. Lane 2005).

handlungen und vor allem die Möglichkeit der Neugründung von weiteren funktional spezialisierten Körperschaften den zentralen Koppelungs- bzw. Integrationsmechanismus eines zeitgemäßen Föderalismus darstellen. Entscheidendes Merkmal eines solchen Föderalismus ist die Offenheit des institutionellen Systems für funktionale Ausdifferenzierungen und Wettbewerb durch neue spezialisierte Anbieter von öffentlichen Leistungen (Frey/Eichenberger 1996).

3.3 Variationen der konstitutionellen Handlungs- und Institutionentheorien

Bei sozial orientierten Handlungs- und Institutionentheorien liegen die zentralen Variationen nicht beim Akteurstypus sondern bei der Konzeptionalisierung der Handlungstheorie. Die klassische Handlungstheorie, welche mit dem Homo Sociologicus verbunden wird, stellte das *normkonforme Handeln* dar. Hinter diesem Paradigma steht die anthropologische Annahme, dass der Mensch seine Instinktprogrammierung verloren hat und damit ein fundamentales Defizit an Orientierungssicherheit besitzt. Soziale Normen und Institutionen verringern dieses Defizit, indem sie eine sinnhafte Orientierung liefern.

Aus einer Ansammlung von mikrotheoretischen Ansätzen, welche die Entstehung von Normen, Rollen und Orientierungssymbolen an situative Interaktionen der Akteure knüpften, entwickelte sich ein alternatives soziales Handlungsmodell, das man mit dem Begriff der Performanz bzw. des *performativen Handelns* fassen kann.[5] Nicht mehr so sehr das role-taking, d.h. eine konforme Umsetzung von vorgegebenen Skripten steht im Vordergrund. Stattdessen wird das role- bzw. identity-making betont. Ausdrucksstark-expressive sowie authentisch-eigenwillige Interpretationen von Rollen und die damit verbundene Kreation und Präsentation einer attraktiven Identität stehen hier im Zentrum des sozialen Handelns. Ein solches Handeln ist nicht so sehr auf eine – von tradierten Normen abgeleitete – Angemessenheit ausgerichtet, sondern zielt darauf ab, Aufmerksamkeit zu erzeugen und Anerkennung zu gewinnen. Damit verschiebt sich der Schwerpunkt der Betrachtung vom Inhalt auf die Form des Handelns und von der Internalisierung zur Inszenierung von Normen und Identitäten. Körperlichkeit, Emotionen und Bilder (Images) besitzen im Rahmen des performativen Handelns eine große Bedeutung. Nicht nur individuelle, sondern auch kollektive Akteure müssen sich um ein attraktives Image bemühen, um soziale Aufmerksamkeit und Anerkennung zu gewinnen.

Das Konzept des *verständigungsorientierten Handelns* von Jürgen Habermas (1981) stellt eine weitere soziale Handlungstheorie dar. Auch Habermas setzt sich mit seiner Theorie in erster Linie vom normativen Paradigma ab, aber im Gegensatz zum Hauptstrom der „interpretativen" Soziologie ist das soziale Handeln bei ihm nicht auf die

---

5 Der Begriff Performanz besitzt insbesondere in den kulturwissenschaftlich orientierten Sozialwissenschaften große Verbreitung und eine starke theoretische Fundierung (vgl. z.B. Martschukat/Patzold 2003; Soeffner/Tänzler 2002). Zentrale Bedeutung für die Entwicklung eines handlungstheoretischen Fundaments für das performative Handeln spielt der Symbolische Interaktionismus (v.a. Blumer und Goffman), wobei in jüngster Zeit die Rolle von Emotionen immer stärker in den Vordergrund tritt (vgl. Turner 2003: 343–441).

kreative Definition der Identität der Akteure, sondern auf die Verständigung zwischen den Akteuren ausgerichtet (Nullmeier 1999: 225). Das verständigungsorientierte Handeln ist geprägt durch den Austausch von Argumenten mit dem Ziel des koordinationswirksamen Einverständnisses. Die eigenen Ziele, Werte und Kausalannahmen werden zur Diskussion gestellt und anhand von universellen Geltungsansprüchen geprüft. Mit Hilfe des „eigentümlich zwanglosen Zwangs des besseren Arguments" kommt man im Konsens zu verallgemeinerungsfähigen Werten und Handlungsempfehlungen. Die Überzeugungskraft der Argumente und das partizipative und konsensuale Verfahren führen zur Verbindlichkeit der Vereinbarungen für die einzelnen Akteure (Habermas 1981: 44–71, 369–452). Im Rahmen des verständigungsorientierten Handelns stellt die gemeinsame Sprache die zentrale strukturelle Grundlage für die gesamtgesellschaftliche Integration dar. Auf einer konkreteren Ebene dienen offene und transparente Foren als institutioneller Rahmen dem Austausch von Argumenten und der öffentlichen Deliberation.

Eine vierte soziale Handlungstheorie lässt sich aus der Verbindung strukturalistischer Diskurstheorien mit der akteurzentrierten Prospect Theory entwickeln. Die entscheidende Erkenntnis der Prospect Theory ist die in Laborexperimenten nachgewiesene Tatsache, dass der Referenzrahmen für eine Entscheidung bzw. für die Aktivierung von Handlungen eine entscheidende Bedeutung besitzt. Im Gegensatz zu den Annahmen der Wert-Erwartungstheorie der rationalistischen Handlungsmodelle ist nicht der erwartbare Wert bzw. der Gewinn oder Verlust im Vergleich zum Ausgangspunkt entscheidend für die Wahl einer Handlungsoption, sondern die mögliche Abweichung von einem vorher festgelegten Referenzpunkt. Dieser Referenzpunkt ist deswegen von zentraler Bedeutung, weil bestimmt wird, ob ein erwartbares Ergebnis als möglicher Gewinn oder als möglicher Verlust (im Vergleich zum Referenzpunkt) wahrgenommen wird. Sollte ein erwartbares Ergebnis durch die Festlegung des Referenzpunktes als möglicher Verlust betrachtet werden, so nehmen Individuen bei ihrer Entscheidung mehr Risiken in Kauf. In anderen Worten, Menschen sind risiko- und damit auch veränderungs- und einsatzbereiter, wenn sie glauben, einen möglichen Verlust abwehren zu müssen, als im Falle, dass sie glauben, einen möglichen Gewinn realisieren zu können (Mercer 2005; McDermott 2004a, 2004b). Dies bedeutet, dass die kognitive Rahmung einer Entscheidungssituation nicht nur entscheidend für die Sinnkonstitution ist (welche typischerweise bei sozialkonstruktivistischen Theorien im Vordergrund steht), sondern dass sie auch für die Motivierung im Sinne der Mobilisierung individuellen Handelns unter Bedingungen der Unsicherheit grundlegende Bedeutung besitzt. Die öffentlichen Diskurse, die den Rahmen (Frame) für *prospektives Handeln* der Individuen bilden, bestimmen damit nicht nur die inhaltliche Richtung, sondern auch das Ausmaß der Aktivierung der individuellen Akteure. Beim prospektiven Handeln orientieren sich soziale Akteure weder an einer universellen bzw. traditionellen Kultur (wie beim normkonformen Handeln) noch an einer konsensualen Konvention (wie beim verständigungsorientierten Handeln), sondern an aktuellen Diskursen und Themenkonjunkturen. Die dieser Handlungstheorie entsprechenden Institutionen-Konzepte konzentrieren sich deshalb auf die Inhalte der öffentlichen Diskurse, d.h. auf die darin enthaltenen Rahmungen mit typischen Selektionen und Projektionen.

4. Formen politischer Governance: Idealtypen und ihre Charakteristika

Basierend auf den drei Kriterien Weltbild, Gesellschaftsbild und Menschenbild können nunmehr acht idealtypische Formen politischer Governance abgeleitet werden (vgl. Tabelle 4).

4.1 Centralized Government

Der Idealtyp Centralized Government ist darauf ausgerichtet, die kollektiven Interessen einer territorial definierten politischen Gemeinschaft durch einen stark formalisierten und stark zentralisierten institutionellen Rahmen zu ermitteln und umzusetzen. Dies führt zu verselbstständigten staatlichen Institutionen, die an einer zentralen Stelle (Par-

Tabelle 4: Idealtypische Formen politischer Governance

Instrumentelle Governance-Formen		
Ontolgie/ Ideologie	Segmentäre Differenzierung und mechanische Integration/Koppelung	Funktionale Differenzierung und organische Integration/Koppelung
Holistisch	CENTRALIZED GOVERNMENT Kontrolle der Gesellschaft durch ein zentralisiertes politisch-administratives System **(Majority) Vote** Aggregations- und Abstimmungsregeln	CONCERTED GOVERNMENTS Gegenseitige Kontrolle innerhalb eines fragmentiert-koordinierten politisch-administrativen Systems **Bargaining** Kompetenz- und Koordinierungsregeln
Partikularistisch	COMPETING GOVERNMENTS Kontrolle der politisch-administrativen Agenten durch individuelle Prinzipale **Entry/Exit** Beitritts- und Finanzierungsregeln	CONTRACTING GOVERNMENTS Gegenseitige Kontrolle durch funktionale Arbeitsteilung und Auswahl von Austauschpartnern **Choice** Marktsicherungsregeln
Konstitutionelle Governance-Formen		
Ontolgie/ Ideologie	Segmentäre Differenzierung und mechanische Integration/Koppelung	Funktionale Differenzierung und organische Integration/Koppelung
Holistisch	COMMUNITARIAN GOVERNANCE Kohärenz durch kollektive Kultur **Normkonformes Handeln** Riten und Symbole	CIVIC GOVERNANCE Kohärenz durch konsensorientierte Kommunikation **Verständigungsorientiertes Handeln** Prinzipien und Dialog
Partikularistisch	CREATIVE GOVERNANCE Kohärenz/Divergenz durch kreative Profilierung **Performatives Handeln** Projekte und Marken	COGENT GOVERNANCE Kohärenz/Divergenz durch kommunikative Prominenz **Prospektives Handeln** Projektionen und Szenarien

lament) an den gesamtgesellschaftlichen Willen rückgekoppelt sind und diesen gesamtgesellschaftlichen Willen mit autoritativen Mitteln gegenüber den Mitgliedern durchsetzen. Die Zielbildung bzw. die Bestimmung der kollektiven Interessen erfolgt primär
durch eine Aggregation von individuellen Präferenzen (durch Wahlen und Abstimmungen). Die idealtypische Transaktionsform ist damit die regelmäßige Wahl zwischen Parteien und Personen, welche vielfältige Themenbereiche in ein ideologisch kohärentes und umfassendes Programm integrieren. Die Annahme einer starken kollektiven Identität zwischen den Gemeinschaftsmitgliedern ermöglicht die Verwendung der
Mehrheitsregel als Entscheidungsmodus. Die Implementation der kollektiven Ziele erfolgt primär durch regulative Instrumente und hierarchische Institutionen im Sinne
des Weberianischen Idealtyps der Bürokratie. Beim Idealtyp der Centralized Government wird von einer umfassenden territorialen und funktionalen Integration ausgegangen. D.h. die Zuständigkeiten der Centralized Government umfassen nicht nur den
gesamten sozio-ökonomischen Verflechtungsraum in territorialer Hinsicht, sondern
führen zu einer prinzipiellen Allzuständigkeit einer Regierung in Bezug auf die verschiedenen Politikfelder. Dies ermöglicht der Regierung Prioritätensetzungen und Umverteilungen sowohl zwischen Teilräumen wie auch zwischen Politikfeldern und Funk-
tionsgruppen. Diese Governance-Form findet sich v.a. in den modernen zentralistisch
orientierten Nationalstaaten wie z.B. dem britischen Westminster Model.

4.2 Concerted Governments

Im Gegensatz zum Centralized Government wird beim Idealtyp der Concerted Governments ein holistisches Weltbild mit dem Prinzip der funktionalen Differenzierung
verbunden. Die Ordnung der Gesellschaft kann damit nicht mehr über eine zentrale
Kontrolle der sozio-ökonomischen Prozesse durch die Politik auf der Basis von Mehrheitsentscheidungen erfolgen, da die Unähnlichkeit der gesellschaftlichen Teilbereiche
die zentrale Steuerung durch ein politisches Zentrum unmöglich macht und keine ausgeprägte kollektive Identität der Gesellschaftsmitglieder existiert. Stattdessen bilden Arbeitsteilung und funktionale Spezialisierung die Basis gesellschaftlicher und politisch-
administrativer Ordnung. In der Gesellschaft führt dies zur Ausbildung von organisierten Interessenverbänden und im politisch-administrativen Institutionensystem geschieht
dies durch die Zuweisung einzelner funktionaler Kompetenzen an unterschiedliche Organe, verbunden mit einem starken Zwang zur konzertierten Zusammenarbeit durch
verpflichtende Koordinations- und Kooperationsmechanismen zwischen diesen Organen. Politische Kontrolle im doppelten Sinne – als Steuerung des sozio-ökonomischen
Systems durch die Politik und als Kontrolle der Politik durch die Gesellschaft – wird
damit über die Kombination von institutioneller Gewaltenteilung und Gewaltenver-
schränkung erreicht. Auch die Bearbeitung der Konflikte bzw. die Koordinierung zwischen den zentralen gesellschaftlichen Interessen geschieht durch eine institutionelle
Differenzierung in funktionsspezifisch ausgerichteten Interessenorganisationen und
durch die starke interne Integration dieser Interessen durch hierarchisch gestufte korporative Organisationen. Der Staat stärkt diese organisatorische Bündelung von Interessen durch formale Anerkennungsregeln und durch die Übertragung von Selbststeue-

rungskompetenzen und stellt Arenen bereit, in denen die Interessengruppen sich untereinander koordinieren. Insgesamt erscheint der Begriff „konzertiert", der aus dem Feld des Korporatismus stammt, am besten geeignet, die Grundphilosophie dieser Governance-Form auszudrücken, bei der funktionale Spezialisierung und ein dirigiertes Zusammenwirken als kompatible Prinzipien gedacht werden. Der idealtypische Modus der Transaktion bei der Politikproduktion in Concerted Governments ist die auf Interessenausgleich bezogene Verhandlung (bargaining) in einem überschaubaren Kreis von Beteiligten. Verhandlungen sind dadurch gekennzeichnet, dass die Beteiligten eine Veto-Position besitzen, bzw. dass eine Einigung nur durch Konsens erreicht werden kann. Das bedeutet, dass nur Lösungen zustande kommen, bei denen die Veto-Spieler im Vergleich zur Nichtkooperation ihren Nutzen steigern können. Durch Koppelgeschäfte, package deals, log rolling oder Ausgleichszahlungen kann der Möglichkeitsraum für tauschbasierte Kooperationsbeziehungen ausgeweitet werden (Scharpf 1992). Diese Governance-Form entspricht der Grundlogik der modernen (kooperativen) Föderalstaaten.

4.3 Competing Governments

Beim Idealtyp der Competing Governments wird im Gegensatz zum Centralized Government nicht mehr von einer integrierten politischen Gemeinschaft als Grundlage für die Festlegung von kollektiven Interessen bzw. politischen Zielen ausgegangen. Dabei wird allerdings nicht die Homogenität der politischen Gemeinschaft in Frage gestellt (wie beim Concerted Governments-Ansatz), sondern deren Stabilität und Kontinuität, im Sinne der grundsätzlichen Festlegung, wer dazu gehört und wer nicht. Denn beim Competing Governments-Ansatz wird nicht mehr von einer a priori und dauerhaft festgelegten Einbettung des Individuums in eine politische Gemeinschaft ausgegangen. Stattdessen basiert der Ansatz auf mobilen Individuen, die ihre Mitgliedschaft in sozialen und politischen Gemeinschaften wählen und wechseln können. Strukturelle Voraussetzung für diese Wahlfreiheit ist die Existenz von mehreren Gemeinschaften. Eine solche Pluralität von Gemeinschaften eröffnet den Individuen die Möglichkeit, sich mit solchen Menschen zusammenzutun, die ähnliche Präferenzen besitzen (sorting). Des Weiteren stellt die Möglichkeit der Abwanderung (exit) einen effektiven Mechanismus dar, um eine Verselbstständigung der politisch-administrativen Agenten zu reduzieren und die Bereitstellung öffentlicher Güter an den Präferenzen der Mitglieder einer sozialen Gemeinschaft auszurichten. Das entscheidende Charakteristikum dieser Form der politischen Governance ist der Wettbewerb zwischen politisch-administrativen Einheiten um Individuen (und Investitionen). Die idealtypischen Handlungs- bzw. Transaktionsformen in dieser Governance-Form sind der Beitritt bzw. der Austritt (entry/exit) aus einer politisch-administrativ verfassten sozialen Gemeinschaft. Die Eintritts- und Austrittsentscheidungen von strategischen Individuen werden durch zwei formale Regelbereiche gesteuert. Zum einen durch die Regeln, die auf das Angebot an und die Finanzierung von öffentlichen Gütern innerhalb der Gemeinschaft ausgerichtet sind und zum anderen durch die Ein- und Austrittsregeln. Diese Governance-Form zeigt sich in der Form des internationalen Wettbewerbs zwischen Staaten und Regionen, aber in noch stärkerer Form in den US-amerikanischen Großstadtregionen, in denen eine Vielzahl von Gemeinden nicht nur um die Gunst von Investoren, sondern auch um den äußerst mobile Individuen als wichtige kommunale Einkommensquellen buhlt.

4.4 Contracting Governments

Eine partikularistische Ontologie und eine instrumentelle Institutionenvorstellung führen in Verbindung mit dem Konzept der funktionalen Differenzierung zum Idealtyp der Contracting Governments. Die funktionale Spezialisierung kann dabei einerseits auf die Politikfelder bzw. auf die einzelnen öffentlichen Güter (wie z.B. Wasserversorgung, Bildung oder Polizei) ausgerichtet sein, indem zu jedem dieser öffentlichen Güter formal autonome politisch-administrative Einheiten gebildet werden. Sie kann aber auch auf die Ausdifferenzierung des Produktionsprozesses von öffentlichen Gütern gerichtet sein, so z.B. dadurch, dass bestimmte Einheiten für die Gewährleistung von öffentlichen Gütern zuständig sind und andere Einheiten sich auf die Produktion bestimmter öffentlicher Güter konzentrieren. Die Koppelung solcher vielfältig spezialisierten und differenzierten Einheiten, d.h. der Leistungsaustausch und die gegenseitige Handlungsabstimmung, erfolgt im Rahmen des Contracting Governments-Ansatzes nicht mehr durch eine hierarchische Organisation sondern durch freiwillige Vereinbarung und Verträge zwischen korporativen Einheiten, die formal unabhängig voneinander sind. Im Gegensatz zum Konzept der Competitive Governments beruht der Partikularismus dieses Ansatzes somit nicht auf einer großen Vielzahl von Individuen (und Investoren), sondern auf mehreren funktional spezialisierten Organisationen als zentralen Akteuren. Der Transaktionsmodus des Contracting Governments-Ansatzes entspricht genauso wenig der einfachen Preislogik des idealtypischen (Spot-)Marktes wie derjenige des Competing Governments-Ansatzes. Während bei jenem die Multifunktionalität einer Standort- bzw. Wohnortentscheidung den entscheidenden Unterschied zur primär preisbasierten Kaufentscheidung auf einem Warenmarkt ausmacht, ist der Austausch zwischen funktional spezialisierten Einheiten für die Produktion und Bereitstellung von öffentlichen Gütern dadurch gekennzeichnet, dass hohe Fix- bzw. Netzkosten zu einem beschränkten Angebot führen und deswegen der Markt durch Oligopole und die Tendenz zur Monopolbildung gekennzeichnet ist. Während beim Konzept der Concerted Governments eine solche Monopolisierung von öffentlichen Funktionen durch die Zuweisung von Kompetenzbereichen zu einzelnen Organisationen innerhalb und außerhalb der öffentlichen Verwaltung als Voraussetzung für die Integration im Rahmen von Zwangsverhandlungssystemen gilt, sind im Rahmen des Contracting Governments-Konzepts die Gewährleistung eines Mindestangebots und die Verhinderung von Monopolbildungen die zentralen Aufgaben politischer Steuerung. Die Governance-Form hat in jüngster Zeit durch die Privatisierung und Auslagerung von Unternehmungen zur Erstellung von öffentlichen Dienstleistungen, aber auch durch die im Rahmen des New Public Management-Ansatzes propagierte Einführung von vertragsähnlichen Interaktionsformen zwischen einzelnen Verwaltungseinheiten einen großen Bedeutungszuwachs erhalten.

Die bisher dargestellten Governance-Formen basieren auf dem Menschenbild des Homo Oeconomicus und einem instrumentellen Institutionenverständnis. Sie unterscheiden sich deswegen von den nachfolgenden Formen politischer Governance, denen das Menschenbild des Homo Sociologicus und ein konstitutives Institutionenverständnis zugrunde liegen, grundsätzlich auch in Bezug auf die organisatorische Verselbstständigung der Governance-Institutionen und in Bezug auf die Verselbstständigung des politisch-administrativen Sektors gegenüber der Gesellschaft. Bei den bisher skizzierten Formen politischer Governance herrschen formale, rechtliche Instrumente wie Gesetze, Verordnungen, verbindliche Pläne und Verträge vor. Bei den nun folgenden Governance-Formen dagegen liegen weniger formalisierte und rechtlich weniger verankerte Instrumente wie z.B. Symbole, Leitbilder sowie projektive Szenarien und Medienkampagnen, rechtlich unverbindliche Pläne und Programme oder auch informell abgestimmte Praktiken und Projekte vor. Während bei den bisherigen Formen eine starke Verselbstständigung durch formale Organisationen und eine klare strukturelle Trennung zwischen politischen/öffentlichen Agenten und gesellschaftlichen/privaten Prinzipalen angenommen wurden, sind die folgenden Governance-Formen durch Informalität und die strukturelle Integration von politischen/öffentlichen und gesellschaftlichen/privaten Akteuren gekennzeichnet.

4.5 Communitarian Governance

Der erste Idealtyp, dem ein konstitutionelles Institutionenverständnis zugrunde liegt, soll als Communitarian Governance bezeichnet werden. Während der Begriff Gemeinschaft bei soziologischen Klassikern vor allem mit der Vorstellung von einer vormodernen, traditionellen Gesellschaftsform verbunden ist, verweist der Begriff Communitarian Governance auf die jüngere Bewegung des Kommunitarismus. Diese betont, dass Gemeinschaften auch in der Moderne eine große Rolle spielen und zielt vor allem darauf ab, dass die Sicherung bzw. Wiederherstellung von Gemeinschaft eine Zielrichtung politischer Steuerung sein kann. Im Gegensatz zu den nachfolgenden Idealtypen zielt die Konstitution der Gesellschaft beim Idealtyp der Communitarian Governance vor allem auf die Festlegung und Verbindlichkeit von sozialen Werten und Normen, wie z.B. Solidarität und Gerechtigkeit, zur Integration einer umfassenden, territorialen Gemeinschaft ab. Dieses Governance-Konzept geht davon aus, dass sich aus einer gemeinsamen Kultur verbindliche Moralvorstellungen ableiten lassen. Kollektive Identitäten und die damit verbundenen Werte müssen durch Institutionen vergegenwärtigt und „repräsentiert" werden, so dass sie individuell wahrgenommen werden und sich entsprechend Loyalität und Solidarität ergeben. Die handlungstheoretische Grundlage dieses Idealtyps stellt damit das normkonforme Handeln als klassische Ausprägung der handlungstheoretischen Fundierung des Homo Sociologicus dar. Institutionelle Strukturen und Mechanismen im Rahmen dieses Governance-Idealtyps müssen sich deswegen an traditionellen Identitäten und Werten orientieren – und diese gleichzeitig stärken und beleben. Für einen solchen Governance-Typ sind deswegen rituelle, d.h. sich immer wiederholende Prozeduren und traditionelle Mythen und Symbole besonders wichtig. Durch sie werden gemeinsame historische Erfahrungen und kulturelle Ähnlichkeiten in Erinnerung gerufen und/oder an geteilte Werte appelliert, um kollektives Handeln von Akteuren aus dem staatlichen, dem privaten und dem Dritten Sektor zu mobilisieren und zu legitimieren. Gedenkveranstaltungen und Paraden an nationalen Feiertagen stellen klassische Ausprägungen dieses Governance-Ansatzes dar.

4.6 Civic Governance

Der Idealtyp Civic Governance vereint ein holistisches Weltbild mit einem funktional differenzierten Gesellschaftsbild. Der zentrale Unterschied zum Idealtyp Communitarian Governance liegt darin begründet, dass nunmehr eine Pluralität von Wertsystemen unterstellt wird, wodurch die Integration über eine gemeinsame Kultur verunmöglicht ist. Trotzdem erscheint eine kommunikative Verständigung möglich, da eine gemeinsame Lebenswelt und eine gemeinsame Sprache existiert. Die holistische Ausrichtung dieses Ansatzes wird auch daran deutlich, dass die kommunikative Verständigung der betroffenen Akteure immer in eine gesamtgesellschaftlich verbindliche Rechtssetzung münden soll. Die Verbindlichkeit der getroffenen Beschlüsse beruht viel stärker als bei der Communitarian Governance auf dem vor allem in der Zivilgesellschaft stattfindenden, diskursiven Prozess der gemeinsamen Entwicklung von gültigen Normen und Zielsetzungen. Im Gegensatz zu den instrumentellen Governance-Formen beruht der Prozess der Entwicklung von kollektiven Zielen nicht so sehr auf klar strukturierten Aggregations- und Abstimmungsverfahren mit korporativen Akteuren (Parteien und Verbände), sondern auf öffentlichen Debatten und Diskursen mit unterschiedlichen Akteurstypen (individuelle, kollektive und korporative Akteure) aus dem staatlichen, dem privaten und dem Dritten Sektor. Die Vielfalt der Akteure ermöglicht einen offenen Zugang zu allen relevanten Informationen und Argumenten und die Öffentlichkeit eine auf die Problemlösung ausgerichtete Interaktionsorientierung der Akteure. Die idealtypische Interaktionsform für Civic Governance ist das verständigungsorientierte Handeln. Da keine formalen Organisationen mit Sanktionsinstanz gebildet werden, ist die Umsetzung an die Selbstbindung der Akteure geknüpft. Im Gegensatz zum Verhandeln bzw. bargaining wird beim verständigungsorientierten Handeln bzw. beim arguing davon ausgegangen, dass die beteiligten Akteure nicht nur auf die Steigerung ihres individuellen Nutzens ausgerichtet sind, sondern dass eine verallgemeinerbare Legitimation der eigenen Präferenzen und Positionen gegenüber den anderen Beteiligten für notwendig gehalten wird. Die Legitimität der Positionen hängt von der faktischen Wahrheit der Aussagen, von der Richtigkeit in Bezug auf allgemein geteilte Normen und von der Wahrhaftigkeit bzw. der Glaubwürdigkeit des Argumentierenden ab. Das Ergebnis besteht dann nicht in einem Kompromiss zwischen den Ausgangspositionen der Beteiligten, sondern in der Position, die am meisten Legitimität reklamieren kann. Der institutionelle Rahmen einer solchen Governance-Form muss deswegen für günstige Bedingungen zur Verständigung sorgen. Während das erste Kriterium (Wahrheit) durch die Einbeziehung von Experten und Wissenschaftlern gestärkt wird, kann die argumentative Richtigkeit und Wahrhaftigkeit durch die Herstellung einer allgemeinen Öffentlichkeit gefördert werden. Zentrale Elemente dieser Governance-Form finden sich z.B. auf kommunaler Ebene in den Agenda 21-Prozessen und auf bundesdeutscher

Ebene in der Vielzahl von außerparlamentarischen Beratungskommissionen, die von der rot-grünen Regierung eingesetzt wurden.

4.7 Creative Governance

Wie der Idealtyp Communitarian Governance basiert der Idealtyp Creative Governance auf einem segmentären Gesellschaftsbild. Er kombiniert dieses aber mit einem partikularistischen Weltbild. Dies beinhaltet eine deutlich andere Vorstellung von kollektiven Identitäten. Diese werden nicht mehr als natürlich gegebene oder historisch gewachsene Kulturen betrachtet, auf die man mit tradierten Symbolen verweisen kann, vielmehr steht die situative Konstruktion von neuen Identitäten im Vordergrund. Kollektive Identitäten basieren damit weniger auf kultureller Kontinuität als auf kultureller Kreativität. Das spezifisch Eigene einer sozialen und politischen Einheit wird nicht auf der Basis zeitlicher Kontinuität, sondern auf der Basis der Distinktion gegenüber anderen und/oder gegenüber der Vergangenheit definiert und präsentiert. Im Gegensatz zum Civic Governance-Ansatz ist das Konzept der Creative Governance nicht auf Verständigung zwischen Teilen der Gesellschaft, sondern auf Veränderung sowohl der Gesellschaft als auch deren Mitglieder ausgerichtet. Der Idealtyp der Creative Governance basiert damit in Bezug auf seine Interaktionsform auf dem performativen Handeln. Institutionen und Mechanismen der Creative Governance sollen den Mitgliedern der politischen und sozialen Gemeinschaft Veränderung ermöglichen und sie zu Innovationen motivieren. Sie sollen darüber hinaus weitere kreative Mitglieder anziehen. Dazu müssen sie zum einen das Profil der sozialen Gemeinschaft bzw. deren Image stärken. Damit werden das Selbstwert- und das Selbstwirksamkeitsgefühl der Mitglieder gesteigert und andere Individuen (und Investoren) aufmerksam gemacht. Zum anderen müssen sie die Zusammenarbeit verschiedener Akteure erleichtern, damit technische, soziale und politische Innovationen im Sinne von Schumpeters „neuen Kombinationen" möglich werden. Creative Governance ist dabei ausschließlich auf das „Schnittstellenmanagement" zwischen diesen verschiedenen Akteuren ausgerichtet, um eine synergetische und situative Kooperation zu ermöglichen und trotzdem die fundamentalen Differenzen der Beteiligten weiterbestehen zu lassen. Marketing-Vereinigungen sowie Image- und Initiierungs-Kampagnen (wie z.B. „Du bist Deutschland") stellen konkrete Ausprägungen dieser Governance-Form dar.

4.8 Cogent Governance

Der Idealtyp Cogent Governance kombiniert ein konstitutionelles Institutionenverständnis mit einer partikularistischen Perspektive auf ein funktional ausdifferenziertes System. Funktionale Ausdifferenzierung wird hier im Gegensatz zum Idealtypus der Contracting Governments nicht als organisatorische Arbeitsteilung bei der Produktion öffentlicher Güter verstanden, sondern als kommunikative Ausdifferenzierung einer durch elektronische Medien geprägten Gesellschaft mit unterschiedlichen Sinnprovinzen und Interpretationsrahmen. Die Pluralität von funktional spezialisierten Relevanz-

und Referenzsystemen liefert den in diesen subsystemaren Kontexten agierenden Akteuren aus allen Sektoren der Gesellschaft divergierende und z.T. rivalisierende Interpretations- und Mobilisierungsrahmen für kollektives Handeln. Alle Akteure richten sich an den gegenwärtig prominenten Diskursen aus, ohne damit ihre divergierenden Perspektiven aufgeben zu müssen. Im Gegensatz zum Civic Governance-Konzept wird in diesem Ansatz nicht davon ausgegangen, dass gesellschaftliche Kommunikation die unterschiedlichen Wirklichkeitskonstruktionen überwinden kann und dass die Akteure verständigungsorientiert sind. Gesellschaftliche Kommunikation liefert stattdessen den Akteuren einen selektiven Sinnhorizont, der ihnen hilft, kognitive Dissonanzen und Ambiguitäten zu reduzieren sowie Risikoabwägung vorzunehmen und der damit individuelle Handlungen anregt und ermöglicht. Der Idealtypus der Cogent Governance basiert auf dem handlungstheoretischen Konzept des prospektiven Handelns. Besondere Mobilisierungskraft besitzen bedrohliche Szenarien, die Verluste bei Inaktivität prognostizieren. Das Verhältnis von Akteur und diskursiver Struktur ist rekursiv, d.h. die Akteure werden durch die jeweils gegenwärtig prominentesten Diskurse in ihrem individuellen Überzeugungssystem beeinflusst (wobei sie sich bei einer Pluralität von Diskursen und Szenarien den Interpretationsrahmen aussuchen, der ihrem bisherigen Überzeugungssystem am ehesten entspricht), sie versuchen aber gleichzeitig, die Diskurse durch eigene Kommunikationsbeiträge in ihrem Sinne zu beeinflussen. Der Begriff Cogent Governance verdeutlicht die Verbindung von strukturalistischer Diskurstheorie und akteurtheoretischer Prospect Theory über die Schnittstelle der kognitiven und kommunikativen Rahmungen.[6] Die Steuerungs- und Integrationswirkung von Cogent Governance basiert weder auf der Vergegenwärtigung einer gemeinsamen Kultur, noch auf einem argumentativ herbeigeführten Konsens, noch auf einer attraktiven Profilierung von Gemeinschaften und Institutionen, sondern auf der Anpassung an und der Verstärkung von selektiven und situativ prominenten Kommunikationstrends. Der Einsatz von spin doctors, der insbesondere in der britischen Politik auf nationaler und städtischer Ebene zentrale Bedeutung erhalten hat, verdeutlicht die Relevanz dieser Governance-Form.

5. Nutzen und Anwendungsmöglichkeiten der Typologie

Diese theoretisch fundierte Typologie von Governance-Formen kann in vielfacher Hinsicht nutzbringend eingesetzt werden. Die differenzierte Typologie trägt erstens zu einem klareren Verständnis der konkreten Wirkmechanismen von Governance-Formen bei, da zu jedem Typus ein handlungstheoretisches Konzept und die entsprechenden institutionellen Strukturen präsentiert werden. Erst vor dem Hintergrund handlungstheoretischer Modelle lassen sich institutionelle Strukturen und Mechanismen identifizieren und zuordnen, die das individuelle Handeln so beeinflussen, dass sie für die Ziele der gesellschaftlichen Steuerung und Integration eingesetzt werden können. So lassen sich Fragen wie die folgenden besser beantworten: Welches Menschenbild besitzen

---

6 Das Dictionary of Contemporary English definiert das Wort cogent folgendermaßen: „having the power to prove or produce belief; forceful in argument".

(bzw. produzieren) bestimmte Governance-Ansätze? Auf welche Handlungsmotive zielen Governance-Formen ab? Welche (individuellen, korporativen und/oder kollektiven) Akteure werden als zentrale Gestalter und Adressaten politischer Governance betrachtet?

Eine handlungstheoretisch fundierte Ableitung einer Typologie von institutionellen Formen gesellschaftlicher Steuerung und Integration liefert zweitens die Basis, um eine gegenwärtig zentrale Forderung zu erfüllen, die im Rahmen der Governance-Forschung gestellt wird. Diese Forderung richtet sich darauf, das Zusammenspiel verschiedener Governance-Formen bzw. Governance-Mechanismen zu beleuchten (vgl. z.B. Benz 2004b). Ein solches Unterfangen wird nur dann zu analytisch befriedigenden Ergebnissen führen, wenn die grundlegenden Formen von Governance theoretisch fundiert und präzise formuliert sind.

Schließlich liefert diese Typologie einen interpretativen Rahmen bzw. ein Messinstrument für präzise und gehaltvolle interpretative und deskriptive Analysen, wobei diese sowohl synchron als auch diachron vergleichend ausgerichtet sein können. So können präzisere Antworten auf Fragen gegeben werden wie z.B.: Gibt es überhaupt in relevantem Maße den behaupteten Wandel von politischer Steuerung? Was verändert sich und welche Kontinuitäten gibt es? Sind die aktuellen Veränderungen wirklich vollkommen neue Phänomene? Oder sind sie nicht vielmehr Radikalisierungen bisheriger Entwicklungen? Muss man sie vielleicht sogar als Rückkehr zu früheren Formen der politischen Steuerung und Integration begreifen? Gibt es dabei universelle Trends oder eher divergierende Pfade? Mit Hilfe einer solchermaßen breiten und grundlegenden Typologie von Governance-Formen ist es möglich, die Diskussion um die Transformation von politischer Steuerung und Integration in den Politik- und Staatswissenschaften mit einem ähnlich weiten historischen Blick zu führen wie dies in der politikwissenschaftlichen Subdisziplin der Internationalen Beziehungen mit der Diskussion um die Ablösung des „Westfälischen Systems" bereits geschieht.

In diesem Sinne wurde die skizzierte Typologie für die Analyse der historischen Transformationen von Governance-Paradigmen und -Realitäten in den US-amerikanischen Metropolregionen über den Zeitraum von 1850 bis 2000 eingesetzt (Blatter 2006: 114–333). Dabei zeigen sich die jüngsten Veränderungen im Bereich der Governance-Paradigmen vor allem als Übergang von den die 1980er Jahre bestimmenden instrumentell-partikularistischen Governance-Formen (Competing und Contracting Governments) zu einer Mehrzahl von konstitutionellen Governance-Paradigmen (Communitarian, Civic und Creativ Governance). Die Ablösung des Centralized Government-Paradigmas und der Übergang zu Mehrebenen- und Verhandlungssystemen erfolgte dagegen schon viel früher und ist keineswegs ein jüngeres Phänomen. Die Reformkonzepte seit Mitte der 1990er Jahre sind dagegen dadurch gekennzeichnet, dass mit kommunikativen Instrumenten versucht wird, die Wahrnehmung und Definition von Interessen, Interdependenzen und Identitäten so zu verändern, dass neue politische Koalitionen, inhaltliche Konsense oder innovative Kombinationen ermöglicht werden. Im Unterschied zu den seit den 1920er Jahren dominierenden instrumentellen Governance-Paradigmen findet konzeptionell eine Grenzverwischung zwischen öffentlichem und privatem Sektor statt, da private und gesellschaftliche Akteure nicht mehr nur als Auftraggeber oder Adressaten staatlicher Steuerung betrachtet werden sondern ihnen zentrale und offizielle Rollen bei der gesellschaftlichen Steuerung und Integration zugewiesen werden. Damit zeigen sich deutliche Parallelen zwischen gegenwärtigen Governance-Konzepten und Governance-Formen am Übergang vom 19. zum 20. Jahrhundert, da zu diesem Zeitpunkt ebenfalls keine sektorale Differenzierung existierte und sektorumfassende Wettbewerbsgemeinschaften die Metropolen beherrschten. Die differenzierte Betrachtung der jüngeren Governance-Formen zeigt aber auf, dass die ökonomisch ausgerichteten Rekombinationen von privaten und öffentlichen Akteuren nicht die einzige Ausprägung konstitutiver Governance-Formen in der Gegenwart darstellt. Daneben finden sich ökologisch und sozial ausgerichtete Diskurs-Koalitionen mit öffentlichen und privaten Akteuren, die programmatische und institutionelle Alternativen zu diesen Wachstumskoalitionen liefern, die aber oftmals auch zusammen mit diesen gegen die Hegemonie und die negativen Nebeneffekte der partikularistisch-instrumentellen Public Choice-Konzepte kämpfen.

Literatur

Alexander, Jeffrey C./Giesen, Bernhard, 1987: From Reduction to Linkage: The Long View of the Micro-Macro Link, in: *Alexander, Jeffrey C./Giesen, Bernhard/Münch, Richard/Smelser, Neil J.* (Hrsg.), The Micro-Macro Link. Berkely et al.: University of California Press, 1–42.

Benz, Arthur, 1994: Kooperative Verwaltung. Funktionen, Voraussetzungen und Folgen. Baden-Baden: Nomos.

Benz, Arthur (Hrsg.), 2004a: Governance – Regieren in komplexen Regelsystemen. Eine Einführung. Wiesbaden: VS Verlag für Sozialwissenschaften.

Benz, Arthur, 2004b: Governance – Modebegriff oder nützliches sozialwissenschaftliches Konzept?, in: *Benz, Arthur* (Hrsg.), Governance – Regieren in komplexen Regelsystemen. Eine Einführung. Wiesbaden: VS Verlag für Sozialwissenschaften, 11–28.

Bertram, Christopher, 2004: Rousseau and The Social Contract. London/New York: Routledge.

Blatter, Joachim, 2006: Governance – Theoretische Formen und historische Transformationen. Zur Entwicklung von Paradigmen und Realitäten politischer Steuerungs- und Integrationsformen am Beispiel der amerikanischen Metropolregionen (1850–2000), Habilitationsschrift. Konstanz.

Braun, Dietmar, 1999: Theorien rationalen Handelns in der Politikwissenschaft. Eine kritische Einführung. Opladen: Leske + Budrich.

Coleman, James Samuel, 1974: Power and the Structure of Society. New York: Norton.

Dahrendorf, Ralf, 1977: Homo Sociologicus: ein Versuch zur Geschichte, Bedeutung und Kritik der Kategorie der sozialen Rolle. Opladen: VS Verlag für Sozialwissenschaften.

Delanty, Gerard/O'Mahony, Patrick, 2002: Nationalism and Social Theory. London: Sage.

Esfeld, Michael, 2003: Holismus und Atomismus in den Geistes- und Naturwissenschaften. Eine Skizze, in: *Bergs, Alexander/Curdts, Soelve* (Hrsg.), Holismus und Individualismus in den Wissenschaften. Frankfurt a.M.: Peter Lang, 7–21.

Esser, Hartmut, 2001: Soziologie. Spezielle Grundlagen. Band 6: Sinn und Kultur. Frankfurt a.M.: Campus.

Frey, Bruno/Eichenberger, Reiner, 1996: FOCJ: Competitive Governments for Europe, in: International Review of Law and Economics 16, 315–327.

Göhler, Gerhard, 1994: Politische Institutionen und ihr Kontext. Begriffliche und konzeptionelle Überlegungen zur Theorie politischer Institutionen, in: *Göhler, Gerhard* (Hrsg.), Die Eigenart der Institutionen: Zum Profil politischer Institutionentheorie. Baden-Baden: Nomos, 19–46.

Habermas, Jürgen, 1981: Theorie des kommunikativen Handelns, Band 1: Handlungsrationalität und gesellschaftliche Rationalisierung. Frankfurt a.M.: Suhrkamp.

Hill, Hermann, 2005: Good Governance – Konzepte und Kontexte, in: *Schuppert, Gunnar F.* (Hrsg.), Governance-Forschung. Vergewisserung über Stand und Entwicklungslinien. Baden-Baden: Nomos, 220–250.

Jann, Werner, 2002: Der Wandel verwaltungspolitischer Leitbilder: Von Management zu Governance, in: *König, Klaus* (Hrsg.), Deutsche Verwaltung an der Wende zum 21. Jahrhundert. Baden-Baden: Nomos, 279–303.

Jann, Werner/Wegrich, Kai, 2004: Governance und Verwaltungspolitik, in: *Benz, Arthur* (Hrsg.), Governance – Regieren in komplexen Regelsystemen. Eine Einführung. Wiesbaden: VS Verlag für Sozialwissenschaften, 193–214.

Kenis, Patrick/Schneider, Volker, 1991: Policy Networks and Policy Analysis: Scrutinizing a New Analytical Toolbox, in: *Marin, Bernd/Mayntz, Renate* (Hrsg.), Policy Networks. Frankfurt a.m.: Campus, 25–59.

Kersbergen, Kees van/Waarden, Frans van, 2004: 'Governance' as a Bridge between Disciplines: Cross-disciplinary Inspiratoin regarding Shifts in Governance and Problems of Governability, Accountability and Legitimacy, in: European Journal of Political Research 43, 143–171.

Kirchgässner, Gebhard, 1991: Homo Oeconomicus. Tübingen: JCB Mohr (Siebeck).

Klenk, Tanja/Nullmeier, Frank, 2004: Public Governance als Reformstrategie. 2. Auflage. Düsseldorf: Edition Hans Böckler.

Knorr-Cetina, Karin D./Cicourcel, Aaron V., 1981: Advances in Social Theory and Methodology. Toward an Integration of Micro- and Macro-sociologies. London: Routledge & Kegan Paul.

Kooiman, Jan, 2003: Governing as Governance. London: Sage.

Lane, Jan-Erik, 2005: Public Administration and Public Management. The Principal-Agent Perspective. London/New York: Routledge.

Lange, Stefan/Schimank, Uwe (Hrsg.), 2004: Governance und gesellschaftliche Integration. Wiesbaden: VS Verlag für Sozialwissenschaften.

March, James G., 1994: A Primer on Decision Making. How Decisions Happen. New York: Free Press.

March, James G./Olson, Johan P., 1989: Rediscovering Institutions. The Organizational Basis of Politics. New York/London: Free Press.

Marin, Bernd/Mayntz, Renate, 1991: Introduction: Studying Policy Networks, in: *Marin, Bernd/ Mayntz, Renate* (Hrsg.), Policy Networks. Empirical Evidence and Theoretical Considerations. Frankfurt a.M.: Campus, 11–24.

Martschukat, Jürgen/Patzold, Steffen (Hrsg.), 2003: Geschichtswissenschaft und „Performative Turn". Ritual, Inszenierung und Performanz vom Mittelalter bis zur Neuzeit. Köln: Böhlau Verlag.

Mayntz, Renate, 2004: Governance im modernen Staat, in: *Benz, Arthur* (Hrsg.), Governance – Regieren in komplexen Regelsystemen. Eine Einführung. Wiesbaden: VS Verlag für Sozialwissenschaften, 65–76.

Mayntz, Renate/Scharpf, Fritz W., 1995: Der Ansatz des akteurzentrierten Institutionalismus, in: *Mayntz, Renate/Scharpf, Fritz W.* (Hrsg.), Gesellschaftliche Selbstregulierung und politische Steuerung. Frankfurt a.M./New York: Campus, 39–72.

McDermott, Rose, 2004a: The Feeling of Rationality: The Meaning of Neuroscientific Advances for Political Science, in: Perspectives on Politcs 2, 691–706.

McDermott, Rose, 2004b: Editor's Introduction, in: Political Psychology 25, 147–162.

Mercer, Jonathan, 2005: Prospect Theory and Political Science, in: Annual Review of Political Science 8, 1–21.

Musgrave, Richard A., 1999: Fiscal Federalism, in: *Buchanan, James M./Musgrave, Richard A.* (Hrsg.), Public Finance and Public Choice. Two Contrasting Visions of the State. Cambridge/London: MIT Press, 155–176.

Nullmeier, Frank, 1999: Interpretative Politikanalyse in der Theoriekonkurrenz, in: *Reckwitz, Andreas/Sievert, Holger* (Hrsg.), Interpretation, Konstruktion, Kultur: Ein Paradigmenwechsel in den Sozialwissenschaften. Opladen: Westdeutscher Verlag, 219–238.

Ostrom, Vincent, 1987: The Political Theory of a Compound Republic: Designing the American Experiment. Lincoln: University of Nebraska Press.

Pappi, Franz U., 1993: Policy-Netze: Erscheinungsform moderner Politiksteuerung oder methodischer Ansatz?, in: *Héritier, Adrienne* (Hrsg.), Policy-Analyse: Kritik und Neuorientierung. Politische Vierteljahresschrift, Sonderheft 24, 84–95.

Rothstein, Bo, 1996: Political Institutions: An Overview, in: *Goodin, Robert E./Klingemann, Hans-Dieter* (Hrsg.), A new Handbook of Political Science. Oxford: University Press.

Scharpf, Fritz W., 1992: Koordination durch Verhandlungssysteme: Analytische Konzepte und institutionelle Lösungen, in: *Benz, Arthur/Scharpf, Fritz W./Zintel, Reinhard* (Hrsg.), Horizontale Politikverflechtung. Frankfurt a.M./New York: Campus, 51–96.

Scharpf, Fritz W., 1997: Games Real Actors Play. Actor-Centered Institutionalism in Policy Research. Boulder: Westview Press.

Scharpf, Fritz W., 1999: Governing in Europe: Effective and Democratic? Oxford/New York: University Press.

Schimank, Uwe, 1996: Theorien gesellschaftliche Differenzierung. Opladen: Leske + Budrich.

Schimank, Uwe, 2000: Handeln und Strukturen. Einführung in die akteurszentrierte Soziologie. Weinheim/München: Juventa.

Schneider, Volker, 2004: Organizational Governance – Governance in Organisationen, in: *Benz, Arthur* (Hrsg.), Governance – Regieren in komplexen Regelsystemen. Eine Einführung. Wiesbaden: VS Verlag für Sozialwissenschaften, 173–192.

Schuppert, Gunnar F. (Hrsg.), 2005a: Governance-Forschung. Vergewisserung über Stand und Entwicklungslinien. Baden-Baden: Nomos.

Schuppert, Gunnar F., 2005b: Governance im Spiegel der Wissenschaftsdisziplinen, in: *Schuppert, Gunnar F.* (Hrsg), Governance-Forschung. Vergewisserung über Stand und Entwicklungslinien. Baden-Baden: Nomos, 371–469.

Scott, William Richard, 1995: Institutions and Organizations. Thousand Oaks: Sage.

Simon, Herbert A., 1962: The Architecture of Complexity, in: Proceedings of the American Philosophical Society 106, 467–482.

Soeffner, Hans-Georg/Tänzler, Dirk (Hrsg.), 2002: Figurative Politik: Zur Performanz der Macht in der modernen Gesellschaft. Opladen: Leske + Budrich.

Turner, Jonathan H., 2003: The Structure of Sociological Theory. 7. Auflage. Belmont, CA: Wadsworth.

Williamson, Oliver E., 1979: Transaction cost Economics: The Governance of Contractual Relations, in: Journal of Law and Economics 22, 233–261.

Williamson, Oliver E., 1996: The Mechanisms of Governance. Oxford: University Press.

Wilson, Thomas P., 1973: Theorien der Interaktion und Modelle soziologischer Erklärung, in: Arbeitsgruppe Bielefelder Soziologen (Hrsg.), Alltagswissen, Interaktion und gesellschaftliche Wirklichkeit 1. Symbolischer Interaktionismus und Ethnomethodologie. Reinbek bei Hamburg: Rohwolt, 54–79.

Koexistenz ohne Synergieeffekte? Über das Verhältnis zwischen Policy-Forschung und Verwaltungswissenschaft

Frank Janning

1. Einleitung

Aktuell mehren sich Reflexionen über das Verhältnis zwischen Politikwissenschaft und Verwaltungswissenschaft. Dabei stehen sich skeptische Stimmen, die eine mangelhafte Aufnahme von verwaltungswissenschaftlichen Fragestellungen in der Politikwissenschaft konzedieren (Bogumil 2005) und optimistische Einschätzungen, die von einer gegenseitigen Durchdringung der Disziplinen ausgehen (Benz 2003), gegenüber. Anhand der Verarbeitung von Erkenntnissen und Forschungsansätzen der Policy-Forschung, dem wohl innovativsten und wichtigsten Zweig der anwendungsorientierten empirischen Politikforschung – manche Policy-Forscher sprechen bereits von der BWL der Politikwissenschaft (Schubert/Bandelow 2003: 3) – in der Verwaltungswissenschaft lassen sich die Spannungen und Ambivalenzen innerhalb der Wechselwirkungen zwischen Politikwissenschaft und Verwaltungswissenschaft sehr gut skizzieren. Die Verwaltungswissenschaft steht nämlich vor einem Dilemma: Zwar hat sie in der kurzen Phase der sozialdemokratischen Planungs- und Reformeuphorie in den frühen 70er Jahren maßgeblich zur *Ankunft* der Policy-Forschung in Deutschland beigetragen, aber in deren Weiterentwicklung und neuen Forschungsansätzen taucht die Verwaltung als zentraler Akteur kaum noch auf. Mehr noch – in jüngerer Zeit aufgeladen mit einem demokratietheoretischen Ethos – bewegt sich die Politikfeldanalyse weg von einer materialen Staatsanalyse. Dies wäre weniger bedenklich, wenn die Verwaltungswissenschaft zumindest in ihren politikwissenschaftlichen Forschungssträngen (gegenüber dem Verwaltungsrecht und den Rezepturen des Public Management) über eine eigenständige Methodologie und Theoriebildung verfügen würde. Die Verwaltungswissenschaft ist jedoch immer dann auf Ansätze und Forschungsmethoden der Policy-Forschung angewiesen, wenn der *arbeitende Staat* oder die Verwaltung als Teil einer Implementationsstruktur analysiert werden soll (Grunow 2003). Nur für die Binnenanalyse kann sie auf ein konzeptuelles und methodologisches Instrumentarium der Organisationsforschung zurückgreifen, das jedoch – ebenfalls zumeist gegenstandsfremd am Beispiel von Unternehmen oder *professional organizations* (Krankenhäusern, Universitäten) – in der betriebswirtschaftlichen Organisationsforschung oder Organisationssoziologie erarbeitet wurde (Bogumil/Schmid 2001). Die Probleme, die der Verwaltungswissenschaft aus dem Defizit an genuin verwaltungswissenschaftlichen Theorien politischer Organisation (Bürokratietheorie im Anschluss an Weber und Luhmann und über sie hinaus) erwachsen, sollen hier nicht weiter vertieft werden. Mich beschäftigt die Frage, was sich die Verwaltungswissenschaft an Perspektivengewinn oder -verlust einhandelt, wenn sie auf Konzepte und Methoden der Politikfeldanalyse zurückgreift, um die Interaktionen zwischen Politik, Verwaltung und Gesellschaft zu analysieren und kategorisieren. Meine These ist – dies klang schon an –, dass sie sich zwangsläufig in die Gefahr begibt, den eigentlichen Forschungsgegenstand – die Verwaltung als Akteur in komplexen Handlungskonstellationen – und die vielleicht wichtigste Forschungsfrage – wie interagiert die Verwaltung, wie wirken die Interaktionen auf sie zurück? – aus den Augen zu verlieren.

Ich möchte meine zugespitzte Problembeschreibung in mehreren Schritten vorstellen, die die polithistorischen Phasen und Kontexte der Verschränkung zwischen Verwaltungswissenschaft und Politikfeldanalyse aufnehmen. Als Ausgangspunkt wird auf die Instrumentalisierung der Policy-Forschung in der politikwissenschaftlichen Planungsdiskussion hingewiesen (Abschnitt 2). Nach dem Abklingen des sozialdemokratischen Reformeifers und unter dem Eindruck des Scheiterns der Planungskonzepte beschäftigt sich die verwaltungswissenschaftlich orientierte Policy-Forschung danach nahe liegend mit den Voraussetzungen und Hindernissen für die Implementation politischer Programme (Abschnitt 3). Wird in der Implementationsforschung die zentrale Rolle des regelsetzenden Staates und der für die getreue Regelumsetzung verantwortlichen Verwaltung schon in Frage gestellt, so gehen die neueren Ansätze in der Politikfeldanalyse von einem generellen Bedeutungsverlust einer hierarchisch verfahrenden politischen Steuerung aus. Stattdessen werden unübersichtliche Akteurkonstellationen und komplexe Abstimmungsmechanismen zwischen politischen und privaten Akteuren analysiert, wobei die formale Autorität politischer Entscheidungen wenig über ihr Zustandekommen und ihre Umsetzung aussagt (Abschnitt 4). In den empirischen Fallstudien einer methodologisch und theoretisch avancierten Politikfeldanalyse tauchen Verwaltungen – mit wenigen Ausnahmen – kaum noch als direkter Bezugspunkt der Analyse auf. Allerdings artikuliert sich im Zuge der wissenschaftlichen Diskussion über neue Formen von *Governance*, die die Erkenntnisse der Policy-Forschung über die Verringerung von politischen Steuerungskapazitäten aufnehmen, ein wieder gewachsenes Interesse an den Aktivitäten von Staat und Verwaltung (Abschnitt 5). Die von einzelnen Forschern optimistisch konstatierte einfache Integration von Policy-Forschung und Verwaltungswissenschaft unter dem Signum *Governance* wird aber nur dann gelingen, wenn das aktuelle Reflexionsniveau der Politikfeldanalyse für innovative Forschungsdesigns und für neue konzeptuelle Bestimmungen der Verwaltungstätigkeit im Kontext differenzierter Akteurkonstellationen von international vernetzten Politikfeldern genutzt wird (Abschnitt 6).

2. Policy-Analyse im Dienste der Verwaltungsforschung? Die Debatte über politische Planung und die Reform der Ministerialbürokratie

Selbst in den USA – dem Heimatland der Policy-Forschung – mutet das Verhältnis zwischen *Policy Analysis* und Verwaltungswissenschaft (*Public Administration*) merkwürdig ambivalent an. Einerseits war der häufig als Gründerfigur für die wissenschaftliche Policy-Forschung geführte Politikwissenschaftler *Harold Lasswell* in gewissem Sinne ein paternalistischer Reformer, der an die Rationalisierbarkeit von politischen Entscheidungen glaubte und dem Staat eine hervorragende Rolle bei der Demokratisierung der modernen Gesellschaft zusprach, andererseits wollte er die Geltungsansprüche der Policy-Forschung, die den Staat zu mehr politischer Rationalität befähigen sollte, selbst demokratisieren und sprach sich für einen interdisziplinären und diskursiven Ansatz in der Policy-Forschung aus (Prätorius 2004; Torgerson 1985). Für die widersprüchliche Stellung der amerikanischen Policy-Forschung zu Staat und Verwaltung spricht auch ihr doppelbödiges Verhältnis zur Verwaltungswissenschaft (*Public Administration*). In der amerikanischen Verwaltungswissenschaft konkurrierten Verfechter des klassischen Public Administration-Ansatzes, die Berechnungen und Informationszuflüsse für ihre rationalistischen Verwaltungsmodelle und Handlungsprogramme benötigten, mit erfahrungswissenschaftlichen Verwaltungsforschern, die den politischen Kontext des Verwaltungshandelns mit analysieren wollten (Jann 2004). In den USA hatte dieser Widerstreit große Auswirkungen auf die Policy-Forschung, insofern als sich neben einem anwendungsorientierten technokratischen Zweig der Policy-Analyse mit den berühmten Budget- und Programmanalysen (PPBS) basierend auf komplizierten Kosten-Nutzen-Kalkulationen (Lyden/Miller 1967) ein genuin politikwissenschaftlicher Strang entwickelte (Dror 1968; Dye 1972; Lindblom 1968). Der technokratische Zweig versorgt die Verwaltungsakteure und politischen Entscheidungsträger mit zielgerichteten Modellanalysen und Berechnungen, die wissenschaftliche Policy-Forschung verfügt nur über den begrenzten Wirkungskreis des akademischen Feldes und hat sich aber von den Handlungsperspektiven der Verwaltungsakteure emanzipiert.

In Deutschland wurde die Policy-Forschung nach 1968 von Politikwissenschaftlern eher skeptisch beäugt, den älteren Fachvertretern erschien sie zu wenig normativ und zu behavioristisch, den jüngeren, marxistisch orientierten Politikwissenschaftlern war sie zu wenig herrschaftskritisch und viel zu stark durch eine dienende, zuarbeitende Rolle in der Politikberatung geprägt (rückblickend: Fach 1982; Greven 1985; Hennis 1985). Verdanken sich diese Einschätzungen auch diverser Missverständnisse und Unkundigkeiten, so haben sie dazu geführt, dass die Policy-Forschung erst einmal in den frühen 70er Jahren nicht von dem *Mainstream* des Faches rezipiert, sondern statt dessen hauptsächlich von einer Gruppe sozialwissenschaftlicher Planungstheoretiker adaptiert wurde (Böhret 1970; Lompe 1971; Mayntz/Scharpf 1973; Scharpf 1973). Dieser selektiven Rezeptionsarbeit verdankt sich die enge Verschränkung von wissenschaftlicher Policy-Forschung und Verwaltungswissenschaft. Es war *Fritz W. Scharpf* (1973: 9–32), der in einem viel zitierten Aufsatz die Policy-Analyse, verstanden als eine Erforschung von politischen Entscheidungsprozessen, der Verwaltungswissenschaft unterstellte. Da *Scharpf* davon ausgeht, dass die Verwaltung nicht als ein nachgeordneter und ausführender Bereich zu beschreiben ist, sondern maßgeblich in die Entscheidungsfindung involviert ist, ist es sinnvoll, den Status der Bürokratie im Policy-Making im Rahmen von empirischen Entscheidungsanalysen zu ergründen. *Scharpf* macht sich hier komischerweise die Vorstellung *Luhmanns* zu eigen, der in den einzelnen Schriften aus den späten 60er und frühen 70er Jahren den politischen Entscheidungskern mit Parlament, Regierung und Bundesgerichten der Verwaltung zugeordnet hat und davon geschieden den Wahlakt des Bürgers, die Diskussion über politische Themen in der Öffentlichkeit und die Aktivitäten von Parteien und Interessengruppen unter dem Politikbegriff subsumiert (Luhmann 1971). Politik meint hier dann Legitimitätsbeschaffung und Willensbildung, die Verwaltung steht für die Organisation und Durchsetzung von verbindlichen Entscheidungen. Scharpf will diese Position nicht vollends mitgehen, sieht aber bei vielen Entscheidungsfragen eine dominante Rolle der Bürokratie gegeben:

„Sicherlich setzt sich in den westlichen Demokratien die Politik gegenüber der Verwaltung immer dann durch, wenn der Minister, die Regierung, das Parlament, Parteien oder die Öffentlichkeit ihre Aufmerksamkeit auf ein bestimmtes Entscheidungsthema konzentrieren können. Aber der moderne Interventions- und Leistungsstaat produziert offenbar im Ganzen sehr viel mehr an Entscheidungen und Leistungen, als die eigentlichen politischen Prozesse zu verarbeiten in der Lage sind. Zwar werden auch hier die formellen Entscheidungen in der Regel noch vom Minister, vom Kabinett oder vom Parlament getroffen, aber die Entscheidungsinhalte werden doch weitgehend nicht von manifesten politischen Impulsen, sondern von den Informationen, der Problemsicht und den Zielvorstellungen unserer öffentlichen Bürokratien bestimmt" (Scharpf 1973: 17).

Die Auffassung von einer dominanten Rolle der Verwaltung im politischen Entscheidungsprozess kehrt wieder in dem Reformkonzept der *aktiven Politik* von *Mayntz* und *Scharpf* (1973), der es im Gegensatz zu der vom späteren Kommunitaristen *Etzioni* (1970) beschriebenen „aktiven Gesellschaft" nicht um eine Mobilisierung der demokratischen Kräfte innerhalb der Gesellschaft, sondern um eine Stärkung der Planungskapazitäten innerhalb der Ministerialbürokratie ging. Die sich hinter den konkreten Reformvorschlägen zum Umbau der Verwaltung versteckende implizite Theorie geht davon aus, dass gesellschaftliche Strukturreformen hin zu mehr Wohlfahrt, einer besseren Infrastruktur und mehr Chancengleichheit im Bildungssektor nur durch eine steuerungs- und planungsfähige Verwaltung ermöglicht werden können. Durch langfristige und politikbereichsspezifische Gestaltungspläne sollen die politischen Akteure in die Lage versetzt werden, Alternativen zur gängigen, bloß reaktiven und kompensatorischen Politik zu entwickeln, die nur an jeweils akuten Problemen ansetzt und höchstens aktives Krisenmanagement betreibt. Aktive Politik setzt hierfür die Fähigkeit zur autonomen Programmentwicklung voraus, privilegiert dabei die politische Leitung gegenüber der Verwaltung und muss sich zeitweise vom politischen Wettbewerb durch Wahlen und drohenden Legitimationsentzug abkoppeln (Mayntz/Scharpf 1973: 122–125). Obwohl *Mayntz* und *Scharpf* sich der hohen Voraussetzungen und tatsächlichen Restriktionen im bundesdeutschen Regierungssystem bewusst waren, war für sie die Notwendigkeit der Stärkung der politischen Planung unumstritten. Und hierbei sollte die Policy-Analyse eine hervorragende Rolle spielen: Sie war zum einen ein wissenschaftliches Hilfsmittel, um politikfeldbezogen für die Planer Informationen über Probleme und *target groups*, über den Konsensbedarf von eventuellen politischen Entscheidungen und die Konfliktintensität dagegen opponierender Interessengruppen und über idealtypische Lösungswege und wahrscheinliche Auswirkungen der Programme bereitzustellen (Scharpf 1973: 73–113). Die Policy-Analyse wird hiermit selbst zu einer Voraussetzung des Policy-Making gemacht, insofern als in den policies der rationale Gestaltungswille der politischen Akteure selbst zum Ausdruck kommt. In einer Gesamtschau der Auswirkungen und der Konfliktniveaus einzelner Politikfelder konnte aber auch auf die Widersprüche und widerstreitenden Implikationen des Gesamtplanes hingewiesen werden und die Kräfte auf die Reformmaßnahmen konzentriert werden, die nicht zu widersprüchlichen Ergebnissen und neuen Dilemma-Situationen in den Politikfeldern führen (Scharpf 1973: 106, 120). Insofern versieht die Policy-Forschung das optimistische Planungskonzept der aktiven Politik mit einer realistischen Perspektive und weist auf die Gegenstandsbereiche für politische Maßnahmen hin, z.B. Bildungspolitik, Sozialpolitik und Verkehrspolitik, die sich noch am ehesten ohne Reibungsverluste und mit einer Langfristperspektive umgestalten lassen.

3. Die Dezentrierung der Verwaltung in der Implementationsforschung

Bekanntlich ebbte bereits Mitte der 70er Jahre mit der Ölkrise und den internen Problemen innerhalb der sozialliberalen Koalition die Reformeuphorie ab, was auch den Planungsoptimismus abschwächte (Bleek 2001: 383). In einzelnen Politikfeldern wurden aber auch konkrete Erfahrungen mit Umsetzungsproblemen und Blockadehaltungen bei den Reformen gemacht. Als neuer wissenschaftlicher Forschungsgegenstand wurde nun von Politikern und Wissenschaftlern der Implementationsprozess erkannt. Schon in den USA der 60er Jahre hatten sich Policy-Forscher dezidiert mit der Umsetzung insbesondere der teuren und aufwändigen *Welfare Programs* der Johnson-Administration beschäftigt bzw. als Policy-Experten die Umsetzung dieser Programme begleitet (Moynihan 1969). In Deutschland wird nun allgemeiner und weniger politikfeldspezifisch die Implementation als Durchführungs- und Anwendungsprozess von Gesetzen oder anderen politischen Handlungsprogrammen gefasst (Mayntz 1977, 1980; Windhoff-Héretier 1980). Drei Einflussfaktoren werden für die Strukturierung des Implementationsprozesses verantwortlich gemacht (Mayntz 1980: 3ff.):

1. Merkmale der Programme
2. Merkmale der Durchführungsinstanzen (Gerichte, Behörden)
3. Merkmale der Programmadressaten

Im Anschluss an *Lowis* (1964) Policy-Typologie spezifiziert die Implementationsforschung die Programmtypen staatlicher Maßnahmen; neben regulativer Politik, die verbindliche, staatlich kontrollierte Handlungsanforderungen an private Akteure formuliert, finanziellen Anreizen und Umverteilungen (also distributiver und redistributiver Politik), werden zusätzliche, komplexere Programmtypen gekennzeichnet. Staatliche Maßnahmen können ebenso die Bereitstellung und den Ausbau einer Infrastruktur und technische bzw. logistische Dienstleistungen betreffen, darüber hinaus auch auf das Instrument von Informations- und Überzeugungsprogrammen (z.B. Aufklärungskampagnen wie die Antiraucherkampagne) zurückgreifen und zuletzt in der Setzung von verbindlichen Verfahrensnormen (z.B. Mitbestimmungsgesetz) Ausdruck finden. Zusätzlich zu den staatlichen Steuerungsinstrumenten müssen deshalb auch der Institutionalisierungsgrad des Politikfeldes und damit der Aufbau einer Infrastruktur und verbindlicher Verhaltensregeln sowie die Voraussetzung für die Steuerung durch Wissensressourcen und ethische Appelle untersucht werden.

Eine große Bedeutung bei der Umsetzung von politischen Programmen kommt den staatlichen Behörden zu, die die Umsetzung der Gesetze überwachen, bei Verstößen einschreiten und bei Anpassungsproblemen Interpretationshilfen für die Umsetzung der Gesetze bereitstellen. Art und Umfang der von einzelnen staatlichen Behörden übernommenen Aufgaben und die Fähigkeit zur Normkontrolle hängen entscheidend von der Ausstattung der Behörde mit Finanzmitteln und Personal und dazu mit der von höherer Instanz zugewiesenen Entscheidungs- und Handlungskompetenz der Behörde zusammen. Fehler und Probleme bei der Umsetzung und Kontrolle von Gesetzen können dadurch entstehen, dass das Prinzip der bürokratischen Hierarchie mit starren Berichts- und Unterordnungspflichten gegenüber der vorgesetzten Behörde die Aktivitäten einer regionalen oder lokalen Regulierungsbehörde lähmt und zusätzliche Transaktionskosten durch ständige Konsultation der höheren Instanz entstehen. Aber nicht nur der starre Instanzenzug vor allem in der deutschen Verwaltungslandschaft hemmt das verantwortliche Begleiten von politischen Maßnahmen, auch eigene Ziele der Verwaltungsbehörde können die Umsetzung von policies verlangsamen oder verhindern. Status quo-Interessen der Behörden wie die Vermeidung unnötigen Aufwands, die Schonung eigener Ressourcen und das Zurückschrecken vor Konflikten mit lokalen Interessengruppen können die politische Handlungsbereitschaft der Vollzugsbehörde entscheidend schwächen.

Neben den spezifischen Policy-Merkmalen und den vorhergehenden staatlichen Strukturierungsleistungen sowie der Handlungsfähigkeit und -bereitschaft der vollziehenden Behörden ist für die Implementation von policies das eigentliche Feld der Programmumsetzung selbst besonders relevant. Dies umfasst neben den schon gekennzeichneten politischen Instanzen auf der nationalen, regionalen und lokalen Ebene alle relevanten Interessengruppen des Politikfeldes wie auch alle eher spontan mobilisierten Bürger- und Betroffenengruppen. In der Implementationsforschung hat sich der Begriff der *Implementationsstruktur* zur Kennzeichnung dieses Akteurssystems der Programmumsetzung etabliert (Hjern/Porter 1979). Mit der *Implementationsstruktur* als Analysefokus werden die spezifischen Akteurkonstellationen, die Netzwerke und Machtgefälle zwischen allen implementationsrelevanten Akteuren sowie deren politische Grundorientierungen (Staatsauffassung, Rechtsverständnis) thematisiert und für die Übernahme und Anpassung von policies mitverantwortlich gemacht.

Die Desillusionierung und Unzufriedenheit mit dem Planungsansatz verlagerten somit das analytische Interesse zunehmend weg von den *Policy-Instrumenten* hin zur Betonung der außerstaatlichen Erfolgsbedingungen für staatliches Handeln. Offensichtlich wird dabei von der Implementationsforschung die Verwaltung als Forschungsgegenstand und umsetzungsrelevanter Akteur aufgewertet. Allerdings muss herausgestellt werden, dass von *Mayntz* (1980) primär die internen Hemmnisse für die getreue Umsetzung von politischen Programmen thematisiert werden. Die Steuerungsfähigkeit der Verwaltung im Implementationsprozess wird als relativ gering veranschlagt, vielmehr erscheint die Kontroll- oder Regulierungsbehörde vor Ort stark eingebunden zu sein in eine spezifische Implementationsstruktur, die neue Blockaden und Abhängigkeiten für das staatliche Handeln produzieren kann. Denn ein nur durch administrative Interaktionspartner bestimmtes Vollzugssystem im Kontext einer spezifischen Problemmaterie erscheint höchstens als ein untypischer Ausnahmefall. Viel wahrscheinlicher ist die Beteiligung von gesellschaftlichen Organisationen am Implementationsprozess. Dieser Umstand leitet für die Policy-Forschung eine Umorientierung der Untersuchungsfragen an, „z.B. anstatt der Frage nach dem weisungsgetreuen Verhalten nachgeordneter Behörden die Frage, wie eine Mehrzahl nicht durch formale oder gar hierarchische Beziehungen verknüpfter Organisationen zur notwendigen aufgabenbezogenen Kooperation zusammenfindet" (Mayntz 1980: 10). Insofern hat die Umorientierung der Forschungsfragen für die Policy-Analyse von der aktiven Politik zur Implementationsforschung auch besondere Konsequenzen für den Stellenwert der Verwaltung: Gingen vorher – in dem planerischen Politikmodell – die relevanten Reformanstöße von einer zentralistisch organisierten, planenden Verwaltung aus, die freilich unter dem Primat der politischen Leitung steht, und konnte der politische Prozess somit nur aus einer

Top-Down-Perspektive erfasst werden, so lässt die Implementationsforschung alle Hoffnungen auf einen hierarchischen Politikstil fahren und situiert die Verwaltung als einen an der Implementation bloß mitbeteiligten Akteur, dessen Zentralposition und steuernde Rolle im Programmvollzug erst empirisch aufzuweisen ist. Darüber hinaus verändert sich der Blickwinkel weg von den zentralen Leitstellen der Bundesverwaltung und hin zu den regionalen und lokalen Behörden mit besonderer Kompetenzausstattung (Sozialverwaltungen, Verkehrsämter oder Umweltbehörden), die in spezifische Politikfeldkonstellationen eingebunden sind. Mithin trägt also die Implementationsforschung bereits zur Dezentrierung der Rolle der Verwaltung bei und wirft das Hauptaugenmerk auf politikfeldtypische Programme, Akteurkonstellationen und staatliche Steuerungsansprüche (ähnlich Ellwein 1982: 42f.).

Bis heute wird das Verwaltungshandeln in Politikfeldern vornehmlich in Implementationsanalysen erfasst (Grunow 2003). Die politikfeldbezogene Verwaltungsanalyse beschäftigt sich mit der Umsetzung von Verwaltungsprogrammen, die sich aus Gesetzen ableiten und den Handlungsauftrag der zuständigen Behörde festlegt. Für die Umsetzung der Verwaltungsprogramme sind aber nicht nur verwaltungsinterne Voraussetzungen zu analysieren, sondern auch die Beschaffenheit der Implementationsstruktur (Heterogenität/Homogenität der Akteurkonstellation, Grad der Politikverflechtung etc.) und die Eigenschaften und der Kreis der Adressaten und Betroffenen des Verwaltungshandelns (Informationen über Interessen und Bedürftigkeit von Betroffenen, aber auch über ihre Partizipationsbereitschaft). Die Bestimmung des Verwaltungshandelns in Politikfeldern mutet aus policyanalytischer Sicht aber relativ doppeldeutig an: Einerseits wird hier ein Konzept des Verwaltungshandelns entwickelt, das für eine Policy-Analyse Forschungsgegenstände benennt, andererseits benötigt die Verwaltung selbst Policy-Wissen über die Implementationsstruktur und den Adressatenkreis, um Verwaltungsprogramme zielgenau umsetzen zu können. Für die Erfassung des Verwaltungshandels in Politikfeldern aus wissenschaftlicher Sicht werden aber keine weiteren methodischen Hinweise geliefert, dabei hat sich die Politikfeldanalyse gerade in methodologischer Hinsicht sehr stark ausdifferenziert und weiterentwickelt.

4. Der Bedeutungsverlust der Verwaltung in den neueren Forschungsansätzen der Politikfeldanalyse

Politikfelder sind das Ergebnis von staatlichen Bemühungen um Problemlösungen in einer ausdifferenzierten Gesellschaft. Problemmaterien, politische Entscheidungen und die Interessen und Aktivitäten von problemrelevanten Akteuren (mit und ohne formalem politischen Gestaltungs- bzw. Vertretungsauftrag) gruppieren sich zu Policy-Konfigurationen mit eigenen Regeln, Ressourcenströmen und Struktureigenschaften, die sich häufig klar von anderen Politikfeldern unterscheiden lassen. Auch das politische Institutionengefüge reagiert auf die Flut von differenzierten Aufgaben und Eingriffsmöglichkeiten mit der Aufteilung von Zuständigkeiten und Arbeitsinhalten nach Ressorts, Fachministerien, Programmgruppen innerhalb von Fraktionen und Parteien etc. Die Politikfeldanalyse versucht diese ausdifferenzierten Problem- und Akteurkonstellationen mit eingespielten Verfahrensabläufen und Verhaltensregeln zu untersuchen und deren

Funktionalität, Stabilität oder Veränderbarkeit und demokratische Rationalität zu beschreiben. Die Politikfeldanalyse setzt hierfür zunehmend auf Struktur- und Gesamtbeschreibungen, um einzelne Programmdebatten und Entscheidungen einem Grundmuster des Politikfeldes zurechnen und Struktureigenschaften, die sich in einzelnen Interaktionen abbilden, herausarbeiten zu können. Für die Fortentwicklung der Politikfeldanalyse haben vier Forschungsansätze eine große Rolle gespielt: der akteurzentrierte Institutionalismus, die Politiknetzwerkanalyse, der Advocacy Koalitionen-Ansatz und die Analyse von Policy-Diskursen (Schneider/Janning 2006). Diese Ansätze teilen die Einschätzung, dass für die wissenschaftliche Analyse tendenziell von Phasen- und Zyklus-Modellen, die stark an einem formalen Ablauf von politischen Entscheidungsprozessen innerhalb der gewaltenteilig organisierten politischen Institutionen und Entscheidungsgremien angelehnt bleiben, abstrahiert werden muss. Insofern erhebt sich auch Kritik an der Implementationsforschung und der Vorstellung, Betroffene und Adressaten von policies werden erst in der Umsetzungsphase am politischen Prozess beteiligt (Sabatier 1993). Auch für diese Analysen bleiben konkrete *issues* ein wichtiger Bezugspunkt, ihr Hauptaugenmerk gilt aber dem Versuch, Politiknetzwerke, Verhandlungskonstellationen, Programmkoalitionen bzw. Diskurskoalitionen zu identifizieren, die darüber entscheiden, wie und ob überhaupt ein gesellschaftliches Problem zu einem *issue* in einem Politikfeld wird.

Der federführend von *Renate Mayntz* und *Fritz W. Scharpf* am Max-Planck-Institut für Gesellschaftsforschung in Köln entwickelte Ansatz des *akteurzentrierten Institutionalismus* (AZI) erhebt nicht den Anspruch, ein Erklärungsmodell für Policy-Entscheidungen vorzugeben, sondern versteht sich statt dessen als Forschungsheuristik, auf deren Grundlage detaillierte Fallstudien und generalisierbare Hypothesentests vorgenommen werden können (Mayntz 1997; Mayntz/Scharpf 1995a; Mayntz/Scharpf 1995b; Scharpf 2000: 73–94). Der Fokus der im Rahmen des AZI durchgeführten Untersuchungen wird klar auf institutionelle Steuerungsmechanismen in staatsnahen Sektoren der Güter- und Wohlfahrtsproduktion sowie der Gewährleistung von Infrastrukturmaßnahmen gelegt, d.h. auf „höchst heterogene und auch im internationalen und historischen Vergleich stark variierende Dienstleistungsbereiche, von Rundfunk und Fernsehen über die sozialen Dienste bis zur Energieversorgung, vom Bildungswesen über die Verkehrssysteme bis zur Agrarwirtschaft" (Mayntz/Scharpf 1995a: 13f.). Obwohl sich die staatsnahen Sektoren durch heterogenere Akteurkonstellationen auszeichnen als die marktwirtschaftlichen Sektoren, kann auch hier primär eine Analyse der Interaktionen und institutionellen Kontexte für korporative Akteure durchgeführt werden, wobei staatliche Ministerien, Parlamentseinheiten und Behörden ebenfalls als spezifischer Organisationstypus (politische Organisationen) betrachtet werden. Der Fokus auf korporative Akteure erlaubt die Einbeziehung sowohl der Interorganisationenbeziehungen – Transaktionen und Netzwerke zwischen korporativen Akteuren – als auch die Adressierung individueller Perspektiven und Interessen von konkreten Akteuren aus der Perspektive der Organisationszugehörigkeit (Mitglieder) und internen Positionszuweisung (Funktionsträger). Die Einbeziehung von interorganisationellen wie intraorganisationellen Akteurkonstellationen zwingt zu einer Mehrebenenperspektive für die Analyse institutioneller Steuerungsmechanismen, da Institutionen als verfestigte Regelsysteme (Vertragsrecht, politische Regulierungen etc.) den institutionellen Handlungsrahmen von

Organisationen prägen und Organisationen als institutionalisierte Modi der internen Kommunikation, Autorität und Arbeitsteilung den Handlungsrahmen für Organisationsmitglieder bzw. Funktionsträger bilden (Mayntz/Scharpf 1995b: 44).

Welche Rolle sieht dieser Ansatz für die Verwaltung vor? Wie bei anderen Strukturbeschreibungen diffundiert der AZI die unterschiedlichen Akteureigenschaften von Verwaltungen und anderen politischen wie privaten *stakeholders* in Politikfeldern. Nichtsdestotrotz lassen sich die unterschiedlichen institutionellen Faktoren, denen einzelne Akteure in besonderem Maße unterliegen, genauer klassifizieren. So haben Fallstudien, die mit dem *framework* des AZI operieren sehr interessante Detailanalysen vorgelegt und dabei dargelegt, welchen besonderen Voraussetzungen das Verwaltungshandeln von Länderadministrationen oder von Bundesministerien unterliegt und mit welchen inner- und interadministriellen Konflikten und *constraints* das Durchsetzen von Verwaltungsprogrammen bzw. die Etablierung eines Ministeriums mit eigenen Zuständigkeiten zurecht kommen muss (Benz u.a. 1992; Scharpf/Benz 1991; Stucke 1993). Die Forschungsdesigns dieser Studien sind aber an einem Mehrebenen-Modell der Wechselwirkungen zwischen intraorganisationellen und interorganisationellen Interessenkonstellationen und Verhandlungslösungen orientiert, das es nur sehr ausschnitthaft gestattet, über besondere Verhandlungssituationen und kontingente Gelegenheitsstrukturen hinaus die Strukturen des Politikfeldes in den Blick zu nehmen.

Die *Politiknetzwerkanalyse* setzt sich dezidiert mit einem gewandelten Verständnis des Verhältnisses zwischen Staat und Gesellschaft auseinander und erforscht für einzelne Politikfelder die Beziehungsstrukturen, die durch die Interaktion und den Ressourcentausch zwischen öffentlichen und privaten Akteuren entstehen (Janning 1998: 268–304; Kenis/Schneider 1991; Laumann/Knoke 1987; Schneider 1988). Die quantitative Analyse der Beziehungsstruktur eines Politikfeldes und der Aufweis von Zentralitäts- und Prestigewerten für alle Netzwerkakteure sowie der Nachweis von spezifischen Netzwerkrollen für einzelne Akteure (z.B. der *policy broker*) erfolgt unter der Prämisse, dass sowohl öffentliche als auch private Akteure von ihrer Konstitution her gleich zu behandeln sind. Sie können als korporative Akteure aufgefasst werden, die im Wettbewerb miteinander um die Akquisition und Verteilung von policy-relevanten Ressourcen stehen (Schneider 2003). Das Politikfeld erscheint deshalb als ein strukturiertes Set von Tauschbeziehungen, das zur Beeinflussung und Umsetzung von politischen Entscheidungen unterhalten wird: „Policy networks are mechanisms of political resource mobilization in situations where the capacity of decision-making, program formulation and implementation is widely distributed or dispersed among private and public actors" (Kenis/Schneider 1991: 41). Die privaten und politischen korporativen Akteure stehen im Verhältnis der Ressourcenabhängigkeit zueinander, weil ohne gegenseitige Information und Unterstützung die Lösung von Policy-Problemen nicht möglich erscheint.

Die Verwaltung erscheint in den empirischen Politiknetzwerkanalysen als ein relevanter Akteur im Netzwerk, dessen wirklicher bzw. zugeschriebener Einfluss erst durch die Auswertung der Daten für den Ressourcenzufluss bzw. die Ressourcenmobilisierung möglich wird. Dieser Einfluss wird mithin danach variieren, wie viel Autonomie der jeweiligen Verwaltungsbehörde im Politikfeld zukommt bzw. zugeschrieben wird. Nichtsdestotrotz ergeben sich für Verwaltungsakteure konkrete Abhängigkeiten und Einbettungsphänomene, die nicht einfach ausgehend von der formalen Zuteilung von Zuständigkeiten und Kompetenzen bestimmbar sind. Die empirische Analyse der Rolle von Ministerien oder anderen Bundes- oder Landesämtern in politischen Netzwerken beschäftigt sich demgemäß mit Statuspositionen (Zentralität, Prestige), die die Verwaltung in den Kommunikations- und Informationsbeziehungen zwischen den politikrelevanten Akteuren einnehmen kann. Behörden, die wie die *regulatory agencies* in den USA weitgehende Entscheidungsbefugnisse haben und auch regelsetzend wirken können, werden von den anderen Akteuren im Politikfeld eher als relevante Kooperationspartner angesehen als nachgeordnete Behörden, die nur auf Weisung der politischen Leitung agieren können (Laumann/Knoke 1987). Die Aufteilung zwischen Entscheidungs- und Managementkompetenzen und Kontroll- und Informationszulieferdiensten, die für das deutsche Behördengeflecht typisch erscheint und die noch durch den Widerstreit zwischen Bundes- und Länderkompetenzen zusätzlich kompliziert wird, erschwert die Übernahme von Zentralpositionen und führt zu Steuerungsdefiziten und Koordinationsproblemen selbst in den Politikfeldern, in denen der staatliche Regulierungsauftrag nicht umstritten ist (z.B. der gesundheitliche Verbraucherschutz; Janning 2006a).

Der maßgeblich von *Paul Sabatier* entwickelte *Advocacy-Koalitionen-Ansatz* macht die Existenz von mehreren Programmkoalitionen in einem Politikfeld, ihre Stellung zueinander und die Veränderungen in ihrem Kräfteverhältnis zu Analysegegenständen (Sabatier 1993; Sabatier/Jenkins-Smith 1999). Eine stark qualitative Ausrichtung ist dem Advocacy-Koalitionen-Ansatz durch den Hinweis auf die Bedeutung von gemeinsamen Programmvorstellungen und politischen Grundüberzeugungen (*belief systems*) für die Koalitionsbildung eingeschrieben. Der Ansatz macht Aussagen: a) über eine längerfristige Perspektive der Policy-Analyse, b) die Analyseeinheiten der Policy-Forschung und c) über die inhaltlichen und normativen Orientierungen, die mit der Wahrnehmung von *policies* eingeschrieben sind. Gegenüber der Betrachtung kurzfristiger Zeitperioden und einzelner Entscheidungsprozesse ermöglicht die längerfristige Zeitperspektive – die Analyse soll mindestens zehn Jahre umfassen – des Advocacy-Koalitionen-Ansatzes die Berücksichtigung der Wirkungen im Politikfeld, die von mehreren Programm- und Entscheidungszyklen herrühren (Sabatier 1993: 120). Dadurch lässt sich überhaupt erst eine Information über den Programmerfolg oder das Programmscheitern von distinkten Policies oder Programmpaketen aufnehmen. Darüber hinaus können Programme, die anfangs als Misserfolge oder als besonders aussichtsreich bewertet wurden, mit ihrem mittel- und langfristigen Gesamtertrag evaluiert werden. Die relevante Einheit, um Policy-Wandel zu verstehen, ist das *Policy-Subsystem*, das sind „diejenigen Akteure oder Anzahl öffentlicher oder privater Organisationen, die aktiv mit einem Policy-Problem oder Policy-Fragen, wie beispielsweise der Luftreinhaltepolitik, Fragen der psychischen Gesundheit oder Transportproblemen, befasst sind" (Sabatier 1993: 120). Der Advocacy-Koalitionen-Ansatz geht weiter davon aus, dass sich Akteure im politischen Prozess engagieren, um die handlungsleitenden Orientierungen ihrer *belief systems* in praktische Politik umzusetzen. Die *belief systems* enthalten auf spezifische Politikausschnitte bezogene Wertvorstellungen, Annahmen über wichtige Kausalbeziehungen, Perzeptionen von Weltzuständen (z.B. Größenordnung von Problemen) und Auffassungen über die Wirksamkeit von Policy-Instrumenten. Innerhalb eines *Policy-Subsystems* können diejenigen Akteure zu einer so genannten Advocacy-Koalition aggregiert werden, die den Policy Kern eines „belief systems" teilen und ihre Handlungen über einen längeren Zeitraum hinweg miteinander koordinieren (Sabatier/Jenkins-Smith 1999: 138). Innerhalb eines *Policy-Subsystems* können einzelne oder mehrere Advocacy-Koalitionen existieren, jedoch erhöht sich das Konfliktniveau mit der Zahl der um Einfluss auf die Programmgestaltung konkurrierenden Koalitionen (Sabatier 1988: 140; Sabatier/Jenskins-Smith 1999: 119–122).

Verwaltungen können in der Tat Mitglied solcher Koalitionen sein, ihr Stellenwert innerhalb einer solchen Koalition wird sich danach bemessen, inwieweit sie für die Konstitution von gemeinsamen *belief systems* wirksam waren und sind. Eine eigenständige, starke Policy-Orientierung im Sinne *Sabatiers,* also eine identifizierbare Programmideologie, die sich auf ordnungspolitische Grundvorstellungen für das jeweilige Politikfeld bezieht, lässt sich aber per se kaum für die Verwaltung auf den unterschiedlichen Wirkungsebenen (Bund, Land, Kommune/Stadt) unterstellen. Zwar sind moderne Bürokratien nicht auf die bloße Umsetzung von politischen Programmvorhaben beschränkt, aber nur den auf die Belange von spezifischen Politikfeldern spezialisierten Fachbeamten in der politischen Verwaltung der Bund- und Länderministerien kann man eine gestaltende Rolle bei der Programmentwicklung zugestehen. Der Advocacy Koalitionen-Ansatz beurteilt den Stellenwert der Verwaltung demnach ausgehend von ihrem Anteil an der Programmentwicklung und nicht nach ihren Kompetenzen in der Implementationsphase und privilegiert dabei die Verwaltungseinheiten mit programmgestaltenden Kompetenzen.

Vermittelt der Advocacy Koalitionen-Ansatz eher ein statisches Bild von der Bedeutung der Programmorientierungen in Politikfeldern, so betont die *Analyse von Policy-Diskursen und Diskurskoalitionen* die aktive und interaktive Konstitution von Programmen in Politikfeldern. Die Anwendung der Diskursanalyse nimmt Anregungen von Policy-Studien auf, die sich weniger stark konzeptorientiert mit dem Effekt von rhetorischen Mitteln und der Erzählungsweise von Policy-Problemen und Lösungsvorschlägen bei Programmdebatten beschäftigt haben (Roe 1994; Schön/Rein 1994; zur Diskussion Fischer 2003). Dieser Art von Policy Analyse liegt deshalb ein weit gefasster Begriff von Diskurs zugrunde: „Discourse is here defined as a specific ensemble of ideas, concepts, and categorizations that are produced, reproduced and transformed in a particular set of practices through which meaning is given to physical and social realities" (Hajer 1995: 44). Wie lässt sich diese Einsicht für die Policy-Forschung nutzen? *Maarten Hajer* (1995, 2003a, 2003b) schlägt zwei Vorgehensweisen vor, die einerseits die Sprach- und Textanalyse auf differenzierte Weise betreiben, andererseits auch die Akteurkonstellationen im Hinblick auf ihre Formulierung von spezifischen Diskursen analysieren. Der erste Teil der Diskursanalyse hat den Aufweis von Bedeutungsstrukturen (*terms of policy discourse*) zum Gegenstand; hiermit sind die Hilfsmittel der Textanalyse angesprochen, die einen bias in den Diskussionsbeiträgen und Programmformulierungen dokumentieren können. Genauer diskutiert *Hajer* (2003b: 103–107) als Instrument der Policy-Forschung drei Operationen, die drei unterschiedliche Schichten (*layers*) des Policy-Diskurses betreffen: erstens die Analyse von Handlungsfäden (*story lines*), Mythen und Metaphern im Diskurs, zweitens die Untersuchung des Policy-Vokabulars und drittens die Rekonstruktion von epistemischen Grundüberzeugungen (*epistemic figures*). Als zweiter Forschungsgegenstand kommt in der Diskursanalyse aber

noch die dezidierte Auseinandersetzung mit Diskurskoalitionen dazu, d.h. mit Akteur-
gruppen, die sich mit den vorgetragenen Handlungsfäden, Policy-Ansätzen und
Grundüberzeugungen identifizieren oder sie gezielt nutzen, um in der Policy-Debatte
bestimmte Interessen durchzusetzen. Damit wird aber nicht die Position vertreten, dass
Diskurse sich einfach für die Realisierung vorgegebener, objektiver Interessen der Akteure instrumentalisieren lassen. Im Gegenteil muss davon ausgegangen werden, dass
Interessen erst im Diskurs durch die Zuteilung von Positionen und Handlungsfäden
entstehen oder eingenommen werden: „Interests are intersubjectively constituted
through discourse" (Hajer 1995: 59). Vor diesem Hintergrund konstituieren sich Diskurskoalitionen relational durch die Bezugnahme auf bestimmte Argumente, Konzepte,
Metaphern und Erklärungsweisen mit der Intention, diese Darstellungsformen und
Problemsichtweisen als hegemoniale Definitionen von der Wirklichkeit durchzusetzen.

Die Anwendung der Diskursanalyse verfolgt demnach dezidiert machtkritische und
aufklärerische Intentionen (vor allem Fischer 2003). Der Einsatz von wissenschaftlichen
Statistiken oder einer Überlegenheitsrhetorik oder die Zuhilfenahme von Sachzwangar-
gumenten werden „enttarnt" als rhetorische Hilfsmittel, um Interessen zu verschleiern
oder aber um die eigene Position als neutraler oder objektiver erscheinen zu lassen.
Verwaltungen nutzen in der Kommunikation mit ihren Klienten häufig solche rhetorischen Tricks, um Leistungsbezieher einzuschüchtern, und ihr architektonischer Aufbau
nutzt geschickt die Möglichkeit der Ausgrenzung und selektiven Einbeziehung von Be-
suchern, Antragstellern etc. aus. Aus der Politikfeldperspektive erscheint aber der Rekurs auf Verwaltungsabläufe und bürokratische Handlungsnotwendigkeiten selbst als
ein Mittel, um in Policy-Debatten Pfadabhängigkeiten zu legitimieren und alternative
Handlungsvorschläge abzublocken. Ebenso können Leitbilder, die Funktionen und
Strukturen der Verwaltung thematisieren und Reformoptionen aufzeigen (vom *schlanken Staat* zum *aktivierenden Staat*), gezielt benutzt werden, um Leistungserwartungen
und Fürsorgeansprüche der Bürger an die Verwaltung zu verändern bzw. zu minimie-
ren. Insofern lassen sich natürlich die Diskussionen über Verwaltungsreformen und Bü-
rokratieabbau selbst als diskursive Strategien der politischen Akteure mit staatlicher Ge-
staltungsmacht ansehen, die eigenen Steuerungskompetenzen zu thematisieren und
neue Verantwortungen festzulegen oder abzugeben. In gewisser Weise dokumentieren
solche diskursiven Strategien – die Initiativen zur Restrukturierung der Verwaltung resultieren höchst selten in einer wirklichen Entbürokratisierung staatlichen Handelns –
die Existenz einer *Verwaltungspolitik*, die sich selbst versucht als spezifische Policy-Konfiguration mit entsprechenden Zuständigkeiten, Problemmaterien und *stakeholders* ab-
zugrenzen und zu behaupten (Bogumil/Jann 2004: 237ff.).

Wie lassen sich nun aus der Perspektive der vorgestellten Forschungsansätze die Beziehungen zwischen der avancierten Policy-Forschung und der Verwaltungswissenschaft
einschätzen? Insgesamt weisen die diskutierten Ansätze der Verwaltung keine besondere
Bedeutung als Forschungsgegenstand oder als Akteur im Politikfeld zu:

– Aus der Politikfeldperspektive sind größere Handlungseinheiten (Programm- oder
   Diskurskoalitionen) oder Struktureigenschaften des Feldes selbst als Wirkungsfakto-
   ren wichtiger als die Kompetenzen oder das Verhalten einzelner Akteure.
– Der akteurzentrierte Institutionalismus (AZI) bildet demgegenüber eine Ausnahme,
   weil hier eine Fokussierung auf Einzelakteure und auf ihre Einbettung in institutio-

nelle *constraints* vorgesehen bzw. gefordert wird; die vom AZI empfohlene Mehrebenenanalyse, die auf einzelne Akteure und ihre Einbettung sowie auf die Verbindungen zwischen intra- und interorganisationellen Konfigurationen eingeht, stellt aber nur lose Bezüge zum Politikfeld heraus und privilegiert eine komplexe Organisationsperspektive.

– Mit der Kritik an der Phasenheuristik und dem Zyklus-Modell wird der Sonderstatus der Verwaltung in Politikfeldern in Frage gestellt. Allerdings fällt es den Gesamtanalysen von Politikfeldern schwer, überhaupt Rollen und arbeitsteilige Funktionen von Policy-Akteuren zu bestimmen.

– Insgesamt fehlen für die Politikfeldanalyse Theorieansätze, die die Akteurs- und Organisationseigenschaften von Policy-Akteuren mit Strukturvariablen und Kollektivphänomenen (Programmidentitäten, Diskurse) in Beziehung setzen. Das *framework* des AZI übernimmt hier am meisten Initiative, weist aber Verengungen bei der Festlegung von Akteurseigenschaften und bei der Durchführung von Interaktions- und Beziehungsanalysen auf.

5. Governance-Forschung als neuer Versuch der Integration von Policy-Analyse und Verwaltungswissenschaft?

Insbesondere politikwissenschaftlich orientierte Verwaltungsforscher verbinden mit dem *Governance*-Konzept und der Debatte über die angemessene Beschreibung der Steuerungspotentiale des Staates in ausdifferenzierten Gesellschaften gewisse Hoffnungen (Benz 2003, 2004; Blatter 2005). Um den Begriff „*Governance*" scheint eine konzeptuelle Diskussion zu oszillieren, von der auch die Verwaltungswissenschaft profitieren kann, da sie ja für die Beschreibung der Interaktionsbeziehungen zwischen Verwaltung und Politik bzw. zwischen Verwaltung und Gesellschaft auf einen Theorieimport angewiesen ist. Der *Governance*-Begriff ist in den verschiedenen für die Verwaltungswissenschaft wichtigen Disziplinen – der Rechtswissenschaft, den Wirtschaftswissenschaften, der Politikwissenschaft – gut verankert und seine politik- und organisationstheoretische Verwendung scheint auf das Phänomen zu rekurrieren, dass sich die konventionellen Steuerungsprinzipien wie Staat und Markt nicht mehr einfach in den komplexen Wirkungszusammenhängen (spät)moderner Gesellschaften zur Anwendung bringen lassen bzw. Typologien von Steuerungs- und Koordinationsmechanismen, die noch an den konventionellen Top-Down- und Bottom-Up-Perspektiven ansetzen, wenig erkenntnisträchtig erscheinen (Schneider/Kenis 1996). Das *Governance*-Konzept privilegiert deshalb kein idealtypisches Steuerungsprinzip, sondern geht von der Ergänzung, Vermischung und Integration unterschiedlicher Steuerungs- und Koordinationsmechanismen in der sozialen und politischen Wirklichkeit aus.

Die Politikfeldanalyse hat mit zahlreichen Fallstudien zu politischen Entscheidungsprozessen und dem Gelingen und Versagen von staatlichen Steuerungsversuchen über unterschiedliche Probleme der regulativen Politik zu dem Aufkommen der *Governance*-Debatte maßgeblich beigetragen. Detaillierte Fallanalysen zeigen zum einen, dass sich umweltbewusstes Handeln von Unternehmen und Bürgern nicht einfach durch Gesetz verordnen lässt. Eine wirkungsvolle oder gar nachhaltige Umweltpolitik muss stattdessen mit Steuervergünstigungen und Investitionsanreizen operieren, um Unternehmen zu einem entsprechenden Umbau ihrer Produktionsanlagen zu bewegen (Decker 1994; Jänicke 1986). Andererseits ist es notwendig dass sich ökologisch sinnvolles Verhalten auch in der Alltagspraxis von Konsumenten durchsetzt, was nur durch Aufklärungskampagnen und umweltbewusste Erziehung erreicht werden kann. In den Politikfeldern der Privatisierung ehemaliger staatlicher Infrastrukturmonopole (Radio/Fernsehen, Post, Telekommunikation, Energie) lässt sich eine ähnliche Entwicklung aus umgekehrter Richtung prognostizieren: Zwar wird die Privatisierung von staatlicher Seite mit marktwirtschaftlicher Propaganda begleitet, die höchstens teilprivatisierten Policy-Sektoren werden aber weiterhin von staatlichen Kontroll- und Regulierungsbehörden überwacht, wobei sowohl ein zu großer Preiswettbewerb als auch die Monopolbildung durch Konzerne in den Infrastrukturbereichen verhindert werden soll (Böllhoff 2005; Grothe 2000; Schneider 1999). Fallstudien zu diesen und ähnlichen Problemen weisen auf Einschränkungen der staatlichen Handlungsfähigkeit durch Eigenheiten und Struktureigenschaften des jeweiligen Politikfeldes hin (z.b. die Blockadehaltung von mobilisierungsmächtigen zentralistischen Verbänden, die Adressierung der öffentlichen Meinung durch Bürgerinitiativen und neue soziale Bewegungen). Die wissenschaftliche Diskussion über die Voraussetzungen und Kontexte von politischer Steuerung hat aber auch Erkenntnisse darüber hervorgebracht, wie sich staatliche Politik in den unübersichtlichen Interessenkonstellationen von Politikfeldern Geltung verschaffen kann. Policy-Forscher verweisen auf Steuerungserfolge durch selektive Einbindung relevanter Policy-Akteure, wobei hier die Organisations- und Mobilisierungsmacht dieser Akteure instrumentalisiert wird, oder durch Installierung von Verhandlungsrunden, die auch schwach organisationsfähigen Interessen Zugang gewähren und so die Nutzung aller relevanter, im Politikfeld verteilter Wissensressourcen und die Zusammenarbeit mit offiziellen und nicht-offiziellen Policy-Experten gewährleisten (Grande 1993; Mayntz 1993; Scharpf 1993). Politische Steuerung erscheint aus dieser Perspektive nicht mehr als *Einbahnstraße* ausschließlich politischer Machtdurchsetzung, sondern als ein komplexes Arrangement von wechselseitigen Kooperationsangeboten und möglichst inklusiven Verhandlungslösungen unter Berücksichtigung der Selbststeuerungskompetenzen nicht-staatlicher Akteure (Kooiman 2003).

Welche Auswirkungen hat aber die Debatte über politische Steuerung in der Policy-Forschung auf die Anwendung des Governance-Ansatzes in der Verwaltungswissenschaft? *Volker Schneider* (2004) sieht in der Governance-Debatte einen Anlass über die Instrumente und Einwirkungsmöglichkeiten der politischen Regulation nachzudenken und gelangt zu interessanten Vorschlägen, die die Einsetzung von autonomen Regulierungsbehörden nach dem US-amerikanischen Vorbild empfehlen. Diese Regulierungsbehörden können weitaus flexibler und mit größerer Problemkompetenz ausgestattet in Politikfelder intervenieren und auch selbst in der Politikformulierung aktiv werden. Ihre Organisationsstruktur gliche dabei den Großunternehmen und Verbänden, mit denen sie bei Policy-Konflikten Lösungen aushandeln müssten, womit der Staat der langfristig angelegten Entwicklung endlich Rechnung tragen würde, dass sich die Politikfelder insgesamt als Organisationsfelder konstituiert haben, die von den Interessen und Beziehungen von Großorganisationen und den in ihnen operierenden Funktionseliten dominiert werden (Janning 1998). Das Plädoyer für eine Aufwertung der Bedeutung von autonomen Regulierungsbehörden im deutschen Regierungssystem und zur Koordinierung der europäischen Politikgestaltung scheint sich aber einer eher politik-wissenschaftlich geprägten Sichtweise auf die Handlungsmöglichkeiten der Verwaltung zu verdanken.

Bei Verwaltungswissenschaftlern mischt sich bei allem Optimismus über die Chancen einer integrativen Theoriebildung durch das Governance-Konzept auch eine gewisse Skepsis in die Bewertung hinein. Hier scheint sich mit dem Governance-Begriff ein neues Leitbild der Verwaltungsorganisation und -praxis durchzusetzen, das sich an dem *aktivierenden Staat* orientiert (Jann 2003; Jann/Wegrich 2004). Dieses neue Leitbild löst das Ideal vom *schlanken Staat* ab, das sich primär auf inneradministrative Rationa-lisierungs- und Budgetierungsmaßnahmen beschränkte. Das mit dem *Governance*-Be-griff assoziierte neue Leitbild stellt wieder die Interaktionen zwischen Verwaltung und Bürgern in den Mittelpunkt und erhofft sich eine verstärkte Leistungs- und Aufgaben-übernahme durch zivilgesellschaftliche Kräfte:

„Die Problemsicht dieses Leitbildes betont nicht nur Staats- und Bürokratieversagen, sondern rich-tet die Aufmerksamkeit auf die gesellschaftlichen Voraussetzungen und Restriktionen staatlicher Steuerung. Nicht allein der Staat ist für die Lösung gesellschaftlicher Probleme zuständig, sondern diese sollen, wo immer möglich, an die Zivil- und Bürgergesellschaft zurückgegeben werden. Ge-sellschaften mit hohem Potential an Problemlösungskapazitäten der Zivilgesellschaft verfügen, so ein weiteres zentrales Stichwort, über ein hohes Maß an Sozialkapital. Der ‚aktivierende Staat' zielt vor allem auf eine programmatische Neubestimmung des Verhältnisses von Staat, Markt und Zivil-gesellschaft" (Jann/Wegrich 2004: 199).

Aus unterschiedlichen Perspektiven beleuchtet ließe sich das *Governance*-Konzept dem-nach als ein Instrument einer offensiv argumentierenden *Verwaltungspolitik* interpretie-ren, der es auf der einen Seite um die Rückfuhr von staatlichen Aufgaben und von Verwaltungskompetenzen und auf der anderen Seite um eine Neubestimmung der Rol-le der Verwaltung in komplexen Demokratien geht. Die erste Sichtweise rückt das Pro-blem der Definition von Kernaufgaben für Staat und Verwaltung in den Mittelpunkt; die zweite Position interessiert sich besonders für neue Unterstützerrollen, die die Ver-waltung zur Motivierung und Förderung bürgergesellschaftlichen Engagements in Poli-tikfeldern wie Sozial- und Arbeitsmarktpolitik übernehmen kann (Bogumil/Jann 2004: 199f.). Mit beiden Auffassungen geht die Vorstellung von einer notwendigen Rückbe-sinnung auf die *Agency*-Eigenschaften von Verwaltung einher (Ahrne 1990). Als stärker eigenverantwortlich operierende Behörde oder Agentur soll die jeweilige Verwaltungs-einheit nicht mehr soziale Probleme bloß *verwalten*, sondern an einer Problemlösung für Betroffene und Bedürftige im Dialog mit den zivilgesellschaftlichen Kräften mitar-beiten. Die *Agency*-Eigenschaften von Verwaltungen sollten aber nicht nur einfach pos-tuliert oder gefordert werden, sondern sie müssen auch einer empirischen Analyse standhalten. Organisationen müssen zur Gewährleistung oder Verteidigung ihrer (rela-tiven) Autonomie eine gewisse Unabhängigkeit gegenüber externen Ressourcen aufwei-sen oder über ein Portofolio unterschiedlicher und gleichgewichtiger Ressourcengeber verfügen, ihre Handlungsspielräume müssen ferner rechtlich verbrieft und ihre Kern-kompetenz zur Bewältigung spezifischer Aufgaben darf nicht strittig sein. Es ist dem-entsprechend erforderlich, die besonderen institutionellen, politischen und organisatio-nellen Voraussetzungen für eine aktive und aktivierende Rolle der Verwaltung zu untersuchen. Hierfür wiederum kann stärker als bisher auf das avancierte Instrumentarium der Politikfeldanalyse zurückgegriffen werden.

6. Anregungen für die politikwissenschaftliche Verwaltungsforschung und für die verwaltungswissenschaftliche Policy-Forschung

Welche Innovationen kann die Verwaltungswissenschaft aus den neueren Forschungsansätzen der Politikfeldanalyse aufnehmen und wie wirken diese Anregungen auf die Policy-Forschung zurück? Meine Vorschläge laufen in zwei Richtungen und geben Hinweise für die *politikwissenschaftliche Verwaltungsforschung* und für eine *verwaltungswissenschaftliche Policy-Forschung*. Für die *politikwissenschaftliche Verwaltungsforschung* empfiehlt sich eine Weiterentwicklung organisationswissenschaftlicher Ansätze unter dem Primat politischer Handlungslogiken und Wirkungsprozesse. Die vom akteurzentrierten Institutionalismus eingeleitete Mehrebenenanalyse des Zusammenspiels bzw. der Überlagerung von intra- und interorganisationellen Konfliktlinien und Handlungsvoraussetzungen fungiert hier als ein wichtiger Anknüpfungspunkt. Der Fokus auf Verwaltungen bei solchen Mehrebenenanalysen erscheint aber nur unter der Voraussetzung sinnvoll, dass operative Verwaltungseinheiten quasi-politische Handlungskompetenzen erwerben und mit einem gewissen Grad an Handlungsautonomie ausgestattet sind. Analysen der Handlungskompetenzen von staatlichen Regulierungsbehörden in den teilprivatisierten Sektoren des Postgewerbes und der Telekommunikation geben konzeptuelle und empiriegestützte Hinweise auf die Stellung solcher teilautonomer Verwaltungseinheiten in sog. *regulativen Regimes* (Böllhoff 2002; Eberlein/Grande 2000; Müller 2002). Besonders interessant ist dabei die Forschungsfrage, wie und unter welchen Voraussetzungen sich innerhalb von hochdifferenzierten Politikfeldkonstellationen – die *regulativen Regime* können als eine Policy-Konfiguration innerhalb eines Politikfeldes oder eines Teilsektors verstanden werden – Organisationsdomänen für Verwaltungsbehörden ausbilden und wie sie ihre Steuerungsansprüche innerhalb der durch Rechte und Mitgliedschaften quasi-institutionalisierten *regulativen Regimes* behaupten (Janning 2006b).

Eine durch *verwaltungswissenschaftliche* Fragestellungen angeleitete *Policy-Forschung* bringt demgegenüber die avancierten Methoden und Forschungsansätze der Politikfeldanalyse zur Geltung. Einen Ansatzpunkt für die Anwendung der quantitativen Netzwerkanalyse bietet beispielsweise die ego-zentrierte Netzwerkanalyse, eine einfachere Methode der Beziehungsanalyse, die zur Entschlüsselung der Außenbeziehungen einzelner Funktionsträger einer Verwaltung bei der Diskussion einzelner Programmvorhaben eingesetzt werden kann. Diese netzwerkanalytische Methode dient nicht der Erhebung und Analyse eines Gesamtnetzwerkes, sondern kann nur die Beziehungskontakte aus der Befragung einzelner Personen ermitteln (Jansen 1999: 73ff.). Sie kann genutzt werden, um das unterschiedliche Kontaktverhalten einzelner Abteilungen oder von dort in Führungspositionen tätigen Funktionsträgern zu ermitteln und miteinander zu vergleichen. Die Kontaktnetzwerke einzelner wichtiger Funktionsträger können auch aufsummiert werden, um mehr Informationen über die Einbettung der Verwaltung in spezifische *issue areas* eines Politikfeldes zu gewinnen. Die verwaltungszentrierte Netzwerkanalyse kann auch ausgehend von der Befragung von leitenden Funktionsträgern unterschiedlicher Behörden Differenzen zwischen den Policy-bezogenen Informationsnetzwerken markieren.

Mit Hilfe von Grundannahmen des Advocacy-Koalitionen-Ansatzes lassen sich sehr gut Programmkonflikte in den Fachbürokratien einzelner Ministerien (z.B. zwischen regierungsnahen und regierungsfernen Fachbeamten) rekonstruieren oder aber der Widerstreit zwischen unterschiedlichen Überzeugungssystemen innerhalb des gesamten Regierungssystems (z.b. als Programmkonflikt zwischen den Fachministerien für Finanzen und Bildung) in den Blick nehmen. Wichtig ist hierbei der Einsatz von Methoden der qualitativen und quantitativen Inhaltsanalyse, um in den Verlautbarungen, Programmentwürfen und Stellungnahmen den Anteil der nur wenig veränderbaren Grundüberzeugungen und der flexibel anpassbaren Einstellungen zu ermitteln (Blatter u.a. 2006). Der Aufweis von mehreren, sich stark widersprechenden Advocacy-Koalitionen in den Fachministerien eines Regierungssystems erhöht die Gefahr von inneradministrativen Konflikten und lässt die Regierungspolitik (in Bund und Ländern) nach außen als in sich widersprüchlich und konfliktträchtig erscheinen.

Für die Anwendung der Diskursanalyse auf verwaltungswissenschaftliche Fragestellungen lassen sich in jüngerer Zeit schon einige Beispiele finden, auch wenn hier die Methode der Diskursanalyse recht hemdsärmelig angewandt wird (Jann/Wegrich 2004). Thema solcher Analysen ist der Einfluss von konfligierenden Ordnungsmodellen und Sachargumenten bei den verwaltungsinternen Diskussionen über Maßnahmen der Verwaltungsreform und Verwaltungsmodernisierung. Die inhaltlichen Auseinandersetzungen um die Restrukturierung der Verwaltung können als Diskursfeld der Verwaltungspolitik beschrieben werden, in denen unterschiedliche, mit Verwaltung verbundene Leistungsprofile (Effizienz versus Effektivität) und Legitimitätskonzepte (Kostenkontrolle versus Bürgernähe) miteinander um Diskurshoheit und Umsetzungsrelevanz ringen.

Literatur

Ahrne, Göran, 1990: Agency and Organization: Towards an Organizational Theory of Society. London: Sage.

Benz, Arthur, 2003: Status und Perspektiven der politikwissenschaftlichen Verwaltungsforschung, in: Die Verwaltung 36, 361–388.

Benz, Arthur, 2004: Governance – Modebegriff oder nützliches sozialwissenschaftliches Konzept?, in: *Benz, Arthur* (Hrsg.), Governance – Regieren in komplexen Regelsystemen. Eine Einführung. Wiesbaden: VS Verlag für Sozialwissenschaften, 11–28.

Benz, Arthur/Scharpf, Fritz W./Zintl, Reinhard, 1992: Horizontale Politikverflechtung. Zur Theorie von Verhandlungssystemen. Frankfurt a.M./New York: Campus.

Blatter, Joachim, 2005: Governance zwischen Reform-Leitbild und transdisziplinärer Brücke: praktische und theoretische Verwendungsmöglichkeiten für die Politik- und Verwaltungswissenschaft. Aufsatzmanuskript.

Blatter, Joachim/Janning, Frank/Wagemann, Claudius, 2006: Qualitative Politikanalyse. Eine Einführung in Methoden und Forschungsansätze. Studienbrief der Fernuniversität in Hagen.

Bleek, Wilhelm, 2001: Geschichte der Politikwissenschaft in Deutschland. München: Beck.

Böhret, Carl, 1970: Entscheidungshilfen für die Regierung. Opladen: Westdeutscher Verlag.

Böllhoff, Dominik, 2002: Developments in Regulatory Regimes – An Anglo-German Comparison on Telecommunications, Energy and Rail. Bonn: Preprints aus der Max-Planck-Projektgruppe Recht der Gemeinschaftsgüter, 02/5.

Böllhoff, Dominik, 2005: The Regulatory Capacity of Agencies. A Comparative Study of Telecoms Regulatory Agencies in Britain and Germany. Berlin: BWV.

Bogumil, Jörg, 2005: On the Relationship between Political Science and Administrative Sciene in Germany, in: Public Administration 83, 659–668.

Bogumil, Jörg/Jann, Werner, 2004: Einführung in die Verwaltungswissenschaft. Verwaltung und Verwaltungswissenschaft in Deutschland. Studienbrief der Fernuniversität in Hagen.

Bogumil, Jörg/Schmid, Josef, 2001: Politik in Organisationen. Organisationstheoretische Ansätze und praxisbezogene Anwendungsbeispiele. Opladen: Leske + Budrich.

Decker, Frank, 1994: Umweltschutz und Staatsversagen. Eine materielle Regierbarkeitsanalyse. Opladen: Leske + Budrich.

Dror, Yehezkel, 1968: Public Policy-Making Re-examined. San Francisco: Chandler.

Dye, Thomas, 1972: Understanding Public Policy. Englewood Cliffs, N.J.: Prentice-Hall.

Eberlein, Burkhard/Grande, Edgar, 2000: Regulation and Infrastructure Management: German Regulatory Regimes and the EU Framework, in: German Policy Studies 1, 39–66.

Ellwein, Thomas, 1982: Verwaltungswissenschaft: Die Herausbildung der Disziplin, in: *Hesse, Joachim Jens* (Hrsg.), Politikwissenschaft und Verwaltungswissenschaft. PVS-Sonderheft 13. Opladen: Westdeutscher Verlag, 34–54.

Etzioni, Amitai, 1968: The Active Society. A Theory of Societal and Political Processes. New York: Free Press.

Fach, Wolfgang, 1982: Verwaltungswissenschaft – ein Paradigma und seine Karriere, in: *Hesse, Joachim Jens* (Hrsg.), Politikwissenschaft und Verwaltungswissenschaft. PVS-Sonderheft 13. Opladen: Westdeutscher Verlag, 55–73.

Fischer, Frank, 2003: Reframing Public Policy. Discursive Politics and Deliberate Practices. Oxford: Oxford University Press.

Grande, Edgar, 1993: Die neue Architektur des Staates, in: *Czada, Roland/Schmidt, Manfred G.* (Hrsg.). Verhandlungsdemokratie, Interessenvermittlung, Regierbarkeit. Festschrift für Gerhard Lehmbruch. Opladen: Westdeutscher Verlag, 51–71.

Greven, Michael Th., 1985: Macht, Herrschaft und Legitimität. Eine Erinnerung der Politologen an die Grundfragen ihrer Disziplin. in: *Hartwich, Hans-Hermann* (Hrsg.), Policy-Forschung in der Bundesrepublik Deutschland. Ihr Selbstverständnis und ihr Verhältnis zu den Grundfragen der Politikwissenschaft. Opladen: Westdeutscher Verlag, 143–147.

Grothe, Torsten, 2000: Restriktionen politischer Steuerung des Rundfunks. Systemtheoretische und handlungstheoretische Analysen. Opladen: Westdeutscher Verlag.

Grunow, Dieter, 2003: Der Ansatz der politikfeldbezogenen Verwaltungsanalyse, in: *Grunow, Dieter* (Hrsg.), Verwaltungshandeln in Politikfeldern. Opladen: Leske + Budrich, 15–59.

Hajer, Maarten A., 1995: The Politics of Environmental Discourse. Ecological Modernization and Policy Process. Oxford: Oxford University Press.

Hajer, Maarten A., 2003a: Argumentative Diskursanalyse. Auf der Suche nach Koalitionen, Praktiken und Bedeutung, in: *Keller, Reiner/Hirseland, Andreas/Schneider, Werner/Viehöfer, Willy* (Hrsg.), Handbuch Sozialwissenschaftliche Diskursanalyse, Bd. 2: Forschungspraxis. Opladen: Leske + Budrich, 271–298.

Hajer, Maarten A., 2003b: A Frame in the Fields: Policymaking and the Reinvention of Politics, in: *Hajer, Maarten A./Wagenaar, Henk* (Hrsg.), Deliberative Policy Analysis. Understanding Governance in the Network Society. Cambridge: Cambridge University Press, 88–110.

Hennis, Wilhelm, 1985: Über die Antworten der eigenen Wissenschaftsgeschichte und die Notwendigkeit, „zentrale Fragen" der Politikwissenschaft stets neu zu überdenken, in: *Hartwich, Hans-Hermann* (Hrsg.), Policy-Forschung in der Bundesrepublik Deutschland. Ihr Selbstverständnis und ihr Verhältnis zu den Grundfragen der Politikwissenschaft. Opladen: Westdeutscher Verlag, 122–131.

Hjern, Benny/Porter, David O., 1979: Implementation Structure: A New Unit of Administrative Analysis. Discussion Paper, International Institute of Management am Wissenschaftszentrum Berlin (WZB).

Jänicke, Martin, 1986: Staatsversagen. Die Ohnmacht der Politik in der Industriegesellschaft. München/Zürich: Piper.

Jann, Werner, 2003: State, Administration and Governance in Germany: Competing Traditions and Dominant Narratives, in: Public Administration 81, 95–118.

Jann, Werner, 2004: Entstehung der Policyforschung in den USA (Kommentar zu Rainer Prätorius), in: *Holtmann, Everhard* (Hrsg.), Staatsentwicklung und Policyforschung. Politikwissenschaftliche Analysen der Staatstätigkeit. Wiesbaden: VS Verlag für Sozialwissenschaften, 87–93.

Jann, Werner/Wegrich, Kai, 2004: Governance und Verwaltungspolitik, in: *Benz, Arthur* (Hrsg.), Governance – Regieren in komplexen Regelsystemen. Eine Einführung. Wiesbaden: VS Verlag für Sozialwissenschaften, 193–214.

Janning, Frank, 1998: Das politische Organisationsfeld. Politische Macht und soziale Homologie in komplexen Demokratien. Opladen: Westdeutscher Verlag.

Janning, Frank, 2006a: Risikoverwaltung. Die administrativen Reformen im gesundheitlichen Verbraucherschutz und ihre Folgen. Aufsatzmanuskript (under review).

Janning, Frank, 2006b: Regime in der regulativen Politik. Chancen und Probleme eines Theorietransfers. Aufsatzmanuskript (under review).

Jansen, Dorothea, 1999: Einführung in die Netzwerkanalyse. Opladen: Leske + Budrich.

Kenis, Patrick/Schneider, Volker, 1991: Policy Networks and Policy Analysis. Scrutinizing a New Analytical Toolbox, in: *Marin, Bernd/Mayntz, Renate* (Hrsg.), Policy Networks: Empirical Evidence and Theoretical Considerations. Frankfurt a.M.: Campus, 25–59.

Kooiman, Jan, 2003: Governing as Governance. London: Sage.

Laumann, Edward O./Knoke, David, 1987: The Organizational State. Social Choice in National Policy Domains. Madison: University of Wisconsin Press.

Lindblom, Charles, 1968: The Policy-Making Process. Englewood Cliffs, N.J.: Prentice Hall.

Lompe, Klaus, 1971: Gesellschaftspolitik und Planung. Probleme politischer Planung in der sozialstaatlichen Demokratie. Freiburg: Rombach.

Lowi, Theodore J., 1964: American Business, Public Policy, Case Studies, and Political Theory, in: World Politics 16, 677–715.

Luhmann, Niklas, 1971: Politische Planung. Aufsätze zur Soziologie von Politik und Verwaltung. Opladen: Westdeutscher Verlag.

Lyden, Fremont J./Miller, Ernest G. (Hrsg.), 1967: Planning, Programming, Budgeting. A Systems Approach to Management. Chicago: Markham.

Mayntz, Renate, 1977: Die Implementation politischer Programme: Theoretische Überlegungen zu einem neuen Forschungsgebiet, in: Die Verwaltung 10, 51–66.

Mayntz, Renate, 1980: Die Entwicklung des analytischen Paradigmas der Implementationsforschung, in: *Mayntz, Renate* (Hrsg.), Implementation politischer Programme. Empirische Forschungsberichte. Königstein: Athenäum, 1–19.

Mayntz, Renate, 1993: Policy-Netzwerke und die Logik von Verhandlungssystemen, in: *Héretier, Adrienne* (Hrsg.), Policy-Analyse. Kritik und Neuorientierung. PVS-Sonderheft 24. Opladen: Westdeutscher Verlag, 39–56.

Mayntz, Renate, 1997: Soziale Dynamik und politische Steuerung. Theoretische und methodologische Überlegungen. Frankfurt a.M.: Campus.

Mayntz, Renate/Scharpf, Fritz W., 1973: Kriterien, Voraussetzungen und Einschränkungen aktiver Politik, in: *Mayntz, Renate/Scharpf, Fritz W.* (Hrsg.), Planungsorganisation. Die Diskussion um die Reform von Verwaltung und Regierung des Bundes. München: Piper, 115–145.

Mayntz, Renate/Scharpf, Fritz W., 1995a: Steuerung und Selbstorganisation in staatsnahen Sektoren, in: *Mayntz, Renate/Scharpf, Fritz W.* (Hrsg.), Gesellschaftliche Selbstregelung und politische Steuerung. Frankfurt a.M.: Campus, 9–38.

Mayntz, Renate/Scharpf, Fritz W., 1995b: Der Ansatz des akteurzentrierten Institutionalismus, in: *Mayntz, Renate/Scharpf, Fritz W.* (Hrsg.), Gesellschaftliche Selbstregelung und politische Steuerung. Frankfurt a.M.: Campus, 39–72.

Moynihan, Daniel P., 1969: Maximum Feasible Misunderstanding. New York: Free Press.

Müller, Markus M., 2002: The New Regulatory State in Germany. Birmingham: University of Birmingham Press.

Prätorius, Rainer, 2004: U.S.-amerikanische Prägungen der Policy-Forschung, in: *Holtmann, Everhard* (Hrsg.). Staatsentwicklung und Policyforschung. Politikwissenschaftliche Analysen der Staatstätigkeit. Wiesbaden: VS Verlag für Sozialwissenschaften, 75–86.

Roe, Emery, 1994: Narrative Policy Analysis. Theory and Practice. Durham: Duke University Press.

Sabatier, Paul A., 1988: An Advocacy Coalition Framework of Policy Change and the Role of Policy-oriented Learning Therein, in: Policy Sciences 21, 129–168.

Sabatier, Paul A., 1993: Advocacy-Koalitionen, Policy-Wandel und Policy-Lernen: Eine Alternative zur Phasenheuristik, in: *Héretier, Adrienne* (Hrsg.), Policy-Analyse. Kritik und Neuorientierung. PVS Sonderheft 24. Opladen: Westdeutscher Verlag, 116–148.

Sabatier, Paul A./Jenkins-Smith, Hank C., 1999: The Advocacy Coalition Framework: An Assessment, in: *Sabatier, Paul A.* (Hrsg.), Theories of the Policy Process. Boulder: Westview Press, 117–166.

Scharpf, Fritz W., 1973: Planung als politischer Prozess. Aufsätze zur Theorie der planenden Demokratie. Frankfurt a.M.: Suhrkamp.

Scharpf, Fritz W., 1993: Positive und negative Koordination in Verhandlungssystemen, in: *Héretier, Adrienne* (Hrsg.), Policy-Analyse. Kritik und Neuorientierung. PVS Sonderheft 24. Opladen: Westdeutscher Verlag, 57–83.

Scharpf, Fritz W., 2000: Interaktionsformen. Akteurzentrierter Institutionalismus in der Politikforschung. Opladen: Leske + Budrich.

Scharpf, Fritz W./Benz, Arthur, 1991: Kooperation als Alternative zur Neugliederung? Zusammenarbeit zwischen den norddeutschen Ländern. Baden-Baden: Nomos.

Schneider, Volker, 1988: Politiknetzwerke in der Chemikalienkontrolle. Eine Analyse einer transnationalen Politikentwicklung. Berlin: de Gruyter.

Schneider, Volker, 1999: Staat und technische Kommunikation. Die politische Entwicklung der Telekommunikation in den USA, Japan, Großbritannien, Deutschland, Frankreich und Italien. Opladen: Westdeutscher Verlag.

Schneider, Volker, 2003: Akteurkonstellationen und Netzwerke in der Politikentwicklung, in: *Schubert, Klaus/Bandelow, Nils C.* (Hrsg.), Lehrbuch der Politikfeldanalyse. München: Oldenbourg, 107–145.

Schneider, Volker, 2004: State Theory, Governance and the Logic of Regulation and Administrative Control, in: *Warntjen, Arndt/Wonka, Arndt* (Hrsg.), Governance in Europe. Baden-Baden: Nomos, 25–41.

Schneider, Volker/Janning, Frank, 2006: Politikfeldanalyse. Akteure, Diskurse und Netzwerke in der öffentlichen Politik. Wiesbaden: VS Verlag für Sozialwissenschaften (i.E.).

Schneider, Volker/Kenis, Patrick, 1996: Verteilte Kontrolle: Institutionelle Steuerung in modernen Gesellschaften, in: *Kenis, Patrick/Schneider, Volker* (Hrsg.), Organisation und Netzwerk. Institutionelle Steuerung in Wirtschaft und Politik. Frankfurt a.M.: Campus, 9–43.

Schön, Donald A./Rein, Martin, 1994: Frame Reflection. Toward the Resolution of Intractable Policy Controversies. New York: Basic Books.

Schubert, Klaus/Bandelow, Nils C., 2003: Politikdimensionen und Fragestellungen der Politikfeldanalyse, in: *Schubert, Klaus/Bandelow, Nils C.* (Hrsg.), Lehrbuch der Politikfeldanalyse. München: Oldenbourg, 1–22.

Stucke, Andreas, 1993: Institutionalisierung der Forschungspolitik. Entstehung, Entwicklung und Steuerungsprobleme des Bundesforschungsministeriums. Frankfurt a.M./New York: Campus.

Torgerson, Douglas, 1985: Contextual Orientation in Policy Analysis: The Contribution of Harold D. Lasswell, in: Policy Sciences 18, 241–261.

Windhoff-Héretier, Adrienne, 1980: Politikimplementation. Ziel und Wirklichkeit politischer Entscheidungen. Königstein: Athenäum.

Diskursive analytische Strategien in der Verwaltungswissenschaft*

Niels Åkerstrøm Andersen

Diskursanalyse ist in vielen verschiedenen Formen in den letzten zwanzig Jahren lang-sam innerhalb der Sozialwissenschaften insgesamt und speziell der Verwaltungsfor-schung aufgetaucht (Bogason 2001, 2002, 2005). Innerhalb der Verwaltungswissen-schaft ist dies im weitesten Sinne vor allem durch Werke wie John Farmers „The language of public administration", Frank Fishers „Reframing public policy", Rick Ide-mas „Discourses of post-bureaucratic organization" sowie Poul du Gays zahlreiche Ar-beiten über Public Management geschehen (Farmer 1995; Fisher 2003; Iedema 2003; du Gay 2000).

In der Politikwissenschaft wird Diskursanalyse häufig als etwas sehr Exotisches und Abstraktes betrachtet. Einige wenige politikwissenschaftliche Richtungen haben ver-sucht, Diskursanalyse als einen produktiven Input für ihre eigenen Diskussionen zu nutzen. Das gilt insbesondere innerhalb des soziologischen Neoinstitutionalismus, wo dem Diskurs (gelegentlich „Kultur" genannt) der Status einer erklärenden Variablen unter anderen zugewiesen wird (Campbell/Pedersen 2001). In der aktuellen Diskussion des Buches „Interpreting British Governance" von Mark Bevir und Rod Rhodes wird ähnliches deutlich (Bevir/Rhodes 2003): Bevir und Rhodes stehen der Diskursanalyse prinzipiell offen gegenüber, bestehen aber auf dem Primat individueller Handlungen und Einstellungen, womit der Diskurs eine unpräzise erklärende Variable unter vielen anderen bleibt (Bevir/Rhodes 2004: 131). In beiden Fällen liegt eine Form des pro-duktiven Missverständnisses vor, denn die Diskursanalyse hat eine grundlegend andere Erkenntnissicht als die klassische Verwaltungsforschung. Diskursanalyse interessiert sich nur selten für die Entdeckung von Ursache-Wirkungszusammenhängen. Auf der ande-ren Seite hat Diskursanalyse auch kein eigentlich hermeneutisches oder interpretatives Erkenntnisinteresse.

In diesem Artikel werde ich versuchen zu skizzieren, welchen Beitrag die Diskurs-analyse generell zur Verwaltungsforschung leisten kann. Ich werde nicht für allgemeine Vorzüge der Diskursanalyse gegenüber anderen Formen der Verwaltungsforschung ar-gumentieren, denn solche Argumente existieren schlicht nicht. Ich werde hingegen für die Diskursanalyse als eine kleine Nische argumentieren, die eine bestimmte Form des Einblicks in das Feld der Verwaltungspolitik bieten kann, nicht aber eine Alternative zur existierenden Forschung als solcher darstellt.

Der Artikel ist in fünf Teile geteilt:

Im ersten Teil wird kurz das Erkenntnisinteresse der Diskursanalyse beschrieben. Es wird argumentiert, dass die spezifische Form des Wissens, das Diskursanalyse produzie-ren kann, diagnostisch, konkretistisch und möglichkeitsschaffend ist. Zusammenfassend betrachtet, kann Diskursanalyse unpraktische Fragen an die Praxis stellen, indem die

* Übersetzt aus dem Dänischen von Thurid Hustedt. Direktzitate wurden, wo möglich, aus der autorisierten deutschen Übersetzung übernommen.

Stelle beleuchtet wird, von der aus die Praxis sich selbst und ihre Umwelt wahrnimmt. Auf der anderen Seite kann die Diskursanalyse keine Erklärungen der Praxis produzieren und folglich kann Diskursanalyse auch keine Theorien im üblichen Sinne als kohärente Thesen und Hypothesen über Kausalzusammenhänge produzieren. Das ist der Preis, den Diskursanalyse notwendigerweise zahlen muss, um im Gegenzug eine andere Art des Einblicks bieten zu können.

Im zweiten Teil wird die Frage „Warum Diskursanalyse?" beantwortet. Die Antwort ist nicht theoretisch verankert. Die Frage wird nicht verstanden als die Frage danach, inwiefern Diskursanalyse anderen Ansätzen theoretisch überlegen ist. Das ist teils nicht der Fall und auf jeden Fall eine hoffnungslose Frage. Die Frage betrifft vielmehr die Geschichte, durch die sich die Notwendigkeit diskursanalytischer Wissensproduktion erschließt. Ich argumentiere, dass die vielen umfassenden Reformen der öffentlichen Verwaltung in Westeuropa seit Beginn der 1980er Jahre nicht nur Merkmale der Verwaltung verändert haben, sondern die Art der Verwaltung, Verwaltung zu sein. Kategorien der Moderne wie öffentlich/privat, national/international, Verwaltung/Bürger, Verwaltung/Politik und Verwaltung/Beamte werden ausgehöhlt. Das sind Kategorien, auf die nicht nur die Verwaltung sondern auch die Verwaltungswissenschaft Bezug nimmt. Und hier bietet die Diskursanalyse der Verwaltungswissenschaft Einsicht in ihre eigene Einsicht.

Im dritten Teil stelle ich ein konkretes Beispiel einer Diskursanalyse vor. Das Beispiel behandelt die Einführung von Kontrakten in das Verhältnis Verwaltung/Bürger. Ziel ist es, die Fruchtbarkeit der diskursanalytischen Erkenntnisperspektive zu präsentieren.

Im vierten Teil des Artikels wird „Diskursanalyse" als eine bestimmte Sache, eine Analytik oder eine Frage aufgelöst. Ich versuche hier, zwei Umstände zu verdeutlichen: Zum Ersten, dass Diskursanalyse faktisch ein Repertoire vieler verschiedener diskursiver Analysestrategien ist und ich ein Schema einiger dieser vielen verschiedenen Strategien präsentiere, die es gibt. Zum Zweiten versuche ich darzulegen, warum diskursanalytische Begriffe oft abstrakt und schwer zugänglich für Nicht-Diskursanalytiker erscheinen. Es soll dargelegt werden, welche Qualitäten diese Begriffe notwendigerweise haben müssen, um die spezifische Form der diskursanalytischen Perspektive zu unterstützen. Grundlegend geht es darum, dass innerhalb der Diskursanalyse einzig und allein Begriffe zweiter Ordnung funktionieren, was einen spezifischen Umgang mit Begriffen erforderlich macht.

Der fünfte und abschließende Teil behandelt die Grenzen der Diskursanalyse und einige der Herausforderungen, denen sich Diskursanalytiker, Systemtheoretiker, Epistemologen, Dekonstruktivisten und Andere annehmen müssen, wenn Diskursanalyse im weiten Sinne eine Zukunft als eine Nische der Verwaltungsforschung haben soll. Viele diskursanalytische Richtungen sind aus einer Kritik am mainstream entstanden. Dieser mainstream war häufig nichts anderes als eine Phantasiegeburt, die Diskursanalytiker konstruiert haben, um etwas angreifen zu können. Das ist soweit in Ordnung, solange man nicht selbst geschaffene Phantasieprodukte mit der viel heterogeneren Wirklichkeit verwechselt. Wenn die Diskursanalyse reifen und sich selbst als eine eigenständige Form der Erkenntnisproduktion stabilisieren soll, dann muss sie sich auch selbst kriti-

sieren können. Zuallererst aber muss sie in der Lage sein, ein alternatives, selbstver-
pflichtendes Angebot zur Methodologie zu entwickeln.

1. Diskursanalyse und Erkenntnisinteresse

Im Folgenden werde ich den Begriff „diskursive Analysestrategien" sehr breit anwenden
und eine Reihe von Schulen einbeziehen, die oft jede für sich und im Widerspruch zueinander betrachtet werden. Ich schließe weit gefasst Zugänge wie Michel Focaults Dis-
kurs- und Dispositivanalyse, Jacques Derridas Dekonstruktion, Ernesto Laclaus Diskurstheorie, Norman Faircloughs kritische Diskursanalyse, Niklas Luhmanns Theorie
der sozialen Kommunikationssysteme und Reinhard Kosellecks Begriffsgeschichte ein.

Mit „diskursiver Analysestrategie" meine ich grundsätzlich eine Strategie zur Beobachtung von diskursivierenden oder kommunizierenden Beobachtungen als Beobachtungen. Mit Beobachten von Beobachten meine ich, die Beobachtung davon, wie Akteure, Organisationen oder Systeme sich selbst, einander und ihre Umgebungen beobachten.

Mit einem diskursanalytischen Blick werden also nicht Akteure, Organisationen
oder Systeme beobachtet, sondern alleine deren Beobachtungen. Es wird auch nicht
angenommen, dass Akteure, Organisationen und Systeme außerhalb ihrer Beobachtungen existieren. Akteure, Organisationen und Systeme sind Parasiten von Beobachtungs-
operationen und drücken deren Form und Art aus. Wenn ich etwas umständlich for-
muliere, dass es um die Beobachtung der Beobachtung *als* Beobachtung geht, soll unterstrichen werden, dass es bei einer diskursanalytischen Perspektive nicht darum geht,
das Verborgene hinter den Beobachtungen zu sehen. Es geht allein darum, zu sehen,
wie z.B. Organisationen sehen. Es wird nicht einer dahinterliegenden Ideologie, Struktur, Ursache, Absicht oder Ähnlichem nachgejagt. Es ist ein Dogma in der diskursanalytischen Optik, dass man auf der Ebene verbleibt, auf der die Beobachtungen hervortreten. Mit diesem sehr breiten, aber dennoch anspruchsvollen Blick schließe ich also
prinzipiell alle Zugänge ein, die Beobachtungen als ihr Objekt betrachten, halte aber
zugleich offen, dass Beobachtungen auf ganz verschiedene Weise als Objekt verstanden
werden können. Bei Koselleck beispielsweise geht es darum, Begriffe begreifbar zu machen, bei Foucault darum, Diskurse zu diskursivieren, und bei Luhmann darum, kommunikative Beobachtungen als Beobachtungen zu kommunizieren. Das sind sehr verschiedene Programme, aber sie entfalten alle zusammen die eine oder andere Form der
diskursiven Analysestrategie für die Beobachtung von Beobachtungen:

– Es gilt für sie, dass ihre Theorien Programme für Beobachtungen zweiter Ordnung
  sind.
– Es gilt für sie, dass diese theoretischen Programme anti-essentialistisch sind. Die
  Wirklichkeit enthält keine Essenz, die darum bittet, beobachtet und auf eine bestimmte Weise untersucht zu werden. Sie gehen alle von einer leeren Ontologie aus,
  in welcher der Wirklichkeit nicht im Voraus etwas Bestimmtes, sondern eben Leere
  zugeschrieben wird. Was der Wirklichkeit zugeschrieben wird, ist perspektivabhän-
  gig.

- Sie rechnen alle mit der Bewusstseinsphilosophie ab, allerdings jeder auf seine Weise: Bei Luhmann geschieht das, indem die Gesellschaft als Kommunikation definiert wird, wo das Bewusstsein nicht in der Lage ist, miteinander zu kommunizieren, sondern nur Umwelt der Kommunikation ist. Bei Foucault geschieht das durch eine Dezentrierung des Subjekts in eine Unzahl diskursiver Subjektpositionen, bei Koselleck indem Begriffsbildung zur Voraussetzung der Subjektbildung wird. Und schließlich bei Laclau, wo das Subjekt im Zwischenraum zwischen der nicht ausgefüllten Struktur und dem Unentschiedenen platziert wird.
- Sie rechnen alle ab mit einer Ontologie der Handlung – also mit der Vorstellung, dass zumindest Handlungen wirklich sind und damit als ein objektiver Referenzpunkt für sozialwissenschaftliche Untersuchungen fungieren können. Handlungen werden demgegenüber als diskursive, semantische oder kommunikative Zuschreibungen betrachtet. Aus der Perspektive der zweiten Ordnung sind Handlungen etwas, das Subjekten oder Systemen zugeschrieben werden kann oder diese sich selbst in Verbindung mit der Konstruktion eines verantwortlichen oder Verantwortung tragenden Selbst zuschreiben.
- Schließlich rechnen sie alle mit dem Begriff der Kritik ab. Keiner unterscheidet zwischen dem unkritischen Positivismus oder mainstream und sich selbst als kritisch. Sie sind vielmehr kritisch gegenüber jedweder Richtung, die betont, kritisch zu sein. Keiner meint, es gebe einen Platz, eine argumentative Plattform, von der aus man kritisch in einem universellen Sinne sein könnte. Der Bruch mit der Kritikvorstellung und nicht weniger mit der Kritischen Theorie unterscheidet sich jedoch bei den vier Autoren. Luhmanns Kritik an der Kritischen Theorie ist zuallererst eine Kritik an der Vorstellung, dass es eine Stelle geben könnte, von der aus der Kritiker die Gesellschaft in ihrer Gänze beschreiben könnte. Laut Luhmann gibt es heute nur systemrelative Gesellschaftsbeschreibungen und die können per definitionem nicht total sein. Darüber hinaus kritisiert Luhmann die Kritische Theorie dafür, mehr daran interessiert zu sein, wie die Welt *nicht* ist, soll heißen, wie die Welt gemäß den Normen der Kritischen Theorie sein sollte, als daran, wie sie ist (Luhmann 1991, 1994a, 1994b). Luhmanns Ideal ist stattdessen ein unsentimentaler Blick. Laclau rechnet mit dem Kritikbegriff und, durch eine Dekonstruktion der Figur der Emanzipation als Geburtsstätte der Kritik, auch mit der Vorstellung von Freiheit ohne Macht ab (Laclau 1996). Koselleck rechnet mit dem Kritikbegriff durch eine begriffshistorische Analyse des Begriffs Kritik ab (Koselleck 1988; Röttgers 1982). Er untersucht die Bedingungen, unter denen dieser Begriff zustanden gekommen ist und seinen Verfall als Heuchelei. Schließlich besteht Foucault darauf, dass jede Wahrheit auf einer Ungerechtigkeit basiert, einschließlich seiner eigenen Diskursanalysen.

Was also ist das positive Erkenntnisinteresse in einem diskursanalytischen Zugang? Selbstverständlich gibt es große Unterschiede zwischen den Zielen der verschiedenen Diskursanalytiker. Aber meiner Ansicht nach wiederholen sich dennoch drei Erkenntnisinteressen.

Das erste habe ich das konkretistische Erkenntnisinteresse genannt. Kurz gesagt, geht es beim konkretistischen Erkenntnisinteresse darum, das Soziale in seinem konkreten Auftreten zu beobachten. Es geht darum, das Soziale zu sehen, wie es konkret in kommunikativen oder diskursiven Operationen geschaffen wird. Foucault beschreibt sich einmal selbst als einen frohen Positivisten (Foucault 1993) und das sollte nicht als Witz verstanden werden, selbst wenn ein Anflug von Humor in dieser Floskel liegt. Denn Foucault widmete sich wieder und wieder dem analytischen Problem, das Konkrete zu fassen. In dem Buch „Die Geburt der Klinik" trennt er die Diskursanalyse klar von der Diskurskommentierung. Diskursanalyse geht nicht davon aus, Gespräche anderer von einer Stelle aus zu kommentieren, die nicht jene Gespräche selbst sind. Diskursanalyse ist für Foucault eine Analyse von Aussagen in ihrer *Positivität*. „Jeder diskursive Moment (d.h. jede Aussage) muss in seiner positiven Plötzlichkeit betrachtet werden, an dem Punkt, an dem er eintritt, und in seiner zeitlichen Zerstreutheit, die es möglich macht, das zu wiederholen, erkennen, vergessen, verwandeln, das auszuwischen bis zur kleinsten Spur, völlig zu vergessen, entfernt von allen Blicken, im Staub der Bücher. Der Diskurs darf nicht zu einer dem Ursprung fernen Gegenwart verbannt werden, aber muss behandelt werden in seiner eigenen spielenden Gegenwart" (Foucault 1971: 155). Foucault sagt, Diskursanalyse sei „eine reine Beschreibung diskursiver Tatsachen" (Foucault 1971: 155). Das bedeutet, dass die Aussage in ihrem Auftreten analysiert werden muss, sie muss analysiert werden, wie sie auftaucht, und sie darf nicht auf einen Ausdruck für etwas anderes als sich selbst reduziert werden, z.B. die Intention der Aussage, der Kontext der Aussage, das Interesse der Aussage, die Bedeutung der Aussage. Es wird Abstand von allen reduzierenden und interpretierenden Aussagebeschreibungen genommen. Konsequenterweise stellt Foucault nie die Fragen des „was" und „warum" einer Aussage, sondern nur „wie". Sobald gefragt wird „was ist die Bedeutung der Aussage" wird die Aussage ontologisiert. Sie wird zu einer Gegebenheit gemacht, die ein Geheimnis verbirgt. Sobald gefragt wird „warum diese Aussage" wird sie zu einer Folge ihrer Ursache reduziert. Nur die Frage danach, wie eine Aussage hervortritt, gibt ihr die volle Aufmerksamkeit, nur „wie" richtet die Aufmerksamkeit nicht sofort von der Aussage auf all das, was ihr eine Bedeutung geben oder sie erklären könnte. Dieser Konkretismus verschiebt die klassische Dichotomie zwischen Erklärung (warum) und Verstehen (was), an der Bevir und Rhodes, auf die ich einleitend bezug genommen habe, festhalten. Bevir und Rhodes stellen mit ihrem interpretativen Zugang gerade die Frage „what ist the meaning of it" und verbleiben somit bei einer Beobachtung erster Ordnung, in der das konkrete diskursive Zustandekommen sozialer Phänomene aus dem Denken verschwindet (Bevir/Rhodes 2004: 130). „Was" und „wie" sind inkompatible Blicke.

Dennoch ist es oft so, dass die Diskursanalyse von Nicht-Diskursanalytikern als eine abstrakte und hochtheoretische Beschäftigung betrachtet wird. Aber meine Behauptung ist also, dass es die Diskursanalytik ist, die konkrete Einsichten repräsentiert. Wie das? Nehmen wird z.B. das Phänomen „interne Kontrakte" in der öffentlichen Verwaltung. Es wurden sehr viele Verwaltungsstudien über interne Kontrakte vorgelegt. Viele dieser Studien beginnen mit einleitender Verwunderung über das Phänomen und diskutieren, ob interne Kontrakte wirklich richtige Kontrakte sind. Die meisten kommen zu dem Schluss, dass es keine Kontrakte im juristischen Sinn sind, weil die einzelne Verwaltung kein selbständiges Rechtssubjekt ist, und Kontrakte werden deshalb häufig als Quasi-Kontrakte bezeichnet, um zu verdeutlichen, dass es Kontrakte sind, die gleichwohl eben nicht ganz Kontrakte sind. Danach wird diese Frage verlassen und man beginnt, das zu studieren, wofür man sich eigentlich interessiert, z.B. die Verbreitung interner Kontrakte, den Inhalt der Kontrakte oder die Frage, ob sie effektive Steuerungsinstrumente sind. Auf jeden Fall wird nur leicht der Versuch unternommen, den konkreten Charakter interner Kontrakte als soziales Phänomen zu beobachten. Im Vergleich dazu folgendes Zitat von Derrida über Kontrakte:

"You can only enter into a contract (...) if you do so in your own tongue. You're only responsible, in other words for what you say in your own mother tongue. If however, you say it in your own tongue, then you are still not committed, because you must also say it in the other's language. An agreement or obligation of whatever sort – a promise, a marriage, a sacred alliance – can only take place, I would say, in translation, that is, only if it is simultaneously uttered in both my tongue and the other's. If it takes place in only one tongue, whether it be mine or the other's, there is no contract possible. (...) In order for the contract (...) to take place, in order for the 'yes, yes' to take place on both sides, it must occur in two languages at once. (...) Thus, the agreement, the contract in general, has to imply the difference of languages rather than transparent translatability, a Babelian situation, which is at the same time lessened and left intact. If one can translate purely and simple, there is no agreement. And if one can't translate at all, there has to be a Babelian situation, so that what I would call the translation contract – in the transcendental sense of this term, let's say – is the contract itself. Every contract must be a translation contract. There is no contract possible – no social contract possible – without a translation contract, bringing with it the paradox I have just mentioned" (Derrida 1988: 125).

Derrida ist bei einigen im diskursanalytischen Feld für seine nebulöse Sprache berüchtigt. Viele werden das obige Zitat vielleicht abstrakt finden, aber das ist es nicht. Selbst wenn es etwas kokett klingt, ist das obige Derrida-Zitat zuallererst exakt der Versuch, Kontrakte in ihrem konkreten Charakter als soziales Phänomen zu beobachten. Es wird versucht zu beobachten, wie Kontrakte konkret Kontraktcharakter erhalten. Es ist der konkrete Operationsmodus eines Kontraktes, der beobachtet und beschrieben werden soll. Das, was abstrakt ist, ist nicht das obige Derrida-Zitat. Das Abstrakte ist die Alltagsmetaphorik, der wir uns bedienen, wenn wir etwas einen Kontrakt nennen. Der intuitive Gebrauch der Alltagssprache fließt eben so leicht, weil diese sich nicht anstrengt, korrekt und präzise zu sein, sondern über dem Gegenstand „schwebt", so dass die Kommunikationsteilnehmer unbemerkt und unbeirrt über Verschiedenes als das Selbe sprechen können. Dasselbe gilt für die Begriffe der Verwaltungstheorie wie z.B. Quasi-Kontrakte, die einzig ein Versuch sind, dem Unbehagen über ein Phänomen auszuweichen, das von unserem Vorverständnis abweicht, danach geht es weiter zu dem, was eigentlich interessiert. Die leichte Alltagssprache und die schnellen theoretischen Phänomendefinitionen, bei denen wir uns z.B. damit zufrieden geben, einen Kontrakt als ein wechselseitiges Austauschversprechen zu sehen, sind ungeeignet als analytisches Werkzeug, um das Soziale in seiner augenblicklichen konkreten Knappheit einzufangen.

Ein anderes Beispiel für das konkretistische Erkenntnisinteresse in der Diskursanalytik könnten Niklas Luhmanns Beobachtungen der kommunikativen Form „Entscheidung" sein (Luhmann 1993, 2000: 123–152; Andersen 2002). Wenn Luhmann sich mit Entscheidungen als kommunikativen Operationen beschäftigt, so geht es nicht darum, eine abstrakte und eindeutige Definition von Entscheidung vorzulegen, um danach diverse konkrete Entscheidungsprozesse zu studieren. Nein, es ist die Entscheidung als kommunikative und operative Konkretheit, die beobachtet werden soll. Was eine Entscheidung ist, ist deshalb in Luhmanns Augen keine theoretische Frage, die von konkreten Entscheidungsprozessen unterschieden werden kann. Wie eine Entscheidung eine Entscheidung ist, IST die konkrete Frage, die eingefangen werden soll, indem die eigene Art der Entscheidungskommunikation, zwischen Entscheidungen und keinen Entscheidungen zu unterscheiden, beobachtet wird. Darunter auch die Paradoxien, die deutlich werden, wenn solche Unterscheidungen konkret in der Kommunikation gesucht werden. Das steht wieder im Gegensatz zur allgemeinen verwaltungstheoretischen Art zu arbeiten, gleich ob man sich zum Rational-Choice oder zum soziologischen Institutionalismus bekennt. Um was für eine Entscheidung es sich handelt, wird typischerweise einleitend kurz und konkret erläutert, um zum Studium des Eigentlichen vorzudringen, z.B. dem kompletten Implementationsprozess und den ihm innewohnenden Problemen. Zumeist hat die Definition von Entscheidung in der Verwaltungstheorie einzig das Ziel, den Gegenstand zu umrahmen. Damit werden einfache Aussagen wie „eine Entscheidung ist eine Wahl zwischen Alternativen" oft beendet, so als wäre damit alles gesagt. Und wir geraten in die merkwürdige Situation, dass es die konkretistische Beobachtung ist, die abstrakt daherkommt, weil man so viele Wörter und verschnörkelte Beschreibungen braucht, um die konkrete Form der Entscheidung einzufangen, während viele abstrakte Entscheidungsbegriffe wie z.B. „Wahl zwischen Alternativen" konkret klingen, weil sie keinen Widerstand wecken, aber unserem vor der Hand eingestellten intuitiven Gespür für eine Entscheidung entsprechen. Damit bleibt die klassische Verwaltungswissenschaft außerstande, das „wie" von Entscheidungen zu studieren und verweist allein auf das „warum" oder „was"-Effekte.

Das zweite Erkenntnisinteresse betrifft die Produktion von *Kontingenz*. Basal geht es darum, dass wir, wenn wir erforschen, wie das Soziale konkret diskursiv geschaffen wird, auch beleuchtet wird, wie es anders geschaffen werden könnte. Bei der Produktion von Kontingenz geht es darum, dass Diskursanalyse nicht bloß Beobachtung als Beobachtungen beobachtet, sondern zugleich die Stelle der Selbstverständlichkeit beschreibt, von der aus beobachtet wird. Was eine Diskursanalyse damit zum Sozialen beiträgt, ist eine Möglichkeit, eigene Beobachtungen und deren Selbstverständlichkeiten zu sehen. Was die Diskursanalyse anzubieten hat, ist die Möglichkeit, eigene Beobachtungen kontingent zu machen, also zu sehen, wie diese von verschiedenen „Stellen" aus gesehen werden können. Was unter der beobachteten Selbstverständlichkeit der Beobachtungen verstanden wird, versteht sich jedoch nicht von selbst. Die vielen verschiedenen diskursiven Analysestrategien klären das Selbstverständliche auf unterschiedliche Weise und arbeiten darum sehr verschieden mit Kontingenz.

Foucaults Verhältnis zur Produktion von Kontingenz wird sehr gut durch folgendes Zitat über Foucaults Traum von einem kritischen Intellektuellen illustriert: „Ein Intellektueller, der selbsteinleuchtende Wahrheiten und Universalerklärungen auflöst, einer der, mitten in der augenblicklichen Trägheit und dem Zwang der Situation die schwachen Punkte, Öffnungen und Kraftfelder aufspürt und angibt, einer, der unaufhörlich in Bewegung ist und sich nicht allzu genau klar darüber ist, wo er sich befindet, oder, was er in naher Zukunft denken wird, nachdem er allzu beschäftigt mit der Gegenwart ist ..." (Focault zitiert in Schmidt/Kristensen 1985: 6). Bei Foucault geht es sowohl darum, die Selbstverständlichkeit in unseren Vorstellungen als auch der Praxis aufzulö-

sen, aber es geht auch darum, die Selbstverständlichkeit in jeder einzelnen selbstver-
ständlichen Auflösung von Selbstverständlichkeiten aufzulösen. In einer Foucaultschen
Perspektive muss Diskursanalyse konstant umprogrammiert werden. Diskursanalyse
darf keine Methode werden, da sonst ihre Kapazität zur Auflösung des Selbsteinleuch-
tenden geschwächt wird. Dann wird sie selbst zu einer blinden Trivialmaschine.

Bei Laclau geht es bei der Produktion von Kontingenz darum, das Politische im
Sozialen zu beobachten. In Laclaus Optik ist die Bedeutung diskursiver Elemente im-
mer fließend. Sinn ist per definitionem kontingent. Es liegt immer ein Bedeutungs-
überschuss in Begriffen wie z.b. ökologische Nachhaltigkeit, nationale ökonomische
Balance oder Verwaltung in der Wissensgesellschaft. Gerade weil diskursive Strukturen
niemals vollständig und eindeutig sind, kann Politik überhaupt einen Platz finden.
Könnte die Struktur sich ganz um sich selbst schließen, wäre das Ausgeschlossene das
Politische. Das Politische ist in dieser diskurstheoretischen Perspektive der Augenblick,
in dem kontingente fließende Sinnstrukturen partiell festgefahren werden, in dem offene Bedeutungen geschlossen werden, in dem es zeitweilig entscheidend ist, was z.b. als
ein ökologisch vernünftiges Argument besprochen und nicht besprochen werden kann.
Diskursanalyse ist die Beobachtung des Politischen, also der Art und Weise, wie kontingente Beziehungen auf eine bestimmte Weise festgefahren werden, aber auch auf viele andere Arten festgezurrt werden könnten, und ist deshalb selbst politisch (Laclau
1996: 36–47, 2005: 129–157).

In der Perspektive Luhmanns gibt es diese Privilegierung des Politischen als den
Augenblick, in dem Sinn fixiert wird, nicht (Stäheli 2000). Bei Luhmann gibt es auch
nicht das anti-programmatische Programm, welches konstante Verschiebung der Art erfordert, wie Kontingenz produziert wird. Gleichwohl liegt ein zentrales Erkenntnisinteresse in der Erzeugung von Kontingenz. Für Luhmann geht es bei der Beobachtung
von Beobachtungen der Kommunikationssysteme u.a. darum, alternative Selbstbe-
schreibungsmöglichkeiten für die Systeme zur Verfügung zu stellen (Luhmann 1994).
Systemtheorie bleibt eine Form, den Systemen einen Spiegel vorzuhalten, in welchem
die blinden Flecken ihrer Kommunikation beobachtbar und eine Korrektur des Beob-
achtungsmodus möglich wird und das muss immer von einem System unter Systemen
geschehen.

Schließlich scheint es in vielen Diskursanalysen ein diagnostisches Erkenntnisinteresse zu geben. Beim diagnostischen Erkenntnisinteresse geht es darum, den Möglichkeitsraum diskursiver Praxis zu diagnostizieren. Es geht darum, die Möglichkeitsbedingungen der Mitwelt zu erkunden, nicht darum die Mitwelt zu erklären, nicht darum,
diese vorherzusagen oder zu bestimmen, sondern allein darum, das positiv Mögliche zu
ermitteln. Wie sind Kontrakte in der öffentlichen Verwaltung in Westeuropa entstanden, wenn die öffentliche Verwaltung seit den 1920ern verwaltungsrechtlich genau ge-
gensätzlich definiert war? Wie wurde in den letzten zehn Jahren das Gefühlsleben der
öffentlich Beschäftigten als etwas definiert, für das öffentliche Organisationen sich sensibel zeigen sollten? Wie wurden Praktiken wie Mitarbeiterentwicklungsgespräche,
Kompetenzgespräche, arbeitgebergestützte Persönlichkeitsentwicklungskurse möglich?

Ein Beispiel für dieses diagnostische Erkenntnisinteresse ist Focaults Buch „Psychologie und Geisteskrankheit". Hier diagnostiziert Foucault Möglichkeitsbedingungen,
unter denen in der Psychologie von Krankheit gesprochen wird. Wie wird Krankheit in

der Psychologie konstruiert? Von wo wird der Krankheitsbegriff abgeleitet? Wie setzt der Krankheitsbegriff die Psychologie in eine spezielle Beziehung zu den Leidenden? Foucault untersucht, wie die Psyche durch verschiedene Analyseformen in der Psychologie konstruiert wird. Foucault beobachtet, wie die Psychologie und die Psychoanalyse ihre psychischen Patienten beobachten. Er beobachtet u.a. wie psychische Krankheiten entstehen, wenn die Psychoanalyse ihren Patienten z.B. durch eine Vorstellung über die individuelle Geschichte beobachtet. Er fragt auch nach den diskursiven Figuren und Praxisformen, die dazu führen, dass bestimmte individuelle Angelegenheiten als Krankheit entstehen. Foucault zeigt, „der Mensch ist eine psychologisierbare Gattung erst geworden seit sein Verhältnis zum Wahnsinn eine Psychologie ermöglicht hat, d.h. seit sein Verhältnis zum Wahnsinn äußerlich durch Ausschluß und Bestrafung und innerlich durch Einordnung in die Moral und durch Schuld definiert worden ist" (Foucault 1968: 113). Foucault schlussfolgert: „Niemals wird die Psychologie die Wahrheit über den Wahnsinn sagen können, weil im Wahnsinn die Wahrheit der Psychologie beschlossen liegt" (Foucault 1968: 114). „Daß die Psychologie niemals den Wahnsinn meistern kann, hat seinen guten Grund: die Psychologie ist in unserer Welt erst möglich geworden, als der Wahnsinn bereits gemeistert, als er vom Drama schon ausgeschlossen war" (Foucault 1968: 132).

Reinhart Koselleck arbeitet mit der Diagnose des Möglichkeitsraums von der Prämisse ausgehend, dass Begriffe in die Zukunft reichen: "Concepts no longer merely serve to define given states of affairs, they reach into the future. Increasingly concepts of the future were created, positions that were to be won had to be first linguistically formulated before it was possible to even enter or permanently occupy them" (Koselleck 1982: 413–414). Semantik wird als ein Lager versprachlichter Erfahrung betrachtet, das die Bedingungen für mögliche Ereignisse enthält. Die Semantik nimmt mögliche Ereignisse vorweg, nicht aber deren Notwendigkeit. Das Erkenntnisinteresse bleibt, zu untersuchen, wie Begriffsbildung und die Transformation semantischer Felder die Geschichte bewegen und durch die Definition von semantischen Möglichkeitsbedingungen in *unsere* Zukunft reichen.

Das Interesse daran, das positiv Mögliche zu ermitteln, dreht sich also nicht darum, mit einer Würdigung oder einem Urteil über die Mitwelt aufzuwarten. Es geht darum, den Blick darauf zu richten, wie Raum geöffnet wird. So sollen konkrete Diskursanalysen bestimmter empirischer Felder als Einladung an die Akteure des Feldes zur Beobachtung der eigenen Möglichkeiten gesehen werden. Mit der diagnostischen Frage versucht Diskursanalyse eine Einsicht darin zu bieten, was aktuell aufs Spiel gesetzt wird. Das ist keine Fakten-Einsicht darin, ob dieses oder jenes die Prämisse für eventuelle Wahlhandlungen oder Entscheidungen darstellt. Es ist eine Einsicht in Öffnungen. Eine Einsicht, deren Charakter letztlich davon bestimmt wird, ob die von den Analysen betroffenen Akteure sich dazu entschließen, an die Diagnose anzuknüpfen, je nachdem, ob sie als zutreffend oder „daneben getroffen" erfahren wird.

Somit liegt diskursanalytisches Beobachten auf einer Linie mit den eigenen Beobachtungen des beobachteten Feldes, die als solche zu beachten sind. Mitweltdiagnostik teilt Möglichkeitsbedingungen mit der Sozialität, die diagnostiziert wird. Die diagnostische Arbeit umfasst die Diskursanalyse selbst. Das, was auf der Agenda ist, ist gemeinsame Transformation. Die Beziehung zwischen Diskursanalyse und dem Sozialen, das beobachtet wird, ist deshalb keine simple Beziehung zwischen Theorie und Praxis. Diskursanalyse ist eine theoretische *Praxis*, die unpraktische Fragen an die Praxis stellt.

2. Warum Diskursanalyse der öffentlichen Verwaltung?

Ich habe versucht, die Erkenntnisinteressen darzulegen, die typisch für Diskursanalyse sind. Die Frage ist nun, wodurch diese Interessen für das Feld der öffentlichen Verwaltung interessant werden?

Darauf kann es sicher eine Reihe verschiedener Antworten geben, aber meine Antwort ist, dass Diskursanalyse heute eine notwendige Nische in der Verwaltungsforschung ist, weil die moderne Verwaltungspolitik, die wir oft NPM nennen, die Grenzen des öffentlichen Sektors permanent in Frage stellt. Grob gesagt, hat sich der Diskurs um die öffentliche Verwaltung verschoben, von der Periode 1920–1960 als es um die Rationalisierung interner Verwaltungsprozesse wie Archivierungssysteme und Entscheidungswege ging, über die Periode 1960–1980 als es um Planung und Koordination innerhalb und zwischen Verwaltungssektoren ging bis 1980 und seither, wo es um die Umstellung der Art der Verwaltung selbst, Verwaltung zu sein, geht. NPM handelt nicht im engen Sinn von Prozessen und Organisation, aber von der Festlegung der konstitutiven Grenzen der öffentlichen Verwaltung. Das gilt nicht zuletzt für die Grenzen öffentlich/privat, Politik/Verwaltung, Verwaltung/Mitarbeiter und Verwaltung/Bürger. Diese Grenzen waren alle *im Spiel* der Verwaltungspolitik und stehen nun *auf dem Spiel* der Verwaltungspolitik (Andersen 1995; Andersen/Born 2000; Clarke/Newman 1997; Newman 2001). Sie bildeten den Rahmen verwaltungspolitischer Veränderungen als der Fokus auf Prozessen oder Organisation lag, und sind nun selbst in den Fokus gerückt, seit der Umbau der öffentlichen Verwaltung als Herausforderung gesehen wird, um z.B. einer globalisierten Gesellschaft, gerecht zu werden, in der konstante Erneuerung und Flexibilität gefordert werden.

Die Grenze öffentlich/privat wird z.B. in Reformen wie Outsourcing, Public-Private Partnerships, der Einführung von Wettbewerbselementen im öffentlichen Sektor etc. aufs Spiel gesetzt (Andersen 2000; Smart 2003; Newman 2000). Die Grenze Politik/Verwaltung wird in den Reformen der Verselbständigung öffentlicher Institutionen und internen Kontrakte aufs Spiel gesetzt (Andersen 2005). Die Grenze Verwaltung/ Mitarbeiter wird in der Auseinandersetzung um den Begriff des Beamten und der Umprogrammierung des Ideals der öffentlich Beschäftigten aufs Spiel gesetzt, von einem verantwortlichen, pflichtorientierten Beamten hin zu einem ganzheitlich orientierten, selbständigen und initiativen Mitarbeiter, der Verantwortung übernimmt, was in neuen Praktiken wie Mitarbeiterentwicklungsgesprächen, Kompetenzvereinbarungen u.ä. verankert wird (Andersen/Born 2001; Townley 1993; Martin 2000). Schließlich wird die Grenze Verwaltung/Bürger mit dem Begriff der aktiven Bürgerschaft mit neuen Praktiken wie Empowerment, dialogische Partizipation und Bürgerkontrakten aufs Spiel gesetzt (Cruikshank 1999; Dean 1999; Rimke 2000; Lister 2001; Andersen 2004).

Die Verschiebung, dass die Grenzen des öffentlichen Sektors sich im Spiel befinden, dahin, dass sie in umfassenden Reformprogrammen des Charakters der öffentlichen Verwaltung als öffentliche Verwaltung aufs Spiel gesetzt werden, ruft nach einer im weiten Sinne diskursanalytischen Frage nach der kommunikativen und diskursiven Verwaltungsbildung. Über den selbstverständlich großen Bedarf für vergleichende Studien zu den Erfahrungen z.b. mit Outsourcing in verschiedenen Ländern hinaus, gibt es massiven Bedarf nach einer Frage, die einen Schritt zurücktritt, um zu beobachten, wie z.b. die vielen neuen administrativen Werkzeuge die Spielregeln im öffentlichen Sektor sowie grundlegende Kategorien wie öffentlich, privat, Individuum, Freiheit, Bürger, Kontrakt und Pflicht umdefinieren.

Klassische Verwaltungsforschung forscht typisch *von* den Grenzen, die heute auf dem Spiel stehen. Wenn die Effektivität öffentlicher Organisationen untersucht wird, wird die Unterscheidung öffentlich/privat vorausgesetzt; werden Implementationsprobleme untersucht, wird die Unterscheidung zwischen Politik und Verwaltung vorausgesetzt. Das gibt automatisch einen Tempovorteil in der Forschung. Aber vielleicht braucht es eine Forschungsnische der Langsamkeit, die ihren Fokus darauf richtet, wie Reformen in der Verwaltung die Stelle verändern, von der aus wir beobachten und über Verwaltung, Bürger, Unternehmen etc. kommunizieren. Ebenso eine Forschung, die nach dem veränderten Möglichkeitsraum der öffentlichen Verwaltung fragt. Das ist eine Forschung, die anstatt spezifische Probleme, Lösungen und Initiativen zu untersuchen, die Stelle hinterfragt, von der aus von Problemen, Lösungen und Steuerungswerkzeugen der Verwaltung gesprochen wird. Das ist eine Forschung, die nach den Veränderungen der konstitutiven Bedingungen für die Beziehung Verwaltung/Gesellschaft fragt.

3. Bürgerkontrakte: Ein Beispiel

Nachfolgend werde ich ein etwas konkreteres Beispiel dafür vorstellen, welche Art Einsicht eine Diskursanalyse produzieren kann. Das Beispiel ist aus Platzgründen stark vereinfacht, aber kann dennoch hoffentlich meine Pointe illustrieren.

In den letzten zehn Jahren hat eine ganze Reihe öffentlicher Verwaltungen in den westlichen Ländern begonnen, sog. Bürgerkontrakte einzuführen, z.B. schließen viele Schulen Schülerkontrakte, in denen ein Schüler einen jährlichen Vertrag über seine fachliche, soziale und persönliche Entwicklung abschließt (Jayasuriya 2000; White 2000; Yeatman 1997, 1998; Sullivan 1997). In Dänemark und Norwegen gibt es Einwandererkontrakte, in denen die Sozialverwaltungen Verträge mit einzelnen Immigranten darüber schließen, wie der Betreffende an seiner eigenen Selbst-Integration in der Gesellschaft arbeiten wird. Oder die Sozialverwaltung schließt sog. Familienkontrakte über die Art des Zusammenlebens als Familie, darunter, wie häufig in der Familie gemeinsam gegessen wird und worüber während des Essens gesprochen wird, z.B. über die Kinder und deren schulische Entwicklung.

Mit einem diskursanalytischen Blick könnte man z.B. danach fragen, welche Veränderungen in der Art den Klienten zu betrachten, verursachen, dass die Verwaltung es für sinnvoll hält, ihre Beziehung zu den Klienten zu vertraglichen. In diesem Fall werden die Kontrakte zu einer operationellen kommunikativen Unterscheidung, einer Form für die Funktion der Existenz, in Foucaults Verständnis zu einer Aussage. Ein Klient ist in dieser Perspektive nicht ein spezifischer Mensch. Klient ist ein begrifflicher Trick in der sozialpolitischen Kommunikation, der angewendet wird, um Kommunikation an die Menschen in der Umwelt der Verwaltung zu adressieren. Es ist die Sozialpolitik, die Menschen als Klienten betrachtet. Nicht viele Menschen finden den Begriff „Klient" als Selbstbeschreibung ausreichend. Als diskursiver Trick schließt er die Kommunikationsrelevanz der Teilnehmer sowohl ein als auch aus. Wenn wir also nach der Entwicklung des Klientenbegriffs fragen, fragen wir auch danach, wie der Bürger in seiner Eigenschaft als Klient relevant bzw. irrelevant für die Sozialpolitik und die Sozialverwaltung gemacht wird. In Dänemark können seit den 1960er Jahren sehr eindeutige Verschiebungen des Klientenbegriffs der Sozialverwaltung beobachtet werden und damit in der Perspektive, aus der sie konkrete Klienten wahrnimmt. Schematisch lässt sich die Verschiebung wie folgt darstellen:

Abbildung 1: Verschiebung des Klientenbegriffs in Dänemark

Zeitraum	1965–1983	1983–1989	1989–2002
Klientenfigur	Der empfangende Klient	Der kollektivisierte Klient	Der selbstgeschaffene Klient
Problemfigur	Problembemächtigung	Umweltbemächtigung	Selbstbemächtigung

Im ersten Zeitraum ist ein Klient jemand, der ein Problem hat, das von der Sozialverwaltung diagnostiziert und behandelt werden muss. Der Klient ist damit eindeutig Hilfeempfänger. Die Probleme können selbstverschuldete Effekte eines selbstgewählten Schicksals oder Effekte der Umwelt des Klienten sein, z.B. seines Aufwachsens, seiner Klassenbeziehung, sozialer Beziehungen im weitesten Sinne, die das Schicksal des Klienten ausmachen. Auf alle Fälle ist das Problem nicht das Selbst des Klienten. Das Selbst ist ein externer Umstand mit Problemen.

In den 1980er Jahren konnte das Schicksal der Klienten durchaus selbstverschuldet sein, aber dennoch wurde man nicht Herr über die Konsequenzen des selbstverschuldeten Schicksals. Man wurde ausgebildeter Typograf als selbstgeschaffenes Schicksal, aber man war nicht Herr über die Konsequenz „Arbeitslosigkeit und Zuwendungsempfänger". Das Problem war in diesem Zeitraum nicht die Arbeitslosigkeit als solche, aber der Mangel an Kontrolle, die der Klient über seine Umwelt hatte. Die Vorstellung war, dass man immer ein Individuum in einem größeren Kollektiv blieb, z.B. in der lokalen Gemeinschaft oder am Arbeitsplatz. Indem man dem Klienten half, seine eigene Umgebung zu beeinflussen, konnte man ihm Selbstwertgefühl und Identität geben.

Seit ungefähr 1990 liegt die Problemstellung völlig anders. Jetzt liegt das Problem der Sozialverwaltung in der Selbstbeziehung des Klienten. Die Herausforderung besteht darin, den Klienten zu schaffen, der sich selbst bilden kann, der sein Schicksal formen kann. Es geht darum, den Klienten zu schaffen, der sich selbst für sein eigenes Schicksal verantwortlich machen kann. In diesem Zeitraum drehen sich alle Probleme um die Selbstbeziehung des Klienten. Man ist nicht arbeitslos, weil es Arbeitslosigkeit gibt oder weil man den falschen Karriereweg gewählt hat. Man ist arbeitslos, weil man nicht in der Lage ist, sich selbst zu entwickeln und umzustellen. Es gibt keine sozialen Probleme, bei denen es nicht zugleich um die Beziehung des Selbst zu sich selbst geht.

Diese diskursive Verschiebung hat viele gewaltsame Effekte auf die Erwartungen an die Klienten. In dem Augenblick, in dem Klienten als jene gesehen werden, deren Probleme von der inneren Kapazität zur Selbstreflexion und Selbstveränderung abhängen, werden Klienten in die Mächtigen und die Machtlosen geteilt, wo all jene, die sich nicht in Narrativen und Selbstbeschreibungen präsentieren können, die die Verwaltung als reflexiv und eigenverantwortlich erkennen können, als willenlose Waschlappen ohne Fähigkeit zur authentischen Selbstrepräsentation angesehen werden.

In diesem Zusammenhang entstehen Bürgerkontrakte als therapeutisches und pädagogisches Instrument zum Empowerment, werden aber eine recht merkwürdige Form von Verträgen. Hier einige Beispiele: In der Kommune Frederikshavn heißt es: „Worte wie Sachbearbeiter oder Klient fallen weg. Nun werden alle ‚Mitarbeiter' genannt und sind an einem gemeinsamen Arbeitsplatz, der Aktivabteilung (*Aktivafdelingen*) beschäftigt. Den früheren Klienten werden Fragen gestellt wie: Was können und was wollen Sie? Wenn sie das rausgefunden haben, werden sie angestellt, und befolgen sie einen vereinbarten Kontrakt nicht, wird etwas vom Lohn abgezogen. Sozialberater werden nämlich den Klienten nicht mehr die Probleme abnehmen, diese sollen selbst die Verantwortung für ihr Leben übernehmen. Aber es kann hart sein, streng zu sein, oft ist es ja leichter, ja zu sagen als nein" (Socialrådgiveren 5/92: 3). Der Kontrakt ist ein Erziehungsmittel, um Verantwortung und „sich nach der Decke zu strecken" einzuprägen. Der Lohnabzug ist symbolisch, was dadurch unterstrichen wird, dass „es hart sein kann, streng zu sein". Es schmerzt den Sozialberater beinahe, wenn dem „Mitarbeiter" etwas vom Lohn abgezogen wird. Der Lohn wird nicht verringert, weil die Verwaltung nichts für ihr Geld bekommt. Aber die Verwaltung würde doch den „Klienten die Probleme abnehmen", wenn sie nur das Geld auszahlen würde. Der Lohnabzug geschieht dem Klienten zuliebe. Es ist eine Art, ihn zu respektieren.

In der Kommune Karlebo werden Kontrakte mit Bürgern auf diese Weise diskutiert: „Wir haben Möglichkeiten, um Familien mit kriminellen Kindern die Hilfsleistungen zu kürzen. Zum Beispiel kann man einen Kontrakt darüber schließen, dass das betroffene Kind sich nach 22 Uhr von öffentlichen Plätzen fernhält. Wenn die Familie eine solch einfache und vernünftige Regel nicht einhalten kann, kann das Ergebnis sein, dass die Hilfsleistung gekürzt wird (...). Ein Familienkontrakt kann Bestimmungen darüber beinhalten, dass Familien mindestens einmal täglich zusammen essen und darüber sprechen, was passiert ist. Die Aufgabe ist es, zu besprechen, was die Kinder machen. Das wird eine Hilfe sein, die Elternschaft zurückzuerobern" (Morgenavisen Jyllandsposten vom 08.09.2002).

In Vojens hat man ein Instrument entwickelt, das „Familienkontrakt" genannt wird. Leif Petersen, Psychologe und Verwaltungschef der Kommune, argumentiert wie folgt für Familienkontrakte: „Wir haben eine Gruppe von Menschen, bei denen häufig Alkohol, Arbeitslosigkeit, schlechte Ausbildung und ein Kommen und Gehen verschiedener Männer mit im Spiel sind. Da gibt es oft häusliche Gewalt und die Kinder erleben häufige Umzieherei. Die enden dann als alleinerziehende Mütter. Nun können wir im Ernst zu den Müttern sagen, dass sie die Pflicht haben, sich zu ändern. (...) Eltern sollen einen schriftlichen, psychologischen Kontrakt eingehen, der von Forderungen nach einer Antabus-Behandlung über Forderungen nach einer Job-Suche oder einer anderen Betätigung bis zur einer Erklärung reichen kann, dass die Person sich erst auf einen neuen Mann einlassen wird, wenn sie ihre Kinder im Griff hat." Eine Forderung kann auch sein, dass die Betroffene ein Verhütungsimplantat eingepflanzt bekommt, das mehrere Jahre hält, so Leif Petersen, der mehrere Mütter erlebt hat, von denen er denkt, sie wären in einer besseren Situation, wenn sie es vermieden hätten, dass dritte oder vierte Kind zu bekommen. Wenn Klienten nicht willens sind, Kontrakte mit der Sozialverwaltung einzugehen, zeigt die Sozialverwaltung Zähne. – „Unsere Lunte wird ziemlich kurz, und das kann bedeuten, dass die Kinder entfernt werden", sagt Leif Petersen (Jydske Vestkysten vom 02.11.2001).

Der Zeitung *Politikken* sagte der Bürgermeister von Vojens, Nis Mikkelsen: „Das wichtigste ist doch, dass sie [die Klienten] nun merken, dass wir etwas tun. Dass wir ihnen eng in ihrer Entwicklung folgen. Man kann sagen, dass das System auf die ein oder andere Art menschlicher geworden ist – teils sind wir ein Teil ihres Lebens, teils stellen wir Ansprüche" (Politikken vom 09.09.2002). Dem *Socialrådgiver* sagte Vojens' Vizebürgermeister Hans Christian Schmidt (Venstre[1]): „Es geht um freiwillige Kontrakte, und wenn etwas freiwillig ist, kann es umgehend und ohne Konsequenzen gekündigt werden. (...) Ziel der Kontrakte ist es, das eigene Leben in den Griff zu bekommen. Zum Beispiel im Zusammenhang mit ernstem Drogen- oder Alkoholmissbrauch, wenn es schwierig sein kann, sich zu merken, die Antibabypille einzunehmen. Darum kann es zweckmäßig sein, ein Verhütungsstäbchen implantiert zu bekommen. Wir benötigen mehr feste Vereinbarungen mit Eltern. Es geht um Eltern, die ihren Kindern gegenüber wiederholt versagen und da werden wir nicht zusehen. Eltern sollen sich in höherem Maße ihren Kindern gegenüber verpflichtet fühlen. Und wir verfolgen dicht, wenn im Kontrakt die Forderung formuliert ist, nicht ständig wechselnde Partner zu haben. Aber dabei stehen die Kinder im Blickpunkt. Große Unbeständigkeit ist nicht gut für Kinder. Das wissen alle in der Sozialarbeit, sonst gehen sie mit verbundenen Augen durch das Leben" (Socialrådgiveren 24/01: 3). Im selben Artikel sagt Verwaltungschef Leif Petersen im Zusammenhang mit eventuellen Kontraktbrüchen: „Wir müssen natürlich das Gesetz einhalten, so dass es nie ungeschickte Meldungen geben wird, wie: Nun sind Sie trotz der Kontraktvereinbarungen schwanger geworden, also nehmen wir Ihnen die Kinder. Es wird immer eine Würdigung der Gesamtsituation von Kindern und Familie geben. Aber bricht man den Kontrakt, so ist man dabei, sich selbst zu disqualifizieren" (Socialrådgiveren 24/01: 21). Der Bruch der Kontrakte kann laut Tove Sunddal, Sachbearbeiterin in Vojens, dennoch bedeuten, dass die Kinder andernorts untergebracht werden (Berlingske Tidende vom 20.05.2002).

Wie sehr deutlich aus den Zitaten hervorgeht, ist es ein ungewöhnlicher Begriff von Kontrakt, der sich hier herausbildet: Zum ersten ist es ein Vertrag, der durch einen Verwaltungsakt zustande kommt. Wir können beobachten, wie Verwaltungen einseitig Bürger in eine Vertragsbeziehung einladen, die Ablehnung der Einladung führt dazu, dass die Verwaltung einseitig handeln muss. Das bedeutet, dass die rechtsstaatliche Unterscheidung zwischen öffentlichem Recht (Verwaltungsakt) und Privatrecht (Vertrag) in das öffentliche Recht übergeht. Rechtsstaatlich betrachtet, ist die Unterscheidung zwischen Verwaltungsrecht und Vertrag auch eine Unterscheidung zwischen einer einseitigen und einer gegenseitigen Äußerung. Im Verhältnis dazu sind Bürgerkontrakte eine einseitige Organisation von Gegenseitigkeit, und schaffen auf diese Weise eine sehr widersprüchliche Erwartungsstruktur, oder genauer, eine Erwartungsstruk-

---

1 Dänemarks liberale Partei.

tur, die zwischen zwei sich gegenseitig ausschließenden Erwartungsstrukturen oszillieren kann. Es geht um Empowerment von Bürgern durch die Einladung, eine Verhandlungsposition einzunehmen, aber es geht auch um Empowerment der Verwaltung, die im Falle eines „ja" des Bürgers zu der Einladung, zugleich eingeladen wird, private Themen zu behandeln, in welche die Verwaltung sonst nicht befugt wäre, sich einzumischen. Das gilt z.b. wenn es in Kontrakten um die Persönlichkeitsentwicklung eines Schülers, Klienten oder Einwanderers geht. Und hier zeigt sich schließlich der merkwürdige Zug von Bürgerkontrakten. Gewöhnliche Verträge behandeln den Austausch von Pflichten, und die Verhandlung dieser Pflichten setzt immer die Freiheit der Vertragspartner zur Eingrenzung der eigenen Freiheit voraus. Die Freiheit ist nie ein Thema gewöhnlicher Vertragsverhandlungen, aber eine Voraussetzung u.a. juristisch in Individualrechten begründet. Wenn aber Bürgerkontrakte die Modalitäten einer Familie behandeln, nach denen sie sich selbst als Familie etablieren soll, die Definition einer alleinstehenden Mutter von ihrer Mutterschaft, den Umgang eines Klienten mit Sexualität und Partnerwahl, die Reflexion eines Schülers über die Verantwortung für das eigene Lernen, die Aneignung des Dänentums eines Einwanderers, die gesundheitliche Betrachtung des eigenen Lebensstils eines übergewichtigen Klienten, so ist die Rede davon, dass die Voraussetzungen des Kontrakts auch zu dessen Thema werden. So ist die Rede davon, dass die Form des Kontrakts als Einheit von Pflicht und Freiheit zu einer Pflicht zur Freiheit gewandelt wird, bei der es einseitig die Verwaltung ist, die bestimmt, ob man als frei in dem Sinne angesehen wird, Verantwortung für das eigene Leben, Sexualität, Integration etc. zu übernehmen (Andersen 2004).

Soweit die obenstehende Analyse akzeptiert wird, stellt sich die Frage, was es also für eine Art Einsicht ist, die hier produziert wird? Es ist keine Einsicht in die Entwicklung der sozialen Probleme. Es ist keine Einsicht in verschiedene komparative Erfahrungen mit Bürgerkontrakten. Es ist auch keine Einsicht darin, ob Bürgerkontrakte eine effektive Lösungsform darstellen oder nicht. Demgegenüber ist es eine Einsicht in die Bedeutung, die Bürgerkontrakte faktisch in dem Spiel innehaben, das sich zwischen Bürgern und Verwaltung abspielen kann. Es ist keine Einsicht, die genutzt werden kann, um Fakten und generell geltende Entscheidungsprämissen festzulegen. Es ist eine Einsicht, die gebraucht werden kann, die unpraktische Frage an die Praxis zu stellen, inwiefern es sich denn genau um jene Veränderung in der Beziehung Bürger/Verwaltung handelt, die die Verwaltungen oder Politiker wünschen, wenn sie entscheiden, Bürgerkontrakte einzuführen. Ist die Bedeutung, die Bürgerkontrakte faktisch für die Schaffung des Erwartungsraums haben, nun auch gleich mit der Bedeutung, die man gern hätte?

4. Die Vielfalt diskursiver Analysestrategien

Wir machen einander ja alle stereotyper als wir sind. So ist es auch mit dem buhmannartigen Gebrauch von Wendungen wie „klassische Verwaltungsforschung" u.ä. in diesem Artikel. Entsprechend wird die Diskursanalyse von Nicht-Diskursanalytikern oft als *ein* Zugang betrachtet. Aber das diskursanalytische Forschungsfeld ist heute sehr bunt, mit vielen Zugängen, vielen auch grundlegenden Unterschieden und nicht zuletzt vielen verschiedenen diskursiven Analysestrategien.

In untenstehender Tabelle habe ich versucht, eine Übersicht über die Analysestrategien anzufertigen, die von den Autoren Michel Foucault, Ernesto Laclau, Reinhart Koselleck, Jacques Derrida und Niklas Luhmann am häufigsten angewendet werden. Die Übersicht soll einen Eindruck von der Vielfältigkeit diskursiver Analysestrategien und ihrer Frageperspektiven vermitteln. Beobachtungen als Beobachtungen zu beobachten, kann im Rahmen ganz unterschiedlicher Leitunterscheidungen vor sich gehen, die den Blick zweiter Ordnung ganz verschieden ansetzen, Beobachtungen als beobachtbare Beobachtungen unterschiedlich konstruieren sowie ganz verschiedene Fragehorizonte öffnen und abgrenzen.

Abbildung 2: Diskursive analytische Strategien im Vergleich

Analytical strategy	Guiding distinction	Mode of questioning
Foucault		
Archaeological discourse	Regularity/dispersion	Why did this and no other statement occur in analysis of statements this place?
Genealogy	Continuity/discontinuity	How are different discursive formations and discursive strategies shaped and transformed?
Self-technology analysis	Subjectivation/subjecting	How have self-technologies been created and in what way do they prescribe the way an individual can give itself to itself?
Dispositive analysis	Apparatus/strategic logic Strategic logic/apparatus	How are forms linked together as functional elements in an apparatus?
		How are discursive or technical elements generalised in a schematic, which creates a strategic logic?
Laclau		
Hegemonic analysis	Discourse/discoursivity	How are discourses established in never-concluded battles about fixing floating elements of signification?
Derrida		
Deconstructive analysis	Difference/differance	Which infinite logic is installed by the duality in question?
Koselleck		
History of concepts	Meaning/meaning condensed into concepts	How is meaning condensed into concepts, which constitute the space of possibility of the semantic conflicts?
Semantic field analysis	Concept/counter-concept (generality/singularity)	How do concepts appear in relation to their counter-concepts?
		How are temporal (past/future), spatial (outside/inside),and social (us/them) relations produced?
		How are general positions established and how is the general singularised?

Analytical strategy	Guiding distinction	Mode of questioning
Luhmann		
Form analysis	Unity/difference	What is the unity of the distinction? And which paradox and machine of communication does it establish?
Systems analysis	System/environment	How does a system of communication come into being in a distinction between system and environment? How is the system's boundary of meaning and autopoiesis defined?
Differentiation analysis	Similarity/dissimilarity	How are systems differentiated? What is the similarity in the dissimilarities of the systems? What are the conditions, therefore, of the formation of new systems of communication?
Semantic analysis	Condensation/meaning	How is meaning condensed? How does it create a pool of forms, that is, stable and partially general distinctions available to the systems of communication?
Media analysis	Media/form	How are media shaped and how do they suggest a specific potential for formation?
Formation analysis	Form/medium	How are specific media imprinted in concrete forms, thus colouring communication in a particular way?

Eine Leitunterscheidung wird hier als die Unterscheidung verstanden, die den Blick zweiter Ordnung schafft, indem die Welt ins Beobachten der zweiten Ordnung und die beobachteten Beobachtungen gespalten wird. Wie ich in Abbildung 2 versucht habe zu illustrieren, gibt es viele Leitunterscheidungen und damit viele diskursive Analysestrategien. Aber nicht alle Unterscheidungen können als Leitunterscheidungen für die Beobachtung der zweiten Ordnung fungieren. Leitunterscheidungen oder Begriffe müssen eine besondere Qualität haben, um den Rahmen für Beobachtungen zweiter Ordnung zu bilden, und damit sind wir bei einem Thema, das ich in diesem Artikel bereits angesprochen habe; nämlich, wie es kommt, dass die Begriffsapparate innerhalb der Diskursanalyse typischerweise unzugänglich wirken. Das hängt damit zusammen, dass ein Blick zweiter Ordnung sich selbst umfassen können muss. Eine Beobachtung der zweiten Ordnung muss sich selbst als Beobachtung mitdenken, um nicht als das, was Foucault eine Diskurskommentierung nennt, zu enden, also eine Beobachtung von einem anderen „Plan" als dem des Gegenstandes. Anders ausgedrückt: Beobachtung zweiter Ordnung ist immer auch Selbst-Beobachtung. Mit anderen Worten sind es nur Begriffe, die als Teil eigener Gesamtheit auftreten können, die den Blick für eine Beobachtung zweiter Ordnung bilden können.

Kosellecks Begriffsbegriff könnte ein klares Beispiel sein. Nach Koselleck werden Worte zu Begriffen, indem ein Vielfaches an sozialer und politischer Bedeutung zu einem Begriff kondensiert wird. So sind Begriffe ein Konzentrat von Bedeutung, das sie mehrdeutig macht. Ohne diese Mehrdeutigkeit wären Begriffe schlicht nicht in der Lage, in die Zukunft zu reichen, indem sie einen Erwartungshorizont definieren. Genau durch seine Mehrdeutigkeit öffnet ein Begriff einen Bedeutungsraum, der interpre-

tiert und zu einem semantischen Schlachtfeld werden kann. Mit einer solchen Mehrdeutigkeit, einer solchen Kondensierung eines Vielfachen an Bedeutung kann an einem
Begriff nur durch einen Gegenbegriff festgehalten werden, der Restriktionen für die
Bedeutungsmöglichkeiten des Begriffes setzt. Ein Begriff wird so zur Einheit von Be-
griff/Gegenbegriff und so kommt es dazu, dass sich Kosellecks Begriffsbegriff selbst
umfasst. Das kann einmal angewendet werden, um Begriffe zu beobachten und dazu,
sich selbst als Begriff zu beobachten.

Ein zweites Beispiel könnte Niklas Luhmanns Systembegriff sein. Ein System wird
hier als Netz rekursiver Kommunikation definiert, das in und mit der Anziehungskraft
der Kommunikation aus einer Unterscheidung zwischen System und Umwelt entsteht.
Sowohl System als auch Umwelt sind interne Konstruktionen in der Kommunikation.
Jedes System ist so identisch mit sich selbst im Unterschied (und nur im Unterschied)
zur internen Umweltkonstruktion. *Ein soziales System ist ganz einfach die Einheit der
Unterscheidung System/Umwelt.* Wenn sich Kommunikation rekursiv an Kommunikation knüpft, entstehen soziale Systeme in und mit der Unterscheidung der Kommunikation zwischen Selbst- und Fremdreferenz, zwischen dem, was das System selbst und
was seine Umwelt ist. Eine Beobachtung zweiter Ordnung, die sich der Leitunterscheidung System/Umwelt bedient, ist somit eine Beobachtung davon, wie ein soziales System sich selbst schafft, wenn es seine Umwelt durch kommunikative Beschreibungen
konstruiert. Es ist eine Beobachtung davon, wie das System in seinen Beobachtungen
zwischen System und Umwelt unterscheidet.

Ein drittes und letztes Beispiel ist Laclaus Leitunterscheidung Diskurs/Diskursivität.
In dieser Unterscheidung bezeichnet Diskursivität den Umstand, dass soziale Identitäten (Objekte, Subjekte, Technologien, Probleme usw.) immer relational auftreten müssen. Nur in Relationen wird sozialen Identitäten Bedeutung gegeben, aber diese Relationen können außerordentlich unpräzise und fließend sein. Im Gegensatz dazu wird
der Diskurs von Laclau als eine strukturelle Gesamtheit von Differenzen definiert (La-
clau/Mouffe 1985: 105–114): „Wenn man als Resultat einer artikulatorischen Praktik
in die Lage versetzt wird, ein System von präzisen unterschiedlichen Platzierungen zu
konfigurieren, wird dieses System verschiedener Platzierungen Diskurs bezeichnet" (Laclau 1985: 113). Die Unterscheidung zwischen Diskursivität und Diskurs ist somit
eine Unterscheidung zwischen fließenden und fixierten (oder teilweise fixierten) Relationen. Mit Hilfe der Unterscheidung Diskursivität/Diskurs kann Diskurs als ein niemals beendeter Fixierungsprozess untersucht werden, der durch eine Artikulation in einem Feld von Diskursivität mit fließenden Relationen stattfindet: "Any discourse is
constituted as an attempt to dominate the field of discursivity, to arrest the flow of differences, to construct a centre" (Laclau/Mouffe 1985: 112). Was hier für den Gegenstand der Diskurstheorie gilt, gilt auch für die Diskurstheorie selbst; die Beschreibung
des Verhältnisses Diskurs/Diskursivität ist selbst ein Versuch, fließende diskursive Identitäten zu fixieren.

Die Qualität der drei Leitunterschiede als Begriffe zweiter Ordnung können mit
Hilfe von Luhmanns Formkalkül wie folgt eingefangen werden:

Abbildung 3: Drei Beispiele für Begriffe zweiter Ordnung

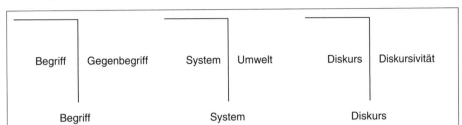

5. Validität und diskursive Analysestrategien

Ich habe versucht zu zeigen, welche besonderen Erkenntnisinteressen für Diskursanalyse typisch sind. Ich habe versucht, zu argumentieren, weshalb diese Erkenntnisinteressen für die Verwaltungswissenschaft wichtig sind und welche Form der Einsicht sie beitragen können. Ich habe ein Beispiel für die diskursanalytische Form der Einsichtsproduktion gegeben. Schließlich habe ich illustriert, wie heterogen eigentlich das Feld Diskursanalyse heute ist.

Insgesamt habe ich auch versucht, für den Platz der Diskursanalyse in der Verwaltungswissenschaft zu argumentieren. Diskursanalyse bietet keine neue alternative Verwaltungstheorie an. Diskursanalyse bietet auch keinen alternativen Zugang, der andere Zugänge ersetzen kann. Diskursanalyse kann einen neuen Raum in der Verwaltungswissenschaft öffnen, einen Raum, der nie mehr als eine einzelne Ecke beanspruchen wird, denn Diskursanalyse hat sich selbst von vornherein dazu verurteilt, eine Einsicht über die Einsicht zu sein. Diskursanalyse kann vor allem das Konkrete wiederentdecken, Einsicht in Kontingenz produzieren und einen Beitrag leisten, indem unpraktische Fragen an die administrative Praxis gestellt werden.

Aber damit die Diskursanalyse künftig ihren Platz ausfüllen kann, muss sie sich ihrer analysestrategischen Probleme annehmen. Das geschieht längst nicht immer. Viele Diskursanalysen, Dekonstruktionen, systemtheoretische Analysen etc. sind recht unklar darin, welchen Validitätsstatus sie sich selbst zuschreiben. Sie bleiben nicht zuletzt unklar darin, wie sie ihre eigenen Aussagen bedingen, und was daher notwendig ist, um sie über den Haufen zu werfen.

Jana Klemm und Georg Glasze unterscheiden drei Strategien in der Diskursanalyse, um sich der obigen Herausforderung stellen: die philosophische Strategie, die methodische Strategie und die analysestrategische Strategie (Klemm/Glaze 2005). Die philosophische Strategie ist eine Strategie des Nicht-Verhaltens, davon ausgehend, dass jede Form des Methodendenkens der Grundlage der Diskursanalytik widerspricht. Die zweite ist die methodische Strategie, die versucht, traditionelle methodische Regeln für Diskursanalyse zu erarbeiten (eine Strategie, die insbesondere innerhalb der linguistisch orientierten Diskursanalyse verfolgt wird). Aber das primäre Erkenntnisinteresse der Diskursanalyse ist nicht Repräsentation, sondern Diagnose, Kontingenz und Konkretismus. Diskursanalyse beobachtet nicht ein gegebenes Objekt, sondern beobachtet, wie Beobachtungen beobachten, und das stellt einfach eine andere Herausforderung dar.

Die dritte Strategie, die Jana Klemm und Georg Glasze die analysestrategische Strategie nennen, hat die Ambition zu reformulieren, was Methode bedeuten kann, wenn eine Perspektive zweiter Ordnung zu Grunde gelegt wird.

Ich definiere Analysestrategie als eine Methodik zweiter Ordnung. Analysestrategie besteht nicht aus methodischen Regeln der Datenbildung, sondern vielmehr aus einer Strategie, die sich daran richtet, wie der Epistemologe die Beobachtung anderer – Organisationen und Systeme – konstruieren und konditionieren wird, das Objekt seiner eigenen Beobachtung zu sein, um den Platz zu beschreiben, von dem er beschreibt. Von einem epistemologischen Standpunkt konstruiert die Perspektive sowohl den Beobachter wie den Beobachteten. Daher könnte Analysestrategie anders angegangen werden, als ein Weg, die deliberative Wahl und ihre Implikationen zu betonen, mit anderen Implikationen in Bezug auf das entstehende Objekt. Das Problem der epistemologischen Restriktion zu „wie"-Fragen und nicht „was-" oder „warum-"Fragen ist, dass es den Forscher als „Puristen" (als jemanden, der im Vorhinein keine Annahmen über das zu studierende Objekt voraussetzt) konstruiert. Dennoch muss man *irgendetwas* annehmen, um das Objekt zu erkennen und zu beobachten. Das ist die grundlegende Bedingung der Arbeit mit Analysestrategien (Andersen 2003: XIII).

Darum schlage ich Analysestrategie als Äquivalent methodologischer Regeln bei Beobachtungen zweiter Ordnung vor. Beobachtung zweiter Ordnung ist sich bewusst, dass die Welt nicht darum bittet, auf eine bestimmte Weise beobachtet zu werden. Beobachter zweiter Ordnung betrachten die Welt als poly-kontextual, als abhängig von der Unterscheidung, die durch die Beobachtung gebildet wird. Folglich können Beobachter zweiter Ordnung wählen, wie die Welt sichtbar werden soll, indem sie sich für einen speziellen Weg der Betrachtung entscheiden, indem sie sie mit einer bestimmten Unterscheidung verbinden. Das macht Analysestrategie aus: Einen Weg des Sehens und des Betrachtens der Implikationen zu wählen, hinsichtlich der Art, wie die Welt sichtbar oder nicht sichtbar wird. Beobachtungen von Beobachtungen als Beobachtungen sind kontingent im Verhältnis zum gewählten Weg des Sehens. Es ist immer möglich die zweite Ordnung auf eine andere Weise zu beobachten. Darum muss eine Entscheidung getroffen werden und die Entscheidung ruft nach einer Erklärung.

Die Ausarbeitung einer Analysestrategie besteht aus mindestens zwei Wahlhandlungen: 1. Die Wahl der Leitunterscheidung und 2. die Konditionierung der Leitunterscheidung (Andersen 2003: 93–96). Die Wahl der Leitunterscheidung bezieht sich auf die Bildung eines Blicks zweiter Ordnung. Die Frage ist: Mit welchem Blick bildet man als ein Beobachter zweiter Ordnung Beobachtungen als Objekt von Beobachtung? Die Leitunterscheidung teilt die Welt des Beobachters zweiter Ordnung und diktiert, wie die Welt beobachtet werden kann. Die Leitunterscheidung schafft die notwendige Distanz zwischen dem Objekt und dem Beobachter, aber definiert auch, welche Fragen in Relation zum Beobachtungsobjekt gestellt werden können. Die Leitunterscheidung ist nicht vordefiniert, aber muss entschieden werden. Ob die Unterscheidung System/Umwelt, Regelmäßigkeit/Verbreitung von Aussagen oder Diskurs/Diskursivität als die jeweilige Leitunterscheidung definiert wird, ist eine essentielle analysestrategische Wahl. Die Leitunterscheidung steuert die Beobachtung und umrahmt die Wahl verschiedener unterstützender Unterscheidungen. Und man sieht *nur* das, was von der Leitunterscheidung zugelassen wird.

Aber ein Blick reicht nicht aus. Er würde allein den Status einer Metapher haben, und die nachfolgende Analyse würde in Argumentation und Diagnostik sehr metaphorisch sein, wie wir es zu oft in der Diskursanalyse sehen. Die Konditionierung der Leitunterscheidung ist die Spezifizierung jener Bedingungen, durch welche die eine und nicht die andere Seite einer Unterscheidung in einer Beobachtung zweiter Ordnung gezeigt werden kann. Es genügt nicht, zwischen Diskurs und Diskursivität zu unterscheiden. Man muss auch definieren, wann ein Diskurs als solcher erkannt werden kann, wann ein bestimmter Diskurs historisch als noch immer derselbe bezeichnet werden kann, wann der Diskurs sich in einen anderen Diskurs verlagert hat und wann ein Diskurs beendet ist. Ansonsten führt die Leitunterscheidung lediglich zu einer beliebigen Anzeige der beobachteten Beobachtung. Wir könnten also fragen: Wann ist ein Diskurs eine Diskursbildung? Wann also können wir vernünftigerweise eine Diskursbildung kenntlich machen? Wann reicht ein Konzept von Sinn durch seine Kondensierung in die Zukunft? Oder wann sind ein Nodalpunkt oder ein Ankerpunkt fest verankert? Die Konditionierung der Leitunterscheidung definiert im Wesentlichen die empirische Sensibilität der Beobachtung zweiter Ordnung, einschließlich der Offenheit der Analyse für Kritik. Je klarer und eindeutiger die Konditionierung, desto größer die Sensibilität der Analysestrategie für das Empirische, das bedeutet, je klarer die Konditionierung der Leitunterscheidung ist, desto evidenter sind die Falsifikationskriterien der Beobachtung zweiter Ordnung. Eine Diskursanalyse ohne wohldefinierte Kriterien für die Indikation von Diskursbildungen immunisiert sich selbst gegen greifbare empirische Kritik und verurteilt dadurch jede kritische Diskussion der Analyse zu einer Meta-Diskussion. Die Beziehung zwischen der Wahl der Leitunterscheidung und der Konditionierung kann wie folgt abgebildet werden:

Abbildung 4: Diskursive Analysestrategie

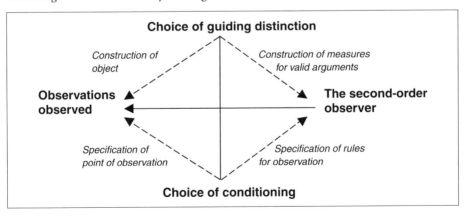

Ohne Konditionierung keine Selbstkritik. Ohne Konditionierung verkommt die Diskursanalyse zu jener Ideologiekritik, mit der sie versucht hat, aufzuräumen. Ohne Konditionierung kann sie ihre Erkenntnisinteressen nicht einlösen: Eine Diagnostik der Möglichkeitsbedingungen, die nicht präzise in ihren eigenen Möglichkeitsbedingungen ist, ist keine Gesellschaftsdiagnostik im diskursanalytischen Sinn, sondern freie Fantasie.

Somit gibt es eine Nische in der Verwaltungswissenschaft für die Diskursanalyse. Das ist meiner Meinung nach sogar eine sehr wichtige Nische, die ausgefüllt werden muss, damit die Verwaltungswissenschaft nicht in ihrem gewöhnlichen Methodenrepertoire über die Art bestimmt, Einsicht in veränderte diskursive Bedingungen zu erhalten. Diskursanalyse soll ein Einsatzgebiet sein. Aber es liegt in hohem Maße an der Diskursanalyse selbst, ob sie als eine besondere Einsichtsproduktion ernst genommen wird. Das hängt zuallererst vom Willen und der Fähigkeit ab, sich der analysestrategischen Verantwortung zu stellen. Die Alternative ist ein kleiner selbstzufriedener Kult.

Literatur

Andersen, N.Å., 1995: Selvskabt forvaltning, Forvaltningspolitikkens og centralforvaltningens udvikling i Danmark 1900–1994. Kopenhagen: Nyt fra Samfundsvidenskaberne.
Andersen, N.Å., 2000: Public Market – Political Firms, in: Acta Sociologica 43 (1), 43–61.
Andersen, N.Å., 2002: The Undecidability of Decision, in: *Bakken, T./Hernes, T.* (Hrsg.), Autopoietic Organization Theory. Oslo: Abstrakt Liber Copenhagen Business School Press, 235–258.
Andersen, N.Å., 2003: Discursive Analytical Strategies. Understanding Foucault, Koselleck, Laclau, Luhmann. Bristol: The Policy Press.
Andersen, N.Å., 2004: The Contractualisation of the Citizen – on the Transformation of Obligation into Freedom, in: Soziale Systeme 10 (2), 273–291.
Andersen, N.Å., 2005: Political Administration, in: *Howard, D./Torfing, J.* (Hrsg.), Discourse Theory in European Politics: Identity, Policy and Governance. New York: Palgrave Macmillan, 139–169.
Andersen, N.Å./Born, A., 2000: Complexity and Change: Two "Semantic Tricks" in the Triumphant Oscillating Organization, in: System Practice and Action Research 13 (3), 297–328.
Andersen, N.Å./Born, A., 2001: Kærlighed og omstilling. Kopenhagen: Nyt fra Samfundsvidenskaberne.
Berlingske Tidende vom 20.05.2002: Dårlige forældre frem i lyset, www.berlingske.dk, 20.05.2002.
Bevir, M./Rhodes, R.A.W., 2003: Interpreting British Governance. London: Routledge.
Bevir, M./Rhodes, R.A.W., 2004: Interpreting British Governance, in: BJPIR 6, 129–164.
Bogason, P., 2001: Postmodernism and American Public Administration in the 1990s, in: Administration and Society 33 (3), 165–193.
Bogason, P., 2002: Postmodern Public Administration Research: American and North-West European perspectives, in: *Jun, J.S.* (Hrsg.), Rethinking Administrative Theory: The Challenge of the New Century. London/Westport: Praeger, 53–74.
Bogason, P., 2005: Postmodern Public Administration, in: *Ferlie, E.B. Lynn, L./Pollitt, C.* (Hrsg.), Oxford Handbook of Public Management. Oxford: Oxford University Press, 234–256.
Campbell, J./Pedersen, O.K., 2001: The Rise of Neoliberalism and Institutional Analysis. Princeton, N.J.: Princeton University Press.
Clarke, J./Newman, J., 1997: The Managerial State. London: Sage.
Cruikshank, B., 1999: The Will to Empower. London: Cornell University Press.
Dean, M., 1999: Governmentality. London: Sage.
Derrida, J., 1988: The Ear of the Other. London: University of Nebraska Press.
Du Gay, P., 2000: Entrepreneurial Governance and Public Management: The Anti-bureaucrats, in: *Clarke, J./Gewirtz, S./McLaughlin, E.* (Hrsg.), New Managerialism. New Welfare? London: Sage, 62–81.
Farmer, D.J., 1995: The Language of Public Administration. London: The University of Alabama Press.
Fisher, F., 2003: Reframing Public Policy, Discursive Politics and Deliberative Practices. Oxford: Oxford University Press.

Foucault, M., 1968: Psychologie und Geisteskrankheit. Frankfurt a.M.: Suhrkamp.

Foucault, M., 1971: Diskurs og diskontinuitet, in: *Madsen, P.* (Hrsg.), Strukturalisme. Kopenhagen: Rhodos, 145–162.

Foucault, M., 1993: Diskursens ordning. Stockholm: Brutus Östlings Bokförlag.

Iedema, R., 2003: Discourses of Post-bureaucratic Organization. Amsterdam: John Benjamins Publishing Company.

Jayasuriya, K., 2001: Autonomy, Liberalism and the New Contractualism, in: Law in Context 18 (2), 57–78.

Jydske Vestkysten vom 02.11.2001: Dårlige forældre tvinges på ret kurs, www.jv.dk, 02.11.2001.

Klemm, J./Glasze, G., 2005: Methodische Probleme Foucault-inspirierter Diskursanalysen in den Sozialwissenschaften, in: Forum Qualitative Social Research 6 (2), Art. 24.

Koselleck, R., 1982: Begriffsgeschichte and Social History, in: Economy & Society 11 (4), 405–427.

Koselleck, R., 1988: Critique and Crisis. Oxford: Berg.

Laclau, E., 1985: Hegemoni – en ny politisk logik. Interview, in: *Andresen, A.* et al. (Hrsg.), Politisk strategi i firserne. Kopenhagen: Aurora, 105–117.

Laclau, E., 1996: Emancipation(s). London: Verso.

Laclau, E., 2005: On Populist Reason. London: Verso.

Laclau, E./Mouffe, C., 1985: Hegemony & Socialist Strategy. London: Verso.

Lister, R., 2001: Towards a Citizens' Welfare State, in: Theory, Culture & Society 18 (2–3), 91–111.

Luhmann, N., 1991: Am Ende der kritischen Soziologie, in: Zeitschrift für Soziologie 20 (2), 147–152.

Luhmann, N., 1993: Die Paradoxie des Entscheidens, in: Verwaltungs-Archiv, 84. Band, Heft 3, 287–299.

Luhmann, N., 1994: „What Is the Case?" and „What Lies Behind IT". The Two Sociologies and the Theory of Society in: Sociological Theory, Washington, 12 (2), 126–139.

Luhmann, N., 2000: Organisation und Entscheidung. Wiesbaden: Westdeutscher Verlag.

Martin, E., 2000: Flexible survivors, in: Cultural Values 4 (4), 512–517.

Morgenavisen Jyllandsposten vom 08.09.2002 (Ib, H.): „Kriminelle børn hærger Karlebo".

Newman, J., 2000: Beyond the New Public Management? Modernising Public Services, in: *Clarke, J./Gewirtz, S./McLaughlin, E.* (Hrsg.), New Managerialism. New Welfare? London: Sage, 45–62.

Newman, J., 2001: Modernising Governance. London: Sage.

Politiken vom 09.09.2002 (Nielsen, H.F.): „Menneskelighed på kontrakt".

Rimke, H., 2000: Governing Citizens through Self-help Literature, in: Cultural Studies 14 (1), 61–78.

Röttgers, K., 1982: Kritik, in: *Brunner, O./Conze, W./Koselleck, R.* (Hrsg.), Geschichtliche Grundbegriffe. Historisches Lexikon zur politisch-sozialen Sprache in Deutschland, Bd. 3. Stuttgart: Klett-Cotta, 651–675.

Schmidt, L.H./Kristensen, J.E. (Hrsg.), 1985: Foucault's blik. Aarhus: Modtryk.

Smart, B., 2003: Economy, Culture and Society. Buckingham: Open University Press.

Socialrådgiveren Nr. 5/92 (Jensen, D.): Problemtyve ryster rollen af sig, 3–4.

Socialrådgiveren Nr. 24/01 (Paulsen, S.): Vojens: Om prævention og partnere, 3–21.

Stäheli, U., 2000: Sinnzusammenbrüche. Eine dekonstruktive Lektüre von Niklas Luhmanns Systemtheorie. Weilerswist: Velbrück.

Sullivan, B., 1997: Mapping Contract, in: *Davis, G./Sullivan, B./Yeatman, A.* (Hrsg.), The New Contractualism? South Melbourne: MacMillan Education Australia PTY LTD, 1–13.

Townley, B., 1993: Foucault, Power/Knowledge, and its Relevance for Human Resource Management, in: Academy of Management Review 18 (3), 518–545.

White, S., 2000: Social Rights and the Social Contract – Political Theory and New Welfare Politics, in: British Journal of Political Science 30 (3), 507–532.

Yeatman, A., 1997: Contract, Status and Personhood, in: *Davis, G./Sullivan, B./Yeatman, A.* (Hrsg.), The New Contractualism? South Melbourne: MacMillan Education Australia PTY LTD, 39–57.

Yeatman, A., 1998: Interpreting Contemporary Contractualism, in: *Dean, M./Hindess, M.* (Hrsg.), Governing Australia. Cambridge: Cambridge University Press, 227–242.

Die skandinavische Schule der Verwaltungswissenschaft: Neo-Institutionalismus und die Renaissance der Bürokratie

Werner Jann

1. Einleitung*

Verwaltungswissenschaft hat im Kanon der politikwissenschaftlichen Sub-Disziplinen in Deutschland – aber auch im internationalen Kontext – im Allgemeinen kein gutes Image. Im Vergleich zu den klassischen Bereichen Internationale Beziehungen, Vergleichende Regierungslehre oder Politische Theorie wird Verwaltungswissenschaft als „low politics" und daher als weniger interessant wahrgenommen (Jørgensen 1996). Sie gilt als langweilig, trocken und verstaubt, und wenn trotz allem ihre Relevanz für politikwissenschaftliche Fragestellungen anerkannt wird, dann zumindest als eklektisch, fallstudienfixiert, wenig analytisch, deskriptiv oder sogar unreflektiert präskriptiv, also sowohl als methodologisch, empirisch und theoretisch unterentwickelt (Derlien 1992, 2002). Erlösung naht für viele, wie gewöhnlich, aus der angelsächsischen positivistischen Welt. Zum einen, indem man entweder eine dezidiert policy- oder managementorientierte Richtung einschlägt, zum anderen in der Form rigider quantitativer und/oder modelltheoretischer Ansätze, wenn nicht eine ganz andere Flucht nach vorn angetreten wird, in Richtung konstruktivistischer und diskursanalytischer Ansätze (siehe Andersen in diesem Band).

Allerdings gibt es Alternativen. Der folgende Beitrag will verdeutlichen, dass sich in den letzten Jahrzehnten eine international angesehene politikwissenschaftliche Verwaltungs-forschung etabliert hat, die vor allem durch Forscher und Forschungsgruppen aus Skandinavien oder zumindest mit deutlicher skandinavischer Beteiligung vorangetrieben wurde, und die daher mit einigem Recht als *skandinavische Schule* bezeichnet werden kann. Diese Richtung der Verwaltungsforschung zeichnet sich aus durch eine eindeutige politikwissenschaftliche Orientierung, eine enge Verbindung zur sozialwissenschaftlichen Organisationsforschung und -theorie, durch eine ausgeprägte empirische Fundierung, und durch die Entwicklung eigener neo-institutionalistischer Ansätze, die inzwischen auch den *Mainstream* der Politikwissenschaft beeinflussen.

In den Worten von James March sehen sich diese „modern Nordic Davids", die sich dem angelsächsischen Goliath und seiner „paradigm police" mutig entgegenstellen als

„interpretive in style and embedded in the concrete practices of organizing but often willing to engage in more general conversations with others, oriented heavily to practice but willing to use the theoretical ideas of multiple academic disciplines. This picture of reasonableness, breadth, and bal-

* Für vielfältige kritische und hilfreiche Kommentare danke ich meinen Potsdamer Kolleginnen und Kollegen Tobias Bach, Marian Döhler, Thomas Edeling, Julia Fleischer, Thurid Hustedt und Kai Wegrich sowie Gerhard Banner.

ance is paired with one of determined resistance to the intellectual oppression of a North American positivist hegemony" (March 2003: 414).

Dieses Selbstbild (das in dem Zitat die gesamte skandinavische Organisationstheorie charakterisieren soll, während es im Folgenden nur um Verwaltungswissenschaft geht), darauf verweist auch March, ist sicherlich überzogen und idealisiert, denn auch die Skandinavier streiten gern, arbeiten durchaus auch quantitativ und modelltheoretisch, und natürlich gibt es gerade in den USA viele Organisations- und Verwaltungswissenschaftler, die keineswegs quantitativ und eng positivistisch orientiert sind und die überdies die Skandinavier entscheidend beeinflusst haben, aber dennoch trifft die Charakteristik das zentrale Selbstverständnis der skandinavischen Schule.

Im Folgenden soll es zunächst darum gehen, die Entwicklung und die Hintergründe dieser spezifischen skandinavischen Schule der Verwaltungswissenschaft nachzuzeichnen, und zwar im Kontrast zur entsprechenden deutschen Entwicklung. Danach werden zentrale Annahmen, Konzepte und Aussagen kurz skizziert, und die Relevanz dieser Ansätze für aktuelle Diskussionen sowohl der verwaltungspolitischen Praxis wie auch für die verwaltungswissenschaftliche Forschung und Lehre werden erläutert, in dem zwei aktuelle Bereiche aufgegriffen werden, nämlich die Diskussionen über die Voraussetzungen und Folgen von Verwaltungsreformen und Verwaltungspolitik und über die Zukunft der Bürokratie. Der Beitrag schließt mit einer kurzen Zusammenfassung zur praktischen Relevanz dieser Ansätze.

2. Entwicklung: Praktische Fragen und theoretische Antworten

Der deutschen Verwaltungswissenschaft ist immer wieder ihre zu große Nähe zur Praxis vorgeworfen worden. Sie habe ihre Forschungsthemen und Ansätze nach den mehr oder weniger kurzfristigen Erfordernissen und Anreizen der Verwaltungspraxis ausgerichtet und habe ihre Forschungsfragen daher nicht, wie es die wissenschaftliche reine Lehre erwartet, an empirischen oder theoretischen Ungereimtheiten oder *Puzzles* orientiert, sondern an dem, was gerade praktisch und politisch opportun und aktuell war. Dies sei einer der zentralen Gründe für ihre geringe theoretische wie methodologische Reflexionstiefe (Fach 1982).

Interessanterweise ist auch die skandinavische Verwaltungsforschung entscheidend durch praktische Problemstellungen und Anstöße und damit auch Fragestellungen und Forschungsgelder inspiriert worden. Auch in Skandinavien wurden verwaltungswissenschaftliche Lehrstühle und Ausbildungsgänge, ähnlich wie in Deutschland, erst seit den sechziger Jahren in der Regel in Verbindung mit dem Ausbau des Interventionsstaates etabliert. Der entscheidende Unterschied zur deutschen Entwicklung bestand darin, dass in Skandinavien (vielleicht mit Ausnahme von Schweden) die theoretische und empirische Orientierung nicht vorrangig in der sich in dieser Zeit in den USA entwickelnden Policy-Forschung gesucht wurde, sondern in der modernen, verhaltenswissenschaftlichen Organisations- und Entscheidungstheorie.

Die Entwicklung der deutschen Verwaltungswissenschaft ist verschiedentlich nachgezeichnet worden (zuletzt Benz 2005; Bogumil/Jann 2005). Nach unterschiedlichen Anstößen in den sechziger Jahren, wurde das Konzept einer neuartigen, policy-orientierten „Verwaltungswissenschaft als Teil der Politikwissenschaft" von Scharpf (1973, zuerst erschienen 1971) programmatisch formuliert und – zunächst vor allem in Konstanz – zumindest in Ansätzen umgesetzt. Verwaltungswissenschaft sollte inter-disziplinär, problem- und anwendungsbezogen, auf höchstem wissenschaftlichen Niveau und vor allem an staatlichen oder öffentlichen Aktivitäten, also Public Policies, und nicht an klassischen staatlichen Organisationen und Institutionen und damit der öffentlichen Verwaltung im engeren Sinne, ausgerichtet sein. Das Beispiel der zu diesen Zeitpunkt entstehenden amerikanischen Policy Schools ist unverkennbar (Jann 1987). Darin spiegelt sich auch der rapide Ansehensverlust der amerikanischen Public Administration als Disziplin nach dem Zweiten Weltkrieg, der, genau wie später der deutschen Verwaltungswissenschaft, vorgeworfen wurde, sie sei theorie- und empiriefern, stark präskriptiv und naiv anwendungsfixiert. Diese Kritik kam in den USA verstärkt aus den neuen Policy Schools, „charging traditional public administration with insufficient vigor and an affinity for institutional description rather than analysis of choice and action" (Lynn 2001: 146) – Lynn fügt allerdings hinzu „failings, it must be noted, that these schools have since shown little inclination to remedy".

Wie dem auch sei, in Deutschland, wie in den USA, wurde daraus der Schluss gezogen, eine moderne verwaltungswissenschaftliche Lehre und Forschung nicht an der klassischen institutionell ausgerichteten Public Administration[1] als Fach und Disziplin auszurichten, sondern sie konsequent an Public Policies zu orientieren. Der etwas missverständliche deutsche Name „Verwaltungswissenschaft" wurde vermutlich nur gewählt, weil es bei uns kein eingängiges Pendant zu Public Policy gibt.

Die weitere Entwicklung ist bekannt. Die Policy-Orientierung entwickelte sich in Deutschland schnell zu einem der angesehensten und produktivsten politikwissenschaftlichen Bereiche. Allerdings wechselte auch der Fokus sehr schnell von Fragen der Steuerungsfähigkeit öffentlicher Organisationen und Akteure (wie sie noch in der Projektgruppe Regierungs- und Verwaltungsreform im Vordergrund gestanden hatten), zu Fragen der Steuerbarkeit gesellschaftlicher, wenn auch oft staatsnaher Sektoren. Fragen der organisatorischen und institutionellen Wirkung und Gestaltung des öffentlichen Sektors wurden in den Hintergrund gedrängt gegenüber den Strukturen und institutionellen Arrangements der zu steuernden Bereiche. Die aktuelle Governance-Diskussion markiert den derzeitigen Endpunkt dieser Entwicklung.

Anders in Skandinavien. Wenn man so will, wurde hier die vernichtende Kritik an der überkommenen klassischen Public Administration und ihrer deskriptiven und präskriptiven Ausrichtung ernster genommen, und es wurden andere Schlüsse daraus gezogen. Einer der schärfsten Kritiker der klassischen Verwaltungswissenschaft war bekanntlich bereits in den vierziger Jahren der spätere Nobelpreisträger für Ökonomie Herbert Simon, der seine Karriere als Verwaltungswissenschaftler und mit einem verwaltungswissenschaftlichen Lehrbuch begonnen hatte. Er warf der herrschenden Lehre der amerikanischen Public Administration vor, ihre präskriptiven Aussagen und allgemeinen Prinzipien seien weitgehend unbrauchbar. Sie gingen von falschen Prämissen aus und würden sich überdies noch widersprechen, seien also nur *Proverbs of Administration*, die berühmten Sprichworte der Verwaltung (Simon 1946). Sie seien auch nicht, wie be-

---

1 Großgeschrieben ist damit immer das akademische Fach gemeint.

hauptet, universell anwendbar, wissenschaftlich fundiert und aus Erfahrung gewonnen, sondern stattdessen kulturbedingt, normativ und kontextabhängig. Im Gegensatz dazu formulierte er das Projekt einer empirisch und theoretisch gehaltvollen verhaltenswissenschaftlichen Organisations- und Entscheidungstheorie, ausgehend vom Konzept der *bounded rationality* (Simon 1945), das die moderne Organisationstheorie entscheidend beeinflusst hat.

Genau dieses Konzept der begrenzten Rationalität war in den sechziger Jahren Ausgangspunkt der Etablierung der Verwaltungswissenschaft in Skandinavien, z.B. in Norwegen durch *Knut Dahl Jacobsen* (siehe hierzu mit umfassenden Nachweisen (Christensen/Lægreid 2004). Die damals auch in Norwegen, ähnlich wie in Deutschland und auch im restlichen Skandinavien vorherrschende klassisch deskriptive und normative institutionelle Sichtweise der öffentlichen Verwaltung (der „alte" Institutionalismus) wurde abgelöst durch eine explizite Kombination politikwissenschaftlicher und organisationstheoretischer Ansätze. Diese bis heute in der internationalen Szene einzigartige Kombination ist der Grundstock der skandinavischen Schule. Die Entwicklung ist umso bemerkenswerter, als Verwaltung und Verwaltungswissenschaft auch in Skandinavien bis in die fünfziger Jahre eine eindeutige Domäne der Juristen waren.

Ausgangspunkt der neuen Sichtweise waren theoretisch inspirierte und empirische Studien von Entscheidungsprozessen in formalen Organisationen. Normative, juristisch wie ökonomisch inspirierte Vorstellungen von rationalem oder richtigem Entscheiden wurden ersetzt durch empirische Studien realer Entscheidungsprozesse. Der entscheidende „*Great Leap Forward*" (Christensen/Lægreid 2004) gelang schließlich mit der ersten norwegischen *Maktudredning* (1972–1982), einer groß angelegten, vom norwegischen Parlament initiierten, umfassenden Untersuchung mit dem Mandat, „die faktischen Machtverhältnisse in der norwegischen Gesellschaft" zu kartographieren. *Johan P. Olsen* war einer der drei verantwortlichen wissenschaftlichen Leiter, und in diesem Rahmen legte er erste Untersuchungen zur „Politischen Organisierung" vor, mit dem Untertitel „organisationstheoretische Gesichtspunkte zu Demokratie und politischer Ungleichheit[2]" (Olsen 1978). Ziel war zu klären, „in welchem Grad und auf welche Art und Weise die Organisation öffentlicher Entscheidungsprozesse politische Ungleichheit schafft oder festigt" (Olsen 1978: 7f.), und die politisch-administrative Organisation spielte dabei eine herausragende Rolle. Politische Steuerung wurde als organisatorisches Problem und damit als Gegenstand der Organisationstheorie definiert: „The focus was on actors who represented formal organizations, and how their models of thought and action, their decision premises and decision behaviour are formed by the organization and the organizational context they belong to" (Christensen/Lægreid 2004: 682).

Im Rahmen der ersten Machtuntersuchung wurden eine ganze Reihe empirischer Studien von Entscheidungsprozessen in und zwischen öffentlichen Organisationen durchgeführt, z.B. inwieweit Entscheidungen des Kabinetts durch den organisatorischen Rahmen, in dem diese Entscheidungen vorbereitet werden, beeinflusst werden (Olsen 1983). Gleichzeitig gab es eine erste umfassende Befragung der Mitarbeiter der öffentlichen Verwaltung (Lægreid/Olsen 1978), bezüglich der vorherrschenden Ansich-

---

2 Titel und Texte aus den skandinavischen Sprachen übersetzt von WJ.

ten, Werte, Kontakte und Kontrollmuster (die dann 1986 und 1996 ausgeweitet und wiederholt wurden) (Christensen/Lægreid 1998). Während dieser Zeit wurde der enge Kontakt zwischen *James March*, Koautor mit Simon eines klassischen organisationstheoretischen Lehrbuchs der sog. *Carnegie School* der Organisationstheorie (March/Simon 1958), und *Johan P. Olsen* geknüpft, und es wurde gemeinsam eine umfassende empirische Untersuchung über *Ambiguity and Choice in Organisations* (March/Olsen 1976) durchgeführt, „an attempt to understand how organizations deal with ambiguity – goals that are unclear, technologies that are imperfectly understood, histories that are difficult to interpret, and participants who wonder in and out" (March/Olsen 1976: 8), wie es für politische Entscheidungssituationen typisch ist. Zentrales Beispiel waren Universitäten, und Kollaborateure kamen aus allen skandinavischen Ländern. Die berühmte *Garbage-Can*-Theorie (Cohen/March/Olsen 1972) ist ein Ergebnis dieser Kooperation.

Der Erfolg dieses ersten „großen Sprungs nach vorn" ist unumstritten, eine beeindruckende und beneidenswerte „success story in terms of research projects, theoretical insights, curricula development at universities, number of graduates in important administrative positions and their political influence" (Kickert/Stillman 2004: 678). Die weitere Geschichte ist eine der Konsolidierung und Differenzierung, dokumentiert z.B. durch repräsentative Lehrbücher (etwa Christensen/Egeberg 1997; Rothstein 1997; Christensen et al. 2004) und insbesondere der weiteren Entwicklung neo-institutionalistischer Ansätze (March/Olsen 1984, 1989, 1995), unterstützt durch weitere umfangreiche Forschungsprogramme (etwa das verwaltungswissenschaftliche LOS-Zentrum, jetzt Rokkancenter, in Bergen), aber auch durch umfangreiche empirische Untersuchungen und Erhebungen, etwa einer Datenbank über die wichtigsten formalen Änderungen im Bereich der Ministerien, des öffentlichen Dienstes und der öffentlichen Unternehmen seit 1947 (Lægreid et al. 2003). Auch wenn in der Leitung der neuesten norwegischen Machtuntersuchung (Østerud/Engelstadt/Selle 2003) kein Verwaltungswissenschaftler beteiligt war, sind auch in diesem Zusammenhang weitere Untersuchungen über die Voraussetzungen und Folgen institutioneller Veränderungen unter der Überschrift des „fragmentierten Staates" gefördert und durchgeführt worden (Tranøy/Østerud 2001).

Ähnlich wie in Norwegen, wo die theoretische und empirische Entwicklung entscheidend durch den Anstoß und die Nachfrage der Praxis, und insbesondere durch die erste Machtuntersuchung, beeinflusst wurde, wurde auch in Schweden eine Machtuntersuchung eingesetzt (1985–1990, SOU 1990: 44) – und auch hier war Johan P. Olsen einer der drei verantwortlichen Leiter (zu den wissenschaftlichen Beratern gehörten u.a. James March, Fritz W. Scharpf und Theda Skocpol). Während insgesamt wie erwähnt in Schweden eher eine amerikanisch inspirierte Policy-Orientierung dominiert (siehe etwa Premfors 1989), und in den Ergebnissen der *Maktudredning* verwaltungswissenschaftliche Fragen eher eine geringe Rolle spielen, wurden dennoch im Gefolge wiederum wichtige organisations– und verwaltungswissenschaftliche Studien durchgeführt, in diesem Fall insbesondere zur Frage der Voraussetzungen und Folgen administrativer Reformen (Brunsson/Olsen 1993, zuerst schwedisch 1990). Dazu kamen empirische Untersuchungen zu Voraussetzungen von Organisationsänderungen (Czarniawska-Joerges 1988) und den Kontakten der Ministerialverwaltung (Petersson 1989), aber auch zwei der modernen Klassiker der Organisations- und Verwaltungswissenschaft, *Rediscovering Institutions* (March/Olsen 1989) und *The Organization of Hypocracy* (Brunsson 1989), werden als in Verbindung mit der schwedischen Machtuntersuchung entstanden aufgeführt (SOU 1990: 44, 430). Anders als in Norwegen hat sich in Schweden die Verbindung zwischen Organisationstheorie und Politikwissenschaft allerdings weniger an den sozialwissenschaftlichen Fakultäten etabliert. Dominant sind hier die *Business Schools*, an denen die gesamte moderne skandinavische Organisationstheorie besonders stark vertreten ist (vgl. Czarniawska/Sevón 1996) bzw. die Zusammenarbeit in spezifischen Forschungsinstitutionen wie dem Stockholm Centre for Organizational Research (SCORE). Bemerkenswert ist hier die starke theoretische Grundlegung empirischer Studien, etwa in einer umfangreichen Anwendung des historischen Institutionalismus und des Konzepts der Pfadabhängigkeit auf die Entwicklung des schwedischen Konzepts der Resultatsteuerung (Sundström 2004).

Und auch in Dänemark ist die Entwicklung der politikwissenschaftlich verankerten Verwaltungswissenschaft eine Erfolgsgeschichte (Christensen/Knudsen 2004; Jensen/Nørgaard/Sørensen 2004). Anfang der sechziger Jahre wurde der erste politikwissenschaftliche Studiengang mit verwaltungswissenschaftlicher Ausrichtung in Aarhus etabliert, 1969 wurde der erste Absolvent in einem dänischen Ministerium eingestellt, und inzwischen haben Politologen hervorragende Berufschancen im öffentlichen Sektor und machen über 10 % der etwa 140 dänischen Top-Verwaltungspositionen aus, mit ähnlichen Anteilen im Bereich der Kommunalpolitik. Derzeit gibt es an fünf dänischen Universitäten zehn verwaltungswissenschaftliche Lehrstühle (bei ca. 5 Mio. Einwohnern; entsprechend müsste es in Deutschland mehr als 150 Lehrstühle geben). Die theoretische Basis ist heterogener und breiter als in Norwegen, aber auch in Dänemark war Ausgangspunkt die Ergänzung einer klassisch juristisch-institutionalistischen Sichtweise mit der Simonschen Entscheidungstheorie (Meyer 1979), und es gab daher von Beginn an umfangreiche empirische Studien von Entscheidungsprozessen, sowohl auf zentraler und kommunaler Ebene, und selbstverständlich einen intensiven Austausch mit den anderen skandinavischen Ländern. Institutionelle Analysen sind breiter aufgestellt, sie umfassen auch eindeutiger historische, ökonomische und konstruktivistische Ansätze (Jensen/Nørgaard/Sørensen 2004), und auch wenn Christensen/Knudsen (2004: 146) die weitere Entwicklung aufgrund veränderter zukünftiger Anforderungen skeptisch sehen, kommen sie doch zu dem Schluss „the political science based branch of modern institutional theory has gained theoretical insights that are relevant to practitioners because they both consider the political constraints within which design problems have to be solved, and are able to span the economic analysis of individual level incentives and the sociological analysis of social and organizational norms".

Auch in Dänemark hat es schließlich in den 90er Jahren verschiedene umfangreiche Forschungsprogramme gegeben, z.B. ein sog. Demokratieprojekt, in dem umfangreiche empirische Studien u.a. zur Internationalisierung und zu unterschiedlichen Identitäten in öffentlichen Verwaltungen durchgeführt wurden (Antonsen/Jørgensen 2000). Des Weiteren eine umfassende Machtuntersuchung, in der erneut ein angesehener Verwaltungswissenschaftler, *Torben Beck Jørgensen*, einer der Leiter war, und in der die verschiedenen Veränderungstendenzen des öffentlichen Sektors, sowohl bezüglich seiner Organisationsformen, seines Personals, seiner politischen Steuerung und der vorherrschenden normativen Bilder und Werte empirisch nachvollzogen wurden (als Überblick Togeby et al. 2003: 136ff.). Besonders hervorzuheben sind darüber hinaus umfangreiche historische und empirische Studien administrativer Veränderungen (Knudsen 2000), von Netzwerken (Andersen et al. 1999; Bogason 2001), von Effekten administrativer Reformen (Hansen 2005) und eine instruktive Studie über die Institutionenpolitik des dänischen Finanzministeriums, die verschiedene institutionelle Erklärungen kombiniert (Jensen 2003a, 2003b).

Die empirische wie theoretische Breite und Differenzierung der skandinavischen Verwaltungswissenschaft, die auch immer wieder durch gemeinsame Veröffentlichungen unterstützt wurde (etwa Lægreid/Pedersen 1999; Jacobsson/Lægreid/Pedersen 2004) und die hier nur oberflächlich angedeutet werden kann, ist keineswegs zu unterschätzen. Aber dennoch ist die Bedeutung und der Einfluss der skandinavischen Schule vor allem mit neo-institutionalistischen Ansätzen verbunden (Jørgensen 1996: 98). Bevor versucht werden soll, diese theoretischen Besonderheiten etwas genauer herauszuarbeiten, soll kurz zusammengefasst werden, worin zentrale Unterschiede zur Entwicklung in Deutschland gesehen werden können.

Die Differenz liegt zunächst nicht etwa darin, dass die deutsche Verwaltungswissenschaft mehr praxisorientiert war und ist, mehr auf direkte politische und administrative Nachfrage reagiert hätte, und daher theoretisch und empirisch ins Hintertreffen geraten ist. Eher im Gegenteil. Die skandinavische Entwicklung zeigt deutlich, dass intensive Praxiskontakte, einschließlich der direkten und umfassenden Einbindung in staatliche Forschungsprogramme, keineswegs zu atheoretischer, nur „angewandter" Forschung führt. Wenn etwas auffällig ist, ist es die viel stärkere öffentliche Förderung, aber auch die viel stärkere politische und administrative Nachfrage nach sozialwissenschaftlich orientierter verwaltungswissenschaftlicher Forschung in Skandinavien. Dabei ist aber auch offenkundig, dass diese Nachfrage durch ein dezidiertes und nachfrageorientiertes Angebot erst geschaffen wurde, sie war keineswegs von Beginn an vorhanden.

Die zweite Besonderheit besteht darin, dass Verwaltungswissenschaft von vornherein als akademische Disziplin aufgefasst wurde und nicht als Profession, d.h. mehr orientiert an der wissenschaftlichen Analyse und Erklärung der Realität, als an einer vorrangig praxisnah definierten Ausbildung (Jørgensen 1996). Hier ist man in Skandinavien einen eindeutig anderen Weg gegangen als z.B. in den angelsächsischen Ländern. In Deutschland hat man sich lange für keine der Richtungen entschieden (die derzeit wieder populären Policy- und Governance-Schulen tendieren allerdings eindeutig in Richtung Profession).

Damit zusammen hängt drittens die dezidierte theoretische Orientierung der skandinavischen Schule, und dabei die Konzentration auf die Probleme, Voraussetzungen und Folgen öffentlicher und formaler Organisationen und Institutionen, und daraus folgend die vierte Auffälligkeit, nämlich die explizite Einbettung der öffentlichen Verwaltung in umfangreichere Kontexte, die verhindert, Verwaltung als rein oder vorrangig technisches Problem zu sehen. Dabei spielen unterschiedliche Kontexte eine Rolle, insbesondere der immer wieder hervorgehobene politische Kontext, z.B. durch institutionelle Arrangements wie Parlamentarismus, Parteiendemokratie, Korporatismus oder Wohlfahrtsstaat, aber eben auch die durch die Organisationstheorie betonte Bedeutung kultureller, institutioneller und binnen-organisatorischer Kontexte für Entscheidungen und Outcomes. Genau diese spezifische, auf öffentliche Organisationen ausgerichtete Orientierung ist der deutschen Verwaltungswissenschaft aufgrund ihres expliziten und dominierenden Policy-Bezugs abhanden gekommen, bevor sie sich in den Fakultäten und Fachbereichen, aber auch in den etablierten Wissenschaftsnetzwerken (etwa der DFG) überhaupt etablieren konnte.

Tatsächlich besteht in Deutschland eine gewisse Verwirrung, was eigentlich gemeint ist, wenn man von Verwaltungswissenschaft spricht. Zum einen gibt es ein Verständnis „im weitesten Sinne": Hier ist Verwaltungswissenschaft inter-disziplinär, problem-, anwendungs-, policy- und inzwischen governance-orientiert (Bogumil/Jann 2005b: 17–45; Benz 2005), d.h. im Kern eine Inter-Disziplin verschiedener Verwaltungswissenschaften, ausgerichtet auf staatliche Steuerung. Allerdings hat man sich in Deutschland nie ernsthaft damit auseinandergesetzt, wie dieses Fach zu organisieren wäre.

Dieses breite Verständnis war der ursprüngliche Impetus der Konstanzer Verwaltungswissenschaft, es orientiert sich an den amerikanischen Policy-Schools der 70er Jahre und wird inzwischen von den neuen Governance-Schulen weiter geführt. Allerdings hat diese Auffassung von Verwaltungswissenschaft immer unter ihrem missverständlichen Namen gelitten, der den umfassenden inter-disziplinären Bezug auf staatliches oder kollektives Handeln, eben Public Policies, nicht hinreichend verdeutlicht, sondern trotz allem das Image der staubigen Aktenpläne und Organigramme nie ganz abwerfen konnte. Verwaltungswissenschaft hat es in Deutschland nie geschafft, den Geruch von aufregender und interessanter politischer Praxis zu verbreiten, wie die amerikanischen Policy Schools. Darin spiegelt sich natürlich auch eine klassische, nicht überwundene instrumentelle und unpolitische Sichtweise der Verwaltung, trotz aller Versuche, die politische Relevanz der Verwaltung im Mainstream der Politikwissenschaft zu verankern (etwa Ellwein 1966). Zum anderen leidet diese sehr breite Konzeption aber auch daran, dass die Intentionen eines wirklich inter-disziplinären, praxis-orientierten Lehr- und Forschungsprogramms an einer klassischen deutschen Fakultät auf Dauer nicht durchzusetzen waren, selbst nicht in Konstanz, an einer „Fakultät für Verwaltungswissenschaft".

Von dieser weiten Interpretation unterschieden werden kann eine andere Sichtweise, die insbesondere die institutionellen und organisatorischen Voraussetzungen und Folgen staatlichen oder besser politischen Handelns ins Visier nimmt, also Verwaltungswissenschaft „im engeren Sinne". Hier geht es auch um Public Policies und alternative Governance Strukturen, aber immer aus der Perspektive öffentlicher, d.h. politisch kontrollierter Organisationen und Institutionen. Genau diese Vorstellung von Verwaltungswissenschaft ist der Kern der skandinavischen Schule.

3. Grundannahmen: Verwaltung als Institution

3.1 Rationalität und Instrumentalität

Grundlage der skandinavischen Schule ist wie erwähnt die Auseinandersetzung mit rationalistischen oder instrumentellen Organisations- und Entscheidungstheorien (vgl. zum Folgenden das grundlegende Lehrbuch von Christensen et al. 2004; siehe auch

Bach 2005; Antonsen/Jørgensen/Greve 2000; Jann 2004). In dieser „klassischen" Sichtweise werden Organisationen, und dies gilt sowohl für Firmen, aber gerade auch für öffentliche Organisationen und Bürokratien, vorrangig als Instrumente oder Werkzeuge zur Erreichung extern gesetzter Ziele oder Zwecke gesehen. In klassischen Bürokratien werden exogene Zielvorgaben und Zwecke, d.h. durch Gesetze oder hierarchische Anweisungen durch vorgesetzte Stellen, ohne Ansehen der Person, „sine ira et studio", verlässlich, nachvollziehbar, stetig usw. durchgeführt – so zumindest die sowohl normativ wie empirisch weit verbreiteten Annahmen.

In dieser Sichtweise sind die formalen Strukturen und Prozesse von Organisationen von entscheidender Bedeutung. Wichtig und entscheidend für eine effiziente und effektive Organisation sind klare und eindeutige Ziele und Aufgaben, eine darauf ausgerichtete Arbeitsteilung und Verantwortungsstruktur, die die Verteilung von Kompetenzen und Entscheidungsgewalt eindeutig regelt, und generell klare Regeln, in denen diese Vorgaben festgehalten und niedergelegt sind. Die Führungskräfte von Organisationen sind für das formale und inhaltliche „organisatorische Design" zuständig. Durch die Veränderung von formalen Regeln, Prozessen und Strukturen kann und soll die Leistungsfähigkeit und Zielerreichung der jeweiligen Organisation gesteuert werden, so die zentrale Annahme. Organisationen sind in dieser Sichtweise zweckgerichtete und durch Führungskräfte steuer- und formbare Gebilde.

Dies ist das klassische Bild der ziel- und zweckgerichteten Bürokratie als neutralem Werkzeug extern gesetzter Vorgaben und Anforderungen, das sich gern auf Max Weber beruft, auch wenn dieser bekanntlich die formellen und informellen Auswirkungen und Zwänge von Bürokratien überaus kritisch sah, und für den das „Sinnverstehen" einer Ordnung so sehr im Zentrum steht, dass man ihn sehr gut für den unten dargestellten Neoinstitutionalismus in Anspruch nehmen kann (Weber 1968; Olsen 2001, 2006). Die klassischen Management-Theorien von Taylor, Fayol oder Gullick/Urwick gehören auf jeden Fall zu dieser Sichtweise, aber auch die empirische Entscheidungstheorie von Simon geht davon aus, dass trotz oder gerade wegen begrenzter Rationalität der Organisationsmitglieder die formalen Organisationsstrukturen durch Zuweisung von Kompetenzen, Aufmerksamkeit, selektiver Problemperzeption usw. die Problem- und Weltsicht der Organisationsmitglieder bestimmen und damit die Rationalität der gesamten Organisation erhöhen.

In ihrer modernen Form findet man diese Organisations- und Verwaltungstheorie in der Form des ökonomischen Neo-Institutionalismus. Institutionen, und damit auch Organisationen, sind aus dieser Sicht Regelsysteme, die das Verhalten der beteiligen Akteure sowohl ermöglichen wie einschränken. Rationale Akteure interpretieren diese Regeln als Randbedingungen in ihren Abwägungs- und Entscheidungsprozessen. Wenn dann weiter angenommen wird, dass Akteure in aller Regel darauf aus sind, ihre Eigeninteressen durchzusetzen und ihren Eigennutzen zu maximieren, geht es in Organisationen vorrangig darum, die durch organisatorische Regeln gesetzten Randbedingungen nach eigenen Kriterien auszunutzen oder gegebenenfalls zu manipulieren und zu verändern. Im Sinne einer rationalen „Logik der Konsequenz" (*logic of consequentiality*) müssen Akteure in Entscheidungssituationen folgende Fragen beantworten: a) Was sind meine Alternativen? b) Was sind meine Präferenzen und Werte? und c) Was sind die Konsequenzen meiner Alternativen für meine Präferenzen? Gewählt wird dann die Al-

ternative, die die im Hinblick auf die Akteurspräferenzen besten Konsequenzen aufweist (March/Olsen 2004). In Übereinstimmung mit institutionellen Regeln zu handeln beruht daher auf rationalen Abwägungsprozessen, auf mehr oder weniger eindeutigen Verträgen und opportunistischem Verhalten und wird durch Anreize und persönliche Vorteile motiviert und gesteuert. In der modernen Organisationstheorie ergeben
sich aus diesen Annahmen die bekannten Theorien von Prinzipal und Agent, Transaktionskosten und Eigentumsrechten, die dann auf die Verwaltung übertragen werden.

3.2 Kultur und Angemessenheit

Neben diese Sichtweise von Organisationen und Bürokratien aus der Perspektive des
ökonomischen Institutionalismus und die damit verbundene Perspektive der Konse-
quentialität, setzt die skandinavische Schule explizit einen sozialen und kulturellen Institutionalismus und eine damit verbundene „Logik der Angemessenheit" (*logic of appropriateness*), wie sie vor allem von James March und Johan P. Olsen (1989) in die
Diskussion eingeführt wurde. Ausgangspunkt ist auch hier die Annahme, dass formale
Organisationen als Institutionen verstanden werden müssen, aber dass sie erst dadurch
institutionalisiert werden, indem sie neben ihren formalen Regeln und Normen informelle Normen und Werte entwickeln und durchsetzen, und dass diese informellen Regeln für das Verhalten der Akteure mindestens so wichtig sind wie die formellen Regeln und Anreize. Angeknüpft wird dabei an den angelsächsischen soziologischen Institutionalismus, nach dem Institutionen „do not just constrain options; they establish
the very criteria by which people discover their preferences" (Powell/DiMaggio 1991:
11). Daraus werden für Institutionen, insbesondere für öffentliche Institutionen wie
Verwaltungen, weit reichende Schlüsse gezogen:

> „An Institution is a relatively stable collection of rules and practices, embedded in structures of *re-
> sources* that make action possible – organizational, financial and staff capabilities, and structures of
> *meaning* that explain and justify behavior – role, identities and belongings, common purposes, and
> causal and normative beliefs". Institutionen „guide behavior and stabilize expectations. Specific in-
> stitutional settings also provide vocabularies that frame thought and understandings and define
> what are legitimate arguments and standards of justification and criticism in different situations"
> (March/Olsen 2004: 5).

Neben die Logik der Konsequenz gehört daher die Logik der Angemessenheit. Akteure
in realen Situationen fragen sich – schon aufgrund ihrer begrenzten Rationalität und
Ressourcen – in aller Regel nicht, welche möglichen Konsequenzen die jeweils denkbaren Alternativen haben werden, und sie versuchen diese Alternativen meistens auch erst
gar nicht zu ermitteln. Stattdessen handeln sie aufgrund von formellen und informellen Regeln, Routinen und *standard operating procedures*, und versuchen dabei folgende
grundlegenden Fragen zu beantworten: a) Welche Situation ist dies? b) Welche Art von
Person und Akteur bin ich? c) Was tut eine Person wie ich in einer Situation wie dieser?

Diese Logik der Angemessenheit, und dies ist eine zentrale Annahme der skandinavischen Schule, gilt ganz besonders für öffentliche Organisationen, denn diese sind be-

sonders starken normativen Anforderungen und Erwartungen ausgesetzt, weil sie Teil des politischen Systems sind: „Public organisations are an integral part of the political-administrative system, which encompasses a complex ecology of actors, tasks, beliefs, principles, interests, resources and rules" (Christensen/Lægreid 2001: 13). Dabei wird durchaus nicht unterstellt, dass angemessenes Verhalten immer moralisch oder gar effizient sei. Ganz im Gegenteil gehört dazu z.b. auch extrem risikoaverses, rigides regelorientiertes Verhalten („cover your ass" im amerikanischen Jargon). Der Ansatz richtet aber die Aufmerksamkeit wiederum auf die Bedeutung von Normen für die Analyse von Organisationen.

Öffentliche Organisationen, also Ministerien und Behörden, aber auch Krankenhäuser, Universitäten, Gefängnisse usw. usf. sind damit durch eine besondere kulturelle Identität und durch typische Werte und Normen gekennzeichnet. Sie passen sich dabei internen und externen Anforderungen an, und dabei sind sie „pfadabhängig"[3]. Grundlegende Werte und Normen sind viel schwieriger zu ändern als formelle Regeln und Vorschriften.

3.3 Umwelt und Mythen

Neben diese vorrangig interne Sichtweise von öffentlichen Organisationen als Institutionen, die ihr zentrales Augenmerk darauf richtet, wie Organisationen intern strukturiert und stabilisiert werden (auch wenn diese internen Merkmale natürlich durch externe Anforderungen geprägt sind), tritt schließlich eine noch stärker externe Perspektive, die die Bedeutung der Umwelt von Organisationen betont. Hier ist *Nils Brunsson* der hervorragende Protagonist.

Organisationen sind, so die Annahme, für ihren Bestand und für ihr Überleben abhängig von ihrer jeweiligen Umwelt. Das gilt auch für öffentliche Organisationen. Idealtypisch können zwei Arten von Organisationen unterschieden werden (Brunsson 1989): Auf der einen Seite Handlungsorganisationen, die ihre Legitimität und ihre Ressourcen durch Produkte und Dienstleistungen, die auf einem Markt bewertet und verkauft werden, sichern können. Auf der anderen Seite politische Organisationen, die auf externe Unterstützung angewiesen sind und ihre Legitimität durch die Koordination inkonsistenter Anforderungen sichern müssen.

Öffentliche Organisationen müssen sich also stärker an den Erwartungen ihrer Umwelt orientieren und anpassen, um sich zu legitimieren und notwendige Unterstützung zu generieren. Dies gilt ganz besonders, wenn Leistungen und Resultate widersprüchlich, kontrovers, schwer zu definieren und erst recht zu messen sind. Aufbauend auf dem sozial-konstruktivistischen Neo-Institutionalismus (Meyer/Rowan 1977; DiMaggio/Powell 1983) wird daher davon ausgegangen, dass Standards „guten" und „richtigen" Verhaltens oft unabhängig davon, ob sie unter dem Gesichtspunkt einer effizienten und effektiven Problemverarbeitung sinnvoll sind, von Organisationen übernommen werden.

---

3 Auf die verschiedenen internen wie externen Begründungen von Pfadabhängigkeit im historischen Institutionalismus, die natürlich viel umfassender sind, kann hier nur verwiesen werden (Steinmo/Thelen 1992).

Organisatorische Standards, anerkannte und gültige Organisationskonzepte, Maßstäbe guten und richtigen Verhaltens sind daher nach dieser Sichtweise, die ursprünglich anhand von Beispielen aus dem privaten Sektor entwickelt wurde, oft keineswegs empirisch und rational begründet, sondern müssen als „rationale Mythen" aufgefasst werden, als nicht hinterfragte, dennoch als „objektive Wahrheiten" aufgefasste Vorstellungen darüber, wie z.B. „moderne" Organisationen aussehen, nach welchen Prinzipien sie sich organisieren und handeln sollten.

Die einschlägige Theorie des Isomorphismus (grundlegend DiMaggio/Powell 1983; für einen frühen empirischen Bezug auf den Bereich Verwaltung Tolbert/Zucker 1983) interpretiert so die zunehmende strukturelle Gleichheit von Organisation, die ja in vielen Feldern beobachtet werden kann (etwa Krankenhäuser, Schulen, Universitäten, aber eben auch gerade Verwaltungen), wiederum institutionell. Organisationen und öffentliche Verwaltungen ändern sich nach dieser Sichtweise nicht, weil es „rational" überlegene Modelle gibt, etwa in der Form von *„best practices"*, die eindeutig theoretisch und empirisch belegt wären. Diese eindeutigen empirischen Beweise oder theoretischen Modelle gibt es in aller Regel nicht, dennoch gibt es erhebliche Übereinstimmungen und Isomorphien. Organisationen verändern sich, so diese Theorien, weil sie sich legitimieren müssen, und dies geschieht durch sogenannte mimetischen (Imitation als Reaktion auf Unsicherheit) oder normativen Isomorphismus (kognitive Imitation aufgrund von professionellen Standards), oder „erzwungenen Isomorphismus", also die externe Setzung verbindlicher Standards, bei der Anpassung hierarchisch durchgesetzt wird. Ein Beispiel wäre der Siegeszug des NPM in Deutschland in den 90er Jahren, der ja nicht auf empirischen Nachweisen der Überlegenheit der neuen Managementkonzepte beruhte, denn diese gab es zur Zeit der Einführung nicht, und sie sind bis heute schwer nachzuweisen: Auf die verschiedenen immer wieder beschriebenen Defizite der deutschen Verwaltung, insbesondere auf ihr Legitimitätsdefizit („organisierte Unverantwortlichkeit"), hat diese daher mit „allgemein anerkannten", eben „modernen" Veränderungsstrategien reagiert im Sinne einer „Modernisierung der Verwaltung".

Institutionell bedeutet diese Sichtweise, dass Organisationen nicht nur aus formalen Regeln und Normen, wie die instrumentelle Perspektive annimmt, und auch nicht nur aus informellen Regeln und Normen bestehen, sondern auch aus institutionell definierten Vorstellungen über die Wirklichkeit. Institutionen bestehen daher, in einer etwas anderen Begrifflichkeit (Scott 1995), aus einer regulativen (Was muss ich tun?), einer normativen (Was ist angemessenes Verhalten?) und einer kognitiven Säule (Was ist wahr?).

Für die skandinavische Organisations- und Verwaltungswissenschaft sind aus dieser Sichtweise wiederum einschlägige und eingängige theoretische und praktische Schlussfolgerungen gezogen worden. Auf der Grundlage einer Analyse kommunaler Reformprozesse hat Nils Brunsson (1989) seine bekannte Theorie organisatorischer Heuchelei (*organized hypocracy*) formuliert, d.h. der grundsätzlich losen Kopplung zwischen *talk, decision und action* in organisatorischen Reformprozessen, also zwischen Reformrhetorik, Handlungsprogrammen und tatsächlichen Veränderungen von Strukturen und Prozessen. Diese lose Kopplung sieht er aber ausdrücklich nicht als irrational und dysfunktional an, sondern, aufgrund der institutionellen Gegebenheiten von öffentlichen Organisation, für ihren Bestand und ihre Funktionsweise als hochgradig rational, denn:

„There is an element of depression in the political organization, since it is engaged in problems it cannot solve, its members are uncertain about the nature of their situation, and they do not know what should be done; they know or believe that much of what they do is wrong, but it is difficult for them to change their behaviour" (Brunsson 1989: 24).

Aus dieser Perspektive kann schließlich auch der Siegeszug rationalistischer Managementkonzepte und der mit ihnen verbundenen Vorherrschaft einer *logic of consequentiality* institutionalistisch interpretiert werden (Christensen/Røvik 1999). Um in modernen Organisationen „angemessenes Handeln" zu demonstrieren, muss man sich der vorherrschenden Logik rationalen, konsequentiellen Handelns unterwerfen: „the extensive application of rationality and the logic of consequentiality is a very strong ideology permeating modern organizations, to such an extent that behaving appropriately often means demonstrating clearly that one is acting in accordance with this logic" (Christensen/Røvik 1999: 177). Grundlage sind genau die „rationalen Mythen" in modernen Management Büchern, in deren Argumentation die Angemessenheit und die Konsequenz managerialistischen Verhaltens im Sinne einer doppelten Logik analytisch nicht zu trennen sind (Røvik 1998).

3.4 Transformation, Beharrung und Veränderung

Die Besonderheit der skandinavischen Schule besteht schließlich darin, dass sie die drei hier sicherlich verkürzt und zugespitzt dargestellten Sichtweisen nicht gegeneinander ausspielt und auch nicht, wie in wissenschaftlichen Diskursen sonst üblich, immer wieder die Überlegenheit der einen gegenüber den anderen Perspektiven zu beweisen sucht (obwohl ihren Vertretern dies immer wieder unterstellt wird; eine Ausnahme ist Kaiser 2001)[4]. Statt dessen gehen zumindest die meisten Vertreter davon aus, dass organisatorische Aktivitäten, Funktionen, Veränderungen und Ergebnisse nur in Ausnahmefällen zufrieden stellend allein durch eine der drei Perspektiven erklärt werden können, also durch formale Strukturen und rationale Entscheidungen (von oben), durch kulturelle Prägungen und Pfadabhängigkeit (von innen) oder durch rationale Mythen und Isomorphien (von außen).

Selbstverständlich können *true believers* einer dieser Varianten ohne allzu große Probleme die jeweils anderen Perspektiven als *special case* ihrer jeweils bevorzugten Variante einordnen und damit relativieren (March/Olsen 2005). Aus der pragmatischen Sicht der skandinavischen Schule macht es aber Sinn sie zu unterscheiden, denn sie richten die Aufmerksamkeit auf jeweils unterschiedliche Aspekte politisch-administrativer Akteure und Strukturen, auf unterschiedliche erklärende Hypothesen und, nicht zuletzt, auf unterschiedliche Strategien für praktische Schlussfolgerungen für mögliche Reformstrategien (so auch Edeling 1998, 1999).

Um Veränderungsprozesse besser verstehen und erklären zu können, wird daher ein *transformative approach* vorgeschlagen, der Erklärungsfaktoren aus (1) strategischen

---

4 Selbstverständlich gibt es auch andere Ansätze, die verschiedene institutionalistische Ansätze kombinieren, vor allem der Akteurzentrierte Institutionalismus (Mayntz/Scharpf 1995), allerdings spielen dabei öffentliche Verwaltungen nur eine untergeordnete Rolle.

Wahlhandlungen politischer und administrativer Akteure, aus (2) der jeweiligen politisch-administrativen Kultur und Tradition und (3) aus international diffundierenden
und dominierenden politisch-administrativen Ideen und Doktrinen unterscheidet. Dies
bedeutet auch, dass die Konvergenzthese, nach der sämtliche Verwaltungsorganisationen sich in die Richtung einer „best practice" bewegen, bezweifelt wird (Christensen/
Lægreid 2001; ähnlich argumentieren auch Pollitt/Bouckaert 2004; und Pollitt 2001,
der ausdrücklich den Ansatz von Brunsson aufgreift).

Alle drei Erklärungsvarianten müssen daher, nach Auffassung der transformatori-
schen Perspektive, immer zusammen gesehen werden, denn sie wirken gemeinsam. Die
Transformationsperspektive wendet sich damit sowohl gegen die optimistische Auffassung, dass politische oder administrative Akteure umfassende Einsicht in Reformprozesse und Möglichkeiten ihrer Steuerung haben, aber auch gegen die fatalistische Position, dass organisatorische Strukturen, Prozesse und Leistungen durch politische oder
intentionale Interventionen nicht zu beeinflussen seien. Politischen und administrativen
Akteuren wird durchaus Manövrier- und Durchsetzungsfähigkeit zugeschrieben, aber
diese sind begrenzt, nicht zuletzt aufgrund von Umweltfaktoren und dem jeweiligen
historisch-institutionellen Kontext (Christensen/Lægreid 2001: 24f.). Die vielfältigen
Verbindungen zur bekannten Trias des historischen, ökonomischen und soziologischen
Institutionalismus (Hall/Taylor 1996; DiMaggio 1998) sind offenkundig, können hier
aber nicht weiter ausgeführt werden.

Organisationen, und insbesondere öffentliche Organisationen, sind daher aus dieser
Sichtweise immer sowohl durch Stabilität wie durch Veränderungen gekennzeichnet.
Um organisatorischen Wandel, und damit z.B. auch die Möglichkeiten und Grenzen
von Verwaltungsreformen und Verwaltungspolitik verstehen zu können, sind alle drei
Erklärungsvarianten relevant. Neue Ideen und Konzepte werden, so die transformative
Sichtweise, in institutionalisierten Organisationen, von Akteuren, die sowohl konse-
quent wie angemessen Handeln und Handeln wollen, adaptiert, übersetzt, konkretisiert
und angepasst.

4. Relevanz: Lehren für die Praxis

Offensichtlich ist auch die skandinavische Schule der Verwaltungswissenschaft, wie sie
hier skizziert wird, ein soziales Konstrukt. Wissenschaftler werden nicht bewusst Mitglied in dieser Schule, auch wenn sie in ihrer Ausbildung mit zentralen Annahmen und
Autoren regelmäßig konfrontiert werden, und es gibt, anders etwa als beim sehr erfolgreichen dänischen Film, auch keine formellen Regeln und Dogmen, denen man sich
freiwillig unterwerfen kann. So ist auch offenkundig, dass die überaus fruchtbare skandinavische verwaltungswissenschaftliche Forschung weit über die hier skizzierten theoretischen Annahmen hinausgeht (vgl. Bogason 2000). In Dänemark gibt es bspw. Forscher und Forschungsmilieus, die eher einer instrumentellen *rational choice* Sicht nahe
stehen (etwa in Aarhus), die die sozial-konstruktivistische Sicht stärker betonen (etwa
in Roskilde) oder deren Zugang stark historisch geprägt ist (etwa in Kopenhagen).
Auch die empirischen Forschungsfelder weisen eine große Varianz auf, von Studien der
Lokalverwaltungen und/oder besonderen Sektoren (Universitäten, Sozialverwaltungen,

Krankenhäuser etc.) über einzelne Ministerien und deren Zusammenarbeit, *Agencification, Policy Networks*, Phasen des *Policy-Cycles*, insbesondere Implementation und Evaluation, veränderte Governance-Strukturen bis hin zu umfassenden Studien über den Wandel von Personalstrukturen und den im öffentlichen Sektor vorhandenen Werten und Einstellungen und in letzter Zeit vor allem der Internationalisierung und Europäisierung der öffentlichen Verwaltung (siehe Jensen/Nørgaard/Sørensen 2004; Christensen/Knudsen 2004; Christensen/Lægreid 2004; Hernes 2004 für eine erste Übersicht).

Es ist offensichtlich unmöglich, alle diese Studien zu überblicken, geschweige denn, sie in eine kohärente, widerspruchsfreie Struktur einzuordnen, denn selbstverständlich gibt es Widersprüche, Kontroversen, Missverständnisse und erhebliche Lücken. Im Folgenden soll es allein darum gehen, anhand von zwei Bereichen exemplarisch zu zeigen, wie und warum die im Rahmen der skandinavischen Schule entwickelten Konzepte und Annahmen und die in diesem Zusammenhang generierten empirischen Studien nicht nur für die Verwaltungswissenschaft, sondern auch für die politische und administrative Praxis überaus relevant sind. Dabei werden zwei zentrale Aspekte der verwaltungswissenschaftlichen wie verwaltungspolitischen Diskussion herausgegriffen, nämlich die Voraussetzungen und Folgen von Verwaltungsreformen und die Zukunft und Bedeutung bürokratischer Organisationsformen.

4.1 Verwaltungsreformen und Verwaltungspolitik

Ähnlich wie für Deutschland gilt auch für Skandinavien (und z.B. auch für die USA, siehe March/Olsen 1983), dass die Geschichte der öffentlichen Verwaltung seit dem Zweiten Weltkrieg eine Geschichte permanenter Reformen oder zumindest permanenter Reformversuche und damit von Verwaltungspolitik ist, und dass daher die Analyse und Begleitung von Reformprozessen zentraler Gegenstand der verwaltungswissenschaftlichen Forschung war und ist. Auch in Skandinavien gibt es daher eine lange Tradition von Fallstudien von Reorganisationen und Reformprozessen, aber anders als bei uns und auch in den angelsächsischen Ländern hat diese kontinuierliche Beschäftigung mit Verwaltungsreformen, ihren Ursachen, Inhalten und – allzu oft enttäuschenden – Folgen allerdings zu einer intensiven theoretischen Auseinandersetzung mit Reformprozessen geführt (grundlegend Brunsson/Olsen 1993). Fallstudien blieben nicht, wie sonst regelmäßig beklagt, isoliert nebeneinander stehen, sondern die theoretische Integration der vielfältigen Ergebnisse war ein zentrales Anliegen. Dies hat wiederum dazu geführt, dass weitere Fallstudien mit theoretisch inspirierten Fragestellungen und Konzepten arbeiten können. Die immer wieder beschworene und geforderte theoretisch angeleitete Kumulation empirischer Ergebnisse wurde in der skandinavischen Verwaltungswissenschaft tatsächlich in Angriff genommen.

Ausgangspunkt ist wiederum die Auseinandersetzung mit klassischen instrumentellen und rationalistischen Organisationstheorien. Die instrumentelle Sichtweise, also Reformen als „explicitly designed and controlled modifications in organizational structure in order to achieve pre-stated goals" (Brunsson/Olsen 1993: 16) dominiert bekanntlich die Art und Weise, wie von policy-orientierten Reformern, aber auch von ihren Kritikern über Reformen geredet wird, wie sie begründet und bewertet werden. Allerdings hat diese Rhetorik von Verwaltungsreformen und Verwaltungspolitik, so die Annahme dieser Sichtweise, wenig mit realen Reformprozessen zu tun. Eine institutionalistische Sichtweise ist demgegenüber viel besser geeignet, die Aktivitäten von Reformern und die Verlaufsformen und Ergebnisse von Reformen zu verstehen und zu erklären.

Es gibt nach dieser Auffassung keine theoretischen Gründe und auch keine empirische Belege dafür anzunehmen, dass Reformer in der Regel in der Lage sind, Organisationen erfolgreich an Umweltbedingungen anzupassen oder dass Wettbewerb und Selektion tatsächlich ineffiziente Organisationen schnell und verlässlich ausmerzen („history is inefficient", March/Olsen 1989: 54f.). Um die regelmäßig enttäuschenden empirischen Befunde über Verwaltungsreformen zu erklären, ist es daher sinnvoll, Organisationen nicht als Instrumente in der Hand von rationalen Reformern, sondern als komplexe Institutionen mit einer Vielzahl von Akteuren, Interessen und Werten zu sehen. Reformen werden in diesem Ansatz weder allein als Ergebnisse rationaler Anpassung (*rational adaptation*) an interne und externe Probleme (etwa aufgrund von Ressourcenabhängigkeit oder Transaktionskosten), noch als kompetitive Auswahl (*competitive selection*) durch externe Anpassungsprozesse (im Sinne einer *population ecology*) gesehen.

Der Grund liegt darin, dass die instrumentelle Sichtweise die Kapazitäten von Reformern und Reformstrategien überschätzt: „Reformers are assumed not only to know what they want, but be able to diagnose what is wrong with the organization and its performance; to be able to dictate how structures should be changed in order to meet objectives, as well as to have the authority and power to implement reforms" (Brunsson/Olsen 1993: 18). Diese Sichtweise wird als unrealistisch abgelehnt. Für eine auch für die Praxis hilfreiche Theorie kommt es statt dessen darauf an, unhaltbare und unrealistische Annahmen, die zu viel von politischen und administrativen Akteuren verlangen und erwarten, zu vermeiden, um zu einer praktikablen Einschätzung von Reformen zu gelangen. In diesem Sinne dürfen weder das normative und politische Engagement von Akteuren (*morality*), ihre kognitiven Fähigkeiten (*intelligence*) noch ihre Machtbasis (*power*) überschätzt werden. Alle drei sind *bounded*, also durch institutionelle Merkmale begrenzt.

Begrenzte Moralität zeigt sich z.B. durch Zielambiguitäten und -konflikte. Akteure koordinieren ihre Aktivitäten und verfolgen Reformen, ohne in ihren Zielen übereinzustimmen, und ohne dies offen zu legen. Politische Programme und auch Reformstrategien sind hervorragend geeignet, verschwiegene, kontroverse und konfligierende Ziele zu verstecken und zu integrieren. Begrenzte Intelligenz führt zu unklaren oder widersprüchlichen Annahmen über die Effekte organisatorischer Änderungen. Es gibt keine eindeutige theoretische Basis für das Design komplexer Organisationen, und erst recht keine eindeutigen empirischen Ergebnisse, „paucity of evidences stands in sharp contrast to the widely held ideological convictions aroused by alternative organizational proposals, ... proposals for change therefore tend to be contradictory" (Brunsson/Olsen 1993: 19). Das Fehlen eindeutiger Evaluationen administrativer Reformen ist ja auch in Deutschland immer wieder beklagt worden. Die Struktur öffentlicher Organisationen ist, in den Worten von Guy Peters, „the most frequently manipulated and the least understood aspect of public administration" (Peters 1998). Begrenzte Macht ergibt sich schließlich aus der einfachen Beobachtung, dass organisatorische Veränderungen keineswegs automatisch pareto-optimal sind, und daher von Betroffenen, und insbesondere von direkt betroffenen Akteuren, auch keineswegs als notwendig und sinnvoll angesehen werden, sondern statt dessen bekämpft und verhindert werden.

Politische und administrative Akteure müssen daher mit erheblichen Problemen rechnen, sowohl bezüglich ihrer Kapazitäten, ihres Wissens und ihrer Autorität. Dies ist einer der Gründe, warum sie in der Regel nur „Teilzeitreformer" sind und schnell das Interesse an Verwaltungsreformen und Verwaltungspolitik verlieren. Politische und administrative Führungskräfte sind, wie viele empirische Studien zeigen, unwillig, viel Zeit, Energie und Ressourcen in administrative Reformen zu investieren (zumindest über die Ebene von *talk* oder gelegentlich auch *decision* hinaus). Dies ist gut verständlich, denn Erfolge sind in der Regel unsicher, weil die kausalen Effekte und Ziel-Mittel-Beziehungen von organisatorischen Änderungen unsicher sind, die Umwelt widersprüchliche Anforderungen stellt, Leistungen und Erfolge schwer zu messen und zu evaluieren sind, Opposition wahrscheinlich und manifest ist und schließlich tatsächliche Veränderungen eine lange Zeit erfordern (Brunsson/Olsen 1993: 24).

Erklärungsbedürftig ist daher eher, warum Reformen und Verwaltungspolitik dennoch ständig auf der Agenda stehen. Die Antwort lautet: der Versuch allein zählt, oder noch etwas zynischer in einer klassischen Formulierung: der Weg ist alles, das Ziel ist nichts. Verwaltungspolitische Reformen sind für politische Akteure wichtig, um Kritik an der Effizienz, Effektivität oder auch Legitimität öffentlicher Organisationen begegnen zu können. Entscheidend ist, die richtigen, anerkannten Reformen durchzuführen, tatsächliche Veränderungen sind demgegenüber zweitrangig. Für die Legitimation ist es wichtiger, und auch viel einfacher, Reformaktivitäten nachzuweisen, als veränderte Ergebnisse und Wirkungen: „Structural, process or personnel measures are treated as surrogates for outcome measures, and it becomes of vital importance for organizations to maintain normatively approved forms" (Brunsson/Olsen 1993: 24). Genau dies ist das Ergebnis von über zehn Jahren Managementreformen in Deutschland und der gesamten OECD-Welt, nämlich durchaus umfangreiche strukturelle und prozedurale Veränderungen, aber nur schwer nachweisbare Performanz- und Wirkungsverbesserungen (Jann et al. 2004; Pollitt/Bouckaert 2004).

Diese hier sicherlich verkürzt wiedergegebene Argumentation ermöglicht es, verwaltungspolitische Prozesse anders und besser zu verstehen, als dies traditionelle instrumentelle Reformtheorien (und die bekannten Praktiker- und Berater-Klischees) erlauben. Zumindest kann eine Fülle von einschlägigen Beobachtungen sinnvoll in ein theoretisches Konzept integriert werden, und diese müssen nicht, wie es ansonsten oft zu beobachten ist, entweder ignoriert oder als abweichendes, irrationales oder sogar „pathologisches" Verhalten interpretiert werden.

Im Kern verdeutlicht diese Argumentation, warum öffentliche Organisationen als Institutionen nicht einfach verändert werden können, dass Verwaltungspolitik und Verwaltungsreformen erheblichen Restriktionen ausgesetzt sind, und dass Reformer mit begrenzter Moralität, Wissen und Macht rechnen müssen. Sie bedeutet keineswegs, dass politische Führung, institutionelles Design und grundlegende Veränderungen unmöglich sind. Transformationen von Verwaltungen, ihren Strukturen, Prozessen und sogar Kulturen, sind also möglich, aber sie sind offensichtlich viel schwieriger und unsicherer, viel langfristiger und komplexer, als Reformer und Reformtheorien gewöhnlich annehmen. Ein einigermaßen realistisches Modell (vgl. Christensen/Lægreid 2001; siehe auch Christensen/Lægreid/Wise 2002) unterscheidet als erklärende Faktoren von Verwaltungsreformen daher Umweltfaktoren (also etwa Wirtschaft, Technologie, aber auch vorherrschende „rationale Mythen" und Reformmoden), strukturelle Gegebenheiten (der jeweiligen Verfassungs- und Rechtsordnung, aber auch andere formelle Strukturen von Organisationen) und kulturelle Faktoren (also historisch-institutionelle Traditionen und Regeln angemessenen Verhaltens). Auf der Reformebene werden Ideen (talk), Lösungen (decision) und Implementation (action) unterschieden, und auf der Wirkungsebene sowohl interne und externe, potentielle und aktuelle Veränderungen, also Erfahrungen, Praktiken, und Narratives. Theoretisch werden damit instrumentelle, kulturelle und umweltbezogene Erklärungen kombiniert, oder wenn man so will rationale, soziale und historische institutionalistische Erklärungen.

Eine interessante Frage ist in diesem Zusammenhang, wie die Beziehungen zwischen politischer Reformrhetorik und tatsächlichen Veränderungen aussehen, wie ernst also Veränderungen auf der Verlautbarungsebene zu nehmen sind, ob eine Steuerung durch Leitbilder und „Narratives" möglich ist. Ist eine zynische Interpretation angebracht, bei der es der politischen Rhetorik tatsächlich vorrangig darum geht, einen missglückten Reformversuch möglichst schnell durch eine neue Ankündigung zu ersetzen, nach dem Motto, „the best way to get rid of a reform is to launch a new one" und „reforms always look better ex ante than ex post" (Brunsson/Olsen 1993). Handelt es sich bei verwaltungspolitischen Leitbildern nur um „talk", um „image crafting" als „substitute for performance and policy benefits" (Christensen/Lægreid 2003), wie es den modernen „spin doctors" unterstellt wird, oder gibt es robustere Verbindungen zu „decisions" and „action"?

Aus der Sicht der skandinavischen Schule sind drei Hypothesen möglich (Christensen/Lægreid 2003: 10ff.; vgl. auch Jann 2005). Zum einen können verwaltungspolitische Leitbilder als reine Reform-Symbole, als Surrogat für Implementation und Reform-Resultate angesehen werden. Politiker und andere Akteure haben, wie erläutert, erhebliche Probleme mit den Zielen, Instrumenten und der Kontrolle von Reformprozessen, und sie versuchen daher politische Unterstützung durch umfassende Pläne und Versprechungen zu generieren, ausgehend von der Überzeugung, dass Wählerinnen und Wähler sich mehr für Reformversprechungen interessieren als für das, was am Ende herauskommt (Brunsson 1989). Eine zweite Hypothese nimmt an, dass es eine lose Kopplung zwischen Leitbildern und Resultaten gibt. Reformer versuchen eine Doppelstrategie, in der eingängige Leitbilder und Symbole den Reformprozess unterstützen sollen, auch wenn tatsächliche Reformen und Veränderungen inhaltlich wenig mit den Leitbildern zu tun haben (March 1986: 33f.). Nach der dritten Hypothese haben Leitbilder tatsächlich einen direkten Einfluss auf die Formulierung, Implementation und Wirkung von Reformen. Die Reform-Praxis kann die Leitbilder als konkrete Anhaltspunkte benutzen, und da Leitbilder eher abstrakt sind, können sie zur Vereinheitlichung und Stabilisierung der Reformpraxis beitragen. Reform-Leitbilder werden als institutionalisierte Standards an die Bedürfnisse der jeweiligen Organisation angepasst, übersetzt und redigiert, aber sie können gerade daher dennoch den Reformpfad anleiten. Oder sie können sogar als „Reform-Viren" wirken, d.h. sie entfalten ihre Bedeutung erst nach geraumer Zeit, wenn die eingebauten Blockaden der Organisationen überwunden sind und sich die Akteure an die neuen Ideen gewöhnt und mehr über sie gelernt haben (March/Olsen 1983: 287f.).

In diesem Sinne kann z.B. auch die deutsche Entwicklung interpretiert werden. Eine zynische Sichtweise sieht vor allem den symbolischen Wert neuer Leitbilder, etwa des „schlanken" oder „aktivierenden" Staats. Dies mögen eingängige Slogans sein, aber sie erzeugen vor allem das bekannte Problem des reformatorischen *oversell*, wiederum sehen die Reformen ex ante viel beeindruckender aus als ex post. Die politische Führung entdeckt schnell, dass es erhebliche Abstände gibt zwischen den guten Intentionen und der tatsächlichen Konkretisierung und Umsetzung von Reformprozessen. Darüber hinaus sind Politiker mit vielen anderen Aufgaben überlastet, sie haben die bekannten Kapazitäts-, Aufmerksamkeits- und Autoritätsprobleme. Sie sind allenfalls Teilzeit-Reformer, die daher in komplizierten und langwierigen Veränderungsprozessen oft unterliegen. Aus allen diesen Gründen verstärken die Probleme der Definition und Kontrolle entsprechender Reformprozesse die Neigungen der Politik, die Diskussion umfassender Leitbilder zu nutzen um zu verbergen, dass handfeste Resultate kaum vorzuweisen sind.

In einer norwegischen Untersuchung über NPM-Reformen wurde das zuständige Ministerium (für Arbeit und Regierungsorganisation) von den beteiligten Ministern und Top-Bürokraten genau in dieser Weise kritisiert: es habe Reformmythen geschaffen und die Reform zu stark „verkauft", es habe keine realistischen Pläne für die Implementation gehabt, die konkrete Reformpolitik sei widersprüchlich gewesen und schließlich sei es nicht gelungen, wichtige andere Akteure (etwa das Finanzministerium oder die Gewerkschaften) als Verbündete zu gewinnen (Christensen/Lægreid 2003: 18). So ähnlich ist auch die Politik des Bundesinnenministeriums bei der Umsetzung des Leitbildes des „aktivierenden Staates" kritisiert worden (Reichard/Schuppan 2000), bei der allenfalls eine „lose Kopplung" zwischen ohnehin notwendigen (und durchaus sinnvollen) Reformen und dem übergreifenden Leitbild konstatiert wurde.

Allerdings ist auch eine alternative, institutionalistischere Interpretation möglich, bei der die Diskussion neuartiger Leitbilder hilft, zentrale Intentionen zu kommunizieren und wichtige Akteure als Verbündete zu gewinnen. Sinngebung und Legitimation von Verhalten und Aktionen werden als notwendige Elemente der Staats- und Verwaltungsmodernisierung gesehen, und politische Führung ist daher eine Frage des Schaffens, Aufrechterhaltens und der Entwicklung von Sinn, Bildern, Doktrinen und Begründungen für Reformprozesse in unsicheren und widersprüchlichen Situationen. Substantielle Politik und symbolische Interpretation können und müssen sich gegenseitig verstärken und so eine solide Basis für die Autorität und Legitimität von Reformen schaffen.

Verwaltungsreformen sind also aus dieser Sichtweise durchaus möglich, und können auch durchaus erfolgreich sein, aber eher im Sinne von „short run failures and long run successes" (March/Olsen 1983: 288). Jedes umfassende Reformprojekt wird, aus den oben genannten Gründen, die Mehrzahl seiner Ziele verfehlen und, da überdies Reformprojekte kaum angestoßen und propagiert werden können, ohne dass sie mehr versprechen als sie jemals liefern können, letztendlich „scheitern". Aber die stetige Wiederholung grundlegender Ideen und Argumente über einen längeren Zeitraum machen einen Unterschied. Verwaltungsreformen sind also nur möglich als „revolution in slow motion". Verwaltungsreformen, und Verwaltungspolitik generell, sind nach dieser Auffassung eine „domain of rhetoric, trading, problematic attention, and symbolic action" (March/Olsen 1983: 291), aber gerade dies verdeutlicht ihren immanenten politischen Charakter. Verwaltungsreform ist das genaue Gegenteil eines technokratischen Prozesses, sie ist Teil der Verfassungspolitik und daher eine Form von „civic education", und damit ohne kontinuierliche und explizite öffentliche Diskurse unmöglich und undenkbar.

4.2 Regeln, Demokratie und die Renaissance der Bürokratie

Ein weiteres Beispiel für die empirische wie praktische Bedeutung der skandinavischen Schule ist die aktuelle Diskussion über die Zukunft der Bürokratie. Ausgangspunkt sind hier die bekannten Thesen vom sowohl empirisch beobachtbaren wie normativ erwünschten langfristigen Bedeutungsverlust bürokratischer Organisations- und Steuerungsformen. Bürokratien gelten als organisatorische Dinosaurier, deren langsamen aber unvermeidbaren Todeskampf wir gerade beobachten können: „an undesirable and non-viable form of administration developed in a legalistic and authoritarian society and now inevitably withering away because it is incompatible with complex, individualistic and dynamic societies" (Olsen 2006).

Auch dieser These widerspricht die skandinavische Schule. Zwar gibt es unverkennbare und wichtige Veränderungen in den Strukturen und Prozessen öffentlicher Verwaltungen in den letzten zwanzig Jahren, und noch mehr in der Art und Weise wie über Verwaltungen geredet wird und wie sie porträtiert werden, aber dies bedeutet keineswegs, dass bürokratische Organisationsformen verschwinden, überflüssig werden oder normativ unerwünscht seien. Auch hier ist die Argumentation wiederum institutionalistisch: „Institutions give order to social relations, reduce flexibility and variability in behaviour, and restrict the possibilities of a one-sided pursuit of self-interest or drives. The basic logic of action is rule following – prescriptions based on a logic of appropriateness" (March/Olsen 2005: 8). Dies gilt auch und ganz besonders für Bürokratien, die als Ausdruck und Verstärker kultureller Werte interpretiert werden müssen, z.B. prozeduraler Rationalität und Verlässlichkeit, Rechtsstaatlichkeit und professioneller Standards. Identitäten, Werte und Normen von Akteuren sind aus dieser Sicht nicht Voraussetzung, sondern Ergebnis von institutionellen Arrangements. Im Prinzip werden Individuen also durch die Institutionen, in denen sie agieren, zu egoistischen und opportunistischen Nutzenmaximierern, zu kooperierenden, tauschorientierten Netzwerkern oder zu regelorientierten, neutralen und integren Amtsinhabern.

Ganz abgesehen davon, dass reale Organisationen und die in ihnen agierenden Akteure selbstverständlich nie dem Idealtypus einer weberianischen Bürokratie entsprechen, unterstützen und stärken bürokratisch strukturierte Organisationen dennoch ganz spezifische Werte, Prinzipien, Ziele, Interessen und Vorstellungen von richtigem und angemessenem Verhalten, z.B. in Bezug auf Gleichbehandlung, Fairness, Verantwortlichkeit und Berechenbarkeit. Von entscheidender Bedeutung ist dabei die Akzeptanz und Befolgung von allgemeinen Regeln. Die Herrschaft allgemeiner, abstrakter Regeln gilt in der politischen Philosophie seit langem als Grundlage von Zivilisation und Demokratie. Regeln ermöglichen die Koordination einer Vielzahl von Aktivitäten, sie reduzieren Unsicherheit und Komplexität und erzeugen Konsistenz und Legitimation. Genau aus diesen Gründen sind Bürokratien aus der Sicht von Olsen unverzichtbar.

Selbstverständlich haben Regeln und insbesondere ihre unreflektierte Befolgung auch negative Folgen, und die öffentlichen wie wissenschaftlichen Diskussionen der letzten Jahre haben sich besonders auf diese Pathologien konzentriert. Bürokratische Organisationen gelten als wenig kreativ und innovativ, als „stupid, insensitive, dogmatic or rigid. The simplification provided by rules is clearly imperfect (...) Nevertheless, some of the major capabilities of modern institutions come from their effectiveness in substituting rule-bound behavior for individually autonomous behavior" (March/Olsen 2004: 10).

Während also auf der einen Seite normativ die positiven Merkmale bürokratischer Organisation in Erinnerung gerufen werden, nicht zuletzt die Übereinstimmung mit demokratietheoretischen Vorstellungen von Berechenbarkeit, Zurechenbarkeit und Kontrolle von Verantwortlichkeiten, wird auf der anderen Seite auch der empirische Befund von der schwindenden Bedeutung bürokratischer und hierarchischer Organisationen infrage gestellt. In den Worten von Herbert Simon: „We are so accustomed to hearing our society described as a market economy, that we are often surprised to observe that, since the time of Adam Smith, markets have steadily declined, and business (and governmental) organizations have steadily grown as the principal coordinators of economic activity" (Simon 2000: 1). Tatsächlich wird weltweit eine *rule explosion* konstatiert, es gilt die Regel *more markets, more rules*, und z.B. die Entwicklung der EU ist als Hinwendung zu einem *regulatory state* beschrieben worden. Auch die Ablösung klassischen Vertrauens in das „angemessene Verhalten" z.B. von Lehrern, Sozialarbeitern oder im Gesundheitsbereich, hat im Rahmen von NPM Reformen ja gerade nicht zu weniger Regeln und weniger Kontrolle geführt, sondern zu einer *audit explosion*, und zum *auditory state*.

In der skandinavischen Schule sind gelegentlich allgemeine Modelle staatlicher Organisation unterschieden worden, etwa in Anlehnung an Olsen (1998) der hierarchisch-rationale, der moralisch-kulturelle, der korporatistische und der Super-Markt Staat (Christensen 2003), oder die professionelle, hierarchische, kooperative und responsive Verwaltung (Jørgensen 1993; siehe auch Jann 1998; Bogumil/Jann 2005). Aber diese Unterscheidungen waren genau wie die aktuell geläufige Unterscheidung zwischen bürokratischen, marktlichen und Netzwerk-Organisationen nie als eine historische oder gar logische Abfolge gemeint. Auch hier gilt die Annahme, dass es keine allgemein überlegene Organisationsform gibt, die Rationalität, Verantwortlichkeit und Kontrolle, Ressourcenmobilisierung, Innovation, Verlässlichkeit und Legitimation garantieren kann. Eine Organisation, wie die öffentliche Verwaltung, die gleichzeitig einer Vielfalt widersprüchliche Anforderungen und Standards genügen und diese koordinieren muss, wird und muss, so die Vermutung, eine höhere Komplexität aufweisen, als ein einzigen Organisationsprinzip ermöglichen kann.

Ohne jeden Zweifel waren und sind klassische bürokratische öffentliche Organisationsformen in den letzten Jahren einer verstärkten politischen, wissenschaftlichen und ideologischen Kritik ausgesetzt, und ohne jeden Zweifel sind sie einem erheblichen

Wandel unterworfen. Die empirischen Untersuchungen deuten allerdings keineswegs darauf hin, dass öffentliche Verwaltungen in einer Richtung konvergieren, oder dass bürokratische Organisationen verschwinden. Eher im Gegenteil gibt es vielfältige Hinweise zur kontinuierlichen Bedeutung bürokratischer Organisationsformen, und zwar als unverzichtbares Element einer öffentlichen Verwaltung, die auf der Grundlage unterschiedlicher, konkurrierender Prinzipien organisiert ist und die vor allem demokratischen Kriterien genügen muss: „Bureaucracy has a role as the institutional custodian of democratic-constitutive prinicples and procedural rationality, yet in competition with other institutions embedding competing criteria of success" (Olsen 2006: 25 und FN2 m.W.A.; siehe auch die Diskussion über den neo-weberian state bei Bouckaert 2004; Pollitt/Bouckaert 2004).

Insgesamt bedeutet das Bild der „Renaissance der Bürokratie" daher nicht, dass etwa bürokratische Organisationsformen allein oder vorrangig dem öffentlichen Sektor angemessen wären, zukünftig an Bedeutung gewinnen oder sogar andere Organisationsformen wieder verdrängen. Aber umgekehrt zeigt eine institutionalistische Sichtweise, mit ihrer Betonung der Logik der Angemessenheit, der regulativen, normativen und kognitiven Elemente institutioneller Lösungen und ihrer Pfadabhängigkeit, dass die Analyse von Bürokratien, vor allem ihrer demokratischen und politischen Voraussetzungen und Folgen ein unverzichtbares Element einer modernen Verwaltungswissenschaft ist. Renaissance der Bürokratie meint daher auch eine Brücke zu klassischen normativen Fragestellungen der Politikwissenschaft und zur Jurisprudenz. Institutionen, und insbesondere öffentliche Institutionen, sind ohne das Verständnis und die Analyse komplexer formeller und informeller Regelwerke nicht zu verstehen und schon gar nicht zu verändern. Öffentliche Organisationen sind charakterisiert durch konkurrierende Regeln und Logiken, und durch konkurrierende Interpretationen von Regeln und Situationen. Eine dieser konkurrierenden und unverzichtbaren Logiken ist die Logik der Bürokratie und Hierarchie. Sowohl die Analyse aktueller Verwaltungsreformen wie die in ihnen vorherrschenden Handlungsanleitungen kranken nach dieser Auffassung daran, dass diese Zusammenhänge systematisch unterschätzt werden.

Eine organisatorische Struktur, wie die Bürokratie, ist aus institutionalistischer Sicht immer auch eine normative Struktur aus Regeln und Rollen, in der festgelegt ist, wer, wann, was und wie tun soll. Die Struktur definiert, mehr oder weniger konkret, die Interessen und Ziele, die verfolgt, und die Argumente und Alternativen, die relevant sein sollen: „The structure can therefore never be neutral, it always represents a mobilization of bias in preparation for action" (Egeberg 2003: 117 mit Hinweis auf Scott und Schattschneider). Genau aus diesem Grund ist und bleibt die Analyse von Bürokratien, ihren normativen Grundlagen und *Bias*, und ihren positiven wie negativen Folgen, grundlegend für die Verwaltungswissenschaft. Es reicht nicht aus, sich auf Anreize, Verhalten und Einstellungen in öffentlichen Verwaltungen zu konzentrieren, die Verbindung zu organisatorischen Strukturen ist der Kern der Verwaltungswissenschaft.

5. Ergebnis: less elegant and more realistic

Die skandinavische Schule der Verwaltungswissenschaft, ist hier sicherlich „verkürzt", idealisiert und viel kohärenter und eindimensionaler dargestellt worden, als sie in Wirklichkeit auftritt. Tatsächlich ging es hier gerade nicht um eine Kritik (für eine Fundamentalkritik der Garbage Can Theorie und des Neoinstitutionalismus siehe Bendor/Moe/Shotts 2001; und die Erwiderung von Olsen 2001), sondern darum, diese in der deutschen Diskussion bisher nicht umfassend rezipierten Ansätze im Zusammenhang vorzustellen und ihre empirische wie theoretische Relevanz zu demonstrieren.

Die skandinavischen Forscher suchen keineswegs, auch nicht nach ihrem eigenen Anspruch, nach dem einzig oder allein richtigen Zugang zur Analyse öffentlicher Verwaltungen. Allerdings erheben sie den Anspruch, zu einer realistischeren und damit auch für die politische und administrative Praxis relevanteren Sichtweise öffentlicher Organisationen, ihrer Voraussetzungen und Folgen beizutragen, als das, was die herkömmliche Verwaltungswissenschaft und moderne Alternativen bisher zu bieten haben. Das Ziel ist ausdrücklich nicht, Erklärungen „reiner" zu machen, in dem man sie auf eine einzige Dynamik und einen einzigen Erklärungsbereich verengt, denn „the complexity of decision making in an organzation is unlikely to be captured by a single model, any more than by reports of a single participant or historian" (Olsen 2001: 191). Es geht genau umgekehrt darum, durch die Kombination unterschiedlicher Ansätze komplexere, aber auch realitätsnähere und damit für Praktiker brauchbarere Beschreibungen und Erklärungen zu formulieren, wie öffentliche Organisationen strukturiert sind, wie sie arbeiten, wie sie stabilisiert werden, aber auch wie und warum sie sich ändern und ändern lassen und welche Folgen das hat. Diese zusätzliche Komplexität macht Erklärungen offensichtlich weniger elegant, aber erheblich realistischer. Es geht darum, „arrogante Generalisierungen zu vermeiden" (Olsen 2004). Aus diesem Grund sucht und propagiert die skandinavische Schule keinen „best way", keinen dominanten Trend, keine eindeutige Konvergenz und auch keine dominante Theorie.

Ausgangspunkt der skandinavischen Schule ist eine enge Verbindung zwischen Politikwissenschaft und moderner Organisationstheorie, in der öffentliche Organisationen als Institutionen betrachtet und analysiert werden. Die Regeln, Routinen, Normen und Identitäten von Institutionen und deren Folgen sind daher zentrales Objekt der Untersuchung, im Gegensatz zu mikro-rationalen Individuen oder makro-strukturellen sozialen oder ökonomischen Mächten. „Yet the spirit is to supplement rather than reject alternative approaches" (Olsen 2006: 20). Institutionen sind in dieser Sicht charakterisiert durch verschiedene Logiken, sowohl einer *logic of consequentiality* aber auch einer nicht zu vernachlässigenden *logic of appropriateness,* sie erzeugen Sinn und Normen durch politische und soziale Prozesse, und sie entwickeln eigene, schwer zu ändernde Identitäten.

Um dieses wissenschaftliche Programm zu erfüllen, braucht man theoretisch informierte, detaillierte empirische Studien, wie der öffentliche Sektor arbeitet, wie er organisiert ist, wie er mit anderen Akteuren und Sektoren zusammenarbeitet, und wie er sich ändert. Genau dieses Programm ist in den skandinavischen Ländern umfassend umgesetzt worden. Entscheidend ist dabei, dass die skandinavischen Kolleginnen und Kollegen den Kontakt zur politischen und administrativen Praxis nie gescheut, sondern im Gegenteil ihre Fragestellungen und Konzepte im engen Austausch mit aktuellen und konkreten Fragestellungen entwickelt haben. Wenn man im Bereich der Verwaltungswissenschaft drei Typen von Studien unterscheidet, nämlich analytisch-deskriptive (wie funktioniert Verwaltung?), konstruktive (wie kann sie funktionieren?) und normative Studien (wie sollte sie funktionieren?) ist allerdings auffällig, dass die skandinavische Schule, im Gegensatz zu den meisten und vor allem dominierenden internationalen Ansätzen der letzten Jahre, sich auf die ersten beiden Ansätze konzentriert. Sie steht damit im eindeutigen Gegensatz nicht nur zu managerialistischen, sondern auch zu modell-theoretischen Ansätzen. Auch dies ist eine ihrer besonderen Stärken.

Die Besonderheit der skandinavischen Schule liegt schließlich darin, Erkenntnisse zu produzieren, die für die politische und administrative Praxis relevant und interessant sind, und die gleichzeitig dank ihrer theoretischen Verankerung die Kumulation von Wissen ermöglichen und wissenschaftlichen Erkenntnisfortschritt produzieren. Verwaltungsreformen und Verwaltungspolitik, oder umfassender gesagt Institutionenpolitik, die Auseinandersetzungen über wünschenswerte und sinnvolle Modifikationen bestehender öffentlicher Institutionen, z.B. die Rolle und Bedeutung bürokratischer Organisationsformen und Verfahren und ihrer Alternativen, sind seit vielen Jahren Kern aktueller wissenschaftlicher wie politischer Kontroversen. Diese gehen von der bekannten Einsicht aus, dass Akteure ihre Ziele entweder durch Änderungen ihrer Strategien, oder durch Veränderungen der institutionellen Gegebenheiten, in denen sie ihre Strategien durchsetzen müssen, verfolgen können. Allerdings waren und sind verwaltungs- und institutionenpolitische Strategien und deren mögliche Erfolge überaus umstritten. Das mangelhafte Wissen darüber, welche Reformen und institutionellen Strategien tatsächlich erfolgreich waren, die Bedingungen, unter denen Veränderungen wahrscheinlicher werden, und über die tatsächlichen Konsequenzen von Reformaktivitäten, hat auf der einen Seite vollkommen unrealistische Erzählungen und Erwartungen über die Ziele und Erfolge von Verwaltungsreformen hervorgerufen und verstärkt (insbesondere auf der Seite der Berater), und auf der anderen Seite einen fatalistischen Zynismus über die Unmöglichkeit jeglicher Reform erzeugt (insbesondere auf der Seite der Praktiker). Um diesen unbefriedigenden Zustand überwinden zu helfen, brauchen Wissenschaft wie Praxis empirisch fundierte, realistische und robuste Darstellungen und Erklärungen der Gegebenheiten eines modernen öffentlichen Sektors, seiner internen Logik, seiner engen und unverzichtbaren Beziehungen zum politischen System, seiner Beharrungstendenzen und seiner Veränderungsmöglichkeiten. Genau hier liegt die Stärke der skandinavischen Schule der Verwaltungswissenschaft. Es wäre wünschenswert, wenn diese Orientierung, jenseits aller Begeisterung für Policies und Governance, auch in der deutschen Politikwissenschaft stärker Fuß fassen könnte.

Literatur

Andersen, Jørgen Goul/Munk Christiansen, Peter/Beck Jørgensen, Torben/Togeby, Lise/Vallgårda, Signild, 1999: Den demokratiske udfordring. København: Hans Reitzels Forlag.

Antonsen, Marianne/Jørgensen, Torben Beck, 2000: Institutionel forandring, in: *Antonsen, Marianne/Jørgensen, Torben Beck* (Hrsg.), Forandringer i teori og praksis – skiftende billeder fra den offentlige sektor. Kopenhagen: Jurist- og økonomforbundets Forlag, 1–16.

Antonsen, Marianne/Jørgensen, Torben Beck/Greve, Christin, 2000: Teorier om forandring i den offentlige sektor, in: *Antonsen, Marianne/Jørgensen, Torben Beck* (Hrsg.), Forandringer i teori og praksis – skiftende billeder fra den offentlige sektor. Kopenhagen: Jurist- og økonomforbundets Forlag, 17–52.

Bach, Tobias, 2005: „Neue Steuerungslogik" zwischen Ministerien und Agencies in Norwegen. Universität Potsdam, unveröffentlichte Diplomarbeit.

Bendor, Jonathan/Moe, Terry M./Shotts, Kenneth W., 2001: Recycling the Garbage Can: An Assessment of the Research Program, in: American Political Science Review 95, 169–190.

Benz, Arthur, 2005: Public Administrative Science in Germany: Problems and Prospects of a Composite Discipline, in: Public Administration 83, 659–668.

Bogason, Peter, 2000: Teoretiske skoler i dansk politologisk forvaltningsforskning. Postmodernismens mulige rolle, in: Nordisk Administrativt Tidsskrift 81, 5–27.

Bogason, Peter, 2001: Public Policy and Local Governance: Institutions in Postmodern Society. Chattenham: Edward Elgar.

Bogumil, Jörg/Jann, Werner, 2005: Verwaltung und Verwaltungswissenschaft in Deutschland: Einführung in die Verwaltungswissenschaft. Wiesbaden: VS Verlag für Sozialwissenschaften.

Bouckaert, Geert, 2004: Die Dynamik von Verwaltungsreformen. Zusammenhänge und Kontexte von Reform und Wandel, in: *Jann, Werner* et al. (Hrsg.), Status-Report Verwaltungsreform. Eine Zwischenbilanz nach zehn Jahren. Berlin: Edition Sigma, 22–35.

Brunsson, Nils, 1989: The Organization of Hypocrisy: Talk, Decisions and Actions in Organizations. Chichester u.a.: John Wiley & Sons.

Brunsson, Nils/Olsen, Johan P., 1993: The Reforming Organization. London/New York: Routledge.

Christensen, Jørgen Grønnegard/Knudsen, Tim, 2004: Political Science, Public Administration and the Danish Civil Service Profession, in: Public Administration 82, 141–155.

Christensen, Tom, 2003: Narratives of Norwegian Governance: Elaborating the Strong State Tradition, in: Public Administration 81, 163–190.

Christensen, Tom/Egeberg, Morton (Hrsg.), 1997: Forvaltningskunnskap. Tano Ascheburg: Utgitt.

Christensen, Tom/Lægreid, Per, 1998: Administrative Reform Policy: The Case of Norway, in: International Review of Administrative Sciences 64, 457–475.

Christensen, Tom/Lægreid, Per, 2001: A Transformative Perspective on Administrative Reforms, in: *Christensen, Tom/Lægreid, Per* (Hrsg.), New Public Management. The Transformation of Ideas and Practice. Aldershot u.a.: Ashgate, 13–39.

Christensen, Tom/Lægreid, Per, 2003: Administrative Reform Policy: The Challenges of Turning Symbols into Practice, in: Public Organization Review: A Global Journal 3, 3–27.

Christensen, Tom/Lægreid, Per, 2004: Public Administration Research in Norway: Organization Theory, Institutionalism and Empirical Studies in a Democratic Context, in: Public Administration 82, 679–690.

Christensen, Tom/Lægreid, Per/Roness, Paul G./Røvik, Kjell Arne, 2004: Organisasjonsteori for offentlig sektor: instrument, kultur, myte. Bergen: Universitetsforlaget.

Christensen, Tom/Lægreid, Per/Wise, Lois R., 2002: Transforming Administrative Policy, in: Public Administration 80, 153–178.

Christensen, Tom/Røvik, Kjell Arne, 1999: The Ambiguity of Appropriateness, in: *Egeberg, Morten/Lægreid, Per* (Hrsg.), Organizing Political Institutions. Oslo u.a.: Scandinavian University Press, 159–180.

Cohen, Michael D./March, James G./Olsen, Johan P., 1972: A Garbage Can Model of Organizational Choice, in: Administrative Science Quarterly 17, 1–25.

Czarniawska-Joerges, Barbara, 1988: Att handla med ord. Om organisatoriskt prat, organisatorisk styrning och företagsledningskonsultering. Stockholm: Carlssons.

Czarniawska, Barbara/Sevón, Guje (Hrsg.), 1996: Translating Organizational Change. Berlin: de Gruyter.

Derlien, Hans-Ulrich, 1992: Observations on the State of Comparative Administration Research in Europe – Rather Comparable than Comparative, in: Governance 5, 279–311.

Derlien, Hans-Ulrich, 2002: Entwicklung und Stand der empirischen Verwaltungsforschung, in: *König, Klaus* (Hrsg.), Deutsche Verwaltung an der Wende zum 21. Jahrhundert. Baden-Baden: Nomos, 365–391.

DiMaggio, Paul J., 1998: The New Institutionalisms: Avenues of Collaboration, in: Journal of Institutional and Theoretical Economics – JITE 154, 696–705.

DiMaggio, Paul J./Powell, Walter W., 1983: The Iron Cage Revisited: Institutional Isomorphism and Collective Rationality in Organizational Fields, in: American Sociological Review 48, 147–160. erneut abgedruckt in: *Powell, Walter W./DiMaggio, Paul J.,* 1991, The New Institutionalism in Organization Analysis. Chicago/London: University of Chicago Press, 63–82.

Edeling, Thomas, 1998: Economic and Sociological Institutionalism in Organization Theory: Two Sides of the Same Coin?, in: Journal of Institutional and Theoretical Economics – JITE 154, 728–734.

Edeling, Thomas, 1999: Einführung: Der Neue Institutionalismus in Ökonomie und Soziologie, in: *Edeling, Thomas/Jann, Werner/Wagner, Dieter* (Hrsg.), Institutionenökonomie und Neuer Institutionalismus. Überlegungen zur Organisationstheorie. Opladen: Leske + Budrich, 7–15.

Egeberg, Morten, 2003: How Bureaucratic Structure Matters: An Organizational Perspective, in: *Peters, B. Guy/Pierre, Jon* (Hrsg.), Handbook of Public Administration. London u.a.: Sage, 116–126.

Ellwein, Thomas, 1966: Einführung in die Regierungs- und Verwaltungslehre. Stuttgart u.a.: Kohlhammer.

Fach, Wolfgang, 1982: Verwaltungswissenschaft: Die Herausbildung der Disziplin, in: *Hesse, Joachim Jens* (Hrsg.), Politikwissenschaft und Verwaltungswissenschaft. PVS-Sonderheft 13. Opladen, 55–73.

Hall, Peter A./Taylor, Rosemary C. R., 1996: Political Science and the Three New Institutionalisms, in: Political Studies 44, 952–973.

Hansen, Hanne Foss, 2005: Evaluation in and of Public-sector Reform: The Case of Denmark in a Nordic Perspective, in: Scandinavian Political Studies 28, 323–347.

Hernes, Hans-Kristian, 2004: Public Administration in Norway: A Rejoinder, in: Public Administration 82, 691–700.

Jacobsson, Bengt/Lægreid, Per/Pedersen, Ove K., 2004: Europeanization and Transnational States. Comparing Nordic central governments. London/New York: Routledge.

Jann, Werner, 1987: Policy-orientierte Aus- und Fortbildung für den öffentlichen Dienst: Erfahrungen in den USA und Lehren für die Bundesrepublik Deutschland. Basel u.a.: Birkhäuser.

Jann, Werner, 1998: Politik und Verwaltung im funktionalen Staat, in: *Jann, Werner* et al. (Hrsg.), Politik und Verwaltung auf dem Weg in die transindustrielle Gesellschaft. Festschrift zum 65. Geburtstag von Carl Böhret. Baden-Baden: Nomos, 253–282.

Jann, Werner, 2004: Entwicklungen der Ministerialverwaltung in Mittel- und Osteuropa – organisationstheoretische Zugänge und Hypothesen, in: *Benz, Arthur/Sommermann, Karl-Peter/Siedentopf, Heinrich* (Hrsg.), Institutionenbildung in Regierung und Verwaltung, Festschrift für Klaus König zum 70. Geburtstag. Baden-Baden: Nomos.

Jann, Werner, 2005: Governance als Reformstrategie – Vom Wandel und der Bedeutung verwaltungspolitischer Leitbilder, in: *Schuppert, Gunnar Folke* (Hrsg.), Governance-Forschung. Vergewisserung über Stand und Entwicklungslinien. Baden-Baden: Nomos, 21–43.

Jann, Werner/Bogumil, Jörg/Bouckaert, Geert/Budäus, Dietrich/Holtkamp, Lars/Kißler, Leo/Mezger, Erika/Reichard, Christoph/Wollmann, Helmut, 2004: Status-Report Verwaltungsreform. Eine Zwischenbilanz nach zehn Jahren. Berlin: Edition Sigma.

Jensen, Lotte, 2003a: Aiming for Centrality: the Politico-administrative Strategies of the Danish Ministry of Finance, in: *J. Wanna/L. Jensen/J. d. Vries* (Hrsg.): Controlling Public Expenditure. The Changing Role of Central Budget Agencies – Better Guardians? Cheltenham: Edward Elgar, 166–192.

Jensen, Lotte, 2003b: Den store koordinator. Finansministeriet som moderne styringsaktør. København: Jurist- og økonomforbundets Forlag.

Jensen, Lotte/Nørgaard, Asbjørn Sonne/Sørensen, Eva, 2004: The Future of Public Administration in Denmark: Projections, Prospects and High Hopes, in: Public Administration 82, 127–139.

Jørgensen, Torben Beck, 1993: Modes of Governance and Administrative Change, in: *Kooiman, Jan* (Hrsg.), Modern Governance. New Government-Society Interactions. London: Sage, 219–232.

Jørgensen, Torben Beck, 1996: From Continental Law to Anglo-Saxon Behaviorism: Scandanavian Public Administration, in: Public Administration Review 56, 94–103.

Kaiser, André, 2001: Die politische Theorie des Neo-Institutionalismus: James March und Johan Olsen, in: *Brodocz, André/Schaal, Gary S.* (Hrsg.), Politische Theorien der Gegenwart II. Opladen: Leske + Budrich, 253–282.

Kickert, Walter J. M./Stillman, Richard J., 2004: The Future of European Public Administration Sciences. Part II: Norway, in: Public Administration 82, 677–678.

Knudsen, Tim (Hrsg.), 2000: Dansk Forvaltningshistorie II. Copenhagen: Jurist- og økonomforbundets Forlag.

Lægreid, Per/Olsen, Johan P., 1978: Byråkrati og beslutninger. Bergen u.a.: Universitetsforlaget.

Lægreid, Per/Pedersen, Ove K., 1999: Fra opbygning til ombygning i staten. Organisationsforandringer i tre nordiske lande. København: Jurist- og økonomforbundets Forlag.

Lægreid, Per/Rolland, Vidar V./Roness, Paul G./Ågotnes, John-Erik 2003: The Structural Anatomy of the Norwegian State 1947–2003. Rokkansenteret Working Paper 21. Bergen: Rokkansenteret.

Lynn, Laurence E. Jr., 2001: The Myth of the Bureaucratic Paradigm: What Traditional Public Administration Really Stood For, in: Public Administration Review 61, 144–160.

March, James G., 1986: How We Talk and How We Act: Administrative Theory and Administrative Life, in: *Sergiovanni, Thomas J./Corbally, John E.* (Hrsg.), Leadership and Organizational Culture. New Perspectives of Administrative Theory and Practice. Urbana/Chicago: University of Illinois Press, 11–49.

March, James G., 2003: Afterword, in: *Czarniawska, Barbara/Sevón, Guje* (Hrsg.), The Northern Lights – Organization theory in Scandinavia. Malmö u.a.: Liber, 413–416.

March, James G./Olsen, Johan P., 1976: Ambiguity and choice in organizations. Bergen: Universitetsforlaget.

March, James G./Olsen, Johan P., 1983: Organizing Political Life: What Administrative Reorganization Tells Us about Government, in: American Political Science Review 77, 281–296.

March, James G./Olsen, Johan P., 1984: The New Institutionalism: Organizational Factors in Political Life, in: American Political Science Review 78, 734–749.

March, James G./Olsen, Johan P., 1989: Rediscovering Institutions. The Organizational Basis of Politics. New York: The Free Press.

March, James G./Olsen, Johan P., 1995: Democratic Governance. New York: Free Press.

March, James G./Olsen, Johan P., 2004: The Logic of Appropriateness. ARENA Working Paper No. 9/2004. Oslo: University of Oslo.

March, James G./Olsen, Johan P., 2005: Elaborating the „New Institutionalism". ARENA Working Paper No. 11/2005. Oslo: University of Oslo.

March, James G./Simon, Herbert A., 1958: Organizations. New York: Wiley.

Mayntz, Renate/Scharpf, Fritz W., 1995: Der Ansatz des akteurszentrierten Institutionalismus, in: *Mayntz, Renate/Scharpf, Fritz W.* (Hrsg.), Gesellschaftliche Selbstregelung und politische Steuerung. Frankfurt a.M./New York: Campus, 39–72.

Meyer, John W./Rowan, Brian, 1977: Institutionalized Organizations: Formal Structure as Myth and Ceremony, in: American Journal of Sociology 83, 340–363. erneut abgedruckt in: *Powell, Walter W./DiMaggio, Paul J.,* 1991, The New Institutionalism in Organization Analysis. Chicago/London: University of Chicago Press, 41–62.

Meyer, Poul, 1979: Offentlig Forvaltning. Kobenhavn: G.E.C. Gads Forlag.

Olsen, Johan P., 1978: Folkestyre, byråkrati og korporativisme – skisse av et organisasjonsteoretisk perspektiv, in: *Olsen, Johan P.* (Hrsg.), Politisk organisering. Oslo: Universitetsforlaget.

Olsen, Johan P., 1983: Organized Democracy: Political Institutions in a Welfare State, the Case of Norway. Bergen u.a.: Universitetsforlaget.

Olsen, Johan P., 1998: Institutional Design in Democratic Contexts, in: *Brunsson, Nils/Olsen, Johan P.* (Hrsg.), Organizing Organizations. Bergen u.a.: Fagbokförlaget, 319–349.

Olsen, Johan P., 2001: Garbage Cans, New Institutionalism, and the Study of Politics, in: American Political Science Review 95, 191–198.

Olsen, Johan P., 2004: Citizens, Public Administration and the Search for Theoretical Foundations, in: Political Science & Politics 37, 69–79.

Olsen, Johan P., 2006: Maybe it is Time to Rediscover Bureaucracy, in: Journal of Public Administration Research and Theory 16, 1–24.

Østerud, øyvind/Engelstadt, Fredrik/Selle, Per, 2003: Makten og demokratiet. En sluttbok fra Makt- og demokratiutredningen. Oslo: Gyldendal Akademisk.

Peters, Guy, B., 1988: Comparing Public Bureaucracies: Problems of Theory and Method. Tuscaloosa: University of Alabama Press.

Petersson, Olof, 1989: Maktens nätverk. En undersökning av regeringskansliets kontakter. Stockholm: Carlsson.

Pollitt, Christopher, 2001: Convergence: The Useful Myth?, in: Public Administration 79, 933–947.

Pollitt, Christopher/Bouckaert, Geert, 2004: Public Management Reform: A Comparative Analysis. Oxford u.a.: Oxford University Press.

Premfors, Rune, 1989: Policyanalys, kunskap, praktik och etik i offentlig verksamhet. Lund: Carlsson.

Reichard, Christoph/Schuppan, Tino, 2000: Wie ernst ist es es der Bundesregierung mit dem Thema „Aktivierender Staat"?: Anmerkungen zum Konzept der Bundesregierung zur Staats- und Verwaltungsmodernisierung, in: *Mezger, Erika/West, Klaus* (Hrsg.), Aktivierender Sozialstaat und politisches Handeln. Marburg: Hans-Böckler-Stiftung, 81–97.

Rothstein, Bo (Hrsg.), 1997: Politik som organisation: förvaltningspolitikens grundproblem. Stockholm: SNS förl.

Røvik, Kjell Arne, 1998: Moderne organisasjoner. Trender i organisasjonstenkningen ved tusenårsskiftet. Bergen: Fagbokforlaget.

Scharpf, Fritz W., 1973: Verwaltungswissenschaft als Teil der Politikwissenschaft, in: *Scharpf, Fritz W.* (Hrsg.), Planung als politischer Prozess. Frankfurt a.M.: Suhrkamp, 9–40.

Scott, W. Richard, 1995: Institutions and Organizations. London: Sage.

Simon, Herbert A., 1945: Administrative Behavior. A Study of Decision-Making Processes in Administrative Organizations. New York/London: Free Press.

Simon, Herbert A., 1946: The Proverbs of Administration, in: Public Administration Review 6, 53–67.

Simon, Herbert A., 2000: Public Administration in Today's World of Organizations and Markets, in: PS: Political Science & Politics 33, 749–756.

SOU, 1990: Demokrati och makt i Sverige. Maktutredningens huvudrapport. Stockholm: Fritzes.

Sundström, Göran, 2004: 'Management by measurement' – Its Origin and Development in the Case of Sweden. Stockholm: SCORE Working Paper 2004–8..

Thelen, Kathleen/Steinmo, Sven, 1992: Historical Institutionalism in Comparative Politics, in: *Steinmo, Sven/Thelen, Kathleen/Longstreeth, Frank* (Hrsg.), Structuring Politics. Historical Institutionalism in Comparative Analysis. New York: Cambridge University Press, 1–32.

Togeby, Lise et al., 2003: Magt og demokrati i Danmark. Hovedresultater fra Magtudredningen. Århus: Aarhus Universitetsforlag.

Tolbert, Pamela S./Zucker, Lynne G., 1983: Institutional Sources of Change in the Formal Structure of Organizations: The Diffusion of Civil Service Reform, 1880–1935, in: Administrative Science Quarterly 22–39.

Tranøy, Bent Sofus/Østerud, øyvind, 2001: Den fragmenterte staten. Reformer makt og styring. Oslo: Gyldendal Akademisk.

Weber, Max, 1968: Die „Objektivität" sozialwissenschaftlicher Erkenntnis, in: *Weber, Max* (Hrsg.), Soziologie, Weltgeschichtliche Analysen, Politik. 4., erneut durchgesehene und verbesserte Auflage. Stuttgart: Kröner, 186–262.

II.

Nationale Analysen

Ergebnisse und Wirkungen kommunaler Verwaltungsmodernisierung in Deutschland – Eine Evaluation nach zehn Jahren Praxiserfahrung

Jörg Bogumil / Stephan Grohs / Sabine Kuhlmann

1. Einleitung

Etwas mehr als zehn Jahre nach dem Beginn der New Public Management-Bewegung in Deutschland häufen sich die Versuche einer Bilanz oder Zwischenbilanz sowohl auf kommunaler als auch auf den staatlichen Ebenen. Prägen „weberianische Verwaltungsstrukturen und -prozesse" immer noch die deutsche Verwaltungslandschaft oder hat die Ökonomisierung der öffentlichen Verwaltung nachhaltige Spuren hinterlassen? Diese und andere Fragen wurden und werden immer wieder diskutiert. Im Unterschied zu den bisherigen Veröffentlichungen (vgl. vor allem Bogumil 2004; Bogumil/Kuhlmann 2004; Kuhlmann 2004a; Jann u.a. 2004) basiert die hier vorgelegte Zwischenbilanz nun auf einer neuen, breiten und für Deutschland erstmals in dieser Form vorliegenden Datenbasis für die kommunale Ebene, die im Forschungsprojekt „10 Jahre Neues Steuerungsmodell – Evaluation kommunaler Verwaltungsmodernisierung"[1] gewonnen wurde. Im Mittelpunkt des Projektes stand die Untersuchung der Umsetzung von Maßnahmen des Neuen Steuerungsmodells und vor allem von deren Wirkungen. Wesentliche Ergebnisse des Projektes sollen hier nun zusammenfassend analysiert werden.

Dazu wird im Folgenden zunächst stichwortartig das Konzept des Neuen Steuerungsmodells (NSM) als „eingedeutschte" Variante der internationalen New Public Management-Bewegung (NPM) als Ausgangsfolie für die Evaluation präsentiert (Kapitel 2). Anschließend werden das Evaluationsdesign und die Forschungsmethodik des Projektes vorgestellt (Kapitel 3). In Kapitel 4 gehen wir auf den Umsetzungsstand und in Kapitel 5 auf die Wirkungen kommunaler Verwaltungsmodernisierung ein. Nach einer zusammenfassenden Darstellung der Wirkungen und Problemlagen in Kapitel 6 werden im abschließenden Fazit die Erkenntnisse über den Stand und das Ausmaß der kommunalen Verwaltungsmodernisierung in Deutschland auf die internationale Diskussion bezogen und die Frage gestellt, ob wir uns in Deutschland in Richtung einer neo-weberianischen Verwaltung bewegen.

---

1 Das Forschungsprojekt „10 Jahre Neues Steuerungsmodell – Evaluation kommunaler Verwaltungsmodernisierung" wird von der Hans-Böckler-Stiftung gefördert und von der Kommunalen Gemeinschaftsstelle (KGSt) unterstützt (Laufzeit 2004–2006) und ist als Kooperationsvorhaben der Universitäten Konstanz bzw. Bochum (Jörg Bogumil (Projektleitung), Sabine Kuhlmann, Stephan Grohs, Anna K. Ohm), Potsdam (Werner Jann, Christoph Reichard), Marburg (Leo Kißler) und Berlin (Hellmut Wollmann) angelegt.

2. Das Neue Steuerungsmodell

Das NSM knüpfte an internationale Vorbilder (vgl. Reichard/Banner 1993), insbesondere an die niederländische Stadt Tilburg (vgl. KGSt 1993a), an. Dabei erfolgte die deutsche Aufnahme des NPM im internationalen Vergleich relativ spät, was durch das Fehlen eines konkreten Handlungsdrucks und die hohe Leistungsfähigkeit, die der deutschen Verwaltung im internationalen Vergleich zugesprochen wurde, erklärt werden kann. Zudem gibt es im deutschen Verfassungsarrangement einige Basisinstitutionen (Verwaltungsföderalismus, Dezentralität, Subsidiaritätsprinzip), die unter NPM-Gesichtspunkten als „modernitätsfördernd" anzusehen sind (vgl. Wollmann 1996: 19) und die ebenfalls bewirkten, dass der Reformdruck als zunächst begrenzt angesehen wurde. Erst unter dem zunehmenden Druck der Haushaltskonsolidierung Anfang der neunziger Jahre konnte das managerialistische Leitbild des NSM, nicht zuletzt infolge einer breit angelegten Diffusionskampagne der Kommunalen Gemeinschaftsstelle für Verwaltungsvereinfachung (KGSt), im kommunalen Raum Fuß fassen. Es versprach mehr Effizienz, Effektivität und Kundenorientierung, gleichzeitig verzichtete das NSM weitgehend auf die Diskussion der Neubestimmung öffentlicher Aufgaben, was die po-

Abbildung 1: Dimensionen des Neuen Steuerungsmodells (NSM)

Binnendimension		Außendimension
Verhältnis Politik – Verwaltung	**Ablösung des klassischen Bürokratiemodells**	
Trennung von Politik- und Verwaltung ***(„Was" und „Wie")*** • Politische Kontrakte • Politisches Controlling • Produktbudgets	***Verfahrensinnovationen*** • Dezentrale Fach- und Ressourcenverantwortung • Outputsteuerung über Produkte • Budgetierung • Controlling • Kosten-Leistungs-Rechnung • Kontraktmanagement	***Kundenorientierung*** • Qualitätsmanagement • One-Stop-Agencies
	Organisationsinnovationen • Konzernstruktur • Zentraler Steuerungsdienst • Querschnittsbereiche als Service-stellen	***Wettbewerbselemente*** • Vermarktlichung • Privatisierung • Leistungsvergleiche
	Personalinnovationen • Kooperations- und Gruppen-elemente • Anreizsysteme • modernes Personalmanagement • betriebswirtschaftliches Wissen • ganzheitliche Arbeitszusammen-hänge	

Der grau unterlegte Bereich erfasst das „erweiterte Modell".

litische Konsensfähigkeit deutlich erhöhte (vgl. Jann 2005: 76). Ohne hier auf Details der Modernisierungselemente eingehen zu können, sind in Abbildung 1 die wesentlichen Elemente des NSM angeführt. Sie bilden zugleich den normativen Bewertungsrahmen (Soll-Dimension) für die hier verfolgte Wirkungsevaluation. Die Tabelle basiert auf der Unterscheidung zwischen einem „Kernmodell" und einem „erweiterten Modell", welches das binnenorientierte „Kernmodell" um die Außendimension (Wettbewerbselemente und Kundenorientierung) sowie Elemente des Personalmanagements ergänzt.[2]

3. Evaluationsdesign und Methodik

Verwaltungsmodernisierung wird im Folgenden als intendierte Veränderung von Verwaltungsstrukturen, also als „polity-policy" aufgefasst (vgl. Wollmann 2004: 205–206; Jann 2001: 327–340). Dieser Typus von Policy ist jedoch mit spezifischen Steuerungsproblemen verbunden (Einheit von Subjekt und Objekt der Intervention; Veränderungen innerhalb des politisch-administrativen Systems als Interventionsziel, Wichtigkeit von Leitideen; vgl. Jann 2001: 330 ff.; Benz 2004: 22). Dies hat für die Wirkungsanalyse zur Folge, dass die Evaluation von Institutionenpolitik – im Unterschied zur Evaluation von Sektoralpolitiken – durch eine komplexere analytische Architektur gekennzeichnet ist. Denn Gegenstand institutionenpolitischer Wirkungsanalysen sind zunächst bestimmte Veränderungen innerhalb des politisch-administrativen Systems (Institutionenevaluation), sodann die Auswirkungen dieser auf das Handeln der Akteure und die Leistungsfähigkeit der Institution (Performanzevaluation) und schließlich in einem dritten Analyseschritt die weiteren Wirkungen im Umfeld des politisch-administrativen Systems (Outcome-Evaluation), die hier allerdings unberücksichtigt bleiben.[3]

   Zur Analyse der Wirkungen von Verwaltungsreformen empfiehlt sich daher ein zweischrittiges Vorgehen (vgl. auch Wollmann 2004; Bogumil/Kuhlmann 2004; Kuhlmann 2004a). In einem ersten Schritt ist es Ziel, eine Bestandsaufnahme der institutionellen Umsetzung von Modernisierungsmaßnahmen im Rahmen des Neuen Steuerungsmodells (NSM) im Bereich der organisatorischen, personellen und instrumentellen Veränderungen vorzunehmen (Institutionenevaluation). Im Fokus eines zweiten Schrittes steht die Frage nach den Wirkungen der Modernisierungsaktivitäten auf die administrativen Handlungsprozesse, also beispielsweise die Leistungsfähigkeit, die Bearbeitungszeiten, Kosteneffizienz, Qualitätssteigerungen, zunehmende Kunden- und Mitarbeiterorientierung (Performanzevaluation). Vereinfacht ergibt sich hieraus folgendes Analysemodell:

---

2 Zur Abgrenzung und Begründung vgl. Kißler u.a. (1997: 28–33), Bogumil (2001: 110–124), Bogumil/Kuhlmann (2004: 52–53); ähnlich die Unterscheidung von NSM 1.0 und NSM 2.0 in Reichard (2003).

3 Zum einen wurden im Rahmen des NSM kaum Veränderungen der Outcomes anvisiert bzw. zumindest keine klaren Zielsetzungen zur Wirkungsweise der Verwaltungsreform expliziert. Zweitens stellen sich bei der „Outcome-Evaluierung" aufgrund der Vielzahl intervenierender Faktoren in besonderem Maße Kausalitäts- und Zuordnungsprobleme.

Abbildung 2: Zwei-Schritt-Modell institutioneller Wirkungsanalyse

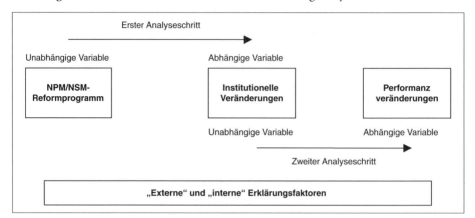

Erschwert wird die Untersuchung von Reformwirkungen dadurch, dass die Performanz des Verwaltungshandelns von zahlreichen intervenierenden Faktoren abhängt und es häufig nicht möglich ist, den Einfluss institutioneller Veränderungen eindeutig zu isolieren (vgl. Pollitt/Bouckaert 2004: 103–142; Wollmann 2004: 206–210; Boyne u.a. 2003: 13–14). Zudem liegt bislang kein etabliertes Indikatorenkonzept für die Erfassung administrativer Performanz vor, was zum Teil in der Tatsache begründet liegt, dass die Zieldimensionen der Modernisierungsmaßnahmen nur sehr allgemein formuliert und zum Teil inkonsistent und widersprüchlich sind (vgl. Banner 2001: 281; Bogumil/Kuhlmann 2006) sowie auf der Zeitachse variieren.[4] Des Weiteren fällt die Bewertung und Gewichtung einzelner Dimensionen je nach Perspektive und Zugehörigkeit zu verschiedenen Stakeholder-Gruppen unterschiedlich aus (vgl. Connolly u.a. 1980; Boyne u.a. 2003: 14; Enticott 2004).

Um der Komplexität und „Multikausalität" der Wirkungsanalyse gerecht zu werden, stützen sich die im Folgenden dargestellten empirischen Befunde auf drei miteinander verknüpfte methodische Schritte, die im Rahmen des Forschungsprojekts zur Anwendung kamen.

(1) Die Untersuchung basiert auf einer Auswertung des umfangreichen Schrifttums, das in den letzten zehn Jahren zur NSM-Reform deutscher Kommunen verfasst worden ist, insbesondere vorliegender Forschungsberichte, Umfrageergebnisse und sonstiger empirischer Studien.[5]

---

4 Bei der Konzipierung der Evaluation wird dieser Problematik dadurch Rechnung getragen, dass wir verschiedene „Modellvarianten" des NSM unterscheiden („Kernmodell" vs. „erweitertes Modell"; siehe oben).

5 Dabei sind einerseits vorliegende Survey-Daten genutzt worden (DST 1994/95, 1996, 1998; Grömig 2001; Frischmuth 1996, 2001a, 2001b; Mäding 1998; KGSt 1998; Difu 2005). Andererseits ist auf Ergebnisse von (qualitativer) Begleitforschung zurückgegriffen worden (vgl. insbesondere Wegrich u.a. 1997; Kißler u.a. 1997; Brandel u.a. 1999; Jaedicke u.a. 2000; Bogumil 2001: 124–173; Bogumil u.a. 2000; Naschold/Bogumil 2000: 166–232; Osner 2001).

(2) Von Ende Januar bis Juni 2005 wurde eine bundesweite schriftliche Befragung deutscher Kommunen durchgeführt. Neben den KGSt-Mitgliedskommunen (n = 1543) wurden alle Städte und Gemeinden über 20.000 Einwohner zusätzlich in das Sample aufgenommen, die nicht Mitglied der KGSt sind, so dass es sich um eine Vollerhebung aller deutschen Städte über 20.000 Einwohner, von drei Vierteln der Städte und Gemeinden zwischen 10.000 und 20.000 Einwohner (ohne regionalen Bias) sowie von zwei Dritteln der deutschen Landkreise handelt.[6] Da unterschiedliche Sichtweisen und Interessenlagen der Akteure bestehen, wurde ein mehrperspektivischer Ansatz gewählt (vgl. Enticott 2004). Zur Ergänzung der offiziellen Perspektive der Verwaltungsspitze, die möglicherweise durch eine Tendenz zu positiver Außendarstellung trotz zugesicherter Anonymität geprägt ist, sind daher die Personalratsvorsitzenden befragt worden. Um die konkreten Reformauswirkungen in einzelnen Handlungsfeldern zu erfassen, sind darüber hinaus Vertreter zweier lokaler Politikfelder (Leitung der Unteren Bauaufsicht; Leitung des Jugendamtes) in die Umfrage einbezogen worden.[7] Der Rücklauf belief sich nach zwei Mahnwellen zwischen 42 und 55 Prozent (vgl. Tabelle 1), was als sehr zufrieden stellend betrachtet werden kann.[8] Der Rücklauf ist in den alten Bundesländern deutlich höher als in den neuen Ländern und nimmt mit zunehmender Größe der Kommunen zu.

Tabelle 1: Rücklauf der schriftlichen Befragung

		Angeschrieben	Rücklauf Gesamt	Rücklauf West	Rücklauf Ost
Bürgermeister/Landrat	BM	1565	870 (55,6 %)	746 (57,1 %)	124 (43,7 %)
Personalratsvorsitzende(r)	PR	1562[1]	667 (42,7 %)	573 (43,9 %)	94 (32,0 %)
Jugendamt	JA	519	240 (46,3 %)	199 (47,3 %)	41 (45,0 %)
Untere Bauaufsicht	BA	782	365 (46,5 %)	313 (50,0 %)	52 (42,2 %)

1 Aus drei Kommunen kam die Information, dass kein Personalrat existiert.

---

6 Die drei Stadtstaaten wurden auf Grund ihrer besonderen Struktur ausgeschlossen. Bei den Landkreisen ist ein regionaler Bias zu verzeichnen, der durch geringere Anteile an KGSt-Mitgliedschaften insbesondere in Bayern, Baden-Württemberg und den neuen Bundesländern zu erklären ist.

7 Bei signifikanten Unterschieden zwischen den Sichtweisen der Bürgermeister und der Personalratsvorsitzenden wird im Folgenden auf diese aufmerksam gemacht. Auf die policy-spezifische Auswertung kann jedoch hier nicht weiter eingegangen werden.

8 Zum Vergleich bietet sich insbesondere die KGSt-Mitgliederbefragung von 1997 an (vgl. KGSt 1998), die mit einer ähnlichen Grundgesamtheit einen Rücklauf von 43,1 % realisierte. Die deutlich höheren Rücklaufquoten der Umfragen des Deutschen Städtetages und des DIfU mit Rücklaufquoten zwischen 70 und 85 % (vgl. zum Überblick Kuhlmann 2004: 375) erklären sich aus der selektiven Grundgesamtheit der DST/DIfU-Studien, die sich aus den kreisfreien und den größeren kreisangehörigen Städten zusammensetzt, eine Gruppe bei der der Rücklauf unserer Umfrage ebenfalls deutlich höher ausfällt (über 400.000 EW: 75,0 %; 200.000–400.000 EW: 70,8 %; 100.000–200.000 EW: 76,7 %; 50.000–100.000 EW: 62,3 %).

Auch wenn in dieser Umfrage Erkenntnisse auf einer breiten empirischen Basis gewonnen werden konnten, sind zwei einschränkende Punkte bezüglich der Übertragbarkeit der Ergebnisse auf die Gesamtheit der Kommunen über 10.000 Einwohner anzuführen. So muss bei den Ergebnissen davon ausgegangen werden, dass die Angaben zur Umsetzung und dem Erfolg kommunaler Verwaltungsmodernisierung etwas höher ausfallen als in der angestrebten Grundgesamtheit, da eine höhere Antwortbereitschaft bei den Kommunen zu beobachten war, die Modernisierungsmaßnahmen unternommen haben, wie eine Analyse der nicht-teilnehmenden Kommunen zeigt. Aufgrund der Beschränkung auf KGSt-Mitgliedskommunen können zudem keine Aussagen über die Modernisierungsaktivitäten der rund 230 Kommunen über 10.000 Einwohner gemacht werden, die nicht Mitglied der KGSt sind.

(3) Aufgrund der methodologischen Probleme, die mit (ausschließlich) quantitativen Umfragedaten bei Evaluationsfragestellungen verbunden sind, wurden qualitative Fallstudien in vier ausgewählten Städten[9] durchgeführt, die einerseits (ex post) als Korrektiv, andererseits (ex ante) zur theoretischen Anleitung (z.B. hinsichtlich der Konzipierung und Operationalisierung von Variablen) der Umfrage herangezogen wurden. Die Fallstudien stützten sich auf Dokumentenanalysen und Experteninterviews mit verschiedenen Akteuren unterschiedlicher Hierarchieebenen (Verwaltungsvorstand, Fachbereichsleiter, Amtsleiter) und Funktionsbereiche (Ratspolitiker, Exekutivpolitiker, sektorale Aufgabenfelder, Personalratsvorsitzende). Ziel des fallstudienartigen Vorgehens war es, das „Wirken" von Reformmaßnahmen im lokalen Handlungskontext möglichst realitätsnah zu analysieren, dabei zahlreiche Hintergrundinformationen und Kontextvariablen einzubeziehen und dadurch Zusammenhänge aufzudecken und zu Erklärungsmustern zu gelangen. Auch war mit dem Fallstudienansatz die Absicht verbunden, die zeitvergleichende Bewertungsperspektive der Wirkungsanalyse einzulösen[10] sowie konkrete Performanzveränderungen in wichtigen Leistungsparametern zu erheben, was im Rahmen der Umfrage kaum möglich schien.

Aus der komplementären Nutzung und einer Kontrastierung der Befunde von Sekundäranalyse, repräsentativer Umfrage und Fallbefunden wird im Folgenden eine Annäherung an die Frage nach den Ergebnissen und Wirkungen der lokalen NSM-Reform in Deutschland versucht.

---

9 Diese werden im Folgenden auf eigenen Wunsch hin anonymisiert: Stadt T. in NRW, Stadt L. in NRW, Stadt N. in Mecklenburg-Vorpommern, Stadt R. in Baden-Württemberg. Sie haben zwischen 60.000 und 300.000 Einwohner.

10 Drei der Fallkommunen wurden bereits im Rahmen früherer Studien auf ihre Reformaktivitäten hin untersucht, so dass hier Informationen ex ante vorliegen. Außerdem wurde, um der methodischen Forderung nach Kontrollgruppen zu entsprechen, eine Kommune ausgewählt, in der die NSM-Reform kaum verfolgt wurde („Nicht-NSM-Kommune"), so dass im Vergleich mit den anderen drei (fortgeschrittenen) NSM-Kommunen versucht werden kann, die Frage „does it make a difference?" zu beantworten.

4. Zum Umsetzungsstand des Neuen Steuerungsmodells

4.1 Gesamteinschätzung

Zweifelsohne haben die deutschen Kommunen in den letzten zehn Jahren die Modernisierung ihrer Verwaltungen beachtlich vorangetrieben. Verwaltungsmodernisierung ist und war ein flächendeckendes Thema in deutschen Kommunalverwaltungen, was unsere Umfragebefunde klar widerspiegeln. 92,4 Prozent der antwortenden Kommunen geben an, seit den neunziger Jahren Maßnahmen zur Verwaltungsmodernisierung durchgeführt zu haben, wobei bemerkenswert ist, dass es hier kein West-Ost-Gefälle gibt. Während Verwaltungsmodernisierung im Allgemeinen damit zwar in Ost wie West ein Schlüsselthema ist, wird jedoch die Frage, *wie* modernisiert wird und insbesondere ob dabei das NSM als Reformleitbild im Vordergrund steht, von ost- und westdeutschen Kommunalakteuren unterschiedlich beantwortet.

Hervorzuheben ist, dass sich von den deutschen „Reformkommunen" eine überwältigende Mehrheit (82,4 %) am NSM als Reformleitbild orientiert hat. Allerdings ist diese Orientierung am NSM in den westdeutschen stärker als in den ostdeutschen Städten und eher in den großen Städten und Kreisen als in den kleineren Kommunen festzustellen.

Tabelle 2: Modernisierungsaktivitäten der deutschen Kommunen

Maßnahmen der Verwaltungsmodernisierung	Kreisfreie Städte	Kreisangehörige Gemeinden	Landkreise	West	Ost	Gesamt
Insgesamt	97,6 % (80)	91,0 % (579)	95,4 % (145)	92,2 % (688)	93,5 % (116)	92,4 % (804)
Orientierung am NSM als Gesamtkonzept	27,2 % (22)	14,7 % (85)	15,9 % (23)	17,1 % (118)	10,3 % (12)	16,1 % (130)
Orientierung an einzelnen Instrumenten des NSM	65,4 % (53)	64,3 % (374)	74,5 % (108)	66,7 % (461)	63,8 % (74)	66,3 % (535)

n = 870; Angaben in Prozent, Absolutzahlen in Klammer, Spaltenprozente

Quelle: Umfrage, „10 Jahre NSM", Bürgermeisterdatensatz.

Kann die Leitbildwirkung des NSM damit im Allgemeinen als unbestritten gelten, ergibt sich jedoch hinsichtlich der konkreten Umsetzung des Reformkonzepts ein differenzierteres Bild. Zum einen orientieren sich die deutschen Kommunen nur partiell am NSM, wenn sie die Modernisierung ihrer Verwaltungen in Angriff nehmen. Mehr als 60 Prozent der Kommunen haben nur einzelne Elemente des NSM im Blick, wohingegen sich nur eine Minderheit in ihren Reformaktivitäten am Gesamtkonzept des NSM ausrichtet (16,1 %; vgl. Tabelle 2).[11]

Wirft man zum anderen nun einen Blick über die „Verlautbarungsebene" *(talk)* hinaus auf die tatsächliche Implementation von NSM-Instrumenten *(action)*, so zeigt sich ein noch größeres Auseinanderfallen zwischen dem Konzept und der Realität. Legt

---

11 Ähnliche Befunde präsentierte die Studie des DIfU für das Jahr 2004. Hier geben ebenfalls über 95 % der Städte an, modernisierungsaktiv zu sein, davon orientieren sich 9,9 % ganz und 67 % teilweise am NSM (vgl. DIfU 2005: 14).

man als Bewertungsmaßstab die NSM-Kernelemente zugrunde (siehe Abbildung 1), so gibt es nach zehn Jahren Reform kein einziges Element, welches von der Mehrheit der deutschen Kommunen inzwischen in der ganzen Verwaltung implementiert worden ist (siehe Tabelle 3). Bundesweit gibt es nur 22 Kommunen (2,5 %), die man aufgrund unserer Erhebung als „NSM-Hardliner" bezeichnen könnte, da sie nach eigenen Angaben sieben Kernelemente des NSM (Strategische Steuerungsunterstützung, interne Servicestellen, dezentrale Fach- und Ressourcenverantwortung, Budgetierung, Produktdefinitionen und -beschreibungen, politisches Kontraktmanagement, internes Kontraktmanagement) flächendeckend in der ganzen Verwaltung eingeführt haben. Ein maßgeblicher Grund dieser geringen Zahl liegt in der seltenen Umsetzung des politischen Kontraktmanagements.

Tabelle 3: Realisierte NSM-Kernelemente

NSM-Kernbereiche	Umsetzung in der ganzen Verwaltung	Umsetzung in Teilbereichen
Fachbereichsstrukturen	43,6 % (379)	9,3 % (81)
Zentrale Steuerungsunterstützung	25,9 % (225)	12,4 % (108)
Dezentrale Controllingstellen	10,9 % (95)	13,6 % (118)
Umbau Querschnittsbereiche zu Servicestellen	23,9 % (208)	24,7 % (215)
Abbau von Hierarchieebenen	34,5 % (300)	25,4 % (221)
Dezentrale Fach- und Ressourcenverantwortung	33,1 % (288)	26,2 % (228)
Budgetierung	33,1 % (288)	34,4 % (291)
Produkte	29,0 % (252)	9,9 % (86)
Kosten- und Leistungsrechnung	12,7 % (108)	33,0 % (287)
Berichtswesen	22,1 % (192)	20,7 % (180)
Eingeführt		
Kontrakte Politik-Verwaltung	14,8 % (129)	*
Kontrakte Verwaltungsspitze-Verwaltung	24,3 % (211)	*

n = 870; * Item nicht vorhanden.

Quelle: Umfrage, „10 Jahre NSM", Bürgermeisterdatensatz.

Bezieht man dagegen die Kommunen, die die Einführung von NSM-Instrumenten in Teilbereichen ihrer Verwaltungen umgesetzt haben, mit ein, verringert sich die Diskrepanz zwischen Konzept und Realität. Berücksichtigt man zudem die Elemente, die eher dem erweiteren Modell zuzurechnen sind, wie Maßnahmen zur Verbesserung der Kundenorientierung, so zeigt sich, dass diese in größerem Umfang als alle NSM-Kernelemente umgesetzt wurden (vgl. ausführlich Kapitel 4.4). Insgesamt gesehen kann somit eine nach wie vor bestehende nicht unerhebliche „Implementationslücke" bezogen auf wesentliche Elemente des NSM konstatiert werden.[12]

---

12 Diese Feststellung wird dadurch noch bestärkt, dass die Umsetzungsbilanz schlechter ausfallen würde, wenn die Kommunen, die – überwiegend deshalb, weil sie erklärte Nicht-NSM-Reformer sind – nicht an der Umfrage teilgenommen haben, einbezogen wären.

4.2 Abschied vom weberianischen Bürokratiemodell? Dezentralisierung und outputorientierte Steuerung

Ein wesentliches Ziel des NSM bestand darin, von der „klassisch-bürokratischen" (weberianischen) Verwaltungsorganisation zu einer stärker an betriebswirtschaftlichen Vorbildern orientierten Organisations- und Steuerungsform überzugehen. Steile Hierarchien sollten abgebaut und flexibilisiert, „atomisierte" Verantwortungsstrukturen integriert, die traditionelle Trennung von Fach- und Ressourcenverantwortung aufgehoben und die Querschnittsämter zu Servicestellen mit interner Auftragnehmerfunktion umgebaut werden, um so die diagnostizierte „organisierte Unverantwortlichkeit" (Banner 1991: 6) zu beseitigen und zu einer „unternehmensähnlichen, dezentralen Führungs- und Organisationsstruktur" (KGSt 1993a: 16–20, hier S. 16) überzugehen. Gefordert wurde eine stärkere Ausrichtung der Verwaltungssteuerung auf die Ergebnisse und Wirkungen der Leistungsprozesse:

„Wirksame Verwaltungssteuerung ist nur von der Leistungs- (Output-) Seite her möglich" (KGSt 1993a: 20).

Bezogen auf die *dezentrale Fach- und Ressourcenverantwortung* zeigt sich in der Umfrage, dass diese in rund 33 Prozent der befragten Kommunen ganz und in weiteren 26,2 Prozent teilweise eingeführt wurde (vgl. Tabelle A1). Hiermit ist in der Regel auch ein Abbau von Hierarchieebenen verbunden, da häufig eine Führungsebene (Amt oder Dezernat) fortfiel. Hierarchieebenen wurden in 34,5 Prozent der Kommunen abgebaut. Diese Organisationsreformen waren insbesondere ein Projekt der mittelgroßen Städte (50.000 bis 100.000 Einwohner) und großen Landkreise (über 250.000 Einwohner), in denen jeweils deutlich über 50 Prozent von einer Einführung beider Reforminstrumente berichten.

Über 50 Prozent aller Kommunen verfügen zumindest in Teilbereichen über Erfahrungen mit Fachbereichsstrukturen.[13] Für eine Interpretation dieser Daten muss jedoch in Rechnung gestellt werden, dass Ausmaß und Reichweite der Verantwortungsübertragung stark variieren. Mitunter ist diese sehr begrenzt, wenn z.B. schon die Tatsache, dass Amtsleiter bei der Personalauswahl beteiligt werden oder über Fort- und Weiterbildungsmaßnahmen in ihrem Bereich entscheiden dürfen, als dezentrale Personalverantwortung etikettiert wird. Wirft man zudem einen Blick auf die NSM-Realität in ausgewählten Aufgabenfeldern, so zeigt sich, dass hier die von den Verwaltungsspitzen „verlautbarte" dezentrale Ressourcenverantwortung nur bedingt „unten" angekommen ist. Denn lediglich in 11,2 Prozent der befragten Jugendämter und 5,1 Prozent der befragten Bauordnungsämter wurde die Personalverantwortung auf die Fachbereiche oder Ämter übertragen.

---

13 Zur Relativierung dieses Ergebnisses muss gesagt werden, dass es keine einheitliche Verwendung des Begriffs „Fachbereich" gibt und dass sowohl Kommunen existieren, die die alte Bezeichnung Amt für Strukturen im Sinne von Fachbereichen fortführen, als auch solche, die die Bezeichnung Fachbereiche für die Weiterführung von klassischen Ämterstrukturen verwenden. Synonym für Fachbereiche wurden in zahlreichen Kommunen unternehmensnahe Begriffe wie „Geschäftsbereich" o.ä. eingeführt.

Erwartungsgemäß ist eines der attraktivsten Reformthemen für deutsche Kommunen die Einführung der *Budgetierung* gewesen. Unsere Umfrageergebnisse zeigen, dass nach Angaben der Befragten in 33,1 Prozent der Kommunen flächendeckend und in weiteren 34,4 Prozent zumindest in Teilbereichen budgetiert wird. Die Anziehungskraft dieses Reforminstruments erklärt sich in erster Linie daraus, dass sich die Budgetierung als eine „intelligente Sparstrategie" erwiesen hat, die von den Kämmerern genutzt wird, um die Ausgaben der Fachbereiche zu „deckeln" (Banner 2001: 286). Dabei handelt es sich jedoch wohl in den meisten Fällen um eine rein inputorientierte Budgetierung: Nur in 15,7 Prozent der budgetierenden Fälle handelt es sich um Budgetierung, die mit Ziel- und Leistungsvorgaben im Sinne einer Output-Budgetierung verbunden ist. Auch die angestrebten Anreize durch die freie Verfügung über Restmittel dürften nur eingeschränkt zum Tragen kommen: Nur in rund 40 Prozent der budgetierenden Fälle kommt es zu einer zumindest teilweisen antragsfreien Überlassung von Restmitteln an die budgetierte Einheit. Außerdem ist im Zuge der Bemühungen um Haushaltskonsolidierung eine Entwicklung eingetreten, in der anstelle der proklamierten Erweiterung dezentraler Verantwortung eher die zentrale Steuerungslogik verstärkt wird, da aufgrund rigider zentraler Budgetierungsvorgaben für die Fachbereiche kaum noch Handlungsspielräume im dezentralen Ressourcenmanagement bestehen. Damit bleibt die Budgetierung in einer großen Zahl von Fällen weiterhin ein inputorientiertes Führungsinstrument zur Kostendeckelung und keine Anregung zum „aktiven Umgang mit knappen Ressourcen" (KGSt 1993b: 7), zumal auch die Koppelung an die dezentrale Ressourcenverantwortung eher unterentwickelt ist.

Oftmals waren die ersten Instrumente bei den Bemühungen um eine ergebnisorientierte Steuerung in der Reformpraxis *die Definition und Beschreibung von Produkten*, die als zentrale Informationsträger zur Erfassung des Verwaltungsoutputs – im Sinne der Ergebnisse von Leistungsprozessen der Verwaltung – angesehen wurden. Laut unserer Umfrage haben 29,0 Prozent der Kommunen Produkte flächendeckend oder zumindest teilweise (9,9 %) definiert oder sind momentan noch im Aufbau (22,9 %).[14] Zudem nehmen – auch verglichen mit früheren Umfragen des Deutschen Städtetags – die Bemühungen kontinuierlich zu, für die Leistungen der Kommunalverwaltungen Kosten genauer beziffern zu können. So geben 12,7 Prozent an, eine Kosten-Leistungsrechnung (KLR) voll umgesetzt zu haben, weitere 33,0 Prozent haben dies zumindest in Teilbereichen und in weiteren 27,1 Prozent befindet sie sich derzeit im Aufbau. Damit handelt es sich neben dem von der Mehrzahl der Landesregierungen verpflichtend verfolgten Übergang von der Kameralistik zur Doppik und der Vermögensbewertung, die beide in einem inhaltlichen Zusammenhang mit der Kosten- und Leistungsrechnung stehen, um die derzeit am aktivsten bearbeitete Reformbaustelle.

---

14 In früheren Umfragen des Deutschen Städtetags wurde ein erheblicher Rückgang der Verwendung von Produkten konstatiert: Wurde 1998 noch in 61 % der befragten Städte mit Produkten gearbeitet, waren dies im Jahr 2000 nur noch 32 % (vgl. Grömig 2001: 15). Zieht man eine vergleichbare Grundgesamtheit heran (kreisfreie Städte und kreisangehörige Städte über 50.000 EW), muss diese Entwicklung weg von Produkten relativiert werden: In der Vergleichsgruppe geben 51,6 % an, Produktbeschreibungen in der ganzen Verwaltung umgesetzt zu haben und weitere jeweils 12,7 % geben an, dies in Teilbereichen zu tun bzw. im Aufbau befindlich zu sein. In der aktuelleren DIfU-Studie (DIfU 2005) wird diese Information nicht erhoben.

Angesichts eines frühen Enthusiasmus bei den ergebnisorientierten Verfahren Mitte der neunziger Jahre sind die Implementationszahlen nach über 10 Jahren nicht überwältigend hoch. Dies hängt möglicherweise mit der Kritik an der starken Orientierung am Produktkonzept Ende der neunziger Jahre zusammen, die das Unbehagen vieler Kommunen repräsentierte: Ein typisch „teutonisches" (Reichard 1998) Perfektionierungsstreben führe zu ausgefeilten und detaillierten Produktkatalogen, die an Stelle der Steuerungsfunktion eine neue Produktbürokratie setzten. Der nicht geringe Aufwand zeigt sich in den Kommunen, in denen mit Produkten gearbeitet wird, und in denen in der Regel fast das komplette Spektrum der Verwaltungsleistungen – gemessen am Anteil des Verwaltungshaushalts – durch Produkte erfasst wird (70,3 % der Kommunen mit Produkten geben in unserer Umfrage an, zwischen 80 % und 100 % der Verwaltungsleistungen abzudecken). Die Kataloge umfassen bis zu 1000 Einzelprodukte (in der Mehrzahl der Kommunen zwischen 80 und 200).

Vor diesem Hintergrund erscheint es als problematisch, dass die aufwändig erstellten Produktkataloge kaum für Steuerungszwecke herangezogen worden sind (Banner 2001: 287). Stattdessen ist festzustellen, dass ein erheblicher Anteil der Kommunen, die Produkte definiert haben, diese weder für die Ermittlung von Budgets, noch für Haushaltsverhandlungen oder die Neuorganisation von Verwaltungsprozessen und auch nicht für interkommunale Vergleiche nutzt (vgl. Tabelle 4). In 14,2 Prozent der Kommunen, die Produktdefinitionen verwenden, findet überhaupt kein Anschluss der Produkte an wesentliche Instrumente des NSM statt und es stellt sich hier die Frage, inwiefern der beträchtliche Aufwand der Erstellung von Produktkatalogen in diesen Fällen gerechtfertigt ist. Zwar ist dieses Problem der isolierten Produktentwicklung recht früh erkannt worden (vgl. KGSt 1997; Reichard 1998), dennoch stellen „freischwebende" (Banner 2001: 287) Produktkataloge offenbar immer noch ein Problem dar.

Tabelle 4: Verwendung von Produktdefinitionen

	n	Anteil an Kommunen mit Produkten[1] (n = 338)	Anteil an allen Kommunen (n = 870)
Kosten- und Leistungsrechnung	223	66,0 %	25,6 %
Berichtswesen	219	64,8 %	25,2 %
Produktbezogener Haushalt	207	61,2 %	23,8 %
Zielvereinbarungen innerhalb der Verwaltung	174	51,5 %	20,0 %
Ermittlung von Budgets	173	51,2 %	19,9 %
Neuorganisation von Verwaltungsprozessen	173	51,2 %	19,9 %
Haushaltsverhandlungen	169	50,0 %	19,4 %
Interkommunale Vergleiche	161	47,5 %	18,5 %
Zielvereinbarungen zwischen Politik und Verwaltung	116	34,3 %	13,3 %
Vergleiche mit externen Anbietern	114	33,7 %	13,1 %
Keine der genannten Verwendungen	48	14,2 %	5,5 %

1 Es wurden nur Kommunen berücksichtigt, in denen Produkte in der ganzen Verwaltung oder in Teilbereichen eingeführt wurden.

Quelle: Umfrage, „10 Jahre NSM", Bürgermeisterdatensatz.

Neben den Kernbereichen Dezentralisierung und Outputsteuerung spielte in der Konzeption der KGSt die *Personalentwicklung* eine zunehmend stärkere Rolle. Dem liegt

die Einsicht zu Grunde, dass die Umsetzung des NSM im Wesentlichen von der Mitwirkung des Personals der Verwaltung abhängt. Akzeptanz und aktive Beteiligung sollten daher gezielt durch Personalentwicklung unterstützt werden (KGSt 1996b: 7). Tatsächlich sind nur eingeschränkt Veränderungen im Bereich des Personalmanagements
und der Personalentwicklung festzustellen. Zwar wurde in zahlreichen modernisierenden Kommunen zusätzliches betriebswirtschaftlich geschultes Personal angestellt
(36,1 %) und finden vor allem in mittlerweile 62,0 Prozent der Kommunen Mitarbei-
tergespräche statt, dennoch bleiben die Aktivitäten gemessen an den Zielvorstellungen
auf eher wenig anspruchsvolle Verfahren beschränkt oder befinden sich im klassischen
Bereich der Fort- und Weiterbildung (vgl. Tabelle A1). Ein Hauptproblem dürfte die
angespannte Haushaltslage der Kommunen sein, die für zusätzliche Maßnahmen der
Personalentwicklung und auch für zusätzliche Leistungsanreize wenig Spielraum lässt.

4.3 Veränderungen im Verhältnis zwischen Politik und Verwaltung

Die beabsichtigte Trennung von Politik und Verwaltung stellt den zweiten grundlegenden Eingriff in das traditionelle Verwaltungshandeln auf kommunaler Ebene dar. Dabei soll eine klare Zuordnung der strategischen Entscheidungen zum Zuständigkeitsbereich des Rates in Abgrenzung zu den Detailentscheidungen getroffen werden, die ausschließlich im Verantwortungsbereich der Verwaltung liegen sollen (vgl. KGSt 1993;
1996a). Diese zunächst strikte und später etwas „gelockerte" Trennung von Politik und
Verwaltung wurde kritisiert, weil sie einerseits unrealistisch, andererseits auch normativ
nicht anstrebenswert sei. Auch die weitere Ausformulierung hin zu einem „Strategischen Management" (vgl. Heinz 2000; KGSt 2000) stieß auf die Kritik einer naiven
Sicht auf Kommunalpolitik, die die Logik konkurrenzdemokratischer Verfahren systematisch missachte (vgl. Bogumil 2002).[15]
   Angestrebt wurde auch der Aufbau eines „politischen Controllings", das die Kommunalvertretung zur wirksamen Wahrnehmung ihrer Steuerungs- und Kontrollfunktion
befähigen sollte. Mittels der Kontrakte, welche die Zielvorgaben des Rates fixieren,
sollte sichergestellt werden, dass „die Verwaltung die Vorgaben der Politik ohne jede
Einschränkungen beachtet" (KGSt 1996a: 10). Der Haushaltsplan wurde als Rahmen-
kontrakt verstanden und sollte „zum zentralen Instrument der Gesamtsteuerung" werden (vgl. KGSt 1996a: 21). Ein aussagekräftiges Controlling und Berichtswesen sollte
Transparenz herstellen, um so der Politik die Überprüfung und Bewertung der Zielerreichung zu ermöglichen. „Dazu sind Kennzahlen und Indikatoren produktgenau zu
ermitteln" (KGSt 1996a: 10), ohne jedoch die Politik mit einer Papierflut zu überfor-
dern. Auch die Arbeit der Ausschüsse sollte – dem Grundsatz folgend „wenige Fachbereiche und wenige Ausschüsse" (KGSt 1996a: 30) – an diese neue Arbeitsteilung angepasst werden.

---

15 Einwände waren hier Probleme bei der Entwicklung eindeutiger kommunalpolitischer Zielvorstellungen, eine Dominanz der Verwaltung mit engen Verflechtungen zu den Mehrheitsfraktionen und die Politisierung des Umsetzungsprozesses, die eine Trennung des „Was" vom „Wie"
   verhinderten (vgl. Bogumil 2002: 133–136).

Schon bei der Rangfolge der Modernisierungsziele der Kommunen bewegt sich die Neu- bzw. Umgestaltung des Verhältnisses zwischen Rat und Verwaltung allerdings deutlich am Ende. Nur 29,7 Prozent der Kommunen geben an, diesen Themenbereich überhaupt zu behandeln, beim Blick auf die konkreten Instrumente sieht die Bilanz noch bescheidener aus. So ist das Kontraktmanagement über Zielvereinbarungen zwischen Rat und Verwaltung(sspitze) nur in 14,8 Prozent der befragten Kommunen etabliert.[16] Gegenstand der Zielvereinbarungen zwischen Rat und Verwaltung sind in 12,8 Prozent der Fälle Qualitätsmerkmale und in 12,1 Prozent Produkte. Kostenkennzahlen und Leistungskennzahlen sind ebenfalls in mehr als 10 Prozent der Kommunen relevante Inhalte der Vereinbarungen, wohingegen Wirkungskennzahlen nur eine nachgeordnete Rolle spielen. Ein Berichtswesen, das sich an den Rat wendet und somit als Instrument des politischen Controllings dient, existiert nach Angaben der Befragten in 22,8 Prozent aller Kommunen zumindest für Teilbereiche der Verwaltung, in 14,8 Prozent für die ganze Verwaltung. Insgesamt zeigt sich damit, dass der Umsetzungsgrad der Instrumente zur Umgestaltung des Verhältnisses zwischen Kommunalvertretung und Verwaltung im Vergleich zu allen anderen Modernisierungselementen am geringsten ist.

4.4 Veränderungen im Außenverhältnis

Neben den Modernisierungsschritten innerhalb der Verwaltung wurde im NSM eine Veränderung der Gestaltung des Außenverhältnisses der Verwaltung proklamiert. Diese Maßnahmen spielten in der NSM-Konzeption zunächst eine nachrangige Rolle, gerieten aber im Laufe der neunziger Jahre vermehrt in den Modernisierungsdiskurs, nicht zuletzt deshalb, da die Defizite einer reinen Binnenorientierung verstärkt thematisiert wurden. Die Modernisierung des Außenverhältnisses sollte das NSM „unter Strom" setzen; es umfasst zum einen das Verständnis des Bürgers als „Kunden" der Kommunalverwaltung sowie zum anderen Wettbewerbselemente wie Leistungsvergleiche, Markttests und Vergabeverfahren, die in das kommunale Verwaltungshandeln Einzug halten sollen.

4.4.1 Kundenorientierung

Im Mittelpunkt der Entwicklung einer „kundenorientierten Dienstleistungspolitik" (Bogumil u.a. 2001) steht der Wandel kommunaler Verwaltungen zu Dienstleistungs- und Servicezentren. Organisatorische Änderungen wie die Bündelung von Dienstleistungen (Einrichtung von Bürgerämtern in 57,5 % der Kommunen) und ein ortsnahes

---

16 In den neuen Bundesländern liegt der Prozentsatz der Kommunen, die Zielvereinbarungen zwischen Rat und Verwaltung etabliert haben, lediglich bei 3,2 % und somit weit niedriger als in den alten Bundesländern mit 16,8 %. In kreisfreien Städten wurde dieses Instrument mit 19,5 % überproportional oft eingeführt, wohingegen in kreisangehörigen Gemeinden die Umsetzungsrate lediglich bei 10,1 % liegt. Auch lässt sich die Tendenz erkennen, dass Zielvereinbarungen überproportional öfter umgesetzt werden, je größer die Kommune ist.

Angebot von Dienstleistungen durch Dezentralisierung (40,0 %) wurden ebenso verfolgt wie Prozessinnovationen. Zu diesen zählen die Erweiterung von Sprechzeiten (74,5 %) und die Einführung eines Qualitätsmanagements (13,9 %). Außerdem erfolgte bei 54,7 Prozent der Befragten eine Beteiligung der „Kunden" durch Klienten- und Bürgerbefragungen. Ein Beschwerdemanagement wurde in 29,9 Prozent der Fälle eingeführt (vgl. Tabelle A1).

Die verstärkte Orientierung am Bürger als Kunden kann also als ein Erfolgsprojekt gesehen werden. Allerdings ist darauf hinzuweisen, dass es sich hier um kein genuines NSM-Projekt handelt, sondern die Idee der „Bürgerämter" war schon Anfang der achtziger Jahre in gänzlich anderem Kontext entstanden. Dennoch sind Merkmale verstärkter Kundenorientierung und auch die Idee der one stop agency im erweiterten NSM-Modell zu finden. Vor allem aber kann in diesem Bereich die NSM-Modernisierung als ein entscheidender Wegbereiter für die Reaktivierung dieses älteren Modernisierungsansatzes gesehen werden. Denn erst Mitte der neunziger Jahre wurden Bürgerämter in der Breite der Kommunen diskutiert und eingerichtet. Der Anteil von Städten mit über 50.000 Einwohnern, in denen es Bürgerämter gibt, liegt laut unserer Umfrage bei weit über 80 Prozent.

Ebenfalls im Kontext verstärkter Kundenorientierung können traditionelle Reformansätze wie Verfahrensbeschleunigung im Baugenehmigungsverfahren – z.B. durch Einführung eines Sternverfahrens oder verstärkter Verantwortungsdelegation – gesehen werden (vgl. Jaedicke u.a. 2000), die in 75 Prozent (n = 279) der befragten Bauordnungsbehörden vorgenommen wurden, und dort z.T. erhebliche Zeitgewinne zur Folge hatten und die – so zumindest die Einschätzung der befragten Leiter der Unteren Bauaufsicht – die rechtliche Qualität der Entscheidungen in den seltensten Fällen beeinträchtigen.

4.4.2 Wettbewerb

Bei den Wettbewerbsmaßnahmen lässt sich ein tatsächlicher Wettbewerb mit privaten Anbietern und anderen öffentlichen Anbietern von einem virtuellen Wettbewerb zwischen Verwaltungen in so genannten Vergleichsringen, Wettbewerben und internem und externem Benchmarking unterscheiden. Ansätze einer wirklich wettbewerbsorientierten Organisationsgestaltung, die sowohl dem Bürger als Kunden als auch der Verwaltung selbst verstärkt Wahloptionen ermöglicht, sind bislang auf lokaler Ebene kaum zu erkennen.

An deren Stelle treten vor allem Formen des nicht-marktlichen Wettbewerbs in Form inter- und intrakommunaler Vergleichsringe und Benchmarking-Projekte.[17] 43,3 Prozent der Kommunen geben an, sich zumindest gelegentlich an interkommunalen Leistungsvergleichen, Vergleichsringen und Wettbewerben zu beteiligen, nur ein knappes Viertel der Kommunen (23,3 %) nimmt an solchen Maßnahmen gar nicht teil. Insbesondere die Kommunen mit weniger als 25.000 Einwohnern beteiligen sich un-

---

17 Ein umfassender Überblick über bundesweite/länderübergreifende Projekte zum Leistungsvergleich sowie deren Initiatoren und Vergleichsinhalte findet sich bei Kuhlmann (2004b: 97–98, 2005: 12–13).

terdurchschnittlich häufig an Vergleichsmaßnahmen, was sich durch die geringere Modernisierungsaktivität bei ebendiesen Kommunen allerdings gut erklären lässt.

Befragt man Kommunen, die an Leistungsvergleichen teilnehmen, nach deren Nutzen, geben fast 75 Prozent der befragten Bürgermeister an, dass ein Lernen von den anderen beteiligten Kommunen erfolgte. Hier sind nun aber die Personalräte deutlich skeptischer, denn von diesen sieht dies nur ein Anteil von 50 Prozent so. Dieses postulierte „Lernen" führt allerdings nur sehr selten zur Übernahme von konkreten Struktur- und Prozessinnovationen, was auch die Verwaltungschefs bestätigen. Zugleich fehlt es in der Regel an institutionalisierten Formen des Umgangs mit den Vergleichsergebnissen in den Kommunen. Vor allem aber sagen 56,8 Prozent der Personalräte und 38 Prozent der Bürgermeister/Landräte aus, der Aufwand der Vergleichsarbeit übersteige den Nutzen. Insofern ist es angesichts der nicht unerheblichen Kosten der Vergleichsprojekte kaum verwunderlich, dass die Teilnehmerzahlen in interkommunalen Vergleichsringen rückläufig sind (vgl. Kuhlmann 2004b).

5. Die Wirkungen der NSM-Reform

Um die Auswirkungen der NSM-Modernisierung auf das Handeln und die Leistungsfähigkeit der Verwaltung (*performance*) zu erfassen, orientieren wir uns im Folgenden an der von Pollitt/Bouckaert in ihrer international vergleichenden NPM-Evaluation entwickelten Typologie (vgl. Pollitt/Bouckaert 2004). Danach sind die folgenden „Performanzfelder" zu unterscheiden (vgl. auch Bogumil/Kuhlmann 2006):[18]

– Input-Veränderungen (Einsparungen, Effizienzgewinne)
– Output- und Prozessveränderungen (Servicequalität, Verfahrensdauer, Kundenfreundlichkeit)
– System- und Kultur-Veränderungen (politische und gesamtstädtische Steuerung)

5.1 Input-Effekte

Im Bereich der Input-Veränderungen werden einerseits zahlreiche Erfolge gesehen. Greift man hier auf das Instrument der (allgemeinen) Einschätzungsfrage zurück, so wird beispielsweise sowohl vom Bürgermeister als auch vom Personalrat die Auffassung vertreten, dass die dezentrale Ressourcenverantwortung Anreize zum wirtschaftlichem Umgang mit den Ressourcen gesetzt habe und dass – was noch bemerkenswerter ist – tatsächlich Einsparungen erzielt worden seien (siehe Abbildung 3[19]).

---

18 Die Kategorie der „Productivity" musste hier mangels verfügbarer Daten ausgeklammert werden.

19 Hierzu wurden hier und im Weiteren Mittelwerte der numerischen Ausdrücke für die Angaben „Trifft völlig zu" (1), „Trifft eher zu" (2), „Trifft eher nicht zu" (3) und „Trifft gar nicht zu" (4) gebildet. An dieser Stelle werden Mittelwerte berichtet, auch wenn lediglich von einem ordinalen Messniveau ausgegangen werden kann, da (1) keine metrische Interpretation der Mittelwerte vorgenommen werden soll, sondern lediglich die Ordnungsrelation verwendet wird und (2) bei Verwendung der Mittelwerte keine Verzerrung im Vergleich zu den aufsummierten Pro-

Abbildung 3: Wirkungen dezentraler Fach- und Ressourcenverantwortung

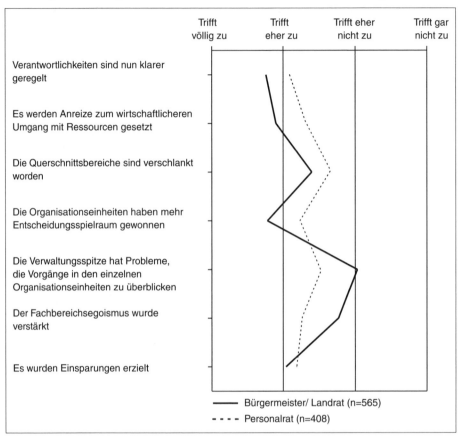

Quelle: Umfrage HBS – Projekt „10 Jahre NSM".

Auch die Fallbefunde stützen zunächst teilweise die Annahme, dass es durch das NSM zu Einspareffekten gekommen und die Wirtschaftlichkeit verbessert worden ist. So gibt es beispielsweise in einer der untersuchten NSM-Vorreiter-Kommunen (Stadt T.) hinsichtlich der Reformwirkungen auf die Haushaltssituation beeindruckende „Erfolgsmeldungen". Bereits ein Jahr nach Einführung eines neuen Finanzmanagements wurde festgestellt, dass die Budgetvorgaben aufgrund des eigenverantwortlichen Umgangs der Fachbereiche mit den zugeteilten Mitteln „unterschritten wurden" und (nach Absicherung des Haushaltsausgleichs) beachtliche Budgetreste in Höhe von immerhin 1,4 Mio. DM (in 1995) „übrigblieben", die dann zum Gegenstand von Budgetverhandlungen mit allen Fachbereichsleitern gemacht wurden. Zwischen 1995 und 1997, also während bzw. nach Einführung dieser NSM-Instrumente, steigerten sich die Einsparungen der Stadt von ca. 1,1 auf 2,3 Mio. DM pro Jahr netto, bei einem Gesamt-Haushaltsvolumen von ca. 340 – 360 Mio. DM. Vor diesem Hintergrund spricht ein

---

zentzahlen der Kategorien „Trifft völlig zu" und „Trifft eher zu" zu beobachten war (vgl. Allerbeck 1978: 206, 211).

Beigeordneter der Stadt von „regelmäßig(en), zusätzlich(en) Managementerfolgen in Millionenhöhe", die in den Haushaltsjahren 1994 bis 1998 zu verbuchen gewesen seien.

Hinsichtlich der tatsächlich erreichten Einsparungen und Effizienzgewinne sind nun eine Reihe von Einschränkungen und Differenzierungen angebracht. So zeigt unsere Umfrage, dass in den Querschnittsbereichen, nach Einschätzung der Bürgermeister und Personalräte, kaum jene „Verschlankungen" (und damit Einspareffekte) eingetreten sind, die man infolge der Kompetenzabschichtung „nach unten" hätte erwarten können (siehe Abbildung 3). Dies bestätigt auch ein Blick auf die Ergebnisse der Fallstudien. So ist es in der Stadt T. effektiv nicht zu NSM-bedingten Personalreduzierungen gekommen, sondern es ist festzustellen, dass sich infolge der Dezentralisierung der Personalaufwand in den Fachbereichen erhöht hat, ohne dass in gleichem (oder, wie erwartet werden müsste, in höherem) Maße die zentralen Querschnittsbereiche entlastet worden sind.[20] Des Weiteren ist bei der Feststellung von Budgetüberschüssen ein etwas genauerer Blick auf die Ausgestaltung des jeweiligen Budgetierungsverfahrens geboten. So wurde in der Stadt T. die Budgetierung in der Form praktiziert, dass die Fachbereiche bei ihren Budgetplanungen nicht den im zurückliegenden Berichtszeitraum erreichten Ist-Stand zugrunde legten, sondern die mittelfristigen Finanzpläne immer fortgeschrieben wurden. Budgetierung erfolgte also auf der Basis einer Planfortschreibung (selbst wenn die Pläne wiederholt unterschritten wurden) und nicht auf Ist-Basis. Durch das „Belohnungssystem", das vorsah „Planunterschreitungen" zu belohnen, um „gutes Management" zu honorieren, profitierten damit vor allem die Fachbereiche, die „hoch planten" und dann weniger verbrauchten.

„Der Fachbereich, der da die aberwitzig höchsten Zahlen bei der mittelfristigen Finanzplanung hatte, kam dabei natürlich am besten weg. Dieser Fachbereich hatte logischerweise am Ende des Berichtszeitraumes den höchsten Überschuss und dafür hatten wir auch einen Namen: Managementerfolg. Hiervon wurde dann dem Fachbereich ein Betrag zur Verfügung gestellt, da sich gutes Wirtschaften auch lohnen und auszahlen muss" (Mitteilung vom 7.1.2005).

Für eine differenzierte Reformbilanz muss zudem in Rechnung gestellt werden, dass die NSM-Reform selbst Kosten verursacht und innerhalb der NSM-reformierten Verwaltung zusätzliche „Transaktionskosten" anfallen (vgl. Kuhlmann/Wollmann 2006), die jene der klassisch-hierarchischen (Max Weber'schen) Verwaltung möglicherweise noch übersteigen.[21] So haben die befragten Verwaltungen einen erheblichen zeitlichen und personellen Aufwand in die Konzipierung und Implementation von NSM-Reformelementen gesteckt – in Produktkataloge im Schnitt 14,8 Personen-Monate allein

---

20 So umfasst der heutige „Zentralbereich" in der Verwaltung, zu welchem, neben dem Verwaltungsvorstand, die „Steuerungsunterstützung" und der Bereich „zentrale Aufgaben" zu zählen sind, nach wie vor 76 Vollzeitstellen, was noch immer 10 % der Gesamtstellenzahl der Verwaltung sind.

21 Ein Beispiel bieten die internen Leistungsverrechnungen. So hat in der Stadt T. die Einführung von internen Leistungsverrechnungen dazu geführt, dass Rechnungen hin- und hergeschoben, Kosten so weit wie möglich externalisiert und Ressourcen fachbereichsintern möglichst maximiert werden. Mitunter überstiegen die Kosten der Leistungsverrechnung, etwa wenn hausintern Telefonate verrechnet wurden, den Betrag der verrechneten Leistung selbst.

an Personalaufwand – ohne dass der konkrete Steuerungsnutzen bislang ersichtlich wird. Außerdem ist an die weitergehenden Kosten zu denken, die längerfristig für die Pflege, Korrektur und „Beseitigung" von Reformelementen anfallen. Vor diesem Hintergrund hat sich die untersuchte ostdeutsche Fallkommune wieder vom NSM verabschiedet und dabei als einen zentralen Grund den Aufwand und die Kosten der NSM-Reform angegeben. Die NSM-Reform wird dort als unvereinbar mit Sparpolitik gesehen.

„Wenn man es richtig machen will, muss da Geld reingesteckt werden. Und das ist wohl auch der Hauptgrund gewesen, warum man es hier nicht so gemacht hat. Weil es nämlich auch 'ne finanzielle Frage ist" (Personalratsvorsitzende).

Insgesamt ist also Vorsicht angebracht, wenn vorschnell auf deutliche Managementerfolge hingewiesen wird, was am Beispiel der Fallkommunen gezeigt werden kann. Auch die dargestellten generellen Einschätzungen der Bürgermeister und Personalräte, die eher von Einspareffekten ausgehen, sind Bewertungen, die von den Akteuren aufgrund mangelnder Daten (z.B. Produktkosten) und vor dem Hintergrund einer nicht trennbaren Überlagerung von Haushaltskonsolidierungsprozessen und Verwaltungsmodernisierungsmaßnahmen getroffen werden und so eine kausale Zuordnung der Einspareffekte zum NSM eigentlich nicht zulassen. Zwar sind Effizienzgewinne in Einzelbereichen nicht von der Hand zu weisen und lassen sich in den Kommunen eine Reihe von punktuellen Erfolgsbeispielen benennen. Unter Einbeziehung der Reformkosten kann jedoch davon ausgegangen werden, dass das NSM nicht nachhaltig und längerfristig zur Haushaltskonsolidierung beigetragen hat. In manchen Fallstudien drängt sich sogar der Eindruck auf, dass die Dezentralisierung der Ressourcenverantwortung, soweit sie mit einer Planfortschreibung im Budgetierungsverfahren, großzügigen Belohnungen für nicht stichhaltig nachweisbare „Managementgewinne" und einer fehlenden zentralen Steuerung und Kontrolle einhergeht, die Budgetmaximierung in den Fachbereichen noch verschärft und die städtischen Ausgaben damit insgesamt eher in die Höhe getrieben hat.

5.2 Output-Effekte

Auf der Output-Seite hat es zweifelsohne sichtbare Verbesserungen gegeben. Ausweislich der Umfrageergebnisse hat vor allem der Umbau der Organisationsstruktur (insbesondere die Einführung von Fachbereichsstrukturen, der Abbau von Hierarchieebenen sowie der Übergang zu Teamstrukturen) zu markanten Output-Verbesserungen geführt. Wenngleich die Vertreter des Personalrats die Erfolge in diesem Reformbereich durchweg skeptischer einschätzen als die Bürgermeister bzw. Landräte, die tendenziell als „Promotoren" der Verwaltungsmodernisierung angesehen werden müssen, zeigt sich doch eine relativ hohe Übereinstimmung der Bewertungen darin, dass zum einen von Verfahrensverkürzungen und zum anderen von einer Erhöhung der Kundenorientierung ausgegangen wird (siehe Abbildung 4).

Abbildung 4: Wirkungen des Umbaus der Organisationsstruktur

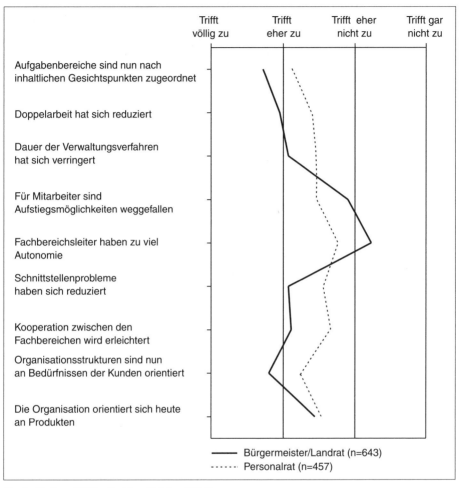

Quelle: Umfrage HBS – Projekt „10 Jahre NSM".

Insgesamt werden sowohl die verstärkte Kundenorientierung als auch beschleunigte Genehmigungsverfahren von den Befragten als Erfolge der Modernisierungsanstrengungen eingestuft. Der Grad der Zielerreichung ist hier der mit Abstand höchste: Rund ein Viertel der befragten Bürgermeister (24,3 %) und immerhin 18,7 Prozent der Personalratsvorsitzenden geben an, ihr Ziel im Bereich der Bürger- und Kundenorientierung vollständig erreicht zu haben. Diese Befunde verhalten sich konsistent zu den Fallstudienergebnissen. So gibt es in den untersuchten Städten nachweisbare Verbesserungen im Serviceniveau in Bereichen mit direktem und häufigem Kundenkontakt. Besonders hervorzuheben sind dabei die Bürgerämter, die in den Städten mittlerweile als erfolgreiche „Visitenkarte" gelten. Sie wurden von allen Interviewpartnern ausnahmslos als ein „gelungenes" Reformbeispiel bewertet, das auch bei den Bürgern durchweg Anerkennung findet und erheblich zur Steigerung der Kundenzufriedenheit beigetragen habe.[22] Weitere Beispiele positiver Output-Effekte finden sich in verschiedenen Aufgabenbereichen der Kommunen, etwa Baugenehmigungen oder Jugendhilfe, wo kleinteilig-sektorale Prozess- und Organisationsveränderungen zu sichtbaren Leistungssteigerungen geführt haben.[23]

Diese besonders wirksamen Reformschritte entstammen wie erwähnt nicht dem Konzeptrepertoire des NSM, sondern basieren auf „altbekannten" traditionellen Reformansätzen (siehe Liedtke/Tepper 1989; Jaedicke u.a. 2000), die durch die NSM-Diskussion allerdings „wiederbelebt" wurden. Insofern besteht bei einer „strengen" Gegenüberstellung des NSM-Konzeptes und der Output-Resultate nur ein mittelbarer Zusammenhang bzw. handelt es sich hier um ungeplante, aber nicht unerwünschte Wirkungen.

5.3 System- und Kultur-Effekte

Auf dieser Ebene der Wirkungsanalyse geht es vor allem um zwei Fragen: zum einen, inwieweit die NSM-Reform das kommunale Handlungssystem, die internen Entscheidungsstrukturen und Akteursbeziehungen insgesamt verändert hat (*Systemveränderungen*). Zum anderen ist zu fragen, ob die formal-institutionellen Veränderungen, die mit der NSM-Reform eingeführt worden sind, auch zu Änderungen im Verhalten, in den Handlungsweisen und der Handlungsorientierung der Verwaltungsbeschäftigten geführt haben, also gewissermaßen kognitiv-kulturell „gelebt" werden (*Kulturveränderungen*). Auch in diesen Fragen ergibt sich für die deutschen Kommunen ein ambivalentes Bild. Einerseits haben sich aus heutiger Sicht eine Reihe von Reformmaßnahmen nicht in dem Maße „systemverändernd" ausgewirkt, wie dies anfangs von den Reformakteuren erhofft worden war. Andererseits haben sich auf der Ebene der Einstellungen und Handlungsorientierungen unter den Bediensteten, vor allem was Fragen des Kosten- und Leistungsbewusstseins und der Eigenverantwortlichkeit anbelangt, durchaus bemerkenswerte Veränderungen abgezeichnet, die auf ein gewandeltes Selbstverständnis und neue Einstellungsmuster in der Verwaltung hindeuten.

5.3.1 Gesamtstädtische Steuerung

Das NSM hat dadurch, dass mittels Berichts- und Kennzahlenwesen, Kosten- und Leistungsrechnung und Produktdefinitionen die Transparenz des Verwaltungshandelns zweifelsohne verbessert wurde, die Rahmenbedingungen und Voraussetzungen für wirk-

---

22 In einer Bürgerbefragung der Stadt N. wurden folgende Statements zur Bewertung des Bürgeramtes abgegeben: „Ich bin von dem Service sehr begeistert und heilfroh, das in Anspruch nehmen zu können." – „Eine solche service-orientierte Verwaltung finde ich der Zeit entsprechend." – „Ich finde es sehr gut und bürgerfreundlich. Sollte sich auf andere Bereiche ausdehnen." – „Es wurde auch Zeit, dass sich die Behörden mal den Marktforderungen anpassen." – „Ich danke für die schnelle und freundliche Abfertigung." – „Vielen Dank für die Bürgernähe."

23 In der Stadt T. wurde beispielsweise die durchschnittliche Dauer von Baugenehmigungsverfahren unter anderem aufgrund der „ganzheitlichen Sachbearbeitung" von 40 Tagen (in 2001) auf unter zehn Tage (in 2003) reduziert.

same gesamtstädtische Steuerung verbessert. So sehen immerhin 86,4 Prozent der befragten Bürgermeister und Landräte einen klaren Erfolg des Berichtswesens darin, dass Fehlentwicklungen früher erkannt werden können.[24] Sogar 93,7 Prozent sagen aus, dass sich die Informationssituation bezüglich der Kostenentwicklung verbessert habe. Mit Blick auf die tatsächliche Verbesserung der gesamtstädtischen Steuerungsfähigkeit ist jedoch zu fragen, inwieweit diese neuen Steuerungsmöglichkeiten auch genutzt und „gelebt" werden und ob nicht umgekehrt, gegenläufige Entwicklungen eingetreten sind, die eher auf Steuerungsverluste hindeuten.

In unserer Umfrage stimmen 49 Prozent der Befragten der Aussage „Die Berichte verbessern die Steuerung der Verwaltung durch den Rat" zu, das ist ein durchaus beachtlicher Anteil, allerdings liegt der Wert deutlich unter den oben angeführten hohen Werten bezüglich der Verbesserung der Informationsversorgung. Ein Blick auf die Nutzung des neuen „Informationsmanagements" am Beispiel der Fallkommunen bestätigt aber auch diese Aussagen nicht, sondern ergibt ein skeptischeres Bild.

In der Stadt T. trägt das Berichtswesen zwar einerseits unbestritten zur Steigerung der Durchsichtigkeit des Verwaltungshandelns bei. Andererseits hat es sich bislang nicht als wirksames Steuerungsinstrument erwiesen und auch nicht den proklamierten Übergang von der „klassischen Regelsteuerung" zur Produktsteuerung eingeläutet. Unter den politisch-administrativen Entscheidungsträgern ist die Auffassung weit verbreitet, dass die Berichte zu umfangreich sind, zu viel Aufwand kosten und zu wenig steuerungsrelevante Informationen enthalten. Die Bereitschaft der Verwaltungsführung, Berichte überhaupt zu lesen und als Steuerungsgrundlage zu nutzen, hält sich in Grenzen, und der erreichte Wissens- und Informationszuwachs hatte bislang kaum handlungspraktische Konsequenzen. Stattdessen wird das Berichtswesen (mit hohem Aufwand) weiter „gepflegt", Kennzahlen werden gemessen und fortgeschrieben, ohne dass der „Verwendungszweck" ersichtlich würde. Vor diesem Hintergrund wird von manchen gefordert, das Berichtswesen auf steuerungsrelevante Kennzahlen zu konzentrieren und dadurch auch vom Umfang her „abzuspecken". Andere fordern, dieses Reforminstrument gänzlich abzuschaffen, da es nur Aufwand verursache und keinen sichtbaren Nutzen entfalte.

„Das Berichtswesen bei uns ist Indikator für den katastrophalen Zustand der Umsetzung des NSM. (...) Die Führung dieser Stadt hat es seit etlichen Jahren beharrlich unterlassen, die Berichte überhaupt zu lesen. Das Berichtswesen wird nicht wahrgenommen. Und wenn Berichte nicht gelesen werden, dann wird das Berichtswesen sukzessive schlechter. Das ist völlig normal" (Interview mit dem Zentralen Controller der Stadt T. vom 19.8.2004).

Auch in anderen Bereichen gibt es Hinweise darauf, dass anstelle des (erhofften) gesamtstädtischen Steuerungsgewinns mitunter eher weitere Steuerungsdefizite zu konstatieren sind. Vergleicht man den Anteil der Städte, die eine zentrale Steuerungseinheit komplett oder teilweise installiert haben (38,3 %)[25] mit dem Anteil jener Städte, die die Ressourcenverantwortung vollständig oder in Teilbereichen dezentralisiert haben

---

24 Hier und im Folgenden werden die Aussagen „Trifft völlig zu" und „Trifft eher zu" zusammengefasst.

25 Eine zentrale Steuerungseinheit wurde in 25,9 % der befragten Städte eingeführt, in weiteren 12,4 % wurde eine solche für Teilbereiche geschaffen.

(59,3 %), so entsteht das Bild einer erheblichen „Steuerungslücke" von über einem Fünftel der Fälle, in denen nicht klar ist, wie die dezentralen Einheiten an die gesamtstädtische Steuerung rückgekoppelt werden. Diese Feststellung findet auch darin Bestätigung, dass nur in 24,3 Prozent der Fälle ein internes Kontraktmanagement zwischen Verwaltungsspitze und untergeordneten Verwaltungseinheiten, und nur in 8,0 Prozent der Kommunen ein Kontraktmanagement zwischen Verwaltungseinheiten und internen Servicestellen stattfindet, so dass auch hier der Dezentralisierung von Verantwortung keine wirksamen Rückkopplungsmechanismen gegenüberstehen.

Vor diesem Hintergrund zeichnen sich insbesondere in den fortgeschrittenen NSM-Kommunen erhebliche institutionelle Fliehkräfte ab und haben sich durch die dezentralen Verantwortungsstrukturen die „Fachbereichsegoismen" teilweise verstärkt. Wenngleich die Bürgermeister in der Umfrage dieser Beobachtung in der Mehrheit nicht zustimmen (vgl. Abbildung 3), so fällt doch auf, dass bei den Items, die das Dilemma zentral-dezentral betreffen („Die Verwaltungsspitze hat Probleme, die Vorgänge in den einzelnen Organisationseinheiten zu überblicken" und „Der Fachbereichsegoismus wurde verstärkt"), der Dissens zwischen Verwaltungsspitze und Personalvertretung besonders groß ist, was auf die Probleme in diesem Spannungsfeld hinweist. Auch im Fallbeispiel der Stadt T. wird darauf hingewiesen, dass die Fachbereiche mittlerweile ein (quasi-autonomes) Eigenleben führen und durch zentrale Maßnahmen nur schwer kontrolliert und gesteuert werden können. Besonders prekär scheint die Tatsache, dass auch nach außen wirksame Verträge nunmehr dezentral „gemanagt" werden und von der „Verwaltungszentrale" nicht mehr überblickt, geschweige denn koordiniert und abgestimmt werden können. Dies verursacht nicht nur erhebliche Kosten, sondern schafft auch „Grauzonen" administrativen Handelns, die als problematisch zu bewerten sind.

„Wir haben dieses Verhältnis zentral-dezentral nicht im Griff – mit absurdesten Folgen" (Interview mit dem Zentralen Controller der Stadt T. vom 19.8.2004).

In der Stadt T. gelingt zentrale Steuerung nicht hinreichend, da einerseits ihr Aufgabenprofil nach wie vor unklar und undefiniert ist. Andererseits wird sie weder verwaltungsintern, d.h. von Seiten der Fachbereiche, ernst genommen, noch von Seiten des Verwaltungsvorstandes als strategische Instanz genutzt. Während die Fachbereiche die erforderlichen Steuerungsinformationen nicht „liefern" und sich dem zentralen Controlling regelrecht entziehen, werden die aggregierten Controlling-Informationen von Seiten des Verwaltungsvorstandes nicht abgefragt oder gar in Zweifel gezogen. Vor diesem Hintergrund hat das zentrale Controlling mit erheblichen Durchsetzungsproblemen gegenüber den Fachbereichen und mit Akzeptanzproblemen von Seiten (eines Teils) des Verwaltungsvorstandes zu kämpfen. Die gesamtstädtische Steuerungskapazität hat sich damit – soweit aus diesem Fallbefund ersichtlich wird – insgesamt verringert.

5.3.2 Politische Steuerung

Veränderungen in der politischen Steuerung können unter anderem daran abgelesen werden, wie Politik und Verwaltung mit den politischen Kontrakten umgehen, soweit diese implementiert sind, was nur auf 14,8 Prozent der deutschen Kommunen zutrifft.

Befragt nach der Wirkung der politischen Kontrakte, geben immerhin 73,8 Prozent der Verwaltungschefs in den Kommunen mit Kontraktmanagement an, dass die Zielvereinbarungen sich bewährt haben – wohingegen nur 38,2 Prozent der Personalräte dieser Aussage zustimmen.[26] Die unterschiedliche Einschätzung des Erfolgs wird auch beim Mittelwertvergleich in Abbildung 5 deutlich. Allerdings konstatieren die Befragten weder eine deutliche Konzentration des Rates auf strategische Entscheidungen noch eine Reduktion der Eingriffe in das Tagesgeschäft, womit die Zielvereinbarungen nicht den erwünschten Effekt zu erzielen scheinen. Auch die Kontrollfunktion des Rates scheint durch das politische Kontraktmanagement nur bedingt gestärkt, denn nur 54,5 Prozent der Bürgermeister meinen, dass eine Verbesserung stattgefunden habe. Die politische Steuerung(-sfähigkeit) scheint sich demnach durch Zielvereinbarungen nicht wesentlich zu ändern. Zudem stimmen lediglich 1,9 Prozent der Befragten der Aussage „Die Strategiefähigkeit des Rates wurde erhöht" voll, 25,4 Prozent immerhin eher zu. Befragt danach, ob durch eine bessere Kontrolle im Rat die demokratische Anbindung des Verwaltungshandelns gesteigert werden konnte, fällt die Zustimmung noch geringer aus (1,0 % bzw. 20,7 %).

Deuten damit bereits die Umfrageergebnisse auf eine nur begrenzte Wirksamkeit des NSM im Verhältnis Politik-Verwaltung hin, ergeben die Fallstudienergebnisse ein noch kritischeres Bild. Politische „Systemeffekte" hatte das NSM danach allenfalls kontra-intentional. Zum einen ist zu beobachten, dass wichtige Elemente der „Politikreform", beispielsweise der politische Eckwertebeschluss, schleichend ausgehöhlt worden sind und heute faktisch nicht mehr existieren. In der Stadt T. ist damit die politische Steuerung auf Abstand über finanzielle Rahmenvorgaben, an die sich alle zu halten hatten und die sowohl Fachpolitiker als auch Fachbeamte budgetär disziplinieren sollten, ihrer zentralen Grundlage beraubt. Die Haushaltsaufstellung gewinnt mehr und mehr ihre alten Konturen zurück und folgt wieder dem Muster der verwaltungsinternen Bedarfsanmeldung, der punktuellen Nachverhandlungen und Nachforderungen und Detailkorrekturen.

„Diese Eckwertebeschlüsse, diese politischen Grundsatzbeschlüsse, das machen wir nicht mehr, sondern fummeln die ganze Zeit daran rum, und korrigieren immer wieder und machen noch 'ne Liste und noch 'ne Überprüfung und dieses auch nur im Kontakt eines ganz kleinen Kreises. (...) Dieses Instrument ist schleichend kassiert worden" (Interview vom 14.9.2004 mit dem Beigeordneten der Stadt T.).

Das Berichtswesen, das schon innerhalb der Verwaltung auf Akzeptanzprobleme stößt, wird von Seiten der Ratspolitiker noch weniger wahrgenommen und genutzt. Die Fachpolitiker, denen die Quartals- und Jahresberichte in erster Linie gelten, um sie zu einem „rationaleren" (und „maßvolleren") Entscheidungsverhalten zu bewegen, nehmen diese kaum zur Kenntnis, geschweige denn richten sie ihre Entscheidungen danach aus. Aus Sicht der Politiker sind die Berichte nicht nur zu umfangreich, sondern enthalten auch zu viele politisch „unbrauchbare" Informationen.

---

26 Die Antworten „Trifft völlig zu" und „Trifft eher zu" sind an dieser Stelle wiederum zusammengefasst worden.

Abbildung 5: Wirkungen des Kontraktmanagements zwischen Rat und Verwaltung

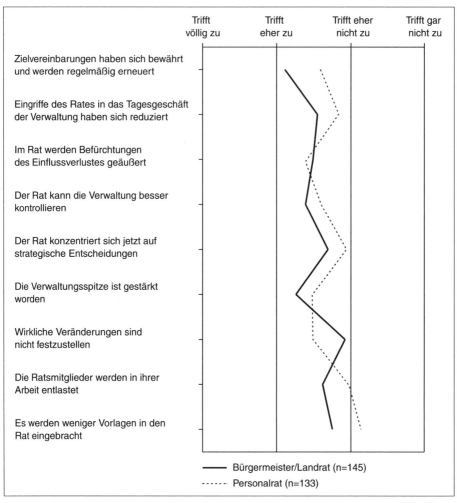

Quelle: Umfrage HBS – Projekt „10 Jahre NSM".

„Politische Kontrakte" mit klaren Zielvorgaben, überprüfbaren Kennzahlen und Berichtspflichten zwischen Rat und Verwaltung waren in den Fallkommunen nicht vorzufinden. Denn zum einen ist es aus Sicht der Ratspolitiker nach wie vor unverzichtbar, die administrative Durchführung von Projekten und auch Einzelentscheidungen der Verwaltung zu beeinflussen und (falls erforderlich auch im Detail) zu steuern. Zum anderen liegt es im ureigenen Interesse der Fachbeamten, im Zweifelsfall die „politische Meinung" einzuholen, bevor verbindlich entschieden wird, um sich bei politisch brisanten Verwaltungsentscheidungen „nach außen" abzusichern und politische Rückendeckung zu haben, etwa wenn Entscheidungen rechtlich oder anderweitig angegriffen werden.

6. Zusammenfassende Betrachtung der Wirkung und Problemlagen

Die Bewertung der Gesamtwirkung der Modernisierungsanstrengungen stößt, wie oben ausgeführt, auf Konzipierungs- und Kausalitätsprobleme. So ist beispielsweise empirisch kaum nachzuweisen, ob realisierte Einsparungen tatsächlich auf die Instrumente des NSM zurückzuführen sind und wenn ja auf welche. Greift man daher – wie hier erfolgt – auf das zugegebenermaßen subjektive und mit der Verzerrung der Außendarstellung behaftete Instrument der Einschätzungsfrage zurück, so ergeben sich für die wesentlichen Dimensionen der Inputs (hier: Einsparungen, Relation Kosten/Leistungen), und der Outputs (hier: Dienstleistungsorientierung, Wettbewerbsfähigkeit) eher positive Einschätzungen, die mit eher kleinen Differenzen von Verwaltungschefs und Personalratsvertretern geteilt werden. Auf der Ebene der System- und Kulturveränderungen ergeben sich jedoch eher negative Einschätzungen für die beiden Dimensionen der Mitarbeiterzufriedenheit (hier: Reformmüdigkeit und Wahrnehmung der Modernisierung als Personalabbau), die insbesondere von Seiten des Personalratsvorsitzenden vorgebracht werden und ebenso für das Verhältnis zwischen Politik und Verwaltung (hier: Kontrollfunktion und Strategiefähigkeit).

Sind also bereits auf der Ebene der Einschätzungen in der Umfrage Ambivalenzen sichtbar, verstärken sich diese durch den Einbezug der Fallstudienergebnisse. So ist die im *Inputbereich* in der Tendenz positive Einschätzung von Einspareffekten, wenngleich zwischen Bürgermeistern und Personalräten nicht in dem gleichen Ausmaß eingeschätzt, in den Fallstudien nicht erkennbar. Zwar gibt es auch hier zweifelsohne Einspareffekte in Teilbereichen und insgesamt eine stärkere Ausrichtung des Verwaltungshandelns an Kosten- und Wirtschaftlichkeitskriterien, aber unter Einbeziehung der Reformkosten spricht wenig dafür, dass das NSM nachhaltig zur Haushaltskonsolidierung beigetragen hat. Dies hat unseres Erachtens mit den enormen Umstellungskosten und Implementationsproblemen beim Aufbau ergebnisorientierter Verfahren sowie einer Überschätzung des Effizienzgewinns managerialer Instrumente in den besonderen Strukturen des öffentlichen Dienstes zu tun. Hier waren manche Leitideen des NSM naiv oder „bewusst naiv", um die Realisierungschancen des NSM voranzutreiben.

Im Bereich des *Outputs* (hier: Dienstleistungsorientierung, Wettbewerbsfähigkeit) kommen die Bürgermeister und Personalräte zu einer durchgängig positiveren Gesamtbewertung des NSM als im Inputbereich, was sich zudem mit zahlreichen Hinweisen aus den Fallkommunen, etwa im Bereich der Bürgerämter, der Genehmigungsverfahren und sozialen Dienste, deckt. Dies ist ohne Zweifel der erfolgreichste Verwaltungsmodernisierungsbereich der letzten zehn Jahre. Hier hat sich unseres Erachtens der zunächst von manchen kritisierte und analytisch sicher unzureichende Rekurs auf das Konstrukt der Kundenorientierung als insgesamt hilfreich und wirkungsvoll erwiesen.

Auf der Ebene der System- und Kulturveränderungen fallen die Einschätzungen in der Umfrage – wie oben erwähnt – deutlich kritischer aus, die auch durch die Fallstudien bestätigt werden. So wird ein Reformerfolg im *Verhältnis zwischen Politik und Verwaltung* von den Befragten nur sehr zurückhaltend eingeräumt. Zwar könnte dies einerseits damit begründet werden, dass die schlechte instrumentelle Umsetzung des NSM (*bad implementation*) eine wirkliche „Politikreform" verhindert hat. Andererseits ist es heute mittlerweile unumstritten, dass das NSM mit seiner zunächst schemati-

Abbildung 6: Gesamteinschätzung des Reformprozesses

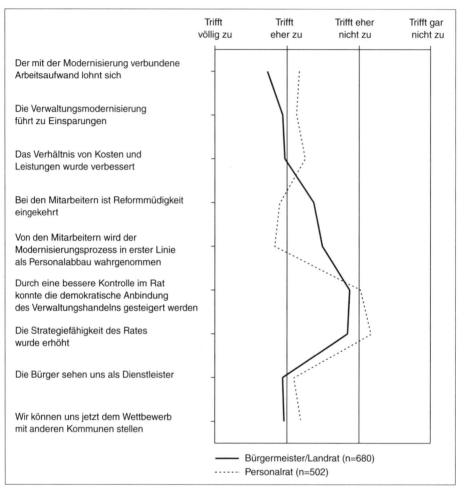

Quelle: Umfrage HBS – Projekt „10 Jahre NSM".

schen Abschichtung von Politik („Was") und Verwaltung („Wie") einen Konzeptfehler enthält, der politisch-administrativer Handlungslogik widerspricht (*false theory*) und auch durch spätere Differenzierung nicht behoben wurde. Für die Politiker ist die Steuerung von Einzelprojekten und Maßnahmen nach wie vor ebenso „überlebenswichtig" wie die Absicherung von Verwaltungsentscheidungen von Seiten der Fachbeamten im Fachausschuss. Da somit von beiden Seiten nur wenig Interesse an der geforderten Selbst- und Rollenbeschränkung besteht, verwundert es nicht, dass eine Reihe von politikrelevanten NSM-Instrumenten (wie Zielformulierungen, politische Kontrakte) niemals funktioniert haben und andere Instrumente (z. B. politische Eckwertebeschlüsse) schleichend wieder abgeschafft wurden. Auch dadurch, dass die NSM-Instrumente (wie Berichtswesen, Controlling, Produkte etc.) eher auf Verwaltungs- als auf Informationsbedürfnisse von Ratsmitgliedern zugeschnitten sind, hat die politische

Steuerung kaum von der NSM-Reform profitiert, sondern hat sich das Informations-
und Kompetenzgefälle zwischen Politik und Verwaltung eher noch verschärft.

Im Bereich der *Mitarbeiterzufriedenheit* werden vor allem von Seiten des Personalratsvorsitzenden eine zunehmende Reformmüdigkeit und die Wahrnehmung der Modernisierung als Personalabbau vorgebracht. Dies bestätigen in der Regel Beschäftigten-
umfragen in den Kommunen. Ein Hauptdilemma der Verwaltungsmodernisierung besteht darin, dass die Motivation der Mitarbeiter für die Reformprozesse unter den Bedingungen der Haushaltskonsolidierung signifikant zurückgeht. Trotz Beteiligung der
Mitarbeiter am Modernisierungsprozess ist die wachsende Ablehnung der Mitarbeiter
ein großes Problem für die modernisierenden Kommunen: Zwar wurden in über der
Hälfte der modernisierenden Kommunalverwaltungen die Mitarbeiter regelmäßig am
Modernisierungsprozess beteiligt (53,4 %), gleichzeitig stimmen jedoch 57,2 Prozent
der Verwaltungschefs den Aussagen (ganz oder eher) zu, bei den Mitarbeitern sei Reformmüdigkeit eingekehrt und 51,7 Prozent der Aussage, von den Mitarbeitern werde
der Modernisierungsprozess in erster Linie als Personalabbau wahrgenommen. Bei den
gerade in Personalfragen kritischeren Personalratsvorsitzenden sind die entsprechenden
Werte 66,5 und 66,6 Prozent. Ein Erklärungsfaktor dieser ernüchternden Ergebnisse ist
neben der ständigen Überlagerung des Modernisierungsprozesses durch Haushaltskon-
solidierungsmaßnahmen im mangelnden Einfluss der Mitarbeiter in den verschiedenen
Beteiligungsverfahren zu suchen. Die Vertreter des Personalrats sehen den Einfluss der
Beschäftigten auf die tatsächliche Ausgestaltung in 70,0 Prozent der Fälle als eher gering oder sehr gering an. Außerdem hat die NSM-Reform zum Wegfall von Aufstiegs-
positionen geführt – ein Problem von dem weibliche Beschäftigte in besonderem Maße
betroffen sind (vgl. Wiechmann 2005).

Zusammenfassend lässt sich sagen, dass die Ziele einer verbesserten Kundenorientierung, der Leistungssteigerung (Verfahrensverkürzungen) und des „Kulturwandels"
(Kosten- und Leistungsdenken) am ehesten erreicht wurden. Außerdem sind durch Dezentralisierung und Performanzmanagement für die Mitarbeiter Anreize zu effiziente-
rem und wirtschaftlicherem Handeln entstanden. Die ursprüngliche Zielsetzung des
Schließens der Strategie- und Managementlücke ist dagegen kaum gelungen. Vieles
spricht dafür, dass sich unter dem anhaltenden Konsolidierungsdruck kommunaler
Haushalte der kurzfristige inkrementalistische Politikstil eher verstärkt hat. Die Ver-
quickung von Reform und Haushaltskonsolidierung zeigt sich als großes Problem sowohl für die Umsetzung der Reformelemente (Implementationskosten), die häufig auf
halbem Wege stecken bleiben, als auch für die Mitarbeitermotivation (Furcht vor Personalabbau, Wegfall von Aufstiegsmöglichkeiten, kaum Spielraum für Personalentwicklung und materielle Anreize).

7. Ausblick: Die Kommunen auf dem Weg zu einer Neo-Weberianischen Verwaltung?

Die vorgestellten Ergebnisse zeichnen ein ambivalentes Bild: Einerseits gibt es in den
deutschen Kommunen eine breite Verwaltungsmodernisierungsbewegung. Zahlreiche
Maßnahmen wurden in die Wege geleitet, z.T. erfolgreich, aber auch mit deutlichen
Rückschlägen. Eine einheitliche Entwicklung, ein umfassender „Paradigmenwechsel"

der deutschen Verwaltung vom weberianischen Bürokratiemodell zum New Public Management ist allerdings nicht festzustellen.

Gemessen an *den ursprünglichen Absichten des NSM* könnte man in einem harten Soll-Ist-Vergleich von einem weitgehenden Scheitern sprechen, allerdings haben sowohl Wissenschaftler als auch Praktiker von vornherein auf einige konzeptionelle Problemlagen des NSM aufmerksam gemacht, so dass dieser Befund wenig erstaunlich ist. Gemessen *an den Erkenntnissen über die Veränderungsresistenz öffentlicher Verwaltungen* sieht die Bilanz im Zeitvergleich hingegen besser aus. Die Kommunalverwaltungen sind heute ohne jeden Zweifel vor allem bürger- und kundenorientierter – zu denken ist insbesondere an die Schaffung von Bürgerbüros, Verfahrensbeschleunigung (z.B. im Bereich der Bauordnung) oder die Stärkung gemeinwesenorientierter professioneller Konzepte im Sozial- und Jugendhilfebereich. Allerdings sind dies, obgleich sie wahrscheinlich ohne das NSM nicht in diesem Maß umgesetzt worden wären, keine „Kernelemente" „Neuer Steuerung". Die Verwirklichung der NSM-Kernelemente scheint vielfach zu stocken, sich auf „Modernisierungsinseln" zu beschränken oder sich erst durch die Intervention der Landesregierungen „von oben" insbesondere im Bereich des Haushalts- und Rechnungswesens weiterzubewegen (vgl. Banner 2005). Hierfür sind neben schlechten Rahmenbedingungen konzeptionelle Mängel eines zu stark betriebswirtschaftlich ausgerichteten Modells ursächlich.

Christopher Pollitt und Geert Bouckaert verorten die Bundesrepublik im internationalen Vergleich zwischen einer Strategie des „Maintaining" und des „Modernizing" (vgl. Pollitt/Bouckaert 2004: 189). Die Diagnose deutet auf hybride Strukturen zwischen managerialer und weberianischer Verwaltung hin. Dies deckt sich im Kern mit unseren empirischen Erkenntnissen. Die Frage ist nun, ob diese Elemente komplementär zueinander stehen oder als Frage formuliert: Ergänzen sich diese neuen Strukturen zu einer neuen Form funktionaler Verwaltung im Sinne des Begriffs des „Neo-Weberianismus" oder führen sie eher zu einem anomischen Auseinanderlaufen nichtkompatibler Elemente?

In der normativen Bewertung dieses hybriden Zustandes sind wir skeptischer als Pollitt und Bouckaert, die den neo-weberianischen Staat als gelungene Verbindung von Elementen managerialer und weberianischer Verwaltung ansehen und den sie folgendermaßen charakterisieren (vgl. Bouckaert 2004: 34–35; Pollitt/Bouckaert 2004: 99–102 sowie den Beitrag von Bouckaert in diesem Band):

– Die rechtsstaatliche Verfasstheit bleibt weiterhin der Hauptrahmen des Staates. Neben Rechtmäßigkeit werden aber auch Leistungsfähigkeit und Kundenorientierung als Richtschnüre administrativen Handelns zunehmend relevant.
– Die Bürger haben weiterhin Rechte und Pflichten in diesem Rechtsstaat. Die Kundenrolle im Verhältnis zum Staat wird nun jedoch als Teil der Bürgerrolle akzeptiert.
– Der öffentliche Dienst bleibt mit seinen eigenen Charakteristiken erhalten. Seine bisherigen Kennzeichen der Neutralität und Legalität werden jedoch ergänzt durch Ergebnisorientierung und eine professionelle Kultur von Qualität und Service.
– Die Interaktion von Beamten und Bürgern wird nicht mehr durch Distanz, Gleichheit vor dem Gesetz und Rechtmäßigkeit der Verfahren bestimmt, sondern durch die Betrachtung des Bürgers als Kunden und kundenspezifische Maßnahmen und Ergebnisse.

– Die Ex-ante-Betrachtung von Verwaltungshandeln, die sich an der Legalität der Entscheidung orientiert, wird ergänzt um eine Ex-post-Ergebnisorientierung. Legitimität basiert damit nicht mehr nur ausschließlich auf Legalität, sondern auch auf Wirtschaftlichkeit, Effizienz und Effektivität.

Diese neoweberianischen Verwaltungsstrukturen sehen Pollitt und Bouckaert vor allem in den kontinentaleuropäischen Staaten verwirklicht.

Die Komplementarität weberianischer und managerialer Elemente in diesem neoweberianischen Modell scheint uns jedoch für die fortgeschrittenste Modernisierungsebene in Deutschland, die Kommunen, nicht so ohne weiteres gegeben. Vereinfacht gesagt steckt hinter dem Bild des neo-weberianischen Staates die Vorstellung, das Gute der weberianischen Verwaltung mit dem Guten des NPM zu mischen. Das dies leichter gesagt als getan ist, liegt auf der Hand. Wie das neo-weberianische Modell funktionieren soll, ist in einigen Punkten noch recht unklar, denn eine Neukombination wird problematisch, wenn die eine Steuerungsform (hierarchische Koordination) geschwächt wird, ohne dass die neue funktioniert (quasiökonomische dezentrale Anreizsteuerung). Wie unsere Ergebnisse zeigen, wird häufig dezentralisiert ohne die notwendige Rückkopplung von Dezentralisierung durch Informations- und Anreizsysteme zu gewährleisten. Die postulierte Orientierung am Wettbewerb bleibt häufig aus. Dies bringt im Zusammenspiel mit den Tendenzen zu Auslagerungen und Privatisierungen die Gefahr einer Fragmentierung der kommunalen Selbstverwaltung mit sich (vgl. Bogumil 2004: 227). Auf der anderen Seite ist zu beobachten, dass man sich formal auf neue Steuerungselemente einlässt, diese aber nur im traditionellen (hierarchisch-weberianischen) Sinne nutzt. Ein Beispiel dafür stellen Produktkataloge oder Kosten- und Leistungsrechnungen dar, die zwar implementiert, aber nicht für die Steuerung genutzt werden.

Anstatt neo-weberianischer Verwaltungsstrukturen, die sich durch eine gelungene Mischung alter und neue Prinzipien auszeichnen würden, ist vielfach gerade in den Kommunen, die sich zwischenzeitlich auf diese zu bewegt hatten, eine Rückkehr zu Max Weber festzustellen. Auf die (unbeabsichtigten) Folgeprobleme der NSM-Reform wurde in den Pionierkommunen entweder dadurch reagiert, dass man die neuen Strukturen und Verfahren bewusst „zurückbaut" oder dass man im Verwaltungsalltag sukzessiv wieder auf altbewährte Handlungsroutinen zurückgreift, was auch eine Art von „Subversion" des Reformprozesses – im durchaus positiven Sinne – darstellt (Benz 2004). Die deutschen Kommunen unterliegen damit – zumindest binnenorganisatorisch gesehen – derzeit eher einem Trend zur *Re-Zentralisierung* und *Re-Hierarchisierung*, zu welchem, neben den erkannten NSM-Funktionsstörungen, vor allem auch die sich zuspitzende Finanzkrise einen erheblichen Beitrag geleistet hat. In der Konsequenz rücken sie – und dies ist als ein wichtiger Lerneffekt zu interpretieren – von der „Reinform" des NSM ab und dürften gerade dadurch in die Lage versetzt sein, die negativen Reformwirkungen zu bearbeiten und zu beheben.

Damit hat partiell eine Art Rückbesinnung auf das „Max Weber-Modell" der hierarchie- und regelgesteuerten Verwaltung stattgefunden, ohne dass freilich alle Reformelemente gleich über Bord geworfen werden. Die über ein Jahrzehnt wehrende Diskursvorherrschaft des NSM hat deutliche Spuren hinterlassen. Die Organisationskultur und Einstellungswelt in der Kommunalverwaltung haben sich nachhaltig verändert, und der prägekräftige Gedanke eines (mehr oder minder machbaren) Konzepttransfers aus der Privatwirtschaft wird im „institutionellen Gedächtnis" der Kommunen verbleiben. Ein neues neoweberianisches Verwaltungsmodell im Sinne des emphatischen Begriffs des „Neo-Weberian State" von Bouckaert und Pollitt mit einer neuen Kompatibilität alter und neuer Elemente ist indes noch nicht entstanden.

Literatur

Allerbeck, Klaus R., 1978: Messniveau und Analyseverfahren – Das Problem „strittiger Intervallskalen", in: Zeitschrift für Soziologie 7(3), 199–214.

Banner, Gerhard, 1991: Von der Behörde zum Dienstleistungsunternehmen – Ein neues Steuerungsmodell für die Kommunen, in: VOP 13(4), 3–7.

Banner, Gerhard, 2001: Kommunale Verwaltungsmodernisierung: Wie erfolgreich waren die letzten zehn Jahre?, in: *Schröter, Eckhart* (Hrsg.), Empirische Policy- und Verwaltungsforschung. Lokale, nationale und internationale Perspektiven. Opladen: Leske + Budrich, 279–303.

Banner, Gerhard, 2005: Aktivierend auch nach innen? Verwaltungsreformen zwischen Ländern und Kommunen, in: *Behrens, Fritz/Heinze, Rolf G./Hilbert, Josef/Stöbe-Blossey, Sabine* (Hrsg.), Ausblicke auf den aktivierenden Staat. Von der Idee zur Strategie. Berlin: edition sigma, 163–186.

Benz, Arthur, 2004: Institutionentheorie und Institutionenpolitik, in: *Benz, Arthur/Siedentopf, Heinrich/Sommermann, Karl-Peter* (Hrsg.), Institutionenwandel in Regierung und Verwaltung. Festschrift für Klaus König zum 70. Geburtstag. Berlin: Duncker & Humblot, 19–31.

Bogumil, Jörg, 2001: Modernisierung lokaler Politik. Kommunale Entscheidungsprozesse im Spannungsfeld zwischen Parteienwettbewerb, Verhandlungszwängen und Ökonomisierung, Baden-Baden: Nomos Verlagsgesellschaft.

Bogumil, Jörg, 2002: Die Umgestaltung des Verhältnisses zwischen Rat und Verwaltung – das Grundproblem der Verwaltungsmodernisierung, in Verwaltungsarchiv 93(1), 129–148.

Bogumil, Jörg, 2004: Ökonomisierung der Verwaltung. Konzepte, Praxis, Auswirkungen und Probleme einer effizienzorientierten Verwaltungsführung, in: *Czada, Roland/Zintl, Reinhard* (Hrsg.), Politik und Markt. PVS Sonderheft 34. Wiesbaden: VS Verlag, 209–231.

Bogumil, Jörg/Greifenstein, Ralph/Kißler, Leo, 2000: Verwaltungsreform in Detmold. Ergebnisbericht der Evaluation. Unveröffentlichtes Manuskript.

Bogumil, Jörg/Holtkamp, Lars/Kißler, Leo, 2001: Verwaltung auf Augenhöhe. Strategie und Praxis kundenorientierter Dienstleistungspolitik. Berlin: edition sigma.

Bogumil, Jörg/Kuhlmann, Sabine, 2004: Zehn Jahre kommunale Verwaltungsmodernisierung – Ansätze einer Wirkungsanalyse, in: *Jann, Werner* u.a., Status-Report Verwaltungsreform – Eine Zwischenbilanz nach 10 Jahren (Modernisierung des öffentlichen Sektors, Band 24). Berlin: edition sigma, 51–64.

Bogumil, Jörg/Kuhlmann, Sabine, 2006: Wirkungen lokaler Verwaltungsreformen: Möglichkeiten und Probleme der Performanzevaluation, in: *Jann, Werner/Röber, Manfred/Wollmann, Hellmut* (Hrsg.), Public Management. Grundlagen, Wirkung und Kritik. Berlin: edition sigma, 349–371.

Bouckaert, Geert, 2004: Die Dynamik von Verwaltungsreformen. Zusammenhänge und Kontexte von Reform und Wandel, in: *Jann, Werner* u.a., Status-Report Verwaltungsreform – Eine Zwischenbilanz nach 10 Jahren (Modernisierung des öffentlichen Sektors, Band 24). Berlin: edition sigma, 22–35.

Boyne George A./Farrell, Catherine/Law, Jennifer/Powell, Martin/Walker Richard M., 2003: Evaluating Public Management Reforms. Principles and Practice. Buckingham: Open University Press.

Brandel, Rolf/Stöbe-Blossey, Sybille/Wohlfahrt, Norbert, 1999: Verwalten oder gestalten? Ratsmitglieder im Neuen Steuerungsmodell. Berlin: edition sigma.

Connolly, Terry/Conlon, Edward J./Deutsch, Stuart, J., 1980: Organizational Effectiveness: A Multiple Constituency Approach, in: Academy of Management Review 5(2), 211–217.

Deutscher Städtetag (DST), 1994, 1995, 1996, 1998: Umfragen zur Verwaltungsmodernisierung, Befragungsergebnisse. Köln/Berlin (unveröff. Tabellen).

Deutsches Institut für Urbanistik (Difu), 2005: Modernisierung in deutschen Kommunalverwaltungen – Eine Bestandsaufnahme. Berlin.

Engelniederhammer, Stefan/Köpp, Bodo/Reichard, Christoph/Röber, Manfred/Wollmann, Hellmut, 1999: Berliner Verwaltung auf Modernisierungskurs. Berlin: edition sigma.

Enticott, Gareth, 2004: Multiple Voices of Modernization: Some methodological Implications, in: Public Administration 82(3), 743–756.

Frischmuth, Birgit, 1996: Budgetierung in deutschen Städten. Stand der Einführung: Ergebnisse einer repräsentativen Umfrage, in: Deutsches Institut für Urbanistik: Aktuelle Information 1. Berlin, 1–10.

Frischmuth, Birgit u.a., 2001: Budgetierung in der Stadtverwaltung. Difu-Arbeitshilfe. Berlin.

Gerstlberger, Wolfgang/Kneissler, Thomas, 2000: Wie Kommunalverwaltungen mit Dezentralisierungstendenzen umgehen: Erkenntnisse aus sieben Fallstudien, in: *Kneissler, Thomas* (Hrsg.), Tastende Schritte zu einer neuen Verwaltung. Kassel, 81–100.

Grömig, Erko, 2001: Reform der Verwaltungen vor allem wegen Finanzkrise und überholter Strukturen, in: Der Städtetag 3, 11–18.

Grömig, Erko/Gruner, Kersten, 1998: Reform in den Rathäusern. Neueste Umfrage des Deutschen Städtetages zum Thema Verwaltungsmodernisierung, in: Der Städtetag 8, 581–587.

Grömig, Erko/Thielen, Hartmut, 1996: Städte auf dem Reformweg. Zum Stand der Verwaltungsmodernisierung, in: Der Städtetag 9, 596–600.

Grunow, Dieter, 1998: Lokale Verwaltungsmodernisierung „in progress"?, in: *Grunow, Dieter/Wollmann, Hellmut* (Hrsg.), Lokale Verwaltungsmodernisierung in Aktion. Fortschritte und Fallstricke. Basel u.a.: Birkhäuser, 1–24.

Heinz, Rainer, 2000: Kommunales Management. Überlegungen zu einem KGSt-Ansatz. Stuttgart: Schäffer-Poeschel.

Jaedicke, Wolfgang/Thrun, Thomas/Wollmann, Hellmut, 2000: Modernisierung der Kommunalverwaltung. Evaluierungsstudie zur Verwaltungsmodernisierung im Bereich Planen, Bauen und Umwelt. Stuttgart: Kohlhammer.

Jann, Werner, 2001: Verwaltungsreform und Verwaltungspolitik: Verwaltungsmodernisierung und Policy-Forschung, in: *Schröter, Eckhard* (Hrsg.), Empirische Policy- und Verwaltungsforschung. Lokale, nationale und internationale Perspektiven. Opladen: Leske + Budrich, 279–303.

Jann, Werner, 2005: Neues Steuerungsmodell, in: *Blanke, Bernhard/Bandemer, Stephan von/Nullmeier, Frank/Wewer, Göttrik* (Hrsg.), Handbuch zur Verwaltungsreform. 3. Auflage. Wiesbaden: VS Verlag, 74–84.

Jann, Werner/Bogumil, Jörg/Bouckaert, Gert/Budäus, Dietrich/Holtkamp, Lars/Kißler, Leo/Kuhlmann, Sabine/Reichard, Christoph/Wollmann, Hellmut, 2004: Status-Report Verwaltungsreform – Eine Zwischenbilanz nach 10 Jahren (Modernisierung des öffentlichen Sektors, Band 24). Berlin: edition sigma.

Kißler, Leo/Bogumil, Jörg/Greifenstein, Ralph/Wiechmann, Elke, 1997: Moderne Zeiten im Rathaus? Reform der Kommunalverwaltungen auf dem Prüfstand der Praxis (Modernisierung des öffentlichen Sektors, Sonderband 8). Berlin: edition sigma.

Kommunale Gemeinschaftsstelle (KGSt), 1993a: Das Neue Steuerungsmodell. Begründung, Konturen, Umsetzung. Bericht 5. Köln.

Kommunale Gemeinschaftsstelle (KGSt), 1993b: Budgetierung: Ein neues Verfahren der Steuerung kommunaler Haushalte. Bericht 6. Köln.

Kommunale Gemeinschaftsstelle (KGSt), 1994a: Das Neue Steuerungsmodell. Definition und Beschreibung von Produkten. Bericht 8. Köln.

Kommunale Gemeinschaftsstelle (KGSt), 1994b: Organisationsarbeit im Neuen Steuerungsmodell. Bericht 14. Köln.

Kommunale Gemeinschaftsstelle (KGSt), 1995: Das Neue Steuerungsmodell – Erste Zwischenbilanz. Bericht 10. Köln.

Kommunale Gemeinschaftsstelle (KGSt), 1996a: Das Verhältnis von Rat und Verwaltung im Neuen Steuerungsmodell. Bericht 10. Köln.

Kommunale Gemeinschaftsstelle (KGSt), 1996b: Personalentwicklung im Neuen Steuerungsmodell. Bericht 6. Köln.

Kommunale Gemeinschaftsstelle (KGSt), 1997: Zwischenbilanz zur produktbezogenen Steuerung. Bericht 12. Köln.

Kommunale Gemeinschaftsstelle (KGSt), 1998: KGSt-Mitgliederbefragung 1997: Verwaltungsmodernisierung und Einsatz von Informations- und Kommunikationstechnik (TuI): Neues Steuerungsmodell und TuI Einsatz. Bericht 10. Köln.

Kommunale Gemeinschaftsstelle (KGSt), 2000: Strategisches Management IV: Fachbereichsstrategien am Beispiel der Jugendhilfe. Bericht 11. Köln.

Kuhlmann, Sabine, 2004a: Evaluation lokaler Verwaltungspolitik: Umsetzung und Wirksamkeit des Neuen Steuerungsmodells in den deutschen Kommunen, in: Politische Vierteljahresschrift 45(3), 370–394.

Kuhlmann, Sabine, 2004b: Interkommunaler Leistungsvergleich in Deutschland: Zwischen Transparenzgebot und Politikprozess, in: *Kuhlmann, Sabine/Bogumil, Jörg/Wollmann, Hellmut* (Hrsg.), Leistungsmessung und -vergleich in Politik und Verwaltung. Konzepte und Praxis. Wiesbaden: VS Verlag, 94–120.

Kuhlmann, Sabine, 2005: Selbstevaluation durch Leistungsvergleiche in deutschen Kommunen, in: Zeitschrift für Evaluation 1, 7–28.

Kuhlmann, Sabine/Wollmann, Hellmut, 2006: Transaktionskosten von Verwaltungsreformen – ein „missing link" der Evaluationsforschung. Unveröffentlichtes Manuskript.

Liedtke, Bernd H./Tepper, August, 1998: Sozialverträglicher Technikeinsatz in der Kommunalverwaltung. Erfahrungen mit einem kommunalen Bürgeramt. GMD Bericht Nr. 177. München/Wien.

Maaß, Christian/Reichard, Christoph, 1998: Von Konzepten zu wirklichen Veränderungen? Erfahrungen mit der Einführung des Neuen Steuerungsmodells in Brandenburgs Modellkommunen, in: *Grunow, Dieter/Wollmann, Hellmut* (Hrsg.), Lokale Verwaltungsreform in Aktion. Fortschritte und Fallstricke. Basel u.a.: Birkhäuser, 267–285.

Mäding, Heinrich, 1998: Empirische Untersuchungen zur Verwaltungsmodernisierung aus dem Deutschen Institut für Urbanistik, in: *Deutscher Städtetag* (Hrsg.), Verwaltungsmodernisierung: Warum so schwierig, warum so langsam? Eine Zwischenbilanz. DST-Beiträge zur Kommunalpolitik. Reihe A, Heft 27. Köln, 17–24.

Naschold, Frieder/Bogumil, Jörg, 2000: Modernisierung des Staates. New Public Management in deutscher und internationaler Perspektive. 2. Auflage. Opladen: Leske + Budrich.

Osner, Andreas, 2001: Kommunale Organisations-, Haushalts- und Politikreform. Ökonomische Effizienz und politische Steuerung. Berlin: Erich Schmidt Verlag.

Pollitt, Christopher/Bouckaert, Geert, 2004: Public Management Reform. A Comparative Analysis. Zweite Auflage. Oxford: Oxford University Press.

Reichard, Christoph, 1994: Umdenken im Rathaus. Neue Steuerungsmodelle in der deutschen Kommunalverwaltung. Berlin: edition sigma.

Reichard, Christoph, 1998: Der Produktansatz im „Neuen Steuerungsmodell" – von der Euphorie zur Ernüchterung, in: *Grunow, Dieter/Wollmann, Hellmut* (Hrsg.), Lokale Verwaltungsreform in Aktion. Fortschritte und Fallstricke. Basel u.a.: Birkhäuser, 85–102.

Reichard, Christoph, 2003: Local Public Management Reforms in Germany, in: Public Administration 81(2), 345–363.

Reichard, Christoph/Banner, Gerhard (Hrsg.), 1993: Kommunale Managementkonzepte in Europa. Köln u.a.: Deutscher Gemeindeverlag.

Stucke, Niclas, 1998: Die Neuen Steuerungsmodelle in den deutschen Städten 1995–1996: Umfrageergebnisse des DST, in: *Grunow, Dieter/Wollmann, Hellmut* (Hrsg.), Lokale Verwaltungsreform in Aktion. Fortschritte und Fallstricke. Basel u.a.: Birkhäuser, 179–187.

Wegrich, Kai/Jaedicke, Wolfgang/Lorenz, Sabine/Wollmann, Hellmut, 1997: Kommunale Verwaltungspolitik in Ostdeutschland. Basel u.a.: Birkhäuser.

Wiechmann, Elke, 2005: Zehn Jahre kommunale Verwaltungsreform – eine gleichstellungspoliti-sche Bilanz, in: GiP 6, 22–26.

Wollmann, Hellmut, 1996: Verwaltungsmodernisierung: Ausgangsbedingungen, Reformanläufe und aktuelle Modernisierungsdiskurse, in: *Reichard, Christoph/Wollmann, Hellmut* (Hrsg.), Kommunalverwaltung im Modernisierungsschub. Basel u.a.: Birkhäuser, 1–49.

Wollmann, Hellmut, 2004: Evaluation und Verwaltungspolitik. Konzepte und Praxis in Deutsch-land und im internationalen Kontext, in: *Stockmann, Reinhard* (Hrsg.), Evaluationsforschung. Grundlagen und ausgewählte Forschungsfelder. 2. Auflage. Opladen: Leske + Budrich, 205–231.

Anhang

Tabelle A1: Institutionelle Veränderungen im Überblick

Modernisierungsbereich			
Organisationsstrukturen	Umsetzung in der ganzen Verwaltung	Umsetzung in Teilbereichen	Zur Zeit im Aufbau
Fachbereichsstrukturen	43,6 % (379)	9,3 % (81)	5,2 % (45)
Zentrale Steuerungsunterstützung	25,9 % (225)	12,4 % (108)	12,4 % (108)
Umbau der Querschnittsbereiche zu Servicestellen	23,9 % (208)	24,7 % (215)	13,9 % (121)
Dezentrale Controllingstellen	10,9 % (95)	13,6 % (118)	16,0 % (139)
Abbau von Hierarchieebenen	34,5 % (300)	25,4 % (221)	5,1 % (44)
Teamstrukturen	14,0 % (102)	38,2 % (332)	6,2 % (54)
Ressourcenbewirtschaftung	Umsetzung in der ganzen Verwaltung	Umsetzung in Teilbereichen	Zur Zeit im Aufbau
Dezentrale Fach- und Ressourcenverantwortung	33,1 % (288)	26,2 % (288)	9,4 % (82)
Budgetierung	33,1 % (288)	34,4 % (299)	7,9 % (69)
Produkte	29,0 % (252)	9,9 % (86)	22,9 % (199)
Kosten- und Leistungsrechnung	12,7 % (108)	33,0 % (287)	27,1 % (236)
Berichtswesen	22,1 % (192)	20,7 % (180)	23,4 % (204)
Doppik	3,8 % (33)	4,8 % (42)	50,2 % (437)
Vermögensbewertung	7,7 % (67)	14,3 % (124)	48,6 % (423)
Kontraktmanagement	Eingeführt		
Zwischen Politik und Verwaltung	14,8 % (129)	*	*
Zwischen Verwaltungsspitze und anderen Einheiten	24,3 % (211)	*	*
Zwischen Servicestellen und anderen Einheiten	8,0 % (70)	*	*
Zwischen Verwaltung und kommunalen Beteiligungen	6,7 % (58)	*	*
Zwischen Verwaltung und Leistungserbringen von außen	9,3 % (81)	*	*

Personal	Eingeführt		
Mitarbeitergespräche	62,0 % (539)	*	*
Führungskräftebeurteilung	21,5 % (187)	*	*
Job-Rotation	10,3 % (90)	*	*
Leistungsprämien	22,4 % (195)	*	*
Neue Personalauswahlmethoden	34,6 % (301)	*	*
Personalbeurteilungen	46,6 % (405)	*	*
Ganzheitliche Sachbearbeitung	50,0 % (435)	*	*
Teamarbeit	55,6 % (484)	*	*
Fort- und Weiterbildung	72,6 % (632)	*	*
	Ja		
Betriebswirtschaftlich geschultes Personal eingestellt	36,1 % (314)		*
Wettbewerb	Regelmäßige Teilnahme	Gelegentliche Teilnahme	
Interkommunaler Leistungsvergleich	15,5 % (135)	27,8 % (242)	*
	Ja	Teilweise	
Kostenvergleiche öffentliche/private Erstellung	27,9 % (243)	16,2 % (141)	
Beteiligungsmanagement eingeführt	21,7 % (189)	19,5 % (170)	
Kundenorientierung	Eingeführt		
Einrichtung von Bürgerämtern	57,5 % (500)	*	*
Erweiterung der Sprechzeiten	74,5 % (648)	*	*
Einführung eines Qualitätsmanagements	13,9 % (121)	*	*
Verkürzung der Bearbeitungszeit	49,5 % (431)	*	*
Einführung eines Beschwerdemanagements	29,9 % (260)	*	*
Vereinfachung von Formularen	42,9 % (373)	*	*
Kunden- und Bürgerbefragungen	54,7 % (476)	*	*
Servicegarantien und Leistungsversprechen	7,1 % (62)	*	*
Ortsnahes Angebot von Dienstleistungen	40,0 % (348)	*	*

N = 870; * Item nicht vorhanden.

Partizipative Verwaltung – hohe Erwartungen, ernüchternde Ergebnisse

Lars Holtkamp

Seit den 1990er Jahren setzte in deutschen Kommunalverwaltungen ein regelrechter Partizipationsboom ein. Die Bürger verfügen mit der Direktwahl des Bürgermeisters, mit den neu eingeführten Bürgerbegehren als Elementen der direkten Demokratie und den Elementen der kooperativen Demokratie über eine stärkere Position im kommunalen Willensbildungs- und Entscheidungsprozess als jemals zuvor in der Geschichte der Bundesrepublik Deutschland (Gabriel 2002: 140; Bogumil/Holtkamp 2006). Dieser Trend in Richtung partizipative Verwaltung wurde von hohen Erwartungen der lokalen Politikforschung begleitet. Während man in der Partizipationsdebatte der 1970er Jahre vor allem eine höhere Input-Legitimität durch stärkere Bürgerbeteiligung erwartete, wird sowohl im Fall der Einführung der Direktwahl als auch der Bürgerbegehren und der kooperativen Demokratie eine gleichzeitige Steigerung der Input- und Output-Legitimität prognostiziert (Banner 1989; Kersting 2004).

Während für die nationale und internationale Ebene durchweg von einem Effektivität-Legitimations-Dilemma ausgegangen wird, greift die lokale Politikforschung auf die ursprüngliche Rezeptur der komplexen Demokratietheorie zurück, die in der damaligen Planungsdiskussion die Chancen erfolgreicher Partizipation und Steuerung sehr hoch einschätzte (Scharpf 1970; Schmidt 2003). Der für die nationale und internationale Ebene konstatierte grundlegende Widerspruch zwischen „rationalem" Entscheiden und politischer Partizipation, der in der aktuellen politikwissenschaftlichen Debatte häufig zu Ungunsten der politischen Partizipation aufgelöst wird (Buchstein/Jörke 2003: 474), wird für die lokale Ebene gar nicht gesehen. Dies wird (meist eher implizit) auf die Besonderheiten der kommunalen Ebene zurückgeführt, die bereits Freiherr vom Stein dazu veranlassten, eine Stärkung der kommunalen Selbstverwaltung aus Effizienz-, Effektivitäts- und Demokratiegesichtspunkten zu forcieren (vom Stein 1807; Hendler 1984). Danach ist für die lokale Ebene vor allem der Begriff der Nähe konstitutiv, der unterschiedliche Beziehungsebenen umfasst (Andersen 1998: 17):

- Räumlich sind sich die Bürger und ihre Repräsentanten auf kommunaler Ebene am nächsten.
- Sachlich wird eine größere Problemnähe sowohl der kommunalen Entscheidungsträger als auch aufgrund guter Ortskenntnisse der Bürger vermutet.
- Sozial kann in Gemeinden eher ein Kleinklima des Vertrauens entstehen, und emotional besteht eine größere Identifikationsbereitschaft der Bürger auf kommunaler Ebene.

Insgesamt resultiert aus dieser angenommenen Nähe, dass auf lokaler Ebene eine hohe Partizipationsbereitschaft, ein stärkerer direkter Einbezug unorganisierter Bürger und eine gemeinschaftlich akzeptierte, problemnähere und effiziente Problemlösung häufig eher für möglich gehalten werden.

Diese in der lokalen Politikforschung formulierten Erwartungen über die Wirkung der drei Reformmaßnahmen sind Ausgangspunkt der folgenden Ausführungen (Kapitel 1). Sie sollen anhand neuerer empirischer Studien überprüft werden (Kapitel 2). Dabei lässt sich auf Grundlage der vorliegenden Evaluationen als Kernthese formulieren, dass sich bei allen Reformelementen (Direktwahl, direkte und kooperative Demokratie) die Erwartungen einer gleichzeitigen Steigerung der Input- und Output-Legitimität nicht erfüllt haben (Kapitel 3).[1]

1. Erwartungen der lokalen Politikforschung

1.1 Erwartungen in Bezug auf die Direktwahl des hauptamtlichen Bürgermeisters

Seit 1991 entwickelte sich ein durchgängiger Trend zur Reform der Kommunalverfassungen in Richtung Süddeutsche Rat-Bürgermeisterverfassung (baden-württembergischer Prägung) mit einem direkt gewählten Bürgermeister. Die Kommunalverfassungen erfahren damit bei allen noch bestehenden gravierenden Unterschieden hinsichtlich der Kompetenzen des Bürgermeisters eine kaum für möglich gehaltene Vereinheitlichung (Holtkamp 2005a). Damit nähern sich die rechtlichen Rahmenbedingungen in allen Bundesländern auf kommunaler Ebene dem präsidentiellen System an, und die repräsentative Demokratie hat sich damit verfassungsstrukturell grundlegend verändert.[2]

In der lokalen Politikforschung wurde insbesondere in den 1980er Jahren eine normative Debatte über die „beste" Kommunalverfassung geführt. Gerhard Banner vertrat dabei die Position, dass die baden-württembergische Rat-Bürgermeisterverfassung zu deutlich besseren Ergebnissen im Hinblick auf die Input- und Output-Legitimität führt, als die damals noch in Nordrhein-Westfalen und Niedersachsen geltende Norddeutsche Ratsverfassung. In dieser wird der ehrenamtliche Bürgermeister vom Gemeinderat gewählt und soll weitestgehend als Ratsvorsitzender nur repräsentative Funktionen erfüllen, während der ebenfalls vom Rat gewählte Stadtdirektor als Verwaltungsspitze fungiert. Im Gegensatz zur direkt gewählten Monospitze in der baden-württembergischen Kommunalverfassung sah also die Norddeutsche Ratsverfassung eine vom Rat gewählte Doppelspitze vor. Mit der Annäherung aller Kommunalverfassungen an die baden-württembergische Gemeindeordnung in den 1990er Jahren hätten sich dem-

---

1 Zu den Messkonzepten für Input- und Outputlegitimität vgl. unterschiedliche Operationalisierungsversuche für die kommunale Ebene Holtkamp u.a. (2006), Bogumil (2001).

2 Im Unterschied zu Bogumil (2001) wird die Direktwahl des Bürgermeisters hier nicht als direktdemokratische Vetoposition, sondern als Teil der repräsentativen Demokratie eingeordnet. Damit wird der in der vergleichenden Regierungslehre üblichen Zuordnung der Direktwahl der Exekutive als eine spezifische Form der repräsentativen Demokratie – dem präsidentiellen Regierungssystem – gefolgt, die sich auch zunehmend in der lokalen Politikforschung durchsetzt. Die Einführung von Kumulieren und Panaschieren bei Stadtratswahlen lässt es zudem analytisch kaum noch sinnvoll erscheinen, Personalplebiszite der direkten Demokratie zuzuordnen. Danach müsste man die Ratsmitglieder und die Bürgermeister der direkten Demokratie zuordnen und es wäre unklar, welche kommunalen Entscheidungsträger überhaupt noch unter dem Stichwort der repräsentativen Demokratie zu analysieren wären.

nach die kommunalpolitischen Strukturen in allen Bundesländern nachhaltig verbessert.

Gerhard Banner erwartete von der Einführung der Direktwahl einen Anreiz für den Verwaltungschef stärker mit den Bürgern in Kontakt zu treten, als dies der Stadtdirektor in Nordrhein-Westfalen aus seiner Sicht tat (Banner 1999). Darüber hinaus würde durch die Abschaffung der Doppelspitze ein kompetenter und durchsetzungsfähiger Ansprechpartner für Bürger, Unternehmen und Verbände geschaffen (Banner 1989). Insgesamt würden nach dieser Argumentation mit der Übernahme der baden-württembergischen Gemeindeordnung in Nordrhein-Westfalen und Niedersachsen eine stärkere Partizipation der Bürger und klarere Verantwortlichkeiten[3] ermöglicht.

Darüber hinaus stellte Banner die Hypothese auf, dass die in der alten GO NW festgelegte Doppelspitze zu einem erheblichen Ausgabenwachstum bei den Kommunalhaushalten in NRW geführt hat, während der vom Volk direkt gewählte, hauptamtliche Bürgermeister in Baden-Württemberg aus seiner Sicht ein Garant für eine sparsame Haushaltspolitik war. Er illustrierte diese Hypothese mit dem Verweis auf das Nord-Süd-Gefälle der kommunalen Haushalte. So wiesen 1983 und 1984 in NRW 19 Kommunen einen Fehlbetrag im Verwaltungshaushalt aus, während beispielsweise in Baden-Württemberg im gleichen Zeitraum nicht eine Kommune einen defizitären Verwaltungshaushalt vorlegte. Der zentrale Steuerungspolitiker, der nach Banner die Aufgabe hat, das fachpolitisch Wünschenswerte mit dem finanziell Machbaren in Einklang zu bringen, hat in NRW zu der Zeit eine schwache Stellung. Als zentraler Steuerungspolitiker kommt bei Banner nur der Verwaltungschef in Betracht (Banner 1984), also nach der alten GO NW der Stadtdirektor. Dieser hat seiner Ansicht nach aber zu wenige Kompetenzen, um sich gegenüber den Mehrheitsfraktionen durchzusetzen. Die Aufwertung des Bürgermeisters durch die GO BW führt demgegenüber zu einer Dominanz des zentralen Steuerungspolitikers über den Rat, der in der Regel eher ausgabenfreudig agiere. Die Direktwahl führt nach dieser Argumentation weiterhin dazu, dass der zentrale Steuerungspolitiker einen stärkeren Anreiz als der vom Rat gewählte Stadtdirektor in NRW hat, auf den Haushaltsausgleich zu achten, weil ihm sonst die Wähler „für derartige Mißwirtschaft (...) die Quittung geben" (Banner 1987: 237) würden. Insgesamt müsste damit die Einführung der baden-württembergischen Kommunalverfassung in anderen Bundesländern die Output-Legitimität – gemessen an der Effizienz bzw. dem Haushaltsausgleich – erhöht haben.

Bei diesen Thesen von Gerhard Banner ist aber darauf hinzuweisen, dass sie bereits in den 1980er Jahren von vielen Autoren in der lokalen Politikforschung nicht geteilt wurden. So wurde insbesondere die Annahme von der starken Wirkungskraft institutioneller Rahmenbedingungen kritisiert (Naßmacher 1989). Demgegenüber wurden die Argumente von Gerhard Banner in der Rechtswissenschaft viel stärker aufgenommen und der „Siegeszug der Süddeutschen Ratsverfassung" in den 1990er Jahren wurde als positive Entwicklung gedeutet, die mehr Demokratie und Effizienz ermögliche (Knemeyer 1998).

---

3 Zum Teil wird dadurch von anderen Autoren auch eine höhere Output-Legitimität erwartet. Die Abschaffung der Doppelspitze und die daraus resultierenden klaren Verantwortlichkeiten könnten auch Reibungsverluste zwischen den kommunalen Entscheidungsträgern abbauen und damit zu einer effektiveren Koordination beitragen (Bogumil 2001).

1.2 Erwartungen in Bezug auf die direkte Demokratie

In den 90er Jahren wurde neben der Direktwahl des Bürgermeisters auch in allen Bundesländern die Möglichkeit von Bürgerbegehren und -entscheiden eingeführt. Hier orientierten sich alle Bundesländer ebenfalls an der baden-württembergischen Kommunalverfassung, die diese direktdemokratischen Elemente schon seit Jahrzehnten vorsieht. Die rechtliche Ausgestaltung der Bürgerbegehren und -entscheide variiert aber erheblich zwischen den Bundesländern. Bayern und NRW haben insgesamt gesehen die bürgerfreundlichsten Regelungen, während Baden-Württemberg und Thüringen am restriktivsten verfahren. Ein erfolgreiches Bürgerbegehren ist in der Regel die Vorstufe zum Bürgerentscheid. Das Antragsquorum zur Überwindung der ersten Verfahrenshürde liegt in acht Bundesländern zwischen 3 und 10 Prozent, in vier Bundesländern bis zu 15 Prozent und in Thüringen bis zu 17 Prozent. Die Mehrzahl der Gemeindeordnungen beschränkt die zulässigen Gegenstände eines Bürgerbegehrens auf „wichtige Angelegenheiten" des eigenen Wirkungskreises. Hinzu kommt in der Regel ein Negativkatalog, der auch in NRW viele Abstimmungsgegenstände (Bauleitplanung, Planfeststellung und Haushaltsfragen) ausklammert. Verfügt ein Bürgerbegehren über die notwendige Zahl der Unterschriften, ist es „zugelassen" worden und hat die kommunale Vertretungskörperschaft mit den Initiatoren keine inhaltliche Übereinstimmung erzielen können, kommt es zum Bürgerentscheid. Wenn die Mehrheit der Abstimmenden dafür stimmt *und* diese Mehrheit ein bestimmtes Quorum überschreitet, obsiegt der Bürgerentscheid. So müssen in NRW 20 Prozent der abstimmungsberechtigten Bürger mindestens für einen Bürgerentscheid stimmen, damit die Mehrheitsentscheidung tatsächlich gültig ist.

Insgesamt wurden in den alten und neuen Bundesländern von 1990 bis 2000 ca. 2.100 Bürgerbegehren registriert, davon allein in Bayern aufgrund der sehr liberalen rechtlichen Regelungen 1.100 (Mittendorf/Rehmet 2002: 236). Danach findet für die 1990er Jahre in Bayern in 9,7 Prozent, in NRW in 7,2 Prozent, in Hessen in 4,1 Pro-

Tabelle 1: Regelungen und Häufigkeiten von Bürgerbegehren im Bundesländervergleich

Bundesland	in Kraft seit	BB-Quorum in % der Wähler	BE-Quorum in % der Wähler	Anzahl BB bis 2000	Häufigkeit pro Gemeinde und Jahr
BW	1956	5 – 10	30	216	0,008
Bay	1995/99	3 – 10	10 – 20	1100	0,097
Bbg	1993	10	25	90	0,012
Hess	1992	10	25	123	0,041
MV	1994	2,5 – 10	25	20	0,003
Nds	1996	10	25	38	0,012
NRW	1994/00	3 – 10	20	143	0,072
Rhp	1993	6 – 15	30	57	0,004
Saar	1997	5 – 15	30	2	0,010
Sachs	1994	(5) – 15	25	103	0,022
Sachs.-A	1994	6 – 15	30	52	0,004
SH	1990	10	20	146	0,017
Thür	1994	13 – 17	20 – 25	14	0,003

Quelle: Bogumil/Holtkamp (2006); BB = Bürgerbegehren, BE = Bürgerentscheid.

zent, in Baden-Württemberg in 0,8 Prozent und beim Schlusslicht in Thüringen in 0,3 Prozent der Gemeinden pro Jahr ein Bürgerbegehren statt.

Von Bürgerbegehren erwartete bereits Gerhard Banner positive Effekte für die In-put- und Output-Legitimität (Banner 1989, 1999), wobei diese Erwartungen mittler-weile von nicht wenigen Politikwissenschaftlern geteilt werden (Wehling 2005; Ker-sting 2004; Jung 2005). Danach können Bürgerbegehren auf der Input-Seite vor allem die Transparenz und Akzeptanz von Entscheidungen erhöhen und die Responsivität[4] der Kommunalpolitik forcieren (Kersting 2004). Auf der Output-Seite sollen sie da-nach zur Auflösung von Entscheidungsblockaden und zur Reduzierung der kommuna-len Haushaltprobleme beitragen (Jung 2005; Banner 1999).

1.3 Erwartungen in Bezug auf die kooperative Demokratie

Als wesentliche Elemente der kooperativen Demokratie[5] werden Bürgerforen seit den 1990er Jahren zunehmend im Rahmen der Lokalen Agenda, der Kriminalprävention, des Stadtmarketings und der sozialen Stadtteilarbeit initiiert. Jede Stadt, die etwas auf sich hält, hat in den letzten Jahren Bürger und Verbände in allen diesen Bereichen be-

Abbildung 1: Bürgerforen in unterschiedlichen Politikfeldern

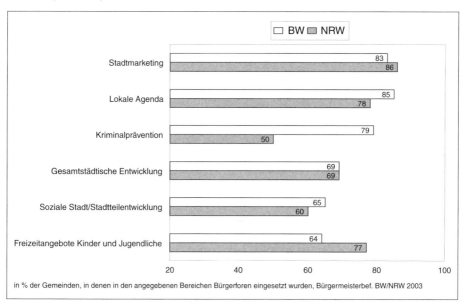

in % der Gemeinden, in denen in den angegebenen Bereichen Bürgerforen eingesetzt wurden, Bürgermeisterbef. BW/NRW 2003

---

4 Unter Responsivität versteht man die Aufnahmebereitschaft und Sensibilität der Repräsentan-ten für die Wünsche und Interessen der Repräsentierten und ein dementsprechendes Handeln (Walter 1997: 1).

5 Neben Bürgerforen wird auch die Beteiligung von Bürgern in der Mitgestalterrolle unter dem Begriff „kooperative Demokratie" subsumiert (v.a. Förderung von ehrenamtlichem Engage-ment).

teiligt. So haben wir im Rahmen einer Befragung der Bürgermeister in baden-württembergischen und nordrhein-westfälischen Städten mit über 20.000 Einwohnern festgestellt, dass in allen angegebenen Politikfeldern mindestens 50 Prozent der Städte in den letzten Jahren Bürgerforen angeboten haben (Holtkamp u.a. 2006).

Unter dem Begriff Bürgerforen werden freiwillige, dialogisch orientierte und auf kooperative Problemlösungen angelegte Verfahren der Beteiligung von Bürgern und Verbänden an der Formulierung und Umsetzung kommunaler Politik subsumiert. Solche dialogorientierten Verfahren ergänzen bestehende Formen repräsentativer Willensbildung wie etwa die Wahl der kommunalen Vertretungskörperschaft, aber auch die direkt-demokratische Willensbekundung durch Bürgerbegehren.

In theoretischer Perspektive können Bürgerforen als Koordination zwischen Politik, Verwaltung, zivilgesellschaftlichen und privatwirtschaftlichen Akteuren in Netzwerkstrukturen interpretiert werden, die von der Politik oder der Verwaltung für einen bestimmten Zeitraum „inszeniert" werden. Je nach zu lösendem Problem oder Teilnehmerspektrum schwankt der in kommunalen Netzwerken dominierende Modus der Kommunikation zwischen Verhandlung (bargaining) und Diskurs. Da in Bürgerforen in aller Regel keine verbindlichen Entscheidungen getroffen oder an Repräsentanten delegiert werden können, finden die Verhandlungen im Schatten der Hierarchie bzw. des Mehrheitsprinzips statt.

Bürgerforen unterscheiden sich in vier Punkten grundlegend von den konventionellen Beteiligungsverfahren, z.B. im Rahmen der Bauleitplanung:
- Die Kommunen müssen diese Bürgerforen nicht einrichten, im Gegensatz zu den im Baugesetzbuch festgeschriebenen Bürgerversammlungen.
- Bürgerforen setzen in der Regel früher im Planungsprozess an als Bürgerversammlungen im Rahmen der Bauleitplanung.
- An Bürgerforen nehmen in den Arbeitsgruppen weniger Bürger teil. Diese haben allerdings die Chance, verschiedene Sachverhalte viel intensiver zu diskutieren.
- Bürgerforen ziehen sich meist über mehrere Abende hin und können nicht selten über einen Zeitraum von mehr als einem Jahr stattfinden.

Auch in Bezug auf diese Bürgerforen wurden sehr hohe politikwissenschaftliche Erwartungen formuliert. Während es sich bei den hohen Erwartungen im Zusammenhang mit der Direktwahl um eine Minderheitenposition handelte, wird die Leistung von Bürgerforen in Bezug auf die Input- und Output-Legitimität von der Mehrzahl der Autoren in der lokalen Politikforschung positiv eingeschätzt. Lange Zeit dominierte eine regelrechte Netzwerkeuphorie, ohne dass diese zu den empirischen Ergebnissen einzelner Fallstudien in Bezug gesetzt wurde. Aus politikwissenschaftlicher Sicht wurden vielfältige Leistungen von Bürgerforen hinsichtlich der Output-Legitimität prognostiziert: Durch die Nutzung von gesellschaftlichem Wissen sollten problemadäquatere Lösungen und neue Ideen entwickelt werden, die Implementationsressourcen gesellschaftlicher Akteure sollten die zunehmend bescheideneren staatlichen bzw. kommunalen Ressourcen ergänzen und die frühzeitige Beteiligung sollte Implementationswiderstände sowie Realisierungszeiten von infrastrukturellen Großvorhaben reduzieren (Weidner 1996: 38; Bogumil 2001: 251; Eißel 1999: 189). Dadurch würden insbesondere als Mediationsverfahren konzipierte Bürgerforen zu umweltadäquateren und sozialverträglicheren Politikergebnissen führen (Fietkau/Weidner 1992: 29) und seien damit effektivitäts- und effizienzsteigernd zugleich (Spitzer 1998: 137). Allgemein wird postuliert, dass stärkere demokratische Mitwirkung sich „auch unter ökonomischen Effizienzgesichtspunkten [rechnet, L.H.], da eine Nichtbeteiligung der Partikularinteressen Proteste und Klagen evoziert, mittelfristig die Wirtschaft abschreckt und die Städte ‚teuer' zu stehen kommen" (Kersting 2004: 249).

Die Probleme, die man allgemein Politiknetzwerken zuschreibt, wurden demgegenüber den Bürgerforen als wesentlichen Elementen der kooperativen Demokratie in den 90er Jahren kaum zugeordnet. Ihnen wurde nicht nachgesagt, dass wie bei Politiknetzwerken die höhere Output-Legitimität durch intransparente Verhandlungen sowie durch die erschwerte Zurechenbarkeit von Entscheidungen auf Kosten der Input-Legitimität gehen könnte (Papadopoulos 2004). Im Gegensatz zu Politiknetzwerken auf höheren föderalen Ebenen sollen Bürgerforen auf kommunaler Ebene neben der Beteiligung einiger kollektiver Akteure auch die Partizipation von vielen Bürgern in prinzipiell öffentlichen Diskussionsrunden ermöglichen. Bürgerforen *sollen und können* damit aus Sicht der lokalen Politikforschung[6] auch einen notwendigen Beitrag zur Modernisierung der lokalen Demokratie und zu einer höheren Input-Legitimität leisten. Bürgerforen können demnach zu besseren Partizipationschancen und dadurch auch zu einem Abbau der viel zitierten Politik(er)verdrossenheit sowie einer erhöhten politischen Transparenz führen (Feindt 1997, 2001; Gessenharter 1996; Zilleßen 1993). Darüber hinaus würde der in ihnen stattfindende Diskurs dazu tendieren, „die Partialrationalitäten und -interessen der Beteiligten in eine Gesamtrationalität zu integrieren" (Zilleßen 1998: 58). Partizipation in Netzwerken erhöhe demnach „nicht nur die Demokratieverträglichkeit eines Systems, sondern zugleich auch die Effektivität" (Eißel 2000: 178).

2. Wirkungen der partizipativen Elemente

2.1 Wirkungen der Direktwahl des hauptamtlichen Bürgermeisters

Für die These Gerhard Banners, dass der direkt gewählte hauptamtliche Bürgermeister ein stärkeres Interesse an Partizipation und Kundenorientierung der Verwaltung hat, gibt es gerade in Bezug auf die hier näher zu untersuchende nordrhein-westfälische Kommunalpolitik viele Belege. In Bürgerumfragen in unterschiedlichen Städten wurde deutlich, dass die Bürgernähe eines Bürgermeisters ein sehr wesentliches Kriterium für die Wähler ist (Holtkamp 2002a; Bogumil u.a. 2003). Bürgernähe und ein hoher Bekanntheitsgrad werden auch von den Bürgermeistern als zentrale Erfolgfaktoren eingeordnet (Bogumil 2001: 190).

Bereits im Vorfeld der ersten Direktwahl wurde deutlich, dass die hauptamtlichen Bürgermeister, mit der Direktwahl vor Augen, zu einer stärkeren Bürgerorientierung der Verwaltung in nordrhein-westfälischen Kommunen beigetragen haben.

---

6 Hier wird nur der Mainstream der lokalen Politikforschung in den 1990er Jahren in Deutschland beschrieben, ohne dass damit ausgeblendet werden soll, dass einzelne Autoren schon frühzeitig grundlegend kritische Positionen entwickelten (v.a. Roth 1997; Holtkamp/Schubert 1993).

„Nimmt man die Selbsteinschätzung der neuen Amtsinhaber und die Fremdeinschätzungen durch leitende Verwaltungsmitarbeiter und Fraktionsvorsitzende zusammen, wurde für alle bei der Vor-Ort-Recherche betrachteten Kommunen eine stärkere Bürgerorientierung durch den hauptamtlichen Bürgermeister festgestellt, im Sinne einer stärkeren Berücksichtigung von Bürgerwünschen bei der Herstellung von Verwaltungsentscheidungen" (Schulenburg 1999a: 131).

Von der Direktwahl des Bürgermeisters gehen aber nicht nur Impulse für eine stärkere Kundenorientierung der Verwaltung aus, sondern die direkt gewählten Bürgermeister gehören auch zu den Hauptinitiatoren der Bürgerkommune, die vor allem auch die Einrichtung von Bürgerforen umfasst (Bogumil u.a. 2003: 15).

Auch die zweite Wirkungshypothese von Banner, dass der Verwaltungschef durch die süddeutsche Ratsverfassung eine dominante Stellung einnimmt und somit als zentraler effektiver Ansprechpartner für Bürger und Verbände gelten kann, hat sich in kommunalen Machtstudien[7] immer wieder bestätigt. Die klare Dominanz des hauptamtlichen Bürgermeisters in baden-württembergischen Kommunen wurde in vielen empirischen Studien bestätigt und wird in der Regel auf die Direktwahl und die weitgehenden Kompetenzen des hauptamtlichen Verwaltungschefs in der Gemeindeordnung zurückgeführt (Zoll 1974: 235; Köser/Caspers-Merk 1987: 61).

Für die alte Norddeutsche Ratsverfassung wurde demgegenüber in vielen empirischen Studien gezeigt, dass mal der ehrenamtliche Bürgermeister, mal der Stadtdirektor als Verwaltungschef und mal der Fraktionsvorsitzende die dominante Machtposition ausfüllte (Voigt 1994: 16; Schulenburg 1999b). Insgesamt ist dieser Führungspluralismus vorrangig auf die Wirkung der Norddeutschen Ratsverfassung zurückzuführen, die die Kompetenzen deutlich gleichmäßiger auf die Akteure verteilte als die baden-württembergische Gemeindeordnung. Auch in Bundesländer vergleichenden Studien wurde immer wieder hervorgehoben, dass der direkt gewählte Verwaltungschef in Baden-Württemberg aus Sicht der kommunalen Entscheidungsträger deutlich einflussreicher war als der vom Rat gewählte Stadtdirektor in NRW (Simon 1988: 79). Dies galt selbst für Angelegenheiten des Verwaltungsvollzugs. So galt beispielsweise in der nordrhein-westfälischen Stadt Gladbeck in der Kommunalpolitik die goldene Regel, vor Errichtung eines Zauns besser nicht den Stadtdirektor oder den ehrenamtlichen BM, sondern den Fraktionsvorsitzenden der SPD zu fragen (Winkler-Haupt 1988: 104).

Bei diesen stark lokal und zeitlich variierenden kommunalen Machtstrukturen in Nordrhein-Westfalen war es somit, wie Gerhard Banner bereits diagnostizierte, für den durchschnittlich informierten Bürger sehr schwer, einen durchsetzungsfähigen Ansprechpartner für seine Anliegen zu finden. Repräsentative Umfragen ergaben, dass die Bürger in Nordrhein-Westfalen meist den ehrenamtlichen Bürgermeister und nicht den

---

7 Gerade in den 1970er Jahren gab es in den Kommunalwissenschaften eine intensive Debatte darüber, wie man kommunale Machtstrukturen erfassen soll. Die Analyse der Machtstrukturen kann nach unterschiedlichen Ansätzen erfolgen, wobei jede Methode spezifische Stärken und Schwächen aufweist. In den meisten kommunalen Machtstudien in Deutschland wurde vor allem aus forschungsökonomischen Gründen die Machtposition des Bürgermeisters aufgrund der Befragung von wichtigen Funktionsträgern rekonstruiert und nicht der Verlauf einzelner (Nicht-)Entscheidungsprozesse in einer größeren Zahl von Politikfeldern untersucht. Damit wird der von wesentlichen Akteuren wahrgenommene Einfluss des Bürgermeisters erhoben, der mit dem „faktischen Einfluss" keineswegs immer identisch sein muss (Haasis 1978).

Verwaltungschef für den einflussreichsten Akteur hielten und über die formale Kompetenzverteilung zwischen Rat, Stadtdirektor und ehrenamtlichem Bürgermeister offensichtlich nur wenig informiert waren (Mayntz 1958: 252; Schneider 1997: 303). Auch in einer landesweiten Studie des Innenministeriums NRW (1989: 58) gingen die befragten kommunalen Entscheidungsträger mehrheitlich davon aus, dass der Bürger die Kompetenzverteilung zwischen Stadtdirektor und ehrenamtlichen Bürgermeister nicht kenne und sich die Bürger an den Bürgermeister als den vermeintlichen Verwaltungschef wendeten. Dies ist auch darauf zurückzuführen, dass der Begriff „Bürgermeister" in Deutschland schon seit fast einem Jahrtausend für die führende Kraft in der Gemeinde steht (Tigges 1988) und der bewusste Bruch der britischen Alliierten mit dieser Tradition durch die Einführung der Norddeutschen Ratsverfassung nach dem Zweiten Weltkrieg von den Bürgern kaum zur Kenntnis genommen wurde.

Schon in der Übergangsphase zwischen 1994 und 1999 in Nordrhein-Westfalen, in der der Stadtrat bereits durch Ratsbeschluss die Doppelspitze abschaffen und einen hauptamtlichen Bürgermeister wählen konnte, konstatierten einige Untersuchungen einen grundlegenden Wandel der kommunalen Machtkonstellationen. Es dominiere „nun eindeutig das Modell der exekutiven Führerschaft" (Schulenburg 1999b: 318) – also des sehr einflussreichen Verwaltungschefs. Auch qualitative Fallstudien kamen zu dem Ergebnis, dass sich durch die Gemeindeordnungsreform die kommunalen Machtkonstellationen radikal in Richtung „exekutive Führerschaft" verändert haben (Bovermann 1999). Durch die veränderten institutionellen Rahmenbedingungen ist mit dem ehrenamtlichen Bürgermeister ein entscheidender Konkurrent weggefallen, so dass sich der hauptamtliche Bürgermeister selbst ohne direktdemokratische Legitimation zum „exekutiven Führer" aufschwingen konnte. Auch in landesweiten Befragungen nach der ersten Direktwahl konnte dieser Trend bestätigt werden (Nienaber 2004: 196), wobei allerdings bei Kohabitationskonstellationen, die aber in Nordrhein-Westfalen aufgrund der zeitlichen Koppelung von Rats- und Bürgermeisterwahl nicht häufig vorkommen, der hauptamtliche Bürgermeister eher geringere Kompetenzen hat, als der frühere Stadtdirektor (Bogumil u.a. 2003).[8] Dennoch ist der hauptamtliche Bürgermeister in Nordrhein-Westfalen aus Sicht der kommunalen Entscheidungsträger immer noch nicht so einflussreich wie sein Kollege in Baden-Württemberg (Gehne/Holtkamp 2005).

Insgesamt hat die institutionelle Reform der Kommunalverfassung in Nordrhein-Westfalen, bei allen weiterhin zu konstatierenden Unterschieden zu Baden-Württemberg, zu gravierenden Veränderungen der Akteurskonstellationen geführt. In vielen Städten haben die Bürger nach der Reform nun einen durchsetzungsstarken Verwaltungschef als Ansprechpartner, der Bürgerbeteiligung und Kundenorientierung maßgeblich forciert.

Demgegenüber lässt sich kein Zusammenhang zwischen institutionellen Rahmenbedingungen und der Effizienz des Policy-Outputs ausmachen. In quantitativen Untersuchungen gibt es bisher keine Hinweise dafür, dass Kommunalverfassungen, die einen direkt gewählten Verwaltungschef vorsehen, zu besseren Haushaltsergebnissen in deut-

---

8 Vgl. ähnliche Ergebnisse in Bezug auf Kohabitationskonstellationen Bovermann (1999), Holtkamp (2002b).

schen Kommunen führen, wie dies Gerhard Banner postulierte. Bereits in den 80er Jahren kamen Querschnittsuntersuchungen aller kreisfreien Städte in Deutschland zur Falsifizierung dieser Hypothese:

„An keinem der gewählten Indikatorenkomplexe bestätigt sich Banners These über den Einfluß der Gemeindeverfassung auf die finanzielle Situation der Gemeinden überzeugend (...) Wir betrachten daher Gerhard Banner bis zu einem schlüssigen Nachweis des Gegenteils vorläufig als widerlegt: Die Gemeindeverfassung hat keinen meßbaren Einfluß auf die finanzielle Leistungsfähigkeit einer Gemeinde" (Kunz/Zapf-Schramm 1989: 181 ff.).[9]

Darüber hinaus gibt es keine Hinweise dafür, dass sich die Situation der Kommunalhaushalte nach der Reform der Kommunalverfassung in Nordrhein-Westfalen verbessert hätte. Im Jahre 2005 wurde im Gegenteil der absolute Spitzenstand hinsichtlich der Fehlbeträge im Verwaltungshaushalt erreicht. Aktuell befinden sich von den 396 kreisangehörigen und kreisfreien Kommunen in NRW schon 191 in der Haushaltssicherung, weil sie den Verwaltungshaushalt nicht mehr ausgleichen können. Davon haben 103, also 25 Prozent der nordrhein-westfälischen Kommunen, mittlerweile kein genehmigtes Haushaltssicherungskonzept und damit keinen genehmigten Haushalt, weil sie anhand von Prognosedaten nicht zeigen können, dass sie zumindest in den nächsten Jahren wieder den Haushaltsausgleich erreichen können (o. V. 2005: 119). 1995, zu Beginn der Gemeindeordnungsreform in Nordrhein-Westfalen (wenn man die Übergangsphase hinzurechnet), hatten demgegenüber nur neun Kommunen ein nicht genehmigtes Haushaltssicherungskonzept.

Insgesamt geht von der Gemeindeordnung in Bezug auf die Haushaltsergebnisse offensichtlich keine Steuerungswirkung aus. Die von Gerhard Banner erwarteten Veränderungen der Akteurskonstellationen bei Einführung der Süddeutschen Ratsverfassung haben offensichtlich keinen Einfluss auf die Effizienz der Kommunalpolitik. Diese Diskrepanz zwischen Erwartung und haushaltspolitischer Realität kann erstens darauf zurückgeführt werden, dass Banner den Anteil der durch die kommunalen Akteure gestaltbaren Konsolidierungseffekte systematisch überschätzt. In neueren Untersuchungen zur kommunalen Haushaltslage wird demgegenüber betont, dass unterschiedliche Haushaltsdaten im Querschnitts- und Längsschnittvergleich vorrangig auf kommunal kaum beeinflussbare sozioökonomische Variablen und das Handeln der Bundes- und Landesregierungen zurückzuführen sind (Holtkamp 2000a). Zweitens ist nicht ersichtlich, warum der Stimmenwettbewerb im Fall des Gemeinderats zu drastischer Ausgabenausweitung führen soll, während der Wettbewerb der Bürgermeisterkandidaten die Haushaltskonsolidierung vorantreibt. Dies würde extrem divergierende Anforderungen der Wähler an Gemeinderäte einerseits und Bürgermeister andererseits voraussetzen, für die es in dieser Deutlichkeit keinerlei empirische Belege gibt. Eher ist davon auszugehen, dass eine strikte Konsolidierungspolitik auch für direkt gewählte Bürgermeister keine effektive Stimmenmaximierungsstrategie ist, weil Ausgabenkürzungen die Wähler

---

9 Vgl. ähnliche Ergebnisse auch Mohr (1999). Lediglich die vergleichende Fallstudie von Winkler-Haupt (1988) führt zu einer Bestätigung des Zusammenhangs von süddeutscher Ratsverfassung und Konsolidierungseffekten. Auf die grundsätzlichen methodischen Probleme des Untersuchungsdesigns dieser Studie wurde mehrfach hingewiesen (Derlien 1994; Holtkamp 2000a: 110 f.).

in für sie sehr wichtigen Bereichen negativ treffen können, woraus zumindest aus Sicht der kommunalen Entscheidungsträger negative Folgen für die Wiederwahlchancen erwachsen (Holtkamp 2002b).

2.2 Wirkungen der direkten Demokratie

Zunächst ist darauf hinzuweisen, dass die Wirkungen von Bürgerbegehren und -entscheiden – auch aufgrund der erheblichen kommunalrechtlichen Unterschiede – stark zwischen den Bundesländern variieren können. Lediglich für die nordrhein-westfälischen Kommunen liegen mehrere aussagekräftige empirische Untersuchungen vor, so dass die folgenden Thesen zu den Auswirkungen der direkten Demokratie sich vor allem auf dieses Bundesland beziehen. Übereinstimmend kommen diese Evaluationsstudien zu dem Befund, dass Bürgerentscheide zu einer transparenten Entscheidungsfindung und zu einer breiten Diskussion inhaltlicher Probleme der Kommunalpolitik in den nordrhein-westfälischen Kommunen geführt haben (Paust 1999: 323; Kost 1999; Bogumil 2001: 251; Kösters 2005).

Skeptischer hingegen fällt die Bilanz über den Beitrag der direkten Demokratie zur Akzeptanzsteigerung politischer Entscheidungen aus. Zunächst muss man feststellen, dass in nordrhein-westfälischen Kommunen die Bürgerbegehren häufig von den Minderheitsfraktionen initiiert wurden, „um verlorene Abstimmungen in den Ratsgremien nachträglich in einen politischen Sieg umzuwandeln" (Paust 2002: 221). Auch wenn die Oppositionsfraktionen in NRW formal selten ein Bürgerbegehren initiieren, sind häufig Einzelne ihrer Vertreter[10] in Verbindung mit nahe stehenden Interessenverbänden die Koordinatoren des Widerstands (Deppe 2002). Aus diesen Konstellationen ergibt sich häufig eine sehr starke Polarisierung (wenn es tatsächlich zum Bürgerentscheid kommt)[11], die bei knappen Abstimmungsergebnissen oder gescheiterten Bürgerentscheiden hinterher eher noch zunimmt. In NRW scheitern zudem die meisten Bürgerentscheide am Abstimmungsquorum, während sie in der Regel die Mehrheit der Stimmen erreichen, was zu einer relativ geringen Akzeptanz bei gescheiterten Bürgerentscheiden auf Seiten der Initiatoren führen dürfte. Im Anschluss an gescheiterte Bürgerentscheide werden aber nicht selten Elemente der kooperativen Demokratie eingesetzt. Offensichtlich besteht ein starkes Interesse die Initiatoren von Bürgerbegehren wieder im Nachhinein einzubinden und der vorher entstandenen extremen Polarisie-

---

10 Die Oppositionsfraktionen sind in der Regel nicht offiziell die Initiatoren von Bürgerbegehren, weil in der Öffentlichkeit die Position dominiert, dass Bürgerbegehren in erster Linie von den Bürgern und nicht von den Parteien ausgehen sollten. Aus strategischen Gründen halten sich die Parteien bei der offiziellen Initiierung von Bürgerbegehren somit zurück. Deshalb ist die Beteiligung von Parteien zumeist nur in qualitativen Fallstudien adäquat zu erfassen. Dass man bei einer schriftlichen Befragung von Verwaltungsmitarbeitern (ohne Recherche vor Ort) zu dem Ergebnis kommt, dass Parteien in der Regel nicht als die offiziellen Initiatoren, sondern nur unter der Kategorie der Unterstützer aufgeführt werden (Kost 1999: 112), verwundert vor diesem Hintergrund nur wenig.

11 Bereits Holtmann (1999: 209 f.) beschreibt anschaulich die polarisierende Wirkung von Bürgerbegehren am Beispiel von bayerischen Großstädten, ohne jedoch die noch darzulegenden Vorwirkungen von Bürgerentscheiden zu berücksichtigen.

rung und geringen Akzeptanz von politischen Entscheidungen entgegenzuwirken (Trütken 2000: 37). Zudem dürfte es wenig Akzeptanz fördernd sein, dass gut 30 Prozent der Bürgerbegehren in NRW bereits aus rechtlichen Gründen nicht zum Bürgerentscheid zugelassen wurden. Häufig sind diese abschlägigen Zulässigkeitsentscheidungen der kommunalen Vertretungskörperschaften für die Bürger nur wenig nachvollziehbar und führten häufig zu weiteren juristischen Auseinandersetzungen.

„Dabei wird den Räten, die eine negative Zulässigkeitsentscheidung treffen, regelmäßig unterstellt, ihre Entscheidungen seien voreingenommen zu Lasten der Begehrensbetreiber getroffen worden" (Deppe 2002: 20).

In Bezug auf die Leistungen der direkten Demokratie zur Output-Legitimität ergibt sich noch eine problematischere Bilanz: Bürgerentscheide führen überwiegend nicht zur Auflösung von Entscheidungsblockaden, sondern verstärken diese in der Regel. Bürgerentscheide zielen häufig auf den Erhalt des Status quo ab, so dass kommunalpolitische Innovationen schwer zu realisieren sind und damit die kommunalen Handlungsspielräume weiter eingeengt werden (Kost 2002: 65; Deppe 2002: 38). Der sehr geringe Anteil von Initiativbegehren im Verhältnis zu den Korrekturbegehren ist ein wesentlicher Beleg für den Strukturkonservatismus der direkten Demokratie in der kommunalen Praxis.

Darüber hinaus haben die Bürgerentscheide in NRW die Haushaltsprobleme der Kommunen tendenziell verstärkt. Zunächst sind bei dieser Bewertung die hohen direkten Kosten bei der Durchführung zu berücksichtigen, die angesichts sehr begrenzter Verteilungsspielräume in den Verwaltungshaushalten besonders schwer wiegen. Die Durchführung von einem Bürgerentscheid kostet selbst nach vorsichtigen Schätzungen pro Einwohner knapp 1 Euro (Rehmet u.a. 1999: 162). Demgegenüber sind kaum Fälle in nordrhein-westfälischen Kommunen dokumentiert, in denen sich Bürgerentscheide gegen ausgabenexpansive Reform- und Investitionsmaßnahmen richteten und damit Konsolidierungseffekte erzielen könnten. Dies dürfte vor allem darauf zurückzuführen sein, dass die allgemeine Haushaltslage der Kommunen und die strikte Auflagenpolitik der Aufsichtsbehörden kaum noch kommunalpolitische Entscheidungsspielräume für ausgabenexpansive Maßnahmen geben (Holtkamp 2000a). Im Gegenteil: Die Kommunen in Nordrhein-Westfalen haben in der Haushaltssicherung durchweg Maßnahmen ergriffen, um die Ausgaben zurückzuführen und zusätzliche Einnahmen zu erzielen. Gegen weit reichende Konsolidierungsmaßnahmen richteten sich häufig die Bürgerentscheide in NRW (Privatisierungsvorhaben, Schließung von Hallenbädern, Erhebung von Parkgebühren) und insbesondere Bürgerentscheide gegen Privatisierung öffentlicher Einrichtungen waren in der Regel erfolgreich (Bogumil/Holtkamp 2002; Deppe 2002: 30). Im Kern bestätigt sich für nordrhein-westfälische Kommunen der Befund der vergleichenden Regierungslehre, dass die direkte Demokratie kurzfristige einschneidende Politikwechsel unwahrscheinlich macht (Wagschal/Obinger 2000: 477; Jung 2005: 345). Dies mag einerseits das Ausgabenwachstum in der Expansionsphase des Sozialstaats begrenzen, aber andererseits erschwert die direkte Demokratie durch diese Status-quo-Orientierung auch die Umsetzung von Konsolidierungsmaßnahmen, wie sie seit den 90er Jahren aufgrund der tief greifenden kommunalen Haushaltskrise in den nordrhein-westfälischen Kommunen vermehrt angestrebt wurden.

Insgesamt kann man für nordrhein-westfälische Kommunen festhalten, dass die direkten Wirkungen von Bürgerentscheiden begrenzt sind. Nur 13 Prozent der eingeleiteten Bürgerbegehren enden in NRW mit einem erfolgreichen Bürgerentscheid. Allerdings sind erhebliche Vorwirkungen von Bürgerentscheiden zu konstatieren. Allein die Möglichkeit von Bürgerbegehren und Bürgerentscheiden bzw. die glaubhafte Drohung ihrer Anwendung zwingt die Kommunalvertretung einzukalkulieren, dass die Bürger mit diesen Instrumenten in den kommunalen Entscheidungsprozess eingreifen. Die „Furcht" vor Bürgerentscheiden hat in vielen Fällen dazu beigetragen, dass die Ratsmehrheiten kompromissbereiter werden. Die hohe Zahl von Übernahmen des Anliegens von Bürgerbegehren durch den Rat in NRW bzw. die Aushandlung von Kompromissen vor Einleitungen eines Bürgerentscheids bestätigen dies. Fast jedes vierte Bürgerbegehren in NRW wird von der Kommunalvertretung übernommen oder inhaltlich weitgehend aufgegriffen, so dass kein Bürgerentscheid mehr durchgeführt werden muss. Aufgrund des stark ausgeprägten Parteienwettbewerbs in nordrhein-westfälischen Kommunen wirken die Bürgerentscheide „besonders stark als Damoklesschwert" (Bogumil 2001: 209). Die Oppositionsfraktionen nutzen in NRW den Bürgerentscheid häufig als Mittel, um gegen die Mehrheitsfraktionen erfolgreich zu „punkten", so dass die Mehrheitsfraktionen durch Kompromisslösungen oder den Verzicht auf umstrittene Maßnahmen versuchen, die Einleitung von erfolgreichen Bürgerentscheiden zu vermeiden (Holtkamp u.a. 2006). Die Vorwirkungen von Bürgerentscheiden bestehen im Kern also darin, dass ein Trend in Richtung Konkordanzdemokratie ausgelöst wird (Bogumil 2002: 203).

Jörg Bogumil (2001) geht in seiner Sekundäranalyse der nordrhein-westfälischen Studien zu Bürgerbegehren davon aus, dass durch diese Verhandlungszwänge potenziell die Responsivität der Kommunalpolitik und damit auch die Akzeptanz von politischen Maßnahmen steigen und die polarisierende Wirkung von Bürgerbegehren gesenkt wird. Zwar können die Vorwirkungen in der Regel nicht empirisch exakt erfasst werden, aber die Argumentation erscheint zumindest nachvollziehbar, wenn man den schon früh in der vergleichenden Regierungslehre konstatierten Zusammenhang von direkter Demokratie und Konkordanzdemokratie und die letzterer Demokratieform zugesprochenen Leistungen berücksichtigt (Lehmbruch 1967).

Diese Plausibilitätsüberlegungen wurden allerdings partiell als empirisch ermittelte Wirkungen der direkten Demokratie dargestellt, die insgesamt die Leistungsbilanz der direkten Demokratie gravierend verbessern (so Kersting 2004). Bei dieser Betrachtung werden aber die in der vergleichenden Regierungslehre diskutierten Probleme der Konkordanzdemokratie nicht berücksichtigt bzw. die Vorwirkungen auf die Output-Legitimation ausgeblendet. Vielmehr werden Output-Probleme von Bürgerbegehren mit dem Hinweis „entkräftet", dass Bürgerentscheide nur in sehr wenigen Kommunen durchgeführt werden (Kersting 2004: 166), während in Bezug auf die Input-Legitimität ausführlich auf die eher positiv eingeschätzten, konkordanzdemokratischen Vorwirkungen von Bürgerentscheiden eingegangen wird. Wenn man aber die hinlänglich bekannten Probleme der Konkordanzdemokratie in die Betrachtung mit einbezieht (Schmidt 1997: 262 f., 237 f.), lässt sich demgegenüber erwarten, dass durch die Verhandlungszwänge politische Entscheidungsprozesse und Verantwortlichkeiten deutlich intransparenter werden. Verhandlungszwänge führen danach tendenziell dazu „Politik hinter verschlossenen Türen zu machen" (Naßmacher 1997: 460). Damit würde eine immer wieder hervorgehobene Leistung von Bürgerentscheiden – Politik transparenter zu machen – durch die Vorwirkungen reduziert. Weiterhin dürfte bei tendenziell Status-quo-orientierten Bürgern durch diese Verhandlungszwänge die Bereitschaft der kommunalen Entscheidungsträger zu grundlegenden Reformen und Konsolidierungsmaßnahmen sinken. „Wenn die Interessen ‚referendumsfähiger Gruppen' im Vorfeld stärker berücksichtigt werden, droht eine Einigung auf dem kleinsten gemeinsamen Nenner, was größere Reformen ausschließt" (Möckli 1994: 346). Hohe Responsivität und geringe Reformbereitschaft der politischen Eliten wären somit gewissermaßen zwei Seiten derselben Medaille.

In nordrhein-westfälischen Kommunen nahmen in vielen dokumentierten Fällen tatsächlich die Entscheidungsträger Abstand von der Erhebung von Parkgebühren, der Privatisierung von öffentlichen Einrichtungen und der Schließung von Schwimmbädern (Holtkamp 2000b; Bogumil/Holtkamp 2002), bevor es zur Durchführung von Bürgerentscheiden kam. Teilweise kann durch diese Reaktionen der Mehrheitsfraktionen ein erfolgreicher Bürgerentscheid auf ganz NRW „ausstrahlen". Über die Partei- und Verbändegliederungen wurden einige erfolgreiche Bürgerentscheide gegen Konsolidierungsmaßnahmen überregional bekannt gemacht und führten dazu, dass in anderen Städten der Hinweis auf diese Abstimmungsergebnisse ausreichte (ohne überhaupt eine Bürgerbegehren zu initiieren), um die Mehrheitsfraktionen von Konsolidierungsmaßnahmen abzubringen (Holtkamp 2000a: 309).

Wenn man alle Vorwirkungen von Bürgerbegehren in die Bewertung einbezieht, verbessert sich die Leistungsbilanz der direkten Demokratie also eher nicht. Insbesondere treten dadurch die Probleme in Bezug auf die Output-Legitimität noch deutlicher hervor.

2.3 Wirkungen der kooperativen Demokratie

Gemessen an den Erwartungen der lokalen Politikforschung kommen empirische Untersuchungen zu Bürgerforen als wesentliche Elemente der kooperativen Demokratie eher zu einem ernüchternden Fazit (zusammenfassend Holtkamp 2005b).

In Bezug auf die Input-Legitimität lässt sich erstens konstatieren, dass die kooperative Demokratie häufig nicht zu einem Abbau der Politik(er)verdrossenheit beiträgt, sondern diese eher forciert. In repräsentativen Befragungen in einigen Städten wurde deutlich, dass die Bürger Partizipationsangebote dann als erfolgreich einstufen, wenn tatsächlich auch einige Beteiligungsergebnisse umgesetzt werden (Bogumil u.a. 2003). Tatsächlich zeigt sich aber immer wieder, dass die Ergebnisse der Partizipationsangebote nur in sehr begrenztem Maße umgesetzt werden. Einerseits sind diese eklatanten Implementationsdefizite auf die seit Anfang der 90er Jahre einsetzende Haushaltskrise und die in diesem Zuge stattfindende Privatisierung zurückzuführen. Die Bürger werden also immer mehr an kommunalen Entscheidungsprozessen beteiligt, während die Handlungsspielräume und Steuerungskapazitäten der Kommunen immer weiter abnehmen. Dies führt letztlich zu einer „Demokratisierung der Machtlosigkeit" (Roth 2001: 139). Andererseits sind die Kommunalvertretungen häufig nicht bereit, die wenigen verbliebenen Handlungsspielräume auch noch im Rahmen der kooperativen Demokratie mit den Bürgern zu teilen. Die Einführung von Bürgerforen wird zwar öffentlichkeitswirksam begrüßt, aber in der weniger transparenten Umsetzungsphase der Beteiligungsergebnisse kommen dann häufig die Bedenken der Kommunalvertretungen und -verwaltungen zum Tragen. Darüber hinaus führt die weit verbreitete Bürgerbeteiligung an abstrakten Leitbildern dazu, dass die Beteiligungsergebnisse kaum anschlussfähig an die stark inkrementalistische kommunale Praxis sind. Die daraus resultierenden zeitintensiven Beteiligungsverfahren bei geringen Umsetzungserfolgen haben bei den Bürgern in vielen Städten zu massiven Enttäuschungen geführt (Witte 2001: 31). Für mangelnde Umsetzungserfolge machen die Bürger, wie sich in repräsentativen Bürgerbefragungen zeigte, wiederum häufig die Kommunalpolitik und -verwaltung verantwortlich (Bogumil u.a. 2003), so dass der Einsatz von Bürgerforen die ausgeprägte Politik(er)verdrossenheit eher noch forcieren kann.

Zweitens nehmen sozial benachteiligte Bevölkerungsgruppen häufig nicht an Bürgerforen teil, selbst wenn dies ein wesentliches Ziel bundesstaatlicher Förderung, wie z.B. beim Bund-Länder-Programm „Soziale Stadt" darstellt (ILS 2000: 48; Becker u.a. 2002: 34). Insgesamt tragen Bürgerforen nur wenig zu einem höheren Wertberücksichtigungspotenzial bei, sondern sind eher ein zusätzliches Sprachrohr für bereits engagierte und durchsetzungsfähige Akteure. Drittens führen Bürgerforen teilweise zu einer Externalisierung von Kosten auf unbeteiligte, zumeist sozial benachteiligte Dritte. So dienen Bürgerforen im Rahmen der Kriminalprävention nicht selten zur Legitimierung des Ausschlusses sozialer Randgruppen aus den Innenstädten, der insbesondere vom Einzelhandel zur Erhöhung des Umsatzes forciert wird (Pütter 2002).

Auch die erwartete höhere Output-Legitimation durch eine gemeinsame Implementation der Beteiligungsergebnisse mit Bürgern und Verbänden hat sich in vielen Fällen kaum eingestellt. Aufgrund der Kollektivgutproblematik sowie der mangelnden Verpflichtungsfähigkeit gerade kommunaler Organisationen werden nur bedingt eigene Implementationsressourcen eingebracht, wie es beispielsweise im Rahmen von Stadtmarketingprozessen immer wieder von kommunalen Entscheidungsträgern bemängelt wird (Grabow/Hollbach-Grömig 1998: 156). In Stadtmarketingprozessen haben Werbegemeinschaften im Gegenteil häufig erreicht, dass die Städte zunehmend diese Leistungen zumindest in bescheidenem Maße anbieten, während sie sich aus der Produktion von Kollektivgütern weiter zurückziehen (Helmer-Denzel 2002).

Weiterhin wurde in empirischen Untersuchungen deutlich herausgearbeitet, dass bei Standortkonflikten in Deutschland in vielen Mediationsverfahren keine Einigung auf einen Standort gefunden wurde (Holtkamp/Stach 1995; Jansen 1997; Troja 2001). Standortkonflikte sind aus Sicht der Bürgerinitiativen in Deutschland in der Regel Nullsummenspiele, die nicht in Win-Win-Situationen transformiert werden können. Entweder verhindert eine Bürgerinitiative beispielsweise die Müllverbrennungsanlage in ihrer Standortgemeinde und sie gehört damit aus ihrer Sicht zu den Gewinnern, oder die formalen Entscheidungsträger setzen den Standort auf Kosten der BI durch. Die Bürgerinitiativen präferieren nicht zuletzt aufgrund des „Sankt-Florians-Prinzips" klar die sog. Nullvariante. Kleine Veränderungen an der Müllverbrennungsanlage (z.B. Einbau zusätzlicher Filter) oder Verhandlungspakete (z.B. MVA-Standort gegen Abfallwirtschaftskonzept mit einem klaren Abfallvermeidungsschwerpunkt) werden an dieser

Wahrnehmung nichts Grundsätzliches ändern (Holtkamp/Schubert 1993). Finanzielle Kompensationsleistungen werden in Deutschland schließlich bei Standortkonflikten von allen Akteuren eher skeptisch beurteilt bzw. können noch zur Konfliktverschärfung beitragen (Karpe 1999: 204). Damit erwies sich die Erwartung, durch mehr Partizipation langwierige Streitigkeiten vor den Verwaltungsgerichten zu vermeiden und damit zur Verfahrensbeschleunigung und -effizienz beizutragen, in Deutschland als trügerisch. Im Gegenteil führen Mediationsverfahren, wenn sie zu keiner Einigung gelangen, eher zu längeren Realisierungszeiten von Infrastrukturanlagen. Zu den langwierigen Verhandlungen im Vorfeld können dann noch Gerichtsverfahren durch alle Instanzen hinzukommen.

Andere Probleme von Bürgerforen ergeben sich zudem dann, wenn sie in mehreren Politikfeldern gleichzeitig eingesetzt werden, wie dies seit Ende der 1990er der Fall ist:

Die Bürgerforen lassen sich häufig nicht verzahnen, wie sich z.B. bei lokalen Agenda- und Stadtmarketingprozessen gezeigt hat. Daran schließt sich die unangenehme Frage an, was die kommunalen Entscheidungsträger machen sollen, wenn aus unterschiedlichen Partizipationsangeboten vollkommen unterschiedliche Ergebnisse resultieren und unklar bleibt, wie diese Ergebnisse überhaupt zusammengeführt werden können. Die Wahrscheinlichkeit von sehr unterschiedlichen Ergebnissen in diesen beiden Beteiligungsprozessen dürfte sehr groß sein. So dominieren in Stadtmarketingprozessen die Interessenvertreter des Einzelhandels, was zur Folge hat, dass ein wesentlicher Schwerpunkt von Stadtmarketingprozessen in der Diskussion über verbesserte Parkmöglichkeiten liegt (Kahnert/Rudowski 1999: 7). Dies aber steht im deutlichen Widerspruch zu der CO_2-Reduktionspolitik im Rahmen der Lokalen Agenda. Diese relativ einseitigen Ergebnisse sind nicht nur ein Problem von Stadtmarketingsarbeitskreisen, sondern von Bürgerforen und Politiknetzwerken allgemein. Durch die zumindest mittelfristig relativ stabilen Beziehungen und die Exit-Option der Teilnehmer kommt es zu einer Homogenisierung des Diskurses. In Bürgerforen entstehen so häufig relativ einseitige Sichtweisen und mögliche Interessen- und Zielkonflikte werden kaum thematisiert, weil entweder Akteure mit einer abweichenden Minderheitenposition von der Exit-Option Gebrauch machen oder strittige Themen nicht angesprochen werden, um genau dies zu vermeiden (Messner 1994; Fürst 2002; Pütter 2002). Dementsprechend sind Bürgerforen kaum in der Lage Partialrationalitäten und -interessen der Beteiligten in eine Gesamtrationalität zu integrieren, wie dies teilweise postuliert wurde (Zilleßen 1998).

Die Parallelität von Bürgerforen kann zu relativ intransparenten Entscheidungsprozessen und unklaren Verantwortlichkeiten führen, zumal die Lokalpresse nur sehr wenig über diese Foren berichtet (Kersting 2004: 244). Diese „neue Unübersichtlichkeit" wird auch aus der Output-Perspektive kritisiert als überbordende „Diskutierfreudigkeit (...), bei der schlussendlich die zahllosen Gremien, Planungswerkstätten, Stadtteilkonferenzen und dergleichen mehr nur noch völlig unkoordiniert neben- und teilweise gegeneinander arbeiten und die verantwortlichen Stellen bei jeder – endlich doch wohl zu treffenden – Sachentscheidung lahmlegen" (Bossong 2001: 157).

Damit sollen nicht die kleineren Leistungen von Bürgerforen ausgeblendet werden.[12] Bei konkreten, weniger konfliktreichen Projekten *können* sie durch die Nutzung

---

12 Darüber hinaus schneiden Bürgerforen, wenn man sie mit den empirischen Leistungen anderer

von dezentralem Steuerungswissen und bedingt von gesellschaftlichen Implementationsressourcen sowie durch die Generierung von positiven Beteiligungserfahrungen – sofern tatsächlich Beteiligungsergebnisse umgesetzt werden sollten – eine höhere Effektivität und eine höhere Input-Legitimität erzielen. Insgesamt stehen diese positiven Effekte von Bürgerforen aber in keinem Verhältnis zu den von vielen Politikwissenschaftlern prognostizierten Leistungen.

3. Resümee

Durch die Einführung der Direktwahl und von Elementen direkter und kooperativer Demokratie seit den 1990er Jahren wurden die Partizipationsangebote der Kommunalverwaltung in erheblichem Maße ausgebaut. Allerdings gibt es kaum Hinweise dafür, dass die hochgesteckten Erwartungen der lokalen Politikforschung in Bezug auf die Wirkungen dieser Reformmaßnahmen tatsächlich erfüllt wurden. Bei diesen Reformmaßnahmen ist in der kommunalen Praxis nicht erkennbar, dass sie zu einer gleichzeitigen Steigerung der Input- und Output-Legitimität führen. Damit unterscheidet sich die kommunale Ebene nicht grundlegend von den höheren föderalen Ebenen, für die zunehmend ein Effektivität-Legitimations-Dilemma konstatiert wird. Insbesondere werden für die lokale Ebene die Bereitschaft und Fähigkeit zur Produktion kollektiver Güter genauso überschätzt wie die Handlungsspielräume der kommunalen Entscheidungsträger.

In Bezug auf die Direktwahl des Bürgermeisters werden nur die Erwartungen hinsichtlich der Input-Legitimität erfüllt. In vielen Städten haben die Bürger nach den Kommunalverfassungsreformen nun einen durchsetzungsstarken Verwaltungschef als Ansprechpartner, der Bürgerbeteiligung und Kundenorientierung maßgeblich forciert. Demgegenüber gibt es keine empirischen Hinweise dafür, dass der direkt gewählte hauptamtliche Bürgermeister zu einer effizienteren Haushaltswirtschaft führt.

Bei der direkten Demokratie werden zumindest partiell positive Leistungen in Bezug auf die Input-Legitimität deutlich. Bürgerentscheide können als direkte Wirkung die Transparenz von politischen Entscheidungen erhöhen. Als Vorwirkungen von Bürgerbegehren lässt sich weiterhin eine höhere Responsivität der Kommunalpolitik erwarten. Die in der lokalen Politikforschung teilweise erwarteten positiven Wirkungen in Bezug auf die Output-Legitimität konnten in nordrhein-westfälischen Kommunen hingegen nicht beobachtet werden. Im Gegenteil: Die direkte Demokratie forciert in nicht zu unterschätzender Weise die Entscheidungsblockaden und die Konsolidierungsprobleme in den Kommunen, insbesondere wenn man auch für die Output-Legitimität die erwartbaren Vorwirkungen von Bürgerentscheiden berücksichtigt.

Eine Bilanz der Leistung der kooperativen Demokratie gemessen an den hohen Erwartungen der lokalen Politikforschung fällt ebenfalls ernüchternd aus. In vielen Fällen zeigen empirische Studien, dass Formen kooperativer Demokratie zu gravierenden Problemen sowohl im Hinblick auf die Input- als auch auf die Output-Legitimität geführt

---

demokratischer Modi (direkte und repräsentative Demokratie) bei kleinen konkreten Projekten vergleicht, relativ gut ab (Holtkamp u.a. 2006). Schließlich werden sie auch aufgrund der Funktionsdefizite der repräsentativen und direkten Demokratie initiiert.

haben. So wurden durch Bürgerforen beispielsweise Erwartungen bei den Bürgern geweckt, die hinterher systematisch enttäuscht wurden. Die zeitintensive Beteiligung bei gleichzeitiger mangelnder Umsetzung der Beteiligungsergebnisse forciert eher Politik-(er)verdrossenheit, als dass sie dadurch abgebaut würde. Die Homogenisierung des Diskurses durch die Exit-Option der Teilnehmer bringt darüber hinaus häufig relativ einseitige Sichtweisen hervor und kann auch zu einer Externalisierung von Kosten auf unbeteiligte Dritte führen, zumal sozial benachteiligte Bevölkerungsgruppen häufig nicht an Bürgerforen beteiligt werden bzw. nicht teilnehmen wollen. Insgesamt tragen Bürgerforen nur wenig zu einem höheren Wertberücksichtigungspotenzial bei, sondern sind eher ein zusätzliches Sprachrohr für bereits engagierte und durchsetzungsfähige Akteure. Auch die erwartete höhere Effektivität durch eine gemeinsame Implementation der Beteiligungsergebnisse hat sich in vielen Fällen kaum eingestellt. Aufgrund der Kollektivgutproblematik sowie der mangelnden Verpflichtungsfähigkeit gerade kommunaler Organisationen werden nur bedingt eigene Implementationsressourcen eingebracht, bzw. gerade in den Fällen, in denen gesellschaftliche Akteure de facto Vetopositionen haben, sind sie zu keiner Einigung bereit. Folglich werden Planungsverfahren durch Bürgerforen nicht, wie postuliert, verkürzt, sondern zum Teil erheblich verlängert, ohne dass dadurch Implementationswiderstände maßgeblich reduziert würden.

Wenn man Bürgerforen als Verhandlungen im Schatten der Hierarchie und des Mehrheitsprinzips einordnet, ergibt sich aber immerhin die Möglichkeit, dass die kommunalen Entscheidungsträger – insbesondere die an Bürgerbeteiligung stark interessierten, einflussreichen Bürgermeister – ein aktives Partizipationsmanagement für diese neuen Politiknetzwerke forcieren. Sie könnten in diesem Rahmen durch geeignete Beteiligungsverfahren auf eine sozial ausgewogenere Zusammensetzung der Partizipierenden hinwirken. Zudem könnte es Aufgabe der kommunalen Entscheidungsträger sein, Ergebnisse aus unterschiedlichen Beteiligungsverfahren gegeneinander abzuwägen, zumindest einen Teil der Beteiligungsergebnisse umzusetzen und diese in die allgemeine Stadtentwicklungskonzeption einzupassen. Weiterhin bleibt es ihre Aufgabe, in Verhandlungen nicht zustande kommende Entscheidungen autoritativ umzusetzen bzw. damit zu drohen („Rute im Fenster"). Allerdings sollten die Realisierungschancen des Partizipationsmanagements auf lokaler Ebene nicht überschätzt werden.

Die Vermeidung der beschriebenen sozialen Schieflagen in Bürgerforen dürfte in den meisten Kommunen nur schwer realisierbar sein, weil sich viele Interessen auf lokaler Ebene nicht organisieren lassen bzw. sozial benachteiligte Bürger kaum partizipieren wollen. Doch selbst wenn es tatsächlich gelingen sollte unterschiedliche Interessen an einen Tisch zu holen, wird es schwer einen Konsens zu finden. Hier zeigt sich das erste Dilemma von Bürgerforen. Einerseits kann man durch den Einbezug vieler Teilnehmer in Bürgerforen die Gefahr der Externalisierung der Kosten auf unbeteiligte Dritte reduzieren. Andererseits steigen mit zunehmender Zahl der Akteure die Einigungskosten. Darüber hinaus wird die Kommunikation bei großer Teilnehmerzahl „routinisiert und restringiert. Gerade innovative Kooperationsergebnisse sind nach aller Erfahrung fast nur in exklusiven Verhandlungen zu erzielen" (Benz 1994: 319). Dieses Dilemma spiegelt damit auch auf lokaler Ebene den konstatierten Widerspruch von Partizipation und effektiver Koordinierung wider.

Die Umsetzung, aber auch die Abwägung und begründete Zurückweisung von Beteiligungsergebnissen, setzt schließlich dementsprechende Steuerungsressourcen der kommunalen Entscheidungsträger voraus. Die kommunale Haushaltskrise, die engen kommunalrechtlichen Handlungsspielräume im Zuge der vertikalen Politikverflechtung und die de facto Vetopositionen gesellschaftlicher Akteure waren aber häufig die Auslöser für die Implementierung von Bürgerforen. Angelehnt an die von Offe (1987: 318) beschriebenen Probleme bei der Verlagerung von Staatsfunktionen kann man als zweites Dilemma von Bürgerforen formulieren, dass sie eigentlich „starke" kommunale Entscheidungsträger voraussetzen, die über ein hohes Maß von Autorität und ausreichende Interventionsmittel verfügen – also kommunale Entscheidungsträger, deren Bedarf an kooperativen Problemlösungen (zumindest in Bezug auf die Output-Legitimität) äußert gering ist und die dann häufig auf eine intensive Bürgerbeteiligung verzichten.

Literatur

Andersen, Uwe, 1998: Kommunalpolitik im Umbruch, in: *Andersen, Uwe* (Hrsg.), Kommunalpolitik in Nordrhein-Westfalen im Umbruch. Köln: Kohlhammer Verlag, 9–43.

Banner, Gerhard, 1984: Kommunale Steuerung zwischen Gemeindeordnung und Parteipolitik, in: Die Öffentliche Verwaltung 9, 364–372.

Banner, Gerhard, 1987: Verantwortung aufbauen – Konfrontation abbauen, in: Städte- und Gemeinderat 8–9, 229–238.

Banner, Gerhard, 1989: Kommunalverfassungen und Selbstverwaltungsleistungen, in: *Schimanke, Dieter* (Hrsg.), Stadtdirektor oder Bürgermeister. Basel: Birkhäuser Verlag, 37–61.

Banner, Gerhard, 1999: Die drei Demokratien der Bürgerkommune, in: *von Arnim, Herbert* (Hrsg.), Adäquate Institutionen – Voraussetzungen für gute und bürgernahe Politik. Speyer, 133–162.

Becker, Heide et al., 2002: Drei Jahre Programm Soziale Stadt – eine ermutigende Zwischenbilanz, in: http://www.sozialestadt.de/veroeffentlichungen/arbeitspapiere, Januar 2005.

Benz, Arthur, 1994: Kooperative Verwaltung: Funktionen, Voraussetzungen und Folgen. Baden-Baden: Nomos Verlagsgesellschaft.

Bogumil, Jörg, 2001: Modernisierung lokaler Politik. Kommunale Entscheidungsprozesse im Spannungsfeld zwischen Parteienwettbewerb, Verhandlungszwängen und Ökonomisierung. Baden-Baden: Nomos Verlagsgesellschaft.

Bogumil, Jörg, 2002: Direkte Demokratie als verhandlungsdemokratischer Impuls – Wirkung kommunaler Referenden in NRW, in: *Schiller, Theo/Mittendorf, Volker* (Hrsg.), Direkte Demokratie – Forschung und Perspektiven. Opladen: Westdeutscher Verlag, 194–206.

Bogumil, Jörg/Holtkamp, Lars, 2002: Liberalisierung und Privatisierung kommunaler Aufgaben – Auswirkungen auf das kommunale Entscheidungssystem, in: *Libbe, Jens/Tomerius, Stephan/Trapp, Jan Hendrik* (Hrsg.), Liberalisierung und Privatisierung kommunaler Aufgabenerfüllung. Berlin: Difu-Beiträge zur Stadtforschung 37, 71–87.

Bogumil, Jörg/Holtkamp, Lars, 2006: Kommunalpolitik und Kommunalverwaltung – Eine policyorientierte Einführung, VS Verlag für Sozialwissenschaften. Wiesbaden (i.E.).

Bogumil, Jörg/Holtkamp, Lars/Schwarz, Gudrun, 2003: Das Reformmodell Bürgerkommune – Leistungen – Grenzen – Perspektiven. Schriftenreihe Modernisierung des öffentlichen Sektors, Bd. 22. Berlin: edition sigma.

Bossong, Horst, 2001: Der Sozialstaat am runden Tisch – Entrechtlichung durch Verfahren, in: Die Verwaltung 1, 145–159.

Bovermann, Rainer, 1999: Die reformierte Kommunalverfassung in Nordrhein-Westfalen – Welchen Unterschied machen institutionelle Arrangements in der Kommunalpolitik? Habil., Bochum.

Buchstein, Hubertus/Jörke, Dirk, 2003: Das Unbehagen an der Demokratietheorie, in: Leviathan 4, 470–495.

Deppe, Frank, 2002: Direkte Demokratie II – Eine Bestandsaufnahme von Bürgerbegehren und Bürgerentscheiden auf kommunaler Ebene seit 1990. Sankt Augustin: Konrad-Adenauer-Stiftung Arbeitspapier Nr. 90.

Derlien, Hans-Ulrich, 1994: Kommunalverfassungen zwischen Reform und Revolution, in: *Gabriel, Oscar W./Voigt, Rüdiger* (Hrsg.), Kommunalwissenschaftliche Analysen. Bochum: Universitätsverlag Brockmeyer, 47–78.

Eißel, Dieter, 1999: Kommunale Netzwerke als neue Formen konzertierter Aktionen, in: *Klotz, Johannes/Zielinski, Heinz* (Hrsg.), Europa 2000 – Lokale Demokratie im Europa der Regionen. Heilbronn: Distel Verlag, 171–190.

Eißel, Dieter, 2000: Strategische Netzwerke in der Kommunalpolitik, in: *Zielinski, Heinz* (Hrsg.), Die Modernisierung der Städte. Wiesbaden: Westdeutscher Verlag, 175–194.

Feindt, Peter H., 1997: Kommunale Demokratie in der Umweltpolitik – Neue Beteiligungsmodelle, in: Aus Politik und Zeitgeschichte 27, 39–46.

Feindt, Peter H., 2001: Regierung durch Diskussion? Diskurs- und Verhandlungsverfahren im Kontext von Demokratietheorie und Steuerungsdiskussion. Frankfurt/M.: Peter Lang Verlag.

Fietkau, Hans-Joachim/Weidner, Helmut, 1992: Mediationsverfahren in der Umweltpolitik, in: Aus Politik und Zeitgeschichte 39–40, 24–34.

Fürst, Dietrich, 2002: Schwierigkeiten der fachübergreifenden Koordination, in: *Brand, Karl-Werner* (Hrsg.), Politik der Nachhaltigkeit. Berlin: edition sigma, 179–191.

Gabriel, Oscar W., 1999: Das Volk als Gesetzgeber: Bürgerbegehren und Bürgerentscheide in der Kommunalpolitik aus der Perspektive der empirischen Forschung, in: Zeitschrift für Gesetzgebung 4, 299–331.

Gabriel, Oscar W., 2002: Die Bürgergemeinde als neues Leitbild der Kommunalpolitik – Anspruch und Wirklichkeit, in: *Schuster, Wolfgang/Murawski, Klaus-Peter* (Hrsg.), Die regierbare Stadt. Stuttgart: Kohlhammer Verlag, 139–169.

Gehne, David/Holtkamp, Lars, 2005: Fraktionsvorsitzende und Bürgermeister in NRW und Baden-Württemberg, in: *Bogumil, Jörg/Heinelt, Hubert* (Hrsg.), Bürgermeister in Deutschland – Politikwissenschaftliche Studien zu direkt gewählten Bürgermeistern. Wiesbaden: VS Verlag für Sozialwissenschaften, 87–141.

Gessenharter, Wolfgang, 1996: Warum neue Beteiligungsmodelle auf kommunaler Ebene? Kommunalpolitik zwischen Globalisierung und Demokratisierung, in: Aus Politik und Zeitgeschichte 50, 3–13.

Grabow, Busso/Hollbach-Grömig, Beate, 1998: Stadtmarketing – eine kritische Zwischenbilanz. Berlin: Difu-Beiträge zur Stadtforschung 25.

Haasis, Hans-Arthur, 1978: Kommunalpolitik und Machtstruktur – Eine Sekundäranalyse deutscher empirischer Gemeindestudien. Frankfurt/M.: Haag + Herchen Verlag.

Helmer-Denzel, Andrea, 2002: Global Play im Ruhrgebiet – Die Erstellung handelsergänzender Dienstleistungen im Einzelhandel am Beispiel eines Urban Entertainment Centers und von Innenstädten. Diss., Bochum.

Hendler, Richard, 1984: Selbstverwaltung als Ordnungsprinzip – Zur politischen Willensbildung und Entscheidung im demokratischen Verfassungsstaat der Industriegesellschaft. Köln: C. Heymanns Verlag.

Holtkamp, Lars, 2000a: Kommunale Haushaltspolitik in NRW – Haushaltslage – Konsolidierungspotentiale – Sparstrategien. Diss., Opladen: Leske + Budrich.

Holtkamp, Lars, 2000b: Fünf Jahre Bürgerbegehren in NRW, in: Forum Kommunalpolitik 1, GAR-NRW, 19–21.

Holtkamp, Lars, 2002a: Das Verhältnis von Bürgern und Bürgermeistern, in: *Andersen, Uwe/Bovermann, Rainer* (Hrsg.), Kommunalwahl, 1999 in NRW – Im Westen was Neues. Opladen: Leske + Budrich.

Holtkamp, Lars, 2002b: Kommunale Haushaltspolitik in den 90er Jahren – Der Wandel von polity, politics und policy, in: *Bogumil, Jörg* (Hrsg.), Kommunale Entscheidungsprozesse im Wandel. Opladen: Leske + Budrich, 55–73.

Holtkamp, Lars, 2005a: Ursachen der Reform der Kommunalverfassungen in den alten Bundesländern, in: *Bogumil, Jörg/Heinelt, Hubert* (Hrsg.), Bürgermeister in Deutschland – Politikwissenschaftliche Studien zu direkt gewählten Bürgermeistern. Wiesbaden: VS Verlag für Sozialwissenschaften, 13–32.

Holtkamp, Lars, 2005b: Neue Formen kommunaler Bürgerbeteiligung – Netzwerkeuphorie und
Beteiligungsrealität, in: *Oebbecke, Janbernd* (Hrsg.), Nicht-normative Steuerung in dezentralen
Systemen. Stuttgart: Franz Steiner Verlag, 15–34.

Holtkamp, Lars/Bogumil, Jörg/Kißler, Leo, 2006: Kooperative Demokratie – Das politische Potenzial von Bürgerengagement. Studien zur Demokratieforschung. Frankfurt/M.: Campus Verlag.

Holtkamp, Lars/Schubert, Klaus, 1993: Verhandlungslösungen in Mediationsverfahren: Erfolgsbedingungen und Restriktionen in der deutschen Abfallpolitik, in: Gegenwartskunde 4, 421–
432.

Holtkamp, Lars/Stach, Birgit, 1995: Friede, Freude, Eierkuchen? Mediationsverfahren in der Umweltpolitik, Reihe Politikfeldanalyse. Marburg: Schüren Verlag.

Holtmann, Everhard, 1999: „Das Volk" als örtlich aktivierte Bürgerschaft – Zur Praxis kommunaler Sachplebiszite, in: Archiv für Kommunalwissenschaften 2, 187–211.

ILS, 2000: Analyse der Umsetzung des integrierten Handlungsprogramms für Stadtteile mit besonderem Entwicklungsbedarf. Dortmund.

Innenminister NRW, 1989: Umfrage zu den Bedingungen der Kommunalpolitik in Nordrhein-
Westfalen. Düsseldorf.

Jansen, Dorothea, 1997: Mediationsverfahren in der Umweltpolitik, in: Politische Vierteljahresschrift 2, 274–297.

Jung, Otmar, 2005: Grundsatzfragen der direkten Demokratie, in: *Kost, Andreas* (Hrsg.), Direkte
Demokratie in den deutschen Bundesländern – Eine Einführung. Wiesbaden: VS Verlag für
Sozialwissenschaften, 312–354.

Kahnert, Rainer/Rudowski, Katrin, 1999: Stadtmarketing in Nordrhein-Westfalen – Bilanzen und
Perspektiven. MASSKS NRW, Düsseldorf.

Karpe, Jan, 1999: Mediation für standortbezogene Umweltkonflikte, in: Zeitschrift für Umweltpolitik & Umweltrecht 2, 189–213.

Kersting, Norbert, 2004: Die Zukunft der lokalen Demokratie – Modernisierungs- und Reformmo-
delle. Frankfurt/M.: Campus Verlag.

Knemeyer, Franz-Ludwig, 1998: Gemeindeverfassungen, in: *Wollmann, Hellmut/Roth, Roland*
(Hrsg.), Kommunalpolitik – Politisches Handeln in der Gemeinde. 2. erweiterte Auflage, Opladen: Leske + Budrich, 104–122.

Köser, Helmut/Caspers-Merk, Marion, 1987: Der Gemeinderat – Sozialprofil, Karrieremuster und
Selbstbild von kommunalen Mandatsträgern in Baden-Württemberg. Abschlußbericht für die
Deutsche Forschungsgemeinschaft. Unveröffentlichtes Ms., Freiburg.

Kösters, Jens, 2005: Der Bürgerentscheid in Nordrhein-Westfalen – Politische Ausgestaltung und
Rechtsetzung der Gemeinden. Frankfurt/M.: LIT Verlag.

Kost, Andreas, 1999: Bürgerbegehren und Bürgerentscheid – Genese, Programm und Wirkung am
Beispiel von Nordrhein-Westfalen. Schwalbach: Wochenschau Verlag.

Kost, Andreas, 2002: Demokratie von unten – Bürgerbegehren und Bürgerentscheide in NRW.
Schwalbach: Wochenschau Verlag.

Kunz, Volker/Zapf-Schramm, Thomas, 1989: Ergebnisse der Haushaltsentscheidungsprozesse in den
kreisfreien Städten der Bundesrepublik, in: *Schimanke, Dieter* (Hrsg.), Stadtdirektor oder Bürgermeister. Basel: Birkhäuser Verlag, 161–189.

Lehmbruch, Gerhard, 1967: Proporzdemokratie – Politisches System und politische Kultur in der
Schweiz und in Österreich. Tübingen: J. C. B. Mohr.

Mayntz, Renate, 1958: Soziale Schichtung und sozialer Wandel in einer Industriegemeinde – Eine
soziologische Untersuchung der Stadt Euskirchen. Stuttgart.

Messner, Dirk, 1994: Fallstricke und Grenzen der Netzwerksteuerung, in: PROKLA. Zeitschrift für
kritische Sozialwissenschaften 4, 563–596.

Mittendorf, Volker/Rehmet, Volker, 2002: Bürgerbegehren und Bürgerentscheide: Wirkungsaspekte auf kommunale Willensbildungs- und Entscheidungsvorbereitungsprozesse in Deutschland und der Schweiz, in: *Bogumil, Jörg* (Hrsg.), Kommunale Entscheidungsprozesse im Wandel. Opladen: Leske + Budrich, 219–238.

Möckli, Silvano, 1994: Direkte Demokratie: ein Vergleich der Einrichtungen und Verfahren in der Schweiz und Kalifornien, unter Berücksichtigung von Frankreich, Italien, Dänemark, Irland, Österreich, Lichtenstein und Australien. Bern.

Mohr, Matthias, 1999: Der Einfluß der Kommunalverfassung auf die Kommunalverschuldung. Marburg: Tectum Verlag.

Naßmacher, Hiltrud, 1989: Kommunale Entscheidungsstrukturen, in: *Schimanke, Dieter* (Hrsg.), Stadtdirektor oder Bürgermeister. Basel: Birkhäuser Verlag, 62–83.

Naßmacher, Hiltrud, 1997: Keine Erneuerung der Demokratie „von unten". Zur Bedeutung direktdemokratischer Beteiligungsverfahren, in: Zeitschrift für Parlamentsfragen 3, 445–460.

Nienaber, Georg, 2004: Direkt gewählte Bürgermeister in Nordrhein-Westfalen. Münster: Tectum Verlag.

Offe, Claus, 1987: Die Staatstheorie auf der Suche nach ihrem Gegenstand – Beobachtungen zur aktuellen Diskussion, in: *Ellwein, Thomas* et al. (Hrsg.), Jahrbuch zur Staats- und Verwaltungswissenschaft. Baden-Baden: Nomos Verlagsgesellschaft, 309–320.

o.V., 2005: Gemeindefinanzreform hat Ziel verfehlt, in: Mitteilungen 4, Städte- und Gemeindebund Nordrhein-Westfalen, 119.

Papadopoulos, Ioannis, 2004: Governance und Demokratie, in: *Benz, Arthur* (Hrsg.), Governance – Regieren in komplexen Regelsystemen. Wiesbaden: VS Verlag für Sozialwissenschaften, 243–263.

Paust, Andreas, 1999: Bürgerbegehren und Bürgerentscheid. Direkte Demokratie in der Kommune untersucht am Beispiel von zwei Bürgerentscheiden im nordrhein-westfälischen Neuss. Dissertation, Hagen (veröffentlicht unter dem Titel: Direkte Demokratie in der Kommune. Bonn).

Paust, Andreas, 2002: Wirkungen der direkten Demokratie auf das kommunale Parteiensystem, in: *Schiller, Theo/Mittendorf, Volker* (Hrsg.), Direkte Demokratie – Forschung und Perspektiven. Opladen: Westdeutscher Verlag, 218–230.

Pütter, Norbert, 2002: Präventionsräte und Sicherheitspartnerschaften – eine Zwischenbilanz, in: *Munier, Gerald* (Hrsg.), Kriminalität und Sicherheit. Berlin, 41–51.

Rehmet, Frank/Weber, Tim/Pavlovic, Dragan, 1999: Bürgerbegehren und Bürgerentscheide in Bayern, Hessen und Schleswig-Holstein, in: *Schiller, Theo* (Hrsg.), Direkte Demokratie in Theorie und kommunaler Praxis. Frankfurt/M.: Campus Verlag, 117–164.

Roth, Roland, 1997: Die Kommune als Ort der Bürgerbeteiligung, in: *Klein, Ansgar/Schmalz-Bruns, Rainer* (Hrsg.), Politische Beteiligung und Bürgerengagement in Deutschland. Baden-Baden: Nomos Verlagsgesellschaft, 404–447.

Roth, Roland, 2001: Auf dem Weg in die Bürgerkommune? Bürgerschaftliches Engagement und Kommunalpolitik in Deutschland zu Beginn des 21. Jahrhunderts, in: *Schröter, Eckhart* (Hrsg.), Empirische Policy- und Verwaltungsforschung. Opladen: Leske + Budrich, 133–152.

Scharpf, Fritz W., 1970: Demokratietheorie zwischen Utopie und Anpassung. Konstanz.

Schmidt, Manfred G., 1997: Demokratietheorien. Zweite Auflage, Opladen: Leske + Budrich.

Schmidt, Manfred G., 2003: Die ,komplexe Demokratietheorie' nach drei Jahrzehnten, in: *Mayntz, Renate/Streek, Wolfgang* (Hrsg.), Die Reformierbarkeit der Demokratie – Innovationen und Blockaden. Festschrift für Fritz W. Scharpf. Frankfurt/M.: Campus Verlag, 151–172.

Schneider, Herbert, 1997: Stadtentwicklung als politischer Prozeß. Opladen: Leske + Budrich.

Schulenburg, Klaus, 1999a: Der Übergang zur neuen Kommunalverfassung – Implementation und erste Konsequenzen, in: Zeitschrift für öffentliches Recht und öffentliche Verwaltung 4, 126–132.

Schulenburg, Klaus, 1999b: Direktwahl und kommunalpolitische Führung – Der Übergang zur neuen Gemeindeordnung in Nordrhein-Westfalen. Basel: Birkhäuser Verlag.

Simon, Klaus, 1988: Repräsentative Demokratie in großen Städten. Sankt-Augustin: Forschungsberichte Konrad-Adenauer-Stiftung 65.

Spitzer, Malte, 1998: Bürgeraktivierung und Verwaltungsmodernisierung, in: *Bandemer, Stephan von* et al. (Hrsg.), Handbuch zur Verwaltungsreform. Opladen: Leske + Budrich, 131–139.

Tigges, Hans, 1988: Das Stadtoberhaupt – Porträts im Wandel der Zeit. Baden-Baden: Nomos Verlagsgesellschaft.

Troja, Markus, 2001: Umweltkonfliktmanagement und Demokratie – Zur Legitimität kooperativer Konfliktregelungsverfahren in der Umweltpolitik. Köln: Centrale für Mediation.

Trütken, Benno, 2000: Bürgerbegehren versus Bürgergutachten, in: Rundbrief Bürgerbeteiligung II, 36–41.

Voigt, Rüdiger, 1994: Lokale Politiksteuerung zwischen exekutiver Führerschaft und City Management, in: *Gabriel, Oscar W./Voigt, Rüdiger* (Hrsg.), Kommunalwissenschaftliche Analysen. Bochum: Universitätsverlag Brockmeyer, 3–23.

vom Stein, Freiherr, 1807: Nassauer Denkschrift, in: *vom Stein, Freiherr,* Briefwechsel, Denkschriften und Aufzeichnungen. Bearb. von *Erich Botzenhart,* Band 2. Berlin, 210–231.

Wagschal, Uwe/Obinger, Herbert, 2000: Der Einfluss der Direktdemokratie auf die Sozialpolitik, in: PVS 3, 466–497.

Walter, Melanie, 1997: Politische Responsivität – Messungsprobleme am Beispiel kommunaler Sportpolitik. Wiesbaden: Westdeutscher Verlag.

Wehling, Hans-Georg, 2005: Direkte Demokratie in Baden-Württemberg, in: *Kost, Andreas* (Hrsg.), Direkte Demokratie in den deutschen Bundesländern – Eine Einführung. Wiesbaden: VS Verlag für Sozialwissenschaften, 14–28.

Weidner, Helmut, 1996: Umweltkooperation und alternative Konfliktregelungsverfahren in Deutschland – Zur Entstehung eines neuen Politiknetzwerkes. WZB FS II 96-302. Berlin.

Winkler-Haupt, Uwe, 1988: Gemeindeordnung und Politikfolgen. München.

Witte, Gertrud, 2001: Rahmenbedingungen für das bürgerschaftliche Engagement in den Kommunen, in: *Geschäftsstelle Internationales Jahr der Freiwilligen im Deutschen Verein für öffentliche und private Fürsorge e. V.* (Hrsg.), Bürgerschaftliches Engagement im lokalen Raum. Frankfurt/M., 28–35.

Zilleßen, Horst, 1993: Die Modernisierung der Demokratie im Zeichen der Umweltproblematik, in: *Zilleßen, Horst/Dienel, Peter/Strubelt, Wendelin* (Hrsg.), Die Modernisierung der Demokratie. Opladen: Westdeutscher Verlag, 17–39.

Zilleßen, Horst, 1998: Mediation als kooperatives Konfliktmanagement, in: *Zilleßen, Horst* (Hrsg.), Mediation – Kooperatives Konfliktmanagement in der Umweltpolitik. Opladen: Westdeutscher Verlag, 17–38.

Zoll, Ralf, 1974: Wertheim III – Kommunalpolitik und Machtstruktur. München: Juventa Verlag.

Regulative Politik und die Transformation der klassischen Verwaltung

Marian Döhler

1. Problemstellung

In der Analyse moderner Staatstätigkeit erlangt das Konzept der regulativen Politik wachsende Bedeutung. Regulierung, verstanden als bindende staatliche Verhaltensvorschriften und Standards, die vor allem an Unternehmen adressiert sind, scheint gleichermaßen eine Konsequenz aus der globalisierten Welt- und Wirtschaftsordnung wie auch Transmissionsriemen für den Wandel von Staatstätigkeit zu sein. Das Interesse speist sich vor allem aus der Beobachtung, dass dieser Politiktypus das Instrumentarium und damit auch die Ziele des auf Umverteilung ausgerichteten keynesianischen Wohlfahrtsstaates zunehmend überlagert, womöglich sogar ablöst (vgl. Majone 1997: 141 ff.; Grande/Eberlein 2000; Czada/Lütz 2003). Dabei wird mit Superlativen nicht gespart. Die Rede ist von einem „revolutionäre(n) Umbau des Verhältnisses zwischen Markt und Staat" (Sturm u.a. 2002: 3) auf nationaler Ebene, dem Aufstieg der EU zum „Regulierungsstaat" (Eberlein/Grande 2003: 439) oder gar von einer globalen „regulatory revolution" (Levi-Faur u.a. 2005), was u.a. an der sprunghaften Zunahme von Regulierungsbehörden abzulesen sei. Auch wenn man die Dramatik derartiger Umbruchsdiagnosen geringer einschätzt, so werfen sie doch die Frage auf, ob der institutionelle Wandel, dem der Nationalstaat infolge interner und externer Anpassungszwänge unterliegt, nicht auch einen neuen Typus von Verwaltung hervorbringt. In der Tat weisen regulative Behörden einige Besonderheiten auf, die diese Frage rechtfertigen: Sie stehen außerhalb der klassischen Exekutivhierarchie, gründen ihre Entscheidungen nicht allein auf juristischen Regelvollzug, sondern in starkem Maße auf wissenschaftlich-technische Expertise und agieren zudem in Sektoren mit hoher ökonomisch bzw. technisch verursachter Eigendynamik, die die Reaktionsfähigkeit von Regierung und Verwaltung vor ungeahnte Herausforderungen stellt.

Es liegt auf der Hand, dass daraus gravierende Konsequenzen erwachsen können, die von einer Kompetenzverschiebung innerhalb des Regierungssystems, über eine verminderte Gesetzesbindung, bis hin zu Legitimationsdefiziten einer verselbständigten Verwaltung reichen. Ob regulative Politik all dies bewirken kann, ist eine Frage, die zum einen von der Operationalisierung dessen abhängt, was man unter Transformation der Verwaltung versteht, und zum anderen vom Maßstab, anhand dessen die Veränderungsintensität bestimmt wird. Während sich die erste Analysedimension aus den Anforderungen regulativer Politik ableitet, zu denen die institutionelle Position von Regulierungsbehörden innerhalb des Regierungssystems, die Art ihrer Entscheidungsproduktion und ihre Legitimität gehören, ist die zweite Dimension deutlich schwerer zu fassen. Anders als bei Reformen, bei denen die Differenz zwischen Reformprogrammatik und tatsächlicher Umsetzung ermittelt werden kann, geht es im vorliegenden Fall um die ungeplanten Konsequenzen aus einem Prozess, dem keine zielgerichteten Gestaltungsabsichten gegenüber dem Staats- und Verwaltungsapparat zugrunde liegen (vgl.

dazu auch Czada/Schimank 2000: 31 ff.). Die Frage nach dem Wandel administrativer Strukturen und Verfahren ist nicht zu Unrecht immer wieder mit dem Befund einer „schleichenden" (Jann 1999: 533) oder „reagierenden Anpassung" (Ellwein 1994: 83) beantwortet worden. Begünstigt wird damit aber auch eine institutionelle Trägheitsvermutung, die die Wahrnehmung inkrementaler, in ihrer Summe aber dennoch bedeutsamer Veränderungen erschwert. Der hier verwendete Begriff der Transformation, von dem es unzweifelhaft bombastischere Varianten gibt, zielt auf diese „nur" graduelle Veränderung von Strukturen, Verfahren und Handlungsmustern der Verwaltung ab. Denn es wird zu zeigen sein, dass sich die Konsequenzen regulativer Politik nicht in Gestalt eines abrupten Strukturbruchs niederschlagen, sondern als inkrementaler, auf diversen Vor- und Zwischenstufen basierender Prozess, der nicht nur selektiv, sondern auch mit einem erheblichen Maß an sektoraler Ungleichzeitigkeit vonstatten geht. Um die Einflüsse dieses Prozesses auf die staatliche Verwaltung bestimmen zu können, bedarf es zunächst einer Präzisierung des Konzeptes von Regulierung.

2. Von der alten zur neuen Regulierung

Regulierung, so könnte man meinen, ist in erster Line eine semantische und keine reale Innovation. Denn für all jene Formen von Staatstätigkeit, die unter diesem Begriff subsumiert werden, gibt es Vorläufer bzw. funktionale Äquivalente, die kaum nennenswerte Unterschiede aufweisen. Das gilt sowohl für die *Risikoregulierung*, die der Abwehr anlagen-, stoff- oder produktspezifischer Gefahren in den Bereichen Umwelt, Arzneimittel, Technik, Lebensmittel usw. dient, wie auch für die *Marktregulierung*, die sich auf die Sicherung bzw. Herstellung des Wettbewerbs im Telekommunikations-, Energie- oder Finanzsektor richtet. Beide Varianten haben in der polizeilichen Gefahrenabwehr bzw. der sektoralen Wirtschaftsaufsicht eine lange Tradition. Was also ist das Neue an Regulierung?

Zunächst gilt es zu konzedieren, dass sich die aktuelle Prominenz des Begriffs zum größten Teil nur einem veränderten Sprachgebrauch verdankt. Sieht man einmal von den zahlreichen Veröffentlichungen ab, die Regulierung schlicht mit Steuerung gleichsetzen, ohne damit auf Prozesse des Wandels Bezug zu nehmen, dann sind drei Wurzeln des aktuellen Regulierungskonzeptes erkennbar. Erstens die ökonomische Literatur, die sich am breiten amerikanischen Konzept orientiert, in dem Regulierung jegliche Form von staatlichen Eingriffen in den Marktprozess umfasst, und sich vor allem für die normative Frage nach der Zulässigkeit bzw. der Effizienz interessiert (etwa Müller/Vogelsang 1979). In der politikwissenschaftlichen Diskussion hingegen ist Regulierung im Anschluss an Theodore Lowi (1972) lange Zeit als Politiktypus behandelt worden, der sich als Instrument staatlichen Handelns von distributiven und redistributiven Policies unterscheiden lässt. In der soziologischen Debatte schließlich wird unter Regulierung die Gesamtheit aller Maßnahmen zur politischen Bearbeitung zivilisatorischer Risiken einschließlich der damit verbundenen gesellschaftlichen Konflikte verstanden, wobei sich das Erkenntnisinteresse eindeutig auf die semantisch-konstruktiven Elastizitäten des Risikobegriffs konzentriert (vgl. z.B. Hiller/Krücken 1997).

Seit Beginn der 1990er Jahre sind diese Beobachterdiskurse um eine neue Facette angereichert worden. Regulierung bzw. regulative Politik soll nunmehr zum Ausdruck bringen, dass als Folge der Privatisierung bzw. Liberalisierung ehemaliger Infrastruktur-monopole eine inhaltliche Verschiebung der Staatstätigkeit stattfindet. Was zutreffend als „Privatisierungsfolgerecht" (Ruffert 1999: 239) bezeichnet wird, ist der Übergang von der Kontrolle bereits existierender Märkte, etwa durch die Kartellbehörden, zu ei-ner aktiven Marktgestaltung in volkswirtschaftlichen Sektoren, die zuvor frei von Wett-bewerb waren (vgl. Masing 2003). Betroffen von dieser konzeptionellen Verschiebung ist vor allem die Marktregulierung. Weniger deutlich, aber dennoch erkennbar, ist das auch im Bereich der Risikoregulierung. Hier hat insbesondere die Debatte um den Atom- und Umweltkonflikt während der 1970er und 1980er Jahre ein Verständnis von Risiko herausgebildet, das über den traditionellen Gefahrbegriff hinausreicht. Risiko bedeutet im Unterschied zu Gefahr eine kalkulierbare Schadensmöglichkeit, die eine von gesellschaftlichen Forderungen angetriebene „Staatspflicht zur Risikominderung" (Fabio 1994: 40) begründet. Im Vergleich zur polizeilichen Gefahrenabwehr traditio-neller Prägung ist Risikoregulierung um das Moment der präventiven, schon bei Ver-dacht und nicht erst bei einer konkreten Gefahr greifenden Schadensabwehr angerei-chert. Versucht man diesen Wandel auf der Ebene von Leitbildern darzustellen (vgl. Tabelle 1), ergibt sich Folgendes: Sowohl bei der Markt- wie auch der Risikoregulie-rung geht es um die Ausweitung staatlicher Gestaltungsansprüche, die sich bei ersterer durch das Hinzutreten einer Marktgestaltung von der reinen Marktverhaltensaufsicht unterscheidet (vgl. Bullinger 2003), während bei letzterer die punktuelle Gefahrenab-wehr durch eine präventive und dauerhafte Risikovorsorge ergänzt wird (vgl. Fabio 1994; Czada 2003).

Tabelle 1: Leitbilder der Regulierung

Regulierungstyp	Marktregulierung	Risikoregulierung
Anwendungsfelder (u.a.)	Versicherungen, Banken, Medien, Telekommunikation, Post, Energie, Bahn	Atomanlagen, Immissionsschutz, Arzneimittel, Chemikalien, Gentechnik, Lebensmittel
traditionelle Leitbilder	Staats-/Wirtschaftsaufsicht (Marktverhalten)	Gefahrenabwehr, Unfallverhütung
neue Leitbilder	diskriminierungsfreier Netzzugang (Marktzutritt)/Marktgestaltung	Risikovorsorge, Risikomanagement

Jenseits der Diskursebene ist hingegen weniger klar, ob eine reale Zu- oder Abnahme staatlicher Interventionen zu verzeichnen ist. Während Regulierung einerseits mit dem Konzept des schlanken, von Umverteilungsambitionen gereinigten Gewährleistungsstaa-tes verbunden wird, ist auf der anderen Seite eine Diskussion über „better regulation" im Gange, die auf der Wahrnehmung bürokratischer Überregulierung basiert (vgl. Empter/Frick/Vehrenkamp 2005). Einiges spricht dafür, dass es sich um parallel laufen-de und konfligierende Trends handelt, die auf dem „freer markets, more rules"-Parado-xon (Vogel 1996) beruhen. Die sich daraus ergebende Frage, inwieweit dem konzeptio-nell-diskursiven Wandel auch ein inhaltlich-praktischer, von Regulierung verursachter Wandel folgt, lässt sich auf zwei Einwirkungsstufen nachzeichnen. Als erste Stufe kann die legislative Programmierung der Verwaltung gelten. Hier hat das Risikokonzept mit dem Einsickern in die Gesetzgebungssprache (z.B. § 2 Abs. 1 Gentechnikgesetz oder § 3b Chemikaliengesetz) ebenso eine realweltliche Verankerung erfahren, wie dies für den Begriff der Regulierung gilt, der nach § 2 des Telekommunikationsgesetzes (TKG) von 1996 als „hoheitliche Aufgabe des Bundes" definiert wird, die u.a. der „Sicherstellung eines chancengleichen und funktionsfähigen Wettbewerbs" sowie „einer flächendeckenden Grundversorgung mit Telekommunikationsdienstleistungen (Universaldienstleistungen) zu erschwinglichen Preisen" dient. Das sagt freilich noch nicht viel über die damit verbundenen Transformationskräfte für die Verwaltung aus, die auf einer zweiten, sehr viel komplexeren Stufe nachgezeichnet werden müssen.

3. Regulative Politik und die Dimensionen des Verwaltungswandels

Der Nachweis einer Verwaltungstransformation setzt die Identifikation eines „alten" Status quo voraus, von dem aus Veränderungsprozesse bemessen werden können. Methodisch basieren die nachfolgenden Überlegungen auf der Konstruktion dreier Idealtypen (ähnliche Vorgehensweise bei Jann 1998; Ruffert 1999: 244), und zwar der klassischen, der modernen und der regulativen Verwaltung, deren konstitutive Merkmale sich auf drei Dimension beschreiben lassen (s. Tabelle 2). Die daraus ableitbaren Idealtypen stehen stellvertretend für historische Entwicklungssequenzen, ohne dass damit die vollständige Ablösung des jeweils älteren Modells durch ein nachfolgendes behauptet werden soll. Vielmehr wird unterstellt, dass Merkmale sowohl der modernen wie auch der klassischen Verwaltung in der sich herausbildenden regulativen Variante noch präsent sind. Das primäre Augenmerk der nachfolgenden, explorativen Analyse ist darauf gerichtet, Merkmalsverschiebungen nachzuspüren, die auf die Herausbildung einer regulativen Verwaltung hindeuten.

Folgt man den eingangs zitierten Umbruchsdiagnosen, dann scheint sich der Einfluss regulativer Politik vor allem auf der Policy-Dimension zu vollziehen. Das scheint insofern plausibel, als der Regulierungsdiskurs primär auf staatliche Handlungsinstrumente und deren Inhalte abzielt. Daneben ist aber auch die institutionelle Dimension zu berücksichtigen, die die Position von Regulierungsbehörden innerhalb des Regierungssystems sowie des politischen Entscheidungsprozesses betrifft. Schließlich bedarf auch die prozedurale Dimension, also die Verfahren im Umgang mit den Adressaten und das darin beinhaltete Legitimationspotenzial, einer eigenständigen Analyse. In tabellarischer Form stellen sich die drei Idealtypen und ihre Merkmale folgendermaßen dar (vgl. Tabelle 2).

Die Ausprägungen der drei Analysedimensionen sind als Kontinuum zu verstehen, das Entwicklungstrends der Verwaltungsaufgaben, -strukturen und -verfahren markiert. Allerdings sind einige Abstriche von dieser Systematik notwendig, da nicht immer Begriffe zur Verfügung stehen, die auf einer Dimension angesiedelt sind. Das gilt etwa für die legislative Programmierung, deren unterschiedliche Ausprägungen auf Diskursen mit jeweils spezifischen Referenzpunkten beruhen. Ein Gestaltungsmandat ist nicht etwa als Steigerung von Zweckprogrammen zu verstehen, sondern besagt, dass sich die Aufgabendefinition einer Behörde auf die Herstellung eines bestimmten Sektorzustan-

Tabelle 2: Dimensionen des Verwaltungswandels

Dimensionen und Merkmale des Wandels		Klassische Verwaltung	Moderne Verwaltung	Regulative Verwaltung
Policy-Dimension	*Legislative Programmierung*	Konditional-programm	Zweckprogramm	Gestaltungsmandat
	Umgang mit Eigendynamik des Regelungsfeldes	primär über Gesetzesnovellen	Beurteilungs-spielräume	eigene Regulierungs-standards
	Instrumente	Verwaltungsakt	Verwaltungsakt, Absprache	Verwaltungsakt, verhandelte Regelbildung
Institutionelle Dimension	*Akteurstatus*	nachgeordnete Behörde	fachlich selbständige Behörde	eigenständiger „Regulierer"
	Steuerung	hierarchisch	hierarchisch, verein-zelt „ministerialfreie Räume"	„at arm's length", Steuerung auf Distanz
	Strukturmodell	Einheit der Verwaltung	Pluralisierte Verwaltung	Disaggregierte Verwaltung
Prozedurale Dimension	*Legitimation durch*	Ministerverantwort-lichkeit	Ministerverantwort-lichkeit, Expertise	Ministerverantwort-lichkeit, Expertise, Autonomie
	Beteiligung der Adressaten	Information der „Betroffenen"	Anhörungsrechte	Teilhabe an regulati-ver Regelbildung
	Umweltbeziehungen	souverän	kooperativ	konsultativ

des richtet. Eine weitere Einschränkung betrifft den Geltungsanspruch der drei Verwaltungstypen. Während sowohl die klassische wie auch die moderne Verwaltung Idealtypen mit universellem Geltungsanspruch darstellen, ist die regulative Verwaltung aufgabenabhängig relativ eng beschränkt.[1] Zum harten Kern marktregulativer Behörden sind das Bundeskartellamt (BKartA), die Bundesnetzagentur (BNetzA) und die Bundesanstalt für Finanzdienstleistungsaufsicht (BaFin) zu rechnen. Beispiele aus dem Bereich Risikoregulierung sind das Bundesamt für Verbraucherschutz und Lebensmittelsicherheit (BVL), das Bundesinstitut für Arzneimittel- und Medizinprodukte (BfArM) oder das Luftfahrt-Bundesamt (LBA). Diese – nicht abschließende – Auflistung umfasst vor allem Behörden auf der Bundesebene, bei denen sich Merkmale regulativer Verwaltung konzentrieren, was aber nicht ausschließt, dass andere administrative Funktionsbereiche oder Ebenen von dieser Entwicklung ebenfalls erfasst werden.

3.1 Die Policy-Dimension

Auf der Policy-Dimension lassen sich Art und Umfang der legislativen Programmierung des Verwaltungshandelns beschreiben. Als Eckpfeiler des Modells der klassischen

---

1 Der neuesten verfügbaren Angabe zufolge gab es im Mai 2005 insgesamt 427 Bundesbehörden (BT-Drs. 15/5111: 6). Lässt man reine Forschungseinrichtungen, Service- und Beschaffungsämter beiseite, dann kommen maximal 50 Behörden für regulative Aufgaben infrage.

Vollzugsverwaltung sind erstens die Dominanz des Gesetzes als Steuerungsinstrument und zweitens die Annahme einer durchgehend konditionalen Programmierung zu nennen (vgl. Ellwein 1994: 45 ff.). An diesem Normalfall orientierten sich lange Zeit die Rollenzuweisungen durch Politik, Gerichtsbarkeit und Adressaten. Als beunruhigend wahrgenommen werden dementsprechend alle Abweichungen von diesem Ideal, etwa die gesetzesvorbereitende oder die „planende" Verwaltung, die nur durch die Definition von Zielen vorprogrammiert ist und damit erhebliche Interpretationsmacht erlangt. Dass Gesetze allein für die Verwaltungssteuerung nur begrenzt ausreichen, zeigte sich bereits zu Beginn der 1950er Jahre, als ausgerechnet Carl Schmitt Klage über den Trend zum „motorisierten Gesetzgeber" (Schmitt 1950: 18 f.) führte. Aus der mutmaßlichen Kräfteverschiebung, die damit verbunden ist, erklärt sich die für die deutsche Staatslehre charakteristische „Verordnungsphobie" (Ossenbühl 1997: 309). Denn in dem Maße, in dem untergesetzliche Formen der Rechtsetzung an Bedeutung gewinnen, verlieren Gesetz und Gesetzgeber ihre Funktion als alleinige Impulsgeber, während die Exekutive oder gar nichtstaatliche Akteure Terraingewinne verbuchen können.

Mit der Ausweitung der Staatstätigkeit entstanden zwei zusätzliche Reibungsflächen zu den normativen Maßstäben des klassischen Verwaltungsmodells. Auf der Input-Seite ergibt sich das Problem der abnehmenden Gesetzesbindung der Verwaltung, die sich von ähnlichen Rechtsfiguren im kontinentaleuropäischen und angelsächsischen Raum durch ihren nicht allein formalen, sondern auch auf die materiellen Regelungsinhalte zielenden Geltungsanspruch unterscheidet (vgl. Ellwein 1994: 45 ff.; Dreier 1991: 160 ff.). Die Verwaltung soll nicht nur an Recht und Gesetz gebunden sein. Die ihr zum Vollzug überantworteten Normen müssen darüber hinaus eine Programmierungsdichte aufweisen, die verhindert, dass daraus eine Ermächtigung insbesondere über grundrechtsrelevante Sachfragen entstehen kann. Bekanntester Ausdruck dieser Delegationsskepsis ist die Wesentlichkeitstheorie des Bundesverfassungsgerichts, die eine Selbstentscheidungspflicht des Parlaments für alle *wesentlichen* Gesetzesinhalte einfordert (zur Definition vgl. Schulze-Fielitz 1988: 162 ff.). Auf der Output-Seite, die das administrative Handeln gegenüber den Regelungsadressaten betrifft, sind der Verwaltung insbesondere im Umwelt- und Technikrecht (vgl. Steinberg 1998: 228 ff.; Köck 2003: 12 f.) erhebliche Beurteilungsspielräume zugewachsen. Die besondere Emphase, mit der hierzulande das Für und Wider administrativer Ermessensspielräume debattiert wird, hat ihre Ursachen in einem primär rechtsstaatlich geprägten Staatsverständnis, in dem administrative Freiräume stets als Hindernis für die gerichtliche Kontrolle und damit als Einschränkung des individuellen Rechtsschutzes wahrgenommen werden. Gleichwohl kann „der Abschied von überzogenen Erwartungen" (Hoffmann-Riem 2005: 34) an die direkte Steuerungskraft des Gesetzes ebenso als vollzogen gelten, wie die zahlreichen untergesetzlichen Normen an Akzeptanz gewonnen haben (vgl. ebd. u. Dreier 1991: 165 ff.), die den Flexibilitätserfordernissen sich rasch ändernder Anforderungen an das Verwaltungshandeln Rechnung tragen sollen.

Regulative Politik setzt den Trend zu abnehmender Gesetzesbindung und erhöhten Beurteilungsspielräumen fort, da sie häufig in Sektoren stattfindet, die entweder wissenschafts- bzw. expertendominiert sind, in denen transnationale Probleme behandelt werden oder die von rasch wechselnden Problemlagen gekennzeichnet sind. Die Komplexität solcher Regelungsgegenstände hat etwa für die Umweltpolitik zu einem Gesetzgebungsstil geführt, in dem die inhaltliche Konkretisierung immer weiter aus der parlamentarischen Arena in den von Expertenzirkeln dominierten Vollzug verlagert wird (vgl. Steinberg 1998: 185 ff.; 192 f.). Etwas präziser fassen lässt sich das basale Argument vom Komplexitätszuwachs, wenn man bedenkt, dass es hier häufig um eine ausgeprägte sektorale Eigendynamik geht (vgl. Czada/Lütz 2003: 14). Staatliche Regelwerke können aufgrund der Innovationsgeschwindigkeit in der Telekommunikation, der Gentechnik oder neuerdings auch dem Finanzsektor kaum mehr über eine oder gar mehrere Legislaturperioden hinweg stabil bleiben. Eine Anpassung über die aufwändige Gesetzesnovellierung würde mit der sektoralen Dynamik nicht Schritt halten und macht daher eine „Prozeduralisierung des Rechts" (Steinberg 1998: 427 ff.) erforderlich, bei der interpretationsoffene Normen zum Einsatz gelangen, die erst im Vollzug konkretisiert werden. Bei regulativer Politik kann das soweit gehen, dass die Verwaltung nicht nur die Regeln, die sie anwenden soll, selbst entwickeln muss, sondern auch ihren Regelungsgegenstand. Das Gesetz über die Elektrizitäts- und Gasversorgung von 2005 sieht bspw. als Methode für die Berechnung von Netzzugangsentgelten die sog. „Anreizregulierung" (§ 21a EnWG) vor. Dieses Instrument zur Wettbewerbsintensivierung existiert allerdings noch gar nicht, sondern muss von der BNetzA erst in einem aufwändigen Verfahren entwickelt werden (vgl. Becker 2005: 115 f.). Das Telekommunikationsgesetz verlangt von der ebenfalls zuständigen BNetzA sogar die Definition der Teilmärkte, die der Regulierung unterfallen sollen (§ 10 Abs. 2 TKG; vgl. dazu auch Monopolkommission 2005: 97 ff.).

Dass die Verwaltung nicht erst neuerdings über derartige Beurteilungsspielräume verfügt, sondern immer von einer „zumindest interpretierenden nachträglichen Mitwirkung der Vollzieher an der Willensbildung" (Ellwein 1994: 55) auszugehen war, relativiert die eben gemachten Beobachtungen. Allerdings treten bei regulativer Politik regelmäßig auch Zielkonflikte hinzu, die die Verwaltung in eine Interpretationsrolle drängen, die ihr im klassischen Modell nicht zukommt. Beinahe könnte man duale Zielsetzungen als regulatives Programm betrachten. Denn sowohl bei der Markt- wie auch der Risikoregulierung sind die klassischen Ziele wie die Daseinsvorsorge nicht vollkommen von den neuen, etwa der Marktförderung, verdrängt worden (vgl. Masing 2003: 25 ff.). Das Gentechnikgesetz will z.B. „Leben und Gesundheit von Menschen, Tiere(n), Pflanzen (....) vor möglichen Gefahren gentechnischer Verfahren und Produkte" schützen, gleichzeitig aber auch „den rechtlichen Rahmen für die Erforschung, Entwicklung, Nutzung und Förderung der wissenschaftlichen, technischen und wirtschaftlichen Möglichkeiten der Gentechnik (zu) schaffen" (§ 1 Abs. 2 GenTG). Komplizierter wird es beim Energiewirtschaftsgesetz, als dessen Ziele eine „möglichst sichere, preisgünstige, verbraucherfreundliche, effiziente und umweltverträgliche leitungsgebundene Versorgung der Allgemeinheit mit Elektrizität und Gas" (§ 1 Abs. 1 EnGW), die „Sicherstellung eines wirksamen und unverfälschten Wettbewerbs" (§ 1 Abs. 2 EnGW), bei gleichzeitiger „Sicherung eines langfristig angelegten leistungsfähigen und zuverlässigen Betriebs von Energieversorgungsnetzen" (§ 1 Abs. 3 EnGW) genannt werden. Eine nochmals andere Variante findet sich im Arzneimittelgesetz (vgl. Döhler 2004: 155 ff.), dessen Schutzzweck, nämlich „für die Sicherheit im Verkehr mit Arzneimitteln"(§ 1 AMG) zu sorgen, verbunden ist mit einer Begrenzung der Zulassungshürden, indem die Versagungsgründe detailliert aufgelistet sind (§ 25 Abs. 2 AMG).

Der dahinter stehende Zielkonflikt wird besonders im – aufgrund der Neuwahlen vom Herbst 2005 der Diskontinuität unterfallenen – Gesetzentwurf über die Errichtung einer Deutschen Arzneimittelagentur deutlich, in dem jenseits des Schutzzweckes des AMG der Dienstleistungscharakter der Arzneimittelzulassung in den Vordergrund gerückt und explizit mit der Bedeutung der Pharmaindustrie für den „Wirtschaftsstandort Deutschland" (DAMA-Errichtungsgesetz – Entwurf: 30) begründet wird. Es geht also nie allein um bloße Schadensabwehr, die bei einer konkreten Gefahr automatisch zum Eingriff führt, oder einen einfachen Fördertatbestand, auf den ein Rechtsanspruch besteht, wenn die gesetzlichen Voraussetzungen erfüllt sind, sondern immer um komplexe Abwägungsprozesse (vgl. Steinberg 1998: 431), das Ausbalancieren konträrer Interessen und damit einhergehend eine hohe Konfliktintensität (vgl. Grande/Eberlein 2000: 647; Czada 2003: 44 f.).

Das charakteristische Nebeneinander von Schutz- und Förderzwecken hat die anfänglichen Irritationen über den Stellenwert des Begriffs Regulierung mittlerweile in die Frage übergeleitet, ob die Regulierungsverwaltung mit ihrer Interpretationskompetenz nicht ein Gestaltungsmandat erlangt, welches die herkömmliche Trennung zwischen politischer Willensbildung und administrativem Vollzug in Frage stellt. Die Mehrzahl der juristischen Beobachter hat dies zwar verneint (vgl. etwa Danwitz 2004: 982 f.; Schebstadt 2005: 8 ff.; anders Bullinger 2003: 1358 f.), allerdings muss man sich dabei vergegenwärtigen, dass Ermessensspielräume hier primär unter dem Gesichtspunkt der gerichtlichen Überprüfbarkeit thematisiert werden und nicht unter dem Aspekt ihrer Zunahme bzw. einer möglichen Ausweitung administrativer Entscheidungsmacht. Der hohe Anteil wissenschaftlich-technischer Expertise, die offen gestaltete Programmierung sowie die häufig duale Zielsetzung sprechen dafür, dass sich regulative Verwaltung nicht in einer eng umgrenzten Gesetzeskonkretisierung erschöpft, sondern Gestaltungsaufgaben zu bewältigen hat, die es rechtfertigen, auch den Vollzug als (regulative) Politik zu betrachten. Eine Vollmacht für bürokratische Alleingänge ist das allerdings nicht. Insbesondere das im Handlungskalkül bundesdeutscher Behörden fest verankerte Kriterium der „Gerichtsfestigkeit" bewirkt ein hohes Maß an Vorsicht und führt regelmäßig zu einer Selbstbindung, mit der die Verwaltung schwankenden und damit unter Gleichbehandlungsgesichtspunkten anfechtbaren Entscheidungen vorzubeugen versucht (vgl. z.B. Müller 2002: 193, 226). Seinen Niederschlag findet das in der freiwilligen oder gesetzlich vorgeschriebenen Veröffentlichung von „Verwaltungsgrundsätzen" (z.B. in § 122 Abs. 3 TKG; § 103 Abs. 2 Versicherungsaufsichtsgesetz; § 27 GWB). Auch die zumeist in Verhandlungen mit den Adressaten vollzogene Regelbildung (vgl. Abschnitt 3.3.), die den einseitig-hoheitlichen Verwaltungsakt als wichtigstem Instrument des klassischen Modells zurückdrängt, sorgt für eine Rückbindung des Verwaltungshandelns an gesellschaftliche Interessen. Regulative Politik führt also auf der Policy-Dimension zu erhöhten Anforderungen an die materielle Gesetzeskonkretisierung, ohne aber dabei den Rahmen etablierter Verfahrens- und Entscheidungstechniken zu sprengen.

3.2 Die institutionelle Dimension

Regulative Politik wird nicht ausschließlich auf der Bundesebene vollzogen. Die Verantwortung für den Umweltschutz, die Medien, weite Teile der Lebensmittelsicherheit und des Strahlenschutzes (Atomkraft) liegen bei den Ländern. Diese dezentrale Form der Institutionalisierung begrenzt auch dort, wo Konflikte auftreten, eine Politisierung, da sich Kontroversen in Ermangelung eines zentralen Akteurs auf die Ebene der Policy-Inhalte beschränken müssen. 15 Landesmedienanstalten oder Landesumweltämter bieten als Objekt von Kritik oder Forderungen eben keine kompakte Angriffsfläche. Das ändert sich, wenn Behörden auf Bundesebene ins Spiel gelangen, die wie regulative Machtzentren erscheinen, selbst wenn dies mehr auf externer Zurechnung basiert. Zwar ist die Zahl der Bundesbehörden mit regulativen Aufgaben nicht gravierend gestiegen (vgl. Döhler 2004: 39 ff.). Aber die institutionellen Auswirkungen regulativer Politik sind auch weniger quantitativer Natur, sondern betreffen mehr den Akteurstatus einzelner Behörden. In diesem Kontext herrscht eine „andauernde Konfusion über den Stellenwert der öffentlichen Verwaltung innerhalb unseres Regierungssystems" (Jann 1998: 254). Nicht unwesentlich daran beteiligt ist das klassische Modell, in dem die Verwaltung keinen eigenständigen oder gar politischen Akteurstatus inne hat. Bundesbehörden, gleich welcher Art, agieren demzufolge nur als diffuses Anhängsel „im Geschäftsbereich" des vorgesetzten Ministeriums ohne sinnstiftende oder statusprägende Rollenzuweisung wie dies für Regulierungsbehörden in den USA und teilweise auch in Großbritannien gilt.[2] Ein eigenständiger Akteurstatus konnte bisher allenfalls aufgrund einer Sonderrolle entstehen, wie sie das BKartA als „Hüter des Wettbewerbs" oder das Umweltbundesamt als „Umweltgewissen" (Genscher) der Bundesregierung inne hat.

Seit Ende der 1990er Jahre beginnt sich dieser Kreis auszuweiten. In das Rampenlicht der Öffentlichkeit rücken vor allem Behörden wie die BaFin oder die BNetzA, deren breit gefächerte Zuständigkeiten Assoziationen zum Konzept des „multi-utility-regulators" wecken. Die BNetzA, die schon als Regulierungsbehörde für Telekommunikation und Post einige Aufmerksamkeit auf sich zog, gilt mittlerweile als „Deutschlands mächtigster Kontrolleur" (Wirtschaftswoche 30/2005). Nicht ganz auszuschließen ist, dass deren Funktionsfülle etwas zu unvermittelt mit administrativer Handlungs- und Durchsetzungsfähigkeit gleichgesetzt wird. Aber selbst wenn sich eine Erfolgsgeschichte wie bei den deutlich reduzierten Telefontarifen in den neuen Zuständigkeitsbereichen Energie und Bahn nicht wiederholen lässt, gewinnt das Amt bereits durch seine mediale Präsenz und den Umstand an Gewicht, dass der Druck auf Ausweitung der Regulierungskompetenzen mit der identifizierbaren Figur eines potenziell konsumentenfreundlichen „Regulierers" zunimmt. Diese in Großbritannien übliche Personalisierung des Amtschefs (vgl. Sturm u.a. 2002: 5 f.) wird hierzulande nur als konsequenzfreie Adaption des angelsächsischen Sprachgebrauchs geduldet. Mag dadurch ein Ausbruch aus bürokratischen Loyalitätspflichten erschwert sein, so ist doch nicht zu

---

2 Die 2004 gegründete „Arbeitsgemeinschaft der Ressortforschungseinrichtungen" (www.ressort-forschung.de) ist als erster vorsichtiger Schritt in diese Richtung zu interpretieren. Diese Bemühungen bleiben vorerst aber noch jenen Teil der Bundesverwaltung beschränkt, der mit Wissenschaft und Forschung über ein naheliegendes Referenzfeld verfügt.

verhindern, dass Regulierungsbehörden aus funktionalen Gründen in neue Rollen hinein wachsen.

Als bemerkenswert, weil unüblich darf der Umstand gelten, dass neuerdings Konflikte über die Regulierungstätigkeit in aller Öffentlichkeit ausgetragen werden. Das zeigt etwa der Koalitionsvertrag der neuen Bundesregierung, in dem erstmals eine Bundesbehörde Erwähnung findet. Vermutlich geht die Ankündigung, „die Rechts- und Fachaufsicht des Bundesministeriums der Finanzen über die BaFin ist zu verstärken" (Koalitionsvertrag 2005: 87), auf die Initiative des CSU-Verhandlungsführers Stoiber zurück, um auf ministeriellem Wege die „Schreckensherrschaft" (Handelsblatt vom 15.12.2005) der BaFin beenden zu können, deren Sonderprüfungen von den Banken als Überregulierung kritisiert werden.[3] Daran zeigt sich, dass die vormals kooperative und weitgehend lautlos vollzogene Aufsicht im Banken- (vgl. Lütz 2003: 124 f.) oder Versicherungssektor (vgl. Döhler 2004: 131), wo Gerichtsklagen gegen die Aufsichtsämter kaum vorkamen, unter verschärftem internationalen Wettbewerbsdruck konfliktreicher und damit auch politischer geworden ist. Allein der Statusumbruch, den der – in der Eigen- wie Fremdwahrnehmung – stattfindende Perspektivenwechsel von der nachgeordneten Behörde hin zum Regulierer bedeutet, bringt natürlich keinen neuen Verwaltungstypus hervor. Veränderungen der institutionellen Position von Regulierungsbehörden sind vor allem von den Steuerungsbeziehungen zum vorgesetzten Ministerium abhängig.

Im Modell der klassischen Verwaltung ist die Frage nach der Steuerung eindeutig beantwortet. Sie findet analog zum Verwaltungsaufbau auf hierarchischem Wege statt. Alle nachgeordneten Behörden unterliegen, ohne dass dies im Gesetz erwähnt werden muss, automatisch einer Rechts- und Fachaufsicht, wobei letztere das Recht einschließt, jede Amtsentscheidung mit Hilfe von Weisungen zu korrigieren. Begründet wird das mit einem kompakten und sich geschlossenen Modell, in deren Kern das Bild von der „geschlossenen Legitimationskette" (Böckenförde 1987: 896 f.) steht. Demnach erfordert das Demokratieprinzip des Art. 20 Grundgesetz eine staatliche Binnenorganisation, die einen vom Wähler, über das Parlament, die Regierung und schließlich die Verwaltung verlaufenden, durchgängigen Zurechnungszusammenhang herstellt. Im Verhältnis zwischen Regierung und Verwaltung sorgt das Ressortprinzip des Art. 65 GG dafür, dass verantwortliche Minister sich nicht nur auf ein unbeschränktes Weisungsrecht berufen können, sondern im Bedarfsfall auch zu dessen Anwendung verpflichtet sind.

Diese auf exekutiver Machtkonzentration basierende Institutionenordnung ist flexibler als es auf den ersten Blick scheint. Denn immerhin konnte ein weitgehend von politischen Gestaltungsabsichten geprägtes, „hochgradig partikulares, zersplittertes, arbeitsteiliges Gefüge" (Dreier 1991: 219) an Bundesbehörden entstehen. Dass sich vereinzelt sogar eine „ministerialfreie" Verwaltung, die dem hierarchischen Zugriff des verantwortlichen Ministers entzogen ist, durchsetzen konnte, war stets durch die Annahme legitimiert, dass der Verzicht auf die hierarchische Steuerung mit zunehmender

---

3 Hintergrund ist der verschärfte Standortwettbewerb, dem sich das Bankgewerbe infolge der Einführung des Kontoabrufverfahrens für Finanzämter ausgesetzt sieht. Seit Anfang 2005 sind vor allem im süddeutschen Raum erhebliche Kapitalabflüsse in die naheliegende Schweiz und nach Österreich zu verzeichnen (vgl. Handelsblatt vom 20.10.2005).

Staatsferne der betroffenen Aufgaben korreliert und damit begründbar wird (vgl. Dreier 1991: 228 ff., 270 ff.). Selbstverwaltungskörperschaften freier Berufe oder der Sozialversicherung konnten so in autonomiegenerierende Rechtsformen gegossen werden, ebenso wie Verwaltungseinheiten mit speziellen Beurteilungsfunktionen, etwa der Überprüfung jugendgefährdender Schriften oder von Kriegsdienstverweigerern, gesetzlich vom ministeriellen Weisungsrecht ausgenommen werden konnten, ohne dadurch in allzu große Widersprüche zum Legitimationskettenmodell zu geraten. Fälle, in denen öffentlicher Druck zum Hierarchieverzicht entstand bzw. begründete Zweifel an der Zulässigkeit von Weisungen auftraten, etwa beim Bundeskartellamt, haben Politik und Ministerialverwaltung nach Möglichkeit in der Schwebe gelassen. Der Versuch politischer Einflussnahme auf Amtsentscheidungen wird meist bestritten, nicht aber ohne gleichzeitig auf deren verfassungsrechtliche Zulässigkeit zu insistieren (vgl. dazu Döhler 2004: 277 ff.).

Das Verfahren der hierarchischen Verwaltungssteuerung hat nicht nur durch seine öffentlichkeitsferne Handhabung Stabilität erlangt, sondern auch dadurch, dass es nur als Autoritäts*reserve* definiert wird, die eine flächendeckende, brachiale Anwendung zugunsten einer flexiblen Dosierung ausschließt. Dennoch gerät dessen normatives Fundament unter Begründungszwang, da sich mit neuen Anforderungen an die staatliche Regulierung auch die Leitbilder für deren institutionellen Rahmen verschieben (vgl. Tabelle 1). Seit Einführung der Regulierungsbehörde im Jahr 1998 mehren sich die Anzeichen, dass global wirksame Marktkräfte einen Druck zur Schaffung politisch autonomer Instanzen erzeugen (vgl. Thatcher 2002; Levi-Faur u.a. 2005). Dahinter steht die am Vorbild von Notenbanken entwickelte Überlegung, dass nur von Behörden, die „at arm's length" von Regierung und Ressortministerien tätig sind, ein glaubhafter, weil von wechselnden parlamentarischen Mehrheiten und kurzfristigen Interessen losgelöster Regulierungsrahmen gesichert werden kann (vgl. Majone 1997: 152; ders. 2005: 107 ff.; Jayasuriya 2001: 110). Daher gelten unabhängige Regulierungsbehörden, die eine politisch unverschmutzte technische Expertise zur Anwendung bringen, als „hallmark of the new global order" (Levi-Faur u.a. 2005: 34 f.; ähnlich Majone 2005: 109).

Doch wie schlägt sich das in der Praxis nieder? Die erkennbare Zurückhaltung, die Politiker bei der Verwendung formaler Kontroll- und Einflussinstrumente üben (vgl. Thatcher 2005: 363 f.), könnte die Vermutung begründen, dass „Unabhängigkeit" zu einem neuen Qualitäts- bzw. Modernitätsmerkmal avanciert. Darauf deutet auch die innerhalb der OECD beobachtbare Zunahme von Regulierungsbehörden hin, insbesondere im Finanz-, Telekommunikations- und Lebensmittelsektor. Die Belege für das „mushrooming" (Levi-Faur u.a. 2005: 35) autonomer Verwaltungen fallen hierzulande aber eher bescheiden aus (näheres dazu bei Döhler 2006). Zwar ist vorstellbar, dass sich potenzielle Investoren z.B. im Telekommunikations- oder Energiesektor abschrecken lassen, wenn sie nicht auf eine regulative Gleichbehandlung gegenüber den etablierten Marktteilnehmern („incumbents") vertrauen können. Ähnliches gilt für die Risikoregulierung, wo die BSE-Krise dem Bedarf nach einer neutralen, von Agrar- und Produzenteninteressen freien Lebensmittelkontrolle immerhin soviel Nachdruck verliehen hat, dass die wissenschaftliche Tätigkeit des Bundesinstituts für Risikobewertung explizit von der Fachaufsicht ausgenommen wurde (§ 3 Abs. 2 BfR-Gesetz). Diese bemerkenswerte, weil seltene Ausnahme sollte aber nicht zu der Vorstellung verleiten,

dass damit bereits ein großflächiger Umbruch in Gang gesetzt sei. Politik und Ministerialverwaltung haben den Anspruch auf eine hierarchische Steuerung keinesfalls aufge-
geben (vgl. Coen u.a. 2002: 46 f.; Döhler 2004: 328 ff.; 2006) und können sich dabei
mit dem herrschenden Verfassungsverständnis in Einklang wähnen.

Dass diese konfligierenden Anforderungen noch keine größeren Reibungsflächen
produziert haben, ist auf drei Faktoren zurückzuführen. Da erstens Konzepte wie
Steuerung „at arm's length" oder auch Begriffe wie Unabhängigkeit und Autonomie
weder wissenschaftlich (vgl. nur Pollitt u.a. 2004: 36 ff.) noch praktisch eindeutig definiert sind, wird von Politik und Ministerialverwaltung ein regelrechtes Verwirrspiel um
die Reichweite administrativer Freiräume betrieben. Die Unabhängigkeit regulativer
Verwaltung kann gegenüber Investoren oder Konsumenten betont werden, ohne intern
auf hierarchische Interventionen zu verzichten. Ob, inwieweit und wem gegenüber eine
Behörde unabhängig ist, ist dem Belieben der jeweiligen Interpreten anheim gestellt.[4]
Zweitens konzentrieren sich Konflikte auf die Gesetzgebungsphase (vgl. etwa zum
EnWG Becker 2005: 133 ff.) und weniger auf den mehr oder minder autonomen Vollzug. Das ist insofern nachvollziehbar, als gesetzlich festgelegte Regelungskompetenzen
bedeutsamer sind als sporadische Einflussmöglichkeiten während der Implementationsphase. Eine Behörde, die wenig darf, kann auch bei einem hohen Grad an Unabhängigkeit nicht viel ausrichten. Drittens schließlich resultiert aus dem bundesdeutschen
Verwaltungsaufbau eine institutionelle Entdramatisierung, da nicht nur regelmäßig die
Länder als Vollzugsträger vorgesehen sind, sondern immer schon eine „department-
agency"-Trennung zwischen Ministerien und nachgeordneten Behörden vorhanden war.
Regulative Aufgaben können so auf vorhandene oder neu organisierte Behörden übertragen werden und in einem von Routine und wechselseitiger Erwartungssicherheit geprägten Kontext stattfinden. Das mindert nicht nur jene schwer kontrollierbare Unru-
he, wie sie die „liability of newness" (Stinchcombe 1965: 61) hervorruft, sondern
bremst aufgrund der legalistisch-hierarchischen Vorprägung auch die Herausbildung eines libertären „Regulierer"-Bewusstseins. Der von der regulativen Politik ausgehende
Druck trifft also auf eine institutionelle Konstellation, die einer durchgängig hierar-
chiearmen Verwaltungssteuerung im Wege steht.

Doch dieser Zustand ist nicht dauerhaft gesichert, da sich sowohl das institutionelle
Gefüge, in dem regulative Behörden agieren, wie auch der prozedurale Rahmen verändert (vgl. dazu 3.3.). Die klassische Verwaltung war geprägt von der Idee der „Einheit
der Verwaltung", der zufolge der Staat als unitarischer Willensverband agiert und seine
Souveränität im Umgang mit gesellschaftlichen Interessen aus hoheitlicher Distanz und
innerer Widerspruchsfreiheit bezieht. Die Bedeutung dieses Organisationsideals ist
mittlerweile verblasst. An seine Stelle sind die empirischen Befunde der Pluralisierung
bzw. der funktionalen Ausdifferenzierung der Verwaltung getreten (vgl. Dreier 1991:

---

4 Die in der Literatur überwiegende Technik zur Bestimmung administrativer Unabhängigkeit
   zielt auf formale Kriterien, wie die Ernennungsprozeduren des Behördenleiters, dessen Amtsdauer, die Möglichkeit zur Amtsenthebung, gesetzliche Widerspruchs- oder Kassationsrechte
   des vorgesetzten Ministeriums sowie Budget- und Personalzuweisungskompetenzen (vgl. z.B.
   Gilardi 2002; Thatcher 2005: 354). Nicht erfasst werden kann damit aber die gesamte Palette
   der informellen und im Verborgenen ablaufenden Einflüsse (vgl. dazu ausführlich Döhler 2004:
   260 ff.).

283 ff.; Döhler 2004: 76 ff.), die zumeist im Kontext der Capture-Theorie diskutiert wurden, die die Gefahr einer Vereinnahmung durch die Regelungsadressaten thematisiert (vgl. dazu Lehmbruch 1987: 13 ff.). Unter dem Eindruck der europäischen Integration wie auch der Globalisierung drängt neuerdings ein anderer Aspekt in den Vordergrund, nämlich das Problem der Machtverschiebung innerhalb der Exekutive (vgl. auch Goetz in diesem Band). Der normative Aussage, es beginne „sich das amerikanische Denken in Teilfunktionen des Staates durchzusetzen: Government and Agencies" (Fabio 2001: 12), stimmt mit politikwissenschaftlichen Befunden überein, die eine wachsende Fragmentierung staatlicher Institutionen betonen, von der primär die Regulierungsbehörden profitieren (vgl. Majone 1997; Jayasuriya 2001; Christensen/Lægreid 2004; Pollitt u.a. 2004).

Diese Entwicklung ist freilich nicht allein das Ergebnis regulativer Politik, da auch Verwaltungsmodernisierungs- und Globalisierungsprozesse eine Rolle spielen. Interessanterweise ist auch im Rahmen der Globalisierungsdebatte von einem „disaggregated state" (Slaughter 2004: 12 ff.) die Rede, der als Ansammlung separater Institutionen und Akteure in spezialisierten transnationalen Netzwerken agiert. Bezugspunkt dieser Strukturbeschreibung ist nicht die nationalstaatliche Organisationsebene, sondern die für Regulierungsbehörden relevanten Diskursgemeinden, deren Eigenleben sich einer gezielten nationalen Steuerung entzieht. Beispiele für transnationale Netzwerke sind in beinahe allen wichtigen Regelungsfeldern anzutreffen, im Energie- und Telekommunikationssektor (vgl. Eberlein/Grande 2005: 99 ff.) ebenso wie im Kartellrecht (vgl. van Waarden/Drahos 2002) oder der Handelspolitik (vgl. Slaughter 2004: passim).

Die damit einhergehende Erosion des „strikten Territorialitätsbezuges" (Tietje 2001: 645) des Verwaltungshandelns hat weitergehende Konsequenzen als das bekannte Phänomen des „bureaucratic drift", das eine Abweichung vom Gesetzgeberwillen im Vollzug beschreibt. Denn die Rückkopplungseffekte der Transnationalisierung reichen bis in die politische Willensbildung hinein. Wohl kaum ein Beispiel kann das besser illustrieren als das „Basel II"-Abkommen, in dem Notenbanken und Finanzregulierer losgelöst von ihren nationalen Regierungen eine weitreichende Neuordnung der Aufsichtsstandards für Banken entwickelt haben, deren Präjudizwirkung die parlamentarische Ratifikation beinahe erzwingt (vgl. Slaughter 2004: 219 f.; Barr/Miller 2006: 20). Dass sich daraus ein anderes administratives Rollenverständnis entwickelt, ist wiederum an der BaFin ablesbar, die sich mittlerweile „als Teil einer großen europäischen Aufsichtsflotte" (Finanzplatz 2004: 4) definiert und weniger als Behörde des Bundes. Die Gefahr, dass solche „double-hatted regulatory agencies" (Egeberg 2004: 17) in Loyalitätskonflikte geraten oder Interessen vertreten, die denen der Regierung zuwiderlaufen, kann zwar nicht ausgeschlossen werden, ist angesichts der legalistisch gefestigten Status-quo-Orientierung des deutschen Verwaltungspersonals aber nur in begrenztem Umfang zu erwarten, zumal Ministerien an den internationalen Kontakten nachgeordneter Behörden zumeist beteiligt sind oder eine Koordinationsrolle einnehmen (vgl. Tietje 2001: 469, 471; Martens 2005: 20 f.; Barr/Miller 2006: 28 ff.).

Der erweiterte Aktionsradius der regulativen Verwaltung ist allein in den Dimensionen politischer Steuerung oder einer Kräfteverschiebung innerhalb der Exekutive nicht angemessen zu begreifen. Bedeutsamer dürfte sein, dass sich regulative Standards erst in transnationalen Diskursgemeinden herausbilden, und sich ihren Weg auf die nationalstaatliche Ebene eher durch Diffusion, Adaption und „policy learning" bahnen als durch internationale Abkommen oder funktionale Zwänge (vgl. van Waarden/Drahos 2002). Die zentrale Rolle, die der regulativen Verwaltung dabei zufällt, rechtfertigt die Frage nach den Folgen zunehmender staatlicher Disaggregation, insbesondere die Tendenz zur administrativen Autonomisierung.

3.3 Die prozedurale Dimension

Betrachtet man nun die prozedurale Dimension als drittes Feld der Verwaltungstransformation, dann gerät zuerst das Problem der brüchig werdenden Legitimationskette in den Blick. Luhmann sah eine wesentliche Voraussetzung für administrative Leistungsfähigkeit in der ausreichenden Legitimationsbeschaffung durch die Politik, da dies „die Verwaltung von politischer Selbstversorgung mit Konsens entlastet" (Luhmann 1969: 209). Die bereits bei Luhmann anklingenden Zweifel, ob dies bei einer nicht mehr konditional-, sondern zweckprogrammierten Verwaltung noch möglich sei, wurden wenig später von Claus Offe weiter verdichtet. Durch den Wandel von der klassischen Ordnungsverwaltung zur wohlfahrtsstaatlichen Leistungsverwaltung sei zum „legalen Richtigkeitstest" ein „funktionale(r) Wirksamkeitstest" hinzugetreten, der von einem „politischen Konsenstest" (Offe 1974: 344) komplettiert wird. Mit diesem Drei-Stufen-Schema wird eine Verschiebung der Legitimationsquellen des Verwaltungshandelns umrissen, die sich im Kontext regulativer Politik fortsetzt.

Dies betrifft die für den bundesdeutschen Fall charakteristische Input-Legitimation, die auf einer dichten legislativen Programmierung, der Ministerverantwortlichkeit und einem hierarchisch gesteuerten Vollzug beruht. Sie wird durch eine Output-Legitimation, die auf einen transparenten, dem Parteienstreit entzogenen Vollzug durch Experten abstellt, wenn nicht verdrängt, so doch zumindest ergänzt. So gilt etwa die Ministerverantwortlichkeit nicht länger unbesehen als Begründung für die Sicherstellung eines demokratisch rückgebundenen Verwaltungshandelns, sondern mehr als Technik zur Verschleierung intransparenter Einflussnahme (so etwa Majone 1997: 161). Auch wenn ein solcher Perspektivenwechsel hierzulande noch nicht stattgefunden hat, gewinnt die Output-Legitimation an Bedeutung, da die Lücken, die die gelockerte Gesetzesbindung und die Grenzen hierarchischer Steuerungskapazität auf der Input-Seite aufreißen, nach einer Kompensation verlangen (vgl. Hoffmann-Riem 2005: 35 f.).

Ablesbar ist das an den Beziehungen zu den Adressaten bzw. den Betroffenen, die durch eine Öffnung der Verwaltungstätigkeit nach außen gekennzeichnet ist, wobei wiederum der Umweltsektor als Vorreiter gelten kann (zu den verschiedenen Beteiligungsformen vgl. Steinberg 1998: 274 ff.). Um den sich hier vollziehenden Umbruch deutlich zu machen, können drei Entwicklungsstufen der Öffentlichkeitsbeteiligung unterschieden werden (vgl. Fisahn 2004). Die erste Stufe ist die bloße Information der Betroffenen oder Adressaten, auf die aber kein Rechtsanspruch besteht. Dieses Vorgehen war typisch für die klassische, nach außen souveräne, d.h. von den Adressaten unabhängige Verwaltung. In der zweiten Stufe, die die moderne Verwaltung charakterisiert, sind Anhörungsrechte verbindlich vorgeschrieben und beschränken sich nicht mehr nur auf die Informationsbereitstellung, sondern wirken als vorgelagerter Rechtsschutz und können dadurch Verwaltungsentscheidungen beeinflussen. In der dritten Stufe schließlich geht die Öffentlichkeitsbeteiligung in eine Quasi-Entscheidungsteilhabe über. Zwar behält die Verwaltung ihre Entscheidungshoheit sowohl in der zweiten wie auch in der dritten Stufe. Während aber kooperative Umweltbeziehungen immer um Einzelfälle wie Zulassungsanträge oder Genehmigungen kreisen, betreffen konsultative Umweltbeziehungen die Regulierungspraxis insgesamt.

Einige Beispiele verdeutlichen, dass die dritte Stufe an Bedeutung gewinnt. Die BNetzA etwa hat „den interessierten Parteien Gelegenheit" (§ 12 Abs. 1 TKG) zur Stellungnahme zu ihren Marktabgrenzungs- und Wettbewerbsanalysen zu geben, die zusammen mit den Regulierungsverfügungen im Amtsblatt der Behörde veröffentlicht werden. Ein analoges Verfahren wird für die Energieregulierung praktiziert. Seit der letzten TKG-Novelle ist die BNetzA auch zur Veröffentlichung eines Vorhabenplans über die zukünftig zu bearbeitenden „grundsätzlichen rechtlichen und ökonomischen Fragestellungen" verpflichtet (§ 122 Abs. 2 TKG), der von den interessierten Kreisen kommentiert werden kann. Ähnlich wie die BNetzA hat auch die BaFin eine Reihe von Konsultationskreisen eingerichtet, die sich u.a. mit der Umsetzung des Basel-II-Abkommens beschäftigen. Die „Mindestanforderungen an das Risikomanagement", eine zentrale Säule des neuen Aufsichtsregimes, wurden in engem Austausch mit der Kreditwirtschaft entwickelt.[5] Auch das BfArM führt seit dem Jahr 2000 eine Veranstaltungsreihe mit dem Titel „BfArM im Dialog" (BfArM Pressemitteilung 14/2000) durch, bei der es nicht nur um technische Probleme der Arzneimittelzulassung geht, sondern auch um die Verständigung über neue Anforderungen, die aus EU-Richtlinien oder nationalen Gesetzesänderungen erwachsen. Inwieweit solche Konsultationen die administrative Entscheidungsfindung beeinflussen, insbesondere ob sie tatsächlich in eine verhandelte Regelbildung münden, ist von außen schwer zu beurteilen. Das amtliche Interesse an einer „überraschungsfreien Zusammenarbeit" (BaFin 2004: 2) könnte zunächst die Vermutung begründen, dass es primär darum geht, die Folgebereitschaft der Adressaten zu sichern. Gleichzeitig ist aber auch zu bedenken, dass die „Amtsermittlung", bei der die vollständige Erfassung und Bewertung aller entscheidungsrelevanten Informationen als behördeninterner Vorgang konzipiert ist, zunehmend unrealistisch wird. Wenn komplizierte Regulierungsfragen zu klären sind, in denen die Informationen und Sichtweisen der Adressaten eine Verständigung über Begriffe, Konzepte und praktikable Lösungen erleichtern oder gar erst ermöglichen, steht zu erwarten, dass die Verwaltung für externe Bewertungen zumindest offen bleibt (vgl. Coen u.a. 2002: 48 f.; Coen 2005) und das „Geben und Nehmen" (BaFin 2004: 1) im Konsultationsprozess mehr ist als nur ein Lippenbekenntnis.

Dazu dürften auch die steigenden Legitimationsanforderungen beitragen. Denn in dem Maße, in dem der regulativen Verwaltung die Aufgabe zufällt, wesentliche Aspekte der staatlichen Regulierungstätigkeit nicht nur subsumtiv zu konkretisieren, sondern gestalterisch auszufüllen, erhöht sich auch der Legitimationsbedarf. Die klassische Input-Legitimation, die sich auf ein fertiges „Produkt" bezog, nämlich ein Gesetz oder eine Verordnung mit klar formulierten Regelungsinhalten, greift ins Leere, wenn wichtige Fragen erst im Vollzug geklärt werden. Daher wächst die Akzeptanz für eine „pro-

---

5 Dokumentiert auf der BaFin-Homepage unter „Konsultationen" und „Fortentwicklung des Aufsichtsrechts" (http://www.bafin.de).

cedural legitimacy" (Majone 1997: 160), die deutliche Anklänge an das amerikanische System administrativer Interessenvermittlung aufweist (vgl. Czada 2003: 58 ff.; Eberle 2003). Wichtigstes Merkmal ist ein transparentes Verfahren, bei dem die öffentliche Beteiligung von der Verwaltung nicht zur Alibi-Veranstaltung umfunktioniert werden kann, sondern durch Offenlegung der eigenen Beurteilungsmaßstäbe zur Berücksichtigung aller artikulierter Interessen gezwungen ist. Das Gemeinwohl stellt sich in diesem Modell nicht allein im Gesetzgebungsprozess und dessen buchstabengetreuer Umsetzung ein, sondern basiert auf einem „interest representation model", bei dem die umfassende Betroffenenbeteiligung als Surrogat für den politischen Prozess im Verwaltungsvollzug konzipiert ist (vgl. Cananea 2003: 577). Insbesondere durch die Diffusion des europäischen und internationalen Rechts drängen Transparenz- und Partizipationsvorschriften in das deutsche Verwaltungsverfahren hinein und tragen damit zu einer weiteren Verschiebung in Richtung Output-Legitimation bei.

Die Veränderungen auf der prozeduralen Ebene haben insgesamt deutlich mehr evolutionären als – wie häufig unterstellt – revolutionären Charakter (vgl. z.B. Levi-Faur u.a. 2005: 33), da an etablierte Verfahrens- und Kooperationsregeln im Umgang mit den Adressaten angeknüpft werden kann. Das macht es nicht leichter, die Frage nach Inhalt und Ausmaß des Wandels zu beantworten, der sich über das Medium regulativer Politik Bahn bricht. Einen Ansatzpunkt für eine Einschätzung bietet der deutsche Regulierungsstil, der stets als legalistisch und nur begrenzt flexibel bewertet wurde (vgl. Jasanoff 1995; Sturm u.a. 2002: 45; Czada/Lütz 2003: 14). Diese Grundorientierung wird auch in Regulierungsbehörden nicht verloren gehen bzw. ihre Wirksamkeit nicht signifikant einbüßen. Aber es ist durchaus plausibel, dass die regulative Verwaltung Lernzyklen im Umgang mit ihren Adressaten durchläuft, die durch ein Kontinuum zwischen eher konfrontativen und eher vertrauensbasierten Kontakten gekennzeichnet sind (vgl. Willmann u.a. 2003; Coen 2005). Die erhöhten Legitimationsanforderungen lassen ebenso wie die externe Informationsabhängigkeit erwarten, dass die regulative Verwaltung den Kontakt und die Kooperation mit ihren Adressaten stärker suchen wird als die klassische Verwaltung.

4. Schlussfolgerungen

Im Ergebnis bleibt festzuhalten, dass sich unter dem Einfluss regulativer Politik ein Typus von Verwaltung herausbildet, den man zwar nicht ohne weiteres als neu bezeichnen kann, da seine Merkmale in mehr oder minder entwickelter Form schon existieren, dessen Unterschiede sowohl zum Modell der klassischen wie auch der modernen Verwaltung aber dennoch deutlich hervortreten. Regulative Verwaltung ist gekennzeichnet von (1) weiten Beurteilungsspielräumen, die sich aufgrund rasch ändernder Regelungsgegenstände gesetzgeberisch nur begrenzt vorab festlegen lassen, und durch eine administrative Regelbildung ausgefüllt werden, (2) einer fachlich bedingten Autonomisierung der Verwaltung, die in immer stärker transnationalisierten Regelungsfeldern als eigenständiger, politisch relevanter Akteur agiert und schließlich (3) durch Umweltkontakte, die auf Konsultation mit den Adressaten beruhen und regulativen Behörden zu einer prozeduralen Eigenlegitimität jenseits des von Ministerverantwortlichkeit beherrschten, geschlossen Legitimationskreislaufs verhelfen. Diese Transformationsprozesse werden aufgrund ihres beschränkten Geltungsbereich aber weder zu einem flächendeckenden Umbruch führen, noch sind hier alle Merkmale von Veränderung aufgelistet. Es handelt sich vielmehr um *eine* Facette des Wandels innerhalb einer noch immer von Stabilität geprägten Verwaltungspopulation. Die hier präsentierten typologisierenden Überlegungen unterstreichen aber gleichzeitig die Aufgabenabhängigkeit der Verwaltung und die daraus erwachsende Vielfalt, die sich einer vereinheitlichenden Betrachtung zunehmend entzieht und analytisch in Rechnung zu stellen ist. Denn auch das fortgeschrittene Bild von der pluralisierten Verwaltung steht konzeptionell noch im Bann der These von der funktionalen Ausdifferenzierung, deren einzelne Segmente sich zwar auf unterschiedliche Umweltausschnitte beziehen, aber ansonsten relativ gleichförmig nebeneinander stehen. Der Begriff der disaggregierten Verwaltung verweist hingegen auf einen weitergehenden Fragmentierungsprozess. Die durch einheitliche Qualifikations-, Norm- und Organisationsstrukturen geschaffene Binnenorientierung des Verwaltungspersonals, die Silberman (1993: 10) als „organizational orientation" bezeichnet, könnte durch eine stärker an der Verwaltungsumwelt ausgerichtete „professional orientation" (Silberman 1993: 12) ergänzt oder gar überlagert werden. Dass Organisationskulturen schon immer von spezifischen Berufsbildern (z.B. Stadtplaner, Sozialarbeiter, Forstwirte) geprägt wurden, ist nicht neu. Neu und nicht unwahrscheinlich wäre allerdings ein „regulatory affairs"-Ethos, dessen wesentliche Loyalität spezialisierten internationalen Regelungszusammenhängen gilt, in denen nationale Leitbilder und Handlungsorientierungen an Bedeutung verlieren. Zwar ist die Herausbildung einer „Regulierer"-Identität aufgrund der hierarchischen Einbettung der deutschen Verwaltung vergleichsweise schwer. Ob allerdings die klassischen Mechanismen bürokratischer Identitäts- und Loyalitätsstiftung ihre Wirkung behalten, ist angesichts der wachsenden internationalen Regulierungsverflechtung eine offene Frage.

Aus all dem könnte man folgern, dass Regulierung wenn schon keinen vollkommen neuen, so doch zumindest einen im Verhältnis zur Politik „mächtigeren", weil hierarchisch weniger steuerbaren Typus von Verwaltung hervorbringt. Doch selbst wenn die schleichende Autonomisierung tatsächlich eine Macht- und Einflussverschiebung innerhalb des Regierungssystems bewirkt, bedeutet das keineswegs die Entstehung einer neuen Superbürokratie. Die regulative Verwaltung kann nicht im Alleingang agieren. Ihre Einbindung in nationale und transnationale Expertennetzwerke, ihre Abhängigkeit von Konsultationen mit den Regelungsadressaten, die zwar brüchiger werdende, aber noch immer mobilisierbare hierarchische Steuerung und nicht zuletzt die gerichtliche Kontrolldichte verhindern eine Abkopplung von politischen wie gesellschaftlichen Regelungsansprüchen. Dass Regulierungsbehörden überhaupt Assoziationen zu einer „dritten Macht" (Thatcher 2005) neben Parlament und Regierung hervorrufen, ist zumindest im deutschen Fall auch eine Wahrnehmungsfrage. Denn die Verwaltungswissenschaft hat ihren Untersuchungsgegenstand lange Zeit „dezentriert" (Janning in diesem Band) und den Gesetzesvollzug vor allem auf der kommunalen sowie der Landesebene analysiert. Bei der sich langsam abzeichnenden Re-Fokussierung der Forschung spielt eine wichtige Rolle, dass Regulierung tendenziell auf der zentralen staatlichen Handlungsebene stattfindet und damit Behörden in den Blickpunkt geraten, die man noch vor wenigen Jahren kaum beachtet, geschweige denn in die Nähe des politischen Prozesses gerückt hätte. Die Rolle der politiknahen bzw. politikrelevanten Verwaltung schien durch die Ministerialverwaltung vollständig ausgefüllt. Erste Hinweise darauf, dass sich dieses Bild zu ändern beginnt, liegen vor. Für die notwendige, empirische tiefer gehende Durchdringung dieser Entwicklung sollte hier eine konzeptionelle Grundlage geliefert werden.

Literatur

BaFin, 2004: Fachgremium Bankenaufsichtliches Überprüfungsverfahren (SRP). Protokoll der konstituierenden Sitzung.
<http://www.bafin.de/cgi-bin/bafin.pl?verz=0608010-200&sprache=0 &filter=a&ntick=0>

Barr, Michael S./Miller, Geoffrey P., 2006: Global Administrative Law: The View from Basel, in: European Journal of International Law 17, 15–46.

Becker, Peter, 2005: Wer ist der Gesetzgeber im Energiewirtschaftsrecht?, in: Zeitschrift für neues Energierecht 9, 108–118.

Böckenförde, Ernst-Wolfgang, 1987: Demokratie als Verfassungsprinzip, in: *Isensee, Josef/Kirchhof, Paul* (Hrsg.), Handbuch des Staatsrechts, Bd. I. Heidelberg: Müller, 887–952.

Bullinger, Martin, 2003: Regulierung als modernes Instrument zur Ordnung liberalisierter Wirtschaftszweige, in: Deutsches Verwaltungsblatt 21, 1355–1361.

Cananea, Giacinto della, 2003: Beyond the State: The Europeanization and Globalization of Procedural Administrative Law, in: European Public Law 9, 563–578.

Christensen, Tom/Lægreid, Per, 2004: The Fragmented State – the Challenges of Combining Efficiency, Institutional Norms and Democracy. Stein Rokkan Centre for Social Studies. Working Paper 3-2004.

Coen, David, 2005: Business-Regulatory Relations: Learning to Play Regulatory Games in European Utility Markets, in: Governance 18, 375–398.

Coen, David/Héritier, Adrienne/Böllhoff, Dominik, 2002: Regulating the Utilities: Business and Regulator Perspectives in the UK and Germany. o.O. Anglo-German Foundation.

Czada, Roland, 2003: Technische Sicherheitsregulierung am Beispiel der Atomaufsicht in Deutschland in den Vereinigten Staaten, in: *ders./Lütz, Susanne* (Hrsg.), Regulative Politik. Zähmungen von Markt und Technik. Opladen: Leske + Budrich, 35–102.

Czada, Roland/Lütz, Susanne, 2003: Einleitung – Probleme, Institutionen und Relevanz regulativer Politik, in: *dies.* (Hrsg.), Regulative Politik. Zähmungen von Markt und Technik. Opladen: Leske + Budrich, 13–34.

Czada, Roland/Schimank, Uwe, 2000: Institutionendynamiken und politische Institutionengestaltung: Die zwei Gesichter sozialer Ordnungsbildung, in: *Werle, Raymund/Schimank, Uwe* (Hrsg.), Gesellschaftliche Komplexität und kollektive Handlungsfähigkeit. Frankfurt a.M./New York: Campus, 23–43.

Danwitz, Thomas von, 2004: Was ist eigentlich Regulierung?, in: Die Öffentliche Verwaltung 57, 977–985.

Döhler, Marian, 2004: Die politische Steuerung der Verwaltung – eine empirische Studie über politisch-administrative Interaktionen auf der Bundesebene. Unveröffentlichte Habilitationsschrift: Universität Potsdam.

Döhler, Marian, 2006: Vom Amt zur Agentur? Organisationsvielfalt, Anpassungsdruck und institutionelle Wandlungsprozesse im deutschen Verwaltungsmodell, in: *Jann, Werner* (Hrsg.), Agencies in Westeuropa. Opladen: VS Verlag für Sozialwissenschaften (i.V.).

Dreier, Horst, 1991: Hierarchische Verwaltung im demokratischen Staat. Tübingen: J.C.B. Mohr (Paul Siebeck).

Eberle, Dagmar, 2003: Entwicklungswege des regulativen Staates – Ein Vergleich zwischen den Vereinigten Staaten und Kanada, in: Politische Vierteljahresschrift 44, 483–505.

Eberlein, Burkard/Grande, Edgar, 2005: Beyond Delegation: Transnational Regulatory Regimes and the EU Regulatory State, in: Journal of European Public Policy 12, 89–112.

Egeberg, Morton, 2004: Organising Institutional Autonomy in a Political Context: Enduring Tensions in the European Commission's Development. Oslo: Arena working paper 2/2004.

Ellwein, Thomas, 1994: Das Dilemma der Verwaltung. Verwaltungsstruktur und Verwaltungsreformen in Deutschland. Mannheim: BI-Taschenbuch Verlag.

Empter, Stefan/Frick, Frank/Vehrkamp, Robert (Hrsg.), 2005: Auf dem Weg zu moderner Regulierung. Eine kritische Bestandsaufnahme. Gütersloh: Bertelmann Stiftung.

Fabio, Udo di, 1994: Risikoentscheidungen im Rechtsstaat. Zum Wandel der Dogmatik im öffentlichen Recht, insbesondere am Beispiel der Arzneimittelüberwachung. Tübingen: J.C.B. Mohr (Paul Siebeck).

Fabio, Udo di, 2001: Der juristische Begriff des Politischen. Universität Trier, Institut für Rechtspolitik: Rechtspolitisches Forum Nr. 1. <http://www.irp.uni-trier.de/>

Finanzplatz Nr. 4, 2004: „Das Denken der Aufsicht darf nicht an den Landesgrenzen Halt machen", 1–4.

Fisahn, Andreas, 2004: Beteiligungsrechte im postmodernen Staat, in: _Falke, Josef/Schlacke, Sabine_ (Hrsg.), Information, Beteiligung, Rechtsschutz: neue Entwicklungen im Umwelt- und Verbraucherrecht. Berlin: Rhombos-Verlag, 171–179.

Koalitionsvertrag von CDU, CSU und SPD: Gemeinsam für Deutschland. Mit Mut und Menschlichkeit. November 2005.

Gilardi, Fabrizio, 2002: Policy Credibility and Delegation to Independent Regulatory Agencies: a Comparative Empirical Analysis, in: Journal of European Public Policy 9, 873–893.

Grande, Edgar/Eberlein, Burkhard, 2000: Der Aufstieg des Regulierungsstaates im Infrastrukturbereich, in: _Czada, Roland/Wollmann, Helmut_ (Hrsg.), Von der Bonner zur Berliner Republik. 10 Jahre deutsche Einheit. Leviathan-Sonderheft 19. Opladen: Westdeutscher Verlag, 631–650.

Handelsblatt vom 20.10.2005: Stoiber soll Zuständigkeit für Finanzaufsicht erhalten.

Handelsblatt vom 15.12.2005: Bayern legt sich mit der Bankenaufsicht an.

Hiller, Petra/Krücken, Georg (Hrsg.), 1997: Risiko und Regulierung: soziologische Beiträge zu Technikkontrolle und präventiver Umweltpolitik. Frankfurt a.M.: Suhrkamp.

Hoffmann-Riem, Wolfgang, 2005: Gesetz und Gesetzesvorbehalt im Umbruch: zur Qualitäts-Gewährleistung durch Normen, in: Archiv des öffentlichen Rechts 130, 5–70.

Jann, Werner, 1998: Politik und Verwaltung im funktionalen Staat, in: _ders./König, Klaus/Landfried, Christiane/Wordelmann, Peter_ (Hrsg.), Politik und Verwaltung auf dem Wege in die transindustrielle Gesellschaft. Carl Böhret zum 65. Geburtstag. Baden-Baden: Nomos, 253–280.

Jann, Werner, 1999: Zur Entwicklung der öffentlichen Verwaltung, in: _Ellwein, Thomas/Holtmann, Everhard_ (Hrsg.), 50 Jahre Bundesrepublik Deutschland. PVS Sonderheft 30. Opladen: Westdeutscher Verlag, 520–543.

Jasanoff, Sheila, 1995: Product, Process or Programme: Three Cultures and the Regulation of Biotechnology, in: _Bauer, Martin_ (Hrsg.), Resistance to New Technology: Nuclear Power, Information Technology and Biotech. Cambridge: Cambridge University Press, 311–331.

Jayasuriya, Kanishka, 2001: Globalization and the Changing Architecture of the State: the Regulatory State and the Politics of Negative Co-ordination, in: Journal of European Public Policy 8, 101–123.

Köck, Wolfgang, 2003: Risikoverwaltung und Risikoverwaltungsrecht – Das Beispiel des Arzneimittelrechts. UFZ-Umweltforschungszentrum Leipzig-Halle GmbH. Diskussionspapiere 8/2003.

Lehmbruch, Gerhard, 1987: Administrative Interessenvermittlung, in: _Windhoff-Héritier, Adrienne_ (Hrsg.), Verwaltung und ihre Umwelt. Opladen: Westdeutscher Verlag, 11–43.

Levi-Faur, David/Gilardi, Fabrizio/Jordana, Jacint, 2005: Regulatory Revolution by Surprise: On the Citadels of Regulatory Capitalism and the Rise of Regulocracy. Paper prepared for the 3rd ECPR Conference, Budapest, September, 8–10. <http://galactus.upf.edu/regulation/reg-gov/ecpr-05-papers/dlevifaur.pdf>

Lowi, Theodore J., 1972: Four Systems of Policy, Politics and Choice, in: Public Administration Review 33, 298–310.

Lütz, Susanne, 2003: Finanzmarktregulierung: Globalisierung und der regulative Umbau des „Modell Deutschland", in: _Czada, Roland/dies._ (Hrsg.), Regulative Politik. Zähmungen von Markt und Technik. Opladen: Leske + Budrich, 103–170.

Luhmann, Niklas, 1969: Legitimation durch Verfahren. Neuwied: Luchterhand.

Majone, Giandomenico, 1997: From the Positive to the Regulatory State: Causes and Consequences of Changes in the Mode of Governance, in: Journal of Public Policy 17, 139–167.

Majone, Giandomenico, 2005: Credibility and Commitment, in: *Kochendörfer-Lucius, Gudrun* (Hrsg.), Investment Climate, Growth, and Poverty: Berlin Workshop series 2005. Washington, DC: The International Bank for Reconstruction/The World Bank, 105–114.

Martens, Maria, 2005: Double-hatted Agencies on the European Scene? A Case Study of the IMPEL Network. Oslo: Arena working paper 12/2005.

Masing, Johannes, 2003: Grundstrukturen eines Regulierungsverwaltungsrechts. Regulierung netzbezogener Märkte am Beispiel Bahn, Post, Telekommunikation und Strom, in: Die Verwaltung 36, 1–32.

Monopolkommission, 2005: Weiterentwicklung bei der Telekommunikation 2005: Dynamik unter neuen Bedingungen. Sondergutachten der Monopolkommission. Bonn.

Müller, Jürgen/Vogelsang, Ingo, 1979: Staatliche Regulierung: regulated industries in den USA und Gemeinwohlbindung in wettbewerblichen Ausnahmebereichen in der Bundesrepublik Deutschland. Baden-Baden: Nomos.

Müller, Markus M., 2002: The New Regulatory State in Germany. Birmingham: University of Birmingham Press.

Offe, Claus, 1974: Rationalitätskriterien und Funktionsprobleme politisch-administrativen Handelns, in: Leviathan 2, 333–345.

Ossenbühl, Fritz, 1997: Gesetz und Verordnung im gegenwärtigen Staatsrecht, in: Zeitschrift für Gesetzgebung 12, 305–320.

Pollitt, Christopher/Talbot, Colin/Caulfield, Janice/Smullen, Amanda, 2004: Agencies. How Governments do Things Through Semi-Autonomous Organizations. Houndmills u.a.: Palgrave Macmillan.

Ruffert, Matthias, 1999: Regulierung im System des Verwaltungsrechts, in: Archiv des öffentlichen Rechts 124, 227–281.

Schebstadt, Arnd, 2005: Sektorspezifische Regulierung – im Grenzgebiet zwischen Marktaufsicht und Marktgestaltung, in: Wirtschaft und Wettbewerb 55, 6–15.

Schmitt, Carl, 1950: Die Lage der europäischen Rechtswissenschaft. Tübingen: Internationaler Universitäts-Verlag.

Schulze-Fielitz, Helmuth, 1988: Theorie und Praxis parlamentarischer Gesetzgebung. Berlin: Duncker & Humblot.

Silberman, Bernard S., 1993: Cages of Reason. The Rise of the Rational State in France, Japan, the United States and Great Britain. Chicago: University of Chicago Press.

Slaughter, Anne-Marie, 2004: A New World Order. Princeton [u.a.]: Princeton University Press.

*Steinberg, Rudolf,*1998: Der ökologische Verfassungsstaat. Frankfurt a.M.: Suhrkamp.

Stinchcombe, Arthur L., 1965: Social Structure and Organization, in: *March, James G.* (Hrsg.), Handbook of Organizations. Chicago: Rand McNally & Company, 142–193.

Sturm, Roland/Wilks, Stephen/Müller, Markus M./Bartle, Ian, 2002: Der regulatorische Staat: Deutschland und Großbritannien im Vergleich. London: Anglo-German Foundation.

Thatcher, Mark, 2002: Delegation to Independent Regulatory Agencies: Pressures, Functions and Contextual Mediation, in: West European Politics 25, 125–147.

Thatcher, Mark, 2005: The Third Force? Independent Regulatory Agencies and Elected Politicians in Europe, in: Governance 18, 347–373.

Tietje, Christian, 2001: Internationalisiertes Verwaltungshandeln. Berlin: Duncker & Humblot.

Vogel, Steven K., 1996: Freer Markets, More Rules: Regulatory Reform in Advanced Industrial Countries. Ithaca, NY: Cornell University Press.

Waarden, Frans van/Drahos, Michaela, 2002: Courts and (Epistemic) Communities in the Convergence of Competition Policies, in: Journal European Public Policy 9, 913–924.

Willman, Paul, u.a., 2003: The Evolution of Regulatory Relationships; Regulatory Institutions and Firm Behaviour in Privatized Industries, in: Industrial and Corporate Change 12, 69–89.

Wirtschaftswoche 2005, Nr. 30: Netzagentur: Deutschlands mächtigste Kontrolleure.

Politisierung und Rollenverständnis der deutschen Administrativen Elite 1970 bis 2005 – Wandel trotz Kontinuität

Katja Schwanke / Falk Ebinger

1. Einführung

Die wissenschaftliche Betrachtung des leitenden Verwaltungspersonals hinsichtlich ihres persönlichen Hintergrunds, Rollenverständnisses und ihrer Politisierung hat eine lange Tradition in der vergleichenden Verwaltungsforschung. Insbesondere die Politisierung von administrativen Eliten und die damit verbundenen Konsequenzen für die Funktionsweise des politisch-administrativen Apparats wurden und werden vielfach diskutiert. Vor diesem Hintergrund ist es überraschend, dass nur verhältnismäßig wenige, meist schon ältere Datenquellen zu diesem Forschungsfeld vorliegen. An diesem Punkt setzt dieser Aufsatz an, indem er die bisherigen Erkenntnisse mit neuen empirischen Daten zur *Politisch-Administrativen Elite* in Deutschland verbindet.[1] Durch die Berücksichtigung der vollständigen Regierungszeit Gerhard Schröders kann erstmalig die Wirkung der rot-grünen Koalition auf die bundesdeutschen *Spitzenbeamten* dokumentiert werden.[2]

Im Folgenden werden zunächst die empirischen Grundlagen der Forschung zu Verwaltungseliten dargestellt (Kapitel 2). Anschließend werden die wichtigsten Erkenntnisse über Herkunft und persönlichen Hintergrund (Ausbildung, familiärer Hintergrund und Laufbahncharakteristika) der bundesdeutschen Verwaltungselite präsentiert (Kapitel 3). In Kapitel 4 steht die Politisierung der administrativen Elite (funktionale, formale und Parteipolitisierung) im Vordergrund. Abschließend werden die Ergebnisse und mögliche Erklärungen für die beobachteten Entwicklungen diskutiert.

2. Verwaltungseliten – Empirische Grundlagen der Forschung

Die *Konstanzer Elitestudie – Politisch-Administrative Elite (PAE) 2005* untersucht Eliten aus dem politischen und dem administrativen Funktionsbereich. Entsprechend dem Positionsansatz (objektive, formale Selektion) werden die jeweils höchsten Funktionsträger (sog. *Positionselite*) in diesen beiden Gesellschaftsbereichen zur Elite gerechnet. Im Rahmen dieser Arbeit wird angenommen, dass es sich bei der administrativen Elite aufgrund der theoretischen Einstiegs- und Aufstiegskriterien (Qualifikation und sachli-

---

1 Für ihre Unterstützung bei der Durchführung des Projekts danken wir Jörg Bogumil (Ruhr-Universität Bochum) und Wolfgang Seibel (Universität Konstanz). Werner Jann (Universität Potsdam) danken wir für seine hilfreichen Kommentare.

2 Im Vergleich mit den in den *Comparative Elite Studies CES I* (1970) und *CES II* (1987) gewonnenen Daten können so auch die Veränderungen seit der Wiedervereinigung analysiert und eine Längsschnittbetrachtung über die letzten 35 Jahre vorgenommen werden.

ches Wissen) um eine Funktionselite handelt. Die Übersicht der quantitativen empirischen Elitestudien nach dem Positionsansatz (Tabelle 1) zeigt, dass die systematische wissenschaftliche Erfassung der deutschen Verwaltungsspitzen bereits seit 50 Jahren erfolgt, die bisher aktuellste Erhebung jedoch Mitte der 1990er Jahre durchgeführt wurde (vgl. Bürklin/Rebenstorf 1997).

Die grundlegende empirische Arbeit dieses Forschungszweigs ist die länderübergreifend vergleichende *Comparative Elite Study* (Aberbach/Putnam/Rockman 1981). Dank der Förderung durch die *National Science Foundation* konnte diese von Joel D. Aberbach, Robert D. Putnam und Bert A. Rockman geleitete Großstudie noch von der in Michigan ansässigen Forschergruppe allein durchgeführt werden. Im Rahmen der *CES I* wurden 1.546 Politiker und Spitzenbeamte in sieben Ländern (den USA, Großbritannien, Frankreich, Deutschland, Italien, Schweden und den Niederlanden) befragt. Die zentrale Fragestellung war die Suche nach Gemeinsamkeiten und Unterschieden zwischen Politikern und Spitzenbeamten, insbesondere in ihren Einstellungen und Rollenbildern. Zunächst wurde ein standardisierter Fragebogen entwickelt, welcher Grundlage für alle Interviews in den verschiedenen Ländern sein sollte. Robert D. Putnam war für die Erhebung in Deutschland zuständig. Er konnte 104 Politiker und 138 Spitzenbeamte zur Teilnahme an den Interviews gewinnen (vgl. Putnam 1976 und Aberbach/Putnam/Rockman 1981).

Die Ende der 1980er Jahre durchgeführte Replikation dieser Untersuchung (*CES II*) stützte sich auf nationale Projektgruppen in den USA, Großbritannien, Schweden, Deutschland und erstmals auch Belgien. Renate Mayntz und Hans-Ulrich Derlien führten 1987 die Untersuchung für Deutschland durch (Derlien/Mayntz 1988; Mayntz/Derlien 1989). Seit dieser Neuauflage fand weder eine länderübergreifende noch eine auf die Bundesrepublik beschränkte Replikation dieser Studie statt (vgl. Aberbach 2003).[3] Neuere Erhebungen, insbesondere die 1995 von Bürklin und Rebenstorf durchgeführte *Potsdamer Elitestudie* (Bürklin/Rebenstorf 1997), können für einige der hier betrachteten Bereiche, bspw. der Parteipolitisierung von leitenden Beamten, neue Erkenntnisse liefern. Diese auf den *Mannheimer Elitestudien* (Wildenmann 1968; Kaltefleiter/Wildenmann 1972; Wildenmann et al. 1982) basierende Untersuchung ist aufgrund einer vielseitigeren Ausrichtung jedoch nur begrenzt mit den bei *CES* untersuchten Fragen vergleichbar. Somit lag die letzte gezielte Erhebung der Rollenbilder und der Politisierung bundesdeutscher Verwaltungseliten 19 Jahre zurück.

Die im Folgenden vorgestellte *Konstanzer Elitestudie – Politisch-Administrative Elite 2005* schließt diese Wissenslücke und aktualisiert den Datenbestand über persönlichen Hintergrund, Rollenbilder und Politisierung der administrativen Elite auf Bundesebene. Dies wurde durch eine Überarbeitung des ursprünglichen Designs und dem Einsatz moderner Erhebungsmethoden ermöglicht. Während bei den *Comparative Elite Studies* die Datenerhebung mittels leitfadenbasierter Interviews und teilweise über zusätzlich verwendete Fragebögen erfolgte, war dieser Ansatz für die vorliegende Untersuchung aus zeitlichen und finanziellen Gründen nicht durchführbar. Eine Datenerhebung mit-

---

3 Eine abschließende Betrachtung mit ergänzenden Ergebnissen dieser Erhebungen findet sich in der Zeitschrift *Governance* 16 von 2003.

4 Abgesehen von den sehr hohen Kosten und dem Zeitaufwand für ein solches Unterfangen ist fraglich, ob dieses Vorgehen angesichts der zusätzlich auftretenden Probleme wie Interviewer-

Tabelle 1: Eliteforschungen in der Bundesrepublik Deutschland (Positionsansatz)

Studie (Primärforscher, Erhebungsjahr)	Grundgesamtheit (Gesellschaftsbereiche)	n
European Elite Panel Studie Lerner 1956, 1961, 1965 (vgl. Lerner/Gorden 1969)	Männer aus Politik, Verwaltung, Wirtschaft, Kultur	1956: 573 1961: 108 1965: 365
Elite und technischer Fortschritt (vgl. Sahner 1966)	Politik, Verwaltung, Wirtschaft, Medien, Verbände, Wissenschaft, Gewerkschaften, Justiz, Kirchen, Erziehung, Verkehr, Schriftsteller	203
Zirkulationsmodell deutscher Führungsgruppen 1919 – 1961 (Zapf 1965)	Elitepositionen in Funktionsbereichen von Politik, Verwaltung, Wirtschaft, Gewerkschaft, Kirche und Kommunikation	250–300
Politische Karrieremuster 1968 (Herzog 1975)	Politik: Führungsschicht in Parlament, Regierung und Parteien	124
Mannheimer Elitestudie 1968 (Wildenmann/Schleth 1968)	Politik**, Verwaltung**, Wirtschaft, Medien, Verbände	808 *P: 191* *V: 89*
Comparative Elite Study CES 1970 (für Deutschland von Putnam 1976, Aberbach u.a. 1981)	Politik und Verwaltung: Führungskräfte der obersten Bundesbehörden sowie ausgewählte Bundespolitiker	insg.: 1546 für D: 242 *P: 104* *V: 138*
Mannheimer Elitestudie 1972 bzw. „Westdeutsche Führungsschicht" (Kaltefleiter/Wildenmann 1972)	Politik**, Verwaltung**, Wirtschaft, Medien, Wissenschaft, Militär, Verbände	1825 *P: 353* *V: 549*
Mannheimer Elitestudie 1981 bzw. „Führungsschicht in der BRD" (vgl. Wildenmann u.a. 1982)	Politik**, Verwaltung**, Wirtschaft, Medien, Verbände, Wissenschaft, Militär, Finanzen, Gewerkschaften, Kultur, Justiz, Kirchen	1744 *P: 274* *V: 296*
Bundeselite 1949 – 1999 (vgl. z.B. Derlien 1994)	Politik und Verwaltung: sämtliche Personen in Regierungsämtern (Inhaltsanalyse der Lebensläufe)	1376 *P: 316* *V: 1060*
Comparative Elite Study CES II 1987 (für Deutschland Mayntz/Derlien 1989)	Politik und Verwaltung: Führungskräfte der obersten Bundesbehörden sowie ausgewählte Politiker	206 *P: 59* *V: 147*
Potsdamer Elitestudie 1995 Replikation der Mannheimer Elitestudien (vgl. Bürklin/Rebenstorf 1997)	Politik**, Verwaltung**, Wirtschaft, Medien, Verbände, Wissenschaft, Gewerkschaften, Militär, Finanzen, Kultur, Justiz, Kirchen	2341 *P: 526* *V: 479*
Heidelberger Elitestudie 2004 (Bruns 2004)	Politik: Abgeordnete des Deutschen Bundestages (MdB)	92
Konstanzer Elitestudie PAE 2005 Replikation der CES II für Deutschland (Schwanke/Ebinger)	Politik und Verwaltung: alle Führungskräfte der obersten Bundesbehörden (V1) und nachgeordneter Bereiche (V2) sowie alle MdB/BM	265 *P: 80* *V1: 132* *V2: 53*

Fortsetzung *Tabelle 1:*

* Die Auswahlkriterien der Elitemitglieder in den verschiedenen Studien entsprechen dem Positionsansatz. In den Studien von Sahner (1966), Wildenmann/Schleth (1968) und Lerner (1956, 1961, 1965) wurde zudem auch der Reputationsansatz verfolgt.

** auf Bundes- und Landesebene

Quelle: Eigene Darstellung in Anlehnung an Ecker (1998: 4) mit Ergänzungen (P = n im Bereich Politik; V = n im Bereich Verwaltung).

tels standardisierter Fragebögen war hier ohne Alternative.[4] Angesichts der großen Grundgesamtheit (N = 1.035) und des kurzen Untersuchungszeitraums wurden neue technische Möglichkeiten genutzt und statt einer klassisch postalischen eine Online-Befragung durchgeführt.[5]

Entsprechend des in den *Comparative Elite Studies* verwendeten Positionsansatzes werden zur „Elite" diejenigen Personen gerechnet, die im Moment der Erhebung eine definierte Position innehaben. Aus der politischen Sphäre werden dabei alle Bundesminister (BM), alle Parlamentarischen Staatssekretäre (PStS) und alle weiteren Mitglieder des Deutschen Bundestages (MdB) aufgenommen. Zur Verwaltungselite werden die Spitzenbeamten der Bundesministerien, d.h. alle Beamteten Staatssekretäre (StS), Abteilungsleiter (AL) und Unterabteilungsleiter (UAL) gezählt.

Trotz des viel kürzeren Befragungszeitraums von nur sieben Wochen (statt sieben Monate bei *CES II*) konnte ein vergleichbarer Rücklauf zu den Vorgängerstudien erzielt werden. Die Ergebnisse der *CES I* basieren auf Aussagen von 138 und die der *CES II* auf Aussagen von 147 Spitzenbeamten. An der *Konstanzer Elitestudie PAE 2005* haben 132 Spitzenbeamte teilgenommen. Dabei wurde eine Ausschöpfungsquote von 35% der Staatssekretäre, 62% der Abteilungsleiter und 28% aller Unterabteilungsleiter erreicht.[6]

---

und Codierungseffekte für *quantitativ* ausgerichtete Untersuchungen methodisch vorzuziehen ist. Darüber hinaus formulierten die Autoren schon in *Bureaucrats and Politicians* die Erkenntnis, dass geschlossene Fragen aufgrund ihrer hohen „test-retest reliability" offenen Fragen vorzuziehen seien (Aberbach/Putnam/Rockman 1981: 34f.).

5 Die Zielpersonen wurden per Email angeschrieben und erhielten einen nur von ihnen zu aktivierenden Link auf eine internetbasierte Umfrage-Plattform. Einzig Bundesminister und Parlamentarische Staatssekretäre sowie ausdrücklich darum bittende Akteure erhielten einen Papierfragebogen. Als Vorlage des Fragebogens diente der 1987 bei *CES II* verwendete Fragebogen. Insgesamt wurde die Zahl der Fragen jedoch um rund 20% reduziert. Vom Zeitlauf überholte Fragen wurden gestrichen, aktuelle Forschungsfragen betreffende hinzugefügt. Die Schwächen der bei den *CES* verwendeten Fragen sind bekannt (vgl. Aberbach/Rockman 2002: 675; Auf dem Hövel 2003: 17, FN 18). Hier wurde zugunsten der Fortschreibung des Datensatzes auf Änderungen verzichtet.

6 Die genaue Aufschlüsselung der Grundgesamtheit der Administrativen Elite und der Rückläufe der Erhebung findet sich in Tabelle 2. Zur Erhöhung der Rücklaufquote wurden die Staatssekretäre und Abteilungsleiter vorab postalisch angeschrieben und eine umfassende Nachfassaktion mit zweimaligem Erinnerungsschreiben (AL) und zusätzlicher telefonischer Kontaktaufnahme (StS) durchgeführt. Aufgrund der aufwändigeren Namensrecherche startete die Befragung der Unterabteilungsleiter später, so dass dieser Gruppe weniger Zeit zur Beantwortung zur Verfügung stand und lediglich eine Erinnerung versendet werden konnte. Diese Ungleichbehandlung könnte den geringeren Rücklauf bei dieser Kohorte erklären. Wie ebenfalls aus Tabelle 2 ersichtlich, wurden von der aktuellen Studie dennoch mehr UAL erfasst als bei *CES I* und *CES II*.

Tabelle 2: Übersicht der Beteiligung der Spitzenbeamten an den vergleichenden Studien

Studie	StS	AL	UAL	unterhalb	Summe
CES I 1970	0	39	45	41	125
CES II 1987	13	53	45	32	143
PAE 2005	8	64	60	–	132
PAE 2005 Rückläufe in %	34,78	62,14	27,91	–	*38,71*

Quelle: für *CES I* und *CES II* Derlien 2002: 243, für *PAE 2005* eigene Erhebung.

Eine besondere Erschwernis war der ungünstige Erhebungszeitraum der Untersuchung (03.08.2005 bis 18.09.2005) in der Phase der heißen Wahlkämpfe zur vorgezogenen Bundestagswahl am 18. September 2005. Darüber, inwiefern dieser Erhebungszeitraum einen Einfluss auf Rücklauf und Antwortverhalten hatte, kann nur spekuliert werden.[7]

3. Persönlicher Hintergrund der Administrativen Elite: Berufsvererbung, Juristenmonopol, Gleichberechtigung?

Wie Mayntz und Derlien bereits 1989 konstatierten, hat sich eine Öffnung hinsichtlich der Ausbildung, der Karrierepfade und der sozialen Hintergründe der Verwaltungselite ergeben (1989: 397). Diese neue Vielfalt konnte sich auch seit der Erhebung von 1987 noch weiter vergrößern. Im Folgenden werden kurz die prägnantesten Ergebnisse bezüglich der persönlichen Hintergründe skizziert.

– Das weibliche Geschlecht ist in den Top-Positionen der Administrativen Elite mit insgesamt nur 14% weiterhin stark unterrepräsentiert. Wie Derlien bereits 2003 darstellt, sind die Frauen vorrangig in den sozialen Bereichen (Gesundheit, Bildung) vertreten (vgl. Derlien 2003a: 12). Der relativ hohe Frauenanteil unter den Bundesministern (46%) und Parlamentarischen Staatssekretären (44%) der Regierung Schröder erklärt sich dadurch, dass sich die Bundesregierung bei der Zusammenstellung des Kabinetts für eine Quotenregelung eingesetzt hat. Im Bereich der Spitzenbeamten allerdings hat sich an der Feststellung der 1990er Jahre nichts geändert. Unter den beamteten Staatssekretären ist auch in der 15. Legislaturperiode keine einzige Frau vertreten. Nur 11% der Abteilungsleiter und 17% der Unterabteilungsleiter sind Frauen.[8]

– Bezüglich der akademischen Ausbildung zeichnet sich eine Öffnung der Politisch-Administrativen Elite ab. Zwar absolvierte noch immer die Mehrheit der befragten Spitzenbeamten das Staatsexamen in Jura, jedoch erwarben diese vermehrt zusätzlich einen Abschluss im Bereich der Politik- und Sozialwissenschaften als Nebenfach oder

---

7 Zusätzlich zu dieser klassischen Auswahl (StS, AL, UAL) wurden die Führungskräfte von 51 ausgewählten nachgeordneten Behörden und Einrichtungen des Bundes in die Untersuchung aufgenommen. In diesem Aufsatz sollen jedoch lediglich die Erkenntnisse für den Bereich der ministeriellen Verwaltungselite dargestellt werden.

8 Diese Daten basieren auf Auszählungen der Grundgesamtheit, welche in Form einer vollständigen Namensliste vorlag.

Aufbaustudium. Entgegen der Annahme von Derlien (vgl. 2003b), dass sich das Juristenmonopol zu Gunsten der Wirtschaftswissenschaften auflösen würde, hat sich in den letzten Jahren auch ein starker Zuwachs unter Vertretern mit sozial- und naturwissenschaftlichen Ausbildungen abgezeichnet. Von 1987 bis 2005 ist das Juristenmonopol um nur 1,8% auf 60,8% zurückgegangen, so dass von einer Stagnation des Anteils der Juristen gesprochen werden kann.[9] Der Anteil der Wirtschaftswissenschaftler sank um über 4% auf 13,3%. Die in der *CES II* nur unter „Sonstiges" verzeichneten Politik- und Sozialwissenschaftler machen in der aktuellen Kohorte 5,8% und 4,2% der Spitzenbeamten aus. Der Anteil der Naturwissenschaftler liegt im Jahr 2005 bei 9,2%. 6,7% der administrativen Elite geben ein anderes Studienfach an. Im Gegensatz zur Gesamtheit der administrativen Elite zeigt sich unter den beamteten Staatssekretären eine Auflösung des Juristenmonopols. Hier genoss die Mehrheit entweder eine juristische (30,5%) oder zum gleichen Anteil eine geistes- und sozialwissenschaftliche (30,5%) Ausbildung. Zusätzlich haben 13% beide Studienrichtungen abgeschlossen. Nur sechs haben einen wirtschaftswissenschaftlichen (13%) oder sonstigen Studiengang (13%) absolviert.[10]

– Derlien (1994: 259) berichtete anhand von Lebenslaufanalysen für den Zeitraum von 1949 bis 1984 von einem Anteil von 53% reinen Laufbahnbeamten, 18% sog. verzögerten Laufbahnbeamten, welche maximal 4 Jahre nach Beendigung der Ausbildung eine Beamtenkarriere einschlugen, und 30% Mischtypen mit längeren Phasen außerhalb der öffentlichen Verwaltung. Der Anteil der Mischtypen nahm von rund 20% in den 1950er Jahren auf 33% unter der Regierung Schmidt und 30% in den ersten Jahren der Amtszeit von Helmut Kohl zu. Derlien folgerte daraus, dass die reinen Laufbahnbeamten seltener würden (Derlien 1994: 259). Die Daten von 2005 zeigen, dass noch immer die Mehrheit der Spitzenbeamten (55,4%) gleich nach ihrem Abschluss in den Staatsdienst eintrat. Die sog. verzögerten Laufbahnbeamten machen noch immer – wie 1994 von Derlien beschrieben – einen Anteil von ca. 20% aus. Die Mischkarrieren mit Seiteneinsteigern sind mit 24% heute noch seltener vertreten als im Zeitraum von 1949 bis 1984. Bereits Derlien stellte fest, dass die Staatssekretäre deutlich häufiger als die anderen Spitzenbeamten dem Mischtypus zuzurechnen sind. Hier blieb der Anteil in der untersuchten Kohorte[11] mit 39% sogar identisch zum Durchschnittswert von 1949 bis 1984.

– In Bezug auf die soziale Herkunft der administrativen Elite zeigt sich, dass die „Rekrutierung aus Beamtenfamilien" zurückgegangen ist und nur bei einem Zehntel der Beamten eine echte „Familientradition" vorliegt, wonach Vater und Großvater ebenfalls Beamte waren. Bezieht man diese „Berufsvererbung" nur auf die Generation der Väter, so ist auch hier ein Rückgang festzustellen. Zwar waren 2005 noch immer ein

---

9 Im Jahre 1987 setzte sich die administrative Elite aus Absolventen der Rechtswissenschaft (62,6%), der Wirtschaftswissenschaft (17,7%), der Agrarwissenschaften (7,5%) und 11,6% aus Absolventen sonstiger Fächer zusammen (vgl. Derlien/Maytnz 1988: 52).

10 Diese Ergebnisse wurden durch eine Analyse der Lebensläufe aller beamteten Staatssekretäre aus dem Jahre 2004 festgestellt (vgl. Schwanke 2004).

11 Dieses Ergebnis wurde anhand einer Analyse der Lebensläufe aller 23 Staatssekretäre des Bundes im Jahr 2004 ermittelt. Nach der Definition von Derlien sind 47,8% der StS dem Typus des Laufbahnbeamten, 13% dem Typus des verzögerten Laufbahnbeamten und 39,2% dem Mischtyp zuzurechnen.

Viertel der Beamtenväter (27,4%) ebenfalls Beamte (inklusive Schulwesen von 2,4%). Dies bestätigt die These einer Berufsvererbung teilweise. Jedoch ist dieser Anteil – insbesondere durch den Einbruch bei den im Schulwesen tätigen Vätern – in den letzten Jahren deutlich zurückgegangen. 1987 waren fast 40% der Väter (davon 14,3% allein im Schulwesen) der Beamten selber Beamte. Hinsichtlich der sozialen Herkunft der Beamten der Kohorte 2005 ist somit ein Schwund des Anteils der Väter aus dem Öffentlichen Dienst hin zu den freien Berufen (wie Arzt, Jurist, Ingenieur) (14,5%) zu verzeichnen. 1987 gehörten nur 4,1% der Beamtenväter zu diesem Bereich. Interessant ist, dass ebenfalls ein Viertel der Väter der Politiker (23,8% in 1987 und konstant bleibend für 2005) Beamte sind.

Ingesamt können die Aussagen von Derlien aus dem Jahre 1994 zur Beschreibung der administrativen Elite weitgehend bestätigt werden (vgl. Derlien 1994: 257). Die Spitzenbeamten sind noch immer mehrheitlich männlich, Mitglieder der Mittelschicht und überproportional oft aus Familien mit einem Bezug oder gar einer Tradition im Öffentlichen Dienst. Obwohl die bereits vor knapp zwei Jahrzehnten beobachtete Öffnung des Beamtentums weiter fortgeschritten und ein geringfügiges Absinken des Juristenanteils konstatiert werden kann, so ist die Bundesverwaltung weiterhin von einem juristischen Laufbahnbeamtentum geprägt (Derlien 2004: 262). Mehrheitlich beschreibt Derliens Charakterisierung folglich noch immer die bundesdeutschen Spitzenbeamten, wenn auch in einigen Bereichen mit rückläufigem Trend.

4. Politisierung der Administrativen Elite

Die Arbeit von leitenden Beamten ist von jeher auch eine politische Tätigkeit. Dass die obersten Hierarchieebenen direkt die Anweisungen des politischen Prinzipals entgegennehmen, ihre Tätigkeit damit als inhaltlich politisiert gelten muss, ist offensichtlich. Ein Schwerpunkt der verwaltungswissenschaftlichen Forschung in diesem Bereich konzentriert sich auf die Arbeitsteilung zwischen Politikern und Bürokraten und den politischen Aspekt höherer Verwaltungstätigkeit, sowie insbesondere auf die hier erkennbar werdenden Gestaltungsmöglichkeiten der leitenden Beamten.[12] Insbesondere die verschiedenen Dimensionen der Politisierung der Ministerialbürokratie stehen hier im Mittelpunkt des Interesses. Hier wird in der Literatur zwischen *inhaltlicher Politisierung* – durch Wahrnehmung politischer Aufgaben *ex officio* (Schnapp 2004: 5), *formaler Politisierung* einschließlich *Parteipolitisierung* – als politisch kontrollierte Besetzung von Positionen (Rouban 2003: 313–317), *Politisierung als parteipolitische Betätigung* der Bürokraten (Rouban 2003: 317–319; Schnapp 2004: 5) und *funktionaler Politisierung* im Sinne einer politisch responsiven und vorausschauenden Handlungsweise von Bürokraten (Steinkemper 1974; Mayntz/Derlien 1989) differenziert. Die folgende Analyse konzentriert sich auf die formale und die funktionale Politisierung, da diese Dimensionen aufgrund ihrer theoretischen Verknüpfung zu den interessantesten Aspekten dieses Forschungsfeldes gehören.

---

12 Vgl. theoretisch Mayntz (1997 [1978]: 60ff.), Jann (1998: 253ff.), Rouban (2003: 310ff.) und empirisch Mayntz/Derlien (1989), Aberbach/Derlien/Rockman (1994).

Als erste Dimension soll die *formale Politisierung* vorgestellt werden. Darunter wird die Besetzung und Abberufung von Personal in Führungspositionen der Ministerialverwaltung anhand politischer Kriterien verstanden. Maßgabe ist hier meist allein die Existenz eines besonderen Vertrauensverhältnisses des Kandidaten zur politischen Führung (vgl. Rouban 2003: 313–317). Formale Politisierung wird in der Bundesrepublik explizit durch die Position der *politischen Beamten* an der Spitze der Verwaltungshierarchie ermöglicht. In den Bundesministerien ist eine solche gezielte Besetzung nach politischen Kriterien rechtlich für die Positionen der beamteten Staatssekretäre (als beamtete Chefs der Bundesministerien) und Ministerialdirektoren (fast alle Abteilungsleiter)[13] erlaubt. Darüber hinaus können auch die Leitungsstellen der den Bundesministerien unmittelbar nachgeordneten Behörden sowie der bundesunmittelbaren Körperschaften, Anstalten und Stiftungen des öffentlichen Rechts ohne Ausschreibung direkt vom politischen Prinzipal besetzt werden (vgl. BBG § 8 Abs. 2). Auf Ebene der Ministerialdirigenten (meist die Position eines Unterabteilungsleiters) und darunter dürfen hingegen ausschließlich fachliche Kriterien eine Besetzung oder Beförderung begründen. Ist dies nicht der Fall, so liegt verfassungswidrige *Ämterpatronage*[14] vor. Am offensichtlichsten ist die formale Politisierung, wenn sie in Form einer *Parteipolitisierung* (vgl. Rouban 2003: 317) erfolgt, d.h. wenn Ministerialbürokraten, welche Parteimitglieder der Regierungsparteien sind, an die Spitze der Verwaltung berufen werden.

Die zweite hier betrachtete Dimension ist die *funktionale Politisierung* von Ministerialbürokraten. Aus der Position an der Schnittstelle zwischen Politik und Verwaltung ergibt sich für die administrative Elite die Aufgabe, politische Grundsatzentscheidungen zu interpretieren und deren konkrete Ausgestaltung und praktische Implementation auszuarbeiten. Bärbel Steinkemper stellte Anfang der 1970er Jahre fest, dass das Handeln von Spitzenbeamten in dieser Funktion in weit stärkerem Maße als jenes nachgeordneter Beamter dem Weberschen Idealtypus des neutralen und ausschließlich dem Staat gegenüber loyalen Verwaltungsbeamten widerspricht (Steinkemper 1974: 95–97; vgl. Weber 1980 [1922]). Sie beobachtete, dass die Spitzenkräfte der öffentlichen Verwaltung eine konkrete politische Funktion übertragen bekommen und ein vertieftes „Verständnis für die Erfordernisse der Politik und Eigenarten des politischen Willensbildungsprozesses" (1974: 97) entwickeln. Putnam (1976: 213) kam bei der Auswertung des später in *CES I* einfließenden Datensatzes zum selben Ergebnis. Diese so genannte *funktionale Politisierung* der administrativen Führungsschicht geht mit einem spezifischen *Rollenbild* der Akteure einher, welches die politischen Anforderungen ihrer Aufgabe berücksichtigt. Funktionale Politisierung wird als das Ausmaß bezeichnet, zu welchem die Verwaltungseliten politische Überlegungen und Belange ohne explizite Weisung der politischen Prinzipale in ihre Entscheidungen einfließen lassen (vgl. Bogumil 2003: 14). Die Begrifflichkeit des hier verwendeten Konzepts der funktiona-

---

13 Die Abteilungsleiter der Bundesministerien sind in den meisten Fällen Ministerialdirektoren. Für den genauen Gesetzeswortlaut siehe BRRG § 31 Abs. 1 und BBG § 36 Abs. 1.
14 Nach der engen Definition von Wichmann ist Ämterpatronage jede Bevorzugung oder Benachteiligung von Bewerbern um ein Amt im öffentlichen Dienst bei deren Einstellung oder Beförderung, die gegen die Auswahlkriterien des Art. 33 Abs. 2 GG verstößt und nicht durch andere Verfassungsprinzipien gerechtfertigt ist (vgl. Wichmann 1986: 25). In der Praxis ist Ämterpatronage sehr schwer nachweisbar.

len Politisierung wurde von Mayntz und Derlien (Mayntz/Derlien 1989: 393) geprägt. Die Autoren stellten fest, dass Top-Bürokraten auch ohne Parteibindung noch als „politische Bürokraten" bezeichnet werden können. Sie sind in den Prozess des *policy-making* eingebunden, sensibel gegenüber machtpolitischen Aspekten und berücksichtigen die politischen Bedingungen für die erfolgreiche Durchführung von Vorhaben.

„It [functional politicization; d.A.] implies a greater sensitivity of civil servants for considerations of political feasibility, and institutes a kind of political self-control of top bureaucrats through their anticipation of the reactions of the cabinet and of parliament to their policy proposals and legislative drafts" (Mayntz/Derlien 1989: 402).

Dieses Verhaltensmuster ist für den politischen Prinzipal und das Funktionieren des politisch-administrativen Systems äußerst nützlich. Es ermöglicht die effektive Steuerung und Kontrolle des Verwaltungsapparates, da die Verwaltungsspitzen selbst als politisches Regulativ wirken und die intentionsgemäße Umsetzung politischer Leitlinien in konkretes Verwaltungshandeln überwachen.

Die Begründung für die nähere Betrachtung dieser beiden Dimensionen der Politisierung liegt in ihrer Verknüpfung auf theoretischer Ebene. So folgerten Mayntz und Derlien in ihrem mittlerweile klassischen Artikel *Party Patronage and Politicization of the West German Administrative Elite* (Mayntz/Derlien 1989) aus ihrer Erhebung, das wachsende politische und ökonomische Zwänge im Prozess der Politikgestaltung und eine zunehmende formale Politisierung eine administrative Führungsschicht schuf, welche eher als politischer Akteur denn als neutraler Umsetzer von Gesetzesvorgaben handle (Mayntz/Derlien 1989: 393, 401–402). In diesem Sinne wird formale Politisierung als förderlich für eine funktionale Politisierung der Arbeit von Beamten erachtet. Ausgehend von dieser Annahme und anknüpfend an die Ergebnisse der Erhebungen von Aberbach et al. (1981) und Mayntz/Derlien (1989) werden im Folgenden die aktuellen Daten zur formalen Politisierung der administrativen Elite des Bundes dargestellt und diskutiert.

Die empirische Erfassung der funktionalen Politisierung erfolgte in den genannten Studien über die Abfrage von Rollenbildern und Einstellungen (vgl. Aberbach/Putnam/Rockman 1981: 84–114, Mayntz/Derlien 1989: 394–397, Derlien 1994: 267f.). Hierzu zählen die Einschätzungen der leitenden Beamten und Politiker bezüglich der Gemeinsamkeiten und Unterschiede ihrer Berufsgruppen sowie die Selbstzuordnung zu idealtypischen Rollenbildern und Aufgabenfeldern. Mit der vorliegenden Längsschnittuntersuchung können Art und Ausmaß ihrer Veränderung untersucht werden. So könnte bspw. eine Verschiebung der Rollenbilder hin zu einer größeren Politiknähe als Ausdruck einer veränderten Aufgabenwahrnehmung im Sinne einer Erhöhung der Responsivität und Sensibilität gegenüber politischen Überlegungen interpretiert werden. Im nächsten Abschnitt wird das Datenmaterial zur formalen Politisierung dargelegt, anschließend folgen die Ergebnisse im Bereich der funktionalen Politisierung. Der dargelegte theoretische Zusammenhang zwischen formaler bzw. Parteipolitisierung und funktionaler Politisierung kann an dieser Stelle nicht empirisch getestet werden. Ziel dieses Beitrags ist die Auswertung des aktuellen empirischen Materials in Anknüpfung an *CES II*. Hier ergeben sich einige interessante neue Erkenntnisse.

4.1 Formale Politisierung und Parteipolitisierung

Von dem Recht, sich mit politisch vertrauenswürdigem Leitungspersonal zu umgeben, machen die Regierungen in der Bundesrepublik regen Gebrauch: „Nach den Regierungswechseln 1969 und 1982 sind [...] jeder zweite Staatsekretär und jeder dritte Ministerialdirektor ausgetauscht worden" (Bogumil 2003: 13). Zur Erfassung des Konstruktes Parteipolitisierung wurden der Zielgruppe in dieser Studie einerseits Fragen zu ihrer Wahrnehmung der Parteipolitisierung in Bundesministerien gestellt, andererseits wurden – wie seit *CES II* üblich – direkt die Parteimitgliedschaft, sowie weitere politische Aktivitäten der Beamten erfragt.

Schon die klassische Frage nach dem subjektiven Empfinden hinsichtlich der Verbreitung von Parteipolitisierung im Beamtentum („Seit den 70er Jahren wird von einer Parteipolitisierung des Beamtentums in Deutschland gesprochen. Meinen Sie, dass diese Behauptung zutrifft?") brachte sehr überraschende Ergebnisse zu Tage. Es zeigt sich, dass über die letzten beiden Jahrzehnte die Wahrnehmung der Parteipolitisierung durch die Beamten sehr viel schwächer geworden ist. Der Anteil der Beamten, die der These zustimmen, ist von 86,3% im Jahr 1987 auf weniger als die Hälfte (36,4%) im Jahr 2005 gesunken (vgl. Abbildung 1).

Abbildung 1: Trendentwicklung der Wahrnehmung der Parteipolitisierung der Beamten

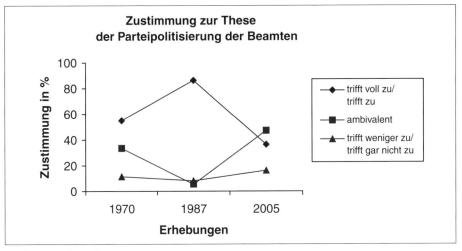

Quelle: eigene Darstellung.

Ein weit größerer Teil der Spitzenbeamten sieht heute eher eine ambivalente Entwicklung der Politisierung. Offen bleibt hier, ob dies mit einem tatsächlichen Rückgang in der Parteipolitisierung des Verwaltungspersonals oder mit einer veränderten Wahrnehmung zusammenhängt. Zur Klärung dieser Frage wird im nächsten Abschnitt die faktische Parteipolitisierung der Spitzenbeamten betrachtet.

Die Häufigkeit und Verteilung der Parteimitgliedschaft leitender Ministerialbeamter zum Ende der rot-grünen Regierungszeit ist eine der interessantesten mit dem Datensatz zu beantwortenden Fragen. Hier wird sichtbar, ob die von Mayntz und Derlien

1987 beobachtete Zunahme der Parteipolitisierung sich bis in die Gegenwart fortgesetzt hat oder ob tatsächlich eine De-Politisierung stattfand, wie die Daten zur Wahrnehmung suggerieren. Derlien veröffentlichte 2002 die bisher umfassendste Zeitreihe[15] über die Parteimitgliedschaft von Beamten (Derlien 2002: 243). In Tabelle 3 und Abbildung 2 wird diese Zeitreihe um zehn Jahre bis ins Jahr 2005 ausgedehnt. Durch die Einbeziehung der Regierungszeit von Rot-Grün können so die Auswirkungen der großen Machtwechsel 1982 und 1998 miteinander verglichen werden.

Entgegen der Wahrnehmung der Beamten bestätigt sich die Annahme einer weiterhin starken Parteipolitisierung der bürokratischen Führungsebene. So gaben 75% der Staatssekretäre, knapp 60% der Abteilungsleiter und immerhin ein Drittel der Unterabteilungsleiter an, Mitglied einer Partei zu sein. Sowohl zwischen den Messpunkten 1981 und 1987 als auch zwischen 1995 und 2005 fand dabei ein den politischen Machtverhältnissen entsprechender Austausch der Parteigänger der Regierungsparteien statt. Bemerkenswert ist, dass dieser Austausch bei den großen Volksparteien beinahe im Verhältnis eins zu eins erfolgte, d.h., dass zahlenmäßig Parteimitglieder der alten Regierung mit Parteimitgliedern der regierenden Parteien ersetzt wurden. Für die Regierungszeit von Bundeskanzler Schröder ist auffallend, dass die Parteipolitisierung der untersuchten Gesamtgruppe (unter Einbeziehung der StS, AL und UAL) insgesamt leicht abnahm. Die Parteipolitisierung unter den politischen Beamten (nur StS und AL) stieg dagegen im selben Zeitraum an. Diese paradoxe Entwicklung lässt sich wie folgt erklären: Der Anteil der SPD-Mitglieder wuchs unter den politischen Beamten innerhalb der sieben Jahre rot-grüner Regierungszeit auf einen um rund 5% höheren Wert, als unter der Regierung Kohl nach 13 Jahren Regierung für die CDU/CSU-Mitglieder erreicht wurde. Dagegen waren in der Gruppe der Unterabteilungsleiter unter Kohl im Jahr 1995 gut 34% CDU/CSU-Mitglieder. Im Jahr 2005 bekannten sich jedoch lediglich 25% des Personals dieser Hierarchiestufe zur SPD-Mitgliedschaft. Die über die gesamte Gruppe abnehmende Parteipolitisierung kann somit durch den leichten Anstieg im Bereich der politischen Beamten und der im Vergleich stärkeren De-Politisierung auf Ebene der UAL erklärt werden. Hier wirkt sich insbesondere das beinahe vollständige Verschwinden der unter Schwarz-Gelb verhältnismäßig zahlreich vertretenen FDP-Mitglieder ohne ein entsprechendes Nachrücken von grünen Parteimitgliedern aus. Dass Parteipolitisierung trotz des verfassungsmäßigen Verbots auch auf der Ebene der Unterabteilungsleiter und darunter stattfindet, ist nach Derlien ein offenes Geheimnis (vgl. Derlien 2003a: 17f.). Das Absinken des Anteils an CDU/CSU-Mitgliedern unter den UAL von den besagten 34% im Jahr 1995 zum Ende der Regierungszeit von Bundeskanzler Schröder auf lediglich 5% legt nahe, dass hier auch ohne die Möglichkeit der Versetzung in den einstweiligen Ruhestand ein Personalaustausch stattgefunden haben könnte.[16]

---

15 Für die 1950er und 1960er Jahre liegen keine vergleichbaren Daten vor (vgl. Mayntz/Derlien 1989: 388).

16 Dieser Personalaustausch kann u.a. auch mit dem Ausscheiden von Unterabteilungsleitern aus Altersgründen erklärt werden. Da aufgrund des Laufbahnprinzips die Position eines UAL gewöhnlich erst nach Jahrzehnten der Ministerialkarriere erreicht wird, ist eine hohe Personalfluktuation aufgrund altersbedingten Ausscheidens möglich. Eine Verzerrung der Ergebnisse könnte sich auch aus der nahe liegenden Vermutung ergeben, dass Parteigänger der Oppositionsparteien generell zurückhaltender bei der Angabe ihrer Mitgliedschaft sein könnten. Ob

Tabelle 3: Parteimitgliedschaften der Beamten in Bundesministerien 1970 – 2005

Funktion		StS		AL		UAL		Unterhalb		Gesamt	
Partei	Jahr	n	%	n	%	n	%	n	%	n	%
B90/Grüne	1987										
	2005	1	12,5	3	4,7	1	1,7			5	3,8
CDU/CSU	1970			4	10,3	5	11,1	3	7,3	12	9,6
	1972	0	0,0	6	13,6	11	12,9			17	12,5
	1981	0	0,0	4	8,9	7	10,0			11	9,2
	1987	8	61,5	25	47,2	8	17,8	12	37,5	53	37,1
	1995	8	57,1	45	45,9	49	34,3			102	40,0
	2005	0	0,0	3	4,7	3	5,0			6	4,5
FDP	1970					1	2,2	1	2,4	2	1,6
	1972	3	42,9	1	2,3	3	3,5			7	5,1
	1981	0	0,0	6	13,3	8	11,4			14	11,7
	1987	1	7,7	5	9,4	4	8,9	2	6,3	12	8,4
	1995	2	14,3	6	6,1	14	9,8			22	8,6
	2005	0	0,0	0	0,0	1	1,7			1	0,8
SPD	1970			11	28,2	5	11,1	5	12,2	21	16,8
	1972	3	42,9	11	25,0	12	14,1			26	19,1
	1981	3	60,0	17	37,8	17	24,3			37	30,8
	1987	0	0,0	4	7,5	10	22,2	3	9,4	17	11,9
	1995	1	7,1	5	5,1	22	15,4			28	11,0
	2005	5	62,5	32	50,0	15	24,9			52	39,4
Parteimitglied-	1995	11	78,5	56	57,1	85	59,5			152	59,6
schaft insgesamt	2005	6	75,0	38	59,4	20	33,3			64	48,5
Parteilos	1970			24	61,5	34	75,5	32	78,1	90	72,0
	1972	1	14,3	26	59,1	59	69,4			70	51,5
	1981	2	40,0	18	40,0	38	54,3			58	48,3
	1987	4	30,8	19	35,8	23	51,1	15	46,9	61	42,7
	1995	3	21,4	42	42,9	58	40,6			103	40,4
	2005	2	25,0	26	40,6	40	66,7			68	51,5
Gesamt = 100%	1970			39		45		41		125	
	1972	7		44		85				136	
	1981	5		45		70				120	
	1987	13		53		45		32		143	
	1995	14		98		143				255	
	2005	8		64		60				132	

Hinweis: Regierungswechsel: 69/70; 82/83; 98/99; 05/06.

Quellen: Fortschreibung der Tabelle von Derlien (2002: 243), Daten von 1970 Putnam et al. *CES,* 1972, 1981 *Mannheimer Elitenstudien,* 1987 Derlien/Mayntz *CES II,* 1995 *Potsdamer Elitenstudie,* 2005 *Konstanzer Elitestudie.*

und in welcher Weise die Nähe der Erhebung zur Bundestagswahl eine zusätzliche Verzerrung der Aussagen bewirkte, ist offen. Anzunehmen wäre jedoch, dass sich die Akteure mit der Offenlegung ihrer Parteipräferenzen und -mitgliedschaften eher zurückhalten.

Abbildung 2: Trendentwicklung der Parteimitgliedschaften

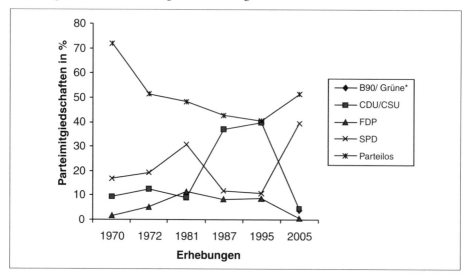

* Der einzige Messpunkt für Bündnis 90/Grüne befindet sich unter dem Messpunkt der CDU für das Jahr 2005.

Quelle: eigene Darstellung.

Festgehalten werden muss, dass insbesondere die SPD in einer verhältnismäßig kurzen Zeit eine Besetzung der politischen Beamtenstellen (StS, AL) mit ihren Parteimitgliedern durchgesetzt hat, die jener der Ära Kohl entspricht. Wird jedoch, wie in der Literatur üblich, auch die Ebene der UAL in die Betrachtung einbezogen und die genannten Alternativerklärungen außen vor gelassen, so ist der über Jahrzehnte gemessene und als unumkehrbar angesehene Trend einer stetig zunehmenden Parteipolitisierung nicht nur gebrochen, sondern gar umgekehrt. So nahm die Zahl der Parteilosen unter allen Spitzenbürokraten von 40,4% auf 51,5% zu.

Neben der Parteimitgliedschaft wurde die Kohorte auch nach weiteren politischen Betätigungen befragt. Da Parteimitgliedschaften häufig passiv und eher symbolisch sind, kann die Frage nach politischen Aktivitäten helfen, den Anteil der tatsächlich politisch aktiven Beamten und die Art ihrer Beziehungen zu politischen oder parteilichen Gruppierungen aufzuzeigen. Die Ergebnisse geben wieder, dass die Spitzenbeamten der Bundesverwaltung eine politisch sehr aktive Gruppe sind. So gaben gut 60% der Befragten an, gegenwärtig oder früher politisch aktiv gewesen zu sein, 25% der Spitzenbeamten hatten zum Befragungszeitpunkt ein Parteiamt inne. Der Anteil der Beamten, welche ein Kommunalmandat innehaben (16,6%) oder in Bürgerinitiativen aktiv sind (9,8%), muss im Vergleich zum Bevölkerungsdurchschnitt als ebenfalls sehr hoch gelten.

Neben der Parteimitgliedschaft ist der Umfang des Personalaustauschs auf Ebene der politischen Beamten nach einem Regierungswechsel – d.h. der Anteil der in den einstweiligen Ruhestand versetzten Personen – ein weiteres Maß für die formale Politisierung der administrativen Elite (vgl. Rouban 2003: 316). Abgelöste politische Beamte werden entweder als Vertrauenspersonen der Vorgängerregierung gesehen oder müssen

Platz für Vertrauenspersonen der neuen Regierung schaffen. Zu beachten ist jedoch, dass mit diesem Maß die tatsächlichen Gründe oder Motive für eine Neubesetzung nicht erfasst werden können. Aus der nachfolgenden Übersicht ist zu entnehmen, wie viele politische Beamte in den letzten beiden Legislaturperioden und zu den Regierungswechseln in den einstweiligen Ruhestand versetzt wurden.

Tabelle 4: Fluktuation politischer Beamter

Fluktuation politischer Beamter		StS	MinDir	Gesamt
Regierungswechsel 10/69–6/70	n	11	27	38
	Pos.	27	88	115
	%	40,7	30,7	33,0
Regierungswechsel 10/82–6/83	n	13	35	48
	Pos.	24	104	128
	%	54,2	33,7	37,5
Regierungswechsel 10/98–2/99	n	16	55	71
	Pos.	24	112	136
	%	66,7	49,1	52,2
Regierungswechsel 10/98–2/99 und	n	25	65	90
im Laufe 14. Legislaturperiode	Pos.	*26*	*115*	*141*
	%	96,2	56,5	63,8
im Laufe 15. Legislaturperiode	n	9	12	21
	Pos.	*26*	*115*	*141*
	%	34,6	10,4	14,9
Regierungswechsel 10/05–02/06	n	12	10	22
	Pos.	26	115	141
	%	48,0	8,7	15,6

Pos. = verfügbare Positionen; Angaben für 14. und 15. LP hier Schätzung von aktueller Zahl 2005; Angaben für Entsendung in den einstweiligen Ruhestand für 14., 15. LP und Regierungswechsel 05/06 vom Bundespräsidialamt; Zusätzliche Angaben von Derlien: Anzahl der aus dem Amt geschiedenen, überwiegend wegen Entsendung in den einstweiligen Ruhestand.

Quellen: Angaben von Mayntz/Derlien (1989), Otremba (1999), Derlien (2002) und eigene Recherchen.

Die Tabelle zeigt über alle drei erfassten Regierungswechsel sowohl für Staatssekretäre als auch für die Ministerialdirektoren (in den meisten Fällen Abteilungsleiter) einen ansteigenden Trend zum Austausch des Leitungspersonals. Wurden beim Regierungswechsel 1969 noch lediglich 40% der StS und 30% der Ministerialdirektoren ersetzt, so mussten 1998 in den ersten Monaten nach dem Regierungswechsel 66% der unter der CDU-Regierung tätigen Staatssekretäre und 49% der Ministerialdirektoren ihren Hut nehmen. Betrachtet man lediglich die drei Regierungswechsel 1969, 1982 und 1998, in denen der größere Koalitionspartner die Regierung verlassen musste, so kann von einer kontinuierlichen Zunahme der formalen Politisierung der politischen Beamten gesprochen werden.

Für einen Vergleich mit den Daten über tatsächliche Neubesetzungen wurden die politischen Beamten im Sample gefragt, ob sie meinen, dass ihre Position im Falle eines Regierungswechsels neu besetzt würde. Die Ergebnisse zeigen, dass selbst die politischen Beamten nur zu knapp 17% sicher davon ausgehen, dass ihre Position neu besetzt wird. Jeweils ein weiteres Drittel der Befragten war bedingt von der Versetzung nach einem Regierungswechsel überzeugt oder ging zumindest von einer ausgeglichenen Wahrscheinlichkeit eines Verbleibens oder der Ablösung aus. Im Vergleich mit der realen Fluktuation (63,8% beim Regierungswechsel 1998) kann gefolgert werden, dass politische Beamte die Gefahr einer Neubesetzung ihrer Position in etwa abschätzen können.

Wie hat sich also die Parteipolitisierung in den letzten 35 Jahren entwickelt? In Bezug auf die Bundesverwaltung bestand in der wissenschaftlichen Diskussion ein Konsens, dass insbesondere die formale und die Parteipolitisierung in den letzten Jahrzehnten eine deutliche Zunahme erfahren hätte (vgl. Mayntz/Derlien 1989: 386; Goetz 1999: 148f.; Derlien 2003b: 408–410; Derlien 2003a: 17f.). Hier zeigt sich zusammenfassend ein etwas uneinheitliches Bild: Die Spitzenbeamten nehmen die öffentliche Verwaltung heute sehr viel weniger politisiert wahr als noch vor zwei Jahrzehnten. Dabei ist unter den politischen Beamten der Anteil der Parteimitglieder abermals leicht gestiegen, unter den Unterabteilungsleitern – und damit insgesamt – jedoch gesunken. Bei der Neubesetzung der Ämter von politischen Beamten ist entsprechend der Zahlen zur Parteimitgliedschaft ein klarer Trend zu einem Anstieg der Parteipolitisierung zu beobachten.

4.2 Rollenbilder und Funktionale Politisierung

Im Fragebogen der *CES II* wird der Themenbereich der funktionalen Politisierung an nur wenigen Indikatoren festgemacht. Dazu gehören die bereits erwähnten Fragen zu Rollenbildern, Einstellungen zur politischen Seite der Arbeit sowie zur Loyalität nach Regierungswechseln.

Ein erster Blick gilt der Selbstzuordnung zu den idealtypischen Rollenbildern (Tabelle 5). Hier werden den Mitgliedern der politisch-administrativen Elite Idealtypen wie *Experte mit Fachwissen, Rechtsanwender, Bürgeranwalt* bis hin zum *Initiator neuer Projekte und Problemlösungen* vorgegeben. Interessanterweise zeigt sich bei der Selbstzuordnung der Beamten (und auch der Politiker) zu diesen Rollenbildern über die letzten zwei Jahrzehnte so gut wie keine Veränderung. Beamte sehen sich in erster Line als Experten mit Fachwissen, Umsetzer politischer Vorgaben und Repräsentanten des Staates (vgl. Derlien 1994: 267).

Angesichts dieser großen Konstanz überraschen die Ergebnisse der Selbstidentifikation der Beamten in Abgrenzung zum Berufsbild des Politikers. Bei diesem von Aberbach et al. (1981) entwickelten Vergleich der Ansichten von Politikern und Beamten über Gemeinsamkeiten und Unterschiede der beiden Berufsgruppen zeigen sich deutliche Verschiebungen zwischen den einzelnen Kohorten. So hatten die Beamten 1970 und 1987 noch zu über einem Viertel (28,1% bzw. 27,9%) angegeben, es gäbe keine Überlappung. Im Jahr 2005 vertraten nur noch 1,6% diese Ansicht. Dagegen stieg der Anteil derer, die eine teilweise Überlappung mit sowohl Ähnlichkeiten als auch Unterschieden der beiden Rollen konstatierten, sprunghaft an. Waren dies 1970 und 1987 noch jeweils gut 23%, so vertraten 2005 schon 68,8% der befragten Beamten diese Meinung. Dieser starke Trend der Annäherung könnte als Indiz einer Verschmelzung

Tabelle 5: Selbsteinschätzung der Zugehörigkeit zu bestimmten Typen

Typ (Angabe der Mittelwerte je Gruppe)	Beamte 1987	Beamte 2005
Experte mit Fachwissen für Problemlösungen	1,4	1,4
Fürsprecher breiter gesellschaftlicher Gruppen und allgemeiner gesellschaftlicher Anliegen	2,4	2,5
Anwalt organisierter Einzelinteressen	3,7	3,6
Vermittler zwischen konfligierenden Interessen	1,8	1,7
Umsetzer politischer Vorgaben	1,4	1,5
Parteipolitiker, der ein bestimmtes Programm durchsetzen will	3,7	3,8
Repräsentant des Staates	1,7	1,6
Rechtsanwender (Rechtstechniker)	2,6	2,8
Bürgeranwalt, der sich um einzelne Probleme und Menschen kümmert	2,8	3,1
Initiator neuer Projekte und Problemlösungen	1,4	1,5

Anmerkungen: n = 143–146; Skalierung: die Werte bedeuten 1 = trifft ganz zu, 2 = trifft etwas zu, 3 = trifft weniger zu, 4 = trifft gar nicht zu.

Quelle: für 1987 Derlien/Mayntz 1988 (*CES II*), für 2005 eigene Erhebung (*PAE 2005*).

oder *Hybridization* der beiden Rollen im Sinne Aberbachs und seiner Kollegen interpretiert werden (Aberbach et al. 1981: 16ff.).

Eine weitere, für die Beschreibung des Rollenbildes als auch für die funktionale Politisierung zentrale Frage war stets jene nach der Einstellung der Spitzenbürokraten zu den politischen Aspekten ihrer Arbeit (vgl. Putnam 1976; Aberbach et al. 1981, 1990, 1994; Mayntz/Derlien 1989; Derlien 1994; Goetz 1999). Auch hier zeigte sich bei der aktuellen Befragung nur eine geringe Veränderung. So hat sich bei den Beamten ein leichter Wandel der Meinung zur politischen Seite ihrer Arbeit vollzogen. In der aktuellen Kohorte bewerteten deutlich weniger Beamte (60,8%) die „politische Seite" ihrer Arbeit als „sehr gut". Im Jahre 1987 waren es noch drei Viertel der Befragten (78,5%). Dieses Verhältnis hat sich jedoch nur in Richtung „gefällt mir mit einigen Einschränken", also immer noch im Sinne einer positiven Einschätzung, entwickelt. Im Jahre 2005 stimmten ein Drittel der Beamten (31,5%) dieser Kategorie zu, 1987 war es nur ein Zehntel (11,1%). Die Kohorte von 2005 nähert sich somit wieder der zurückhaltenderen Meinung der Kohorte von 1970 an. Die Einschätzung der politischen Seite der Arbeit bleibt dennoch insgesamt sehr positiv (insgesamt 92,3%).

Tabelle 6 stellt diese Einschätzungen im Gesamten und Tabelle 7 getrennt nach den Funktionen der Beamten dar. Es wird sichtbar, dass den beamteten Staatssekretären die politische Seite besser gefällt als den übrigen Beamten. Die Abteilungsleiter und Unterabteilungsleiter schätzen dennoch die politische Seite ihrer Arbeit insgesamt, wenn auch mit Einschränkungen (93,8% der AL und 91,4% der UAL), positiv ein.

Um diese Sichtweise der Spitzenbeamten hinsichtlich der politischen Seite der Arbeit besser bewerten zu können, wird im Folgenden die Meinung zu dem in den 1970er Jahren konstatierten „Trend zur Parteipolitisierung des Beamtentums" gegenübergestellt. Es zeigt sich, dass trotz der sehr positiven Einstellung zur politischen Seite der Arbeit nur knapp ein Zehntel (8,6%) die Entwicklung zur Parteipolitisierung als

Tabelle 6: Einschätzen der politischen Seite der Arbeit

Gefallen an politischer Seite der Arbeit, Zustimmung in Prozent	1970	1987	2005
gefällt mir sehr gut	45,2	78,5	60,8
gefällt mir mit einigen Einschränkungen	22,2	11,1	31,5
teils/teils, positive und negative Gefühle	25,4	6,3	6,9
politische Seite gefällt mir weniger/überhaupt nicht	7,1	4,2	0
es gibt keine politische Seite (nur 2005)			0,8
N	126	144	130

Quelle: für 1970 und 1987 Mayntz/Derlien (1989), für 2005 eigene Erhebungen.

Tabelle 7: Einschätzen der politischen Seite der Arbeit nach Funktion in der Kohorte 2005

Gefallen an politischer Seite der Arbeit (in Prozent)	StS	AL	UAL
gefällt mir sehr gut	87,5	54,7	63,8
gefällt mir mit einigen Einschränkungen	0,0	39,1	27,6
teils/teils, positive und negative Gefühle	0,0	6,3	8,6
politische Seite gefällt mir weniger/überhaupt nicht	0,0	0,0	0,0
es gibt keine politische Seite (nur 2005)	12,5	0,0	0,0
Summe (N= 130)	8	64	58

Quelle: eigene Erhebung in der *PAE 2005.*

sehr bzw. eher positiv betrachtet. 40% stehen dieser Tendenz ambivalent gegenüber. Die Hälfte (51,1%) beurteilt diesen Politisierungstrend eher oder sehr negativ. 1987 hatten 10,8% diese Entwicklung als sehr bzw. eher positiv bezeichnet, 18% waren ambivalent, 71,2% lehnten sie tendenziell oder mit Nachdruck ab. Hier ist im Zeitverlauf ein deutlicher Rückgang der ablehnenden Haltung zu verzeichnen, ohne dass eine Zunahme der positiven Bewertung festzustellen wäre. Aber auch hier lohnt ein genauerer Blick auf die aktuellen Daten. Die Mehrheit der politischen Beamten (StS und AL) hat keine eindeutige Meinung (62,5% der StS und 45,3% der AL) zur Parteipolitisierung. Die insgesamt eher negative Beurteilung basiert vor allem auf der Sichtweise der Unterabteilungsleiter, welche zu knapp zwei Dritteln (61,3%) diese Politisierungstendenz eher bzw. sehr negativ bewerten. Dieser Unterschied könnte durch die im vorhergehenden Abschnitt präsentierten Ergebnissen erklärt werden, nach denen der Anteil der Parteimitglieder unter den Unterabteilungsleitern hinter jenem der politischen Beamten zurückbleibt.

Eine weitere Frage im Querschnittsbereich zwischen Rollenbild und funktionaler Politisierung ist jene nach der Loyalität der Beamten. Als Test der Hybridisierungs-These – der Annahme einer zunehmenden Annäherung oder gar Verschmelzung der Rollen von Beamten und Politikern – wurde 1987 auch erfragt, ob ein Beamter nach einem Regierungswechsel die bisherige Ressortpolitik entgegen dem neuen Regierungsprogramm weiter unterstützen dürfe. Die völlige Ablehnung einer solchen Haltung von 80% und die vorbehaltlose Zustimmung von nur 2% der Befragten interpretierten Mayntz und Derlien (1989: 396) als Indiz gegen die Hybridisierungstendenzen der Beamtenschaft. Diese seien so professionell, dass sie auch die für ihre Tätigkeit notwendige politische Loyalität gegenüber jeder Regierung aufbrächten. Die Wiederholung dieser Frage in 2005 brachte ein völlig anderes, extrem uneinheitliches Bild zu Tage. So bezeichneten nur noch 16% der befragten Ministerialbeamten ein solches Verhalten als völlig inakzeptabel, 23% lehnten es tendenziell ab. Dagegen bezeichneten nun erstaunliche 23% der Beamten eine solche Illoyalität als voll akzeptabel, 24% bezeichneten diese Haltung als zumindest bedingt akzeptabel. Diese starke Veränderung in einem Zeitraum von weniger als zwei Jahrzehnten deutet darauf hin, dass es trotz der großen Kontinuität in den Rollenbildern doch einen gewissen Wandel im Selbstverständnis der Ministerialbeamten gab. Jedoch darf auch hier ein möglicher Einfluss der unmittelbar bevorstehenden Bundestagswahl trotz der Anonymität der Umfrage nicht außer Acht gelassen werden.

In den klassischen Untersuchungen wurde die funktionale Politisierung der Beamten vorrangig an den bisher vorgestellten Items festgemacht. Zur Präzisierung wurden im Rahmen der *Konstanzer Elitestudie PAE 2005* eine Reihe weiterer Fragen zu diesem Komplex entwickelt. Diese Neuentwicklungen zielen darauf ab, den von den Beamten wahrgenommenen, indirekten Einfluss der Politik auf ihre Tätigkeit deutlich zu machen. So wurden die Akteure nach einer Einschätzung zu ihrer Kenntnis der Handlungspräferenzen der Politik, zu ihrer Abhängigkeit von der politischen Führung, zur Abwägung von fachlichen und politischen Aspekten, zur Berücksichtigung politischer Implikationen bei Entscheidungen sowie zum selbständigen Einschwenken der Beamten auf die politischen Linie befragt.

Die Frage, ob sie direkt Informationen über die Präferenzen der politischen Führung zu bestimmten von ihnen zu entscheidenden Sachfragen erhielten, beantworteten knapp 51% der Befragten uneingeschränkt zustimmend. Gut 29% bejahten, schränkten diese Aussage jedoch etwas ein. Keiner der Befragten gab an, nie über die politischen Präferenzen informiert zu werden. Diese Aussagen zeigen, dass die Top-Bürokraten in den Bundesministerien zu einem sehr großen Teil gut wissen, welche Vorstellungen und vielleicht auch Erwartungen die Politiker an die Ergebnisse ihrer Arbeit haben.

Lediglich knapp 20% der Spitzenbeamten empfinden ihren Verantwortungsbereich als sehr stark von der Politik abhängig. Als noch immerhin abhängig sehen sich gut 44% der Befragten. Nur 11% sehen sich als unabhängig oder gar sehr unabhängig. Auch wenn diese sehr allgemein gestellte Frage die Art der Abhängigkeit im Dunkeln lässt, so wird doch deutlich, dass sich zwei Drittel der Beamten als unmittelbar vom politischen Prinzipal gebunden fühlt. Diese Aussage entspricht dem klassischen Bild, nachdem das administrative Leitungspersonal eines Ministeriums politisch abhängige Positionen mit nur begrenzter Autonomie innehat. Die explizite Bejahung der Abhängigkeit macht jedoch darüber hinaus deutlich, dass die Responsivität gegenüber der Politik und die beobachtete funktionale Politisierung auch mit aus einer – den Akteuren bewussten – Zwangssituation erwächst.

Die folgenden drei Fragen zielen noch stärker darauf ab, eine Einschätzung der Auswirkung der funktionalen Politisierung auf die Ergebnisse des *policy-making* zu gewinnen. Zum Einen wurden die Befragten aufgefordert, zur genaueren Bestimmung der funktionalen Politisierung ihre üblichen Entscheidungskriterien bei politischen relevanten Festlegungen anzugeben. Die Antwortmöglichkeiten reichten über fünf Stufen vom kompromisslosen Primat der fachlichen Entscheidung bis hin zu ausschließlich politisch begründbaren Handlungsoptionen. Lediglich 3,2% der Befragten gab an, die sachlich beste Entscheidungsoption gänzlich ohne Berücksichtigung der politischen Präferenzen zu wählen. Einen Kompromiss zwischen fachlichen und politischen Notwendigkeiten, jedoch mit einem Vorrang der fachlichen Argumente wählten gut 65% der Beamten. Es ist anzunehmen, dass diese Antwort durch ihre gesellschaftliche Erwünschtheit verstärkt wurde. Interessant ist hier jedoch eine Minderheitengruppe: 20% der Befragten gaben an, dass bei einem Kompromiss letztlich die politischen Präferenzen entscheidend wären, d.h., dass sie aufgrund politischer Überlegungen regelmäßig Entscheidungen entgegen bekannter fachlicher Einwände träfen.

Auf die Frage hin, ob Überlegungen zu politischen Implikationen eine hohe Wertigkeit bei der Auswahl zwischen Alternativen haben, antworteten 18,3% der Befragten uneingeschränkt mit ja. Mit „eher ja" antworteten 40,5% der Beamten. 24,6% gaben an, politischen Implikationen teilweise eine hohe Wertigkeit zuzusprechen. Noch deutlicher wird die Ausprägung der funktionalen Politisierung der Akteure und ihre potentiellen Auswirkung auf das Ergebnis der Politikgestaltung bei der Antwort auf die Frage, ob sie ihre Entscheidungen von sich aus auf die aktuelle politische Linie abstimmen würden. 23,8% stimmten uneingeschränkt zu. Knapp die Hälfte (46%) gaben eine tendenzielle, 21,4% eine teilweise Abstimmung an. Nur weniger als ein Zehntel (9%) der Befragten nimmt keine oder eher keine Abstimmung mit der vorgegebenen politischen Linie vor.

Zusammengefasst zeigen die Ergebnisse eine große Kontinuität, in einigen Fragen jedoch auch sehr interessante Veränderungen bei den Rollenbildern und der funktionalen Politisierung der Spitzenbürokraten. Es überrascht, dass sich die Akteure heute exakt denselben Rollenbildern zuordnen wie ihre Kollegen vor zwei Jahrzehnten. Sie sind in ihrer Einstellung zur „politischen Seite" ihrer Arbeit etwas skeptischer als die Kohorte von 1987, stehen diesem Aspekt zum größten Teil jedoch noch immer positiv gegenüber. Einen sehr starken Wandel gab es hingegen beim Loyalitätsverständnis der Beamten. Hier veränderte sich die Meinung zur Fortführung einer inhaltlichen Politik auch gegen den Willen einer neuen Regierung dramatisch: lehnten dies 1987 noch 80% der Befragten kategorisch ab, so vertraten diese Position 2005 nur noch 16%. Fraglich ist hier, inwiefern dieses Ergebnis mit der kurz bevorstehenden Bundestagswahl in Verbindung stand. Die Ergebnisse der ergänzend gestellten Fragen zeigen deutlich das Ausmaß der funktionalen Politisierung der politischen Beamten. Es zeichnet sich ab, dass 64% der Akteure ihre politische Funktion sehr bewusst und aktiv wahrnehmen. Fast alle Akteure (96,8%) gaben dabei an, eine Abwägung zwischen fachlichen und politischen Interessen vorzunehmen oder gar allein im Sinne der Politik zu handeln. Zugleich zeigen die Aussagen zur Abhängigkeit von der Politik auch, dass dieses Verhalten als Bedingung einer Tätigkeit als politischer Beamter gesehen wird. Dies bestätigt die bereits von Mayntz und Derlien berichtete Schlussfolgerung: *„Today, hardly anybody in the ministerial bureaucracy denies and rejects functional politicization [...] and regard political skills as prerequisite for top civil service positions"* (1989: 401).

5. Schlussfolgerung

Diese Arbeit präsentiert neue Daten zum persönlichen Hintergrund, zur Parteipolitisierung sowie zu Rollenbildern und funktionaler Politisierung der Spitzenbeamten der bundesdeutschen Ministerialverwaltung. Die wichtigsten Erkenntnisse über die administrative Elite der Ära Schröder lassen sich wie folgt zusammenfassen:

Hinsichtlich der formalen Politisierung kann eine Stagnation im Bereich der Parteipolitisierung auf hohem Niveau, allenfalls ein leichter Rückgang konstatiert werden. Während der Anteil an Parteimitgliedern unter den Staatssekretären und Abteilungsleitern nur leicht anstieg, ist ein stark rückläufiger Trend unter den Unterabteilungsleitern und somit über alle Top-Bürokraten insgesamt zu verzeichnen. Der Personalaustausch nach Wahlen nahm über die drei großen Regierungswechsel 1969, 1982 und 1998 tendenziell zu.

Bezüglich der funktionalen Politisierung sind widersprüchliche Ergebnisse zu berichten. So blieb die Selbstzuordnung zu vordefinierten Rollenbildern – und damit einer der wichtigsten Indikatoren für die funktionale Politisierung – über die letzten zwei Jahrzehnte beinahe völlig identisch. Im Kontrast hierzu ist die starke Veränderung der Einstellung zur Loyalität nach Regierungswechseln und der Wahrnehmung des Politisierungsgrades der Spitzenbeamten bemerkenswert. Damit ist die von Mayntz und Derlien (1989: 396, 402) als Kennzeichen der Ministerialbürokratie bezeichnete enge Verknüpfung zwischen den drei Merkmalen – professionelles Spezialistentum, funktionale Politisierung und Loyalität gegenüber dem politischen Prinzipal – aufgelöst. Zwar zeichnet sich die Ministerialbürokratie noch immer durch Spezialistentum und einer starken funktionalen Politisierung in iher Aufgabenwahrnehmung aus. Jedoch wird Loyalität heute anders definiert als noch vor 20 Jahren. Dies zeigt sich an der Bereitschaft, eine Ressortpolitik gegen die Politik einer neuen Regierung zu verteidigen. Bemerkenswert ist dabei der Widerspruch zwischen der Demonstration von Loyalität bei der Selbstzuordnung zu den Rollenbildern („Umsetzer politischer Vorgaben") und der Widerständigkeit in der Sache („Festhalten an Ressortpolitik gegen eine neue Regierung"). Dies zeigt, dass trotz oder gerade wegen einer starken Einflussnahme der Politik (siehe die neuen Items zur Messung der funktionalen Politisierung und Abhängigkeit), doch eine starke Identifikation mit „ihrer" etablierten Ressortpolitik vorliegt. Die Akteure scheinen zu einem größeren Teil nicht mehr bereit zu sein, den mit einem Regierungswechsel verbundenen Wandel in Ideologien und politischen Programmen bedingungslos hinzunehmen. In diesem Sinne nimmt das Leitungspersonal heute viel bewusster eine politische Rolle wahr, als ihre Vorgängerkohorten. Diese Entwicklung wurde vermutlich durch die Politik selbst mit der zunehmenden Ausschöpfung der Möglichkeiten zur formalen Politisierung des Leitungspersonals angestoßen. In der Reaktion sieht sich jede neue Regierung genötigt, mit immer umfassenderen Neubesetzungen auf die politisch motivierten Personalentscheidungen der Vorgängerregierung zu antworten. Diese Spirale der Politisierung könnte Ursache einer stärkeren politischen Identifikation der Verwaltungsspitze sein, welche sich in dem nun beobachteten Wandel des Selbstverständnisses widerspiegelt. Die von Mayntz und Derlien 1989 in der Folge von *CES II* gezogene Schlussfolgerung, dass es kein Verschmelzen der Rollen von Politikern und Beamten gäbe, würde in diesem Modell noch immer zutreffen. Festzuhalten bleibt jedoch, dass trotz der Kontinuität der Rollenbilder ein Wandel im Selbstverständnis der administrativen Elite und in ihrem Verhältnis zu ihrer politischen Aufgabe stattgefunden hat.

Literatur

Aberbach, Joel D./Putnam, Robert D./Rockman, Bert A., 1981: Bureaucrats and Politicians in Western Democracies. Cambridge, Mass./London: Harvard University Press.

Aberbach, Joel D./Derlien, Hans-Ulrich/Mayntz, Renate/Rockman, Bert A., 1990: American and German Federal Executives: Technocratic and Political Attitudes, in: International Social Science Journal 123, 3–8.

Aberbach, Joel D./Derlien, Hans-Ulrich/Rockman, Bert A., 1994: Unity and Fragmentation. Themes in German and American Public Administration, in: *Derlien, Hans-Ulrich/Gerhardt, Uta/Scharpf, Fritz W.* (Hrsg.), Systemrationalität und Partialinteresse. Baden-Baden: Nomos, 271–290.

Aberbach, Joel D./Rockman, Bert A., 2002: Conducting and Coding Elite Interviews, in: Political Science and Politics 35, 673–676.

Aberbach, Joel D., 2003: Introduction: Administration in an Era of Change, in: Governance 16, 315–319.

Auf dem Hövel, Jörg, 2003: Politisierung der öffentlichen Verwaltung. Eine empirische Untersuchung der Stadtverwaltung Hamburg. Opladen: Leske + Budrich.

Bogumil, Jörg, 2003: Die politische Führung öffentlicher Dienste – Möglichkeiten und Grenzen der Reorganisation, in: *Koch, Rainer/Conrad, Peter* (Hrsg.): New Public Service. Öffentlicher Dienst als Motor der Staats- und Verwaltungsmodernisierung. Wiesbaden: Gabler Verlag, 61–78 (Seitenangabe im Text entsprechend der Download-Version: http://homepage.rub.de/Joerg.Bogumil/index.htm).

Bürklin, Wilhelm/Rebenstorf, Hilke, 1997: Eliten in Deutschland. Rekrutierung und Integration. Opladen: Leske + Budrich.

Bruns, Werner, 2004: Heidelberger Elitestudie (Download vom 23. Juli 2005 unter http://www.soz.uni-heidelberg.de/1_1_1/assets/download_543390.pdf).

Derlien, Hans-Ulrich, 1994: Karrieren, Tätigkeitsprofil und Rollenverständnis der Spitzenbeamten des Bundes – Konstanz und Wandel, in: Verwaltung und Fortbildung 4, 255–274.

Derlien, Hans-Ulrich, 2002: Öffentlicher Dienst im Wandel, in: *König, Klaus* (Hrsg.): Deutsche Verwaltung an der Wende zum 21. Jahrhundert. Baden-Baden: Nomos Verlagsgesellschaft, 229–253.

Derlien, Hans-Ulrich, 2003a: German Public Administration: Weberian Despite „Modernization", in: *Tummala, Krishna K.* (Hrsg.), Comparative Bureaucratic Systems. Lanham/Boulder/New York/Oxford: Lexington Books, 97–122 (Download unter: http://www.uni-bamberg.de/fileadmin/uni/fakultaeten/sowi_lehrstuehle/verwaltungswissenschaft/vw2/GermanAdmin.pdf; Zugriff am 18. November 2005, Seitenzahlen im Text beziehen sich auf die Online-Version).

Derlien, Hans-Ulrich, 2003b: Mandarins or Managers? The Bureaucratic Elite in Bonn, 1970 to 1987 and Beyond, in: Governance 16, 401–428.

Derlien, Hans-Ulrich/Mayntz, Renate, 1988: Einstellungen der politisch-administrativen Elite des Bundes 1987. Comparative Elite Study II gefördert von der DFG. Verwaltungswissenschaftliche Beiträge der Universität Bamberg, Nr. 25.

Ecker, Matthias, 1998: Die „Deutsch-Polnische Elitestudie": Konstruktion und Repräsentativität der deutschen Stichprobe". Discussion Paper P 98-305. WZB Berlin.

Goetz, Klaus H., 1999: Senior Officials in the German Federal Administration: Institutional Change and Positional Differentiation, in: *Page, Edward C./Wright, Vincent* (Hrsg.), Bureaucratic Élites in Western European States. Oxford: Oxford University Press, 147–177.

Grauhan, Rolf-Richard, 1969: Modelle politischer Verwaltungsführung. Konstanz: Universitätsverlag.

Herzog, Dietrich, 1975: Politische Karrieren. Selektion und Professionalisierung politischer Führungsgruppen. Opladen: Westdeutscher Verlag.

Jann, Werner, 1998: Politik und Verwaltung im funktionalen Staat, in: *Jann, Werner/König, Klaus/ Landfried, Christine/Wordelmann, Peter* (Hrsg.), Politik und Verwaltung auf dem Weg in die transindustrielle Gesellschaft. Festschrift zum 65. Geburtstag von Carl Böhret. Baden-Baden, 253–282.

Kaltefleiter, Werner/Wildenmann, Rudolf, 1972: Westdeutsche Führungsschicht 1972. Eine Sozialwissenschaftliche Untersuchung der Inhaber von Führungspositionen. ZA 0796. Codebuch im Zentralarchiv für empirische Sozialforschung der Universität Köln (http://www.za.uni-koeln.de/data/add_studies/kat14/codebuch/s0796.pdf).

Lang, Florian, 2005: Die Verwaltungselite in Deutschland und Frankreich 1871–2000. Regimewechsel und Pfadabhängigkeiten. Dissertation an der Universität Bamberg.

Lerner, Daniel/Gorden, Morton, 1969: Euratlantica. Changing Perspectives of the European Elites. MIT Press.

Mayntz, Renate/Derlien, Hans-Ulrich, 1989: Party Patronage and Politicization of the West German Administrative Elite 1970 – 1987 – Toward Hybridization? Governance 2, 4, 384–404.

Mayntz, Renate, 1997: Soziologie der öffentlichen Verwaltung. Erstausgabe 1987. Heidelberg: UTB.

Ottremba, Walter, 1999: Der Personalaustausch bei den politischen Beamten nach dem Regierungswechsel im Oktober 1998 – eine Analyse, in: Der Öffentliche Dienst, 265ff.

Putnam, Robert D., 1976: The Comparative Study of Political Elites. Englewood Cliffs: Prentice-Hall Inc.

Rouban, Luc, 2003: Politicization of the Civil Service, in: *Peters, B. Guy/Pierre, Jon* (Hrsg.), Handbook of Public Administration. London/Thousand Oaks/New Delhi: Sage.

Sahner, Heinz, 1973: Führungsgruppen und technischer Fortschritt. Dissertation an der Universität Köln.

Schnapp, Kai-Uwe, 2004: Stand und Perspektiven der vergleichenden Erforschung von Ministerialbürokratien. Vortrag auf der Tagung der Sektion Staatslehre und politische Verwaltung der DVPW. 23.–25.09.2004, Universität Konstanz.

Schwanke, Katja, 2004: Wer macht in Berlin Karriere? Profil der Spitzenbeamten und Spitzenpolitiker. Unveröffentlichte Seminararbeit, Universität Konstanz.

Steinkemper, Bärbel, 1974: Klassische und politische Bürokraten in der Ministerialverwaltung der Bundesrepublik Deutschland. Eine Darstellung sozialstruktureller Merkmale unter dem Aspekt politischer Funktionen der Verwaltung. Dissertation an der Universität Köln.

Weber, Max, 1980: Wirtschaft und Gesellschaft. 5. rev. Auflage, Erstausgabe 1922. Tübingen: Mohr Siebeck.

Wichmann, Manfred 1986: Parteipolitische Patronage. Vorschläge zur Beseitigung eines Verfassungsverstoßes im Bereich des öffentlichen Dienstes. Europäische Hochschulschriften, Reihe II, Bd. 504. Frankfurt a.M.: Peter Lang.

Wildenmann, Rudolf/Schleth, Uwe, 1968: Eliten in der Bundesrepublik. Eine Sozialwissenschaftliche Untersuchung über Einstellungen führender Positionsträger zur Politik und Demokratie. ZA 1138. Codebuch im Zentralarchiv für empirische Sozialforschung der Universität Köln (http://www.za.uni-koeln.de/data/add_studies/kat14/codebuch/s1138.pdf).

Wildenmann, Rudolf/Kaase, Max/Hoffmann-Lange, Ursula/Kutteroff, Albrecht/Wolf, Gunter, 1982: Führungsschicht in der Bundesrepublik Deutschland 1981. Universität Mannheim. Codebuch mit Randauszählung. August 1982.

Zapf, Wolfgang, 1965: Wandlungen der deutschen Elite. Ein Zirkulationsmodell deutscher Führungsgruppen 1919 – 1961. München: Piper & Co. Verlag.

Ethik-Maßnahmen für die öffentliche Verwaltung – Modeerscheinung oder Mauerblümchen?

Nathalie Behnke

1. Einleitung*

„Wir sind auch versichert, dass ein kluger, fleißiger und habiler Mann, der nächst Gott nichts höher als seines Königes Gnade schätzet und demselben aus Liebe und mehr vor die Ehre als um Besoldung dienet, auch in seinem Thun und Lassen bloß und allein seines Königes Dienst und Interesse suchet und für Augen, vor allen Intriguen und Affecten aber einen Abscheu hat, sich gar bald geschickt machen könne und werde, um Uns in beiderlei Affairen, Commissariats- und Domänensachen, mit großem Nutzen zu dienen ...

Schließlich wollen Wir die zu Unserm General- u. Directorio von Uns bestellte Ministros und sämmtliche übrige Membra hiedurch ernstlich erinnert haben, dieser Unserer ihnen ertheilten Instruction in allen Punkten accurat nachzuleben und darin nicht im geringsten zu manquiren ...

Diejenige aber, so nicht in allen Stücken dieser Instruction nachleben, sondern es auf den alten Schlender wieder kommen lassen wollen, die mögen sich nur zum Voraus die Rechnung machen, dass Wir es ihnen nicht schenken, sondern ihren Ungehorsam und Widerspenstigkeit exemplarisch und auf gut Russisch bestrafen werden. Es hat sich auch ein jedweder darnach zu achten und für Schaden und Unglück zu hüten."

Mit diesen Worten beschloss Friedrich Wilhelm I, König in Preußen, seine „Instruction und Reglement für das Generaldirectorium", also für das neue Exekutivorgan des preußischen Staates, das durch Zusammenlegung der bis dahin separaten Kameral- und Domänenverwaltungen 1722 gegründet wurde (Acta Borussica 3, 1901: 647–649).

Ebenso wie vor fast 300 Jahren ist es auch heutzutage ein Hauptanliegen moderner Regierungen, sich der Loyalität, Effektivität und Neutralität ihres Verwaltungsapparates zu versichern. Korruption, Interessenkonflikte, Nepotismus oder Abhängigkeiten gegenüber Dritten sollen möglichst zuverlässig vermieden, die Integrität und das Ansehen der Verwaltung geschützt werden. Zu diesem Zwecke greift man – ebenso wie Friedrich Wilhelm I – zu einem Mix aus moralischen Appellen, konkreten Handlungsanweisungen und Verboten sowie Sanktionen. Obwohl dieser Konflikt um einen loyalen, effizienten und vertrauenswürdigen öffentlichen Dienst so alt ist wie die Bürokratie selbst, ist die Entwicklung relativ neu, hierfür den Begriff der „Ethik" zu verwenden. Ausgehend von den USA, wo „Ethics in Public Office" seit den 50er Jahren des 20. Jahrhunderts ein politisches Diskussions- und Handlungsfeld wurde,[1] das sich ständig wachsender Aufmerksamkeit erfreut, wurde die Wahrnehmung der alten Problematik unter der neuen Begrifflichkeit in weiteren Ländern des angelsächsischen Sprachraums übernommen und schließlich in den 90er Jahren des 20. Jahrhunderts von internatio-

---

* Ich danke Arthur Benz und Jörg Bogumil für wichtige und weiterführende Hinweise zu Aufbau und Argument dieses Beitrags.

1 Für einen kurzen Überblick über die Entstehung und Entwicklung dieser Diskussion in den USA vgl. Behnke (2004: 139–141).

nalen Organisationen aufgegriffen und weltweit verbreitet. Einer Ethik-Debatte, die zwischen Wissenschaftlern, Politikern und Verwaltungspraktikern geführt wird, geht hierbei eine Ethik-Bewegung konform, die sich darin äußert, dass bestimmte Maßnahmen politisch empfohlen und umgesetzt werden, um die Ethik des öffentlichen Sektors zu sichern.

Auch in Deutschland hat dieser weltweite Trend mittlerweile Spuren hinterlassen. Noch vor wenigen Jahren schien der Begriff der Ethik im deutschen Sprachgebrauch ausschließlich philosophisch-moralischen Diskursen vorbehalten zu sein (vgl. die Begriffsdiskussion bei Sommermann 2003). Nun setzt sich langsam eine neue Verwendungsweise durch, die an die angelsächsischen und internationalen Debatten angelehnt ist. Die angelsächsische Begriffsverwendung zielt im Kern auf das individuelle Verhalten einzelner Personen, das sich im Spannungsfeld zwischen öffentlichem und privatem Interesse bewegt. Dieses Verhalten soll möglichst „ethisch" sein, das heißt, Personen im öffentlichen Sektor sollen sich nicht so verhalten, dass sie ihr privates Interesse auf Kosten des öffentlichen, dem sie qua Amt oder Mandat verpflichtet sind, verfolgen. Das Konzept ist hierbei zweidimensional angelegt: Einerseits bezieht Ethik sich auf eine moralische Dimensionen im Hinblick auf Werte, Normen, Zielvorstellungen; Ethik des öffentlichen Dienstes wird häufig mit Integrität gleichgesetzt, Zielkonflikte werden als ethische Dilemmata beschrieben. Andererseits umfasst sie eine juristisch-legalistische Dimension im Hinblick auf Gesetze, Regulierungen und Institutionen zur Verhinderung von Korruption und Interessenkonflikten. Das Konzept umfasst somit ein höchst heterogenes Set an Situationen, Maßnahmen und Werten. Ein Blick in Praxis-Handbücher zur Ethik im öffentlichen Sektor[2] erlaubt dennoch eine sinnvolle Systematisierung von Regelungen, Institutionen und Maßnahmen. Diese Elemente umfassen im Wesentlichen:

– die Standards, Werte oder Ziele, die das Verhalten öffentlicher Bediensteter bestimmen sollen (also etwa Gemeinwohlorientierung, Unparteilichkeit, Effizienz und Effektivität, Wahrung des Sinnes vor dem Buchstaben von Gesetzen, Service-Orientierung u.ä.) sowie eine Diskussion deren relativer Bedeutung (wie geht man mit Zielkonflikten um?) und möglicher Dilemmata, die in der Ausübung der Tätigkeit entstehen können;
– die Wege, diese Standards bei den öffentlichen Bediensteten zu vermitteln; dies umfasst zum einen die Vermittlung der *Kenntnis* dieser Werte, zum anderen deren *Internalisierung*, so dass die Orientierung des Handelns an diesen Werten zur alltäglichen Selbstverständlichkeit wird (also etwa Sozialisation durch Vorbild und Nachahmung, Ethik-Kodizes, Ethik-Handbücher oder Ethik-Seminare);
– Gesetze, Regelungen oder Verfahren zur Verhinderung von Korruption und Interessenkonflikten, wie sie etwa durch Bestechung und Geschenkannahme, aber auch durch die Ausübung von Nebenbeschäftigungen, durch die Begünstigung von Freun-

---

2 Siehe beispielsweise die „Ethics Manuals" der Ethik-Komitees in Senat und Repräsentantenhaus des amerikanischen Kongresses oder des „Office of Government Ethics" für die Administration (http://www.house.gov/ethics/Ethicforward.html; http://www.ethics.senate.gov/down loads/pdffiles/manual.pdf; http://www.usoge.gov/pages/forms_pubs_otherdocs/fpo_files/refe rence/rfsoc_02.pdf, jeweils vom 15.11.2005) oder die einschlägigen Broschüren der OECD (OECD 1996, 1999, 2000).

den oder Verwandten, durch private finanzielle Verflechtungen und Verbindlichkeiten, durch politische Aktivitäten oder durch den Missbrauch von Informationen und Privilegien entstehen können, die die öffentliche Beschäftigung mit sich bringt (also etwa Korruptionsgesetze, Verbote der Geschenkannahme, Regelungen der Nebentätigkeit, finanzielle Offenlegungspflichten, Nepotismusverbote und Regelungen zum Umgang mit öffentlichen Mitteln);

– Regelungen und Institutionen zur Sicherung der Transparenz und Offenheit des Verwaltungshandelns, da letztlich die öffentlichen Bediensteten in der Lage sein sollten, sowohl der Politik als auch der Bevölkerung Rechenschaft über ihr Tun und Lassen sowie über ihre Beweggründe bei Entscheidungen abzulegen (also etwa Informationsfreiheitsgesetze, Schutz von „Whistleblowers" oder institutionalisierte Berichtspflichten);

– Regelungen zum Umgang öffentlicher Bediensteter mit verschiedenen Personengruppen; hierunter fallen Regelungen zum Umgang mit sexueller Belästigung, aber auch eine Kunden- oder Service-Orientierung gegenüber den Bürgern, die Schulung von Führungsqualitäten innerhalb der Verwaltung sowie klassische rechtsstaatliche Tugenden des Diskriminierungsverbots und der rechtlichen Gleichbehandlung.

In einer Reihe empirischer Untersuchungen wurden mittlerweile Länder hinsichtlich ihres Bestandes und ihrer Entwicklung an Ethik-Maßnahmen vergleichend untersucht.[3] Insofern kann man inzwischen von einem relativ konsolidierten Verständnis dessen ausgehen, was unter Ethik-Maßnahmen zu verstehen ist.

Aufbauend auf dem hier kurz skizzierten Konzept von Ethik und Ethik-Maßnahmen soll im Folgenden untersucht werden, inwiefern sich dieses Konzept in Deutschland verbreitet hat. Eine solche Untersuchung findet natürlich nicht im luftleeren Raum statt. Ethik-Maßnahmen sind Instrumente zur Steuerung des individuellen Verhaltens von Verwaltungsmitarbeitern, und dieses individuelle Verhalten wird primär durch den institutionellen Rahmen und die Kultur des öffentlichen Dienstes geprägt. Daher werden zunächst in Abschnitt 2 kurz diejenigen institutionellen und kulturellen Faktoren skizziert, die einen unmittelbaren Einfluss auf Verhaltensweisen und Motivationen von Verwaltungsmitarbeitern ausüben und somit mittelbar auch die Einführung oder Übernahme von Ethik-Maßnahmen beeinflussen. Darauf aufbauend wird in Abschnitt 3 eine Bestandsaufnahme des Ethik-Konzepts in Deutschland vorgenommen. Diese ist zweigleisig angelegt: Zum einen wird untersucht, inwiefern *praktische Ethik-Maßnahmen* in der Verwaltung umgesetzt werden, zum anderen, wie weit sich die *Ethik-Debatte* in der verwaltungs- und politik*wissenschaftlichen* Wahrnehmung durchgesetzt hat.

Dieser Bestandsaufnahme wird in Abschnitt 4 ein Überblick über andere nationale und internationale Ethik-Debatten und Initiativen gegenübergestellt. Im Abgleich mit Erfahrungen anderer Staaten und mit internationalen Standards soll eine Einschätzung

---

3 Einen sehr weiten Ländervergleich anhand des Rasters der Ethik-Infrastruktur legt die OECD selbst in ihrer Studie „Trust in Government" vor (OECD 2000). Eine etwas neuere vergleichende Untersuchung für den öffentlichen Dienst in EU-Staaten führten Demmke und Bossaert (2005) durch. Eine sehr gute Studie der Ethik-Infrastruktur in den USA liefert Martel (2001), Behnke vergleicht die Infrastrukturen Deutschlands und Großbritanniens (2002) bzw. Deutschlands und der USA (2004).

gewonnen werden, ob Ethik in Deutschland ein prominentes Konzept ist, gegebenenfalls sogar eine Modeerscheinung, die – ähnlich den Ideen des New Public Management – gerade den öffentlichen Sektor überflutet, oder ob das Konzept vielmehr ein
Schattendasein fristet, das weder wissenschaftlich noch politisch in nennenswertem
Maße rezipiert wird. Dieser Überblick kann notwendigerweise nur recht allgemein ausfallen. Neben einem Schwerpunkt auf den USA werden Beispiele aus anderen angelsächsischen Ländern sowie Aktivitäten internationaler Akteure herangezogen, um im
Wesentlichen die großen Entwicklungslinien herauszuarbeiten. Doch auch ein solcher
Überblick sollte ausreichen, um in Abschnitt 5 eine Einschätzung zu ermöglichen, ob
– bildlich gesprochen – das Glas der Ethik-Maßnahmen in Deutschland eher halb voll
oder eher halb leer ist und wie sich die Dynamik des Ethik-Konzepts in Deutschland
vermutlich weiter entwickeln wird. In einem abschließenden Ausblick werden einige
eher spekulative Überlegungen zu den Konsequenzen von Ethik-Maßnahmen skizziert,
die auf den weiterführenden Forschungsbedarf hindeuten.

2. Institutionelle und kulturelle Bedingungen für Ethik-Maßnahmen

Ethik-Maßnahmen zielen auf die Steuerung und Regulierung individuellen Verhaltens
öffentlicher Bediensteter. Bei der Einführung neuer Ethik-Maßnahmen orientiert man
sich natürlich am existierenden Regelungsbestand insofern, dass inhaltlich unnötige
Doppelungen möglichst vermieden werden und formal Ethik-Regeln mit bestehenden
Regelungen möglichst kompatibel sein sollten. Gerade in Deutschland unterliegt dabei
das Verhalten von Beamten und Angestellten im öffentlichen Dienst bereits klaren Regelsystemen, die sich insgesamt als Ausprägungen einer kontinentaleuropäischen Verwaltungstradition begreifen lassen. Diese Tradition ist zum einen durch die strenge Systematik des Römischen Rechts geprägt, zum anderen durch ein etabliertes Berufsbeam-
tentum, dessen Angehörige sich als loyale Staatsdiener verstehen, die unhintergehbar an
Recht und Gesetz (und nur daran) gebunden sind.
    Die römische Rechtssystematik in Kontinentaleuropa steht im Kontrast zur angels-
ächsischen Tradition des Case Law und Common Law, wie es auch in den USA angewandt wird. So ist in einer ausgefeilten Rechtssystematik bereits historisch ein weiter
Bereich dessen, was unter Ethik-Maßnahmen fällt, geregelt. Es gibt Korruptionsgesetze,
Verbote der Geschenkannahme, Gesetze zu Unvereinbarkeiten von Positionen und vieles mehr. Diese Regelungen finden sich aber eben nicht als Bündel von Ethik-Rege-
lungen, sondern sind – entsprechend der Systematik – über verschiedene Gesetzeswerke
verteilt. Dieser traditionell dichte Regelungsbestand macht zum einen keine intensiven
Aktivitäten zur Neuregelung ethisch relevanter Situationen nötig, vielmehr können
durch neue Gesetze gezielt Lücken geschlossen werden. Zum anderen vertragen sich
mit einem solchen Rechtssystem nur schwer systematische Brüche. Das bedeutet, dass
neue Ethik-Maßnahmen nach Möglichkeit an die bestehende Systematik angepasst
werden müssen.
    Als zweiter Faktor spielt das Beamtentum in der deutschen Staatstradition eine be-
sondere Rolle: In einem Land, das mittlerweile über fast drei Jahrhunderte hinweg
über einen Apparat von Vollzeit arbeitenden und juristisch geschulten Lebenszeitbeam-

ten verfügt (eine Zeitspanne, in der Staats- und Regierungsform mehrfach wechselten und nahezu die einzige Konstante ein rechtsstaatlich orientierter Verwaltungsapparat war), die überwiegend innerhalb der Staatsverwaltung ausgebildet und sozialisiert werden und die nach wie vor nur in seltenen Fällen den Staat als Arbeitgeber verlassen und in die freie Wirtschaft wechseln, besteht in zweierlei Hinsicht eine vergleichsweise geringe Notwendigkeit zur Einführung neuer Ethik-Maßnahmen. Zum einen bieten sich einfach weniger Gelegenheiten für Interessenkonflikte als in einem System wie in den USA, wo ein überwiegender Teil der höheren Verwaltungsangestellten regelmäßig zwischen Wirtschaft und Regierung als Arbeitgeber hin und her wechselt. Zum anderen besteht bei einer homogenen Gruppe, die ihre gesamte Erwerbsbiografie im öffentlichen Dienst verbracht hat, weniger Schulungsbedarf über relevante Werte und Verhaltensregeln als bei Personen, die aus anderen Arbeitsbereichen für den öffentlichen Sektor rekrutiert werden und hierfür erst einmal sozialisiert werden müssen.

Bei der Untersuchung und Einschätzung von Aktivitäten eines Landes zur Einführung neuer Ethik-Maßnahmen muss daher die Kontingenz von Faktoren wie dem Rechtssystem oder der Verwaltungskultur mit berücksichtigt werden, wobei hier die kontinentaleuropäische und die angelsächsische Kultur zwei deutlich unterschiedliche Prototypen darstellen.

3. Bestandsaufnahme: Ethik-Maßnahmen und Ethik-Diskussion in Deutschland

3.1 Ethik-Maßnahmen

Wie im vorangehenden Abschnitt bereits angedeutet wurde, ist ein Großteil der Regeln, die in anderen Ländern als Ethik-Maßnahmen eingeführt werden, in Deutschland schon seit langem Bestandteil der rechtlichen und kulturellen Tradition des Landes. Dies gilt etwa für den bestehenden Korpus an Gesetzen, die Personalpolitik des öffentlichen Dienstes oder interne Kontrollen in der öffentlichen Verwaltung. In diesem Abschnitt werde ich daher nur auf neuere Maßnahmen eingehen, die die bestehenden Strukturen ergänzen oder verändern. Typisch für Deutschland ist außerdem, dass diese bestehenden Strukturen und Institutionen üblicherweise nicht primär unter dem Aspekt der „Ethik" wahrgenommen werden. Natürlich wird hier über Antikorruptionsmaßnahmen diskutiert, sind die Legalität, Effektivität und Vertrauenswürdigkeit des öffentlichen Dienstes zentrale Maßstäbe und Zielvorgaben. Aber diejenigen Initiativen und Maßnahmen, die in diesem Abschnitt zusammengestellt sind, werden nach wie vor im öffentlichen Diskurs nicht unter dem Konzept „Ethik" behandelt, so dass es sich gewissermaßen um eine von mir vorgenommene analytische Zuschreibung handelt.

Vor den 90er Jahren des 20. Jahrhunderts war nicht nur Ethik für den deutschen öffentlichen Sektor kein Begriff, auch Korruption wurde als Problem noch nicht wahrgenommen. Erst seit 1997 wurde eine Reihe von Gesetzen und Regeln neu verabschiedet, die im Zuge der Korruptionsbekämpfung die Ethik-Regeln für Deutschland veränderten. Dies sind

– das Anti-Korruptions-Gesetz (1997) und hierzu
– die Anti-Korruptions-Richtlinie (1998 und 2004),
– das Vergaberechtsänderungsgesetz (1999),
– das Disziplinargesetz (2002)
– sowie zuletzt das Informationsfreiheitsgesetz (2005).

3.1.1 Repressive Korruptionsbekämpfung

Der Impuls zur Beschäftigung mit Ethik-Fragen ging in Deutschland von dem Bemühen aus, die Korruption zu bekämpfen. Die wichtigste und folgenreichste Initiative hierfür dürfte die Verabschiedung des *Gesetzes zur Bekämpfung der Korruption* vom 26. Juni 1997 (BGBl. 1997: 2038–2043) gewesen sein. Es ist zwar keine direkte Reaktion auf internationale Initiativen zur Anti-Korruptions-Gesetzgebung,[4] steht aber offensichtlich in engem gedanklichem Zusammenhang mit diesen. Die zentrale Konsequenz des Gesetzes ist die Veränderung der Korruptionsparagraphen im Strafgesetzbuch:

Im Strafgesetzbuch widmet sich der 29. Abschnitt den „Straftaten im Amte". Für die Korruptionsbekämpfung sind hier besonders wichtig die §§ 331–336. §§ 331–334 bestimmen die Straftatbestände der Vorteilsannahme (§ 331), der Bestechlichkeit (§ 332), der Vorteilsgewährung (§ 333) und der Bestechung (§ 334). § 335 bestimmt, dass in besonders schweren Fällen von Korruption eine Freiheitsstrafe von bis zu zehn Jahren verhängt werden kann. § 336 setzt fest, dass für die Bewertung der Anwendbarkeit der Korruptionsparagraphen das Unterlassen einer Diensthandlung der Vornahme einer Diensthandlung gleichzustellen ist. Durch das Anti-Korruptions-Gesetz wurde § 335 neu eingefügt, der Anwendungsbereich der §§ 331–334 wurde erweitert[5] und das Strafmaß erhöht.[6]

Eine weitere Gesetzesverschärfung im Hinblick auf die Korruptionsbekämpfung stellt das *Bundesdisziplinargesetz* (BDG) dar, das 2002 in Kraft trat und die bis dato gültige Bundesdisziplinarordnung (BDO) ersetzte. Hierbei wurde der Ablauf des Disziplinarverfahrens im Sinne einer effektiveren Korruptionsbekämpfung geändert (Urban 2001; Becker-Kavan 1999). Ein Disziplinarverfahren wird angestrengt, wenn ein Beamter gegen das Beamtenrecht verstößt, in dem unter anderem auch die Ethik-Regeln für Beamte enthalten sind.[7] Durch das neue Gesetz wurden die möglichen Sanktionen

---

4 Im Gegensatz dazu werden im „Gesetz zur Bekämpfung internationaler Bestechung – IntBestG" vom 10. September 1998 (BGBl. 1998, 2327) die Anti-Korruptions-Konvention der OECD sowie das EU-Bestechungsgesetz unmittelbar umgesetzt.

5 Die §§ 331–334 verweisen auf den Begriff des „Amtsträgers", der in § 11 Abs. 2 StGB definiert wird. Dieser Begriff darf nach der Novelle nun unabhängig von der Organisationsform, in der ein „Amtsträger" arbeitet, und allein auf Basis der Art der ausgeübten Tätigkeit angewandt werden. Damit treffen die Korruptionsparagraphen einen wesentlich weiteren Personenkreis als davor.

6 Die Höchststrafe für Vorteilsgewährung und -annahme wurde von zwei auf drei Jahre heraufgesetzt, für Bestechlichkeit und Bestechung blieb sie bei fünf Jahren bestehen.

7 Zu den Ethik-Regeln für Beamte zählen etwa die Pflicht zur Amtsverschwiegenheit auch nach Beendigung des Beamtenverhältnisses in § 61 BBG, das Geschenkannahmeverbot in § 70 BBG oder das eingeschränkte Nebentätigkeitsverbot in §§ 65–69a BBG.

für Disziplinarvergehen verschärft (§§ 33–34 BDG). Außerdem wurde für die Einleitung eines Verfahrens das „Opportunitätsprinzip" weitgehend durch das „Legalitätsprinzip" ersetzt. Das bedeutet, dass für die Entscheidung, ob ein Verfahren eingeleitet wird, nicht mehr das gesamte dienstliche und außerdienstliche Verhalten des Beamten in Betracht gezogen wird, vielmehr *muss* ein Verfahren eingeleitet werden, sofern entsprechende Anhaltspunkte vorliegen. Hierdurch wird der Ermessensspielraum der Dienstvorgesetzten und damit auch die Möglichkeiten eingeschränkt, dass sich ganze korruptive Netzwerke in einer Behörde bilden (Zachert 1997).

3.1.2 Präventive Korruptionsbekämpfung

Neben der reinen Verschärfung von Gesetzen und Sanktionen zeichnet sich die Ethik-Politik des Bundes in den letzten Jahren aber auch durch ein Umdenken der Art aus, dass präventiven Maßnahmen zusehends mehr Aufmerksamkeit geschenkt wird. In diese Richtung deuten etwa einige Elemente der *„Richtlinie der Bundesregierung zur Korruptionsprävention in der öffentlichen Verwaltung"* vom 17. Juni 1998, bzw. in Neufassung vom 07. Juli 2004.[8] Dort werden Veränderungen in der Ablauforganisation vorgeschlagen, die einzelne Positionen weniger anfällig für Interessenkonflikte und Korruption machen (Bestandsaufnahme korruptionsanfälliger Tätigkeiten, Verstärkung der Personalrotation und des Vier-Augen-Prinzips, Ausbau der Innenrevision). Außerdem wird die Einrichtung eines Ombudsmannes in jeder Behörde angeregt, ein Verhaltenskodex entworfen und ein regelmäßiges Anti-Korruptions-Training für Angehörige des öffentlichen Dienstes zur Erhöhung der Sensibilität für korruptionsanfällige Situationen und Bereiche empfohlen. Tatsächlich haben inzwischen viele Behörden Anti-Korruptions-Beauftragte benannt, denen die Funktion eines Ombudsmannes zukommt. Der Richtlinie ist als Anlage ein Leitfaden für Vorgesetzte beigefügt, in dem gerade auf weiche, nicht rechtlich fixierbare Aspekte wie Arbeitsklima, Führungsstil, Gespräche und organisatorische Maßnahmen hingewiesen wird. Allerdings hat die Richtlinie trotz ihrer formalen Übernahme durch alle Landesregierungen bislang in der Praxis wenig praktische Relevanz entfaltet.

Einen weiteren Baustein in der Korruptionsprävention stellt das neue Verfahren zur Vergabe öffentlicher Aufträge dar, da hier bekanntermaßen die meisten Fälle von Korruption in der öffentlichen Verwaltung vorkommen. Nachdem sich die Bundesregierung lange Zeit auf haushaltsrechtliche Vorgaben beschränkt hatte, um die Kosten der Vergabe möglichst gering zu halten (Wilburn/Reichling 2000: 4), wurde schließlich 1999 das Verfahren zur Vergabe öffentlicher Aufträge durch das *Vergaberechtsänderungsgesetz* neu geregelt. Die Bundesregierung reagierte damit auf mehrere Rügen der EU-Kommission sowie auf Druck der WTO, die sich dafür einsetzt, das Vergabeverfahren

---

8 Die alte Richtlinie war von den Landesregierungen übernommen und nach und nach bundesweit umgesetzt worden, die neue Richtlinie befindet sich aktuell noch in der Umsetzung. Vgl. die jeweils aktuellen Umsetzungsberichte der Ständigen Konferenz der Innenminister und -senatoren zum Präventions- und Bekämpfungskonzept Korruption (der letzte Bericht von 2002 findet sich unter http://www.transparency.de/fileadmin/pdfs/30.20.04IMKBericht_08_03.pdf, 15.11.2005).

international zu vereinheitlichen (Wilburn/Reichling 2000; Scheuer 2000). In das neu gefasste Gesetz gegen Wettbewerbsbeschränkungen wurde ein „Vierter Teil" eingefügt, der das Vergabeverfahren für öffentliche Aufträge regelt, die oberhalb der durch die entsprechende Rechtsverordnung festgelegten Schwellenwerte liegen. Ergänzt wurden diese Änderungen durch Anpassungen im Strafgesetzbuch und durch die Anti-Korruptions-Richtlinie. Im Strafgesetzbuch wurde durch das Anti-Korruptions-Gesetz 1997 ein Abschnitt 26 „Straftaten gegen den Wettbewerb" eingefügt. So kann nach § 298 StGB neue Fassung der Versuch der Bestechung bei Ausschreibungen mit Freiheitsstrafe bis zu fünf Jahren bestraft werden. In der Anti-Korruptions-Richtlinie ist noch einmal der Grundsatz der öffentlichen Ausschreibung festgeschrieben. Weiterhin wird dort die Möglichkeit geschaffen, Unternehmen, die nachweislich bereits einmal den Versuch unternommen haben, über Bestechung einen Auftrag zu gewinnen, vom Vergabeverfahren auszuschließen. Außerdem können Auftragnehmer vertraglich auf nicht korruptes Verhalten verpflichtet werden.[9]

Die wichtigste Änderung des Gesetzes betrifft die Öffnung des Vergabemarktes für internationale Anbieter und eine Stärkung der Rechte der Bieter. Auf diese Weise wird im Vergabeverfahren eine größere Transparenz geschaffen. Besonders wichtig ist hierbei das neue Recht, dass Bieter, die einen Auftrag nicht erhalten haben, eine Klage anstrengen und somit ein Nachprüfungsverfahren veranlassen können (Scheuer 2000: 277). Dadurch sind die öffentlichen Vergabestellen einem wesentlich größeren Zugzwang ausgesetzt, keine Bieter zu bevorzugen, die eventuell Bestechungsgelder gezahlt haben. Diese Form der Regelung dient nicht nur der global effizienten Ressourcenallokation durch die Öffnung für den internationalen Wettbewerb. Ein weiterer Effekt besteht darin, dass der Kontrollaufwand von den Behörden an die Konkurrenten externalisiert und somit zugleich effektiviert wird.

Auch die Schaffung von mehr Transparenz im öffentlichen Sektor wird üblicherweise im Kanon der Ethik-Regeln als relevant aufgeführt, da beispielsweise öffentlich zugängliche Informationen über Einnahmequellen von öffentlichen Bediensteten helfen können, Interessenkonflikte zu vermeiden, oder die Nachvollziehbarkeit von Verwaltungsakten parteiliche Begünstigungen oder Benachteiligungen unwahrscheinlicher macht. Im Zusammenhang mit Korruptionsbekämpfung und Ethik-Maßnahmen wird daher typischerweise auch ein Informationsfreiheitsgesetz gefordert, eine Forderung, die Deutschland mit der Verabschiedung eines *Informationsfreiheitsgesetzes* am 5. September 2005 (IFG, BGBl., 2722) nach langem Zögern auch erfüllte.[10] Zum 01. Januar 2006 trat es in Kraft. Das IFG hat eine lange Vorgeschichte, die bis ins Jahr 1993 zurück-

---

9 Im Vorfeld der Kommunalwahlen hatte die Landesregierung in Nordrhein-Westfalen im September 2004 einen Gesetzesentwurf zur Korruptionsbekämpfung eingebracht, der als zentralen Punkt die Errichtung eines Vergaberegisters enthält. Diese „schwarze Liste" wird im Zusammenhang mit der Korruptionsbekämpfung im Vergabewesen immer wieder diskutiert, ist jedoch rechtlich nach wie vor umstritten.

10 Zunächst mag es nicht unmittelbar einsichtig sein, inwiefern ein Informationsfreiheitsgesetz, das ja primär die Beziehungen zwischen Bürger und Staat regelt, sich in einen Kanon von Maßnahmen einreihen soll, die der Steuerung individuellen Verhaltens öffentlicher Bediensteter dienen sollen. In einem indirekten Sinn soll aber die Nachprüfbarkeit von Entscheidungen in der Verwaltung durch den Bürger präventiv Interessenkonflikte vermeiden. Insofern lässt sich diese Zuordnung, die häufig gemacht wird, durchaus begründen.

geht, als seine Einführung im Bundestag erstmals diskutiert worden war (Behnke 2004: 121). Nach dem IFG besteht ein grundsätzliches Recht auf Zugang zu amtlichen Informationen. Damit ist die bislang bestehende Logik des Datenschutzes, nach der der Zugang zu amtlichen Informationen grundsätzlich verwehrt war und nur in aufzulistenden Ausnahmefällen gewährt wurde, genau umgekehrt worden. Insofern ist das Gesetz durchaus als Signal des Bemühens um mehr Transparenz zu verstehen, auch wenn letztlich in der Sache zwischen der früheren Rechtslage (grundsätzliches Verbot und ausnahmsweise Gewährung von Akteneinsicht durch einzelne Regelungen) und der neuen (grundsätzliche Zugangsgewährung, die durch eine lange Liste von Ausnahmetatbeständen eingeschränkt wird) kein allzu großer Unterschied besteht. Bundesbeauftragter für Informationsfreiheit ist in Personalunion der Bundesbeauftragte für den Datenschutz. Inwiefern das neue Gesetz angenommen wird, ob es den Bedürfnissen der Bürger angemessen ist, oder ob es zu restriktiv ist oder zu einer Flut von Akteneinsichtsanträgen führt, die die Verwaltung komplett lahm legen, bleibt abzuwarten. Allerdings zeigen Erfahrungen aus anderen Ländern, in denen ein IFG schon lange besteht, dass die Nachfrage nach Akteneinsicht nicht allzu ausgeprägt ist (Relyea 2001; Transparency International 2004).

3.2 Wissenschaftliche Ethik-Diskussion

Wie die Bestandsaufnahme der Einführung neuerer Ethik-Maßnahmen in Politik und Verwaltung ergeben hat, war Deutschland in den vergangenen zehn Jahren durchaus nicht untätig. Zwar wird das Ethik-Konzept nach wie vor nicht prominent im Munde geführt, die einzelnen Maßnahmen vermitteln aber im Gesamtbild durchaus den Eindruck einer umfassenden Strategie, die sich verschiedener Instrumente bedient. Die wissenschaftliche Diskussion hat diese Entwicklung jedoch noch kaum aufgegriffen, geschweige denn beeinflusst. Nach wie vor ist die Beschäftigung mit Ethik im hier verstandenen Sinne im deutschen verwaltungswissenschaftlichen Schrifttum nicht besonders verbreitet. Erstmals verwendet wurde das Konzept 1998 von Karl-Peter Sommermann, seitdem haben sich einzelne Autoren mit dem Thema beschäftigt (Sommermann 1998, 2003; Prätorius 1999, 2000; Behnke 2002, 2004, 2005; von Maravic 2003; Lorig 2004). Somit kann bestätigt werden, dass Ethik als Konzept in Deutschland überhaupt wahrgenommen wird, von einer großen Verbreitung ist hingegen noch nicht auszugehen.

Dennoch werden einzelne Themenbereiche, die unter das Ethik-Konzept fallen, in der verwaltungs- und politikwissenschaftlichen Literatur durchaus thematisiert. So ist etwa das traditionelle *Beamtenethos* immer wieder Gegenstand verwaltungswissenschaftlicher und juristischer Überlegungen. Seine Existenz wird in Frage gestellt, seit Beamte oder Regierungschefs es im Munde führen, ebenso lange gibt es Ansätze, es zu definieren, zu reformieren oder zu modernisieren. Stellen die einen seinen Niedergang fest (Eschenburg 1978a), konstatieren die anderen seinen Wandel (Holtmann 1999). Die Frage, ob man es überhaupt noch braucht, wird ebenfalls immer wieder gestellt (Vogelgesang 1997). Es ist in den hergebrachten Grundsätzen des Berufsbeamtentums kodifiziert und stellt somit eine zentrale Kategorie der Ethik des öffentlichen Dienstes dar, die fest in den Werten und Traditionen unserer Gesellschaft verwurzelt ist.

Ein ganz wichtiger Bereich, in dem sich in den vergangenen Jahren immer wieder Anknüpfungspunkte an die Ethik-Debatte ergeben haben, ist auch die *Einführung von NPM-Maßnahmen* in die öffentliche Verwaltung. Das zentrale Problem, das sich hierbei im Hinblick auf Ethik und Integrität des öffentlichen Dienstes stellt, ist die Überlagerung zweier unterschiedlicher Wertesysteme (von Maravic/Reichard 2003). Die traditionellen Werte des öffentlichen Dienstes wie Unparteilichkeit, Loyalität, Hierarchie und Sparsamkeit werden überlagert durch unternehmerische Werte wie Effizienz, Entscheidungsfreiheit oder Service-Orientierung. Besonders deutlich wird dieses Problem in Großbritannien, wo durch die Ausgliederung von Verwaltungseinheiten in semiselbständige „Agencies" massive Probleme der Kontrolle geschaffen wurden (Hood u.a. 1999). In Konsequenz der NPM-Reformen stellen sich also neue Fragen nach den relevanten Werten, nach der Sicherung von Verantwortlichkeit und Kontrolle und nach der Verhinderung von Interessenkonflikten, die sich durch die neuen Konstellationen (größere Entscheidungsspielräume, stärkerer personeller Austausch mit der freien Wirtschaft, höherer Effizienzdruck, interner Wettbewerb) wesentlich leichter ergeben. In den meisten Publikationen, die sich kritisch mit den Konsequenzen der Reformen in Deutschland auseinandersetzen, werden diese Probleme mehr oder weniger explizit angesprochen (vgl. nur Bogumil 2001; Naschold 1993; Budäus/Finger 1999 und Wollmann 1999). Sie werden dort zwar nicht unter dem Stichwort „ethischer Probleme" diskutiert, obwohl sie im Hinblick auf Korruption und Interessenkonflikte sowie auf die intrinsische Motivation der öffentlichen Bediensteten von zentraler Bedeutung sind. Die Einsicht, dass in der Folge von Verwaltungsreformen ethische Probleme in Form von Werte- oder Interessenkonflikten verstärkt auftreten können, setzt sich in jüngster Zeit gleichwohl langsam durch.

Da Ethik-Maßnahmen fast immer Reaktionen auf Skandale und aufgedeckte Korruptionsfälle darstellen, weist natürlich auch die politikwissenschaftliche *Korruptionsforschung* viele Bezüge zur Ethik-Debatte auf. Hier ist im Laufe der vergangenen zwei Jahrzehnte ein beachtenswerter Bestand an Forschungsergebnissen erarbeitet worden, sowohl in theoretischer als auch in empirischer Hinsicht. Sofern sich dieser Forschungszweig mit der Frage beschäftigt, wie Korruption effektiv bekämpft werden kann (etwa von Alemann 2005), sind hier auch unmittelbare Bezüge zur Ethik-Debatte herstellbar. Dennoch würde ich argumentieren, dass dieser Forschungszweig nur partiell für die verwaltungswissenschaftliche Ethik-Diskussion fruchtbar zu machen ist, da zum einen die Problematik selten explizit unter dem Aspekt „ethischen" oder „unethischen" individuellen Verhaltens betrachtet wird, zum anderen der Schwerpunkt des Forschungsinteresses auf politischer Korruption[11] und seltener auf Korruption in der Verwaltung liegt (Herbig 1989; Liebl 1992; Miller 1990; Pippig 1990), obwohl sich gerade hier Korruptionsfälle häufen. Auch an der Schnittstelle zwischen Wissenschaft und

---

11 Im Focus kann hierbei politische Korruption allgemein in systemischer Betrachtungsweise stehen (von Alemann/Kleinfeld 1992) oder das Interesse gilt einzelnen Personengruppen, etwa der Abgeordnetenkorruption (von Arnim 1990; Becker 1998; Eschenburg 1978b), Korruption in der Parteienfinanzierung (Landfried 1994; Lösche 1993; Heinig 1999) oder Ministerrücktritten in der Folge von Korruptionsskandalen (Seibel 2001; Maiwald 1986; Badura 1980).

Praxis werden ethische Probleme vor allem unter dem Gesichtspunkt der Korruptionsprävention und -bekämpfung diskutiert, hierbei kann mittlerweile jedoch von einem
regen und konstanten Interesse ausgegangen werden (Friedrich-Ebert-Stiftung 1997,
1996; Ahlf 1996; Haffke 1995; Tondorf 1995; Müller/Marcus 1995; Schaller 1998;
Vahle 1998; Vahlenkamp/Knauß 1995; Deutsches Institut für Urbanistik 2004).

Obwohl sich also nur sehr wenige Autoren in Deutschland explizit des Ethik-Konzepts bedienen, gibt es doch einen ganzen Korpus an Literatur, der im Prinzip zum
Thema einschlägig und relevant ist. Es mangelt jedoch bislang an einer vernetzten
Wissenschaftsgemeinschaft, in die Praktiker und Akademiker eingebunden sind und innerhalb derer die relevanten Probleme in größerem Kreise diskutiert werden. Vielmehr
stehen die einzelnen Diskurse unverbunden nebeneinander und nehmen sich auch
wechselseitig nicht wahr.

4. Vergleichsmaßstab: Ethik-Maßnahmen und Ethik-Diskussion im internationalen Vergleich

4.1 Ethik-Maßnahmen in den USA

In der Diskussion und der praktischen Umsetzung von Ethik-Maßnahmen im öffentlichen Sektor kommt im internationalen Vergleich den USA ganz klar eine Vorreiterrolle
zu. Kein anderes Land der Welt verfügt über ein derart differenziertes System an Verboten, Verhaltensregeln, Kodizes und Kontrollinstitutionen, um Ethik zu sichern.[12]

In den USA wurde Ethik im öffentlichen Sektor bereits seit den 50er Jahren des
20. Jahrhunderts thematisiert und in Kodizes und speziellen Ethik-Organen institutionalisiert. Der erste Code of Ethics for Government Service stammt aus dem Jahr 1958
und ist immer noch gültig. Fast jeder Präsident hat sich seitdem mit den Ethik-Regeln
für den öffentlichen Dienst beschäftigt und neue Kodizes oder Gesetze erlassen. Mit
dem „Ethics in Government Act" wurde 1978 für den öffentlichen Dienst das „Office
of Government Ethics" geschaffen, das seitdem auch international eine Vorbildfunktion
und eine wichtige Rolle in der Beratung anderer Regierungen einnimmt (Gilman
1991, 2000). Das Office of Government Ethics gibt für die Verwaltungsmitarbeiter ein
Handbuch heraus, in dem die wichtigsten Ethik-Regeln zusammengestellt und anhand
von Beispielen erläutert sind. Darüber hinaus kontrolliert es die finanziellen Offenle-
gungsformulare und gibt in konkreten Problemfällen oder strittigen Fragen verbindliche Auskünfte, welche Handlungsweisen zulässig sind und keinen Interessenkonflikt
aufkommen lassen.

Neben den gesetzlichen und untergesetzlichen Regelungen spielt Transparenz in
den USA eine große Rolle. Die Verpflichtung zur finanziellen Offenlegung erstreckt
sich auf äußerst detaillierte und private Informationen, und seit 1966 gilt ein Informationsfreiheitsgesetz – der „Freedom of Information Act" –, der 1994 grundlegend überarbeitet und verbessert wurde. Schließlich gibt es in der Verwaltung einige Positionen,
die speziell zur Sicherung und Vermittlung von Ethik in den einzelnen Behörden be-

---

12 Für einen Überblick über das System an Ethik-Regeln sowie kritische Einschätzungen dazu vgl.
   Behnke (2004), Martel (2001), Mackenzie (2002) sowie Morgan/Reynolds (1997).

setzt werden. So verfügt (fast) jede Behörde über einen designierten Ethik-Beauftragten (DAEO – Designated Agency Ethics Official), der eng mit dem Office of Government Ethics zusammenarbeitet, sowie über einen „Inspector General", der in der eigenen Behörde in Zusammenarbeit mit dem „General Accounting Office" (dem Pendant des deutschen Rechnungshofes) Programmevaluationen durchführt und damit gewissermaßen zugleich Korruptionsprävention betreibt. Ein letzter Aspekt soll hier noch betont werden, in dem sich die USA in ihrem Umgang mit dem Ethik-Konzept fundamental von Deutschland unterscheiden. Eine zentrale Aufgabe aller Ethik-Organe ist das Ethik-Training. Diesem Zweck dienen regelmäßige Seminare und Schulungen, Newsletter und Einzelberatungsgespräche. Es gibt vorgefertigtes Schulungsmaterial, die Handbücher verstetigen das Ethik-Training. Die große Aufmerksamkeit auf Training und Schulung ist zurückzuführen auf den so genannten „Appearance Standard", der allen Ethik-Regeln zugrunde liegt. Demzufolge soll die ethische Bedenklichkeit einer Handlung (also ob etwa ein Interessenkonflikt besteht) daran gemessen werden, ob einem unbeteiligten Beobachter der Eindruck eines Interessenkonflikts entstehen könnte, selbst wenn die Handlung an sich tadellos wäre. Dieser im Grunde genommen unrealistisch hohe Standard ist mit dafür verantwortlich, dass das System an Ethik-Regeln in den USA heutzutage so ausgefeilt und detailliert geworden ist (Thompson 1995: 214–217; Driver 1992).

In der wissenschaftlichen Debatte kommt den USA ebenfalls eine Vorreiterrolle zu. Bereits die ersten Ethik-Initiativen in den 50er Jahren des 20. Jahrhunderts sind unter anderem auf einflussreiche Publikationen zurückzuführen, die fehlende ethische Standards anprangerten (Wilson 1951; Graham 1952; Douglas 1952; Association of the Bar of the City of New York 1960, 1970). Die Frage nach ethischen Standards und geeigneten Maßnahmen zu deren Sicherung wurde seitdem in zahlreichen Publikationen gestellt.[13] In der American Society of Public Administration (ASPA) gründete sich zu Beginn der 90er Jahre des 20. Jahrhunderts eine „Ethics Section", die seit 1996 eine eigene Zeitschrift „Public Integrity" herausgibt. Dort, sowie in einem Internet-Diskussionsforum der Sektion, spielt sich die aktuelle amerikanische Ethik-Debatte zwischen Wissenschaftlern und Praktikern ab, die äußerst lebhaft ist.

4.2 Ethik-Debatte in anderen angelsächsischen Ländern

Ebenfalls recht früh, zu Beginn der 80er Jahre des 20. Jahrhunderts, wurde auch in anderen angelsächsischen Ländern, etwa in Kanada, Australien und Großbritannien, eine Ethik-Diskussion begonnen. Unter der Herausgeberschaft des Kanadiers Kenneth Kernaghan wurde bereits 1983 ein vergleichender Sammelband erstellt (Kernaghan/Dwivedi 1983), in dem Ethik-Probleme unter anderem in diesen Ländern diskutiert wurden (Kernaghan 1983; Hughes 1983; Davies/Doig 1983). In allen drei Ländern wird seit den 80er Jahren die Diskussion um „Public Service Ethics" in Wissenschaft und Praxis

---

13 Um nur einige der Einflussreichsten zu nennen: vgl. Rohr (1986, 1989), Cooper (1998), Fleishman u.a. (1981), Anechiarico/Jacobs (1996), Bowman (1991), Thompson (1987), Frederickson (1993).

intensiv geführt.[14] Inzwischen gibt es in allen diesen Ländern zentrale Koordinationseinheiten für die Ethik des öffentlichen Dienstes, Ethik-Kodizes, finanzielle Offenlegungspflichten und Transparenzgebote, die im Wesentlichen den Regelungen in den USA entsprechen. Von Relevanz für die praktische Umsetzung von Ethik war die Arbeit verschiedener Kommissionen, die sich mit ethischen Standards für den öffentlichen Dienst beschäftigten:[15]

In Kanada wurde diese Aufgabe zunächst vom „Institute of Public Administration of Canada" übernommen, das 1986 ein „Statement of Principles regarding the Conduct of Public Employees" verabschiedete (Kernaghan 1987). Mit dem Public Service Modernization Act (PSMA) vom November 2003 wurde als Koordinationsstelle die „Public Service Human Resources Management Agency of Canada (PSHRMAC)" gegründet und in dieser Agentur das „Office of Public Service Values and Ethics". Dieses Office erfüllt eine Funktion, die dem US-amerikanischen Office of Government Ethics vergleichbar ist.

Ein ähnlicher Verlauf lässt sich für Australien aufzeigen. Dort nahm sich zunächst die Civil Service Commission des Themas an und verabschiedete 1998 einen Kodex „Values in Australian Public Service". Mit dem neuen Public Service Act von 1999 wurde dann die Kommission in „Public Service and Merit Protection Commission" umbenannt und betreibt seitdem ein Informationssystem über Ethik-Regeln, das ebenfalls dem des US-amerikanischen Office of Government Ethics sehr ähnlich ist.

In Großbritannien gab es bereits 1972 in der Exekutive Überlegungen zu Formulierung und Standardisierung professioneller Standards im öffentlichen Dienst (Sub-Committee of the First Division Association 1972). Durch das „Committee on Standards in Public Life" (oder „Nolan Committee", wie es nach seinem ersten Vorsitzenden Lord Nolan benannt wurde), das anlässlich eines größeren Skandals im House of Commons 1995 vom damaligen Prime Minister John Major eingerichtet wurde, wurde die Diskussion ethischer Probleme im öffentlichen Sektor institutionalisiert.[16] Das Committee wurde 1997 zu einem Standing Committee aufgewertet und hat seitdem zehn umfassende Berichte und Empfehlungen über ethische Standards herausgegeben. In seinem ersten Bericht vom Mai 1995 formulierte das Committee „7 Principles of Public Life", die seitdem nicht nur in England, sondern auch in der internationalen Ethik-Literatur wieder und wieder zitiert und als Grundstein der ethischen Anforderungen an den öffentlichen Sektor angesehen werden (vgl. Abbildung 1).

---

14 Für Kanada siehe etwa Kernaghan (1980), Atkinson/Mancuso (1985), Stark (1993), Gow (2005); für Australien Hughes (1981, 1983), Denhardt (1991), Findlay/Stewart (1992), Uhr (1991, 2001); für Großbritannien bspw. Chapman (1988, 1993, 2000), Doig (1984, 1997, 1998, 2001, 2002), Doig/Wilson (1995), Ridley/Doig (1995), Kaye (2001, 2005) oder Lawton (1998).

15 Für Informationen über die jeweiligen Kommissionen und Büros in den drei Ländern s. für Kanada http://www.ipac.ca/ethics/the_ipac_statement_of_principles_.html und http://www.hrma-agrh.gc.ca/veo-bve/index_e.asp, für Australien http://www.apsc.gov.au/values/index.html sowie für Großbritannien http://www.public-standards.gov.uk/ (jeweils 17.11.2005).

16 Zur Entstehungsgeschichte des „Nolan Committee" vgl. Behnke (2002), Berrington (1995), Oliver (1995, 1997), Doig (1998), Leigh/Vulliamy (1996) sowie Committee on Standards in Public Life (1995).

Abbildung 1: Die „7 Principles of Public Life"

Selbstlosigkeit

Inhaber öffentlicher Positionen sollten Entscheidungen ausschließlich im Hinblick auf das öffentliche Interesse treffen. Sie sollten dabei nicht finanzielle Vorteile für sich selbst, für ihre Familie oder Freunde im Auge haben

Integrität

Inhaber öffentlicher Positionen sollten sich in keine finanzielle oder andere Verpflichtung gegenüber außen stehenden Individuen oder Organisationen begeben, die sie in der Erfüllung ihrer Dienstpflichten beeinflussen könnten.

Objektivität

In der Durchführung öffentlicher Angelegenheiten, was Personalentscheidungen, Auftragsvergaben oder Empfehlungen von Individuen für Auszeichnungen und Vorteile einschließt, sollten Inhaber öffentlicher Positionen ihre Entscheidungen danach treffen, wer sich dafür verdient gemacht hat.

Verantwortlichkeit

Inhaber öffentlicher Positionen sind der Öffentlichkeit für ihre Entscheidungen und Handlungen verantwortlich und müssen sich denjenigen Nachprüfungen unterziehen, die für ihr Amt angemessen sind.

Offenheit

Inhaber öffentlicher Positionen sollten so offen wie möglich über alle Entscheidungen und Handlungen sein, die sie vornehmen. Sie sollten Begründungen für ihre Entscheidungen geben und Information nur dann begrenzen, wenn das weitere öffentliche Interesse das erfordert.

Aufrichtigkeit

Inhaber öffentlicher Positionen haben eine Pflicht, jedes private Interesse zu erklären, das in Verbindung mit ihren öffentlichen Pflichten steht, und die notwendigen Schritte zu unternehmen, alle aufkommenden Konflikte so zu lösen, dass das öffentliche Interesse geschützt wird.

Führung

Inhaber öffentlicher Positionen sollten diese Prinzipien durch ihren Führungsstil und ihr Vorbild verbreiten.

Quelle: Committee on Standards of Public Life (1995: 14; Übers. NB).

Zusammenfassend lässt sich für die angelsächsische Ethik-Debatte also festhalten, dass in allen betrachteten Ländern eine hohe wissenschaftliche wie praktische Aktivität festzustellen ist. Zwar kommt den USA sowohl in der zeitlichen Perspektive als auch hinsichtlich der Regelungsdichte und -intensität nach wie vor eine Sonderstellung zu; auch in Kanada, Australien und Großbritannien wird die Debatte aber mittlerweile seit über 20 Jahren geführt, und Ethik ist institutionell im öffentlichen Sektor fest verankert. In allen diesen Ländern haben Kommissionen, Forschungsinstitute und wissenschaftliche Vereinigungen in der Konkretisierung ethischer Standards und der Umsetzung von Ethik-Maßnahmen eng zusammengearbeitet, und die Fortentwicklung der wissenschaftlichen Debatte verlief parallel zur Institutionalisierung und Ausdifferenzierung der Ethik-Maßnahmen. Zentrale Koordinationseinrichtungen verbreiten mittlerweile die kodifizierten Standards, geben Informationen heraus, organisieren Trainingsmaßnahmen und beteiligen sich an internationalen Vernetzungsbemühungen.

4.3 Internationale Ethik-Initiativen und Netzwerke

Die Bemühung um internationale Vernetzung ging und geht dabei nicht nur von nationalen Regierungsbehörden oder Wissenschaftsvereinigungen aus. Auch internationale Organisationen haben in der jüngeren Vergangenheit das Thema „Ethik im öffentlichen Sektor" für sich entdeckt und diesbezüglich unterschiedliche Initiativen gestartet.[17]

Eine zentrale Rolle kommt hierbei der *OECD* zu. Seit 1996 hat sich die Public Management Section (PUMA) der OECD des Ethik-Themas massiv angenommen (OECD 1996, 1997, 1998, 1999, 2000, 2003). Zunächst mit der Zielsetzung, die Transitionsländer des ehemaligen Ostblocks im Aufbau demokratischer Systeme zu unterstützen, wurden das Konzept der „Ethik-Infrastruktur" (OECD 1996) und „12 Principles for Managing Ethics in the Public Service" (OECD 1998) entwickelt. 1997 wurde die „Anti-Korruptions-Konvention" verabschiedet und mittlerweile von 35 Staaten unterzeichnet. Hierdurch, sowie zuletzt mit der Durchführung einer standardisierten Umfrage 1999 in allen 29 OECD-Mitgliedsländern zum Stand der Ethik-Maßnahmen (OECD 2000), wurde das Ethik-Konzept in ein breiteres Forum getragen und eine Basis zur internationalen Vergleichbarkeit geschaffen. Über regelmäßige Evaluationen der Umsetzung der Anti-Korruptions-Konvention in den einzelnen Ländern wird das Thema laufend aktuell gehalten.

Ein weiterer eigenständiger Akteur, der großes Interesse an der weltweiten Verbreitung ethischer Standards hat, ist seit Beginn der 90er Jahre des 20. Jahrhunderts die internationale NGO *„Transparency International"* (TI). Über ihr Internet-Forum zur Korruptionsbekämpfung (http://www.transparency.org), die seit 1995 jährlich publizierten Korruptionsindizes und den 2001 erstmals, seit 2003 jährlich erscheinenden „Global Corruption Report" (Hodess u.a. 2001, 2003, 2004) konnte TI ein nennenswertes moralisches Gewicht gewinnen und übt dadurch Druck auf die Regierungen aus, Maßnahmen zur Bekämpfung der Korruption zu ergreifen.

Ähnlich wie die OECD hat auch die *UNO* Ethik als Instrument der Entwicklungshilfe und der internationalen Standardsetzung aufgegriffen (Bertucci/Armstrong 2000) und im Oktober 2003 ebenfalls eine Anti-Korruptions-Konvention verabschiedet. Sie wurde mittlerweile von 100 Staaten unterzeichnet. Deutschland hat die UN-Konvention unterzeichnet, aber bislang noch nicht ratifiziert. Schließlich haben auch die WTO und die Weltbank das Thema insbesondere mit seinem Beratungspotenzial für sich entdeckt und entsprechende Arbeitsgruppen und Internetforen gegründet.

Aber auch an Europa ist der Ethik-Trend nicht spurlos vorübergegangen. Auf EU-Ebene trat in den 90er Jahren des 20. Jahrhunderts das Problem der internationalen Korruptionsbekämpfung massiv auf die Agenda. In diesem Zusammenhang wurden 1998 das EU-Bestechungsgesetz und 1999 die Strafrechtskonvention des Europarates verabschiedet, die beide für die nationalen Gesetzgebungen folgenreich sind. Im Mai 1999 wurde vom Ministerrat „GRECO" gegründet, die „Group of States against Corruption", die sich aus mittlerweile 39 Staaten zusammensetzt. GRECO folgt der Logik der wechselseitigen Evaluation der Umsetzung gemeinsam beschlossener Instrumente

---

17 Für einen ausführlichen Überblick über die internationalen Initiativen vgl. Behnke (2004: 34–36).

zur Korruptionsbekämpfung. Auch innerhalb der EU-Institutionen gewannen Ethik-Maßnahmen in den vergangenen Jahren zusehends an Bedeutung. Dies gilt etwa für die Einführung eines EU-Informationsfreiheitsgesetzes 1993 in Art. 255 des Vertrages von Amsterdam (Berge 2000), den Verhaltenskodex für die Kommission aus dem Jahre 1999 (Pujas/Rhodes 1999: 700–702; Macmullen 1999a, 1999b), das Gesetz zur Verhinderung von direkten Übergängen aus der Kommission in die freie Wirtschaft (die so genannte „Lex Bangemann") oder die Aufstockung der internen Korruptionsbekämpfungseinheit „OLAF" (Pujas 2001). Über diese EU-internen Ethik-Maßnahmen mit Vorbildfunktion wurde ein indirekter Übernahmedruck auf die Mitgliedstaaten ausgeübt.

Nicht zuletzt hat sich die wissenschaftliche Diskussion in Europa des Ethik-Themas angenommen. Ausgehend vor allem von der verwaltungswissenschaftlichen Perspektive, jedoch mit Offenheit gegenüber Nachbardisziplinen, hat sich hier unter dem Dach der European Group of Public Administration (EGPA) in den vergangenen Jahren ein Netzwerk entwickelt, das der Ethics Section in der ASPA, dem amerikanischen Gegenstück und Vorbild, an Größe und Einfluss nicht mehr weit nachsteht. Erste Ansätze hierzu waren 1997 die Tagung „Ethics and Accountability in a Context of New Public Management" in Leuven (Hondeghem 1998; s. auch Maesschalck 2002) sowie die 1998 in Amsterdam vom International Institute of Public Ethics organisierte Tagung zu „Integrity at the Public-Private Interface" (Huberts/Heuvel 1999). Darauf folgte 2002 die Gründung der „Study Group of Ethics and Integrity" innerhalb der EGPA, die seitdem in jährlichen Workshops Praktiker und Wissenschaftler aus Ost- und Westeuropa zusammenbringt (Behnke/Maesschalck 2006). Der Grundstein zur Verbindung des amerikanischen und des europäischen Netzwerks wurde 2005 durch die Tagung „Ethics and integrity of governance: The first transatlantic dialogue" gelegt, die den Auftakt einer Reihe von transatlantischen Ethik-Dialogen dies- und jenseits des Atlantik begründete (Huberts u.a. 2006).

Man sieht also, dass Ethik im öffentlichen Sektor tatsächlich in weiten Teilen der Welt ein wichtiges Thema geworden ist, dessen sich die meisten der großen internationalen Organisationen mit eigenen Gruppierungen angenommen haben. Das Internet spielt für die Informationsverbreitung und Koordination von Initiativen eine wichtige Rolle, nicht zuletzt über virtuelle Informationszentren, in denen auf Publikationen, Informationen, Datenmaterial und Initiativen anderer Organisationen hingewiesen wird. Der Trend hat hierbei nicht nur die OECD-Welt erfasst; vielmehr wird die Notwendigkeit von Ethik-Maßnahmen auch und gerade in Ländern mit massiven Korruptionsproblemen wie afrikanischen oder ehemaligen Ostblockstaaten erkannt, die Hilfe und Anregungen der internationalen Ethik-Exporteure aufgreifen. Auf der Basis dieses Überblicks soll im nächsten Schritt eine fundiertere Einschätzung präsentiert werden, welche Bedeutung dem Ethik-Thema in Deutschland im internationalen Vergleich zukommt und wie dies zu bewerten ist.

5. Befund und Prognose: Verhaltene Rezeption des Ethik-Konzepts

Betrachtet man zunächst die rein zeitliche Perspektive, so hat Deutschland mit seinen Ethik-Aktivitäten zwar deutlich später begonnen als die angelsächsischen Länder; im OECD- oder europäischen Vergleich befindet es sich jedoch im guten Mittelfeld. Sicherlich hat sich Deutschland international nie als Promotor für Ethik-Maßnahmen hervorgetan, es hat sich internationalen Initiativen aber auch nie widersetzt; vielmehr war es zumeist unter den ersten, die Konventionen unterzeichneten oder sich an internationalen Initiativen beteiligten: Es war in der zweiten Runde an dem OECD-Survey von 1999 beteiligt, ratifizierte die Anti-Korruptions-Konventionen der OECD, der UNO und die Strafrechtskonvention des Europarates, beteiligte sich als eines der ersten Länder an GRECO und setzte auch national juristische Reformen zur verbesserten Korruptionsbekämpfung relativ zügig um.

Ein zweiter Blick gilt der Substanz der Ethik-Maßnahmen. Misst man die deutsche Institutionenstruktur etwa an internationalen Vergleichsrastern wie den Elementen der Ethik-Infrastruktur im Sinne der OECD, so lässt Deutschland nur wenig vermissen. Korruptionsbekämpfung und -prävention werden auf breiter Ebene betrieben. Die gesetzlichen Grundlagen hierfür sind seit langem existent und wurden in den vergangenen Jahren verschärft. Interessenkonflikte für Mitarbeiter des öffentlichen Dienstes sind weitgehend in den Beamtengesetzen bzw. in entsprechenden Verträgen für die Angestellten geregelt, für Abgeordnete und Minister gelten eigene Standesregeln, die sich etwa im Anhang zur Geschäftsordnung des Bundestages, im Bundesministergesetz oder in der gemeinsamen Geschäftsordnung der Bundesministerien finden (vgl. Behnke 2002: 683). Transparenzgebote bestehen, wenngleich in deutlich geringerem Umfang als etwa in den USA.

Dennoch lassen sich auch einige deutliche Lücken ausmachen: Nach wie vor wird weder von Politikern noch von Verwaltungsmitarbeitern eine umfassende Offenlegung ihrer finanziellen Verhältnisse verlangt.[18] Ethik- und Verhaltenskodizes spielen, trotz verschiedener Versuche ihrer Einführung, keine nennenswerte Rolle. Am deutlichsten wird der Unterschied zu den hier untersuchten angelsächsischen Ländern bei einer zentralen Ethik-Institution, die in Deutschland vollständig fehlt. Zwar gab es auch hier Initiativen und Kommissionen zur Reform des öffentlichen Dienstes. Eine im Bundesministerium des Innern eingerichtete Stabsstelle beschäftigt sich seit mehreren Legislaturperioden unter wechselnden Regierungen und Namen mit der Modernisierung der öffentlichen Verwaltung. Im Gegensatz zu den angelsächsischen Ländern war dort Ethik jedoch niemals ein Thema.

Parallel zum Fehlen einer expliziten politischen Ethik-Diskussion fehlt eine entsprechende Diskussion, wie in Abschnitt 2.2 aufgezeigt, auch in der Wissenschaft. Es fand unter Politik- und Verwaltungswissenschaftlern niemals eine vergleichbare Debatte darüber statt, welche ethischen Standards in Deutschland existieren, welche man sich wünschen würde, wie man diese einführen könnte, wie nützlich Ethik-Kodizes und Ethik-Training sind oder wie man Interessenkonflikte bei Politikern etwa prozedural

---

18 Zwar müssen Abgeordnete in begrenztem Umfang Einnahmen aus beruflichen Tätigkeiten deklarieren, die im Handbuch des Deutschen Bundestages veröffentlicht werden; aber weitere Vermögensverhältnisse sind nach wie vor Privatsache.

vermeiden könnte – alles Fragen, die in der angelsächsischen Literatur ausgiebig diskutiert wurden und werden. Auch ist der Austausch zwischen Wissenschaft und Praxis hier wesentlich verhaltener als in den angelsächsischen Ländern. Der einzige Ansatzpunkt, an dem so etwas wie eine Netzwerkbildung zu ethisch relevanten Problemen (auch über Disziplinen hinweg und zwischen Wissenschaftlern und Praktikern) erkenntlich ist, ist die Korruptionsbekämpfung. Allerdings dominiert hier ganz klar ein legalistischer Blickwinkel mit einem Schwerpunkt auf repressiven Maßnahmen durch Polizei und Justiz.

Die in Abschnitt 2 angestellten Überlegungen zum Einfluss von Rechtssystem und Verwaltungskultur auf die Ethik-Infrastruktur eines Landes werden durch die empirischen Betrachtungen also bestätigt. So lassen sich die deutschen Befunde stimmig einordnen: Wie man sehen konnte, besteht in Ländern der kontinentaleuropäischen Tradition, für die Deutschland hier stellvertretend betrachtet wurde, ein vergleichsweise geringer Bedarf, das individuelle Verhalten über explizite Ethik-Maßnahmen weiter zu regeln, da sie über ein systematisches Rechtssystem sowie einen traditionellen, loyalen und gesetzesgebundenen Stab an Lebenszeitbeamten verfügen. In Ländern der angelsächsischen Tradition hingegen – stellvertretend wurden hier vor allem die USA genauer untersucht – besteht für öffentliche Bedienstete a priori eine höhere Unsicherheit hinsichtlich der geltenden Standards und eine höhere Anfälligkeit für Interessenkonflikte. Der Rechtssystematik hier steht dort eine fallweise Rechtsentwicklung, der Staatstradition die Civil Society gegenüber. Öffentliche Bedienstete werden dort eher als „Public Managers" betrachtet, und während im kontinentaleuropäischen System Rechtsbindung und Gesetzesförmigkeit für die (Selbst-)Wahrnehmung des öffentlichen Dienstes prägend sind, sind Leitbilder in den angelsächsischen Ländern eher Individualisierung und Ökonomisierung.

Die Frage ist nun, was diese Einsicht an Voraussagen für weitere Entwicklungen erlaubt. Tendenziell kann vermutet werden, dass auch weiterhin in Deutschland der Weg der Inkorporierung substanziell wichtiger Regelungsinhalte in den Bestand an Gesetzen und in die Verwaltungspraxis verfolgt wird, ohne dabei in der Rhetorik besonders auf Ethik als Thema einzugehen. Insofern ließe sich aktuell diagnostizieren, dass Ethik im öffentlichen Sektor zwar nicht gerade eine Modeerscheinung ist, aber auch kein trostloses Leben als Mauerblümchen fristen muss. Eine Fortschreibung dieses eingeschlagenen Entwicklungspfades erscheint plausibel.

In dem Maße jedoch, wie sich die kontinentaleuropäische Verwaltungskultur (und die institutionellen Strukturen) an das angelsächsische System angleichen, könnte auch hier der Bedarf an Ethik-Maßnahmen steigen. Indizien hierfür gibt es zu genüge: Die graduelle Öffnung der Karrieren, die leichtere Wechsel zwischen Wirtschaft und Verwaltung ermöglichen, führt tendenziell zu einer Annäherung an das amerikanische Drehtürsystem, mit den entsprechenden Folgen: Die interne Sozialisationswirkung der Verwaltung geht zurück, die Anreize und Möglichkeiten für Interessenkonflikte nehmen zu. Verstärkt wird diese Tendenz durch Folgen des New Public Management, durch sich überlagernde Werteparadigmata und die Verwischung von Verantwortlichkeiten, etwa bei Public-Private-Partnerships oder als Folge der verstärkten Agenturbildung, um nur einige Beispiele zu nennen. Auch diese Entwicklungen machen eine explizitere Formulierung ethischer Standards und die Einführung neuer Ethik-Maßnahmen nötig.

6. Ausblick: Die Wirkungen von Ethik-Maßnahmen

In der vorliegenden Analyse ging es primär darum, zu einer begründeten Einschätzung der Relevanz des Ethik-Konzepts für die deutsche Verwaltungswissenschaft und -praxis zu gelangen. Im Lichte der empirischen Erkenntnisse, die hier referiert wurden, erscheint es mir aber auch verantwortbar, zuletzt einige weiterführende Schlüsse zu ziehen, die allerdings nicht mehr den Status empirisch fundierter Erkenntnis, sondern allenfalls der begründeten Spekulation haben können und Anlass zu weiterer Forschung geben sollen.

Ein wichtiger weiterführender Aspekt ist der Zusammenhang zwischen der Einführung von Ethik-Maßnahmen und dem öffentlichen Vertrauen. In den allermeisten Fällen werden Ethik-Maßnahmen als Reaktion auf Skandale eingeführt, weil die Politiker einen (realen oder nur zugeschriebenen) Zusammenhang zwischen schlechter Performanz des öffentlichen Sektors und sinkendem öffentlichem Vertrauen sehen. In der Hoffnung, diesen Abwärtstrend zu bremsen oder gar umzukehren, werden in Form von Ethik-Maßnahmen sichtbare Beweise dafür geliefert, dass man sich erstens einer guten Performanz (Integrität und Effizienz) verpflichtet fühlt, und dass man zweitens auch aktiv etwas dafür tut. Ob Ethik-Maßnahmen diesen intendierten Effekt erreichen oder nicht, ist empirisch nicht zu überprüfen, da man nicht weiß, wie sich das Vertrauen entwickelt hätte, wenn bestimmte Maßnahmen nicht ergriffen worden wären, weil also – technisch gesprochen – die Kontrollgruppe fehlt. Was man aber feststellen kann, ist dass ein Mehr an Ethik-Maßnahmen auch kontraproduktive Effekte auf das öffentliche Vertrauen haben kann:

1. Je mehr Ethik-Regeln das Verhalten von Amts- und Mandatsträgern regulieren, desto häufiger werden diese zwangsläufig auch Regeln übertreten, bis zu dem Extremfall, dass das Geflecht an Regeln so dicht und widersprüchlich geworden ist, dass jede Handlungsoption zwangsläufig eine Regelverletzung bedeutet. Folgt man der Annahme, dass das Vertrauen der Öffentlichkeit durch Regelverletzungen von Amts- und Mandatsträgern erschüttert wird, dann tragen mehr Ethik-Regeln dazu bei, dass mehr Regelverletzungen stattfinden und das Vertrauen der Öffentlichkeit noch stärker untergraben wird.

2. Die Einführung von Transparenzgeboten soll zum einen Vertrauen der Öffentlichkeit schaffen, zum anderen präventiv Interessenkonflikte verhindern. Hier besteht jedoch die Gefahr, dass Handlungen, die an sich durchaus mit ethischen Standards konform sind, im Lichte der Öffentlichkeit einen problematischen Anschein erhalten. Wie ein amerikanisches Sprichwort so schön sagt: „Making law is like making sausage", und wenn man gesehen hat, wie die Wurst gemacht wird, schmeckt sie meistens nicht mehr. So kann auch Transparenz in der Konsequenz zu einer Vertrauenserosion beitragen.

3. Durch die permanente medienwirksame Thematisierung der Problematik ethischer Standards wird in der Öffentlichkeit eine höhere Sensibilität für das Thema ge-

weckt, mit entsprechend steigender Erwartungshaltung an die Integrität öffentlicher Bediensteter. Steigende Standards mögen an sich durchaus begrüßenswert sein, aber wenn das Niveau der Integrität des Verhaltens öffentlicher Bediensteter bei steigenden Erwartungen auch nur gleich bleibt, kommt das einem Sinken des Niveaus in der öffentlichen Wahrnehmung gleich und führt somit ebenfalls zu einem Vertrauensabbau.

4. Schließlich besteht die Gefahr, dass das Bemühen, sichtbar das Engagement für ethische Standards zu demonstrieren, sich von deren eigentlicher Funktionalität entkoppelt und zu symbolischer Politik degeneriert. Diese aber führt bekanntermaßen langfristig ebenfalls zu sinkendem öffentlichen Vertrauen, wo sie als solche erkannt wird.

Abbildung 2: Zusammenhang zwischen Menge bereits eingeführter Ethik-Maßnahmen und der Wirksamkeit neuer Maßnahmen

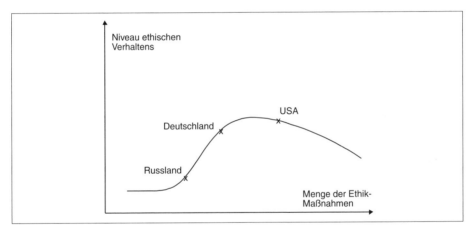

Diese Gefahren, die ein Übermaß an Ethik-Maßnahmen mit sich bringen kann, sind beispielsweise in den USA schon weitgehend Realität, wohingegen man in Deutschland davon ausgehen kann, dass sie sich allenfalls in Ansätzen zeigen. Diese Überlegungen deuten auf einen weiteren Zusammenhang, nämlich, dass die Wirksamkeit neuer Ethik-Maßnahmen nicht zuletzt von der Menge und Dichte schon vorhandener Maßnahmen abhängt. Meine Vermutung ist, dass die Form dieses Zusammenhangs in etwa einer neoklassischen Nutzenfunktion folgt (vgl. Abbildung 2). In Ländern etwa, die mit wirklich großen Korruptionsproblemen zu kämpfen haben, wie das in vielen afrikanischen Staaten oder auch in Russland der Fall ist, wo also das Niveau an ethischem Verhalten sehr niedrig ist und es noch keine wirksamen Ethik-Maßnahmen gibt, wird der Grenzertrag der Wirksamkeit einer neu eingeführten Ethik-Maßnahme relativ gering, aber positiv sein. Das heißt, jede neue Ethik-Maßnahme verbessert die gesamten Rahmenbedingungen und beeinflusst auch die schon bestehenden Ethik-Maßnahmen positiv in ihrer Wirksamkeit. Die Wirksamkeit der Maßnahmen und das allgemeine Niveau ethischen Verhaltens können auf dem ersten Abschnitt der Kurve also mit Hilfe der Einführung neuer Maßnahmen langsam steigen. Verfügt ein Land bereits über einen institutionellen Rahmen und eine Verwaltungskultur, die generell ein gewisses

Niveau an ethischem Verhalten des öffentlichen Sektors sichern (also etwa die westeuropäischen Staaten), dann können neue Ethik-Maßnahmen eine relativ hohe Wirksamkeit entfalten, wo sie gezielt Regelungslücken schließen. Hier, auf dem steil ansteigenden Abschnitt der Kurve, ist der Grenzertrag an Wirksamkeit einer neuen Maßnahme also am größten. Ab einer gewissen Menge und Dichte an Regelungsmaßnahmen aber treten die oben beschriebenen kontraproduktiven Effekte auf. Auf diesem sinkenden Abschnitt der Kurve befinden sich die USA bereits. Das Problem ist hierbei, dass neue Ethik-Maßnahmen dann eine negative Wirkung auf das Niveau ethischen Verhaltens entfalten und zugleich eine Eigendynamik entwickeln, die dazu führt, dass immer mehr Ethik-Maßnahmen eingeführt werden. Befindet sich ein Land also auf diesem letzten Kurvenabschnitt, so besteht die Gefahr, dass aufgrund dieser Eigendynamik das System gewissermaßen in eine Abwärtsspirale gerät, bis es irgendwann kollabiert.

Literatur

Acta Borussica, 1901: Instruction und Reglement für das Generaldirectorium, in: *Schmoller, Gustav/Krauske, Otto* (Hrsg.), Acta Borussica. Behördenorganisation und allgemeine Staatsverwaltung Preußens im 18. Jahrhundert. Berlin: Parey, 575–651.

Ahlf, Ernst-Heinrich, 1996: Ethische Aspekte zur Korruptionsbekämpfung. Zugleich ein berufsethischer Orientierungsrahmen, in: Kriminalistik. Zeitschrift für die gesamte kriminalistische Wissenschaft und Praxis 50, 91–98.

Alemann, Ulrich von (Hrsg.), 2005: Dimensionen politischer Korruption. PVS Sonderheft Bd. 35. Wiesbaden: VS Verlag.

Alemann, Ulrich von/Kleinfeld, Ralf, 1992: Begriff und Bedeutung der politischen Korruption aus politikwissenschaftlicher Sicht, in: *Benz, Arthur/Seibel, Wolfgang* (Hrsg.), Zwischen Kooperation und Korruption. Baden-Baden: Nomos, 259–292.

Anechiarico, Frank/Jacobs, James B., 1996: The Pursuit of Absolute Integrity. Chicago, Ill.: University of Chicago Press.

Arnim, Hans Herbert von, 1990: Abgeordnetenkorruption, in: Juristenzeitung 45, 1014–1017.

Association of the Bar of the City of New York, 1960: Conflict of Interest and Federal Service. Cambridge, Mass.: Harvard University Press.

Association of the Bar of the City of New York, 1970: Congress and the Public Trust. New York, NY: Atheneum.

Atkinson, Michael M./Mancuso, Maureen, 1985: Do We Need a Code of Conduct for Politicians? The Search for an Elite Political Culture of Corruption in Canada, in: Canadian Journal of Political Science 18, 459–480.

Badura, Peter, 1980: Die parlamentarische Verantwortlichkeit der Minister, in: Zeitschrift für Parlamentsfragen 11, 573–582.

Becker, Michaela, 1998: Korruptionsbekämpfung im parlamentarischen Bereich. Bonn: Univ. Diss.

Becker-Kavan, Ingo, 1999: Pflichtverletzungen von Beamten und anderen Mitarbeitern des öffentlichen Dienstes in: Der öffentliche Dienst 52, 249–255.

Behnke, Nathalie, 2002: A Nolan Committee for the German Ethics Infrastructure?, in: European Journal of Political Research 41, 675–708.

Behnke, Nathalie, 2004: Ethik in Politik und Verwaltung. Baden-Baden: Nomos.

Behnke, Nathalie, 2005 [1997]: Alte und neue Werte im öffentlichen Dienst, in: *Blanke, Bernhard/von Bandemer, Stephan/Nullmeier, Frank/Wewer, Göttrik* (Hrsg.), Handbuch zur Verwaltungsreform. Wiesbaden: VS Verlag, 243–251.

Behnke, Nathalie/Maesschalck, Jeroen (Hrsg.), 2006: Integrity Systems at Work – Theoretical and Empirical Foundations. A Symposium, in: International Journal of Public Administration.

Berge, Achim, 2000: Improved Rules on Public Access to Documents? The Discussion on a Regulation under Art. 255 ECT. Stockholm: Master Thesis (i.E.).

Berrington, Hugh, 1995: Political Ethics: The Nolan Report, in: Government & Opposition 30, 431–451.

Bertucci, Guido/Armstrong, Elia Yi, 2000: United Nations Involvement in Promoting Government Ethics, in: *El-Ayouty, Yassin/Ford, Kevin J,/Davies, Mark* (Hrsg.), Government Ethics and Law Enforcement. Toward Global Guidelines. Westport, CT: Praeger, 27–39.

Bogumil, Jörg, 2001: Modernisierung lokaler Politik. Baden-Baden: Nomos.

Bowman, James S. (Hrsg.), 1991: Ethical Frontiers in Public Management. San Francisco, CA: Jossey Bass.

Budäus, Dietrich/Finger, Stefanie, 1999: Stand und Perspektiven der Verwaltungsreform in Deutschland, in: Die Verwaltung 32, 313–343.

Chapman, Richard A., 1988: Ethics in the British Civil Service. London: Routledge.

Chapman, Richard A. (Hrsg.), 1993: Ethics in Public Service. Edinburgh: Edinburgh University Press.

Chapman, Richard A. (Hrsg.), 2000: Ethics in Public Service for the New Millennium. Aldershot: Ashgate.

Committee on Standards in Public Life, 1995: Standards in Public Life (First Report). London: HMSO.

Cooper, Terry L., 1998[1982]: The Responsible Administrator. San Francisco, CA: Jossey Bass.

Davies, Morton R./Doig, Alan, 1983: Public Service Ethics in the United Kingdom, in: *Kenneth Kernaghan, Kenneth/Dwivedi, O.P.* (Hrsg.), Ethics in the Public Service: Comparative Perspectives. Brüssel: International Institute of Administrative Sciences, 49–64.

Demmke, Christoph/Bossaert, Danielle, 2005: Main Challenges in the Field of Ethics and Integrity in the EU Member States. Brüssel: European Institute of Public Administration.

Denhardt, Kathryn, 1991: Ethics and Fuzzy Worlds, in: Australian Journal of Public Administration 50, 274–278.

Deutsches Institut für Urbanistik, 2004: Dokumentation zum Seminar „Korruption – Prävention und Bekämpfung in Bund, Ländern und Kommunen". Berlin: DIfU.

Doig, Alan, 1984: Corruption and Misconduct in Contemporary British Politics. Harmondsworth: Penguin.

Doig, Alan, 1997: Truth-Telling and Power, in: Parliamentary Affairs 50, 143–165.

Doig, Alan, 1998: 'Cash for Questions': Parliament's Response to the Offence that Dare Not Speak its Name. in: Parliamentary Affairs 51, 37–50.

Doig, Alan, 2001: Sleaze: Picking Up the Threads or 'Back to Basics' Scandals?, in: Parliamentary Affairs 54, 360–375.

Doig, Alan, 2002: Sleaze Fatigue in 'The House of Ill-Repute', in: Parliamentary Affairs 55, 389–399.

Doig, Alan/Wilson, John, 1995: Untangling the Threads of Sleaze, in: Parliamentary Affairs 48, 562–278.

Douglas, Paul Howard, 1952: Ethics in Government. Cambridge, Mass.: Harvard University Press.

Driver, Julia, 1992: Caesar's Wife: On the Moral Significance of Appearing Good, in: The Journal of Philosophy 89, 331–343.

Eschenburg, Theodor, 1978a [1970]: The Decline of the Bureaucratic Ethos in the Federal Republic, in: *Heidenheimer, Arnold J.* (Hrsg.), Political Corruption. Readings in Comparative Analysis. New Brunswick, NJ: Transaction Books, 259–265.

Eschenburg, Theodor, 1978b [1970]: German Attempts at the Legal Definition of Parliamentary Corruption, in: *Heidenheimer, Arnold J.* (Hrsg.), Political Corruption. Readings in Comparative Analysis. New Brunswick, NJ: Transaction Books, 404–408.

Findlay, Mark/Stewart, Andrew, 1992: Implementing Corruption Prevention Strategies Through Codes of Conduct, in: Corruption and Reform 7, 67–85.

Fleishman, Joel L. (Hrsg.), 1981: Public Duties: The Moral Obligations of Government Officials. Cambridge, Mass.: Harvard University Press.

Frederickson, H. George (Hrsg.), 1993: Ethics and Public Administration. Armonk, NY: M.E. Sharpe.

Friedrich-Ebert-Stiftung (Hrsg.), 1996: Korruption in Deutschland. 1. Nachfragekonferenz. Bonn: Presse- und Informationsamt der Friedrich-Ebert-Stiftung.

Friedrich-Ebert-Stiftung (Hrsg.), 1997 [1995]: Korruption in Deutschland. Ursachen, Erscheinungsformen, Bekämpfungsstrategien. Bonn: Presse- und Informationsamt der Friedrich-Ebert-Stiftung.

Gilman, Stuart C., 1991: The U.S. Office of Government Ethics, in: The Bureaucrat, 13–16.

Gilman, Stuart C., 2000: An Idea Whose Time Has Come: The International Experience of the U.S. Office of Government Ethics in Developing Anticorruption Systems, in: Public Integrity 2, 135–155.

Gow, J.I. 2005: A Practical Basis for Public Service Ethics. http://www.cpsa-acsp.ca/papers-2005/ Gow.pdf.

Graham, George A., 1952: Morality in American Politics. New York, N.Y.: Random House.

Haffke, Bernhard, 1995: Politik und Korruption/Strafrechtliche Notizen zu den jüngsten Bestechungsskandalen, in: *Tondorf, Günter* (Hrsg.), Staatsdienst und Ethik. Baden-Baden: Nomos, 11–40.

Heinig, Michael, 1999: Skandalenquête und Politikfinanzierung, in: Mitteilungen des Instituts für deutsches und europäisches Parteienrecht (Sonderbeilage) 9, 37–44.

Herbig, Gottfried, 1989: Korruptionsfälle in der Stadtverwaltung Frankfurt, in: Verwaltungsarchiv 80, 381–393.

Hodess, Robin (Hrsg.), 2001: Global Corruption Report. Berlin: Transparency International.

Hodess, Robin (Hrsg.), 2003: Global Corruption Report. Berlin: Transparency International.

Hodess, Robin (Hrsg.), 2004: Global Corruption Report. Berlin: Transparency International.

Holtmann, Everhard, 1999: Vom „klassischen" zum „politischen" Bürokraten? Einstellungen und Einstellungswandel im öffentlichen Dienst in Deutschland seit 1945, in: *Jesse, Eckhard/Löw, Konrad* (Hrsg.), 50 Jahre Bundesrepublik Deutschland. Berlin: Duncker & Humblot, 101–120.

Hondeghem, Annie (Hrsg.), 1998: Ethics and Accountability in a Context of Governance and New Public Management. Amsterdam: IOS Press.

Hood, Christopher/Scott, Colin/James, Oliver/Jones, George/Travers, Tony, 1999: Regulation inside Government. Oxford: Oxford University Press.

Huberts, Leo (Hrsg.), 1999: Integrity at the Public-Private Interface. Maastricht: Shaker.

Huberts, Leo/Jurkiewicz, Carole L./Maesschalck, Jeroen (Hrsg.), 2006: Ethics and Integrity of Governance: Ethics Across Frontiers. Cheltenham: Edward Elgar (i.E.).

Hughes, Colin A., 1981: Administrative Ethics, in: *Curnow, G.R./Wettenhall, R.L.* (Hrsg.), Understanding Public Administration. Sidney: Allen and Unwin, 194–196.

Hughes, Colin A., 1983: Public Service Ethics in Australia, in: *Kernaghan, Kenneth/Dwivedi, O.P.* (Hrsg.), Ethics in the Public Service: Comparative Perspectives. Brüssel: International Institute of Administrative Science, 65–75.

Kaye, Robert, 2001: Regulating Pecuniary Interest in the United Kingdom: A Comparative Examination. Grenoble: Paper presented at the ECPR Joint Sessions of Workshops.

Kaye, Robert, 2005: 'OfGov': A Commissioner for Government Conduct?, in: Parliamentary Affairs 58, 171–188.

Kernaghan, Kenneth, 1980: Codes of Ethics and Public Administration: Progress, Problems and Prospects, in: Public Administration 59, 211–212.

Kernaghan, Kenneth, 1983: Public Service Ethics in Canada, in: *Kernaghan, Kenneth/Dwivedi, O.P.* (Hrsg.), Ethics in the Public Service: Comparative Perspectives. Brüssel: International Institute of Administrative Sciences, 37–48.

Kernaghan, Kenneth, 1987: The Statement of Principles of the Institute of Public Administration of Canada: the Rationale for its Development and Content, in: Canadian Public Administration 30, 331–351.

Kernaghan, Kenneth/Dwivedi, O.P. (Hrsg.), 1983: Ethics in the Public Service: Comparative Perspectives. Brüssel: International Institute of Adminsitrative Sciences.

Landfried, Christine, 1994: Parteifinanzen und politische Macht. Baden-Baden: Nomos.

Lawton, Alan, 1998: Ethical Management for the Public Services. Buckingham, Philadelphia, PA: Open University Press.

Leigh, David/Vulliamy, Ed, 1996: Sleaze: the Corruption of Parliament. London: Fourth Estate.

Liebl, Karlhans, 1986: „Bekämpfung der Wirtschaftskriminalität": Höhenflug oder Bauchlandung? Zur Implementation eines rechtspolitischen Programms, in: Kriminologisches Journal 18, 50–59.

Lorig, Wolfgang, 2004: „Good Governance" und „Public Service Ethics". Amtsprinzip und Amtsverantwortung im elektronischen Zeitalter, in: Aus Politik und Zeitgeschichte, 24–30.

Lösche, Peter, 1993: Problems of Party and Campaign Financing in Germany and the United States – Some Comparative Reflections, in: *Gunlicks, Arthur B.* (Hrsg.), Campaign and Party Finance in North America and Western Europe. Boulder: Westview Press, 219–230.

Mackenzie, G. Calvin, 2002: Scandal Proof. Washington, DC: Brookings.

Macmullen, Andrew, 1999a: Fraud, Mismanagement and Nepotism: The Committee of Independent Experts and the Fall of the European Commission 1999, in: Crime, Law & Social Change 32, 193–208.

Macmullen, Andrew, 1999b: Political Responsibility for the Administration of Europe: The Commission's Resignation March 1999, in: Parliamentary Affairs 52, 703–718.

Maesschalck, Jeroen, 2002: The Impact of New Public Management Reforms on Public Servants' Ethic: Toward a Conceptual Framework. Phoenix, AZ: Vortragsmanuskript der Jahrestagung der ASPA.

Maiwald, Ernst, 1986: Fehlverhalten von Ministern und Ministerien, in: Der öffentliche Dienst 39, 77–100.

Maravic, Patrick von, 2003: Public Management Reform und Korruption – unbeabsichtigte Folgen. Potsdam: Arbeitspapier.

Maravic, Patrick von/Reichard, Christoph, 2003: New Public Management and Corruption: IPMN Dialogue and Analysis in: International Public Management Review 4, 84–129.

Martel, Andrea, 2001: Vom guten Parlamentarier. Eine Studie der Ethikregeln im US-Kongress. Bern: Haupt.

Miller, Manfred, 1990: Korruption, Kontrolle und Konzepte zum Abbau von Mißständen in Politik und Verwaltung, in: Die Verwaltung 23, 227–245.

Morgan, Peter W./Reynolds, Glenn H., 1997: The Appearance of Impropriety. New York, NY: Free Press.

Müller, Udo, 1995: Der Korruption auf der Spur. Korruption in der öffentlichen Verwaltung und Finanzkontrolle. Eine Antwort des hessischen Rechnungshofs, in: Kriminalistik. Zeitschrift für die gesamte kriminalistische Wissenschaft und Praxis 49, 103–105.

Naschold, Frieder, 1993: Modernisierung des Staates: zur Ordnungs- und Innovationspolitik des öffentlichen Sektors. Berlin: Sigma.

OECD, 1997: Managing Government Ethics. Paris: OECD.

OECD, 1998: Principles for Managing Ethics in the Public Service. Paris: OECD.

OECD, 1999: Public Sector Corruption. Paris: OECD.

OECD, 2000: Trust in Government. Paris: OECD.

OECD, 2003: Managing Conflict of Interest in the Public Service. Paris: OECD.

Oliver, Dawn, 1995: The Nolan Committee, in: *Ridley, Frederik F./Doig, Alan* (Hrsg.), Sleaze: Politicians, Private Interests and Public Reaction. Oxford: Oxford University Press, 42–53.

Oliver, Dawn, 1997: Regulating the Conduct of MP's. The British Experience of Combating Corruption, in: Political Studies 45, 539–558.

Pippig, Gerhard, 1990: Verwaltungsskandale in: Aus Politik und Zeitgeschichte 40, 11–20.

Prätorius, Rainer, 1999: Zur politischen Kultur von Loyalitätskonflikten, in: *Haberl, Nikola/Korenke, Tobias* (Hrsg.), Politische Deutungskulturen. Festschrift für Karl Rohe. Baden-Baden: Nomos, 111–122.

Prätorius, Rainer, 2000: Internalisierung und Verantwortlichkeit – Zur Steuerbarkeit des Polizeihandelns durch Leitbilder. An US-Beispielen, in: *Burth, Hans-Peter/Druwe, Ulrich* (Hrsg.), Theorie der Politik. Festschrift für Axel Görlitz. Stuttgart: Grauer, 209–225.

Pujas, Véronique, 2001: A European Anti-Fraud Office? Strengths and Weaknesses of an Ambiguous Agency. Grenoble: Vortrag auf den ECPR Joint Sessions of Workshops.

Pujas, Véronique/Rhodes, Martin, 1999: A Clash of Cultures? Corruption and the Ethics of Administration in Western Europe, in: Parliamentary Affairs 52, 688–702.

Relyea, Harold C., 2001: Access to Government Information in the United States. Washington, DC: Congressional Research Service – Library of Congress.

Ridley, Frederick F./Doig, Alan (Hrsg.), 1995: Sleaze: Politicians, Private Interests and Public Reaction. Oxford: Oxford University Press.

Rohr, John A., 1986: To Run a Constitution: The Legitimacy of the Administrative State. Lawrence, Kan.: University Press of Kansas.

Rohr, John A., 1989: Ethics for Bureaucrats. New York, NY: Marcel Dekker.

Schaller, Hans, 1998: Neue Vorschriften zur Korruptionsbekämpfung, in: Recht im Amt 45, 9–14.

Scheuer, Martin, 2000: Grundlagen des öffentlichen Auftragswesens, in: Recht im Amt 47, 271–280.

Seibel, Wolfgang, 2001: Institutional Weaknesses, Ethical Misjudgement: German Christian Democrats and the Kohl Scandal, in: *Fleming, Jenny/Holland, Ian* (Hrsg.), Motivating Ministers to Morality. Aldershot: Ashgate, 77–90.

Sommermann, Karl-Peter, 1998: Brauchen wir eine Ethik des öffentlichen Dienstes?, in: Verwaltungsarchiv 89, 290–305.

Sommermann, Karl-Peter, 2003: Ethisierung des öffentlichen Dienstes und Verstaatlichung der Ethik, in: Archiv für Rechts- und Sozialphilosophie 89, 75–86.

Stark, Andrew, 1993: Public Sector Conflict of Interest at the Federal Level in Canada and the U.S.: Differences in Understanding and Approach, in: *Frederickson, H. George* (Hrsg.), Ethics and Public Administration. Armonk, NY: M.E. Sharpe, 52–75.

Sub-Committee of the First Division Association, 1972: Professional Standards in the Public Service, in: Public Administration 50, 167–182.

Thompson, Dennis F., 1987: Political Ethics and Public Office. Cambridge, Mass.: Harvard University Press.

Thompson, Dennis F., 1995: Ethics in Congress. Washington DC: Brookings Institution.

Tondorf, Günter (Hrsg.), 1995: Staatsdienst und Ethik. Baden-Baden: Nomos.

Transparency International, 2004: Worum geht es beim Informationsfreiheitsgesetz? 10 Fragen und Antworten. http://www.transparency.de/10_Fragen_und_Antworten_zum_In.405.0.html.

Uhr, John, 1991: The Ethics Debate: Five Framework Propositions, in: Australian Journal of Public Administration, 50, 285–291.

Uhr, John, 2001: Public Service Ethics in Australia, in: Public Administration and Public Policy 86, 719–740.

Urban, Richard, 2001: Die Neuordnung des Bundesdisziplinarrechts, in: Neue Zeitschrift für Verwaltungsrecht 20, 1335–1342.

Vahle, Jürgen, 1998: Der Kampf gegen die Korruption – ein Überblick über die jüngsten gesetzgeberischen Aktivitäten auf Bundesebene, in: Verwaltungsrundschau 44, 325–328.

Vahlenkamp, Werner/Knauß, Ina, 1995: Korruption – hinnehmen oder handeln? Wiesbaden: Bundeskriminalamt.

Vogelgesang, Klaus, 1997: Ethos des Berufsbeamtentums in der Gegenwart, in: Zeitschrift für Beamtenrecht, 33–37.

Wilburn, William/Reichling, Ingrid, 2000: Germany Adopts New Procurement Code, in: The International Construction Law Review 17, 1–12.

Wilson, H. Hubert, 1951: Congress: Corruption and Compromise. New York, N.Y.: Rinehart & Co.

Wollmann, Helmut, 1999: Politik- und Verwaltungsmodernisierung in den Kommunen: Zwischen Managementlehre und Demokratiegebot, in: Die Verwaltung 32, 345–375.

Zachert, Hans Ludwig, 1997 [1995]: Korruption und Korruptionsbekämpfung – zehn Thesen, in: *Friedrich-Ebert-Stiftung* (Hrsg.), Korruption in Deutschland. Ursachen, Erscheinungsformen, Bekämpfungsstrategien. Berlin, 85–93.

Ausbruch aus „exekutiver Führerschaft"? Ressourcen- und Machtverschiebungen im Dreieck von Regierung, Verwaltung und Parlament

Sabine Kropp

1. Problemaufriss: Parlamente an der Kette der Exekutive?

Verwaltungswissenschaft und Parlamentsforschung verfügen zwar über einen Kern gemeinsamer Inhalte und Forschungsinteressen, beide politikwissenschaftlichen Subdisziplinen beziehen jedoch nur selten theoretische Ansätze und empirische Ergebnisse der jeweils anderen Seite explizit in das eigene Untersuchungsdesign ein. Diese Selbstbeschränkung ist nicht nur von der Sache her problematisch, weil in parlamentarischen Regierungssystemen Regierung, Verwaltung und Parlament systemisch aufeinander bezogen sind. Sie bleibt auch deshalb unbefriedigend, weil Untersuchungen Gefahr laufen, fragmentarische Ergebnisse zu liefern, die überdies von den Protagonisten der einen wie der anderen Teildisziplin normativ einseitig interpretiert werden. Es bleibt daher ein notwendiges politikwissenschaftliches Unterfangen, eine gemeinsame Agenda beider Forschungsgebiete deutlicher als bislang geschehen herauszuarbeiten.

Der Beitrag versteht sich als ein Schritt in diese Richtung. Hierfür werden nachfolgend neo-institutionalistische Ansätze und Theorien der politischen Ökonomie kombiniert, um Hypothesen über die Handlungsressourcen und die Interaktionen zwischen Regierung, Verwaltung und Parlament herauszuarbeiten. Anschließend identifiziert der Beitrag einige Untersuchungsfelder, in denen die Annahmen überprüft und expliziert werden können. Die Befunde zu diesem Thema sind einstweilen noch fragmentarischer Natur, denn ein beträchtlicher Teil der Forschung ist im Bereich informaler Politik angesiedelt, der empirisch schwer zugänglich ist. Ich gehe deshalb vom vergleichsweise besser erforschten deutschen Regierungssystem aus, beziehe dabei aber, sofern möglich, immer wieder Erfahrungen anderer europäischer Demokratien mit ein. Ein systematischer Vergleich ist derzeit noch nicht möglich, da vergleichende Parlamentsforschung und Verwaltungspolitologie informale Techniken und Governance-Muster, die das Parlament als Untersuchungsobjekt dezidiert einbeziehen und bei ihm den analytischen Ausgangspunkt sehen, bislang nur ansatzweise vergleichend herausgearbeitet haben. Im letzten Abschnitt werden schließlich künftige Forschungsperspektiven umrissen.

Parlamentsforschung und Verwaltungswissenschaft ist gemein, dass sie aus unterschiedlichen Perspektiven in den vergangenen Jahrzehnten immer wieder auf die dominierende Rolle von Regierung und Verwaltung gegenüber den Parlamenten hingewiesen haben. Lange bevor die neuere Debatte über Tendenzen der „Entparlamentarisierung" und über das Anbrechen eines „postparlamentarischen" Zeitalters (Andersen/Burns 1994; Benz 1998) geführt wurde, hat die verwaltungsorientierte Politikwissenschaft das Verhältnis zwischen Regierung, Verwaltung und Parlament bereits kritisch thematisiert. Mit der Wendung der „exekutiven Führerschaft" (Grauhan 1969: 273) wurde bereits in den sechziger Jahren eine Entwicklung beschrieben, der zufolge das Parlament die Gesetzgebung nicht mehr als Instrument der politischen Führung einsetzen könne; der Primat der Politik sei vielmehr auf die gegenüber dem Parlament verselbständigte Regierung übergegangen. Entgegen dem ursprünglichen Verfassungsplan sei es nicht das Parlament, sondern die Regierung, welche die politische Agenda bestimme und gegenüber der nachgeordneten Verwaltung Ziele und Prioritäten festlege. Initiative und Programmentwicklung oblägen überwiegend der Ministerialverwaltung. Gewaltenteilung und Machtverhältnisse im – keineswegs gleichschenkligen – Dreieck zwischen Parlament, Regierung und Verwaltung haben sich dieser Lesart zufolge eindeutig zugunsten von Regierung und Verwaltung verschoben. Die Auseinandersetzungen zwischen den Mehrheits- und den Minderheitsfraktionen dienten nunmehr dazu, die Mehrheit zur Ratifizierung von Führungsentscheidungen herzustellen.

Parlamente könnten Probleme, so ein anderes Argument, weniger effektiv als die Regierung bearbeiten, da Regierung und Verwaltung in vielen Demokratien über ungleich bessere Arbeitsressourcen und einen schwer aufholbaren Informationsvorsprung verfügten (vgl. hierzu vergleichend Schnapp 2004). Auch Grauhans Vorschlag, den ursprünglichen Verfassungsplan im Sinne eines „korrelativen Führungsmodells" umzudeuten (Grauhan 1969: 278), läuft letztlich ins Leere. Diesem Modell zufolge wählt das Parlament immerhin unter den von der Verwaltung dargebotenen Programmalternativen aus, es kann Auswahlentscheidungen wieder an sich ziehen und überwacht die Programmausführung. Die planende Ministerialbürokratie ist jedoch an der vorparlamentarischen Phase und an den parlamentarischen Beratungen in den Ausschüssen sowie in den Arbeitskreisen der regierungstragenden Fraktionen so intensiv beteiligt, dass sie selbst in die scheinbar nur residualen Zuständigkeiten der Volksvertretung mitsteuernd eingreift (vgl. bereits: Schmid/Treiber 1975: 180–188).

Exekutive Führerschaften können durchaus zu einem Problem für die demokratische Substanz einer politischen Ordnung heranwachsen. Die vergleichende Transformationsforschung hat in den vergangenen Jahren überzeugend darauf hingewiesen, dass die demokratische Performanz durch Verschiebungen im Verhältnis zwischen Exekutive und Legislative beträchtlichen Schaden nehmen kann (Lauth u.a. 2002). In sog. „illiberalen Demokratien" (Merkel/Croissant 2000), die zwischen Demokratie und Autokratie oszillieren, hat die Balance der demokratischen Gewaltenhemmung eine erhebliche Schlagseite erlitten, weil die Exekutiven die Parlamente regelmäßig übersteuern. Die Legitimationskette vom Volk über die Parlamente hin zu Regierung und Ministerialverwaltung ist in solchen Regimen porös geworden; die Exekutive, durch die Legislative nicht mehr hinreichend kontrolliert, hat sich in einer bedenklichen Weise verselbständigt. Ist das System von „checks and balances" zwischen den Gewalten nachhaltig gestört, fällt es schwer, die Grenze zwischen „defekter" Demokratie und Autokratie eindeutig zu ziehen.

Die Schwierigkeiten der (ehemaligen) Transformationsländer, das Prinzip der Gewaltenteilung wenigstens ansatzweise einzuhalten, weisen darauf hin, dass Verschiebungen im Dreieck von Legislative, Regierung und Verwaltung unweigerlich den inneren Kern von Demokratien berühren. Auch westliche, liberaldemokratische Systeme sind vor derlei Entwicklungen keineswegs gefeit. Untersuchungen wie die von Grauhan, die bereits vor knapp vierzig Jahren von einer parlamentarisch schwer kompensierbaren

Hegemonie von Regierung und Verwaltung im politischen Prozess ausgingen, bezogen sich noch ausschließlich auf einen innerstaatlichen Rahmen. Heute findet Politik aber in nationalstaatlich entgrenzten Räumen statt. Die europäischen Demokratien waren in den vergangenen Jahrzehnten Entwicklungen ausgesetzt, welche die Parlamente offenbar noch weiter ins Hintertreffen gerieten ließen. Stichpunkte sind die Europäisierung von Institutionen und Entscheidungsprozessen und nicht zuletzt die Globalisierung. Den Handlungsspielraum von Parlamenten beschränken ebenfalls ökonomisch inspirierte Konzepte der Verwaltungsmodernisierung und Privatisierung, in Deutschland außerdem der kooperative Föderalismus. Alle Zeichen deuten somit darauf hin, dass die Parlamente allmählich ihrer wesentlichen Funktionen von Gesetzgebung und Kontrolle verlustig gehen.

Der Beitrag schließt sich der These von der exekutiven Hegemonie, die mit einem parlamentarischen Machtverlust einhergehe, nicht vorbehaltlos an. Überträgt man neo-institutionalistische Ansätze und Theorien der politischen Ökonomie auf unsere Fragestellung, so lassen sich Grautöne herausarbeiten, die ein differenzierteres Bild als das des parlamentarischen Niedergangs ergeben. Diese Theorien legen es nahe, dass Parlamenten trotz ungünstiger Rahmenbedingungen durchaus ein Arsenal an Instrumenten und Ressourcen zur Verfügung steht, mit dessen Hilfe sie Verschiebungen von Macht und Einfluss im Dreieck von Regierung, Verwaltung und Parlament zu korrigieren vermögen.

2. Machtverschiebungen zwischen Regierung, Verwaltung und Parlament – theoretische Ansätze

2.1 Institutionentheoretische Überlegungen

Nicht nur die Verwaltungspolitologie hat auf das bestehende exekutive Übergewicht hingewiesen, auch ein Teil der staatsrechtlichen und der normativ argumentierenden politikwissenschaftlichen Literatur beklagt seit langem gebetsmühlenartig den Machtverlust der Parlamente. Dies mag daran liegen, dass nicht wenige Arbeiten die formalen Verfassungs- und Rechtsnormen, die den Primat des Parlaments vor der Exekutive festschreiben, mit dem tatsächlich vielschichtigeren politischen Prozess verwechseln (vgl. hierzu von Bogdandy 2005; Patzelt 1998), der von wechselseitigen Abhängigkeiten, Verflechtungen und, innerhalb der Parlamentsmehrheit, von verschiedenen Gradationen parlamentarischer Mitsteuerung (Schwarzmeier 2001) geprägt ist. Dass eine solche sich primär auf Normen konzentrierende Sichtweise zu kurz greift, liegt nahe, wenn man die Kernaussagen neo-institutionalistischer Theorien reflektiert. Es gilt mittlerweile als Binsenweisheit, dass formale Institutionen, also rechtlich gesatzte Normen und Regeln, das Handeln individueller und kollektiver politischer Akteure nur ausschnitthaft festlegen; sie geben lediglich Handlungskorridore vor (vgl. für viele: Ostrom 1991). Innerhalb dieser Korridore ist den Akteuren ein mehr oder weniger weiter Raum überlassen, der Platz lässt für informale Techniken des Regierens. Informales politisches Handeln ist eine notwendige Begleiterscheinung einer jeden politischen Ordnung; es sorgt für die unverzichtbare Flexibilität und Anpassungsfähigkeit von Institutionen (vgl. Schulze-Fielitz 1984), ohne die ein parlamentarisches Regierungssystem nicht überlebensfähig wäre. Es eröffnet parlamentarischen Akteuren auch unter den Bedingungen einer exekutiven Führerschaft Raum für Gegen- und Anpassungsstrategien, den sie in ihrem Sinne nutzen können – vorausgesetzt, sie verfügen über entsprechende Machtressourcen. Es ist deshalb davon auszugehen, dass sie solche Spielräume zu nutzen verstehen – sei es, indem formales Recht an neue Entwicklungen angepasst wird, sei es, indem Parlamente informale Techniken der Mitsteuerung einsetzen.

Politische Akteure tendieren allerdings dazu, auch die ihnen verbleibenden institutionellen Freiräume durch nicht geschriebene Regeln und Verhaltensregelmäßigkeiten auszufüllen (vgl. Kropp/Sturm 1998: 106ff.). Dies geschieht aus demselben Grund, aus dem formale Institutionen entstehen: Auch informale Regeln senken Transaktionskosten, sie entlasten Akteure im politischen Alltag und bieten Sicherheit in einer sich wandelnden Welt (vgl. North 1990). Informales Handeln entwickelt sich somit häufig regelhaft und wird allmählich, im Laufe einer längeren Entwicklung, zu Rollen verdichtet; es durchläuft selbst wiederum verschiedene Stadien eines Institutionalisierungsprozesses und erreicht unterschiedliche Grade an Festigkeit. Solche informalen, nicht gesatzten Regeln sind oft weithin akzeptiert und stellen berechenbare Bezugsgrößen im politischen Alltag dar. Dabei sind sie, wie nicht zuletzt aus der Transformationsforschung bekannt ist, oft sogar stabiler und zählebiger als die formale politische Ordnung, sind in ihnen doch Verfahrenskenntnisse, Verhaltenssicherheiten, ein Vorrat an Vertrauen sowie eine stillschweigende gesellschaftliche Übereinkunft eingeschrieben. Prozesse der Formalisierung und Informalisierung verlaufen somit auf einem Kontinuum, das sich zwischen fixierten Rechtsnormen und spontanen, nicht vorhersehbaren Handlungen aufspannt (von Beyme 1992: 31).

Aus diesen institutionentheoretischen Vorüberlegungen lassen sich Annahmen über „real existierende" Handlungsspielräume von Parlamenten ableiten. Verfügen diese nämlich über Ressourcen, die sie mit einer Tauschfähigkeit gegenüber Regierung und Verwaltung ausstatten, so kann man davon ausgehen, dass sie selbst unter den Bedingungen einer „exekutiven Führerschaft" Politik in beträchtlichem Umfang mitgestalten können. In parlamentarischen Regierungssystemen besitzen die regierungstragenden Fraktionen solche Ressourcen grundsätzlich in größerem Umfang als die Opposition, da die Regierung von ihrem Vertrauen abhängt – es sei denn, die Opposition kann über institutionell verankerte „Vetopunkte", wie sie in Deutschland der Bundesrat darstellt, eine Mitwirkung an Entscheidungen erzwingen. Auch die Ministerialbürokratie denkt langfristig und strategisch in den Dimensionen möglicher Machtwechsel, weshalb es nicht in ihrem Interesse liegen kann, die Abgeordneten im Sinne eine ungehemmten Führerschaft zu überspielen (vgl. hierzu: Traeger 2005).

Angesichts dessen kann man davon ausgehen, dass sich im politischen Alltag auch solche informalen Strategien ausbilden, die im Dreieck von Regierung, Verwaltung und Parlament nicht nur der Exekutive nutzen, sondern auch zugunsten der Parlamentsseite wirken. Verstetigen sich solche informalen Strategien der Beteiligung und Machtteilung wiederum zu festen Regeln, dann verschaffen sie Abgeordneten gegebenenfalls selbst unter ungünstigen Bedingungen stabile und berechenbare Zugänge zu Entscheidungen, auch wenn diese nur politisch, nicht aber rechtlich eingefordert werden können. Darauf weisen die Annahmen der neo-institutionalistischen Rational-Choice-Theorie und ihre – hier erweiterten – Anwendungen auf die Parlamentsforschung hin.

Diese unterscheidet zwischen sog. „Präferenzrollen" und „Positionsrollen" (vgl. bereits: Searing 1994). Für die hier im Mittelpunkt stehende Frage sind insbesondere Letztere von Bedeutung, denn diese sind institutionell bestimmt (Strøm 1997: 157, 163; zum Rollenbegriff umfassend: von Oertzen 2005). Akteure nehmen diesem Ansatz zufolge Positionsrollen ein, weil mit ihnen Ressourcen und Handlungsanreize verbunden sind.[1] Veränderungen des formalen Institutionengefüges, wie sie die fortschreitende Europäisierung des Regierens in den neunziger Jahren gebracht hat, zögen demnach auch neue „Positionsrollen" von Abgeordneten, Regierungsmitgliedern und Ministerialbürokraten nach sich. Akteure passen ihr Rollenverständnis dann – in der Regel zeitlich verzögert – dem sich verändernden institutionellen Gefüge an, um auf einem neu abgesteckten Spielfeld mithalten zu können. Dies kann auf zweierlei Weise geschehen: Entweder werden neue Regeln gesatzt oder aber (dies berücksichtigen viele Studien nicht hinreichend) Parlamente, Verwaltungen und Regierungen orientieren sich an neuen Institutionen, indem sie, unter Einsatz ihrer Tauschressourcen, informale Strategien und Techniken des Mitregierens entwickeln. Voraussetzung dafür ist freilich, dass neue formale Institutionen ein Mindestmaß an Stabilität aufweisen und informale Mitwirkungen damit gleichsam institutionell einfrieden. Sind solche informalen Formen parlamentarischen Mitregierens stabiler und regelhafter Natur, können sie zudem eine Festigkeit gewinnen, die sie regelhaft, d.h. zu informalen *Institutionen* werden lässt.

Erweitert man den Institutionenbegriff in dieser Weise um die Idee informaler Regeln (siehe North 1990), so liegt es angesichts der ihnen eigenen Zählebigkeit nahe, dass Positionsrollen auch durch sie und nicht nur durch formale Institutionen begründet werden können (vgl. Abbildung 1). Diese sind zwar nach außen hin weniger gut erkennbar und der empirischen Forschung weniger gut zugänglich – weil eben nicht gesatzt. Ihre Wirkungsmacht ist deshalb jedoch nicht unbedingt geringer, wenn sie durch tauschfähige Ressourcen, wie die Stützung der eigenen Regierung im parlamentarischen Regierungssystem, begründet werden.

Ob und in welchem Umfang Abgeordnete im angeblich exekutiv dominierten Dreieck wirksame Anpassungs- und Gegenstrategien einsetzen, hängt diesen institutionentheoretischen Vorüberlegungen zufolge von zwei Größen ab: Zum einen von der institutionellen Beschaffenheit des gegebenen politischen Systems und seinen ihm eingeschriebenen formalen und informalen Regeln, andererseits aber auch vom Kalkül politischer Akteure und deren strategischem Geschick. Damit sind Abgeordnetenrollen, die parlamentarische Handlungsreserven begründen, eine berechenbare Größe im politischen Betrieb – bei gleichzeitig verbleibenden Restbeständen an Kontingenz, wie sie nicht zuletzt durch personale Faktoren gegeben sind. Anders formuliert: Abgeordnete

---

1 Demgegenüber sind „Präferenzrollen" nicht durch Institutionen vorgegeben, sondern durch strategisches Handeln definiert (Strøm 1997: 157f.). Ein solches strategisches Handeln tritt, wenn es durch Wiederholung erlernt wird und erfolgreich zum Ziel führt, regelmäßig auf; es ist im Selbstverständnis der Akteure dann ebenfalls als Rolle verankert. Manche „Präferenzrollen" können somit, wenn man den Institutionenbegriff auch auf „informale Institutionen" bezieht, auch zu „informalen Positionsrollen" werden.

Abbildung 1: Institutionen und Positionsrollen von Abgeordneten

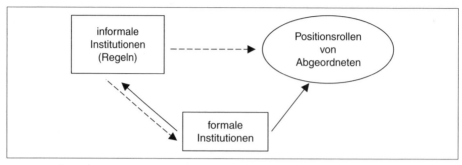

Anmerkung: Änderungen des formalen Institutionengefüges führen dem Schaubild zufolge dazu, dass sich Positionsrollen sowie informale Regeln in einem politischen System allmählich anpassen. Formale wie informale Institutionen können Positionsrollen verändern.

müssen parlamentarische Handlungsreserven auch tatsächlich erschließen und nutzen wollen, damit eine in der politischen Ordnung angelegte exekutive Führerschaft graduell ausgeglichen werden kann.

2.2 Delegations- und Kontrollprobleme von Parlamenten: Der Beitrag der Agenturtheorie

Mit den eben umrissenen neo-institutionentheoretischen Vorüberlegungen lassen sich die Annahmen der Agenturtheorie kombinieren, da beide Theoriestränge von den gleichen Grundannahmen, dem (begrenzt) rationalen Akteur, ausgehen. Das Verhältnis von Wähler, Parlament, Regierung und Verwaltung wurde in parlamentarischen Regierungssystemen auf der Grundlage der ökonomisch inspirierten Principal-Agent-Theorie als eine einzige, durchgängige Delegationskette beschrieben (Strøm 2000: 269; Strøm u.a. 2003). Die Kernidee dieser Ansätze lautet, dass ein Principal, in unserer Fragestellung die Parlamentsmehrheit, Befugnisse an seinen Agenten, an die Regierung und die Verwaltung, überträgt, der diese wiederum treuhänderisch für ihn ausübt. In der Geschichte des Parlamentarismus, so Kaare Strøm, „the power was increasingly delegated from parliament to the front bench of the majority party, that is to say, the cabinet" (Strøm 2000: 262). Aus dieser Machtverlagerung würden sich nun typische Delegationsprobleme ergeben, deren kritische Weichen *Informationsasymmetrien* sowie auseinanderstrebende *Interessen* zwischen Prinzipal und Agent seien: Die Exekutiven seien in der Lage, sich aufgrund ihres Informationsvorsprungs gegenüber den Parlamenten zu verselbständigen. Verbergen die Agenten bedeutsame Informationen vor ihren Principals oder können diese die Handlungen ihrer Agenten wegen einer unübersichtlichen organisatorischen oder institutionellen Architektur nicht umfassend beobachten, werden Parlamente nur unvollständig über die Kompetenzen und Präferenzen der Exekutiven ins Bild gesetzt. Dabei gilt – dem Principal-Agent-Ansatz zufolge – die Ministerialbürokratie wiederum als Agent der Regierung. Unterstellt man außerdem Interessendivergenzen zwischen Prinzipal und Agent, dann liegt es nahe, dass Parlamente von Regierung und Verwaltung übergangen werden. „Agenturprobleme" ergeben sich auch dann, wenn sich der Agent z.b. aufgrund von Verhandlungszwängen schlicht nicht in der Lage sieht, den Interessen des Prinzipals entsprechend zu handeln. Eine Steigerung dieses Szenarios bestünde darin, dass die Exekutiven vorsätzlich gegen die Interessen und den Willen der Parlamente verstoßen.

Sucht man nach besonders prägnanten Anwendungsbeispielen, stößt man auf das europäische Mehrebenensystem, da die Regierung im Ministerrat mit den Exekutiven anderer Mitgliedstaaten kooperiert. Diese Verhandlungsstruktur wird durch die enge Zusammenarbeit der Ministerialbürokratie in den zahlreichen Arbeitsgruppen der Kommission oder in der Komitologie exekutiv unterstützt. Solche „Zweiebenen-Spiele" bringen es mit sich, dass die Exekutiven über ein weit gefasstes Verhandlungsmandat verfügen müssen, wollen sie mit anderen Regierungen Koppelgeschäfte abschließen oder sich aus strategischen Erwägungen heraus einer Ratsmehrheit anschließen. Nationale Parlamente können unter diesen Bedingungen ihre Regierungen und Verwaltungen nur mit erhöhtem Aufwand kontrollieren. Auch im deutschen Föderalismus existieren derlei Konstellationen. Der kooperative Föderalismus und die Politikverflechtung in Deutschland begünstigen die Exekutiven als „Agenten" im Entscheidungsprozess – darauf weist der häufig gebrauchte, wenn auch umstrittene Begriff des „Exekutivföderalismus" hin. Die hohe Zahl von Rechtsverordnungen verdeutlicht ebenfalls eine weitreichende Delegationspraxis (Schnapp 2004: 305).

Mit der Agenturtheorie lässt sich jedoch bei weitem nicht jedes Regierungshandeln analytisch erfassen. So gibt es z.B. in Deutschland einen durch Verfassungsgerichtsurteile geschützten Kernbereich exekutivischer Eigenverantwortung, der durch Parlamente nicht angetastet werden darf (BVerfGE 67, 100ff., 139). Regierung (und Verwaltung) sind eben nicht nur, wie die Agenturtheorie suggeriert, Agenten, sondern sie handeln auch, rechtlich geschützt, ungebunden von parlamentarischem Einfluss.

Die Agenturtheorie selbst weist zudem darauf hin, dass es Vorkehrungen gibt, die einer Abkopplung der Principals von ihren Agenten entgegenwirken. Regelmäßige Berichtspflichten gegenüber dem Principal verringern die Wahrscheinlichkeit eines Machtmissbrauchs. Kann der Principal außerdem Sanktionsmöglichkeiten, wie eine Abwahl, einsetzen, so wird er in die Lage versetzt, ein aus seiner Sicht unangemessenes Verhalten des Agenten zu bestrafen. Dies wiederum wirkt der potentiellen Neigung eines Agenten entgegen, die Interessen des Principals zu übergehen.

Solche Vorkehrungen sind in parlamentarischen Regierungssystemen durchaus gegeben. Insbesondere die regierungstragenden Fraktionen verfügen, systemisch bedingt, über wirksame Ressourcen der Mitsteuerung: Selbst wenn ein Regierungschef nicht in einem formalen Wahlverfahren durch die Parlamentsmehrheit bestimmt wird, so bleibt er doch abhängig von deren Vertrauen. Es ist deshalb zwar nie ganz auszuschließen, aber doch wenig wahrscheinlich, dass Regierung und Verwaltung das Misstrauen der Parlamentsseite dadurch schüren, dass sie deren Willen fortlaufend ignorieren oder aber ihr wichtige Informationen systematisch vorenthalten. Im politischen Normalbetrieb sind innerhalb der Regierungsmehrheit keine unüberwindlichen Interessengegensätze zwischen der Regierungs- und der Parlamentsseite gegeben (Patzelt 1998, vgl. hierzu weiter differenzierend von Oertzen 2005: 101f., 124ff.). Regierungen und ihre „eigenen" Abgeordneten werden in der Regel von gemeinsamen Motiven getragen: Schließlich ist es das Ziel von Parteien, sofern sie *office-seeker* sind und sich über Machterwerb und Machterhalt definieren, als Handlungseinheit Politik zu betreiben.[2] Nur die Frakionsdisziplin kann die Erfüllung der Regierungsleistung garantieren. Als *policy-seeker* sind Parteien daran interessiert, ihre Programmatik in politische Entscheidungen umzusetzen. Dies glückt ihnen, je nach institutioneller Ausformung des Regierungssystems in unterschiedlichem Umfang[3], über eine Regierungsbeteiligung meistens besser als in der Opposition.

Wie weit es Parlamenten gelingt, den Informationsvorsprung von Regierungen und Verwaltungen aufzuholen, hängt nicht zuletzt von der institutionellen Architektur ab. Ist ein Regierungssystem stark fragmentiert, enthält es also verschiedene institutionelle „Vetopunkte" und ist somit die Zustimmung einer größeren Zahl von Akteuren nötig, so kann man davon ausgehen, dass sich an diesen institutionellen Knoten Informationsmasse verdichtet, die auch von der Parlamentsseite erschlossen und strategisch genutzt werden kann (vgl. Lupia/McCubbins 1994). Solche Möglichkeiten sind insbesondere in Konsensdemokratien gegeben (vgl. Lijphart 1999), in denen die Mehrheitsbildung mit hohen institutionellen Hürden ausgestattet ist. In Deutschland sind z.B. durch den kooperativen Föderalismus auch die Oppositionsparteien über ihre Landesregierungen mit umfänglichen Verwaltungswissen ausgestattet. Sind gegenläufige Mehrheiten in Bundestag und Bundesrat gegeben, so kann es sich die Bundesregierung kaum erlauben, gegenüber der Opposition eine Politik der umfassenden Informationsverweigerung zu betreiben.

Folgt man den Überlegungen neo-institutionalistischer Ansätze sowie der – in Teilen auf parlamentarische Regierungssysteme anwendbaren – Agenturtheorie, so scheint es keineswegs unmöglich, dass sich die exekutive Führerschaft von Regierung und Verwaltung zugunsten der Parlamente teilweise ausgleichen lässt. Für die empirische Analyse lassen sich auf dieser Grundlage folgende Kernpunkte ableiten: (1) Der Umfang von Informationsasymmetrien, die zu Lasten des Parlaments bzw. zugunsten von Regierung und Verwaltung wirken; (2) übereinstimmende bzw. divergierende Interessenlagen zwischen Exekutive und Parlamentsseite. Dabei müssen jedoch nicht nur Wechselbeziehungen zwischen zwei Akteuren, sondern die komplexen Interaktionen zwischen Regierung, Verwaltung und der in sich wiederum fragmentierten Parlamentsseite berücksichtigt werden; (3) der Grad, zu dem parlamentarische Akteure institutionell überformte Handlungsräume strategisch nutzen.

Parlamente können gegenüber Regierung und Verwaltung dabei im Wesentlichen folgende *Strategien* und *Mitregierungstechniken* potentiell einsetzen: (1) Den Ausbau formaler Institutionen, welcher die Ressourcen der Parlamentsseite stärkt; (2) informa-

---

2 Zwar betonen einige Parteien- und Koalitionsforscher zu Recht, dass stark fraktionalisierte Parteien Vorteile bieten, weil die Parteiführung während der Regierungsbildung gegenüber ihrem Verhandlungspartner auf unterschiedliche Präferenzen verweisen kann und dergestalt ein höheres Erpressungspotential besitzt. Jedoch erweisen sich Regierungen, die aus fragmentierten Parteien bestehen, insgesamt als weniger stabil (vgl. hierzu Druckman 1996; Maor 1998).

3 Die institutionelle Vielfalt europäischer Regierungssysteme setzt sehr unterschiedliche Anreize für ein *policy-seeking* und *office-seeking* von Parteien. Diese wägen *Policy-seeking*-Motive und *Office-seeking*-Motive gegen ein *vote-seeking* ab (vgl. hierzu: Müller/Strøm 2003). In skandinavischen Ländern z.B. sind mehr institutionelle Anreize gegeben, Politik aus der Opposition heraus mitzugestalten. Dort lohnt es sich für Parteien, eine Regierung zu tolerieren, dabei Policies mitzugestalten und gleichzeitig als *vote-seeker* die Kosten des Regierens zu sparen.

les Handeln, das sich zu berechenbaren Regeln und Rollen verdichtet. Gesondert betrachtet werden im Folgenden (3) Formen der interparlamentarischen Zusammenarbeit, die dem Austausch von Informationen dient und auf diese Weise ein Netz an Kontrolle über die effektiver kooperierenden Regierungen und Verwaltungen spannen soll. Derartige Kooperationsmuster können formaler wie informaler Natur sein.

3. Empirische Befunde

3.1 Abbau oder Ausbau formaler Mitsteuerungs- und Kontrollrechte?

Fragt man nach den maßgeblichen Ursachen exekutiver Führerschaft, stößt man heute, über die ursprünglichen Annahmen von Grauhan hinaus, unweigerlich auf die sprunghafte Vertiefung der europäischen Integration in den 1980er und 1990er Jahren. Ministerialbürokratie und Regierungen wirken in Europa an der Normentstehung mit, während die nationalen Parlamente in großem Umfang Gesetzgebungskompetenzen nach Brüssel abgeben mussten (vgl. im Überblick: Töller 2004: 33). Die Gesetzgebung ist auf europäischer Ebene bis heute exekutiv dominiert: Im Ministerrat, zusammen mit dem Europaparlament die europäische Legislative, verhandeln und entscheiden die Minister der nationalen Regierungen. Diese Entscheidungen wiederum werden in einem dichten Geflecht von Arbeitsgruppen und Ausschüssen vorbereitet und kontrolliert, in denen die Beamten der nationalen Bürokratien eine tragende Rolle spielen (vgl. für viele: Knill 2003: 111f.). Die starke Stellung der nationalen Ministerialbürokratien hat wiederholt zur skeptischen Frage Anlass gegeben, ob sich die Gewichte nicht nur von den Parlamenten hin zur Regierung, sondern auch von den Regierungen hin zu den Verwaltungen verschoben hätten – und inwieweit die Ministerverantwortlichkeit angesichts dessen noch gewährleistet sei. Daraus würde sich, wendet man Agenturtheorien an, gleich ein doppelstufiges Delegationsproblem ergeben. Trotz der tragenden Rolle der vorarbeitenden und vorentscheidenden Ministerialbürokratien werden politisch bedeutsame oder prekäre Materien aber noch immer auf der politischen Ebene, letztlich im Rat der Regierungschefs entschieden, da nur dort die Autorität für Koppelgeschäfte gegeben ist, die über ein Politikfeld hinwegreichen. Die nationalen Beamten klären demgegenüber auf EU-Ebene eher technische und rechtliche Fragen.

Die politische Ordnung setzt heute somit Rahmenbedingungen, die Regierung und Verwaltung begünstigen. Die nationalen Parlamente verfügen auf europäischer Ebene über keine institutionelle Vertretung, da eine aus ihnen zusammengesetzte Kammer der nationalen Parlamente in das ohnedies schwergängige institutionelle Gefüge der EU kaum eingebaut werden könnte. Das Europaparlament, das dieses parlamentarische Vakuum im Rahmen eines Mehrebenenparlamentarismus zumindest ansatzweise zu füllen in der Lage wäre (hierzu vgl. kontrovers Maurer 2002: 367ff.), ist ausgerechnet in den subventionsintensiven Politikfeldern noch immer nicht in ein Mitentscheidungsverfahren eingebunden (Maurer 2002: 142) – und nach dem vorläufigen Scheitern der europäischen Verfassung, die für die parlamentarische Mitwirkung auf nationaler wie auf europäischer Ebene durchaus Verbesserungen gebracht hätte, wird sich daran voraussichtlich auf absehbare Zeit nur wenig ändern.

So bleibt es offenkundig bei einem parlamentarischen Mitwirkungs- und Kontroll-
verlust: Stehen gar Mehrheitsentscheidungen im Ministerrat an, können einzelne nationale Regierungen die europäische Rechtsproduktion nicht mehr durch ihr Veto blockieren. Für die Parlamente „zuhause" ist es schwer, das Verhalten ihrer Regierung im
Ministerrat zu überwachen und europäische Politik mitzugestalten, ohne die Regierung
und Verwaltung in ihrer Verhandlungsfähigkeit einzuschränken und die nationale Position in Europa zu schwächen.[4]

Zeitversetzt zu den beschriebenen Entwicklungen ist die Parlamentsarbeit in den
neunziger Jahren jedoch ebenfalls europäisiert worden. Die europäische Integration hat
somit die auch theoretisch erwartbaren Gegenreaktionen auf den langjährigen Prozess
der Deparlamentarisierung ausgelöst. Es gibt hinreichend Belege für institutionelle Anpassungsstrategien, die sich in erweiterten formalen Parlamentsrechten niederschlagen.
Alle EU-Mitgliedstaaten haben z.B. Regelungen getroffen, die ein Mindestmaß an parlamentarischer Informationsgewinnung garantieren sollen. Als zentraler Hebel sollen
dabei die EU-Ausschüsse der Mitgliedstaaten dienen. Der Grad an Wirksamkeit, den
diese parlamentarische Infrastruktur in der Praxis entfaltet, variiert angesichts der institutionellen Vielfalt und der bestehenden Kontextbedingungen allerdings beträchtlich
(vgl. Maurer/Wessels 2001: 463; Benz 2004: 888, 894f.).

In Deutschland wird dem EU-Ausschuss bei der Überweisung von EU-Vorlagen an
die anderen Fachausschüsse zwar eine zentrale Rolle als Koordinierungsorgan zuteil. Allerdings ist er bislang nur bei integrationspolitischen Angelegenheiten federführend in
Erscheinung getreten, und die Fachausschüsse beschränken sich angesichts der Flut an
Vorlagen in aller Regel darauf, EU-Vorlagen lediglich zur Kenntnis zu nehmen. Die In-
formationspflicht der Bundesregierung gegenüber dem Bundestag in EU-Angelegenhei-
ten wurde im nach dem Art. 23 GG verabschiedeten „Gesetz über die Zusammenarbeit von Bundesregierung und Bundestag in Angelegenheiten der Europäischen Union"
zwar ausgedehnt. Die Bundesregierung ist gehalten, eine Stellungnahme des EU-Ausschusses ihren Verhandlungen auf europäischer Ebene, wie es im Gesetz heißt, „zugrunde zu legen". Würde der Bundestag dabei einen Parlamentsvorbehalt geltend machen, müsste die Entscheidung im Rat verschoben werden. Jedoch sind Abweichungen
von der Stellungnahme – dies zeigen schon die auslegungsbedürftigen Rechtsbegriffe
dieser Formulierungen – rechtlich keineswegs ausgeschlossen. Ein bindendes Mandat
enthält diese Regelung nach herrschender Rechtsauslegung jedenfalls nur dann, wenn
der Bundestag durch ein förmliches Gesetz ein bestimmtes Stimmverhalten der Regierung im europäischen Ministerrat beschließen würde. Angesichts eindeutiger Mehr-
heitsverhältnisse lag es bisher aber nicht im Interesse der regierungstragenden Fraktionen, den Handlungsspielraum der eigenen Regierung auf europäischer Ebene einzuen-
gen (vgl. Sturm/Pehle 2005: 72ff.). Sie haben die ihnen de jure zustehenden Rechte
bislang kaum genutzt (Töller 2004: 40) und neu geschaffene Positionsrollen nur zögerlich und keineswegs extensiv ausgefüllt.

---

4 Allerdings wird europäisches Recht nicht durchwegs statt, sondern auch neben nationalem
   Recht gesetzt. Nationale Parlamente können europäische Richtlinien zudem durch zusätzliche
   Regeln ergänzen, so dass der Rechtstransfer nach Brüssel nicht das Bild eines Nullsummenspiels
   ergibt.

Die Parlamentsmehrheit in Deutschland praktizierte bislang gegenüber der jeweils „eigenen" Regierung stets ein gewisses Maß an Selbstbeschränkung, um effektives Regieren nicht zu beeinträchtigen. In diese Richtung weist auch eine Umfrage unter Abgeordneten, die belegt, dass sich Deutschlands Parlamentarier eher als „Statthalter" für das Europaparlament verstanden, bis dieses zu einer voll funktionsfähigen Institution herangewachsen sei (Katz 1999: 287). Der EU-Ausschuss des Bundestages entwickelte sich somit nicht zur Drehscheibe für Parlamentskarrieren. Viele Abgeordnete investierten ihre Ressourcen bisher kaum in EU-Aktivitäten, da sie sich von den komplexen Materien keine verbesserten Wiederwahlchancen erhofften (Saalfeld 2003: 74ff.). Der Deutsche Bundestag hat als Arbeitsparlament offenbar seine reduzierten Zuständigkeiten deutlicher erfahren als das britische Unterhaus, das als Redeparlament weniger Schwierigkeiten hatte, sich in EU-Fragen auf seine kommunikative Rolle zu konzentrieren (Benz 2004).

Jenseits ritualisierter Konflikte im Plenum, schloss sich die Opposition im Bundestag der europafreundlichen Haltung der Bundesregierung fast ausnahmslos an (Benz 2004: 893). Im Bundestag herrschte bislang weitgehend Konsens darüber, dass nur ein Verhandlungsmandat es der Regierung erlaube, „package deals" auszuhandeln und sich notfalls auch – aus inhaltlichen oder auch langfristigen strategischen Gründen – einer Ratsmehrheit anzuschließen. Einigkeit ließ sich umso einfacher herstellen, als sich europakritische oder europagegnerische Parteien nicht im Bundestag fanden – Folgewirkung eines historischen Konsenses, der Deutschlands Platz in der Mitte Europas verortet. Diese stillschweigende Übereinkunft hat dazu geführt, dass „europäische Themen" bis heute kaum kontrovers diskutiert wurden und der Bundestag seine Kontrollfunktion weniger stark ausgeübt hat als es grundsätzlich möglich gewesen wäre.

Wendet man die analytischen Kategorien der Agenturtheorie auf die europäische Integration an, lässt sich Folgendes festhalten: Die Interessen zwischen Parlament und Exekutive in Deutschland klafften bisher keineswegs grundsätzlich auseinander. Die Europapolitik deutscher Regierungen wurde bislang durch stabile Parlamentsmehrheiten und einen breiten parteipolitischen Konsens getragen. Der Bundestag schließt sich eher den Empfehlungen der Regierung an als umgekehrt (Sturm/Pehle 2005: 78f.). Die in den neunziger Jahren neu geschaffenen Rechte und Institutionen wirken der häufig beklagten Informationsasymmetrie nur ansatzweise entgegen: Das Problem besteht heute weniger in einem Mangel an Information, sondern eher darin, dass die Abgeordneten einer beträchtlichen Informationsflut ausgesetzt sind. Regierung und Ministerialbürokratie bleiben trotz des Ausbaus parlamentarischer Rechte und neu geschaffener Positionsrollen gegenüber den Abgeordneten weiterhin in der Vorhand.

Stellt man die Frage, welche Parlamente erfolgreicher sind als der Deutsche Bundestag (vgl. Maurer/Wessels 2001: 463), stößt man auf das Beispiel des dänischen Folketing, dessen EU-Ausschuss eine machtvolle Stellung erobern konnte. Dänische Regierungsmitglieder verhandeln nicht ohne ein parlamentarisches Mandat in Brüssel. Sie müssen den EU-Ausschuss zudem regelmäßig über den Stand ihrer Verhandlungen informieren. Das dänische Folketing befindet sich aber vor allem deshalb in einer recht starken Position gegenüber der Regierung, weil in Dänemark nach Wahlen regelmäßig *Minderheitsregierungen* gebildet werden (vgl. Benz 2004; Auel/Benz 2003), die sich von weiteren Fraktionen tolerieren lassen müssen. Eine Mehrheitsbildung im dänischen

Parlament setzt voraus, dass die Regierung mit Parteien, die sich nicht in der Regierung befinden, über mehrheitsfähige Politik verhandelt. Im dänischen Europaausschuss wechselt derzeit die Mehrheit: Während die amtierende Mitte-Rechts-Regierung normalerweise von der rechtspopulistischen und europagegnerischen Volkspartei toleriert wird, beschaffen im EU-Ausschuss die Sozialdemokraten die Mehrheit. Ein Beobachter des dänischen Parlaments bei der EU sorgt zudem für eine Informationsgewinnung, die unabhängig von der Regierung verläuft.[5] Diese Rahmenbedingungen haben zwar die parlamentarische Kontrolle erheblich gestärkt, gleichzeitig jedoch nimmt auch der EU-Ausschuss des Folketing Abstand von zu eng bindenden Vorgaben, um die dänische Position im europäischen Haus nicht zu schwächen. Das dänische Beispiel zeigt somit, dass es auch, aber nicht nur auf den Ausbau formaler Institutionen ankommt. Vielmehr müssen Kontextfaktoren berücksichtigt werden, um die realen Machtverhältnisse zwischen Regierung, Verwaltung und Parlament und das Funktionieren von neuen Positionen im politischen Alltag erklären zu können.

Für die vergleichende Parlaments- und Verwaltungsforschung ist es aus institutionentheoretischer Sicht eine zentrale Frage, ob und wie sich die Parlamente der neuen mittelosteuropäischen Mitgliedsstaaten gegenüber ihren Regierungen und Verwaltungen behaupten können. In Zeiten realsozialistischer und autokratischer Herrschaft waren die Parlamente weitgehend zu Ratifikationsinstanzen der Kommunistischen Parteien und der von diesen dominierten Verwaltungsapparate degradiert. Nach 1990 mussten die Volksvertretungen in diesen Ländern erst ihre Rolle in einem demokratischen Regierungssystem finden. Zur gleichen Zeit waren sie schon gezwungen, sich auf den EU-Beitritt und die damit einhergehenden Kompetenzverluste vorzubereiten. Mehr noch: Während die Anpassungen an das europäische Regelwerk vorgenommen wurden, verabschiedeten die Parlamente der Beitrittsstaaten eine große Zahl an Gesetzen, um die wirtschaftliche und politische Transformation voranzutreiben. Sie agierten damit in einem ausgesprochen flüssigen institutionellen Umfeld. Die postsozialistischen Parlamente zählten im vergangenen Jahrzehnt zu den fleißigsten der Welt, oder, negativ formuliert: Sie dienten der Exekutive als Durchlaufmaschinerie, um den Transformationsprozess innerhalb eines engen Zeitfensters bewältigen zu können (vgl. Kraatz/von Steinsdorff 2002; Cichocki 2003: 4). All dies geschah in vielen Ländern unter der Bedingung sich ständig wandelnder Parteiensysteme, die instabile Regierungsmehrheiten und mitunter Minderheitsregierungen nach sich zogen. Gleichzeitig war der Professionalisierungsgrad der Abgeordneten Anfang der neunziger Jahre noch gering.

Die mittelosteuropäischen Parlamente hatten nach der Transformation erhebliche Probleme, Regierung und Verwaltung ein Gewicht entgegenzusetzen (vgl. Barcz 2002; Dieringer/Stuchlík 2003); manche von ihnen lösten dieses Problem durchaus nicht ohne Erfolg. Der polnische Sejm z.B. war schon vor der politischen Wende ein vergleichsweise selbstbewusstes Parlament, in dem es einzelne Abgeordnete immer wieder gewagt hatten, gegen die Position der Regierung zu stimmen. Als Arbeitsparlament mit einem ausdifferenzierten Ausschusswesen hat der Sejm frühzeitig, schon 1992, einen Europa- bzw. Integrationsausschuss installiert, dessen Kompetenzen im Laufe der neun-

---

5 Der Bundestag ist dem dänischen Beispiel mittlerweile gefolgt und hat ein eigenes Verbindungsbüro in Brüssel eingerichtet, das eine rechtzeitige Informationsbeschaffung gewährleisten soll..

ziger Jahre fortlaufend erweitert wurden (vgl. Bota 2005: 34ff.; Barcz 2002; Cichocki 2003; Matthes 2002: 92). Obwohl der Ausschuss die politische Tagesordnung nicht selbst bestimmte, sondern in aller Regel auf Vorlagen der Regierung reagierte, gelang es ihm immer wieder, die Regierungstätigkeit in europäischen Angelegenheiten gründlich zu kontrollieren. Vergleicht man die Ressourcenausstattung dieses Ausschusses und seine formalen Kompetenzen, so schneidet er, wie auch Deutschland und Dänemark, im internationalen Vergleich gut ab (Bota 2005).[6] Während der Ausschussvorsitz in Deutschland bis heute keine Karrieredrehscheibe darstellt, war er in Polen, wie übrigens auch in Dänemark, prominent besetzt: Mit Josef Olesky, dem ehemaligen Ministerpräsidenten.

Das Beispiel des polnischen Ausschusses zeigt, dass die Europäisierung des Regierungssystems manchen Abgeordneten Anreize bot, neu entstandene Positionsrollen einzunehmen und diese selbstbewusst auszufüllen. Oleksy war z.B. Vorsitzender der polnischen Seite im gemischten parlamentarischen Ausschuss zwischen Europaparlament und Sejm sowie gleichzeitig Mitglied des Konvents zur Ausarbeitung der Europäischen Verfassung – also ein Mehrebenenspieler, der sich die neu geschaffenen formalen Positionen strategisch zunutze machte und aus ihnen persönliche Autorität bezog. Der Ausschussvorsitzende hat es verstanden, die in Polen gut ausgebauten parlamentarischen Kontrollinstrumente zum Nutzen der Parlamentsseite einzusetzen und sich die gegebenen Möglichkeiten der Informationsgewinnung effektiv zu erschließen. Auch wenn die Regierung ihre Gatekeeper-Position bewahren konnte, so hat der Ausschuss die Möglichkeit, sich durch Regierung und Ministerialbürokratie beraten zu lassen, umfassend in Anspruch genommen (Bota 2005: 76, 91). Die Exekutive berichtete dem Ausschuss regelmäßig. Regierungsmitglieder und Beamte wurden vor den Ausschuss zitiert, wenn Regierungsvorlagen unpräzise formuliert waren. Waren sie unzureichend vorbereitet, wurden sie vom Ausschuss schlicht nach Hause geschickt (Bota 2005: 70, 94).

Der Ausschuss wurde, ähnlich wie in Dänemark, dadurch gestärkt, dass die Regierung nicht von einer ständigen Mehrheit ausgehen konnte. In Polen hat es seit 1990 immer wieder Minderheitsregierungen gegeben. Aber selbst wenn eine Regierungsmehrheit bestand, war ein abweichendes Stimmverhalten in den neunziger Jahren keine Seltenheit. Wie auch in anderen mittelost- und osteuropäischen Parlamenten, stimmten Abgeordnete häufiger nach ihrer persönlichen Haltung ab. Insbesondere die polnischen Abgeordneten der aus der Solidarność-Opposition hervorgegangenen Parteien pflegten ein Mandatsverständnis, das stark individualistisch, auf moralische Grundsatzfragen und nur wenig auf die Herstellung einer stabilen und regierungsfähigen Mehrheit ausgerichtet war (vgl. hierzu Matthes 2002). Formale Positionen wurden anders interpretiert und mit einem anderen Rollenverständnis gefüllt als in den etablierten westeuropäischen Parlamenten. Dies führte dazu, dass die Fraktionsdisziplin (bis heute) schwächer ausgeprägt war als in westeuropäischen Volksvertretungen; Fraktionsaustritte und Übertritte sowie Spaltungen und Neugründungen von Parteien gehören zum politischen Alltag. In die Ausschussarbeit mussten, ähnlich wie in Dänemark, zudem euros-

---

6 Von polnischen Autoren wird die Stärke des Ausschusses hingegen weniger positiv gesehen (vgl. z.B. Barcz 2002; Cichocki 2003). Eine Erklärung hierfür könnte darin bestehen, dass in Teilen der polnischen Literatur – wie auch anfangs bei den polnischen Abgeordneten selbst – oftmals ein idealisiertes Verständnis des Parlamentarismus dominiert.

keptische und eurogegnerische Parteien eingebunden werden, die zwar keine Obstruktion betreiben, sich Fehler und Nachlässigkeiten von Regierung und Verwaltung aber nicht entgehen ließen. Dies hat nach Ansicht befragter Abgeordneter im polnischen Sejm dazu beigetragen, dass die parlamentarische Kontrolle effektiver wurde. Da die Regierung somit in einem sehr unsicheren Handlungsumfeld agierte, hat sich nach Einschätzung der polnischen Abgeordneten als Nebeneffekt auch die Qualität der Regierungsvorlagen erhöht (Bota 2005: 59).

Die Warschauer Regierung hat zwar eine ganze Reihe von Gegenstrategien eingesetzt. Die polnischen Abgeordneten berichten von einem extremen Zeitdruck, die Anpassungsgesetze durchzupeitschen, und von vielfältigen Versuchen der Regierung, Gesetzgebungspakete zusammenzuschnüren. Auf diese Weise sollte der EU-Integrationsausschuss zur Ratifikationsinstanz umgeformt werden. Die Parlamentarier setzten sich aber – insgesamt nicht ohne Erfolg – zur Wehr. Trotz aller Unzulänglichkeiten und trotz des enormen Zeitdrucks, dem der Sejm ausgesetzt war, kann sich die Bilanz des polnischen EU-Ausschusses im Vergleich sehen lassen. Drohende Informationsasymmetrien konnten abgeflacht und Berichtspflichten der Exekutive durchgesetzt werden, so dass Principal-Agent-Probleme nicht in dem vermuteten Umfang auftraten.

Allerdings zeigt ein Vergleich des polnischen Beispiels mit dem deutschen und dänischen Fall auch, dass der Ausschuss seine begrenzte Stärke gegenüber Regierung und deren Apparat nicht allein den formalen Parlamentsrechten, sondern nicht zuletzt *kontingenten Faktoren* zu verdanken hatte: Der Person des Vorsitzenden, einem noch stärker dem „alten" Dualismus verpflichteten Mandatsverständnis, das die Kontrolle der Regierung und weniger deren Stützung in den Vordergrund hob, den unsicheren Mehrheitsverhältnissen im Parlament, dem Regierungsformat (Minderheitsregierung) sowie der Existenz europakritischer und europagegnerischer Parteien, welche die Ausschussarbeit gleichwohl nicht boykottierten. Die einmal erreichte parlamentarische Stärke ist aber, wenn sie wesentlich von kontingenten Faktoren abhängt, nicht unbedingt dauerhafter Natur. Diese Erkenntnis ist zwar nicht grundlegend neu, sie kann aber als ein weiterer Beleg dafür gewertet werden, dass der Ausbau formaler Rechte und Positionen allein eine bestehende Schieflage zwischen Exekutive und Parlament nicht zu korrigieren vermag. Analysen müssen deshalb den Kontext des Institutionensystems ebenso einbeziehen wie informale Strategien.

Nach dem Beitritt Polens zur EU im Mai 2004 ist der Integrationsausschuss aufgelöst und in einen EU-Ausschuss nach dem Vorbild anderer Mitgliedstaaten überführt worden. Die polnischen Abgeordneten haben sich dazu entschlossen, einen mittelstarken Ausschuss zu installieren, der die Verhandlungsfähigkeit der Regierung auf europäischer Ebene nicht durch ein zu eng gefasstes Mandat für die Regierung schwächt. Die Ursache für diese Selbstbeschränkung ist insbesondere darin zu sehen, dass die Interessen des Nationalstaats in Polen hoch bewertet werden – angesichts der polnischen Geschichte von Unterdrückung und Teilung verwundert dies nicht (Bota 2005: 106ff.). Das polnische Beispiel verweist damit auf das Grundproblem, dem alle nationalen Parlamente in Europa ausgesetzt sind: Sie können ein auf europäischer Ebene ausgehandeltes Paket nur bejahen oder verwerfen. Entschließen sie sich zu Letzterem, beschwören sie gegebenenfalls eine Regierungs- oder, je nach Bedeutung einer Materie, sogar eine EU-Krise herauf.

3.2 Informale Techniken parlamentarischen Mitregierens gegenüber Verwaltung und Regierung

Vieles spricht also dafür, sich in künftigen Forschungen stärker auf informale Regierungs- und Governance-Techniken zu konzentrieren, um die relative Stärke von Regierung, Verwaltung und Parlamenten in politischen Systemen angeben zu können. Für Deutschland ist mittlerweile eine Vielzahl von engen informalen Verflechtungen zwischen Parlament und Regierung sowie zwischen diesem und der Verwaltung dokumentiert, die zwar nicht rechtsverbindlich sind, aber zu den fest etablierten Routinen des politischen Betriebs gehören. Vergleichende Studien zu diesem Thema existieren wegen des damit verbundenen Forschungsaufwands bislang nicht, so dass sich die nachfolgenden Ausführungen lediglich auf den deutschen Fall zu beziehen vermögen.

Der Deutsche Bundestag hat über die Jahre hinweg eine Vielzahl unterschiedlicher Formen informaler Mitsteuerung entwickelt (Schwarzmeier 2001). Die regierungstragenden Fraktionen profitieren aufgrund ihrer Tauschressourcen, insbesondere wegen der Stützung der Regierung, davon weit mehr als die Oppositionsfraktionen. Die Beispiele reichen von parlamentarischen Ad-hoc-Beteiligungen, die einer Systematisierung weniger gut zugänglich sind, bis hin zu verstetigten und damit stärker institutionalisierten Mitwirkungen, die insbesondere das Fraktionsmanagement einbeziehen.

Ohne die Fraktionsführungen ist eine politische Steuerung im deutschen parlamentarischen Regierungssystem undenkbar, da jene, durch die fraktionsinterne Wahl mit einem Vertrauensvorschuss der Abgeordneten ausgestattet, treuhänderisch für die eigene Fraktion mit der Regierung Absprachen treffen können (vgl. Schüttemeyer 1998). Nur wenn die Fraktionsspitzen in die politische Koordination einbezogen werden, können in der oft beschriebenen „Koordinationsdemokratie" die unterschiedlichen Handlungsebenen im Regierungsalltag – Koalition, Parlament, Partei – miteinander verzahnt werden. Aus dieser Koordinationspraxis ergeben sich informale Positionsrollen, durch welche sich die Parlamentsseite Handlungskapazitäten erschließen kann.

Zur Verdeutlichung einige Beispiele: Die Fraktionsführungen nehmen heute nicht selten sogar, in einem fast symbolhaften Ausdruck von Gewaltenverflechtung, am Kabinettstisch Platz. Allerdings wird diese Praxis von den Fraktionsführungen selbst als nicht unproblematisch bewertet, weil die Regierung diese Form der Kooperation auch mit dem Hintergedanken einsetzen kann, die Fraktionsführung als Agenten für bereits weitgehend exekutiv festgelegte Vorentscheidungen einzuspannen (vgl. hierzu Kropp 2003). Um nicht das Vertrauen der eigenen Abgeordneten zu riskieren, nehmen manche Fraktionsführungen von dieser Praxis deshalb Abstand.

Die Fraktionsspitzen der Regierungsseite sind an der informalen Steuerung von Koalitionen ebenfalls regelmäßig beteiligt, da sie die Aufgabe haben, die Regierungsmehrheit im Parlament zu sichern. Die normativ argumentierende Staatsrechtslehre hat häufig darauf hingewiesen, dass Regierungsbündnisse Konfliktschlichtung und Konsenssuche vornehmlich in informalen Zirkeln, d.h. zu Lasten des Parlaments, betreiben würden (vgl. für viele: Schreckenberger 1994). Diese Meinung greift jedoch zu kurz, da sie dem idealisierten Bild eines deliberierenden Parlaments anhängt. Koalitionen eröffnen Parlamentariern jedoch gute Kontrollmöglichkeiten gegenüber der Exekutive, wenn die Abgeordneten z.B. über die Parteigrenzen hinweg fachspezifisch kooperieren (vgl. hierzu Strøm 2000: 280). Fällt eine parlamentarische Mehrheit zudem knapp aus, werden nicht nur die eigenen Abgeordneten stärker diszipliniert, sondern das Erpressungspotential der Abgeordneten gegenüber der „eigenen" Regierung erhöht sich beträchtlich.

Auch die Verwaltung hält das Parlament keineswegs nur am exekutiven Gängelband. Im Deutschen Bundestag, im internationalen Vergleich ein Fraktionen- und Arbeitsparlament mit einer ausdifferenzierten Ausschussstruktur, ist nicht zuletzt das mittlere Fraktionsmanagement mit der Ministerialbürokratie eng vernetzt (vgl. von Oertzen 2005). Die Fachpolitiker der regierungstragenden Fraktionen und das für eine Policy zuständige Ministerium arbeiten vor allem dann eng zusammen, wenn beide Seiten parteipolitisch gleich eingefärbt sind. Diese sektoral definierte Zusammenarbeit findet auf unterschiedlichen Ebenen statt. Zwischen Fachpolitikern und der Spitze eines Ministeriums haben sich in manchen Politikfeldern regelmäßige Treffen eingebürgert. Auch Policy-Netzwerke schließen neben Vertretern der Exekutive und von Interessenverbänden in der Regel Parlamentarier ein. Die fachpolitischen Sprecher der regierungstragenden Fraktionen im Bund sind selbst an rein exekutiven Gremien, wie den Vorbesprechungen der A- bzw. – je nach Mehrheit im Bund – der B-Länder im Rahmen der Ministerkonferenzen der Länder, regelmäßig beteiligt (vgl. Kropp 2002: 444f.). Je nach fachlicher Qualifikation und persönlicher Autorität, sind die Abgeordneten als kompetente Gesprächspartner dort durchaus gefragt.

Viele Verflechtungen zwischen Verwaltung, Regierung und Parlament sind weitaus stärker formalisiert als rechtlich erforderlich. So findet in den spiegelbildlich zu den Ministerien geschnittenen Arbeitskreisen bzw. Arbeitsgruppen der arbeitsteilig organisierten Fraktionen innerhalb der Regierungsmehrheit ein reger wöchentlicher Austausch zwischen Ministerialbürokratie, Regierungsvertretern und Parlamentariern statt (von Oertzen 2005: 136ff.). Dort werden ebenfalls EU-Themen beraten, so dass sich die Abgeordneten das Wissen der Ministerialbürokratie zunutze machen könnten (Töller 2004: 41).[7] Da die Vertreter der Ministerialbürokratie über einen beträchtlichen Informationsvorsprung verfügen, sind sie zwar in der Lage, einseitig über bestimmte Alternativen zu berichten und gegenüber den Abgeordneten mögliche Handlungsoptionen zu unterschlagen. Es ist dennoch keineswegs die Regel, dass die Machtverteilung stets zugunsten der Exekutive ausgestaltet ist. Ministern und Staatssekretären ist der Gang in die Arbeitsgruppe der eigenen Fraktion nicht immer angenehm (Hesse/Ellwein 1992: 231). Die Abgeordneten versuchen dort, zuweilen mit Erfolg, selbst auf die Personalrekrutierung im Ministerium – eine eigentlich genuin exekutive Zuständigkeit – Einfluss zu nehmen und parteipolitische Karrieren durch den Wechsel aus der Fraktion in die Verwaltung abzusichern. Dies gelingt ihnen insbesondere dann, wenn durch lange Regierungszeiten Karrierewege durch eine Art „Drehtüreffekt" zwischen Fraktion, Partei und Ministerialbürokratie eröffnet werden. Da ein Minister versuchen wird, das Verhältnis zu seinen Fachpolitikern zu pflegen, kann er sich derartigen Ansinnen der Fraktion nur bedingt entziehen. Seine Durchsetzungsfähigkeit im Kabinett hängt nicht zu-

---

7 Die Bedingungen für Informationsgewinnung, Mitsteuerung und Kontrolle in EU-Fragen sind somit an dieser parlamentarischen Schaltstelle gegeben; ob und in welchem Umfang von ihnen Gebrauch gemacht wird, ist angesichts des noch rudimentären Forschungsstandes indes unklar.

letzt davon ab, ob er sektorale „Fachbruderschaften" mit den Fachpolitikern der Koalitionsfraktionen zu schmieden weiß.

Spätestens in den von Sparzwang und Kürzungen geprägten Haushaltsverhandlungen ist ein Minister darauf angewiesen, von den Fachpolitikern der eigenen Fraktion unterstützt zu werden. So ist es eine nicht unübliche Praxis, dass ein Ministerium über die Fachpolitiker der Fraktion Änderungsanträge zu Gesetzesvorlagen einbringt, die zuvor im Kabinett auf Ablehnung gestoßen waren (Kropp 2001: 223ff.) – eine Vorgehensweise, welche die Loyalität zu den Kabinettskollegen und zum Regierungschef wenigstens nicht offensichtlich in Frage stellt. Ist das Vertrauensverhältnis zwischen Minister und den Fachabgeordneten intakt, können diese sogar ohne Umweg über die Spitze des Hauses Informationen aus den Referaten des spiegelbildlich geschnittenen Ministeriums abfragen und politisch verwerten (vgl. Kropp 2002).

Ein differenziertes Bild ergibt sich auch dann, wenn man „Rückkopplungsleistungen" der Abgeordneten in die Überlegungen einbezieht. Zwar hat die Verwaltung bei der Implementation politischer Entscheidungen, gerade auf der kommunalen Ebene, zahlreiche Möglichkeiten der Nachsteuerung, die durch die Kontakte mit den „Endverbrauchern" von Politik, den Adressaten, zustande kommen. Einen direkten Austausch mit dem Bürger haben jedoch ebenfalls die Abgeordneten in ihren Wahlkreisen. Dies erklärt, weshalb Abgeordnete aus den regierungstragenden Fraktionen zahlreiche informelle Anfragen an die „eigenen" Ministerien richten, die in der offiziellen Parlamentsstatistik nicht auftauchen. Diese Anfragen dienen nicht nur der Wahlkreispflege und der Informationsgewinnung, sondern sie fungieren auch als ergänzendes Frühwarnsystem für die Exekutive.

Für die europäische Ebene wiederum haben Fallstudien (vgl. hierzu im Folgenden: Benz 2004; Auel/Benz 2003; Töller 2004: 43f.) nachgewiesen, dass die Existenz von europäischen Parteifamilien Vorteile für die Abgeordneten der nationalen Parlamente bringt. Manche Parlamentarier haben es verstanden, direkte Kontakte zum Europäischen Parlament und zur Kommission aufzubauen und dergestalt die eigenen Regierungsmitglieder im Europäischen Ministerrat zu umgehen. Informationen können so aus erster Hand gewonnen werden. Die Opposition wiederum, im Falle einer Bundesratsmehrheit ohnedies in einer starken Position, weiß inzwischen ebenfalls die Vorteile des Mehrebenensystems zu nutzen. Mitunter stimmen sich Parlamentarier mit Volksvertretern anderer Länder ab und bilden, im Zuge eines Emanzipationsprozesses von ihren Regierungen, länderübergreifende Koalitionen. Einzelne Abgeordnete der CDU-Opposition verstanden es, erfolgreich über die Bande des Mehrebenensystems zu spielen. Informationen über europapolitische Themen und den gerade gegebenen Stand im Entscheidungsprozess, die ihnen von Seiten der rot-grünen Bundesregierung vorenthalten wurden, konnten über die konservative Parteifamilie, z.B. über die österreichische ÖVP/FPÖ-Regierung, gewonnen werden. Stark fragmentierte Entscheidungsstrukturen machen das politische Alltagsgeschäft somit einerseits unübersichtlich. Andererseits bieten sie aber zusätzliche Anknüpfungspunkte für Parlamentarier, Strategien des *bypassing* zu betreiben, auf diese Weise Information und Mitwirkung zu erzwingen und Vorteile der Exekutive ansatzweise auszugleichen (vgl. Benz 2004).

Angesichts der geschilderten engen Verflechtungen ist es realistisch, von wechselseitig wirksamen Einflussbeziehungen zwischen Parlamentsseite einerseits und Regierung und Verwaltung andererseits, keineswegs aber von einem Nullsummenspiel auszugehen. Indem Abgeordnete durch informale Mitsteuerungen, die sich zu Positionsrollen verdichten können und ein gewisses Maß an Berechenbarkeit gewähren, gewichtete Informationen beziehen, werden die in Principal-Agent-Theorien beschriebenen Informationsasymmetrien abgeflacht. Informale Positionsrollen, die sich teils im Windschatten formaler Institutionen entwickeln, teils unabhängig davon existieren, ergänzen und korrigieren das Bild, das sich aus einer bloßen Betrachtung formaler Institutionen ergibt.

3.3 Interparlamentarische Kooperation

Während Regierungen und Verwaltungen in Mehrebenensystemen effektiv kooperieren können und extensive Formen der Zusammenarbeit entwickelt haben, haben es Parlamente erheblich schwerer, eine Kooperation zwischen unterschiedlichen Volksvertretungen zu organisieren. Interparlamentarische Kooperationen, so lautet ein oft wiederholter Befund, seien ein schwerfälliges Unterfangen, da solche Zusammenschlüsse aus zu vielen Akteuren bestünden und in ihnen viele heterogene Interessen vertreten seien. Sie vermögen die strukturelle Problematik, die sich aus der exekutiv dominierten Mehrebenenkooperation ergibt, nur ansatzweise zu beheben: Während Politikformulierung und Entscheidungen wesentlich von den Regierungen und Ministerialbürokratien getragen werden, können die Parlamente nur außerhalb der wesentlichen Parlamentsfunktionen – Regierungsbestellung, Gesetzgebung und Kontrolle – kooperieren (z.B. Klatt 1989: 1780). Dieser Skepsis zum Trotz haben die Parlamente in den vergangenen Jahren ein breites Arsenal von Kooperationsformen entwickelt, die dem Austausch von Informationen dienen und die ihre Kontrollkapazitäten erweitern. Sie lassen sich als eine Art institutionalisierte Plattform begreifen, die Lernprozesse über den Zuständigkeitsbereich einer nationalen Volksvertretung hinaus anstößt. Interparlamentarische Kooperation bietet, ähnlich wie informale Politik, nicht „den" Parlamenten, sondern einigen wenigen Abgeordneten neue Positionsrollen; die Arbeitsteilung und funktionale Differenzierung innerhalb der Parlamente nimmt dadurch – zusätzlich zu den bestehenden formalen und informalen Positionen und Funktionen – ein weiteres Mal zu.

Die Beispiele für Kooperationen sind vielfältig, sowohl im innerstaatlichen als auch im europäischen Zuschnitt. Neben informalen Kontakten haben sich zahlreiche Gremien mit hohem Formalisierungsgrad ausgebildet. So veranstalten die Präsidenten der deutschen Landesparlamente einmal jährlich Konferenzen, zu denen als Gast in der Regel auch ein Mitglied des Präsidiums des Bundestags geladen wird. Von diesen Veranstaltungen gehen oft wichtige Impulse für die Weiterentwicklung des Länderparlamentarismus aus (Johne 2000: 39ff., 80ff.). Die subnationalen Parlamente mit Gesetzgebungsbefugnis in der EU haben sich inzwischen auch als europäische Spieler zu Wort gemeldet und sich in der CALRE organisiert, die die Präsidenten dieser Parlamente umfasst. Ziel ist nicht nur der Informationsaustausch; es sollen auch Ex-ante-Kontrollen entschiedener als bislang durchgesetzt werden. Die regionalen Parlamente beanspruchen zudem, in alle Stadien des europäischen Politikzyklus einbezogen zu werden. Als Vorbild dienen die nationalen Parlamente, die wesentlich früher interparlamentarische

Kooperationsformen erprobt haben. Im Rahmen der COSAC treffen zwei Mal im Jahr Vertreter der Europaausschüsse der nationalen Parlamente zusammen (Maurer 2002: 359ff.). Gleichzeitig haben sich zwischen den Fachabgeordneten des Europaparlaments und den nationalen Parlamenten sektoral begründete Arbeitskontakte herausgebildet, welche die Fachpolitiken über die Ebenen hinweg verzahnen (Maurer 2002: 314)[8]. Solche Kontakte dienen dazu, Informationsasymmetrien gegenüber den eng kooperierenden Regierungen und Verwaltungen abzuflachen und die Basis für eine parlamentarische Kontrolle zu verbreitern. Je stärker das Gewicht des Europaparlaments wird und je häufiger das Mitentscheidungsverfahren zum Einsatz kommt, desto mehr Vetopunkte sind institutionell verankert und desto bessere Möglichkeiten bieten sich nationalen Parlamentariern, sich im Benehmen oder unabhängig von den eigenen Regierungen in den europäischen Politikzyklus aktiv einzuschalten.

Dass diese interparlamentarischen Kontakte nicht zu gering bewertet werden sollten, zeigt erneut das polnische Beispiel. Es belegt, dass der Sejm gegenüber der Exekutive durch das Mitspielen in dieser Arena an Stärke gewonnen hat. Gerade weil Routinen im Transformationsprozess noch nicht eingeschliffen waren und externe Beratungen in dieser Zeit eine große Rolle spielten, haben die polnischen Abgeordneten sich diese Arena schnell zu eigen gemacht. Der polnische EU-Ausschuss wies – angesichts der zu erledigenden Arbeitsmenge und trotz des Zeitdrucks – eine hohe Aktivität bei den Kontakten mit ausländischen Partnern auf. Allein für drei Jahre Ausschusstätigkeit – von 2001 bis 2003 – lassen sich insgesamt 88 Kontakte mit ausländischen Parlamenten, Regierungen, dem Europaparlament und der Europäischen Kommission feststellen. Fünf Treffen erfolgten im Rahmen des gemischten parlamentarischen Ausschusses, sieben mit der COSAC, weitere mit denen anderer Beitrittstaaten. Im Durchschnitt unterhielt der Ausschuss 29 auswärtige Kontakte pro Jahr. In Treffen mit Regierungsmitgliedern aus anderen EU-Staaten sowie mit der EU-Kommission konnten die Parlamentarier Polens zudem Forderungen und Meinungen aussprechen, welche der Präsident und der Premier aus diplomatischen Gründen nicht artikulieren durften (Bota 2005: 82ff.).

Anders als bei exekutiven Kooperationen, können zusammenarbeitende Parlamente zwar keine Entscheidungen vorbereiten. Die oben aufgeführten Beispiele zeigen aber, dass sich in den vergangenen Jahren als Reaktion auf die exekutive Dominanz Ansätze eines Mehrebenenparlamentarismus ausgebildet haben, die eine verbesserte Informationsgewinnung und damit – mit großen nationalen Variationen allerdings – die Grundlage für eine effektivere Kontrolle bieten.

4. Demokratietheoretische Einordnung und künftige Forschungsperspektiven einer parlamentsorientierten Verwaltungspolitologie

Alle drei untersuchten Felder – informale parlamentarische Mitwirkungsmöglichkeiten, erweiterte rechtliche Kompetenzen und ausgebaute interparlamentarische Zusammenar-

---

8 Eine regelmäßige Kooperation zwischen deutschen Europaabgeordneten und dem EU-Ausschuss des Deutschen Bundestages hingegen scheitert wegen der sich überschneidenden Sitzungstage (Sturm/Pehle 2005: 74).

beit im Mehrebenensystem – belegen, dass die Macht der Parlamente im Dreieck von Parlament, Regierung und Verwaltung keineswegs, wie der Begriff „*Ent*parlamentarisierung" suggeriert, vollständig abgeschmolzen ist. Sie unterliegt vielmehr einer ständigen Transformation. Die noch kursorischen Befunde, die hier auf der Grundlage von Institutionen- und Agenturtheorien gewonnen wurden, zeigen, dass selbst unter den Bedingungen einer exekutiven Führerschaft von Regierung und Verwaltung Möglichkeiten der Mitsteuerung und Kontrolle gegeben sind, die Parlamente für sich erschließen können. Die institutionellen Voraussetzungen dafür sind in den Parlamenten – in unterschiedlicher Ausprägung freilich – durchaus vorhanden.

Nicht zufällig betonen die ökonomisch inspirierten Ausleger des Neo-Institutionalismus die Akteurskomponente in ihren Konzepten (vgl. Hall/Taylor 1996). Sie weisen somit darauf hin, dass es keine hinreichende Bedingung darstellt, wenn parlamentarische Mitsteuerung und Kontrolle formalrechtlich gewährleistet sind (vgl. 2.2). Die Fallstudien haben belegt, dass der Wille und die Strategiefähigkeit der Abgeordneten hinzutreten müssen. Die je gegebenen Kontextbedingungen – das Parteiensystem, das Abgeordnetenverständnis, das formale Rollen unterschiedlich ausfüllt, das Regierungsformat (Minderheitsregierung!) sowie personale Faktoren – und die oft zitierte Pfadabhängigkeit von Institutionen (vgl. Benz 2004) erweisen sich dabei als wichtige analytische Größen. Interessendivergenzen zwischen Exekutive und Parlament erhöhen die Bereitschaft der Abgeordneten, Regierung und Verwaltung zu kontrollieren; umgekehrt liegt es nicht durchgängig im langfristig angelegten Interesse der Regierung und der Ministerialbürokratie, die Parlamentarier zu überspielen. Interparlamentarische Kooperation und informales Mitregieren der Parlamentsseite wiederum erweitern die Informationsbasis als Grundlage parlamentarischer Mitsteuerung und Kontrolle.

Als die Rede von der „postparlamentarischen Demokratie" Mitte der neunziger Jahre aufkam, blendete diese die sich entwickelnden parlamentarischen Gegen- und Anpassungsstrategien noch weitgehend aus. Es ist ein untrügliches Indiz für einen Sinneswandel, wenn auch die Wissenschaftssprache diese Entwicklung durch die Kreation neuer Begrifflichkeiten vorsichtig nachzuvollziehen beginnt. Mitunter wird das Präfix „Post" heute bereits durch ein „Neo" ersetzt. Wir hätten es demzufolge mit neuartigen Erscheinungsformen des Parlamentarismus zu tun, ohne dass bereits eindeutig geklärt wäre, worin der Neuigkeitswert dieser Entwicklungen konkret besteht. Manche Vorschläge, wie der „Neoparlamentarismus" ausgestaltet werden soll, verweisen nationale Parlamente auf ihre Kommunikationsfunktion, um effektives Regieren in Europa nicht zu beeinträchtigen und dennoch den als defizitär bewerteten europäischen Diskurs anzustoßen und Transparenz herzustellen (vgl. Sturm/Pehle 2005: 81). Dem britischen Unterhaus käme dabei die Rolle eines Realtypus zu (vgl. Benz 2004: 896f.). Gerade Letzteres wurde in der Vergangenheit als ein maßgebliches Defizit europäischer Demokratie bewertet.

Mit der bloßen Funktion als Kommunikatoren geben sich die Volksvertretungen, die, wie der Deutsche Bundestag, als Arbeitsparlamente mitzuregieren gewohnt sind, in vielen europäischen Staaten aber nicht zufrieden. Sie wären einem ständigen Rollenwechsel ausgesetzt, müssten sie doch im innerstaatlichen Maßstab als Arbeitsparlamente und im europäischen Rahmen als Redeparlamente in Erscheinung treten. Sie suchen und erschließen sich vielmehr Strategien des Mitregierens selbst unter veränderten und erschwerten institutionellen Bedingungen. Formalrechtliche Kompetenzen sind dafür eine unverzichtbare Voraussetzung. Unsere theoretischen Annahmen wie auch die vorläufigen empirischen Befunde legen es jedoch nahe, auch „informalen Positionsrollen" eine große Bedeutung beizumessen.

Fasst man die – notgedrungen noch fragmentarischen – Befunde zusammen, so scheint das „Neue" im Parlamentarismus darauf hinzuweisen, dass europäische Integration und Informalisierung in Arbeitsparlamenten die Binnendifferenzierung verstärkt und die Vielfalt der – formalen und informalen – Abgeordnetenrollen vergrößert haben. Manche Abgeordnete sind durch ihre Rolle als Mehrebenenspieler Mitentscheider, sie sind ihren Partnern in Regierung und Verwaltung ebenbürtig und sie treten als effektive Kontrolleure von Regierungsmacht auf. Sie verfügen über einen erheblichen Informationsvorsprung vor anderen Abgeordneten ihrer eigenen Fraktion. Mit anderen Worten: Nicht *das* Parlament hat im Dreieck zwischen Regierung, Verwaltung und Volksvertretung Kompensationsgewinne erzielt, sondern nur bestimmte seiner Teile. Dieser – noch vorläufige und weiter zu überprüfende – Befund wiederum wirft eine Reihe von demokratietheoretischen Fragen auf: Wie weit können die Abgeordneten das Handeln ihrer Fraktionsführungen und ihres Fraktionsmanagements noch kontrollieren und an politischen Entscheidungen mitwirken, wenn diese in Verhandlungen und im Mehrebenensystem zu ebenbürtigen Mit- und Gegenspielern der Regierung heranwachsen? Wer kontrolliert die Kontrolleure? Reichen hierfür die fraktionsinternen Wahlen aus, über welche die Fraktionsführungen und Obleute mit einem Vertrauensvorschuss ausgestattet werden, und als wie problematisch erweisen sich die durch die parlamentarische Binnendifferenzierung erwachsenden Hierarchien (vgl. auch: von Oertzen 2005: 287)? Ist das Parlament in der Lage, seine demokratiesichernde Funktion noch als Einheit auszuüben?

Zwar ist eine arbeitsteilige Organisation schon immer eine funktionale Voraussetzung des modernen Parlamentarismus gewesen, ohne die Kontrolle und effektive Gesetzgebung nicht möglich wären. Die „exekutive Führerschaft" kann nur dann ansatzweise durch Parlamente kompensiert werden, wenn Spezialisierung und Delegation von Aufgaben gewährleistet sind und wenn die damit einhergehende Differenzierung von Aufgaben und Abgeordnetenrollen von dem notwendigen Vertrauen innerhalb des Parlaments und in den Fraktionen unterlegt ist. Jedoch lässt sich aus den bisherigen Befunden und aus den vorangestellten theoretischen Vorüberlegungen die Hypothese ableiten, dass die Delegationsmuster innerhalb von Parlamenten und Fraktionen komplexer geworden sind. Vielschichtige Agenturprobleme verlagern sich heute offensichtlich mehr als früher in die Parlamente selbst hinein. Ob die klassischen Parlamentsmodelle weiterer Differenzierungen bedürfen und wie diese zu typisieren sind, können nur vergleichende Untersuchungen zeigen. Es zeichnet sich jedoch ab, dass Kategorien von Delegation, Vertrauen, Responsivität und Kontrolle künftig im Rahmen einer stärker parlamentszentrierten Forschung über das „Regieren", die sich nicht mehr hauptsächlich auf Regierungen und Verwaltungen konzentriert, eine größere analytische Rolle zukommt als bisher. Gerade die wechselseitige Öffnung von Verwaltungspolitologie und Parlamentsforschung bietet hier ein fruchtbares Feld, das sich komplementär aus der Sicht beider Teildisziplinen beackern ließe. Institutionentheorien können dabei mit weiteren Theoriesträngen zu einem geeigneten Untersuchungsansatz verbunden werden, von dem für diese Zwecke brauchbare Hypothesen hergeleitet werden können.

Die hier skizzierten Entwicklungen werfen Fragen auf, welche insbesondere die Responsivität, die Verantwortlichkeit und die Transparenz von Entscheidungsverfahren berühren. Damit zielen Techniken des Regierens im Dreieck von Regierung, Verwaltung und Parlament mitten ins Herz demokratietheoretischer Überlegungen. Sich der damit verbundenen Forschungsfragen anzunehmen, ist umso bedeutsamer, als alternative Formen der Demokratie, welche die abschmelzenden parlamentarischen Befugnisse ausgleichen könnten, nur als flankierende Maßnahmen einsetzbar sind: Spielarten der „assoziativen Demokratie" verfügen gegenüber repräsentativen Formen über eine mindere Legitimation, da die Vertreter der an Diskursen und Entscheidungsprozessen beteiligten gesellschaftlichen Gruppierungen nicht in allgemeinen und freien Wahlen bestimmt werden; auch Governance bedeutet nicht Demokratie (vgl. Papadopoulos 2004). Plebiszite wiederum sind allein schon wegen des verfahrenstechnischen Aufwands als Instrument im Regierungsalltag nur sparsam einsetzbar. Die vielfältigen Mitsteuerungsformen von Parlamenten und ihre formalen und insbesondere informalen Vernetzungen mit Regierung und Verwaltung theoretisch angeleitet zu untersuchen und wieder theoretisch zurückzubinden, sollte demnach ein zentrales gemeinsames Anliegen von Parlaments-, Verwaltungs- und Demokratieforschung sein.

Literatur

Andersen, Svein S./Burns, Tom R., 1996: The European Union and the Erosion of Parliamentary Democracy: A Study of Post-parliamentary Governance, in: *Svein S. Andersen/Kjell A. Eliassen* (Hrsg.), The European Union: How Democratic Is It? London u.a., 227–251.

Auel, Katrin/Benz, Arthur, 2004: National Parliaments in EU Multilevel Governance – Dilemmas and Strategies of Adaptation, in: polis Nr. 60. Hagen.

Barcz, Jan, 2002: Division of Ccompetencies in the European Union. The Role of National Parliaments in the EU from the Polish Perspective. Raporty I Analizy, Center for International Relations, Warszawa.

Benz, Arthur, 1998: Postparlamentarische Demokratie? Demokratische Legitimation im kooperativen Staat, in: *Greven, Michael Th.* (Hrsg.), Demokratie – eine Kultur des Westens? 20. wissenschaftlicher Kongreß der Deutschen Vereinigung für Politische Wissenschaft. Opladen, 201–222.

Benz, Arthur, 2004: Path-Dependent Institutions and Strategic Veto-Players: National Parliaments in the European Union, in: West European Politics 27, 875–900.

Beyme, Klaus von, 1991: Informelle Komponenten des Regierens, in: *Hartwich, Hans-Hermann/Wewer, Göttrik* (Hrsg.), Regieren in der Bundesrepublik II. Formelle und informelle Komponenten des Regierens. Opladen: Westdeutscher Verlag, 31–50.

Bogdandy, Arnim von, 2005: Entmachtung der Parlamente?, in: Frankfurter Allgemeine Zeitung, 3. Mai 2005, S. 8.

Bota, Alice, 2005: Der polnische Europaausschuss (Komisja Europejska Sejmu): Kontroll-, Einfluss- und Mitwirkungsmöglichkeiten auf die nationale Europapolitik. Magisterarbeit Universität Potsdam.

Cichocki, Marek A., 2003: National Parliaments and the Control of Governments in European Affairs: Possibilities for the Newcomers. Warszawa.

Derlien, Hans-Ulrich, 2000: Germany. Failing Successfully?, in: *Kassim, Hussein/Peters, B. Guy/Wright, Vincent* (Hrsg.), The National Co-ordination of EU Policy. The Domestic Level. Oxford, 54–78.

Dieringer, Jürgen/Stuchlík, Andrej, 2003: Die Europäisierung der Parlamente in Ungarn und der Tschechischen Republik. Nationale Parlamente als Mitläufer oder Gestalter des Integrationsprozesses?, in: Südosteuropa 52, 388–403.

Druckman, James N., 1996: Party Factionalism and Cabinet Durability, in: Party Politics 2, 397–407.

Grauhan, Rolf-Richard, 1969: Modelle politischer Verwaltungsführung, in: Politische Vierteljahresschrift 10, 269–284.

Hall, Peter A./Taylor, Rosemary C.R., 1996: Political Science and the Three New Institutionalisms, in: Political Studies XLIV, 936–957.

Hesse, Joachim Jens/Ellwein, Thomas, 1992: Das Regierungssystem der Bundesrepublik Deutschland, Bd. 1: Text. 7. Aufl., Opladen: Westdeutscher Verlag.

Katz, Richard S., 1999: Representation, the Locus of Democratic Legitimation and the Role of the National Parliaments in the European Union, in: *Katz, Richard S./Wessels, Bernhard* (Hrsg.), The European Parliament, the National Parliaments, and European Integration. Oxford, 21–44.

Klatt, Hartmut, 1989: Bundestag und Länderparlamente, in: *Schneider, Hans-Peter/Zeh, Wolfgang* (Hrsg.), Parlamentsrecht und Parlamentspraxis in der Bundesrepublik. Berlin/New York: Campus, 1777–1820.

Knill, Christoph, 2003: Europäische Umweltpolitik. Steuerungsprobleme und Regulierungsmuster im Mehrebenensystem. Opladen: Leske + Budrich.

Kraatz, Susanne/Steinsdorff, Silvia von (Hrsg.), 2002: Parlamente und Systemtransformation im postsozialistischen Europa. Opladen: Leske + Budrich.

Kropp, Sabine, 2001: Regieren in Koalitionen. Handlungsmuster und Entscheidungsbildung in deutschen Länderregierungen. Wiesbaden: Westdeutscher Verlag.

Kropp, Sabine, 2002: Exekutive Steuerung und informale Parlamentsbeteiligung. Regierung und Parlament in der Wohnungspolitik, in: Zeitschrift für Parlamentsfragen 33, 436–452.

Kropp, Sabine, 2003: Regieren als informaler Prozess. Das Koalitionsmanagement der rot-grünen Bundesregierung, in: Aus Politik und Zeitgeschichte B43, 23–31.

Kropp, Sabine/Sturm, Roland (Hrsg.), 1998: Koalitionen und Koalitionsvereinbarungen. Theorie, Analyse und Dokumentation. Opladen: Leske + Budrich.

Lauth, Hans-Joachim/Pickel, Gert/Welzel, Christian (Hrsg.), 2000: Demokratiemessung. Konzepte und Befunde im Internationalen Vergleich. Opladen: Westdeutscher Verlag.

Lijphart, Arend, 1999: Patterns of Democracy. Government Forms and Performance in Thirty-Six Countries. New Haven.

Lupia, Arthur/McCubbins, Mathew D., 1994: Who Controls? Information and the Structure of Legislative Decision Making, in: Legislative Studies Quarterly 19, 361–384.

Maor, Moshe, 1998: Parties, Conflicts and Coalitions in Western Europe. Organisational Determinants of Coalition Bargaining. London/New York: Routledge and LSE.

Matthes, Claudia-Yvette, 2002: Polen – vom personalisierten zum rationalisierten Parlamentarismus, in: *Kraatz, Susanne/Steinsdorff, Silvia von* (Hrsg.), Parlamente und Systemtransformation im postsozialistischen Europa. Opladen: Leske + Budrich, 87–109.

Maurer, Andreas, 2002: Parlamentarische Demokratie in der Europäischen Union. Der Beitrag des Europäischen Parlaments und der nationalen Parlamente. Baden-Baden: Nomos.

Maurer, Andreas/Wessels, Wolfgang, 2001: National Parliaments after Amsterdam: From Slow Adapters to National Players?, in: *Maurer, Andreas/Wessels, Wolfgang* (Hrsg.), National Parliaments on their Ways to Europe: Losers or Latecomers? Baden-Baden: Nomos, 425–479.

Merkel, Wolfgang/Croissant, Aurel, 2000: Formale und informale Institutionen in defekten Demokratien, in: Politische Vierteljahresschrift 41, 3–30.

North, Douglass N., 1990: Institutions, Institutional Change, and Economic Performance. Cambridge: Cambridge U.P.

Norton, Philip (Hrsg.), 1995: National Parliaments and the European Union, Special Issue of the Journal of Legislative Studies, Nr. 3.

Oertzen, Jürgen von, 2005: Das Expertenparlament. Abgeordnetenrollen in den Fachstrukturen bundesdeutscher Parlamente. Baden-Baden: Nomos (i.E.).

Ostrom, Elinor, 1991: Rational Choice Theory and Institutional Analysis: Toward Complementarity, in: American Political Science Review 85, 237–243.

Papadopoulos, Yannis, 2004: Governance und Demokratie, in: *Benz, Arthur* (Hrsg.): Governance – Regieren in komplexen Regelsystemen. Eine Einführung. Wiesbaden: VS Verlag für Sozialwissenschaften, 213–237.

Patzelt, Werner J., 1997: German MPs and Their Roles, in: *Müller, Wolfgang C./Saalfeld, Thomas* (Hrsg.), Members of Parliament in Western Europe. Roles and Behaviour. London/Portland, 55–78.

Patzelt, Werner J., 1998: Wider das Gerede vom ‚Fraktionszwang'! Funktionslogische Zusammenhänge, populäre Vermutungen und die Sicht der Abgeordneten, in: Zeitschrift für Parlamentsfragen 29, 323–347.

Patzelt, Werner J., 2002: Institutionalität und Geschichtlichkeit von Parlamenten. Kategorien institutioneller Analyse, in: *Patzelt, Werner J.* (Hrsg.), Parlamente und ihre Funktionen. Institutionelle Mechanismen und institutionelles Lernen. Wiesbaden: Westdeutscher Verlag, 50–117.

Saalfeld, Thomas, 2003: The Bundestag: Institutional Incrementalism and Behavioural Reticence, in: *Dyson, Kenneth/Goetz, Klaus* (Hrsg.), Germany, Europe and the Politics of Constraint. Oxford, 73–96.

Schmid, Günther/Treiber, Hubert, 1975: Bürokratie und Politik. Zur Struktur und Funktion der Ministerialbürokratie in der Bundesrepublik Deutschland. München: Wilhelm Fink Verlag.

Schnapp, Kai-Uwe, 2004: Parlament und Ministerialbürokratie – David und Goliath oder nur ungleiche Brüder im Prozess der Gesetzesentwicklung?, in: *Holtmann, Everhard/Patzelt, Werner J.* (Hrsg.), Kampf der Gewalten? Parlamentarische Regierungskontrolle – gouvernementale Parlamentskontrolle. Wiesbaden: VS Verlag für Sozialwissenschaften, 289–311.

Schüttemeyer, Suzanne S., 1998: Fraktionen im politischen Entscheidungsprozess, in: *Görlitz, Axel/Burth, Hans-Peter* (Hrsg.), Informale Verfassung. Baden-Baden: Nomos, 67–84.

Schreckenberger, Waldemar, 1994: Informelle Verfahren der Entscheidungsvorbereitung zwischen der Bundesregierung und Mehrheitsfraktionen: Koalitionsgespräche und Koalitionsrunden, in: Zeitschrift für Parlamentsfragen 25, 329–346.

Schulze-Fielitz, Helmuth, 1984: Der informale Verfassungsstaat. Aktuelle Beobachtungen des Verfassungslebens der Bundesrepublik Deutschland im Lichte der Verfassungstheorie. Berlin.

Schwarzmeier, Manfred, 2001: Parlamentarische Mitsteuerung. Strukturen und Prozesse informalen Einflusses im Deutschen Bundestag. Wiesbaden.

Searing, Donald D., 1994: Westminster's World: Understanding Political Roles. London.

Strøm, Kaare, 1997: Rules, Reasons and Routines: Legislative Roles in Parliamentary Democracies, in: *Müller, Wolfgang C./Saalfeld, Thomas* (Hrsg.), Members of Parliament in Western Europe. Roles and Behaviour. London/Portland, 153–174.

Strøm, Kaare, 2000: Delegation and Accountability in Parliamentary Democracies, in: European Journal of Political Research 37, 261–289.

Strøm, Kaare/Müller, Wolfgang C./Bergman, Torbjörn (Hrsg.), 2003: Delegation and Accountability in Parliamentary Democracies. Oxford.

Sturm, Roland/Pehle, Heinrich, 2005: Das neue deutsche Regierungssystem. Die Europäisierung von Institutionen, Entscheidungsprozessen und Politikfeldern in der Bundesrepublik Deutschland. 2. Aufl., Wiesbaden: VS Verlag für Sozialwissenschaften.

Töller, Annette Elisabeth, 2004: Dimensionen der Europäisierung – Das Beispiel des Deutschen Bundestages, in: Zeitschrift für Parlamentsfragen 35, 25–50.

Traeger, Michael, 2005: Bildungspolitik in der Bundesrepublik Deutschland. Eine Länder vergleichende Netzwerkanalyse anhand ausgewählter Kooperationsbeispiele in Sachsen-Anhalt und Rheinland-Pfalz. Diss. Uni Halle-Wittenberg.

Das Ende der funktionalen Selbstverwaltung?

Frank Nullmeier / Tanja Klenk

1. Einleitung

Mit Hilfe von Selbstverwaltung, so konstatiert Freiherr von Stein, der oft als der Begründer der modernen Selbstverwaltung bezeichnet wird, in der *Nassauer Denkschrift*, vervielfältigt die Regierung „die Quellen ihrer Erkenntnis von den Bedürfnissen der [...] Gesellschaft und gewinnt an Stärke in den Mitteln der Ausführung". Durch die Mitarbeit der Bevölkerung an der Erfüllung öffentlicher Aufgaben wird mehr „Sach- und Ortskenntnis, mehr tätiges Interesse für den verwalteten Bezirk und die verwalteten Personen in die Kollegien [eingebracht], als durch die Zusammensetzung aus lauter Staatsdienern entsteht". Selbstverwaltung kann darüber hinaus die Verwaltungskosten senken. Weit wichtiger als das mögliche Einsparpotenzial ist jedoch nach Steins Auffassung „die Belebung des Gemeingeistes und des Bürgersinns" durch Selbstverwaltung (von Stein 1959).

Vergleicht man Steins Idee der Selbstverwaltung mit dem Leitbild für eine „gute" Verwaltung, wie es gegenwärtig unter dem Stichwort „Good Governance" diskutiert wird, so erscheint die Selbstverwaltung mit ihrer Verbindung von Demokratie und Effizienz, Eigenverantwortung und gesellschaftlicher Teilhabe als ein höchst modernes Verwaltungsprinzip (Burgi 2004: 1366). Angesichts des Modernisierungspfads, den die deutsche öffentliche Verwaltung in den vergangenen Jahren eingeschlagen hat, müsste folglich der Selbstverwaltung im Reformdiskurs eine wichtige Rolle zukommen. Doch anstatt als Steuerungsprinzip mit aussichtsreicher Zukunft gehandelt zu werden, befindet sich die Selbstverwaltung in der Krise. Der medialen Öffentlichkeit erscheint Selbstverwaltung als das genaue Gegenteil eines modernen, demokratischen und effizienten Verwaltungskonzepts. Selbstverwaltung wird vielmehr als ein „Klotz am Bein" (Focus Money, 16.3.2005) wahrgenommen, ihre Beteiligungsstrukturen gelten als „Farce" (Süddeutsche Zeitung, 23.3.2005), bei „Wahlen ohne Transparenz" (Financial Times, 24.3.2005) wird „gemauschelt" (FAZ, 8.3.2005) und „Demokratie vorgegaukelt" (Frankfurter Rundschau 29.4.2005) – um dann letztlich doch nur „zahnlose Kontrollgremien ohne Einfluss" (Spiegel online, 29.4.2005) zu bestellen. Die wesentliche Leistung der Selbstverwaltungsakteure besteht, so lautet die Kritik, in der Legitimation einer Selbstbedienungspraxis auf Kosten der Mitglieder. Vor diesem Hintergrund haben sich jüngst „Kammerjäger" formiert, die die Verschwendung von Mitgliedsbeiträgen für „opulente Feste" und repräsentative Prachtbauten beklagen und die Pflichtmitgliedschaftsregelungen anfechten (Hamburger Abendblatt, 11.3.2005).

Die hier zitierte öffentliche Kritik an der Selbstverwaltung konzentriert sich auf einen ganz bestimmten Selbstverwaltungstypus: die funktionale Selbstverwaltung. Funktionale Selbstverwaltung meint die eigenverantwortliche Wahrnehmung von öffentlichen Aufgaben durch Akteure, die von diesem Aufgabenfeld besonders betroffen sind. Im Gegensatz zur kommunalen Selbstverwaltung ist das Aufgabenfeld der Träger der funktionalen Selbstverwaltung nicht territorial nach dem Ortsprinzip definiert, sondern wird „funktional" entlang bestimmter gesellschaftlicher Aufgabenbereich bestimmt. Die funktionale Selbstverwaltung nimmt im administrativen Aufbau der BRD eine bedeutsame Stellung ein: Zentrale Verwaltungsfelder wie die gesetzliche Rentenversicherung, die gesetzliche Krankenversicherung, die Arbeitsverwaltung, die Hochschulsteuerung und die Wirtschaftsverwaltung sind nach diesem Prinzip strukturiert.

Die funktionale Selbstverwaltung, die auf eine lange Tradition in der deutschen Verwaltungsorganisation zurückblicken kann, erscheint gegenwärtig aus ganz unterschiedlichen Perspektiven reform- und legitimationsbedürftig: Angesichts der gestiegenen Bedeutung des Wirtschaftlichkeitsprinzips in der öffentlichen Verwaltung wird die funktionale Selbstverwaltung hinsichtlich ihrer Effizienz und Effektivität auf den Prüfstand gestellt; Protagonisten einer partizipativen Verwaltungsführung beleuchten kritisch die Teilhabechancen, die die funktionale Selbstverwaltung eröffnet, und konstatieren Defizite. Und vor dem Hintergrund des europäischen Einigungsprozesses und der Idee eines europäischen Verwaltungsraums wird schließlich nach der „Europa-Kompatibilität" dieses Verwaltungstypus gefragt.

Der Beitrag untersucht Entwicklung und Reformen der funktionalen Selbstverwaltung in den letzten 15 Jahren unter den Gesichtspunkten Ökonomisierung, Europäisierung, Partizipations- und Legitimationswandel. Ausgangspunkt ist die These, dass die funktionale Selbstverwaltung mehr ist als ein rein formales Verwaltungsprinzip. Selbstverwaltung ist ein Verwaltungskonzept mit einem „überschießenden" politischem Gehalt, das Ideen der demokratischen Teilhabe, Autonomie und Selbstverantwortung impliziert (Schuppert 1989). Wie aber ist es um diese Idee unter den Bedingungen einer zunehmenden Vermarktlichung bzw. Ökonomisierung der öffentlichen Verwaltung, eines gewandelten Partizipationsverständnisses und dem Prozess der europäischen Integration bestellt? Der Beitrag prüft, welches der möglichen Entwicklungsszenarien – Ende der funktionalen Selbstverwaltung und Ersatz durch alternative Steuerungsformen, Reaktivierung des Verwaltungsmodells durch Reform und Weiterentwicklung? – sich derzeitig abzeichnet.

2. Funktionale Selbstverwaltung – Charakteristika eines Steuerungsprinzips aus verwaltungsrechtlicher und verwaltungspolitischer Perspektive

2.1 Zum Begriff der funktionalen Selbstverwaltung

„Funktionale Selbstverwaltung" ist ein recht junger Begriff, der sich in den Rechts- und Verwaltungswissenschaften erst in den 1990er Jahren vollständig durchgesetzt hat (Kluth 1997: 5). Unter den Begriff funktionale Selbstverwaltung werden höchst unterschiedliche Verwaltungseinheiten subsumiert: Die Selbstverwaltung der freien Berufe (z.B. die Ärzte-, Rechtsanwalts- oder Wirtschaftsprüferkammern) wird ebenso wie die wirtschaftliche Selbstverwaltung (Handwerks-, Industrie- und Handels- sowie Landwirtschaftskammern), die soziale Selbstverwaltung (Sozialversicherungsträger, Kassenärztliche Vereinigungen, Bundesagentur für Arbeit, Versorgungs- und Studentenwerke), die grundrechtsgetragene Selbstverwaltung (Hochschulen, öffentlich-rechtliche Rundfunkanstalten) und die Realkörperschaften (z.B. Wasser- und Bodenverbände) zu diesem Verwaltungstypus gerechnet. Der Begriff der funktionalen Selbstverwaltung bringt zum Ausdruck, dass es sich bei diesen Organisationseinheiten – ungeachtet ihrer Disparität – um einen besonderen Verwaltungstypus handelt, der von anderen administrativen Steuerungsmodellen klar abgegrenzt werden kann. Das Verhältnis zum Staat im engeren Sinn und eine spezifische Binnenstruktur sind die wesentlichen Aspekte, die den Verwaltungstypus funktionale Selbstverwaltung definieren.

Tabelle 1: Erscheinungsformen der funktionalen Selbstverwaltung

Grundrechts- getragene Selbstverwaltung	Selbstverwaltung der freien Berufe	Wirtschaftliche, gruppenplurale Selbstverwaltung	Realkörperschaften	Soziale Selbstverwaltung
– Hochschulen – Studenten- schaften – Öffentlich- rechtliche Rund- funkanstalten – Landesmedien- anstalten	– Ärztekammern – Rechtsanwalts- kammern – Wirtschafsprüfer- kammer – Steuerberater- kammern – Architektenkam- mern/Ingenieur- kammern-Bau – Lotsenbrüder- schaften – Kursmakler- kammern	– Industrie- und Handelskammern – Handwerks- kammern – Landwirtschafts- kammern	– Wasserverbände – Waldwirtschafts- genossenschaften – Forstbetriebs- verbände – Fischereiwirt- schaftsgenossen- schaften – Jagdgenossen- schaften – Abfallentsor- gungs- und Alt- lastensanierungs- verband NRW	– Sozialversiche- rungsträger – Kassenärztliche Vereinigungen – Bundesagentur für Arbeit – Versorgungswerke der freien Berufe – Studentenwerke

Darstellung in Anlehnung an Kluth (1997).

Das Grundgesetz gibt keine positive, alle Erscheinungsformen der Selbstverwaltung umfassende Definition des Begriffs der Selbstverwaltung.[1] Das Grundgesetz nimmt von dem Steuerungsprinzip Selbstverwaltung lediglich „Notiz" (Stern 1977: 297), behandelt (aber auch anerkennt!) es als ein historisch vorgefundenes Rechtsphänomen (Schmidt-Aßmann 1987: 254). Was der Begriff der Selbstverwaltung im konkreten meint, welche Garantien er verspricht und welche Grenzen er setzt, ist für jede Erscheinungsform von Selbstverwaltung – kommunal, akademisch, sozial, kulturell und wirtschaftlich – jeweils gesondert zu analysieren. Trotz der fehlenden verfassungsrechtlichen Begriffsbestimmung lassen sich einige, wenngleich eher allgemeine Merkmale der Selbstverwaltung beschreiben. Durch einen Rekurs auf die Ideengeschichte des Selbstverwaltungsbegriffs einerseits und auf verfassungsrechtliche Normen wie dem Demo-

---

1 Selbstverwaltung als administratives Steuerungsprinzip wird an zwei Stellen des Grundgesetzes ausdrücklich erwähnt: In Art. 28 Abs. 2 GG mit Bezug auf die kommunale Selbstverwaltung sowie in Art. 90 Abs. 2 GG, der die Verwaltung der Bundesautobahnen behandelt. Art. 5 Abs. 1 und 3 verweisen indirekt auf die Rundfunkfreiheit und die akademische Selbstverwaltung, und in Artikel 87 wird implizit Bezug auf die soziale Selbstverwaltung genommen. Nirgends findet sich jedoch eine eindeutige Definition, aus der ein Verfassungsprinzip „Selbstverwaltung" abgeleitet werden könnte (Jestaedt 2002: 304).

kratie-, Rechtsstaats-, Bundesstaats oder Sozialstaatsprinzip andererseits kann der Begriff inhaltlich gefüllt werden.

Der Ausdruck „Selbstverwaltung" signalisiert zunächst eine Distanz zum Staat (für das Folgende: Emde 1991: 5ff.). Selbstverwaltung meint die eigenverantwortliche Erledigung öffentlicher Aufgaben durch die davon Betroffenen. Die Trägerorganisationen der Selbstverwaltung gehören nicht der hierarchischen Ministerialverwaltung an. Sie sind institutionell verselbständigt und verfügen über unabhängige, d.h. fachweisungsfreie Entscheidungsbefugnisse. Aus organisationstheoretischer Perspektive ist Selbstverwaltung also zunächst einmal Dezentralisierung: Ausgliederung eines bestimmten Aufgabenbereichs aus der unmittelbaren Verantwortung der staatlichen Ministerialverwaltung. Gleichwohl findet Selbstverwaltung nicht in einem staatsfreien, rein zivilgesellschaftlichen Bereich statt. Durch ihre Rechtsform – Selbstverwaltungsträger sind als Körperschaften, Anstalten oder Stiftungen öffentlichen Rechts organisiert und unterliegen der staatlichen Rechtsaufsicht – wird eine Einbindung in den öffentlichen Sektor sichergestellt.

Der Begriff der Selbstverwaltung verweist zum zweiten auf eine beteiligungsorientierte Binnenstruktur. Selbstverwaltungsträger haben in der Regel ein partizipatives Leitungsmodell, bei dem die von den Entscheidungen betroffenen Akteure am Prozess der Willensbildung und Entscheidungsfindung beteiligt werden bzw. ihre Entscheidungsträger selbst wählen. Die beteiligungsorientierte Leitungsstruktur unterscheidet Selbstverwaltungsträger von anderen dezentralen Verwaltungseinheiten. So ist beispielsweise die Bundesbank ebenfalls verselbständigt und verfügt über autonome Entscheidungsspielräume, kann aber aufgrund der fehlenden partizipativen Binnenstruktur nicht zu den Selbstverwaltungsträgern gerechnet werden (Kluth/Goltz 2003: 10). Freilich, die Partizipationsmöglichkeiten sind in den verschiedenen Feldern der Selbstverwaltung sehr unterschiedlich ausgestaltet. Wer „betroffen" und damit mitwirkungsberechtigt ist, wird jeweils unterschiedlich definiert. Maßgebend für die Ausgestaltung der Mitwirkungsrechte sind dabei weniger formale Aspekte wie eine enge Sachbeziehung zwischen Akteur und Gegenstand der Selbstverwaltung als vielmehr politische Überlegungen (Oebbecke 2003: 370; Geis 2001: 71).[2]

2.2 Formales versus materiales Selbstverwaltungsverständnis

Geht man von der Prämisse aus, dass eine partizipative Binnenstruktur und die Beteiligung nicht-staatlicher Akteure an der öffentlichen Aufgabenerfüllung, eigenverantwort-

---

2 Bei Krankenkassen bringt es beispielsweise die Regelung der Familienversicherung mit sich, dass es Personen gibt, die zwar versichert, aber nicht Mitglied sind und daher über keine Mitwirkungsrechte verfügen. In der Unfallversicherung sind Entscheidungsrechte nach dem finanziellen Beitrag verteilt. Entscheidungsberechtigt sind allein die Beiträge leistenden Arbeitgeber; die Versicherten als Leistungsempfänger verfügen über keine Entscheidungskompetenzen. An Universitäten und in berufsständischen Organisationen wie z.B. den Handwerkskammern kennt man abgestufte Entscheidungsrechte. Die Stimmen der vier zentralen Mitgliedergruppen der Universität (Professoren, wissenschaftliche Mitarbeiter, nicht-wissenschaftliche Mitarbeiter und Studierende) bzw. die Stimmen von selbständigen Handwerkern und Gesellen in der Handwerkskammer haben je nach Entscheidungsgegenstand unterschiedliches Gewicht.

liche Handlungsspielräume und Staatsferne trotz öffentlicher Rechtsform charakteristische Merkmale von Selbstverwaltung sind, so ist Selbstverwaltung mehr als eine bloße organisationstheoretische Alternative. Der Begriff ist dann mit politischen Ideen der Teilhabe verbunden. Selbstverwaltung kann daher nicht auf das formale Prinzip der Dezentralisation reduziert werden (Schuppert 1989: 130).

Die Feststellung, dass es sich bei der Selbstverwaltung um ein materiales und nicht nur rein formales Verwaltungsprinzip handelt, ist alles andere als trivial. Ein Blick auf die Ideengeschichte der Selbstverwaltung zeigt, dass Selbstverwaltung als gesellschaftliches Steuerungsprinzip im Laufe der Geschichte höchst unterschiedlich interpretiert wurde. Dabei prägte die Frage, ob der Selbstverwaltungsbegriff über einen politischen Gehalt verfügt, und wenn ja über welchen, die Ideengeschichte der Selbstverwaltung in besonderer Weise. Hatte der Selbstverwaltungsbegriff im Verlauf der Freiheitsbewegung von 1848 beispielsweise den Charakter eines politischen Kampfbegriffs, so wurde in der zweiten Hälfte des 19. Jahrhunderts ein maßgeblich vom Rechtspositivismus beeinflusstes, formal-administratives Selbstverwaltungsverständnis dominant.[3] Die Unterscheidung zwischen einem politischen und juristischen Selbstverwaltungsbegriff bleibt auch für die Staats- und Verwaltungslehre der BRD von Bedeutung. Hier ist es vor allem Ernst Forsthoff, der zu den engagiertesten Verfechtern eines rein formellen Selbstverwaltungsverständnisses zählt. Selbstverwaltung ist seiner Auffassung nach die Wahrnehmung an sich öffentlicher Aufgaben durch Körperschaften, Anstalten und Stiftungen des öffentlichen Rechts. Normative Aspekte wie politische Beteiligung und Partizipation sind für ihn nicht zwingend mit Selbstverwaltung verbunden, mehr noch: sie sind entbehrlich und überflüssig (Forsthoff 1973: 478; Hendler 1984: 274). Ein ausschließlich über juristische Organisationsformen bestimmter Selbstverwaltungsbegriff gilt heute jedoch als überholt. Selbstverwaltung ist nach herrschender Meinung ein Verwaltungskonzept mit politischem Gehalt (Burgi 2003: 414) – eine ganze andere Frage ist indes, wie über die demokratische Legitimation dieses Verwaltungskonzepts geurteilt wird.

---

3 Der staatsrechtliche Positivismus, der sich im ausgehenden 19. Jahrhundert als eine neue wissenschaftliche Denkrichtung innerhalb der juristischen Wissenschaften entwickelte, forderte ein formales Verständnis von Recht, dem zufolge die Gesetzgebung allein auf rechtlichen Gesichtspunkten basieren und frei von politischen, philosophischen, ökonomischen oder psychologischen Überlegungen sein sollte. Aus den Reihen der Rechtspositivisten waren es insbesondere Paul Laband (1838–1918) und Heinrich Rosin (1855–1927), die bleibenden Einfluss auf das Verständnis von Selbstverwaltung hinterließen. Rosin trennt die Selbstverwaltung im juristischen Sinne, die er als körperschaftliche Selbstverwaltung charakterisiert, strikt von der Selbstverwaltung im politischen Sinne, die er als bürgerliche Selbstverwaltung bezeichnet. Der Rechtsbegriff der Selbstverwaltung beschreibt nach Rosin lediglich das Verhältnis zweier politischer Gemeinwesen – dem Selbstverwaltungsträger und dem ihm übergeordneten Staat – zueinander. Die Ausgestaltung der Binnenstruktur, etwa die Verankerung eines partizipativen Entscheidungsmodells oder die Beteiligung ehrenamtlicher Akteure, gehört in den Bereich des Politischen und ist für den Rechtsbegriff der Selbstverwaltung unbedeutend (Hendler 1984: 116f.).

2.3 Funktionale Selbstverwaltung und Demokratie – Konkordanz oder Dissonanz?

Selbstverwaltung als Ordnungsprinzip polarisiert. Ist für die einen Selbstverwaltung ein Stück gelebte Demokratie und ein bedeutsamer Eckpfeiler einer demokratischen Gesellschaftsordnung (Engelen-Kefer 2003), stehen für andere Selbstverwaltung und Demokratie in einem antagonistischen Verhältnis. Beide Seiten begründen ihre Auffassung sowohl mit inputorientierten – die Repräsentation der Interessen der Bürger betreffenden – und outputorientierten – die Effizienz und Effektivität von Selbstverwaltung beurteilenden – Argumenten. Selbstverwaltung verbreitert nach Auffassung ihrer Protagonisten die Basis für politisches Engagement, bewirkt die Integration von Bürgern in das politische Gemeinwesen und befördert Toleranz und weitere demokratische Verhaltensweisen. Selbstverwaltung als Steuerungsmodus unterstützt zudem die sachgerechte und selbstverantwortete Lösung von Zielkonflikten und sorgt für eine Entlastung des Staates durch zusätzliche Kapazitäten der Konfliktbearbeitung und der Nutzung von externer Expertise (Plantholz 1998: 56; Frotscher 1983).

Die Kritik an der funktionalen Selbstverwaltung setzt an unterschiedlichen Stellen an. Von juristischer Seite wird die Verfassungsmäßigkeit dieses Verwaltungstypus bezweifelt und das Verhältnis des Demokratiemodells der funktionalen Selbstverwaltung zu den Vorgaben des Grundgesetzes kritisch beleuchtet. Maßstab für die verfassungsrechtliche Bewertung der funktionalen Selbstverwaltung ist das in Art. 20 II 1 GG verankerte Demokratieprinzip (Jestaedt 2004). Der in Art. 20 GG zum Ausdruck kommende Gedanke der Volkssouveränität verlangt, dass jede Ausübung von Staatsgewalt durch staatliche Organe vom Volke abgeleitet sein muss. Amtsträger, die staatliche Aufgaben wahrnehmen, müssen ihre Stellung daher auf das Volk zurückführen können. Die personelle Legitimation ist dann gegeben, wenn sich eine ununterbrochene „Legitimationskette" zum Volk rekonstruieren lässt, d.h. wenn die Amtsträger direkt vom Volk bzw. vom Parlament gewählt oder aber von einem gewählten Amtsträger bestellt sind. Der Verwaltungstypus, der diesem Demokratiemodell am nächsten kommt, ist die hierarchisch gegliederte Ministerialverwaltung. Sie gilt als Idealtypus der demokratischen Verwaltung. Die demokratische Legitimation der Selbstverwaltung, namentlich der funktionalen Selbstverwaltung, erscheint demgegenüber als defizitär.[4] Mit ihren charakteristischen Merkmalen – eigenverantwortliche Aufgabenerledigung durch die Betroffenen – durchbricht sie das Prinzip der repräsentativen Demokratie.

Dass mit Blick auf Art. 20 II 1 GG in der funktionalen Selbstverwaltung ein Legitimationsdefizit besteht, wird in der Staats- und Verfassungslehre einhellig festgestellt. Allein die Schlussfolgerungen, die aus diesem Befund gezogen werden, sind unter-

---

4 Im Gegensatz zur funktionalen Selbstverwaltung erscheint die demokratische Legitimation der kommunalen Selbstverwaltung als weniger problematisch. Zum einen ist die kommunale Selbstverwaltung über Art. 28 I 2 GG grundgesetzlich verankert. Zum anderen weist die kommunale Selbstverwaltung Strukturelemente eines territorialstaatlichen Verbands auf und es können Analogien zu den Organisationsstrukturen auf Bundes- und Landesebene hergestellt werden. So ist beispielsweise das Legitimationssubjekt der kommunalen Selbstverwaltung wie auf der Bundes- und Länderebene über territoriale Kriterien definiert. Anders als in der funktionalen Selbstverwaltung, in der das Verbandsvolk entlang bestimmter aufgabenbezogener Merkmale definiert ist, lässt sich auf kommunaler Ebene eine quasi-demokratische Legitimation im Sinne des Art. 20 II 1 GG herstellen.

schiedlich. Vertreter eines zentralistischen Demokratieverständnisses sprechen der funktionalen Selbstverwaltung jegliche demokratische Legitimation ab, da die Entscheidungsträger in der funktionalen Selbstverwaltung ihre Legitimation nicht auf das gesamte Volk, sondern lediglich auf ein nach bestimmten Kriterien definiertes „Teilvolk" zurückführen können. Der Legitimationsmodus in den Trägern der funktionalen Selbstverwaltung wurzelt aus ihrer Perspektive nicht im demokratischen Prinzip, sondern ist vielmehr ein Relikt einer ständischen Gesellschaft. Vertreter eines pluralistischen Demokratieverständnisses hingegen betrachten das auf Hierarchie und Legitimationsketten abstellende Modell als wirklichkeitsfremd und wollen neben der parlamentsvermittelten Legitimation auch eine Legitimation „von unten" zulassen. Die parlamentszentrierte Sichtweise wird als ein differenzierungsfeindliches Modell betrachtet, das der Wirklichkeit moderner, pluralistischer Gesellschaften nicht gerecht wird (umfassend hierzu: Blanke 2000). Ihrer Auffassung nach kann das Legitimationsdefizit der funktionalen Selbstverwaltung durch das Postulat der Selbstbestimmung und ein nach Betroffenheitsgesichtspunkten differenziertes Egalitätsprinzip, das den von Entscheidungen Betroffenen vorrangige Entscheidungsrechte einräumt, gerechtfertigt bzw. kompensiert werden (Emde 1991; Kluth 1997; zusammenfassend Musil 2004).

Die These der *Systemwidrigkeit* der funktionalen Selbstverwaltung vermag nicht recht zu überzeugen, da die Träger der funktionalen Selbstverwaltung alle auf eine lange Tradition zurückblicken können und offenbar in das deutsche administrative System integriert sind. Die Strukturen der funktionalen Selbstverwaltung weisen eine erstaunliche Kontinuität auf und wurden trotz aller historischer und politischer Brüche – Kaiserreich, Weimarer Republik, NS-Regime, BRD – nie gänzlich in Frage gestellt. Die Ansätze der *Kompensations- bzw. Rechtfertigungslehre* erscheinen einleuchtend, solange es um Aufgabenbereiche geht, die allein die Mitglieder der Selbstverwaltungsträger betreffen. Doch wie ist es um die demokratische Legitimation bestellt, wenn von den Entscheidungen auch Dritte berührt werden? Während die verfassungsrechtsdogmatische Debatte um den Stellenwert der funktionalen Selbstverwaltung im Demokratiemodell des Grundgesetzes noch unausgefochten ist und auf Klärung harrt, hat die Rechtssprechung jüngst Position bezogen. In seinem Beschluss zur demokratischen Legitimation der beiden Wasserverbände Lippeverband und Emschergenossenschaft hat das Bundesverfassungsgericht festgestellt, dass das demokratische Prinzip und die Selbstverwaltung im Grundgesetz nicht in einem Gegensatz zueinander stehen. Die funktionale Selbstverwaltung kann vielmehr als eine spezifische Ausprägung des Demokratieprinzips verstanden werden; sie ergänzt und verstärkt das demokratische Prinzip (BVerfG, 2 BvL 5/98 vom 5.12.2002, 168). Allerdings gilt auch – wie Jestaedt (2004) richtig konstatiert – dass sich die Rechtsprechung des BVerfG auf einem sehr hohen Abstraktionsniveau bewegt. Das Urteil kommentiert vor allem die Idee der Selbstverwaltung und nicht ihre gegenwärtige Form. Die aktuelle Praxis der funktionalen Selbstverwaltung ist aber gekennzeichnet von zahlreichen Verformungen und Dysfunktionalitäten. Diese Defizite schmälern die Legitimationsbasis dieses Steuerungsprinzips, mag auch die idealtypische Idee der funktionalen Selbstverwaltung aus demokratietheoretischer Perspektive zu rechtfertigen sein.

Hier setzt die stärker politikwissenschaftlich argumentierende Kritik an der funktionalen Selbstverwaltung an, für die die Verfassungsmäßigkeit nur ein – wenngleich zentrales – Legitimationskriterium unter anderen ist. Eine dieser Verformungen des Selbstverwaltungsprinzips, das die demokratische Legitimation der funktionalen Selbstverwaltung fragwürdig werden lässt, ist das Institut der Friedenswahl, das vor allem im Handwerksbereich und in der sozialen Selbstverwaltung praktiziert wird. Friedenswahlen sind Wahlen ohne eigentliche Wahlhandlung (Muckel 2001). Wird aus einer Gruppe nur eine Vorschlagsliste zur Wahl zugelassen, oder sind bei mehreren Vorschlagslisten nicht mehr Bewerber genannt als Mitglieder zu wählen sind, so entfällt die Wahl und die Vorgeschlagenen gelten dann als gewählt. Friedenswahlen, vom Gesetzgeber ursprünglich als Ausnahme von der Urwahl gedacht, sind vor allem im Sozialversicherungsbereich mittlerweile der Normalfall. Bei der Sozialwahl 2005 fanden nur bei acht von insgesamt 351 Sozialversicherungsträgern Wahlen mit Wahlhandlung statt (Rexin 2005: 74). Sind Friedenswahlen auch nicht im eigentlichen Sinne verfassungswidrig, so bringen sie doch ein erhebliches Legitimationsdefizit auf der Input-Seite mit sich und machen die Interpretation der funktionalen Selbstverwaltung als partizipativen Steuerungsmodus unglaubwürdig. Unzulänglichkeiten, die die Legitimation der funktionalen Selbstverwaltung schmälern, werden darüber hinaus auch auf der Outputseite der funktionalen Selbstverwaltung ausgemacht. Selbstverwaltung wird in der öffentlichen Diskussion vielfach als ein uneffektives und ineffizientes Verwaltungsprinzip wahrgenommen, das den Anforderungen an eine moderne Verwaltungsorganisation nicht genügt.

3. Ökonomisierung, Partizipationswandel und Europäisierung und ihre Auswirkungen auf die funktionale Selbstverwaltung

Die Krisenphänomene und Defizite der funktionalen Selbstverwaltung sind seit langem bekannt und wurden vielfach wissenschaftlich analysiert (vgl. exemplarisch Bogs 1977; Frotscher 1983; Kleine-Cosack 1986; Süllow 1982b). Vor dem Hintergrund veränderter Anforderungen an die öffentliche Verwaltung, einer gestiegenen Bedeutung des Wirtschaftlichkeitsprinzips einerseits und veränderten Partizipationsbedürfnissen andererseits, hat sich die Kritik an der funktionalen Selbstverwaltung in den vergangenen Jahren jedoch weiter verschärft. Veränderungsdruck resultiert zudem auch aus der Europäisierung der öffentlichen Verwaltung, die neben der Ökonomisierung und dem Partizipationswandel als einer der wesentlichen Treiber des gegenwärtigen Verwaltungsreformprozesses gilt. Welchen Einfluss haben nun diese Veränderungsprozesse auf die funktionale Selbstverwaltung? Unterschiedliche Entwicklungsszenarien erscheinen plausibel: Vorstellbar ist zum einen, dass die funktionale Selbstverwaltung einen Bedeutungsverlust erfährt und sukzessive durch alternative Steuerungsformen wie marktlichen Wettbewerb oder staatliche Hierarchie ersetzt wird. Denkbar ist aber auch das gegenteilige Szenario einer erfolgreichen Erneuerung der funktionalen Selbstverwaltung, bei dem es gelingt, sowohl die Effizienz und Effektivität der funktionalen Selbstverwaltung als auch ihr Verhältnis zum Bürger zu reformieren.

Im Folgenden wird die Entwicklung der funktionalen Selbstverwaltung in den vergangenen 15 Jahren beschrieben. Dabei wird dem überblicksartigen Vergleich und dem Verweis auf dominante Entwicklungstendenzen in den verschiedenen Feldern der funktionalen Selbstverwaltung gegenüber einer detaillierten Darstellung der Reformprozesse der Vorrang eingeräumt, um auf diese Weise die Frage nach der zukünftigen Stellung der funktionalen Selbstverwaltung im administrativen Aufbau der BRD beantworten zu können.

3.1 Ökonomisierung

3.1.1 Potenziale und Grenzen von Effizienz und Effektivität in der funktionalen Selbstverwaltung

Aus der Perspektive der Befürworter der Selbstverwaltung ist eine der wesentlichen Quellen der Legitimation der funktionalen Selbstverwaltung ihr Beitrag zur Effizienz und Effektivität des staatlich-administrativen Systems. Dies hob bereits Freiherr von Stein hervor, dem die Selbstverwaltung nicht zuletzt dazu diente, „schlafende oder falsch geleitete Kräfte und [...] zerstreut liegende Kenntnisse" zu nutzen, um die Verwaltungsleistungen qualitativ zu verbessern und ihre Kosten zu reduzieren (von Stein 1959: 394). Durch die Beteiligung zivilgesellschaftlicher Akteure an den Verwaltungsleistungen, die als „Betroffene" die Entscheidungssituation kennen, kann sich der Staat deren Fachwissen und ihre spezifischen Orts- und Sachkenntnisse nutzbar machen. Selbstverwaltung erhöht die Chance einer problemnahen und sachgerechten Entscheidungsfindung. Aus staatlicher Sicht hat Selbstverwaltung zudem eine aufgabenentlastende Funktion. Selbstverwaltung schafft die Möglichkeit zur Delegation und befreit den parlamentarischen Gesetzgeber von der Notwendigkeit, Detailfragen zu klären und von der unmittelbaren Staatsverwaltung umsetzen zu lassen. Die Konzentration auf die bloße Rechtsaufsicht spart Verwaltungsressourcen ein, die für andere Bereiche eingesetzt werden können (Kleine-Cosack 1986: 126).

Allein: Die möglichen Vorteile in Bezug auf Effizienz und Effektivität der öffentlichen Aufgabenerfüllung können sich in der funktionalen Selbstverwaltung zumeist nicht entfalten. Die Literatur konstatiert im Gegenteil eine besondere Neigung dieses Steuerungsmechanismus zu Organisationsversagen, Ineffizienz und Strukturkonservatismus (Seibel 1992). Die Gründe liegen in der spezifischen Organisationsstruktur der Selbstverwaltungsträger, die Dysfunktionalitäten wie fehlende Verantwortlichkeit und schwach ausgeprägte Kontrollmechanismen zur Folge hat. Die dominanten Steuerungsmechanismen in der Binnenverfassung funktional verselbständigter Verwaltungseinheiten sind das Konsens- bzw. Kollegialitätsprinzip sowie das Prinzip der Repräsentation von Statusgruppen. Die notwendige Voraussetzung, um Entscheidungsprozesse nach dem Kollegialitätsprinzip zu gestalten – das Vorhandensein eines minimalen Grundkonsens bezüglich der Ziele und Aufgaben des Gremiums sowie die Bereitschaft des Einzelnen, Mehrheitsentscheide zu akzeptieren und sich an ihnen zu orientieren – sind bei den Trägern der funktionalen Selbstverwaltung oftmals nicht oder nur bedingt gegeben. Vor allem in Organisationen mit einer gruppenpluralen oder gruppenantagonistischen Binnenstruktur[5] wie Universitäten oder Sozialversicherungsträgern geht einer

---

5 In Organisationen mit einer gruppenpluralen Struktur sind mehrere homogene Gruppen zusammengefasst, die trotz partieller Interessendivergenzen ein Interesse an einer gemeinsamen

Entscheidung regelmäßig ein langwieriges Ausbalancieren der Partialinteressen der verschiedenen Statusgruppen voraus. Entscheidungsprozesse verlaufen schwerfällig, sind sehr zeitintensiv und mit hohen Entscheidungskosten verbunden und enden häufig auf dem kleinsten gemeinsamen Nenner, sprich: der Beibehaltung des Status quo.[6]

Die Defizite in Bezug auf die interne Steuerung werden schließlich noch durch die Ehrenamtlichkeit der Leitungsstruktur verschärft. Eine effiziente und wirksame Steuerung und Kontrolle von Selbstverwaltungsorganisationen, die wie Universitäten oder die Sozialversicherungsträger in ihrer Finanz- und Personalstruktur mittlerweile Großbetrieben gleichen, setzen ein hohes Maß an Sachkompetenz und Fachwissen voraus. In der Regel ist die Geschäftsführung von Selbstverwaltungsorganisationen professionalisiert, aber die Beschlussorgane, die satzungsmäßig die gesamte Geschäftstätigkeit steuern und kontrollieren, sind ehrenamtlich besetzt. Die Selbstverwaltungsgremien tagen im Verlauf eines Jahres nur wenige Male und können sich aufgrund ihrer Ehrenamtlichkeit und ihrer begrenzten Zeit nur bedingt in die komplexe Materie der Sozialversicherung oder der Hochschulsteuerung einarbeiten bzw. verfügen nicht über die notwendige Qualifikation, um etwa den Haushalt eines Rentenversicherungsträgers kritisch zu prüfen. Obgleich die ehrenamtlichen Gremien als die obersten Leitungsgremien konzipiert sind, werden Selbstverwaltungsorganisationen de facto durch die hauptamtliche Geschäftsführung gesteuert, die über Informations- und Qualifikationsvorsprünge verfügt. Aufgrund der Vorentscheiderposition der hauptamtlichen Akteure ist die Bedeutung der ehrenamtlichen Selbstverwaltungsgremien als Entscheidungs- und Kontrollorgane relativ gering. Die Mechanismen der internen Kontrolle sind in vielen Selbstverwaltungsträgern nur schwach ausgeprägt, Kontrollaufgaben werden faktisch von der Exekutive selbst wahrgenommen. Die Selbstverwaltungsgremien sind häufig nur Ratifizierungsorgane, die keine selbständige Initiativfunktion haben. Ihre wesentliche Aufgabe besteht nicht in der Entscheidungsfindung, sondern in der Kommunikation von Entscheidungen an die Mitglieder der Selbstverwaltungsträger bzw. an die Mitglieder der beteiligten Verbände (Seibel 1992: 186ff.; Süllow 1982b: 113ff.).

Außendarstellung haben. Von einer gruppenantagonistischen Struktur kann gesprochen werden, wenn der Zweck der Organisation vor allem in der Herstellung eines Binnen-Interessenausgleichs und in der Verantwortungsübernahme unterschiedlicher gesellschaftlicher Gruppierung liegt. Dies ist beispielsweise in Universitäten, in der sozialen Selbstverwaltung, aber auch bei den Wasser- und Bodenverbänden der Fall (Kluth 1997: 235).

6 Ob eine Einigung zustande kommt und von welcher Qualität diese ist, hängt unter anderem davon ab, inwieweit das kollegiale Entscheidungsgremium in eine hierarchische Umgebung eingebettet ist, durch die ein Zwang oder eine Motivation zur Einigung entsteht (Scharpf 2000: 323f.). Hier zeigen sich beispielsweise Unterschiede zwischen der sozialen Selbstverwaltung, die eng an die unmittelbare Staatsverwaltung gebunden ist und bei der im Falle der Nicht-Einigung recht schnell ein Eingriff der zuständigen Aufsichtsbehörde bzw. des Ministeriums droht, und der akademischen Selbstverwaltung, die ein höheres Maß an Unabhängigkeit genießt.

3.1.2 Vermarktlichung und Verbetriebswirtschaftlichung der funktionalen Selbstverwaltung

Vor dem Hintergrund der Ökonomisierung der öffentlichen Verwaltung werden die Leistungsschwächen der funktionalen Selbstverwaltung, vor allem ihre Defizite in Bezug auf die interne Steuerung und Kontrolle, als zunehmend prekär empfunden. In den unterschiedlichen Bereichen der funktionalen Selbstverwaltung ist die Ökonomisierung bislang am deutlichsten in der Arbeitsverwaltung und der Sozialversicherung zu Tage getreten. So hat beispielsweise die Bundesagentur – ehemals Bundesanstalt – für Arbeit (BA) 1994 ihr Monopol für die Vermittlung von Führungskräften verloren und muss nun mit privaten Anbietern konkurrieren.[7] In der gesetzlichen Krankenversicherung (GKV) wiederum wurde 1996 mit der Einführung der freien Kassenwahl der Weg zu mehr Wettbewerb geebnet. Da der Leistungskatalog der GKV jedoch weitgehend vom Gesetzgeber definiert wird, bleiben den gesetzlichen Krankenkassen nur wenige Möglichkeiten, das Beziehungsverhältnis zu ihren Mitgliedern im Wettbewerbssinne zu gestalten. Genauso gering ist ihr Handlungsspielraum bei der Gestaltung der Beziehungen zu den Leistungsanbietern: Vertragliche Vereinbarungen zwischen den Trägern der Krankenversicherung und den Krankenhäusern, Ärzten und anderen Leistungserbringern im Gesundheitssektor werden im Rahmen von Kollektivvereinbarungen ausgehandelt. Erst seit der Einführung neuer Vertrags- und Versorgungsformen durch das Gesundheitsreformgesetz 2000 und das Gesundheitsmodernisierungsgesetz 2004 können zwischen Krankenkassen und Leistungserbringern Individualverträge, die Voraussetzung für eine marktliche Steuerung sind, in einem gewissen Umfang abgeschlossen werden.[8]

---

7 Auch vor 1994 gab es bereits private Personalvermittlung, die im Bereich der Führungskräftevermittlung mit der BA konkurrierten. Die Tätigkeit der privaten Vermittlungsagenturen wurde zwar von der BA in einem gewissen Umfang geduldet. Tatsächlich war jedoch jedes Rechtsgeschäft der Personalvermittlung nichtig, da es gegen das Arbeitsvermittlungsmonopol verstieß. Auf Vorlage eines deutschen Zivilgerichts setzte der Europäische Gerichtshof (EuGH) sich 1991 mit dem Arbeitsvermittlungsmonopol der BA auseinander. Der EuGH qualifizierte die Tätigkeit der BA im Bereich der Vermittlung von Führungskräften für die Wirtschaft als eine unternehmerische Tätigkeit, die gegen die Prinzipien der europäischen Wettbewerbspolitik verstößt. Obgleich das Urteil des EuGH sich nur auf die Tätigkeit der Führungskräftevermittlung bezog, wurde in Deutschland daraufhin grundsätzlich das Arbeitsvermittlungsmonopol abgeschafft (Haverkate/Huster 1999: 297).

8 Das Gesundheitsreformgesetz 2000 sah unter anderem die Einführung der sogenannten „integrierten Versorgung" vor (vgl. §§ 140a ff. SGB V). Das Modell der integrierten Versorgung soll die Lücke zwischen ambulanter und stationärer Versorgung schließen und zu einer besseren und effizienteren Versorgung der Patienten beitragen. Die in das neue Instrument gesetzten Erwartungen haben sich jedoch nicht erfüllt: Bundesweit wurden nur einige wenige Integrationsverträge gemäß den neuen gesetzlichen Rahmenbedingungen abgeschlossen. Mit dem GKV-Modernisierungsgesetz (GMG), das Anfang 2004 in Kraft trat, wurden daher auch die Regelungen zur Integrierten Versorgung maßgeblich überarbeitet. Es wurden zusätzliche Anreize zur Vereinbarung integrierter Versorgungsmodelle geschaffen. Die Verträge zur Integrierten Versorgung wurden aus dem Sicherstellungsauftrag der kassenärztlichen Vereinigungen herausgenommen. Nach den Neuregelungen des GMG werden die Verträge als *Direktverträge* geschlossen. Vertragspartner können dabei auf der Kostenträgerseite einzelne Krankenkassen oder auch mehrere Kassen gemeinsam, primär nicht aber deren Verbände sein. Auf der Leis-

Neben der Vermarktlichung von Politikfeldstrukturen zeigt sich die Ökonomisierung der funktionalen Selbstverwaltung auch in der Veränderung von Organisationsstrukturen. Bei der Suche nach Rationalisierungspotentialen wurden unter anderem auch die Leitungsmodelle der Selbstverwaltungsorganisationen auf den Prüfstand gestellt. So wurden bei den Krankenkassen, den Kassenärztlichen Vereinigungen, der Arbeitsverwaltung, den Rentenversicherungsträgern und den Universitäten in den vergangenen Jahren Leitungsreformen mit dem Ziel der Professionalisierung der Selbstverwaltungsarbeit durchgeführt (vgl. z.B. Felix 2001; Fehling 2002; Marx/Schmachtenberg 2002). Für Universitätskliniken und Studentenwerke gibt es ähnliche Überlegungen (vgl. z.B. Karthaus/Schmehl 2000). Diese Reformmaßnahmen sind für die hier diskutierte Fragestellung – Zukunft der funktionalen Selbstverwaltung – von besonderem Interesse, berühren sie doch Struktur und Organisation der Selbstverwaltung ganz unmittelbar. Die neuen Leitungsmodelle sollen eine flexible und effiziente Entscheidungsfindung, Verantwortlichkeit sowie Kontrolle bei der Umsetzung der Entscheidungen gewährleisten und damit die Nachteile des tradierten Leitungsmodells von Selbstverwaltungsträgern ausgleichen. Dabei wird auf unterschiedliche Reformmaßnahmen zurückgegriffen:

- Die Leitungsstruktur wird durch die Verringerung der Zahl der Leitungskräfte oder durch die Auflösung ganzer Leitungsorgane verschlankt,
- die Zurechenbarkeit von Entscheidungen zu den Entscheidungsträgern soll durch eine engere Verknüpfung von Entscheidungsbefugnis und persönlicher Verantwortlichkeit verbessert werden,
- um Entscheidungsprozesse auf der obersten Leitungsebene zu professionalisieren werden Aufgaben verstärkt von ehrenamtlichen auf hauptamtliche Akteure übertragen,
- ebenfalls dem Ziel der Professionalisierung dient die Definition von Qualifikationsvoraussetzungen und die Öffnung von Rekrutierungswegen.

Eine ganz besondere Bedeutung kommt bei diesen Leitungsreformen der Neuordnung der Aufgabenteilung zwischen den verschiedenen Leitungsorganen zu. Bislang dominierten in der funktionalen Selbstverwaltung monistische Leitungsmodelle, d.h. Leitungsmodelle, bei denen *nicht* explizit zwischen Leitung der Organisation und Kontrolle der Leitung unterschieden wurde. Dies soll sich mit den neuen Leitungsmodellen verändern. Immer häufiger werden nun Leitungsstrukturen nach dem Gewaltentrennungsmodell eingeführt, bei denen zwischen operativer Exekutivfunktion sowie der Zielbildungs-, Beratungs- und Kontrollfunktion differenziert wird und die verschiedenen Aufgaben unterschiedlichen Organen zugeordnet sind. Eine wichtige Vorbildfunktion nimmt hierbei das Leitungsmodell der Aktiengesellschaft ein, das nach diesem Prinzip von Checks and Balances aufgebaut ist.[9] Auffallend ist, dass das Leitungsmo-

---

tungserbringerseite werden die möglichen Vertragspartner im Gesetz (§ 140b SGB V) aufgeführt. Dazu gehören neben einzelnen Vertragsärzten, Gemeinschaften von Vertragsärzten (z.B. Ärztenetze) und Krankenhäusern, unter anderem auch Medizinische Versorgungszentren. Als weiterer Anreiz zur Vereinbarung integrierter Versorgungsmodelle wurde beschlossen, dass zwischen 2004 und 2006 bis zu ein Prozent der jährlichen ärztlichen Vergütungen und ein Prozent aus dem Krankenhaustopf speziell für die integrierte Versorgung bereitgehalten werden.

9 Organe einer Aktiengesellschaft sind der Vorstand, der Aufsichtsrat und die Hauptversamm-

dell der Aktiengesellschaft in der Diskussion um die Reform der funktionalen Selbstverwaltung nur selektiv perzipiert wird. Die Reformdiskussion konzentriert sich auf die Aufgaben- und Kompetenzverteilung zwischen Vorstand und Aufsichtsrat – die Rolle und Funktion des dritten Organs der Aktiengesellschaft, der Hauptversammlung, wird in der Debatte nicht weiter berücksichtigt. Das Aufsichtsrats-Modell kann in dieser verkürzten Perzeption allenfalls Lösungsansätze für Probleme der Binnensteuerung von Verwaltungsträgern bieten. Offen und unbeantwortet bleibt, zumindest beim gegenwärtigen Stand der Diskussionen, nach welchen Verfahren Leitungskräfte ausgewählt und bestellt werden und wie ein hinreichendes Partizipationsniveau der Mitglieder gewährleistet werden kann.

Die Leitungsstrukturreformen werden vom Gesetzgeber in der Regel als eine Stärkung der Selbstverwaltung präsentiert. In den Reihen der Selbstverwaltungsakteure aber stoßen die Leitungsstrukturreformen auf Ablehnung und werden zum Teil massiv kritisiert. Die Reformmaßnahmen werden zurückgewiesen, weil sie als ein Versuch zur Schwächung, gar als ein erster Schritt zur Abschaffung des Selbstverwaltungsmechanismus gedeutet werden (vgl. beispielsweise Perels 2001; Kruse/Kruse 1993). Die Ursache für diese diametral entgegengesetzte Bewertung der Wirkung der Selbstverwaltungsreformen klärt sich rasch, wenn man genauer prüft, welche Leitungsorgane in welcher Weise von diesen Reformmaßnahmen betroffen sind. Die Leitungsstrukturreformen stärken die Kompetenzen der exekutiven Organe, die zugleich immer häufiger von hauptamtlichen Managern besetzt werden. Die ehrenamtlichen Selbstverwaltungsgremien nehmen in den neuen Leitungsmodellen hingegen vor allem kontrollierende und beratende Funktionen wahr. Die zentrale Aufgabe der ehrenamtlichen Leitungskräfte ist es, einen (hauptamtlichen) Vorstand auszuwählen und diesen zu kontrollieren. Sie besteht nicht darin, selbst substantielle Entscheidungen zu treffen. Die neuen Leitungsmodelle basieren nicht auf der Idee einer von ehrenamtlichen Akteuren selbstverwalteten Korporation. Sie orientieren sich vielmehr am Leitgedanken einer vorstandsautonomen, managergeleiteten Organisation. Die ehrenamtlichen Selbstverwaltungsgremien üben in diesem Modell im besten Falle „Mitbestimmung" aus, oder aber sie haben bloß die Funktion eines konsultativen Beirats.

Eine angemessene Bewertung der Wirkung der Reformmaßnahmen muss allerdings in Rechnung stellen, dass die ehrenamtlichen Selbstverwaltungsgremien aufgrund der Vorentscheiderposition der hauptamtlichen Leitungskräfte und eigenen Zeit- und Qualifikationsproblemen schon vor den Leitungsreformen Schwierigkeiten hatten, „echte" Leitung auszuüben. Berücksichtigt man dies, so erscheinen die gesetzlichen Neuerungen eher als eine Anpassung an die Realität. Das Machtungleichgewicht zwischen haupt- und ehrenamtlichen Selbstverwaltungsgremien ist dann nicht bzw. nur zum Teil

---

lung. Der Vorstand leitet die Aktiengesellschaft in eigener Verantwortung und ist nicht an Weisungen des Aufsichtsrats oder der Hauptversammlung gebunden (§ 76 AktG). Die zentrale Aufgabe des Aufsichtsrats ist die Überwachung und Beratung des Vorstands, der dem Aufsichtsrat gegenüber umfassende Berichtspflichten hat (§ 111 AktG). Die Hauptversammlung ist das Willensbildungsorgan der Gesellschaft. In ihr üben die Aktionäre ihre Rechte aus. Jeder Aktionär kann in der Hauptversammlung vom Vorstand Auskunft über die Angelegenheiten der Gesellschaft verlangen. Zuständigkeit und Aufgaben der Hauptversammlung erstrecken sich hauptsächlich auf die Bestellung der Aufsichtsratsmitglieder, die Gewinnverwendung, die Entlastung des Vorstands und des Aufsichtsrats (§ 119 AktG).

Tabelle 2: Leitungsstrukturreformen in der funktionalen Selbstverwaltung

Feld	Zeitpunkt / Zeitraum	Zentrale Reformmaßnahmen
– Hochschulen	– Seit Verabschiedung Hochschulrahmengesetz (HRG) 1998 bzw. den darauf folgenden Novellierungen der Landesgesetze	– Einführung Hochschulräte – Veränderung der Gremienstruktur (z.B. Abschaffung Konzile) – Veränderung interner Aufgaben- und Kompetenzverteilung (Stärkung der exekutiven Organe)
– Rentenversicherungsträger	– 1.1.2006 – Gesetz zur Organisationsreform in der gesetzlichen Rentenversicherung (RVOrgG)	– Fusion LVAen und BfA – Reform der Organisationsstruktur auf Bundesebene – Neuordnung der Sonderversicherungsanstalten
– Gesetzliche Krankenkassen (GKV)	– 1.1.1996 Gesetz zur Sicherung und Strukturverbesserung der gesetzlichen Krankenversicherung vom 1.1.1993 (GSG)	– Gewaltentrennungsmodell – Einführung eines hauptamtlichen Vorstands – Verringerung der Zahl der Gremien und der Zahl der Leitungsakteure
– Kassenärztliche Vereinigung (KV)	– 1.1.2005 Gesundheitsmodernisierungsgesetz (GMG)	– Umbau der institutionellen Leitungsstrukturen analog zur GKV – Reform der Wahlordnung
– Bundesagentur für Arbeit	– Gesetz zur Vereinfachung der Wahl der Arbeitnehmervertreter in den Aufsichtsrat vom 18. Mai 2004 (bzw. § 434f SGB III)	– Modernisierung der Leitungsstrukturen in der Hauptstelle der Bundesagentur für Arbeit u.a. durch – Einführung eines hauptamtlichen Vorstands – Verkleinerung der Organe – eindeutigere Zuordnung von Verantwortlichkeiten – Veränderung der Bestellungsmechanismen
– Studentenwerke	– Seit Ende 1990er Jahre, Gesetzliche Grundlage: Novellierung der Landesgesetze zu Studentenwerken in verschiedenen Bundesländern, z.B. Reform des Studierendenwerks Hamburg 1.8.2005 (Gesetz für das Studierendenwerk Hamburg (StWG) vom 23.6.05)	– *Beispiel Hamburg:* – Neuordnung der Organstruktur (Geschäftsführung erhält volle Handlungskompetenz im operativen Bereich; Verwaltungsrat überwacht die Geschäftsführung. Eine Vertreterversammlung beschließt die grundsätzlichen und strategischen Entscheidungen) – Hochschulen erhalten stärkeren Einfluss in den Organen des Studentenwerks.

Feld	Zeitpunkt / Zeitraum	Zentrale Reformmaßnahmen
– Öffentlich-rechtliche Rundfunkanstalten	– Leitungsreformen durch Novellierung von Landesgesetzen in verschiedenen Bundesländern – Z.B. Leitungsreformen bei Radio Bremen durch Radio-Bremen-Gesetz vom 27. Oktober 1998	– *Beispiel Bremen:* Ersetzung der Direktorialverfassung durch eine Intendantenverfassung mit dem Ziel, die Rechte des Intendanten zu stärken und diesem eine herausgehobene Stellung gegenüber dem Direktorium zu gegeben
– Landesmedienanstalten	– Leitungsreformen bei der Hamburgischen Anstalt für neue Medien (HAM) durch das Hamburgische Mediengesetz vom 26. Juni 2003	– *Beispiel Hamburg:* Verkleinerung des Selbstverwaltungsgremiums der HAM, Veränderung der Bestellungsmechanismen

ursächlich auf die Leitungsstrukturreformen zurückzuführen. Umgekehrt gilt allerdings auch, dass die Leitungsstrukturen kein Element zur Reaktivierung der ehrenamtlichen Selbstverwaltung enthalten und nichts zur Verbesserung der Stellung der ehrenamtlichen Gremien im Leitungsmodell beitragen.

3.2 Partizipations- und Legitimationswandel

3.2.1 Selbstverwaltung im Spannungsfeld von individueller und korporativer Partizipation

Die politikwissenschaftliche Verwaltungsforschung unterscheidet drei idealtypische Formen, in denen die Verwaltung dem Bürger begegnen bzw. der Bürger der Verwaltung gegenübertreten kann. Die Verwaltung kann den Bürger als *Adressat* ihrer Leistungen sehen und ihn – je nach Verwaltungsverständnis – als Kunde oder Untertan betrachten. Der Bürger kann seinerseits die Rolle des *Auftraggebers* der Verwaltung einnehmen und z.B. durch Wahlen oder mittels neuerer Beteiligungsverfahren auf die Zielsetzungen und Planungen von Verwaltungen Einfluss ausüben. In seiner Rolle als *Mitgestalter* schließlich wirkt der Bürger am Verwaltungsvollzug konkret mit (Bogumil 2001: 219).

Im Modell der funktionalen Selbstverwaltung kommt dem Bürger die dritte Rolle zu, die des Mitgestalters, der sich bei der Gestaltung des Gemeinwesens und der Erfüllung öffentlicher Aufgaben aktiv beteiligt. Doch obgleich als bürgernaher Verwaltungstypus konzipiert, wird die funktionale Selbstverwaltung von den Bürgern nicht als solche erlebt. Repräsentative Meinungsumfragen über die Bedeutung und Funktion der sozialen Selbstverwaltung im Verlauf der 1980er Jahre haben beispielsweise gezeigt, dass mehr als 90 % der Wahlberechtigten nichts über die Sozialversicherungswahlen und die Gruppen, die sich dort zur Wahl stellen, wussten (Ruland 1993: 693). An dieser Situation hat sich seitdem nichts Wesentliches verändert (Braun/Klenk 2006; Braun/Buitkamp 2005). Auch heute noch gilt das Wissen um die Grundlagen der Sozialwahlen als „Expertenwissen" (Engelen-Kefer 2003). Das Nicht-Wissen bzw. das Desinteresse der Bürger an der sozialen Selbstverwaltung schlägt sich unter anderem in einer äußerst geringen Wahlbeteiligung bei den Sozialwahlen nieder.

Dass die Selbstverwaltung, insbesondere die soziale Selbstverwaltung, von den Bürgern nicht als eine beteiligungsorientierte Verwaltungsstruktur verstanden wird, liegt
u.a. daran, dass die mitgliedschaftliche Willensbildung in der sozialen Selbstverwaltung
nicht von den Mitgliedern ausgeübt wird, sondern mediatisiert über Verbände stattfindet (Geis 2001: 85; Bogs 1977: 23). Die Sozialpartner – Gewerkschaften auf der einen
Seite, Arbeitgeberverbände auf der anderen Seite – verfügen in Bezug auf das Wahlvor-
schlagsrecht über ein Quasi-Monopol. Zwar steht den Mitgliedern der Sozialversicherungsträger prinzipiell die Möglichkeit offen, durch die Gründung freier Listen eigene,
von den Verbandsvertretern unabhängige Positionen zu formulieren. Angesichts der hohen Unterschriftsquoren und der kurzen Fristen, innerhalb derer die Unterschriften
eingeholt werden müssen, ist die Gründung von freien Listen jedoch vor allem in dem
zersplitterten Bereich der Krankenkassen ein sehr aufwendiges Verfahren.[10]

Eine vornehmlich über Verbände mediatisierte Willensbildung und Entscheidungsfindung aber wird, so lautet die Kritik, der Idee der Betroffenenbeteiligung nicht gerecht, denn von den Verbandsinteressen kann keineswegs unmittelbar auf die Interessen
der Mitglieder geschlossen werden (vgl. Muckel 2001: 172; Kleine-Cosack 1986: 202).
Die Legitimität der Stellvertreterposition der Gewerkschaften in der sozialen Selbstverwaltung wird beispielsweise durch die seit Jahren zu verzeichnenden Mitgliederrück-
gänge in Frage gestellt. Gewerkschaften repräsentieren überdies nur bestimmte Bevölkerungsgruppen. So sind etwa Frauen in den gewerkschaftlichen Führungspositionen, aus
denen die Vertreter für die Selbstverwaltungsorgane rekrutiert werden, unterrepräsentiert.[11] Auch auf Seiten der Arbeitgeberverbände stellen sich Repräsentationsprobleme.
Es gibt immer mehr Unternehmen, die von ihrem Grundrecht der negativen Koali-
tionsfreiheit (Art. 9 GG) Gebrauch machen und aus dem Arbeitgeberverband austre-
ten. Das primäre Motiv für den Austritt aus dem Arbeitgeberverband ist zwar die Be-
freiung von tariflichen Regelungen. Eine sinkende Mitgliederzahl in Arbeitgeberverbän-
den hat aber auch Konsequenzen für die Sozialversicherung und verschärft die Legitimationsprobleme der sozialen Selbstverwaltung. Die dort von den Vertretern der Arbeitgeberverbände getroffenen Vereinbarungen gelten auch für die nicht organisierten
Arbeitgeber, obwohl sie die Entscheidungen formal betrachtet nicht legitimiert haben.

Auch die vielfach praktizierten Friedenswahlen tragen zum Legitimationsdefizit der
funktionalen Selbstverwaltung bei. Die Durchführung von Friedenswahlen wird oftmals mit dem Argument begründet, unnötige Kosten vermeiden zu wollen.[12] Auf Sei-

---

10 Die freien Listen entscheiden sich häufig für eine Bezeichnung, die den Namen des Versicherungsträgers enthält und dadurch eine besondere Nähe zu den Interessen der Versicherten signalisiert. Sie konnten bei den vergangenen Wahlen daher zum Teil beachtliche Wahlerfolge auf
Kosten der etablierten gewerkschaftlichen Listen erzielen. Wer jedoch die Träger dieser freien
Listen sind und für welche sozialpolitischen Positionen sie im konkreten stehen, bleibt für das
einzelne Mitglied jedoch häufig unklar.

11 Im Bereich der gesetzlichen Krankenversicherung werden die geschlechtsspezifischen Unterschiede bei der Zusammensetzung der Selbstverwaltungsorgane durch die Regel, dass mitversi-
cherte Familienangehörige – in der Regel Frauen – über kein Stimmrecht verfügen, noch verstärkt.

12 Bei den Sozialwahlen von 1999 sind bei den 15 (von insgesamt 550) Versicherungsträgern, bei
denen Wahlen mit Wahlhandlungen durchgeführt wurden, Kosten für die Herstellung und
Ausgabe der Wahlunterlagen, die Beförderung der Wahlbriefe und die Stimmauszählung etc. in

ten der Versichertenvertreter dürfte ein Grund für die Durchführung von Friedenswahlen sein, dass Wahlen mit Wahlhandlung in der Regel zu hohen Verlusten der Ge-
werkschaftsvertreter führen. Wenn sich Mitglieder- und Interessengemeinschaften, die
die Bezeichnung eines Versicherungsträgers in ihrem Namen führen und dadurch eine
besondere Nähe zum Versicherungsträger signalisieren, an der Wahl beteiligen, kommt
es zu hohen Stimmverlusten auf Seiten der Gewerkschaften. Friedenswahlen stehen
dem Legitimationsgedanken der Selbstverwaltung, demokratische Teilhabe zu gewährleisten, diametral entgegen. Sie haben darüber hinaus zur Folge, dass die „Gewählten"
den Wählern unbekannt und fremd bleiben: Wie die Wahllisten der Verbände zustande kommen und für welche Inhalte die einzelnen Listen stehen, ist für die Mitglieder
der Selbstverwaltungsträger in der Regel nicht transparent. Sie leisten damit dem – be-
rechtigten! – Desinteresse der Bürger an Sozialwahlen Vorschub.[13]

Durch die Verbändedominanz rückt der Selbstverwaltungsmechanismus in der Sozialversicherung in die Nähe korporatistischer Steuerungsregime: beide Steuerungsmechanismen zeichnen sich durch die selektive Beteiligung von Verbänden mit einem
hinreichenden Maß an Verpflichtungsfähigkeit nach innen, durch die wechselseitige
Beeinflussung von Staat und Verbänden, das primäre Ziel der Konsenssicherung und
die gleichen negativen Externalitäten und Dysfunktionalitäten aus. Einige Autoren betrachten die soziale Selbstverwaltung daher als einen speziellen Untertypus des Korporatismus (Süllow 1982a). Die institutionelle Struktur der sozialen Selbstverwaltung ermöglicht und begünstigt zwar eine korporatistische Strukturierung der Selbstverwaltungsgremien in der Sozialversicherung, aber sie enthält durch den Vorzug der Bestellung durch Wahlen gleichwohl ein *potentiell* demokratisches Element. Die Verbändedominanz ist nicht zementiert, sondern durch die Möglichkeit, freie Wahllisten aufzu-
stellen, prinzipiell „erschütterbar". Die institutionelle Struktur der sozialen Selbstverwaltung lässt eine Alternative zur verbandmonopolitischen Steuerung zu, so dass eine
Neubelebung des heute sinnentleerten Rituals der Sozialwahlen grundsätzlich vorstellbar ist (Nullmeier/Rüb 1993: 303ff.).

Höhe von 98 Millionen DM angefallen. Bei den 535 Versicherungsträgern, bei denen keine
Wahlhandlung stattgefunden hat, sind hingegen nur Kosten in Höhe von 2,5 Millionen DM
entstanden (Rzesnik 2000: 235). Die entsprechenden Daten zur Sozialwahl 2005 sind bisher
noch nicht veröffentlicht worden.

13 Legitimationsdefizite auf der Input-Seite sind nicht nur ein Problem der verbandsgesteuerten
sozialen Selbstverwaltung. Auch in anderen Selbstverwaltungsorganisationen lassen sich Oligar-
chisierungsprozesse beobachten, die die ohnehin sehr begrenzten Einflussmöglichkeiten des
einzelnen Mitglieds noch weiter beschränken und eine Distanz zwischen den Funktionären
und dem einzelnen Mitglied schaffen. Eine Untersuchung des Max-Planck-Instituts für Gesellschaftsforschung zu den Funktionen und Leistungen der kassenärztlichen Vereinigungen ergab,
dass weniger als die Hälfte der befragten Kassenärzte meinen, dass die Kassenärztlichen Vereinigungen tatsächlich die Interessen der Kassenärzte vertreten; gerade ein Viertel der befragten
Kassenärzte fühlte sich gut oder sehr gut von den Funktionären der Kassenärztlichen Vereinigungen vertreten (Webber 1992: 256). Generell wird die Beteiligung der Mitglieder an Wil-
lensbildungs- und Entscheidungsprozesse in den berufsständischen Kammern als eher apa-
thisch bezeichnet (Kleine-Cosack 1986: 196); ebenso ist auch in der akademischen Selbstverwaltung die Wahlbeteiligung regelmäßig sehr gering (Müller-Böling/Küchler 1998: 29).

3.2.2 Mitglieder in der funktionalen Selbstverwaltung: Kunden oder stimmberechtigte Mitgestalter?

In welcher Weise wurde in den vergangenen 15 Jahren in der funktionalen Selbstverwaltung auf die Defizite in Bezug auf Partizipation und Legitimation reagiert? Nimmt man die drei Rollen der Bürger gegenüber der Verwaltung – Auftraggeber, Kunde, Mitgestalter –, als Bezugspunkt, so zeigt sich, dass Selbstverwaltungsträger in erster Linie darum bemüht sind, ihr Verhältnis zum Bürger als *Kunden* zu verbessern. So haben beispielsweise die Krankenkassen seit der Einführung der freien Kassenwahl ihre Aktivitäten im Bereich der Kunden- und Serviceorientierung stark ausgebaut. Da ihnen der Gesetzgeber bei der Gestaltung des Leistungsangebots kaum Handlungsspielräume lässt, versuchen die Kassen sich den Versicherten als ein serviceorientiertes Dienstleistungsunternehmen zu präsentieren und über den Weg der Kundenorientierung Wettbewerbsvorteile gegenüber anderen Trägern zu erzielen (Bode 2003). Auch die Bundesagentur für Arbeit hat sich das Ziel der Verbesserung der Kundenorientierung gesetzt. Erste Impulse für eine Neuausrichtung des Beziehungsdreiecks zwischen den Vermittlern der Arbeitsagenturen, den Arbeitslosen bzw. Arbeitssuchenden und den Arbeitgebern wurden bereits mit dem Organisationsreformprojekt „Arbeitsamt 2000" gesetzt. Noch bevor jedoch diese Organisationsreform vollständig implementiert war, hat der sogenannte „Vermittlungsskandal" zur Einsetzung der Kommission „Moderne Dienstleistungen am Arbeitsmarkt" (Hartz-Kommission) und in der Folge zu weiteren gesetzlichen Veränderungen („Hartz-Gesetze" I-IV) geführt. In den Empfehlungen der Hartz-Kommission zur Modernisierung der Arbeitsverwaltung nimmt das „Kundenzentrum der Zukunft (KuZ)" eine zentrale Stellung ein. Durch eine Reorganisation der operativen Prozesse der Arbeitsvermittlung und die Entwicklung von Handlungsprogrammen soll eine bessere Betreuung der beiden Kundengruppen Arbeitgeber und Arbeitslose bzw. Arbeitssuchende erreicht werden. Erste Evaluationsergebnisse zeigen, dass die Rahmenbedingungen für die Arbeitsvermittlung tatsächlich verbessert werden konnten: Die Vermittler wurden von vermittlungsfernen Aufgaben entlastet und können aufgrund der Veränderungen im Arbeitsablauf relativ ungestört Beratungsgespräche führen. Einer konsequenten Kundenorientierung wurden allerdings bewusst Grenzen gesetzt: Durch die Orientierung an vorgegebenen Handlungsprogrammen und die Segmentierung der Kunden in vorab definierte Kundengruppen finden spezifische individuelle Problemlagen und Bedürfnisse nur bedingt Berücksichtigung (Schütz/Oschmiansky 2006).

Auch bei den Wirtschaftskammern haben viele schon den Schritt zum Dienstleistungsunternehmen getan und ihre Angebote für die Mitglieder im Beratungs-, Service- und Dienstleistungsbereich in den vergangenen Jahren ausgebaut. Die Kammern sehen die Ausweitung des Dienstleistungsangebots als eine Möglichkeit zur Rechtfertigung der Pflichtmitgliedschaft in den berufsständischen Kammern. Gerade im Falle der berufsständischen Kammern sind aber Dienstleistungsangebote für die Mitglieder ein äußerst ambivalentes Instrument, um die eigene Legitimation bei den Mitgliedern zu verbessern und als Institution anerkannt zu werden. Mit ihren Beratungs-, Service- und Dienstleistungsangeboten treten die Kammern oftmals in Konkurrenz zu den privatwirtschaftlichen Angeboten der eigenen Mitglieder. Mit der Ausweitung ihrer wirtschaftlichen Aktivitäten evozieren die Kammern erst recht die Ablehnung der Mitglieder, denn sie können – da durch die Mitgliedsbeiträge subventioniert – ihre Leistungen zum Teil deutlich billiger anbieten als die privatwirtschaftlich agierenden Mitglieder (zu den rechtlichen Folgeproblemen der Ausweitung der wirtschaftlichen Tätigkeit von Kammern vgl. Kluth/Voigt 2003).

Das Leitbild des Bürgers als Kunden kennt man auch aus dem Verwaltungsmodernisierungsprozess der kommunalen Selbstverwaltung. Hier wurde die Diskussion um Dienstleistungsversprechen und verbesserte Serviceangebote wie z.B. one-step-agencies durch die Einführung des Neuen Steuerungsmodells (NSM) angestoßen und erreichte Ende der 1990er Jahre ihren Höhepunkt. Zu Beginn des neuen Jahrtausends erfolgte jedoch eine Kurskorrektur im Reformprozess. Trotz der Tatsache, dass nahezu jede Kommune sich mit dem NSM auseinander gesetzt hat und zumindest Teilelemente des Reformmodells implementiert hat (zum Umsetzungsstand des NSM vgl. den Beitrag von Bogumil/Grohs/Kuhlmann in diesem Band) blieben rasche Modernisierungserfolge aus, und das stark betriebswirtschaftlich ausgerichtete Modell der „Dienstleistungskommune" verlor an Attraktivität. Stattdessen werden nun Reformansätze zur Stärkung der Zivilgesellschaft und zur Förderung bürgerschaftlichen Engagements entwickelt, die ein Gegengewicht zum vielfach beklagten Demokratiedefizit des NSM bilden sollen. Im alten Modell der „Dienstleistungskommune" wurden Bürger und Politiker ausschließlich in ihrer Funktion als Marktteilnehmer betrachtet: der Bürger wurde auf die Rolle des zahlenden Kunden reduziert, die zentrale Funktion der kommunalen Vertretungskörperschaften wiederum lag in der Besetzung von Aufsichtsratsposten im „Konzern Stadt". Das neue Reformmodell der „Bürgerkommune" hält am Leitbild der kundenorientierten Verwaltung fest, geht aber in seinen Zielsetzungen noch weiter. Es will den unterschiedlichen Rollen von Bürgern als Auftraggeber, Mitgestalter und Kunde Rechnung tragen und zudem den politischen Charakter der kommunalen Selbstverwaltung stärker berücksichtigen. Mit der neuen Strategie der kommunalen Verwaltungsmodernisierung werden unterschiedliche Ziele verfolgt: mehr Akzeptanz der kommunalen Selbstverwaltung durch eine höhere Bürgerzufriedenheit, eine Revitalisierung der kommunalen Demokratie, mehr Solidarität durch den Ausbau von Unterstützungsnetzwerken, aber natürlich auch mehr Effizienz durch die Entlastung der kommunalen Haushalte und mehr Effektivität durch bessere Politikergebnisse im Sinne der politischen Zielsetzungen (Bogumil/Holtkamp 2005). Erreicht werden soll dies durch eine verbesserte Einbeziehung von Bürgern in alle Phasen kommunalpolitischer Entscheidungs- und Produktionsprozesse. Neue Instrumente wie Bürgerversammlungen, Bürgerforen, Perspektivenwerkstätten, Freiwilligenagenturen oder Bürgerstiftungen sollen die im Modell der Dienstleistungskommune vernachlässigten Rollen der Bürger als Auftraggeber und Mitgestalter stärken.

Aber auch das Modell der Bürgerkommune stößt an Grenzen. Die Krise der kommunalen Haushalte schränkt die Handlungsspielräume ein. In vielen Kommunen fehlen die finanziellen Ressourcen, um Beteiligungsergebnisse (vollständig) umzusetzen, zum Teil kann nicht einmal die notwendige Infrastruktur zur Einführung neuer Beteiligungsinstrumente finanziert werden. Darüber hinaus gibt es auf Seiten der Kommunalpolitiker zum Teil erhebliche Vorbehalte gegenüber der Idee der Bürgerkommune. Die Bürgerkommune verändert das Machtdreieck zwischen Bürgern, Verwaltung und

Kommunalpolitik. Viele Kommunalpolitiker sehen durch die Ausweitung der Beteiligungsrechte der Bürger ihre eigene Position gefährdet. So treten sie zwar in Öffentlichkeit für mehr Bürgerbeteiligung ein. Doch es bleibt bei der symbolischen Politik: Die Einführung neuer Beteiligungsinstrumente bzw. die Umsetzung von Beteiligungsergebnissen wird von ihnen nur bedingt unterstützt, wenn nicht gar offensiv verhindert (Bogumil/Holtkamp 2005: 134).

Trotz der Umsetzungsschwierigkeiten der „Bürgerkommune" könnte die funktionale Selbstverwaltung von den Entwicklungen der kommunalen Verwaltungsreform lernen, vor allem was die negativen Folgen einer rein betriebswirtschaftlich ausgerichteten Reformstrategie betrifft. Ein Paradigmenwechsel, wie er im kommunalen Verwaltungsmodernisierungsprozess zu beobachten war, ist im Modernisierungsdiskurs der funktionalen Selbstverwaltung jedoch nicht erkennbar. Bei der Reform der Träger der funktionalen Selbstverwaltung dominiert die Orientierung an Effizienz und Effektivität. Veränderungsmaßnahmen, die den Bürger in seiner Rolle als Auftraggeber oder Mitgestalter von Verwaltungsleistungen ansprechen wie z.B. eine Reform der Wahlmechanismen, eine stärkere Einbeziehung von bislang nicht berücksichtigten Bevölkerungsgruppen oder gänzlich neue Beteiligungsinstrumente, spielen im Bereich der funktionalen Selbstverwaltung fast keine Rolle. Eine Ausnahme stellen lediglich die Einführung einer „Patientenbank" im Gemeinsamen Bundesausschuss (G-BA) und die Einführung von Hochschulräten an Universitäten dar. Der G-BA ist ein gemeinsames Entscheidungsgremium von Ärzten, Krankenkassen und Krankenhäusern in der sozialen Selbstverwaltung. Das GMG 2004 hat unter anderem zum Ziel, die institutionellen Mitspracherechte von Bürgern in der sozialen Selbstverwaltung zu stärken und räumt den Interessenvertretungen der Patienten daher ein Mitberatungsrecht in Steuerungs- und Entscheidungsgremien der GKV ein (§ 140f SGB V). Die Beteiligung von Patientenvertretern im G-BA war jedoch lange Zeit umstritten und stieß vor allem bei den tradierten Selbstverwaltungsakteuren auf Kritik. Auch bei der Einführung von Hochschulräten ging es darum, die Universität gegenüber der Gesellschaft zu öffnen und Akteuren, die bislang nicht an der Hochschulsteuerung beteiligt waren – im Mittelpunkt standen dabei vor allem Führungskräfte und Persönlichkeiten aus Wirtschaft und Kultur – institutionelle Mitspracherechte zu gewährleisten. Die Einführung von Hochschulräten war aber weniger von partizipativen als von effizienztheoretischen Überlegungen geleitet und bildete das Gegenstück zur relativen Entmachtung der inneruniversitären Selbstverwaltungsgremien wie Konzil und Senat.

3.3 Europäisierung

3.3.1 Divergenz oder Konvergenz?

Die Auswirkungen der europäischen Integration auf die öffentlichen Verwaltungen in den Mitgliedstaaten werden seit Anfang der 1990er Jahre in den Verwaltungswissenschaften sehr intensiv diskutiert. Von vielen war anfänglich erwartet worden, dass die Europäisierung, verstanden als die fortschreitende Beeinflussung, Wandlung und Überformung der nationalen Rechtssprechung durch die „Rechtsmassen" des europäischen

Rechts und durch das in ihnen wirksame Rechtsdenken (Schmidt-Aßmann 1993: 513), eine zunehmende Konvergenz der administrativen Strukturen der Mitgliedstaaten nach sich zieht. Diese Annahme kann heute, gut 15 Jahre später, so nicht bestätigt werden. Die Mitgliedstaaten haben ihre spezifischen Verwaltungstraditionen und -praktiken bewahrt und angesichts der fortbestehenden Heterogenität der Verwaltungssysteme erscheint es derzeit eher angebracht, von einer europäischen Verwaltungsgemeinschaft denn von einem europäischen Verwaltungsraum zu sprechen (Siedentopf/ Speer 2002: 762).

Eine Erklärung für die fortbestehende Divergenz der Verwaltungssysteme dürfte darin bestehen, dass die Europäische Union sich in erster Linie als eine Recht*setzungs*gemeinschaft versteht, die zur Umsetzung des Gemeinschaftsrechts in der Regel auf die Verwaltungsorganisation der Nationalstaaten zurückgreift.[14] Charakteristisches Merkmal der europäischen Verwaltungsgemeinschaft ist ihre exekutiv-föderale Struktur. Die Mitgliedstaaten führen das Gemeinschaftsrecht in eigener Zuständigkeit und Verantwortung durch und genießen hierbei institutionelle und verfahrensmäßige Autonomie. Die Europäische Kommission beaufsichtigt zwar als Hüterin der Verträge die Umsetzung des Gemeinschaftsrechts. Sie hat dabei jedoch die Organisationshoheit der Mitgliedstaaten zu respektieren und verfügt – im Regelfall – über keine Möglichkeit, direkt in die Verwaltungsorganisation der Mitgliedstaaten zu intervenieren.

Das Prinzip des indirekten Verwaltungsvollzugs legt die Annahme nahe, dass die funktionale Selbstverwaltung sich trotz der Europäisierung der öffentlichen Verwaltung als ein für den administrativen Aufbau Deutschlands wichtiger Steuerungstypus behaupten kann. Doch trotz der exekutiv-föderalen Grundstruktur der europäischen Verwaltungsgemeinschaft stehen die Träger der funktionalen Selbstverwaltung gegenwärtig unter erheblichen Anpassungsdruck. Das Prinzip der institutionellen und verfahrensmäßigen Autonomie signalisiert zwar zunächst Offenheit und eigenverantwortliche Gestaltungsspielräume. Genau betrachtet handelt es sich jedoch um eine recht eingeschränkte Freiheit: Die Mitgliedstaaten sind bei der konkreten Umsetzung des Gemeinschaftsrechts grundsätzlich frei und können nationale Besonderheiten berücksichtigen – solange diese nationalen Besonderheiten nicht gegen das Gemeinschaftsrecht verstoßen.

3.3.2 Funktionale Selbstverwaltung und die europäische Wettbewerbspolitik

Unter den verschiedenen gemeinschaftsrechtlichen Vorgaben sind es vor allem die Anforderungen des EU-Wettbewerbsrechts, die die Träger der funktionalen ebenso wie die der kommunalen Selbstverwaltung vor neue Herausforderungen stellen. Die Anwendung des EU-Wettbewerbsrechts auf Selbstverwaltungsträger (und nicht nur auf öffentliche Unternehmen in privater Rechtsform) frappiert zunächst, zählen doch Selbstver-

---

14 Die Umsetzung des Europarechts kann prinzipiell sowohl durch die Gemeinschaftsorgane – die Europäische Kommission oder andere europäische Behörden – als auch durch die Mitgliedstaaten erfolgen. Die Durchführung des Gemeinschaftsrechts durch die Mitgliedstaaten stellt allerdings den Regelfall dar und entspricht der Grundkonstruktion des EG-Vertrags, der grundsätzlich keinen eigenen Verwaltungsunterbau der Gemeinschaft vorsieht (Wolff/Bachoff/Stober 2004: 874).

waltungsträger mit der Rechtsform Anstalt oder Körperschaft explizit zum öffentlichen Sektor und üben zum Teil hoheitliche Aufgaben aus. Der europäischen Wettbewerbspolitik liegt jedoch ein funktionaler Unternehmensbegriff zugrunde, demzufolge jede Einheit, die eine wirtschaftliche Tätigkeit ausübt, unabhängig von ihrer Rechtsform und ihrer Finanzierung als Unternehmen zu verstehen ist. So ist auch für öffentliche Körperschaften und Anstalten zu prüfen, ob sie Unternehmensqualität besitzen und wettbewerbsverzerrende Kartelle bilden (Art. 81ff EGV).

Der Bereich der kommunalen und funktionalen Selbstverwaltung geriet zu Beginn der 1990er Jahre ins Visier der europäischen Wettbewerbspolitik. Seitdem hat sich vor allem die Struktur der kommunalen Selbstverwaltung einschneidend verändert. In vielen Teilbereichen der kommunalen Daseinsfürsorge wurden die Verwaltungsmonopole der Selbstverwaltungsträger für wettbewerbswidrig erklärt und die Aufgabenfelder darauf hin für private Anbieter geöffnet. Bei der funktionalen Selbstverwaltung ist der Marktöffnungsprozess weniger weit vorangeschritten und verläuft zudem differenzierter. Der EuGH hat in verschiedenen Urteilen Kriterien definiert, die Ausnahmen von der europäischen Wettbewerbspolitik erlauben. So ist eine eingeschränkte Anwendung der Art. 81 ff EGV beispielsweise gerechtfertigt, wenn sich die betreffenden Verwaltungseinheiten durch ein Mindestmaß an solidarischen Elementen auszeichnen oder sie aufgrund staatlicher Regulierungsbefugnisse nur über geringe autonome Handlungsspielräume verfügen (Schulte 2005: 599ff.).[15] Die Rechtssprechung des EuGH hat für die Träger der funktionalen Selbstverwaltung auch einen bewahrenden Charakter, da sie spezifische Zielsetzungen – z.B. die Idee des sozialen Ausgleichs – und spezifische Merkmale dieses Organisationstypus – z.B. der Gedanke der Pflichtmitgliedschaft oder staatliche Aufsichtsrechte – anerkennt und damit Ausnahmen von der Anwendung des europäischen Wettbewerbsrechts begründet.

Gleichwohl ist die funktionale Selbstverwaltung nicht generell vor dem Einfluss des europäischen Wettbewerbsrechts geschützt. Die gemeinschaftsrechtlichen Anforderungen steigern den Begründungs- und Rechtfertigungsbedarf für diese spezifische Form der Selbstverwaltung (Burgi 2003: 423). Die Anwendung des Wettbewerbsrechts ist die Regel, die Nichtanwendung die begründungsbedürftige Ausnahme (Eichenhofer 2001: 2). Insgesamt betrachtet verstärkt die Europäisierung den oben beschriebenen Trend der Ökonomisierung, da gerade aus der europäischen Rechtssetzung und Rechtssprechung wesentliche Impulse zur Vermarktlichung der funktionalen Selbstverwaltung resultieren.

---

15 Die Rechtssprechung des EuGH zur Vereinbarkeit des europäischen Wettbewerbsrechts mit der Tätigkeit verselbständigter Verwaltungsträger lässt nicht immer eine eindeutige und klare Linie erkennen. Viele Fragen sind gegenwärtig noch offen. Unklar ist beispielsweise, wie das Mindestmaß an solidarischen Elementen genau definiert werden kann und ob die diskutierten Kriterien – Solidarität durch Umverteilung, Gewährung von sozialem Schutz, fehlende Gewinnabsicht etc. – alternativ oder kumulativ gegeben sein müssen. Rechtsunsicherheit besteht auch in Bezug auf die Reichweite der staatlichen Regulierungsbefugnisse. Ist eine staatliche Rechtsaufsicht hinreichend, um eine eingeschränkte Anwendung der Wettbewerbsregeln zu rechtfertigen oder setzt dies eine staatliche Fachaufsicht voraus (Möller 2001; Henssler 2002)? Eine Konkretisierung der bisherigen Regelungen ist eventuell durch die gegenwärtigen Diskussionen um die EU-Richtlinie über Dienstleistungen im Binnenmarkt zu erwarten.

4. Resümee: Funktionale Selbstverwaltung auf dem Weg zum Dienstleistungsunternehmen?

Weder Ende, noch Reaktivierung – so lautet das Fazit dieses Beitrags zur Zukunft der funktionalen Selbstverwaltung. Eine Tendenz, die funktionale Selbstverwaltung als spezifische Verwaltungsform aufgrund ihrer Krisenphänomene abzuschaffen und durch alternative, rein marktliche oder rein staatliche, Steuerungsformen zu ersetzten, ist nicht erkennbar. Die funktionale Selbstverwaltung wird vielmehr durch inkrementelle Reformmaßnahmen weiterentwickelt. Doch diese Modernisierungsmaßnahmen dienen nicht der Wiederbelebung der in Kapitel 2 skizzierten politischen Idee der Selbstverwaltung. Die Träger der funktionalen Selbstverwaltung werden vielmehr grundlegend umgebaut: Sie entwickeln sich mehr und mehr zu Dienstleistungsunternehmen, was auch eine Reformulierung ihrer Legitimationsgrundlagen impliziert. Die Ökonomisierung der funktionalen Selbstverwaltung zeigt sich dabei sowohl bei der Reform der internen Selbstverwaltungsstrukturen als auch bei der Gestaltung der Beziehungen der Verwaltungsträger zur Umwelt:

- Die Modernisierung der *Binnenstrukturen* orientiert sich am (selektiv perzipierten) Leitbild der Aktiengesellschaft. Das tradierte Selbstverwaltungsmodell wird zu einer vorstandsautonomen, manageriell gesteuerten Organisation umgebaut.
- Im Verhältnis zur *Zivilgesellschaft* wird die Ökonomisierung der funktionalen Selbstverwaltung daran deutlich, dass der Status der Mitglieder und Nutzer immer mehr auf die Kundenrolle reduziert wird. Der Bürger als Auftraggeber, als stimmberechtigtes Mitglied oder als aktiv Mitwirkender bei der Leitung und Steuerung der Verwaltungsträger spielt in der Diskussion um die Reform der funktionalen Selbstverwaltung keine Rolle.

Schon jetzt haben die Träger der funktionalen Selbstverwaltung aufgrund spezifischer Modifikationen und Deformationen nur wenig mit der Idee einer Verwaltung gemeinsam, die sowohl demokratie- als auch effizienzorientierte Zielsetzungen verfolgt und zu diesem Zweck dezentralisierte Aufgabenerfüllung mit der partizipativen Einbindung nicht-staatlicher Akteure verknüpft. Durch die gegenwärtigen Reformprozesse aber droht, dass sich die Kluft zwischen dieser politischen Idee der funktionalen Selbstverwaltung und der tatsächlichen Praxis in den Verwaltungsträger noch weiter öffnet. Das, was die funktionale Selbstverwaltung von anderen Formen der dezentralen Aufgabenerfüllung in privater Trägerschaft unterscheidet, geht zunehmend verloren.

Problematisch ist dabei weniger die Implementation effizienzorientierter Reformmaßnahmen an sich. Dass es für die Verbesserung von Steuerung und Kontrolle in den Verwaltungsträgern und ein größeres Maß an Kundenorientierung gute Gründe gibt, das hat der Problemaufriss über die Steuerungsdefizite der funktionalen Selbstverwaltung in Kapitel 3.1 mehr als deutlich gemacht. Höchst problematisch ist allerdings die *Einseitigkeit* der Reformstrategie. Der Umbau der funktionalen Selbstverwaltung konzentriert sich nur auf einen Teilbereich der konstatierten Reformnotwendigkeiten. Reformen, die die Input-Seite betreffen, lassen sich nur selten beobachten. Wenn es um eine Erneuerung der Beziehungsverhältnisse Selbstverwaltungsträger – Bürger bzw. Mitglieder geht, so sind in der Regel die Einführung von Wettbewerbsmechanismen das auslösende Moment und nicht Partizipationsdefizite. Aufgrund der einseitig effizienzorientierten Reformstrategie bleiben viele Defizite der funktionalen Selbstverwaltung wie etwa die Legitimationsprobleme einer verbandsgesteuerten Selbstverwaltung ungelöst bzw. werden erst gar nicht thematisiert. Für eine umfassende Erneuerung der funktionalen Selbstverwaltung können effizienzorientierte Maßnahmen nur ein erster Schritt sein. Input-orientierte Maßnahmen sind ebenfalls erforderlich – zumindest solange man an dem Anspruch, mit der Selbstverwaltung eine effiziente *und* partizipative Verwaltungsform zu praktizieren, festhalten will und die Selbstverwaltung nicht auf ein Instrument der Dezentralisierung und staatlichen Aufgabenentlastung reduziert.

Literatur

Blanke, Thomas, 2000: Demokratie und Grundgesetz. Eine Auseinandersetzung mit der verfassungsrichterlichen Rechtssprechung. Sonderheft der Zeitschrift Kritische Justiz. Baden-Baden.

Bogs, Harald, 1977: Strukturprobleme der Selbstverwaltung einer modernen Sozialversicherung. Bonn: Verlag der Ortskrankenkassen.

Bogumil, Jörg 2001: Modernisierung lokaler Politik. Kommunale Entscheidungsprozesse im Spannungsfeld zwischen Parteienwettbewerb, Verhandlungszwängen und Ökonomisierung. Baden-Baden: Nomos.

Bogumil, Jörg/Holtkamp, Lars, 2005: Bürgerkommune, in: *Blanke, Bernhard/Bandemer von, Stephan/Nullmeier, Frank/Wewer, Göttrik* (Hrsg.), Handbuch zur Verwaltungsreform. Wiesbaden: VS Verlag für Sozialwissenschaften, 128–136.

Braun, Bernard/Buitkamp, Martin, 2005: Zur Bekanntheit und Verankerung von Sozialwahlen und Selbstverwaltung in der GKV, in: Soziale Sicherheit 54, 77–80.

Braun, Bernard/Klenk, Tanja, 2006: Soziale Selbstverwaltung: Traditionsreicher Steuerungsmechanismus – mit welcher Zukunft?, in: Soziale Sicherheit 55, 54–58.

Bundesverfassungsgericht: BVerfG, 2 BvL 5/98 vom 5.12.2002, 168.

Burgi, Martin, 2004: BA-Verwaltungsrat und GKV-Bundesausschuss: Hund und Katz in Selbstverwaltung, in: Neue Juristische Wochenschrift 57, 1365–1367.

Burgi, Martin, 2003: Selbstverwaltung angesichts von Europäisierung und Ökonomisierung, in: Veröffentlichungen der Vereinigung der Deutschen Staatsrechtslehrer (VVDStRL) 62, Berlin, 405–455.

Bode, Ingo, 2003: Multireferenzialität und Marktorientierung, in: Zeitschrift für Soziologie 32: 435–453.

Eichenhofer, Eberhard, 2001: Richtlinien der gesetzlichen Krankenversicherung und Gemeinschaftsrecht, in: NZS 1, 1–7.

Emde, Ernst Thomas, 1991: Die demokratische Legitimation der funktionalen Selbstverwaltung. Eine Verfassungsrechtliche Studie anhand der Kammern der Sozialversicherungsträger und der Bundesanstalt für Arbeit. Berlin: Duncker & Humblot.

Engelen-Kefer, Ursula, 2003: Ein Stück gelebte Demokratie. 50 Jahre soziale Selbstverwaltung, in: Soziale Sicherheit 52, 336–370.

Felix, Dagmar, 2001: Verwaltungsrat und Vorstand in der gesetzlichen Krankenversicherung – Aufgaben und Befugnisse, in: *Schnapp, Friedrich E.* (Hrsg.), Funktionale Selbstverwaltung und Demokratieprinzip – am Beispiel der Sozialversicherung. Frankfurt a.M.: Peter Lang, 43–64.

Fehling, Michael, 2002: Neue Herausforderungen an die Selbstverwaltung in Hochschule und Wissenschaft, in: Die Verwaltung 35, 399–424.

Forsthoff, Ernst, 1973: Lehrbuch des Verwaltungsrechts. Allgemeiner Teil, Bd. 1. München: Beck.

Frotscher, Werner, 1983: Selbstverwaltung und Demokratie, in: *von Mutius, Albert* (Hrsg.), Selbstverwaltung im Staat der Industriegesellschaft. Festgabe zum 70. Geburtstag von Georg Christoph von Unruh. Heidelberg: RvDecker's Verlag, 127–147.

Geis, Max-Emanuel, 2001: Körperschaftliche Selbstverwaltung in der Sozialversicherung, in: *Schnapp, Friedrich E.* (Hrsg.), Funktionale Selbstverwaltung und Demokratieprinzip – am Beispiel der Sozialversicherung. Frankfurt a.M.: Peter Lang, 65–88.

Haverkate, Görg/Huster, Stefan, 1999: Europäisches Sozialrecht. Eine Einführung. Baden-Baden: Nomos.

Hendler, Reinhard, 1984: Selbstverwaltung als Ordnungsprinzip. Zur politischen Willensbildung und Entscheidung im demokratischen Verfassungsstaat der Industriegesellschaft. Köln: Carl Heymanns.

Henssler, Martin, 2002: Satzungsrecht der verkammerten Berufe und europäisches Kartellverbot, in: Juristen Zeitung 57, 983–988.

Jestaedt, Matthias, 2004: Demokratische Legitimation – quo vadis?, in: Juristische Schulung 44, 649–653.

Jestaedt, Matthias, 2002: Selbstverwaltung als „Verbundbegriff". Vom Wesen und Wert eines allgemeinen Selbstverwaltungsbegriffs, in: Die Verwaltung 35, 293–317.

Karthaus, Armin/Schmehl, Arndt, 2000: Umsetzungsprobleme der Strukturreform der Hochschulklinika – eine Zwischenbilanz, in: MedR 7, 299–310.

Kleine-Cosack, Michael, 1986: Berufsständische Autonomie und Grundgesetz. Baden-Baden: Nomos.

Kluth, Winfried, 1997: Funktionale Selbstverwaltung. Verfassungsrechtlicher Status – verfassungsrechtlicher Schutz. Tübingen: JCB Mohr.

Kluth, Winfried/Goltz, Ferdinand, 2003: Die Bedeutung der Steuerberaterkammer als Träger funktionaler Selbstverwaltung im europäischen Binnenmarkt und in einer künftigen Europäischen Verfassung. Halle (Saale), Studie im Auftrag der Bundessteuerberaterkammer.

Kluth, Winfried/Voigt, Jens, 2003: Rechtliche Rahmenbedingungen für die Betätigung von Kammern im Bereich von Bildungsdienstleistungen. – Eine Analyse am Beispiel des Bildungszentrums der IHK Halle-Dessau –, in: *Kluth, Winfried* (Hrsg.), Jahrbuch des Kammerrechts 2002. Baden-Baden: Nomos, 351–415.

Kruse, Silke/Kruse, Udo, 1993: Gesundheitsstrukturgesetz 1993: Die Umgestaltung der Selbstverwaltung der gesetzlichen Krankenversicherung, in: Die Sozialversicherung 48, 179–183.

Marx, Stefan/Schmachtenberg, Rolf, 2002: Reform der Arbeitsverwaltung. Mehr Wettbewerb und moderne Leitungsstrukturen, in: Bundesarbeitsblatt 4/2002, 5–9.

Möller, Johannes, 2001: Die gemeinschaftsrechtlichen Vorgaben für Sozialversicherungsmonopole und ihr Verhältnis zum Grundgesetz, in: VSSR 1, 25–64.

Muckel, Stefan, 2001: Friedenswahlen in der Sozialversicherung, in: *Schnapp, Friedrich E.* (Hrsg.), Funktionale Selbstverwaltung und Demokratieprinzip – am Beispiel der Sozialversicherung, Tagungsband zum 8. Fachkolloquium des Instituts für Sozialrecht am 28./29. Juni 2000 in Bochum. Frankfurt a.M.: Peter Lang, 151–177.

Müller-Böling, Detlef/Küchler, Tilman, 1998: Zwischen gesetzlicher Fixierung und gestalterischem Freiraum: Leitungsstrukturen für Hochschulen, in: *Müller-Böling, Detlef/Fedrowitz, Jutta* (Hrsg.), Leitungsstrukturen für autonome Hochschulen. Gütersloh: Verlag Bertelsmann Stiftung, 13–36.

Musil, Andreas, 2004: Das Bundesverfassungsgericht und die demokratische Legitimation der funktionalen Selbstverwaltung, in: Die Öffentliche Verwaltung 57, 116–120.

Nullmeier, Frank/Rüb, Friedbert W., 1993: Die Transformation der Sozialpolitik. Vom Sozialstaat zum Sicherungsstaat. Frankfurt a.M./New York: Campus.

Oebbecke, Janbernd, 2003: Selbstverwaltung angesichts von Europäisierung und Ökonomisierung, in: VVDStRL 62, 366–404.

Plantholz, Markus, 1998: Funktionelle Selbstverwaltung des Gesundheitswesens im Spiegel der Verfassung. Berlin: Berliner Wissenschafts-Verlag.

Perels, Joachim, 2001: Ein Gesetzentwurf zur Aushöhlung der Hochschulselbstverwaltung in Niedersachsen, in: Kritische Justiz 34, 145–156.

Rexin, Burkhard, 2005: Nur bei acht Sozialversicherungsträgern gibt es echte Wahlen, in: Soziale Sicherheit 54, 74–77.

Rzesnik, Norbert, 2000: Die Ergebnisse der Sozialversicherungswahlen 1999 und die sich daraus er-gebenden Folgen, in: Zentralblatt für Sozialversicherung und Versorgung 54, 225–236.

Ruland, Franz, 1993: Funktion und Tradition sozialer Selbstverwaltung am Beispiel der gesetzli-chen Rentenversicherung, in: Deutsche Rentenversicherung 48, 684–703

Scharpf, Fritz W., 2000: Interaktionsformen. Akteurzentrierter Institutionalismus in der Politikfor-schung. Opladen: Leske + Budrich.

Siedentopf, Heinrich/Speer, Benedikt, 2002: Europäischer Verwaltungsraum oder Europäische Ver-waltungsgemeinschaft? Gemeinschaftsrechtliche und funktionelle Anforderungen an die öf-fentlichen Verwaltung in den EU-Mitgliedstaaten, in: DÖV 55, 753–763.

Schmidt-Aßmann, Eberhard, 1993: Zur Europäisierung des allgemeinen Verwaltungsrechts, in: *Ba-dura, Peter/Scholz, Rupert* (Hrsg.), Wege und Verfahren des Verfassungslebens. Festschrift für Peter Lerche zum 65. Geburtstag. München: Beck, 513–527.

Schmidt-Aßmann, Eberhard, 1987: Zum staatsrechtlichen Prinzip der Selbstveraltung, in: *Selmer, Peter/Münch, Ingo von* (Hrsg.), Gedächtnisschrift für Wolfgang Martens. Berlin/New York: de Gruyter, 249–264.

Schulte, Bernd, 2005: Das Sozialrecht in der Rechtssprechung des Europäischen Gerichtshofs in den Jahren 2002 und 2003, in: *Wannagat, Georg/Gitter, Wolfgang* (Hrsg.), Jahrbuch des Sozial-rechts. Gesetzgebung – Verwaltung – Rechtsprechung – Literatur. Nachschlagewerk für Wis-senschaft und Praxis Band 26: Dokumentation für das Jahr 2003. Berlin: Erich Schmidt, 573–608.

Schuppert, Gunnar Folke, 1989: Selbstverwaltung, Selbststeuerung, Selbstorganisation – Zur Be-grifflichkeit einer Wiederbelebung des Subsidiaritätsgedankens, in: Archiv des öffentlichen Rechts 114, 127–148.

Schütz, Holger/Oschmiansky, Frank, 2006: Arbeitsamt war gestern. Neuausrichtung der Vermitt-lungsprozesse in der Bundesagentur für Arbeit nach den Hartz-Gesetzen, in: Zeitschrift für So-zialreform 52, 5–28.

Seibel, Wolfgang, 1992: Funktionaler Dilettantismus. Erfolgreich scheiternde Organisationen im „Dritten Sektor" zwischen Markt und Staat. Baden-Baden: Nomos.

Stein, Freiherr von, 1959: Nassauer Denkschrift, in: *Hubatsch, Walther* (Hrsg.), Freiherr vom Stein. Briefe und amtliche Schriften. Stuttgart: W. Kohlhammer Verlag, 80–402.

Stern, Klaus, 1977: Das Staatsrecht der Bundesrepublik Deutschland. Grundbegriffe und Grundla-gen des Staatsrechts, Strukturprinzipien der Verfassung, Bd. 1. München: Beck.

Süllow, Bernd, 1982 a: Die Selbstverwaltung in der Sozialversicherung als korporatistische Einrich-tung. Eine politik-soziologische Analyse. Frankfurt a.M.: Peter Lang.

Süllow, Bernd, 1982 b: Korporative Repräsentation der Gewerkschaften. Zur institutionellen Ver-bandsbeteiligung in öffentlichen Gremien. Frankfurt a.M.: Campus.

Webber, Douglas, 1992: Die kassenärztlichen Vereinigungen zwischen Mitgliederinteressen und Gemeinwohl, in: *Mayntz, Renate* (Hrsg.), Verbände zwischen Mitgliederinteressen und Ge-meinwohl. Gütersloh: Verl. Bertelsmann Stiftung, 211–272.

Wolff, Hans J./Bachof, Otto/Stober, Rolf, 2004: Verwaltungsrecht, Band 3, 5. Auflage. München: Beck.

III.

Internationale Perspektiven

Comparative Public Administration

Kai-Uwe Schnapp

> "The muddle of comparative administrative study may well be a hell,
> but one whose suggested motto is: 'Abandon all hope ye who do not enter'"
> (Aberbach/Rockman 1988a: 437).

1. Einführung – Zustand der vergleichenden Verwaltungsforschung

Derlien beschrieb den Stand der vergleichenden Verwaltungsforschung im Jahre 1992 mit „rather comparable than comparative". Houston und Delevan (1994) stellen fest, dass die Verwaltungsforschung kaum auf das Testen von Theorien ausgerichtet und weniger auf strenge Quantifizierung orientiert sei als ein großer Teil der sonstigen Politikwissenschaft. Schließlich konstatiert Brans (2003) etwa zehn Jahre später immer noch einen unbefriedigenden Entwicklungsstand der vergleichenden Verwaltungsforschung. Sie führt dies auf fünf Punkte zurück:

a) die Komplexität und Verschiedenheit der Untersuchungsebenen,
b) die Umwelt des Verwaltungssystems,
c) die innere Komplexität und Vielfältigkeit des Verwaltungssystems,
d) die Unterschiedlichkeit kultureller Einbettung von Verwaltungen und schließlich
e) auf die Unterschiedlichkeit der Ziele, die Verwaltungen erfüllen sollen.

Außerdem lasse die häufig auf Verwaltungspraxis und -reform gerichtete Forschung theoretische Arbeit nach wie vor als eher zweitrangig erscheinen (Brans 2003). Nichtsdestotrotz ist inzwischen eine verhalten optimistische Zustandseinschätzung der Comparative Public Administration angebracht. „We are still muddling" könnte man mit Lindblom (1979) sagen „and not yet through", aber die vergleichende Verwaltungsforschung hat seit Beginn der 1990er Jahre entscheidende Fortschritte erzielt. Der Darstellung des erreichten Standes der theoretischen und empirischen Diskussion will ich mich mit dem vorliegenden Beitrag widmen.

Sucht man zunächst nach groben Kategorien, um den Entwicklungsstand der Verwaltungsforschung zu beschreiben, so kann man, an Derliens Begriffe anknüpfend, sagen, dass wir inzwischen über eine große Menge vergleichbarer, aber auch über eine nennenswerte Zahl vergleichender Verwaltungsbeschreibungen verfügen. Viele vergleichende Studien sind durch die Entwicklung von Klassifikationen und Typologien auch Schritte in Richtung von Systematisierung und Theorieentwicklung gegangen. Umfassende Theorieentwicklungen sind jedoch, genauso wie nomothetisch erklärende Arbeiten in der vergleichenden Verwaltungsforschung, nach wie vor eher selten. Hier müssen verstärkt Bemühungen unternommen werden, um einerseits ein tieferes Verständnis von Verwaltungsstrukturen, -prozessen und Wirkungsbedingungen zu erlangen, gleichzeitig aber auch theoretisch reflektierte praktische Beratung leisten zu können.

Die vergleichende Verwaltungsforschung hat zwei Ursprünge. Sie steht im Kontext der vergleichenden Politikwissenschaft und der vergleichenden Verwaltungsforschung, die jedoch sehr unterschiedlich ausgerichtet waren (vgl. Riggs 1987). Diese Unterschiede seien auf das gerade in den USA lange Zeit einflussreiche Konzept einer Dichotomie von Politik und Verwaltung zurückzuführen, das zur Wahrnehmung separater Analysearenen geführt habe. Mit dem Zurückgehen des Einflusses der dichotomischen Betrachtungsweise geht jedoch eine Annäherung und Vermischung beider Forschungsstränge einher. Dies gilt insbesondere für den angloamerikanischen Raum. Jreisat (2002: 45) geht sogar soweit, eine Verwaltungsforschung für nicht sinnvoll zu erklären, die versuche, sich ausschließlich dem administrativen Bereich zuzuwenden. Ohne eine Einbettung in den Kontext des politischen Systems sei Verwaltung nicht analysierbar.

Im deutschsprachigen Raum war die Verwaltungsforschung zunächst vor allem juristisch geprägt und auf den nationalen Rahmen beschränkt. Aber auch hier ist, vor dem Hintergrund ähnlicher Einschätzungen wie der von Jreisat, eine deutliche Zunahme politikwissenschaftlicher und vergleichender Auseinandersetzung mit dem Thema zu konstatieren. Das Gleiche gilt etwa für die französische Forschung.

Die ohne Zweifel sinnvolle Einbettung der Verwaltungsforschung in den Kontext der Politikwissenschaft hat jedoch, wie Hesse (1982: 28) feststellt, einen entscheidenden Nachteil: Sie dehnt das Feld analysewürdiger Phänomene sehr weit aus und erschwert es dadurch, zu einer Systematisierung und theoretischen Durchdringung des Untersuchungsfeldes zu gelangen. Die vielfältigen Bezüge zwischen Verwaltung im engeren Sinne und politischem System lassen eine nahezu unendliche Zahl von Einzelphänomenen zum Gegenstand der Verwaltungsforschung werden, so dass eine Abgrenzung und Konsolidierung von Wissensbeständen als äußerst schwierig angesehen werden muss. Die eingangs erwähnten Unzulänglichkeiten des Entwicklungsstandes der vergleichenden Verwaltungsforschung haben hier eine ihrer zentralen Ursachen.

Der Beitrag gliedert sich in vier Themenbereiche. Zunächst werde ich in Kapitel 2 einen Überblick über Theorien und daran anschließend über Erkenntnisziele und -methoden der vergleichenden Verwaltungsforschung vermitteln. Mit dem dritten Kapitel verfolge ich das Ziel, einen Überblick über die Inhalte zu geben, mit denen sich die komparative Forschung befasst. Den Schluss des Beitrages bildet die Auflistung einer Reihe von Herausforderungen, vor denen die vergleichende Verwaltungswissenschaft gegenwärtig steht.[1]

---

1 Um eine hohe inhaltliche Konsistenz zu wahren und bezüglich der angesprochenen Themen ein angemessenes Maß an Informationen bereitstellen zu können, war der Verzicht auf eine Reihe von Themen notwendig. Im vorliegenden Beitrag findet die vergleichende Policyforschung keine Erwähnung. Der Fokus des Überblicks über die empirische Forschung liegt auf Forschungsarbeiten zu den Mitgliedsländern der OECD und auf Verwaltungen der nationalen Ebene. Weder die supranationale noch die subnationale, also insbesondere lokale Verwaltungsebene, finden Berücksichtigung. Für die lokale Ebene verweise ich auf die Beiträge von Kuhlmann sowie Wollmann in diesem Band. Einen Einstieg in die Forschungen zu supranationalen Verwaltungen und deren Wirkung auf nationale Bürokratien geben z.B. Héritier u.a. (2001), Knill (2001) sowie Lægreid, Steinthorsson und Thorhallsson (2004). Für die Nicht-OECD-Welt sei als Einstieg auf folgende Quellen verwiesen: Entwicklungsverwaltung allgemein Jreisat (2002), Afrika Olowu (2003) und Hope (2005), Asien Dwivedi (2003) und Burns/Bowornwathana (2001) sowie Lateinamerika Nef (2003).

2. *Theorien in der vergleichenden Verwaltungsforschung*

Ist die Verwaltungsforschung in der Krise, weil sie theoriearm oder zumindest ohne einigendes theoretisches Paradigma ist, fragte Rutgers (1998) vor einigen Jahren. Seine Antwort lautet: Nein, von einer Krise kann nicht die Rede sein. Vielmehr gehöre es zur Identität der Verwaltungsforschung, ohne einigendes theoretisches Band auszukommen oder besser auskommen zu müssen. Die bereits angesprochene Komplexität und empirische Vielgestaltigkeit von Verwaltung und Verwaltungsaufgaben machen eine alle Strukturen und Prozesse integrierende theoretische Perspektive unmöglich. Rutgers' Einschätzung scheint auf den ersten Blick plausibel. Dementsprechend sollen im Folgenden unterschiedliche Theorieansätze skizziert werden, derer sich die vergleichende Verwaltungsforschung bedient. Rutgers widersprechend wird aber hier die Position vertreten, dass mit den verschiedenen Spielarten des Institutionalismus, besonders aber mit dem Rational-Choice- und dem historischen Institutionalismus sehr wohl ein Theoriekomplex existiert, auf dessen Basis weite Bereiche der Verwaltungsrealität theoretisch erfasst werden können.

2.1 Klassische Ansätze der Bürokratietheorie

Der klassische auf Weber (1972, siehe auch Weber 1988) zurückgehende Ansatz der Bürokratietheorie basiert auf der Methode der Bildung von Idealtypen, mit denen unterschiedliche Standardkonstellationen sozialer Wirklichkeit erfasst werden sollen. Auf der Basis des weberschen Ansatzes lassen sich vor allem Fragen nach dem Einfluss von Bürokratien auf politische Entscheidungsprozesse untersuchen. Das impliziert, dass die webersche Betrachtungsweise vor allem für die Analyse von Bürokratien geeignet ist, die sich nahe an politischen Entscheidungsprozessen befinden. Für die Untersuchung vorrangig mit Implementationsaufgaben betrauter Bürokratien sind die weberschen Konzepte jenseits der idealtypischen Beschreibung der Hauptcharakteristika bürokratischer Organisationen weniger passend. Beispielhaft vergleichend wird die webersche Betrachtungsweise von Page (1992) angewendet. In einer auf Bekke et al. (1996) aufbauenden Serie von Sammelbänden (Verheijen 1999; Bekke/Meer 2000; Burns/Bowornwathana 2001; Halligan 2003a), in denen die Verwaltungssysteme (civil service systems) einer großen Zahl west- und osteuropäischer, asiatischer und angloamerikanischer Staaten beschrieben werden, haben die weberschen Vorstellungen ebenfalls eine zentrale Orientierungsfunktion.[2]

2.2 Institutionalismus

Große Bedeutung für die Verwaltungsforschung haben in den letzten 20 Jahren institutionalistische Ansätze gewonnen. Diese werden von Hall und Taylor (1996) in drei

---

2 Der Band von Bekke et al. 1996 war Ergebnis mehrerer Tagungen des Comparative Civil Service Research Consortium (CCSRC). Im Folgenden werde ich mich auf diese Arbeiten mit dem Begriff des CCSRC-Projektes beziehen.

Gruppen unterteilt, a) den Rational-Choice-Institutionalismus, b) den historischen Institutionalismus und c) den soziologischen Institutionalismus. Als besonders vielver-
sprechend ist meines Erachtens der Rational-Choice-Institutionalismus anzusehen. Dies
gilt vor allem dann, wenn auf das Potenzial dieses Ansatzes zur Untersuchung von
Handlungsrahmen (constraints) fokussiert (Hammond 2003: 138), und der Ansatz
eher als Heuristik denn als Erklärungsansatz für konkretes individuelles Agieren genutzt wird (vgl. Hay 2004; Manow/Ganghof 2005). Diese Aussage soll hier ausgehend
von inzwischen klassischen Vorstellungen, die das Verhalten von Bürokratien auf der
Basis der Annahme (ökonomisch) rationalen Handelns beschreiben, begründet werden.

Rational-Choice-Institutionalismus und formale Institutionenanalyse

Niskanen beschrieb 1971 den inzwischen fast sprichwörtlichen *budgetmaximierenden
Bürokraten.* Auf der Basis ökonomischer Rationalitätsvorstellungen ging er davon aus,
dass, so wie Unternehmen Gewinne zu maximieren suchen, Bürokraten versuchen würden, die ihren Organisationseinheiten verfügbaren Budgets zu maximieren. Zur Erreichung dieses Ziels nutzen sie nach Niskanens Vorstellung Informationsungleichgewich-
te zwischen sich selbst und ihren politischen Auftraggebern. Zentrale Einwände gegen
Niskanens Ideen steckten von Anbeginn in den Fragen nach der theoretischen Plausibilität seiner Motivannahmen und nach empirischen Belegen für ihre Richtigkeit. In
Auseinandersetzung mit der Kritik am Fehlen empirischer Belege, aber unter Beibehaltung der Vorstellung optimierenden Handelns von Bürokraten, entwickelte Dunleavy
(1991) sein Konzept von den büromaximierenden Bürokraten. Diese maximieren nicht
einfach das Gesamtbudget einer gegebenen bürokratischen Organisationseinheit. Vielmehr trachten sie danach, denjenigen Teil des Budgets zu erhöhen, auf dessen Verteilung sie unmittelbaren Einfluss haben bzw. der zur Verbesserung ihrer eigenen Arbeitssituation eingesetzt werden kann. Außerdem maximieren Dunleavys Bürokraten wenn
möglich den intellektuellen Anspruch ihres Jobs. Ähnlich argumentiert Krause (2000),
der davon ausgeht, dass Bürokraten vor allem ihren Handlungsspielraum (discretion)
optimieren wollen. Es gehe ihnen darum, vor allem in Bereichen über viel Entscheidungshoheit zu verfügen, in denen die öffentliche Aufmerksamkeit und damit die
Möglichkeit Kritik zu ernten, gering sei. All diese Maximierungskonzepte kranken jedoch daran, dass sie nur mit starken Annahmen über die Präferenzen von Bürokraten
plausibel sind, und dass sie die Richtigkeit dieser Annahmen nicht belegen können.
Daraus leitet Shaw (2004) die Forderung ab, dass in Maximierungskonzepte die politische Dimension des Entscheidens, die Diversität der Motivlagen von Bürokraten (dazu
Wise 2003) und die handlungsmöglichkeitsbeschränkende Wirkung von Institutionen
integriert werden müsste, um sie realitätsnäher und damit erklärungskräftiger zu machen (ähnlich Marsh u.a. 2000 in direkter Konfrontation von Dunleavys Modell mit
der Wirklichkeit in der britischen Ministerialbürokratie).
    Weniger die Frage des Eigennutzes bürokratischer Akteure denn die Frage nach der
erfolgreichen Bindung bürokratischer Akteure an politische Weisungen steht im Mittelpunkt des *Prinzipal-Agent-Ansatzes* (McCubbins/Noll/Weingast 1987, 1989). Eine
Prinzipal-Agent-Beziehung liegt dann vor, wenn ein Agent verpflichtet ist, im Auftrag

eines Prinzipals zu agieren, und wenn er für die Nichterbringung der vertragsmäßigen Leistungen bestraft werden kann (Bendor 1988: 363; Moe 1984). Beispiele für Prinzipal-Agent-Beziehungen sind das Verhältnis zwischen Minister und Mitarbeitern der Bürokratie und in der jüngeren Forschung vor allem das Verhältnis zwischen Ministerium und unabhängiger Ausführungs- oder Regulierungsbehörde (agency). Beim Prinzipal-Agent-Ansatz steht die Vertragsgestaltung zwischen Auftraggeber und -nehmer im Mittelpunkt des Interesses. Das ermöglicht die theoretisch gestützte Analyse des Einflusses der Vertragsgestaltung auf die Verlässlichkeit der Aufgabenerfüllung in einem Delegationsverhältnis und damit die Identifikation von Strukturen (Institutionen), die die Verlässlichkeit der aufgabengetreuen Aktivität des Agenten erhöhen. Einen massiven Bedeutungsgewinn und Anwendungszuwachs haben Prinzipal-Agent-Ansätze durch die mit dem New Public Management einhergehende verstärkte Auslagerung administrativer Aufgaben aus den unmittelbar unter politischer Leitung stehenden Verwaltungsteilen erlangt (siehe unten).

Aufbauend auf dem Prinzipal-Agent-Ansatz entwerfen Hammond und andere (Hammond/Knott 1996; Hammond/Butler 1996; Hammond 1999) ein Konzept von *bürokratischem Spielraum* als dem Ergebnis der Wechselwirkung von institutionellen Gegebenheiten und Präferenzkonstellationen politischer Akteure. Die Grundidee ist, dass in Konstellationen mit mehreren Prinzipalen (Koalitionsregierungen, Mehrkammersysteme, präsidentielle Systeme) widerstreitende politische Interessen bestehen, die einen ideologisch begrenzten Raum eröffnen, in dem Bürokratien relativ sicher vor politischer Intervention von politischen Vorgaben abweichen und eigene Interessen umsetzen können.

Dieses Modell bürokratischen Spielraumes zeichnet sich durch zwei Eigenschaften aus. Es ist erstens auf die Analyse von Bürokratien im Kontext des politischen Systems ausgerichtet und es fokussiert zweitens auf institutionell bestimmte Aktionsmöglichkeiten, die unabhängig von den Präferenzen in der Bürokratie untersucht werden können. Beide Eigenschaften sind aus Sicht der vergleichenden Verwaltungsforschung als wünschenswert zu bezeichnen. Erstere Eigenschaft erleichtert die Einbettung der Verwaltungsperspektive in die vergleichende Politikwissenschaft, während die zweite Eigenschaft das Problem der empirischen Unzugänglichkeit der Präferenzen bürokratischer Akteure bearbeitbar macht. Dowding (1995: 83) hatte an Dunleavys Ansatz kritisiert, dass er ebenso wenig wie vorher Niskanen empirische Belege für die Richtigkeit seiner Präferenzannahmen vorweisen könne. Eine derartige Kritik wird bei der Fokussierung auf die Wirkung von Institutionen dadurch vermieden, dass auf Annahmen über die Motive von Bürokraten verzichtet wird. Anstatt auf der Basis von Präferenzannahmen zu operieren, untersucht man, welche Handlungsmöglichkeiten für Bürokratien sich innerhalb gegebener institutioneller Konstellationen ergeben. Die Frage, ob und wie diese Möglichkeiten genutzt werden, bleibt zunächst unbeachtet.

Mit diesem Perspektivwechsel steht nicht mehr die rationale Handlung im Mittelpunkt des Interesses, sondern die handlungsermöglichenden, -beschränkenden oder -verhindernden Eigenschaften von Institutionen (Hammond 2003; Manow/Ganghof 2005: 11). Aus diesem Grunde erscheint es dem Autoren auch als angemessen, vom Begriff des *Rational-Choice-Institutionalismus* abzurücken, und eher den Begriff der formalen Institutionenanalyse zu verwenden. Mit dieser theoretischen Perspektive sind m.E. Einsichten und Erklärungen von größerer Reichweite erzielbar, weil nicht idiosynkratische Modelle zur Untersuchung einzelner Handlungssituationen entwickelt werden, sondern übergreifende Ansätze, die für eine Vielzahl von Situationen Erklärungswert beanspruchen können.[3]

Zusätzlich baut die institutionenorientierte Analyse eine Brücke zwischen dem nach wie vor eher seltenen Vergleich einer größeren Zahl von Ländern und der für die Verwaltungsforschung so wichtigen Fallanalyse. Da die formalen Institutionenmodelle als Konkretisierung die Formulierung von Mikroprozessmodellen erlauben, kann ihre Gültigkeit für einzelne Untersuchungsländer und innerhalb dieser Länder für einzelne Untersuchungseinheiten (Ministerien) und Prozesse (Politikentscheidungen in Politikfeldern) überprüft werden. Ergebnisse von Makrovergleichen können so für die Detailebene fruchtbar gemacht werden. Im Aggregat ermittelte Handlungspotenziale können an Einzelfällen auf ihr Vorhandensein hin geprüft und kritisiert sowie gleichzeitig im Kontext für konkrete Fälle ermittelbarer Präferenzen auf ihre Nutzung hin untersucht werden. Nach der Überprüfung auf der Mikroebene sind dann wiederum Modellverbesserungen und Anpassungen der Operationalisierung auf der Makroebene möglich. Das von Aberbach und Rockman (1988a) angesprochene Problem der theoretischen Verbindung der analytischen Bausteine Struktur, Akteur und Aktion kann so einer Lösung näher gebracht werden.

Das Potenzial formaler Institutionentheorien zur Verbindung von Mikro- und Makroebene sehen auch Frederickson und Smith (2003) in ihrem Überblickswerk zur Verwaltungstheorie. Folgerichtig konzedieren sie dieser Theoriefamilie neben dem klassischen (weberschen) Ansatz den größten analytischen Nutzen. Die formale Definition der Analyseprobleme erweist sich wegen ihrer klaren Struktur und eindeutigen Operationalisierbarkeit vor allem für den Vergleich als vorteilhaft. Wenige andere Analyseperspektiven erlauben eine so unmittelbare Verbindung von Konzept und Empirie bei gleichzeitiger absoluter Offenheit für konzeptionelle und empirische Kritik auf der Basis eindeutig explizierter Operationalisierungen.

Historischer und soziologischer Institutionalismus

Die eben skizzierte Verschiebung des Analysefokus der Rational-Choice basierten Institutionenanalyse bringt den formalen Institutionalismus in die Nähe des von Hall und Taylor (1996) so bezeichneten *historischen Institutionalismus*. Die theoretische Vermittlung zwischen Institutionen und Akteuren gehört neben der Untersuchung der Pfadabhängigkeit von Entwicklungen zu den zentralen Merkmalen des historischen Institutionalismus. Gleichzeitig greift er ähnlich der klassisch bürokratietheoretischen Perspektive Machtverteilungsfragen als eng mit institutionellen Strukturen zusammenhängend auf. Viele Länderstudien in der Verwaltungsforschung nehmen zumindest implizit eine historisch-institutionalistische Perspektive ein, wie exemplarisch die Untersuchung der britischen Ministerialbürokratie von Campbell und Wilson (1995) zeigt. Bei ihrem Re-

---

3 Ein vergleichbares Vorgehen wählt z.B. Tsebelis, wenn er auf der Basis der Anzahl der Vetospieler die Innovationsfähigkeit politischer Systeme untersucht (Tsebelis 1999). Die Innovationsfähigkeit entspricht dabei den Spielräumen, die der Bürokratie zur Verfügung stehen.

kurs auf das Whitehall-Paradigma als einem Idealtypus der Interaktion von nationaler Bürokratie, Regierung und Parlament erklären die Autoren Entwicklungspfade und -möglichkeiten des britischen Regierungssystems aus der britischen Regierungs- und Verwaltungstradition. Eine ähnliche Perspektive nehmen Richards und Smith (2004) ein, für die die Existenz einer von Bürokraten wie politischen Akteuren geteilten Überlieferung (narrative) eine wichtige Voraussetzung für das reibungslose Funktionieren des britischen Regierungsapparates ist. Mit dem Bezug auf eine geteilte „Erzählung" wird hier bereits der Übergang zu einer sozialkonstruktivistischen Beobachtungsperspektive deutlich, wie ich sie unter dem Begriff des „soziologischen Institutionalismus" unten nochmals aufgreife. Kultur wirkt nach dieser Betrachtungsweise als nicht formalisierte institutionelle Struktur, die wie formale Strukturen Einfluss darauf hat, welche Handlungen als möglich, geboten, verboten oder auch angemessen angesehen werden. So argumentiert denn auch Rutgers (2001), dass es vom historisch und damit kulturell geprägten Staatsverständnis in einem Land abhängig sei, welche Handlungen von Verwaltungen erwartet bzw. welche Handlungen Verwaltungen zugestanden werden. Er stellt weiter fest, dass die Art und Weise wie Verwaltungen als Teil des politisch-administrativen Systems wahrgenommen werden von historischen Entwicklungen und damit kulturell geprägten Vorstellungen abhängig sei. Die Frage etwa, ob Staat (Politik) und Verwaltung als getrennt oder als organisch zusammengehörig begriffen würden, hänge von kulturellen Prägungen ab. Während die angloamerikanische Kultur die Trennung betone, gehe die kontinentaleuropäische Kultur eher von einem Zusammengehören aus. Derartige Konzeptunterschiede darf eine vergleichende Forschung nicht außer acht lassen, will sie sich ihres Gegenstandes erfolgreich bemächtigen. Denn während in der angloamerikanischen Kultur Verwaltung z.B. zuerst als etwas zu kontrollierendes wahrgenommen werde, gehöre sie in Kontinentaleuropa weitgehend unhinterfragt zum legitimen Handlungsapparat des Staates. Sie sei quasi dessen Lebensform und leitende „Idee" (Rutgers 2001).

Die unterschiedliche Stellung von Verwaltungen manifestiert sich in der Zugehörigkeit von Ländern zu unterschiedlichen Rechtskreisen, die wiederum die Verbindung zwischen historischer Entwicklung und kultureller Sedimentierung deutlich macht. Die Idee der Rechtskreise geht auf Zweigert und Kötz (1996) zurück. Sie unterscheiden auf der obersten Ebene die Common-Law- und die römische Rechtstradition und stellen damit implizit auf die gleiche kulturelle Differenz wie Rutgers (2001) ab. Während das römische Recht explizit öffentliche und private Sphäre voneinander trenne, kenne das Common-Law-System diese klare Trennung nicht (Raadschelders/Rutgers 1996). Diese Differenz bedinge die oben bereits angesprochenen Unterschiede des Selbstverständnisses, der Regelungspraxis und der Einbettung der Verwaltung in den Staat bzw. das politische System. Die Struktur des Rechtssystems hat also eine Prägewirkung für die Strukturen öffentlicher Verwaltungen, so dass man sagen kann, dass dieses Konzept in den Werkzeugkasten vergleichender historisch-institutionalistischer Analysen gehört.

Die von Hall und Taylor (1996) als dritte vorgestellte soziologische Variante des Institutionalismus geht vor allem auf die *sozialkonstruktivistische Perspektive* zurück, die etwa in Berger und Luckman (1967) beschrieben wurde. Sie hat bislang für die vergleichende Verwaltungsforschung eine eher randständige Rolle gespielt, erhält aber eine wachsende Bedeutung, wie etwa die zunehmende Anzahl von Verweisen auf Hofstedes

(2001) knapp 50 Länder umfassende Kulturtypologie deutlich macht. Der soziologische Institutionalismus macht Verwaltungshandeln durch kulturell geprägte Handlungsmuster erklär- und verstehbar. Was im Sinne von March und Olsen (1989: 23) als angemessene Handlungsweise gelten kann, wird maßgeblich durch die Handlungsmuster festgelegt. Diese Muster wiederum sind von historischen Entwicklungen beeinflusst und können gleichzeitig als Handlungsrahmen oder -beschränkung interpretiert werden. Mit der soziologisch institutionalistischen Perspektive schließt sich erneut der Bogen zwischen Mikro- und Makroebene der Analyse, denn die Ausfüllung institutionell geprägter Aktionsmöglichkeiten erfolgt auf der Basis der durch die soziologische Perspektive zutage geförderten Handlungs- und Einstellungsmuster.

2.3 Weitere theoretische Perspektiven

Ein Gegengewicht zu den teilweise stark vereinfachenden institutionellen Theorien, insbesondere zu den Formaltheorien des Rational-Choice-Institutionalismus, bilden *systemtheoretische Ansätze*. Verwaltungen oder besser politisch-administrative Systeme werden hier als komplexe Regelungsstrukturen begreifbar, die sich durch innere Differenzierung (Herstellung innerer Komplexität) in die Lage versetzen, auf komplexe Umwelten zu reagieren und angemessene Steuerungsleistungen für diese Umwelten zu erbringen (zusammenfassend Hult 2003). Wie politisch-administrative Systeme aussehen, hängt folglich in hohem Maße von den Umweltbedingungen ab, aber auch davon, welche Ziele das Steuerungssystem erfüllen soll, welcher Sinn also seiner Existenz zugemessen wird. In den Kontext systemtheoretischer Betrachtungen gehören auch organisationsökologische Vorstellungen wie etwa die von Kaufman und Seidman (1970). Für die empirische und damit auch für die vergleichende Forschung sind systemtheoretische Ansätze allerdings wegen ihrer theoretischen Komplexität und der Beobachtungsferne ihrer Konzepte bislang weitgehend unfruchtbar geblieben.

Neben den genannten Ansätzen diskutieren Frederickson und Smith (2003) die Governance-Perspektive als theoretischen Zugang zur Realität von Verwaltungen. Die vom Begriff „Governance" umfassten Beobachtungsstandpunkte sollten jedoch m.E. weniger als Theorie denn als Beobachtungsperspektiven bezeichnet werden. Teilweise stellt das, was mit dem Begriff „Governance" benannt wird, sogar eher selbst einen Gegenstand vergleichender Forschung denn eine Beobachtungsperspektive dar. Das ist z.B. der Fall, wenn nach unterschiedlichen Governance-Regimen sowie deren Wirkung auf Legitimität und Effektivität politischen Handelns gefragt wird. Gleichzeitig ist festzustellen, dass „Governance" vor allem im Zusammenhang mit lokalem und supranationalem Regieren diskutiert wird, weniger aber bei der Untersuchung nationaler Regelungsmechanismen. In dem Handbuch Public Administration (Peters/Pierre 2003) taucht „Governance" denn auch nur einmal in der Zusammensetzung „multi-level governance" (A. Smith 2003) jedoch nicht als eigene Kapitelüberschrift auf.

3. Erkenntnisziele und Methoden der vergleichenden Verwaltungsforschung

Die politikwissenschaftlich orientierte Verwaltungsforschung verfolgt in der Regel eines oder mehrere der folgenden drei Erkenntnisziele:
- zweckfreies Erkenntnisinteresse („Grundlagenforschung")
- Erwerb von Anleitungswissen, Vergleichswissen und Reformwissen (Stichwort „best practice")
- methodisches Interesse.

Den umfangreichsten Beitrag zur vergleichenden Literatur hat bislang die praktisch orientierte Vergleichs- und Reformforschung geleistet. Verwaltungswissenschaft wird hier mehr als eine Art Ingenieurwissenschaft begriffen, mit deren Hilfe Methoden erfolgreichen Umgangs mit gegebenen Problemen erkannt und verbreitet werden sollen, denn als Weg zur abstrakten Erkenntnis der Bewegungsformen von Verwaltung (vgl. etwa die gesamte Literatur des Public Management and Governance Projektes der OECD).[4] Gerade mit der Verbreitung institutionalistischer Perspektiven (siehe oben) ist jedoch auch eine Zunahme theoretisch orientierter Grundlagenforschung zu beobachten (als hervorragendes Beispiel Huber/Shipan 2002). In engem Zusammenhang mit der theoretischen Grundlagenforschung stehen Arbeiten, die vor allem auf die Frage gerichtet sind, mit welchen Forschungsmethoden man sich den unterschiedlichen Realitäten von Verwaltung am besten annähern kann. Die Frage nach den Forschungsmethoden ist vor allem für die vergleichende Verwaltungsforschung von hoher Relevanz, weil die bereits angesprochene Differenziertheit und Komplexität des Gegenstandes eine konsistente und aussagekräftige vergleichende Forschung erheblich erschwert. Leistungsfähige Methoden für empirisch-vergleichende Untersuchungen zu finden und zu beschreiben, kann daher als eigenständiges Erkenntnisinteresse bezeichnet werden. Eine frühe aber immer noch herausragende Arbeit in diesem Bereich ist die „Vermessung" der britischen Ministerialbürokratie durch Hood und Dunsire (1981).

Versucht man das methodische Vorgehen der vergleichenden Forschung in einem Überblick darzustellen, so bieten sich nach meiner Meinung folgende Kategorien an:
- auf die Darstellung von Idealtypen orientierte Forschung (z.B. Page 1992)
- theoretisch angeleitete Fallstudien (z.B. Campbell/Wilson 1995; Dowding 1995; Marsh u.a. 2000; Knill 2001)
- vergleichbare/vergleichende Deskription (z.B. die Sammelbände des CCSRC-Projektes [vgl. Fußnote 2])
- vergleichende Kausalanalyse (herausragend Huber/Shipan 2002).

Während die Arbeit mit Idealtypen, die theoretisch geleitete Fallstudie und die Deskription inzwischen als etabliert und in ihren Erklärungsmöglichkeiten getestet angesehen werden können, steckt die vergleichende Kausalanalyse bürokratischen Handelns und bürokratischer Strukturen noch in den Kinderschuhen. Das Buch von Huber und Shipan ragt vor allem deshalb heraus, weil es ein rigides formales Analysedesign in der vergleichenden Verwaltungsforschung nutzt, das hier bislang kaum Anwendung fand. Möglich wurden diese Arbeiten einerseits dadurch, dass die Autoren mutig in Forschungsgebiete vordrangen, die niemand vorher betreten hatte, vor allem aber auch

---

4 Siehe http://www.oecd.org/topic/0,2686,en_2649_37405_1_1_1_1_37405,00.html (abgerufen am 5.11.2005).

durch die Entwicklungen auf der Ebene theoretischer Konzepte, die oben unter 2.2 angedeutet wurden.

Trotz dieser Fortschritte ist festzustellen, dass die vergleichende Verwaltungsforschung neben der Komplexität des Gegenstandes und der riesigen Zahl empirisch zu berücksichtigender Akteure nach wie vor mit einer Reihe von Problemen zu kämpfen hat. Dazu gehören:

– das Problem der Übertragbarkeit theoretischer Konzepte auf unterschiedliche nationale Kontexte (von Peters [1996] als „traveling problem" bezeichnet) bzw. die Schwierigkeit, konzeptionelle Differenzen, wie sie zwischen unterschiedlichen nationalen und damit in der Regel sprachlichen und kulturellen Kontexten bestehen, wirksam in den Griff zu bekommen (siehe oben die Diskussion über unterschiedliche Verständnisse der Rolle von Verwaltung im politischen Prozess)
– die Probleme der Verfügbarkeit empirischer Informationen und des Fehlens geeigneter Konzepte zur Messung interessierender Phänomene
– die Tatsache, dass Struktur- und Prozessunterschiede zwischen Politikfeldern innerhalb eines Landes häufig größer sind als die Unterschiede innerhalb eines Politikfeldes zwischen Ländern, so dass die Vergleichsperspektive zunächst wenig Erkenntnisgewinn zu versprechen scheint
– ein verbreiteter Mangel an Mut oder Bereitschaft zur notwendig vereinfachenden vergleichenden Analyse, die zu Gunsten des Erlangens umfassenderer Erklärungen auf die Berücksichtigung manchen empirischen Details verzichtet, das dem Landesspezialisten als unentbehrliches Element einer angemessenen Erfassung (s)eines Untersuchungsobjektes erscheint.

4. Verwaltungsstruktur, Personal und Verwaltungsmacht als Gegenstandsbereiche der vergleichenden Forschung[5]

In diesem Abschnitt wird der allen methodischen und theoretischen Problemen zum Trotz erreichte empirische Erkenntnisstand entlang der drei Dimensionen Struktur, Personal und Macht/Einfluss sowie einiger für die administrative Praxis relevanter Themen umrissen. Dabei werde ich sowohl auf die in den einzelnen Dimensionen anzutreffenden Hauptfragestellungen als auch auf ausgewählte Ergebnisse der empirischen Forschung eingehen.

4.1 Strukturen

Verwaltungsstrukturen sind von den eben genannten Dimensionen diejenigen, die am ehesten manifest und dadurch beobachtbar ist, zumindest sofern es um die formalen

---

5 Der vorliegende Abschnitt soll vor allem einen Überblick über die Themen der vergleichenden Forschung liefern. Literatur wird im Interesse der Lesbarkeit nur beispielhaft zitiert. Einen umfasseneren Überblick über die vergleichende Literatur bietet eine zu diesem Beitrag erstellte Übersicht, die von der Internetseite des Autoren (www.politik.uni-halle.de/schnapp/publikatio nen/kus2006synopse.pdf) abgerufen werden kann.

Strukturen von Verwaltungsorganisationen geht. Gleichzeitig sind Verwaltungsstrukturen in höchstem Maße von Differenziertheit und Komplexität geprägt. Folgerichtig muss Egeberg (2003) konstatieren, dass Verwaltungsstrukturen nur selten vergleichend untersucht werden. Sind Verwaltungsstrukturen Gegenstand von Forschungsbemühungen, so tauchen sie sowohl als erklärende wie auch als zu erklärende Variable auf. Sollen Strukturen erklärt werden, so kommen vor allem Entwicklungspfade und damit Kultur und Traditionen (z.B. Schnapp 2004: 316 ff.), aber auch politische Ziele als Erklärungsgrößen in den Sinn (z.B. Nakano 2004). Werden Verwaltungsstrukturen als erklärende Variablen verwendet, so geht es etwa um die Ableitung von Einfluss bzw. von Einflusspotenzialen aus Verwaltungsstrukturen (Schnapp 2004), die Erklärung des Ausmaßes der Responsivität einer Demokratie aus Merkmalen der Verwaltungsstruktur, die Erklärung der Effizienz und Effektivität eines politisch-administrativen Systems (La Porta u.a. 1999; Evans/Rauch 2000), seiner Anpassungsfähigkeit sowie ihrer institutionellen und (mikro-)kulturellen Grundlagen (Rothstein 1996) oder etwa um die Erklärung von Politikstilen (Richardson 1982). Im Sinne der oben gemachten Ausführungen zum formalen Institutionalismus wird gefragt, welche Aktionen und Handlungsweisen bzw. Handlungsergebnisse eine gegebene Struktur der Bürokratie ermöglicht oder verhindert.

La Porta et al. (1999) gehen bei ihrer Analyse des Einflusses der Verwaltungsstrukturen auf die Effizienz der Arbeitsweise eines politischen Systems von einem sehr abstrakten Strukturbegriff aus: Sie bestimmen für die untersuchten Länder die Nähe des tatsächlichen Verwaltungsmodells zu einer idealtypischen weberianischen Verwaltung. Dieser Bezug auf Idealtypen erfolgt aber nicht, wie etwa bei Page (1992), durch die Tiefenanalyse der Verwaltungsstrukturen weniger Länder, sondern innerhalb eines anhand weniger Indikatoren durchgeführten Vielländervergleichs. Die Effizienz als abhängige Variable wird über die Einfachheit gemessen, mit der es in den untersuchten Ländern möglich ist, Investitionsprojekte in die Realität umzusetzen. Ergebnis der Untersuchung ist, dass Länder mit einer großen Nähe der Verwaltungsstrukturen zum weberschen Ideal besonders effiziente Verwaltungen aufweisen. Bei der Interpretation dieses Ergebnisses ist zu berücksichtigen, dass nicht entwickelte Industrieländer, sondern typische Nehmerländer von Weltbankkrediten Gegenstand der Untersuchung waren.

Schnapp (2004) betrachtet Verwaltungsstrukturen zugleich als zu erklärendes und als erklärendes Element. Zum einen wird deutlich, dass er davon ausgeht, dass die Zugehörigkeit eines Landes zu einer bestimmten Rechtsfamilie Einfluss darauf hat, wie die nationalen Verwaltungen strukturiert sind. Zum anderen versucht er im Sinne des formalen Institutionalismus aufzuzeigen, welche Handlungsoptionen für die Verwaltung aus ihren eigenen Strukturen und der strukturellen Einbettung in das politische System erwachsen. So wird in Anlehnung an Hammond und Butler (1996) sowie Tsebelis (2002: 19–63) gezeigt, dass die Aktionsspielräume von Bürokratien in Abhängigkeit von der Anzahl und der konkreten Präferenzkonstellation politischer Vetoakteure variieren (Schnapp 2004: 311 ff.). Der Einfluss von Strukturen des Personal- und Rekrutierungssystems auf die Einflusspotenziale nationaler Bürokratien wird ebenfalls untersucht und argumentiert, dass klassisch geschlossene Rekrutierungs- und Karrieresysteme förderlich für das Einflusspotenzial von Bürokratien sind (ebd. 127 ff. und 240 ff.).

4.2 Verwaltungspersonal

Die wissenschaftliche Auseinandersetzung mit Verwaltungspersonal richtet sich auf die Bereiche Rekrutierung und Karrierepfade und die mit der Rekrutierung im Zusammenhang stehende Frage nach der sozialen Repräsentativität der Bürokratie. Weiterhin spielt die Untersuchung der Rollenvorstellung von und -erwartungen an das Verwaltungspersonal eine tragende Rolle. Von besonderem Analyseinteresse sind höhere Hierarchiestufen und politiknahe Bereiche der Verwaltung. Auf Letztere bezogene Forschungsergebnisse werden daher in diesem Abschnitt besonders berücksichtigt.

Rekrutierungs- und Karrieremuster

Die vergleichende Betrachtung von Rekrutierungs- und Karrieremustern von Bürokratien hat im Rahmen der Verwaltungsreformbewegung der letzten 20 Jahre erheblich an Umfang, aber auch an Darstellungsgenauigkeit zugenommen. Die vorgelegten Studien sind häufig weniger theoretisch motiviert als durch die Forderung von Regierungen oder internationalen Organisationen nach Vergleichsinformationen, die etwa zur Bestimmung von „best practices" herangezogen werden können. Ungeachtet der praktischen Orientierung oder sogar dank der damit verbundenen politischen Unterstützung sind eine Reihe von Studien entstanden, deren deskriptiver und zum Teil analytischer Wert kaum überschätzt werden kann.

Herauszuheben ist die Arbeit von Auer, Demmke und Polett (1996) die am European Institut of Public Administration in Maastricht entstanden ist (vgl. auch den Beitrag von Demmke in diesem Band). Nach einem konsequent angewandten einheitlichen Analyseraster werden die Personalsysteme der seinerzeit 15 EU-Länder anhand standardisierter qualitativer Indikatoren beschrieben und eine Gesamteinschätzung der Offenheit bzw. Geschlossenheit der Personalsysteme entwickelt. Dabei zeigt sich, dass es zwei klar unterscheidbare Gruppen von Personalsystemen gibt. Dies sind zum einen Personalsysteme, die als weitgehend offen bezeichnet werden können. Diese weisen dienstrechtlich kaum Unterschiede zum allgemeinen Arbeitsrecht ihres Landes auf, ermöglichen in großem Umfang späte Seiteneinstiege in Verwaltungskarrieren, haben entwickelte leistungsbasierte Aufstiegs- und Bezahlungssysteme usw. (Beispielländer sind Großbritannien und Schweden). Daneben gibt es Personalsysteme, die als weitgehend geschlossen zu betrachten sind. Sie verfügen also explizit über ein eigenes Arbeitsrecht, haben ein vor allem senioritätsbasiertes Karrieresystem usw. (Beispiele sind Deutschland, Frankreich und Belgien). Frappierend an den empirischen Ergebnissen dieser Studie ist die Eindeutigkeit der empirischen Unterscheidbarkeit der beiden Gruppen von Personalsystemen. Mischtypen konnten in der westeuropäischen Realität nicht nachgewiesen werden (vergleichbare Analysen als Auftragsforschung etwa Bureau voor de Algemen Bestuursdienst 1998 und Alam 1998).[6]

---

6 Im Zusammenhang mit Rekrutierungssystemen wird mitunter die Frage nach der (sozialen) Repräsentativität des Verwaltungspersonals gestellt. Hintergrund dafür ist entweder die Vorstellung, dass Bürokratien aus Vertretern aller gesellschaftlichen Gruppen (soziale Schichten, Ethnien u.a.) zusammengesetzt sein sollten, damit staatliches Handeln angemessen all diese Interes-

Ein spezielles Interesse der Erforschung des Verwaltungspersonals richtet sich auf das Karriereende oder vielmehr die Fortsetzung der beruflichen Karriere nach der Karriere in einem hohen Verwaltungsamt. Begriffe wie der japanische des „amakadouri" (Abstieg aus dem Himmel) oder der französische der „pantouflage" stehen für einen Wechsel (ehemals) hoher Verwaltungsbeamter in wirtschaftliche Führungspositionen (Christensen 2003; Ruß 2005: 373). Dieser Wechsel wird als problematisch angesehen, weil es den aufnehmenden Wirtschaftsunternehmen in der Regel weniger um die konkreten Fähigkeiten der ehemaligen Beamten als um deren Kontakte in den Regierungsapparat geht oder weil die Aufnahme als Belohnung für während der Beamtentätigkeit erfolgte politische Gefälligkeiten gegenüber dem Unternehmen angesehen wird. Ähnliches gilt für das US-amerikanische „in-and-outer" System (Heclo 1988). Dieses System ist zwar weniger eines der „Belohnung" am Ende einer Karriere, sondern ein System des erfolgreichen Hin-und-Her zwischen Politik und Wirtschaft. Die Bedenken bezüglich der durch dieses System geschaffenen Möglichkeiten korrupten, zumindest aber wettbewerbsverzerrenden Verhaltens sind aber grundsätzlich die gleichen.

Politisierung und Rollenverständnis

Die Auseinandersetzung mit dem Rollenverständnis von Personen in der Verwaltung, vorzugsweise von Personen in den Verwaltungsspitzen, hat eine der längsten Traditionen in der modernen vergleichenden Verwaltungsforschung. Wegweisend bleibt dabei nach wie vor die aus dem „Michigan Comparitive Elite Project" (MCEP) hervorgegangene große Studie „Bureaucrats and Politicians in Western Democracies" von Aberbach, Rockman und Putnam (1981). Ein wichtiges Ergebnis dieser Studie für die vergleichende Verwaltungsforschung waren die vier Bürokratentypen, die die Autoren aus ihren empirischen Beobachtungen ableiteten. Unter den Begriffen Image I- bis Image IV-Bürokrat beschreiben sie unter I den klassischen Bürokraten, der für sich lediglich eine unpolitische, technische und ausführende Rolle sieht (1981: 4–6), als Image II den kritischen Bürokraten, der sich als interessenfreier Experte in Politikentstehungsprozessen versteht (1981: 6–9) und als Typ III einen politisierten Bürokraten, der sich als Experte und Vertreter bestimmter Interessen im Politikentstehungsprozess wahrnimmt (1981: 9–16). In seinem Rollenselbstverständnis kaum noch von einem Politiker zu unterscheiden ist der Image IV-Bürokrat, der „reine Hybrid" (1981: 16–23). Aberbach, Rockman und Putnam erwarteten 1981, dass der Typ des reinen Hybriden sich immer weiter ausdehnen würde. Seit Ende der 80er und definitiv in den 90er Jahren werden Zweifel an dieser Erwartung geäußert (vgl. auch den Beitrag von Schwanke/Ebinger in diesem Band). Anfang des 21. Jahrhunderts scheint klar, dass die massiven Verwaltungsreformen und die damit verbundene zumindest symbolische Rückkehr zu der Idee einer Dichotomie von Politik und Verwaltung einer massiven Ausbreitung dieses Rollentyps im Wege stehen. Mit den NPM-Reformen sind technische und managerialistische Aspekte wieder deutlicher Bestandteil der Rollenwahrnehmung gewor-

---

sen berücksichtigen kann oder die Forderung, dass grundsätzlich Chancengleichheit des Zugangs bestehen solle (vgl. Wise 2003). In der vergleichenden Forschung spielt die Repräsentativität von Bürokratien nur eine untergeordnete Rolle.

den. Dies zeigen unter anderem eine Reihe von Beiträgen zur Auswertung einer MCEP-Nachfolgestudie, die 2003 in der Zeitschrift Governance veröffentlicht wurden (Aberbach 2003a; Derlien 2003; Dierickx 2003; Ehn u.a. 2003; Wilson/Barker 2003). Wilson und Barker formulieren zugespitzt, dass neue Gefährdungen des Londoner Bürokratiesystems dazu geführt hätten, dass die Spitzenbeamten eine größere Folgebereitschaft gegenüber ihren politischen Vorgesetzten entwickelt und sich wieder stärker auf die Experten- und Managerrolle zurückgezogen hätten (2003: 366). Inzwischen scheint zumindest in den Ländern, die an vorderster Front der Public Management Reform stehen, normativ klar zu sein, dass Bürokraten vor allem Management-, weniger aber politische Qualitäten für ihren Job brauchen (Halligan 2003c). Maor (1999) stellt für Australien, Neuseeland, Kanada, Großbritannien, Malta und auch Österreich fest, dass die dortigen Verwaltungsspitzen in eine größere Distanz zu politischen Entscheidungen gebracht und vermehrt für administrative (managerialistische) Aufgaben eingesetzt werden. Policyberatung komme zunehmend von Experten und Institutionen außerhalb des Regierungsapparates. Andererseits beschreiben aber Dargie und Locke (1999) die Londoner Mandarine als nach wie vor mit erheblichem Policyeinfluss ausgestattet, und Liegl und Müller (1999) stellen die Wiener Ministerialbürokratie in gleicher Weise dar. Dasselbe gilt nach Goetz (1999) für Deutschland, laut Rouban (1999) für Frankreich und nach Pierre und Ehn (1999) für Schweden (vgl. für weitere Länder die Beiträge in Page/Wright 1999).

Diese gegensätzlichen Einschätzungen machen erstens die Probleme einer Forschung deutlich, die sich vor allem auf die Produktion vergleichbarer Länderanalysen stützt. Der Mangel an Vergleich anhand formalisierter auf mehrere Untersuchungsfälle angewandter Indikatoren führt dazu, dass Unterschiede zwischen Ländern oft nur auf der Basis von Anekdoten und individuellen, daher aber eben nicht kommensurablen Eindrücken beurteilt werden können. Zweitens aber beruhen diese gegensätzlichen Einschätzungen auch darauf, dass mit unterschiedlichen Bezugspunkten „gemessen" wurde. Im Falle der Feststellung eines Einflussrückgangs bildete ein vormals vorhandenes oder zumindest für vorhanden gehaltenes Einflussniveau die Bezugsgröße, während im anderen Falle die Frage auf das (immer noch vorhandene) absolute Einflussniveau abzielte.

Neben der inhaltlichen Politisierung (Politisierung durch Wahrnehmung politischer Aufgaben ex officio und daraus resultierende Selbstwahrnehmung einer politischen Rolle) diskutiert Rouban (2003) zwei weitere Begriffe von Politisierung nämlich a) die formale und b) Politisierung im Sinne parteipolitischer Aktivitäten von Ministerialbürokraten.

Von formaler Politisierung (der Ministerialbürokratie) wird gesprochen, wenn Entscheidungen über Besetzungen und Beförderungen von Personen in der Bürokratie durch politische Vorgesetzte, also etwa Minister, getroffen werden. In der Literatur wird davon ausgegangen, dass die Möglichkeit formaler Politisierung die politische Steuerbarkeit der Verwaltung erhöht, weil Führungsämter der Verwaltung mit Personen besetzt werden können, die dem Minister/der Ministerin gegenüber inhaltlich und politisch hochgradig loyal sind (vgl. Schnapp 2004: 147 und 300–302).

Formale Politisierung kann, muss aber nicht mit Ämterpatronage einhergehen. So sind nach einer Belgien, Deutschland, Finnland, Frankreich, Großbritannien, Italien, die Niederlande und Österreich vergleichenden Untersuchung Müllers (2001) nur die

Ministerialverwaltungen Belgiens und Frankreichs massiv von Ämterpatronage betroffen. Ein auf die Pfadabhängigkeit von Entwicklungen verweisender Erklärungsansatz von Manow (2002) erklärt das unterschiedliche Ausmaß von Ämterpatronage durch die Zugehörigkeit dieser Länder zu unterschiedlichen Wegen der Staatsbildung. Das größte Ausmaß von Ämterpatronage konstatiert Manow für Länder, die einem patrimonial absolutistischen Entwicklungspfad folgten. Dazu gehören die eben unter Verweis auf Müller (2001) genannten Länder Frankreich und Belgien, aber auch Italien (Manow 2002: 39–40).

Die Frage nach den Möglichkeiten und Beschränkungen (partei-)politischer Aktivität von (Ministerial-)Bürokraten schließlich ist relevant, weil davon ausgegangen wird, dass vor allem das Ausmaß erlaubter politischer Betätigung Wirkungen auf das Rollenselbstverständnis und damit die Tätigkeitsausübung hat. So argumentiert Dierickx (2003), dass Spitzenbürokraten „von allein" eher technokratisch denken, wenn die offiziellen Regeln politische Aktivitäten in nennenswertem Umfang beschränken oder gar untersagen. Wenn dagegen geringe oder keine Restriktionen bestehen, ist es wahrscheinlich, dass auch eine höhere Akzeptanz gegenüber der Einbringung politischer Normen und Werte in die dienstliche Aufgabenerfüllung gegeben ist (Peters 1995). Länder mit starken Einschränkungen für parteipolitisches Engagement sind z.B. Australien, Großbritannien und Irland, während etwa in den skandinavischen Ländern, Deutschland, Frankreich und den Niederlanden auch Spitzenbürokraten große Freiheiten politischer Aktivität genießen (OECD 1997a: 38–39).

4.3 Macht

Eine der ältesten Fragen der Verwaltungsforschung ist die Frage nach der Macht oder dem Einfluss „der Bürokratie" auf politische Entscheidungsprozesse. Sie ist gleichzeitig für die vergleichende Forschung eine der kompliziertesten Fragen und eine Frage, auf die wahrscheinlich nie eine zufrieden stellende Antwort möglich sein wird. Das liegt vor allem daran, dass „Macht" oder „Einfluss" theoretisch zwar relativ genau definiert werden können, man denke an Webers Machtdefinition, dass aber ein exakter empirischer Zugang zum relationalen Phänomen Macht kaum möglich ist. So entzieht sich häufig sogar den Teilnehmern konkreter Entscheidungsprozesse, wer maßgeblich Einfluss auf Entscheidungsergebnisse ausgeübt hat (Dowding 1995: 123). Als Ursache dafür kann gelten, dass Entscheidungen sich in der Regel durch unterschiedliche Gremien und verschiedene Prozessstufen hinweg entwickeln, wobei Zufall, Pfadabhängigkeit und institutioneller Rahmen einen größeren Einfluss auf das Ergebnis haben können, als alle am Prozess beteiligten Personen.

In der vergleichenden Forschung führt das zu dem Phänomen, dass in Einzelfallanalysen nahezu jede nationale Bürokratie als sehr oder gar extrem machtvoll oder einflussreich wahrgenommen wird, ohne dass es im mindesten möglich wäre festzustellen, in welchem Land oder Ministerium die Bürokratie denn nun wirklich machtvoll ist. Erschwert wird die empirische Forschung dadurch, dass der Einfluss auf politische Entscheidungen mehrfach asymmetrisch auf beteiligte Akteure verteilt ist. So hat eine Ministerin wahrscheinlich wesentlich mehr Einfluss auf politische Entscheidungen als jeder ihrer Mitarbeiter. Gleichzeitig kann man davon ausgehen, dass die Gesamtheit der Mitarbeiter eines Hauses mehr Einfluss auf die Summe der in einem Ressort bearbeiteten politischen Entscheidungen ausüben kann als die Dienstherrin. Das oben gemachte Argument über die strukturelle Komplexität von Entscheidungsprozessen aufnehmend und unter Rückgriff auf Aussagen von Hammond und Thomas (1989) könnte man daher formulieren: „Niemand ist wirklich einflussreich außer der Struktur eines Entscheidungsprozesses." Die Analyse von Organisationsstrukturen und Entscheidungsinstitutionen dürfte daher häufig Antworten auf Forschungsfragen ermöglichen, wo andere Analyseformen stumm bleiben müssen. Der Preis dafür ist allerdings, dass weniger Ist-, sondern eher Potenzialbeschreibungen von Einfluss- oder Machtverhältnissen möglich sind. Eine auf das Einflusspotenzial von Ministerialbürokratien orientierte vergleichende Analyse von 21 Industrieländern wurde von Schnapp (2004) vorgelegt. Die einflusspotenzialreichsten Ministerialbürokratien sind nach dieser Studie die Bürokratien in Frankreich, Belgien, Österreich und Deutschland. Es folgen mit etwas weniger einflussreichen Ministerien Irland und die Schweiz. Ein mittleres Einflusspotenzial haben die nationalen Verwaltungen in Norwegen, Portugal, Japan und Dänemark. Am unteren Ende der Einflussskala stehen dann die Ministerialbürokratien der USA, der Niederlande, Kanadas, Australiens und Finnlands.

Ungeachtet der eben gemachten Einschränkungen der Möglichkeit konkreter Aussagen über Machtverhältnisse kann man feststellen, dass Macht und Einfluss von Bürokratien in den letzten Jahren zurückgegangen sind. Diese Aussagen sind in der Regel insofern glaubwürdig, als die Einschätzungen auf Längsschnittvergleichen innerhalb von Untersuchungsfällen beruhen, bei denen der Vergleichende tatsächlich selbst unterschiedliche Zustände kennt und daher auch die Fähigkeit hat, Entwicklungen abzuschätzen. Die empirische Basis der Urteile bleibt aber oft unklar. So konstatieren Richards und Smith (2004) zwar einen Einflussverlust der britischen Ministerialbürokratie z.B. an regierungsexterne Expertengremien, schränken dann aber ein, dass diese Einschätzung vor allem auf einer „Idee" davon beruht, wie Einflussgrößen früher verteilt gewesen seien, während konkrete Messungen eben nicht vorlägen. Weniger selbstkritisch bezüglich ihrer Erkenntnismöglichkeiten konstatieren auch Maor (1999) für Australien, Großbritannien, Kanada, Neuseeland, Malta und Österreich sowie Campbell und Wilson (1995) für Großbritannien, Kanada, Australien und die USA ein Sinken des Einflusses von Ministerialbürokratien auf Policyentscheidungen zugunsten politischer Beratungsstäbe und regierungsexterner Beratergremien.

4.4 Themenbereiche anwendungsbezogener Verwaltungsforschung

Da Verwaltungsforschung zu großen Teilen auf Verwaltungspraxis bezogene Reformforschung ist, gibt es neben den oben diskutierten „klassischen" Fragen nach Struktur, Personal und Einfluss eine Reihe von Problemstellungen, die vor allem aus Anwendungssicht, etwa in der Absicht „best practices" zu definieren und für die Übertragung in andere Kontexte nutzbar zu machen, untersucht werden. Über ausgewählte Fragestellungen aus diesem Bereich soll im Folgenden in gebotener Kürze Auskunft erteilt werden.

Die Stichworte Praxis und Reform rufen natürlich zuerst den Begriff „*New Public Management*" (NPM) auf den Plan. Nach langen Jahren versuchter, aber meist erfolgloser Systematisierung von Beobachtungen scheint hier zu guter Letzt eine erste Konsolidierung der Erkenntnisbestände erreicht worden zu sein (vgl. die Beiträge von Bogumil u.a. sowie von Bouckaert in diesem Band). So gelingt Politt und Bouckaert (2000, 2004 in zweiter erweiterter Auflage) ein hervorragender vergleichender Überblick über Verwaltungsreformbemühungen und -erfolge. Die Autoren beschreiben zunächst gesellschaftliche und politische Probleme, die zu veränderten Anforderungen an Politik und Verwaltung führten und Bedingungen, unter denen unterschiedliche politische Systeme mit je eigenen Maßnahmenbündeln im Bereich der Verwaltung sowie der Schnittstelle von Politik und Verwaltung auf diese neuen Herausforderungen reagierten (Politt/Bouckaert 2004: 24 ff.). Sodann werden zwei maßgebliche Reformpfade beschrieben, nämlich der NPM-Pfad im engeren Sinne und der NWS-Pfad. Dabei steht NWS für den neoweberianischen Staat („the neo weberian state", Politt/Bouckaert 2004: 99). Beim Beschreiten des NPM-Pfades wird vor allem auf Marktreformen und Marktmechanismen gesetzt. Deren Einführung und Nutzung gehen meist zulasten klassischer politischer und bürokratischer Regelungs- und Leistungsmechanismen. Als Beispielländer für die Nutzung dieses Pfades nennen die Autoren Großbritannien, Australien, Neuseeland und zum Teil die USA (Politt/Bouckaert 2004: 98).

Im neoweberianischen Reformmodell wird die klassische Rolle von Staat, repräsentativer Demokratie und bürokratischer Verwaltung im dialektischen Sinne aufgehoben und politisch-administratives Handeln um neue Elemente ergänzt. Zu diesen neuen Elementen gehören die stärkere Orientierung von Staat und Verwaltung an den Bedürfnissen und Wünschen der Bürgerschaft, die Ergänzung repräsentativer Entscheidungsverfahren durch Elemente einer Nutzerdemokratie und eine Umorientierung auf die Resultate administrativer Prozesse anstelle einer Konzentration auf die Einhaltung vorgegebener Regeln. Als Beispielländer für diesen Pfad werden Belgien, Frankreich, Schweden, Finnland und die Niederlande sowie Deutschland, hier allerdings beschränkt auf die kommunale Ebene, genannt (Politt/Bouckaert 2004: 99–100).

Ausführlich versuchen die Autoren, den Erfolg der Verwaltungsreformen in den oben genannten Ländern zu bestimmen. Dabei wird deutlich, dass eine generelle Erfolgsbestimmung vor erheblichen konzeptionellen und fast unüberwindbaren empirischen Problemen steht. Je nach Indikator und Vergleichsmaßstab schneidet einmal der eine, einmal der andere Kandidat besser ab. Konsistente Zuordnungen von NPM- und NWS-Reformländern zur Erfolgs- oder Misserfolgsseite sind nicht möglich (Politt/Bouckaert 2004: 103 ff.). Zum gleichen Ergebnis kommen Naschold und Bogumil (2000: 46–66) mit einer stärker auf einzelne Reformvorhaben fokussierten vergleichenden Leistungsbilanz. Diese fällt ebenfalls nicht eindeutig zugunsten von Veränderungen aus, die ausschließlich unter dem Banner verstärkter Marktorientierung durchgeführt wurden. Bei einem Teil der Fälle wird deutlich, dass vorrangig marktorientierte Reformen keine oder sogar negative Wirkungen hatten. Gleichzeitig zeigen auch Naschold und Bogumil, dass es je nach Kontext und zu bewertendem Reformvorhaben schwierig bis unmöglich ist, genaue Leistungsbilanzen zu erstellen.

Sowohl Pollitt und Bouckaert (2004) als auch Naschold und Bogumil (2000) kommen schließlich, wenn auch unterschiedlich explizit, zu der Schlussfolgerung, dass der

Erfolg von Reformen vor allem von „handwerklicher" Erfahrung, ebensolchem Geschick und ein wenig Glück beim „sich durch die Reform wursteln" abhängt. Dagegen gebe es bislang kaum systematische wissenschaftliche Evidenz, auf deren Basis man Reformvorschläge am Reißbrett entwerfen und dann nach Plan erfolgreich in die Realität umsetzen könne. Dazu trage auch bei, dass eine Reihe von Faktoren erfolgsmitbestimmend seien, die bislang gar nicht im Beobachtungshorizont der Verwaltungswissenschaft auftauchten (Politt/Bouckaert 2004: 196–202). Unabhängig davon sind beide Bücher einig in der Einschätzung, dass die im weiten Sinne unter die Rubrik New Public Management fallenden Reformen keine Mode und nicht als zeitlich begrenzte Reaktion auf Herausforderungen zu verstehen sind. Die Ergebnisse der vergleichenden Analysen machen deutlich, dass Anpassung an sich verändernde gesellschaftliche Bedingungen ohne Reform nicht möglich und dass Verwaltungsreform zu einem Dauerprozess der Anpassung des politisch-administrativen Systems an eine sich permanent verändernde Umwelt geworden ist (Naschold/Bogumil: 77). Einige spezifische Forschungsthemen zu Reformen im Rahmen dieses permanenten Anpassungsprozesses sollen im Folgenden in den Blick genommen werden.

Massive und möglicherweise auch substanzändernde Veränderungen vollziehen sich im öffentlichen Rechnungswesen durch den begonnenen Übergang von dem bislang üblichen ausgabenbasierten System auf ein abschreibungsorientiertes, also an *betriebswirtschaftliche Rechnungsführung* angelehntes Rechnungswesen (accrual accounting und accrual budgeting). Die Implementation der abschreibungsorientierten Rechnungsführung diene vor allem der besseren Ermöglichung eines langfristig orientierten Umgangs mit öffentlichen Finanzen (Kok 2003). Die Langfristorientierung werde dadurch ermöglicht, dass der Rechnungsfokus nicht mehr auf aktuellen Ausgaben, sondern durch Nutzung des Abschreibungskonzeptes auf den Lebenszykluskosten von Ausgaben (von der Gebäudenutzung bis zur vollständigen Policy) liege. Eine konsequent abschreibungsbasierte Rechnungsführung existiert nach Kok (2003: 415) bislang nur in Australien, Neuseeland und Großbritannien. In Dänemark, Finnland, Island, Kanada, den Niederlanden und den USA haben die Parlamente Gesetze verabschiedet, die in Teilen des öffentlichen Rechnungswesens einen Übergang zur Abschreibungsorientierung ermöglichen (Kok 2003).

In der administrativen Praxis eng angelagert an Fragen der Rechnungsführung ist das Problem *leistungsorientierter Berichterstattung und Budgetierung* (performance information und performance budgeting). Performanzbezogene Fragen werden in der Literatur auch fast ausschließlich aus Anwender- und best-practice-Perspektive dargestellt. Joyce und Hilton (2003) stellen fest, dass in der OECD-Welt die Integration von Leistungszielen in die Haushaltgesetzgebung und von Leistungsindikatoren in die entsprechenden Entscheidungsprozesse inzwischen allgemein verbreitet ist (Joyce/Hilton 2003: 409). Weiter gilt, dass Finanzzuweisungen vor allem im Bereich der „government agencies" auf der Basis von Leistungsindikatoren erfolgen, während Kernorganisationen, wie etwa die Ministerien, weniger stark oder gar nicht von leistungsabhängigen Budgetentscheidungen betroffen sind (vgl. auch OECD 2002).

Schließlich gehört in den hier diskutierten Kontext die Erforschung der institutionellen Grundlagen, auf deren Basis *Finanzpolitik* stattfindet, und der Regeln, die finanzpolitische Entscheidungsprozesse leiten. In einer Kette von Arbeiten haben Jürgen von Hagen und andere Autoren zeigen können, wie wichtig institutionelle Grundlagen für eine solide Haushaltpolitik sind (vgl. Hagen/Harden 1992, 1996; Hagen/Hallerberg 1997). Das wichtigste Ergebnis dieser Forschung lautet, dass ein hoher Grad der Zentralisierung finanzpolitischer Entscheidungen in allen Prozessstufen, also regierungsintern, bei der parlamentarischen Entscheidung und in der Implementation überzufällig häufig dazu führt, dass eine hohe Haushaltdisziplin eingehalten wird. Als zentrale Voraussetzung für eine hohe Haushaltdisziplin wird eine starke Position des Finanzministers im Kabinett bezüglich aller finanzpolitischen Fragen bezeichnet. Letztere Aussage wird von Hallerberg (2003) gleichzeitig relativiert und unterstützt. Hallerberg verweist darauf, dass eine formal starke Stellung eines Finanzministers in Koalitionsregierungen weniger Wert als in Einparteiregierungen hat. Vor allem für die Zuständigkeitsbereiche von Ministern aus anderen Parteien als der des Finanzministers sind Koalitionsgremien und nicht die Kabinettsrunde die entscheidenden Instanzen. Da in einem Koalitionsausschuss die formale Stellung eines Finanzministers aber keine Rolle spielt, kann eine starke Stellung auf diesem Wege unterwandert werden. Letztlich aber bestätigt diese Feststellung die ursprüngliche Aussage, dass eine Verminderung des Zentralisierungsgrades fiskalischer Entscheidungen zu einer Minderung der Haushaltdisziplin führt, denn die Einbeziehung von Koalitionsgremien in den Entscheidungsprozess kann als Dezentralisierung interpretiert werden.

Bei der Diskussion des Rational-Choice-Institutionalismus ist unter dem Stichwort Prinzipal-Agent-Ansätze bereits auf das Phänomen der *unabhängigen Ausführungs- und Regulierungsbehörden*[7] eingegangen worden. Die Beschäftigung mit unabhängigen Behörden stellt meines Erachtens eine der vitalsten Wachstumsindustrien in der vergleichenden Verwaltungsforschung dar (vgl. den Beitrag von Döhler in diesem Band). Das liegt vor allem darin begründet, dass im Rahmen des New Public Management die Agenturform der Organisation öffentlicher Leistungserbringung extrem an Bedeutung gewonnen hat. Für die Agency-Forschung sind nach Pollitt und anderen (2004: 19) drei Fragen leitend:
– Warum sind unabhängige Behörden so populär geworden?
– Wie (in welchen Strukturen) können unabhängige Behörden gesteuert werden? Wer ist für ihr Handeln verantwortlich?
– Unter welchen Bedingungen erreichen unabhängige Behörden die besten Leistungen?
Die Beantwortung dieser Fragen wird zumindest durch zwei Umstände erschwert, denn a) gibt es bislang keine kohärente Klassifikation von unabhängigen Behörden, die der Forschung als Sortierinstrument dienen könnte, und b) ist die empirische Erscheinungsvielfalt von Agencies extrem hoch (Pollitt u.a. 2004: 7). Ungeachtet dieser Einschränkungen stellen Pollitt und seine Koautoren in ihrer die Niederlande, Finnland, Schweden und Großbritannien vergleichenden Studie fest, dass die untersuchten unabhängigen Behörden in der Regel weniger unabhängig sind, als man ausgehend von der ideologischen Basis ihrer Einrichtung annehmen müsste. Oft sind die Agencies, das trifft in besonderem Maße auf die britischen zu und verstößt damit nochmals gegen die Erwartung, nach wie vor eher eng in das „parent departement" eingegliedert. Selb-

---

7 Der eingeführte englische Begriff für eine unabhängige Ausführungs- oder Regulierungsbehörde ist „Agency". Ich werde im Folgenden die verkürzte Form der „unabhängigen Behörde" verwenden.

ständig sind sie vornehmlich bezogen auf das innere Management, nicht aber bezogen auf Policydurchführung und Verantwortung nach außen.

Mehrere theoretische Ansätze versuchen geeignete Forschungsparadigmen für die Auseinandersetzung mit dem Phänomen der unabhängigen Behörden bereitzustellen. Dies sind a) Forschungsperspektiven aus den Wirtschaftswissenschaften, insbesondere der Prinzipal-Agent-Ansatz, b) konstruktivistische Zugänge und c) klassische bürokratietheoretische Ansätze (Pollitt u.a. 2004: 13). Auf der Basis von Prinzipal-Agent-Vorstellungen untersucht Thatcher (2005) unabhängige Behörden in Großbritannien, Frankreich, Italien und Deutschland mit der Frage, wie Politiker die Steuerung des Outputs der unabhängigen Behörden lenken. Er stellt fest, dass das Ausmaß der politischen Einmischung in die Aufgabenerfüllung der unabhängigen Behörden äußerst gering ist und stellt zwei Hypothesen mit konkurrierenden Erklärungen für diese Tatsache auf. Die erste Hypothese lautet, dass Politiker die Geschäfte der Behörden über andere als die untersuchten formalen Mechanismen steuern, und die zweite, dass die Kosten einer Intervention für politische Akteure größer sind als der entgangene Nutzen, der aus der von der Aufgabenformulierung abweichenden Implementation durch die unabhängige Behörde entsteht, so dass aus einem Nutzenkalkül heraus auf Intervention verzichtet wird. Welche der beiden Erklärungen zutrifft, kann Thatcher auf der Basis der vorliegenden Evidenz nicht klären.

Für die konstruktivistische Perspektive sind es nicht Fragen von Steuerung und Verantwortung, die das Forschungsinteresse darstellen. Vielmehr geht es darum aufzuzeigen, welche symbolische Rolle die Etablierung unabhängiger Behörden spielt. Gleichzeitig wird dabei der letzte hier zu nennende Bereich aktuellen empirischen Interesses, die *Diffusions- und Lernforschung* angesprochen. Bei einem Vergleich des Entwicklungsstandes unabhängiger Behörden zwischen Japan und Großbritannien stellt Nakano (2004) zunächst fest, dass Japan das Konzept der unabhängigen Behörden aus Großbritannien übernommen hat. In der weiteren Analyse wird jedoch deutlich, dass dieser Diffusions- und Lernprozess bei weitem nicht dazu geführt hat, dass in Japan „british agencies" entstanden wären. Vielmehr ist es nach Nakano den politischen Eliten Japans gelungen, ein allenthalben protegiertes Konzept so in den japanischen Kontext zu übertragen, dass wesentliche Elemente der japanischen politisch-administrativen Struktur nicht verändert wurden. So wurden in Japan wesentlich weniger, kleinere und policyseitig weniger bedeutsame Behörden eingerichtet als im Vereinigten Königreich. Die meisten exekutiven Aufgaben bei der Implementation von Policies liegen weiter in Ausführungsverantwortung der Kernministerien. Aus der Perspektive von Diffusions- und Lernprozessen macht dies deutlich, dass Lernen und Diffusionsmöglichkeiten nicht nur kulturell geprägt sind, sondern dass auch aktives symbolisch-strategisches Handeln involviert ist, das etwa dazu führt, dass Konzepte bei der Übernahme bewusst abgewandelt werden (Nakano 2004: 185). Das besondere an dieser Abwandlung ist, dass es sich nicht, wie gängige Vorstellungen annehmen, um eine unbeabsichtigte kulturbedingte Abwandlung handelt. Stattdessen geht es um eine absichtsvolle Adaption, die Übernahmen vornimmt mit der Absicht, Wandelbereitschaft zu symbolisieren ohne tatsächlichen Wandel vorzunehmen.

Die seit den 1980er Jahren angelaufenen Verwaltungsreformen zeichnen sich neben radikalen Eingriffen in viele Gestaltungs- und Prozessprinzipien von Verwaltung vor allem auch durch eine starke Zunahme der Nutzung von Informationstechnologien im Verwaltungsalltag aus. Diese Entwicklungen werden in der Regel unter dem Stichwort „*E-Government*" untersucht. Der Begriff hat nach Margetts (2003) zwei verschiedene Konnotationen. So gehe es zum einen um die Nutzung von Informationstechnologien in der Verwaltung und zum anderen um den speziellen Aspekt der Veränderung der Interaktionsgewohnheiten zwischen Verwaltung und Bürgern durch die Nutzung von Informationstechnologien, insbesondere des World Wide Web. Für beide Verständnisse geht Margetts davon aus, dass E-Government vor allem Einfluss auf die Formen von Verwaltungshandeln und auf dessen Effizienz hat, dass aber die Substanz des Verwaltungshandelns kaum berührt wird. Dieses Urteil wird von einem umfassenden OECD-Bericht zum Entwicklungsstand von E-Government in den Mitgliedsländern geteilt (OECD 2003). Dieser Bericht stellt fest, dass „e" vor allem besseres, schnelleres und effizienteres „government" sei, das gleichzeitig die Chancen für ein offeneres und transparenteres „government" nutzen müsse (OECD 2003: 11). Es sei klar, dass sich kein modernes Staatswesen der Nutzung moderner Informationstechnologien im Innen- wie im Außenverhältnis entziehen kann (OECD 2003: 16–18).

Der letzte zu nennende Themenbereich, die Forschung zu *Korruption und Ethikstandards* ist nur mittelbar mit den bis hier diskutierten Reformbemühungen verbunden. Das Thema wurde nicht zuletzt durch die OECD massiv in die Diskussion eingebracht. Vor dem Hintergrund der Feststellung, dass in modernen Verwaltungen rechtliche Steuerung und Sanktionierung offen rechtswidrigen Verhaltens nicht mehr ausreichen, um ethisch nicht akzeptablem Verhalten bis hin zur Korruption vorzubeugen, wird nach außerrechtlichen Mitteln der Bewusstseinsbildung und Norminternalisierung gesucht, um normgerechtes Handeln zu fördern (vgl. den Beitrag von Behnke in diesem Band). Geeignete Maßnahmenbündel werden dabei wiederum im Sinne von „best practices" in vergleichenden Studien gesucht (vgl. ebenda). Der praktische Umgang mit dem Problem der Korruptionsvermeidung und des ethischen Handelns erweist sich jedoch, trotz aller anderslautenden Bekenntnisse, immer wieder als sehr schwierig. So stellt Maor (2004) fest, dass die Bereitschaft politischer Amtsträger zur Verfolgung nicht ethischen oder gar korrupten Handelns mit der funktionalen Nähe einer unter Verdacht stehenden Person zum Minister selbst abnimmt. Dies geschieht vor dem Hintergrund einer Logik der Vermeidung politischen Schadens, erscheint aber deshalb als nicht weniger bedenklich. Maor stellt weiter fest, dass die Wahrscheinlichkeit politisch motivierter Vertuschung oder zumindest Aufklärungsbehinderung von drei Faktoren abhängig ist, nämlich dem Zentralisierungsgrad politischer Macht, der Offenheit einer Regierung gegenüber den Medien und den institutionellen Möglichkeiten der Untersuchung relevanter Vorfälle, die etwa durch die Regeln für die Einsetzung von Untersuchungsausschüssen bestimmt sind.

5. Und wie weiter?

Nach dem Überblick über die Forschungslandschaft bleibt noch die Frage zu beantworten, welche Perspektiven die vergleichende Verwaltungsforschung in Zukunft hat bzw. welcher Probleme sie sich meiner Meinung nach annehmen sollte.

Der nach wie vor unbefriedigende Stand der Theorieentwicklung verweist darauf, dass die vergleichende Verwaltungsforschung verstärkt Grundlagenforschung sein muss. Praxisbezogene aktuelle Reformforschung hat ihre Berechtigung, sollte aber nicht in so starkem Maße wie gegenwärtig die Agenda dominieren. Die eingeforderte Grundlagenforschung sollte an die skizzierten theoretischen Paradigmen anknüpfen, aber auch deutlich über diese hinausgehen. So erscheinen mir systematische Vergleiche historischer Entwicklungspfade als ein wichtiger Weg um herauszufinden, was gegenwärtige Institutionen normativ zusammenhält und was diese strukturell bewirken können (prototypisch, wenn auch nicht ländervergleichend Rothstein 1996). Neben Konzepten mit unmittelbar verwaltungswissenschaftlichem Bezug, wie etwa dem Konzept der Rechtskreise, sollten dabei auch originär politikwissenschaftliche Konzepte wie Castles „families of nations" (1993) in die Betrachtungen einbezogen werden.

Das kurze Beispiel der Übertragung britischer Agency-Konzepte nach Japan hat deutlich gemacht, dass die Verwaltungsforschung stark von bislang wenig beachteten Analyseperspektiven wie der konstruktivistischen profitieren kann. Mit einer solchen Perspektiverweiterung würde die vergleichende Verwaltungsforschung auch wieder politikwissenschaftlicher, weil unmittelbar politische Konzepte wie Interesse, Einfluss oder symbolische Politik die Beobachtung des Forschungsgegenstandes prägen würden. Bei allem dürfte klar sein, dass möglichst viele Fälle einbeziehende vergleichende Forschung durch die damit verbundene Möglichkeit der Kontrastierung von unterschiedlichen Merkmalskonstellationen am ehesten geeignet ist, Theorie- und Erkenntnisfortschritt zu erzielen. Damit werden letztlich auch die Möglichkeiten der stärker praxisorientierten Forschung verbessert, Beratungsleistungen zu erbringen oder erfolgreich Transferprozesse anzustoßen. In diesem Sinn möchte ich, Aberbach und Rockman wie auch Lindblom (siehe Einführung) aufgreifend, mit der Feststellung schließen, dass das Motto für die vergleichende Verwaltungswissenschaft nur lauten kann: „Let's keep muddling".

Literatur

Aberbach, Joel D., 1988: Image IV Revisited: Executive and Political Roles, in: Governance 1, 1–33.

Aberbach, Joel D., 2003a: The U.S. Federal Executive in an Era of Change, in: Governance 16, 373–399.

Aberbach, Joel D., 2003b: Introduction: Administration in an Era of Change, in: Governance 16, 315–319.

Aberbach, Joel D./Rockman, Bert A., 1988: Problems of Cross-National Comparison, in: *Rowat, D. C.* (Hrsg.), Public Administration in Developed Democracies. A Comparitive Study. New York/Basel: Marcel Dekker, 419–440.

Aberbach, Joel D./Rockman, Bert A./Putnam, Robert D., 1981: Bureaucrats and Politicians in Western Democracies. Cambridge, MA: Harvard University Press.

Alam, M. Manzoor, 1998: Public Personnel Policy in Europe. A Comparative Analysis of Seven European Countries. Helsinki: Ministry of Finance, Finland.

Auer, Astrid/Demmke, Christoph/Polet, Robert, 1996: Civil Services in the Europe of the Fifteen: Current Situation and Prospects. Maastricht: EIPA – European Institute of Public Administration.

Bekke, Hans A. G. M./Meer, Fritz van der, 2000: Civil Service Systems in Western Europe. Cheltenham: Edward Elgar.

Bekke, Hans A. G. M./Perry, James L./Toonen, Theo A. J., 1996: Civil Service Systems in Comparative Perspective. Bloomington: Indiana University Press.

Bendor, Jonathan, 1988: Review Article: Formal Models and Bureaucracy, in: British Journal of Political Science 18, 353–393.

Berger, Peter A./Luckmann, Thomas, 1967: The Social Construction of Reality. Garden City, N.Y.: Anchor Books Edition.

Brans, Marleen, 2003: Comparative Public Administration: From General Theory to General Frameworks, in: *Peters, B. Guy/Pierre, Jon* (Hrsg.), Handbook of Public Administration. London et al.: Sage, 424–439.

Bureau voor de Algemen Bestuursdienst, Ministry of the Interior of the Netherlands, 1998: The Senior Civil Service: A comparison of personnel development for top managers in fourteen OECD member countries. Maastricht: EIPA – European Institute for Public Administration.

Burns, John P./Bowornwathana, Bidhya, 2001: Civil Service Systems in Asia. Cheltenham: Edward Elgar.

Campbell, Colin S.J./Wilson, Graham K., 1995: The End of Whitehall. Death of a Paradigm. Oxford and Cambridge: Blackwell.

Castles, Francis G., 1993: Families of Nations – Patterns of Public Policy in Western Democracies. Dartmouth: Aldershot.

Christensen, Jorgen Grønnegard, 2003: Pay and Perquisites for Government Executives, in: *Peters, B. Guy/Pierre, Jon* (Hrsg.), Handbook of Public Administration. London et al.: Sage, 72–83.

Dargie, Charlotte/Locke, Rachel, 1999: The British Senior Civil Service, in: *Page, Edward C./Wright, Vincent* (Hrsg.), Bureaucratic Elites in Western European States. A Comparative Analysis of Top Officials. Oxford: Oxford University Press, 178–204.

de Visscher, Christian, 2004: Autorites politiques et haute administration: une dichotomie repensee par, in: Revue internationale de Politique comparee 11, 205–224.

Derlien, Hans-Ulrich, 1992: Observations on the State of Comparitive Administrative Research in Europe – Rather Comparable than Comparative, in: Governance 5, 279–311.

Derlien, Hans-Ulrich, 2003: Mandarins or Managers? The Bureaucratic Elite in Bonn, 1970 to 1987 and Beyond, in: Governance 16, 401–428.

Dierickx, Guido, 2003: Senior Civil Servants and Bureaucratic Change in Belgium, in: Governance 16, 321–348.

Dowding, Keith, 1995: The Civil Service. London: Routledge.

Dunleavy, Patrick, 1991: Democracy, Bureaucracy and Public Choice. London: Harvester-Wheatsheaf.

Dwivedi, O. P., 2003: Challenges of Culture and Governancen in Asian Public Administration, in: *Peters, B. Guy/Pierre, Jon* (Hrsg.), Handbook of Public Administration. London et al.: Sage, 514–522.

Egeberg, Morton, 2003: How Bureaucratic Structure Matters: An Organizational Perspective, in: *Peters, B. Guy/Pierre, Jon* (Hrsg.), Handbook of Public Administration. London et al.: Sage, 116–126.

Ehn, Peter/Isberg, Magnus/Linde, Claes/Wallin, Gunnar, 2003: Swedish Bureaucracy in an Era of Change, in: Governance 16, 429–458.

Evans, Peter B./Rauch, James E., 2000: Bureaucratic Structure and Bureaucratic Performance in Less Developed Countries, in: Journal of Public Economics 74, 49–71.

Frederickson, H. George/Smith, Kevin B., 2003: The Public Administration Theory Primer. Boulder, CO: Westview Press.

Goetz, Klaus H., 1999: Senior Officials in the German Federal Administration: Institutional Change and Positional Differentiation, in: *Page, Edward C./Wright, Vincent* (Hrsg.), Bureaucratic Elites in Western European States. A Comparative Analysis of Top Officials. Oxford: Oxford University Press, 121–146.

Grote, Rainer, 2001: Rechtskreise im öffentlichen Recht, in: Archiv des öffentlichen Rechts 126, 10–59.

Hagen, Jürgen von/Hallerberg, Mark, 1997: Electoral Institutions, Cabinet Negotiations, and Budget Deficits within the European Union. London: Centre for Economic Policy Research.

Hagen, Jürgen von/Harden, Ian, 1992: Budgeting Procedures and Fiscal Performance in the EC. Brussels: Commission of the European Communities Directorate for Economic and Financial Affairs.

Hagen, Jürgen von/Harden, Ian, 1996: Budget Process and Commitment to Fiscal Discipline, in: IMF Working Papers. Washington: International Monetary Fund.

Hall, Peter A./Taylor, Rosemary C.R., 1996: Political Science and the Three New Institutionalisms, in: Political Studies 44, 952–973.

Hallerberg, Mark, 2003: Fiscal Rules and Fiscal Policy, in: *Peters, B. Guy/Pierre, Jon* (Hrsg.), Handbook of Public Administration. London et al.: Sage, 392–401.

Halligan, John, 2003a: The Civil Service Systems in Anglo-Saxon Countries. Cheltenham: Edward Elgar.

Halligan, John, 2003b: The Australian public service. Redefining the boundaries, in: *Halligan, John* (Hrsg.), Civil Service Systems in Anglo-American Countries. Cheltenham: Edward Elgar, 70–112.

Halligan, John, 2003c: Anglo-American Civil Service Systems: Comparative Perspectives, in: *Halligan, John* (Hrsg.), Civil Service Systems in Anglo-American Countries. Cheltenham: Edward Elgar, 195–216.

Halligan, John, 2003d: Leadership and the Senior Service from a Comparative Perspective, in: *Peters, B. Guy/Pierre, Jon* (Hrsg.), Handbook of Public Administration. London et al.: Sage, 98–108.

Hammond, Thomas H., 1996: Formal Theory and the Institutions of Governance, in: Governance 9, 107–185.

Hammond, Thomas H., 1999: Veto Points, Policy Preferences, and Bureaucratic Autonomy in Democratic Systems. Paper prepared for presentation at the 5th Public Management Research Conference, Texas A & M University December 3–4 1999.

Hammond, Thomas H., 2003: Formal Theory and Public Administration, in: *Peters, B. Guy/Pierre, Jon* (Hrsg.), Handbook of Public Administration. London et al.: Sage, 138–148.

Hammond, Thomas H./Butler, Christopher K., 1996: Some Complex Answers to the Simple Question, „Do Institutions matter?“: Aggregation Rules, Preference Profiles, and Policy Equilibria in Presidential and Parliamentary Systems. Institute for Public Policy and Social Research: Working Paper 96–02. East Lansing: Michigan State University.

Hammond, Thomas H./Knott, Jack, 1996: Who Controls the Bureaucracy? Presidential Power, Congressional Dominance, Legal Constraints, and Bureaucratic Autonomy in a Model of Multi-Institutional Policy-Making, in: Journal of Law, Economics, and Organization 12, 119–166.

Hay, Colin, 2004: Theory, Stylized Heuristic or Self-fulfilling Prophecy? The Status of Rational Choice Theory in Public Administration, in: Public Administration 82, 39–62.

Heclo, Hugh, 1988: The In-and-Outer System: A Critical Assessment, in: Political Science Quarterly 103, 37–56.

Hesse, Joachim-Jens, 1982: Staat, Politik und Bürokratie – Eine Einführung, in: *Hesse, Joachim-Jens* (Hrsg.), Politikwissenschaft und Verwaltungswissenschaft. Opladen: Westdeutscher Verlag, 9–33.

Hofstede, Geert, 2001: Culture's Consequences. 2. Auflage, Thousand Oaks: Sage.

Hood, Christopher/Dunsire, Andrew, 1981: Bureaumetrics. Farnsborough: Gower.

Houston, David J./Delevan, Sybil M., 1994: A Comparative Assessment of Public Administration Journal Publications, in: Administration and Society 26, 252–271.

Huber, John D./Shipan, Charles R., 2002: Deliberate Discretion? The Institutional Foundations of Bureaucratic Autonomy. Cambridge: Cambridge University Press.

Hult, Karen M., 2003: Environmental Perspectives, in: *Peters, B. Guy/Pierre, Jon* (Hrsg.), Handbook of Public Administration. London et al.: Sage, 149–158.

Joyce, Philip G./Hilton, Rita M., 2003: Performance Information and Budeting in Historical and Comparative Perspective, in: *Peters, B. Guy/Pierre, Jon* (Hrsg.), Handbook of Public Administration. London et al.: Sage, 402–412.

Jreisat, Jamil E., 2002: Comparative Public Administration and Policy. Boulder, Co: Westview Press.

Kaufman, Herbert/Seidman, David, 1970: The Morphology of Organizations, in: Administrative Science Quarterly 15.

Knill, Christoph, 2001: The Europeanisation of National Administrations. Cambridge: Cambridge University Press.

Kok, Leonard, 2003: Accruel Budgeting in a Comparative Perspective, in: *Peters, B. Guy/Pierre, Jon* (Hrsg.), Handbook of Public Administration. London et al.: Sage, 413–420.

Krause, George A., 2000: A Positive Theory of Bureaucratic Discretion as Agency Choice. Columbia, SC: University of Columbia.

La Porta, Rafael/Lopez-de-Silanes, Florencio/Shleifer, Andrei/Vishny, Robert, 1999: The Quality of Government, in: Journal of Law, Economics, and Organization 15, 222–279.

Liegl, Barbara/Müller, Wolfgang C., 1999: Senior Officials in Austria, in: *Page, Edward C./Wright, Vincent* (Hrsg.), Bureaucratic Elites in Western European States. A Comparative Analysis of Top Officials. Oxford: Oxford University Press, 90–120.

Lindblom, Charles E., 1979: Still Muddling, Not Yet Through, in: Public Administration Review 39, 517–526.

Manow, Philip, 2002: Was erklärt politische Patronage in den Ländern Westeuropas? Defizite des politischen Wettbewerbs oder historisch-formative Phasen der Massendemokratisierung, in: Politische Vierteljahresschrift 43, 20–45.

Manow, Philip/Ganghof, Steffen, 2005: Mechanismen deutscher Politik, in: *Ganghof, Steffen/Manow, Philip* (Hrsg.), Mechanismen deutscher Politik. Frankfurt a. M.: Campus, 9–33.

Maor, Moshe, 1999: The Paradox of Managerialism, in: Public Administration Review 59, 5–18.

Maor, Moshe, 2004: Feeling the Heat? Anticorruption Mechanisms in Comparative Perspective, in: Governance 17, 1–28.

March, James G./Olsen, Johan P., 1989: Rediscovering Institutions. The Organizational Basis of Politics. New York, NY: The Free Press.

Margetts, Helen, 2003: Electronic Government: A Revolution, in: *Peters, B. Guy/Pierre, Jon* (Hrsg.), Handbook of Public Administration. London et al.: Sage, 366–376.

Marsh, David/Smith, Martin J./Richards, David, 2000: Bureaucrats, Politicians and Reform in Whitehall: Analysing the Bureau-Shaping Model, in: British Journal of Political Science 30, 461–482.

McCubbins, Mathew D./Noll, Roger/Weingast, Barry R., 1987: Administrative Procedures as Instruments of Political Control, in: Journal of Law, Economics, and Organization 3, 243–277.

McCubbins, Mathew D./Noll, Roger/Weingast, Barry R., 1989: Structure and Process, Politics and Policy: Administrative Arrangements and the Political Control of Agencies, in: Virginia Law Review 75, 432–482.

Moe, Terry M., 1984: The New Economics of Organization, in: American Journal of Political Science 28, 739–777.

Müller, Wolfgang C., 2001: Patronage by National Governments, in: *Blondel, Jean/Cotta, Mauricio* (Hrsg.), The Nature of Party Government. Basingstoke et al.: Palgrave, 141–160.

Naschold, Frieder/Bogumil, Jörg, Modernisierung des Staates. New Public Management in deutscher und internationaler Perspektive. Opladen: Leske + Budrich.

Nakano, Koichi, 2004: Cross-National Transfer of Policy Ideas. Agencification in Britain and Japan, in: Governance 17, 169–188.

Nef, Jorge, 2003: Public Administration and Public Sector Reform in Latin America, in: *Peters, B. Guy/Pierre, Jon* (Hrsg.), Handbook of Public Administration. London et al.: Sage, 523–535.

Niskanen Jr., William A., 1971: Bureaucracy and Representative Government. Chicago: Aldine-Atherton.

OECD, 1992: Public Management: OECD Country Profiles. Paris: OECD.

OECD, 1997: Managing the Senior Public Service. A Survey of OECD Countries. Paris: OECD.

OECD, 1997b: Trends in Public Sector Pay in OECD Countries. Paris: OECD.

OECD, 2002: Overview over Results Focussed Management and Budgeting in OECD Member Countries. Paris: OECD.

OECD, 2003a: The E-Government Imperative. Paris: OECD.

Page, Edward C., 1992: Political Authority and Bureaucratic Power: A Comparative Analysis. 2. Auflage, Brighton: Harvester Press.

Page, Edward C./Wright, Vincent, 1999: Bureaucratic Elites in Western European States. Oxford: Oxford University Press.

Perry, James L./Katula, Michael, 2003: Comparative Performance Pay, in: *Peters, B. Guy/Pierre, Jon* (Hrsg.), Handbook of Public Administration. London et al.: Sage, 53–61.

Peters, B. Guy, 1988: Comparing Public Bureaucracies. Problems of Theory and Method. Tuscaloosa/London: University of Alabama Press.

Peters, B. Guy, 1995: The Politics of Bureaucracy: A Comparitive Perspective. 4. Auflage, New York: Longman.

Peters, B. Guy, 1996: Theory and Methodolgy, in: *Bekke, Hans A.G.M./Perry, James L./Toonen, Theo A.J.* (Hrsg.), Civil Service Systems in Comparative Perspective. Bloomington/Indianapolis: Indiana University Press, 13–41.

Peters, B. Guy/Pierre, Jon, 2003: Handbook of Public Administration. London et al.: Sage.

Pierre, Jon/Ehn, Peter, 1999: The Welfare State Managers: Senior Civil Servants in Sweden, in: *Page, Edward C./Wright, Vincent* (Hrsg.), Bureaucratic Elites in Western European States. A Comparative Analysis of Top Officials. Oxford: Oxford University Press, 249–265.

Pollitt, Christopher/Bouckaert, Geert, 2004: Public Management Reform A Comparative Analysis. 2., überarbeitete Auflage, Oxford: Oxford University Press.

Pollitt, Christopher/Talbot, Colin/Caulfield, Janice/Smullen, Amanda, 2004: Agencies: How Governments To Things Through Semi-Autonomous Organizations. Houdmills/Basingstoke/London: Palgrave Macmillan.

Raadschelders, Jos C. N./Rutgers, Mark R., 1996: The evolution of Civil Service Systems, in: *Bekke, Hans A.G.M./Perry, James L./Toonen, Theo A.J.* (Hrsg.), Civil Service Systems in Comparative Perspective. Bloomington: Indiana University Press, 67–99.

Rauch, James E./Evans, Peter B., 1999: Bureaucracy and Growth: A Cross-National Analysis of the Effects of „Weberian" State Structures on Economic Growth, in: American Sociological Review 64, 748–765.

Richards, David/Smith, Martin J., 2004: Interpreting the World of Political Elites, in: Public Administration 82, 777–800.

Richardson, Jeremy, 1982: Policy Styles in Western Europe. London: Allen & Unwin.

Riggs, Fred W., 1987: Unity of Politics and Administration: Implications for Development, in: Administrative Change 15, 1–33.

Rothstein, Bo, 1996: The Social Democratic State. The Swedish Model and the Bureaucratic Problem of Social Reforms. Pittsburgh: University of Pittsburgh Press.

Rothstein, Bo, 2003: Political Legitimacy of the Public Administration, in: *Peters, B. Guy/Pierre, Jon* (Hrsg.), Handbook of Public Administration. London et al.: Sage, 333–342.

Rouban, Luc, 1999: The Senior Civil Service in France, in: *Page, Edward C./Wright, Vincent* (Hrsg.), Bureaucratic Elites in Western European States. A Comparative Analysis of Top Officials. Oxford: Oxford University Press, 65–89.

Rouban, Luc, 2003: Politicization of the Civil Service, in: *Peters, B. Guy/Pierre, Jon* (Hrsg.), Handbook of Public Administration. London et al.: Sage, 310–320.

Ruß, Sabine, 2005: Analytische Schattenspiele: Konturen der Korruption in Frankreich, in: *Alemann, Ulrich von* (Hrsg.), 2005: Dimensionen politische Korruption. Beiträge zum Stand der internationalen Forschung, Politische Vierteljahresschrift (Sonderheft 35). Opladen: VS Verlag für Sozialwissenschaften, 365–383.

Rutgers, Mark R., 1998: Paradigm Lost: Crisis as Identity of the Study of Public Administration, in: International Review of Administrative Science 64, 553–564.

Rutgers, Mark R., 2001: Traditional Flavors? The Different Sentiments in European and American Administrative Thought, in: Administration and Society 33, 220–244.

Schnapp, Kai-Uwe, 2004: Ministerialbürokratien in westlichen Demokratien. Opladen: Leske + Budrich.

Shaw, Richard, 2004: Shaping Bureaucratic Reform Down-under, in: Commonwealth and Comparative Politics 42, 169–183.

Smith, Andy, 2003: Multi-level Governance: What It Is and How It Can Be Studied, in: *Peters, B. Guy/Pierre, Jon* (Hrsg.), Handbook of Public Administration. London et al.: Sage, 619–628.

Smith, Steven Rathgeb, 2003: Street-Level Bureaucracy and Public Policy, in: *Peters, B. Guy/Pierre, Jon* (Hrsg.), Handbook of Public Administration. London et al.: Sage, 354–365.

Subramaniam, V., 2000: Comparative Public Administration: From Failed Universal Theory to Raw Empiricism – A Frank Analysis and Guidelines Towards a Realistic Perspective, in: International Review of Administrative Science 66, 557–572.

Thatcher, Mark, 2005: The Third Force? Independent Regulatory Agencies and Elected Politicians in Europe, in: Governance 18, 347–373.

Thomas, Paul A./Hammond, Thomas H., 1989: The Impossibility of a Neutral Hierarchy, in: Journal of Law, Economics, and Organization 5, 155–189.

Tsebelis, George, 1999: Veto Players and Law Production in Parliamentary Democracies: An Empirical Analysis, in: American Political Science Review 93, 591–608.

Tsebelis, George, 2002: Veto Players. How Political Institutions Work. Princeton: Princeton University Press.

Verheijen, Tony, 1999: Civil Service Systems in Central and Eastern Europe. Cheltenham: Edward Elgar.

Weber, Max, 1972: Wirtschaft und Gesellschaft. Tübingen: J.C.B. Mohr.

Weber, Max, 1988: Parlament und Gesellschaft im neugeordneten Deutschland, in: *ders.*, Gesammelte politische Schriften. 5. Auflage, Tübingen: J.C.B. Mohr.

Wilson, Graham K./Barker, Anthony, 2003: Bureaucrats and Politicians in Britain, in: Governance 16, 349–372.

Wise, Lois Recascino, 2003: Representative Bureaucracy, in: *Peters, B. Guy/Pierre, Jon* (Hrsg.) Handbook of Public Administration. London et al.: Sage, 343–353.

Zweigert, Konrad/Kötz, Hein, 1996: Einführung in die Rechtsvergleichung. 3. Auflage, Tübingen: J.C.B. Mohr.

Auf dem Weg zu einer neo-weberianischen Verwaltung. New Public Management im internationalen Vergleich

Geert Bouckaert

In vielen OECD-Ländern scheint es einen generellen Trend zu einer Post-NPM-Phase zu geben. Abhängig von den Ausgangsumständen und dem politisch-administrativen Charakter der jeweiligen Länder auf der einen Seite und dem Grad der Implementation von Reformen des öffentlichen Sektors auf der anderen Seite, scheint eine Schwächung des stärksten Protagonisten (Hood 1995), d. h. NPM, und eine Neuausrichtung anderer Reformer vorzuliegen (Christensen/Laegreid 2001; Wollmann 2003; Pollitt/Bouckaert 2004; Reichard 2004).

Folgt man dieser Einschätzung, so lautet eine der zentralen Fragen, ob man es hier mit einem Typ von Nächste-Generation-Reform (im graduellen Sinn) oder einem andersartigen Verwaltungssystem (im substantiellen Sinn) zu tun hat (König 1996; Bouckaert 1997; Jones/Kettl 2003; Hood/Peters 2004). Die These dieses Beitrags lautet, dass sich die traditionellen weberianischen europäischen Bürokratien in Richtung eines neo-weberianschen Typs eines administrativen Systems innerhalb des NWS (Neo-Weberianischen Staates) bewegen.

Der Beitrag bezieht sich analytisch auf empirische Belege aus mehreren Ländern, und versucht diesen Wandel auf der Grundlage verschiedener Beschreibungen und Bewertungen zu umreißen. Im ersten Teil werden kurz die sich verändernden Organisationsparadigmen als Kontext für eine Verschiebung vom weberianischen zum neo-weberianischen Denken diskutiert. In einem zweiten Schritt werden dann einige historische Modelle der administrativen Evolutionstheorie erörtert. Als dritter Schritt folgt die Diagnose, dass ein zentrales Element sämtlicher Veränderungen in dem verstärkten Fokus auf „Performance" liegt. Eine grundlegende Annahme dieses Beitrags lautet, dass der Fokus auf „Performance" die Entwicklung hin zu einem neo-weberianischen System in Kontinentaleuropa beeinflusst hat. Der vierte Schritt umfasst eine knappe Beschreibung des neo-weberianischen Systems. In einem fünften Schritt wird schließlich die Konstruktion von Idealtypen zur Beschreibung neo-weberianischer Systeme den Ergebnissen einiger Fallstudien gegenübergestellt.

1. Eine kurze Geschichte über Familien der Organisationstheorie

In der Managementtheorie gab es immer zwei große Schulen, die allgemeine und die bedingte/abhängige Schule (Simon 1964; Perry/Kraemer 1982; Pollitt 1993; Drücker et al. 2003). Die allgemeine besagt, dass Management die speziellen Systeme, die gemanagt werden, übersteigt und dass es daher die Leistungsfähigkeit besitzt, auf alle Typen von Organisationen anwendbar zu sein. Der bedingte/abhängige Ansatz besagt, dass Systemeigenschaften – organisationale Umwelten eingeschlossen – so wichtig sind, dass diese die Management-Praktiken und ihre Theorien beeinflussen. Die bedingte/

abhängige Position zieht separate Universitätsfachbereiche mit Wissensproduktion, Lernen und Ausbildung für den privaten Sektor, den öffentlichen Sektor und den Not-For-Profit-Sektor nach sich (den so genannten dritten Sektor oder Social-Profit-Sektor).

Allerdings verschwimmen die Grenzen zwischen den klassischen Clustern von Organisationen – d.h. privat, öffentlich und Not-For-Profit – zunehmend. Erstens führt die Verschiebung von rein hierarchischen Arrangements hin zu einem Hinzuziehen von Märkten und vor allem von Netzwerken zu einer Intensivierung der Schnittstellen zwischen den drei „reinen" Typen von Organisationen. Zweitens laufen Public Private Partnerships, insbesondere in einem Governance-Kontext, auf eine Verwischung der Grenzen als Teil der Managementpolitik selbst hinaus. Drittens wird das Erfordernis, grenzüberschreitende Lernzyklen zu institutionalisieren, von einem praktischen Standpunkt (kleine Eliten, Economies of Scale) oder von einem ideologischen Standpunkt (Dominanz durch ein reines Modell) erkannt. Viertens werden spezifische Organisationstypen in immer stärkerem Maße Teil einer Verlagerung (Privatisierung ist die sichtbarste Veränderung), in deren Zuge öffentliche Funktionen von privaten oder Not-For-Profit-Organisationen durchgeführt werden.

Die Konsequenz daraus ist, dass die „reinen" Eigenschaften der jeweiligen Typologien undeutlicher werden. Diese Tatsache zieht mehrere theoretische Fragen nach sich, wie beispielsweise „Was ist Management im Allgemeinen, und was sind die gemeinsamen Nenner im Besonderen?", „Was ist das jeweils Spezifische des Managements im öffentlichen, privaten und Not-For-Profit-Management?", „In welchem Umfang wird Management allgemeiner und besonderer in Theorie und Praxis?", „Was sind die praktischen Konsequenzen für die Untersuchung von Management-Fragen, für das Unterrichten und Ausbilden im Bereich Management, für die Organisation von Managementfunktionen in der Praxis?".

Eine Kernaufgabe ist es, die Konvergenz/Divergenz der manageriellen Praktiken und Theorien eines jeden Typs zu beschreiben, zu interpretieren und zu erklären – als Konsequenz genereller Veränderungen und gegenseitiger Befruchtung von Management-Typen in den Bereichen öffentlich, privat und Not-For-Profit. Dies ist der Kontext, in dem klassische weberianische Bürokratien ihre Aufgaben erfüllen oder diese als nicht erfüllend wahrgenommen und daher ergänzt, reformiert und umgestellt werden.

Bei New Public Management handelt es sich definitionsgemäß um ein allgemeines, kontext-unabhängiges Modell. Nichts desto trotz hat es bedingte/abhängige Modelle beeinflusst, wie beispielsweise die weberianischen bürokratischen Idealmodelle.

Innerhalb des letzten Jahrhunderts sind drei Gruppen von interagierenden und sich entwickelnden Theorien über Organisationsaktivitäten entstanden. Abbildung 1 zeigt die logische Abfolge von administrativen, manageriellen und ökonomischen Theorien, die in der Realität eher simultan und parallel als linear sind.

Verwaltungstheorien nehmen an, dass Aufgaben innerhalb von Organisationen administriert werden. Das „Administrieren" von Organisationen basiert auf der Bedeutung von Regeln, Regulierungen und Gesetzen, größtenteils innerhalb eines hierarchischen Rechtssystems. Es führt zu Verwaltungen und ist überwiegend regelbasiert innerhalb des budgetbasierten öffentlichen Sektors. Webers Theorie über Bürokratien ist eine klassische Verwaltungstheorie.

Abbildung 1: Drei Gruppen von Organisationstheorien und ihre logische Abfolge

„Administrieren" von Organisationen	„Managen" von Organisationen	„Ökonomisieren" von Organisationen
	Anti-Verwaltungs- Anti-Bürokratie- Bewegung	Anti-Management- Bewegung

Diese Theorien haben sich von einfachen bürokratischen organisationalen Theorien hin zu Theorien entwickelt, die interagierende Regierungsebenen einschließen, und letztendlich zu Governance-Theorien über das „Steuern" von Organisationen. Diese Theorien sind ferner von Policy- und Politics-Theorien beeinflusst worden.

Organisationen lediglich zu verwalten führte zu einem Defizit und zu einem Überschuss. Erstens wurden wichtige Funktionen nicht abgedeckt, und zweitens wird das Administrieren von Organisationen zunehmend eher zu einem eigenen Ziel denn zu einem auf ein Ziel gerichteten Mittel. Im Zuge der Erweiterung von Aufgaben zu Funktionen trat die Exzessivität des Administrierens von Organisationen deutlich hervor. Verwaltungen wurden zu Bürokratien, in denen regelbasierte Verfahren wichtiger waren als die Funktionalität der jeweiligen Schritte, Aufgaben, Aktivitäten und Prozeduren. Der wahrgenommene Grad an Dysfunktionalität führte zu einer Betonung grundlegender managerieller Funktionen. Dies hatte einen Wechsel zu Managementtheorien zur Folge.

Managementtheorien unterstellen, dass ein breites Spektrum von Funktionen in Organisationen gemanagt wird (Ferlie et al. 2005). Das Managen von Organisationen basiert auf der Bedeutung von Strukturen und Funktionen. Es richtet sich auf verschiedene strukturelle und funktionale Mechanismen, überwiegend innerhalb des marktbasierten privaten Sektors, und führt dazu, dass Managementfunktionen organisiert werden. Fayol und andere stellen Beispiele für diese Zusammenstellungen von „nützlichem Wissen" dar, welches Menschen zum ersten Mal dazu befähigt, es zu erreichen, dass produktive Personen mit unterschiedlichen Fähigkeiten und Wissensbeständen in einer „Organisation" zusammenarbeiten (Drucker 1985: 28).

Manchmal betrachteten Managementtheorien Verwaltungstheorien als zu stark regelbasiert und daher zu bürokratisch. Eine übermäßige bürokratische Praxis hatte einen gewissen „anti-bürokratischen", vielleicht sogar „Anti-Verwaltungs-Druck" zur Folge, da sie zumindest als a-manageriell betrachtet wurde. Managementtheorien haben sich darüber hinaus von unpersönlichen und mechanistischen, kontrollbasierten Theorien hin zu Schulen über zwischenmenschliche Beziehungen entwickelt, und schließlich zu einem komplexen, facetenreichen Systemmanagement.

Schlussendlich unterstellen Managementtheorien die Kohärenz und Funktionalität von Organisationen oder einer Gruppe von Organisationen. In der Realität ist dies nicht oder nicht immer der Fall. Rational-Choice-Ansätze lehnen diese Annahme ab und betonen die Zentralität von Akteuren und deren Transaktionen innerhalb und zwischen Organisationen.

Ökonomische Theorien (wie etwa Rational Choice) unterstellen, dass Akteure innerhalb und zwischen Organisationen ökonomisch institutionalisiert sind. Das „Ökonomisieren" von Organisationen basiert auf der Annahme eines überwiegenden Einflusses von individuell eigeninteressierter Motivation und ebensolchem Verhalten. Abhängig von der Schwerpunktsetzung konzentrieren sich die Theorien, die sich unter dem Dach der Public-Choice-Theorien versammeln, auf Akteure (Principals/Agents) oder die Transaktionen zwischen diesen Akteuren (Transaktionskosten). Der Anwendungsbereich dieser Gruppe von Ansätzen hat sich von der Anwendung auf Organisationen des privaten Sektors hin zu einer Anwendung auf alle Organisationen – sogar auf politische Systeme und Institutionen wie etwa Demokratien – entwickelt. Diese Theorien sind „allgemein" „par excellence".

Diese Gruppe ökonomischer Ansätze stellt eine Reaktion auf Managementtheorien dar. Sie unterminieren die Behauptungen der Managementtheorien, dass es einen uneigennützigen, entscheidungszentrierten Fokus auf Organisationen gibt. Donaldson nennt diese Theorien sogar Anti-Management-Theorien (Donaldson 1995). Diesen „ökonomisierenden" Theorien zufolge gibt es keinen Idealtyp konvergierender Managementfunktionen, die auf die Realisierung des gemeinsamen Auftrags einer Organisation ausgerichtet sind. Ganz im Gegenteil dazu setzen diese Theorien Zielinkompatibilität, Informationsasymmetrie, unlauteres Verhalten usw. geradezu als Ausgangsposition des Verhältnisses zwischen Prinzipalen und Akteuren oder der Transaktionen zwischen den Akteuren.

Auf eine bestimmte Weise sind diese „ökonomisierenden" Theorien ebenfalls Anti-Verwaltungs-Theorien, und in diesem Sinne sind sie außerdem anti-weberianisch. Kohärente Verwaltungsverfahren, die zu vorhersehbaren, durchsetzbaren und rechtlich fundierten Entscheidungen zusammenlaufen, setzen einen gemeinsamen Rückhalt für und eine Akzeptanz des geschichteten Systems von Organisationen voraus, die über komplementäre Rechte und Pflichten verfügen. Ökonomisierende Theorien lehnen diese Ausgangsposition ab.

Es scheint, dass die Gruppe der „ökonomisierenden" Theorien in der Forschung sehr dominant ist, aber ebenso in der Praxis der Reform des öffentlichen Sektors. New Public Management war der sichtbarste Ausdruck dieser Schule in einigen angelsächsischen Ländern in den 1990er Jahren.

Es scheint, dass sich ein nächster Schritt oder nächste Schritte in dieser logischen und chronologischen Abfolge ankündigen. Bis zu einem gewissen Grad sind diese Schulen „konkurrierend" und stehen in einem Spannungsverhältnis zueinander. Alle Theorien verfügen über einen Allgemeinheitsanspruch, besonders die „ökonomischen" Theorien, die vorgeben, oberhalb von Raum und Zeit zu stehen. Es erscheint als nicht sehr realistisch anzunehmen, dass das Pendel zu den klassischen Managementtheorien zurückschwingt, oder gar zu den sehr klassischen Verwaltungstheorien im Allgemeinen und dem weberianischen Modell im Besonderen.

Dennoch hat die Hinwendung zu „Performance", durch Marktmechanismen, Verträge, Kontrollmechanismen und performance-basierte Managementfunktionen (Strategie, Finanzwesen, Personalwesen, organisationale Intra- und Interaktionen, Kommunikation usw.) diese traditionellen Theorien beeinflusst. Die zentrale Hypothese dieses Beitrags lautet, dass in Kontinentaleuropa der traditionelle weberianische Staat mit seiner traditionellen weberianischen Bürokratie (natürlich von den Management-Modellen aber ebenso) von dieser „Ökonomisierungs"-basierten Performance-Bewegung beeinflusst wurde und in ein neo-weberianisches System übergegangen ist.

Natürlich hat sich die Spannbreite der Typen von Organisationen ausgeweitet, und die Klassifikationsschemata dieser Organisationen sind ebenfalls komplexer, hybrider und sogar mehrdeutig geworden. Das Clustern von Organisationen kann in Übereinstimmung mit den folgenden Kriterien erfolgen:

- Verortung (Wo ist die Organisation angesiedelt?): öffentlicher, privater, Not-For-Profit-Sektor;
- Fokus (Was ist das Hauptziel der Organisation?): allgemeines Interesse, Profit, Not-For-Profit;
- Eigentümerschaft (Wem gehört die Organisation?): öffentlich, privat, gesellschaftlich (oder Grade von Eigentümerschaft);
- Rechtsgrundlage (Was ist die rechtliche Basis?): öffentliches Recht, Privatrecht, sui generis;
- Typ und Hauptquelle des Einkommens (Wer bezahlt für die Organisation?): Steuern, Abgaben, Tätigkeiten (Produktions- und Servicezuführung); und
- Typ der Produktionsfunktion (Eigenschaften des Outputs): materiell, relational, ideell.

Alle diese Klassifikationen ergeben komplexe und sich widersprechende Kartierungsübungen. Dieser Befund verkompliziert zudem die Stereotypisierung von „reinen" und „idealen" Modellen.

Diese multidimensionale Typologie erzeugt eine komplexe theoretische und praktische Debatte beispielsweise über den Bedarf an, die Anwendbarkeit von oder die Verwendung von Standards des Finanzmanagements (beispielsweise Bilanzierungsstandards), Qualitätsmodellen, Governance-Modellen, Benchmarking oder Cross-Border Personalmanagement. Diese Uneindeutigkeit hat die Position der bedingten/abhängigen Theorien geschwächt, da die Systemeigenschaften undurchsichtig sind. Allgemeine Theorien sind dadurch attraktiver geworden.

Es scheint klar zu sein, dass der „ökonomisierende" Modus der Organisationen vorgegeben hat, allgemein zu sein, was bedeutet, dass, welche Klassifikation auch immer benutzt wird, die Regeln beispielsweise des neo-institutionellen Ökonomisierens von Organisationen anwendbar sind. Dies wiederum bedeutet, dass diese Theorien und ihre Ansprüche, auf die Praxis anwendbar zu sein, dekontextualisiert wurden von Verortung, Fokus, Eigentümerschaft, Rechtsgrundlage, Typ des Einkommens und Typ der Produktionsfunktion. Dies resultiert beinahe in einem anti-bedingten/abhängigen Ansatz.

Die nächste Stufe des Theoretisierens über die und des Praktizierens der Konstruktion von Organisationen wird daher eine sein, auf der die Schwerpunktsetzung im Bereich von Akteuren und deren Interaktionen (das „Ökonomisieren" von Organisationen) abgeändert wird in Richtung einer Betonung der Kohärenz organisationaler Funktionen innerhalb eines manageriellen Rahmens und der Funktionalität von Verfahren, Aufgaben und Tätigkeiten innerhalb eines administrativen Rahmens. Dies wird dazu führen, dass sich der Fokus stärker auf Abhängigkeiten und Folgeerscheinungen richtet, die auf vorhergehenden Situationen fußen. Pfadabhängigkeit ist ein Ausdruck davon.

Eine entscheidende Frage ist, wie Pfade aussehen können und welche Idealmodelle für Pfade der Reform des öffentlichen Sektors in Theorie und Praxis verwendet werden.

Eine nächste theoretische Stufe wird daher wahrscheinlich darin bestehen, sich von allgemeinen hin zu bedingten/abhängigen Modellen zu bewegen, die über die Kapazität verfügen, die Praktiken des „Administrierens" und „Managens" von Organisationen zu rekontextualisieren und zu reintegrieren. Der neo-weberianische Staat und seine Organisationen sind ein deutliches Beispiel dafür.

2. Einige Makropfadkonstruktionen für die Reform des öffentlichen Sektors

Es gibt sieben Dimensionen zur Beschreibung der Hypothesen eines makroskopischen Modells von Pfadkonstuktionen der Public Management Reform: (1) die Hauptbegründung, (2) den kausalen oder teleologischen Impetus, (3) die voluntaristischen oder deterministischen Prämissen, (4) die strategischen oder taktischen Seiten, (5) die Zeitspanne einer signifikanten Periode, (6) die positiven, negativen oder neutralen Annahmen, die gemacht werden und (7) die Vermutungen über die Fortdauer oder das Beenden der Reformen.

Ein ausschlaggebendes Element bei der Beschreibung der Verlaufskurven von Pfaden ist es, deren *rationalen* oder logischen (chrono-logischen) Verlauf festzusetzen. Besonders dann, wenn das nächste Label eine Konnotation im Sinne von beispielsweise anti-, post- oder neo- hat, liegt die Andeutung eines bestimmten Typs von Verknüpfung mit der vorherigen Identität vor. Um die Annahmen des Grundprinzips dieser umfassenden Gesamtbetrachtung zu beschreiben ist es wichtig, bestimmte Veränderungen zu verstehen oder eine bestimmte Entwicklung in eine weiter gefasste Perspektive zu bringen. Modelle, die hier verwendet werden können, können linear, dialektisch, iterativ-zirkulär oder spiralförmig sein.

Aus einer Makrowandel-Perspektive, aus einer Distanz heraus – und nicht auf mikroskopische oder mesoskopische Oszillationen um einen generellen Trend herum gerichtet – könnte eine erste Konstruktion einfach linear sein. In Kombination mit dem sechsten Aspekt könnte der Verlauf ansteigend sein oder nicht. Es existiert eine Annahme über einen gleichförmigen, linearen Langzeittrend. Es ist offensichtlich, dass dies manchmal eine notwendige, aber nicht hinreichende Annahme ist. Dies hängt zudem von der verwendeten Zeitspanne ab.

Ein anspruchsvollerer Verlauf hat eine substantiell-dialektische Form, wobei es sich nicht lediglich um einen saisonbedingten oder anderen Typ geringer Oszillation im Kontext eines Trends handelt. Im Anschluss an eine lange historische Tradition (Hegel, Kierkegaard, Marx) verweisen dialektische Muster auf traditionelle Mechanismen der Aktion, Reaktion und Konsolidierung. Aus der Thesen-Position heraus wird ein entgegengesetztes System (Antithese) erzeugt, was dann zu einer konsolidierten Synthese führt.

Ein drittes Modell nimmt eine nichtkumulative Wiederkehr von Ereignissen an, die wieder auftreten, aber auch wieder verschwinden und letztendlich keine bleibenden oder nachhaltigen „Effekte" haben. Eine klassische und skeptische „Alles schon mal gesehen und schon mal gemacht"-Reaktion auf eine Public Management Reform nimmt implizit diese Konstruktion an.

Die zyklisch-spiralförmige Konstruktion ist dieselbe wie die vorhergehende, nimmt aber Akkumulationen mit auf. Wichtige Policyzyklen (Design, Entscheidung, Implementation, Evaluation), Etats oder Vertragsabschlüsse nutzen die periodische Wiederkehr von Wiederholungen und Iterationen solcher zeitbasierten festgelegten Zyklen, um Lernzyklen einzuführen und vorhergehende Positionierungen auf eine höhere Stufe zu transferieren. Zyklen werden wiederholt, aber beispielsweise mit einer aktualisierten Performanceinformation, die in Dokumenten, Verfahren und sich widersprechenden Debatten enthalten ist.

Das zweite Element zur Beschreibung wichtiger Pfadkonstruktionen besteht darin, den kausalen oder teleologischen Impetus von historischen Veränderungen zu bestimmen. Das Theorem der Pfadabhängigkeit legt nahe, dass zeitlich vorangegangene Gegebenheiten wichtig sind, um die nächste Stufe zu beschreiben, zu erklären und vorherzusagen. In diesem Kontext wird die nächste Stufe von der vorhergehenden angestoßen. Ein teleologischer Rahmen legt eine entgegengesetzte Bewegung nahe: Die nächste Stufe bestimmt die vorhergehende und hilft dabei, den größeren Zusammenhang einer Abfolge von Stufen zu beschreiben, zu erklären und vorherzusagen. Missionen, administrative Utopien und Ideologien besitzen die Leistungsfähigkeit, die vorhergehende Stufe in eine Richtung zu ziehen.

Dies führt ebenso zu kausalen Modellen, die nicht zu simplifizierend sein sollten. In diesem Kontext bilden sich McKays so genannte INUS-Bedingungen heraus (eine Initiative stellt einen nicht ausreichenden (insufficient) aber notwendigen (necessary) Teil eines zur Erreichung eines Ziels nicht erforderlichen (unnecessary), aber hinreichenden (sufficient) Sets von Bedingungen dar).

Ein drittes Element besteht aus einer psychologischen Annahme über die Geschichte der Public Management Reform. In seinen Extrempositionen: Wird *Voluntarismus oder Determinismus* unterstellt? Von diesem Standpunkt aus ist es beispielsweise wichtig, sich Gabelungen und Verzweigungen anzusehen, die auf einen Scheideweg hinweisen oder auf eine Gelegenheit, die Ausrichtungen in der Geschichte von Reformverläufen zu verändern. Am Ende einer wichtigen Initiative oder im Zuge eines Führungswechsels existiert eine Option, diese verschiedenen Freiheitsgrade zu erörtern. Von Zustand X aus besteht die Möglichkeit, auf dem Wege der Entscheidung oder durch Notwendigkeit zu Y oder Y' zu gelangen. Ein weiterer Aspekt dieses Elements besteht in dem Grad und der Fähigkeit, Wandel zu kontrollieren. Manchmal kommt es zu intendierten, manchmal zu nicht intendierten Konsequenzen. Sie könnten vorhergesagt oder unvorhergesagt sein.

Viertens existiert das traditionelle Paar von *Strategie und Taktik des Wandels* in der Beschreibung, Erklärung und Vorhersage von Veränderungen in der Realität. Aus taktischen Gründen (definitionsgemäß) könnten Taktiken in die der strategischen Linie (die die letztendliche Zielsetzung markiert) entgegengesetzte Richtung verlaufen. Offensichtlich stellen die Verläufe von Public Management Reformen komplexe Kombinationen von Realität und Wahrnehmung dar, von Intentionen und Implementationen und von rechtlichen Entscheidungen und der Fähigkeit zur Konkretisierung. Zustand X könnte zunächst eine Verlagerung hin zu Y1 erfordern, die einen unumgänglichen Umweg darstellt, um auf der Position Y″ zu „landen", die es dann erlaubt, sich in Richtung auf Y3 zu bewegen, nachdem Y′ angekündigt worden war. Hier stehen Taktiken und Strategien von Wandel und Reformen im Vordergrund (Hondeghem/Depré 2005: 401).

Eine fünfte Dimension besteht in der *Dauer einer signifikanten Periode.* Wie lang sollte die einer Analyse zugrunde gelegte Periode sein, damit eine signifikante und substantielle Aussage getroffen werden kann? Es existiert eine methodologische Implikation und eine praktische Restriktion mit einer schlussendlich disziplinären Konsequenz. Langzeitfallstudien können mit Interviews beginnen (Gegenwart), aber letztendlich auf eine Dokumentenanalyse beschränkt sein (Vergangenheit). Umfragen können nur in der Gegenwart organisiert werden, und quantitative Zeitreihen sind innerhalb der öffentlichen Verwaltung selten und nicht sehr standardisiert. Es existiert ein erheblicher Bedarf an Langzeit-Zeitreihen, beispielsweise für den Zeitraum von 50 Jahren. Schlussendlich erlangen Historiker eine relevante Rolle in der Beschreibung, Erklärung und Vorhersage von Langzeitverläufen. Die Beschreibung von Veränderungen in administrativen Identitäten und Systemen und deren Kulturen schließt die Annahme ein, dass Langzeitverläufe aussagekräftig und bedeutungsvoll sind.

Eine sechste Fragestellung befasst sich mit der Ausrichtung von Wandel: kumulativ, dekumulativ oder nichtkumulativ. Positiv formuliert liegt hier die Vorstellung eines „progressiven" Modells vor, negativ formuliert ein „regressives" Modell, neutral formuliert ergibt sich hier ein (fatalistisches) Sysiphus-Modell, bei dem eine untere Sockellinie letztlich den Standard markiert und positive Veränderungen lediglich Ausnahmen, die letztendlich aus dem Blickfeld geraten. Liegt ein *positives, negatives oder neutrales Modell von Wandel* vor, und wie ist die Ausrichtung? Ein kumulatives Modell zu unterstellen bedeutet, dass die vorhergehende Stufe immer einen Bodensatz oder Rückstand hinterlässt, der für die nächste Stufe eine wertvolle Ressource oder einen wertvollen Input darstellt. Hier liegt ein Unterschied zu einem dekumulativen Modell vor, innerhalb dessen eine Zerstörung der Ressourcen, ideellen Werte und der Basis für die nächsten Stufen vorliegt. Schließlich liegt mit dem nichtkumulativen Standpunkt eine Position vor, die auf der Überzeugung basiert, dass Probleme schlussendlich nicht gelöst, sondern bestenfalls partiell und temporär behoben werden können, letztlich aber mit dem gleichen existentiellen Druck wieder auftauchen.

Einen letzten und siebten Punkt stellt die Überzeugung einer *andauernden oder endenden* Historie dar. Offensichtlich implizieren kleinere zeitliche Markierungen ein Fortdauern während einer bestimmten Phase und am Ende der Phase. Dies könnte eine Periode der Stabilität zur Folge haben, die auf einen Konsolidierungszeitraum hinausläuft, in dem Veränderungen ausgesetzt werden und eine Veränderungspause eingelegt wird.

Das Umstellen in Richtung eines neo-weberianischen Staates und des damit zusammenhängenden neo-weberianischen Verwaltungsmodells verweist auf ein spezifisches Set von Annahmen über Entwicklungen von Systemen, die zu Pfadkonstruktionen führen. Die Dynamiken von Makrowandel müssen offensichtlich um meso- und mikroskopische Analysen ergänzt werden. Das neo-weberianische, makrohistorische Modell unterstellt, dass der Verlauf und der Pfad der Public Management Reform wie folgt zu charakterisieren sind: Als

– dialektisch: ausgehend von einer weberianischen These, hin zu einer anti-weberianischen, rein performance-basierten Antithese, und dann zu einer neo-weberianischen Synthese;
– vorwiegend kausal, da die vorhergehende Stufe eine Reaktion in der nächsten Stufe erzeugt;
– vielleicht deterministisch, aber wahrscheinlich voluntaristisch in den Fragen von Timing und Geschwindigkeit;
– strategisch, wenn die anfängliche Intention darin bestand, sich letztlich in Richtung eines neo-weberianischen Modells zu bewegen, indem ein „reinrassiges" performance-basiertes System vorangetrieben wird;
– ausgedehnt über einen Zeitraum von mindestens vier oder fünf Jahrzehnten;
– positiv und kumulativ, wenn die vorhergehende Stufe funktional ist und einen Nutzen für die nächste Stufe erzeugt; und
– nicht endende Historie, da die Synthese selbst wiederum zu einer These wird, die eine Antithese erzeugt usw.

3. Von einem vorweberianischen zu einem neo-weberianischen Idealtyp eines Modells

Die meisten Bücher im Bereich Management fallen unter eine der folgenden Kategorien: allgemeines Public Management mit etwas (geringem) Bezug zu Performance als solcher (Christensen/Laegreid 2001; Wollmann 2003), Performance-Messung (im strikten Sinne) (Hatry 1999) und spezielle Public Management-Funktionen mit einigen Bezugnahmen auf Performance (beispielsweise Haushaltszyklen, Personalwesen, Evaluation, Vertragsabschlüsse usw.). Andere Studien befassen sich entweder mit einem einzigen Land oder erscheinen im Kontext mehrerer anderer klassischer Management-Kapitel wie etwa Finanzwesen, Personalwesen, Organisation, Strategie usw. Im Gegensatz zu der Standardherangehensweise, sich auf spezifische Managementfunktionen zu konzentrieren (bei der die Informationen über Performance über die traditionellen Funktionen integriert werden), wird hier ein thematischer Querschnittsansatz favorisiert (basierend auf Bouckaert/Halligan 2006). Die Analyse von Performancemanagement tritt dabei in zwei Formen auf: Spezifikation seiner Komponenten und ihrer Beziehungen untereinander und Anwendung auf verschiedene Länder.

Um die diversen Verwendungsweisen und Kombinationen der Begriffe Performance, Messung und Management mit einem Sinngehalt zu versehen, könnte ein Analyserahmen mit drei Komponenten entwickelt werden – Performancemessung ohne Management, Management von Performance und spezifischen Funktionen sowie Performancemanagement. Basierend auf einer logischen Abfolge von erstens dem Sammeln und *Aufbereiten* von Performancedaten zu Informationen, zweitens deren *Integration* in Dokumente, Verfahren und Diskurse von Interessenvertretern und drittens deren *Verwendung* im Rahmen einer Strategie zur Verbesserung von Entscheidungshandeln, -ergebnissen und -zurechenbarkeit können vier „reine" Modelle konstruiert werden.

Die vier unterschiedlichen Modelle sind: Traditionell/Vor-Performance, Performanceverwaltung, Management von Performances und Performancemanagement. Jedes repräsentiert einen Idealtyp, und alle vier können auf die historische Entwicklung von Performance und Management angewendet werden. Sie stellen die Basis für die Analyse und den Vergleich von Orientierungen der Länder im Hinblick auf Performance dar und ein Mittel, um analytisch über Performancemanagement und seine Komponenten nachzudenken.

Modell 1 wird als *Traditionell/Vor-Performance* bezeichnet und trägt im Wesentlichen der Tatsache Rechnung, dass „Performance"-Zielvorstellungen in einem allgemeinen Sinne in den meisten Systemen der öffentlichen Verwaltung zu finden sind, aber dass viele von ihnen als vormodernes Management betrachtet werden können. Für diese Fälle lautet die Erwartung, dass „Performance" generalisiert und diffus wäre, mit Zielen, die nicht im Hinblick auf Performance als solche definiert sind – was der Fall ist, wenn Messung und Management vorhanden sind. Inputgesteuerte und Steuern einziehende Organisationen im Rahmen eines auf rechtlichen Regelungen basierenden Systems, das auf Verfahren und Rechtsstaatlichkeit ausgerichtet ist, mögen ein nur sehr implizites Interesse an Performance haben. Kaum verfügbares Datenmaterial kann ohne Informationswert sein, wird nicht integriert werden und kaum verwendbar sein. Eine vorweberianische Bürokratie erfasst dieses Modell relativ gut.

Unter Modell 2, *Performanceverwaltung,* wird der Einsatz von Messung und Performance erwartet, aber die Beziehung ist möglicherweise nicht eindeutig oder nicht gut entwickelt und die Anwendung vollzieht sich oft ad hoc. Der Fokus des Performanceverwaltungsmodells auf Messung tendiert dazu, technisch orientiert zu sein, aber der Level an Kohärenz kann davon abhängen, welche Generation von Messsystem im Gespräch ist. Dieser Typ ist daher sowohl für frühe Experimente mit Messung und Performance relevant als auch für darauf folgende Phasen von höherer Verfeinerung, fokussierte Anwendungen aus der letzten Zeit eingeschlossen. Es besteht ein intuitives und generalisiertes Interesse an Performance, das erfasst und administrativ gehandhabt wird. Messung wird zu einem weiteren administrativen Verfahren, das ein Teil eines Verwaltungsumfelds oder eines rechtlichen Rahmens sein kann, nicht eines manageriellen oder Policykontexts. Informationen, die aus diesen administrativen Verfahren heraus gewonnen werden, sind von Verbesserungsstrategien abgekoppelt. Verfeinerte Regeln, die für das Erfassen und Verwalten von Performance erarbeitet wurden, werden nicht entwickelt, um Informationen zu gewinnen, die sich auf managerielle Funktionen oder auf Elemente des Policyzyklus auswirken. Eine klassische weberianische Bürokratie passt in dieses Modell.

Bei Modell 3 handelt es sich um einen interessanten und relativ komplexen Typ, bezeichnet als *Management von Performances.* Diese Kategorie ist zwischen Performanceverwaltung und Performancemanagement angesiedelt und tritt dort auf, wo Management und Performance verknüpft worden sind, aber die Ankopplung zwischen den beiden unterentwickelt ist und mehrere Systeme parallel arbeiten. Performances zu managen schließt Performancemessung ein, geht aber über ihre Verwaltung hinaus. Managements von Performances schließen verschiedene Typen von Performances ein, die je in Übereinstimmung mit verschiedenen und voneinander getrennten Managementfunktionen stehen. Dies hat einen facettenreichen Spielraum von Managementvarianten im Bereich Performance zur Folge, wie beispielsweise Personalmanagement, Finanzmanagement (Budgets, Rechnungswesen, Audits), strategisches und operationelles Management, Customer Management, Kommunikationsmanagement.

Ein divergierendes Set von Performances-Messsystemen versorgt ein abgekoppelt operierendes Set von Managementfunktionen mit Informationen, was zu verschiedenen Performances für unterschiedliche Zielsetzungen führt, die nicht notwendigerweise in hierarchischer oder logischer Weise miteinander verknüpft sind. Eine asymmetrische Entwicklung dieser funktionsbasierten Messsysteme sorgt dafür, dass das Verhältnis der Funktionen untereinander nicht sehr konsistent, kohärent, umfassend und integriert ist. Dennoch kann es innerhalb einiger Funktionen zu einem hohen Maß an Verfeinerung und Entwicklung kommen, sogar bis zu dem Punkt, an dem dadurch ein Verbesserungs- und Reformprozess innerhalb anderer Funktionen vorangetrieben wird. Performance-basierte Finanzzyklen können Auftragszyklen oder Funktionen des Personalwesens antreiben oder umgekehrt.

Das Modell 4, *Performancemanagement*, definiert sich über das Vorhandensein unverkennbarer Merkmale: Kohärenz, Integration, Konsistenz, Konvergenz und umfassende Reichweite. Es beinhaltet ein solides Performance-Messsystem, das über Verwaltung und Verbreitung hinausgeht. Es schließt eine Integration der Performanceinformationen ein, die über einen Ad-hoc-Zusammenhang hinausgeht mit dem Ziel, die Informationen im Rahmen einer kohärenten Managementverbesserungsstrategie zu verwenden. Performancemanagement wird als ein Bezugssystem mit Systemeigenschaften verstanden. Es kann ebenso mehrere Systeme umfassen (ein System kann verschiedene Performance-Messsysteme für verschiedene Zielsetzungen erfordern; vgl. Bouckaert 2004: 462), aber diese müssen (hierarchisch) miteinander verbunden sein, damit die Kriterien dieses Typs von Performancemanagement erfüllt sind. Das Performancemanagement-Modell erfordert zudem eine explizite Politik der Messung und des Managements der verschiedenen Funktionen und ihrer Performances. Die Realität ist davon manchmal natürlich ein Stück entfernt (Bouckaert/Peters 2002).

Eine entscheidende Frage lautet, ob wir uns hin zu einem fünften Modell, *Performance Governance*, weiterentwickeln. Es gibt zahlreiche Hinweise, die in diese Richtung deuten. Allerdings ist das Messen, Integrieren und Nutzen von Performanceinformationen in einem Kontext von Public Public oder Public Private Partnerships, von mit der E-Society zusammenhängenden virtuellen Organisationen durch E-Government, von ausgehöhlten staatlichen Organisationen, die zentrale Aufgaben ausschreiben und ausgliedern oder von organisierten Bürgern, die Funktionen des öffentlichen Sektors mitgestalten, mit implementieren und co-evaluieren, nicht so nahe liegend wie es erscheinen mag.

4. Eine neue Definition des „Verwaltens von Organisationen": Das neo-weberianische Modell

Eine entscheidende Frage lautet, ob und wie die Public Management Reform administrative Systeme verändert. Inwieweit war NPM, das eine extreme Variante der Public Management Reform darstellte, lediglich eine Phase innerhalb eines sich entwickelnden bürokratischen Systems? Man könnte diese Frage von einem ideellen Standpunkt aus betrachten (Bouckaert 2004).

Es scheint so, dass sich der sichtbare und dominante, auf Verschlankung und Vermarktlichung basierende Idealtyp des New Public Management, bei dem es sich lediglich um ein zeitlich (ungefährer Zeitraum 1990–2000) und räumlich (Teile der angelsächsischen Welt) begrenztes Phänomen handelte, nicht auf alle OECD-Staaten ausgebreitet hat. Trotzdem hat der NPM-Idealtyp den weberianischen Typ beeinflusst.

Auch in den Fällen, in denen die reinen NPM-Varianten einige der praktischen Implikationen und Positionen in der Zwischenzeit abgemildert haben, haben sich die weberianischen Varianten ebenfalls verändert.

Die Hypothese, die man über den Wandel administrativer Systeme aufstellen könnte, lautet, dass sich der weberianische Staat in Richtung eines neo-weberianischen Staates (NWS) verändert hat, und zwar unter dem Einfluss eines auf Erhaltung und Modernisierung basierenden Verlaufs der Public Management Reform, der sehr stark durch einen Fokus auf Performance beeinflusst ist (Pollitt/Bouckaert 2004). Dies ist ebenso der nächste Schritt, wenn allgemeine Managementmodelle, die durch Theorien der „Ökonomisierung" von Organisationen bestimmt werden, rekontextualisiert und stärker an den einzelnen Fall rückgebunden werden müssen.

Dieses besondere NWS-Modell könnte wie folgt definiert werden:

1. Der NWS verbleibt in der Form eines Rechtsstaats, der das zentrale Bezugssystem der Gesellschaft darstellt. Seine öffentlichen Bediensteten jedoch sind nicht nur Bürokraten und Rechtsexperten, sondern gehören darüber hinaus der Profession der Manager an, mit einer Schwerpunktausrichtung auf Performance und Kunden.
2. Bürger verfügen im Kontext dieses Rechtsstaats über Rechte und Pflichten. Aber die Rolle des Kunden wird zu einem Teil der Rolle als Bürger, die bis zu einem gewissen Grad das Spiel von Angebot und Nachfrage sowie die Mechanismen der Beeinflussung des Produktionszyklus in sich aufnimmt.
3. Ein feinschichtiges und repräsentativdemokratisches Regierungssystem schützt die Bürger und legitimiert den Rechtsstaat und seinen Apparat. Darüber hinausgehend schließt das System Bürger-als-Kunden-Partizipation und -Repräsentation ein.
4. Öffentliches Recht, Verwaltungsrecht eingeschlossen, stellt nach wie vor das Hauptinstrument für das Funktionieren des Rechtsstaats und der Bürger-Staat-Beziehungen dar. Aber Privatrecht wird mehr und mehr zu einem komplementären Instrument für öffentliche Angelegenheiten.
5. Es existiert ein ausgeprägter öffentlicher Dienst mit eigenen Eigenschaften (Status, Kultur und Konditionen). Seine Neutralität und das Sorgen für Legalität wird ergänzt durch ein Engagement im Bereich methodischer und verfahrenspolitischer Zielsetzungen und Angelegenheiten mit Resultaten, die eine professionelle Kultur von Qualität und Service erzeugen.
6. Das Arbeiten und Interagieren des öffentlichen Dienstes mit den Bürgern wird nicht nur durch einen internen Fokus, Distanz, Gleichheit vor dem Gesetz, Rechtsstaatlichkeit und Verfahren gesteuert, sondern ferner durch einen externen Fokus auf Bürger als Kunden, stärker auf Kunden zugeschnittene Maßnahmen und Ergebnisse.

7. Ein im Vorhinein greifendes Hauptinteresse an Prozessen und Verfahren, das die Legalität der Entscheidungen gewährleistet, wird durch eine im Nachhinein greifendes Interesse an Ergebnissen ergänzt, das ebenfalls zu einem Teil des Verfahrens wird, um Wirtschaftlichkeit, Effizienz und Effektivität zu gewährleisten. Mithin basiert Legitimität nicht nur auf Legalität, sondern ebenso auf Wirtschaftlichkeit, Effizienz und Effektivität und dem Funktionieren des Staates und seiner Policies.

Es scheint zwei Varianten dieses veränderten administrativen NWS zu geben. Eine nördliche Variante des NWS betont die Bürger-als-Kunden-Partizipation in einem auf Rechte und Pflichten basierenden Bürgerstaat. Eine kontinentale Version legt den Schwerpunkt stärker auf einen professionellen Staat, der sich am Bürger-als-Kunden-Paradigma orientiert. Hier scheint es sich um ein neues Profil in einer komparativ-statischen Analyse der Policyimplementation der Reform des öffentlichen Sektors zu handeln. Offensichtlich stellt sich die Frage, ob dieser Idealtyp nur eine deskriptive Leistungsfähigkeit besitzt oder auch zu einem normativen Modell wird (Drechsel 2005).

5. Idealtypen eines performancebasierten Managementsystems: Ein internationaler Vergleich

Wie könnte man die empirischen Belege für diese Veränderungen untersuchen? Das empirische Material, das verwendet werden könnte, sollte auf einer (international) vergleichenden Untersuchung basieren, die Länder als Fälle betrachtet. Die Gliederung des empirischen Materials sollte auf Idealtypen oder reinen Modellen beruhen, wie sie Weber zu Beginn des 20. Jahrhunderts in Deutschland entworfen hat.

Idealtypen

Gemäß Weber sind Idealtypen methodologische Werkzeuge zur Interpretation der Realität. In seinem 1904 verfassten Essay über „Objektivität" erörterte er dieses Denken in reinen Typen, indem er es auf die abstrakte Wirtschaftstheorie anwendete. Dies erlaubte es ihm, ein „Idealporträt" von auf rationalem Handeln basierenden Prozessen in einer so genannten „freien" Marktwirtschaft vorzuschlagen.

Ein Idealtyp ist eine „Konstruktion", die man erreicht, indem man spezifische Aspekte der Realität konzeptionell „gedanklich steigert", beispielsweise Zusammenhänge. Ein Typus hilft uns dabei, eine Realität zu verstehen und zu denken, indem Zusammenhänge konstruiert werden, die in der Realität existieren, aber innerhalb des konstruierten Typus hervorgehoben werden. Bei Idealtypen handelt es sich daher um eine reine „Konstruktion von Zusammenhängen". Die Bedingungen, die an eine zulässige Hervorhebung von Zusammenhängen geknüpft sind, lauten, dass sie „zulänglich motiviert" und „objektiv möglich" sind. Dies macht sie in ausreichendem Maße „adäquat", um einen kausalen Prozess oder Mechanismus zu „steigern". Obwohl diese Konstruktionen nicht bewiesen werden müssen und sie durch Gedankenexperimente erzeugt werden könnten, besteht das Erfordernis nach einem gewissen Umfang an Evidenz, die sie ausreichend wahrscheinlich macht, um ein gewisses Maß an Begründung von Objektivität zu erhalten. Dies führt zu wissenschaftlich akzeptablen Messwerten, die beitragen zu der Erkenntnis „konkreter Kulturerscheinungen in ihrem Zusammenhang, ihrer ursächlichen Bedingtheit und ihrer Bedeutung" (Weber 1973/1904: 190–193).

Aus den „reinen" Eigenschaften eines Idealtyps leitet sich zudem in gewisser Weise ein „utopischer" Charakter ab. Utopien existieren nicht in der Realität, weder im Raum (Thomas Morus würde dies als No-Placia bzw. Ortlosigkeit bezeichnen) noch in der Zeit (Uchronia oder No-Timia). Allerdings sind Idealtypen keine Utopien, auch wenn ihre ausdrückliche Beschreibung zu der Entdeckung von in der Realität fehlenden Elementen führen könnte und daher zu einer Agenda für die Implementation. Sie sind nicht ideal im normativen, geschweige denn in einem ideologischen Sinne des Wortes.

Idealtypen sind Darstellungs- bzw. Ausdrucksweisen modellhaften Handelns, das auf das ihm Wesentliche reduziert ist und daher einen „reinen" Charakter hat. Daher könnten sie als Reinmodelle betrachtet werden, mit Modelleigenschaften wie Modulen und verifizierbaren kausalen Verknüpfungen. Aber sie sind mehr als gemeinsame Nenner der Realität, und zwar wegen ihrer intrinsischen kausalen Kohärenz. Ihre Zielsetzung liegt nicht darin, eine Praxeologie zu unterfüttern, sondern dabei zu helfen, komplexe Realitäten zu interpretieren.

Offensichtlich ist die Konstruktion von Idealtypen durch existierende Theorien, praxeologische Modelle und erfahrene Realitäten angeregt worden. Fallstudien sollten dies illustrieren.

Idealtypen in der komparativen Untersuchung von Fällen

Wenn beide Methodologien (Idealtypen und Fallstudien) zusammengebracht werden, wird im Rahmen von eingebetteten Mehrfach-Fallstudien eine Beschreibung, Interpretation und vielleicht sogar eine Erklärung möglich, die auf objektiven Möglichkeiten und adäquater Kausalität basiert.

Sogar dann, wenn die Auswahl der Fälle signifikant variiert, kann davon ausgegangen werden, dass keiner dieser Fälle ein solches Maß an Einzigartigkeit aufweist, dass sie nicht unter einen gemeinsamen Idealtyp fallen können.

Etwas internationales Mapping

Im Mittelpunkt dieses Beitrags standen nicht Länder wie beispielsweise Neuseeland, Australien und Großbritannien. Sie weisen wichtige Elemente eines kohärenten Performancemanagement-Modells auf (OECD 1997, 1999, 2000, 2004; Halligan 2001; Pollitt/Bouckaert 2001).

Sogar innerhalb der westlichen Welt verläuft die Reform des Public Managements dynamisch. New Public Management entwickelt sich zudem von einem anfänglich ideologisch basierten normativen Programm über die Erkenntnis, dass es innerhalb des Westens divergierende Praktiken gibt, hin zu einer Mäßigung seiner eigenen Prämissen (Hood/Peters 2004). Die Gründe dafür, dass NPM in dieser Form für die meisten westlichen Länder nicht nahe liegend war, sind zum Teil kultureller Natur. Selbst innerhalb des Westens bestehen Unterschiede zwischen den USA und Europa. Laut Kickert und Stillman heißt dies nicht, dass „both Europeans and Americans are enduring the same transition – nor are they necessarily converging in their cultural patterns of change" (Kickert/Stillman 1996: 66).

Betrachtet man die sieben Eigenschaften eines NWS, so stechen einige Fakten im internationalen Vergleich der Reformen des Public Managements besonders hervor.

Der Unterschied zwischen einem „Rechtsstaat" und einem „Marktstaat" wird deutlich sichtbar, wenn man die britische „Citizen's Charter" (1991) mit der französischen „Charte du Service Public" (1992) vergleicht. Betrachtet man beide Bürger-Chartas, so erscheinen sie in der grundlegenden Haltung und den Handlungsweisen identisch. Es gibt eine Grundhaltung, Bürger wie Kunden zu behandeln, und es gibt eine damit zusammenhängende Handlungsweise, dabei auf das Instrument der Charta zurückzugreifen. Die Kultur und die Werte, die diese Grundhaltung und diese Handlungsweisen bestimmen, sind jedoch vollkommen unterschiedlich. Die britische „Citizen's Charter" wurde im Kontext eines Marktstaates eingeführt, in dem quasi-marktliche Mechanismen den Bürger dazu befähigen sollen, als Kunde zu agieren. Die Kultur des Marktstaates führt dazu, dass Wettbewerb zum zentralen Wertmaßstab wird. Die Kultur des Marktstaates und seine auf Konkurrenz ausgerichteten Werte bestimmen die Haltungen und Handlungsweisen aller beteiligten Akteure.

Die französische „Charte du Service Public" basiert auf der Kultur des Rechtsstaates, der sich auf die Werte der Französischen Revolution (Liberté, Egalité, Fraternité; vor allem auf Artikel 15 der Déclaration des Droits de l'Homme et du Citoyen), des französischen Staates und der jüngsten Französischen Republik bezieht. Die Grundhaltungen und Handlungsweisen, die die kundenorientierten Rechte der Bürger sicherstellen, leiten sich aus dieser Kultur und diesen Werten ab.

Es existiert ein deutlicher Einfluss von NPM auf den weberianischen Staat. Dennoch ist eine Charta nicht eine Charta. Die französische und die britische divergieren aufgrund der Unterschiede in den Kulturen und den damit zusammenhängenden Werten (Bouckaert 1995). Es handelt sich um den Unterschied zwischen einem modernisierten Rechtsstaat innerhalb des NWS und einem Marktstaat.

Ein zweiter ausschlaggebender Vergleichsgegenstand ist das Verhältnis zwischen verschiedenen Rollen. Es ist sinnvoll, zwischen einem Set von unter dem „Bürger"-Begriff fassbaren Rollen (Wähler, Steuerzahler, politischer Akteur) auf der einen Seite und einem „Kunden"-Oberbegriff auf der anderen Seite zu differenzieren, wobei letzterer Unterkategorien von Rollen wie „Entscheider darüber, zu nutzen oder Nutzen zu haben", „Nutzer des Services", „Leistungsempfänger des Services" und „Zahler des Services" umfasst. Es existieren Spannungsverhältnisse innerhalb und zwischen dem „Bürger"-Set an Rollenmodellen und den unter dem „Kunden"-Set gefassten Rollen. Bürger könnten in einem Kundenmodell eine Rolle spielen (NPM-basierter Marktstaat) oder Kunden-Rollen könnten einen Teil eines Bürgermodells ausmachen (NWS).

In beiden Länder-Clustern hat es explizite und separate oder implizite und integrierte Qualitätsprogramme gegeben. Innerhalb des NWS-Clusters haben Frankreich, Belgien und Portugal ein explizites und separates Qualitätsprogramm entwickelt, während Deutschland und die Niederlande über integrierte Policies verfügen. Innerhalb des NPM-Clusters haben Großbritannien und Kanada ein explizites und separates Qualitätsprogramm entwickelt, während Australien und Neuseeland die Qualitätsprogramme integriert haben. Es besteht ein deutlicher Einfluss von NPM auf den weberianischen Staat. Dennoch werden innerhalb des NWS die Kunden-Rollen immer noch von der des Bürgers verhüllt.

Drittens sind Informationsfreiheit, Zugänglichkeit, Responsivität und Transparenz die gemeinsamen Nenner innerhalb beider Cluster (OECD 2005: 220–233). Länder aus beiden Clustern haben in diesen Bereichen neue Gesetze verabschiedet, Ombudsfunktionen eingeschlossen. Es existiert ein klarer Einfluss von NPM auf das Kommunizieren von performance-basierten Informationen innerhalb des weberianischen Staates. Dennoch gibt es im NWS ein wachsendes Anliegen von Organisationen des öffentlichen Sektors, die in einem Marktkontext gemäß Regeln operieren, die von unabhängigen Regulierungsagenturen festgelegt wurden.

Da viertens die meisten NPM-Länder über eine Common-Law-Tradition verfügen, stellt das NWS-Problem eines Wegbewegens vom öffentlichen Recht und das Substituieren von öffentlichem durch Privatrecht kein wirkliches Problem dar. Nichtsdestotrotz wird sich der NWS mit der rechtlichen Ausgestaltung von Verträgen innerhalb des öffentlichen Sektors, zwischen Organisationen, zwischen Individuen und Organisationen, für Rentenversicherungen, Kapitalanlagen usw. befassen müssen. Mehrere Staatsräte (Conseil d'Etat), als oberste Verwaltungsgerichte, integrieren Fragen der Ökonomie, der Effizienz und der Effektivität in ihre Rechtsprechung. Eine der zentralen Herausforderungen für den NWS wird es sein, wie der Staat in der Lage sein wird, Privatrecht im Rahmen seiner öffentlichen Aufgaben zu implementieren.

Fünftens sind „Organisation", „Finanzwesen" und „Personalwesen" die sichtbaren zentralen Elemente im Bereich der Managementfunktionen innerhalb des NPM gewesen. In Ländern wie Neuseeland, Großbritannien und Australien ist ein eindeutiger Mechanismus identifizierbar, ihre zentralen Organisationen in einzelne Agenturen aufzuspalten (beispielsweise Single-Task-Agenturen) und ihren Policyzyklus in seine einzelnen Bestandteile zu zerlegen (Design, Implementation, Evaluation). Die Begründung dafür lautete, dass diese Spezialisierung zu besseren Mechanismen zur Definition von Verantwortlichkeit und Zurechenbarkeit führen würde. Dies würde außerdem die Manager managen lassen. Letztendlich würde dies eine bessere Performance zur Folge haben. Die Dysfunktionalitäten einer schnellen Lockerung von Kontrolle wurden offensichtlich und die Fragmentierungspolitik wurde umgekehrt, teilweise durch Rezentralisierung, teilweise durch ein Wiederverfestigen des Policyzyklus. Der NWS hat einen vollkommen anderen Entwicklungsverlauf genommen. In Ländern wie Belgien, Frankreich und Deutschland wurde auf der zentralen Ebene – auch wenn einige neue Agenturen geschaffen wurden – die Hoheit über den Policyzyklus, vor allem auch unter Budgetgesichtspunkten, aufrechterhalten. Die NWS haben immer eine genaue Kontrolle über ihre Organisationen gewahrt. Die NWS-Philosophie scheint zu sein, ein bisschen mehr Autonomie zu gewähren, aber lieber die Funktionalität eines kohärenten Kontrollsystems des öffentlichen Sektors zu bewahren, als einen eindeutig erwiesenen Mehrwert durch den Wettbewerb von Organisationen zu unterstellen.

Dies hat einen Einfluss auf die Veränderungen innerhalb der Personalfunktion und der Finanzfunktion. Obwohl alle Länder ihre Personalgesetzgebung angepasst haben, haben die NPM-Länder zahlreichere und signifikantere Bemühungen unternommen, um ihre Personalfunktion umzuwandeln: durch das Reduzieren von Arbeitsplatzgarantien, durch das Verknüpfen von Beförderung und Vergütung mit Performance und durch die Fragmentierung eines gleichförmigen und vereinigten nationalen öffentlichen Dienstes. Die NWS haben sich langsam und schrittweise zu Mandaten hinbewegt, zur Erprobung von Marktlichkeit im Bereich der Vergütung, dem teilweisen Zusammenlegen der oberen Dienstebenen, bewahren dabei aber immer noch einen auf öffentlichem Recht basierenden öffentlichen Dienst, der so stark vereinheitlicht wie möglich ist. Im Allgemeinen hält der NWS die Bediensteten des öffentlichen Sektors – mit einigen Elementen von Flexibilität – als separate Arbeitnehmerschaft aufrecht, statt eine Arbeitnehmerschaft des privaten Sektors innerhalb des öffentlichen Sektors zu haben.

Abschließend ist anzumerken, dass alle Länder im Bereich des Finanzmanagements ihre Finanzgesetzgebung geändert haben und dass sich die NPM-Länder beständig in Richtung hin zu performance-basierter Budgetierung und manchmal sogar hin zu „Accrual Budgeting" (periodengerechter Erstellung des Budgets), doppelter Buchführung und Performance Audits bewegt haben. Die NWS-Länder haben sich in Richtung einer modernisierten Inputbudgetierung oder aktiven Budgetierung bewegt und sich das „Accrual Budgeting" nicht wirklich zu eigen gemacht. Der Wechsel zur doppelten Buchführung wurde vollzogen, aber ohne ein ausgereiftes System betrieblichen Rechnungswesens, und ebenso wird performance-basiertes Auditing internen und externen Auditoren auf die Agenda gesetzt.

In dem Maße, in dem Länder ihre Verwaltungen immer noch weberianisch gestalten, werden sie nicht von stark fortgeschrittenen Modelltypen der Performanceverwaltung oder NPM-Konzeptionen profitieren. Mittel- und osteuropäische Länder sollten sich daher zunächst darauf konzentrieren, eine solide bürokratische Tradition im Sinne von Weber zu begründen (Jenei 1999; Drechsel 2005).

Länder wie Frankreich und Deutschland haben ihre weberianischen Verwaltungen herausgebildet. Sie wurden – in einer Antithese zum Neuen Steuerungsmodell und neuen Kontrollsystemen, Performancemanagement-Modelle eingeschlossen – über die simple Verwaltung von Performance hinaus in Anspruch genommen. Unter Berücksichtigung von Performance-basierten Informationen werden sie ein neo-weberianisches System umsetzen.

Länder wie beispielsweise Kanada, die Niederlande und die USA befinden sich immer noch in einer komplexen Entwicklung entkoppelter Performancesysteme. Besonders in den Niederlanden ist die letzte Stufe der Antithese noch nicht vollkommen an ihr Ende gekommen, geschweige denn in dem Maße absorbiert und integriert worden, dass die These eines neo-weberianischen Systems ausgelöst worden wäre.

Fazit

Dieser Beitrag ist davon ausgegangen, dass die nächste Stufe der administrativen Entwicklung in Kontinentaleuropa neo-weberianischen Typs sein wird. Dies basiert auf mehreren Annahmen.

Erstens ist innerhalb der historischen Entwicklung des Verwaltens, Managens und Ökonomisierens von Organisationen der Grad der Allgemeinheit innerhalb der „ökonomisierenden" Theorien so stark ausgebildet, dass eine übertriebene Dekontextualisierung vorliegt. Daher sollten fallbedingte Eventualitäten reintegriert werden, und Rekontextualisierung wird zweckmäßig sein. Eine Veränderung hin zu einem neo-weberianischen Typ von Organisationen und Staaten entspricht diesem Erfordernis.

Zweitens sollten Makropfadkonstruktionen der Public Management Reform explizit gemacht werden. Von einem dialektischen Standpunkt aus erfolgt ein logischer nächster Schritt in der Form eines neo-weberianischen Systems.

Drittens kann Performance als der Hebel identifiziert werden, damit die Bewegung von weberianisch zu neo-weberianisch erfolgen konnte. Der Fokus auf Performance besitzt zudem seine eigene dynamische Entwicklung, von der simplen Performanceverwaltung bis schlussendlich zu einem komplexen Entwurf eines Performancemanagements. Wichtige Elemente sind kompatibel mit dem und integrierbar in das weberianische System. Dies führt zu einem neuen Idealtyp: Neo-Weberianismus.

Literatur

Bouckaert, Geert, 2004: Institutionalizing Monitoring and Measurement Systems in the Public Sector, in: *Benz, Arthur/Siedentopf, Heinrich/Sommermann, Karl-Peter* (Hrsg.), Institutionenwandel in Regierung und Verwaltung. Festschrift für Klaus König. Berlin: Duncker & Humblot, 455–466.

Bouckaert, Geert, 2004: Die Dynamik von Verwaltungsreformen: Zusammenhänge und Kontexte von Reform und Wandel, in: *Jann, Werner/Bogumil, Jörg/Bouckaert, Geert/Budäus, Dietrich/ Holtkamp, Lars/Kissler, Leo/Kuhlmann, Sabine/Mezger, Erika/Reichard, Christoph/Wollmann, Hellmut* (Hrsg.), Status-Report Verwaltungsreform: Eine Zwischenbilanz nach zehn Jahren. Modernisierung des öffentlichen Sektors Nr. 24. Berlin: Sigma, 22–35.

Bouckaert, Geert, 1995: Charters as Frameworks for Awarding Quality: The Belgian, British and French Experience, in: *Hill, Hermann/Klages, Helmut* (Hrsg.), Trends in Public Sector Renewal. Recent Developments and Concepts of Awarding Excellence. Frankfurt am Main u.a.: Peter Lang, 185–200.

Bouckaert, Geert/Halligan, John, 2006 (i. E.): Performance: Its Measurement, Management, and Policy, in: *Pierre, Jon/Peters, Guy B.* (Hrsg.), Handbook of Public Policy. London: Sage.

Bouckaert, Geert/Peters, Guy B., 2002: Performance Measurement and Management: The Achilles' Heel in Administrative Modernisation, in: Public Performance & Management Review 25 (4), 359–362.

Bouckaert, Geert, 1997: Overview and Synthesis, in: *OECD*, In Search of Results: Performance Management Practices. Paris: OECD, 7–30.

Christensen, Tom/Laegreid, Per (Hrsg.), 2001: New Public Management, The Transformation of Ideas and Practice. Ashgate: Aldershot.

Dierkes, Meinolf/Antal, Ariane/Child, John/Nonaka, Ikujiro (Hrsg.), 2003: Handbook of Organizational Learning and Knowledge. Oxford: Oxford University Press.

Donaldson, Lex, 1995: American Anti-Management Theories of Organization: A Critique of Paradigm Proliferation. Cambridge: Cambridge University Press.

Drechsler, Wolfgang, 2005: The Re-Emergence of 'Weberian' Public Administration after the Fall of New Public Management: The Central and Eastern European Perspective, in: Halduskultuur, Tallinn, 94–108.

Drucker, Peter, 1985: Innovation and Entrepreneurship: Practice and Principles. London: Heinemann.

Ferlie, Ewan/Lynn, Laurence/Pollitt, Christopher (Hrsg.), 2005: The Oxford Handbook of Public Management. Oxford: Oxford University Press.

Halligan, John, 2001: Comparing Public Sector Reform in the OECD, in: *Brendan, Nolan* (Hrsg), Public Sector Reform: An International Perspective. Hampshire, UK: Macmillan, 3–18.

Hatry, Harry, 1999: Performance Measurement: Getting Results. Washington, DC: Urban Institute Press.

Hondeghem, Annie/Depré, Roger (Hrsg.), 2005: De Copernicus-hervorming in perspectief: Veranderingsmanagement in de federale overheid. Brugge: Vanden Broele.

Hood, Christopher, 1995: Contemporary Public Management: A New Global Paradigm, in: Public Policy and Administration 10 (2), 104–117.

Hood, Christopher/Peters, Guy B., 2004: The Middle Aging of New Public Management: Into the Age of Paradox?, in: Journal of Public Administration Research and Theory 14 (3), 267–282.

Jenei, György, 1999: Transitions in the Czech Republic, Hungary and Poland: Autonomy and Community among Nation-States, in: *Kickert, Walter J.M./Stillman II, Richard J.* (Hrsg.), The Modern State and its Study. New Administrative Sciences in a Changing Europe and United States. Cheltenham, UK: Edward Elgar, 217–247.

Jones, Larry R./Kettl, Donald, 2003: Assessing Public Management Reform in an International Context, in: International Public Management Review (Electronic Journal at http://www.ipmr.net) 4 (1), 1–18.

Kickert, Walter J.M./Stillman II, Richard J., 1996: Changing European States; Changing Public Administration, in: Public Administration Review 56 (1), 65–67.

König, Klaus, 1996: On the Critique of New Public Management, in: Speyerer Forschungsberichte 155. Speyer: Forschungsinstitut für Öffentliche Verwaltung.

OECD, 1997: In Search of Results: Performance Management Practices. Paris: OECD.

OECD, 1999: Integrating Financial Management and Performance Management. Paris: OECD.

OECD, 2000: Government of the Future. Paris: OECD.

OECD, 2005: Modernising Government. The Way Forward. Paris: OECD.

Perry, James L./Kraemer, Kenneth L., 1983: Public Management: Public and Private Perspectives. Palo Alto, CA: Mayfield.

Pollitt, Christopher, 1993: Managerialism and the Public Services, 2nd ed. Oxford: Blackwell.

Pollitt, Christopher/Bouckaert, Geert, 2001: Evaluating Public Management Reforms: An International Perspective, in: International Journal of Political Studies, Special Issue (Spring 2001), 167–192.

Pollitt, Christopher/Bouckaert, Geert, 2004: Public Management Reform: A Comparative Analysis, 2nd ed. Oxford: Oxford University Press.

Reichard, Christopher, 2004: New Public Management als Reformdoktrin für Entwicklungsverwaltungen, in: *Benz, Arthur/Siedentopf, Heinrich/Sommermann, Karl-Peter* (Hrsg.), Institutionenwandel in Regierung und Verwaltung. Festschrift für Klaus König. Berlin: Duncker & Humblot, 455–466.

Simon, Herbert A., 1964: Approaching the Theory of Management, in: *Koontz, Harold* (Hrsg.), Toward a Unified Theory of Management. New York, NY: McGraw-Hill, 77–85.

Weber, Max, 1973/1904: Die ‚Objektivität‘ sozialwissenschaftlicher und sozialpolitischer Erkenntnis, in: *Weber, Max,* Gesammelte Aufsätze zur Wissenschaftslehre, erneut durchges. 4. Aufl. Tübingen: Mohr, 146–214.

Wollmann, Hellmut (Hrsg.), 2003: Evaluation in Public-Sector Reform. Concepts and Practice in International Perspective. Cheltenham, UK [u.a.]: Edward Elgar.

Europäisierung der Personalpolitiken in Europa. Die öffentlichen Dienste zwischen Tradition, Modernisierung und Vielfalt

Christoph Demmke

1. Die Bedeutung der EU für die nationalen Personalpolitiken zwischen europäischem Verwaltungsraum und nationaler Personalpolitik

Aufgrund der allgemeinen Bedeutung des Gemeinschaftsrechts stellt sich auch bei den Personalpolitiken die Frage, inwiefern es zu Angleichungstendenzen zwischen den EU-Mitgliedstaaten kommt. Der populäre (wie auch schwierig zu definierende) Begriff der Europäisierung (Featherstone/Radaelli 2003; Holzinger u.a. 2005) ist allerdings im Bereich der europäischen Personalpolitiken nur sehr schwer anzuwenden, da viele Reformthemen auch weltweite Geltung besitzen und dennoch auf lokaler Ebene sehr unterschiedlich umgesetzt werden. Insofern ist die Beziehung zwischen dem Konzept der „Europäisierung", der „Globalisierung" und der „lokalen Vielfalt" nur sehr schwierig zu unterscheiden (Featherstone 2003: 4).

Nach Knill (2005) betrifft der Begriff der Europäisierung insbesondere die nationalen Auswirkungen der europäischen Integration und kann „sowohl bei Politikinhalten als auch politischen Prozessen und institutionellen Strukturen auftreten (...)". „Europäisierung erstreckt sich auf alle drei Dimension des Politikbegriffs (policy, politics und polity)" (Knill 2005: 156). Unter Bezugnahme dieser Definition scheint die Europäisierung der Personalpolitiken allenfalls bei den Inhalten (Policies) voranzuschreiten. Hingegen ist eine Europäisierung der politischen Prozesse und institutionellen Strukturen noch nicht abzusehen.

Allerdings traf sich zum ersten Mal in der Geschichte des Integrationsprozesses im Juni 2005 ein (informeller) Rat der Minister für den öffentlichen Dienst, um (u.a.) diese Frage zu diskutieren und zu analysieren (Mangenot 2005). Dabei wurde deutlich, dass einige Mitgliedstaaten schon das Entstehen eines europäischen Verwaltungsraumes verkünden, während andere auf die großen Unterschiede und die „Macht der Tradition" der öffentlichen Dienste verweisen. Diese großen Auffassungsunterschiede dokumentieren, dass noch immer erstaunlich wenig Wissen, aber auch vergleichbare Daten und Studien über die Entwicklungen in den europäischen Diensten und Personalpolitiken vorliegen. Insbesondere im Vergleich der Personalpolitiken gibt es bisher – neben den regelmäßigen Berichten der OECD – nur sehr wenige Vergleichsstudien im öffentlichen Dienst (Farnham/Horton 2000; Demmke 2004, 2005; Farnham/Honteghem/Horton 2005).

Dennoch haben sich gerade im Bereich der Verwaltungskooperation der nationalen öffentlichen Dienste in den letzten Jahren – weitestgehend unbemerkt von den Blicken der Öffentlichkeit – zunehmend engere Formen der Verwaltungskooperation ergeben. Immer stärker setzt sich in diesen intergouvernementalen Gremien das Bewusstsein durch, dass die nationalen öffentlichen Dienste und die Personalzuständigen sehr viel voneinander lernen können. So treffen sich die nationalen Abteilungsleiter des öffentlichen Dienstes bereits seit 1988, um Aspekte und Probleme der Entwicklungen in den nationalen öffentlichen Diensten zu erörtern und zu vergleichen. Daneben gibt es ein ganzes Netzwerk informeller Zusammenkünfte auf EU-Ebene: die Minister, die Zuständigkeiten für den öffentlichen Dienst wahrnehmen, die EU-Troika im öffentlichen Dienst, einzelne Präsidentschaftsarbeitsgruppen (Personalpolitik, Innovative öffentliche Dienste, Bessere Gesetzgebung, E-Government) sowie regelmäßige Treffen der Direktoren der nationalen Verwaltungsakademien.

Dennoch sollte man die Bedeutung dieser Entwicklungen nicht überschätzen. Bis auf wenige Ausnahmen (z.B. im Bereich der Anti-Diskriminierung, der Freizügigkeit der Arbeitnehmer, des Wettbewerbsrechts und der allgemeinen Arbeitsbedingungen) verfügt die Europäische Union über keine Kompetenzen, die nationalen Personalpolitiken zu regulieren. Auch die Regelung des Beamtenrechts ist dem Zugriff des Europarechts prinzipiell entzogen. Dennoch wäre es falsch, daraus zu folgern, dass die nationalen Personalpolitiken nichts mit Europa zu tun haben und einer rein nationalen Logik unterliegen. So sind die Auswirkungen des Gemeinschaftsrechts auf die nationalen öffentlichen Dienste sogar außerordentlich bedeutsam. Zuweilen weit wichtiger als die Rechtsinstrumente ist jedoch die Rechtsprechung des Europäischen Gerichtshofes (EuGH), die – je nach Bereich – sehr wichtige und zum Teil auch „schmerzhafte" Anpassungsleistungen an das EU-Recht verlangt.

Das so genannte Bundeswehrurteil *Kreil* (Zugang von Frauen zur Bundeswehr) war und ist noch immer beispielhaft für den Interventionsgrad des europäischen Rechts und die Bedeutung der Rechtsprechung. Andere wichtige Urteile betrafen die Arbeitszeitrichtlinie 93/104/EWG und den Bereitschaftsdienst der Ärzte. In Frankreich sorgte das so genannte *Burbaud*-Urteil über die Öffnung des französischen Hospitaldienstes für Ausländer (mit entsprechender Qualifikation sogar ohne Auswahlverfahren) für viel Aufsehen. Auch in Deutschland sorgte zuletzt die Rechtsprechung des EuGH zur Richtlinie über befristete Arbeitsverträge (Richtlinie 1999/70/EG) wiederum für viel Aufsehen. In der Entscheidung C-144/04 vom 22. November 2005 hat der Europäische Gerichtshof entschieden, dass die Praxis, wonach älteren Arbeitnehmern unbegrenzt unbefristete Arbeitsverträge angeboten werden können (gemäß der Hartz-Reformen), mit dem Gemeinschaftsrecht unvereinbar ist.

Die Frage, ob die Einflussnahme der europäischen Ebene langfristig zu einem europäischen Modell des öffentlichen Beamtenrechts und der Personalpolitiken führt, wurde in einer Antwort von Braibant im Jahre 1993 vorweggenommen: Auf die Frage „Gibt es ein europäisches Modell des öffentlichen Dienstes?" antwortete Braibant (Braibant 1993: 61), dass die Antwort auf die Frage von der Betrachtungsweise und dem Untersuchungsansatz abhängt. Je spezieller der Untersuchungsansatz (z.B. der Vergleich der Besoldungssysteme), desto größer die Unterschiede. Je allgemeiner die Betrachtungsweise (Vergleich der Rechtsprinzipien und Rechtsgrundsätze), desto größer die Übereinstimmung. Dagegen bemerkte Siedentopf noch vor Jahren: Der öffentliche Dienst ist das letzte nationalstaatliche Reservat (Siedentopf 1996).

Die gegenwärtigen Entwicklungen sind somit durchaus als paradox zu bezeichnen. Auf der einen Seite sind die Mitgliedstaaten sehr stark darauf bedacht, keine zusätzlichen Kompetenzen in der Personalpolitik an „Brüssel" abzutreten. Auf der anderen Seite ist die Krise des öffentlichen Dienstes und der Reform der Personalpolitiken in Zeiten angespannter Haushaltslagen ein europäisches (wenn nicht weltweites) Thema. Und jeder „schielt" auf den anderen, um zu schauen, welche Erfahrungen die anderen machen. Dementsprechend ist das Interesse sehr groß, von den „anderen" zu hören und zu lernen, wie man den neuen Herausforderungen begegnen kann. Auf der anderen Seite dokumentiert gerade der Vergleich, dass die Unterschiede in den Personalpolitiken nicht abnehmen, sondern von einem hohen Grad an Heterogenität gekennzeichnet sind. Die folgenden Beispiele illustrieren dies:

Die irische und niederländische EU-Präsidentschaft haben im Rahmen ihrer Arbeiten im öffentlichen Dienst (im Jahre 2004) einen Schwerpunkt auf die Analyse der Beamtenethik gelegt. Zu diesem Zweck wurden umfassende Vergleichsstudien über beamtenethische Fragen vorgelegt und diskutiert (Bossaert/Demmke 2004). Diese Arbeiten „mündeten" in einen Vorschlag der niederländischen Präsidentschaft zur Verabschiedung eines europäischen Beamtenkodex. Der Vorschlag für diesen europäischen Beamtenkodex wurde jedoch im Laufe des Jahres 2004 zurückgezogen, da immer deutlicher wurde, dass die Interessensunterschiede zu groß waren. Im Einzelnen zeigte diese Initiative zu einem europäischen Kodex somit, dass eine Rechtsangleichung in diesem Bereich weder gewünscht noch möglich war. Zu groß waren die Unterschiede bei den einzelnen Instrumenten: Je spezieller der Untersuchungsansatz (z.B. der Vergleich der Systeme zum so genannten „Whistleblowing", d.h. der Aufdeckung und Meldung von unethischem Verhalten durch Mitarbeiter), desto größer waren die nationalen Unterschiede. Dennoch führte diese Entwicklung zu einem „Spill-over"-Effekt und einer Europäisierung im Bereich der Beamtenethik: seit Anfang 2006 arbeiten die Mitgliedstaaten an einem europaweiten „good practice" Katalog im Bereich der Korruptionsbekämpfung und Integrität im öffentlichen Dienst. Somit zeigt dieses Beispiel – trotz der nationalen Widerstände – die Europäisierung der Beamtenethik – allerdings ohne eine Rechtsangleichung der Systeme (z.B. des Disziplinarrechts für Beamte).

Ein anderes Beispiel für die Möglichkeit einer „Europäisierung in Vielfalt" der Personalpolitiken zeigt das Beispiel der Dezentralisierung der Zuständigkeiten in der Personalpolitik. So sind heute fast alle Mitgliedstaaten damit beschäftigt, bestimmte Personalzuständigkeiten (z.B. im Bereich der Bezahlung) zu dezentralisieren. Dennoch wäre es völlig falsch, daraus zu folgern, dass dieser Prozess der Dezentralisierung der Zuständigkeiten zu mehr Konvergenz führt. Das Gegenteil ist der Fall: Die Dezentralisierung erfolgt von völlig unterschiedlichen „Startpositionen". Zum Beispiel ist der französische öffentliche Dienst wesentlich zentralisierter als der schwedische öffentliche Dienst (vgl. Abbildung 1). Zugleich betreffen die Dezentralisierungsbestrebungen unterschiedliche Verwaltungsebenen, Strukturen und Politikbereiche (siehe auch Kapitel 5.2). Eine Konvergenz der Dezentralisierungsbestrebungen im Personalbereich ist daher gegenwärtig nicht abzusehen.

Abbildung 1: Horizontal HR-Decentralization – Considerable Country Variations

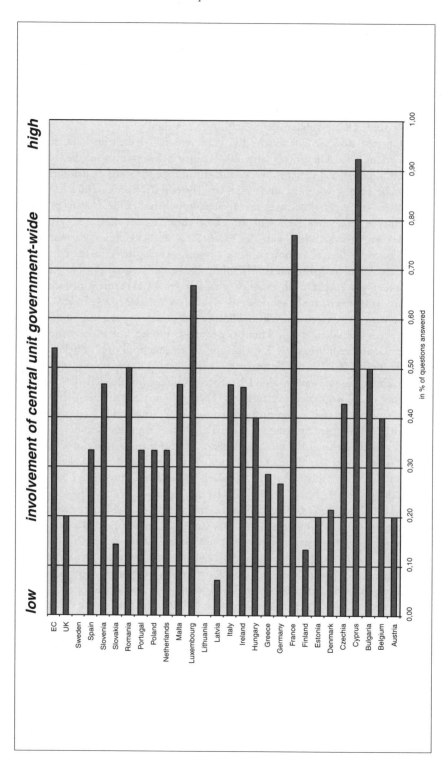

2. Aufgabenverteilung des öffentlichen Personals in Europa – wer ist Beamter und wer nicht? Und warum?

Die klassische Frage, welche Aufgaben ausschließlich Beamten anvertraut werden sollten, ist – europaweit – nie definitiv beantwortet worden. Darüber hinaus wird die Frage, welche Funktionen a) von öffentlich Angestellten mit einem arbeitsrechtlichen Dienstverhältnis und b) von Beamten zu übernehmen sind, nicht nur EU-weit, sondern weltweit unterschiedlich angegangen. Die Problematik der Beamtendefinition ist seit eh und je mit dem besonderen Charakter der Pflichten, den jeweiligen Aufgaben und dem Nationalitätskriterium verknüpft.

In einigen Mitgliedstaaten wie etwa in Dänemark, Deutschland, Spanien, Griechenland und Belgien fordern die Verfassung und/oder die Rechtsprechung der Verfassungsgerichte bzw. das Dienstrecht (oder eine Kombination dieser Faktoren) die Einrichtung eines gesetzlichen Rahmens für die öffentliche Beschäftigung. Diese Forderung schließt die Möglichkeit zum Abschluss normaler Arbeitsverträge in den nationalen Staatsdiensten nicht aus, doch üblicherweise sollte die öffentliche Beschäftigung aus Beamten mit einem öffentlich-rechtlichen Dienstverhältnis bestehen. In Wirklichkeit wird die Möglichkeit zur Einstellung von Personal mit Arbeitsverträgen aber keineswegs nur als Ausnahme gehandhabt, und viele öffentlich Bedienstete üben ohne Beamtenstatus wichtige Aufgaben aus, die sich auf die Ausübung der öffentlichen Gewalt beziehen. Umgekehrt gibt es viele Beamte, die keine öffentliche Gewalt ausüben, sondern mit technisch-unterstützenden Aufgaben (Wartung, EDV, Informationsverwaltung usw.) betraut sind.

Zudem beschäftigen viele Mitgliedstaaten in den gleichen Sektoren und – zuweilen – für die gleichen Berufe unterschiedliche Beschäftigungskategorien. Dies ist unter anderem auf neue Unsicherheiten zurückzuführen: Die Trennung zwischen Staat und Gesellschaft ist in allen öffentlichen Diensten zurückgegangen und viele der auszuführenden Aufgaben unterscheiden sich überhaupt nicht von Aufgaben, die dem privatwirtschaftlichen Sektor zufallen, sodass sie in vielen Ländern daher „privat" ausgeführt werden. IT-Experten können z.B. sowohl als Beamte oder als privatrechtliche Angestellte beschäftigt sein. Sie können in beiden Fällen die gleiche Tätigkeit ausüben.

Im Hinblick auf die Beschäftigung im Staatsdienst bzw. die Beschäftigung von Beamten und anderen öffentlich Bediensteten haben sich somit verschiedene nationale Modelle entwickelt, die jeweils ihre eigenen Paradoxe und Komplexitäten hervorgebracht haben. Hier einige Beispiele: Der öffentliche Dienst Deutschlands unterscheidet (noch) zwischen Beamten, Angestellten und Arbeitern. Alle drei Gruppen können jedoch Aufgaben ausführen, die sich auf die Ausübung der öffentlichen Gewalt beziehen (trotz der anders lautenden Formulierung in Art. 33 GG). Die verschiedenen Beschäftigungskategorien führen Aufgaben aus, die auch in der Privatwirtschaft vorkommen. Aufgrund dieser Inkonsistenz bei der Aufgabenverteilung stellt sich immer wieder die Frage, warum es diese Unterschiede zwischen Beamten und Angestellten überhaupt gibt und welche Bedeutung die „mit der Ausübung der öffentlichen Gewalt verbundene Tätigkeit" hat, wenn Angestellte diese Tätigkeiten genauso gut (oder schlecht) ausführen. Bis auf den heutigen Tag gibt es keinen Beweis, dass Angestellte (die sich ebenfalls an das deutsche Grundgesetz halten müssen) ihre Aufgaben anders erfüllen als Beamte.

Der Prozentsatz der in dänischen Ministerien tätigen Beamten schwankt von Ministerium zu Ministerium gewaltig. Im Ministerium für kirchliche Angelegenheiten sind 84 % aller Bediensteten Beamte, im Ministerium für Flüchtlinge, Einwanderer und Immigration sind es gerade einmal 2 %. Und während die Beamten bei der Dänischen Staatsbahn (DSB) und im Steuerministerium 68 % bzw. 56 % aller Mitarbeiter ausmachen, beträgt der Beamtenanteil im Finanzministerium nur 18 % (Danish Ministry of Finance 2002). Man mag sich über diese Beschäftigungsunterschiede wundern und fragen, warum das Finanzministerium so wenig Beamte und das Steuerministerium so viele hat.

In Belgien verpflichtet das Dienstrecht öffentliche Arbeitgeber dazu, grundsätzlich nur Beamte mit einem öffentlich-rechtlichen Dienstverhältnis einzustellen; die Beschäftigung von Vertragsbediensteten ist lediglich als Ausnahme vorgesehen. Paradoxerweise besteht zwischen der „Theorie vom Beamtenstatus als Regelfall" und dem „Vertrag als einer Ausnahme" einerseits und der Wirklichkeit (z.B. im flämischen Teil Belgiens) andererseits ein deutlicher Unterschied (Janssens/Janvier 2003: 124). Oft werden für Arbeiten, die eigentlich Beamten vorbehalten sein müssten, Privatangestellte herangezogen. Nach den Zahlen für 2001 sind 78 % aller föderalen Bediensteten öffentlich-rechtliche Beamte und 22 % Vertragsbedienstete (Janssens/Janvier 2003). Auf regionaler Ebene ist die Zahl der Beamten rückläufig. Weniger als 50 % der flämischen und wallonischen Regionalbeamten haben einen öffentlich-rechtlichen Status (Janssens/Javier 2003). Außerdem gilt für die meisten der neu im Staatsdienst Eingestellten unter 34 Jahren das privatrechtliche Dienstrecht (zumindest in Flandern) (Janssens/Javier 2003). So ist zu fragen, ob diese hohe Anzahl Vertragsbediensteter eine „Ausnahme" ist.

Auch in anderen Ländern (z.B. in Spanien) ist es fast unmöglich, eine Trennlinie zwischen den Aufgaben zu ziehen, die ausschließlich Beamten vorbehalten sind, und den Aufgaben, die anderen Bediensteten überlassen werden (Ministerios de Administraciones Publicas 2002). Außerdem sind Beamte und Privatangestellte in einigen Mitgliedstaaten nebeneinander in den gleichen Positionen beschäftigt. So hat z.B. rund die Hälfte aller Lehrer in den Niederlanden ein öffentlich-rechtliches Dienstverhältnis, während die anderen gemäß Arbeitsrecht eingestellt sind. Auch in Deutschland sind Lehrkräfte in einigen Bundesländern beamtet, während ihre Kollegen in anderen Bundesländern als öffentliche Angestellte (nach BAT) beschäftigt sind. In Österreich hat fast die Hälfte aller Bundeslehrer kein öffentlich-rechtliches Dienstverhältnis. In der Europäischen Kommission stehen die meisten Bediensteten in einem Beamtenverhältnis; es gibt aber auch einige befristet Beschäftigte („agents temporaires") und noch immer so genannte Hilfskräfte oder „auxilaires." In der Praxis sind diese Unterschiede zwischen den einzelnen Gruppen jedoch weniger deutlich. So stellt sich auf einer Fall-zu-Fall-Basis die Frage, wie diese Unterschiede, von finanziellen Gründen abgesehen, erklärt werden können.

Berücksichtigt man die Situation in allen Mitgliedstaaten, kann folgende Schlussfolgerung gezogen werden: Obwohl die meisten Mitgliedstaaten einen Unterschied zwischen Beamten und anderen öffentlich Bediensteten machen, ist diese Differenzierung als solche für die Beantwortung der Frage, welche Aufgaben von wem ausgeführt werden, nicht mehr entscheidend. In vielen Fällen können privatrechtlich Angestellte bedeutende Staatsaufgaben genauso gut oder schlecht ausführen wie Beamte. Und die spezifischen Arbeitsanforderungen können auch über einen gewöhnlichen Arbeitsvertrag vereinbart werden: Qualifikationsprofil, Befugnisse, moralische Voraussetzungen, Unparteilichkeit, Professionalität, Arbeitsbedingungen usw. Einige Mitgliedstaaten ziehen daraus die logische Konsequenz, die unterschiedlichen Arbeitsbedingungen der öffentlich Beschäftigten anzugleichen und ein Gesetz zu schaffen, das für sämtliche Bedienstete im öffentlichen Dienst gilt, wie etwa das Bundesmitarbeitergesetz in Österreich.

3. Öffentliche Beschäftigung und die (schwierige) Definition des Beamtentums

Unabhängig davon, wie die Antwort ausfallen wird, eine Sache ist sicher: eine Definition des Begriffs „Beamter" oder „Beamtin" ist schwieriger denn je. Europaweit bedeutet der Begriff „Beamter" keinesfalls, ob sich ein Dienstverhältnis entscheidend von anderen Beschäftigten unterscheidet (etwa in Bezug auf Streikrecht, Pension, Beschäftigungssicherheit etc.). Der prozentuale Anteil der Beamten an allen öffentlich Bediensteten schwankt in den EU-Mitgliedstaaten zwischen rund 10 % und 90 %. Gemäß nationalem Recht definiert z.B. Griechenland bis zu 90 % der öffentlich Tätigen als Beamte. In Frankreich gilt folgende Aufschlüsselung je 100 Staatsbedienstete: „82 % sind Beamte, 14 % sind befristet, 2 % sind Krankenhausärzte, 1 % entfällt auf öffentlich angestellte Arbeiter [...] und 1 % auf Tagesmütter (in lokalen Behörden)" (Public Employment Observatory 2003). In den Niederlanden ist der Anteil der Beamten 64 % (Interdepartmental Beleidsonderzoek 2005), in Österreich auf ungefähr 45 bis 50 % zurückgegangen (Bundeskanzleramt 2003). Deutschland hat im öffentlichen Dienst rund 40 % Beamte (Derlin/Frank 2004). In Dänemark sind nur ungefähr 36 % aller öffentlichen Bediensteten beamtet (Tendenz rückläufig) (Danish State Sector Employers Authority 2002). Die Arbeitsbevölkerung Großbritanniens beläuft sich auf insgesamt rund 29 Millionen, von denen ca. 17,5 % im öffentlichen Sektor (einschließlich öffentlichem Dienst) tätig sind, weitere Mitarbeiter sind in der Zentralverwaltung (hauptsächlich bei den so genannten Non-Departmental Public Bodies, dem National Health Service und den Streitkräften), in öffentlich-rechtlichen Körperschaften (z.B. BBC, Royal Mail Group oder British Nuclear Fuels) und in der lokalen Verwaltung beschäftigt. Großbritannien unterscheidet zwischen Kronbeamten und Beamten (die zusammen nur rund 550.000 Personen umfassen und 1,66 % der wirtschaftlich aktiven Bevölkerung ausmachen) und den restlichen öffentlich Bediensteten (insgesamt etwa 5,4 Millionen Beschäftigte). Dies bedeutet, dass rund 10 % aller im öffentlichen Dienst Tätigen Beamte sind.

Mit rund 31 % ist der Anteil der öffentlich Bediensteten an der wirtschaftlich aktiven Bevölkerung in Schweden fast dreimal größer als in Deutschland (ungefähr 11 % der aktiven Gesamtbevölkerung ist im öffentlichen Dienst tätig), wobei die öffentlichen Beschäftigungsverhältnisse fast ausnahmslos nach gesetzlichen Bestimmungen und/oder Vorschriften geregelt sind, die sich kaum von Arbeitsverhältnissen gemäß Ar-

Tabelle 1: Beamtenanteile

Mitgliedstaat	Prozentsatz der Beamten an allen öffentlichen Bediensteten
Griechenland	Ca. 90 %
Frankreich, Portugal	Ca. 80 %
Belgien	Ca. 78 % (föderal), ca. 50–60 % (regional)
Niederlande	64 %
Spanien	Ca. 59 %
Österreich	45–50 % (66,5 % Bundesebene)
Deutschland	Ca. 43 % (Bund 68 %, Länder 58 %, Kommunen 12 %)
Dänemark	Ca. 36 %
Großbritannien	Ca. 10 %
Schweden	Ca. 0,05 % (fast ausschließlich Richter)

Quelle: Eigene Berechnungen des Autors.

beitsrecht unterscheiden. Weniger als 1 % aller öffentlichen Bediensteten hat in Schweden eine besondere öffentlich-rechtliche Stellung (hauptsächlich Richter). Dagegen stehen 1,7 Millionen der wirtschaftlich aktiven Deutschen in einem öffentlich-rechtlichen Beschäftigungsverhältnis (ca. 4,4 % der aktiven Gesamtbevölkerung). Zu ihnen gehören fast 800.000 Lehrer. Interessant ist ferner, dass in Deutschland 68 % der Bundesbediensteten beamtet sind, während in Frankreich 87,3 % aller Angehörigen des Staatsdienstes (Fonction Publique d'Etat) einen Beamtenstatus aufweisen (Public Employment Observatory 2002). In Spanien beträgt der Prozentsatz der Beamten auf staatlicher Ebene rund 73 % aller öffentlich Bediensteten (Ministerios de Administraciones Publicas 2002). In Österreich liegt der Beamtenanteil auf Bundesniveau bei ungefähr 70 % (107.006 von insgesamt 155.234 Vollzeitbeschäftigten) (Österreichisches Personaljahrbuch 2002). Allerdings ist Österreich gerade dabei, die Beamtenzahl im Verhältnis zu den anderen öffentlichen Bediensteten zu reduzieren. Obwohl derzeit nur 5,36 % der wirtschaftlich aktiven Gesamtbevölkerung beamtet sind, haben damit aber noch immer 50 % aller öffentlich Beschäftigten einen Beamtenstatus.

Große Unterschiede gibt es auch bei den neuen EU-Mitgliedstaaten: Im Allgemeinen haben die meisten neuen Mitgliedstaaten einen relativ kleinen oder sehr kleinen öffentlichen Kerndienst. So beträgt der Beamtenanteil an der wirtschaftlich aktiven Bevölkerung z.B. in Polen nur 0,89 % (die Zahl für die ernannten Beamten würde sogar noch niedriger ausfallen), in der Slowakischen Republik 2,30 % (ohne Polizei- und Vollstreckungskräfte), in Ungarn 2,6 %, in Lettland 3,63 %, in Litauen 4,17 %, in Zypern 4,40 %, in Estland ca. 5 % und in der Tschechischen Republik 5,9 % (einschließlich der Streitkräfte), während der Prozentsatz in Slowenien 17 % und in Malta über 22 % beträgt.

Uneinheitlich gestaltet sich auch die Definition des höheren Dienstes, die auf sehr verschiedenartige Mitarbeiterkategorien angewandt wird (Waintrop u.a. 2003). Polen unterscheidet bei seinen hohen Beamten zwischen ungefähr 1.500 berufenen Elitebeamten (von denen 1.100 ein Qualifikationsverfahren durchlaufen haben und 400 Absolventen der Nationalen Schule für Öffentliche Verwaltung sind), sonstigen Beamten und öffentlichen Angestellten. Es wird damit gerechnet, dass die Zahl der berufenen

Beamten in Zukunft weiter ansteigen wird. In Großbritannien sind landesweit über 3.300 Beamte des höheren Dienstes in 55 Regierungsabteilungen und Behörden beschäftigt. Unter ihnen befinden sich Ärzte, Juristen und Wissenschaftler sowie Berater und Manager. Einige Mitgliedstaaten wie etwa Belgien haben überdies den auf Zeit ernannten Topbeamten eingeführt. Für diese Spitzenpositionen gilt also kein Prinzip der lebenslangen Anstellung.

Dementsprechend fragmentiert und unterschiedlich ist heute die Gruppe der öffentlich Bediensteten, in der höchst unterschiedliche Beschäftigtenkategorien zu differenzieren sind, z.B. Führungskräfte auf Zeit, die nach ihrer Leistung (und den erreichten Zielsetzungen) bezahlt werden, Beamte auf Lebenszeit (oder mit unbefristeten Verträgen), andere öffentliche Beschäftigte, Kurzzeitkräfte wie Berater und Gutachter und technische Mitarbeiter (Hondeghem/Putseys 2004).

Die Palette der Berufe ist ebenfalls sehr breit: Sie erstreckt sich gegenwärtig von der Erforschung des Weltraums bis hin zur Reinigung von Straßen. Sowohl der Astronaut als auch der Straßenfeger können entweder als Beamter oder als öffentlicher Angestellter nach allgemeinem Arbeitsrecht eingestellt sein. Der Beschäftigungsstatus ist hier nur selten logisch erklärbar. In Wirklichkeit gibt es im heutigen öffentlichen Dienst ebenso viele Beschäftigtenkategorien wie öffentliche Funktionen und Organisationen: Angehörige eines Ministeriums unterscheiden sich z.B. deutlich von den Mitarbeitern in einer Behörde, bei der Polizei, im Gesundheitswesen, beim Grenzschutz, in öffentlich-privaten Partnerschaften, an der Schule oder in einem Lebensmitteluntersuchungsamt. Auch das Arbeitsleben und die Arbeitsbedingungen haben sich geändert und können – manchmal – von Organisation zu Organisation abweichen. In einigen Mitgliedstaaten gibt es kaum Unterschiede zwischen Spitzenbeamten und Spitzenmanagern privater Unternehmen. In anderen Ländern, wie z.B. Malta, werden öffentliche Spitzenpositionen nur befristet besetzt. Das heißt, die sowohl aus dem öffentlichen Dienst als auch der Privatwirtschaft kommenden Personen erhalten zeitlich befristete Verträge, die beendet (oder nicht verlängert) werden können, wenn die erbrachte Leistung hinter den Erwartungen zurückbleibt. Derartiges wäre vor zehn Jahren undenkbar gewesen. Unterscheiden sich diese Führungskräfte somit noch von jenen in der Privatwirtschaft?

4. Quo vadis Personalpolitik in den Mitgliedstaaten. Viele Reformen ohne Strategie

In den EU-Mitgliedstaaten herrschte lange Zeit die Meinung, Beamte seien an die Staatsautorität gebunden und könnten nicht mit Arbeitnehmern in der Privatwirtschaft verglichen werden. Die öffentlichen Bediensteten galten als Stellvertreter der Staatsgewalt, die die Rechtsstaatlichkeit hochzuhalten und die Regierungspolitik auszuführen hatten. Daher sollten Beamte hohe Integritätsstandards haben und ausschließlich mit einer Aufgabe betraut sein: nämlich der Arbeit für das Gemeinwohl. Nach diesem Verständnis – mit einem deutlich von Gesellschaft und Bürgern abgegrenzten Staat – konnten Beamte kein Recht auf Streik oder (auf) eine Teilnahme an Tarifverhandlungen über Arbeitsbedingungen haben.

Nach dem Zweiten Weltkrieg wurden die staatlichen Aufgaben gebündelt (insbesondere im Sozial- und Bildungsbereich); es wurden immer mehr Beamte und öffentlich Bedienstete eingestellt. Die öffentliche Beschäftigung erreichte somit Ende der siebziger und Anfang der achtziger Jahre des vorigen Jahrhunderts einen neuen Höhepunkt. Infolge der Ausweitung des staatlichen Sektors wurde aber auch immer unklarer, warum Funktionen beispielsweise in Bildung, Forschung und sozialer Sicherheit anders als Funktionen in der Privatwirtschaft eingestuft werden sollten.

Während der letzten Jahrzehnte haben in allen EU-Mitgliedstaaten zudem wichtige Entwicklungen in den europäischen öffentlichen Diensten stattgefunden, die erhebliche – aber je nach Staat, unterschiedliche – Auswirkungen auf die nationalen Personalpolitiken zeitigen:

- Sparzwänge, die heute die größte Herausforderung für fast alle öffentlichen Verwaltungen in Europa darstellen;
- eine Abnahme der Geburtenrate in fast allen europäischen Ländern in Verbindung mit einer Alterung der öffentlichen Beschäftigung;
- ein kontinuierlicher Prozess der Verbesserung von Aus- und Fortbildung sowie der Erhöhung der Qualifikation der Bevölkerung;
- eine erhebliche Zunahme des Frauenanteils am Arbeitsmarkt;
- eine Abnahme der Beteiligung älterer Arbeitnehmer am Arbeitsmarkt in Verbindung mit einem erhöhten Eintritt in den Vorruhestand;
- eine Zunahme der Zahl an Einwanderern und grenzüberschreitender Mobilität;
- der ständigen Veränderungen durch die Informationstechnik;
- einer sich verändernden Führungskultur aufgrund einer starken Tendenz zur Dezentralisierung und Individualisierung von Verantwortlichkeiten;
- einer stärkeren Vermischung der Grenzen zwischen öffentlichem, privatem und gemeinnützigem Sektor;
- der Veränderung der Werte und des Beamtenethos.

Der öffentliche Dienst in Europa ist aufgrund all dieser Entwicklungen heute alles andere als ein statisches und homogenes Gebilde. Darüber hinaus ist ein europaweites Vorbild (wie zu Zeiten des napoleonischen, preußischen oder schwedischen Modells) nicht mehr zu erkennen. Vielmehr setzt sich zu Beginn des 21. Jahrhunderts in immer mehr Staaten die Auffassung durch, dass eine differenzierte Behandlung und ein unterschiedlicher Status gegenüber der Privatwirtschaft zumindest in bestimmten Bereichen nicht mehr gerechtfertigt erscheinen.

Diese Ausweitung des öffentlichen Dienstes und – in vielen Fällen – die Vorzugsbehandlung von Beamten (vor allem bei der Arbeitsplatzsicherheit und den Versorgungsleistungen) haben die Attraktivität des öffentlichen Sektors als Arbeitgeber verbessert, nicht aber unbedingt sein Image als Dienstleister. Bürger, Medien und Politiker äußern ihre Unzufriedenheit über den öffentlichen Dienst und über Beamte im Allgemeinen. Sie ziehen gegen Bürokraten und den teuren, langsam, ineffizient wirkenden oder überhaupt nicht reagierenden Verwaltungsapparat zu Felde.

Zu Beginn des 21. Jahrhunderts wird nunmehr mit dem klassischen Bürokratenstaat auch der Beamtenstatus europaweit in Frage gestellt. Da der klassische Beamtenstaat unmittelbar mit der Idee des Nationalstaats und der nationalen Staatsbürgerschaft verknüpft ist, stellen Globalisierungs- und Internationalisierungstendenzen, Wertewandel, der Einfluss des Europarechts und die Veränderung der Staatlichkeit sowie die verschiedenen Reformvorhaben große Herausforderungen an den klassischen Beamten-staat. Schließlich führen Sparzwänge und konkrete Reformen (Reform der Altersversor-gungssysteme, Mobilität zwischen Privatwirtschaft und öffentlichem Dienst, Einstel-lung in zeitlich befristete Spitzenpositionen, Reform der Besoldungssysteme, Einfüh-rung von Zielabsprachen und Instrumenten des Leistungsmanagements, Flexibilisie-rung der Arbeitszeit und Vertragsbeziehungen etc.) in den nationalen öffentlichen Diensten zu Angleichungstendenzen mit der Privatwirtschaft und zu einer partiellen Aufgabe klassischer Prinzipien des öffentlichen Dienstrechts.

In allen Mitgliedstaaten fördern die genannten Entwicklungen den Wandel, den Umbau und die Dezentralisierung des öffentlichen Dienstes an allen Stellen. Darüber hinaus werden öffentliche Aufgaben über immer komplexere Netzwerke, dezentrale Führungs- und Kontrollstrukturen, gemischtwirtschaftliche Partnerschaften und Koope-rationen zwischen NGOs, Beratern und staatlichem Dienst verwaltet. Die traditionelle Auffassung vom öffentlichen Dienst als einem einheitlichen Arbeitgeber tritt somit all-mählich in den Hintergrund. Auch die Reform der Personalpolitiken und die Schwie-rigkeiten bei der Umsetzung der Reformvorhaben weisen europaweite Gemeinsamkei-ten auf. So lassen die Einführung individueller Leistungspläne und die Dezentralisie-rung der Verantwortlichkeiten im Human Resources Management (HRM) den öffent-lichen Dienst zu einem eher fragmentierten Gebilde werden.

5. Reforminstrumente und Reformbereiche

Die zuweilen überstürzte Einführung neuer Reform- und Steuerungsmodelle in vielen Staaten hat zumindest zu einem Ergebnis geführt: eine neue Form der Unübersicht-lichkeit! Sind die Beamten seit Einführung von leistungsorientierten Besoldungsele-menten tatsächlich leistungsfähiger oder eher frustrierter geworden? Hat eine Dezentra-lisierung der Verantwortlichkeiten wirklich zu mehr Effizenz und Kontrolle bei der Mittelverwendung geführt oder stattdessen zu mehr Korruptions- und Führungsproble-men? Hat der Abbau weiterer Privilegien der Beamten (z.B. im Rahmen der Reform der Pensionssysteme) das Image des öffentlichen Diensts verbessert, aber die Attraktivi-tät des öffentlichen Arbeitgebers eher verschlechtert? Führen Effizienzgewinne durch Abbau der Beschäftigung zu mehr Produktivität oder zu mehr Stress? Führt mehr Mo-bilität zu mehr Motivation oder mehr ethischen Dilemmas? Führt der europaweite Ab-bau von Arbeitsplätzen nur zu einer Verlagerung von Arbeitsplätzen in die staatlich subventionierten Bereiche? Und wie verhält sich der Abbau der Beschäftigung zu dem Grundsatz der Arbeitsplatzsicherheit? Trifft eigentlich der Mythos zu, wonach die Ar-beitsplätze immer unsicherer und flexibler werden? Oder nimmt die Zahl der Teilzeit-beschäftigten mit einem Dauerarbeitsvertrag zu? Alle diese Fragen bleiben bisher wei-testgehend unbeantwortet und bieten den Sozialwissenschaften einen Fundus an weite-rem Forschungsmaterial.

5.1 Reformen im Leistungsmanagement und ihre Auswirkungen

Trotz der weit verbreiteten Einführung neuer Leistungsmanagementsysteme, Zielabsprachen, Kompetenzprofile und Leistungsbeurteilungssysteme sowie des Optimismus,
der die Einführung dieser Instrumente begleitet, gibt es in den meisten Mitgliedstaaten
bisher kaum Belege, ob die Techniken des Leistungsmanagements die Leistung der
Mitarbeiter tatsächlich gesteigert haben oder nicht. Inzwischen gesteht die dem *New
Public Management"* lange Zeit „freundlich" gesonnene OECD ein, dass die praktischen Modernisierungsergebnisse in den OECD-Ländern keine „hinreichende Voraussetzung für ein besseres Regieren" waren (OECD 2002). Darüber hinaus schien ein
Management der Humanressourcen im Reformkontext der letzten Jahre mehr Gegenstand der Rhetorik denn Realität zu sein. Häufig hatten Reformen im Sinne des *„New
Public Management"* mehr mit dem klassischen „Scientific Management" als mit einem
„Management der Humanressourcen" gemeinsam. Was in der Theorie wie in der Praxis
fehle, sei eine Investition in die Menschen (OECD 2002, 2004).
       Generell werfen die Einführung von Leistungsmanagementsystemen sowie die Indi-
vidualisierung der Rekrutierungs- und Bezahlungssysteme zudem neue Fragen auf: Wie
lässt sich das Spannungsverhältnis zwischen Rechtssicherheit, notwendiger Standardisierung, Fairness, Gleichheit, Nicht-Diskriminierung auf der einen Seite und Flexibilität,
Repräsentativität und Individualisierung auf der anderen Seite ausbalancieren?
       Schon diese Fragen machen deutlich, dass noch immer die Wechselwirkung zwi-
schen Personalreform sowie individueller Leistung und ethischen Anforderungen nur
schwer zu bestimmen ist. Leider ist das vorhandene Wissen in diesem Bereich recht
spärlich, da es naturgemäß schwierig ist, die direkten Folgen von HRM-Reformen zu
isolieren und zu analysieren. Gerade Reformen des Human Resources Managements
sind noch zu häufig isolierte rechtliche, wirtschaftliche und politische Reformen, die
psychologische Aspekte ignorieren, auch wenn massive Nachweise bestehen, dass individuelles Verhalten maßgeblich durch Gefühle wie Hoffnung oder Angst beeinflusst
wird.
       In den Niederlanden erleiden jährlich 9,4 % aller Beschäftigten (im öffentlichen
Dienst und in der Privatwirtschaft) Formen (sexueller) Einschüchterung am Arbeitsplatz und andere Formen unethischen Verhaltens (in 40 % der Fälle von ihren Vorgesetzten). Daneben hat die große Anzahl physischer und psychischer Probleme (z.B. Rü-
ckenschmerzen, burn-out, Stress) starke Auswirkungen auf die individuelle- und organisatorische Leistungsfähigkeit und Motivation (und vermutlich mehr als die Einführung von Maßnahmen wie leistungsorientierter Bezahlung).
       Schuler (2005) beschreibt die Neigung erfolgsmotivierter und selbstbewusster Per-
sonen, Erfolge der eigenen Person zuzuschreiben. Umgekehrt erklären sich misserfolgs-
orientierte Personen ihren Erfolg eher im geringen Schwierigkeitsgrad der Aufgabe oder
durch Zufall. Bei Misserfolg erklären sich erfolgsorientierte diesen Umstand eher durch
zu geringe Anstrengung oder durch Pech. „Für Misserfolgsmotivierte entsteht selbst aus
dem Erfolg kaum ein selbstwertfördernder Impuls, der Misserfolg vermindert die Leis-
tungszuversicht bzw. erhöht die Misserfolgsbefürchtung. "Die objektiv gleichen Konsequenzen werden also von den handelnden Individuen unterschiedlich verarbeitet und
führen zu unterschiedlichen Haltungen (und Gefühlen!) gegenüber Leistungssituatio-

nen (...)." Jedes Leistungsmanagement sollte daher beachten, dass ein hohes Maß an unrealisiertem Leistungspotential in „fähigen, aber misserfolgsängstlichen Menschen steckt" (Schuler 2005: 311). Umgekehrt kann negatives Feedback insbesondere leistungsverbessernd wirken, wenn hohes Selbstbewusstsein vorliegt und der Beurteiler glaubwürdig und kompetent ist. Die Stärkung des Selbstbewusstseins sollte daher als Basis und Grundzielsetzung aller Leistungsmanagementsysteme fungieren.

Insgesamt muss man sich auf die entscheidende Frage konzentrieren: warum gibt es überhaupt mangelhafte Leistungen? Weil Leute den falschen Arbeitsplatz bekleiden, schlecht ausgebildet sind oder zu wenig Anerkennung erhalten? Oder einfach, weil sie faul sind? Zudem kann auch nach mehr als 100 Jahren Beamtentum niemand mit Sicherheit sagen, ob öffentliche Bedienstete nun tatsächlich andere Leistungen erbringen (oder nicht) als Beschäftigte in der Privatwirtschaft. Echtes Wissen besteht nur über die Existenz von Klischees: „Nach dem herrschenden Bild sind die Mitglieder des öffentlichen Dienstes faul, nicht besonders ambitioniert und kaum kompetent" (Mol/Kruijf 2004). Tatsächlich gibt es kaum systematische, empirisch gestützte Erkenntnisse über die Leistung und Motivation von Beamten im Vergleich zu privatrechtlich Angestellten sowie zur Beziehung zwischen Verwaltungs- und Personalreform und individueller Leistung. Daneben ist noch immer unklar, ob öffentlich Beschäftigte überhaupt andere Motivationsstrukturen aufweisen als Angestellte im Privatsektor (Perry/Wise 1990). Andererseits gibt es bisher keine (empirischen) internationalen HRM-Studien, die belegen, dass Arbeitnehmer in der Privatwirtschaft bessere Leistungen erbringen als ihre Kollegen im öffentlichen Dienst.

Trotz dieser Aussagen zeichnen sich neue Probleme ab. So gibt es bisher keine Aussagen darüber, welche Auswirkungen Personalreformen im öffentlichen Dienst auf die Leistung der Mitarbeiter zeitigen. Die Tatsache, dass nur wenig über die Leistung bekannt ist, eröffnet ein weites Feld für Spekulationen und Annahmen. So wird die Leistungsdebatte in punkto Zufriedenheit und Motivation von Mutmaßungen dominiert, und nicht von Wissen und Fakten. In einer empirischen Studie von Demmke zu Unterschieden zwischen Beamten und anderen Beschäftigten (Demmke 2005) antworteten nur wenige (Vertreter von) Mitgliedstaaten auf die Frage zum Einfluss von HRM-Reformen auf Leistung, Arbeitszufriedenheit, diese Auswirkungen seien positiv. Einige Staaten wie z.B. Belgien, die Niederlande, Portugal und auch die Europäische Kommission selbst gaben an, dass die Ergebnisse der neuen Reformen erst noch ausgewertet werden müssten. Andere Mitgliedstaaten wiederum hatten keinen Beweis für die Wirkung der HRM-Reformen, z.B. Deutschland, Luxemburg und Italien. Spanien teilte schließlich mit, dass eine umfassende Überprüfung der Wirkung von HRM-Reformen in Planung sei. Als einziger Mitgliedstaat konnte Irland einige wenige konkrete und positive Messungen infolge neuer HRM-Reformen präsentieren.

Diese Beispiele zeigen, dass es Aufgabe einer Theorie des Human Resources Managements ist, ihre Annahmen mit empirischen Fakten und zuverlässigen Informationen zu begründen. Allerdings beruhen gerade im öffentlichen Dienst viele Theorien und populärwissenschaftliche Veröffentlichungen über die so genannten *Bürokraten* auf Klischees, Fehlinformationen oder unzureichender Datenlage.

5.2 Dezentralisierung der Verantwortlichkeiten

Ein besonders aktuelles Beispiel betrifft die Dezentralisierung der Verantwortlichkeiten. Trotz aller Empfehlungen, Zuständigkeiten zu dezentralisieren und Hierarchien zu reduzieren, fehlt in diesem Bereich eine klare Vision über die Ziele und Grenzen einer Dezentralisierung. Somit gibt es auch verschiedene Aufgabenbereiche der Führungskräfte im öffentlichen Dienst.

Tabelle 2: Wichtige Verantwortlichkeiten der mittleren und unteren Führungsebene im Personalbereich in den Mitgliedstaaten der EU[1]

Bereich	Mitgliedstaaten
Einstellung eines Mitarbeiters auf mittlerer Führungsebene	Niederlande, Tschechische Rep., Estland, Malta, Finnland, Großbritannien, Bulgarien
Festlegung des Grundgehalts	Ungarn, Polen
Festlegung von leistungsorientierten Besoldungselementen	Niederl., Slowakei, Slowenien, Dänemark, Estland, Finnland, Deutschland, Schweden, Großbrit., Spanien, Österreich, Lettland, Polen, Bulgarien
Öffentliches Beschaffungswesen bei Vergabe eines Projektes (mit einem Volumen von ca. 250.000 Euro)	Niederlande, Estland, Malta, Finnland, Deutschland, Schweden, Großbrit, Lettland, Irland
Festlegung von Fortbildungs- und Entwicklungsplänen	Ungarn, Niederl., Slowakei, Portugal, Dänemark, Estland, Zypern, Malta, Finnland, Schweden, Großbrit., Lettland, Irland, Bulgarien
Leistungsmanagement	Niederl., Slowenien, Portugal, Dänemark, Estland, Zypern, Malta, Finnland, Deutschland, Großbrit., Lettland, Irland, Bulgarien, Rumänien
Beamtenethik, Verhaltenskodexe	Estland, Schweden, Irland
Entscheidungen über disziplinarische Verfahren	Ungarn, Griechenl., Niederl., Tschech. Rep., Slowenien, Portugal, Dänemark, Malta, Deutschl., Großbrit., Lettland, Irland, Belgien, Bulgarien
Entlassung der Beschäftigten	Ungarn, Niederl., Slowenien, Dänemark, Estland, Finnland, Deutschl., Großbrit., Irland, Bulgarien
Beförderung eines Managers	Ungarn, Tschech. Rep., Estland, Malta, Großbrit., Spanien, Frankreich, Rumänien
Arbeitszeitanpassungen und Änderungen der indiv. Arbeitszeit	Tschech. Rep., Dänemark, Großbrit., Ungarn
Veränderungen der indiv. Anforderungsprofile und Verantwortlichkeiten	Niederl, Slowenien, Portugal, Dänemark, Estland, Malta, Finnland, Deutschl., Schweden, Großbrit., Spanien, Plen, Irland, Belgien
Arbeitsplatzabbau	Malta, Schweden, Großbrit., Spanien
Verlagerung des Personals	Niederl, Dänemark, Malta, Finnland, Schweden, Großbrit., Spanien, Irland

---

1 Österreichische EU Präsidentschaft 2006, Decentralisation and Accountability as Focus of Public Administration Modernisation: Challenges and Consequences for Human Resource Management, Studie für die Abteilungsleiter des öffentlichen Dienstes, Wien, Mai 2006 (noch unveröffentlicht).

Gerade in der Personalpolitik versteht jeder Mitgliedstaat etwas anderes unter Dezentralisierung. Sollen Führungskräfte mehr Flexibilität erhalten und über leistungsorientierte Zulagen entscheiden dürfen? Sollen Zuständigkeiten im Bereich Rekrutierung, Beförderung, Mobilität und Entlassung dezentralisiert – oder sogar individualisiert werden? Gegenwärtig ist der Wunsch nach mehr Flexibilität und Freiraum eher eine europäische „Zauberformel" ohne Inhalt. Hingegen besteht noch immer Unsicherheit, wie sich diese Entwicklungen zu Prinzipien der Fairness, Rechtssicherheit und Rechenschaftspflicht (Accountability) verhalten.

Darüber hinaus fehlen Nachweise, wie sich die Dezentralisierung von Zuständigkeiten auf die Beschäftigungsbedingungen der Führungskräfte sowie die Motivation der Mitarbeiter auswirken. Bisherige Nachweise deuten darauf hin, dass die Dezentralisierung und Deregulierung zweifellos positive Auswirkungen haben, aber auch zu Herausforderungen führen. Probleme mit dem öffentlichen Dienst lassen sich nicht nur einfach dadurch lösen, dass die Führungskräfte von Regeln und Grenzen befreit werden. Weil sie mehr Flexibilität erhalten, handeln Führungskräfte nicht automatisch richtig. Mit größerer Eigenständigkeit wächst hingegen die Verantwortung, und die Dezentralisierung von Zuständigkeiten erfordert ebenfalls verstärkte Investitionen in die Führungskräfte. Aber: Verfügen die Führungskräfte überhaupt über die Fähigkeiten, Zeit und Kompetenz zur Wahrnehmung ihrer neuen Leistungsaufgaben? Leider ist dies häufig nicht der Fall. Die Tatsache, dass Führungskräfte mehr Befugnisse und Aufgaben erhalten, bedeutet somit nicht, dass sie a) diese Zuständigkeiten nutzen oder b) in der Lage sind, die neuen Aufgaben wahrzunehmen (z.B. im Bereich der Vergabe von Leistungsanreizen). Da die Leistungen Einzelner auch von guten Führungsqualitäten abhängen, wird es in Zukunft wichtiger werden, zu analysieren, wie und in welchem Umfang sich gute oder schlechte Führungsqualitäten auf die Leistungen auswirken.

5.3 Leistungsorientierte Bezahlung

In fast allen EU-Mitgliedstaaten wird mit einigem Eifer die Reform der Besoldungssysteme vorangetrieben. In diesem Zusammenhang ist eine Studie der OECD über leistungsorientierte Bezahlung in den OECD-Staaten (OECD 2005) besonders aussagekräftig. Besonders populär ist das Instrument der leistungsorientierten Bezahlung. Während in vielen Mitgliedstaaten noch das Hohelied über die leistungs- und motivationssteigernden Wirkungen von leistungsorientierter Bezahlung angestimmt wird, „beerdigen" neuere Studien endgültig den Mythos, der bereits von Herbert Simon (1961) in Frage gestellt wurde. Stattdessen – so die OECD-Studie – kann die Einführung leistungsorientierter Bezahlung vor allem positive Auswirkungen auf die Organisation und Verwaltungskultur haben, nicht aber auf die Leistung und Motivation der einzelnen Mitarbeiter. Diese Feststellung steht im Übrigen im Gegensatz zu dem – auch von der OECD – lange Zeit bemühten Argument, wonach vor allem materielle Leistungsanreize die Beamten zu mehr Leistung animieren.

Wie die Erfahrung gezeigt hat, führt die Einführung der Leistungsmessung unter Umständen sogar zu einer kostspieligen Investition in mehr Bürokratie, anstatt das zu tun, wofür sie eigentlich gedacht ist, nämlich Geld zu sparen. Ziele zu definieren, festzusetzen, zu messen und über Ziele zu berichten kostet Zeit und Geld; und je mehr Ziele es gibt, desto mehr Ziele müssen wieder angepasst werden und desto mehr Ressourcen fließen in die Leistungsmessung (House of Common 2002–2003).

Die Leistungsmessung hängt sehr stark von den jeweiligen Leistungsindikatoren und der Art der Leistungsmessung und Leistungsverwaltung ab. Normalerweise werden sich Leistungsindikatoren an Ergebnissen, Output oder Input (Investitionen) orientieren, „von denen jedes eine andere Kontroll- und Berichtsmethode erfordert" (Mol/ Kruijf 2004). Gerade das Leistungsmanagement ist und bleibt jedoch defizitär, da gerade im öffentlichen Dienst viele Leistungen nur schwer messbar sind. Daraus zu schließen, dass dieses Instrument überall gleich eingesetzt wird, ist jedoch falsch. In Wirklichkeit führt die Dezentralisierung und Individualisierung der Leistungsbewertungs- und Besoldungssysteme zu mehr Heterogenität in Europa. Anders ausgedrückt: die Strategien zur Reform der Bezahlungssysteme sind zwar vergleichbar (z.B. Abbau der Zulagen, Reform des Senioritätsprinzips, Einführung von materiellen Leistungsanreizen etc.). Hingegen sind die konkreten Implementationsstrategien wiederum an den nationalen Kontext angepasst. Das populäre Instrument des „Best-Practice"-Verfahrens im Bezahlungsbereich hat genau mit diesen Problemen zu kämpfen. Vieles was vergleichbar erscheint, ist in Wirklichkeit nur schwer vergleichbar. So wird zum Beispiel in Griechenland, Luxemburg und Frankreich die Besoldung der Beamten zentral festgelegt. In Spanien ist das Grundgehalt viel niedriger als in anderen Mitgliedstaaten. Dafür gibt es höhere Zulagen. In Schweden handelt jeder Beschäftigte seinen eigenen Vertrag und sein eigenes Gehalt mit seiner eigenen Agentur aus. In Luxemburg gibt es noch gar keine leistungsorientierte Besoldung; in Irland und Polen ist dies nur für wenige Führungskräfte vorgesehen. Einige Meilen weiter ist in Großbritannien die leistungsorientierte Besoldung weit verbreitet. Allerdings gibt es in diesem Bereich wieder große Unterschiede bei der Art und Menge der Geldmenge und der Zielgruppe. Schließlich gibt es Staaten, in denen Team-Bonusleistungen gezahlt werden, in anderen gibt es dieses Instrument (noch) nicht. Schließlich führen einige Länder Leistungsbonusleistungen nur sehr zögerlich ein, während z.B. in Belgien Pläne bestehen, wonach Spitzenbeamte (fast) nach Marktpreisen bezahlt werden sollen.

Leistungsorientierte Besoldungselemente gibt es somit zwar nunmehr überall (vgl. Tabelle 3). Aber wer weiß eigentlich, dass der angeblich unmoderne öffentliche Dienst Frankreichs der erste öffentliche Arbeitgeber war, der mit den so genannten „primes" leistungsorientierte Elemente eingeführt hat? Diese Beispiele dokumentieren in geraffter Zusammenfassung die gemeinsamen Trends und die großen Unterschiede im Detail. Sie machen zudem deutlich, wie wenig Informationen über die öffentlichen Dienste der „anderen" bestehen.

Tabelle 3: Leistungsorientierte Besoldungselemente

Mitgliedstaaten der EU mit leistungsorientierten Besoldungselementen	Mitgliedstaaten der EU ohne leistungsorientierte Besoldungselemente	Anmerkungen
Schweden, Großbritannien, Dänemark, Finnland, Deutschland, Litauen, Estland, Italien, Slowakei, Ungarn, Malta, Spanien, Frankreich, Belgien, Bulgarien	Griechenland, Luxemburg, Portugal, Slowenien, Niederlande, Tschechische Rep., Zypern, Irland, Polen, Rumänien	Österreich und Slowenien planen die Einführung, in den Niederlanden sind leistungsorientierte Elemente an der Gesamtbezahlung unbedeutend, in Frankreich wird vor allem das Instrument der Prämien angewandt, zu Lettland und Polen liegen keine Daten vor, in Polen wird leistungsorientierte Bezahlung nur an die nominierten Beamte (ca. 3 % der Beschäftigten) vergeben, in Frankreich werden vor allem sogenannte Prämien („Primes") vergeben.

5.4 Arbeitsplatzsicherheit und Lebenszeitanstellung

Interessanterweise hat die allgemeine Flexibilisierung der Arbeitsbedingungen in den nationalen öffentlichen Diensten einen wichtigen Bereich bisher kaum verändert: das Prinzip der lebenslangen Anstellung der Beamten. Dieses traditionelle Prinzip steht in der großen Mehrzahl der Länder, wo es diesen Grundsatz gibt, nicht zur Disposition. Bis zum heutigen Tage gilt die Anstellung auf Lebenszeit in vielen Ländern als wesentliches Element, das Kontinuität und Stabilität im öffentlichen Dienst gewährleisten soll. Merkwürdigerweise hat sich die Reformdiskussion im Bereich des Human Resources Management hauptsächlich auf Instrumente wie die Einführung von Leistungsbeurteilungen, Reform der Besoldungssysteme, Mobilität, Reform der Laufbahnen und Teilzeitfragen konzentriert. So verändert sich im personalpolitischen Bereich fast „alles". Das Prinzip des unbefristeten Vertrags oder sogar die Anstellung auf Lebenszeit für Beamte wird hingegen grundsätzlich nicht in Frage gestellt.

In der übergroßen Mehrheit der öffentlichen Dienste wird somit die Abnahme der Beschäftigungssicherheit nicht als wirksames Instrument zur Leistungssteigerung des Personals gewertet. Dazu trägt auch das europäische Recht bei. Die Richtlinie 1999/70/EG verlangt von den Mitgliedstaaten eine klare Begrenzung bei der Vergabe von befristeten Arbeitsverträgen. Dennoch liegt auch hier der „Teufel im Detail". So sind die Frage der Arbeitsplatzsicherheit und selbst das Prinzip der „Lebenszeitanstellung" europaweit sehr unterschiedlich geregelt. Zwar haben fast überall öffentliche Beschäftigte mehr Arbeitsplatzsicherheit als privatrechtlich Angestellte. Dennoch haben in den EU-Mitgliedstaaten längst nicht alle öffentlich Beschäftigten einen Anspruch auf eine lebenslange Anstellung. In Dänemark verfügen zum Beispiel nur Richter im Vergleich zu anderen Beschäftigten im öffentlichen Dienst über einen höheren Grad an Beschäftigungssicherheit. Auch in den Niederlanden werden nur Justizbeamte auf Lebenszeit angestellt. Genauso haben in Schweden nur Richter eine Anstellung auf Lebenszeit. Weiterhin ist der Grundsatz der Lebenszeitanstellung im Vereinigten Königreich und

Finnland unbekannt. In Österreich und in Estland gibt es Pläne, den Grundsatz der Lebenszeitanstellung abzuschaffen.

Trotz dieser Feststellung lassen sich interessante Entwicklungen „quasi durch die Hintertür" feststellen. So entwickeln immer mehr Mitgliedstaaten Maßnahmen und Instrumente, die die Beendigung von Beschäftigungsverhältnissen mit Beamten für den Fall erleichtern, dass ihre Leistungen zu schlecht oder unzulänglich sind. Darüber hinaus ist ein interessanter Trend in einigen anderen EU-Mitgliedstaaten feststellbar, der Personalleitern in Zukunft mehr Möglichkeiten einräumen soll, bei Leistungsproblemen ihrer Mitarbeiter einzugreifen. So ist es in Österreich möglich, einen Beamten zu entlassen, wenn er zwei Mal hintereinander eine negative Leistungsbeurteilung erhalten hat. In anderen Mitgliedstaaten (z.B. in Schweden und Estland) ist es wiederum möglich, eine Kündigung aus wirtschaftlichen oder strukturellen Gründen auszusprechen, während sie in vielen anderen europäischen Staaten, in denen der Grundsatz der Anstellung auf Lebenszeit gesetzlich verankert ist, nicht zulässig ist. Es ist allerdings schwer zu beurteilen, ob es einfacher ist, Beschäftigungsverhältnisse aufgrund unzulänglicher Leistungen oder aus wirtschaftlichen bzw. organisatorischen Gründen zu kündigen – vor allem deshalb, weil die Maßnahmen in Fällen unzulänglicher Leistungen zumeist erst vor kurzem eingeführt wurden.

6. Quo vadis? Personalpolitik zwischen Tradition, Modernisierung und Vielfalt

Das klassische Argument für einen spezifischen Rechtsstatus der Beamten war stets von der Notwendigkeit von Stabilität, Neutralität und Kontinuität geprägt. Klare Laufbahnen, die Ernennung auf Lebenszeit und ein Dienstalterprinzip statt einer Berücksichtigung der Verdienste, privilegierte Altersversorgungssysteme und eine begrenzte Flexibilität und Mobilität wurden eingeführt, um die Gefahr einer zu starken politischen Einflussnahme, Korruption und politische Instabilität in der Verwaltung möglichst umfassend zu bannen. Aus historischer Sicht war einer der Vorteile des klassischen Laufbahnsystems, dass der Beamte aufgrund des Schutzes vor willkürlichen und politisch motivierten Handlungen loyal sein sollte und nicht von bestimmten Interessen oder politischen Parteien abhängig sein sollte. Für das Dienstalterprinzip spricht vor allem, dass es dieses Prinzip dem öffentlichen Arbeitgeber ermöglicht, seinen Beschäftigten in Bezug auf institutionelles Wissen und Kontinuität zu vertrauen. Viele Untersuchungen zeigen auf, dass Stabilität, klare Laufbahnperspektiven und Arbeitsplatzsicherheit bei einer Ernennung auf Lebenszeit in der Tat wichtig sind. Dagegen setzen moderne HRM-Reformen zuweilen sehr einseitig auf die „Wunderwaffen" „Flexibilität", „Mobilität", „Dezentralisierung" und „Individualisierung".

Aber sollten Beamte dennoch auch weiterhin anders behandelt werden und über spezifische Beschäftigungsbedingungen verfügen? Oder sollten alle öffentlich Bediensteten denselben Status erhalten und das Human Resources Management sich auf das Fortbestehen guter Beschäftigungsbedingungen konzentrieren? Die Beantwortung dieser Frage gestaltet sich komplex. Erwähnt sei der Fall von Korruption und Neutralität: Erzeugen eine Ernennung auf Lebenszeit und eine Laufbahnstruktur weniger Korruption, weniger politische Einflussnahme und mehr Neutralität? Oder sind politische Einflussnahme, Begünstigung und Korruption mehr eine Frage der politischen Kultur, Tradition und anderer Beschäftigungsbedingungen (wie einer niedrigen Bezahlung)? Hier lassen sich nur sehr schwer Antworten finden. Richtig ist, dass Länder mit einem so genannten Positionsmodell und angeglichenen Beschäftigungsverhältnissen (Schweden, Finnland, Vereinigtes Königreich und die Niederlande) relativ wenige Korruptionsfälle aufweisen. Andererseits zeigen Studien, dass eine Ernennung auf Lebenszeit und eine Politik der Laufbahnentwicklung ebenfalls wichtige Motivationsfaktoren sind. Tatsächlich haben auch traditionelle Laufbahnländer wie Frankreich und Deutschland im weltweiten Vergleich relativ niedrige Korruptionsniveaus; in Italien mit seinem so genannten halb privatisierten öffentlichen Dienst ist das Ausmaß der Korruption hingegen hoch. Gleichzeitig hat eine Studie von Kellough und Nigro (Kellough/Nigro 2000, 2005) im US-Bundesstaat Georgia aufgezeigt, dass die Befürchtung nicht bestätigt wurde, wonach der Wechsel einer großen Zahl von Beschäftigten in den unklassifizierten (privatisierten) Dienst ohne Beschäftigungssicherheit zu Missbrauch und Manipulation der Beschäftigten für politische Zwecke führt.

In Europa ist heute kein Land zu einer vollständigen Privatisierung des nationalen öffentlichen Dienstes und zu einer Abschaffung des Beamtentums bereit. Der in den Niederlanden vollzogene „Normalisierungsprozess" hat zwar zu einer Reihe von Anpassungen geführt, aber nicht zu einer vollständigen Privatisierung. Noch immer stehen z.B. fast 80 % der öffentlich Bediensteten dort in einem öffentlich-rechtlichen Beschäftigungsverhältnis. Tatsächlich steht überall in Europa die Reform des Beamtenstaates, nicht aber dessen vollständige Abschaffung zur Disposition. Eine Untersuchung von Demmke über die Definition des Beamtenstatus in Europa in den 25 Mitgliedstaaten hat gezeigt, dass es in vielen Mitgliedstaaten zwar Angleichungstendenzen zwischen dem öffentlichen Dienst und der Privatwirtschaft gibt. Insgesamt kann man daher von einem Trend zur Normalisierung der Beschäftigungsverhältnisse sprechen, ohne das Beamtentum abzuschaffen (Demmke 2004).

In allen EU-Staaten verfügen zumindest bestimmte Personalkategorien über spezifische Beschäftigungsbedingungen. Selbst in Italien und Schweden blieb ein spezifischer Status für bestimmte Beschäftigtengruppen (z.B. Richter und Staatsanwälte) erhalten. Auch in Belgien wurde bei der Copernicus-Reform am Status des Beamten fast nichts verändert und auch in der Europäischen Kommission (im Zuge der Reform ihrer Personalpolitik) nichts an den entscheidenden Grundsätzen des Beamtentums und der Auswahlverfahren verändert.

Die meisten Mitgliedstaaten sehen sich unzweifelhaft mit zusätzlichen Legitimationsproblemen konfrontiert, wenn die Notwendigkeit des Beamtentums auf der politischen Tagesordnung steht. Wo sollen die Grenzen zwischen Bediensteten mit und ohne Status liegen? Sollten Lehrkräfte in Deutschland, Frankreich und den Niederlanden Beamte sein, da sie über das zukünftige Leben von Millionen von Kindern entscheiden? Sind französische, niederländische und deutsche Lehrkräfte „besser" als ihre schwedischen oder britischen Kollegen, die keine Beamten sind? Warum sollen Beamte in Deutschland kein Streikrecht haben, während dies in anderen Ländern zulässig ist? Wie ist es um die Tausende anderer „privater" Stellen in der chemischen Industrie, den Kernkraftwerken, Diensten von allgemeinen wirtschaftlichem Interesse und Internationalen Organisationen bestellt, die in ihrer Ausübung mit der Wahrnehmung hoheitlicher Befugnisse, dem Schutz der Gesellschaft und/oder der Bereitstellung wichtiger Dienstleistungen für den Bürger befasst sind? Warum sollten diese Beschäftigten keine Beamten sein? Oder umgekehrt: Sind die Beschäftigten im schwedischen öffentlichen Dienst weniger neutral und weniger unparteiisch, weil sie in einem privatrechtlichen Beschäftigungsverhältnis stehen?

Neben der Schwierigkeit zu entscheiden, wer ein öffentlich Bediensteter sein sollte und wer nicht, zeichnet sich ein weiteres Paradox ab: Gerade die Terroristenanschläge in den letzten Jahren haben den Ruf nach einem schlagfertigen Staat wieder laut werden lassen. Die meisten Mitgliedstaaten wollen daher den öffentlichen Dienst nicht vollständig privatisieren. Dennoch führt die Binnenreform des öffentlichen Dienstes zu Angleichungstendenzen an die Privatwirtschaft. Obwohl sich dieser Prozess der Anpassung nicht nur in eine Richtung vollzieht (in einigen Fällen werden die Beschäftigungsbedingungen in der Privatwirtschaft an die des öffentlichen Dienstes angeglichen), führt diese Entwicklung zu einer sich verstärkenden Legitimationskrise des öffentlichen Dienstes.

7. Schlussfolgerungen

Trotz aller Einzelunterschiede haben die öffentlichen Dienste in Europa vieles gemeinsam. Vor allem die Personalverantwortlichen stehen überall vor ähnlichen Herausforderungen. So besagt ein überall – ob nun in Finnland oder Portugal – vorhandenes gängiges Klischee, dass Beamte nicht das leisten, was sie eigentlich leisten sollten, dafür aber eine Vorzugsbehandlung in Fragen der sozialen und Arbeitsplatzsicherheit erhalten. Gemeinsam sind fast allen Verwaltungen auch die Anforderungen, die an eine Reform gestellt werden: Entbürokratisierung, Hierarchieabbau, Europäisierung, E-Government, Bürgerorientierung, Flexibilisierung, Mobilität etc. In den meisten EU-Staaten sollen die geplanten Maßnahmen daher zu einer Reduktion der zentralstaatlichen Eingriffe, einer entspannteren Haushaltslage und zur Annahme flexiblerer Regelungen führen. Der Begriff der Überregulierung und Regulierungsdichte ist allerdings so populär wie auch pauschal.

Die sich wandelnde Rolle des Staates macht somit überall einen veränderten Begriff des öffentlich Bediensteten erforderlich. Offensichtlich wird überall deutlicher, dass kein Bedarf mehr an einer breiten Kategorie von Beamten besteht. Wichtiger ist das Angebot guter Beschäftigungsbedingungen, Möglichkeiten der Karriere- und Laufbahnentwicklung, Stabilität, Verantwortlichkeit und – am wichtigsten – guter Führung. Oder kurz gesagt: eines professionellen Human Resources Managements!

Die Realität gestaltet sich jedoch sehr ambivalent, da ökonomische und finanzielle Erwägungen das Personalmanagement dominieren. Diese „Ökonomisierung" lässt sich besonders gut am Wandel des Leistungsmanagements ablesen. Gerade in Deutschland war traditionelles Verwaltungshandeln nicht am Leistungs- und Motivationsprinzip, sondern am Ethos der Pflichterfüllung orientiert. So hat man lange Zeit auf materielle Leistungsanreize verzichtet, da der Beamten- und Pflichtethos ohnehin ein Leistungsethos implizierte, das sich auf Werte und nicht auf materielle Leistungsanreize gründete. Eigenschaften wie Pflichtbewusstsein oder die Bereitschaft zu dienen, konnten hingegen nur schlecht leistungsbezogen entlohnt werden. Heute verlangen moderne Prinzipien jedoch nach einer individuellen Belohnung oder Sanktionierung von Leistung.

Ein weiterer wichtiger Grund für die unbefriedigenden Ergebnisse vieler Reformmaßnahmen in den öffentlichen Diensten ist politischer und ideologischer Art. Nahezu jede politische Partei oder jeder Politiker kann sich massiver Unterstützung der Wählerschaft sicher sein, wenn er/sie Maßnahmen ankündigt, die auf eine verbesserte Leistungsfähigkeit der öffentlich Beschäftigten abzielen. Beispielsweise ist die Einführung leistungsorientierter Bezahlung populär, da es dem Bild entspricht, dass Bürokraten sonst nichts leisten und nur für hohe Leistungen bezahlt werden sollten und beispielsweise keine automatischen Steigerungen aufgrund von „Dienstalterszugehörigkeit" erhalten sollen. Das Kritisieren von Bürokraten ist ohnehin ein Erfolg versprechender Dauerbrenner der politischen Agenda, unabhängig davon, ob es sich um Schattierungen auf dem linken oder rechten politischen Parteienspektrum handelt. Leistungsmanagement ist daher gerade in Zeiten knapper Kassen ein hoch beliebtes Thema im gesamten politischen Spektrum. Tatsächlich kann Leistungsmanagement als politische Vorlage dienen, da alle zustimmen werden, dass die Leistungsfähigkeit öffentlicher Organisationen verbessert werden muss.

Heute sind die Unterschiede zwischen den Beschäftigten im öffentlichen Dienst und in der Privatwirtschaft in Bezug auf Arbeitszeit, Bezahlung, Altersversorgung, Urlaub, Einstellung und Anforderungen an die Kompetenzen weniger bedeutend als in der Vergangenheit. Zu den wichtigsten Beispielen der letzten Jahre zählen die Einführung offener Einstellungsverfahren für Führungskräfte (die für einen begrenzten Zeitraum eingestellt werden), verbunden mit einer leistungsbezogenen Bezahlung. Diese Reformen wurden häufig aus guten Gründen unternommen, da die Argumente für einen spezifischen Beamtenstatus immer weniger überzeugend wirken. Warum sollten Spitzenbedienstete über interne Auswahlverfahren eingestellt und aufgrund des Wohlwollens eines Ministers ausgewählt werden? Warum sollte nicht stattdessen ein transparentes und rationales Auswahlverfahren eingeführt werden? Ähnliche Veränderungen haben in Bezug auf das klassische Dienstaltersprinzip stattgefunden. Wenngleich das Dienstalter nach wie vor eine wichtige Rolle spielt, so wird dies allmählich durch das Leistungsprinzip ersetzt. Warum sollte ein „durchschnittlicher" 60 Jahre alter Bediensteter mehr verdienen als ein Höchstleistungen erbringender 30-Jähriger mit zwei Kleinkindern (und einem wirklichen Bedarf an einem höheren Einkommen im Vergleich zu seinem älteren Kollegen). Dieses Beispiel zeigt auch, dass die Einführung der Leistung als Beförderungsgrundsatz und eine stärkere Mobilität zwischen Privatwirtschaft und öffentlichem Dienst zur „stillschweigenden Abschaffung" des Beamtenstatus beitragen.

Sicherlich wird die Zukunft durch einen wachsenden Gegensatz geprägt sein. Einerseits führen zunehmende Zweifel über den Bedarf an Beschäftigten mit einem Sonderstatus (Beamte) zu einer Anpassung der Beschäftigungsbedingungen an die Bedingungen in der Privatwirtschaft. Andererseits zeigen die meisten Studien, dass die „Beamten" nicht das Problem sind. Sie sind vielmehr mit ihrer Tätigkeit zufrieden und erbringen – im Allgemeinen – gute Leistungen. Dies führt zu der paradoxalen Schlussfolgerung, dass – häufig – traditionelle Beschäftigungsbedingungen und Prinzipien des öffentlichen Dienstes positive Auswirkungen haben.

Zukünftig muss die Frage der Anpassung der Beschäftigungsverhältnisse mit einer ernsthaften Diskussion über die Politik des Human Resources Managements verbunden werden. Zwar gibt es gute Gründe für eine „Normalisierung" des Status und der Beschäftigungspraxis in zuvor bürokratischen öffentlichen Diensten. Die Normalisierung sollte jedoch nicht zu einer Verschlechterung der Beschäftigungsbedingungen führen. Es mehren sich die Hinweise, dass in den nächsten Jahren die Beschäftigungsbedingungen erneut ein wichtiger Streitpunkt sein werden. Mehr Leistung, eine längere Arbeitszeit, das Verlangen nach größere Schnelligkeit und mehr Effizienz, ein besseres Erreichen von Zielen, mehr Mobilität, Flexibilität und die Übernahme von mehr Verantwortung können nicht nur fortdauernd gefordert werden. Wie wird der öffentlich Bedienstete zu Beginn des 21. Jahrhunderts mit diesen Herausforderungen umgehen? Wir benötigen eine effiziente Politik des Human Resources Managements, die die Schwächen der Strukturen und Verfahren in diesem Bereich aufgreift.

Statt des Oberbegriffes „Europäisierung" lassen sich die Entwicklungen in den nationalen öffentlichen Diensten somit wohl eher mit den Schlagworten „Internationalisierung" „Ökonomisierung", „Fragmentierung", „Dezentralisierung" und „Angleichung" beschreiben. In einer vergleichenden Betrachtung bestätigt sich zudem, dass die europaweite Vorbildfunktion der klassischen Verwaltungsmodelle (Deutschland, Frankreich) zunehmend verblasst. Diese Tatsache ist an sich nicht negativ. Warum sollte Personalpolitik überall gleich sein? Warum sollte man sich an einem oder zwei Verwaltungsmodellen orientieren? Die Erfahrungen aus den USA zeigen darüber hinaus, dass unterschiedliche öffentliche Dienste in den verschiedenen US-Bundesstaaten kein großes Problem darstellen. Umgekehrt belegen die auf EU-Ebene gemachten Erfahrungen, dass es keine guten Argumente für eine flächendeckende Rechtsangleichung gibt. Gleichsam ist die notorische Kritik an allem, was aus Europa kommt, zuweilen allzu populistisch. So haben in vielen EU-Beitrittstaaten insbesondere die Antidiskriminierungsrichtlinien und die Rechtsprechung des EuGH zu Fortschritten bei der Gleichbehandlung zwischen Mann und Frau beigetragen. Vor allem in der Literatur wurde bisher kaum wahrgenommen, dass es im Spannungsfeld EU – öffentliche Dienste auch Rechtsbereiche gibt, in denen (Neu-)Regulierungen absolut wünschenswert sind. Dies betrifft so unterschiedliche Bereiche wie Arbeitszeit, befristete Arbeitsverträge bis hin zur Betriebsübergangsrichtlinie (RL 2001/23/EG). In all diesen Bereichen ist *Europa* notwendig. Daneben ist es als außerordentlich problematisch zu bewerten, dass es im öffentlichen Dienst auf EU-Ebene noch immer keinen strukturierten europäischen sozialen Dialog zwischen Arbeitgebern und Arbeitnehmern gibt. Dies ist vor allem deshalb problematisch, weil bestimmte europäische Rechtsakte direkte oder indirekte Auswirkungen auf das öffentliche Dienstrecht und die Personalpolitiken zeitigen. Insbesondere die oben genannten Richtlinien (z.B. Richtlinie 97/81/EG) wurden im Rahmen des europäischen sozialen Dialogs verabschiedet, aber ohne Beteiligung verschiedenster nationaler Gewerkschaften und ohne Einbeziehung von Vertretern der nationalen Arbeitgeber des öffentlichen Dienstes. So kann man hier getrost von einer Europäisierung ohne Einbeziehung der Mitgliedstaaten sprechen.

Mit oder ohne Europäisierung, heute mag man zum Beamtenstaat stehen wie man will, europaweit ist eine tiefe Krise des europäischen Beamtentums und des Beamtenstaates feststellbar. Wichtig erscheint jedoch weniger eine populistische Kritik, die von allen Seiten (vor allem unter dem Banner der Bürokratiekritik) geübt wird, sondern eine differenzierte Auseinandersetzung mit der Rolle des Beamtentums im 21. Jahrhundert. Auf der einen Seite kommen die Fürsprecher eines spezifischen öffentlichen Dienstes nicht mehr aus der Defensive heraus. Auf der anderen Seite müssen alle Mitgliedstaaten aber auch weitaus stärker als bisher verdeutlichen, worin der Mehrwert des Beamtentums eigentlich besteht. So banal es klingt: Wo man auch hinhört, wird der öffentliche Dienst und die so genannte „Bürokratie" kritisiert, gerade auch von Politikern. Diese Kritik ist auf nationaler wie auch auf EU-Ebene identisch und führt vor allem zu einem schlechten Image und zu einer auf dem Rücken der Beschäftigten ausgetragenen Politik. Wichtig erscheint daher, dass endlich eine ernsthafte Debatte geführt wird, die die Notwendigkeit und die Bedingungen des öffentlichen Dienstes der Zukunft thematisiert.

Literatur

Bossaert, Danielle/Demmke, Christoph, 2005: Main Challenges in the Field of Ethics and Integrity in the EU Member States. Maastricht (European Institute of Public Administration).
Braibant, Guy, 1993: Exist-il un système Europén de Fonction Publique?, in: Revue Française d'Administration Publique, Nr. 68, 61.
Dänemark, 2002, The Danish State Sector Employer's Authority, State Sector Personnel in Denmark, Albertslund, November 2002 [http://www.statistics.gov.uk/STATBASE/Product.asp?vlnk=13615].
Demmke, Christoph, 2004: Die europäischen öffentlichen Dienste zwischen Tradition und Reform. Maastricht (European Institute of Public Administration).
Demmke, Christoph, 2005: Are Civil Servants Different Because They Are Civil Servants?, Who Are the Civil Servants – and How? Maastricht (European Institute of Public Administration).
Derlien, Hans-Ulrich/Frank, Stefan, 2004: Öffentlicher Dienst und Gewerkschaftssystem im Wandel, in: Die Verwaltung, Nr. 4, S. 304.
Farnham, David/Hondeghem, Annie/Horton, Sylvia, 2005: Staff Participation and Public Management Reform. London: Palgrave Macmillan.
Farnham, David/Horton, Sylvia, 2000: Human Resources Flexibilities in the Public Services: International Perspectives. London: Palgrave Macmillan.
Featherstone, Kevin, 2003: In the Name of „Europe", in: *Featherstone, Kevin/Radaelli, Claudio* (Hrsg.), The Politics Of Europeanization. Oxford: Oxford University Press, 4.
Frankreich, Ministère de la Fonction Publique, 2003, The public employment observatory, Annual report 2003, Delevoye, Jean-Paul, 2003, Rede im Steering Committee of the Public Employment Observatory, 9. Dezember 2003, Paris 2003, S. 21 [http://www.fonction-publique. gouv.fr].
Großbritannien [http://www.civilservant.org.uk/definitions.shtml]; [http://www.statistics.gov.uk/cci/nscl.asp?ID=5089]; [http://www.statistics.gov.uk/STATBASE/Product.asp?vlnk=2905&Mor e=Y].
Hondeghem, Annie/Putseys, Line, 2004: The contractualisation of top-management: a comparative view, Vortrag am European Institute of Public Administration. Maastricht, 25–26 Oktober 2004.
Interdepartmental Beleidsonderzoek, 2005: Rapport van de werkgroep „Normalisatie rechtspositie overheidspersoneel"., Den Haag, unveröffentlicht.
Janssens, Katleen/Janvier, Ria, 2004: Steunpunt Bestuurlijke Organisatie Vlaanderen, Jaarboek 2002, Tussen Bestuurkunde en Bestuurpratijk, Spoor HRM, De mythe van het statut voorbij?, S. 124.

Janssens, Katleen/Janvier, Ria, 2004: Statutory and contractual employment in the Belgian public sector. The gap between theory and practice, EGPA-Conference, Ljublana, Slovenia, 1–4 September 2004.

Knill, Christoph, 2005: Die EU und die Mitgliedstaaten, in: *Holzinger, Katharina/Knill, Christoph/Peters, Dirk/Rittberger, Berthold/Schimmelpfenig, Frank/Wagner, Wolfgang*, Die Europäische Union, Theorien und Analysekonzepte. Paderborn u.a.: Schöningh, S. 156.

Mangenot, Michel (Hrsg.), 2005: Public Administrations and Services of General Interest: What Kind of Europeanisation? Maastricht (European Institute of Public administration).

Ministerio de Administraciones Públicas, 2002, Civil Service in Spain, Spanish EU Presidency, Madrid.

Mol, Nico/Kruijf, Johan, 2004: Performance Management in Dutch Central Government, in: International Review of Administrative Sciences 70: 34.

OECD (Deok-Seob Shim), May 2001, Recent Developments of Human Resources Management in OECD Member Countries, Paris (OECD).

OECD, 2004, Trends in Human Resource Management Policies in OECD Countries, Paris (OECD).

OECD, 2005, Performance-related Pay Policies for Government Employees, Paris (OECD).

OECD-PUMA, 1. October 2002, Public Sector Modernisation: A New Agenda, Paris (OECD).

OECD-PUMA, 3. October 2002, HRM in the Public Sector: A Neglected Subject, Paris (OECD).

Österreich, 2003, Bundeskanzleramt, Das Personal des Bundes, Daten und Fakten, 2003, p. 11 [http://www. bka.gv.at].

Österreichische EU-Präsidentschaft, 2006 Bundeskanzleramt (Hrsg.), Decentralisation and Accountability as Focus of Public Administration Modernisation, Wien (erscheint 2006, vgl. *Demmke, Christoph/Gerhard Hammerschmid/Renate Meyer*, 2006, Decentralisation and Accountability as Focus of Public Administration Modernisation, EIPA, Maastricht).

Perry, James E./Wise, L.R., 1990: The Motivational Bases of Public Service, in: Public Administration Review, May/June, S. 371.

Schuler, Heinz (Hrsg.), 2004: Beurteilung und Förderung beruflicher Leistung. 2. Aufl., Göttingen u.a.: Hogrefe.

Siedentopf, Heinrich, 1996: Vorwort, in: *Auer, Astrid/Bossaert, Danielle/Demmke, Christoph/Polet, Robert*, Der öffentliche Dienst im Europa der Fünfzehn. Maastricht: European Institute of Public Administration.

Simon, Herbert A./Smithburg, Donald W./Thompson, Victor A., 1958: Public administration. New York: Knopf.

United Kingdom, 2002–2003, House of Commons, Public Adm,inistration Select Committee, On Target? Government by Measurement, Fifth Report, 2002–2003, Vol. 1.

Waintrop, Françoise/Chol, Celine/Coué, Brigitte/Girardin, Olivier/Maréhal, Michel, Februar 2003: Reforming Senior Management: the Experience of Seven Countries, o.O.

Wandel lokaler Verwaltung in Kontinentaleuropa – ein deutsch-französischer Vergleich*

Sabine Kuhlmann

1. Problemaufriss und Analyserahmen

Im folgenden Beitrag werden Verwaltungsreformen auf lokaler Ebene in Deutschland und Frankreich vergleichend untersucht. Dabei wird ein besonderes Augenmerk auf die Wirkungen gelegt, die die Reformmaßnahmen gezeitigt haben. Gefragt wird danach, inwieweit Verwaltungspolitik das jeweilige Lokalsystem nachhaltig verändert hat bzw. ob eher institutionelle Kontinuität und Beharrungskraft festzustellen sind und durch welche Faktoren dies zu erklären ist. Die durch Reformen ausgelösten institutionellen Veränderungen und „Systemeffekte" werden in diesem Untersuchungsansatz – methodisch gesprochen – als abhängige Untersuchungsvariablen gefasst, wohingegen die jeweiligen Reforminitiativen selbst ebenso wie weitere für die Wirkungsanalyse maßgebliche (akteur- und kontextbezogene) Faktoren als unabhängige Variablen konzipiert werden. Damit richtet sich der Untersuchungsfokus auf die institutionentheoretische Fragestellung „(how) do institutions matter?".

Für eine Systematisierung der Reformeffekte im lokalen System wird auf eine Typologie zurückgegriffen, die sich an einschlägigen „Analyserastern" der vergleichenden Lokalforschung orientiert (vgl. unter anderem Page/Goldsmith 1987; Hesse/Sharpe 1991) und die folgende Dimensionen vorsieht:

- *Funktionales Profil*, d.h. Umfang und Wichtigkeit der Kompetenzen, die von den lokalen Gebietskörperschaften wahrgenommen werden (*functional responsibilities*) in Verbindung mit der vertikalen Funktionsteilung zwischen Kommunen und (Zentral-)Staat (Trenn- vs. Mischsystem).
- *Territoriales Profil*, d.h. gebietlich-administrativer Zuschnitt und damit territoriale *„viability"* der lokalen Ebene (Einheitsgemeinden vs. Einzelkommunen vs. Verwaltungsgemeinschaften)
- *Politisches Profil*, d.h. Ausgestaltung der lokalen Demokratie (repräsentativ vs. direktdemokratisch), Verhältnis zwischen Rat und lokaler Exekutive (monistisch vs. dualistisch) und Wahlmodus des Verwaltungschefs (direkt vs. indirekt).
- Zusätzlich zu den von der vergleichenden Lokalforschung vorgeschlagenen Analysedimensionen wird im vorliegenden Beitrag als eine vierte Dimension das *„administrative Profil"* der Kommunen eingeführt, um die Veränderung der Binnenstrukturen von Verwaltungen zu untersuchen (siehe Kapitel 8).

Zusammenfassend wird gefragt, ob und inwieweit sich die Lokalsysteme hinsichtlich ihrer jeweiligen funktionalen, territorialen, politischen und administrativen Merkmale

---

* Der vorliegende Beitrag basiert auf Zwischenergebnissen aus einem derzeit laufenden Habilitationsprojekt an der Universität Potsdam. Ich möchte vor allem *Jörg Bogumil* für seine kritischen und weiterführenden Hinweise danken.

infolge von Verwaltungsreformen gewandelt haben.[1] Bevor der eigentliche Ländervergleich vorgenommen wird, soll zunächst der hier verfolgte Untersuchungsansatz in den
weiteren Kontext der vergleichenden Verwaltungsforschung eingeordnet und aufgezeigt
werden, in welcher Hinsicht er zur Weiterentwicklung dieser Forschungsrichtung beitragen kann (Abschnitt 2). Sodann werden die Ausgangsbedingungen („starting conditions") der Verwaltungsreform in beiden Ländern skizziert (Kapitel 3). Danach erfolgt
eine Analyse der wichtigsten lokalen Reformschübe im vergangenen Jahrzehnt, wobei
unterschieden wird zwischen Dezentralisierung (Kapitel 4), Demokratisierung (Kapitel
5) und Ökonomisierung/New Public Management (Kapitel 6). Auf dieser Grundlage
sollen dann die Reformwirkungen in eine ländervergleichende Perspektive gerückt und
soll die Frage erörtert werden, inwieweit eine institutionelle Annäherung oder Divergenz zwischen den Lokalsystemen beider Länder zu erkennen ist (Kapitel 7). Last but
not least wird ein Ausblick auf die zukünftige vergleichende (lokale) Verwaltungsforschung und die Herausforderungen, die sich ihr stellen, gegeben (Kapitel 8).

2. Probleme und „Leerstellen" der bisherigen vergleichenden Verwaltungsforschung

Mit dem skizzierten Untersuchungskonzept wird der Versuch unternommen, einige
„Lücken" in der bisherigen vergleichenden Verwaltungsforschung (*comparative public
administration*, vgl. Schnapp in diesem Band) bzw. der vergleichenden Lokalforschung
(*comparative local government*) ein Stück zu schließen:

(1) Die vergleichende Verwaltungsforschung richtete ihren Analysefokus bislang überwiegend auf die zentralstaatliche Politikebene und den ministerialen Verwaltungsapparat (Civil Service), wohingegen die subnationalen und *lokalen* Ebenen des Verwaltungssystems eine Leerstelle bilden. Sie unterliegt damit unweigerlich der Gefahr des „ökologischen Fehlschlusses", wonach die identifizierten Merkmale und Kausalbeziehungen,
die auf der nationalen Ebene festgestellt werden, als insgesamt „systemprägend" betrachtet werden (Peters 1996: 23). Mit diesem zentralstaatlichen Bias konnte die vergleichende Verwaltungsforschung bislang folglich nur einen (geringen) Ausschnitt der
Verwaltungswelt in den jeweils betrachteten Systemen erfassen, so dass eine stärkere
Einbeziehung der lokalen Verwaltungsebenen dringend geboten scheint, um Verwaltungssysteme insgesamt zutreffend zu charakterisieren. Zwar liegen inzwischen zahlreiche Arbeiten zum Vergleich von Lokalsystemen vor, die hilfreiche und weithin akzeptierte Konzeptvorschläge für vergleichende Analysen bereitstellen (siehe oben). Diese
sind in der *comparative public administration* jedoch bislang – soweit ersichtlich –
kaum aufgegriffen worden, so dass eine konzeptionelle Verknüpfung beider For-
schungsrichtungen noch aussteht (siehe hierzu Kapitel 8).

(2) Die vergleichende Lokalforschung ihrerseits war in ihrem Analysefokus bislang dadurch gekennzeichnet, dass Reformen eher als die zu erklärende abhängige Variable
aufgefasst und auf ihre *Wirkung* hin kaum untersucht worden sind. Es gibt somit eine

---

1 Aus Platzgründen wird auf die territorialen Veränderungen nur am Rande eingegangen, so dass
  vor allem Veränderungen im funktionalen, politischen und administrativen Profil der Kommunen im Vordergrund stehen.

„Evaluationslücke" in der vergleichenden (lokalen) Verwaltungsforschung, die zu beheben der vorliegende Beitrag zumindest teilweise beabsichtigt (siehe auch Bogumil/ Kuhlmann 2006; ferner Bogumil u.a. in diesem Band). Zudem ist der empirische Kenntnisstand über die *funktionalen* Veränderungen von Lokalsystemen, die sich durch Dezentralisierungs- und (Re-)Zentralisierungsprozesse ergeben, ebenfalls als unbefriedigend einzuschätzen. Obwohl Dezentralisierung von vielen als eine Art „globaler Trend" angesehen wird (vgl. Vetter/Kersting 2003), gibt es kaum Hinweise auf die tatsächlichen Veränderungen, die sich dadurch in Kommunal- und Staatsbehörden abspielen. Die Untersuchung von *Dezentralisierung(seffekten)* im Ländervergleich bildet vor diesem Hintergrund eine weitere Forschungslücke, die hier ebenfalls angegangen werden soll (siehe auch Wollmann in diesem Band; ferner Bogumil/Kuhlmann 2005).

(3) Insgesamt ist in der international vergleichenden Forschung zu Public Sector-Reformen ein Defizit im Hinblick auf „klassische" *kontinentaleuropäische* Staaten und deren Verwaltungsreformen auf der subnationalen Ebene zu beklagen. Die angelsächsische Diskursvorherrschaft innerhalb der neoliberal geprägten Reformbewegung der 1980er und 1990er Jahre und die Tatsache, dass diese Reformrichtung von den „klassisch-europäischen Verwaltungen" mit ihrer ausgeprägten Rechtsstaatskultur und Staatsorientierung (König 2002) eher zögerlich aufgegriffen worden ist, haben dazu geführt, dass das internationale Forschungsinteresse an den *latecomern* der New Public Management-Reform begrenzt war. Insbesondere was die lokalen Verwaltungssysteme und -reformen anbelangt, gibt es – speziell für Frankreich – erhebliche Kenntnislücken und stellt die (vergleichende) Analyse administrativer Reformen im lokalen Raum in weiten Teilen Neuland dar.

(4) Der hier verfolgte Ansatz einer institutionellen Reform- und Wirkungsanalyse grenzt sich in methodischer Hinsicht von den in anderen politikwissenschaftlichen Teildisziplinen üblichen – und inzwischen auch für die *comparative public administration* geforderten – statistisch-quantifizierenden Vorgehensweisen – sei es in Form von Surveys, sei es in Form der Ljiphart'schen „statistischen Methode" – ab, was mehrere Gründe hat. Zum einen sind diese Untersuchungsmodelle in der Regel statisch angelegt und ermöglichen eher Aussagen über einen gegebenen „Status quo" (siehe etwa Schnapp 2004) als über Reformen und Veränderungen (dazu kritisch Beichelt 2005: 229). Zweitens sind sie aufgrund ihres Untersuchungsdesigns, das vom Forscher vorgefertigte („komplexitätsreduzierende") Indikatorensets und hohe Mess- und Quantifizierbarkeit voraussetzt, kaum geeignet, um das in vielerlei Hinsicht unerforschte „Feld" von (lokaler) Verwaltungsrealität und Verwaltungsreform suchend zu „erkunden", Hypothesen induktiv zu generieren und dabei vor allem offen für „unerwartete Funde" zu sein (Hucke/Wollmann 1980). Außerdem fehlt es den quantifizierenden many cases comparisons, die teils von der Prämisse *„the more (countries) the better"* angeleitet scheinen, häufig in bedenklicher Weise an Kontextinformationen und landesspezifischem Konzeptwissen, das aber – nicht zu verwechseln mit „Ethnozentrismus" – unabdingbar ist, um „Verwaltung" im jeweiligen System zu verstehen, zu deuten und letztlich auch sinnvoll zu erklären.[2] Vor diesem Hintergrund scheint ein Untersuchungsdesign angemessen,

---

2 Diese Problematik wird unmittelbar einsichtig, wenn man einmal versucht, die unterschiedli-

- das die Kontextbedingungen von Verwaltungsreformen möglichst präzise in den Blick nimmt,
- das viele Variablen in ihren jeweiligen interdependenten Wirkungsbeziehungen simultan berücksichtigen kann,
- das in der Lage ist, Dynamik und Veränderung zu erfassen,
- das die „Nähe" zum Untersuchungsobjekt sucht und dieses (über die handelnden Akteure) quasi selbst „sprechen" lässt (siehe hierzu grundlegend Crozier/Friedberg 1979: 289 ff.).

Diesen Anforderungen scheint am ehesten ein qualitativer Fallvergleich zu entsprechen, der sich – wie dies hier anhand von zwei Ländern versucht wird – einer „disziplinierten konfigurativen Analyse" befleißigt (Verba 1967). D.h. die Fälle werden nach je gleichen Regeln untersucht und einem einheitlichen Analyseraster unterworfen, was einerseits die „Vergleichstauglichkeit" des Datenmaterials sicherstellt und andererseits trotzdem fallspezifische Erklärungen zulässt.[3]

3. Ausgangsbedingungen: Lokalsysteme Deutschlands und Frankreichs im Vergleich

Deutschland und Frankreich weisen Gemeinsamkeiten darin auf, dass die kommunale Ebene einen hohen *konstitutionellen Status* und eine verfassungsmäßig verbriefte Garantie besitzt. Hier wie dort gilt – im Gegensatz zum *ultra vires*-Prinzip britischer Prägung – für die Kommunen eine allgemeine Zuständigkeitsregel, wonach die Gemeindevertretung für alle Angelegenheiten der örtlichen Gemeinschaft zuständig ist.

Das französische Verfassungs- und Verwaltungssystem war traditionell durch eine *funktional* randständige dezentrale Selbstverwaltung und eine dominante exekutiv-zentralistische Staatsverwaltung, mit dem Präfekten als Schlüsselfigur, gekennzeichnet. Die Staatsverwaltung, die eine von der Zentralregierung in Paris über die – von dieser ernannten – Präfekten als Chefs der Departementsverwaltung bis hin in die Kommunen reichende Verwaltungsvertikale bildete, erledigte zusätzlich zu ihren eigenen staatlichen Aufgaben auch die Selbstverwaltungsaufgaben der Departements und überwiegend auch die der Kommunen. Verwaltungstypologisch wird hier von einem *„staatsadministrativen Integrationsmodell"* gesprochen (Wollmann 1999a) und das französische Kommunalmodell der *„Franco group"* zugeordnet (vgl. Hesse/Sharpe 1991). Im Unterschied zu Frankreich ist das deutsche Lokalsystem durch sowohl politisch wie auch funktional starke Kommunen gekennzeichnet und insoweit, gemeinsam mit den skandinavischen Ländern, der *„North Middle European Group"* zuzuordnen (Hesse/Sharpe 1991). Das traditionelle Aufgabenprofil der deutschen Kommunen ist durch die Doppelfunktion

---

che Einordnung der Begriffe *Beamter/Civil Servant/Fonctionnaire* in den jeweiligen „Kulturkontexten" konzeptionell und institutionell zutreffend zu erfassen (siehe hierzu Kuhlmann/Bogumil 2006).

3 In der Untersuchung wurden neben umfangreichen Dokumenten- und Sekundäranalysen vor allem Fallstudien in ausgewählten Kommunalverwaltungen in Frankreich (*Städte Rouen, Le Havre, Paris* sowie Generalrat von *Seine*-Maritime) und Deutschland (Städte *Detmold, Schwerin* und *Wuppertal*) durchgeführt, die sich ihrerseits auf Experteninterviews mit Politik- und Verwaltungsakteuren stützten.

(„Janusköpfigkeit") der Kommunen als Durchführungsinstanz für eigene Selbstverwaltungsaufgaben auf der einen und übertragene staatliche Aufgaben auf der anderen Seite gekennzeichnet. Hierin spiegelt sich der Verwaltungstypus eines *„kommunaladministrativen Integrationsmodells"* wider.

Die Unterschiede im Aufgabenprofil hängen auch maßgeblich mit der gebietlichen Struktur, dem *territorialen Profil*, des Kommunalsystems zusammen. So ist für Frankreich nach wie vor eine kleinstgliedrige kommunale Gebietsstruktur charakteristisch, die sich bislang gegen jegliche Versuche von „Zwangseingemeindungen" erfolgreich durchzusetzen vermochte. Mit seinen 37.000 Kommunen, deren durchschnittliche Einwohnerzahl bei 1.600 liegt, entspricht Frankreich dem südeuropäischen Kommunaltypus. Dagegen sind die Länder der Bundesrepublik teilweise dem „nordeuropäischen" Kommunaltypus zuzurechnen (so NRW mit 373 Einheitsgemeinden bei durchschnittlich rund 48.000 Einwohnern), und teilweise stehen sie – im Ergebnis dessen, dass in einigen Bundesländern auf „Zwangszusammenschlüsse" von Gemeinden verzichtet wurde – eher dem „südeuropäischen" Modell nahe (so Bayern mit rund 2.000 Gemeinden bei durchschnittlich 6.100 Einwohnern).

Deutschland und Frankreich sind sich im *politischen Profil* der Kommunen insofern ähnlich, als die Ausgestaltung der lokalen Demokratie traditionell vom Grundzug der repräsentativen Demokratie bestimmt ist, wonach das Recht des Bürgers, die Gemeindevertretung zu wählen, im Mittelpunkt steht. Direkte Teilhaberechte waren in beiden Ländern, sieht man von der direkten Bürgermeisterwahl in Baden-Württemberg (seit 1956) und Bayern (seit 1952) sowie der Möglichkeit kommunaler Referenden in Baden-Württemberg (seit 1956) ab, auf lokaler Ebene traditionell wenig ausgeprägt. Ist das französische Kommunalmodell zwar formell am parlamentarischen System orientiert, hat sich in der Handlungsrealität jedoch seit langem das Modell eines „städtischen Präsidentialismus" herausgebildet (Mabileau 1996: 83), für den eine Dominanz, wenn nicht „Allmacht" der Exekutive und eine schwache Stellung des Rates und der Parteien charakteristisch sind. Zu der herausgehobenen Stellung des französischen Bürgermeisters trägt dabei vor allem die in dieser Form im europäischen Kontext einmalige Möglichkeit der Ämterhäufung (*cumul de mandats*) bei. Diese erlaubt es den lokalen Amtsträgern, Mandate der verschiedenen Politik- und Verwaltungsebenen zu kumulieren und dadurch ihre politischen Einflusssphären weit über ihren Wahlkreis hinaus auszudehnen, weshalb auch von „Delokalisierung der Macht des Notablen" die Rede ist (Mabileau 1996: 83). In der Ausgestaltung der deutschen Kommunalverfassungen finden sich einerseits Elemente eines „lokalen Präsidentialismus" mit ausgeprägten konsensdemokratischen Strukturen (traditionell Bayern und Baden-Württemberg). Andererseits klingt die lokale Variante eines „parlamentarischen Regierungssystems" an (Wollmann 1999b: 58), in welchem Exekutive und Ratsmehrheit verschränkt sind, starke Parteipolitisierung herrscht und konkurrenzdemokratische Willensbildung dominiert (traditionell NRW und Niedersachsen).

Hinsichtlich der *administrativen* Binnenstrukturen weisen die deutschen und (größeren) französischen Kommunen infolge ihrer gemeinsamen kontinentaleuropäischen Rechtsstaatradition eine besondere Nähe zum Max Weber'schen Idealtypus „klassisch-bürokratischer" Verwaltung auf. Beiden Organisationsmodellen sind eine ausgeprägte interne Hierarchisierung und eine mit rechtlicher Spezialisierung korrespondierende

Tabelle 1: Lokalsysteme von Frankreich und Deutschland im Vergleich
(traditionelle Profile)

Frankreich	Deutschland
Funktionales Profil	
• Dominanz der Staatsverwaltung	• Kommunen als wichtigste Vollzugsinstanz
• Staatsadministratives Integrationsmodell (*few function model*)	• Kommunaladministratives Integrationsmodell (*multi function model*)
• Franco-Group	• North Middle European Group
Territoriales Profil	
• Territoriale Fragmentierung	• Unterschiede zwischen Bundesländern
• 90% der Kommunen unter 2.000 EW	• Teils Nordeurop. Typus (NRW)
• Südeuropäischer Typus	• Teils Südeurop. Typus (Bayern)
Politisches Profil	
• Repräsentativ-demokratisch	• Repräsentativ-demokratisch
• Präsidentiell	• Parlamentarisch (NRW)/präsidentiell (BW)
• „Politisch stark" (Mandatskumulierung und De-Lokalisierung der Macht von Notablen)	• „Politisch stark" (lokale Demokratie; Parlamentarisierung der Gemeinderäte)
Administrativ-organisatorisches Profil	
• Klassisch-bürokratisch (Weberianisch)	• Klassisch-bürokratisch (Weberianisch)
• Rechtsstaatskultur, Regelorientierung	• Rechtsstaatskultur, Regelorientierung
• Traditionelle Kontraktualisierung nach außen (*gestion déléguée*)	• Traditionelle „Eigenproduktion" (Daseinsvorsorge)
• „Gewährleistungskommune"/*local governance*	• „Leistungskommune"/*local government*

Quelle: Eigene Darstellung.

starke organisatorische Binnendifferenzierung eigen. Ganzheitliche integrierte Arbeitsstrukturen sind eher in Einzelbereichen vorzufinden. Vertikale Weisungsstränge und hierarchische Über- und Unterordnung dominieren gegenüber horizontaler Selbstkoordination und dezentraler Eigenverantwortung (*at arm's length*). Fach- und Querschnittsaufgaben werden traditionell separiert. Die Verwaltungsverfahren werden hier wie dort eher regel- und rechtsorientiert (verfahrensgerecht) abgewickelt, wohingegen Formen von Performanz- und Ergebnissteuerung sowie ökonomische Anreizsysteme formell wenig institutionalisiert sind. Das Ressourcenmanagement erfolgt eher inputorientiert und Kosten von Verwaltungsleistungen werden im Einzelnen nicht erfasst. Unterschiede zwischen den beiden Systemen sind vor allem darin zu erkennen, dass die französischen Kommunen aufgrund ihrer geringen Größe und Leistungskraft bereits seit dem 19. Jahrhundert in weiten Teilen Aufgaben „externalisieren" (*déléguer*) und auch „kontraktualisieren" (*contractualiser*), so dass sie eher (schwache) „Gewährleistungskommunen" sind, wohingegen die deutschen Kommunen zahlreiche lokale Aufgaben, vor allem in der Daseinsvorsorge, traditionell selbst erbringen und daher eher einen Typus als (starke) „Leistungskommunen" ausgeprägt haben.[4] Während die

---

4 Abstriche sind allerdings hinsichtlich der sozialen Dienste vorzunehmen, die in (West-) Deutschland traditionell von freien Trägern erbracht werden.

französischen Kommunen damit seit langem *local governance* praktizieren (mussten) und multiple Akteursstrukturen zu ihrer institutionellen Handlungsnormalität gehören, wurden lokale Aufgaben in Deutschland bisher überwiegend innerhalb des lokalen politisch-administrativen Systems angesiedelt, was eher dem Typus von *local government* entspricht.

4. Dezentralisierung

4.1 Frankreich: „Acte I" und „Acte II"

In der Frage nach der Reichweite der französischen Dezentralisierungspolitik, deren erste Welle (sog. *„Acte I")* mit der Verfassungsreform von 1982 und der sich anschließenden Gesetzgebung (*Lois Defferre*) unter der damaligen sozialistischen Regierung eingeleitet wurde, stehen sich bis heute zwei gegensätzliche Positionen gegenüber. Eine Gruppe von Beobachtern vertritt die Meinung, die Dezentralisierung der 1980er Jahre habe in Frankreich eine geradezu revolutionäre Umwälzung des traditionellen jakobinischen Staates bewirkt, da der Zentralstaat maßgebliche Kompetenzen auf die Ebene der lokalen und regionalen Gebietskörperschaften verlagerte und seine lokalen Kontroll- und Zugriffsmöglichkeiten erheblich reduzierte. Dieser Auffassung zufolge stellt die neue Verfassungssituation des Jahres 1982 einen regelrechten „Bruch mit der jakobinischen Tradition einer lokalen Verwaltung im Dienst des Staates" (Mabileau 1996: 33) dar. So hat der Präfekt seine strategische Schlüsselposition innerhalb des lokalen Systems eingebüßt, seine sehr weitgehende (*a priori*) Staatsaufsicht (*tutelle*) wurde auf eine abgeschwächte Form der (*a posteriori*) Rechtsaufsicht beschränkt und seine Exekutivfunktion im Departement wurde auf den gewählten Präsidenten des Generalrates übertragen.[5] Die Selbstverwaltungszuständigkeiten der Departements, aber auch die der Kommunen, wurden erheblich erweitert,[6] was sich institutionell daran ablesen lässt, dass Teile des Präfekturpersonals auf die Departementsverwaltungen übergingen bzw. dass völlig neue Verwaltungsabteilungen innerhalb der Generalräte (*conseils généraux*) gegründet wurden. Mit dem wachsenden Zuständigkeitsprofil der lokalen Gebietskörperschaften haben sich deren Personalbestände entsprechend erhöht (siehe unten Tabelle 2; ferner Kuhlmann/Bogumil 2006).

Dem Bild einer durchgreifenden Dezentralisierungsreform wird von einer zweiten Gruppe von Beobachtern entgegengehalten, dass zum einen das französische Politik- und Verwaltungssystem bereits vor der Dezentralisierungsreform der 1980er Jahre durch einen hohen Grad an informal-faktischer Dezentralisierung gekennzeichnet gewesen sei, so dass sich in der Handlungsrealität des Systems nur wenig geändert habe. Die auf der Ämterkumulierung basierende Form von *Policy-Making*, die in der ein-

---

5 Zur Durchsetzung von rechtsaufsichtlichen Beanstandungen muss der Präfekt nunmehr die Verwaltungsgerichte bzw. Rechnungskammern anrufen.

6 Die Departements erhielten weitreichende Zuständigkeiten im Bereich der „Sozialen Aktion" (*action sociale*) und sind seit *„Acte I"* beispielsweise für verschiedene Arten von Sozialhilfe (*RMI, ASE, APA*) zuständig. Auf die Kommunen gingen unter anderem die Zuständigkeiten für Bauleitplanung (*PLU, SCOT*) und Baugenehmigung über.

Tabelle 2: Entwicklung des Personals im Öffentlichen Dienst in Frankreich (Staat, Lokale Gebietskörperschaften* und Krankenhaussektor) 1980–2001 (in Tsd.)

| | 1980 | | | 2001 | | | Zu-/Abnahme 1980–2001 | |
Ebene	abs.	pro 1.000 EW	Anteil in %	abs.	pro 1.000 EW	Anteil in %	in %	pro 1.000 EW
Staat	2273	39,1	*56,2*	2491	41,4	*52,5*	14,6	2,3
Lokale Gebietskörperschaften*	1021	18,4	*26,4*	1404	23,3	*29,6*	37,5	5
Krankenhaussektor	671	12,1	*17,4*	861	14,3	*18,1*	28,3	2,2
Öff. Personal insgesamt	3865	69,5	*100*	4756	79	*100*	23,1	9,5

* Regionen, Departements, Kommunen, interkommunale Zusammenschlüsse

Quelle: DGAFP, bureau des statistiques, des études et de l'évaluation; Insee, Drees; Insee ASF 2003 und eigene Zusammenstellung und Berechnung.

schlägigen Literatur mit den Stichworten des „gezähmten Jakobinismus", der *„pouvoir périphérique"* (Macht der Peripherie, vgl. Grémion 1976) oder der *„filière croisée"* (Verflechtung der Instanzen) umschrieben wird, bewirkte eine (faktische) Dezentralisierung des Entscheidungssystems, denn die Entscheidungen auf den höheren Ebenen wurden stets durch die (dort agierenden) lokalen *Notablen* erheblich beeinflusst. Die über das *cumul de mandats* hergestellten personellen Vernetzungen zwischen den Ebenen trugen zudem dazu bei, dass die restriktive Aufsichts- und Kontrollfunktion des Präfekten gegenüber den Gebietskörperschaften bis auf ein nur noch symbolisches Maß „abgeschliffen" wurde.

Dadurch, dass in Frankreich bislang alle Versuche einer durchgreifenden Gemeindegebietsreform gescheitert sind, stößt die Dezentralisierungsreform im kommunalen Raum (*communes*) außerdem auf erhebliche Probleme. Erst seit dem In-Kraft-Treten eines neuen Gesetzes über interkommunale Zusammenarbeit, des sog. *Loi Chevènement* im Jahre 1999, scheint sich nun eine Entwicklung abzuzeichnen, die von einigen Beobachtern als der Beginn einer neuen Ära territorialer Reorganisation oder pointiert auch als „interkommunale Revolution" (vgl. Borraz/Le Galès 2003: 10) bezeichnet wird. Inzwischen liegt der „Deckungsgrad" hinsichtlich der neuen kommunalen Zusammenschlüsse (sog. *Etablissements Publics de Coopération Intercommunale – EPCI*)[7] in einigen Spitzenreiterregionen bei fast 100 Prozent der Kommunen und landesdurchschnittlich bei immerhin 86 Prozent. Diese territoriale Integration der lokalen Institutionenlandschaft könnte die Voraussetzung für eine stärker leistungs- und lebensfähige (*viable*) kommunale Selbstverwaltung und damit für eine wirksamere – die Städte und Gemeinden stärker einbeziehende – Dezentralisierungspolitik schaffen.[8]

---

7 Dieses sind: *Communautés urbaines – CU* (mehr als 500.000 Einwohner), *Communautés d'agglomération – CA* (50.000 bis 500.000 Einwohner), *Communautés de communes – CC* (unter 50.000 Einwohner).

8 Zu den vielfältigen Problemen der interkommunalen Zusammenarbeit, die unter anderem daraus erwachsen, dass die EPCI keine direkte demokratische Legitimation besitzen, siehe unter anderem Guéranger (2003), Hoffmann-Martinot (2003).

Mit der Verfassungsänderung vom März 2003 sollte eine neue Etappe der französischen Dezentralisierungspolitik gestartet werden (sog. *„Acte II"*). In Artikel 1 der Verfassung wurde festgeschrieben, dass die „Organisation der französischen Republik dezentralisiert" ist,[9] womit die Dezentralität des Verwaltungssystems erstmals Verfassungsrang hat. Mit *„Acte II"* wurde ein weiterer Aufgabentransfer vom Staat auf die Departements und die Regionen eingeleitet.[10] Es wird geschätzt, dass der Aufgabentransfer personell insgesamt 130.000 Beamte, vor allem aus dem technischen Bereich des Nationalen Bildungswesens (*Education Nationale: Lycées, Collèges*) und aus dem Infrastrukturministerium (*Ministère de l'Equipement*) betrifft, die dann vom Staatsdienst in den Lokaldienst – ca. 50.000 zu den Regionen und 80.000 zu den Departements – wechseln (www.la-Croix.com, 15.3.2003). Zwar bietet die Verfassungsänderung von 2003 durchaus das Potenzial, um die inzwischen ins Schleppen gekommene Dezentralisierungsbewegung in Frankreich wieder „anzukurbeln" und auch neu auszurichten. Jedoch sind hinsichtlich der praktischen Auswirkungen dieser neuen rechtlichen Bestimmungen erhebliche Zweifel anzumelden. Denn die von *„Acte II"* betroffenen Aufgabenbereiche stellen keine neuen Tätigkeitsfelder lokaler Selbstverwaltung dar, sondern gehören überwiegend bereits seit *„Acte I"* zum Handlungsrepertoire der Gebietskörperschaften (vgl. Portier 2003: 68) und bieten auch kaum Spielräume für lokale Politikgestaltung – im Gegenteil: Sie engen diese weiter ein. Denn den Departements bleibt nun immer weniger Raum für ihre eigenen lokalen Politikprogramme und „freiwilligen Aufgaben" (*de propre initiative/facultatifs*). Diese Entwicklung wird dadurch noch verstärkt, dass die staatlichen Ausgleichszahlungen, die an die Zuständigkeitsverlagerung gekoppelt sind, vor allem im Bereich der „Sozialen Aktion" (*RMI*), als bei weitem unzureichend angesehen werden[11] und schon jetzt in den Generalräten erhebliche „Haushaltslöcher" (*écarts*) klaffen[12].

4.2 Deutschland: Funktionalreform als „unechte" Kommunalisierung

Auch in das überkommene deutsche Kommunalmodell ist in funktionaler Hinsicht Bewegung gekommen. Zum einen wurde das traditionell breite kommunale Aufgabenprofil der deutschen Kommunen (Kreise/Städte) im Gefolge der Gebiets- und Funktional-

---

9 «... son organisation est décentralisée.» (Lois constitutionnelle no. 2003–276 du 28 mars 2003 relative à l'organisation décentralisée de la République).

10 Die Regionen erhalten vor allem zusätzliche Kompetenzen in der Wirtschaftsförderung und Berufsausbildung, während die Departements in den Bereichen der Nationalstraßen (Übertragung von 20.000 km Nationalstraßen) und der „Sozialen Aktion" weitere Zuständigkeiten erhalten. Sie sind beispielsweise seit Januar 2004 vollständig (auch finanziell) für die arbeitsmarktpolitische Integration im Rahmen des sog. *Revenue Minimum d'Insertion (RMI)* verantwortlich.

11 Die Höhe der staatlichen Ausgleichszahlungen (*compensation*) an die Gebietskörperschaften wird von der Regierung auf ca. 11,5 Mill. Euro geschätzt werden (3 Mill. für die Regionen; 8 Mill. für die Departements). Damit würde der Verwaltungshaushalt (*budget de fonctionnement*) der Regionen gegenüber 2001 um 41% und der der Departements um 26% ansteigen (www.service-public.fr, 24.2.2004).

12 Beispielsweise im Departement Seine-Maritime für 2005 ca. 18 Mio. Euro allein für den Bereich *RMI* (Seine-Maritime 2005).

reformen in den 1970er Jahren (im Alt-Bundesgebiet) erweitert. Zum anderen brachte die Wiedereinführung der kommunalen Selbstverwaltung in Ostdeutschland, die letztlich als Prozess einer umfassenden Dezentralisierung von Politikzuständigkeiten und Verwaltungskompetenzen angesehen werden kann, einen enormen Aufgabenzuwachs für die kommunalen Verwaltungen im neuen Bundesgebiet mit sich. Darüber hinaus verfolgen die ostdeutschen Länder eine Abschichtung von Landesaufgaben auf die kommunale Ebene. Diese Maßnahmen haben gerade in den zweistufigen ostdeutschen Bundesländern deshalb besondere Bedeutung erlangt, weil deren Landesregierungen in hohem Maße dazu neigten, sich durch einen Unterbau an nachgeordneten staatlichen Sonderbehörden gewissermaßen einen „Mittelinstanzersatz" zu schaffen und so die „sektorale Versäulung" der Landesverwaltung voranzutreiben.

In jüngster Zeit lassen zudem die Vorstöße zur Verwaltungsstrukturreform aufhorchen, die inzwischen in zahlreichen Bundesländern ins Rollen gekommen sind. Vorreiter war dabei das Land Baden-Württemberg, wo unter Ministerpräsident Teufel in einem weitreichenden Ansatz von Struktur- und Funktionalreform (sog. „Teufel-Reform") die insgesamt 35 unteren staatlichen Sonderbehörden kommunalisiert werden (siehe Bogumil/Ebinger 2005). Mit dem In-Kraft-treten der Reform am 1. Januar 2005 wurde die Überführung des Aufgaben- und Personalbestandes der Sonderbehörden in die Verwaltungen der 35 Kreise und neun kreisfreien Städte Baden-Württembergs eingeleitet. Nur ein geringer Teil der Zuständigkeiten, mit hoheitlichem oder regionalem Bezug, wird den vier Regierungspräsidien übertragen. Ersten Umsetzungsanalysen zufolge (ebd.) hat sich der Personalbestand der Kreise inzwischen ungefähr verdoppelt, worin eine beachtliche personelle und funktionale Aufwertung der Kreisebene zu erblicken ist.[13]

Allerdings handelt es sich bei den Funktionalreformen in den deutschen Bundesländern um eine „unechte" Variante von Kommunalisierung, die dadurch gekennzeichnet ist, dass den Kreis- und Stadtvertretungen keinerlei Mitwirkungsrechte eingeräumt werden.[14] Damit bleibt die politisch-demokratische Reichweite der Reformen äußerst begrenzt. Innerhalb ihrer traditionellen „Janusköpfigkeit", die weiter bekräftigt wird, profitieren die Landkreise vor allem in ihrer Rolle als untere Ebene der Landesverwaltung vom Aufgabentransfer, wohingegen ihre kommunalen Selbstverwaltungskompetenzen nicht berührt sind. Zudem wird die funktionale Stärkung der Kommunalebene konterkariert durch die akute Finanzkrise, die die Kommunen zum Abbau ihrer freiwilligen Leistungen zwingt und sie im Extremfall auf ihre Rolle als untere Vollzugsinstanz übertragener staatlicher Aufgaben reduziert. Besonders deutlich schlagen sich die Einschnitte im drastischen Rückgang der kommunalen Personalbestände nieder, in dem (auch)

---

13 Der Aufgaben- und Personaltransfer auf die Kommunen wird zunächst vollständig aus dem Landeshaushalt beglichen. Daraus jedoch, dass diese staatlichen Transferzahlungen jährlich um drei Prozent reduziert werden sollen, erhofft sich die Landesregierung eine „Effizienzrendite" von ca. 20% innerhalb der nächsten sieben Jahre (Banner 2006).

14 Da die Kommunalisierung von staatlichen Verwaltungsaufgaben in der Regel durch deren Umwandlung in kommunale Aufgaben „im übertragenen Wirkungskreis" erfolgt, bei denen die Kommunalvertretungen formell keinerlei Entscheidungskompetenz besitzen, handelt es sich bei Funktionalreformen in der Regel um eine Form von „unechter" oder „kupierter" Kommunalisierung, die von der „echten" (politischen) zu unterscheiden ist (Bogumil/Kuhlmann 2005 m.w.N.).

das Bemühen der Kommunen um Haushaltskonsolidierung Ausdruck findet (vgl. Kuhlmann/Bogumil 2006). So ist das Kommunalpersonal zwischen 1993 und 2002 um mehr als ein Drittel, in Ostdeutschland sogar um mehr als die Hälfte zurückgegangen (siehe Tabelle 3).

Tabelle 3: Personalentwicklung der Gebietskörperschaften in Deutschland 1993–2002*

	1993		2002		Zu-/Abnahme 1993–2002	
Ebene	abs. in 1.000	*pro* *1.000 EW*	abs. in 1.000	*pro* *1.000 EW*	in %	*pro* 1.000 EW
Bund	579	*7,1*	448	*5,4*	–22,6	–1,7
Länder	2012	*24,8*	1583	*19,2*	–21,3	–5,6
Gemeinden/Gv.	1469	*18,1*	951	*11,5*	–35,3	–6,6
Gesamt	4060	*50,0*	2982	*36,1*	–26,6	–13,9

* Nur Vollzeitbeschäftigte der Gebietskörperschaften; ohne Bundeseisenbahnvermögen, Kommunale Zweckverbände und mittelbaren Öffentlichen Dienst.[15]

Quelle: Kuhlmann/Röber (2006 m.w.N.).

5. Demokratisierung[16]

5.1 Frankreich: Konsultativ- und „Bürgermeisterreferenden"

Die Debatte um eine rechtliche Kodifizierung des lokalen Referendums in Frankreich drehte sich lange Zeit ausschließlich um das konsultative Referendum (*consulations des électeurs*), wonach die Bürger zu bestimmten lokalen Themen konsultiert werden, während die Entscheidung letztlich bei den repräsentativ-demokratischen Gremien (*conseil municipal*) verbleibt. Mit dem Gesetz von 1992[17] war zunächst festgelegt worden, dass konsultative Referenden auf Initiative des Bürgermeisters oder auf schriftlichen Antrag von mindestens der Hälfte der Ratsmitglieder (in Kommunen unter 3.500 Einwohner) bzw. von einem Drittel der Ratsmitglieder (in Kommunen über 3.500 Einwohner) zu allen die Kommune betreffenden Angelegenheiten durchgeführt werden können. Beschränkten sich kommunale Referenden zunächst auf den räumlichen Bereich der Ein-

---

15 Berücksichtigt man noch den enormen Anstieg von Teilzeitarbeit in den Kommunen seit Beginn der 1990er Jahre (von ca. 20% auf 25% der Bediensteten), so ist die kostenmäßig zu Buche schlagende Einsparung sogar noch höher. Aus Gründen der Vergleichbarkeit der Daten (mit Frankreich) und um die reale personelle „Stärke" (oder auch „Schwäche") der Kommunen zu bestimmen, wird hier bewusst nicht auf Vollzeitäquivalente als Basis des Vergleichs, sondern auf die Anzahl der tatsächlich in den kommunalen Dienststellen tätigen *Personen* zurückgegriffen.

16 Im Folgenden wird ausschließlich auf die Einführung von Elementen direkter Demokratie eingegangen, während der Ausbau von Partizipationsformen *innerhalb* des repräsentativ-demokratischen Modells (Quartiersräte, Bürgerforen etc.) an dieser Stelle aus Platzgründen ausgeklammert bleiben muss (für Deutschland siehe hierzu Holtkamp in diesem Band; für Frankreich siehe Kuhlmann 2006a; Matuszewicz 2004).

17 Loi no. 92-125 du 6 février 1992 relative à l'administration territoriale de la République.

zelkommune, konnten mit der neuen Regelung des Jahres 1995[18] auch die interkommunalen Verwaltungsgemeinschaften von der Möglichkeit Gebrauch machen, die Bürger ihrer Mitgliedskommunen, allerdings ausschließlich in Fragen der Stadtentwicklung (*aménagement*) durch Referenden zu konsultieren. Zudem konnte seit dem Gesetz von 1995 ein lokales Referendum auch durch ein Fünftel der Wählerschaft einer Kommune bzw. einer interkommunalen Gemeinschaft – allerdings ebenfalls nur für raumbezogene Maßnahmen und ausschließlich konsultativ – initiiert werden. Beiden Gesetzen ist gemein, dass sie der Logik repräsentativer Demokratie verhaftet blieben, indem sie ausschließlich konsultative Referenden vorsahen, deren Abstimmungsergebnisse für den Rat nicht bindend waren (*simple avis*).

Im Zusammenhang mit der Umsetzung des „*Acte II"* kam erneut Bewegung in die Debatte um direktdemokratische Teilhabe auf lokaler Ebene. Zum einen ist das lokale Referendum mit dem verfassungsändernden Gesetz von 2003 in Art. 72-1 der französischen Verfassung aufgenommen worden und hat damit nun Verfassungsrang. Sein Anwendungsbereich wurde auf alle Gebietskörperschaften, d.h. auch auf die Departements und Regionen, ausgeweitet. Zum anderen wurde mit der Einführung von bindenden lokalen Referenden (*référendum décisionnel*) durch das Gesetz vom 1.8.2003 eine Bresche in das bisherige repräsentativ-demokratische Modell geschlagen. Darin, dass im Falle der Durchführung eines Referendums dessen Abstimmungsergebnis dann bindend ist[19] sowie darin, dass diese Regelung für alle Gebietskörperschaften (damit allerdings ausdrücklich nicht für die *EPCI*) gilt und keine inhaltliche Beschränkung enthält, ist ein erster Vorstoß in Richtung verstärkter direktdemokratischer Teilhabe in französischen Kommunen zu erblicken.

Allerdings sind auch mit diesem neuen Gesetzgebungsvorstoß des Jahres 2003, der eine Art politisch-demokratisches Gegengewicht zum exekutiven Machtgewinn infolge von „*Acte II"* bilden sollte, wiederum zahlreiche Zugeständnisse an die „lokalen Notablen" gemacht worden (vgl. Le Lidec 2004). Der französische Gesetzgeber ist nicht soweit gegangen, für die Initiierung des bindenden Referendums – wie in Deutschland – ein Bürgerbegehren vorzusehen, sondern beschränkte sich auf das Initiativrecht der Rates, der seinerseits auf Vorschlag des Bürgermeisters bzw. Ratspräsidenten (Region/Departement) darüber abstimmt, ob ein Sachverhalt zum Gegenstand eines Referendums wird. In diesen und anderen restringierenden Vorkehrungen (Hoffmann-Martinot 2003) spiegelt sich die nachhaltige (in der jakobinischen Tradition wurzelnde) Ablehnung der Vorstellung eines lokalen Volkssouveräns wider (Wollmann 2004). Zugleich wird darin der Einfluss der über das *cumul de mandat* auf der nationalen Ebene verankerten Bürgermeister und lokalen Amtsträger sichtbar, die die Schmälerung ihrer exekutiven Vorherrschaft fürchten und die ihr Widerstandspotenzial erfolgreich im nationalen Gesetzgebungsprozess mobilisieren konnten (vgl. Matuszewicz 2004; Le Lidec 2004).

Im Ergebnis gehen die Befürchtungen (vor allem der lokalen Amtsträger), das traditionelle repräsentativ-demokratische Modell könne durch die rechtliche Kodifizierung

---

18 Loi no. 95-115 du 4 février 1995 d'orientation pour l'aménagement et le développement du territoire.

19 Vorausgesetzt, dass mindestens die Hälfte der Wähler an der Abstimmung teilgenommen und von diesen die Mehrheit zugestimmt hat (Art. L.O. 1112-7).

der lokalen Referenden in Frage gestellt werden, vollkommen an der politischen Realität vorbei. Denn diese ist dadurch gekennzeichnet, dass Konsultationen und Referenden zugunsten der politischen Mehrheit bzw. des Bürgermeisters instrumentalisiert werden (Rangéon 2004: 55). Das lokale Referendum – sowohl das „alte" konsultative als auch das „neue" bindende – ist in Frankreich in erster Linie ein „Bürgermeister-Referendum" (*„un référendum mayoral"*, siehe Paoletti 1999: 227), das dazu beiträgt, diesen und die ihn tragende Ratsmehrheit zu stärken. Außerdem haben die Franzosen insgesamt auffallend wenig von lokalen Referenden Gebrauch gemacht. Zwischen 1992 und 1999 wurden insgesamt nur 150 kommunale Referenden durchgeführt, d.h. gerade 0,04 Prozent der Gemeindevertretungen griffen auf dieses neue Instrument lokaler Demokratie zurück, und nur zwei Referenden wurden bislang aus der Mitte der Bürgerschaft veranlasst (vgl. Hoffmann-Martinot 2003: 174). Auch dies zeigt die Beharrungskraft der repräsentativ-demokratischen Politikkultur im lokalen Raum.

5.2 Deutschland: Urwahl des Bürgermeisters und Bürgerbegehren

Mit den Kommunalverfassungsreformen der 1990er Jahre hat das direktdemokratische Prinzip Einzug in die deutsche Kommunallandschaft gehalten. War die direkte Wahl des Bürgermeisters bis dahin ausschließlich in Bayern und Baden-Württemberg bekannt, folgten – beginnend mit Hessen im Jahre 1990 – alle anderen deutschen Bundesländer bis 1999. In Widerspiegelung der im dezentral-föderalen System angelegten institutionellen Vielgestaltigkeit weisen die Regelungen zur direkten Wahl und (zum Teil) Abwahl der Bürgermeister erhebliche Unterschiede zwischen den einzelnen Bundesländern auf (siehe hierzu Vetter 2006). Im Hinblick auf die Auswirkungen der Direktwahl auf das lokale Entscheidungssystem zeigen vorliegende Untersuchungen, dass zum einen die inneradministrative Stellung des Bürgermeisters – wenn auch je nach lokalem Kontext unterschiedlich intensiv (siehe Gehne/Holtkamp 2005) – merklich gekräftigt worden ist, was vor allem auf jene Amtsträger zutrifft, die zusätzlich noch die Ratsmehrheit hinter sich haben.[20] Im Verhältnis zur Kommunalvertretung deutet ebenfalls vieles darauf hin, dass die Stellung des Bürgermeisters gestärkt wurde, allerdings in den Ländern mit ehemals Norddeutscher Ratsverfassung bei prinzipieller Aufrechterhaltung der Parteiorientierung, so dass es in diesen Ländern zu einer Kombination von „exekutiver Führerschaft" und „Parteiherrschaft" kommt (Bogumil 2001), was nicht zuletzt damit zusammenhängt, dass viele (in NRW 91%) der gewählten Bürgermeister Parteikandidaten sind (Gehne/Holtkamp 2005: 122). Im Verhältnis zur Bürgerschaft hat die Direktwahl eine stärkere Orientierung der Amtsträger an den Bedürfnissen der Bürger und an Instrumenten bürgernaher Verwaltung und Politik bewirkt und dadurch, dass die Bürger eher parteiunabhängige Kandidaten präferieren, ebenfalls die

---

20 Dabei wirkte die Kommunalverfassungsreform in NRW mit der Ablösung der Doppelspitze bei gleichzeitiger Einführung der Urwahl des Bürgermeisters wie ein „radikaler institutioneller Doppelschlag" (Wollmann 2001: 29), wohingegen etwa die ostdeutschen Länder den Bürgermeister als monokratischen Verwaltungschef mit der DDR-Kommunalverfassung von 1990 bereits eingeführt hatten.

Neigung der Bürgermeister verstärkt, sich von ihren Parteien und Fraktionen im Rat zu lösen.

Neben dem Personalplebiszit wurde auch das Sachplebiszit (Bürgerbegehren, Bürgerentscheid) in die Gemeindeverfassungen aller deutschen Bundesländer aufgenommen – ebenfalls mit von Land zu Land sehr unterschiedlichen Regelungen (Vetter 2006). Dabei zeigt sich, dass die eingebauten rechtlichen Hürden zur Initiierung und Anwendung von direktdemokratischen Teilhaberechten nachweisbare Auswirkungen auf die Häufigkeit ihrer Inanspruchnahme haben (vgl. Mittendorf/Rehmet 2002). Dies gilt zum einen für die Begehrensquoren, die in Thüringen mit 20 Prozent am restriktivsten und in NRW und Bayern mit zwischen 3 und 10 Prozent am „großzügigsten" ausgestaltet sind, und zum anderen für die Zustimmungsquoren, die in Baden-Württemberg, Rheinland-Pfalz und im Saarland bei 30 Prozent, in allen anderen Bundesländern darunter, am niedrigsten (mit 20%) in NRW, liegen. Zudem hat die Frage, welche Entscheidungsbereiche zum Gegenstand eines Referendums werden können, Einfluss auf die Anwendungshäufigkeit, wobei insbesondere die Festsetzung von Positivkatalogen dem Gebrauch dieses direktdemokratischen Instruments institutionelle Hürden auferlegt.

Insgesamt ist die Anwendungshäufigkeit des lokalen Referendums in Deutschland bislang ausgesprochen moderat. Gemessen an einem Häufigkeitsindikator, der die Gesamtzahl der Bürgerbegehren/-entscheide ins Verhältnis zur Zahl der Gemeinden sowie zur Zahl der Geltungsjahre der Regelung setzt,[21] ergibt sich, dass es in Deutschland durchschnittlich alle 126 Jahre zu einem Bürgerbegehren (Häufigkeitsindikator: 1/126) und alle 204 Jahre zum Bürgerentscheid (1/204) kommt. Trotz der geringen Anwendungshäufigkeit von Referenden fördert die Existenz des Bürgerbegehrens als Handlungsoption die Kooperations- und Kompromissbereitschaft der Kommunalvertretung, deren Mehrheitsfraktion(en) möglichst die formale Einleitung eines Bürgerbegehrens verhindern wollen (Bogumil 2001: 209). Diese Entwicklungen dürften die Ausprägung konsensdemokratischer Elemente in den lokalen Politikarenen begünstigen, was auch daraus ersichtlich wird, dass mehr als 80 Prozent der deutschen Bürgermeister eine (sehr) wichtige Aufgabe darin sehen, Konsens zwischen unterschiedlichen lokalen Gruppierungen und Bürgern zu stiften.[22]

6. Ökonomisierung und NPM

6.1 Frankreich: „Delegation", Bürgerdienste, Performanzsteuerung

Die Praxis, öffentliche Aufgaben über Private im Wege von Konzessionsverträgen zu erbringen, geht in Frankreich bereits auf Mitte des 19. Jahrhunderts zurück. Im Zuge einer ersten großen „Auslagerungswelle" im 19. Jahrhundert wurden die „klassischen"

---

21 Gesamtzahl der Bürgerbegehren/-entscheide geteilt durch die Zahl der Gemeinden sowie durch die Zahl der Geltungsjahre der Regelung (vgl. Wollmann 2001 m.w.N.).

22 Datenbasis ist eine Umfrage von allen Bürgermeistern in deutschen und französischen (sowie weiteren europäischen) Städten mit über 10.000 Einwohnern (siehe Heinelt/Egner 2004 m.w.N.).

Bereiche der kommunalen Daseinsvorsorge (Wasserver- und entsorgung, Müllentsorgung, Heizenergie und Transportwesen) privaten Trägern überantwortet und formte sich das Modell von *„gestion déléguée"* als eine gängige Variante kommunaler Aufgabenerledigung aus (Lorrain 1995: 106). Seit der Nachkriegszeit, und vor allem in Folge der Dezentralisierung in den 1980er Jahren (*„Acte I"*), breitete sich dieser Handlungsmodus immer mehr aus, nicht zuletzt, weil er eine budgetäre Entlastung für die Kommunen bedeutete. Mit den Kommunalwahlen von 1983 schrieben sich zudem viele der neu gewählten konservativen Bürgermeister die NPM-Programmatik von der „Stadt als Unternehmen" (*ville entrepreneuriale*) auf die Fahnen. In dieser Zeit wurden – auch angetrieben von finanziellen Problemen – vielfach städtische Dienstleistungen (*services publics*) vollständig privatisiert (Bsp. Nîmes, Amiens) oder zumindest über Verträge (*délégation*) nach außen vergeben.

Ab Mitte der 1990er Jahre kam es jedoch zum Abebben der auf Marktliberalisierung und Privatisierung gerichteten lokalen NPM-Reformaktivitäten unter anderem als eine Folge dessen, dass mit den Kommunalwahlen von 1995 viele der programmatisch „entrepreneurialen" Bürgermeister abgewählt worden waren (Wollmann 2004). Aber auch aufgrund negativer Privatisierungserfahrungen (vgl. Maury 1997) hat es inzwischen bereits eine Vielzahl von Re-Kommunalisierungen (*ré-municipalisation*) gegeben. Allerdings zeichnet sich momentan ab, dass die finanzielle Bürde, die den Generalräten mit *„Acte II"* im Bereich der lokalen Sozialpolitik auferlegt worden ist, erneut externe Leistungsträger (*associations*) verstärkt auf den Plan ruft und damit weiter den Ausbau kontraktualisierter Leistungsbeziehungen im lokalen Raum vorantreibt.

In jüngerer Zeit werden in einer Reihe von Städten und Generalräten Reformschritte aufgegriffen, die sich stärker um eine (interne) ökonomisch-manageriell orientierte Verwaltungsmodernisierung drehen. Allerdings muss darauf hingewiesen werden, dass manche der gemeinhin dem NPM-Konzept zugeschriebenen Instrumente in Frankreich schon eine längere Tradition haben. So gehören „Kontrakte" (*contrats/conventions*) spätestens seit der Dezentralisierung zum Standardrepertoire französischer Politiksteuerung. Diese hatten allerdings nichts mit NPM zu tun, sondern zielten vielmehr darauf, die vertikalen und horizontalen Koordinationsprobleme des hochgradig fragmentierten und „überinstitutionalisierten" Politik- und Verwaltungssystems mittels Vertragspolitik in den Griff zu bekommen. Die (traditionelle) Vertragspolitik unterliegt gegenwärtig allerdings einer performance-orientierten Neuausrichtung, indem stärker mit (quantifizierbaren) Kennzahlen, Indikatoren und Leistungs- und Qualitätsmessung wie auch (teilweise) Wirkungskontrollen gearbeitet wird.

In Fragen der Bürgernähe und Kundenorientierung verdienen die sog. „Dienstleistungszentren" (*Maisons de Service Public – MSP*) Hervorhebung, deren Zahl sich in Frankreich seit Beginn der 1990er Jahre multipliziert hat (vgl. DATAR 2002).[23] Ihre Funktion besteht darin, Dienstleistungen unterschiedlicher Ebenen und Institutionen (Kommune, Departement, Region, Staat, Vereine, öffentliche und private Unternehmen) zu bündeln und dadurch bürgerfreundlich und „aus einer Hand" (*polyvalence d'accueil*) anzubieten. Speziell in den Städten wird außerdem versucht, die interne Ser-

---

23 Insgesamt gibt es in Frankreich mittlerweile 352 *MSP* (Stand von 2002). Durchschnittlich verfügt jede französische Region über etwa 15 *MSP.*

vicequalität dadurch zu verbessern, dass Verwaltungsleistungen zunehmend in One-stop-agencies (*guichet unique multiservice*) angeboten werden.

Ein weiteres Handlungsfeld der NPM-nahen lokalen Verwaltungsmodernisierung stellt der Bereich von Leistungsmessung (*démarches de performance*) und Qualitätsentwicklung (*démarches de qualité*) dar, bei dem es darum geht, anhand von definierten Leistungs- und Qualitätsindikatoren die Verwaltungstätigkeit einzelner Fachabteilungen und -ämter zu messen und in Leistungsübersichten (sog. *„tableaux de bord"*) zu dokumentieren. Die erreichte Leistung wird dann mit vorab gesetzten, teils auch in Zielvereinbarungen (*contrats d'objectifs*) festgeschriebenen Leistungszielen (z.B. Wartezeit unter zehn Minuten oder weniger als drei Mal klingeln bei Telefonanrufen etc.) verglichen. Zur französischen Variante von Performance Management sind auch die verbreiteten Ansätze von Controlling (*contrôle de gestion*) zu rechnen, die darauf gerichtet sind, die Fachabteilungen (*directions*) zu verpflichten, ihre Aktivitäten über Kennzahlen und Indikatoren regelmäßig zu dokumentieren, um sie dann in eine zentrale gesamtstädtische Kennzahlenübersicht zu integrieren. Allerdings gibt es zum Teil erhebliche Akzeptanzprobleme, insbesondere von Seiten der Fachdirektoren (*directeurs généraux adjoints; directeurs*), gegenüber dem *contrôle de gestion*. Diese weigern sich vielerorts vehement und oft erfolgreich, Leistungsberichte zu erstellen und mit den zentralen Controllinginstanzen zu kooperieren. Dies erklärt sich unter anderem daraus, dass *contrôle de gestion* von vielen Verwaltungsbediensteten und Führungskräften als Kontrollinstrument und als unwillkommene „Einmischung" in ihre Handlungssphären wahrgenommen wird. Durch das Führen von *tableaux de bord,* vor allem in den Tätigkeitsfeldern, in denen die einzelnen Arbeitsvorgänge (Telefonate, Beratungszeiten, Wartezeiten) elektronisch erfasst, gezählt und permanent „überwacht" werden, ist eine extreme Kontrolldichte entstanden, die auf Seiten der Mitarbeiter Stress und Motivationsprobleme bereitet und deren Effekte hinsichtlich der Qualität des Verwaltungshandelns, z.B. Beratungsqualität, zweifelhaft sind.

6.2 Deutschland: Marktöffnung, Ausgliederungen und „Neues Steuerungsmodell"

Eine einschneidende Veränderung im Aktionsradius der deutschen Kommunen ist zum einen darin zu erblicken, dass die traditionell abgeschirmten „lokalen Märkte" im Bereich der Daseinsvorsorge, die zum Kernbestand des kommunalen Aufgabenprofils gehören, durch die auf Marktöffnung und -wettbewerb gerichtete Politik der EU „aufgebrochen" wurden. Zum anderen sehen sich immer mehr Kommunen aufgrund der Haushaltskrise veranlasst, Aufgabenbereiche auszulagern oder zu privatisieren. In einer Umfrage aus dem Jahre 2005 (Datenbasis: 260 deutsche Kommunen) gab nur 1 Prozent der Städte über 20.000 Einwohner an, *keine* Aufgaben ausgegliedert zu haben, während 83 Prozent erklärten, zwischen fünf und mehr als 13 Ausgliederungen vorgenommen zu haben (vgl. Kilian 2005 m.w.N.). Über 80 Prozent der befragten Kommunen griffen dabei auf private Rechtsformen zurück (GmbH, AG, Verein, Genossenschaft). Zwar dominieren in den deutschen Städten über 50.000 Einwohner nach wie vor die „rein öffentlichen" Unternehmen (vgl. Universität Potsdam/KGSt 2003:

22 ff.).[24] Dennoch ist darin, dass inzwischen an fast 40 Prozent der kommunalen Unternehmen dieser Städte Private beteiligt sind und sich heute bereits jedes zehnte kommunale Unternehmen (11%) *mehrheitlich* im Eigentum Privater befindet, ein klarer Trend zu Formen der materiellen Privatisierung zu erkennen.

Was binnenorientierte Reformmaßnahmen in den Kommunen angeht, so fand der Ökonomisierungsgedanke in den 1990er Jahren vor allem im sog. „Neuen Steuerungsmodell" (NSM) konzeptionell Niederschlag. Unter der Meinungsführerschaft der Kommunalen Gemeinschaftsstelle für Verwaltungsvereinfachung (KGSt) avancierte das NSM rasch zum übergreifenden Reformleitbild der lokalen Ebene (im Einzelnen siehe Kuhlmann 2004; Bogumil/Kuhlmann 2004 m.w.N.). Nach einer neueren Umfrage haben seit 1990 fast alle deutschen Kommunen über 10.000 Einwohner Modernisierungsaktivitäten in der Verwaltung verfolgt (93%), wobei sich – nach Angaben der Bürgermeister – über 80 Prozent ganz oder teilweise am NSM als Reformkonzept orientierten. Blickt man jedoch über die „Diskurs- und Verlautbarungsebene" (*talk*) hinaus und wirft man einen etwas genaueren Blick auf die tatsächliche Reformpraxis und -wirkung (*action/impact*), so ergibt sich ein ambivalentes, teilweise ernüchterndes Bild. Inzwischen ist angesichts der zahlreichen (unbeabsichtigten) Folgeprobleme der NSM-Reform, die sich nicht nur aus schlechter oder unvollständiger Umsetzung (*bad implementation*), sondern auch aus konzeptionellen Schwachstellen des NSM (*false theory*) erklären, eine Tendenz zur „Re-Weberianisierung" der deutschen Kommunalverwaltung, zumindest in Teilbereichen, unverkennbar (vgl. hierzu ausführlich den Beitrag von Bogumil u.a. in diesem Band).

7. Systemeffekte der Verwaltungsreformen im deutsch-französischen Vergleich

Greift man noch einmal die Ausgangsfragestellung auf, inwieweit sich die Lokalsysteme hinsichtlich ihrer jeweiligen funktionalen, territorialen, politischen und administrativen Merkmale infolge von Verwaltungsreformen gewandelt haben bzw. ob tradierte Unterschiede eher fortbestehen bzw. sich gar vergrößern, so ergibt sich kein einheitliches und durchgängiges, sondern je nach Zielrichtung und Reichweite der Reformvorstöße ein differenziertes Bild. Von „Systemeffekten" der Reformen soll dabei im Folgenden insoweit die Rede sein, als die Maßnahmen (ob intendiert oder nicht-intendiert) zu einer nachhaltigen und weitreichenden Veränderung wichtiger Systemmerkmale des jeweiligen Kommunalmodells (siehe dazu Kapitel 2) geführt haben, tradierte Strukturen aufgebrochen und historische Pfadabhängigkeiten in Frage gestellt wurden. Die Systemeffekte von Verwaltungsreformen lassen sich in Anlehnung an die oben skizzierte Typologie (siehe Kapitel 1) drei Analysedimensionen, der funktionalen, der politischen und der administrativ-organisatorischen, zuordnen.[25]

---

24 Datenbasis: Umfrage in 190 Kommunen ab 50.000 Einwohner mit einem Rücklauf von 71% (=135 Städte); ferner Auswertung von 2.391 kommunalen Beteiligungen dieser Städte (KGSt/ Universität Potsdam 2003).

25 Zu ergänzen wäre noch die territoriale Dimension, die aber im vorliegenden Beitrag aus Platzgründen nicht systematisch erörtert werden konnte.

7.1 Funktionale Systemeffekte

Die Dezentralisierung des französischen Politik- und Verwaltungssystems im Gefolge der Gesetzgebung in den 1980er Jahren hat zweifelsohne zu einer (wenn auch zögerlichen) Annäherung an das Modell *funktional starker lokaler Gebietskörperschaften,* wie es für Deutschland und andere Länder der „*North-Middle-European-Group*" charakteristisch ist, geführt, was sich mit dem jüngsten Dezentralisierungsvorstoß („*Acte II*") fortsetzen und verstärken dürfte. Die traditionell starken Unterschiede im funktionalen Profil der Kommunen, hinsichtlich derer sich Deutschland und Frankreich im europäischen Vergleich geradezu als entgegengesetzte Pole gegenüberstanden (vgl. Hesse/Sharpe 1991) sind damit ein Stück weit eingeebnet worden. Hierzu hat in Frankreich auch die Bildung von stärker integrierten interkommunalen Kooperationsformen beigetragen, die auf die Überwindung der kleinteilig fragmentierten kommunalen Gebietsgliederung und die Schaffung von leistungs- und lebensfähigen Verwaltungsstrukturen hinauslaufen könnte.[26] In beiden Ländern haben entsprechende staatliche Reformmaßnahmen dazu geführt, dass die traditionelle funktionale Ausgestaltung der Lokalsysteme als *fused systems* in Frage gestellt wurde und Konturen *vertikaler Trennsysteme (seperational systems)* sichtbar werden, wonach Staats- und Kommunalverwaltung ihre Aufgaben jeweils getrennt wahrnehmen (Wollmann 1999a). Allerdings steht in Deutschland noch der (zur Zeit eher unwahrscheinliche) Übergang von der „unechten" zur „echten" (politischen) Kommunalisierung aus, mit der auch den Kommunalvertretungen Mitwirkungs-, Gestaltungs- und Kontrollrechte an den übertragenen Aufgaben eingeräumt werden.

    Zeichnen sich damit im Hinblick auf das funktionale Profil der Kommunen auf der einen Seite eine Reihe gleichläufiger Entwicklungen ab, bestehen auf der anderen Seite nach wie vor erhebliche Unterschiede zwischen beiden Ländern, in denen die Wirkungsmächtigkeit historisch-institutioneller Pfadabhängigkeiten erkennbar wird. So hat der französische Staat noch immer eine ausgesprochen starke lokale Präsenz, wohingegen in einigen deutschen Bundesländern sehr weitreichende Vorstöße in Richtung auf einen (weiteren) Rückzug des Staates aus dem lokalen Verwaltungsvollzug zu erkennen sind. Trotz Dezentralisierung und „Interkommunalisierung" konkurrieren die staatlichen Behörden (*services extérieurs*) und Regional- und Departementspräfekturen (und Sub-Präfekturen) institutionell wie funktional mit den lokalen Gebietskörperschaften. Dies wird auch daraus ersichtlich, dass 95 Prozent der Staatsbediensteten außerhalb von Paris, also in nachgeordneten staatlichen Dienststellen „in der Provinz" tätig sind, worin Frankreich sich markant von anderen OECD-Staaten unterscheidet (Thoenig 2006). Auch beschäftigt der Staat noch immer ungefähr doppelt so viele Bedienstete pro 1.000 Einwohner (41) wie die lokalen Gebietskörperschaften (23). In Deutschland dagegen haben die Kommunen und Länder zusammen sechsmal so viele Beschäftigte pro 1.000 Einwohner wie der Bund. Dies erklärt sich letztlich historisch-institutionell daraus, dass im deutschen Verfassungsarrangement des Verwaltungsföderalismus, in welchem der Vollzug von Gesetzen grundsätzlich subnationalen Akteuren

---

26 Die durchschnittliche Einwohnerzahl der *EPCI* liegt heute bei 21.000 und damit zwischen den nordrhein-westfälischen (mit durchschnittlich 48.000 EW) und den niedersächsischen Kommunen (mit durchschnittlich 7.800 EW).

(Länder bzw. Kommunen) zugeschrieben ist, ein „Dezentralitätsvorsprung" angelegt ist, den auch die zunehmend ambitionierter werdende Regionalisierungspolitik in Frankreich vermutlich nicht wettzumachen in der Lage sein wird.

Ein hervorstechendes Merkmal des französischen Verwaltungssystems ist darin zu sehen, dass mit der Übertragung von Zuständigkeiten auf die Gebietskörperschaften eine extreme *institutionelle Unübersichtlichkeit,* vielfältige Kompetenzüberschneidungen und eine verwirrende Vielfalt an lokal tätigen Akteuren und Einrichtungen mit konkurrierenden Zuständigkeiten entstanden sind (Thoenig 2006). Da zudem zwischen den französischen Gebietskörperschaften (anders als in Deutschland zwischen Land und Kommune) kein Über- und Unterordnungsverhältnis oder Weisungsrecht besteht (Prinzip der *non-tutelle*), hat sich als eine Eigentümlichkeit von französischem *Policy-Making* ein kompliziertes System von Verhandlung, Konzertierung und Vertragspolitik (*contractualisation*) entwickelt, das darauf zielt, Ressourcen unterschiedlicher Ebenen zu bündeln und koordiniertes Handeln zu ermöglichen – institutionenökonomisch gesehen, allerdings mit hohen Transaktionskosten.

Hinsichtlich der lokalen Handlungsfähigkeit und Ressourcenausstattung sei schließlich noch darauf hingewiesen, dass die Fiskalkrise für die deutschen Kommunen ein sehr viel dramatischeres Ausmaß angenommen hat, als dies in Frankreich (noch) der Fall ist. Während die deutschen Kommunen bereits seit Anfang der 1990er Jahre einen negativen Finanzierungssaldo aufweisen, der im Jahre 2002 bei –4,9 Mrd. Euro lag (Karrenberg/Münstermann 2002: 81), können die französischen lokalen Gebietskörperschaften seit 1996 auf einen insgesamt ausgeglichenen Haushalt verweisen (2003: +1,7 Mrd. Euro; vgl. INSEE, Comptes Nationaux 2004), dessen Einnahmeseite sich seit 1980, nicht zuletzt infolge erheblicher lokaler Steuererhöhungen, vervierfacht hat (Anstieg von 31 Mrd. Euro in 1980 auf 165 Mrd. Euro in 2003). Nimmt man zusätzlich noch den Personalbesatz in Kommunen als aussagefähigen Indikator für die lokale Ressourcenausstattung und Handlungsfähigkeit in den Blick (siehe hierzu auch Kuhlmann/Bogumil 2006), so zeigt sich, dass auch hier die deutschen Kommunen sehr viel dramatischeren Einschnitten ausgesetzt waren und sind (Personalrückgang seit 1993 um 35%) als die französischen Gebietskörperschaften, deren Personalbestand seit den 1980er Jahren bis heute kontinuierlich (um insgesamt fast 40%!) angewachsen ist. Während damit der französische Kommunalsektor expandiert und einen beschäftigungspolitischen „Wachstumspol" darstellt, unterliegen die deutschen Kommunen seit Jahren einem personellen Abwärtstrend, dessen Ende noch nicht abzusehen ist.

Zusammenfassend ist festzuhalten, dass in Frankreich durch Dezentralisierungspolitik und Interkommunalisierung das Handlungsprofil und die Handlungsfähigkeit (*viability*) der Kommunen eher gestärkt wird. Dagegen erleidet das multi-funktionale breite Aufgabenprofil der deutschen Kommunen weitere Einschnitte infolge der EU-bedingten Marktöffnung in zentralen Tätigkeitsfeldern der Kommunalwirtschaft sowie aufgrund der „Ausgliederungswut" und Privatisierungspolitik der Kommunen, die dadurch ihre Haushalte zu sanieren suchen. Es zeichnet sich zunehmend eine funktionale Aushöhlung ab, was prekäre Folgen für die lokale Aufgabenorganisation, Steuerungs- und Koordinationsfähigkeit insgesamt mit sich bringt.

7.2 Politische Systemeffekte

Ausgehend von der in beiden Ländern überwiegend repräsentativen Ausgestaltung der lokalen Demokratie, ist es hier wie dort zu Vorstößen in Richtung einer stärkeren direktdemokratischen Teilhabe gekommen und ist eine Konvergenz im Reformdiskurs festzustellen. Jedoch zeigen sich in der konkreten Umsetzung erhebliche Unterschiede, die mit dem Misstrauen des französischen Staates gegenüber dem lokalen Volkssouverän, aber auch mit Akteursinteressen zusammenhängen, vor allem der über das *cumul de mandat* auf den nationalen Politikprozess Einfluss nehmenden Bürgermeister, die das Aufkommen von Vetopositionen im lokalen Raum befürchten. Vor diesem Hintergrund ist die Ausgestaltung von direkten Partizipationsformen in Frankreich bislang hinter den deutschen Reformvorstößen zurückgeblieben, was am deutlichsten daran ablesbar ist, dass bis 2003 lediglich konsultative Referenden möglich waren und mit der neuen Gesetzgebung zwar nunmehr bindende, aber dafür ausschließlich über Ratsbegehren (auf Vorschlag des Bürgermeisters) initiierbare lokale Referenden zulässig sind.

Dagegen stellen die deutschen Reformschritte einen konsequenteren Einschnitt in das überkommene repräsentativ-demokratische Modell dar, denn das Bürgerbegehren ist flächendeckend eingeführt worden und – nach der direktdemokratischen Logik durchaus schlüssig – ist in immerhin sechs von 13 Flächenländern[27] ein Ratsbegehren überhaupt nicht vorgesehen. Die Tatsache, dass in Frankreich damit deutlich stärker als in Deutschland am überkommenen Modell repräsentativer Demokratie festgehalten worden ist, wird auch in den Einstellungen der kommunalen Amtsträger zur lokalen Demokratie sichtbar. So halten 43 Prozent der französischen, aber nur 19 Prozent der deutschen Bürgermeister die Forderung für „sehr wichtig", dass *vor allem* die Ergebnisse der *Wahlen* entscheidend für lokale Politikentscheidungen sein sollten (vgl. Heinelt/ Egner 2004: 9). Auch in der geringen Anwendungshäufigkeit von lokalen Referenden ist ein Fortwirken der repräsentativ-demokratischen Kultur zu erblicken, wobei auch hier Frankreich – mit landesweit zwei Bürgerbegehren seit 1995 – hinter den deutschen Kommunen zurückbleibt, die, bezogen auf den Zeitraum von 1990 bis 2002, durchschnittlich immerhin ca. 17 Bürgerbegehren pro 100 Gemeinden zu verzeichnen haben.

Während in Deutschland flächendeckend die *direkte Wahl* der Bürgermeister eingeführt und damit die lokale Exekutive deutlich gestärkt worden ist, wurde dieses Instrument direkter Demokratie in Frankreich bislang nicht ernsthaft auf die reformpolitische Tagesordnung gesetzt. Dies dürfte sich in erster Linie aus der ohnehin dominanten und machtvollen Stellung des Bürgermeisters im lokalen (Präsidial-)System erklären, dessen Wahl faktisch einer Direktwahl gleichkommt, und auch daraus, dass der Rat und die Fraktionen traditionell schwach sind. Sie unterscheiden sich darin markant von den deutschen Ländern (mit ehemals Norddeutscher Ratsverfassung), deren starke Parlamentarisierung (Wollmann 1999b), wenn nicht „Parteienherrschaft" (Bogumil 2001), wichtige Beweggründe für den Ruf nach einer stärkeren Exekutive waren. In Frankreich ging es vor allem darum, der übermächtigen lokalen Exekutive Vetoakteure entgegenzusetzen, wohingegen in Deutschland – zumindest in den alten Bundeslän-

---

27 Dies sind Hessen, Niedersachsen, NRW, Rheinland-Pfalz, Saarland und Thüringen.

dern – genau umgekehrt die Stärkung exekutiver Elemente im Vordergrund der De-batte stand. Zwar hat sich die institutionelle Ausgestaltung des inzwischen flächen-deckend exekutiven und direkt gewählten deutschen Bürgermeisters ein Stück dem französischen Pendant angenähert, wenn auch mit je nach lokalem Kontext variieren-den Wirkungen (siehe dazu Gehne/Holtkamp 2005). Dennoch ist im deutschen Kom-munalmodell deutlich mehr Raum für machtbeschränkende Gegengewichte des „exe-kutiven Führers", als dies in Frankreich der Fall ist. In Norddeutschland und generell in den großen deutschen Städten halten die Parteien und Ratsfraktionen nach wie vor eine starke Stellung, so dass dem lokalen Präsidentialismus somit Grenzen gesetzt sind. Gleiches gilt für die Einführung des Bürgerbegehrens, das zwar dem konkurrenzdemo-kratischen Prinzip des Parteienwettbewerbs insoweit entgegenwirkt, als sich die reprä-sentativen Gremien zu mehr Kompromissbereitschaft und Konsensorientierung veran-lasst sehen. Dadurch wirkt es aber – ganz im Gegensatz zum französischen „*référendum mayoral*" – zugleich machtbeschränkend für den ansonsten institutionell gestärkten exe-kutiven und direkt gewählten Bürgermeister, der diese Handlungsoption bei seinen Entscheidungen stets im Auge behalten muss. Insgesamt weist damit das deutsche Kommunalmodell deutlich mehr und machtvollere Vetokräfte und Gegengewichte auf, die die exekutive Führerschaft im lokalen Raum beschränken, als dies in Frankreich der Fall ist, wo der – obzwar indirekt gewählte – Bürgermeister die im internationalen Vergleich wohl stärkste Position innerhalb des lokalen Systems innehat.

7.3 Administrativ-organisatorische Systemeffekte

Die deutschen Kommunen verfügen mit dem von der KGSt proklamierten Konzept des NSM über ein relativ einheitliches übergreifendes Referenzmodell lokaler Verwal-tungsmodernisierung, worin einer der zentralen Bestimmungsfaktoren für seine rasche Ausbreitung zu erblicken ist. Die französischen Kommunen können auf ein solches übergreifendes Modell lokaler Reformpolitik nicht zurückgreifen, so dass sich die Re-formdebatte und -praxis dementsprechend heterogener darstellt. Dass dennoch auch in Frankreich einige Reformmaßnahmen, in denen NPM-Gedanken anklingen, landesweit eine gewisse Verbreitung erfahren (z.B. *MSP*), dürfte sich unter anderem aus der ver-waltungspolitisch steuernden Aktivität des Staates erklären. Während sich die deut-schen Länder bislang auffällig aus der lokalen Verwaltungspolitik herausgehalten haben, was manchen Beobachtern auch Anlass zur Kritik gewesen ist (vgl. Banner 2001), mischt sich der französische Zentralstaat traditionell stärker in die Ausgestaltung der lokalen Verwaltungsstrukturen ein. Jedoch könnte sich in diesem Punkte zukünftig eine stärker konvergente Entwicklung darin ankündigen, dass auch in Deutschland mittlerweile landesgesetzgeberische Initiativen zu verzeichnen sind, mit denen die loka-le Reformpolitik zunehmend staatlich gesteuert wird. In diese Richtung deuten zumin-dest die gesetzgeberischen Vorstöße, die es in zahlreichen Bundesländern zur Ausarbei-tung eines „Neuen Kommunalen Finanzmanagements" (NKF) gibt und die darauf zie-len, den Übergang von der Kameralistik zur Doppik in den Kommunen nunmehr staatlich zu regeln und vorzuschreiben.

In Frankreich hat sich die – in der Mitte der 1980er Jahre aufgekommene – Privatisierungs- und Auslagerungseuphorie der Städte seit Mitte der 1990er Jahre wieder gelegt, wohingegen die deutschen Kommunen diese Strategien derzeit zunehmend aufgreifen. Dies wird auch daraus ersichtlich, dass gegenwärtig immerhin 15 Prozent der deutschen Bürgermeister einen deutlichen Einflussgewinn privater Firmen in der öffentlichen Leistungserbringung wahrnehmen, wohingegen dies nur 5 Prozent der französischen Bürgermeister tun (vgl. Heinelt/Egner 2004: 14). Zieht man allerdings in Betracht, dass die Fremdvergabe von kommunalen Leistungen der Daseinsvorsorge über Konzessionsverträge zu einer seit langem geläufigen Tradition in Frankreich gehört (*gestion déléguée;* vgl. Lorrain 1995), während die Daseinsvorsorge bislang zum Kernbestand des Aufgabenprofils deutscher Kommunen gehörte (Libbe et al. 2004), könnten die beschriebenen Entwicklungen im Ergebnis zu einer Annäherung der deutschen Kommunen an das französische Lokalmodell führen. Denn in diesem wird traditionell stärker mit externen Anbietern und Dienstleistern kooperiert, so dass (monofunktionale) kommunale „Satelliten" zur institutionellen Normalität des Lokalsystems gehören. Der Vorsprung, den Frankreich damit in Sachen *local governance* aufweist und der auch für die daraus erwachsenden Transaktionskosten, Transparenz-, Kontroll- und Steuerungsprobleme gilt, könnte sich zukünftig deutlich verringern. Denn inzwischen sind auch in Deutschland unter dem neuen Leitbild der „Gewährleistungskommune" (vgl. Libbe et al. 2004) oder des „Konzern Stadt", in welchem auf Ausgliederungen, organisatorische Entflechtung und Privatisierungen gesetzt wird, die Zahl der beteiligten Akteure ebenso wie die gesamtstädtischen Steuerungsprobleme angewachsen. Die Kommunen umgeben sich mit einem Kranz von teil-autonomen „Satelliten" (GmbHs, Töchter- und Enkelgesellschaften etc.), die über weitreichende Handlungsspielräume verfügen und die zunehmend auch durch private Anteils-, wenn nicht Mehrheitseigner bestimmt sind. Darin gehen sie sogar noch über das französische Pendant hinaus, wo die Kommunen bei gemischtwirtschaftlichen Arrangements in der Regel gute Einflussmöglichkeiten (vor allem durch Mehrheitsanteile) haben. Als Konsequenz nimmt in Deutschland nicht nur die institutionelle und sektorale Fragmentierung im lokalen Raum zu, sondern es sinken vor allem die Fähigkeit, sektorenübergreifend zu steuern ebenso wie die politisch-demokratische Kontrolle durch den Rat und die kommunale (gebietsbezogene) Handlungskapazität insgesamt. Zudem zeichnen sich Performanzeinbrüche, etwa hinsichtlich der ökologischen und sozialen Standards ab, die als prekäre Folgen von Outsourcing und Privatisierung beobachtet wurden (Libbe et al. 2004).

Im Hinblick auf organisatorische Binnenreformen ist der NPM-Diskurs unverkennbar dort in den Vordergrund gedrungen, wo Verfahren von Leistungsmessung und Performanzkontrolle etabliert worden sind, was sowohl in den deutschen als auch in den französischen Kommunen zunehmend der Fall ist und worin beide eine – sich vermutlich weiter verstärkende – instrumentelle Gleichläufigkeit aufweisen. In Steuerungsfragen ist zudem im französischen Kontext immer wieder die Diskussion um *transversalité*, d.h. um sektorenübergreifende gesamtstädtische Steuerung anzutreffen, mit der die traditionelle „Versäulung" der Verwaltung – teils als institutionelles Erbe der Präfektur – überwunden werden soll. Im Gegensatz zu Deutschland geht es weniger um Dezentralisierung und (weitere) Sektoralisierung der Verwaltung, sondern um den Ausbau übergreifender Koordination und gesamtkommunaler Steuerungsfähigkeit. Daher spielt sich die Installierung von Controlling-Funktionen in den französischen Kommunen auch überwiegend auf zentraler Ebene ab. Dagegen waren die Reformbemühungen in den deutschen Kommunen lange Zeit fast ausschließlich auf binnenorganisatorische Dezentralisierung und eine Stärkung der Fachbereiche gerichtet, was erhebliche institutionelle Fliehkräfte mit sich brachte und mancherorts zentrale gesamtstädtische Steuerungsmechanismen völlig außer Kraft setzte (vgl. Kuhlmann 2006b). Auf diese Effekte reagierend, ist es in den deutschen Kommunen inzwischen teils zur Rückbesinnung auf „traditionelle" Strukturen und Verfahren (Re-Hierarchisierung, Re-Zentralisierung) gekommen. Das „Neo-Weberianische" Modell (siehe Bouckaert in diesem Band) bedeutet also bisweilen nicht nur eine Amalgamierung von „klassischer" und NPM-Verwaltung (siehe Bogumil u.a. in diesem Band), sondern in weiten Teilen auch eine „*Re-Weberianisierung*" der Kommunen.

8. *Perspektiven für die vergleichende Verwaltungsforschung*

Um abschließend die Frage aufzugreifen, vor welchen Herausforderungen und Perspektiven die zukünftige vergleichende Verwaltungs(reform)forschung steht, scheinen insbesondere die folgenden vier Aspekte besonders dringlich:

(1) Zum einen sei noch einmal *Peters* (1996: 18) zitiert, der analog zur vergleichenden Policy-Forschung „substantial greater contextual and institutional knowledge" fordert. In der vergleichenden (lokalen) Verwaltungsforschung muss *zuerst* das substanzielle Wissen über die einzelnen Systeme erweitert, teilweise auch vollkommen neu generiert, kumuliert und sodann für vorsichtige Generalisierungen zugänglich gemacht werden. Da dies (ähnlich wie bei substanziellen Policy-Studien) nicht nur arbeits- und zeitintensiv ist, sondern auch einen Feldzugang (nicht zuletzt in Überwindung sprachlicher und kultureller Barrieren) und intensive Feldanalyse voraussetzt, wird – ähnlich wie bei der vergleichenden Policy-Analyse – von manchen gerne der zweite Schritt vor dem ersten gemacht und vorschnell Theoriebildung (bisweilen „*out of the blue*") betrieben oder werden kurzerhand *many cases comparisons* durchexerziert, bei denen eine genauere Kenntnis der Untersuchungsländer verzichtbar scheint. Für das europäische Verwaltungsverständnis und die Debatte um Public Sector-Reformen insgesamt ist dieses fundamentale Kontext- und Institutionenwissen jedoch unerlässlich, um Systeme und Prozesse sinnvoll zu vergleichen und darauf aufbauend empirisch gehaltvolle Theorien zu generieren.

(2) Hieran anknüpfend soll aus methodischer Sicht für mehr „Nähe" zum Untersuchungsobjekt und für ein stärker induktives qualitativ orientiertes Vorgehen in der vergleichenden Verwaltungs- und Policy-Forschung plädiert werden, insbesondere wenn nicht nur statische Systembeschreibungen und statistische Zusammenhänge über Handlungsdispositionen geliefert, sondern auch konkrete institutionelle Veränderungen und Performanzwirkungen analysiert sowie „Realakte" (etwa bei der Implementation von Policies) untersucht und kontextsensibel erklärt werden sollen. Der Zuspruch, der in der vergleichenden Politik- und Verwaltungsforschung gerade in jüngerer Zeit wieder zunehmend quantitativen Studien zukommt (siehe ausführlich Schnapp in diesem

Band) und dem die verbreitete Faszination vom „Gesetz der großen Zahl" zugrunde liegt (Lamnek 1993: 12), könnte sich für diese Herausforderungen jedoch als problematisch erweisen, wenngleich die Erfahrung natürlich zeigt, dass dadurch „Fachkollegen und nicht zuletzt Geldgeber oder Gutachter günstig zu stimmen (sind)" (ebd.: 10). Dabei scheint die Behauptung ebenso wenig angemessen wie zutreffend, dass qualitativen Studien lediglich eine Art Vorstudiencharakter zukäme und diese gleichsam Materiallieferanten für die Erstellung standardisierter Verfahren seien, denn dies lässt außer Acht, dass sie es sind, die die Zusammenhänge darstellen, von denen in quantitativen Folgestudien nur angenommen werden kann, dass sie von den Indikatoren gültig repräsentiert werden (Hucke/Wollmann 1980). Dies soll gleichwohl nicht bedeuten, dass eine stärkere Quanitifizierung in der vergleichenden Verwaltungsforschung unmöglich oder unnötig wäre. Im Gegenteil können sich Umfragen oder Aggregatdatenvergleiche dann als nützlich erweisen, wenn sie in Kombination mit Fallstudien und Interviews angewendet werden, etwa um die Vorkommenshäufigkeit eines qualitativ festgestellten Phänomens oder Zusammenhangs zu ermitteln und so zur zusätzlichen Validierung dieser Befunde beizutragen (vgl. hierzu Bogumil u.a. in diesem Band).

(3) In der vergleichenden Verwaltungsforschung ist eine stärkere Verknüpfung mit anderen Subdisziplinen der vergleichenden Politikforschung anzustreben, um zu gegenseitigen Synergieeffekten zu kommen. Dies gilt einerseits für die vergleichende Lokalforschung, die bereits über ein hilfreiches Analyse- und Konzeptrepertoire zum Vergleich lokaler institutioneller Arrangements verfügt, auf dessen Suche die *comparative public administration* sich noch befindet. Andererseits muss die Lokalforschung ihrerseits den Blick stärker auf die inneradministrative Seite von Verwaltungen (Organisation, Personal, Management, Steuerung etc.) richten, da die Binnenkenntnis der Lokalsysteme und -reformen bislang eher unterentwickelt ist und entsprechende Vergleichsraster noch zu generieren sind. Hierbei könnte konzeptionell sehr gut an vorliegende Arbeiten vergleichender Ministerial- und Civil Service- sowie Public Sector Reform-Forschung angeknüpft werden.

(4) Last but not least ist ein Defizit an Policy-Studien in der international vergleichenden Lokal- und Verwaltungsforschung insgesamt auszumachen. Bislang dominiert eine eher generelle Sicht auf Verwaltungsreformen, die den Blick auf konkrete Politikfelder verstellt. Empirische Einsichten darüber zu gewinnen, wie sich Verwaltungsreformen in einzelnen Policy-Bereichen auswirken, muss daher als eine weitere anstehende Forschungsaufgabe angesehen werden. Mit diesem Schritt könnte dann auch die immer wieder geforderte – indes selten eingelöste – Verbindung von Policy- und Institutionenanalyse hergestellt werden (siehe Janning in diesem Band), die als ein *missing link* in der bisherigen Verwaltungsreformforschung anzusehen ist.

Literatur

Banner, Gerhard, 2001: Kommunale Verwaltungsmodernisierung: Wie erfolgreich waren die letzten zehn Jahre?, in: *Schröter, Eckhard* (Hrsg.), Empirische Policy- und Verwaltungsforschung. Lokale, nationale und internationale Perspektiven. Festschrift für Hellmut Wollmann. Opladen: Leske + Budrich, 279–303.

Banner, Gerhard, 2006: Local Government – A Strategic Resource in German Public Management Reform, in: *Hoffmann-Martinot, Vincent/Wollmann, Hellmut* (Hrsg.), Modernization of State and Administration in Europe: A France-Germany Comparison. Wiesbaden: VS Verlag (i.E.).

Beichelt, Tim, 2005: Kultur und Kontext – Strategien zur Einbeziehung komplexer Umwelten in die Vergleichende Methode, in: *Kropp, Sabine/Minkenberg, Michael* (Hrsg.), Vergleichen in der Politikwissenschaft. Wiesbaden: VS Verlag, 218–231.

Bogumil, Jörg, 2001: Modernisierung lokaler Politik. Kommunale Entscheidungsprozesse im Spannungsfeld zwischen Parteienwettbewerb, Verhandlungszwängen und Ökonomisierung. Baden-Baden: Nomos.

Bogumil, Jörg/Ebinger, Frank, 2005: Die große Verwaltungsstrukturreform in Baden-Württemberg. Schriftenreihe der Stiftung Westfalen-Initiative. Ibbenbürener Vereinsdruckerei.

Bogumil, Jörg/Kuhlmann, Sabine, 2004: 10 Jahre kommunale Verwaltungsmodernisierung. Ansätze einer Wirkungsanalyse, in: *Jann, Werner* u.a. (Hrsg.), Statusbericht Verwaltungsreform – eine Zwischenbilanz nach zehn Jahren. Berlin: Sigma, 51–64.

Bogumil, Jörg/Kuhlmann, Sabine, 2005: Wandel europäischer Lokalsysteme: Wirkungen institutioneller Dezentralisierungspolitik. Kommunale Aufgaben- und Leistungsprofile in Deutschland, Frankreich und Großbritannien, DFG-Forschungsantrag vom 19.6.2005.

Bogumil, Jörg/Kuhlmann, Sabine, 2006: Evaluation des NPM – Möglichkeiten und Probleme einer Performanzanalyse, in: *Jann, Werner/Röber, Manfred/Wollmann, Hellmut* (Hrsg.), Public Management. Grundlagen, Wirkung und Kritik. Berlin: edition sigma, 349–371.

Borraz, Olivier/Le Galès, Patrick, 2003: Local Government in France: The Intermunicipal Revolution and New Forms of Municipal Governance. Unveröff. Ms.

Crozier, Michel/Friedberg, Erhard, 1979: Die Zwänge kollektiven Handelns. Über Macht und Organisation. Königstein/Ts: Athenäum.

DATAR, 2002: Enquête sur les maisons des services publics. Analyse des réponses. Paris.

Gehne, David H./Holtkamp, Lars, 2005: Fraktionsvorsitzende und Bürgermeister in NRW und Baden-Württemberg, in: *Bogumil, Jörg/Heinelt, Hubert* (Hrsg.), Bürgermeister in Deutschland. Wiesbaden: VS Verlag, 33–86.

Grémion, Pierre, 1976: Le pouvoir périphérique. Bureaucrates et notables dans le système politique français. Paris: Le Seuil.

Guéranger, David, 2003: La coopération entre communes dans le bassin chambérien (1957–2001). Thèse de doctorat. Grenoble.

Heinelt, Hubert/Egner, Björn, 2004: From Government to Governance at the Local Level – Some Considerations Based on Data Surveys with Mayors. Paper presented at the meeting Modernization of State and Administration in Europe: A France-Germany Comparison, 14–15 May 2004, Bordeaux, Goethe-Institut.

Hesse, Jens-Joachim/Sharpe, L. J., 1991: Local Government in International Perspective: Some Comparative Observations, in: *Hesse, Jens-Joachim* (Hrsg.), Local Government and Urban Affairs in International Perspective. Baden-Baden: Nomos, 603–621.

Hoffmann-Martinot, Vincent, 2003: The French Republic, One yet Divisible?, in: *Kersting, Norbert/Vetter, Angelika* (Hrsg.), Reforming Local Government in Europe: Closing the Gap between Democracy and Efficiency? Opladen: Leske + Budrich, 157–182.

Hucke, Jochen/Wollmann, Hellmut, 1980: Methodenprobleme der Implementationsforschung, in: *Mayntz, Renate* (Hrsg.), Implementation politischer Programme. Empirische Forschungsberichte. Königstein/Ts.: Hain Verlag, 216–235.

Karrenberg, Heinz/Münstermann, Erich, 2002: Städtische Finanzen. Kollaps oder Reformen, in: Der Städtetag 4/2002, 14–96.

Kilian, Werner, 2005: Verselbständigung öffentlicher Unternehmen – Rückzug der Politik? Vortragsskript zum ver.di Personalräte Forum am 5./6.10. in Magdeburg.

König, Klaus, 2002: Zwei Paradigmen des Verwaltungsstudiums – Vereinigte Staaten von Amerika und Kontinentaleuropa, in: *König, Klaus* (Hrsg.), Deutsche Verwaltung an der Wende zum 21. Jahrhundert, Baden-Baden: Nomos, 393–423.

Kuhlmann, Sabine, 2004: Evaluation lokaler Verwaltungspolitik: Umsetzung und Wirksamkeit des Neuen Steuerungsmodells in den deutschen Kommunen, in: Politische Vierteljahresschrift 3, 370–394.

Kuhlmann, Sabine, 2006a: Local Government Reform Between „Exogenous" and „Endogenous" Driving Forces: Institution-building in the City of Paris, in: Public Management Review; Special Issue, Vol. 8, No. 1/2, 67–86.

Kuhlmann, Sabine, 2006b: Hat das „Neue Steuerungsmodell" versagt? Lehren aus der „Ökonomisierung" von Politik und Verwaltung, in: Verwaltung und Management 3, (i.E.).

Kuhlmann, Sabine/Bogumil, Jörg, 2006: Civil Service Systems at Subnational and Local Levels of Government: a British-German-French Comparison, in: *Raadschelders, Jos C.N./Toonen, Theo A.J./Van der Meer, Frits M.* (Hrsg.), Comparative Civil Service Systems in the 21st Century. Houndmills: Palgrave MacMillan (i.E.).

Kuhlmann, Sabine/Röber, Manfred, 2006: Civil Service in Germany: Between Cutback Management and Modernization, in: *Hoffmann-Martinot, Vincent/Wollmann, Hellmut* (Hrsg.), Modernization of State and Administration in Europe: A France-Germany Comparison. Wiesbaden: VS Verlag (i.E.).

Lamnek, Siegfried, 1993: Qualitative Sozialforschung. Band 1. Methodologie. Weinheim: Beltz.

Le Lidec, Patrick, 2004: Pourquoi une nouvelle étappe de la décentralisation? Modernisation politique et compétition politique, in: *Marcou, Gérard/Wollmann, Hellmut* (Hrsg.), Annuaire 2004 des collectivités locales. Paris: CNRS Editions, 15–52.

Libbe, Jens/Trapp, Jan-Hendrik/Tomerius, Stephan, 2004: Gemeinwohlsicherung als Herausforderung – umweltpolitisches Handeln in der Gewährleistungskommune. netWORKS-Papers. Heft 8. Berlin.

Lorrain, Dominique, 1995: France: Le changement silencieux, in: *Lorrain, Dominique/Stoker, Gerry* (Hrsg.), La privatisation des services urbains en Europe. Paris: La Découverte, 105–129.

Mabileau, Albert, 1996: Kommunalpolitik und -verwaltung in Frankreich: das „lokale System" Frankreichs. Basel u.a: Birkhäuser.

Matuszewicz, Régis, 2004: Représentations et Pratiques des conseils de quartier: une démocratie participative en devenir sous contrainte, in: *Guérard, Stéphane* (Hrsg.), Crise et mutation de la démocratie locale. Paris: L'Harmattan, 199–224.

Maury, Yves, 1997: Les contradictions du néo-libéralisme gestionnaire: L'exemple du système municipal Nîmois 1983–1995, in: Revue Politique et Management Public 15/4, 145–169.

Mittendorf, Volker/Rehmet, Frank, 2002: Bürgerbegehren und Bürgerentscheide: Wirkungsaspekte auf kommunale Willensbildungs- und Entscheidungsvorbereitungsprozesse in Deutschland und in der Schweiz, in: *Bogumil, Jörg* (Hrsg.), Kommunale Entscheidungsprozesse im Wandel – Theoretische und empirische Analysen. Basel u.a.: Birkhäuser, 219–239.

Page, Edward C./Goldsmith, Michael J. (Hrsg.), 1987: Central and Local Government Relations. A Comparative Analysis of West Euopean Unitary States. London: Sage.

Paoletti, Marion, 1999: La pratique politique du référendum local: une exeption banalisée, in: *CRAPS/CURAPP* (Hrsg.), La démocratie locale. Représentation, participation et espace public: PUF, 219–236.

Peters, Guy, 1996: Theory and Methodology, in: *Bekke, Hans A.G.M./Perry, James L./Toonen, Theo A. J.* (Hrsg.), Civil Service Systems in Comparative Perspective. Bloomington: Indiana University Press, 13–41.

Portier, Nicolas, 2003: Les „gagnants" et les „perdants" de „l'Acte II", in: Pouvoirs Locaux IV, 62–68.

Rangéon, François, 2004: Le levier institutionnel: référendum et réforme électorale, in: *Marcou, Gérard/Wollmann, Hellmut* (Hrsg.), Annuaire 2004 des collectivités locales. Paris: CNRS Editions, 53–63.

Schnapp, Kai-Uwe, 2004: Ministerialbürokratien in westlichen Demokratien. Eine vergleichende Analyse. Opladen: Leske + Budrich.

Thoenig, Jean-Claude, 2006: Sub-National Government of Public Affairs in France, in: *Hoffmann-Martinot, Vincent/Wollmann, Hellmut* (Hrsg.), Modernization of State and Administration in Europe: A France-Germany Comparison. Wiesbaden: VS Verlag (i.E.).

Universität Potsdam/KGSt, 2003: Kommunale Betriebe in Deutschland. Ergebnisse einer empirischen Analyse der Beteiligungen deutscher Städte der GK 1-4. Abschlussbericht. Potsdam.

Verba, Sidney, 1967: Some Dilemmas in Comparative Research, in: World Politics 20/1, 112–127.

Vetter, Angelika, 2006: Modernizing German Local Government: Bringing People Back In?, in: *Hoffmann-Martinot, Vincent/Wollmann, Hellmut* (Hrsg.), Modernization of State and Administration in Europe: A France-Germany Comparison. Wiesbaden: VS Verlag (i.E.).

Vetter, Angelika/Kersting, Norbert, 2003: Democracy versus Efficiency? Comparing Local Government Reforms Across Europe, in: *Vetter, Angelika/Kersting, Norbert* (Hrsg.), Reforming Local Government in Europe. Opladen: Leske + Budrich, 11–28.

Wollmann, Hellmut, 1999a: Entwicklungslinien lokaler Demokratie und kommunaler Selbstverwaltung im internationalen Vergleich, in: *Roth, Roland/Wollmann, Hellmut* (Hrsg.), Kommunalpolitik. Opladen: Leske + Budrich, 186–205.

Wollmann, Hellmut, 1999b: Kommunalvertretungen: Verwaltungsorgane oder Parlamente?, in: *Roth, Roland/Wollmann, Hellmut* (Hrsg.), Kommunalpolitik. Opladen: Leske + Budrich, 50–66.

Wollmann, Hellmut, 2001: Direkte Demokratie in den ostdeutschen Kommunen – Regelungsschub und Anwendungspraxis, in: *Derlien, Hans-Ulrich* (Hrsg.), Zehn Jahre Verwaltungsaufbau Ost – eine Evaluation. Baden-Baden: Nomos, 27–62.

Wollmann, Hellmut, 2004: Local Government Reforms in Great Britain, Sweden, Germany and France: Between Multi-function and Single Purpose Organisations, in: Local Government Studies 20/4, 639–665.

Staatsorganisation zwischen Territorial- und Funktionalprinzip im Ländervergleich –
Varianten der Institutionalisierung auf der dezentral-lokalen Ebene

Hellmut Wollmann

1. Fragestellung und Konzept

In diesem Aufsatz sollen die Politik- und Verwaltungssysteme von Großbritannien, Frankreich, Schweden und Deutschland in der Absicht analysiert werden, die ihrer Institutionalisierung auf der dezentral-lokalen Ebene zugrunde liegenden Organisationsformen („Organisationslogiken") zu identifizieren[1].

Gegenständlich soll das Untersuchungsinteresse vor allem auf den subnationalen/lokalen Handlungsraum und dessen Institutionenwelt gerichtet werden. Diese Fokussierung scheint dadurch begründet und sinnvoll, dass in den meisten Ländern die Implementation staatlicher Politik und die Erledigung der öffentlichen Aufgaben in der Regel zu einem erheblichen Teil auf der dezentral-lokalen Ebene stattfindet und die Frage nach der die Staatsorganisation bestimmenden Organisationsprämissen mithin auf dieser Ebene entsprechend aussagekräftige Antworten erwarten lässt.

Für die *Länderauswahl* (Großbritannien/England[2], Frankreich, Schweden und Deutschland) ist – neben forschungspraktischen Gründen – die Überlegung maßgebend, dass, wie andere vergleichende Untersuchungen nahe legen, gerade diese Länder für die Untersuchungsfrage relevante Aussagen und Einsichten versprechen.

Konzeptionell wird auf einen Analyserahmen zurückgegriffen, in dem zum einen auf die gebietsbezogene und funktionsbezogene Organisationsform als maßgebliche organisationsstrukturelle Prämissen und zum anderen auf den Grad der Dezentralisierung abgehoben wird (vgl. hierzu auch Wagener 1981; Benz 2002; zuletzt Bogumil/Jann 2005: 65).

---

1 Der Aufsatz stützt sich auf eine laufende (von der Wüstenrot-Stiftung unterstützte, vom Autor am Institut für Stadtforschung und Strukturpolitik, Berlin, bearbeitete) Untersuchung zur Entwicklung der Kommunalsysteme in Großbritannien/England, Frankreich, Schweden und Deutschland. Zu der im Folgenden entfalteten Argumentation vgl. auch Wollmann (2004a), Wollmann/Bouckaert (2006).

2 Erinnert sei vorab an die für den Nicht-Briten verwirrende (aus der geschichtlichen Entwicklung des Landes folgende) Unterscheidung zwischen England, Britannien (das England und Wales umfasst), Großbritannien (das England, Wales und Schottland umgreift) und UK (wozu zusätzlich Nordirland kommt). Angesichts dessen, dass erhebliche Unterschiede in institutioneller Hinsicht, nicht zuletzt in der Regelung von *local government*, zwischen England einerseits und Schottland und auch Wales andererseits bestehen (zumal seit 1998, nachdem Schottland und Wales eigene regionale Parlamente erhielten und die institutionelle Eigenentwicklung weiter voranschreitet), soll sich die folgende Analyse, was den dezentral-lokalen Raum angeht, im Wesentlichen auf *England* beziehen und beschränken (wo immerhin knapp 86 Prozent der Bevölkerung des U.K. leben).

Gebietsbezogene Organisation besagt, dass die politischen und administrativen Kompetenzen einer bestimmten territorialen Ebene im Politik- und Verwaltungssystem zugewiesen sind, innerhalb derer sie von einem hierfür zuständigen Akteur ausgeübt werden (vgl. Wagener 1981). Typischerweise geht die gebietsbezogene Organisationsform Hand in Hand mit der Übertragung einer (*multi-funktionalen*) Mehrzahl von öffentlichen Aufgaben und Zuständigkeiten. Historisch war die gebietsbezogene Organisationsform die „klassische" Formel des (kontinentaleuropäischen) Territorialstaats. Im modernen mehrstufig (als *Mehrebenensystem*) organisierten Verfassungs- und Verwaltungsstaat dient die gebietsbezogene (multi-funktionale) Organisationsform dazu, die politischen und administrativen Zuständigkeiten (auch im Sinne einer vertikalen Gewaltenteilung) zwischen der zentralstaatlichen und den subnationalen Ebenen abzuschichten und aufzuteilen.

Von *Dezentralisierung* wird dann gesprochen, wenn die Übertragung der Zuständigkeiten auf (subnationale) Gebietskörperschaften erfolgt, die eigene demokratisch gewählte Vertretungs- und politisch verantwortliche Exekutiv- und Verwaltungsorgane haben. Dieser auf eine gebietsbezogene multifunktionale Aufgabenerfüllung zielende und die politische Legitimität und Kontrolle sichernde dezentrale Politik- und Verwaltungstypus ist – als Organisationsprinzip im dezentral-lokalen Handlungsraum – am ausgeprägtesten im Modell der kommunalen Selbstverwaltung verkörpert, das in den meisten modernen Staats- und Kommunalverfassungen auf der Generalklausel einer „allgemeinen Zuständigkeitsvermutung" („Allzuständigkeit") für alle Angelegenheiten der *örtlichen Gemeinschaft* beruht (vgl. Wagener 1981: 77).

Von der *Dezentralisierung* ist der – zur begrifflichen Abgrenzung vielfach als *Dekonzentration* bezeichnete – Vorgang zu unterscheiden, durch den *administrative* Aufgaben auf (nachgeordnete) *Verwaltungs*einheiten delegiert werden. Dies kann ebenfalls in *gebietsbezogener* Organisationsform mit *multifunktionalem* Aufgabenprofil geschehen. Typischerweise trifft dies auf die Einrichtung von gebietlich bestimmten Verwaltungseinheiten auf der (sub-)regionalen Ebene zu, die eine (multifunktionale) Bündelungs- und Aufsichtsaufgabe wahrnehmen können.

Im Gegensatz zur gebietsbezogenen Organisationsform meint die *funktionsbezogene* Organisationsform, dass bestimmte Aufgaben und Funktionen einzelnen Institutionen und Akteuren zugewiesen werden, die typischerweise eine *ein-funktionale* (*single-purpose*) Aufgabe haben und deren räumlicher Handlungsrahmen aus der betreffenden Funktion folgt, nicht aber von dem bestehenden *Territorial*system des Landes bestimmt und mithin in gewissem Sinne „ent-territorialisiert" ist. Im Mehrebenen-System trifft dies insbesondere auf die für sektorale (ein-funktionale *single-purpose*) Zuständigkeiten eingerichteten Sonderbehörden der Staatsverwaltung zu – mit *dekonzentrierten* Dienststellen (*field offices*) auf der regionalen und lokalen Ebene.

Die funktionsbezogene Organisationsform findet sich auch dort, wo – in der horizontalen Dimension – einzelne Funktionen organisatorisch-institutionell ausdifferenziert werden und das bestehende multifunktionale Aufgaben- und Organisationsmodell (insbesondere der Kommunen) modifizieren und ergänzen. Diese – der traditionellen Politik- und Verwaltungswelt, nicht zuletzt auf der lokalen Ebene, in der Vergangenheit durchaus geläufige – Organisationsform hat in der jüngsten Welle der von den Konzepten des *New Public Management* (NPM) inspirierten Verwaltungsmodernisierung eine neue verwaltungspolitische und -praktische Dynamik dadurch gewonnen, dass in der Einführung und Durchsetzung der ein-funktionalen (*single-purpose*) Organisationsform und -logik eine entscheidende Voraussetzung und Folge der unter dem Banner des NPM angestrebten (wettbewerblichen und marktlichen) Flexibilisierung und „Ökonomisierung" im Umfang und in der Erfüllung öffentlicher Aufgaben gesehen wird (vgl. Benz 2002).

Vor diesem konzeptionellen Hintergrund soll im zweiten Abschnitt die Frage diskutiert werden, in welchem Umfang, in welchen Variationen und welcher „Mischung" die Institutionalisierung im dezentral-lokalen Handlungsraum eher von der gebietsbezogenen multifunktionalen (*multi-purpose*) bzw. von der ein-funktionalen (*single-purpose*) Organisationsform geprägt worden ist. Dies geschieht in Form von separaten Länderberichten, in denen, um längerfristige Entwicklungslinien, deren („pfadabhängige")[3] Kontinuitäten oder auch Brüche in den Blick zu bekommen, auch die jeweiligen historischen „Ausgangsbedingungen" sichtbar gemacht werden sollen. Daran schließt sich im dritten Abschnitt die Frage an, ob und in welchem Umfang die institutionelle Entwicklung in den vier Ländern in ihren Grundmustern ähnlich (*konvergent*) oder unterschiedlich (*divergent*) verläuft. Abschließend wird diskutiert, welche Auswirkungen die Organisationsform auf den Modus der Politikkoordination hat.

2. Länderanalysen

2.1 Großbritannien/England[4]

In England wurde mit dem *Municipal Corporation Act* von 1835 zwar die institutionelle Grundlage für die Entwicklung der modernen kommunalen Selbstverwaltung (mit gewählten Vertretungen in den Städten) gelegt. Jedoch blieb die lokale Ebene zunächst noch von der überkommenen Vielzahl von (ein-funktionalen, *single-purpose*) Organisationen und Gremien gekennzeichnet, die für je einzelne Aufgaben (Armenfürsorge, Elementarschule, Feuerwehr usw.) zuständig waren (Skelcher 2003: 10). Erst die tiefgreifende Gebiets- und Organisationsreformen, die die Regierung gegen Ende des 19. Jahrhunderts durchführte,[5] wurden die gebietlichen, politischen und organisatorischen Vo-

---

3　Mit dem Begriff der *Pfadabhängigkeit, path dependency* wird, ohne dies hier weiter zu vertiefen, auf den unserem Vorgehen zugrunde liegenden Analyse- und Erklärungsrahmen angespielt, in den Varianten der „(neo-) institutionalistischen" Debatte (vgl. etwa Peters 1995) eingehen und in dem den (vom *historischen Institutionalismus* hervorgehobenen) institutionellen, kulturellen usw. Traditionen, *legacies,* eine hohe Prägekraft in der künftigen Institutionenentwicklung (*trajectory)* beigemessen wird. Diese vermutete Präge- und Bestimmungskraft wird in der sozialwissenschaftlichen Diskussion bekanntlich vielfach mit dem Bild von der „*Pfadabhängigkeit*" bezeichnet. Für weitere konzeptionelle Erläuterungen und „Proben" der Anwendung dieses Konzepts in eigenen Arbeiten vgl. etwa Wollmann (1995: 555ff., 2004a: 642f.).

4　Wie in Fußnote 3 bereits kurz erläutert, wird im Folgenden im Wesentlichen von *England* die Rede sein.

5　1888 wurde in den Grafschaften (*counties*) das mittelalterliche Regime des *Justice of the Peace* abgeschafft und durch gewählte Vertretungen (*county councils*) ersetzt. 1894 wurden die *boroughs* und *districts* als neue untere kommunale Ebene mit gewählten Vertretungen, (*borough councils, district councils*) eingeführt (vgl. etwa Wilson/Game 2002: 53).

raussetzungen für Englands modernes zweistufiges Kommunalsystem gelegt (vgl. Wollmann 1999a: 189 mit Nachweisen).

Konzeptionell ist die Entstehung des englischen multifunktionalen *local government* als bestimmender Organisationsform dezentral-lokaler Politik und Verwaltung durch zwei eigentümliche Elemente gekennzeichnet. Im Gegensatz zu der kontinentaleuropäischen Staats- und Verwaltungstradition, in der, auf das römische Recht und auf den Territorialstaat zurückgehend, der Staat ebenso wie die Kommunen als mit Rechtspersönlichkeit ausgestattete Gebietskörperschaften (mit dem Territorium/Gebiet als konstitutiver Komponente) angesehen werden und in dieser Rechts- und Gebietsqualität Träger der ihnen zugewiesenen Zuständigkeiten sind, ist der englischen – in die *Common Law* – Tradition eingebetteten – Institutionengeschichte zum einen die Vorstellung vom Staat (und der Kommunen) als selbständiger Rechtspersönlichkeit und Gebietskörperschaft fremd (vgl. Dyson 1980; Wollmann 2000: 6ff.). Die Zuweisung der (dezentralen) Zuständigkeiten findet deshalb nicht an die Kommunen statt (im Rechtssinne existieren solche nicht), sondern an die einzelnen Institutionen (also hier an gewählte Kommunalvertretungen, *elected councils*, oder im weiteren institutionellen Verständnis, die *local authorities*) statt. Zum anderen wird die Übertragung von (öffentlichen) Aufgaben auf *local government* von der *ultra vires*-Lehre bestimmt, die besagt, dass die *local authorities* nur solche Zuständigkeiten ausüben können, die ihnen durch Parlamentakte ausdrücklich zugewiesen worden sind. Die der kontinentaleuropäischen Kommunaltradition geläufige Formel einer *allgemeinen Zuständigkeitsvermutung* (für lokale Angelegenheiten) ist der englischen Kommunalentwicklung mithin fremd. Damit ist die britische Organisationslogik auf einen funktionalen und institutionellen Grundton eingestimmt, für den der Gebietsbezug eher beiläufig denn konstitutiv ist: „The public domain has been understood in functionalist and institutional terms" (Johnson 2000: 33).

Im Gefolge der einschneidenden Gebiets- und Organisationsreformen von 1888 und 1894 wurde das überkommene lokale Gemenge von ein-funktionalen (*single-purpose*) Organisationen schrittweise in die *local authorities*, insbesondere in die *county councils,* integriert. Gestützt auf ihr Recht, die kommunalen Aufgaben und Ausgaben überwiegend durch eine lokale Steuer (*local rate*) zu finanzieren, wurden die *local authorities* für einen breiten Katalog von Aufgaben zuständig, der soziale Aufgaben ebenso umfasste wie solche der *public utilities* (Wasser-, Energieversorgung usw.). England erlebte, wie es ausgedrückt wurde, ein „golden age of local self-*government*" (Norton 1994: 352) und wurde in anderen Ländern, nicht zuletzt auf dem europäischen Kontinent, als (beneidetes) Vorbild für „kommunale Selbstverwaltung" wahrgenommen. Insgesamt war das Politik- und Verwaltungssystem Großbritanniens von dem Grundmuster eines *„dual polity"* (Bulpitt 1983) charakterisiert, deren zentralstaatliche Ebene für die „große Politik" verantwortlich war, während die lokale Ebene für den Löwenanteil der „kleinen" Politik und der öffentlichen Aufgaben zuständig war.

Bezeichnenderweise verzichtete die Regierung traditionell darauf, auf der regionalen Ebene gebietsbezogene Verwaltungseinheiten mit multifunktionalen Zuständigkeiten zu schaffen. „Unlike much of Western Europe, Britain was totally uninfluenced by the Napoleonic concept of the prefer and his domain" (Sharpe 2000: 67), was als Beleg für den der englischen Verwaltungstradition eigentümlichen „anti-territorial bias" (Sharpe

2000: 70) interpretiert worden ist. Soweit die Ministerien Dienststellen auf der regionalen Ebene einrichteten, geschah dies in der Form von je (sektoralen) Sonderbehörden mit unterschiedlichem gebietlichem Zuschnitt und entsprechend uneinheitlichen administrativen Strukturen.

Im Verlauf der 1940er Jahre hat die Zentralregierung, nach 1945 unter der Labour-Regierung, in das historische Aufgaben- und Organisationsmodell des *local government* einschneidend eingegriffen. Auf der einen Seite wurden diesem klassische Zuständigkeiten (Sozialhilfe, Wasser, Energie, Gesundheitswesen) entzogen und neugegründeten Instanzen (z.B. National Health Service und National Assistance Board) übertragen, die nunmehr als sektorale (*single-purpose*) Organisationen unter direktem oder indirektem Einfluss der Zentralregierung operierten. Auf der anderen Seite wurden die *local authorities* verstärkt für die aus dem weiteren Ausbau des Sozialstaates folgenden sozialpolitischen Aufgaben in Pflicht genommen (soziale Dienstleistungen, sozialer Wohnungsbau) (vgl. Leach/Percy-Smith 2002: 55ff.). Eine tiefreichende Gebietsreform, mit der 1974 die 1888/1894 geschaffene lokale Gebietsstruktur umgekrempelt wurde, zielte darauf, die administrative Leistungsfähigkeit der *local authorities* in ihrem sozialpolitisch akzentuierten Aufgabenprofil zu steigern.[6] Der Primat des Öffentlichen Sektors, der den Ausbau des Sozialstaats (*welfare state*) in dieser Phase politisch-ideologisch kennzeichnete, schlug sich darin nieder, dass die sozialen Dienstleistungen auf der lokalen Ebene fast ausschließlich von den *local authorities* und ihrem Personal selber ausgeführt wurden.

Wies mithin die Entwicklung des *local government* ungeachtet aller (territorialen und Aufgaben-) Veränderungen darin eine (*pfadabhängige*) Kontinuität auf, dass sie um die politisch und (multi-)funktional starken *local authorities* als bestimmende Akteure auf der dezentral-lokalen Handlungsebene kreisten, so wurde diese in der Verfassungstradition wurzelnde Organisationsform nach 1979 unter der von *Margaret Thatcher* geführten Konservativen Regierung – „in a brutal demonstration of power politics" (Stoker 1999: 1) – umstürzend verändert. Ein Bündel von Politikinitiativen zielte darauf, die Autonomie und Stellung des *local government* politisch und funktional zu beschneiden und gleichzeitig die Sphäre der nicht-öffentlichen ein-funktionalen (*single-purpose*), selbständig agierenden Institutionen und Akteure auszudehnen und zu stärken.

Diese Entwicklung wurde vor allem dadurch ausgelöst, dass die Zentralregierung dazu überging, die Entstehung von ein-funktionalen Organisationen zu initiieren, die auf der lokalen Ebene bestimmte öffentliche Aufgaben wahrnehmen und hierfür öffentliche Mittel in Anspruch nehmen. Sie agieren weitgehend außerhalb des Einflusses der local authorities, sind jedoch vielfach (nicht zuletzt finanziell) von der Zentralregierung abhängig. Inzwischen werden rund 5.000 dieser (etwas verwirrend als *quangos* = *quasi autonomous non-governmental organisations* bezeichneten, vgl. Skelcher 1998) Organisationen gezählt; sie werden von Gremien (*boards*) geleitet, deren Mitglieder teils von der Zentralregierung, teils von anderen Gruppierungen ernannt werden und auf deren Zusammensetzung die *local authorities* vielfach eher marginalen Einfluss haben.

---

6 Als Ergebnis dieser drastischen Gebietsreform entstanden *counties* mit durchschnittlich 724.000 Einwohnern und *districts/boroughs* mit durchschnittlich 130.000 Einwohnern (vgl. Norton 1994: 40ff.). Kritisch zu der „Übergröße" („*sizeism*") kommunaler Einheiten vgl. Stewart 2000: 65ff.

„The once dominant position of the elected local government has been challenged by the ‚quango explosion‘“ (Wilson 2005: 155).

Unter der New Labour Regierung hat sich diese *quangoisation* der lokalen Handlungsarena fortgesetzt, wenn nicht weiter verstärkt. Nunmehr wird verstärkt auf *partnerships* gesetzt, die von der Zentralregierung zu bestimmten Politikprojekten initiiert werden, denen unterschiedliche lokale Akteure (öffentliche Agenturen, private Unternehmer, darunter, wenn auch eher marginal, die *local authorities*) angehören und die räumlich auf bestimmte (innerstädtische usw.) Zielgebiete (*zones*) fokussiert sind. In dem Maße, wie die *partnerships* von der Zentralregierung initiiert werden und diese auch in den *zones* präsent ist, wird der Einfluss der *local authorities* in der lokalen Arena weiter geschwächt. „Zones are owned by the centre and local agendas are recognized in as far as they facilitate the central agenda“ (Rhodes 2000: 360).

Zwar hat sich die Blair-Regierung programmatisch der politischen Absicht verschrieben, das politische Profil des traditionellen *local government* zu stärken. So wurde (unter dem Banner eines „new localism“) im *Local government* Act 2000 erstmals, in Abkehr von der traditionellen *ultra-vires*-Doktrin, eine Form von allgemeiner Zuständigkeitsvermutung („to promote the economic, social and environmental well-being of their areas“) (vgl. Leach/Pierce-Smith 2001: 80) und eine neue Kommunalverfassung eingeführt, deren drei Varianten, einschließlich der Direktwahl von Bürgermeistern, um eine Stärkung der kommunalen Entscheidungs- und Handlungsstrukturen kreisen (für Einzelheiten vgl. etwa Wilson/Game 2002: 101ff.). Jedoch hat die Blair-Regierung die zentralstaatliche Steuerung und Kontrolle über die *local authorities* im Vergleich zur Konservativen Vorgängerregierung sogar eher noch verschärft, insbesondere durch das sog. *Best Value*-Regime, vermittels dessen sich die Zentralregierung (über die von ihr ernannte *Audit Commission)* in den Stand setzt, die Leistungserbringung der einzelnen Kommunen bis ins Detail zu steuern, zu beaufsichtigen und gegebenenfalls zu sanktionieren (vgl. Wollmann 2004a: 645ff., 2004b: 66ff. mit Nachweisen).

Damit ist auf der lokalen Handlungsebene eine außerordentlich fragmentierte Akteursstruktur entstanden. Der Primat des politisch und (multi-)funktional starken *local government*, der seit der Begründung des modernen *local government* im späten 19. Jahrhundert bis in die 1970er Jahre die „Organisationslogik“ der Politik- und Verwaltungsstrukturen im subnational/lokalen Raum bestimmte, ist in hohem Maße von der Dominanz der fragmentierten Vielzahl von ein-funktionalen Organisationen abgelöst worden. In Widerspiegelung dessen, dass die Zentralregierung in vielfach raschen Strategiewechseln auf eine Sequenz lokaler Projekte und entsprechender Trägerstrukturen setzte, ist die lokale Akteursszene von einer Vielzahl von Organisationstypen charakterisiert („breathless has been the pace of change over the past 30 years“ (Leach/Pierce-Smith 2001: 236). Das Ergebnis dieses institutionellen Umbruchs und Wandels ist als „diversity, fragmentation and perhaps sheer messiness of British local governance“ bezeichnet worden (Leach/Pierce-Smith 2002: 13).

2.2 Schweden

Schwedens moderne Staatsorganisation wurde im 19. Jahrhundert als unitarisches zweistufiges Politik- und Verwaltungssystem ausgeformt. Auf der zentralstaatlichen Ebene bestehen neben Parlament und Regierung (und deren personell und organisatorisch vergleichsweise kleinen Ministerien, vgl. Pierre 1995: 142) staatliche (ein-funktionale) Oberbehörden (*mynigheter, ämbetsverk*), die innerhalb ihrer sektoralen Zuständigkeiten einen hohen Grad von Autonomie gegenüber den sektoral zuständigen Ministerien besitzen (vgl. Petersson 1994: 100ff.). Deren mächtigste ist die (nach 1948 aufgebaute) Nationale Arbeitsbehörde (*Arbetsmarknadsstyrelsen*, AMS) mit einem vertikalen Strang von regionalen und lokalen Dienststellen.

Auf der lokalen Ebene wurde die moderne kommunale Selbstverwaltung durch die Reform von 1862 zweistufig in den Kreisen (*län* – mit gewählten Kreisvertretungen, *landsting*) und in den Kommunen (*kommuner* – mit gewählten Kommunalvertretungen, *fullmäktige*) begründet. Die Kreise (*län*) sind gebietliche Träger zweier Funktionen.

– Einerseits bilden sie, weit in die schwedische Geschichte zurückgehend, die gebietliche (sub) regionale/Meso-Ebene für die Erledigung (dekonzentrierter) staatlicher Verwaltungsaufgaben – mit kollegial organisierten Verwaltungsorganen (*länstyrelsen*) und einem (von der Zentralregierung/Krone ernannten) Leitungsbeamten (*lanshövding*). Mit Anklängen an die französische staatliche Departement-Verwaltung und ihren Präfekten übt die staatliche Kreisverwaltung eine Reihe von (multifunktionalen) Verwaltungsaufgaben und gewisse Aufsichtsrechte über die Selbstverwaltungskörperschaften auf Kreis- und Kommunalebene aus.
– Andererseits sind sie (seit 1862) die gebietlichen Träger lokaler Selbstverwaltung (und wesentlich für das öffentliche Gesundheitswesen zuständig).

Seit ihrer Einführung im Jahr 1862 fußt das Aufgabenmodell der lokalen Selbstverwaltung, insbesondere auf der Ebene der Kommunen, auf dem Prinzip der allgemeinen (multi-funktionalen) Zuständigkeitsvermutung für lokale Angelegenheiten (vgl. auch Wollmann 2004a: 647ff. mit Nachweisen). Neben sozialen Aufgaben sind sie herkömmlich für öffentliche Dienstleistungen (Wasser, Abwasser, Energie usw.) verantwortlich. Der hohe Grad ihrer Autonomie liegt nicht zuletzt darin begründet, dass sie – ebenfalls seit der Kommunalgesetzgebung von 1862 – den größten Teil ihrer Ausgaben aus eigenen (kommunal festgesetzten und erhobenen) Steuern finanzieren (vgl. Häggroth u.a. 1993: 74).

Dieses Muster eines unitarischen zentralstaatlich regierten Staates mit einer politisch und funktional starken kommunalen Selbstverwaltung hat die Organisationslogik des schwedischen Staates bis heute (*pfadabhängig*) geprägt. Im Zuge des Auf- und Ausbaus des *Schwedischen Wohlfahrtsstaates*, der in den 1930er Jahren einsetzte und nach 1945 seine volle Dynamik entfaltete, durchlief die schwedische Staatsorganisation zwar, wie in den meisten anderen europäischen Ländern, darin eine deutliche Zentralisierung, dass die Politik- und Programmformulierung (Gesetzgebung) in den für die Expansion des Wohlfahrtsstaats maßgeblichen Politikfeldern (Wirtschafts-, Sozial-, Wohnungs-, Planungspolitik) „nationalisiert" wurde. Gleichzeitig wurde der lokalen Ebene in der politischen und administrativen Umsetzung und Verwirklichung des Schwedischen Wohlfahrtstaats eine Schlüsselrolle zugewiesen, den Kreisen (*län*) im öffentlichen Gesundheitswesen und den Kommunen in (multi-funktionaler) Aufgabenfülle. Die Verwirklichung und Praxis des modernen Schwedischen Wohlfahrtstaats lag mithin wesentlich beim „lokalen Staat" (*den lokalt staten*, Pierre 1994).

Zwei Wellen von Gebietsreformen der Kommunen (1952 und 1974), die in einer durchschnittlichen Gemeindegröße von rund 35.000 Einwohnern mündeten (vgl. Norton 1994: 37ff.), zielten vor allem darauf, die administrative Leistungsfähigkeit der Kommunen in der Erfüllung ihrer multifunktionalen Aufgaben zu stärken. In dieser Phase vollzog sich in der Verwaltung der Kommunen endgültig die Ablösung der *Laienverwaltung*, die in den kleinen Gemeinden noch bis in die 1950er Jahre überwog, durch *professionalisiertes* Verwaltungspersonal (vgl. Häggroth u.a. 1993: 14f.). Der Primat, den der Öffentliche Sektor im (ursprünglichen politisch-ideologischen) Verständnis vom Schwedischen Wohlfahrtstaat hatte, und die Schlüsselrolle, die die Kommunen in dessen Verwirklichung spielten, schlagen sich darin nieder, dass die sozialen und öffentlichen Dienstleistungen fast ausschließlich von den Behörden und Beschäftigten der Kommunen selber erbracht wurden.

Seit den 1980er Jahren wurde die weitere institutionelle Entwicklung im dezentral-lokalen Raum durch Anstöße auf zwei Spuren bestimmt, deren eine der *traditionellen (pfadabhängigen)* Dezentralisierungslogik folgt, während deren andere von Konzepten des *New Public Management* inspiriert ist.

Als Antwort auf die wachsende Kritik an der die Nachkriegsentwicklung kennzeichnenden Akzentuierung zentralstaatlicher Regulierung und Steuerung initiierte die Regierung einen erneuten Schub von Dezentralisierung (vgl. Premfors 1998), in dessen Verlauf die Zuständigkeiten der Kommunen erweitert wurden (u.a. durch die Übertragung der Zuständigkeit für Primär- und Sekundärschulen), die staatlichen Finanzzuweisungen „entregelt" wurden (insbesondere durch verstärkten Übergang von Zweckzuweisungen zu Globalzuweisungen) und die Autonomie der Kreise und Kommunen in den Entscheidungen über ihre politischen und administrativen Strukturen ausgeweitet wurde (vgl. Montin 1993). Damit wurde jenes Modell der gebietsbezogenen, politisch und (multi-)funktional starken kommunalen Selbstverwaltung vertieft und weiterentwickelt, vermöge dessen Schweden einen internationalen Spitzenplatz unter den Kommunalmodellen in Europa einnimmt.

Die andere (und neuere) Spur der institutionellen Veränderungen wurde dadurch gelegt, dass unter dem Druck der budgetären Krise, die Schweden in den späten 1980er und insbesondere frühen 1990er Jahren erlebte, Konzepte des *New Public Management* auch im schwedischen Modernisierungsdiskurs verstärkt aufgegriffen wurden. Organisatorisch-institutionelle Veränderungen zeigten sich auf der kommunalen Ebene insbesondere in zwei Hinsichten:

– Zum einen fanden die (NPM-inspirierten) Forderungen nach Auslagerung (*outsourcing*) und Marktwettbewerb (*marketisation*) darin Anklang, dass in einer wachsenden Zahl von Kommunen soziale Dienstleistungen (Alten- und Behindertenpflege usw.), die bislang fast ausschließlich von kommunalem Personal ausgeübt worden waren, nunmehr (in Wettbewerbsformen) an nicht-kommunale (privat-kommerzielle und gemeinnützige) Träger vergeben wurden und damit der Kranz von nichtöffentlichen ein-funktionalen (*single purpose*) Akteuren in diesem Handlungsfeld erweitert worden ist. Allerdings blieb (ungeachtet der seit den frühen 1990er Jahren wirksamen kräftigen politischen, ideologischen und finanziellen Impulse) der Umfang solcher Auslagerungen auf nichtkommunale Organisationen in Schweden bisher (mit insgesamt nur rund 15 Prozent aller sozialen Dienstleistungen) bemerkenswert gering (vgl. SKF/SCB 2004), setzt sich mithin der traditionelle Primat des (multifunktionalen) kommunalen Sektors in diesem Feld (bislang) fort.

– Zum anderen haben die auf Marktliberalisierung gerichtete Deregulierungspolitik der Europäischen Kommission und die wachsende Präsenz und Konkurrenz national und international operierender (Versorgungs-)Unternehmen den kommunalen Sektor der öffentlichen Versorgungsleistungen (Energie-, Wasserversorgung, Abfallbeseitigung usw.), der traditionell ein Kernstück des multi-funktionalen Aufgabenprofils und -verständnisses der schwedischen Kommunen bildet, unter zunehmenden Druck gesetzt. Vor allem Kommunen mit bürgerlichen Mehrheiten sind dazu übergegangen, ihre kommunalen Betriebe durch Verkauf an nationale und internationale Unternehmen zu veräußern und sich damit aus den entsprechenden lokalen Handlungsfeldern merklich zurückzuziehen.

Im interorganisatorischen und intergouvernmentalen Kontext ist die dezentral-lokale Institutionenwelt von einer Reihe von Verflechtungen gekennzeichnet, die wachsenden Kooperationsbedarf signalisieren. Dies gilt sowohl für das Verhältnis der Kreise und Kommunen (vor allem in Fragen der überlappenden Zuständigkeiten in der Gesundheits- und Sozialpolitik) als auch für das Verhältnis zwischen den Kommunen und den staatlichen Instanzen, insbesondere mit den vertikal-sektoralen staatlichen Oberbehörden (*myndigheter, ämbetsverk*), unter diesen wiederum vor allem mit der staatlichen Arbeitsmarktverwaltung (AMS). Diesen vertikal-sektoralen Sonderbehörden wird aus der Sicht der (auf territoriale Integration der öffentlichen Aufgaben angelegten) Kommunen eine enge Sektoralisierung der Aufgabenwahrnehmung (in Schweden spricht man bildhaft von dem Effekt von – vertikalen – „Regenröhren", *stuprör*) angekreidet.. Ende 2002 wurde eine Regierungskommission eingesetzt, die, abgekürzt „Verantwortungskommission" (*ansvarskomittén*) genannt, sich mit Vorschlägen zu einer Neuabgrenzung der horizontalen und vertikalen Zuständigkeiten, „Verantwortlichkeiten", befassen soll. In einem Zwischenbericht vom Dezember 2003 (vgl. SOU 2003: 123) wurde die Formulierung zweier Kontrastszenarien angeregt, deren eines eine entschiedene Zentralisierung der Politik- und Verwaltungsstrukturen Schwedens und deren anderes ihre noch weitere Dezentralisierung und „Kommunalisierung" durchspielen soll. Die endgültigen Beratungsergebnisse und Empfehlungen der Kommission liegen derzeit noch nicht vor.

Insgesamt bietet die Entwicklung der lokalen Politik- und Verwaltungswelt in Schweden ein ambivalentes Bild. Auf der einen Seite ist auch in Schweden ein zunehmendes Vordringen von „ein-funktionalen" öffentlichen, halb-öffentlichen, privaten und gemeinnützigen Institutionen und Akteuren zu beobachten und schwindet der die Nachkriegsentwicklung des Schwedischen Wohlfahrtsstaats kennzeichnende Primat des *öffentlichen/kommunalen Sektors* und des „lokalen Staats" (*den lokalt staten*, Pierre 1994) Auf der anderen Seite bleiben die in ihren Zuständigkeiten noch verstärkten Kommunen als Verkörperung der traditionellen gebietsbezogenen multifunktionalen Organisa-

tionslogik (in *pfadabhängiger* Kontinuität) die maßgeblichen Akteure auf der dezentral-lokalen Handlungsarena.

2.3 Deutschland

Zur Kennzeichnung der Staatsorganisation der Bundesrepublik seien vor allem die folgenden institutionell-strukturellen Besonderheiten hervorgehoben.

– Im Gegensatz zu anderen *föderal* verfassten Ländern, insbesondere zum US-amerikanischen Föderalismus, in dem das Verhältnis zwischen Bund und Einzelstaaten vom
  Grundsatz der *vertikalen Aufgabentrennung* charakterisiert ist (vermöge dessen Bund
  und Einzelstaaten für die ihnen getrennt zugewiesenen Aufgaben je eigene Verwaltungsstrukturen haben, vgl. etwa Lehmbruch 2000: 59f.), ist die Staatsorganisation
  der Bundesrepublik von einer *vertikalen funktionsbezogenen Kompetenzverteilung* und
  daraus folgend einem „funktionalen Mehrebenensystem" geprägt (vgl. Benz 2005:
  18), in dem die Zuständigkeit für Gesetzgebung (und „policy-making") weitgehend
  dem Bund und die Verwaltungs- und Vollzugsaufgaben den Ländern zugewiesen
  sind. (Es sei daran erinnert, dass – als weitere Besonderheit des Verfassungsmodells
  der Bundesrepublik – die Länder, das heißt: die Landesregierungen, über den *Bundesrat* an der Gesetzgebung des Bundes maßgeblich mitwirken). Mit Blick auf die
  hier verfolgte Fragestellung könnte man – vereinfacht und zugespitzt – von einer
  territorial definierten Multifunktionalität des Bundes mit Bezug auf Gesetzgebung
  und „policy-making" und einer solchen der Länder in Bezug auf die Verwaltungsaufgaben sprechen.
– Die Zuständigkeit für Verwaltung im deutschen Bundesstaat liegt demnach grundsätzlich bei den Ländern, die auch die Bundesgesetze in der Regel „in eigener Verwaltung" ausführen (Artikel 84 GG). Innerhalb des (in der Regel) dreistufigen Ver-
  waltungsaufbaues der Länder (Oberste Landesbehörden, d.h. Landesministerien und
  Landesoberbehörden; Mittelinstanz als – multi-funktionale – „Bündelungsbehörde",
  vgl. Stöbe/Brandel 1996, und untere Landesbehörden) bildet die („erstinstanzliche")
  Erledigung der öffentlichen Aufgaben durch die als (sektorale, ein-funktionale) Sonderbehörden organisierten unteren Landesbehörden (z.B. Finanz-, Gesundheits-, Ge-
  werbeaufsichtsämter) jedoch eher die Ausnahme (vgl. zuletzt Bogumil/Jann 2005:
  79ff.).
– Demgegenüber wird der größte Teil der öffentlichen Aufgaben von den auf der
  Grundlage ihrer gebietsbezogenen multifunktionalen Organisationsformel operierenden Kommunen erledigt. Der deutschen Verfassungs- und Verwaltungstradition, die
  in die Einführung der modernen kommunalen Selbstverwaltung in den deutschen
  Einzelstaaten im frühen 19. Jahrhundert zurückreicht (vgl. von Saldern 1999; Wollmann 1999a: 198f. mit Nachweisen), ist ein Modell *kommunaler Selbstverwaltung* eigentümlich, in dem Kommunen ein breites (multi-funktionales) Spektrum von Aufgaben wahrnehmen, die sich von sozialen und ökonomischen Funktionen bis zu
  Aufgaben der (in Deutschland vielfach so genannten) „Daseinsvorsorge" (Wasser,
  Abwasser, Energie) spannen. Dieses „multifunktionale" Aufgabenprofil ist traditionell
  zum einen vom Grundsatz der „Universalität des kommunalen Wirkungskreises"

(Wagener 1981: 77) bestimmt, wonach die Kommunen (in der jüngeren Formulierung des Artikel 28 Abs. 2 Grundgesetz) „alle Angelegenheiten der örtlichen Gemeinschaft im Rahmen der Gesetze in eigener Verantwortung regeln". Zum anderen liegt eine Besonderheit der deutsch-österreichischen Staats- und Kommunaltradition (vgl. Wollmann 1999a: 200f. mit Nachweisen) darin, dass die Kommunen, insbesondere die Kreise und kreisfreien Städte, neben den Aufgaben des „eigenen Wirkungskreises" auch Aufgaben ausführen, die ihnen vom Staat „übertragen" werden („übertragene Aufgaben")[7] oder für deren Ausführung die Kommunal-, insbesondere die Kreisverwaltungen („Landratsämter)" als „untere staatliche Verwaltungsbehörden" gelten. Hierzu zählen insbesondere die Aufgaben der „Ordnungsverwaltung" (etwa Baugenehmigung). Auch wenn die Kommunen verfassungsrechtlich und in der traditionellen Staatsrechtslehre – innerhalb des zweigliedrigen, aus Bund und Ländern bestehenden Bundesstaates – den Ländern zugerechnet werden, können sie politisch-funktional als eine „dritte" Politik- und Handlungsebene im Bundesstaat gelten.

In der Neubegründung der föderalen Verfassungs- und Organisationsform der Bundesrepublik nach 1945 wurde das traditionell multi-funktional angelegte Modell der kommunalen Selbstverwaltung fortgeführt und noch erweitert. In den unmittelbaren Nachkriegsjahren, angesichts der beispiellosen Zerstörungen, wirtschaftlichen und sozialen Probleme, die der Hitler-Krieg hinterlassen hatte, übernahmen die Kommunen wesentliche Aufgaben des Wiederaufbaues, noch eher die neu gebildeten (west-)deutschen Länder und die 1949 begründete Bundesrepublik handlungsfähig wurden. Diese Nachkriegserfahrungen haben sich in das „institutionelle Gedächtnis" und Selbstverständnis der (west-)deutschen Kommunen zweifellos nachhaltig eingeprägt. Ähnlich wie in den meisten anderen (west-)europäischen Ländern, setzte im Verlauf der 1960er Jahre ein weiterer Schub kommunaler Aufgaben ein, als die Politikinitiativen und Handlungsprogramme des Bundes (insbesondere ab 1969 unter der Sozialliberalen Koalition und deren „Politik der Inneren Reformen") und auch die Länder insbesondere in Feldern der Sozial- und Infrastrukturpolitik (wie Stadterneuerungs-, Gemeindeverkehrs-, Umwelt- und Wohnungspolitik) expandierten und den Kommunen in der Implementation dieser neuen Politikfelder und -programme eine Schlüsselrolle zukam. Mit der neuerlichen Erweiterung des multifunktionalen Aufgabenmodells der Kommunen ging ihre verstärkte Einbindung in die rechtlichen, planerischen und finanziellen Vorgaben von Bund und Ländern einher.

In den späten 1960er und frühen 1970er Jahren wurden auch in der Bundesrepublik (das heißt: in den für den Gebietszuschnitt „ihrer" Kommunen zuständigen Bundesländern) Gebietsreformen der Landkreise und Gemeinden beschlossen, die darauf gerichtet waren, durch deren „Maßstabsvergrößerung" (Wagener 1981) die Voraussetzungen für (verwaltungsökonomisch, organisationsstrukturell, personell-qualifikatorisch usw.) handlungsfähige kommunale Gebietskörperschaften als maßgebliche (multi-funktionale) Handlungsträger im gesamtstaatlichen Politik- und Verwaltungssystem zu schaffen. Im Einzelnen zeigten sich erhebliche Unterschiede zwischen den Ländern –

---

7   Auf begriffliche Unterscheidungen und juristische Feinheiten soll an dieser Stelle nicht eingegangen werden, vgl. etwa Schmidt-Eichstaedt (1999).

sowohl in der Gebietsreform der Kreise (im Ergebnis mit bundesdurchschnittlich 80.000 Einwohnern) und der Gemeinden (mit durchschnittlich 40.000 Einwohnern in Nordrhein-Westfalen und 1.600 in Rheinland-Pfalz) (vgl. Lux 1999). In Bundesländern, die auf eine „radikale" Gemeindegebietsreform verzichteten, wurde – zur Verstärkung der kommunalen Verwaltungskraft – zwischen Kreis und Gemeinden eine neue Schicht zwischengemeindlicher Verwaltungsgemeinschaften (Ämter usw.) gebildet – mit der Folge einer verschiedentlich als „Überinstitutionalisierung" kritisierten Institutionenvermehrung im dezentral-kommunalen Handlungsraum.

Als Ergebnis dieser Entwicklung ist festgehalten, dass die deutschen Kommunen, insbesondere die Kreise und kreisfreien Städte, aufgrund ihrer politischen und funktionalen Schlüsselrolle im dezentral-lokalen Handlungsraum des bundesdeutschen Politik- und Verwaltungssystems zu den stärksten Kommunalmodellen in Europa zählen – neben den skandinavischen Ländern, insbesondere Schweden (vgl. auch Hesse/Sharpe 1991). Die (multi-funktionale) Aufgabenfülle der deutschen Kommunen zeigt sich darin, dass rund 80 Prozent aller ausführungsbedürftigen Gesetze und drei Viertel aller öffentlichen Investitionen (ungerechnet Verteidigungsausgaben) von der Verwaltung der Kommunen vollzogen werden (vgl. Schmidt-Eichstaedt 1999: 336; Knemeyer 2006: 194). Angesichts dessen, dass der Bund so gut wie keinen Verwaltungsunterbau (Ausnahme insbesondere die Arbeitsmarktverwaltung in Form der Bundesagentur für Arbeit) und die Länder untere eigene „Sonderbehörden" nur eingeschränkt eingerichtet haben (gewichtige Ausnahmen: Finanzamt, Schulen, Polizei), findet öffentliche Verwaltung in der Bundesrepublik im wesentlichen in den Kommunen als (dezentralisiert-dekonzentriert) multi-funktionale Handlungseinheiten statt.

Jedoch ist an einige restriktive Rahmenbedingungen zu erinnern, die die Kommunen in der Ausübung ihrer Aufgaben reglementieren und einschränken.

– Zum einen ist auf den hohen Grad der Regulierung („Überregulierung") der kommunalen Aktivitäten durch Bundes-, Landes- und EU-Normen hinzuweisen. Diese Regulierungsdichte dürfte nicht zuletzt dadurch strukturell angetrieben werden, dass sich der Bund – in Ermangelung eines eigenen Verwaltungsunterbaues – und ähnlich die Länder – infolge des eingeschränkten Einsatzes eigener unterer Sonderbehörden – auf Rechts- und Normsetzung als Steuerungsressource angewiesen glauben.

– Die dem traditionellen Institut der *übertragenen Aufgaben* eigentümliche Verschränkung der kommunalen mit der staatlichen Verwaltungsebene (vgl. Knemeyer 2006: 194) kommt vor allem darin zum Ausdruck, dass die Kommunalverwaltungen (anders als bei Selbstverwaltungsangelegenheiten, für die sich die staatliche Aufsicht in einer bloßen *Rechts*aufsicht erschöpft) in Ansehung der *übertragenen* Aufgaben unter der weitergehenden (auch die Zweckmäßigkeit des kommunalen Handelns einbeziehenden) *Fach*aufsicht stehen. Auch wenn der konzeptionell und rechtsdogmatisch scharfe Unterschied zwischen Rechts- und Fachaufsicht in der Anwendungspraxis weithin abgeschliffen worden ist und sich die Fachaufsicht vielfach der Rechtsaufsicht angenähert hat (vgl. Thieme 1981; vgl. auch Wegrich 2006, der in der jüngeren Entwicklung das Vordringen von Formen der „kooperativen Aufsicht" als „weiche" Variante der Staatsaufsicht hervorhebt), bleibt festzuhalten, dass insbesondere vermöge der *übertragenen* Aufgaben, zumal in der Figur der „unteren staatliche Verwaltungsbehörde", die Multi-Funktionalität der deutschen Kommunen einen unverkennbar *administrativ-exekutivischen* Stempel des Gesetzesvollzugs und ihrer „Integration" in die Staatsverwaltung trägt und – ungeachtet der „kooperativen" Entschärfung der „hierarchischen" Fachaufsicht – nach wie vor eine potentielle „Verstaatlichung" der multi-funktional zuständigen Kommunalverwaltung birgt (vgl. Wollmann 1997).

– In dem bestehenden System der Kommunalfinanzen ist (um dies hier nur stichworthaft anzusprechen, vgl. etwa Karrenberg/Münstermann 1999; Holtkamp 2000) ist deren strukturelle Abhängigkeit von staatlichen gesetzgeberischen, finanzpolitischen und budgetären Vorgaben in mehrfacher Hinsicht geprägt. Liegt schon der Anteil der kommunalen Steuereinnahmen an ihren Gesamteinnahmen bei nur bundesdurchschnittlich rund 30 Prozent (im Vergleich zu Schweden mit rund 80 Prozent!), so stammt nur die Hälfte hiervon aus Steuerquellen (Gewerbesteuer, Grundsteuer), auf die die Kommunen über eigenen Hebesatz unmittelbaren Einfluss haben, während die andere Hälfte der kommunalen Steuereinnahmen „Verbundssteuern" (Gemeindeanteile von Einkommens- und Umsatzsteuer) sind, deren Höhe durch Bundesgesetzgebung (im Zusammenwirken von Bundestag und Bundesrat, im letzteren also faktisch der Landesregierungen) festgelegt wird.

In den letzten Jahren ist das Aufgaben- und Organisationsmodell des traditionellen Typus der multifunktionalen kommunalen Selbstverwaltung in mehrfacher Hinsicht in Bewegung gekommen – mit, wie es scheint, widersprüchlichen oder jedenfalls ambivalenten Wirkungen. Hierbei lassen sich auch in Deutschland eher „traditionelle" Reformanstöße (etwa Dezentralisierung bzw. Dekonzentration durch Gebiets- und Funktionalreform, Reform der kommunalen Verfassungsstrukturen) und eher „Markt-orientierte" Modernisierungsimpulse (sei es von NPM- oder EU-Kommission-Provenienz) unterscheiden.

– In der „Spur" traditioneller Reformen bewegen sich die (insbesondere in den ostdeutschen Bundesländern verfolgten) Überlegungen, in eine neue Runde von Kreis- und Gemeindegebietsreformen einzutreten, nachdem in der ersten Gebietsreformwelle nach 1990 von einer gebietlichen Neuordnung der Gemeinden (mit Ausnahme von Sachsen) abgesehen worden war. So ist im Land *Brandenburg* am 16.10.2003 eine *Gemeinde*gebietsreform in Kraft getreten, durch die die Zahl der Gemeinden von 1.479 auf 421 reduziert worden ist (bei gleichzeitiger Erhöhung der Zahl der „Einheitsgemeinden" von 66 auf 148 und entsprechender Verringerung der zwischengemeindlichen „Ämter" von 152 auf 54). Im Land *Mecklenburg-Vorpommern* wurde inzwischen eine (ob ihrer Radikalität umstrittene) *Kreis*gebietsreform (mit Wirkung vom 1.1.2009) landesgesetzlich beschlossen, durch die aus den bislang zwölf Landkreisen künftig fünf (Groß-)Kreise mit durchschnittlich 350.000 Einwohnern gebildet werden (bei gleichzeitiger „Einkreisung" und Herabstufung der sechs bisher kreisfreien zu künftig kreisangehörigen Städten). Diesen und ähnlichen Ansätzen (für eine Übersicht und Diskussion vgl. Deutscher Landkreistag 2005: 110 ff.) liegt die verwaltungs- und institutionenpolitische Vorstellung zugrunde, hiermit die Voraussetzungen für die Handlungsfähigkeit multi-funktionaler kommunaler Gebietseinheiten als Grundstruktur des bundesstaatlich-dezentralen Verwaltungssystems zu verbessern (und zugleich die durch die Bildung „zwischengemeindlicher Verwaltungsgemeinschaften" usw. heraufbeschworene „Überinstitutionalisierung" zu vermindern). Zugleich sollen damit die Bedingungen für die weitere Dezentralisierung bzw. Dekonzentration durch Übertragung von staatlichen Aufgaben auf die kommunalen Verwaltungseinheiten geschaffen werden.

- Der derzeit auffälligste Schritt einer *Funktionalreform* ist in *Baden-Württemberg* zu beobachten, wo mit Wirkung zum 1.1.2005 insgesamt 350 staatliche Sonderbehörden aufgelöst worden sind und deren Aufgaben überwiegend den Landkreisen und kreisfreien Städten übertragen worden sind – im Falle der Städte in Form einer „Kommunalisierung", im Falle der Kreise als Aufgabenübertragung auf die Landratsämter als „untere staatliche Verwaltungsbehörde" (vgl. Wais 2004; Bogumil/Ebinger 2005; Banner 2006).[8] Manches deutet auf eine ausweitende Diskussion darüber hin, verstärkt den Weg einer („vollen"/„echten") „Kommunalisierung" staatlicher Aufgaben zur Stärkung des multi-funktionalen Aufgabenmodells „unter *einem* politisch-administrativen Dach" zu suchen (vgl. Wollmann 1997; Hesse 2004).

- Ein wichtiger Schritt zur Stärkung der politisch-administrativen Handlungsfähigkeit der Kommunen ist darin zu sehen, dass seit den frühen 1990er Jahren in allen Flächenländern die Direktwahl der Bürgermeister eingeführt worden ist (vgl. zuletzt Bogumil/Jann 2005: 83ff.) Dadurch, dass nunmehr alle Bürgermeister der (auch kreisfreien) Städte und (in den meisten Bundesländern) auch die Landräte direkt gewählt werden, ist die verwaltungspolitisch bemerkenswerte Konstellation entstanden, dass auch dann, wenn es sich um *übertragene* staatliche Aufgaben (oder gar um Aufgabenvollzug als „untere staatliche Verwaltungsbehörde") handelt und die Bürgermeister und Landräte an sich in eigener „exekutiver" Zuständigkeit (ohne formale Beteiligungsrechte der gewählten Kommunalvertretung) tätig werden, sie über die Direktwahl in den kommunalpolitischen Kontext eingebunden sind. Dadurch wird eine Tendenz zu einer „faktischen Kommunalisierung" der *übertragenen* Aufgaben und einer kommunal*politischen* Akzentuierung des multi-funktionalen Aufgabenmodells eröffnet (vgl. Wollmann 1997).

Eine andere „Spur" von Veränderungen in den traditionellen Organisations- und auch Aufgabenstrukturen der (multi-funktionalen) deutschen Kommunen (in ihrem „Außenverhältnis") ist in den letzten Jahren vor allem von *New Public Management*-Konzepten und *EU-Deregulierung* vorangetrieben worden.

- Dies gilt zum einen für das *Neue Steuerungsmodell*, in dem (in Anlehnung an die New Public Management-Bewegung) die Einführung von Markt- und Wettbewerbsprinzipien in die kommunale Leistungserbringung gefordert worden ist (vgl. bahnbrechend Banner 1991), aber auch für das Pflegeversicherungsgesetz von 1994. Zwar war der deutschen Kommunalpraxis (im Gegensatz zu Großbritannien und Schweden, wo die Kommunen ein Quasi-Monopol in der Erbringung sozialer Dienstleistungen ausübten) in Anwendung des Subsidiaritätsprinzips seit langem üblich, dass sich die Kommunen im wesentlichen auf eine (in der NPM-Terminologie ausgedrückt) „enabling" Rolle beschränkten, während die Dienstleistungen von nicht-öf-

---

8 Allerdings findet man in Niedersachsen das Gegenteil dieser Vorgehensweise, indem dort die staatlichen Mittelinstanzen zum Jahr 2005 aufgelöst wurden und das Ausmaß an sektoral ausgerichteten Sonderbehörden deutlich anstieg (vgl. Bogumil/Kottmann 2006).

fentlichen Trägern, nämlich den gemeinnützigen Wohlfahrtsverbänden erbracht wurden (vgl. Wollmann 1996: 6 mit Nachweisen). Mit der „Marktöffnung" ist das bisherige „Oligopol" der gemeinnützigen Wohlfahrtsverbände aufgelöst worden und ist einer größeren Vielfalt der privaten Anbieter und Selbsthilfegruppen und einer „Pluralisierung" der Anbieterstruktur gewichen.

– Zum anderen wurden die traditionell abgeschirmten „lokalen Märkte" im Feld der Daseinsvorsorge (öffentliche Dienstleistungen, wie Wasser, Energie, ÖPNV, Abfall), einem Kernbereich des traditionellen Aufgabenverständnisses und -modells der deutschen kommunalen Selbstverwaltung, zunehmend aufgebrochen – unter dem Einfluss der auf Marktöffnung und -wettbewerb gerichteten Politik der EU und auch unter dem Druck der wachsenden budgetären Probleme der Kommunen (vgl. Bogumil/Kuhlmann 2004: 60). Bediente sich die deutsche Kommunalpraxis in diesem Handlungsfeld schon in der Vergangenheit eines Repertoires unterschiedlicher Organisationsformen zwischen der verwaltungsinternen Aufgabenerfüllung („in Regie") bis zur Gründung juristisch und ökonomisch selbständiger Betriebe („Eigengesellschaften"), so ist inzwischen eine Welle von Auslagerungen (mit einem Überwiegen der Eigengesellschaften) und Privatisierungen in Gang gekommen (vgl. Trapp/Bolay 2003, Edeling u.a. 2004). Inzwischen ist nur noch die Hälfte der Kommunalbediensteten in der „Kernverwaltung" und die andere Hälfte in „ausgegliederten" Organisationseinheiten (vgl. Richter u.a. 2006). Überdies sehen sich unter der von der EU Kommission verfolgten Politik der Marktliberalisierung, der wachsenden Konkurrenz national und international operierender (Versorgungs- usw.) Unternehmen und – last but not least – unter dem Druck ihrer Haushaltsengpässe immer mehr Kommunen veranlasst, ihre kommunalen Betriebe der Daseinsvorsorge zu veräußern und damit traditionelle Felder kommunaler Eigengestaltung aufzugeben (vgl. Wollmann 2002a).

Damit bietet die Entwicklung des kommunalen Aufgaben- und Organisationsmodells teilweise ein widersprüchliches Bild.

Auf der einen Seite ist auch in Deutschland eine fortschreitende Pluralisierung und Fragmentierung in (ein-funktionalen) Organisationen und bei Akteuren zu beobachten, die außerhalb des institutionell verbürgten Einflusses der politisch-administrativen Strukturen der traditionellen kommunalen Selbstverwaltung agieren. Dieser Einfluss- und Steuerungsverlust der politisch legitimierten Kommunalorgane macht sich auch dort geltend, wo sich die Auslagerung und Ausgliederung der Funktionen bislang in Organisationen und Betrieben abspielt, die formal im Eigentum der Kommunen bleiben.

Auf der anderen Seite sind Entwicklungen zu konstatieren, die auf (vermöge Gebiets-, Funktional- und Verfassungsreformen) eine gebietliche, funktionale und politische Stärkung des überkommenen multifunktionalen Handlungsmodells der Kommunen als maßgebliche Handlungsebene im bundesstaatlich-dezentralen Politik- und Verwaltungssystem der Bundesrepublik und ihrer Länder hinauslaufen.

Allerdings bleibt abschließend daran zu erinnern, dass die derzeit größte Herausforderung und Bedrohung für das überkommene multifunktionale Kommunalmodell von der „bisher schwersten Finanzkrise" (Deutscher Städtetag 2005: 135) der deutschen Kommunen ausgeht. Der verschärfte Personalabbau, der Einschnitt insbesondere in

ihre „freiwilligen" (also nicht gesetzlich vorgeschriebenen) Aufgaben sowie der durch
die Finanzmisere abgenötigte Verkauf von kommunalem Vermögen und kommunalen
Betrieben (im Feld der Daseinsvorsorge) sind geeignet, das Profil und die Konturen
der überkommenen Kommune tiefgreifend in Frage zu stellen (vgl. Wollmann 2002a).

2.4 Frankreich

Das Organisationsmodell des französischen Staats, das auf dem (vom „Jakobinismus"
der Großen Revolution von 1789 inspirierten) unitarisch-zentralistischen Prinzip der
„einen und unteilbaren Republik" beruht und 1800 durch Napoleon dessen zentralis-
tisch-bürokratische Ausprägung erhielt, zeigte in einer („pfadabhängigen") Kontinuität,
die bis in die 1970er Jahre dauerte, vor allem zwei Merkmale (vgl. Wollmann 1999a:
193ff. mit Einzelheiten und mit Nachweisen):

– Die Ausführung der öffentlichen Aufgaben lag fast ausschließlich bei der staatlichen
  Verwaltung. Diese war zum einen in der Leitung und Kontrolle der zentralen Ministerien unterstehenden vertikalen (ein-funktionalen) Verwaltungssträge institutionalisiert (*services extérieurs*), deren vertikale Sektoralisierung noch dadurch akzentuiert
  war, dass sie von je unterschiedlichen fachprofessionalisierten Verwaltungseliten
  (*grands corps*) dominiert waren. Zum anderen wurden auf der gebietlichen Eintei-
  lung der *Départements* (multifunktionale) staatliche Verwaltungseinheiten unter der
  Leitung des Präfekten (*préfet*) eingerichtet, dessen Aufgabe es war, die Erfüllung der
  staatlichen Ausgaben zu koordinieren und eine umfassende Aufsicht (*tutelle*) über die
  Selbstverwaltungsorgane der Départements und der Kommunen auszuüben.
– Gegenüber dem Vorrang und Übergewicht der staatlichen Verwaltung blieben die
  Zuständigkeiten der kommunalen Selbstverwaltung in den (seinerzeit 44.000) Kommunen (*communes)* und (seinerzeit 83) Départements geringfügig. Nachdem die
  kommunale Selbstverwaltung in der Großen Revolution von 1789 (in einem bemerkenswert kühnen und modernen Munizipalgesetz, vgl. Wollmann 1999a: 194 mit
  Nachweisen) begründet und im Zuge der Napoleon'schen Zentralisierung von 1800
  abgeschafft worden war, wurde sie im Laufe des 19. Jahrhunderts schrittweise wieder
  eingeführt, insbesondere durch die Gesetzgebung von 1831, durch die die Wahl der
  Kommunalvertretungen wieder zugelassen wurde, und jene von 1884, in der der
  Grundsatz der *Allzuständigkeit* der Kommunen für lokale Angelegenheiten anerkannt
  wurde. Angesichts der Vielzahl kleiner und kleinster Kommunen wurden diese Zuständigkeiten kaum ausgeübt, zudem die Kommunen den administrativen Vollzug
  ihrer Aufgaben – in Ermangelung eigener Personal- usw. Ressourcen – der staatlichen *Département*-Verwaltung unter dem Präfekten überließen. Für die Aufgabenerledigung im Bereich der Daseinsvorsorge (*services publics:* Wasser, Energie usw.) entwickelten viele Kommunen – in einer frühen Form des *outsourcing* – die Praxis, diese im Wege von Verträgen (*contrats*) an private (und öffentliche) Dienstleistungsunternehmen zu vergeben (vgl. Lorrain 1995).

Allerdings wurden das jakobinische Postulat von der „einen und unteilbaren" Republik
und die unitarisch-zentralistische Organisationslogik des Staats- und Verwaltungssys-

tems in der politischen und administrativen Praxis dadurch „girondistisch" abge-schwächt und „gezähmt" (_„jacobinisme apprivoisé"_, gezähmter Jakobinismus, P. Gré-mion 1976), dass sich seit der 1884 eingeführten Wahl des (bis dahin von der Zentral-regierung ernannten) Bürgermeisters durch die Kommunalvertretungen die Übung des _cumul des mandats_ entwickelte, gemäß der die Bürgermeister vielfach der Département-vertretung oder auch dem nationalen Parlament angehören und damit als _grands no-tables_ erheblichen Einfluss auf die „große" Politik nehmen (und es teilweise zu höch-sten Staatsämtern bringen) (vgl. Hoffmann-Martinot 2003: 166ff.).

Frankreichs Entwicklung nach 1945 blieb zunächst weiterhin von dem (wenn auch teilweise „gezähmten") Übergewicht der zentralistischen Politik- und Verwaltungsstruk-turen und der geringen funktionalen Bedeutung der Mehrzahl der 35.000 Kommunen – sieht man von den größeren Städten ab – bestimmt.

In den frühen 1970er Jahren scheiterte die Regierung fast vollständig mit dem Ver-such, eine Gebietsreform der Vielzahl kleiner Gemeinden, deren Grenzen bis in die Zeit vor der Revolution von 1789 zurückreichen, durch freiwillige Zusammenschlüsse und hierdurch leistungsfähigere Gebietszuschnitte zu erreichen. Angesichts dieser („pfadabhängigen") gebietlichen Fragmentierung der kommunalen Ebene gewannen (Zweckverbänden vergleichbare) Formationen der interkommunalen Zusammenarbeit (_intercommunalité_) zunehmende Anwendung und Verbreitung, die die Kommunen be-gründeten, um bestimmte kommunale Aufgaben (wie Abfallbeseitigung, öffentlicher Nahverkehr) gemeinsam zu erfüllen – sei es als ein-funktionale (_syndicats à vocation unique, SIVU_) oder mehr-funktionale (_syndicats à vocation multiple, SIVOM_) Zweckver-bände. Hinzu kamen die 1966 durch Gesetz eingeführten Stadt-Umland-Verbände (_communautés urbaines_) in den städtischen Agglomerationen. Mit 15.000 SIVUs, 2.500 SIVOMs und neun _communautés urbaines_ (vgl. Norton 1994) haben sich diese Forma-tionen der _Intercommunalité_ zu maßgeblichen Akteuren im subnational/lokalen Hand-lungsraum entwickelt und verkörpern dessen eigentümliche und spezifische Organisa-tionslogik. Zusammen mit den 35.000 Kommunen, der Vielzahl subregionaler und lo-kaler Dienststellen der Staatsverwaltung („Many thousands of field agencies are spread across France", Thoenig 2006) und halb-öffentlicher und privater Akteure summieren sie sich zu jener hohen Akteurs- und Institutionen(über)dichte (_surinstitutionnalisation_), die für Frankreichs dezentral-lokalen Handlungsraum eigentümlich ist.

In der Verfassungsreform von 1982 ist nun „ein Bruch mit der jakobinischen Tradi-tion" (Mabileau 1994: 33) in mehrfacher Hinsicht vollzogen worden:

– Zum einen wurden die traditionellen Aufsichtsrechte (_tutelle_) des départementalen Präfekten über die Selbstverwaltungsorgane auf eine (nachträgliche) Rechtsaufsicht beschränkt. Zugleich wurde seine gebietsbezogene (multi-funktionale) Zuständigkeit für die Koordination der staatlichen Aufgaben verstärkt.
– Hauptadressat und -nutznießer der Dezentralisierung staatlicher Zuständigkeiten war in erster Linie die Selbstverwaltung auf der Ebene der _Départements_ (unter der Ver-antwortung der gewählten Départements-Vertretungen, _conseils généraux_). Diesen wurden umfangreiche Kompetenzen auf dem Feld der Sozialpolitik (_aide sociale léga-le_) übertragen.
– Ferner wurden auch den Kommunen (_communes_) – über ihre traditionelle allgemeine Zuständigkeitsvermutung hinaus – wichtige Aufgaben (Stadtplanung, Baugenehmi-

gungsverfahren) eingeräumt. Infolge der Tatsache, dass die 35.000 Gemeinden noch immer unverändert die auf die Zeit vor 1789 zurückreichenden gebietlichen Zuschnitte haben und auch im Zusammenhang mit der Dezentralisierung von 1982 auf den Versuch einer Territorialreform ausdrücklich verzichtet wurde), konnten vor allem die vielen kleineren Kommunen von den neu gewonnenen Zuständigkeiten kaum Gebrauch machen.

– Da die Aufgabenzuweisungen an die dezentralen Ebenen (*régions, départements* und *communes*) unklar sind, ergeben sich vielfach Zuständigkeitsüberschneidungen (*enchevêtrement*) (vgl. Hoffmann-Martinot 2003: 158).

In den späten 1990er Jahren rückte der Wildwuchs der Vielzahl der Kommunalverbände der *Intercommunalité* in den Mittelpunkt von Reformbemühungen der Regierung. Insbesondere das Gesetz von 1999 (sog. *Loi Chevènement*), das in seinem Titel ausdrücklich eine „Vereinfachung" (*simplification*) der interkommunalen Kooperation beschwört, zielt darauf, die Myriade von Institutionen und Akteuren der *Intercommunalité* dadurch zu bändigen, dass den Kommunen bestimmter siedlungsstruktureller Merkmale die Inanspruchnahme bestimmter Gemeindeverbandstypen (*communautés*) (nämlich die *communautés de communes* im ländlichen Raum und die *communautés d'agglomération* in verstädterten Gebieten) eröffnet und nahe gelegt wird. Indem die Gemeindeverbandstypen mit einem bestimmten Aufgabenkatalog verknüpft werden, stellen sie einen Ansatz der gebietsbezogenen multifunktionalen Organisationsform dar, freilich mit dem gravierenden (Demokratie-)Defizit, dass die Leitungsgremien dieser *communautés* nicht durch direkte Wahlen demokratisch legitimiert sind, sondern von Vertretungsorganen der Mitgliedsgemeinden ernannt werden. Die rasche Annahme und Umsetzung, die das neue gesetzgeberische Modell bei den Kommunen, insbesondere die *communauté d'agglomération* in den verstädterten Gebieten (vgl. Borraz/LeGalès 2005: 19), gefunden hat, deutet darauf hin, dass mit dieser Reform ein erfolgreicher Weg dazu beschritten worden ist, handlungsfähige, gebietsbezogene, multifunktionale Arenen in lokalem/interkommunalem Raum zu etablieren (und damit – sozusagen durch die Hintertür – eine ansonsten politisch nicht durchsetzbare kommunale Gebietsreform, freilich vermutlich erst auf längere Sicht, zu erreichen.

Zusammenfassend bietet sich ein ambivalentes Bild. Zwar wurde mit der seit Anfang des 19. Jahrhunderts („pfadabhängig") wirksamen Organisationsform zentraler Staatsverwaltung mit vertikal-sektoralen Verwaltungssträngen und einer schwach ausgeprägten Ebene regionaler bzw. lokaler Selbstverwaltung im Zuge der Dezentralisierung von 1982 vor allem dadurch gebrochen, dass relevante staatliche Aufgaben insbesondere auf die Selbstverwaltung auf *Départements*-Ebene übertragen wurden, freilich begleitet von Zuständigkeitsüberlappungen (*enchevêtrement*). Jedoch bleibt die Mehrzahl der 35.000 (meist sehr kleinen) Kommunen – infolge des Ausbleibens einer kommunalen Gebietsreform außerstande, ihre Aufgaben wirksam wahrzunehmen. Die Vielzahl interkommunaler Verbände (*syndicats, communautés*), die zur kooperativen Erbringung kommunaler Leistungen geschaffen wurden, haben die institutionelle Überdichte (*surinstitutionalisation*) im dezentral-lokalen Handlungsraum noch erhöht. Demgegenüber könnte die Gesetzgebung von 1999 (*Loi Chevènement*) mit dem neuen Typen von *communautés* die Bildung leistungsfähiger gebietsbezogenen multifunktionaler Handlungseinheiten eröffnet haben, auch wenn diesen die direkte demokratische Legimitierung noch fehlt.

Allerdings bleibt daran zu erinnern, dass sich – ungeachtet dieser Dezentralisierungsschritte – die staatliche Verwaltung nach 1982 aus dem dezentral-lokalen Handlungsraum, ausweislich der fortbestehenden organisatorischen und personellen Präsenz staatlicher Behörden, kaum zurückgezogen hat. Die Gesamtzahl der Staatsbediensteten ist zwischen 1980 und 1991 sogar noch gestiegen (von 2,3 auf 2,5 Millionen), von denen über 95 Prozent außerhalb von Paris, also in der „Provinz" und *péripherie*, tätig sind (vgl. Hoffmann-Martinot 2003; Thoenig 2005). Vor diesem Hintergrund wurde gefolgert, dass „the French model (remains) one of the most centralized countries in the world" (Hoffmann-Martinot 2003: 159).

3. Vergleichende Überlegungen

3.1 Konvergenz oder Divergenz?

Zunächst seien die vorstehend skizzierten Befunde unter der Fragestellung diskutiert, ob sich in den behandelten Ländern gleichläufige (*konvergente*) oder gegenläufige (*divergente*) Entwicklungsmuster zeigen. Auf der einen Seite springen Gleichläufigkeiten darin ins Auge, dass der Primat der politisch-administrativen Strukturen und des öffentlichen/munizipalen Sektors in der Bereitstellung öffentlicher Leistungen, wie er dem Modell des expansiven Sozial- und Interventionsstaats der 1960er und 1970er Jahre eigentümlich und typischerweise weithin in der gebietsbezogen multifunktionalen Organisationsform verwirklicht wurde, in mehr oder weniger deutlichem Umfang in Frage gestellt worden und einer funktionalen und institutionellen Pluralisierung und Ausdifferenzierung in Handlungsnetzwerken mit einem neuen „Mix" aus öffentlichen, halb-öffentlichen, privat-kommerziellen und privat-gesellschaftlichen Institutionen und Akteuren gewichen ist. Hatten die – in politikwissenschaftlichen Diskussionen meist unter dem Begriff *government* gefassten – traditionellen Politik- und Verwaltungsstrukturen bislang den relevanten dezentral-lokalen Handlungsraum weithin ausgefüllt und bestimmt, so haben sich in diesem die funktionellen, institutionellen und personellen Ausdifferenzierungen und Pluralisierungen vollzogen, die in der neueren Diskussion (in Gegenüberstellung zu den Strukturen des *government*) als *„governance"* bezeichnet werden (vgl. Rhodes 1997; zu dem variantenreich schillernden Begriff und Verständnis von *goverance* vgl. zuletzt etwa Klenk/Nullmeier 2005: 165ff.; Wegrich 2006: 36ff. jeweils mit umfangreichen Nachweisen).

Neben solchen in ihrer Grundrichtung gleichlaufenden (*konvergenten*) Tendenzen weisen die hier betrachteten Länder in der Entwicklung ihrer Organisationsformen indessen zugleich deutlich *divergente*, die Unterschiede zwischen den Ländern teilweise noch verschärfende Verlaufsmuster auf.

Den einen Pol des Veränderungsspektrums markiert *Großbritannien*, dessen Politik- und Verwaltungsstruktur vermöge ihres politisch wie funktional starken *local government* bis in die 1970er Jahre im internationalen Vergleich geradezu beispielhaft für die multifunktionale Organisationsform der lokalen Ebene als bestimmendes Handlungsmuster im dezentral-lokalen Politik- und Verwaltungsraum stand. Dieses traditionelle Organisationsmuster ist seit 1979, zunächst vor allem unter der Konservativen Regierung von *Margaret Thatcher*, einschneidend verändert worden. Zum einen wurden die Autonomie und Zuständigkeiten des traditionellen (multi-funktionalen) *local government* gravierend beschnitten, so dass Großbritannien, wie gesagt worden ist, aus einem „unitary but significantly decentralized country" in ein „unitary extremely centralized country" (Jones 1991) verwandelt worden ist. Gleichzeitig, im Einklang mit der Schwächung des *local government*, hat sich das Geflecht von (ein-funktionalen, *single-purpose*) Organisationen ständig ausgedehnt, die öffentliche Aufgaben, vielfach unter Inanspruchnahme öffentlicher Mittel („*quangos*") und unter dem Einfluss der Zentralregierung, ausüben und weitgehend außerhalb des Einflusses des (gewählten) *local government* agieren. Angesichts des kumulierten Effekts von Schwächung des traditionellen *local government* durch Zentralisierung und *quangoisation* ist von British „exceptionalism" gesprochen worden (kritisch-ablehnend zu dieser Interpretation vgl. John 2001: 174).

Frankreich hat in seiner Organisationsstruktur einschneidende Veränderungen in umgekehrter Richtung durchlaufen. Die (*pfadabhängig* bis in die 1970er Jahre wirksame) Organisationsform zentralistischer Staatsverwaltung (mit ausgeprägten vertikalen sektoral-ein-funktionalen Verwaltungssträngen und schwacher dezentral/lokaler Selbstverwaltung) wurde 1982 dadurch tiefgreifend verändert, dass insbesondere durch Aufgabendelegation auf die Selbstverwaltung der Départementebene die gebietsbezogene multifunktionale Organisationsform im dezentral-lokalen Handlungsraum verstärkt wurde. Angesichts dessen, dass infolge des Ausbleibens einer territorialen Reform der 35.000 Kommunen (ein in seinen nachhaltigen Folgen kaum zu überschätzendes Grunddatum der subnationalen Institutionengeschichte Frankreichs!) deren administrative Handlungsfähigkeit strukturell begrenzt blieb, entwickelte sich die *intercommunalité* als eine Welt interkommunaler Zweck- und Kooperationsverbände (*syndicats, communautés*). Als die maßgebliche Organisationsform im dezentral-lokalen Raum (man könnte von einem „französischen Exzeptionalismus" sprechen) summieren sich die interkommunalen Verbände zusammen mit den Kommunen, den Départements, den lokalen Dienststellen der staatlichen Sonderbehörden, lokalen Behörden der staatlichen Sonderbehörden usw. zu einem Akteursnetzwerk von ungewöhnlicher Dichte (*surinstitutionnalisation*). Die jüngste Gesetzgebung (1999) zielt darauf, diese durch eine stärkere Geltendmachung der gebietsbezogenen multifunktionalen Organisationsform zu „vereinfachen" und zu strukturieren.

Ungeachtet der Unterschiede ihrer Verfassungssysteme (*Schweden* als unitarischer, *Deutschland* als föderaler Staat) weist die Entwicklung der Politik- und Verwaltungsstrukturen in diesen Ländern und der sie bestimmenden Organisationsform auf der dezentral-lokalen Ebene erhebliche Gemeinsamkeiten (und jeweils spezifische Unterschiede zu Großbritannien und Frankreich) auf. Zwar sind in beiden Ländern auf der lokalen Handlungsarena ebenfalls funktionale und institutionelle Ausdifferenzierungen und die Ausbildung von ein-funktionalen (*single-purpose*) Handlungsnetzwerken (*governance!*) zu beobachten. Jedoch zeigen beide Länder darin einen hohen Grad institutioneller (pfadabhängiger) Kontinuität, dass die kommunale Selbstverwaltung – und damit die gebietsbezogene multifunktionale Organisationsform – nach wie vor eine Schlüsselrolle (als *government!*) im dezentral-lokalen Handlungsraum spielt.

3.2 Politikkoordination zwischen gebietsbezogen-multifunktionaler und ein-funktionaler Organisationsform: does it make a difference?

Abschließend soll die Frage diskutiert werden, ob in den hier herangezogenen Ländern ein Zusammenhang zwischen der in der subregional/lokalen Handlungswelt dominierenden Organisationsform und dem Modus der Politik- und Aufgabenkoordination vermutet und beobachtet werden kann (vgl. hierzu auch Wollmann 2003, 2004a). Im Einklang mit dem gängigen Diskussionsstand (vgl. Kaufmann u.a. 1986; Wollmann 2003; Heinelt 2005; Klenk/Nullmeier 2005: 165) wird als Koordinationsmechanismen insbesondere zwischen *Hierarchie, Interaktion/Netzwerk und Markt* unterschieden (Zur inhaltlich weitgehend gleichlaufenden Unterscheidung zwischen *Hierarchie, Kooperation und Wettbewerb* vgl. Wegrich 2006: 33 mit Nachweisen).

– Der hierarchische Koordinierungsmechanismus findet sich typischerweise in den „traditionellen" Politik- und Verwaltungsstrukturen, sei es intra-administrativ in der – letztendlich „von oben" verfügten – Leitungsentscheidung, sei es politisch im (parlamentarischen) Entscheidungsprozess, in dem – letztendlich ebenfalls *hoheitlich-hierarchisch* – die politische Mehrheit den Ausschlag gibt. Der wesentliche Bezugsrahmen des in diesem Sinne *hierarchischen* Koordinationsmodus ist das politisch-administrative System (*government*) mit seinen Erfordernissen von (öffentlicher) Transparenz, politischer Verantwortlichkeit und (jedenfalls idealiter) Gemeinwohlorientierung.
– Der Koordinationsmodus von *Interaktion/Netzwerk/Kooperation* spielt sich zwischen prinzipiell gleichgestellten Akteuren ab, die typischerweise (sektorale, *single-purpose*) Einzelziele und -interessen verfolgen und deren Zusammenstimmen im Wege von Überzeugung, Verhandlung, Bargaining, Tausch usw. (vgl. Heinelt 2005: 12). Dieses Koordinationsmuster wird der vielfach als *governance* bezeichneten Akteurskonstellationen eigentümlich zugeschrieben, die außerhalb des unmittelbaren Bannkreises von government (im engeren Sinne) agiert.
– *Markt/Wettbewerb* kann sich als Koordinationsmechanismus darin erweisen, dass sich die je unterschiedlichen (und konkurrierenden) Einzelinteressen und -ziele der „Marktteilnehmer" vermittels der „unsichtbaren Hand" (*hidden hand*) des Marktes, sozusagen hinter den Rücken der Akteure, regulieren.

Von den hier diskutierten vier Ländern ist die dezentral/lokale Handlungsebene in *Großbritannien* (seit der in den späten 1970er Jahren unter der Regierung *Thatcher* eingeleiteten Entwicklung) darin am ausgeprägtesten von der ein-funktionalen Organisationsform bestimmt, dass zum einen das traditionelle *local government* (*government!*) erhebliche Einbußen in seiner politischen und (multi-)funktionalen Rolle hinnehmen musste und, soweit sie weiterhin für öffentliche Aufgaben zuständig ist, sie diese in institutionell und prozedural weitgehend ausgelagerten Formen wahrnimmt:

„A local authority will become a series of separate units which conduct their relationships through a series of contractual or semi-contractual arrangements. Each unit will have its own defined task and there will be no capacity to look beyond the units or to consider the relationship between them" (Stewart/Stoker 1995: 201).

Zum anderen haben sich die ein-funktionalen Organisationen „explosionsartig" (Skelcher) vermehrt und wird die lokale Arena wesentlich von „function-based policy networks" (Rhodes 2000: 248) und damit von als *governance* bezeichneten Handlungsstrukturen bestimmt. Neuerdings ist verstärkt von *partnerships* die Rede, die sich, vielfach auf Initiative der Zentralregierung entstanden und unter Einfluss der Zentralregierung agierend, aus *quangos*, Vertretern der Regierung, privatwirtschaftlichen Akteuren und auch Vertretern des *local government* zusammensetzen. Sie sind auf einen bestimmten Handlungszweck zugeschnitten und räumlich vielfach auf bestimmte lokale Ziel- und Aktionsgebiete (*zones*) fokussiert (vgl. James 2001 18; z.B. *Employment Zones, Health Action Zones*). Während der *partnership-* und *zone-*Ansatz intendiert, die Handlungsbeiträge unterschiedlicher Akteure zu bündeln, birgt er die Gefahr, die lokale Handlungswelt noch weiter (sektoral) zu fragmentieren (vgl. Rhodes 2000: 360), zumal *local government* als potentieller Anwalt eines lokalen Gesamtinteresses meist nur eine eher marginale Rolle spielt („loss of community perspective", Stewart/Stoker 1995: 201). Zudem tragen die *partnerships* in der Regel die Handschrift der Zentralregierung („Zones are owned by the centre and local agendas are recognized in as far as they facilitate the central agenda", Rhodes 2000: 360) – mit der Folge, dass der ohnedies prekäre Einfluss von *local government* noch weiter reduziert wird.

Innerhalb des unter dem Schlagwort des „*joining-up government*" angestimmten Rufs nach verbesserter vertikaler und horizontaler Koordination im britischen Politik- und Verwaltungssystem (vgl. Pollitt 2003) spielt zwar die lokale Ebene eine hervorgehobene Rolle. „Partnership has been at the heart of the attempts to overcome the problems of ‚joining up' government both horizontally at the different levels of policy-making and provision and vertically between policy-makers and those responsible for implementation" (James 2001: 18). In dem Maße jedoch, wie die zentrale Regierung beansprucht, in dem „joining up" eine bestimmende Rolle zu übernehmen, gerät die mögliche horizontale Koordination durch *local government* noch weiter ins Abseits: „The current drive for more ‚joined up' government may in practice strengthen vertical integration at the expense of horizontal integration and reduce the scope of local governance" (Leach/Pierce-Smith 2001: 232).

Im Gefolge der Dezentralisierung von 1982 ist *Frankreichs* dezentral-lokaler Handlungsraum von einer ungewöhnlichen Dichte (*surinstitutionnalisation*) von Akteuren und Institutionen gekennzeichnet, die sich aus Départements, Kommunen, Zweckverbänden der *Intercommunalité*, Präfekturen, staatlichen Behörden, aber auch halb-öffentlichen und privaten Akteuren zusammensetzen und wesentliche Komponenten der französischen Variante von „gouverance"-Strukturen bilden. Diese Handlungsnetzwerke weisen vielfältige Ebenenüberschneidungen (*enchevêtrement, financement croisé*) und (vertikalen) Sektoralisierung von Zuständigkeiten (*cloisonnement*) auf. „The absence of a minimum definition of power sharing between local authorities (communes, departments, regions, intermunicipal governments) is reflected daily in a myriad of competing and non-coordinated activities within the same territory and by the unlimited use of co-financing operations" (Hoffmann-Martinot 2003: 158).

Vermöge ihrer territorialen Fragmentierung, eingeschränkten Zuständigkeiten und begrenzten Handlungsressourcen scheiden die meisten Kommunen als Advokaten und Akteure horizontaler Koordination weitgehend aus, auch wenn die (auf die Einflussressource des *cumul de mandats* gestützten) lokalen Bürgermeister eine gewisse (indessen vor allem vertikale) Koordinationsfunktion ausüben (vgl. Thoenig 2006). Die Koordination innerhalb der dezentral-lokalen Akteurswelt vollzieht sich denn überwiegend über Interaktion und Verhandlungen und findet in den vielfältigen *contrats* zwischen den Akteuren als überwiegender Handlungsform ihren Niederschlag (vgl. Gaudin 1996)

In der Absicht, national definierte Ziele unter möglichst breiter Beteiligung lokaler Akteure möglichst punkt- und zielgenau zu verwirklichen, hat die französische Regierung eine (den englischen *zones* vergleichbare) Strategie der *territorialisation* staatlicher Politik („*actions politiques territorialisées*", Duran/Thoenig 1996) verfolgt, die auf bestimmte Zielgebiete (z.B. innerstädtische Problemgebiete, *quartiers sensibles, politique de ville*) fokussiert und durch den Abschluss von Verträgen die verbindliche Bündelung unterschiedlicher Akteure und Handlungsressourcen anstrebt.

In der Abwesenheit deutlich definierter Zuständigkeiten bleibt das Handlungssystem indessen nach wie vor unübersichtlich. Dadurch, dass die *territorialisierten* Politikprojekte einen je spezifischen (dem Einzelprojekt entspringenden) Gebiets- und Akteursbezug haben, leisten sie eher einer weiteren Sektoralisierung als einem territorial integrierten Politikvollzug Vorschub (vgl. Borraz/LeGalès 2005: 18). Hinzu kommen hohe (durch den großen Verhandlungs-, Abstimmungs-, Überprüfungsbedarf bedingte) „Transaktionskosten" sowie (in Ermangelung öffentlich transparenter und politisch verantwortlicher Strukturen) demokratische Defizite. „These overlapping policy networks and resulting ,cross financing patterns' (financement croisé) have proved to be major obstacles to efficiency and accountability" (Boraz/LeGalès 2005: 15).

Die Entwicklung in *Deutschland* und in *Schweden* weist darin ähnliche Grundzüge auf, dass einerseits auch in diesen Ländern auf der dezentral-lokalen Handlungsebene nicht-öffentliche Akteure in der Erfüllung öffentlicher Aufgaben eine immer größere Rolle spielen und damit aus ein-funktionalen Akteuren bestehende *governance*-Strukturen auch hier im Vordringen sind. In dem Maße, wie die Akteure dieser institutionell und (ein-)funktional ausdifferenzierten Handlungsstrukturen von den ihnen je individuellen Organisations- und Eigeninteressen bestimmt sind, werden der Einfluss und die politische Steuerung durch die Kommune als Advokat eines Gesamtinteresses (der *örtlichen Gemeinschaft*) prekär und drohen „soziale und Gemeinwohl-Aspekte an den Rand gedrängt" zu werden (Strünck/Heinze 2005: 122). Die Kommune ist insofern verstärkt auf ihre Mitwirkung an Verhandlungen und auf Netzwerk- und Kooperationsstrategien angewiesen.

Auf der anderen Seite zeigt sich jedoch (in vergleichbarer Weise wiederum in beiden Ländern), dass sich die Kommunen als maßgebliche Akteure im dezentral-lokalen Handlungsraum nicht nur behauptet haben, sondern ihre politischen und teilweise auch funktionalen Handlungsressourcen noch gewachsen sind – durch die in beiden Ländern (in unterschiedlicher Ausprägung) beobachtbare Erweiterung ihres Aufgaben-

und Zuständigkeitsprofils sowie durch die vollzogene Stärkung der kommunalpoliti-schen Entscheidungs- und Führungsstrukturen (in Deutschland durch die Direktwahl der Bürgermeister, in Schweden durch die „Entkollektivierung" (*de-collectivisation,* Larsen 2002: 118) und „Parlamentarisierung" der kommunalpolitischen Entscheidungs-strukturen).

Der Fortbestand und die Erweiterung der multifunktionalen Zuständigkeiten der Kommunen zusammen mit der Stärkung der kommunalpolitischen Entscheidungs-und Führungsstrukturen scheinen geeignet, eine *territoriale Integration* und *Koordination* der kommunalen Aufgaben in der Erwartung zu ermöglichen und zu sichern, dass diese sich am *„Gemeinwohl"* (der *örtlichen Gemeinschaft*) orientiert. Dies gilt innerhalb der kommunalen Zuständigkeiten zum einen für die von der Kommunalvertretung zu treffenden politisch-„parlamentarischen" Entscheidungen, die letztendlich als (*hierarchische*) Mehrheitsentscheidung fallen. Zum anderen trifft dies auf die verwaltungsinter-nen Abstimmungs- und Koordinationsprozesse zu, in denen die Verwaltungsleitung und -führung letztendlich wiederum das (*hierarchische*) Sagen hat.

Mit Blick auf die Abstimmungs- und Koordinierungsprozesse, die außerhalb der unmittelbaren politischen Reichweite und Bestimmungskraft der kommunalpolitischen Institutionen stattfinden und in denen die Vielzahl der der Sphäre des *governance* zuzu-rechnenden Akteure mit je spezifischen (ein-funktionalen, *single-purpose*) Handlungsin-teressen involviert sind, herrscht Interaktion, Verhandlung, Bargaining, Tausch, Koope-ration als der maßgebliche Modus der Koordination. Auch wenn die Kommunen und ihre politischen und administrativen Vertreter in diesen *governance*-Prozessen grundsätz-lich als „gleiche unter gleichen", in „gleicher Augenhöhe" handeln und verhandeln, so gibt ihnen die starke politische und funktionale Stellung der Kommunen in der loka-len Arena ein besonderes Verhandlungsgewicht. Dieses können sie in die Waagschale werfen, wenn es sich (idealiter) darum dreht, sich als Advokat des *Gemeinwohls* und (idealiter) der Gesamtinteressen der örtlichen Gemeinschaft gegenüber den Einzelinte-ressen der anderen Akteure (sozusagen „im Schatten der Hierarchie", Fritz W. Scharpf) geltend zu machen und durchzusetzen. Insoweit sind die Kommune und ihre Vertreter dazu aufgerufen (und vermöge ihrer politischen, administrativen und auch finanziellen Ressourcen auch in der Lage), die Rolle eines „Schlüsselnetzwerkers" (*reticulist,* Friend 1977) im lokalen Handlungsnetzwerk zu spielen und ihre Legitimitäts- und Ressour-cenüberlegenheit gegebenenfalls als „Fallback-Mechanismus" (Wiesenthal 2000: 65f.; vgl. zuletzt Wegrich 2006: 219) in die Waagschale zu werfen.

Schließlich, last but not least, haben die Kommunen vermöge ihres politischen und funktionalen Gewichts angesichts der vertikal und horizontal fragmentierten und sek-toralisierten staatlichen Akteure und Politiken die Chance, deren „Koordination von unten" zu bewirken. An dieser Stelle sei an die „politischen Muskeln" und verikalen Einflusschancen erinnert, die die französischen Bürgermeister aus dem *cumul de man-dats* beziehen. Aber auch im deutschen und im schwedischen politischen System verfü-gen führende Kommunalpolitiker (in Deutschland insbesondere die Bürgermeister, in Schweden die Führer der Ratsmehrheit) vielfach (nicht zuletzt über das Parteiensystem) über vertikale Einflusskanäle und -chancen, die mit Blick auf unterschiedliche sektorale Politiken und Förderprogramme der staatlichen Ebene für eine „Koordination von un-ten" genutzt werden können.

In einer vergleichenden Abwägung der hier diskutierten Varianten scheint das in *Schweden* und *Deutschland* im dezentral-lokalen Handlungsraum beobachtbare – um die politisch wie funktional starke kommunale Selbstverwaltung als gebietsbezogene multifunktionale Organisationsform kreisende – institutionelle Arrangement und Handlungsmuster am ehesten geeignet dafür zu sein, eine Balance zu finden und zu sichern, in der einerseits sich die in der ein-funktionalen Organisationsform und -logik wurzelnden *governance*-Strukturen ihr spezifisches Potential (einer „unbürokratischen", flexiblen, ökonomischen usw. Leistungserbringung) entfalten und in der sich andererseits die demokratisch gewählten und politisch verantwortlichen Institutionen der kommunalen Selbstverwaltung (*government!*) als Advokaten und Garanten der Gemeinwohlorientierung, öffentlichen Transparenz und politischen Verantwortlichkeit der relevanten Entscheidungs-, Abstimmungs- und Koordinationsprozesse geltend machen und bewähren können.

Literatur

Banner, Gerhard, 1991: Von der Behörde zur Dienstleistungs- und Bürgerkommune, in: VOP 1, 6–11.

Banner, Gerhard, 2001: Kommunale Verwaltungsmodernisierung: Wie erfolgreich waren die letzten zehn Jahre?, in: *Schröter, Eckhard* (Hrsg.), Empirische Policy- und Verwaltungsforschung. Opladen: Leske + Budrich, 279–304.

Banner, Gerhard, 2006: Local Government – A Strategic Resource in German Public Management Reform, in: *Hoffmann-Martinot, Vincent/Wollmann, Hellmut* (Hrsg.), Comparing Public Sector Reforms in France and Germany. Wiesbaden: VS Verlag für Sozialwissenschaften (im Erscheinen).

Benz, Arthur, 1997: Verflechtung der Verwaltungsebenen, in: *König, Klaus/Siedentopf, Heinrich* (Hrsg.), Öffentliche Verwaltung in Deutschland. Baden-Baden: Nomos, 165–185.

Benz, Arthur, 2002: Die territoriale Dimension der Verwaltung, in: *König, Klaus* (Hrsg.), Deutsche Verwaltung an der Wende zum 21. Jahrhundert. Baden-Baden: Nomos, 207–228.

Benz, Arthur, 2005: Verwaltung als Mehrebenensystem, in: *Blanke, Bernhard/Bandemer, Stephan von/Nullmeier, Frank* (Hrsg.), Handbuch zur Verwaltungsreform. Wiesbaden: VS Verlag für Sozialwissenschaften, 18ff.

Bogumil, Jörg/Holtkamp, Lars, 2002: Liberalisierung und Privatisierung kommunaler Aufgaben, in: *Libbe, Jens/Tomerius, Stephan/Trapp, Jan Hendrik* (Hrsg.), Liberalisierung und Privatisierung kommunaler Aufgabenerfüllung. Berlin: Difu-Beiträge zur Stadtforschung.

Bogumil, Jörg/Jann, Werner, 2005: Verwaltung und Verwaltungswissenschaft in Deutschland. Wiesbaden: VS Verlag für Sozialwissenschaften.

Bogumil, Jörg/Kuhlmann, Sabine, 2004: Zehn Jahre kommunale Verwaltungsmodernisierung – Ansätze einer Wirkungsanalyse, in: *Jann, Werner/Bogumil, Jörg/Bouckaert, Geert* (Hrsg.), Status-Report Verwaltungsreform – Eine Zwischenbilanz nach 10 Jahren. Berlin: Sigma, 51–64.

Bogumil, Jörg/Ebinger, Falk, 2005: Die Große Verwaltungsstrukturreform in Baden-Württemberg. Erste Umsetzungsanalyse und Überlegungen zur Übertragbarkeit der Ergebnisse auf NRW. Schriftenreihe der Stiftung Westfalen-Initiative, Band 9, Ibbenbüren: Vereinsdruckerei.

Bogumil, Jörg/Kottmann, Steffen, 2006: Verwaltungsstrukturreform in Niedersachsen. Die Abschaffung der Bezirksregierungen. Schriftenreihe der Stiftung Westfalen-Initiative, Band 11. Ibbenbüren: Vereinsdruckerei.

Borraz, Olivier, 2004: Les territoires oubliés de la décentralisation, in: Annuaire 2004 des Collectivités Locales. Paris: CNRS, 193–201.

Borraz, Olivier/LeGalès, Patrick, 2005: France: The Intermunicipal Revolution, in: *Denters, Bas/ Rose, Lawrence E.* (Hrsg.), Comparing Local Governance. Trends and Developments. Houndmills: Palgrave Macmillan, 12–28.

Bulpitt, James, 1983: Territory and Power in the United Kingdom. Manchester: Manchester University Press.

Commission Mauroy, 2000: Refonder l'Action Publique Locale, Documentation Française.

Denters, Bas/Rose, Lawrence E., 2005: Towards Local Governance?, in: *Denters, Bas/Rose, Lawrence E.* (Hrsg.), Comparing Local Governance. Trends and Developments. Houndmills: Palgrave Macmillan, 246–262.

Deutscher Landkreistag, 2005: Geschäftsbericht des Deutschen Landkreistages 2004/2005. Berlin.

Deutscher Städtetag, 2005: Geschäftsbericht 2005. Köln/Berlin.

Duran, Patrick/Thoenig, Jean Claude, 1996: L'Etat et la gestion publique territoriale, in: Revue Française de Science Politique, 580–623.

Dyson, Kenneth, 1980: The State Tradition in Western Europe. Oxford: Robertson.

Edeling, Thomas/Reichard, Christoph/Richter, Peter/Brand, Steven, 2004: Kommunale Betriebe in Deutschland, KGSt-Materialien 2/2004.

Friend, John, 1977: Commuinity and Policy: Coordination from Above or Below?, in: linkage 2, 4–10.

Gaudin, Jean-Pierre, 1996: La négociation des politiques contractuelles, in: *Gaudin, Jean-Pierre* (Hrsg.), La négociation des politiques contractuelles. Paris: l'Harmattan, 7–29.

Gaudin, Jean Pierre, 2004: La contractualisation des rapports entre l'Etat et les collectivités locales, in: Annuaire 2004 des Collectivités Locales. Paris: CNRS, 215–234.

Grémion, Pierre, 1976: Le pouvoir péripherique. Bureaucrats et notables dans le système politique français. Paris: Éditions du Seuil.

Häggroth, Sören/Kronvall, Kai/Riberdahl, Curt/Rudebeck, Karin, 1993: Swedish Local Government. Traditions and Reform. Stockholm: The Swedish Institute.

Heinelt, Hubert, 2005: Vom Verwaltungsstaat zum Verhandlungsstaat, in: *Blanke, Bernhard/ Bandemer, Stephan von/Nullmeier, Frank* (Hrsg.), Handbuch zur Verwaltungsreform. Wiesbaden: VS Verlag für Sozialwissenschaften, 10ff.

Hesse, Joachim Jens, 2004: Regierungs- und Verwaltungsreformen im Ländervergleich, in: Der Landkreis, 4/2004, 306–314.

Hesse, Joachim Jens/Sharpe, Jim, 1991: Local Government in International Perspective, in: *Hesse, Joachim Jens* (Hrsg.), Local Government and Urban Affairs in International Perspective. Baden-Baden: Nomos, 603ff.

Hoffmann-Martinot, Vincent, 2003: The French Republic, One Yet Divisible?, in: *Kersting, Norbert/Vetter, Angelika* (Hrsg.), Reforming Local Government in Europe. Opladen: Leske + Budrich, 157–173.

Holtkamp, Lars, 2000: Kommunale Haushaltspolitik in NRW. Opladen: Leske + Budrich.

James, Olive, 2001: New Public Management in the UK: Enduring Legacy or Fatal Remedy?, in: International Review of Public Administration 6/2, 15–38.

John, Pete, 2001: Local Governance in Western Europe. London u.a.: Sage.

Johnson, Nevil, 2000: State and Society in Britain: Some Contrasts with German Experience, in: *Wollmann, Hellmut/Schröter, Eckard* (Hrsg.), Comparing Public Sector Reform in Britain and Germany. Aldershot: Ashgate, 27–46.

Jones, George W., 1991: Local Government in Great Britain, in: *Hesse, Joachim Jens* (Hrsg.), Local Government and Urban Affairs in International Perspective. Baden-Baden: Nomos.

Karrenberg, Hanns/Münstermann, Engelbert, 1999: Kommunale Finanzen, in: *Wollmann, Hellmut/ Roth, Roland* (Hrsg.), Kommunalpolitik. Opladen: Leske + Budrich, 437–460.

Kaufmann, Franz-Xaver/Majone, Giacomenico/Ostrom, Vincent (Hrsg.), 1986: Guidance, Control and Evaluation in Public Sector. Berlin: deGruyter.

Klenk, Tanja/Nullmeier, Frank, 2005: Leitungsstruktur und Reform der Leitungsorganisation, in: *Blanke, Bernhard/ Bandemer, Stephan von/Nullmeier, Frank* (Hrsg.), Handbuch zur Verwaltungsreform. Wiesbaden: VS Verlag für Sozialwissenschaften, 162–171.

Laux, Eberhard, 1999: Erfahrungen und Perspektiven der kommunalen Gebiets- und Funtionalre-
form, in: *Wollmann, Hellmut/Roth, Roland* (Hrsg.), Kommunalpolitik. Opladen: Leske + Budrich, 168–185.

Leach, Robert/Percy-Smith, Janie, 2001: Local Governance in Britain. Basingstoke: Palgrave Macmillan.

Lorrain, Dominique, 1995: The changement silencieux, in: *Lorrain, Dominque/Stoker, Gerry*
(Hrsg.), La privatisation des services urbains en Europe. Paris: La Découverte.

Mabileau, Albert, 1994: Le système local en France. Paris: Montchrestien.

Marcou, Gérard, 2000: La réforme de l'intercommunalité, in: Annuaire 2000 des Collectivités Locales. Paris: CNRS, 3–10.

Montin, Stig, 1993: Swedish Local Government in Transition. Örebro: University of Örebro.

Norton, Alan, 1994: International Handbook of Local and Regional Government. Cheltenham:
Edward Elgar.

Peters, Guy B., 1995: Political Institutions: Old and New, in: *Goodin, Robert/Klingemann,
Hans-Dieter* (Hrsg.), A New Handbook of Political Science. Oxford: Oxford University Press.

Petersson, Olof, 1994: Swedish Government and Politics. Stockholm: Fritzes.

Pierre, Jon, 1994: Den lokala staten. Den communala självstyrelsens förutsättningar och restriktio-
ner. Stockholm: Almquist & Wiksell.

Pierre, Jon, 1995: Governing the Welfare State. Public Administration, the State and Society in
Sweden, in: *Pierre, Jon* (Hrsg.), Bureaucracy in the Modern State. Aldershot: Edward Elgar.

Premfors, Rune, 1991: The Swedish Model and Public Sector Reform, in: West European Politics
14/3, 83–95.

Premfors, Rune, 1998: Reshaping the Democratic State: Swedish Experiences in a Comparative Perspective, in: Public Administration 76/1, 141–159.

Pollitt, Christopher, 2003: Joined-up Government, in: Political Studies Review 1/1, 34–49.

Rhodes, Ron, 1997: Understanding Governance. Buckingham: Open University Press.

Rhodes, Ron, 2000: The Governance Narrative: Key Findings and Lessons from the ESRC's White
Hall Programme, in: Public Administration 78/2, 343–363.

Richter, Peter/Edeling, Thomas/Reichard, Christoph, 2006: Kommunale Betriebe in größeren Städten, in: *Kilian, Werner/Richter, Peter/Trapp, Jan Hendrik* (Hrsg.), Ausgliederung und Privatisierung in Kommunen. Berlin: Sigma, 55–83.

Scharpf, Fritz/Reissert, Bernd/Schnabel, Fritz, 1976: Politikverflechtung. Theorie und Empirie des
kooperativen Föderalismus in der Bundesrepublik. Kronberg/Ts.: Scriptor.

Schmidt-Eichstaedt, Gerd, 1999: Autonomie und Regelung von oben, in: *Wollmann, Hellmut/Roth,
Roland* (Hrsg.), Kommunalpolitik. Opladen: Leske + Budrich, 323–337.

Sharpe, L.J., 2000: Regionalism in the United Kingdom: The Role of Social Federalism, in: *Wollmann, Hellmut/Schröter, Eckhard* (Hrsg.), Comparing Public Sector Reform in Britain and
Germany. Aldershot: Ashgate, 67–85.

SKF/SCB, 2004 (Svenska Kommunförbundet/Statistiska Centralbyrân) 2002, Vad kostar verksam-
heten i Din kommun? Bokslut 2003, Stockholm.

Skelcher, Chris, 2003: Governing Communities: Parish-Pump Politics or Strategic Partnerships?, in:
Local Government Studies 29/4, 1–16.

Skelcher, Chris, 1998: The Appointed State. Quasi-governmental Organisations and Democracy.
Buckingham: Open University Press.

SOU 2003: 123: Delbetänkandet „Utvecklingskraft för hållbar väfärd" (sogenannte: „ansvarskomittén = Verantwortungs-Kommission, Dezember 2003. Angabe korrekt?

Stewart, John, 2000: The Nature of British Local Government. Houndmills: Palgrave Macmillan.

Stöbe, Sybille/Brandel, Rolf, 1996: Die Zukunft der Bezirksregierungen. Berlin: Sigma.

Stoker, Gerry, 1999: Introduction. The Unintended Costs and Benefits of New Management Reform for British Local Government, in: *Stoker, Gerry* (Hrsg), The New Management of British
Local Government. Basingstoke: Palgrave Macmillan, 1–21.

Stoker, Gerry, 2004: Transforming Local Governance: From Thatcherism to New Labour. Basingstoke: Palgrave Macmillan.

Strömberg, Lars/Westerstahl, Jörgen, 1984: The New Swedish Communes. Stockholm: Liber.

Strünck, Christoph/Heinze, Rolf G., 2005: Public Private Partnership, in: *Blanke, Bernhard/Bandemer, Stephan von/Nullmeier, Frank* (Hrsg.), Handbuch zur Verwaltungsreform. Wiesbaden: VS Verlag für Sozialwissenschaften, 120–128.

Thieme, Werner, 1981: Die Gliederung der deutschen Verwaltung, in: *Püttner, Günter* (Hrsg.), Handbuch der kommunalen Wissenschaft und Praxis, 1. Berlin u.a.: 204–229.

Thoenig, Jean-Claude, 2006: Sub-national Government and the Centralized State: A French Paradox, in: *Hoffmann-Martinot, Vincent/Wollmann, Hellmut* (Hrsg.), Comparing Public Sector Reforms in France and Germany. Wiesbaden: Verlag Sozialwissenschaften (forthcoming).

Trapp, Jan Hendrik/Bolay, Sebastian, 2003: Privatisierung in Kommunen – eine Auswertung kommunaler Beteiligungsberichte. Berlin: Difu.

Wagener, Frido, 1981: Äußerer Aufbau von Staat und Verwaltung, in: *König, Klaus/Oertzen, Hans J. von/Wagener, Frido* (Hrsg.), Öffentliche Verwaltung in der Bundesrepublik Deutschland. Baden-Baden: Nomos, 73–114.

Wais, Edgar, 2004: Verwaltungsreform in Baden-Württemberg – ein mutiger großer Schritt, in: Der Landkreis 4, 315–318.

Wegrich, Kai, 2006: Steuerung im Mehrebenensystem der Länder. Wiesbaden: VS Verlag für Sozialwissenschaften.

Wiesenthal, Helmut, 2000: Markt, Organisation und Gemeinschaft als „zweitbeste" Verfahren sozialer Koordination, in: *Werle, Raymund/Schimank, Uwe* (Hrsg.), Gesellschaftliche Komplexität und kollektive Handlungsfähigkeit. Frankfurt a.M.: Campus, 45–73.

Wilson, David/Game, Chris, 2002: Local Government in the United Kingdom. Basingstoke: Palgrave Macmillan.

Wilson, David, 2005: The United Kingdom: An Increasingly Differentiated Polity?, in: *Denters, Bas/Rose, Lawrence E.* (Hrsg.), Comparing Local Governance. Trends and Developments. Houndmills: Palgrave Macmillan, 155–173.

Wollmann, Hellmut, 1995: Variationen institutioneller Transformation in sozialistischen Ländern, in: *Wollmann, Hellmut/Wiesenthal, Helmut/Bönker, Frank* (Hrsg.), Transformation sozialistischer Gesellschaften: Am Ende des Anfangs. Opladen: Westdeutscher Verlag, 554–596.

Wollmann, Hellmut, 1996: Ausgangsbedingungen und Diskurse der kommunalen Verwaltungsmodernisierung, in: *Reichard, Christoph/Wollmann, Hellmut* (Hrsg.), Kommunalverwaltung im Modernisierungsschub? Basel u.a.: Birkhäuser-Verlag, 1–50.

Wollmann, Hellmut, 1997: „Echte Kommunalisierung" und Parlamentarisierung. Überfällige Reformen der kommunalen Politik- und Verwaltungswelt, in: *Heinelt, Hubert/Mayer, Margret* (Hrsg.), Modernisierung der Kommunalpolitik. Opladen: Leske + Budrich, 235–245.

Wollmann, Hellmut, 1999a: Entwicklungslinien lokaler Demokratie und kommunaler Selbstverwaltung im internationalen Vergleich, in: *Wollmann, Hellmut/Roth, Roland* (Hrsg.), Kommunalpolitik. Opladen: Leske + Budrich, 186–207.

Wollmann, Hellmut, 1999b: Kommunalvertretungen – Verwaltungsorgane oder Parlamente?, in: *Wollmann, Hellmut/Roth, Roland* (Hrsg.), Kommunalpolitik. Opladen: Leske + Budrich, 50–67.

Wollmann, Hellmut, 1999c: Um- und Neubau der Kommunalstrukturen in Ostdeutschland, in: *Wollmann, Hellmut/Roth, Roland* (Hrsg.), Kommunalpolitik. Opladen: Leske + Budrich, 149–167.

Wollmann, Hellmut, 2000: Comparing Institutional Development in Britain and Germany: (Persistent) Divergence or (Progressing) Convergence, in: *Wollmann, Hellmut/Schröter, Eckard* (Hrsg.), Comparing Public Sector Reform in Britain and Germany. Aldershot: Ashgate, 1–26.

Wollmann, Hellmut, 2002a: Die traditionelle deutsche Selbstverwaltung – ein Auslaufmodell?, in: Deutsche Zeitschrift für Kommunalwissenschaften 41/1, 24–51.

Wollmann, Hellmut, 2002b: Verwaltung in der deutschen Vereinigung, in: *König, Klaus* (Hrsg.), Deutsche Verwaltung an der Schwelle zum 21. Jahrhundert. Baden-Baden: Nomos, 33–58.

Wollmann, Hellmut, 2003: Coordination in the Intergovernmental Setting, in: *Peters, Guy/Pierre, Jon* (Hrsg.), Handbook of Public Administration. London u.a.: Sage, 594–639.

Wollmann, Hellmut, 2004a: Local Government Reforms in Great Britain, Sweden, Germany and France: Between Multi-Function and Single Purpose Organisations, in: Local Government Studies 30/4, 639–666.

Wollmann, Hellmut, 2004b: Reformen der kommunalen Politik- und Verwaltungsebene in Groß-britannien, Schweden und Frankreich, in: *Jann, Werner/Bogumil, Jörg/Bouckaert, Geert* (Hrsg.), Status Report Verwaltungsreform. Eine Zwischenbilanz nach 10 Jahren. Berlin: Sigma, 36–50.

Wollmann, Hellmut/Bouckaert, Geert, 2006: State Organisation in France and Germany: Between Territoriality and Functionality, in: *Hoffmann-Martinot, Vincent/Wollmann, Hellmut* (Hrsg.), Comparing Policy Sector Reforms in France and Germany. Wiesbaden: VS Verlag für Sozial-wissenschaften (im Erscheinen).

Zentralisierung der Datenverarbeitung im E-Government. Europäische Trends und Perspektiven für Deutschland

Herbert Kubicek

1. Ausgangspunkt und Hintergrund

E-Government ist die verkürzte Ausdrucksweise für Electronic Government. In der Literatur finden sich relativ weit gefasste Definitionen für diesen Anglizismus. So definieren von Lucke und Reinermann Electronic Government als „die Abwicklung geschäftlicher Prozesse im Zusammenhang mit Regieren und Verwalten (Government) mit Hilfe von Informations- und Kommunikationstechniken über elektronische Medien" (von Lucke/Reinermann 2000). In einem Memorandum der Gesellschaft für Informatik und des Vereins Deutscher Elektrotechniker wird darunter „die Durchführung von Prozessen der öffentlichen Willensbildung, der Entscheidung und der Leistungserstellung in Politik, Staat und Verwaltung unter sehr intensiver Nutzung der Informationstechnik" verstanden (GI/VDE 2000, S. 3). Gegenstandsbereich und Erwartungen entsprechen weitgehend dem, was in den 70er Jahren Verwaltungsautomation genannt wurde (vgl. den Rückblick von Brinckmann/Kuhlmann 1990) und in den 80er Jahren Technikunterstützte Informationsverarbeitung (TuI) hieß.

Durch den Einsatz der Informations- und Kommunikationstechnik sollen die Prozesse innerhalb der Verwaltungen, der Austausch von Daten zwischen den Verwaltungen und die Kommunikation der Verwaltung mit Bürgerinnen und Bürgern sowie den Betrieben effektiver und effizienter werden. Die Verwaltung soll besser planen und bei den Routineaufgaben mit geringeren Kosten ein höheres Niveau der Dienstleistungsqualität erreichen können. Für die Kunden soll die elektronische Verwaltung 7 Tage 24 Stunden verfügbar sein.

In den letzten 30 Jahren ist diese Vision mit jeweils unterschiedlichen Technologien verknüpft worden. Mit Bildschirmtext zum Beispiel wurde sie nicht verwirklicht. Mit der Verbreitung des Internet wurden technische Inkompatibilitäten zwischen verschiedenen Behördennetzen überwunden und der Online-Zugang für große, wenn auch nicht alle Teile der Bevölkerung Realität. Dennoch sind fast zehn Jahre nachdem die ersten Verwaltungen in das World Wide Web eingestiegen sind, die Ergebnisse ernüchternd. Für die Verlängerung des Personalausweises, die Ummeldung, die Anmeldung eines Kraftfahrzeugs oder die Beantragung von Hartz IV oder BAFÖG muss man immer noch zu einem Amt, und von der Möglichkeit der elektronischen Steuererklärung macht nur ein Bruchteil der Steuerpflichtigen Gebrauch.

Ein Problem war und ist die auf vielen Formularen erforderliche Unterschrift. In Deutschland trat bereits 1995 ein Signaturgesetz in Kraft, das die Erzeugung elektronischer Unterschriften (digitaler Signaturen) regelte. Von 2002 bis 2005 wurde in den Verwaltungsverfahrensgesetzen dann die digitale Signatur der handschriftlichen Unterschrift gleichgestellt. Damit wurde das Problem der geringen Akzeptanz der Online-

Verwaltungsverfahren jedoch nicht gelöst, sondern nur auf das Problem der Akzeptanz von digitalen Signaturkarten mit einem Jahrespreis von 50 Euro aufwärts verlagert.

Es gibt zwar keine bundesweite Statistik. Aber bei keiner an die Bürgerinnen und Bürger gerichtete Verwaltungsleistung dürfte die Online-Quote über drei bis fünf Prozent der jeweiligen Fallzahlen bzw. Transaktionen liegen. Anders sieht dies bei den so genannten Mittlern aus, d.h. bei der Kommunikation zwischen Rechtsanwälten und Gericht, zwischen Kfz-Händlern und Zulassungsstellen, Steuerberatern und Finanzamt usw. Hier werden, wie z.B. beim Mahnverfahren in Bremen, Online-Quoten von 60 Prozent erreicht.

Für die geringe Nutzung durch die Bürgerinnen und Bürger gibt es viele Ursachen. Die noch zu geringe Verbreitung des Internet und Sicherheitsbedenken werden am häufigsten genannt. Aber warum boomen dann die ebay-Nutzung und der Online-Handel, z.B. bei Amazon?

Folgt man dem Uses and Gratification Ansatz in der Mediennutzungsforschung, dann ist anzunehmen, dass die individuelle Nutzungsentscheidung bei Online-Angeboten maßgeblich von der individuellen Nutzererwartung beeinflusst wird. Und dieser erwartete Nutzen ist bei vielen Online-Angeboten im E-Government im Vergleich zu den bisherigen Angebotsformen (z.B. via Amt, Post, Call-Center) nicht nennenswert größer. Dies liegt daran, dass überwiegend bestehende Formulare online bereitgestellt und die so erfassten Daten in die bisherigen Arbeitsprozesse eingespeist werden. Eine deutliche Nutzensteigerung ist beim E-Government jedoch wie in allen anderen Anwendungsbereichen der Informations- und Kommunikationstechnik nur zu erzielen, wenn die Prozesse selbst verbessert werden – „Organisation vor Technik" hieß die Maxime in den 80er Jahren, „Process Re-Engineering" in den 90er Jahren. Dies wird inzwischen auch zunehmend in der E-Government Diskussion erkannt (schon seit langem Lenk, zuletzt Lenk 2004). Die dritte Ministerkonferenz auf europäischer Ebene, die im November 2005 unter der britischen Präsidentschaft in Manchester stattfand, trug den Titel „Transforming Public Services". Immer wieder wurde darauf hingewiesen, dass es für die Verbesserung des Service für die Kunden und für die Erzielung von Einsparungen darauf ankomme, die Dienstleistungen selbst radikal zu verändern (http://europa.eu.int/information_society/activities/egovernment_research/minconf2005 /index_eu.htm).

In der wissenschaftlichen Literatur zum E-Government werden schon seit längerem Phasenmodelle vorgestellt, nach denen auf eine erste Phase der reinen Präsentation des Dienstleistungsangebots und eine Phase des Online-Zugangs zu im Wesentlichen unveränderten Dienstleistungen eine Phase der Transformation oder Integration folgen werde bzw. müsse (z.B. Layne/Lee 2001; OECD 2003).

Layne und Lee (2001) beschreiben auch nachträglich gesehen die Entwicklung in den vergangenen Jahren recht gut. In einer ersten Phase stellten sich die Verwaltungen mit ihren Dienstleistungen im World Wide Web vor, nannten Ansprechpersonen und Öffnungszeiten und stellten Antragsformulare zum Herunterladen und Ausdrucken bereit. Layne und Lee sprechen von Katalogen, in anderen Phasenmodellen ist von Schaufenstern oder der Informationsphase die Rede. In einem zweiten Schritt, den Layne und Lee Transaction nennen, werden die Formulare so verändert, dass sie online ausgefüllt und die Daten in speziellen Datenbanken abgelegt werden. In anderen Systematisierungen wird diese Phase als Kommunikation bezeichnet. Kennzeichnend ist, dass diese Web-Anwendungen noch neben der bisherigen Technikunterstützung der jeweiligen Verwaltungsprozesse entwickelt und betrieben werden. Dies ändert sich erst in den Phasen drei und vier, die vertikale und horizontale Integration genannt werden. Dabei verlagern sich die Aktivitäten zunehmend von den Webseiten und -portalen, dem so genannten Frontoffice, zu den Hintergrundverfahren der Datenverarbeitung, den so genannten Backoffices. Die Eingabe über die Web-Formulare erfolgt nun direkt in das jeweilige Fachverfahren.

Weil viele Verwaltungsdienstleistungen nicht nur durch ein einziges DV-Verfahren in einer Verwaltung erbracht werden, sondern durch ein Zusammenspiel mehrerer Verfahren in unterschiedlichen Verwaltungen derselben staatlichen Ebene oder auf unterschiedlichen Ebenen (Kommune, Land, Bund), wird die verwaltungsübergreifende Kooperation in Form eines medienbruchfreien Datenaustausches zu einer zentralen Herausforderung.

Denn auch hier gilt die Maxime Reorganisation vor Technik, so dass es bei der Backoffice-Integration nicht nur um die technische Interoperabilität für einen elektronischen Datenaustausch, sondern um die Reorganisation der bisher praktizierten und oft in Gesetzen und Verordnungen festgelegten Verfahren bis hin zur Neuordnung der Zuständigkeiten geht.

Man kann auch vom Aufbau überbetrieblicher, interorganisationaler Informations- und Transaktionssysteme (in der englischsprachigen Literatur „interorganizational information systems", vgl. z.B. Cash 1985 und Eom 2005) oder von Verwaltungsnetzwerken sprechen, die alleine deshalb schon eine größere Herausforderung darstellen, weil sich mehrere, oft teilweise konkurrierende Organisationen auf eine gemeinsame Lösung verständigen müssen. Dies gelingt auch in der Wirtschaft selten, wenn es etwa darum geht, Bestell- und Rechnungsdaten zwischen möglichst vielen Unternehmen aus zwei Branchen auf unterschiedlichen Wertschöpfungsstufen zu regeln, also z.B. zwischen Markenartikelherstellern und Einzelhandel oder Holzproduzenten und Möbelindustrie oder Sanitärherstellern und Installateuren (Kubicek 1992, 1993; Ballnus 2000).

Angesichts der Tradition, dass sich viele Verwaltungen fast ausschließlich über territoriale Zuständigkeiten definieren und bisher wenig Grund sahen, ihre Verfahren abzustimmen, sind die Herausforderungen noch größer als in der Wirtschaft. Zudem geraten solche Integrationsbestrebungen leicht in Konflikt mit dem Zweckbindungsgebot des Datenschutzes und der informationellen Gewaltenteilung, wie sie im Volkszählungsurteil des Bundesverfassungsgerichts konkretisiert worden sind. Wissenschaftlich sind interorganisationale Informationssysteme im Bereich staatlicher Verwaltung auch international bisher noch kaum untersucht worden, so dass keine verallgemeinerbaren Erkenntnisse vorliegen (OECD 2003; Scholl 2005).

2. Konzept und Methode einer vergleichenden EU-Studie

Im Rahmen der Initiative eEurope hat der Ministerrat der Europäischen Union 1999 vereinbart, bis Ende 2003 den allgemeinen elektronischen Zugang zu grundlegenden öffentlichen Dienstleistungen sicherzustellen. Darauf hin ließ die EU-Kommission den

Umsetzungsstand von E-Government in Europa anhand von 20 ausgewählten Verwaltungsleistungen für Bürgerinnen und Bürger sowie für Unternehmen zunächst halbjährlich, dann jährlich ermitteln. Im Vergleich von zunächst 18 Ländern landete Deutschland dabei regelmäßig auf den hinteren Rängen. Nach den Resultaten der Erhebung vom Oktober 2002 belegte Deutschland den drittletzten Platz, ein Jahr später sprang sogar nur noch der vorletzte Platz heraus – schlechter war nur noch das kleinste Mitgliedsland Luxemburg. In der fünften und letzten Messung 2004 kam Deutschland in der inzwischen erweiterten Betrachtung von 27 Ländern auf Platz 18 (Cap Gemini Ernst & Young 2002, 2003; CEC 2004, 2005).

Gestaltung und Durchführung dieses Benchmarking lassen sich sicherlich kontrovers diskutieren. Es wäre aber verfehlt, die schlechte Platzierung allein auf methodische Defizite solcher internationalen Vergleiche zurückzuführen. Der Rückstand Deutschlands wird auch durch andere, zum Teil detailliertere Untersuchungen bestätigt: So führt beispielsweise die Unternehmensberatung Accenture jährlich einen Vergleich zum internationalen Stand in Sachen E-Government durch. Für 2003 kommt Accenture zu dem Ergebnis, dass Deutschland von Platz 9 auf Platz 10 zurückgefallen ist (Accenture 2003).

Ein quantitatives Benchmarking ist nicht nur methodisch fragwürdig, sondern bietet auch keine Anhaltspunkte dafür, wie die jeweilige Position verbessert werden kann. Deshalb beschloss die Kommission 2002, zusätzlich ein qualitatives Benchmarking durchführen zu lassen, in dem Good-Practice-Fälle identifiziert werden sollen, die als Vorbild für andere Mitgliedstaaten dienen können. Der Auftrag ging an das Danish Technological Institute und das Institut für Informationsmanagement Bremen an der Universität Bremen. In einem dreistufigen Auswahlprozess wurden letztlich 29 Fälle guter Praxis der Backoffice-Reorganisation in den damals 15 Mitgliedstaaten plus Norwegen und Island identifiziert (zum Überblick: Kubicek u.a. 2004; ausführlich: Millard u.a. 2004).

2.1 Grade der Backoffice-Integration

In konzeptioneller Hinsicht wurden zwei Hauptdimensionen der Backoffice-Integration unterschieden. Die Unterscheidung basiert auf der Betrachtung einzelner Verwaltungsleistungen („services"), die in mehreren Stufen („stages") erbracht werden. Eine solche Verwaltungsleistung ist z.B. die Ausstellung eines Personalausweises, die Registrierung eines Kraftfahrzeugs, die Gewährung eines Stipendiums oder von Sozialhilfe. Stufen sind beim Personalausweis die Bearbeitung eines Antrags bei der örtlichen Meldebehörde, die Herstellung durch die Bundesdruckerei und die Aushändigung wiederum durch die örtliche Meldebehörde. Bei der Kfz-Registrierung sind die Registrierung im örtlichen Register und beim Bundeskraftfahrtamt als Stufen zu unterscheiden. Integration kann sich vor diesem Hintergrund auf Dienstleistungen und/oder (Produktions-)Stufen beziehen. Legt man das Modell der Wertschöpfungskette aus der industriellen Branchenanalyse zugrunde, dann kann man auch von horizontaler und vertikaler Integration sprechen (vgl. auch Layne/Lee 2001 und Hong 2005).

Horizontale Integration liegt vor, wenn mehrere unterschiedliche Verwaltungsleistungen, die teilweise dieselben Daten einer Kundengruppe benötigen, so verknüpft werden, dass diese Daten nur einmal eingegeben werden müssen. Ein beliebtes Beispiel ist die Adressänderung bei einem Wohnungswechsel. Bei horizontaler Integration werden die alte und neue Adresse nicht nur für die eigentliche Ummeldung eingegeben, sondern auch für weitere Meldungen übernommen, so dass bei entsprechenden Änderungsmitteilungen an das Finanzamt nur noch die Steuernummer zu ergänzen ist. In der E-Government-Literatur wird diese Art der Integration auch als One-Stop-Government bezeichnet (Hagen/Kubicek 2000) und als Fokus gerne das Konzept der Lebenslage empfohlen.

Vertikale Integration liegt hingegen vor, wenn mehrere Stufen in der Herstellungskette einer Verwaltungsleistung so miteinander verknüpft sind, dass der Output einer Stufe automatisch oder mit bewusst zwischengeschalteter menschlicher Kontrolle als Input der folgenden Stufe verarbeitet wird.

Darüber hinaus wurde als dritte Dimension noch die Integration sekundärer unterstützender Dienstleistungen (auxiliary services) herausgestellt. Bei der elektronischen Abwicklung von Verwaltungsdienstleistungen sind u.a. auch Gebühren zu bezahlen und/oder elektronische Signaturen zu überprüfen. Eine vollständige Erledigung einer primären Verwaltungsdienstleistung ist nur möglich, wenn diese sekundären unterstützenden Dienste, die von Dritten bereitgestellt werden, voll in den primären Ablauf integriert sind.

Abbildung 1: Schema der Integrationsdimensionen

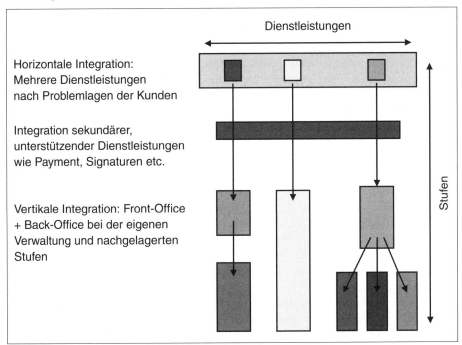

Abbildung 1 soll diese drei Dimensionen der Backoffice-Integration im Zusammenhang verdeutlichen.

Aus der Kombination der beiden ersten Dimensionen können vier Konstellationen gebildet werden, die unterschiedliche Grade der Backoffice-Integration darstellen:

		Produktionsstufen	
		eine	mehrere
Dienstleistung	eine	A	C
	mehrere	B	D

A. Das Online-Angebot umfasst nur eine Bearbeitungsstufe einer Dienstleistung.
B. Das Online-Angebot integriert die jeweils erste Bearbeitungsstufe mehrerer Dienstleistungen insbesondere durch gemeinsame Verwertung nur einmal eingegebener Daten.
C. Das Online-Angebot integriert mehrere Bearbeitungsstufen unterschiedlicher Stellen für eine Dienstleistung.
D. Das Online-Angebot integriert jeweils mehrere Bearbeitungsstufen für mehrere Dienstleistungen unterschiedlicher Stellen.

Für jede Konstellation wird zudem festgestellt, ob unterstützende Dienstleistungen integriert sind. In der Konstellation „D" sind die Integration und die Reorganisation am weitesten vorangeschritten, die Konstellationen „B" und „C" bezeichnen unterschiedliche Schwerpunktsetzungen – im ersten Fall wird das Schwergewicht auf den Vorteil für die Nutzer gelegt, im Fall „C" dagegen auf die Reorganisation von Verwaltungsabläufen. Der Fall „A" ist nicht prinzipiell „schlechter" als die drei anderen, sondern verweist nur auf eine Leistungserbringung mit geringerer Komplexität. Layne und Lee (2001) ordnen in ihrem Entwicklungsmodell für E-Government die vertikale Integration als dritte und die horizontale Integration als vierte Entwicklungsstufe ein. Dies begründen sie damit, dass es bei der vertikalen Integration um bereits bestehende Kooperationen in Bezug auf eine bestimmte Verwaltungsleistung geht, während bei der horizontalen Integration auch Dienstleistungen aus der Sicht der Kunden integriert werden, die von Verwaltungsstellen erbracht werden, die zuvor noch nicht kooperiert haben und dadurch die Komplexität höher sei.

2.2 Mehrstufiges Auswahlverfahren

Das erwähnte quantitative Benchmarking von Fällen guter Praxis der E-Government-Angebote der Mitgliedstaaten für die Europäische Kommission, das die Unternehmensberatung Capgemini seit 2001 regelmäßig durchführt, basiert auf einer Referenzliste von 20 Verwaltungsleistungen. Diese wenden sich zum Teil an die Bürgerinnen und Bürger, zum Teil an die Wirtschaft und können zu fünf Kategorien zusammengefasst werden (Abbildung 2).

Für diese Verwaltungsleistungen wurden von Capgemini 12.000 Online-Angebote im World Wide Web in 17 Ländern bewertet. Die Untersuchung zur Backoffice-Integration setzt ebenfalls an dieser Benutzerschnittstelle, dem Front-Office, an (vgl. Abbildung 3). Gemeinsam mit Experten in jedem Mitgliedsland wurden neben den von

Abbildung 2: Der Untersuchung zugrunde liegende Dienstleistungen

Zielgruppe/Cluster	Bürger	Firmen
Serviceangebote, die Einnahmen (für den Staat) liefern	Einkommenssteuer	Körperschafts- und Umsatzsteuer, Sozialbeiträge für Mitarbeiter, Zollerklärungen
Registrierungsdienste	Meldung Adressänderung, Geburts- und Heiratsurkunden, Kfz-Zulassung	Übermittlung von Daten an Statistik-Ämter, Gewerbeanmeldung
Soziale Dienstleistungen	Öffentliche Bibliotheken, Anzeigen bei der Polizei, Gesundheitsbezogene Dienste	
Finanzielle Dienstleistungen	Arbeitsplatzvermittlung/-suche, Sozialleistungen (Arbeitslosen-geld, Kindergeld, medizinische Kosten und Stipendien)	Öffentliche Beschaffung
Genehmigungen und Konzessionen	Immatrikulation an Hochschulen, Persönliche Dokumente (Pässe, Führerschein), Antrag auf Baugenehmigung	Umweltkonzession

Capgemini untersuchten Online-Angeboten der öffentlichen Verwaltungen weitere an nationalen und internationalen Wettbewerben und Benchmarkings beteiligte oder auf andere Weise als besonders weit fortgeschritten angesehene Angebote erfasst und einer Online-Sichtung unterzogen. Diese Vorauswahl umfasste ca. 1.500 Angebote. Sie wurden von den nationalen Experten nach einer vorgegebenen Checkliste insbesondere daraufhin geprüft, ob Transaktionen möglich sind, die zu einem sofortigen (Zwischen-) Ergebnis führen, ob mehrere Dienstleistungen miteinander verknüpft sind und so Erfassungsaufwand reduziert wird, ob sekundäre Dienstleistungen integriert sind und wie Benutzbarkeit und Nützlichkeit einzuschätzen sind. So wurden 130 Fälle herausgefiltert, die aufgrund des Front-Office-Nutzens einen gewissen Grad an Backoffice-Integration vermuten ließen. Für diese wurden telefonische Interviews zur Ermittlung der jeweiligen Konstellation (Dienste und Stufen) der insgesamt beteiligten Backoffices und der Digitalisierung der zwischen ihnen laufenden Prozesse sowie der eventuell vorgenommenen Reorganisation dieser Prozesse durchgeführt.

Aus diesen 130 Fällen wurden dann 30 mit dem erwarteten höchsten Grad an Backoffice-Integration für ausführliche Vor-Ort-Interviews ausgewählt. In einem Fall erwiesen sich die telefonischen Auskünfte als nicht zutreffend, so dass insgesamt 29 Fälle fortgeschrittener Backoffice-Integration aufgrund der Interviews ausführlich beschrieben werden konnten (vgl. Millard u.a. 2004).

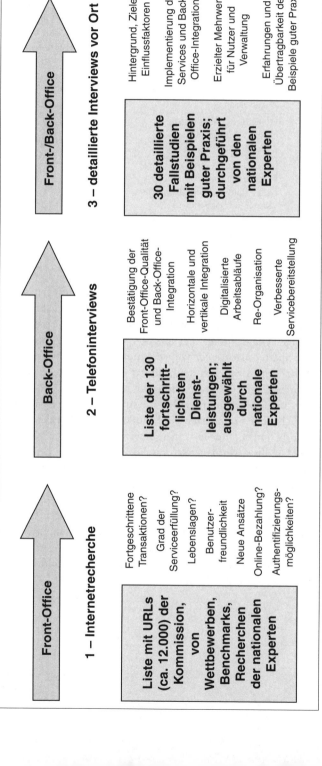

Abbildung 3: Dreistufiger Auswahlprozess

2.3 Breite Streuung über Dienstleistungen und Länder

Betrachtet man die Verteilung dieser 29 Fälle über die Dienstleistungsbereiche und Länder, dann ist festzustellen, dass es zwar deutliche, aber nicht gravierende Unterschiede gibt.

In Bezug auf die untersuchten Dienstleistungen gibt es einige, bei denen die Backoffice-Integration in allen Ländern gering ist. Dieser Befund verweist darauf, dass Backoffice-Integration kein absolutes Ziel ist, sondern relativ in Bezug auf die Zwecke der jeweiligen Dienstleistung zu beurteilen ist. Somit kann sich aus diesen Zielen mitunter auch ein geringer digitaler Integrationsgrad für diese Dienstleistungen ergeben.

– Den höchsten Grad an Integration findet man durchgehend bei den Einnahmen erzeugenden Verwaltungsleistungen (Steuern und Zoll).
– Bei den Dienstleistungen „Pässe" und „Führerschein" (persönliche Dokumente) wurde kein Fall nach den Konstellationen C oder D gefunden, d.h. die Antragsformulare führen nirgendwo zur medienbruchfreien Ausstellung und Online-Lieferung dieser Dokumente.
Neben technischen Gründen der Handhabung von Fotos und Unterschriften spielt dabei vor allem die Überprüfung der eigenhändigen Unterschrift sowie der Übereinstimmung von Foto und aktuellem Aussehen eine entscheidende Rolle.
– Auch für die Auszahlung von Arbeitslosengeld wurde kein Online-Fall gefunden. Hier dürfte entscheidend sein, dass man die Bezieher regelmäßig im Amt sehen will, um sie zu beraten und zu eigenen Aktivitäten zu motivieren.
– Warum kein Fall der Erstattung medizinischer Kosten gefunden wurde, ist nicht gleichermaßen klar.
Betrachtet man die Verteilung der ausgewählten Beispiele guter Praxis nach Ländern, dann findet man in einigen Ländern bis zu fünf Fälle, die den Konstellationen C oder D entsprechen, in manchen anderen nur einen. Ein differenzierter quantitativer Vergleich war nicht das Ziel dieser Studie. Er wäre auf der Basis der vorhandenen Daten methodisch nicht fundiert und taugt daher nicht zur Bildung von Ranglisten. Trotz der Abstimmung der Auswahlkriterien zwischen den 15 Partnern war deren Anwendung mit einem gewissen Interpretationsspielraum verbunden. Und trotz erheblichen Rechercheaufwands ist nicht auszuschließen, dass die eine oder andere fortgeschrittene Anwendung nicht identifiziert wurde und daher unberücksichtigt geblieben ist.

Mit diesen Vorbehalten kann berichtet werden, dass in Österreich, Finnland und Schweden fünf oder sechs Fälle fortgeschrittener Integration (Konstellation C oder D) gefunden wurden, während in Belgien, Griechenland und Großbritannien nur jeweils ein Fall diese Stufen erreichte. Die genannten Länder mit der größten Anzahl an guten Fallbeispielen haben auch im quantitativen Benchmarking, neben Irland, regelmäßig am besten abgeschnitten. Bisher ist es nicht gelungen, eine schlüssige und nachprüfbare Erklärung zu finden.

Am ehesten erscheint noch die Größe des Landes ein gewisses Hindernis zu sein. Die Länder mit einer größeren Anzahl von Beispielen guter Praxis gehören zu den kleineren Mitgliedstaaten. Aber die Beziehung ist nicht eindeutig, da etwa in Belgien und Luxemburg nur ein bzw. kein Fall fortgeschrittener Integration gefunden wurde.

Das schlechte Abschneiden Deutschlands in dem quantitativen Benchmarking wird häufig mit den besonderen Schwierigkeiten der Integration über mehrere Verwaltungs- ebenen hinweg erklärt, die sich aus der föderalen Staatsverfassung ergeben. Dazu passt nicht, dass Österreich im quantitativen Benchmarking deutlich besser abschneidet und auch in dieser Studie doppelt so viele Fälle guter Praxis aufweisen kann wie Deutsch- land. Es müssen weitere Faktoren berücksichtigt werden. In Österreich hat z.B. die Bundesregierung u.a. deutliche technische und finanzielle Vorleistungen auch für On- line-Angebote kommunaler Verwaltungsleistungen erbracht, während sich die deutsche Bundesregierung mit Ausnahme des Städtewettbewerbs Media@Komm auf die Finan- zierung von Online-Angeboten der Bundesbehörden beschränkt hat.

Die Gründe für die unterschiedliche Zahl von Fällen gelungener Backoffice-Inte- gration dürften somit in einer Kombination aus verschiedenen Ausgangsbedingungen und entwickelten Strategien liegen. Eine systematische vergleichende Analyse müsste daher auch eine Evaluation der jeweiligen nationalen E-Government-Strategien bein- halten. Diese wiederum ist fundiert nur im Zusammenhang mit allgemeineren Strate- gien und Programmen der Verwaltungsmodernisierung möglich. Im Gegensatz zur in- ternational vergleichenden Managementforschung und vergleichenden Politikwissen- schaft gibt es jedoch keine international vergleichende Verwaltungs(organisations)for- schung, auf der eine solche Analyse der E-Government-Entwicklung im Allgemeinen und der Backoffice-Integration im Besonderen aufbauen könnte. Ohne einen solchen systematischen Hintergrund kann die von der EU-Kommission verfolgte Strategie der Beförderung der E-Government-Entwicklung durch Identifizierung und Veröffentli- chung von Beispielen guter Praxis nur begrenzt wirksam werden. Eine organisatorisch- technische Lösung, die in einem Land unter den dortigen Bedingungen entwickelt wurde und gut funktioniert, kann in einem anderen Land mit ganz unterschiedlichen Ausgangsbedingungen nicht realisierbar sein.

Für den angestrebten Transfer ist daher eine vergleichende Analyse der Ausgangsbe- dingungen erforderlich. Diese konnte in der hier wiedergegebenen Studie nicht geleis- tet werden. Aus den Fallstudien wird jedoch deutlich, dass eine intensivere Koopera- tion in Bezug auf den Datenaustausch vor allem dort gelungen ist, wo es zwischen den beteiligten Verwaltungen auch vorher schon Kooperationsbeziehungen gab, die techni- sche Integration also in bestehende institutionelle Beziehungen eingebettet werden konnte, oder wo aufgrund von starkem öffentlichen Druck Missstände durch radikale Reorganisation abgestellt werden mussten.

3. Organisation der Backoffice-Integration

Der wichtigste Befund der Studie liegt nicht in der Feststellung nationaler Unterschie- de, sondern in der Erkenntnis, dass ein bestimmtes Leistungsniveau im Frontoffice und damit ein bestimmter Kunden-Nutzen durch unterschiedliche Arten der Backoffice-In- tegration bewirkt werden kann.

3.1 Basismodelle der Backoffice-Integration

Die unbefriedigende Situation, dass ein Kunde dieselben Daten an mehrere Stellen melden muss oder dass er einer Stelle Bescheinigungen vorlegen muss, die er ausschließlich zu diesem Zweck erst bei einer anderen Stelle abholen muss – d.h. also die fehlende Zusammenarbeit zwischen mehreren Backoffices – kann grundsätzlich durch drei Arten der Backoffice-Integration überwunden werden. Zwei davon entsprechen allgemeinen Koordinations- und Integrationsmodellen im Bereich der Unternehmensorganisation (vgl. Kieser/Kubicek 1983).

(1) Zentralisierung von Aufgaben: Die abzustimmenden Aufgaben werden unter einer gemeinsamen Leitung zusammengefasst, die durch entsprechende Anweisungen für die Abstimmung sorgt.

(2) Standardisierung von Abläufen: Die unterschiedlichen Stellen werden auf einheitliche Vorgaben für die Abläufe bei den abzustimmenden Aufgaben verpflichtet. Diese Vorgaben sind so gestaltet, dass bei ihrer Einhaltung die gewünschte Abstimmung trotz unterschiedlicher organisatorischer Zugehörigkeit erzielt wird.

Diese beiden Organisationsmodelle werden in der Organisationstheorie als alternative Gestaltungsoptionen dargestellt. Entweder man zentralisiert die abzustimmenden Aufgaben oder man standardisiert die Abläufe bei den dezentralen Stellen. March und Simon haben bereits 1958 auf diese Alternative zur organisatorischen Zentralisierung hingewiesen und dabei von organisatorischer Programmierung gesprochen (March/Simon 1958: 142).

In Kenntnis der Organisation des branchenübergreifenden Datenaustauschs in der Wirtschaft wurde noch ein drittes Organisationsmodell identifiziert, das als Clearingstelle bezeichnet werden kann. So wurde bei der Analyse des Austauschs von Bestell- und Rechnungsdaten zwischen Markenartikelindustrie und Einzelhandel festgestellt, dass ein von den Verbänden standardisiertes Datenaustauschformat nicht zum direkten Datenaustausch zwischen den jeweils beteiligten Unternehmen eingesetzt wurde, sondern dass eine Clearingstelle als Dienstleister zwischengeschaltet wurde (Kubicek 1993). Einzelhandelsunternehmen schicken alle Bestellungen elektronisch an diese Clearingstelle. Diese sortiert die eingehenden Daten und fasst alle Bestellungen für einen Lieferanten zusammen und leitet diese dann weiter. Falls erforderlich werden dabei unterschiedliche Datenformate und Versionen angepasst. Eine Clearingstelle zentralisiert somit zwar auch gewisse Funktionen. Diese betreffen jedoch nicht die primären fachlichen Aufgaben, sondern nur Hilfsfunktionen bei der elektronischen Abwicklung.

Unter den 29 identifizierten Fällen guter Backoffice-Integration wurde das Modell der Zentralisierung am häufigsten realisiert. Italien hat zwei zuvor getrennte Register für Kraftfahrzeuge und Halter so miteinander verbunden, dass nur noch eine Eingabe notwendig ist und gleichzeitig die Kfz-Händler als Registrierungsstellen zertifiziert. So kann ein Neuwagen gleich beim Händler zugelassen werden und der Weg zur Zulassungsstelle entfallen. In den Niederlanden wurde die Beantragung von staatlichen Stipendien für Studierende von den lokalen Universitäten auf eine zentrale Stelle verlagert. In Finnland und Spanien wurde die Veranlagung zur Einkommenssteuer zentralisiert und gleichzeitig auf einen so genannten proaktiven Modus umgestellt: Die Steuerpflichtigen erhalten eine bereits teilweise vorausgefüllte elektronische Steuererklärung, in der die Steuerverwaltung alle ihr vorliegenden Daten eingetragen hat. Neben dem vom Arbeitgeber gemeldeten Arbeitseinkommen gehören dazu auch Einkünfte aus Kapitalvermögen und staatliche Transferleistungen. In Finnland haben mehr als zwei Drittel der Steuerpflichtigen diesen Vorschlag für ihre Steuererklärung akzeptiert und praktisch mit einem Klick online bestätigt. Das Einsparpotential ist entsprechend groß.

Ein vorbildliches Beispiel für die Standardisierung von Abläufen wurde in Irland bei der Beantragung von Kindergeld gefunden. Während in Deutschland wie in vielen anderen Ländern die Eltern nach der Geburt eines Kindes dieses beim Standesamt melden, dann mit der Geburtsurkunde zur Meldebehörde gehen müssen und danach dieselben Angaben in einem weiteren Formular machen müssen, um Kindergeld beantragen zu können, wurde in Irland ein mehrstufiger organisationsübergreifender Workflow zwischen den beteiligten Stellen vereinbart: Eltern füllen im Krankenhaus ein einziges Formular aus, mit dem ihr Kind angemeldet und auch gleich Kindergeld beantragt werden kann. Dieses Formular wird online zunächst zum örtlichen Standesamt (Registrar) geschickt, erhält dort ein eindeutiges Personenkennzeichen, wird weitergeleitet zur zuständigen Meldebehörde, dort registriert und ggf. weitergeleitet zur nationalen Kindergeldstelle, die den Bescheid an die Eltern schickt (vgl. auch die ausführliche Beschreibung „Child Benefit in Ireland" unter
http://www.egov-iop.ifib.de/case_description.php).

Beispiele guter Praxis mit Clearingstellen liefern u.a. Belgien und Finnland. In Belgien wurde in einer Kooperation der nationalen und lokalen Verwaltung die Crossroads Bank for Social Security gegründet, die heute als Clearingstelle für über 100 Verwaltungsdienstleistungen dient und den Datenaustausch zwischen über 2.000 Dienststellen auf den verschiedenen Verwaltungsebenen organisiert und durchführt. Das Spektrum umfasst sowohl Dienstleistungen für Bürgerinnen und Bürger, wie z.B. die Beantragung von Hilfen für Menschen mit Behinderungen, als auch Dienstleistungen für Unternehmen wie z.B. die An- und Abmeldung von Beschäftigten bei den verschiedenen Rentenkassen und Krankenversicherungen (vgl. auch hier die ausführliche Fallbeschreibung unter http://www.egov-iop.ifib.de/case_description.php). In Finnland werden die unterschiedlichen umweltrechtlichen Genehmigungen über eine zentrale Clearingstelle abgewickelt. Der Vorteil für den Kunden besteht in beiden Fällen darin, dass er alle einschlägigen Daten an nur eine Adresse schicken und sich nicht mehr um die Aktualisierung dieser Adressdaten kümmern muss.

3.2 Zum Verhältnis der drei Modelle

Nicht nur in der Organisationstheorie werden Zentralisierung und Standardisierung als Gestaltungsalternativen betrachtet. Auch in der Angewandten Informatik gelten Standards für Datenaustauschformate zwischen dezentralen Stellen als funktionales Äquivalent für eine Zentralisierung von Datenbeständen.

Die Darstellung in Abbildung 4 soll ausdrücken, dass Zentralisierung und Standardisierung in einem abgestuften inversen Verhältnis stehen: Je weniger zentralisiert wird, umso mehr muss standardisiert werden. Und umgekehrt, je stärker zentralisiert die Datenverarbeitung erfolgt, umso weniger Standardisierung ist erforderlich.

Abbildung 4: Das Zentralisierungs-Standardisierungs-Kontinuum

Gestaltungs-entscheidungen	Dezentrale Erfüllung der Fachaufgaben		
	Zentralisierung von Aufgaben der Datenverarbeitung	Zentrale Bereitstellung von Unterstützungsfunktionen	Zentrale Entwicklung und Pflege von Standards
	Zentral getroffene Festlegungen über Abläufe		Gemeinsame einheitliche Regelungen für Abläufe bei verschiedenen Stellen
Datenver-arbeitung	Mehrere Dienste und/oder Stufen werden technisch durch physische Integration der Datenbestände zusammengefasst.	Einzelne Funktionen für den Austausch von Daten zwischen dezentralen Stellen werden zentral bereitgestellt: • Adressverzeichnisse (Directories) • Weiterleitung und Zwischenspeicherung • Versionenanpassung • Formatumwandlung	Gleiche Daten bei unterschiedlichen Stellen werden nach standardisierten Formaten ausgetauscht, jedoch individuell mit unterschiedlicher Software verarbeitet.

Die Ausgangssituation für diese Betrachtung bildet eine Verwaltungsdienstleistung, die von vielen Stellen mit gleichen Aufgaben, aber unterschiedlichen geographischen Zuständigkeiten zu erfüllen ist (z.B. Meldebehörden) oder wo zwischen vielen Mitgliedern von zwei Gruppen von Organisationen Daten auszutauschen sind (z.B. Betriebe und Krankenkassen).

Dabei wird davon ausgegangen, dass die primären Fachaufgaben weiterhin dezentral erfüllt werden, aber die Datenverarbeitung zum Zweck der Erfüllung dieser Aufgaben optimiert werden soll.

Um den elektronischen Datenaustausch zu ermöglichen, können die dezentralen Dateien physisch zusammengefasst werden (linke Seite). Dann muss über eine Umverteilung dieser Aufgaben der Datenhaltung und -verarbeitung entschieden werden. Wenn hingegen die Verarbeitung weiter dezentral erfolgen soll, müssen exakte Festlegungen der auszutauschenden Datensätze und der Inhalte der einzelnen Datenfelder, die Bedeutung von Kennziffern u.ä. erfolgen. Diese technischen Standards für den Datenaustausch müssen durch eine zentrale Stelle oder ein Gremium spezifiziert, programmiert und gepflegt werden. Wenn man bei der Festlegung der Standards Varianten zulassen will und die Pflege von Verzeichnissen effizienter machen will, bietet es sich an, zentrale Vermittlungsstellen einzurichten, die diese Aufgaben für die dezentralen Stellen übernehmen (mittlere Position in Abbildung 4). Dies wird in allen bekannten Systemen des Datenaustauschs so praktiziert. Lediglich die Verwaltung von IP-Adressen beim Routing im Internet kommt ohne solche Clearingstellen und zentralen Verzeichnisdienste aus. In keinem anderen Anwendungsfall sind die auszutauschenden Daten jedoch auch so kurz und so eindeutig und streng definiert.

Bei E-Government-Anwendungen hat man es hingegen mit einer ganzen Reihe von Standards für unterschiedliche Aspekte des Datenaustauschs zu tun, die als unterschiedliche Ebenen der Interoperabilität definiert werden (IDABC 2004):

- Auf der Ebene der technischen Interoperabilität geht es um technische Übertragungsprotokolle wie insbesondere das Internetprotokoll TCP/IP sowie um die Syntax von Datensätzen wie z.B. EDIFACT oder XML, die teilweise als syntaktische Interoperabilität gesondert herausgestellt wird.
- Auf der Ebene der semantischen Interoperation geht es um die Abstimmung der Bedeutung von Zeichen in einzelnen Datenfeldern wie z.B. Postleitzahl oder Personenkennzeichen.
- Auf der Ebene der organisatorischen Interoperabilität geht es schließlich um die Abstimmung von Geschäftsprozessen.

Diese drei oder vier Ebenen bauen in der Reihenfolge ihrer Nennung aufeinander auf. Die entsprechenden Standards werden jedoch von ganz unterschiedlichen Institutionen erarbeitet, verabschiedet und verbreitet. Die Standards für technische Interoperabilität im engeren Sinne werden traditionell von den Normungsgremien der Telekommunikation entwickelt, mit der Verbreitung des Internet nun vor allem durch dessen Gremien. Standards für syntaktische Interoperabilität werden von den staatlich anerkannten Normungsgremien und Internetgremien verabschiedet. Standards für die semantische Interoperabilität werden hingegen von anwendungsnahen Organisationen entwickelt. Im Bereich der Wirtschaft sind dies u.a. Branchenverbände (vgl. Ballnus 2000), im Bereich der staatlichen Verwaltung spezielle Koordinationsstellen für die Abstimmung bei der Datenverarbeitung. Die organisatorische Interoperabilität wird zumeist einzelfallbezogen verabredet und für die Verwaltung dann in anwendungsspezifischen Verordnungen festgelegt.

Im hier diskutierten Zusammenhang ist nicht so entscheidend, in welchen Gremien ein Standard entwickelt wurde, sondern wer ihm zur Anwendung verhilft, d.h. Geltung verschafft, für verbindlich erklärt o.ä. Im Gegensatz zur Wirtschaft, wo Verbände nur Empfehlungen geben können, gibt es in der staatlichen Verwaltung Stellen und Gremien, die solche Vorgaben verbindlich machen können. Insofern bedingt die breite Verwendung von Standards auch ein Mindestmaß an Zentralisierung (rechte Seite in Abbildung 4).

Damit ist allerdings noch nicht die Frage beantwortet, warum für eine Verwaltungsleistung welcher Grad an Zentralisierung und Standardisierung der Datenverarbeitung gewählt worden ist oder gewählt werden sollte. Diese Frage stellt sich nicht nur im internationalen Vergleich, wenn unterschiedliche Organisationsformen für ähnliche Verwaltungsdienstleistungen betrachtet werden, sondern auch auf nationaler Ebene beim Vergleich unterschiedlicher Verwaltungsleistungen. Für beide Fragen fehlen noch Theorieansätze, die ausgehend von den jeweiligen Kontextbedingungen für das realisierte oder in Erwägung gezogene Organisationsmodell bestimmte Effekte aufzeigen. Zu diesen Effekten dürften im Bereich des E-Government vor allem die Investitions- und Transaktionskosten auf der einen Seite und die Konformität mit gesetzlichen Anforderungen, insbesondere mit dem Datenschutz, gehören. Mangels einer geeigneten allgemeinen Theorie soll dieser Punkt an einem konkreten Beispiel für Deutschland etwas näher erkundet werden.

4. Angemessene Grade der Standardisierung und Zentralisierung am Beispiel des Meldewesens

Die Frage nach dem angemessenen Verhältnis von Standardisierung und Zentralisierung stellt sich in Deutschland aktuell im Bereich des Meldewesens, weil im Rahmen der Föderalismusreform die Gesetzgebungskompetenz für das Meldewesen von den Ländern auf den Bund übergehen soll. In dem zu erwartenden Bundesmeldegesetz müssen die Grundprinzipien für die Organisation des Meldewesens und die Organisation des Datenaustauschs festgelegt werden. Wenn dabei von Zentralisierung die Rede ist, geht es nicht um die Zentralisierung der bisher von Meldeämtern in den über 4.000 Kommunen. Das heißt der Bund übernimmt zwar die Gesetzgebungskompetenz, aber nicht die Verwaltungskompetenz. Diese bleibt bei den Kommunen. Denn es gibt keine Alternative dazu, dass sich Bürgerinnen und Bürger bei der örtlichen Meldebehörde anmelden und diese Herrin der Meldedaten bleibt. Die Korrektheit der Daten kann vor Ort am besten überprüft werden.

Zentralisierung und Standardisierung beziehen sich auf den Datenaustausch zwischen diesen weiterhin zuständigen dezentralen Meldebehörden, die bisher fast 20 verschiedene Softwaresysteme verwenden und teilweise noch Durchschläge von Papierformularen austauschen. Der Austausch wird zum einen erforderlich, wenn die Abmeldung nicht mehr durch den Bürger, sondern die Zuzugsgemeinde erfolgen soll. Verbesserungen sind zum anderen auch notwendig bei der Melderegisterauskunft, weil derzeit das Auskunftsersuchen an die Gemeinde gestellt werden muss, wo man den Wohnsitz vermutet. Wenn man sich geirrt hat, zahlt man die Gebühr für die Mitteilung, dass der Gesuchte dort nicht gemeldet ist. Melderegisterauskünfte werden u.a. von den Sozialversicherungsträgern und Versandhäusern gestellt.

4.1 Deutschland und Österreich im Vergleich

In Deutschland hat die Innenministerkonferenz 2002 vereinbart, mit einer Novelle des Melderechtsrahmengesetzes in Zukunft die Abmeldung des Bürgers durch die so genannte Rückmeldung der Zuzugsgemeinde zu ersetzen. In der Meldedatenübermittlungsverordnung wurde konkret vorgeschrieben, dass alle Meldestellen bis 2007 Meldedaten nach dem semantischen Standard XMeld auf der Basis des syntaktischen Standards OSCI austauschen müssen (vgl. ausführlicher Kubicek/Wind 2004). Da nicht jede Meldebehörde die elektronische Adresse jeder anderen kennt und manche Meldebehörde ihr Register noch nicht online hat, richteten die meisten Bundesländer Clearingstellen ein und einigten sich untereinander auf ein einheitliches Dienste- und Adressverzeichnis. Es handelt sich somit um eine Kombination des rechten und mittleren Kastens in Abbildung 4. Eine Zentralisierung von Meldedaten findet nur in einigen wenigen Bundesländern auf Landesebene statt und zwar in erster Linie um der gesetzlichen Vorgabe zu folgen, nach der die Polizei rund um die Uhr Zugriff auf Meldedaten haben muss.

In Österreich ist man Mitte der 90er Jahre einen anderen Weg gegangen. Um die Rückmeldung zu vereinfachen, vor allem aber, um eine zentrale Melderegisterauskunft zu ermöglichen, hat der Bund neben den dezentralen Registern der Gemeinden ein zentrales Register aufgebaut, das von den dezentralen gespeist wird. Bei einem Umzug greift in Österreich die Zuzugsgemeinde auf das zentrale Melderegister zu, übernimmt die Daten in ihr lokales Register, ergänzt sie um die neue Adresse und übermittelt diese auch an das zentrale Register, das eine Änderungsmitteilung an eine Reihe anderer Behörden veranlasst. Für die Melderegisterauskunft bietet das zentrale Register eine enorme Verbesserung. Gleich wo jemand in Österreich wohnt, die Anfrage kann online an das zentrale Register gestellt werden oder herkömmlich an eine Gemeinde, die sich dann des zentralen Registers bedient.

Zu betonen ist, dass in Österreich nach wie vor die Aufgaben des Meldewesens von den Gemeinden wahrgenommen werden. Diese dürfen auch ihre lokalen Systeme weiterführen, müssen sie aber mit dem zentralen System verknüpfen. Sie können allerdings auch auf ein eigenes lokales System verzichten und nur in dem zentralen System mit entsprechenden Zugangsberechtigungen arbeiten (vgl. ausführlich die Fallbeschreibung unter http://www.egov-iop.ifib.de/case_description.php).

In Deutschland war eine solche Regelung bis vor kurzem völlig unrealistisch. Dazu hätten nicht nur alle 16 Bundesländer auf ihre Gesetzgebungskompetenz verzichten müssen, sondern der Bund hätte auch erhebliche Investitionen für ein bundesweites zentrales Melderegister tätigen müssen. Und es wäre mit erheblichen Einwänden des Datenschutzes zu rechnen, da das Bundesverfassungsgericht in seinem Volkszählungsurteil ein einheitliches Personenkennzeichen als mit der Verfassung nicht vereinbar qualifiziert hat.

4.2 Optionen für das Meldewesen in Deutschland

Mit der Verlagerung der Gesetzgebungskompetenz auf den Bund sind diese beiden zuletzt genannten Fragen nicht gelöst. Ein bundesweites zentrales Melderegister ist nach wie vor keine realistische Alternative. Bei näherer Betrachtung zeigt sich auch, dass eine so weitgehende Zentralisierung der Datenverarbeitung gegenüber einem mittleren Zentralisierungsgrad keine nennenswerten Effizienzvorteile besitzt.

Auf einem Workshop mit Vertretern der Länder, der Kommunen und des Bundes, von Bedarfsträgern wie der Rentenversicherung und von Datenschutzbehörden wurden verschiedene Optionen diskutiert. Diese sind alle mehrstufig aufgebaut und gehen davon aus, dass weiterhin ein vollständiges, umfangreiches Melderegister auf lokaler Ebene geführt wird und daraus ein weniger umfassendes Register auf Landesebene und/oder Bundesebene gespeist wird, das die für die einfache Melderegisterauskunft und für die Abfragen der Polizei erforderlichen Daten beinhaltet sowie den Verweis auf die registerführende Kommune. In einer Option gibt es diese schlankeren Register auf Landesebene. Ob es darüber hinaus ein ähnliches bundesweites Register geben soll, ob auf Bundesebene nur ein Metaverzeichnis mit Name und Geburtsdatum aufgebaut werden soll, das zu dem örtlichen Register verweist, oder ob nicht jeweils eine Rundfrage in den 16 Landesregistern reicht, wurde unterschiedlich eingeschätzt. Wenn die Datensätze absolut einheitlich und eindeutig wie IP-Adressen sind, könnte man in der Tat für das gleiche Serviceniveau auf ein zentrales Bundesverzeichnis verzichten und Konflikte mit den Datenschutzanforderungen vermeiden. Es besteht aber auch die Option eines reinen schlanken Registers auf Bundesebene, das direkt auf die örtlichen Register verweist. Register auf Landesebene wären dann entbehrlich. Ob die Länder darauf verzichten, erscheint jedoch fraglich.

5. Ausblick: Zentralisierung trotz Föderalismus

Das Beispiel des Meldewesens zeigt, dass effektivere und effizientere Verwaltungsprozesse auch unter den Bedingungen eines föderalen Staatsaufbaus erreicht werden können. Denn die Verlagerung der Gesetzgebungskompetenz ist ja unter diesen Bedingungen beschlossen worden. Die Bundesländer haben erkannt, dass die Zuständigkeit für das Meldewesen für die wirtschaftliche und soziale Entwicklung nicht entscheidend ist, eine Zentralisierung der Datenhaltung für die Effektivität der Arbeit der Sicherheitsbehörden jedoch wesentliche Verbesserungen bringt und konnten diese Zuständigkeit daher ohne Verlust an Gestaltungskraft und politischen Einfluss abgeben. Vermutlich waren es sogar die Innenminister der Länder, die im Interesse leichterer Überprüfungen bis hin zu Rasterfahndungen ein Interesse an stärkerer Vereinheitlichung hatten.

Einen strukturellen Konflikt zwischen föderalem Staatsaufbau und effizientem Verwaltungsverfahren gibt es somit nicht. Vielmehr kommt es darauf an, wie die Interessen in und zwischen den Bundesländern sowie beim Bund jeweils gelagert sind und wer was gewinnt und wer was verliert. Eine zweite Voraussetzung besteht darin, dass es zuständige Koordinationsgremien und geeignete Regelungsinstrumente gibt. Noch unter den Bedingungen der Länderzuständigkeit sind Beschlüsse der Innenministerkonferenz für die Vereinheitlichung der Meldedatenübermittlung in Form einer Rechtsverordnung zustande gekommen.

In anderen Bereichen wie etwa der Gewerbeanmeldung gibt es hingegen keinen Fortschritt, weil es kein starkes politisches Interesse an einer Vereinheitlichung und noch nicht einmal eine zuständige Fachministerkonferenz gibt.

Die geschilderte Entwicklung im Meldewesen zieht allerdings andere hochbrisante Fragen nach sich. Denn das Meldewesen ist Quelle für Identitätsprüfungen in vielen anderen Verwaltungsbereichen. Es steht in engem Zusammenhang mit dem geplanten digitalen Personalausweis. Und es muss die in mehreren anderen Ländern schon intensiver diskutierte Frage nach angemessenen Konzepten für die elektronische Identität der Bürgerinnen und Bürger im gesamten Online-Verkehr geklärt werden. Soll man sich in jedem Bereich mit einem anderen Passwort anmelden? Muss man jeweils allen Stellen die neue Adresse mitteilen? Wie können zwei Verwaltungen sicher sein, dass es sich um dieselbe Person handelt, deren Daten sie bearbeiten, wenn Name und Geburtsdatum gleich sind? Ein einziges Personenkennzeichen soll es nicht geben. Wie sieht aber ein datenschutzgerechtes, effektives und im Alltag gut funktionierendes Identity Management aus? Dies ist ein eigenes hochkomplexes Thema, bei dem sich z.B.

Belgien und die skandinavischen Staaten mit einem einheitlichen Personenkennzeichen sehr viel leichter tun. Österreich hat mit einem System sektorspezifischer Personenkennzeichen einen interessanten Weg beschritten (vgl. Bundeskanzleramt 2006). Auch dieser Vergleich zeigt noch einmal, dass der föderale Staatsaufbau kein unüberwindbares Hindernis für die Modernisierung der Verwaltung im Zuge des E-Government darstellt, sondern dass dieser Rahmen nur engagiert und intelligent genutzt werden muss. Oft dient der Föderalismus nur als Ausrede für das fehlende Bemühen um solche intelligenten Lösungen.

Literatur

Accenture, 2003: E-Government 2003. Ergebnisse einer internationalen Vergleichsstudie. Kronberg i. T. (Download: http://pc50461.uni-regensburg.de/NR/rdonlyres/6E41EA3A-E697-41C6-B6F8-506CC108F04F/0/306_AccentureEGovernment2003.pdf).
Ballnus, Rainer, 2000: Erfolg mit EDI und E-Commerce. Handlungsempfehlungen für die Abstimmung und Organisation interorganisationaler Netzwerke. Marburg: Tectum Verlag.
Brinckmann, Hans/Kuhlmann, Stefan, 1990: Computerbürokratie. Ergebnisse von 30 Jahren öffentlicher Verwaltung mit Informationstechnik. Opladen: Westdeutscher Verlag.
Bundeskanzleramt, 2006: Behörden im Netz. Das österreichische E-Government ABC. Österreichische Computer Gesellschaft. Wien: Stabsstelle IKT-Strategie des Bundes.
Cap Gemini Ernst & Young, 2002: Webbasierte Untersuchung des elektronischen Service-Angebots der öffentlichen Hand. Ergebnisse der dritten Erhebung. Oktober 2002. Berlin: Verlag?
Cap Gemini Ernst & Young, 2003: Webbasierte Untersuchung des elektronischen Service-Angebots der öffentlichen Hand. Ergebnisse der vierten Erhebung. Oktober 2003. Berlin: Verlag?
Cash, J. I. jr. vollständiger Vorname fehlt, 1985: Interorganizational Systems. An Information Society Opportunity or Threat?, in: The Information Society 3, 199–228.
CEC, 2004: European Commission, DG Information Society: Cap Gemini Ernst & Young's Online Availability of Public Services. How Does Europe Progress? Report on the Fourth Measurement October 2003 (Download: http://europa.eu.int/information_society/eeurope/2005/doc/all_about/benchmarking/eeuropeplus_progress_report.pdf).
CEC, 2005: European Commission. DG Information and Media: Online Availability of Public Services. How is Europe Progressing? Report of the Fifth Measurement October 2004 (Download: http://europa.eu.int/information_society/eeurope/2005/doc/all_about/online_availability_public_services_5th_measurement_fv4.PDF).
Eom, Sean B., 2005: Inter-Organizational Information Systems in the Internet Age. Hershey u.a.: Idea Group Publishing.
GI/VDE, 2000: Electronic Government als Schlüssel zur Modernisierung von Staat und Verwaltung. Ein Memorandum des Fachausschuss Verwaltungsinformatik der Gesellschaft für Informatik und Fachbereich 1 der Informationstechnischen Gesellschaft im VDE. Bonn/Frankfurt a.M. (Download: http://www.gi-ev.de/informatik/presse/presse_memorandum.pdf).
Hagen, Martin/Kubicek, Herbert, 2000: One-Stop Government in Europe. Results from 11 National Surveys. Bremen: Universitätsverlag.
Hong, Ilyoo B., 2005: Classifying BZB Inter-Organizational Systems. A Role Linkage Perspective, in: *Eom, Sean B.* (Hrsg.), Inter-Organizational Information Systems in the Internet Age. Hershey u.a.: Idea Group Publishing, 55–74.
IDABC, 2004: Interchange of Data Between Administrations (IDA): European Interoperability Framework for Pan-European eGovernment Services. Version 6.1, March 2005 (Download: http://europa.eu.int/idabc/eu/document/4974/377).
Kieser, Alfred/Kubicek, Herbert, 1983: Organisation. 2. Aufl., Berlin/New York: Schäffer-Poeschel.
Kubicek, Herbert, 1992: Informationsverbund, überbetrieblicher, in: *Frese, Erich* (Hrsg.), Handwörterbuch der Organisation. Stuttgart: Poeschel Verlag, Sp. 994–1012.

Kubicek, Herbert, 1993: Organisatorische Voraussetzungen des branchenübergreifenden elektronischen Datenaustauschs. Neue Aufgaben für die Wirtschaftsverbände?, in: *Kubicek, Herbert/Seeger, Peter* (Hrsg.), Perspektive Techniksteuerung. Berlin: Sigma, 143–168.

Kubicek, Herbert/Westholm, Hilmar/Cimander, Ralf, 2004: Von Europa lernen, in: Moderne Verwaltung 2, 3, 14–19.

Kubicek, Herbert/Wind, Martin, 2004: Integriertes E-Government auch im föderalen Staat? Herausforderungen auf dem Weg zu effizienten Verwaltungsverfahren, in: Deutsche Zeitschrift für Kommunalwissenschaften 43, 2, 48–63.

Layne, Karen/Lee, Jungwoo, 2001: Developing Fully Functional E-Government. A Four-Stage Model, in: Government Information Quarterly 18, 122–136.

Lenk, Klaus, 2004: Verwaltungsinformatik als Modernisierungschance. Berlin: Sigma.

Lucke, Jörn von/Reinermann, Heinrich, 2000: Speyerer Definition von E-Government. Speyer (Download: http://foev.dhv-speyer.de/ruvii).

March, James G./Simon, Herbert A., 1958: Organizations. New York u.a.: Wiley.

Millard, Jeremy/Iversen, Jens S./Kubicek, Herbert/Westholm, Hilmar/Cimander, Ralf, 2004: Reorganisation of Government Back-Offices for Better Electronic Public Services. European Good Practices. Final Report to the European Commission. Danish Technological Institute/Institut für Informationsmanagement Bremen (Download http://europa.eu.int/information_society/activities/egovernment_research/library/index_en.htm#back_office; http://europa.eu.int/information_society/activities/egovernment_research/doc/back_office_reorganisation_volume1_mainreport.pdf).

OECD, 2003: The e-Government Imperative. Paris.

Scholl, Hans J., 2005: Interoperability in e-Government. More than just Smart Middleware. Proceedings of the 38th Hawaii International Conference on System Science IEEE.

Europäisierung der öffentlichen Verwaltung – oder europäische Verwaltung?*

Klaus H. Goetz

1. Europäisierung als forschungsintegrierendes Konzept

Der Zusammenhang zwischen europäischer Integration im Rahmen der Europäischen Union (EU) und der Entwicklung der Verwaltungssysteme der EU-15 sowie der zehn neuen Mitgliedstaaten in Mittel- und Osteuropa und im Mittelmeerraum ist während des vergangenen Jahrzehnts zu einem zentralen Gegenstand der vergleichenden verwaltungswissenschaftlichen Forschung und Reflexion geworden. Dabei lassen sich zwei komplementäre Perspektiven unterscheiden. In der ersten wird die öffentliche Verwaltung als „abhängige Variable" verstanden. Zentrales Anliegen ist dementsprechend die Frage, welche Veränderungen der EU-Integrationsprozess in nationalen Verwaltungssystemen auslöst. Zu dieser Perspektive zählen zum Beispiel Arbeiten, die sich mit den Arrangements für die Koordinierung nationaler EU-Politiken auf der Ebene der mitgliedstaatlichen Ministerialbürokratien beschäftigen (siehe Kassim u.a. 2000, mit umfangreichen Verweisen auf das frühere Schrifttum) oder die Untersuchungen von Knill (2001) und Héritier u.a. (2001), die der Frage nachgehen, mit welchen Anpassungsleistungen nationale Verwaltungen auf die Notwendigkeit des Vollzugs von EU-Politiken reagieren. Aus einer ebenfalls primär policyorientierten Perspektive wird öffentliche Verwaltung, zweitens, als „unabhängige Variable" thematisiert, insbesondere wenn es darum geht, nationale Umsetzungs- und Vollzugsdefizite („compliance") aus vergleichender Perspektive zu erklären (siehe jüngst Falkner u.a. 2005, mit weiteren Verweisen). In vielen empirischen Untersuchungen vermischen sich beide Perspektiven. Die folgenden Ausführungen konzentrieren sich aber aus pragmatischen Gründen auf Arbeiten, bei denen die öffentliche Verwaltung das Explanandum darstellt.

Die Aufmerksamkeit, die den Folgen der europäischen Integration für die mitgliedstaatlichen Verwaltungen zuteil wird, bildet nur einen Ausschnitt des umfassenderen Interesses der europabezogenen politikwissenschaftlichen Komparatistik an der Frage, wie der EU-Integrationsprozess die politischen Systeme der EU-Mitgliedstaaten sowie der Beitritts- und Bewerberländer beeinflusst (Green Cowles u.a. 2001; Goetz/Hix 2001; Featherstone/Radaelli 2003; Wessels u.a. 2003). In diesem Zusammenhang hat sich das Konzept der Europäisierung als forschungsleitender und -integrierender Bezugspunkt herausgebildet. Der Begriff wurde zunächst eher unsystematisch verwandt (Olsen 2002), und sein analytischer „Mehrwert" ist nicht unumstritten. Zwischenzeitlich liegen mehrere Definitionsvorschläge vor (z.B. Buller/Gamble 2002; Dyson/Goetz

---

* Dieser Beitrag entstand während meines Aufenthaltes als Gastprofessor am Institut für Sozialwissenschaften der Universität Tokio im Herbst 2005. Mein herzlicher Dank gilt Herrn Professor Kenji Hirashima, dessen freundliches Interesse an meiner Arbeit diesen Aufenthalt ermöglichte.

2003; Radaelli 2003), von denen aber bislang keiner als autoritativ angesehen werden kann. Weitgehend Einigkeit besteht darüber, dass Europäisierung zunächst für die materiellen Integrationsfolgen auf nationaler Ebene steht. Umstritten sind aber (i) die Voraussetzungen der Europäisierung: bedarf es zwingend der Unvereinbarkeiten zwischen EU-Arrangements und mitgliedstaatlichen Praktiken um Europäisierungseffekte auszulösen, wie die „Misfit-These" von Börzel/Risse (2003) annimmt; (ii) die Qualität der Folgen: bedeutet Europäisierung notwendig Veränderung (Buller/Gamble 2002) oder kann auch die Bewahrung nationaler Traditionen als mögliche Variante der Europäisierung aufgefasst werden (Dyson/Goetz 2003); (iii) die Frage, mit welchen „Handlungslogiken" sich Europäisierung verbindet (siehe unten 3.).

Diese Diskussion muss hier nicht im Detail nachgezeichnet werden. Wenn im Folgenden von der Europäisierung der öffentlichen Verwaltung die Rede ist, so geht es um Effekte auf der mitgliedstaatlichen Ebene, die sich unmittelbar oder mit einiger Plausibilität mittelbar auf den EU-Integrationsprozess zurückführen lassen. Solche Effekte finden sich auch in Staaten, die der EU (noch) nicht angehören. EU-Integration vollzieht sich dabei sowohl in einer vertikalen – EU und Mitgliedstaaten – wie in einer horizontal-zwischenstaatlichen Dimension. Ausgehend von diesem „minimalen" Verständnis will der vorliegende Beitrag den gegenwärtigen Erkenntnisstand der einschlägigen verwaltungs- und politikwissenschaftlichen Literatur resümieren und bewerten, um sich abschließend einigen Desiderata der künftigen Forschung zuzuwenden.

2. Institutionelle Effekte: Konzentration durch Integration?

Der Einfluss der EU-Integration auf die institutionelle Verfassung der nationalen Verwaltungssysteme wurde bislang in erster Linie unter vier Gesichtspunkten problematisiert: die Stellung der Exekutive innerhalb der Staatsorganisation, die Beziehungen zwischen Politik und Verwaltung innerhalb der zentralstaatlichen Regierungsorganisation, die interministerielle Machtverteilung und die intergouvernementalen Beziehungen. Der Ertrag der einschlägigen Forschung lässt sich kurz unter Verweis auf vier populäre Thesen darstellen.

These 1: *Die EU-Integration stärkt die nationale Exekutive und leistet der Entparlamentarisierung nationaler Politik Vorschub.*

Die These der Stärkung der nationalen Exekutiven im Prozess der europäischen Integration wird oft mit Andrew Moravcsik (1994) in Verbindung gebracht. Zwar ist im Titel seines Aufsatzes aus dem Jahre 1994 von der Stärkung des „Staates" die Rede; die Ausführungen Moravsciks machen aber deutlich, worum es geht: Die nationalen Exekutiven sind die großen Gewinner des Integrationsprozesses. Das EU-Verhandlungssystem privilegiert systematisch die exekutiven Akteure, die dadurch im nationalen Kontext einen entscheidenden Machtgewinn gegenüber Parlamenten und der politischen Öffentlichkeit erlangen. Die Stärkung der Exekutive geht deshalb mit einer teilweisen Entparlamentarisierung nationaler Politik einher, die im umfangreichen Schrifttum zur Stellung nationaler Parlamente seit vielen Jahren thematisiert wird (statt vieler Maurer/Wessels 2001, mit weiteren Verweisen). In diesem Zusammenhang wird regelmäßig auf die weitreichende Übertragung vormals nationaler Gesetzgebungskompetenzen auf die EU, die geringen Einflussmöglichkeiten der mitgliedstaatlichen Parlamente im gemeinschaftlichen Gesetzgebungsprozess, fehlende legislatorische Spielräume bei der Umsetzung von Gemeinschaftsrecht in nationales Recht und die Probleme der parlamentarischen Kontrolle der Regierungen im Felde der EU-Politik verwiesen. EU-Integration gefährdet somit Grundprinzipien des parlamentarischen Regierungssystems.

Gerade neuere Arbeiten zur Rolle nationaler Legislativen im Integrationsprozess begründen aber Zweifel an der Entparlamentarisierungsthese. So weist zum Beispiel Benz (2004) in einer Dänemark, Deutschland und Großbritannien einbeziehenden Untersuchung auf bedeutende Unterschiede in nationalen Reaktionsmustern hin. Daher gilt: „the evolution of multi-level governance in the EU does not inevitably turn national parliaments into institutions without power, as proponents of the ‚de-parliamentarisation' hypothesis have assumed" (Benz 2004: 896). Die Nachlässigkeit, mit der der deutsche Bundestag seine europapolitisch relevanten Befugnisse ausschöpft (Saalfeld 2003), findet in anderen Mitgliedstaaten nicht notwendig ihre Entsprechung. Ähnlich argumentieren zum Beispiel Melsæther und Sverdrup (2004: 7), wenn sie feststellen: „we have experienced a decade of stepwise strengthening of the parliaments in the EU (...) the national parliaments have reformed themselves enabling them to play a more significant role in formulating and motoring European politics". Manche Kommentatoren gehen sogar soweit, den Integrationsprozess als treibende Kraft hinter der Reparlamentarisierung mitgliedstaatlicher Regierungssysteme anzusehen (Hix/Raunio 2000).

These 2: *Von der Stärkung der nationalen Exekutive profitiert die Verwaltung mehr als die Regierung, Europäisierung bedeutet Bürokratisierung.*

Moravcsiks These lässt offen, ob innerhalb der Exekutive in erster Linie die Regierung oder die Ministerialverwaltung vom Integrationsprozess profitiert. Ebenso unbeantwortet bleibt diese Frage in der bekannten „Fusionsthese" Wolfgang Wessels' (1992, 1999), die zwar auf die Verschmelzung „politisch-administrativer" Akteure im Gefolge des Integrationsprozesses hinweist, aber die Möglichkeit einer Neubestimmung ihrer Gewichte nicht diskutiert. Auch die Zusammenfassung der wichtigsten Ergebnisse einer umfassend angelegten Vergleichsstudie der Beziehungen zwischen der EU und ihren Mitgliedstaaten unterstreicht zwar „a shift in the internal national balance of powers towards governments and administrations" (Maurer u.a. 2003b: xvi; im Original hervorgehoben); Regierung und Verwaltung werden dabei aber als Einheit verstanden.

Am deutschen Fall wurde vor diesem Hintergrund die These entwickelt, im exekutiven Binnenverhältnis verbinde sich Europäisierung mit Bürokratisierung (Goetz 2003). Diese These kann kurz wie folgt zusammengefasst werden. Für die Ministerialverwaltung trifft zu, dass sie Teil eines verbundenen Mehrebenensystems geworden ist. Dagegen „gabelt" sich die Gubernative. Regieren vollzieht sich sowohl auf der europäischen wie der nationalen Ebene, die Verschränkung zwischen beiden ist aber schwächer ausgeprägt als im Fall der Verwaltung, und zentrale Merkmale des Regierens in Deutschland – Parteiregierung, Koalitionsregierung, parlamentarische Regierung – weisen nur wenige Anzeichen der Europäisierung auf. Während administrative Akteure also zunehmend zu „Mehrebenenspielern" werden, „spielen" deutsche Exekutivpolitiker zwar sowohl auf der europäischen wie der nationalen Ebene, aber nur selten im Sinne eines verbundenen „two-level game". Während die EU den Ministerialbeamten vielfältige Anreize für den nationalen „Gebrauch" Europas liefert, sind diese Anreize im Falle der Exekutivpolitiker wesentlich schwächer ausgebildet, weil ihre innerparteilichen Karrieren und Erfolgschancen von Europa kaum beeinflusst sind. Hinzu kommt, dass der bürokratische Charakter des EU-Entscheidungssystems nationalen administrativen Akteuren erhebliche Handlungs- und Entscheidungsspielräume eröffnet.

Das Argument, deutsche Exekutivpolitiker spielten auf zwei Ebenen, seien aber keine Mehrebenenspieler, trifft in der Tendenz eher auf das Alltagsgeschäft der „low politics" als auf die „high politics" der EU-Vertrags- und Verfassungspolitik zu. Was letztere anbelangt, sind die Interventionsanreize und -möglichkeiten der Politik stärker ausgeprägt. Die permanente Vertrags- und Verfassungspolitik in der EU seit Mitte der 80er Jahre führt dazu, dass gerade die Spitzen der nationalen politischen Exekutiven sich in einem dauerhaften verkoppelten Entscheidungsprozess befinden. Im Zuge der Vertiefung und Erweiterung des *acquis communautaire* werden auch vormals ganz im Dienste nationalstaatlicher Politik stehende Ministerien zunehmend europäisch geprägt. Die Europäisierung der Justiz- und Sicherheitspolitik und die damit einhergehende zunehmende europapolitische Beanspruchung des Bundesinnenministers liefern hierfür anschauliche Beispiele (Sturm/Pehle 2005).

Grundsätzlicher muss bezweifelt werden, ob die am deutschen Fall entwickelte These generalisierbar ist, denn sie basiert auf der Annahme, dass europäische Politik im nationalen politischen Wettbewerb nur in Ausnahmefällen von Bedeutung ist. Dieser Befund einer „entpolitisierten Europapolitik" mag nun für die Bundesrepublik zutreffen (obgleich die Debatte um den EU-Beitritt der Türkei eine Wende andeutet). Er geht aber an den Verhältnissen in vielen anderen Mitgliedstaaten vorbei. So finden sich im europäischen Vergleich vielfältige Hinweise darauf, dass die europäische Integration nicht nur selbst eine wichtige oder sogar dominante politische Konfliktlinie markiert, sondern auch auf traditionelle „cleavages", insbesondere die Links-Rechts Dimension, ausstrahlt (Marks/Steenbergen 2004). Parteien, Parteienwettbewerb, Wählerverhalten und Parteiensysteme sind daher oft zunehmend europäisch geprägt (Ladrech 2002; Taggart 1998; Taggart/Szczerbiak 2004). Je mehr aber neben europäisierte Politiken (*public policies*) und staatliche Institutionen (*polity*) auch eine europäisierte Politik tritt, desto größer sind auch die Anreize für Exekutivpolitiker, sich als Mehrebenenspieler zu engagieren.

These 3: Die EU-Integration führt zu beträchtlichen Machtverlagerungen innerhalb der Ministerialverwaltung im Sinne der Herausbildung einer privilegierten „EU-Kernexekutive".

Die zunehmende Privilegierung der Kernexekutive („core executive"), also jener Institutionen und Verfahren, die in erster Linie der Koordination des ministeriellen Regierens und Verwaltens dienen, gilt vielfach als eine der wichtigsten staatsorganisatorischen Entwicklungstrends (siehe Jann u.a. 2005 zum einschlägigen Diskussionsstand). Unter Verweis auf die Bedeutung der Koordinationsbefugnisse der Regierungschefs und der ihnen unterstehenden Regierungszentralen ist sogar von einer „Präsidentialisierung" der demokratischen Politik die Rede (Poguntke/Webb 2005). Sie lässt sich, so wird argumentiert, nicht nur in europäischen Staaten mit einer traditionell starken Stellung des

Regierungschefs, wie in Großbritannien, beobachten, sondern vollzieht sich zum Beispiel auch in Italien (Calise 2005), dessen Regierungsorganisation jahrzehntelang von
eifersüchtig bewachten Ressortkompetenzen und schwachen Koordinationsbefugnissen
geprägt war. Die EU-Integration gilt als eine der treibenden Kräfte hinter dieser Entwicklung, zum einen, weil die Ausdehnung und Intensivierung des *acquis communau-*
taire die Anforderungen an die binnenstaatliche Koordination bei EU-relevanten Entscheidungen erhöht haben, zum anderen, weil insbesondere die Einrichtung des Europäischen Rates der Staats- und Regierungschefs deren Position im europapolitischen
Entscheidungssystem nachhaltig gestärkt hat. So resümieren Mittag und Wessels
(2003: 424–434) als Ergebnis ihres 15-Ländervergleiches:

„In all Member States of the European Union, prime ministers or chancellors, as the heads of government, have become key actors in EU affairs (...) Given the need to act assertively and coher-
ently in making key decisions, which are increasingly taken through the European Council, prime
ministers have gained power *vis-à-vis* their ministerial colleagues."

Eine ähnliche Entwicklung scheint sich auch in den neuen Mitgliedstaaten Mittel- und
Osteuropas abzuzeichnen, wo schon früh auf die Herausbildung privilegierter „EU-En-
klaven" oder „islands of excellence" in der nationalen Ministerialverwaltung hingewiesen wurde (Goetz 1995).
      Neben den Regierungszentralen gelten die Finanzministerien als Teil der Kernexe-
kutive. Im Gefolge der Wirtschafts- und Währungsunion wandelte sich ihre Stellung
von Nebendarstellern auf der europäischen Bühne zu zentralen Akteuren (Dyson/Fea-
therstone 1999). Die Ausstrahlung, die von der Wirtschafts- und Währungsunion auf
verwandte Politikfelder ausgeht, verstärkt diese Wirkung noch: „the net effect of EMU
has been to strengthen the domestic power of finance ministries over structural economic reforms" (Dyson 2002: 16). In der Bundesrepublik mündete diese Entwicklung in
einer „Zäsur" (Bulmer/Burch 2000: 277) in den institutionellen Arrangements der
bundesstaatlichen Europapolitik im Jahre 1998: das Wirtschaftsministerium wurde seiner traditionellen EU-Kompetenzen weitgehend beraubt, und sie wurden auf das Finanzministerium übertragen (Maurer 2003).
      Diffusion – der Umstand also, dass zunehmend auch die Arbeit vormals ganz über-
wiegend national ausgerichteter Ministerien von Europa geprägt wird – scheint also
mit der Konzentration von Entscheidungs- und Koordinationskompetenzen einherzu-
gehen. Auch hinter diesen Befund ist nun allerdings wieder ein dickes Fragezeichen an-
zubringen. So gilt im Schrifttum, das sich vergleichend mit der nationalen Koordination EU-bezogener Entscheidungsprozesse befasst, als ausgemacht, dass die mitgliedstaatlichen Koordinationsarrangements nach wie vor eine große Variationsbreite aufweisen. Kassim (2000, 2003) stellt fest: „Although not insignificant, the similarities between the coordination systems created by the member states are overshadowed by the
differences that emerge from detailed inspection" (2003: 91).
      Umfassende Zentralisierung findet sich ebenso wie umfassende Dezentralisierung
und selektive Zentralisierung (Kassim 2003) (so im Ergebnis auch Maurer u.a. 2003a).
Eine ähnliche Spannbreite der Reaktionen findet man in Mittel- und Osteuropa (Ágh
2005; Laffan 2003; Lippert/Umbach 2005), und zwar trotz der Anstrengungen der
EU, während des Beitrittsprozesses die Zahl der Verhandlungspartner überschaubar zu

halten und Mindeststandards für nationale Koordinationssysteme festzuschreiben, auf die auch in den regelmäßigen jährlichen Berichten über die Fortschritte der Kandidaten auf dem Weg in die Union rekurriert wurde. Inwieweit allerdings die vor dem Beitritt geschaffenen Institutionen und Verfahren auch unter den Bedingungen der Vollmitgliedschaft das Koordinationsgeschehen prägen können und in welche Richtung sie sich gegebenenfalls verändern, ist noch nicht ausgemacht. So erwarten Lippert und Umbach (2005) auf der Grundlage ihres Fünf-Ländervergleiches eher eine Zentralisierung: „First approaches to this adaptation to the actual membership phase already follow the general centralisation trend of the EU-related coordination structures in the EU-15" (Lippert/Umbach 2005: 181). Andere Kommentatoren, wie Ágh (2005) am Beispiel Ungarns, verweisen darauf, dass interministerielle Koordinationsarrangements sehr sensibel auf Veränderungen im politischen Gewicht von Ministerien und Regierungschefs reagieren, so dass generelle Trendaussagen nur schwer zu treffen seien.

Eher gegen die Zentralisierungsthese sprechen schließlich auch Veränderungen in den Formen und Verfahren der EU-Integration. So treten neben die klassische auf EU-Rechtsetzung abzielende Gemeinschaftsmethode und regulative Politiken zunehmend andere Vergemeinschaftungsmechanismen, wie die Offene Methode der Koordinierung, die eher auf eine sektorale-horizontale Zusammenarbeit zwischen den Mitgliedstaaten angelegt sind (Wallace 2005). In diesen dezentralen Formen der Zusammenarbeit kommt es aber nicht in erster Linie auf die nationale interministerielle Abstimmung im Hinblick auf EU-Rechtsetzungsakte an, sondern es werden sektorale „Fachbruderschaften" gefördert. Der Kommission kommt dabei eine vermittelnde und unterstützende Funktion zu. Relevant in diesem Zusammenhang ist auch die von Larsson und Trondal (2005) am norwegischen und schwedischen Beispiel entwickelte These, wonach durch die Interaktion zwischen Kommission und nationalen Ministerialverwaltungen vor allem die Arbeitsebene der Ministerien aktiviert wird: „By contrast, the Council of Ministers arguably strengthens domestic politico-aministrative leadership, the Foreign Office and the Prime Minister's Office" (Larsson/Trondal 2005: 3).

These 4: *Die EU-Integration leistet der Zentralisierung in den intergouvernementalen Beziehungen Vorschub.*

Die Zentralisierungsthese beherrschte lange Zeit auch die Diskussion um die Auswirkungen der europäischen Integration auf die intergouvernementalen Beziehungen in den Mitgliedstaaten. Gerade in Deutschland, vor der Föderalisierung Belgiens und dem EU-Beitritt Österreichs das einzige föderalstaatlich verfasste EU-Mitglied, wurde immer wieder auf den von Brüssel ausgehenden Zentralisierungsschub und die sich daraus ergebenden Gefahren für die Vitalität der bundesstaatlichen Ordnung verwiesen. Die Argumente, die hierfür ins Feld geführt wurden, sind hinlänglich bekannt: die Übertragung von gesetzgeberischen Kompetenzen an die EU, die vormals im nationalen Rahmen entweder von den Ländern oder vom Bund unter Beteiligung des Bundesrates wahrgenommen wurden, die mangelhafte Beteiligung der Länder an der Vorbereitung nationaler Verhandlungspositionen, und der geringe direkte Einfluss der Länder auf EU-Ebene. Solche Bedenken blieben nicht auf Deutschland beschränkt. Die zum Teil hochgesteckten Erwartungen, die sich mit der Einrichtung des Ausschusses der Regionen im Jahre 1994 verbanden, wichen schnell der Ernüchterung. In der wissenschaftlichen Debatte wurde aus dem „Europa der Regionen" das „Europa mit Regionen" und dann das „Europa mit einigen Regionen" (Hooghe/Marks 2001). Der britische Politikwissenschaftler Mike Goldsmith (2003: 127) argumentiert vor diesem Hintergrund, seit dem Inkrafttreten des Amsterdamer Vertrages lasse sich eine „Wiederbestätigung" (*reassertion*) der dominanten Stellung der nationalen Regierungen in den EU-Entscheidungsprozessen beobachten. Sein britischer Kollege Charlie Jeffery (2002: 2) konstatiert: „the particular visions of a ‚Europe of the Regions' and a ‚three-level union' projected at Maastricht are dead and buried". Zu einem ähnlichen Fazit gelangen auch neuere Untersuchungen zur Regionalpolitik und Regionalisierung in Mittel- und Osteuropa. Obwohl die EU dem Anliegen der Dezentralisierung der vormals zentralistisch organisierten Regierungs- und Verwaltungssysteme positiv gegenüber gestanden habe, förderte die Umsetzung der Vorgaben der EU-Regionalpolitik eher die Konzentration von Entscheidungs- und Verteilungskompetenzen auf der zentralstaatlichen ministeriellen Ebene als die dezentrale Beteiligung an EU-Prozessen (Hughes u.a. 2004b; Keating/Hughes 2003).

Erweitert man allerdings die analytische Perspektive und stellt nicht primär auf die Stellung subnationaler Einheiten im Integrationsprozess, sondern vielmehr auf die Auswirkungen der Integration auf Muster der „territorial governance" ab, ergibt sich ein anderes Bild. So wird zum Beispiel darauf verwiesen, dass zwar die Partizipationschancen subnationaler Einheiten am Integrationsprozess hinter den Erwartungen der Befürworter eines „Europa der Regionen" zurückgeblieben seien; trotzdem befördert die europäische Integration eine Stärkung der Gebietskörperschaften. Von Bedeutung sind dabei nicht nur die direkten Effekte der EU Regional- und Kohäsionspolitik, die sich mit der Verteilung von Finanzmitteln an Regionen und Gemeinden verbinden. Integration regt auch den grenzüberschreitenden Erfahrungsaustausch an: „For subnational governments, it may well be that the cross-national learning process is almost as important as the finance they receive, although undoubtedly the latter helps (...) the experience of working within Europe for many cities and municipalities has changed the way they operate (...) cross-national experience leads cities and municipalities to think about and do things differently" (Goldsmith 2003: 128–129). Dezentralisierung, Regionalisierung und sogar Föderalisierung, wie sie unter anderem in Belgien, Frankreich, Spanien, Italien und Großbritannien beobachtet werden können, sind danach zwar nicht die Folge europäischer Integration. Wie die veränderten Verfassungsstrukturen im Sinne des „new regionalism" (Keating 1998) allerdings mit Leben erfüllt werden, wird nachhaltig durch von der EU angestoßene und vermittelte transnationale Foren und Austauschprozesse beeinflusst.

3. Vier Logiken der Europäisierung

Unsere kursorische Zusammenfassung einflussreicher Thesen der Europäisierungsforschung lässt kein eindeutiges Fazit im Hinblick auf die materiellen Folgen des EU-Integrationsprozesses zu. Die Belege für die Konzentrationsthese – also horizontale und vertikale Machtverlagerung auf die zentralstaatliche Exekutive und, in Sonderheit, eine privilegierte administrative „Kernexekutive" – sind weniger eindeutig als ihre Verfechter glauben machen wollen; ebenso fraglich ist, ob Europäisierung mit Diffusion einhergeht. Kommentatoren, die wie Page (2003) auf die Persistenz nationaler Verwaltungstraditionen verweisen und Konvergenzannahmen zurückweisen, wird ein solcher Befund kaum überraschen. Er fügt sich umstandslos in das Bild eines „differential Europe", das Héritier u.a. (2001: 286) wie folgt beschrieben haben:

„Although there is no doubt that European policymaking leaves its mark on domestic policies, administrative structures, and patterns of interest intermediation, the European impact is highly different across policies and countries (…) the domestic impact of Europe is highly dependent upon the specific policy practice and political constellations at the national level."

Damit stellt sich die Frage nach den kausalen Verknüpfungen zwischen Integration und nationalen Europäisierungsmustern (Goetz 2000). Vermittels welcher Mechanismen oder nach welchen Logiken vollzieht sich Europäisierung? Auch zu dieser Frage liegt zwischenzeitlich ein breit gefächertes Schrifttum vor, das über die engere Diskussion zur öffentlichen Verwaltung hinausgreift. Dabei kann zum einen zwischen rationalen Ansätzen und solchen Erklärungsversuchen, die soziologisch-historischen Varianten des Neoinstitutionalismus zuzuordnen sind, unterschieden werden; zum anderen ist von Bedeutung, ob Europäisierung primär als das Ergebnis von „Anpassung" – gleich ob im Sinne „folgenorientierten" oder „angemessenen" Verhaltens – oder des „Gebrauchs von Europa" verstanden wird. Legt man diese beiden Merkmalspaare zugrunde, ergibt sich eine einfache (und unvermeidlich auch vereinfachende) Vierfeldermatrix, die bei der Einordnung der verschiedenen Beiträge hilfreich sein kann.

Abbildung 1: Vier Logiken der Europäisierung

	„Anpassung" (top-down)	„Gebrauch" (bottom-up)
Rationaler Ansatz	1. Grundannahme: Nationale Akteure reagieren „folgenorientiert" auf durch EU-Integration veränderte nationale Opportunitätsstrukturen	2. Grundannahme: Nationale Akteure bedienen sich der EU-Integration, um nationale Opportunitätsstrukturen folgenorientiert zu verändern
Historisch-soziologischer Neoinstitutionalismus	3. Grundannahme: Nationale Akteure lernen neue Formen des „angemessenen" Verhaltens in durch EU-Integration veränderten Normstrukturen	4. Grundannahme: Nationale Akteure bedienen sich der EU und „lernen" dabei neue Normstrukturen und auf sie bezogenes Verhalten

Quelle: basiert auf Börzel/Risse (2003), Dyson/Goetz (2003), Jacquot/Woll (2004), Schimmelfennig/Sedelmeier (2005).

Die unterschiedlichen Europäisierungslogiken, die sich mit rationalen bzw. historisch-soziologischen Ansätzen verbinden, haben Börzel und Risse (2003) herausgearbeitet (abweichend von der hier gebrauchten Terminologie sprechen sie von rationalistischen und soziologischen Institutionalismen). In beiden Fällen führen Unvereinbarkeiten zwischen EU und nationalen Politiken oder institutionellen Arrangements zu Anpassungsdruck auf der Ebene der Mitgliedstaaten. Folgt man der rationalen Logik verbinden sich damit neue Möglichkeiten und Restriktionen, und es kommt zu einer Umverteilung von Handlungsressourcen; eine geringe Zahl von Vetopunkten und begünstigende formale Institutionen befördern diesen Umverteilungsprozess. Die historisch-soziologi-sche Variante betont demgegenüber neue Normen, Ideen und Verständnisse, die, ver-mittels Sozialisation und sozialem Lernen, zu Wandel durch die Internalisierung von Normen und zu der Herausbildung neuer Identitäten führen. Diese Art des Wandels wird durch „norm entrepreneurs" und kooperative informelle Institutionen begünstigt. Während Börzel und Risse nun auf Unvereinbarkeiten („misfit" oder „mismatch") als notwendige, aber nicht hinreichende Voraussetzung von Europäisierungsprozessen be-stehen und dementsprechend Europäisierung als „Anpassung" betonen, heben Jacquot und Woll (2004) auf den strategischen, kognitiven und legitimierenden „Gebrauch", den nationale Akteure von Elementen der Integration machen, ab. Diese Elemente sind immateriell (z.B. diskursive Verweise, Ideen) und materiell (z.B. EU-Institutionen und finanzielle Ressourcen). Im Gegensatz zur Anpassungslogik betont diese auch als „bottom-up"-Logik bezeichnete Variante der Europäisierung „the use that domestic actors make of the EU in order to legitimate policy reforms, to develop new policy so-lutions, and to alter policy beliefs (...) The resultant conception of Europeanization adopts a more voluntarist viewpoint, seeing ‚top-down‘, coercive adjustment as a limit-ing case rather than the norm" (Dyson/Goetz 2003: 16).

Die verwaltungswissenschaftlichen Beiträge lassen sich ebenfalls danach ordnen, welche dieser Logiken sie hervorheben. Die Bedeutung folgenorientierter Anpassung auf externe Anreize (Logik 1) wird in der Literatur zur Europäisierung der postkom-munistischen Verwaltungen Mittel- und Osteuropas betont (siehe 4.), während das auf Südeuropa bezogene Schrifttum auf die Bedeutung des folgenorientierten „Gebrauchs" von Europa (Logik 2) durch modernisierungswillige technokratische Eliten verweist (z.B. Featherstone 2001; Dyson/Featherstone 1996). Die Mehrzahl der explizit theore-tisch reflektierten Beiträge sind allerdings dem historisch-soziologischen Neoinstitutio-nalismus verpflichtet, wie zum Beispiel die Arbeiten von Bulmer und Burch (2000) zur Anpassung der deutschen und britischen Ministerialverwaltung oder Harmsens (1999) französisch-niederländischer Vergleich. Ebenso wie Jordan (2003) in seiner Untersu-chung des britischen Umweltministeriums oder auch Dyson (2000) verstehen sie Euro-päisierung in erster Linie als Anpassungsprozess, betonen aber neben organisatorischen und prozeduralen Veränderungen insbesondere die verwaltungskulturellen Auswirkun-gen der EU-Integration (Logik 3). Im Hinblick auf Normstrukturen und die Identitä-ten der in ihnen handelnden Akteure sind neuere Arbeiten von Interesse, die sich mit der Frage beschäftigen, wie und mit welchen Folgen nationale Beamte in die europäi-sche Verwaltungszusammenarbeit sozialisiert werden (Beyers 2005; Beyers/Trondal 2004; Egeberg 1999; Lewis 2005) (Logik 3) und welche Rückwirkungen dies auf ihr Verhalten im nationalen Kontext hat (Logik 4).

4. Europäisierung am Beispiel Mittel- und Osteuropas

Welche Europäisierungslogik vorherrscht bzw. in welchen Verknüpfungen die Logiken auftreten, ist eine nicht *a priori*, sondern nur empirisch zu klärende Frage. Dafür bie-ten in jüngster Zeit die Staaten Mittel- und Osteuropas reichlich Anschauungsmaterial (Goetz 2001, 2005). Ihr Beispiel unterstreicht, dass Inkompatibilitäten sicherlich oft der entscheidende Auslöser von Europäisierungsprozessen sind; es zeigt aber auch, dass man zu kurz greift, wenn man Auswirkungen der europäischen Integration auf die nationalen Verwaltungssysteme primär im Sinne eines hierarchischen Über- und Unterordnungsverhältnisses fassen will und dementsprechend vor allem auf gleichsam unabweisbare Anpassungszwänge abstellt.

„Europäisierung-Ost" ist noch aus einem anderen Grund besonders instruktiv. Die Debatte um die Europäisierung der öffentlichen Verwaltung ist Teil eines umfassenderen sozialwissenschaftlichen Diskurses zur Internationalisierung, Transnationalisierung und Globalisierung moderner Staatlichkeit. Ausgangspunkt der Überlegungen ist dabei oft der überkommene Nationalstaat. Die institutionell, funktional und territorial eindeutig radizierte öffentliche Verwaltung ist konkreter Ausdruck dieser Staatlichkeit. Die mittel- und osteuropäische Erfahrung macht deutlich, dass eine solche Problembeschreibung die analytische Perspektive unzulässig verengt und unterstreicht, dass europäische Integration eben nicht notwendig und wohl nicht einmal im Regelfall auf fest gefügte, traditionsbewehrte und historisch legitimierte Formen der Staatlichkeit trifft. In Mittel- und Osteuropa ging die Annäherung an die EU mit einer umfassenden politischen, wirtschaftlichen und sozialen Transformation einher; in den baltischen Länder, der Tschechischen Republik, der Slowakei und Slowenien verliefen EU-Integration einerseits und Staats- und in einigen Fällen auch Nationenbildung parallel. Unter diesen Umständen ist Europäisierung nicht gleichbedeutend mit der Überwindung der traditionellen Muster moderner Staatlichkeit, sondern verknüpft mit deren Herausbildung und Konsolidierung (Dimitrov u.a. 2006).

Die Notwendigkeit, in den Staaten Mittel- und Osteuropas eine „europafähige" öffentliche Verwaltung zu etablieren, wurde schon früh im Beitrittsprozess deutlich (Nunberg 2000). Sie wurde in allgemeiner Form in den Kopenhagener Kriterien festgeschrieben (Dimitrova 2002) und wurde zunächst auf der Ebene der zentralen Exekutive sichtbar, wo institutionelle Vorkehrungen für die Vorbereitung und Durchführung der komplexen Beitrittsverhandlungen und für die rechtzeitige Umsetzung des Gemeinschaftsrecht in die nationalen Rechtsordnungen zu treffen waren. Später traten hierzu die Anforderungen an die öffentliche Verwaltung, die sich mit der ordnungsgemäßen Verwaltung der den Beitrittsländern gewährten Finanzhilfen verbanden („pre-accession funds"). Gleichzeitig galt es, die Verwaltungen in die Lage zu versetzen, EU-Politiken umfassend implementieren zu können. Der erhebliche Aufwand, der hiermit verbunden war, ist zum Beispiel für die Agrarpolitik (Tragl 2004; van Stolk 2005), die Umweltpolitik (Andonova 2004) und die Regionalförderung und Kohäsionspolitik (Ágh 2004) gut dokumentiert. Um ihre EU-Fähigkeit sicherzustellen, wurden die Beitrittskandidaten einem umfassenden Monitoring-System unterworfen, das in den jährlichen „Fortschrittsberichten" seinen sichtbarsten Ausdruck fand. Das Verfehlen einmal vereinbarter Ziele war sanktionsbewehrt, wobei die EU mit eine Reihe von „Konditionalitäten" operierte (Grabbe 2001).

Vor diesem Hintergrund liegt es nahe, Europäisierung in Mittel- und Osteuropa primär vermittels eines Modells der externen Anreize („external incentives model") zu verstehen, wie es Frank Schimmelfennig und Ulrich Sedelmeier (2005) entwickelt haben. Dieses Modell basiert auf der Annahme rationalen Akteursverhaltens und macht sich eine „top-down"-Perspektive der Europäisierung, die als die Übernahme von EU-

Regeln verstanden wird, zu eigen. Dabei gilt: „A government adopts EU rules if the benefits of EU rewards exceed the domestic adoption costs" (Schimmelfennig/Sedelmeier 2005: 12; im Original hevorgehoben; ähnlich auch Vachudová 2005). Unter Bezugnahme auf dieses Modell erklärt zum Beispiel Dimitrova (2005: 89) die Verankerung eines Berufsbeamtentums in der Mehrzahl der Staaten Mittel- und Osteuropas als Reaktion auf externe Anreize (die Konditionalitäten und Sanktionen mit einschließen):

„considerable changes in formal rules regarding the functioning of the civil services occurred in a relatively short period of time. In some cases these changes occurred without any evidence of prior existence of actor constellations in favor of reform. Given empirical evidence not only of rule adoption but also in some cases of a direct link between administrative reform legislation and the start of the respective candidate state's negotiations for membership, we can conclude with reasonable certainty that conditionality matters. The relative uniformity of the type of measures adopted also suggests that the changes are not the result of imitation (...) or lesson-drawing."

Gerade die Erfahrungen mit der Institutionalisierung des Berufsbeamtentums in Mittel- und Osteuropa zeigen allerdings auch sehr deutlich, dass Europäisierungseffekte dann kaum Nachhaltigkeit erlangen, wenn eine rationale „top-down"-Logik nicht durch andere Handlungslogiken abgestützt wird. Zwischen gesetzlichen Regelungen und personalpolitischer Praxis besteht in den meisten Staaten der Region ein erheblicher Unterschied. Gesetzliche Vorgaben, die auf die Entpolitisierung der Verwaltung zielen, werden zum Beispiel nach wie vor oft ignoriert oder unterlaufen (Meyer-Sahling 2004). In der Tschechischen Republik, wo sich die Annahme eines Gesetzes zur Einführung des Berufsbeamtentums am längsten verzögerte und die Einflussnahme der EU am offensichtlichsten war, wurde die Umsetzung des Gesetzes, kaum war es im Mai 2002 angenommen, erst einmal ausgesetzt. Entsprechend kritisch hieß es deshalb auch im von OECD-SIGMA (2003) im Auftrag der EU ausgeführten „Public Service and the Administrative Framework Assessment":

„it can be concluded that the Czech Republic has passed a law on civil service only to comply with the formal requirements posed by the European Commission's Regular Reports since 1998, and not because there is a genuine political commitment to make the civil service more professional and less dependent on political patronage" (2003: 1) „It is (...) unlikely that civil servants as defined by this law will be in place before 2008. The conclusion is that the positive effects of this law, if any, will begin to be seen only in some five years, which represents an unforeseeable future" (2003: 5).

Finden sich also keine nationalen Akteure, die willens und in der Lage sind, „Gebrauch" von Europa zu machen, fehlt es den Effekten einer „top-down" Anpassung an Tiefe und Nachhaltigkeit. In dieselbe Richtung weisen auch Arbeiten zum Einfluss der EU auf die Entwicklung der intergouvernementalen Beziehungen in Mittel- und Osteuropa. Der Vergleich zwischen den von der EU verfolgten Absichten auf dem Gebiet der Regionalpolitik und Regionalisierung und den tatsächlichen Entwicklungen in Mittel- und Osteuropa lässt Hughes, Sasse und Gordon (2004a, 2004b) vom „Mythos der Konditionalität" sprechen. In ihren Arbeiten zu Ungarn kommen Vass (2004) und Ágh (2004, 2005) zu ähnlichen Schlüssen.

    Aus institutionentheoretischer Sicht sind die Befunde mangelnder Tiefe und Nachhaltigkeit der Europäisierung der öffentlichen Verwaltung nicht überraschend. Zum einen herrschte zweifellos ein großer materieller Anpassungsdruck, der durch die eviden-te Machtasymmetrie im Prozess der Beitrittsverhandlungen noch verstärkt wurde. Des-halb steht zu erwarten, dass Europäisierung erst dann und in dem Maße in die Tiefe wirkt, wie sich das Verhältnis zwischen der EU und den neuen Mitgliedern in die Richtung gegenseitiger Abhängigkeit und des Interessenausgleich fortbildet. Zum ande-ren braucht Europäisierung – verstanden als die Herausbildung neuer Normen und Identitäten und als ein Lern- und Sozialisationsprozess – Zeit. Aus neo-institutionalis-tischer Perspektive sind solche Effekte am ehesten unter der Bedingung eines stetigen und umfassenden Kontaktes mit EU-Institutionen zu erwarten. Erste Arbeiten zur eu-ropäischen Sozialisation von nationalen Beamten aus den neuen Mitgliedsländern wei-sen in diese Richtung (Drulák u.a. 2003).

5. Europäisierte oder europäische Verwaltung?

Die bisherigen Europäisierungserfahrungen in Mittel- und Osteuropa sind nicht nur interessant, weil sie den Zusammenhang zwischen Mustern der Integration und Mus-tern der Europäisierung in Erinnerung rufen. Der politische Wille der EU-15 sicherzu-stellen, dass die Beitrittsländer vom Beginn ihrer Mitgliedschaft an in der Lage sein sollten, den *acquis communautaire* möglichst umfassend umzusetzen, war auch der ent-scheidende Anstoß für die Entwicklung einer EU-Verwaltungspolitik. Diese war zu-nächst vor allem auf die Koordinierung der vielfältigen Initiativen der Mitgliedstaaten, Hilfe bei der Verwaltungstransformation in den postkommunistischen Staaten Mittel- und Osteuropas zu leisten, gerichtet und hatte eher eine „horizontale" Ausrichtung, zielte also auf sektorübergreifende Probleme, wie die Personalpolitik, ab (Speer 2002).

Mit dem Voranschreiten des Beitrittsprozesses, in dessen Verlauf Fragen des *capacity building* in den Vordergrund traten, entwickelte sich die EU-Verwaltungspolitik in doppelter Hinsicht. Zum einen traten zunehmend sektorale Anliegen, wie der Zustand der Finanzverwaltung oder die Schaffung der institutionellen Voraussetzungen für die Umsetzung der EU-Agrarpolitik, in den Vordergrund, was bisweilen als eine Verengung der verwaltungspolitischen Ambitionen der EU kritisiert wurde; zum anderen sah sich aber insbesondere die EU Kommission, die ja die Fortschritte des *capacity building* der Beitrittskandidaten überwachen sollte, mit der Notwendigkeit konfrontiert, einschlägi-ge Kriterien und Standards zu entwickeln, anhand derer diese „Fortschritte" gemessen werden konnten. Dass dies in Anbetracht der Unterschiede in den Verwaltungsstruktu-ren und -prozessen der EU-15 kein einfaches Unterfangen war, versteht sich von selbst.

Gleichzeitig beförderten die auf die Verwaltungshilfe in Mittel- und Osteuropa zie-lenden Maßnahmen die Zusammenarbeit und den Erfahrungsaustausch unter den EU-15 und später den EU-25. Die Merkmale dieser Zusammenarbeit entsprechen denen der „policy coordination", die nach Helen Wallace (2005) mittlerweile einen eigenstän-digen Modus der EU-Politik darstellen: „The approach rests a great deal on expertise, and the accumulation of arguments in favour of developing a shared approach and to promote modernization and innovation" (ebenda: 85). Beispiele sind die vielfältigen Aktivitäten, die sich mit dem „Gemeinsamen Qualitätsbewertungssystem" (Common Assessment Framework) für die europäischen öffentlichen Verwaltungen verbinden, oder der Erfahrungsaustausch im Rahmen des European Public Administration Network. Betrachtet man die relevanten Aktivitäten der EU in der Gesamtschau, wird klar, dass die EU nicht nur gegenüber den neuen Mitgliedstaaten, den gegenwärtigen Beitrittskandidaten sowie Dritten, wie zum Beispiel den Teilnehmern der Euro-mediterranen Partnerschaft ein verwaltungspolitischer wichtiger Akteur ist; auch die EU-15 sind in der Zwischenzeit in einen intensiven, zum Teil von der EU angestoßenen, zum Teil über sie vermittelten verwaltungspolitischen und -praktischen Austauschprozess eingebunden.

In diesen Kontext fügt sich auch die Diskussion um den „Europäischen Verwaltungsraum", ein Begriff, der auf Konvergenz in den mitgliedstaatlichen Verwaltungssystemen verweist (Siedentopf/Speer 2003; Siedentopf 2004) und normativ besetzt ist: „‚European administrative space‘ has symbolic overtones of European integration and unity and can be seen as part of a normative programme" (Olsen 2003: 508). Aus der Sicht der Verfechter dieses Konzeptes ließen sich die europäisierten nationalen Verwaltungen gleichsam als Zwischenstufe einer Entwicklung vom „Europa der (nationalen) Verwaltungen" zum „Europäischen Verwaltungsraum" verstehen. Nun scheinen allerdings die Konvergenzannahmen, die dem Konzept zugrunde liegen, der empirischen Überprüfung kaum Stand zu halten, ein Umstand, auf den die Europäisierungsdebatte immer wieder verweist. Das heißt aber nicht im Umkehrschluss, dass die „europäisierte nationale Verwaltung" den Endpunkt der europäischen Verwaltungsentwicklung bildet. Zentrales Anliegen der Europäisierungsforschung ist es bislang gewesen, die innerstaatlichen Veränderungen, die sich mit dem EU-Integrationsprozess verbinden, zu dokumentieren und zu erklären. Zwar wird dabei gemeinhin anerkannt, dass Muster der Integration und Muster der Europäisierung in einem engen kausalen Zusammenhang stehen. Das Hauptaugenmerk liegt aber, dem analytischen Ansatz gemäß, auf den nationalen Effekten, gleich ob diese einer „top-down"- oder einer „bottom-up"-Logik geschuldet sind.

Damit sind allerdings die Verflechtungstatbestände, die sich mit der administrativen „Öffnung des Staates" (Wessels 2000) einerseits und den quantitativen und qualitativen Veränderungen des EU-Verwaltungssystems andererseits verbinden, nicht ausreichend erfasst. Erste Versuche, eine diesen Tatbeständen angemessene Begrifflichkeit zu entwickeln, liegen vor, wie „vernetztes Verwaltungssystem" (Nørgård 2005) oder die von Siedentopf und Speer (2003) favorisierte „europäische Verwaltungsgemeinschaft".

Wichtiger als das Begriffliche ist es aber – und hiermit wird ein zentrales Desiderat der politikwissenschaftlichen Verwaltungsforschung der kommenden Jahre benannt – zunächst die Wesensmerkmale der zwischen- und transnationalen Verflechtungstatbestände empirisch besser zu erfassen (Bach 1999; Jacobssen u.a. 2004; Wessels 2000). Dazu leisten die Europa- und Integrationsforschung und die Europäisierungsforschung unabdingbare Beiträge. Die empirischen und analytischen Herausforderungen erschöpfen sich aber nicht in der systematisierenden Zusammenschau ihrer bisherigen Erkenntnisse. Welches sind die wichtigsten Dimensionen, die eine Analyse zu berücksichtigen hat, die nicht nur die Auswirkungen der Integration auf die nationale Verwaltung erfassen will (dies ist das Hauptanliegen der Europäisierungsforschung), sondern auch das Agieren der nationalen Verwaltungen in zwischen- und transnationalen Zusammenhängen (Egeberg 2006). Von Bedeutung sind:

– die Entwicklung – funktional, institutionell und personell – der EU-Institutionen und ihrer Verwaltungen (vor allem Parlament, Rat, Kommission und Zentralbank). Zu nennen sind hier u.a. das Weißbuch „Europäisches Regieren" (2001) und die damit im Zusammenhang stehenden Initiativen (bessere Gesetzgebung, Anforderungen an Konsultation, „impact assessment" (Gesetzesfolgenabschätzung), Einbeziehung von Expertenwissen, Zielvereinbarungen, Agenturen, Komitologie, Verfahren bei Verstößen gegen das Gemeinschaftsrecht, Dialog mit lokalen und regionalen Gebietskörperschaften) sowie das Weißbuch zur Reform der Kommission Teil I und II) (2000) und die darauf aufbauenden Maßnahmen;
– die Entwicklung der auf die Mitgliedstaaten, Beitrittsländer und -kandidaten zielende EU-Verwaltungspolitik und ihre Auswirkungen;
– die Entwicklung der Beteiligungsformen nationaler Verwaltungen an den Entscheidungsprozessen der EU-Institutionen („how the nation states hit Europe" – Beyers and Trondal 2004) und ihre Rückwirkungen auf nationale Verwaltungen;
– die Entwicklung bilateraler und multilateraler Formen der horizontalen Verwaltungskooperation (z.B. in Grenzgebieten);
– die Entwicklung traditioneller und neuartiger „policy modes" auf europäischer Ebene und die Inhalte und Instrumente europäischer Politik und ihre Auswirkungen auf die mitgliedstaatlichen Verwaltungen („how Europe hits home" – Börzel/Risse 2000).

Die politikwissenschaftliche Verwaltungsforschung zu diesen Fragen kann nur dann auch konzeptionelle und theoretische Früchte tragen und auf die breitere sozialwissenschaftliche Diskussion ausstrahlen, wenn sie sich in den Kontext der Integrations- wie der Europäisierungsforschung stellt und sich von den Bemühungen, beide in ihrer wechselseitigen Abhängigkeit zu verstehen, inspirieren lässt. Der Debatte um die „European governance" (Kohler-Koch 2003, 2005) gebührt in diesem Zusammenhang besondere Aufmerksamkeit, weil ihr zentrales Anliegen die Analyse der Interdependenz von EU und nationaler Governance ist.

Literatur

Ágh, Attila (Hrsg.), 2004: Europeanization and Regionalization: Hungary's Accession. Budapest: Hungarian Centre for Democracy Studies.

Ágh, Attila, 2005: Systemic Change and Reform Waves in Hungary, in: *Ágh, Attila u.a.*, Institutional Design and Regional Capacity-Building in the Post-Accession Period. Budapest: Hungarian Centre for Democracy Studies.

Andonova, Liliana B., 2004: Transnational Politics of the Environment: The European Union and Environmental Policy in Central and Eastern Europe. Cambridge, Mass.: MIT Press.

Bach, Maurizio, 1999: Die Bürokratisierung Europas: Verwaltungseliten, Experten und politische Legitimation in Europa. Frankfurt a.M.: Campus.

Benz, Arthur, 2004: Path-Dependent Institutions and Strategic Veto Players: National Parliaments in the European Union, in: West European Politics 27, 875–900.

Beyers, Jan, 2005: Multiple Embeddedness and Socialization in Europe: The Case of Council Officials, in: International Organization 59, 899–936.

Beyers, Jan/Trondal, Jarle, 2004: How Nation States 'Hit' Europe: Ambiguity and Representation in the European Union, in: West European Politics 27, 919–942.

Börzel, Tanja/Risse, Thomas, 2000: When Europe Hits Home: Europeanization and Domestic Change, in: European Integration online Papers, 4: 15.

Börzel, Tanja/Risse, Thomas, 2003: Conceptualizing the Domestic Impact of Europe, in: Featherstone, Kevin/Radaelli, Claudio (Hrsg.), The Politics of Europeanization. Oxford: University Press, 57–80.

Buller, Jim/Gamble, Andrew, 2002: Conceptualizing Europeanization, in: Public Policy and Administration 17, 4–24.

Bulmer, Simon/Burch, Martin, 1998: Organizing for Europe: Whitehall, the British State and European Union, in: Public Administration 76, 601–628.

Bulmer, Simon/Burch, Martin, 2000: Die Europäisierung von Regierungsinstitutionen: Deutschland und das vereinigte Königreich im Vergleich, in: Michèle Knodt/Beate Kohler-Koch (Hrsg.), Deutschland zwischen Europäisierung und Selbstbehauptung. Frankfurt a.M.: Campus, 265–291.

Calise, Maurizio, 2005: Presidentialization, Italian Style, in: Poguntke, Thomas/Webb, Paul (Hrsg.), The Presidentialization of Politics: A Comparative Study of Modern Democracies. Oxford: University Press, 88–106.

Dimitrov, Vesselin/Goetz, Klaus H./Wollmann, Hellmut, 2006: Governing after Communism: Institutions and Policymaking. Lanham: Rowman & Littlefield.

Dimitrova, Antoaneta, 2002: Enlargement, Institution-Building and the EU's Administrative Capacity Requirement, in: West European Politics 25, 171–190.

Dimitrova, Antoaneta, 2005: Europeanization and Civil Service Reform in Central and Eastern Europe, in: Schimmelfenning, Frank/Sedelmeier, Ulrich (Hrsg.), The Europeanization of Central and Eastern Europe. Ithaca, NY: Cornell University Press, 71–90.

Drulák, Petr/Cesal, Jiri/Hampl, Stanislav, 2003: Interactions and Identities of Czech Civil Servants on their Way to the EU, in: Journal of European Public Policy 10, 637–654.

Dyson, Kenneth, 2000: Europeanization, Whitehall Culture and the Treasury as Institutional Veto Player: A Constructivist Approach to Economic and Monetary Union, in: Public Administration 78, 897–914.

Dyson, Kenneth, 2002: Introduction: EMU as Integration, Europeanization, and Convergence, in: Dyson, Kenneth (Hrsg.), European States and the Euro: Europeanization, Variation, and Convergence. Oxford: University Press, 1–27.

Dyson, Kenneth/Featherstone, Kevin, 1996: Italy and EMU as a 'Vincolo Esterno': Empowering the Technocrats, Transforming the State, in: South European Society & Politics 1, 272–299.

Dyson, Kenneth/Featherstone, Kevin, 1999: The Road to Maastricht: Negotiating EMU. Oxford: University Press.

Dyson, Kenneth/Goetz, Klaus H., 2003: Living with Europe: Power, Constraint and Contestation, in: Dyson, Kenneth/Goetz, Klaus H. (Hrsg.), Germany, Europe and the Politics of Constraint. Oxford: University Press, 3–36.

Egeberg, Morten, 1999: Transcending Intergovernmentalism? Identity and Role Perceptions of National Officials in EU Decision-making, in: Journal of European Public Policy 6, 456–474.

Egeberg, Morten (Hrsg.), 2006: The Multilevel Union Administration: The Transformation of Executive Politics in Europe. Basingstoke: Palgrave.

Falkner, Gerda/Treib, Oliver/Hartlapp, Miriam/Leiber, Simone, 2005: Complying with Europe: EU Harmonisation and Soft Law in the Member States. Cambridge: University Press.

Featherstone, Kevin, 2001: Cyprus and the Onset of Europeanization: Strategic Usage, Structural Transformation and Institutional Adaptation, in: Kevin Featherstone/George Kazamias (Hrsg.), Europeanization and the Southern Periphery. London: Frank Cass Publishers, 141–162.

Featherstone, Kevin/Radaelli, Claudio (Hrsg.), 2003: The Politics of Europeanization. Oxford: University Press.

Goetz, Klaus H., 1995: Ein neuer Verwaltungstyp in Mittel- und Osteuropa? Zur Entwicklung der post-kommunistischen öffentlichen Verwaltung, in: Wollmann, Hellmut/Wiesenthal, Helmut/Bönker, Frank (Hrsg.), Transformation sozialistischer Gesellschaften: Am Ende des Anfanges. Opladen: Westdeutscher Verlag, 538–553.

Goetz, Klaus H., 2000: European Integration and National Executives: A Cause in Search of an Effect?, in: West European Politics 23, 211–231.

Goetz, Klaus H., 2001: Making Sense of Post-Communist Central Administration: Modernization, Europeanization or Latinization?, in: Journal of European Public Policy 8, 1032–1051.

Goetz, Klaus H., 2003: The Federal Executive: Bureaucratic Fusion versus Governmental Bifurcation, in: *Dyson, Kenneth H. F./Goetz, Klaus H.* (Hrsg.), Germany, Europe and the Politics of Constraint. Oxford: University Press, 55–72.

Goetz, Klaus H., 2005: The New Member States and the EU: Responding to Europe, in: *Bulmer, Simon/Lequesne, Christian* (Hrsg.), Member States and the European Union. Oxford: University Press, 254–280.

Goetz, Klaus H./Hix, Simon (Hrsg.), 2001: Europeanised Politics? European Integration and National Political Systems. London: Frank Cass Publishers.

Goldsmith, Mike, 2003: Variable Geometry, Multilevel Governance: European Integration and Subnational Government in the New Millennium, in: *Featherstone, Kevin/Radaelli, Claudio M.* (Hrsg.), The Politics of Europeanization. Oxford: University Press, 112–133.

Grabbe, Heather, 2001: How Does Europeanisation Affect CEE Governance? Conditionality, Diffusion and Diversity, in: Journal of European Public Policy 8, 1013–1031.

Green Cowles, Maria/Caporaso, Jim/Risse, Thomas (Hrsg.), 2001: Transforming Europe: Europeanization and Domestic Change. Ithaca, NY: Cornell University Press.

Harmsen, Robert, 1999: The Europeanization of National Administrations: A Comparative Study of France and the Netherlands, in: Governance 12, 81–113.

Héritier, Adrienne/Knill, Christoph/Lehmkuhl, Dirk/Teutsch, Michael/Douillet, Anne-C., 2001: Differential Europe: The European Union Impact on National Policymaking. Lanham, MD: Rowman & Littlefield.

Hix, Simon/Raunio, Tapio, 2000: Backbenchers Learn to Fight Back: European Integration and Parliamentary Government, in: West European Politics 23, 142–168.

Hooghe, Liesbet/Marks, Gary, 2001: Multi-level Governance and European Integration. Lanham, MD: Rowman & Littlefield.

Hughes, James/Sasse, Gwen/Gordon, Claire, 2004a: Conditionality and Compliance in the EU's Eastward Enlargement: Regional Policy and the Reform of Subnational Government, in: Journal of Common Market Studies 42, 523–551.

Hughes, James/Sasse, Gwen/Gordon, Claire, 2004b: Europeanization and Regionalization in the EU's Enlargement to Central and Eastern Europe: The Myth of Conditionality. Basingstoke, NY: Palgrave Macmillan.

Jacobsson, Bengt/Laegreid, Per/Pedersen, Ove K., 2004: Europeanization and Transnational States: Comparing Nordic Central Government. London: Routledge.

Jacquot, Sophie/Woll, Cornelia, 2004: Usages et travail politique: une sociologie compréhensive des usages de l'intégration européenne, in: *Jacquot, Sophie/Woll, Cornelia* (Hrsg.), Les usages de l'Europe: Acteurs et transformations européennes. Paris: L'Harmattan, 1–29.

Jann, Werner/Döhler, Marian/Fleischer, Julia/Hustedt, Thurid/Tiessen, Jan, 2005: Regierungsorganisation als Institutionenpolitik: ein westeuropäischer Vergleich. Potsdam, Forschungspapiere „Regierungsorganisation in Europa", Heft 1.

Jeffery, Charlie, 2002: The 'Europe of the Regions' from Maastricht to Nice. Belfast: Queen's Papers on Europeanisation 7.

Jordan, Andrew, 2003: The Europeanization of National Government and Policy: A Departmental Perspective, in: British Journal of Political Science 33, 261–282.

Kassim, Hussein, 2000: Conclusion: The National Co-ordination of EU Policy; Confronting the Challenge, in: *Kassim, Hussein/Peters, B. Guy/Wright, Vincent* (Hrsg.), The National Co-ordination of EU Policy: The Domestic Level. Oxford: University Press, 235–264.

Kassim, Hussein, 2003: Meeting the Demands of EU Membership: The Europeanization of National Administrative Systems, in: *Featherstone, Kevin/Radaelli, Claudio M.* (Hrsg.), The Politics of Europeanization. Oxford: University Press, 83–111.

Kassim, Hussein/Peters, B. Guy/Wright, Vincent (Hrsg.), 2000: The National Co-ordination of EU Policy: The Domestic Level. Oxford: University Press.

Katzenstein, Peter J. (Hrsg.), 1997: Tamed Power: Germany in Europe. Ithaca, NY: Cornell University Press.

Keating, Michael, 1998: The New Regionalism in Western Europe: Territorial Restructuring and Political Change. Aldershot: Edward Elgar Pub.

Keating, Michael/Hughes, James (Hrsg.), 2003: The Regional Challenge in Central and Eastern Europe: Territorial Restructuring and European Integration. Frankfurt a.M.: College of Europe Pubns.

Knill, Christoph, 2001: The Europeanisation of National Administrations: Patterns of Institutional Change and Persistence. Cambridge: University Press.

Kohler-Koch, Beate, 2003: Interdependent European Governance, in: Kohler-Koch, Beate (Hrsg.), Linking EU and National Governance. Oxford: University Press, 10–23.

Kohler-Koch, Beate, 2005: European Governance and System Integration. European Governance Papers (EUOGOV) No C05-01.

Ladrech, Robert, 2002: Europeanization and Political Parties: Towards a Framework of Analysis, in: Party Politics 8, 389–404.

Laffan, Brigid, 2003: Managing Europe from Home: Impact of the EU on Executive Government. A Comparative Analysis. Dublin European Institute, Occasional Paper 01.–09.03.

Larsson, Torbjörn/Trondal, Jarle, 2005: After Hierarchy? The Differentiated Impact of the European Commission and the Council of Ministers on Domestic Executive Governance. Oslo, ARENA Working Paper series 22/2005.

Lewis, Jeffrey, 2005: The Janus Face of Brussels: Socialization and Everyday Decision Making in the European Union, in: International Organization 59, 937–971.

Lippert, Barbara/Umbach, Gaby, 2005: The Pressure of Europeanisation: From Post-Communist State Administrations to Normal Players in the EU System. Baden-Baden: Nomos.

Marks, Gary/Steenbergen, Marco R. (Hrsg.), 2004: European Integration and Political Conflict. Cambridge: University Press.

Maurer, Andreas, 2003: Germany: Fragmented Structures in a Complex System, in: Wessels, Wolfgang/Maurer, Andreas/Mittag, Jürgen (Hrsg.), Fifteen into One? The European Union and its Member States. Manchester: University Press, 115–149.

Maurer, Andreas/Mittag, Jürgen/Wessels, Wolfgang, 2003a: National Systems' Adaptation to the EU System: Trends, Offers, and Constraints, in: Kohler-Koch, Beate (Hrsg.), Linking EU and National Governance. Oxford: University Press, 53–81.

Maurer, Andreas/Mittag, Jürgen/Wessels, Wolfgang, 2003b: Preface and Major Findings, in: Wessels, Wolfgang/Maurer, Andreas/Mittag, Jürgen (Hrsg.), Fifteen into One? The European Union and its Member States. Manchester: University Press, xiii–xviii.

Maurer, Andreas/Wessels, Wolfgang (Hrsg.), 2001: National Parliaments on their Ways to Europe: Losers or Latecomers? Baden-Baden: Nomos.

Melsæther, Jan Kåre/Sverdrup, Ulf, 2004: The Parliamentary Challenge in the EU and the EEA: An Increasing Gap. Oslo, ARENA Working Paper series 17/2004.

Meyer-Sahling, Jan-Hinrik, 2004: Civil Service Reform in Post-Communist Europe: The Bumpy Road to Depoliticisation, in: West European Politics 27, 71–103.

Mittag, Jürgen/Wessels, Wolfgang, 2003: The 'One' and the 'Fifteen'? The Member States between Procedural Adaptation and Structural Revolution, in: Wessels, Wolfgang/Maurer, Andreas/Mittag, Jürgen (Hrsg.), Fifteen into One? The European Union and its Member States. Manchester: University Press, 413–454.

Moravcsik, Andrew, 1994: Why the European Union Strengthens the State: Domestic Politics and International Cooperation. Cambridge MA, Center for European Studies, Working Paper Series No 52.

Nørgård, Gitte Hyttel, 2005: Towards a Networked-Administrative System in the EU? The Case of the Danish IT and Telecom Agency. Oslo, ARENA Working Paper Series 03/2005.

Nunberg, Barbara, 2000: Ready for Europe: Public Administration Reform and European Accession in Central and Eastern Europe. Washington, DC: World Bank – Technical Papers.

OECD-SIGMA, 2003: Czech Republic Public Service and the Administrative Framework Assessment 2003. Paris (*http://www.oecd.org/dataoecd/38/8/34962861.pdf*).

Olsen, Johan P., 2002: The Many Faces of Europeanization, in: Journal of Common Market Studies 40, 921–951.

Olsen, Johan P., 2003: Towards a European Administrative Space?, in: Journal of European Public Policy 10, 506–531.

Page, Edward C., 2003: Europeanization and the Persistence of Administrative Systems, in: *Hayward, Jack/Menon, Anand* (Hrsg.), Governing Europe. Oxford: University Press.

Poguntke, Thomas/Webb, Paul, 2005: The Presidentialization of Politics in Democratic Societies: A Framework of Analysis, in: *Poguntke, Thomas/Webb, Paul* (Hrsg.), The Presidentialization of Politics: A Comparative Study of Modern Democracies. Oxford: University Press, 1–25.

Radaelli, Claudio M., 2003: The Europeanization of Public Policy, in: *Featherstone, Kevin/Radaelli, Claudio M.* (Hrsg.), The Politics of Europeanization. Oxford: University Press, 27–56.

Saalfeld, Thomas, 2003: The Bundestag: Institutional Incrementalism, Behavioural Reticence, in: *Dyson Kenneth H. F./Goetz, Klaus H.* (Hrsg.), Germany, Europe and the Politics of Constraint. Oxford: University Press.

Schimmelfennig, Frank/Sedelmeier, Ulrich, 2005: Introduction: Conceptualizing the Europeanization of Central and Eastern Europe, in: *Schimmelfennig, Frank/Sedelmeier, Ulrich* (Hrsg.), The Europeanization of Central and Eastern Europe. Ithaca, NY: Cornell University Press, 1–28.

Siedentopf, Heinrich/Speer, Benedikt, 2003: The European Administrative Space from a German Administrative Science Perspective, in: International Review of Administrative Sciences 69, 9–28.

Siedentopf, Heinrich (Hrsg.), 2004: Der Europäische Verwaltungsraum. Baden-Baden: Nomos.

Speer, Benedikt, 2002: Governance, Good Governance und öffentliche Verwaltung in den Transformationsländern Mittel- und Osteuropas: SIGMA-Programm als gemeinsame Initiative von EU und OECD, in: *Koenig, Klaus/Adam, Markus/Speer, Benedikt/Theobald, Christian* (Hrsg.), Governance als entwicklungs- und transformationspolitisches Konzept. Berlin, Schriftenreihe der Hochschule Speyer HS 151, 207–275.

Sturm, Roland/Pehle, Heinrich, 2005: Das neue deutsche Regierungssystem: Die Europäisierung von Institutionen, Entscheidungsprozessen und Politikfeldern in der Bundesrepublik Deutschland. Wiesbaden: VS Verlag für Sozialwissenschaften.

Taggart, Paul, 1998: A Touchstone of Dissent: Euroscepticism in Contemporary Western European Party Systems, in: European Journal of Political Research 33, 363–388.

Taggart, Paul/Szczerbiak, Aleks, 2004: Contemporary Euroscepticism in the Party Systems of the European Union Candidate States of Central and Eastern Europe, in: European Journal of Political Research 41, 1–28.

Tragl, Stefanie, 2004: Landwirtschaftsverwaltung in Polen: Verzögerte Reformen in einem instabilen politischen Umfeld. Potsdam, Forschungspapiere „Probleme der Öffentlichen Verwaltung in Mittel- und Osteuropa, Heft 1.

van Stolk, Christian, 2005: Europeanization of Regional and Agricultural Policy in the Czech Republic and Poland. London, PhD thesis, London School of Economics and Political Science.

Vachudová, Milada Anna, 2005: Europe Undivided: Democracy, Leverage, and Integration after Communism. Oxford: University Press.

Vass, László, 2004: Regional Reform in Hungary: Does EU Enlargement Matter?, in: *Dimitrova, Antoaneta* (Hrsg.), Driven to Change: The European Union's Enlargement Viewed from the East. Manchester: University Press, 131–144.

Wallace, Helen, 2005: An Institutional Anatomy and Five Policy Modes, in: *Wallace, Helen/Wallace, William/Pollack, Mark A.* (Hrsg.), Policy-Making in the European Union. 5. Auflage. Oxford: University Press, 49–90.

Wessels, Wolfgang, 1992: Staat und (westeuropäische) Integration; Die Fusionsthese, in: *Kreile, Michael* (Hrsg.), Die Integration Europas. PVS Sonderheft 23. Wiesbaden, 36–61.

Wessels, Wolfgang, 1999: Strukturen und Verfahren Bonner EU-Politik – eine administrativ-politische Mehrebenenfusion, in: *Derlien, Hans-Ulrich/Murswieck, Axel* (Hrsg.), Der Politikzyklus zwischen Bonn und Brüssel. Opladen: Leske + Budrich, 21–38.

Wessels, Wolfgang, 2000: Die Öffnung des Staates: Modelle und Wirklichkeit grenzüberschreitender Verwaltungspraxis 1960–1995. Opladen: Leske + Budrich.

Wessels, Wolfgang/Maurer, Andraes/Mittag, Jürgen (Hrsg.), 2003: Fifteen into One? The European Union and its Member States. Manchester: University Press.

Die Rolle von Verwaltungsstäben internationaler Organisationen. Lücken, Tücken und Konturen eines (neuen) Forschungsfelds

Andrea Liese / Silke Weinlich

1. Einleitung*

Neben den Verwaltungen auf bundesstaatlicher, föderaler und lokaler Ebene gibt es internationale Verwaltungen, die in der Öffentlichkeit weitaus weniger bekannt sind und in den Medien und der Wissenschaft auch seltener thematisiert werden. Zum Teil sind sie von ähnlichen Entwicklungen betroffen wie die Verwaltungen im Nationalstaat: Sie sind Opfer von Mittelkürzungen und Stellenabbau, werden evaluiert und müssen sich permanent neuen sozioökonomischen und gesellschaftlichen Veränderungen stellen. Was wissen wir über das Wirken dieser Verwaltungen, die etwa in Genf, Nairobi, New York oder Rom ansässig sind? Der vorliegende Beitrag evaluiert theoretisch-konzeptionelle Beiträge sowie empirische Studien und erhebt dadurch den aktuellen Forschungsstand zu internationalen Verwaltungen.

Die empirische und theoretische Forschung zur Rolle internationaler Organisationen erlebt derzeit einen Wandel, da sie sich, wenn auch nur vereinzelt und noch nicht systematisch, den Verwaltungsstäben internationaler Organisationen und den Sekretariaten internationaler Regime zuwendet und sich somit auf das Innenleben von internationalen Organisationen besinnt (z.B. Barnett/Finnemore 2004; Bauer 2006; Fröhlich 2005; Reinalda/Verbeek 2004b; Hamlet 2004a; Trondal u.a. 2004; Weaver 2003). Das derzeit wohl wichtigste Werk zur Akteursrolle internationaler Organisationen aus der Perspektive der Internationalen Beziehungen von Michael Barnett und Martha Finnemore (2004: 165) geht sogar so weit, einen Trend zur „Bürokratisierung der Weltpolitik" zu erkennen, in dessen Rahmen internationale Verwaltungsstäbe internationalen Organisationen zu ihrem bislang größten Einfluss auf andere Akteure verhelfen. Auch auf wissenschaftlichen Tagungen wird den Verwaltungen von internationalen Organisationen, etwa dem Internationalen Arbeitsamt in Genf, dem Generalsekretariat der Vereinten Nationen in New York, dem Büro der Welternährungsorganisation in Rom oder dem Mitarbeiterstab der Weltbank in Washington, um nur einige zu nennen, in jüngerer Zeit verstärkt Aufmerksamkeit gewidmet.[1]

* Wir danken Steffen Bauer, Anna Herrhausen, Sebastian Mayer, Ursula Schröder, Dieter Senghaas, Bernhard Zangl sowie den Teilnehmer(inne)n des Forschungskolloquiums an der Arbeitsstelle Transnationale Beziehungen, Außen- und Sicherheitspolitik der Freien Universität Berlin für hilfreiche Anregungen zu diesem Beitrag.

1 Verwiesen sei hier etwa auf die Tagung „Organizing the World: Rules and Rule-Setting among Organizations" vom 13. bis 15. Oktober 2005 in Stockholm (ein Bericht findet sich bei Dingwerth/Campe 2006) oder die für den 30. Juni – 1. Juli 2006 an der Universität Konstanz geplante Tagung zu „Managementreformen in internationalen und supranationalen Verwaltungen".

Demgegenüber hatten die Analysen und Studien über internationale Organisationen, die zwischen Anfang der 1970er und Ende der 1990er Jahre verfasst worden waren, die Bürokratien internationaler Organisationen kaum angesprochen (eine Ausnahme bilden die Beiträge in Pitt/Weiss 1986). Überblicksbeiträge und Lehrbücher haben diese Auslassung bis heute fortgeführt (z.B. Armstrong u.a. 2004; Archer 2001; Rittberger/Zangl 2003; Simmons/Martin 2001; Sprinz 2003). Den Verwaltungsstäben internationaler Organisationen wird somit kaum Aufmerksamkeit gewidmet – ein Umstand, der bereits mehrfach beklagt worden ist (Pitt 1986: 23; Trondal u.a. 2004: 3; Biermann/Bauer 2005: 7–9). Die beiden Disziplinen, die sich traditionell am meisten mit internationalen Organisationen beschäftigen, die Internationalen Beziehungen in der Politikwissenschaft sowie das Staats- und Völkerrecht in den Rechtswissenschaften, sind überwiegend verwaltungsblind.

Wieso sollten Verwaltungen von Interesse für die Analyse internationaler Politik sein? Drei neuere Entwicklungen, die sich in der Schwerpunktsetzung politikwissenschaftlicher Forschung widerspiegeln, erfordern unseres Erachtens, dass grundlegend neu über internationale Organisationen nachgedacht und Verwaltungsstäbe stärker in die Analyse internationaler Beziehungen einbezogen werden müssen.

(1) Angesichts immer komplexerer, grenzüberschreitender Wechselwirkungen von Politik und ihrer oft unvorhersehbaren und plötzlich eintretenden Konsequenzen gewinnt Expertenwissen an Bedeutung für die politische Steuerung und internationale Politikgestaltung (vgl. bereits Haas 1992). Analog rückt die Expertise von internationalen Verwaltungen ins Zentrum der Aufmerksamkeit, weil zur Lösung grenzüberschreitender Probleme nicht nur eine Einigung oder Koordination nationaler Politiken nötig ist. Für komplexe Probleme stehen vielfach keine nationalen Lösungsvorschläge bereit, die nur noch auf die zwischenstaatliche Ebene übertragen werden müssten. So fehlt es in vielen Staaten an Kenntnissen und Konzepten, um erfolgreich Armut zu bekämpfen und globale, regionale oder lokale Umweltkatastrophen oder die Verbreitung von Viren zu verhindern.

(2) Im Globalisierungsprozess verändert sich die Rolle des Staates und damit auch die Rolle der Verwaltung. Effektive Steuerung ist im nationalstaatlichen Alleingang kaum noch möglich (Leibfried/Zürn 2005). Entsprechend müssen sich nationale Verwaltungen in ihren Kompetenzen „internationalisieren" und ihre Tätigkeiten mit jenen von internationalen Verwaltungen koordinieren (Wessels 2000). Zudem sind sie mit der Delegation oder Abtretung ehemals öffentlicher Aufgaben an private Akteure konfrontiert, mit denen sie zusammen arbeiten müssen. Privatisierung und Internationalisierung sind jedoch nicht die einzigen Aspekte der sich wandelnden Rolle des Staates und seiner Verwaltung. Vor allem in Entwicklungs- und Transformationsgesellschaften fehlen fachliche, finanzielle, technische und institutionelle Kapazitäten zur Umsetzung international vereinbarter Normen. Es sind daher zunehmend internationale Verwaltungsstäbe, die mit der Politikimplementation in einzelnen Ländern befasst sind.

(3) Nicht zuletzt aufgrund öffentlicher Proteste und medienwirksamer Skandale wird immer augenfälliger, dass internationale Organisationen ineffektiv und dysfunktional arbeiten, was sich nicht nur auf einen mangelhaften Arbeitsauftrag an die Verwaltung oder das fehlende Interesse der Mitgliedstaaten zurückführen lässt. Ob es Korruptions-

fälle beim Programm „Öl für Nahrungsmittel" der Vereinten Nationen, am Mandat gescheiterte *Peacekeeping*-Einsätze, mangelhafte Koordinierung der Hilfe für die Opfer des Tsunami oder durch Weltbankprojekte hervorgerufene Umweltzerstörungen sind, für ausbleibende, kontraproduktive oder negative Wirkungen von Internationalen Organisationen werden nun auch die Verwaltungsstäbe bei der „Fehlersuche" in den Blick genommen (z.B. Pitt 1986; Gallarotti 1991; Dijkzeul/Beigbeder 2003).

Ausgehend von unseren Beobachtungen, denen zufolge Verwaltungsstäbe sowohl an Einfluss gewinnen als auch stärker in das politikwissenschaftliche Blickfeld gelangen, stellen sich zwei zentrale Fragen, auf welche die Literatur bislang allerdings noch keine zufrieden stellenden Antworten bereithält. Erstens ist nach der Rolle von internationalen Verwaltungen in der Global Governance zu fragen. Wie lässt sich eine Wirkung oder ein (möglicherweise gestiegener) Einfluss von Verwaltungen „messen", also empirisch beobachten? Zweitens ist ungeklärt, aufgrund welcher Eigenschaften und Zuschreibungen und unter welchen Bedingungen Verwaltungen Einfluss auf Politik nehmen. Als Hauptproblem der aktuellen Literatur sehen wir das Fehlen von verallgemeinerbaren Aussagen über das Zusammenspiel von Bürokratien und intergouvernementalen Organen innerhalb von internationalen Organisationen an. Das Verhältnis von Verwaltung und Politik im internationalen Kontext bleibt somit weitgehend ungeklärt. Die aktuelle Forschung zu internationalen Organisationen hat es – bis auf wenige Ausnahmen[2] – noch nicht vermocht, Erkenntnisse der Organisationstheorie zu integrieren. Somit wird auch in den neuen Studien der Graben, der die Politikwissenschaft von der Organisationstheorie traditionell trennt (Bogumil/Schmid 2001: 23ff.), nicht überwunden.

Ziel dieses Beitrags ist es daher, die Erträge und Defizite der bisherigen Forschung zu internationalen Bürokratien systematisch herauszuarbeiten und anhand einer Berücksichtigung von Erkenntnissen aus der (traditionellen) Literatur zu internationalen Organisationen in den Internationalen Beziehungen, aus induktiv geleiteten empirischen Studien sowie eingeschränkt aus der Organisationstheorie Vorschläge für künftige vergleichende Analysen zu entwickeln. Hierzu werden wir die zum Teil nur rudimentär und in unterschiedlichsten Forschungssträngen enthaltenen Annahmen und Befunde zusammentragen und mit den Ergebnissen einschlägiger jüngerer und noch im Erscheinen begriffener Arbeiten (u.a. Barnett/Finnemore 2004; Hawkins u.a. 2006 i.V.a) zu einem Gesamtbild zusammenführen. Wir orientieren uns dabei an vier Fragekomplexen.

Zunächst werden wir erarbeiten, was unter internationalen Bürokratien verstanden wird. Unser Fokus liegt im Folgenden auf den Verwaltungen von internationalen Organisationen. Allerdings ist dafür unerlässlich, immer wieder auf die internationalen Organisationen als Ganzes einzugehen. In einem ersten Schritt erläutern wir die Aufgaben und Organisationsstrukturen von internationalen Bürokratien, vor allem im System der Vereinten Nationen und bei den internationalen Finanzinstitutionen.[3] In Abgrenzung

---

2 Vor allem die Analyse organisationeller Pathologien (Barnett/Finnemore 1999) stellt eine erste Annäherung an einen zentralen Gegenstand der soziologischen Organisationstheorie (für einen Überblick siehe Scott 1986: Kap. 13) dar.

3 In der EU-Forschung haben sich unterschiedliche Autoren mit den Arbeitsweisen und dem

von nationalen Bürokratien benennen wir zudem die zentralen Charakteristika internationaler Verwaltungen. Nach einem kurzen Abriss über die Entwicklung bis zum derzeitigen Forschungsstand wollen wir in einem zweiten Schritt der Frage nachgehen, wie der Einfluss von Verwaltungsstäben in unterschiedlichen Literatursträngen konzipiert wird. In einem dritten Schritt befassen wir uns mit der Frage, in welchen Bereichen bereits nachgewiesen werden konnte, dass sich die Tätigkeiten von internationalen Verwaltungen („input") auf die intergouvernementalen Entscheidungsprozesse und das Handeln einer internationalen Organisation („output") auswirken. Abschließend gehen wir der Frage nach, wie eine künftige Analyse von internationalen Organisationen und deren Verwaltungen entwickelt werden kann, die die hier identifizierten Lücken der Forschung schließt und ihre Tücken meidet. Wir schlagen eine Mehrebenenanalyse vor, die es ermöglicht, Verwaltungen im Zusammenspiel mit anderen Akteuren zu betrachten, und wir leiten aus verschiedenen Literatursträngen Hypothesen für die vergleichende Analyse der Wirkungsmacht internationaler Verwaltungsstäbe ab.

2. Was sind internationale Verwaltungen? Aufgaben, Organisationsstruktur und Alleinstellungsmerkmale

In der zweiten Hälfte des 19. Jahrhunderts entwickelten sich im Zuge der Institutionalisierung der internationalen Zusammenarbeit grenzüberschreitende politisch-administrative Systeme mit formalem Organisationsgrad, die so genannten internationalen Organisationen. Die ersten dieser formalen Organisationen im zwischenstaatlichen System befassten sich mit technischen Entwicklungen wie etwa der Telekommunikation. Seither hat sich das Themenspektrum um viele Bereiche der politischen, wirtschaftlichen und kulturellen Globalisierung erweitert. Ende des 20. Jahrhunderts sind internationale Organisationen in allen Teilen der Welt an der Entwicklung und Umsetzung global oder regional vereinbarter Prinzipien beteiligt. Die zentrale Aufgabe von internationalen Organisationen besteht in der Entwicklung von Lösungsvorschlägen für grenzüberschreitende Probleme. Zunächst gaben internationale Organisationen nur Standards für innerstaatliches Handeln vor, d.h. sie überließen die Umsetzung dieser globalen Standards den Nationalstaaten bzw. deren Verwaltungen. Spätestens in den 1990er Jahren begannen internationale Organisationen jedoch als Reaktion auf ineffiziente Staats- und Verwaltungsstrukturen damit, entweder selbst für die Umsetzung globaler Standards vor Ort Sorge zu tragen oder auf eine Stärkung nationaler Verwaltungen hin zu wirken.

246 internationale Organisationen zählt die *Union of International Associations* (2005: 3) für das Jahr 2004, darunter die Vereinten Nationen ebenso wie die Weltbank. Diesen Organisationen ist gemein, dass ihre Organisationsstruktur ein Zwitterwesen aus Intergouvernementalismus und Verwaltung darstellt, was etwa an der Be-

---

Einfluss der supranationalen Organe der Europäischen Union beschäftigt, vgl. z.B. Pollack (1997), Tallberg (2000, 2002), Thatcher/Stone Sweet (2002), aber auch Moravcsik (1999). Diese Forschung, die u.a. auch die EU Kommission in den Blick genommen hat, lassen wir dabei aber zunächst unberücksichtigt, da die Kommission der Europäischen Union durch ihre umfangreichen Kompetenzen eine Sonderrolle einnimmt.

zeichnung „internationale Verwaltungsgemeinschaften" (Bülck 1962: 564) deutlich wird. Typischerweise besteht der Organisationsaufbau aus (1) einem Plenarorgan, in dem alle Mitgliedstaaten (gleichberechtigt) vertreten sind und das nach dem Konsens- oder Majoritätsprinzip politische Beschlüsse fasst, (2) einem Sekretariat unter der Leitung eines hohen Verwaltungsbeamten, das die fachlich-administrative Arbeit erledigt sowie (3) einem Verwaltungsrat, dem meist nur eine begrenzte Zahl an Mitgliedern angehört und der die Aktivitäten der Organisation überwacht oder besondere Beschlusskompetenzen hat (König 2002: 333). Somit vereint eine Organisation in der Regel in sich ein Legislativorgan und/oder Exekutivorgan, das aus Delegierten der Mitgliedstaaten besteht, und ein Administrativorgan, das aus internationalen Beamten gebildet wird und in der Regel als Sekretariat oder Verwaltungsstab bezeichnet wird. Die Vereinten Nationen beschäftigen weltweit in ca. 600 Verwaltungsstäben und Sekretariaten 33.000 Mitarbeiter(innen) (Rittberger/Zangl 2003: 19). Damit kommt auf 200.000 Menschen weltweit ein globaler Bürokrat, die regionalen Organisationen nicht mit einberechnet. Diese Verwaltungsbeamten werden zwar teilweise von Staaten entsandt, sind aber – zumindest formell – nur der Organisation verantwortlich und den Mitgliedstaaten gegenüber zur Neutralität verpflichtet.

Im Folgenden führen wir in den Untersuchungsgegenstand internationaler Verwaltungen ein, indem wir deren Strukturen und Organisationsprinzipien vorstellen und auf Gemeinsamkeiten und Unterschiede von internationalen Verwaltungsstäben und nationalen Verwaltungen eingehen (vgl. Galtung 1986; Yi-Chong/Weller 2004: 35–44).

2.1 Struktur und Organisationsprinzipien internationaler Verwaltungsstäbe

Internationale Verwaltungsstäbe sind eine moderne Form der Bürokratie, und wie Bürokratien generell sind auch internationale Verwaltungsstäbe in der Regel hierarchisch aufgebaut. Sie haben einen sichtbaren Generalsekretär oder Generaldirektor an der Spitze, der neben der Position des obersten Verwaltungschefs auch die Organisation nach außen und gegenüber den Mitgliedstaaten repräsentiert, und in dessen Amt alle Zuständigkeiten und Weisungsbefugnisse zusammenlaufen. Verwaltungsbeamte im Höheren Dienst sind an der Organisationsentwicklung und an Entscheidungen innerhalb der Verwaltung beteiligt, während es den unteren Verwaltungseinheiten obliegt, diese Entscheidungen umzusetzen. Diese vertikale Aufgabenteilung gilt analog für das Verhältnis des Sekretariats (oder der zentralen Verwaltungsbehörde) zu den dezentralen Regionalbüros. Aufgrund ihrer verstärkten Tätigkeiten im Feld haben einige Sonderorganisationen und Spezialprogramme, wie die Weltgesundheitsorganisation (WHO) und die Welternährungsorganisation (FAO) oder das Entwicklungsprogramm (UNDP) und das Kinderhilfswerk der Vereinten Nationen (UNICEF), ihre Organisationsstruktur stärker regionalisiert (Göthel 2002: 84). Trotz dieser und anderer Reformbemühungen der letzten Jahre dominiert im System der Vereinten Nationen jedoch weiterhin eine stark zentralistische Organisationsstruktur. Entwicklungen aus dem national-staatlichen Kontext wie etwa der Siegeszug von *New Public Management* haben sich auf internationaler Ebene bislang nicht wiederholt (Geri 2001). Ebenso wie in nationalen Bürokratien findet sich eine Spezialisierung unter den einzelnen Verwaltungsstäben und unter den Unterabteilungen eines Verwaltungsstabs, die zu einer Fragmentierung von Wissen führt.

Den Verwaltungsstäben internationaler Organisationen liegt das Konzept eines unabhängigen internationalen öffentlichen Dienstes zu Grunde. Demnach sind die aufgrund von besten Qualifikationen eingestellten Mitarbeiter(innen) nicht mehr ihren Herkunftsstaaten, sondern vielmehr den Zielen der Organisation verpflichtet; sie sollen dem internationalen Gemeinwohl dienen und dieser Aufgabe frei von Druck oder Einflussnahme von Seiten der Mitgliedstaaten nachkommen. Vor allem im Fall des Generalsekretariats der Vereinten Nationen und einiger Verwaltungsstäbe von Sonder- und Hilfsorganisationen wurde die Realität diesem hehren Ziel jedoch selten gerecht.[4] Insbesondere während des Ost-West Konflikts übersetzten sich zwischenstaatliche Konfliktlinien auch auf die Personalstruktur und die Arbeit der Organisationen im System der Vereinten Nationen und auch der Konflikt zwischen politischem Norden und Süden wirkte in der Verwaltung nach: Erstens übten die Mitgliedstaaten kontinuierlich formellen und informellen Druck auf die Stellenbesetzungen aus. Zweitens war das Personal aufgrund der Verfahren der Stellenbesetzung oftmals loyal gegenüber dem eigenen Herkunftsstaat und agierte innerhalb von Patronage-Netzwerken. Drittens versuchten Mitgliedstaaten auch über gezielte Interventionen wie z.B. Beschwerden beim Generalsekretär Einfluss zu nehmen, insbesondere dann, wenn sie ihre Interessen durch die Arbeit des Sekretariats gefährdet sahen. Druck auf die Verwaltung konnte vor allem über den gezielten Einsatz finanzieller Mittel bzw. das Zurückhalten der Mitgliedsbeiträge ausgeübt werden. Nicht alles davon ist Geschichte; bis heute ist es zum Beispiel nicht ungewöhnlich, dass das Personal in vorauseilendem Gehorsam der Drohung einzelner Mitgliedstaaten zuvorkommt und sich deren Forderungen anpasst (vgl. Claude 1964: 182–189; Salomons 2003; Weiss 1982).

2.2 Besonderheiten internationaler Verwaltungen

Internationale Verwaltungen verfügen über einige Alleinstellungsmerkmale, die sie deutlich von nationalen Verwaltungen unterscheiden (vgl. auch Yi-Chong/Weller 2004: 35–44).

So gilt, erstens, die Autorität des höchsten Verwaltungsbeamten (meist Generalsekretär genannt) als wesentlich höher als die des höchsten nationalen Verwaltungsbeamten, dem ein Minister vorsteht (Luard 1979: 120–125). In der internationalen Verwaltung tritt ein intergouvernementales Gremium an die Stelle des Ministers und ein weiteres intergouvernementales Gremium an die Stelle des Parlaments. Da diese Gremien nur selten tagen, übt oft der Generalsekretär über große Zeiträume die einzige Kontrolle über die Verwaltung aus.

Internationale Verwaltungsstäbe sind, zweitens, wesentlich heterogener als nationale Verwaltungen, da ihr Personal durch das Prinzip der geografischen Ausgewogenheit

---

4 Generell scheinen kleinere Sekretariate in Bereichen der *low politics* durch einen geringeren Grad der „Politisierung" und der Einflussnahme durch Mitgliedstaaten gekennzeichnet zu sein, siehe Skjaerseth (1999: 7).

multinational zusammengesetzt ist. Dies führt nicht nur zu einer Mischung von Angestellten mit verschiedenartigem kulturellen und religiösen Hintergrund oder unterschiedlicher Ausbildung, sondern auch zu heterogenen Managementideologien, Führungsstilen und Arbeitskulturen (Senarclens 2001: 515; Göthel 2002: 88–97). Trotz aller Heterogenität ist in den Verwaltungsstäben der Vereinten Nationen eine westlich geprägte Kultur vorherrschend. Nicht nur ist Englisch (gefolgt von Französisch) die dominante Arbeitssprache, auch die Denkweise ist angelsächsisch geprägt (Galtung 1986). Die Wissensgenerierung favorisiert die Beschreibung empirischer Sachverhalte vor Theoriebildung und legt einen Fokus auf Daten und Dokumentationen. Der typische Verwaltungsbeamte ist – trotz anhaltender Veränderungen – männlich, verfügt über einen westlichen Hochschulabschluss und ist mittleren Alters. Während, drittens, nationale Verwaltungen den jeweiligen Regierungen unterstehen, meist klare Zuständigkeitsbereiche und Verantwortlichkeitsstrukturen aufweisen und überdies ihre Effizienz oder Effektivität an der Erfüllung ihrer Aufgaben zumindest ansatzweise gemessen werden kann, ist die Frage nach den Verantwortlichkeiten und der Rechenschaftspflicht (*accountability*) internationaler Verwaltungsstäbe wesentlich schwieriger zu beantworten. Dies gilt sowohl in Bezug auf die Auftraggeber als auch in Bezug auf den zu erfüllenden Auftrag (vgl. Dicke 1994). Zwar laufen aufgrund der hierarchischen Organisationsstruktur die Verantwortlichkeiten beim Generalsekretär oder Generaldirektor zusammen. Allerdings ist dieser nicht einem einzelnen Minister gegenüber rechenschaftspflichtig, sondern vielmehr untersteht er allen Mitgliedsstaaten und den diversen zwischenstaatlichen Gremien (etwa Sicherheitsrat und Generalversammlung). Weiterhin ist der Arbeitsauftrag internationaler Organisationen, und damit auch der der Verwaltungsstäbe, typischerweise nicht präzise benannt. Die weit gefassten Ziele internationaler Organisationen wie „Wahrung und Sicherung des internationalen Friedens und der Sicherheit" (Vereinte Nationen) oder die „Förderung und der Schutz der Gesundheit aller Völker" (Weltgesundheitsorganisation) sind in der Regel nicht in Aufgabenprofile mit überprüfbaren Kriterien übersetzt. Der ehemalige Untergeneralsekretär für das interne Aufsichtswesen bei den Vereinten Nationen, Theodor Paschke, kommt daher zu der Schlussfolgerung: „Die UNO ist also, wenn man sie von innen betrachtet, eine höchst unvollkommene Organisation, ihre Bürokratie mit den üblichen Maßstäben für modernes Management nicht zu messen" (Paschke 2003: 567).

Verglichen mit den Verwaltungsstrukturen, die Nationalstaaten zur Verfügung stehen, nimmt sich, viertens, der Umfang der Personalausstattung und Sachmittel internationaler Verwaltungen recht bescheiden aus, vor allem wenn er in Relation zu dem meist globalen Auftrag der internationalen Organisationen gesetzt wird. Das reguläre Budget der Vereinten Nationen entspricht demzufolge dem Budget der New Yorker Feuerwehr und Polizei (Hüfner 2003: 39), die Personalstärke der Organisationen im System der Vereinten Nationen entspricht in etwa der Anzahl an Mitarbeiterinnen und Mitarbeitern des öffentlichen Dienstes im US-Bundesstaat Wyoming oder in der Stadtverwaltung von Stockholm (Göthel 2002: 98).

Die vorgestellten Merkmale und Strukturen erschweren es den Verwaltungsstäben von Organisationen im System der Vereinten Nationen, den stetig steigenden Anforderungen, die an sie gestellt werden, gerecht zu werden. Hinzu kommt, dass sie ein umfangreiches Aufgabenspektrum abdecken müssen, das wir im Folgenden skizzieren.

2.3 Aufgaben und Tätigkeiten internationaler Verwaltungsstäbe

Den Sekretariaten oder Verwaltungen von internationalen Organisationen kommt ähnlich wie staatlichen Verwaltungen die Aufgabe zu, als ausführende Organe der Organisationen öffentliche Dienstleistungen zu erbringen. Ihr historischer Ursprung liegt in der Unterstützung zwischenstaatlicher Kooperation, beispielsweise in den ersten formalen internationalen Organisationen, der Internationalen Telegrafen Union, des Weltpostvereins, des Internationalen Büros für Maße und Gewichte, oder aber bei internationalen Konferenzen, etwa der zweiten Haager Friedenskonferenz 1907 (Langrod 1963; Bennett 1977: 324).

Die konkreten Aufgaben und Funktionen der Sekretariate sind oftmals nur sehr unspezifisch in den Gründungsverträgen der jeweiligen Organisationen festgelegt. Die Charta der Vereinten Nationen beispielsweise benennt zwar das Sekretariat als eines der Hauptorgane der Organisation, jedoch behandelt das ihm zugeordnete Kapitel XV in erster Linie die Rolle des Generalsekretärs. Dieser hat alle ihm von den übrigen Hauptorganen der Vereinten Nationen zugewiesenen Aufgaben wahrzunehmen und verfügt zusätzlich über einen zwar unpräzise formulierten, aber dennoch eigenständigen politischen Auftrag (Fröhlich 2005: 42–45). Die Gründungsdokumente einzelner Sonderorganisationen, wie etwa der FAO oder der WHO, sehen in der Regel keine substantielle Rolle für das internationale Personal vor, sondern erläutern die Position des Generaldirektors und spezifizieren generelle Beschäftigungsparameter.

Die Verwaltungsstäbe des Völkerbundes und der ILO gelten als die ersten internationalen Verwaltungen überhaupt: Ihr Personal war international zusammengesetzt, wurde aufgrund von geografischer Repräsentanz und Verdiensten eingestellt, war den Zielen der Organisation verpflichtet und sollte unabhängig von den Mitgliedsstaaten agieren. Mit dem Wachstum internationaler Organisationen und der umfassenden Ausweitung ihrer Tätigkeitsbereiche im Zuge von Globalisierungsprozessen haben sich die Aufgaben der internationalen Verwaltungsstäbe in den letzten Jahrzehnten stark gewandelt. Ein Großteil ihrer Aufgaben liegt allerdings immer noch im administrativen Bereich: In vielen internationalen Organisationen übersteigt der Anteil der Bediensteten des so genannten Allgemeinen Dienstes bis heute die Gesamtzahl der Bediensteten der Kategorien Höherer Fachdienst und Oberes Management.[5] Verwaltungstechnische Aufgaben, wie z.B. Konferenzservice, Übersetzungen, Dokumentenservice und Unterstützungsfunktionen gehören nach wie vor zu den zentralen Aufgaben.

Neben diesen verwaltungstechnischen Aufgaben, dem „Management von Routine" (Yi-Chong/Weller 2004: 40), übernehmen internationale Sekretariate mittlerweile aber vermehrt substantielle Aufgaben von politischer Tragweite. Die Reichweite dieser Auf-

---

5 Im System der Vereinten Nationen wird entlang der Vorbildungsvoraussetzungen, Tätigkeitsmerkmale und der Verantwortungsebene zwischen der *Professional Category,* der *General Service Category* sowie der Kategorie der *Directors and Principal Officers* unterschieden (Göthel 2002: 156). Im Fall der internationalen Finanzinstitutionen, ebenso wie bei hoch spezialisierten Behörden wie der Europäischen Organisation für Kernforschung CERN oder der Europäischen Raumfahrtorganisation, liegt der Anteil an Fachpersonal über 50 Prozent der Gesamtbeschäftigten (Davies 2003: 39).

gaben hängt dabei maßgeblich von den Zielen und den Mandaten ab, die der jeweiligen internationalen Organisation zu Grunde liegen.

Ein großer Anteil der Tätigkeiten der internationalen Bürokratien bezieht sich dabei auf die Generierung, Kategorisierung und Analyse von Wissen (Barnett/Finnemore 2004: 31–32). Internationale Beamte, beispielsweise in den Sonderorganisationen der Vereinten Nationen oder den internationalen Finanzinstitutionen, sind mit der Sammlung, Auswertung und Publikation von Informationen zur weltweiten wirtschaftlichen, sozialen, ökologischen, sicherheitspolitischen oder auch demografischen Lage befasst. Derartige Informationen werden entweder von den Mitgliedstaaten erbeten und in globale Berichte überführt oder durch Tatsachenermittlung und Studien im Feld eigenständig erhoben. Die gewonnenen Informationen werden den Mitgliedstaaten zur Verfügung gestellt, damit diese in die Lage versetzt werden, „informierte" Entscheidungen treffen zu können (Abbott/Snidal 1998). Häufig analysiert die Verwaltung die ihr bekannten Daten und gibt Handlungsempfehlungen ab. Beispielsweise werden Überblicksberichte über die sozioökonomischen Gegebenheiten eines Landes erstellt und bestimmte Konditionalitätskriterien für die Kreditvergabe empfohlen. Außerdem erheben Verwaltungen Daten über die (Nicht-)Einhaltung international vereinbarter Abkommen, etwa im Bereich der Nichtweiterverbreitung von Waffen oder der Umsetzung der Kernarbeitsnormen der Internationalen Arbeitsorganisation, auf deren Grundlage Entscheidungen über Regelbrüche und Verfahren der verbesserten Regelumsetzung getroffen werden können. Des Weiteren dient das durch Verwaltungen gesammelte und verarbeitete Wissen zur Planung und Durchführung von operativen Programmen, etwa für die Vergabe technischer Hilfe. Schließlich wird die von der internationalen Bürokratie generierte Expertise auch anderen Akteuren, etwa Nichtregierungsorganisationen und der interessierten Öffentlichkeit, zugänglich gemacht. Vielfach sind internationale Verwaltungen die einzigen Stellen, die umfassende Informationen zu globalen Themen sammeln, aufarbeiten und zur Verfügung stellen.

Weiterhin liefern internationale Verwaltungsstäbe Unterstützung für multilaterale Verhandlungsprozesse innerhalb und außerhalb von internationalen Organisationen (Yi-Chong/Weller 2004: 40–47). Sie erstellen Tagesordnungen oder bereiten diese vor, formulieren Politikoptionen, unterstützen die oder den Vorsitzende(n) und schreiben sogar Entwürfe für Abkommen, Resolutionen, Programmdokumente und andere Entscheidungsvorlagen. Insbesondere höherrangige Verwaltungsbeamte sind als Moderatoren und Mediatoren in Verhandlungsprozesse involviert. Dabei beschränken sich – vor allem bei sicherheitspolitischen Organisationen – die Tätigkeiten der Verwaltungsbeamten nicht zwangsläufig auf Verhandlungen im Rahmen der jeweiligen internationalen Organisation, wie beispielsweise die diplomatischen Bemühungen zur Beendigung von Bürgerkriegen, vor allem in Zentralamerika, Afrika und im Nahen Osten zeigen (vgl. Newman 1998, Goulding 2003).

Internationale Verwaltungsstäbe unterstützen außerdem die Anerkennung internationaler Normen, das heißt sie versuchen Staaten zur Unterzeichnung oder Ratifizierung von Verträgen zu bewegen. So wirbt das Internationale Arbeitsamt als Verwaltungsstab der ILO mit einer Ratifikationskampagne für die Anerkennung der Kernarbeitsnormen. Mit verschiedenen Programmen der technischen Hilfe versucht es darüber hinaus, die soziale Akzeptanz dieser Normen zu fördern und ihre Umsetzung zu unterstützen (vgl. Liese 2005).

Darüber hinaus sind internationale Bürokratien mit der Planung und Umsetzung der Beschlüsse der Exekutivorgane einer internationalen Organisation „im Feld" befasst. Durch eine Ausweitung der operativen Aufgaben von vielen internationalen Organisationen in den 1990er Jahren kommt diesem Tätigkeitsfeld eine wachsende Bedeutung zu. Implementationsaufgaben beinhalten die Überwachung von Regelbefolgung und Normeinhaltung, die Planung und Durchführung von Programmen zur Senkung der Armut, Verhinderung der Ausbreitung von HIV/Aids, Verbesserung der Trinkwasserversorgung, Friedensoperationen und die Koordinierung von humanitärer Hilfe.

In der Zusammenschau lassen diese Tätigkeitsfelder internationaler Verwaltungsstäbe vermuten, dass Verwaltungen möglicherweise eine nicht unerhebliche Rolle für die Politikentwicklung in und die Politikumsetzung durch internationale Organisationen spielen können. Damit gewinnen sie an direkter Relevanz für die politikwissenschaftliche Analyse. Bisher hat die Disziplin der Internationalen Beziehungen internationalen Verwaltungen jedoch sehr wenig, und selten gesonderte Aufmerksamkeit gewidmet. Dies führen wir im Folgenden näher aus.

3. Verwaltungen in Internationalen Organisationen: ein „Stiefkind" der Forschung

Die Literatur, die sich explizit mit den Verwaltungsstäben oder den Sekretariaten internationaler Organisationen beschäftigt, ist häufig deskriptiver Natur und/oder unternimmt Typologisierungen der institutionellen Strukturen und historische Beschreibungen (Bailey 1962; Pitt/Weiss 1986; Langrod 1963). Wenn Übersichtsbände zu internationalen Organisationen dem internationalen Beamtentum ein Kapitel oder zumindest einen Abschnitt widmen, konzentrieren sie sich meist nach einem kurzen Überblick über Verwaltungsstrukturen einzig auf das Amt, die Person und die Tätigkeiten des höchsten Verwaltungsbeamten (vgl. etwa Mingst/Karns 1995: 59; Archer 2001: 83–92). Somit wird der Eindruck erweckt, dass allenfalls dieser über Einfluss verfüge. Der bürokratische „Unterbau", der das Agieren des Generalsekretärs oder -direktors aufgrund seiner Zuarbeit erst ermöglicht, wird hingegen stark vernachlässigt (z.B. Meyers 1976; Kille/Scully 2003; Rivlin/Gordenker 1993; Smith 2003). Dabei stellt die Literatur nur selten die Rolle des höchsten Beamten als Chef der Verwaltung in den Vordergrund.[6] Beliebter ist der Fokus auf die *politischen* Aufgaben, wie z.B. die Analyse der Rolle des Generalsekretärs der Vereinten Nationen im friedens- und sicherheitspolitischen Bereich (z.B. Boudreau 1991; Franck 1995; Paepcke 2004; Gordenker 1967; Skjelsbaek 1991; Zacher 1969). Damit folgen die genannten Autorinnen und Autoren bis heute der Annahme von Robert Cox (1969: 203) über die Schlüsselfunktion des Generalsekretärs für die Relevanz und den Einfluss von internationalen Organisationen: „the quality of executive leadership may prove to be the most critical single determinant of the growth in scope and authority of international organizations".

---

6 Für Ausnahmen im Fall des VN-Generalsekretärs siehe aber Sutterlin (1993, 2003: 135–156) und Gordenker (2005: 15–34).

Ähnlich verwaltungsblind ist die theoriegeleitete Literatur zu internationalen Organisationen. Diese Auslassung hat ihre Ursache in der Präferenz für ein bestimmtes Rollenbild und folgt ontologischen Grundannahmen in den Theorien der Internationalen Beziehungen, die klassischerweise Staaten als Hauptakteure ansehen. So entbrannte in den 1980er Jahren durch die Regimedebatte zwar eine Diskussion um die Frage, ob internationale Institutionen – also auch internationale Organisationen – unter den Bedingungen von Anarchie zur Ermöglichung und Verstetigung zwischenstaatlicher Kooperation beitragen (u.a. Keohane 1984; Baldwin 1993). Diese Debatte vollzog sich jedoch innerhalb eines analytischen Korsetts, das durch eine staatszentrierte Perspektive und vorwiegend rationalistische und materielle Annahmen eng gezogen war (vgl. Verbeek 1998). Die Frage, ob internationale Organisationen ihrerseits den Zustand von Anarchie verändern und ob sie nachhaltig auf die Interessen von staatlichen und gesellschaftlichen Akteuren einwirken können, wurde nicht gestellt. Ebenso wenig hatte das Gros der Forschung die Veränderungen von Kognitionen und Identitäten durch internationale Organisationen im Blick (hierzu siehe aber Olsen 1997). Die der realistischen Schule zugehörigen Ansätze in den Theorien der Internationalen Beziehungen betrachteten internationale Organisationen im Wesentlichen als *Instrument* von mächtigen Staaten, die über gegebene und feste Interessen verfügen (Grieco 1988, siehe unten). Institutionalistische Ansätze (im rationalistischen Paradigma) hingegen sahen den Beitrag internationaler Organisationen im Wesentlichen in der Senkung von Transaktionskosten und dem Abbau anderer Kooperationshindernisse, die zwischenstaatliche Kooperation bei gemeinsamen Interessen verhinderten. Sie gaben also dem Bild der *Arena* den Vorzug (vgl. Keohane 1989, siehe unten).

Idealtypisch lässt sich die Literatur zu internationalen Organisationen in drei Stränge einteilen, denen jeweils ein anderes Rollenbild von internationalen Organisationen zugrunde liegt (vgl. Archer 2001: Kap. 3):

(1) Das Rollenbild des *Instruments* (mächtiger) Staaten, das sich mit den Annahmen der realistischen Schule deckt, konzipiert Organisationen als Werkzeug zur Durchsetzung staatlicher Interessen. Dieses Rollenbild wird zur Charakterisierung der Vereinten Nationen in ihren Anfangsjahren genutzt, als die USA die Mehrheit der Mitgliedstaaten hinter sich vereinten, ein westlich gesinnter Generalsekretär an der Spitze der Weltorganisation stand und die USA in vielen Fällen die Organisation in ihrem Sinne und für ihre Zwecke nutzen konnten (Archer 2001: 69). Auch in der zweiten Ausprägung dieses Bilds, in der Organisationen als Instrument aller bzw. der Mehrheit aller Staaten gelten, wird das Innenleben einer Organisation ausgeblendet, da davon ausgegangen wird, dass es keine relevanten eigenständigen Organisationsinteressen und -tätigkeiten gibt. Hier vertritt das Sekretariat einer internationalen Organisation die Mitgliedstaaten und dient ihren (gemeinsamen) Interessen. Es mag teilweise über (delegierte) Kompetenzen verfügen, kann jedoch keine eigenen politischen Zielsetzungen verfolgen, beziehungsweise wird sanktioniert, wenn es dies versucht. Die verhinderte zweite Amtszeit von Boutros Boutros-Ghali als Generalsekretär der Vereinten Nationen im Jahr 1996 kann als Beispiel für die Stichhaltigkeit solch einer instrumentellen Sicht auf Verwaltungen bzw. auf ihre politische Führung dienen. Damals hatten vornehmlich die USA, in deren Augen der damalige Amtsinhaber zu einseitig für die Interessen der so genannten Entwicklungsländer Partei ergriff, erfolgreich dessen Wiederwahl verhindert.

Die bürokratische Kultur, die Arbeitsweisen oder die Interessen von Verwaltungsstäben werden im Rollenbild des *Instruments* weder beleuchtet noch als wichtig erachtet.

(2) Eine kleine, jedoch nicht zentrale Rolle spielen Verwaltungen im Rollenbild von internationalen Organisationen als *Arena* für zwischenstaatliche Aushandlungsprozesse, das mehrheitlich zur Charakterisierung der Vereinten Nationen in den 1970ern gewählt wurde (Archer 2001: 74). Dieses fasst Organisationen als neutralen Treffpunkt, d.h. als Ort für intergouvernementale Verhandlungen, an dem Staaten zusammentreffen, debattieren und kooperieren können. Das zur frühen (funktionalistisch geprägten) Regimetheorie und zum neoliberalen Institutionalismus passende Bild kann Verwaltungen eine kooperationserleichternde Funktion zuweisen, die etwa in der Bereitstellung verschiedener Dienstleistungen und der damit verbundenen Senkung von Transaktionskosten besteht. So arrangiert der Verwaltungsstab zwischenstaatliche Zusammentreffen und Konferenzen, bereitet Dokumente vor, stellt Informationen bereit und bietet Beratungen an. Doch auch in diesem Bild bleibt die Verwaltung den Staaten als Hauptakteuren nachgeordnet, da die Administration nur jene Aufgaben wahrnimmt, die in ihrem Auftrag enthalten sind.

Beide Rollenbilder vernachlässigen, dass Organisationen sich nach ihrer Gründung in Kollektive verwandeln, die Eigeninteressen verfolgen. Ness/Brechin (1988: 269) warfen der Forschung in den Internationalen Beziehungen Ende der 1980er Jahre daher einen naiven Blick auf internationale Beziehungen vor: „Clearly, a gap exists between organizational and international organizational analysis. It is perhaps best reflected in the analysis of organizational performance, which is central in organizational sociology and largely neglected in international organizations. Ironically, this neglect leaves the field with an essentially naive view of organizations as simple mechanical tools that act directly and precisely at the bidding of their creators".

(3) Im dritten Bild, das erst in jüngerer Zeit (wieder) in die Debatte eingebracht wird, wird eine internationale Organisation als *Akteur* gesehen. Als solcher ist eine Organisation zwar von Mitgliedstaaten mandatiert, ihre Tätigkeit hängt jedoch nicht nur von staatlichen Interessen ab. Vielmehr entwickelt eine Organisation eigene Interessen, versucht diese umzusetzen, und entfaltet somit eine eigene Wirkung auf internationale Politik. Frühe Studien, die einen solchen Akteurscharakter von internationalen Organisationen angenommen hatten (Kindleberger 1951; Gregg 1966; vgl. Simmons/Martin 2001: 193), waren in der Diskussion um die Folgen von Anarchie im internationalen System in den 1970er und 1980er Jahren in Vergessenheit geraten. Vor allem seit den Arbeiten von Barnett und Finnemore (1999, 2004) wird der Akteurscharakter von internationalen Organisationen wiederentdeckt. Zuvor hatte bereits Archer (2001 [1983]: 81) Beispiele für dieses Rollenbild angeführt, etwa die Entwicklung der Friedensoperationen der Vereinten Nationen. In der Charta findet *Peacekeeping* als solches keine Erwähnung. Der Generalsekretär und sein Sekretariat konnten daher die „Erfindung", Etablierung und Fortentwicklung dieses friedenspolitischen Instrumentariums eigenständig im Organisationshauptquartier wie im Feld beeinflussen.

Die Forschung zu internationalen Organisationen entwickelt sich derzeit deutlich vom Rollenbild des Instruments und der Arena weg und betrachtet internationale Organisationen entsprechend häufiger als Akteure. Doch noch bis in die 1990er Jahre hinein war das Akteursbild die deutliche Ausnahme, d.h. der Einfluss von internationalen Organisationen auf staatliches Handeln blieb weitgehend unerforscht.[7] Dementsprechend hatte diese Forschung auch die Rolle der Verwaltungen oder Bürokratien von internationalen Organisationen größtenteils ausgeklammert.

Seit einigen Jahren stellen nun vereinzelt Arbeiten des rationalistischen Institutionalismus den Akteurscharakter in den Vordergrund und gehen dabei der Frage nach, welchen Einfluss internationale Organisationen auf staatliches Handeln ausüben (z.B. Nicholson 1998). Aber auch Studien aus konstruktivistischer und soziologischer Perspektive, die Werte und Normen ins Zentrum der Analyse stellen, betonen, dass internationale Organisationen einen elementaren Beitrag zur Entstehung einer internationalen Wertegemeinschaft leisten. Dabei tragen diese zur Vereinheitlichung von Problemwahrnehmungen und Vorstellungen über angemessenes Handeln bei (Finnemore 1996) und halten Staaten zur Anerkennung und Achtung dieser Normen an (Finnemore/Sikkink 1998). Solchen theoretischen Zugriffen auf internationale Organisationen ist jedoch gemein, dass sie die Binnenstruktur internationaler Organisation ausblenden (*Blackbox*) und nicht zwischen den intergouvernementalen Entscheidungsgremien und der Bürokratie oder Verwaltung in internationalen Organisationen unterscheiden. Zwar wird in Lehrbüchern die Existenz eines ständigen Sekretariats oft als konstitutiver Bestandteil einer internationalen Organisation gewertet: Erst durch sie erhält eine Organisation Akteursqualität (vgl. Archer 2001: 30–33; Rittberger/Zangl 2003: 106f.). Aber man sucht vergeblich nach einschlägigen theoriegeleiteten Beiträgen, die zwischen zwischenstaatlichen Gremien und Verwaltungen differenzieren und sich explizit mit der Verwaltung beschäftigen. Dabei wäre das Rollenbild *Akteur* am ehesten an grundlegende organisationssoziologische Erkenntnisse anschlussfähig, denen zufolge Organisationen stets mehr sind als das Werkzeug ihrer (Gründungs-)Mitglieder (Ness/Brechin 1988: 245f.). Es ist daher zu erwarten, dass die Vielzahl neuer Studien, die dem letztgenannten Rollenbild der internationalen Organisation als Akteur folgen, sich zunehmend auch Verwaltungen zuwendet.

4. Machen Verwaltungen einen Unterschied? Internationale Verwaltungen und das Handeln von internationalen Organisationen

Ungeachtet dessen, ob sie sich explizit auf Verwaltungsstäbe bezieht oder nicht, bietet die Debatte um den Akteurscharakter internationaler Organisationen die besten Anknüpfungspunkte für die Frage ob, und wenn ja, warum internationale Verwaltungen das Handeln von internationalen Organisationen mitbestimmen anstatt lediglich die Interessen mächtiger Staaten zu vertreten oder im Dienste des gemeinsamen Nenners staatlicher Interessen zu stehen (Reinalda/Verbeek 1998; Barnett/Finnemore 2004). In dieser Debatte wird zentral der Frage nachgegangen, ob, wie und warum Internationale Organisationen eigenständig handeln und die internationale Politik (mit-)prägen.

Zwei zentrale Konzepte, die in dieser Debatte zur Erklärung der Frage nach den Gründen und den Quellen des potentiellen Einflusses von internationalen Organisatio-

---

7 Einen Überblick über die Literatur zu internationalen Organisationen bieten Rochester (1986), Kratochwil/Ruggie (1986), Martin/Simmons (1998) und Simmons/Martin (2001).

nen genutzt werden, sind Autonomie und Autorität. An ihnen lässt sich auch erstmals die aktuelle Kontroverse zwischen (zweck-)rationalistischen und konstruktivistischen Ansätzen in den Internationalen Beziehungen aufzeigen (für einen Überblick siehe Risse 2003). Bevor wir in diese Debatte einführen, möchten wir zunächst die beiden Konzepte näher erläutern.

Unter *Autonomie* wird in rationalistischen Arbeiten gemeinhin verstanden, dass eine internationale Organisation ihre Tätigkeiten in einem gewissen Maße abgeschirmt von der Kontrolle durch Mitgliedstaaten ausüben kann und eigene Politikvorschläge einbringt, die nicht von den Mitgliedstaaten angefordert wurden (vgl. Haftel/Thompson 2006: 255–256). Dadurch, so die Annahme, verfügt sie über einen eigenständigen Einfluss auf internationale Politik, d.h. sie ist mehr als nur ein Instrument in der Hand der Mitgliedstaaten. Unter *Autorität* wird in soziologischen oder konstruktivistischen Ansätzen in den Internationalen Beziehungen verstanden, dass eine internationale Organisation die Macht hat, auf das Handeln von Staaten und anderen Akteuren Einfluss zu nehmen. „By ‚authority' we mean the ability of one actor to use institutional and discursive resources to induce deference from others" (Barnett/Finnemore 2004: 5). Die Autorität einer internationalen Organisation ermöglicht somit ein autonomes Handeln gegenüber den Mitgliedern (Barnett/Finnemore 2004: 27).

Die rationalistische Antwort auf die Frage nach den Gründen von Einfluss geben Autor(inn)en, welche die *Autonomie* internationaler Organisationen und die Bedingungen für ihr autonomes Handeln in den Vordergrund rücken. Unter Rückgriff auf das *Prinzipal-Agent*-Modell aus der mehrheitlich US-amerikanisch geprägten rationalistischen Literatur zu nationalen Bürokratien (für einen Überblick vgl. Pollack 2002) gehen sie u.a. der Frage nach, wie Internationale Organisationen, denen eigene Interessen unterstellt werden, dazu gebracht werden können, ihren Auftrag im Interesse der Mitgliedstaaten auszuführen (vgl. Hawkins u.a. 2006 i.V. a). Weniger explizit als implizit liegt diesen Ansätzen die Annahme zu Grunde, dass der Akteurscharakter (der Grad der „agency") einer internationalen Organisation umso größer ist, je autonomer sie von ihren Mitgliedstaaten ist. Die Autonomie der Organisation, so die zentrale Annahme im rationalistischen Prinzipal-Agent-Modell, werde dabei maßgeblich von den Kontrollmechanismen der staatlichen Prinzipale bestimmt: Staaten (Prinzipale) nutzen eine internationale Organisation (Agent) dazu, bestimmte Funktionen zu übernehmen, die für sie, die Mitgliedstaaten, von Nutzen sind. Dieser Akt der Delegation wird als konditionale Gewährung von Autorität verstanden, die internationale Organisationen im Auftrag und zu Gunsten der Staaten ermächtigt (vgl. Hawkins u.a. 2006 i.V. b; Nielson/Tierney 2003; Pollack 1997). Der Gründungsvertrag einer Organisation, aber auch die später getroffenen Legislativentscheidungen (etwa des Sicherheitsrats), mandatieren die Organisation, d.h. sie legen als „Delegationsvertrag" die Aufgaben des Agenten fest. Zudem schafft der Delegationsvertrag einen notwendigen Handlungsspielraum, aufgrund dessen der Agent überhaupt erst in die Lage versetzt wird, später Streitschlichtungsfunktionen zu übernehmen oder Implementierungsaufgaben zu planen und durchzuführen (Abbott/Snidal 1998: 16–23). Der Prinzipal-Agent-Ansatz geht nun allerdings davon aus, dass der Agent dazu tendiert, weniger oder anderes zu tun, als die Prinzipale erwarten.

Delegierte Autorität als formelle Autorität ist die grundlegende Voraussetzung für jedwede Art des Tätigwerdens einer internationalen Organisation und damit auch einer internationalen Verwaltung. Staaten übertragen bestimmte Aufgaben an internationale Organisationen, die diese zum Nutzen der Mitgliedstaaten ausführen sollen. Parallel zur Aufgabenübertragung delegieren sie auch die Autorität, diese Aufgabe auszuführen. Anders als die nachfolgend noch beschriebenen Formen der Autorität ist die delegierte Autorität das Ergebnis einer willentlichen Entscheidung der Mitgliedstaaten und keine eigenständige Errungenschaft der Organisation.

Konstruktivistische Ansätze suchen die Antwort auf die Frage nach den Akteursqualitäten internationaler Organisationen nicht in deren Autonomie von den Mitgliedstaaten. Stattdessen identifizieren Autor(inn)en andere Quellen von Einfluss, die sich an der von Max Weber beschriebenen zweckrational-legalistischen Legitimität von Verwaltungen orientieren sowie weitere, die die Organisation selbst hervorbringt, etwa Expertise (Barnett/Finnemore 1999, 2004, 2005; Weaver/Leiteritz 2005). Zwar negieren diese Ansätze nicht die Bedeutung des ursprünglichen Akts der Delegation. Allerdings verweisen sie darauf, dass vor allem die von ihnen identifizierten Formen der Autorität internationaler Organisationen entscheidend für den Grad der Handlungsautonomie gegenüber den Nationalstaaten und für einen Einfluss auf die Mitgliedstaaten seien: „IOs are powerful not so much because they possess material and informational resources but, more fundamentally, because they use their authority to orient action and create social reality" (Barnett/Finnemore 2004: 6). Diese Aussage ist an eine Bedingung geknüpft. Internationale Organisationen müssen ihre Autoritätsansprüche erfolgreich geltend machen. Autorität im hier verwandten Sinne ist kein unveränderliches Gut, das eine internationale Organisation besitzen könnte, sondern vielmehr ein soziales Konstrukt, das eine Zuschreibung und Anerkennung durch Dritte voraussetzt (Barnett/Finnemore 2005: 169–170). Die Autonomie internationaler Organisationen hängt somit nicht allein von den Kontrollmechanismen der Mitgliedstaaten ab, sondern wird wesentlich durch den Grad der Autorität, über die eine internationale Organisation verfügt, modifiziert.

4.1 Autorität als Einflussquelle internationaler Organisationen

Neben der von Staaten delegierten Autorität, die in der rationalistischen Literatur betrachtet wird, identifizieren Barnett/Finnemore (2004) drei weitere Autoritätsquellen, die den Charakteristika internationaler Organisationen selbst entwachsen und die ihre Handlungsautonomie und damit auch ihren Einfluss gegenüber den Mitgliedstaaten begründen:

(1) Bürokratien, und damit auch die Verwaltungen internationaler Organisationen, verfügen über eine rational-legale Legitimität im Sinne Max Webers, die ihnen Autorität verleiht. Moderne Bürokratien verfolgen ein soziales Ziel, dem sie (in idealtypischer Vorstellung) auf unparteiliche und technokratische Weise dienen. Dadurch, dass internationale Bürokratien in Anspruch nehmen, nicht ihrem Eigeninteresse, sondern dem Wohl anderer zu dienen, beziehen sie *rational-legale* Autorität und erhalten Akzeptanz für ihre Handlungen. Wie Barnett und Finnemore (2004) herausgestellt haben, ver-

wenden internationale Bürokratien erhebliche Mühen darauf, als neutraler, dem Gemeinwohl dienender Akteur angesehen zu werden.

(2) Die Orientierung am Gemeinwohl ist eine eigene Quelle von Autorität, da sie auch für Bürokratien gilt, die parteilich arbeiten. *Moralische Autorität* erlangen internationale Organisationen vor allem, indem sie sich auf universelle Ziele und Normen wie den Weltfrieden, den Schutz der Umwelt oder Menschenrechte beziehen. Dadurch bringen sie zum Ausdruck, dass sie sich nicht an den Interessen einzelner Staaten oder Wirtschaftsunternehmen orientieren und anstelle des Staatenwohls das Menschenwohl stellen. Die deutliche Kritik von Nichtregierungsorganisationen an dem Globalen Pakt zwischen den Vereinten Nationen und der Privatwirtschaft[8] macht deutlich, dass eine Abweichung von dieser Linie durch Kooperation mit Akteuren, denen eine egoistische Nutzenmaximierung unterstellt werden kann, die moralische Autorität der Vereinten Nationen in Frage stellen kann.

(3) Eine weitere Quelle der Autorität von internationalen Organisationen ist ihre *Expertise*. Verwaltungen verfügen über spezialisiertes Wissen, aufgrund dessen ihre Problemlösungsvorschläge als autoritativ gelten. Insbesondere durch die Globalisierung sind Staaten und staatliche Verwaltungen oft nicht in der Lage, auf plötzlich auftretende und hochkomplexe Veränderungen zu reagieren. Durch ihr Expertenwissen unterstreicht eine internationale Verwaltung nicht nur die Bedeutung ihrer Existenz, sondern untermauert auch ihre Politikempfehlungen.

4.2 Die Autorität internationaler Verwaltungsstäbe in der Praxis

Wie eingangs beklagt, existieren nur wenig einschlägige, systematische oder theoriegeleitete Studien, die der Frage der Wirkungsmacht von internationalen Verwaltungen nachgehen. Diese Tatsache erschwert auch die sekundäranalytische Systematisierung der vorliegenden Studien, da diese mit jeweils unterschiedlichen Operationalisierungen arbeiten und somit die Ausprägungen einzelner Variablen schwerlich miteinander verglichen werden können. Nichtsdestotrotz birgt die Literatur einige empirische Beispiele für den Einfluss von internationalen Verwaltungsstäben, die wir im Folgenden mit Blick auf die Autoritätsformen, die jeweils als vermeintliche Quelle des Einflusses der Verwaltung gelten kann, darstellen. Die Anwendung der Autoritätsformen als analytisches Raster wird sicherlich oft den Eigenheiten und der Komplexität der jeweiligen Beispiele nicht gerecht. Dennoch scheint uns dieses Vorgehen angemessen, um einen Beitrag zur Systematisierung und Synthetisierung bisheriger Studien zu leisten, welche die Basis für weitere Forschung bilden können. In keinem der uns vorliegenden Beispiele lässt sich die Einflussnahme allein auf eine einzige Autoritätsform zurückführen.

---

8 Der Globale Pakt (*Global Compact*) wurde 1999 von Kofi Annan vorgeschlagen und im Juli 2000 eingerichtet. Er bildet ein Forum für Politikdialog und wechselseitiges Lernen, das Unternehmen mit den Vereinten Nationen und mit zivilgesellschaftlichen Akteuren zusammenbringt, um die Umsetzung grundlegender Prinzipien aus den Bereichen Umweltschutz, Sozial- und Arbeitsstandards, Menschenrechtsschutz und Korruptionsbekämpfung zu befördern.

Stattdessen geben die Autorinnen und Autoren in der Regel unterschiedliche Faktoren an, die hier als einflusswirksamer „Autoritäten-Mix" bezeichnet werden.

Ein Beispiel für eine einflusswirksame Mischform aus *moralischer, rational-legaler* ebenso wie *delegierter* Autorität in der Phase der Normentwicklung bietet die Analyse von Ian Johnstone (2003). In seiner Studie über die Rolle des Generalsekretärs der Vereinten Nationen im Prozess internationaler Rechtssetzung zeichnet er nach, wie verschiedene Amtsinhaber durch ihre Interpretationen völkerrechtlicher Normen dazu beitrugen, den politisierten Diskurs über Rechtsnormen im Bereich Frieden und Sicherheit zu entschärfen, zu lenken, und sukzessive zu verfestigen. In der Gesamtschau billigt er den Amtsinhabern und ihren Mitarbeiter(inne)n zu, die Tagesordnungen der Weltorganisation beeinflusst und den eigenen Handlungsspielraum auf Tätigkeitsbereiche wie Tatsachenermittlung und Monitoring-Funktionen erweitert zu haben. Grundlage hierfür bildete die Auslegung des eigenen, in der Charta nur vage festgelegten politischen Auftrags, sowie die Interpretation von Sicherheitsresolutionen. Diese Wirkung konnte über drei Einflussquellen, mithin drei Autoritätsformen, erzielt werden (Johnstone 2003: 453–454): (1) Die jeweiligen Generalsekretäre konnten als Sprachrohr der internationalen Gemeinschaft auftreten und z.B. 1998 glaubhaft dem Irak gegenüber die Bereitschaft der Sicherheitsratmitglieder zur Anwendung von Gewalt signalisieren (*delegierte* Autorität). (2) Die internationale Bürokratie konnte zudem aufgrund ihrer Neutralität (*rational-legale* Autorität) als Wächterin internationaler Normen agieren, und unangemessenes Handeln öffentlich brandmarken (*moralische* Autorität): „Public condemnation stings more when it comes from the SG [Secretary-General] than an interested party, government, or non-governmental organization (NGO)" (Johnstone 2003: 453). (3) Der jeweilige Amtsinhaber konnte glaubhaft versichern, keine eigene Agenda zu vertreten, war allerdings gleichzeitig über die Positionen der Staaten im Bild, was seinen Ratschlägen und Interventionen stärkere Überzeugungskraft verlieh (*rational-legale* Autorität).

Ein anderer Fall, dem eine einflusswirksame Kombination von *rational-legaler* und *moralischer Autorität* zugrunde liegt, besteht in der Veränderung der politischen Agenda bzw. der Etablierung neuer Normen und Handlungsvorgaben für die Mitgliedstaaten: Die Verabschiedung der Millenniumsentwicklungsziele (MDGs)[9] ist ein aktuelles Beispiel für den Einfluss, den internationale Verwaltungsstäbe auf die Themensetzung in internationalen Organisationen ausüben (Fröhlich 2005: 19–21; Ruggie 2003: 305–307), wenn sie an moralische Grundsätze appellieren können und vermeiden, in einer politisierten Diskussion einseitig Position zu beziehen. Entsprechend regte der Generalsekretär der Vereinten Nationen, Kofi Annan, in seinem ersten Reformbericht 1997 einen Millenniumsgipfel der Staats- und Regierungschefs an, auf dem die politischen Prioritäten für die nächsten Jahrzehnte festgelegt werden sollten. Hierbei knüpfte er an die Ergebnisse vorangegangener Konferenzen an und ermahnte die Mitgliedstaaten,

---

9 Die acht Millennium-Entwicklungsziele beinhalten die Beseitigung von extremer Armut und Hunger, Verwirklichung der allgemeinen Primärschulbildung, Förderung der Geschlechtergleichheit und Ermächtigung von Frauen, Senkung der Kindersterblichkeit, Verbesserung der Gesundheit von Müttern, Bekämpfung von HIV/AIDS, Malaria und anderen Krankheiten, Sicherung der ökologischen Nachhaltigkeit, Schaffung einer globalen Partnerschaft im Dienst der Entwicklung, vgl. http://www.un.org/millenniumgoals/.

ehemaligen Absichtserklärungen schrittweise Taten folgen zu lassen. Trotz anfänglichem Zögern seitens der Mitgliedstaaten wurde der Gipfel im Jahr 2000 zu einem umfassenden Erfolg: Die in Rekordzahl anwesenden Staats- und Regierungschefs legten sich in der Millenniums-Erklärung darauf fest, bis zum Jahre 2015 acht Entwicklungsziele, darunter die Halbierung der globalen Armut, zu erreichen. Die Agenda des Gipfels und die konkreten Entwicklungsziele wurden maßgeblich vom Sekretariat der Vereinten Nationen bestimmt, dessen Millenniums-Bericht bereits wesentliche Elemente der später von den Staaten verabschiedeten Erklärung enthielt. Aber auch die später hinzugefügten Indikatoren für das Erreichen der MDGs wurden vom Sekretariat – gemeinsam mit den Direktoren anderer Organisationen im System der Vereinten Nationen (UNDP, UNICEF, ILO, Weltbank) – erarbeitet. Die Bemühung des Sekretariats als neutraler, dem Allgemeinwohl dienender Akteur zu gelten, führten zur Ernennung eines unabhängigen Beratungsgremiums: Das *UN Millennium Project* wurde vom Generalsekretär der Vereinten Nationen eingesetzt und mit der Erarbeitung von Vorschlägen und konkreten Empfehlungen zur Zielerreichung beauftragt (Ruggie 2003: 306). Parallel hielt der Generalsekretär das Thema durch die vom Sekretariat verfassten Fortschrittsberichte und Berichte zu den einzelnen Entwicklungsländern auf der Agenda.

Der Vorstoß des Sekretariats hatte konkrete Auswirkungen auf die entwicklungspolitische Prioritätensetzung in vielen Ländern und wirkte sich auch auf die Arbeit der Sonder- und Hilfsorganisationen aus. Die MDGs bilden maßgebliche Eckpunkte im entwicklungspolitischen Diskurs und bieten ein einigermaßen kohärentes, substantielles Rahmenwerk, unter dem die Sonder- und Hilfsorganisationen sowie die Bretton Woods Institutionen ihre operativen Tätigkeiten auf eine bisher einzigartige Art und Weise abstimmen (Ruggie 2003: 305).

Weitere Beispiele für die Wirkung der Verwaltung illustrieren eine Mischung aus *Expertenautorität* und *rational-legaler Autorität* und zwar sowohl in der Phase der Politikformulierung als auch bei der Normanwendung und Normimplementierung. Für die Phase der Politikformulierung zeigen Yi-Chong und Weller (2004) in ihrer umfangreichen Studie zur WTO, dass die Aktivitäten des GATT- und späteren WTO-Sekretariats und seiner Generaldirektoren unterschiedliche Verhandlungen und Verhandlungsrunden substantiell mitgestaltet und am Laufen gehalten haben.[10] Letztlich habe der Verwaltungsstab somit den erfolgreichen Abschluss von Verhandlungen erleichtert, wenngleich diese Arbeit eher im Verborgenen erfolgte. Erheblichen Einfluss übte das Sekretariat aus, indem es Entwürfe für Abschlussdokumente erstellte, informelle Konsultationen einberief und seine inhaltliche Expertise in den Dienst der Delegationen stellte, wobei es die Rolle des vermeintlich neutralen Mediators spielte. Ähnlich weist Beach (2004) nach, dass das Sekretariat des Rats der Europäischen Union die Regierungskonferenzen von Amsterdam und Nizza mitgestaltete, indem es die Ergebnisse in Richtung seiner eigenen Präferenzen lenkte. So habe das Ratssekretariat im Vertrag von Amsterdam maßgeblich die Ausgestaltung der Flexibilität bei Abstimmungsverfahren, Finanzierungsfragen und die Schaffung einer Rechtspersönlichkeit für die Europäische Union geformt. Bezüglich der Erweiterung der Kompetenz der Kommission in interna-

---

10 Einrichtung des GATTs, Uruguay-Runde, Handel mit Dienstleistungen, intellektuelle Urheberschaftsrechte, Einrichtung eines Streitschlichtungsgremiums, Funktionsweise des GATT-Systems sowie die Schaffung der WTO.

tionalen Handelsverhandlungen ermöglichte der Kompromissvorschlag des Sekretariats überhaupt erst deren Aufnahme in den Vertrag, da sich die Mitgliedstaaten nicht auf einen eigenständigen Vorschlag hatten einigen können. Gleichermaßen konnte ein weiterer Kompromissvorschlag zur institutionellen Ansiedlung des Hohen Repräsentanten für die Gemeinsame Außen- und Sicherheitspolitik eine Blockade der Verhandlungen überwinden (Beach 2004: 423–424). In den Verhandlungen der Regierungskonferenz von Nizza konnte das Ratssekretariat zwar weniger Einfluss nehmen, formte aber dennoch in einigen wenigen Punkten die Tagesordnung und gestaltete die Regelungen zur Stimmgewichtung im Rat und in Bezug auf Flexibilität und Abstimmungsverfahren substantiell mit. Zudem gelang es dem Ratssekretariat, einige Anliegen in den Vertrag einzubringen, die von den Staaten ursprünglich als bedeutungslos eingestuft worden waren, sich später aber als folgenreich erwiesen (Beach 2004: 425–428).

Auch in der Phase der Politikimplementierung kommt Expertenautorität häufig zum Tragen. Wie Bauer (2006: 35–38) bei der Untersuchung des UNEP Ozon-Sekretariats feststellt, haben dessen Mitarbeiter(innen) eine international anerkannte Expertise ausgebildet, mittels derer sie die Mitgliedstaaten in Fragen zur Implementierung der Vertragsbestimmungen beraten und dadurch einen umfangreichen Beitrag zur Umsetzung der Konvention leisten. Da sie hierdurch ihren Auftrag wahrnehmen, liegt ein Mix mit delegierter Autorität vor.

Allerdings zieht die Autorität von Verwaltungsstäben nicht zwangsläufig positive Effekte nach sich: Obwohl Barnett und Finnemore (2004: 135–155) die letztendliche Verantwortlichkeit für die verfehlte Ruanda-Politik bei den staatlichen Sicherheitsratsmitgliedern suchen, führen sie die Wirkung der *moralischen Autorität* und der *Expertenautorität* des Sekretariats der Vereinten Nationen als einen entscheidenden Faktor dafür an, dass die Vereinten Nationen den Völkermord 1994 nicht verhinderten. Ihrer kontrafaktischen Argumentation zufolge wäre eine Intervention in den Anfangswochen des Genozids wahrscheinlicher gewesen, wenn das Sekretariat auf eine Intervention hingewirkt hätte. Dem Sekretariat war nämlich die Expertise zugeschrieben worden, die Lage in Ruanda richtig einschätzen zu können. Zudem hatte es die moralische Autorität, abwägen zu können, ob die Situation tatsächlich so gravierend war, dass eine Intervention nach Kapitel VII gerechtfertigt gewesen wäre. Da sich das Sekretariat aber nicht für eine Militärintervention ausgesprochen hatte, sei diese Politikoption vom Tisch des Sicherheitsrats gefallen. Trotz des Auftrags, den internationalen Frieden zu sichern und die Achtung von Menschenrechten zu fördern, versäumten das für Friedensoperationen verantwortliche *Department of Peacekeeping Operations* (DPKO), hohe Sekretariatsbeamte und Generalsekretär Boutros-Ghali in den ersten Wochen des Völkermordes, dem Sicherheitsrat zu empfehlen, durch militärisches Eingreifen dem Töten ein Ende zu setzen. Zwar war von einigen Sicherheitsratsmitgliedern sowie vom damaligen Kommandeur der in Ruanda stationierten Friedensmission UNAMIR eine militärische Intervention propagiert worden. Das Sekretariat unternahm jedoch keine Anstrengungen, den sich herausbildenden Konsens im Sicherheitsrat hinsichtlich des Abzugs der Friedensmission zu verändern: In den Berichten und mündlichen Stellungnahmen gegenüber dem Sicherheitsrat stellte das Sekretariat trotz gegenteiliger Berichte aus dem Feld die Menschenrechtsverletzungen in Ruanda nicht als Völkermord dar. Stattdessen wurde Ruanda als „regulärer" Bürgerkrieg ausgewiesen, in den unter den gegebenen Umständen nicht einzugreifen sei. Aus den noch frischen Erfahrungen mit den Interventionen in Somalia und Jugoslawien hatte das DPKO die Lehre gezogen, dass Friedenssicherung nur unter der Bedingung eines Waffenstillstands erfolgreich sein könne, der es den Truppen ermöglicht, gemäß den etablierten Friedenssicherungsprinzipien unparteilich, neutral und mit Zustimmung der Konfliktparteien zu agieren. Barnett und Finnemore erklären dieses in ihren Augen pathologische Verhalten der Bürokratie mit der Organisationskultur. Die Fehlschläge der Friedenserzwingungsmissionen Anfang der 1990er Jahre hatten im Sekretariat zu einer Rückbesinnung auf alte Deutungsmuster und handlungsleitende Prinzipien geführt, die das Expertenwissen anderer Akteure und der Verwaltung selbst irrelevant werden ließ. Um das Überleben der Vereinten Nationen durch einen weiteren Fehlschlag nicht zu gefährden, wirkte das Sekretariat nicht auf eine militärische Intervention hin, die die Möglichkeit geboten hätte, dem Genozid Einhalt zu gebieten.

Auch Bauer (2006) zeigt eine Einflussnahme mit negativem Effekt, wenn auch weniger dramatischen Konsequenzen, auf. Das Sekretariat zum Übereinkommen der Vereinten Nationen zur Bekämpfung der Desertifikation[11] hatte im Vorfeld der sechsten Vertragsstaatenkonferenz in Havanna im Jahre 2003 darauf hingewirkt, einen Runden Tisch von Staats- und Regierungschefs zu einem fundamentalen Bestandteil des Treffens zu machen. Auf diese Weise sollten der Konvention mehr Gewicht verliehen und erste Schritte zur Normumsetzung in die Wege geleitet werden. Dieses Ziel wurde jedoch verfehlt, da westliche Staats- und Regierungschefs dem Treffen fernblieben. Die daraufhin von den zwölf anwesenden Vertreter(innen) von Transformationsländern verabschiedete Deklaration zog den Protest von Industrienationen auf sich (Bauer 2006: 39–43). Das Sekretariat schwächte durch seine Initiative das Desertifikations-Regime, das ohnehin aufgrund seiner Politisierung in der Kontroverse stand. Im Endeffekt diskreditierte das Sekretariat damit auch seine rational-legale und seine delegierte Autorität, weil es von seinem Auftrag abgewichen war, neutrales Konferenzmanagement zu betreiben.

Die genannten Beispiele zeigen, dass es bereits etliche Belege für einen Einfluss internationaler Verwaltungsstäbe in der internationalen Politik gibt. Im Folgenden machen wir jedoch auf einige zentrale Lücken und Tücken der (empirischen) Forschung aufmerksam, die den Ertrag der empirischen Studien deutlich schmälern.

5. Lücken und Tücken der empirischen Forschung

In ihrer bisherigen, vielfach auf illustrativen Einzelfallstudien aufbauenden Form, ist die neuere Forschung zu internationalen Verwaltungen noch nicht wesentlich über den Erkenntnisstand der 1970er Jahre hinausgekommen. Die Bemühung, den Einfluss von Verwaltungsstäben positiv nachzuzeichnen und eine Akteursrolle von internationalen Organisationen und Bürokratien nachzuweisen, führt bislang dazu, dass das Spektrum

---

11 Die im Deutschen genutzte Übersetzung als Wüstenbildung ist irreführend. Desertifikation bezeichnet eine vor allem vom Menschen verursachte Degradierung der Ökosysteme, vor allem mit Bezug auf drei Bestandteile (Boden, Vegetation und Wasserhaushalt) in ariden, semiariden und subhumiden Regionen der Erde.

von starker über schwacher bis hin zu ausbleibender Einflussnahme empirisch nicht erfasst wird. Die empirische Forschung leidet bis heute an einem *selection bias*, da die Einzelfallstudien keine Varianz in der Bedeutung, Rolle, Wirkung oder im Einfluss von Verwaltungsstäben berücksichtigen.[12] Ähnlich beklagen Haftel und Thompson (2006: 254) mit Blick auf die Literatur zur Autonomie internationaler Organisationen: „... scholars tend to focus on a few ‚usual suspects' – including the International Monetary Fund (IMF), the World Bank, certain United Nations (UN) specialized agencies, and EU institutions – when they address the issue of IOs as independent actors. These institutions are by no means representative of the universe of international organizations; in particular, they have unusually large staffs and substantial resources at their disposal".

Es fehlen sowohl Studien, die eine mögliche Varianz in der Wirkung und Bedeutung eines Verwaltungsstabs – zum Beispiel in unterschiedlichen Entscheidungssituationen oder Politikfeldern – herausstellen,[13] als auch Studien, die verschiedene Organisationen und Verwaltungsstäbe mit Blick auf einen unterschiedlich hohen Grad der Einflussnahme unterscheiden. Wir wissen entsprechend nichts darüber, ob der Verwaltungsstab der Weltbank einen größeren Einfluss ausübt als der des Weltentwicklungsprogramms.

Die Literatur unterscheidet zudem nicht zwischen der Analyse der Effektivität oder Ineffektivität internationaler Verwaltungen (konnte der Arbeitsauftrag im Sinne der Zielerreichung umgesetzt werden?) und der Analyse des substantiellen Einflusses von Verwaltungen (konnte die Verwaltung die mitgliedstaatliche Agendasetzung oder Politikformulierung beeinflussen?). Wie sich am folgenden Beispiel aus der Studie von Barnett und Finnemore (2004: 64–72) zeigen lässt, kommt es sogar häufig zu einer Vermischung dieser beiden Einflussformen in der empirischen Betrachtung, obwohl auch dieser Zusammenhang nicht herausgearbeitet wird. Die Autor(inn)en arbeiten kritisch heraus, wie der Verwaltungsstab des Internationalen Währungsfonds die an ihn herangetragenen Vorgaben ignorierte, bei der Planung von Länderprogrammen zur wirtschaftlichen Stabilisierung stärker Umweltaspekte mit einzubeziehen oder Militärausgaben zu berücksichtigen. Aufgrund eines vorwiegend wirtschaftswissenschaftlichen Ausbildungshintergrunds fehlte den Mitarbeiter(inne)n das für solche Analysen erforderliche Wissen, und sie waren nicht davon überzeugt, dass solche Aspekte Bestandteil des zentralen Aufgabengebiets der Organisation seien. So verfügten die Mitarbeiter(innen) des IWF durchaus über Autorität und konnten diese auch gegenüber den Mitgliedstaaten geltend machen (substantieller Einfluss). Sie waren jedoch nicht in der Lage, ihren Auftrag effektiv, im Sinne des Auftrags der Organisation umzusetzen (mangelnde Effektivität).

---

12 Für einen seltenen Versuch, auch eine gescheiterte Einflussnahme zu erfassen siehe Beach (2004), der aufzeigt, dass das Ratssekretariat der Europäischen Union sich vergeblich um die Durchsetzung seiner Präferenzen bei der Integration des Schengen-Regimes in die Union bemühte.

13 Zum unterschiedlichen Erfolg des Internationalen Arbeitsamtes in den Politikfeldern Kinderarbeit und Schifffahrt mit seiner Expertise auf die Überarbeitung von älteren Übereinkommen hinzuwirken siehe aber Senghaas-Knobloch u.a. (2003).

Da die empirischen Studien das Verhältnis von Verwaltungen und intergouvernementalen Organen nicht herausarbeiten, lassen sich aus der Empirie keine eindeutigen
Schlüsse über die Autonomie oder die Autorität von Verwaltungen ziehen. Die Forschung zu internationalen Bürokratien hat die Interaktion von intergouvernementalen
Akteuren und Verwaltungsstäben, also die Beziehungen und Interaktionen innerhalb
von internationalen Organisationen, bislang in der empirischen Betrachtung ausgeblendet. Dies zeigt sich auch daran, dass es den meisten Studien an einer begrifflichen
Trennschärfe fehlt. Häufig ist nur von internationalen Organisationen die Rede, ohne
dass näher spezifiziert würde, ob der Verwaltungsstab, eine Abteilung desselben, das
Exekutiv- oder das Legislativorgan gemeint ist. Für die Bestimmung der Autonomie
bedarf es jedoch einer genauen Festlegung der jeweiligen Agenten und Prinzipale sowie
einer Analyse des innerorganisatorischen Entscheidungsprozesses, die beispielsweise
noch nicht explizit mandatierte Tätigkeiten der Verwaltungen herausstellt und auch informelle Abläufe mit einbezieht. Für die Bestimmung der Autorität ist eine konkrete
Analyse der Zuschreibung von Autorität (durch die Mitgliedstaaten) vonnöten, weil
sonst jeder Fall, in dem Expertise eingebracht wird oder in dem sich eine Organisation
neutral verhält, gleich als Beispiel für Autorität herhalten muss. Im Übrigen folgt aus
dem Vorhandensein von Autoritätsquellen nicht automatisch ihre Anerkennung in spezifischen Situationen, die aber nötig ist, damit staatliche Entscheidungsträger(innen)
Vorschläge der Verwaltung aufnehmen.

Weiterhin fehlen Studien, die mögliche Erklärungsfaktoren für den Einfluss von
Verwaltungsstäben systematisch überprüfen. So werden beispielsweise die in diesem
Beitrag beschriebenen Quellen von Autorität, also Expertenautorität, moralische Autorität und rational-legale Autorität, auch von Barnett/Finnemore (2004) nicht kausal
mit dem von ihnen identifizierten Einfluss des IWF, des UNHCR oder des VN-Sekre-
tariats in Verbindung gebracht. Wie bei der Durchsicht der empirischen Studien diesbezüglich ersichtlich geworden ist, fällt auf, dass sich die einzelnen Autoritätsformen in
der empirischen Betrachtung *gebündelt* wieder finden. Häufig scheinen es Mischformen
von moralischer Autorität und Expertenautorität zu sein, die einer Verwaltung bei der
Themensetzung, Politikformulierung oder Politikimplementierung Gehör verschaffen.
Demgegenüber wurde das Fehlverhalten von internationalen Organisationen in der Regel auf eine starke rational-legale Autorität zurückgeführt, die verhinderte, dass Fehlinformationen oder -wahrnehmungen als solche identifiziert und hinterfragt wurden oder
angebliche Fakten nicht als Mythologien oder Ideologien entlarvt wurden (vgl. implizit
Pitt 1969: 30). Diese mögliche Korrelation harrt aber einer systematischen Untersuchung und Erklärung.

Schließlich ist die idealtypische Unterscheidung nach unterschiedlichen Autoritätsquellen zwar geeignet zu zeigen, *warum* internationale Organisationen über Einfluss
verfügen und auf staatliche Entscheidungen und die Weltpolitik Einfluss nehmen. Offen bleibt jedoch *wann*, d.h. unter welchen Bedingungen, Bürokratien ihre Autorität
geltend machen können. Hierauf werden wir später zurückkommen.

Von den bereits angesprochenen Lücken abgesehen, ist das Forschungsprogramm
über die Rolle von Bürokratien in der *Global Governance* mit einer Reihe von methodologischen und konzeptionellen Problemen behaftet.

Eine erste Tücke besteht darin, „Einfluss" analytisch fassbar und für die empirische Analyse (vergleichbar) messbar zu machen. Dazu gehört es, bei der empirischen Analyse sauber zu unterscheiden – erstens – zwischen der *Autonomie*, über welche die Verwaltungsstäbe von den Mitgliedstaaten verfügen, – zweitens – der *Autorität*, über die diese aufgrund eigener Quellen verfügen und – drittens – dem *Einfluss*, den sie auf den Politikzyklus nehmen (können). Derzeit wird oft noch kontrafaktisch geschlossen: Lässt sich das Politikergebnis nicht aus den Präferenzen der Mitgliedstaaten ableiten, so wird gefolgert, die internationale Organisation habe „autonom" gehandelt und demzufolge auch Einfluss genommen (vgl. Reinalda/Verbeek 1998). Diese Betrachtungsweise lässt unberücksichtigt, dass es Situationen gibt, in denen internationale Verwaltungsstäbe Einfluss nehmen, obwohl ihre Präferenzen identisch oder ähnlich denen der Mitgliedstaaten sind, oder – was häufig vorkommt – in denen keine festen Präferenzen auf Seiten der Mitgliedstaaten bestehen (vgl. Barnett/Finnemore 2004: 27–29). Der Fokus auf Autonomie ist nur allzu verständlich, führt man sich die skizzierte Geschichte der Forschung zu internationalen Organisationen vor Augen: Es gilt nach wie vor zu beweisen, dass internationale Organisationen mehr sind als lediglich die Instrumente wichtiger Mitgliedstaaten oder Foren, die Kooperation erleichtern und den gemeinsamen Nenner zwischenstaatlicher Interessen erkennen lassen. Um jedoch zu vermeiden, dass sich die empirischen Belege, die für Autonomie und Einfluss herangezogen werden, überschneiden, müsste aber der Einfluss unabhängig davon erhoben werden, ob sich die Interessen der internationalen Bürokratie von den Interessen der Mitgliedstaaten unterscheiden. Hier ist der methodische Werkzeugkasten noch längst nicht ausgeschöpft. Vor allem mit Hilfe von Prozessanalysen, die Wege der Entscheidungsfindung und Einflussnahme nachzeichnen, ließe sich zeigen, ob und wie die Bürokratie Einfluss nimmt. Denn der bloße Verweis auf die Tätigkeiten, manchmal auch nur auf die Präsenz von Mitgliedern eines internationalen Verwaltungsstabes etwa bei multilateralen Verhandlungen, bleibt zwangsläufig unbefriedigend. Wie Andrew Moravscik (1999: 299) in seiner Studie zum Einfluss supranationaler Unternehmer auf Verhandlungsrunden der Europäischen Gemeinschaft schon bemerkte: „demonstrating influence requires more than the claim that supranational actors were active and negotiations were subsequently successful in a given case". Einfluss sollte also differenzierter betrachtet werden, indem etwa zwischen dem Potenzial für Einfluss und der tatsächlichen Einflussausübung unterschieden wird (vgl. auch Schnapp 2004 für eine vergleichende Studie des Einflusspotenzials nationaler Bürokratien) und überdies genauer spezifiziert wird, *worauf* Einfluss genommen wird (z.B. Verhandlungsprozesse, Staatenpositionen, Organisationsoutput).

Eine zweite Tücke ist das Fehlen von gesicherten Kenntnissen über die *Mechanismen der Einflussnahme.* Sowohl *Prinzipal-Agent*-Ansätze als auch die neuren konstruktivistisch-soziologischen Ansätze haben die Frage nach den Mechanismen, über die internationale Verwaltungsstäbe Einfluss zu nehmen vermögen, noch nicht befriedigend beantworten können. Da die rationalistische *Prinzipal-Agent*-Literatur sich lediglich auf die Kontrollmechanismen konzentriert, welche Staaten einsetzen, um eine große Einflussnahme und Unabhängigkeit internationaler Organisationen (bzw. ihrer Verwaltung) zu verhindern, gerät aus dem Blick, wie es die (autonome) internationale Organisation überhaupt bewerkstelligt, einflussreich zu handeln. Demgegenüber fassen soziologisch inspirierte Ansätze ihre Mechanismen der Autoritätsausübung derartig weit, dass kaum vorstellbar ist, dass einzig internationale Bürokratien über diese verfügen. Offen bleibt dann, beispielsweise, wann sich die Expertise einer Bürokratie, wann jene einer Nichtregierungsorganisation oder eines externen Beraters in Expertenautorität umsetzt und einflusswirksam wird. Gleichfalls lässt das Konzept der moralischen Autorität keine Schattierungen zu: Entweder verfügt eine Organisation darüber oder nicht. Wie es einer internationalen Organisation aber gelingt, eine hohe moralische Autorität zu erlangen oder diese sogar zu verlieren, bleibt ungeklärt.

Einige der hier angeführten Defizite und Probleme scheinen sich auch in der vergleichenden Forschung zu nationalen Bürokratien wieder zu finden (vgl. Schnapp 2004: 50–80). Verschärft wird die prekäre Lage der Forschung zu internationalen Verwaltungsstäben allerdings noch durch eine schwierige Datenlage. Zwar kann sie sich gleichfalls auf (auto)biographische Aufzeichnungen, in diesem Fall von hohen Verwaltungsbeamten und an multilateralen Entscheidungsprozessen Beteiligten, stützen. Allerdings besteht nicht nur ein Mangel an (wissenschaftlicher) Literatur zu vielen Sonder- und Hilfsorganisationen der Vereinten Nationen und den Verwaltungen kleinerer internationaler Organisationen per se. Der internationalen Bürokratieforschung bleibt zudem weitestgehend ein Weg verschlossen, der ihrem nationalen Pendant offen steht: Um das Problem der vergleichbaren Daten beispielsweise über den Aufbau und die Zusammensetzung von Verwaltungsstäben anzugehen, kann diese sich des Wissens internationaler Verwaltungen bedienen: „Ein erfolgsversprechenderer Weg [als eigene Datenerhebung] liegt deshalb in der Nutzung von Daten internationaler Organisationen, deren Reputation es gestattet, davon auszugehen, dass diesen Daten weitgehend äquivalente Messkonzepte zugrunde liegen" (Schnapp 2004: 40).

6. Bedingungen der Einflussnahme: Wann können internationale Verwaltungsstäbe Einfluss nehmen?

Im Folgenden steht die Frage im Zentrum, unter welchen Bedingungen internationale Bürokratien auf die Politik internationaler Organisationen und ihrer Mitgliedstaaten Einfluss nehmen. Hierzu wenden wir uns von der fokussierten Sicht auf Verwaltungsstäbe ab und erweitern den Blickwinkel wieder um Literaturstränge, die das Zusammenspiel von unterschiedlichen Akteuren auf verschiedenen Ebenen stärker berücksichtigen und dabei insbesondere Verwaltungen und intergouvernementale Entscheidungsträger gemeinsam in den Blick nehmen. Obwohl es sich hierbei um unterschiedliche Literaturstränge und sowohl vornehmlich induktiv (Cox/Jacobson 1973a, 1973b) als auch vornehmlich deduktiv (Prinzipal-Agent-Modell) gewonnene Erklärungsansätze handelt, ähneln sich die mehrheitlich identifizierten Erklärungsfaktoren in ihrem Kern.

In einem auf Vergleichbarkeit angelegten, umfangreichen Buchprojekt untersuchten Cox, Jacobson und weitere Autoren (1973b) die Entscheidungsprozesse von insgesamt acht Sonderorganisationen der Vereinten Nationen in wirtschafts- und sozialpolitischen Politikfeldern zwischen 1945 und 1970. Alle Einzelfallstudien orientierten sich an einem komplexen Analyseraster, das die Interaktion unterschiedlicher Akteursgruppen (staatliche Repräsentanten, Interessensgruppenvertreter, Generalsekretäre und weitere hochrangige Verwaltungsbeamte, Berater, Repräsentanten anderer internationaler Organisationen und die Massenmedien) differenziert nach unterschiedlichen Entscheidungstypen in den Blick nimmt (Cox/Jacobson 1973a). Bis heute sind die aus den empirischen Einzelfallstudien abgeleiteten Annahmen keiner systematischen Überprüfung unterzogen worden, was neben Unklarheiten im Analyseraster (vgl. Hazelzet 1998) auch daran liegen mag, dass Cox/Jacobson in ihrem Auswertungskapitel (1973b) nur wenige ihrer vielen Annahmen als Hypothesen formuliert haben und diese inzwischen offensichtlich in Vergessenheit geraten sind. Einige dieser Annahmen wurden als Ausgangspunkt für spätere Sammelbände (vgl. Reinalda/Verbeek 1998, 2004a) genommen, jedoch auch dort nicht systematisch überprüft. Anhand einer Zuspitzung der Annahmen zu drei Hypothesen, die alle die Organisationsstruktur oder das organisationelle Umfeld betreffen, hoffen wir, eine erste Grundlage für künftige vergleichende Analysen bilden zu können.

Abbildung 1: Bedingungen der Einflussnahme internationaler Verwaltungsstäbe

Einflussnahme wahrscheinlich bzw. hoch, wenn	Quelle:
– operative Form der Entscheidung gegeben ist, – Beteiligung der Verwaltung an Entscheidungsfindung des höchsten Verwaltungsbeamten besteht,	Cox/Jacobson 1973b
– Konsequenzen einer Entscheidung für die (wichtigsten) Mitgliedstaaten gering sind,	Cox/Jacobson 1973b
– das Politikfeld durch Technizität und/oder Komplexität gekennzeichnet ist,	Cox/Jacobson 1973b
– der Verwaltung Autorität zugesprochen wird,	Barnett/Finnemore 2004
– die Verwaltung nicht von den Interessen der mit Kontrollmechanismen ausgestatteten Prinzipale abweicht,	Nielson/Tierny 2003
– der Prinzipal nicht über effektive Kontrollmechanismen verfügt,	Pollack 1997
– alternative (konsensuale) Wissensbestände fehlen,	Hawkins u.a. 2006 i.V. b
– die internationale Organisation stark spezialisiert ist.	Hawkins u.a. 2006 i.V. b Cox/Jacobson 1973b

Cox und Jacobson (1973b: 399–400) identifizierten den größten Einfluss internationaler Verwaltungsstäbe bei *operativen Entscheidungen*, etwa Entscheidungen über die spezifischen Programme zur technischen Hilfe. Dieser Einfluss komme insbesondere dann zum Tragen, wenn die Bürokratie im Namen des höchsten Verwaltungsbeamten, zum Beispiel des Generaldirektors, agiert und dieser sich nicht selbst der Thematik annehmen kann oder will. Der Einfluss von Verwaltungsstäben würde demzufolge davon abhängen, ob der Verwaltungsstab für die Verwaltungsspitze Berichte und Entscheidungsvorlagen erarbeitet, was insbesondere aufgrund von rechtlicher oder technischer Expertise der Fall sein müsste. Von den eingangs beschriebenen Tätigkeiten dürfte somit insbesondere die konkrete Ausarbeitung von Projekten, Missionen und Evaluierungsberichten der Bürokratie zu Einfluss verhelfen. Hieraus ließe sich als erste Hypothese ableiten, *dass Verwaltungsstäbe bei operativen Entscheidungen Einfluss nehmen, wenn sie arbeitsteilig an der Entscheidungsvorbereitung und -findung durch den höchsten Verwaltungsbeamten mitwirken oder an seiner Stelle ihre Expertise einbringen.*

Diese Hypothese berücksichtigt jedoch nur das Verhältnis der Bürokratie zu ihrer Spitze. Des Weiteren postulieren Cox und Jacobson (1973b: 399), dass der Einfluss der internationalen Bürokratie von einer Vielzahl anderer Umständen abhängt, etwa von der institutionellen Struktur und den Aufgaben der internationalen Organisation, den Charakteristika des Verwaltungsbeamten und den persönlichen Eigenschaften höherrangiger Sekretariatsbediensteter. Konkret zeigen sie anhand der durchgeführten Einzelfallstudien auf, dass der Einfluss internationaler Verwaltungsstäbe auch davon bestimmt zu sein scheint, wie wichtig den Mitgliedstaaten das behandelte Thema ist und wie viel Bedeutung sie einer Entscheidung beimessen. Im Vergleich der unterschiedlichen Organisationen beobachten die Autoren, dass internationalen Bürokratien dann eine wichtigere Rolle im Entscheidungsprozess und damit auch mehr Einfluss zukommt, wenn die Staatenvertreter davon ausgehen, dass keine direkten Konsequenzen aus einer Entscheidung folgen, oder wenn die Entscheidung generell als unwichtig eingestuft wird (Cox/Jacobson 1973b: 388–390). Sie beobachten: „The greater the immediate practical consequences are in material terms, the more the predominant influence is likely to be exercised by the governments" (Cox/Jacobson 1973b: 389). Als zweite Hypothese – und hier folgen wir ihrer Formulierung – ließe sich also festhalten, *dass je geringer die unmittelbaren Konsequenzen einer Entscheidung für die (wichtigsten) Mitgliedstaaten einer Organisation sind, desto mehr Einfluss kommt den internationalen Bürokratien zu.*

Analog scheint es einen Vorteil für Bürokratien zu geben, wenn Entscheidungen vor allem in ergebnisoffenen Aushandlungsprozessen getroffen werden (Cox/Jacobson 1973b: 389). Dies ist vor allem der Fall, wenn das zu bearbeitende Politikfeld sehr technisch ist und Expertenwissen gefragt ist. Als dritte Hypothese kann man also formulieren: *Je größer die Technizität und/oder die Komplexität eines Politikfeldes/einer Internationalen Organisation, desto größer der Einfluss eines internationalen Verwaltungsstabs.*

Auch die theoriegeleitete Literatur zu internationalen Organisationen, die sich nicht explizit mit Verwaltungsstäben beschäftigt, lässt sich für die Erforschung der Interaktion der verschiedenen Akteure im organisationalen Entscheidungsprozess nutzen. *Prinzipal-Agent*-Ansätze spezifizieren beispielsweise oft nicht, welche Art von *Agent* sie in den Blick nehmen. Zwar werden in einigen Arbeiten ausdrücklich Gerichte und Regulierungsbehörden betrachtet (z.B. Alter 1998). In anderen Studien werden hingegen durchaus internationale Verwaltungsstäbe analysiert, auch wenn diese nicht unmissverständlich genannt werden (z.B. Nielson/Tierney 2003). Wie schon beklagt, findet sich eine ähnliche Gleichsetzung auch in den soziologisch inspirierten Arbeiten, die in der Regel konsequent von internationalen Organisationen sprechen, wenn sie deren Verwaltungsstäbe, etwa das *Department for Peacekeeping Operations* oder den internationalen Mitarbeiter(innen)stab des Internationalen Währungsfonds, meinen (etwa Barnett/Finnemore 2004). Im Folgenden werden wir auch diese beiden Literaturstränge nach Bedingungen für die Einflussnahme internationaler Verwaltungsstäbe prüfen.

Der konstruktivistisch-soziologische Ansatz (Barnett/Finnemore 1999, 2004, 2005) spezifiziert keine Hypothesen über die Erfolgsbedingungen für die Einflussnahme durch internationale Organisationen oder ihre Verwaltungsstäbe. Aus der Beschäftigung mit dem Schlüsselbegriff Autorität lässt sich jedoch ableiten, dass es nicht so sehr auf die materiellen Faktoren wie Ressourcen, Ausstattung, ggf. sogar formales Mandat ankommt, damit eine internationale Bürokratie ihren Einfluss erfolgreich geltend machen kann. Entscheidend ist vielmehr, dass die Autorität des Verwaltungsstabs von den anderen am Entscheidungsprozess beteiligten oder davon betroffenen Akteuren anerkannt wird (vgl. Barnett/Finnemore 2005: 169 ff; 179). Das Einflusspotenzial von Verwaltungsstäben steigt also in dem Maße, in dem diese als kompetente, neutrale, am Allgemeinwohl orientierte Akteure wahrgenommen werden, die den ihnen übertragenen Auftrag effizient und nach besten Wissen erledigen und dabei die Souveränität der betroffenen staatlichen Akteure nicht mehr als unbedingt nötig berühren. Als Hypothese lässt sich also formulieren: *Je mehr Autorität einer internationalen Bürokratie zugesprochen wird, desto eher kann sie Einfluss nehmen.*

Anders als Cox/Jacobson und Barnett/Finnemore ist die dem rationalistischen *Prinzipal-Agent*-Modell folgende Literatur sehr stark an der Formulierung und Überprüfung von Hypothesen interessiert. In der Literatur findet sich eine Vielfalt an spezifischeren Hypothesen, die allerdings in ihrer Anwendung auf internationale Organisationen noch mehrheitlich einer gründlicheren Überprüfung harren.[14] Wenn man das Prinzipal-Agent-Modell auf das Verhältnis zwischen Internationalen Verwaltungsstäben und den Mitgliedstaaten internationaler Organisationen anwendet, lassen sich einige „Grund-Hypothesen" zuspitzen, deren vergleichende Überprüfung den Forschungsstand über internationale Verwaltungsstäbe erheblich voranbringen könnte.

Das Prinzipal-Agent-Modell unterstellt dem Agenten ein Eigeninteresse an Handlungsautonomie. Es geht davon aus, dass ein internationaler Verwaltungsstab eigene Interessen und Präferenzen entwickelt und versucht, diese durchzusetzen. Da dieses autonome Handeln für die Mitgliedstaaten möglicherweise politische und/oder materielle Kosten verursacht, werden Staatenvertreter(innen) die Autonomie von Verwaltungen, den Agenten, begrenzen. Sie werden sicherstellen, dass die Verwaltung gerade genügend Autonomie erhält, um ihren Auftrag wahrzunehmen, etwa indem sie Kontrollmechanismen einrichten. Da aber eine Anwendung von Kontrollmechanismen ebenfalls mit Kosten verbunden ist, ist zu erwarten, dass die Prinzipale nicht tätig werden, so lange die Aktivitäten der Agenten ungefähr im vorgegeben Rahmen liegen (Nielson/Tierney 2003: 245). Hieraus lässt sich die Hypothese ableiten, *dass Verwaltungsstäbe innerhalb der ihnen übertragenen Mandate Einfluss nehmen können, jedoch nicht von den feststehenden Interessen jener Akteure, die über Kontrollmechanismen verfügen, abweichen dürfen.*

Anwender(innen) von Prinzipal-Agent-Modellen richten ihren Blick zudem auf Fälle, in denen der Agent die Leine, an der der Prinzipal ihn hält, lockert. Im Englischen wird dieser Umstand als *agency slack* bezeichnet, ein deutscher Terminus hat sich noch nicht eingebürgert. Ein *agency slack* liegt vor, wenn ein Agent eigenständig eigene Ziele realisieren kann und aufgrund dadurch auftretender Abweichung von den Interessen

---

14 Siehe allerdings für internationale Organisationen allgemein Hawkins u.a. (i.V. a). Für Beispiele aus der EU-Forschung vgl. Pollack (1997, 2002) und Tallberg (2000, 2002). Für eine Sammlung von Hypothesen siehe auch Biermann/Bauer (2005). Diese Hypothesen beziehen sich u. a. auf den Umfang und die Effizienz staatlicher Kontrollmechanismen (z.B. Überwachungs- und Berichtsanforderungen, Sanktionen, Auswahlverfahren für das Personal und anderer institutioneller *checks and balances*), auf die Problemstruktur und die Art der Aufgaben internationaler Organisationen.

des Prinzipals oder der Prinzipale Schaden verursacht (Hawkins u.a. 2006 i.V. b).[15] Die Wahrscheinlichkeit eines solchen Falls steigt mit der Autonomie eines Agenten. Prinzipale versuchen dem *agency slack* vorzubeugen, indem sie Kontrollmechanismen einrichten. Eine Bedingung, die den Einfluss internationaler Verwaltungsstäbe somit beschränken könnte, ist das Ausmaß staatlicher Kontrollmechanismen (Pollack 1997). *Je mehr effektive Kontrollmechanismen die Mitgliedstaaten besitzen/anwenden, desto geringer ist die Wahrscheinlichkeit, dass die internationalen Verwaltungsstäbe eigene Ziele verwirklichen können.* In diesem Zusammenhang leuchtet unmittelbar die Konkretisierung ein, dass die Verwaltung nicht (ohne Verlust an delegierter Autorität) gegen den Willen des höchsten Verwaltungsbeamten, die Mehrheit im Exekutivorgan und wichtige Beitragszahler agieren kann.

Einer der Vorteile der Delegation an einen Agent liegt nach rationalistischer Prinzipal-Agent-Literatur darin, dass dieser das Problem der unvollständigen Verträge löst: Vielfach bekommt also eine internationale Verwaltung Aufgaben übertragen, die Staatenvertreter(innen) mangels Wissen selbst nicht durchführen können oder deren eigene Durchführung ungleich höhere Kosten verursachen würde (Hawkins u.a. 2006 i.V. b). Hieraus lässt sich die Hypothese formulieren, *dass die Expertise einer Verwaltung immer dann zum Tragen kommt, wenn keine alternativen (konsensualen) Wissensbestände genutzt werden können.*

Mit Blick auf die bereits oben angesprochene Hypothese zur Bedeutung von Expertise deckt sich die rationalistische Literatur (Prinzipal-Agent-Modell) mit dem induktiv gewonnenen Hypothesenset von Cox und Jacobson. Auch erstere gehen davon aus: *Je größer die Spezialisierung einer internationalen Organisation und je komplexer die Aufgaben, die eine internationale Organisation ausführt, desto größer ist der Grad der Autonomie, den Agenten (also auch Verwaltungsstäbe) gegenüber den Prinzipalen erreichen können.*

7. Fazit

Die Literatur zu internationalen Organisationen hat sich (wieder) einer der zentralen Fragen der Verwaltungswissenschaft zugewandt und analysiert, inwiefern Bürokratien auf politische Prozesse Einfluss nehmen. Ähnlich wie in der nationalen Bürokratieforschung (vgl. Schnapp 2004: 338) rekurriert auch die auf internationale Organisationen bezogene Literatur stark auf die Rolle von Fachwissen und auf die Wissensasymmetrie zwischen Verwaltung und (Mitglied)Staat. Nachdem es in den letzten Jahren einige Einzelfallstudien zum Einfluss von internationalen Organisationen gegeben hat, die auch Verwaltungen thematisieren, wäre es jetzt an der Zeit, sich der vergleichenden Analyse zuzuwenden und systematisch den Bedingungen der Einflussnahme internationaler Verwaltungsapparate nachzugehen.

---

15 Es bestehen allerdings wichtige Unterschiede zwischen dem Auftreten von *agency slack* und dem Einfluss, den internationale Bürokratien ausüben können. Der negativ konnotierte *agency slack* beinhaltet nicht die Möglichkeit, dass ein Agent zwar über seinen Auftrag hinaus handelt und Wirkung erzielt, dabei aber zum Nutzen von Staaten oder dem Organisationsziel agiert, vgl. auch Barnett/Finnemore (2004: 27–29).

Wir haben in diesem Beitrag einerseits bestehende Lücken und Tücken im aktuellen Forschungsstand identifiziert und andererseits einen erweiterten theoretischen Rahmen für künftige vergleichende Analysen abgesteckt. Die aus diesem abgeleiteten Hypothesen zur empirischen Überprüfung (vgl. Abbildung 1) zielen auf eine Mehrebenen-Analyse, welche (erweiterte) Delegationsketten berücksichtigt und Allianzen der Bürokratie mit anderen Akteuren in den Blick nehmen hilft. Sie decken sich auch mehrheitlich mit allgemeinen Annahmen der Organisationsforschung (vgl. Ness/Brechin 1988: 253), denen zufolge das organisationale Umfeld (Akteure, Themen, Politikfeld), die Organisationsstruktur und die Führung (*leadership*) bzw. Führungsqualitäten bestimmen, wann internationale Verwaltungen sich in politische Entscheidungen einbringen können.

Insbesondere durch die Zusammenführung der einzelnen Hypothesen bietet sich die Möglichkeit, sowohl die Blackbox der internationalen Bürokratie zu öffnen und verwaltungsinterne Quellen von Autorität zu analysieren als auch den Akt der Delegation und politischen Kontrolle von Organisationen zu erfassen und dadurch die intergouvernementale Ebene zu berücksichtigen. Bislang ist ein solcher, in den Internationalen Beziehungen vielfach beobachtbarer Trend zum „Brückenschlag" zwischen rationalistischen und soziologischen Ansätzen (vgl. Risse 2003) noch nicht angekommen, wenngleich eine entsprechende Synthese derzeit an mehreren Stellen eingefordert wird (z.B. Hamlet 2004b; Tierney/Weaver 2005). Im Einklang mit Autor(inn)en (Barnett/ Coleman 2004; Nielson u.a. 2006 i.V.), die den Wandel bzw. die Reformresistenz internationaler Organisationen erklären möchten, plädieren wir dafür, die unterschiedlichen Ansätze nicht als konkurrierende Erklärungsversuche sondern komplementär zu verstehen, um ein besseres Verständnis von der Wirkung internationaler Verwaltungsstäbe zu erhalten.

Literatur

Abbott, Kenneth W./Snidal, Duncan, 1998: Why States Act Through Formal International Organizations, in: Journal of Conflict Resolution 42:1, 3–32.

Alter, Karen J., 1998: Who are the „Masters of the Treaty"? European Governments and the European Court of Justice, in: International Organization 52:1, 121–147.

Archer, Clive, 2001: International Organizations. Dritte Auflage, London: Routledge.

Armstrong, David/Lloyd, Lorna/Redmond, John, 2004: International Organizations in World Politics. Dritte Auflage, Houndsmill: Palgrave Macmillan.

Bailey, Sydney, 1962: The Secretariat of the United Nations. New York: Praeger.

Baldwin, David A. (Hrsg.), 1993: Neorealism and Neoliberalism. The Contemporary Debate. New York: Columbia University Press.

Barnett, Michael/Coleman, Liv, 2005: Designing Police: Interpol and the Study of Change in International Organizations, in: International Studies Quarterly 49:4, 593–620.

Barnett, Michael/Finnemore, Martha, 1999: The Politics, Power and Pathologies of International Organizations, in: International Organization 53:4, 699–732.

Barnett, Michael/Finnemore, Martha, 2004: Rules for the World: International Organizations in Global Politics. Ithaka: Cornell University Press.

Barnett, Michael/Finnemore, Martha, 2005: The Power of Liberal International Organizations, in: *Barnett, Michael/Duvall, Raymond* (Hrsg.), Power in Global Governance. Cambridge: Cambridge University Press, 161–184.

Bauer, Steffen, 2006: Does Bureaucracy Really Matter? The Authority of Intergovernmental Treaty Secretariats in Global Environmental Politics, in: Global Environmental Politics 6:1, 23–49.

Beach, Derek, 2004: The Unseen Hand in Treaty Reform Negotiations: The Role and Influence of the Council Secretariat, in: Journal of Public Policy 11:3, 408–439.

Bennett, A. LeRoy, 1977: International Administration and the Search for Leadership, in: *Bennett, A. LeRoy* (Hrsg.), International Organizations: Principles and Issues. Englewood Cliffs: Prentice-Hall, 323–347.

Biermann, Frank/Bauer, Steffen, 2005: Managers of Global Change: Assessing and Explaining the Influence of International Bureaucracies. Global Governance Working Paper No 15. Amsterdam: Global Governance Project.

Bogumil, Jörg/Schmid, Josef, 2001: Politik in Organisationen. Organisationstheoretische Ansätze und praxisbezogene Anwendungsbeispiele. Opladen. Leske + Budrich.

Boudreau, Thomas E., 1991: Sheathing the Sword: The UN Secretary-General and the Prevention of International Conflict. Westport: Greenwood.

Bülck, Hartwig, 1962: Internationale Verwaltungsgemeinschaften, in: *Strupp, Karl/Hans-Jürgen Schlochauer* (Hrsg.), Wörterbuch des Völkerrechts, Dritter Band: Rapollo Vertrag bis Zypern. Berlin: de Gruyter & Co, 564–577.

Claude, Inis L., Jr., 1964: Swords into Plowshares. The Problems and Progress of International Organization. Dritte Auflage, New York: Random House.

Cox, Robert W., 1969: The Executive Head: An Essay on Leadership in International Organizations, in: International Organization 23:2, 205–230.

Cox, Robert W./Jacobson, Harold K., 1973a: The Framework for Inquiry. in: *Cox, Robert W./Jacobson, Harold K./Curzon, Gerard/Curzon, Victoria/Nye, Joseph S./Scheinman, Lawrence/Sewell, James P./Strange, Susan,* The Anatomy of Influence. Decision Making in International Organization. New Haven: Yale University Press, 1–36.

Cox, Robert W./Jacobson, Harold K., 1973b: The Anatomy of Influence, in: *Cox, Robert W./Jacobson, Harold K./Curzon, Gerard/Curzon, Victoria/Nye, Joseph S./Scheinman, Lawrence/Sewell, James P./Strange, Susan,* The Anatomy of Influence. Decision Making in International Organization. New Haven: Yale University Press, 371–436.

Cox, Robert W./Jacobson, Harold K./Curzon, Gerard/Curzon, Victoria/Nye, Joseph S./Scheinman, Lawrence/Sewell, James P./Strange, Susan, 1973: The Anatomy of Influence. Decision Making in International Organization. New Haven: Yale University Press.

Davies, Michael D.V., 2003: The Administration of International Organizations. Top Down and Bottom Up. Aldershot: Ashgate.

Dicke, Klaus, 1994: Effizienz und Effektivität Internationaler Organisationen. Darstellung und kritische Analyse eines Topos im Reformprozeß der Vereinten Nationen. Berlin: Duncker & Humblot.

Dijkzeul, Dennis/Beigbeder, Yves, 2003: Rethinking International Organizations: Pathology and Promise. New York: Berghahn Books.

Dingwerth, Klaus/Campe, Sabine, 2006: „Organizing the World“: Organisationstheorie(n) und die Internationalen Beziehungen – Ein Tagungsbericht, in: Zeitschrift für Internationale Beziehungen 13:1, 123–135.

Finnemore, Martha, 1996: National Interests in International Society. Ithaca: Cornell University Press.

Finnemore, Martha/Sikkink, Kathryn, 1998: International Norm Dynamics and Political Change, in: International Organization 52:4, 887–917.

Franck, Thomas M., 1995: The Secretary-General's Role in Conflict Resolution: Past, Present and Pure Conjecture, in: European Journal of International Law 6:1995, 360–387.

Fröhlich, Manuel, 2005: Zwischen Verwaltung und Politik: Die Arbeit des UN-Sekretariats, in: *Dicke, Klaus/Fröhlich, Manuel* (Hrsg.), Wege multilateraler Diplomatie. Politik, Handlungsmöglichkeiten und Entscheidungsstrukturen im UN-System. Baden-Baden: Nomos, 41–63.

Gallarotti, Giulio M., 1991: The Limits of International Organization: Systematic Failure in the Management of International Relations, in: International Organization 45:2, 183–220.

Galtung, Johan, 1986: On the Anthropology of the United Nations System, in: *Pitt, David/Weiss, Thomas G.* (Hrsg.), The Nature of United Nations Bureaucracies. Boulder, Co: Westview Press, 1–22.

Geri, Laurance R., 2001: New Public Management and the Reform of International Organizations, in: International Review of Administrative Science 67:3, 445–460.

Gordenker, Leon, 1967: The UN Secretary-General and the Maintenance of Peace. New York: Columbia University Press.

Gordenker, Leon, 2005: The UN Secretary-General and Secretariat. London: Routledge.

Göthel, Dieter, 2002: Die Vereinten Nationen: Eine Innenansicht. Berlin: Auswärtiges Amt.

Goulding, Marrack, 2003: Peacemonger. Baltimore: John Hopkins University Press.

Gregg, Robert W., 1966: The UN Regional Economic Commissions and Integration in the Underdeveloped Regions, in: International Organization 20:2, 208–232.

Grieco, Joseph M., 1988: Anarchy and the Limits of Cooperation: A Realist Critique of the Newest Liberal Institutionalism, in: International Organization 42:3, 485–507.

Haas, Peter M., 1992: Introduction: Epistemic Communities and International Policy Coordination, in: International Organization 46:1, 1–35.

Haftel, Yoram Z./Thompson, Alexander, 2006: The Independence of International Organizations: Concept and Applications, in: Journal of Conflict Resolution 50:2, 253–275.

Hamlet, Lawrence, 2004a: How States Design the Secretariats of International Organizations: Evidence from the ITU and ICANN, unveröffentlichtes Manuskript.

Hamlet, Lawrence, 2004b: Assessing the Impact of Organizational Culture on International Organizations. Paper presented at the 2004 Annual Meeting of the International Studies Association, unveröffentlichtes Manuskript.

Hawkins, Darren G./Lake, David A./Nielson, Daniel/Tierney, Michael J. (Hrsg.), 2006 (i.V.)a: Delegation and Agency in International Organizations. Cambridge: Cambridge University Press.

Hawkins, Darren/Lake, David A./Nielson, Daniel/Tierney, Michael J., 2006 (i.V.)b: Delegation under Anarchy: States, International Organizations, and Principal-Agent Theory, in: *Hawkins, Darren G./Lake, David A./Nielson, Daniel/Tierney, Michael J.* (Hrsg.), Delegation and Agency in International Organizations. Cambridge: Cambridge University Press.

Hazelzet, Hadewych, 1998: The Decision-Making Approach to International Organizations, in: *Reinalda, Bob* (Hrsg.), Autonomous Policy Making by International Organizations. London: Routledge, 27–41.

Hüfner, Klaus, 2003: Financing the United Nations: The Role of the United States, in: *Dijkzeul, Dennis/Beigbeder, Yves* (Hrsg.), Rethinking International Organizations: Pathology and Promise. New York: Berghahn Books, 27–53.

Johnstone, Ian, 2003: The Role of the UN Secretary-General: The Power of Persuasion Based on Law, in: Global Governance 9:4, 442–458.

Keohane, Robert O., 1984: After Hegemony: Cooperation and Discord in the World Political Economy. Princeton: Princeton University Press.

Keohane, Robert O., 1989: Neoliberal Institutionalism: A Perspective on World Politics, in: *Keohane, Robert O.* (Hrsg.), International Institutions and State Power: Essays in International Relations Theory. Boulder: Westview Press, 1–20.

Kille, Kent J./Scully, Roger M., 2003: Executive Heads and the Role of Intergovernmental Organizations: Expansionist Leadership in the United Nations and the European Unions, in: Political Psychology 24:1, 175–198.

Kindleberger, Charles P., 1951: Bretton Woods Reappraised, in: International Organization 5:1, 32–47.

König, Klaus, 2002: Verwaltung in globaler Sicht, in: *König, Klaus* (Hrsg.), Deutsche Verwaltung an der Grenze zum 21. Jahrhundert. Baden-Baden, Nomos: 327–352.

Kratochwil, Friedrich/Ruggie, John G., 1986: International Organization: A State of the Art on an Art of the State, in: International Organization 40:4, 753–775.

Langrod, Georges, 1963: The International Civil Service. Its Origin, its Nature, its Evolution. Leiden: Sythoff.

Leibfried, Stephan/Zürn, Michael (Hrsg.), 2005: Transformations of the State? Cambridge: Cambridge University Press.

Liese, Andrea, 2005: „Capacity Building" als Strategie zur Förderung der Regeleinhaltung. Erfahrungen der ILO bei der Abschaffung der Kinderarbeit, in: *Senghaas-Knobloch, Eva* (Hrsg.), Weltweit geltende Arbeitsstandards trotz Globalisierung. Analysen, Diagnosen und Einblicke. Münster: Lit Verlag, 63–79.

Luard, Evan, 1979: The United Nations. How it Works and what it Does. London: St. Martin's Press.

Martin, Lisa L./Simmons, Beth A., 1998: Theories and Empirical Studies of International Institutions, in: International Organization 52:4, 729–757.

Meyers, David B., 1976: The OAU's Administrative Secretary-General, in: International Organization 30:3, 509–520.

Mingst, Karen A./Karns, Margaret P., 1995: The United Nations in the Post-Cold War Era. Boulder: Westview Press.

Moravcsik, Andrew, 1999: A New Statecraft? Supranational Entrepreneurs and International Cooperation, in: International Organization 53:2, 267–306.

Ness, Gayl D./Brechin, Steven R., 1988: Bridging the Gap: International Organizations as Organizations, in: International Organization 42:2, 245–273.

Newman, Edward, 1998: The UN Secretary-General from the Cold War to the New Era: A Global Peace and Security Mandate? New York: St. Martin's Press.

Nicholson, Michael, 1998: A Rational Choice Analysis of International Organizations: How UNEP helped to bring about the Mediterranean Action Plan, in: *Reinalda, Bob/Verbeek, Bertjan* (Hrsg.), Autonomous Policy Making by International Organizations. London: Routledge, 79–90.

Nielson, Daniel L./Tierney, Michael, 2003: Delegation to International Organizations: Agency Theory and World Bank Environmental Reform, in: International Organization 57, 241–276.

Nielson, Daniel L./Tierney, Michael/Weaver Catherine, 2006 (i.V.) : Bridging the Rationalist-Constructivist Divide: Engineering Change in the World Bank, in: Journal of International Relations and Development.

Olsen, Johan, 1997: European Challenges to the Nation State, in: Political Institutions and Public Policy, 157–188.

Paepcke, Henrike, 2004: Die friedens- und sicherheitspolitische Rolle des UN-Generalsekretärs im Wandel: Das kritische Verhältnis zwischen Boutros Boutros-Ghali und den USA. Baden-Baden: Nomos.

Paschke, Karl T., 2003: UNO von Innen: Die Besonderheiten einer multinationalen Bürokratie, in: *Schorlemer, Sabine von* (Hrsg.), Praxishandbuch UNO: Die Vereinten Nationen im Lichte globaler Herausforderungen. Berlin: Springer, 552–567.

Pitt, David, 1986: Power in the UN Superbureaucracy: A New Byzantium?, in: *Pitt, David/Weiss, Thomas G.* (Hrsg.), The Nature of United Nations Bureaucracies. Boulder: Westview Press, 23–38.

Pitt, David/Weiss, Thomas G. (Hrsg.), 1986: The Nature of United Nations Bureaucracies. Boulder. Westview Press.

Pollack, Mark A., 1997: Delegation, Agency, and Agenda Setting in the European Community, in: International Organization 51:1, 99–134.

Pollack, Mark A., 2002: Learning from the Americanists (Again): Theory and Method in the Study of Delegation, in: West European Politics 25:1, 200–219.

Reinalda, Bob/Verbeek, Bertjan (Hrsg.), 1998: Autonomous Policy Making by International Organizations. London: Routledge.

Reinalda, Bob/Verbeek, Bertjan (Hrsg.), 2004a: Decision Making within International Organizations. London: Routledge.

Reinalda, Bob/Verbeek, Bertjan, 2004b: Patterns of Decision Making within International Organizations, in: *Reinalda, Bob/Verbeek, Bertjan* (Hrsg.), Decision Making within International Organizations. London: Routledge, 231–246.

Risse, Thomas, 2003: Konstruktivismus, Rationalismus und Theorien Internationaler Beziehungen. Warum empirisch nichts so heiß gegessen wird, wie es theoretisch gekocht wurde, in: *Hellmann, Gunther/Wolf, Klaus Dieter/Zürn, Michael* (Hrsg.), Die neuen Internationalen Beziehungen. Forschungsstand und Perspektiven in Deutschland. Baden-Baden: Nomos, 99–132.

Rittberger, Volker/Zangl, Bernhard, 2003: Internationale Organisationen: Politik und Geschichte. Europäische und weltweite internationale Zusammenschlüsse. Opladen: Leske + Budrich.

Rivlin, Benjamin/Gordenker, Leon (Hrsg.), 1993: The Challenging Role of the UN Secretary-General: Making 'the Most Impossible Job in the World' Possible. Westport: Praeger.

Rochester, J. Martin, 1986: The Rise and Fall of International Organization as a Field of Study, in: International Organization 40:4, 777–813.

Ruggie, John Gerard, 2003: The United Nations and Globalization: Patterns and Limits of Institutional Adaption, in: Global Governance 9, 301–321.

Salomons, Dirk, 2003: Good Intentions to Naught: The Pathology of Human Resources Management, in: *Dijkzeul, Dennis/Beigbeder, Yves* (Hrsg.), Rethinking International Organizations: Pathology and Promise. New York: Berghahn Books, 111–139.

Schnapp, Kai-Uwe, 2004: Ministerialbürokratien in westlichen Demokratien. Eine vergleichende Analyse. Opladen: Leske + Budrich.

Scott, W. Richard, 1986: Grundlagen der Organisationstheorie. Frankfurt am Main: Campus.

Senarclens, Pierre de, 2001: International Organizations and the Challenges of Globalisation, in: Social Science Journal 170, 509–522.

Senghaas-Knobloch, Eva/Dirks, Jan/Liese, Andrea, 2003: Internationale Arbeitsregulierung in Zeiten der Globalisierung. Politisch-organisatorisches Lernen in der Internationalen Arbeitsorganisation. Münster: Lit Verlag.

Simmons, Beth A./Martin, Lisa L., 2001: International Organizations and Institutions, in: *Carlsnaes, Walter/Risse, Thomas/Simmons, Beth A.* (Hrsg.), Handbook of International Relations. London: Sage, 192–211.

Skjaerseth, Jon Birger, 1999: Can International Environmental Secretariats Promote Effective Cooperation? Paper presented at the United Nations University's International Conference on Synergies and Coordination between Multilateral Environmental Agreements, Tokyo, 14–16 July 1999, unveröffentlichtes Manuskript.

Skjelsbaek, Kjell, 1991: The UN Secretary-General and the Mediation of International Disputes, in: Journl of Peace Research 28:1, 99–115.

Smith, Courtney B., 2003: More Secretary or General? Effective Leadership at the United Nations, in: International Politics 40, 137–147.

Sprinz, Detlef F., 2003: Internationale Regime und Institutionen, in: *Hellmann, Gunther/Wolf, Klaus Dieter/Zürn, Michael* (Hrsg.), Die Neuen Internationalen Beziehungen. Forschungsstand und Perspektiven in Deutschland. Baden-Baden: Nomos, 251–274.

Sutterlin, James S., 1993: The UN Secretary-General as Chief Administrator, in: *Rivlin, Benjamin/Gordenker, Leon* (Hrsg.), Making 'the Most Impossible Job in the World' Possible. Westport: Praeger, 43–59.

Sutterlin, James S., 2003: The United Nations and the Maintenance of International Security: A Challenge to Be Met. Zweite Auflage, Westport: Praeger.

Tallberg, Jonas, 2000: The Anatomy of Autonomy: An Institutional Account of Variation in Supranational Influence, in: Journal of Common Market Studies 38:5, 843–864.

Tallberg, Jonas, 2002: Delegation to Supranational Institutions: Why, How, and with What Consequences?, in: West European Politics 25:1, 23–46.

Thatcher, Mark/Stone Sweet, Alec, 2002: Theory and Practice of Delegation to Non-Majoritarian Institutions, in: West European Politics 25:1, 1–22.

Tierney, Michael/Weaver, Catherine, 2005: Principles and Principals? The Possibilities for Theoretical Synthesis and Scientific Progress in the Study of International Organizations, Paper presented at the 2005 International Studies Association, Honolulu Hawaii, unveröffentlichtes Manuskript.

Trondal, Jarle/Marcussen, Martin/Veggeland, Frode, 2004: International Executives: Transformative Bureaucracies or Westphalian Order?, in: European Integration online Papers (EIoP) 8:4.

Union of International Associations (Hrsg.), 2005: Yearbook of International Organizations. Guide to Global and Civil Society Networks, Edition 42 2005/2006, Volume 5: Statistics, visualizations and patterns. München: K. G. Sauer,
  http://www.diversitas.org/db/x.php?dbcode=v5&sz=100&year=2005
Verbeek, Bertjan, 1998: International Organizations: The Ugly Duckling of International Relations Theory?, in: *Reinalda, Bob/Verbeek, Bertjan* (Hrsg.), Autonomous Policy Making by International Organizations. London: Berghahn Books, 11–26.
Weaver, Catherine, 2003: The Hypocrisy of International Organizations: The Rhetoric, Reality and Reform of the World Bank. University of Wisconsin-Madison, Dissertation.
Weaver, Catherine/Leiteritz, Ralf J., 2005: „Our Poverty is a World Full of Dreams": Reforming the World Bank, in: Global Governance 11, 369–388.
Weiss, Thomas G., 1982: International Bureaucracy: The Myth and Reality of the International Civil Service, in: International Affairs 58:2, 287–306.
Wessels, Wolfgang, 2000: Die Öffnung des Staates. Modelle und Wirklichkeit grenzüberschreitender Verwaltungspraxis 1960–1995. Opladen: Leske + Budrich.
Yi-Chong, Xu/Weller, Patrick, 2004: The Governance of World Trade: International Civil Servants and the GATT/WTO. Cheltenham: Edward Elgar.
Zacher, Mark W., 1969: The Secretary-General: Some Comments on Recent Research, in: International Organization 23:4, 932–950.

IV.

Neue Ausbildungsvoraussetzungen und Studiengänge

Zur Professionalisierung eines Graduiertenstudiums im Kontext von Politik und Verwaltung

Klaus König

1. Zur Ausgangslage

Der Bologna-Prozess stellt jenseits der Rechtsposition, dass die Verleihung akademischer Grade und damit ihre Ausgestaltung zum Kernbereich wissenschaftlicher Betätigung gehört, eine hochschulpolitische Herausforderung für die Rechts-, Wirtschafts- und Sozialwissenschaften in Deutschland dar. Auch für die Politische Wissenschaft, sei es für sich, sei es im sozialwissenschaftlichen Zusammenhang, stellt sich die Frage nach der Einführung von Studiengängen mit zwei Hauptzyklen, nämlich einem Undergraduate-Zyklus bis zum ersten Abschluss mit einem Bachelor-Grad und nach entsprechendem Erfolg ein Graduate-Zyklus mit der Graduierung zum Master als zweiten Abschluss. Dass es sich dabei nicht nur um eine Umbenennung, sondern einen bildungspolitischen Umbau handelt, wird gerade im Kontext von Politik und Verwaltung deutlich. Traditionelle Anbieter von Verwaltungsstudien mit politikwissenschaftlichem Bezug in Speyer, Konstanz und Potsdam, müssen sich in die neue Form der Graduierung einpassen. Universitäten in Kassel, Erfurt usw. führen einschlägige Studiengänge ein. Neue Akteure wie die Hertie School of Governance oder die Zeppelin-University treten auf. Die einschlägigen akademischen Grade lauten: Master of Public Administration, Master of Public Policy, Master of Public Management, Master of Governance oder Master of Arts mit entsprechenden Zusätzen. Schon solche Bezeichnungen machen deutlich, dass es um eine Professionalisierung des Studiums im Sinne einer Ausrichtung auf bestimmte Berufs- und Tätigkeitsfelder geht.

Im geteilten System höherer Bildung in Deutschland muss man noch die Fachhochschulen berücksichtigen. Hier ist die Frage, ob Fachhochschulen mit dem Studienfach öffentliche Verwaltung ihren Zyklus mit einem Bachelor-Grad abschließen, grundsätzlich noch offen. Auch bei der Fachhochschule des Bundes für öffentliche Verwaltung steht eine solche Einführung noch aus. In Einzelfällen, wie dem der Hochschule Harz, wird ein Studienab-schluss zum Bachelor of Public Management nach einem ersten Zyklus von drei Jahren eingerichtet. Anzumerken ist, dass sich im internationalen Vergleich trotz einschlägiger Vorstöße, zum Beispiel in Großbritannien, der Bachelor of Public Administration als berufsqualifizierender Abschluss nicht durchgesetzt hat. Der Fall der Fachhochschulen in Deutschland könnte insoweit auch für das Ausland bemerkenswert sein.

Indessen ist eine Reihe von Fachhochschulen bemüht, Masterstudiengänge zu etablieren. Baden-Württemberg hat an den Fachhochschulen für öffentliche Verwaltung in Kehl und Ludwigsburg einen Studienzyklus eingeführt, der mit dem Grad eines Masters of European Public Administration (MPA) abgeschlossen wird. Ungewöhnlich für die akademische Gemeinschaft in Deutschland ist das Unternehmen eines neuen deutsch-französischen Master-Programms zur Vorbereitung auf europäische und internationale Aufgaben. Hier soll als weitere Qualifizierung für angehende Führungskräfte der öffentlichen Verwaltung sowie von halbstaatlichen Institutionen aus Deutschland und Frankreich ein Bildungszyklus mit Studien- und Praxismodulen eingeführt werden, der mit der Graduierung zum Master of European Governance and Administration/Master für Europäische Regierung und Verwaltung/Master Europeen de Gouvemance et d'Administration abschließt. Als Partnerinstitutionen werden nicht nur Universitäten aus Deutschland und Frankreich, sondern jenseits der Ebene von Bundesministerium des Innern in Deutschland und Ministerium für den öffentlichen Dienst und Staatsreform in Frankreich zwei nicht-akademische Organisationen des Bildungsvollzuges genannt, nämlich die Bundesakademie für öffentliche Verwaltung und die Ecole Nationale d'Administration.

Die Präferenzen für englischsprachige Titel einer Graduierung als Master of Public Administration, Public Management, Public Policy usw. weist darauf hin, dass die Anregungen zu einschlägigen Studiengängen älter sind als der Bologna-Prozess. Über die europäische Integration der höheren Bildung hinaus geraten akademische Beziehungen zu den Vereinigten Staaten von Amerika ins Blickfeld, wenn es um die Professionalisierung eines Graduierten-Studiums im Kontext von Politik und Verwaltung geht (Waldo 1968). Die National Association of Schools of Public Affairs and Administration der USA zählt über 200 Mitglieder, die akademische Grade auf dem Gebiet der öffentlichen Verwaltung anbieten. Über 100 Mitglieder haben nach einem formalisierten Verfahren und auf Grund von Evaluationen eine Akkreditierung erreicht. Es gibt eine Reihe von Verwaltungsfakultäten – Harvard, Princeton, Berkeley usw. –, die zu den hervorragenden Bildungseinrichten der USA zählen und Spitzenpositionen in den entsprechenden Ranking-Listen einnehmen. Die Studentenzahl übersteigt die 30.000-Marke, vor allem in Master-Programmen, und dazu kommen noch über 2.000 Doktoranden. Im „Recruiter" der American Society for Public Administration findet man regelmäßig ein Dutzend Stellen für Professoren der öffentlichen Verwaltung ausgeschrieben. Das so etablierte Studium wird von einer Umwelt der Fachvereinigungen, Fachpresse, Fachliteratur, Fachzeitschriften usw. umgeben (König 2002). Insbesondere in der letzten Dekade ist die Quantität an Lehrbüchern, Monografien, Zeitschriftenaufsätzen usw. bis hin zu einer umfangreichen „Grauen Literatur" kaum noch zu bewältigen. Die Qualitäten belegt man in bibliografischen Bestandsaufnahmen mit Zitationslisten (McCurdy 1986).

Public Administration als Studienfach hat wissenschaftliche und soziale Hintergründe. Letztere beruhen auf Reformbewegungen zu Staat und Verwaltung, insbesondere einem Beamtentum – Civil Service – in den USA. Diese Bewegungen reichen bis in das 19. Jahrhundert zurück, als man versuchte, das politische Beutesystem zu überwinden. Die politische Patronage erwies sich in einer Gesellschaft der Industrialisierung und Urbanisierung als dysfunktional. Spezifische Kenntnisse und Fertigkeiten für Verwaltungsgeschäfte wurden verlangt. Man forderte angesichts der Parteipolitisierung öffentlicher Ämter „take administration out of politics" und „more business in government" (Wilson 1887; Goodnow 1967). Die Ausdifferenzierung einer eigenen Handlungssphäre mit wiederum eigenen Rationalitätsprinzipien und korrespondierenden Kenntnissen und Fertigkeiten erschien für die moderne Verwaltung der USA funktional. Jenseits dieser historischen Anfänge und der Dichotomie von Politik und Verwaltung reflektiert das Studium der öffentlichen Verwaltung in den USA bis auf den heutigen Tag einen hohen Modernisierungsdruck, der auf die öffentliche Bürokratie ausgerichtet ist. Die aktuelle Spannungslage der Modernisierung reicht von einem managerialistischen „Reinventing Government" bis zu einem politischen „Refounding Democratic Public Administration".

Verbunden mit der Modernisierung des Tätigkeitsfeldes öffentlicher Verwaltung ist der Gedanke der Professionalisierung des Verwaltungsdienstes. Zu diesem auch wissenschaftlichen Hintergrund des Studiums der öffentlichen Verwaltung gehören Bezüge zu Fächern wie Wirtschaftswissenschaften, Politische Wissenschaft, Soziologie, Psychologie, Philosophie, Geschichte, Rechtswissenschaft, „Business Administration" usw. Die Frage, die daran geknüpft wird, lautet: „Knowledge for Practice: Of What Use are the Disciplines"? Man kann insoweit auf die historische Entwicklung der Professionen von „Business", „Law", „Medicine" und ihre Verbindung mit den ebenfalls entstehenden Forschungsuniversitäten in den Vereinigten Staaten verweisen, also auf Berufe mit akademischen Grundlagen und entsprechenden „Professional Schools" (Lynn 1996).

Betrachtet man den Studienkontext von Politik und Verwaltung in der zweiten Hälfte des 20. Jahrhunderts für die europäischen Verhältnisse, dann reicht die Spanne professioneller Orientierungen von der Indifferenz in Großbritannien bis zur akademischen Verfestigung in den Niederlanden. Noch nach dem Fulton-Report zur Reform des Civil Service 1966–68 ist die britische Regierung Empfehlungen nicht gefolgt, bei den Aufnahmeprüfungen in den Verwaltungsdienst solche Bewerber vorzuziehen, deren Studium auf die Tätigkeiten der Verwaltungsbeamten im Staatsdienst Bezug gehabt hat. Hier erschien es nicht erwiesen, dass das Studium einer bestimmten Materie einen verlässlichen Beweis dafür erbringt, dass der Betreffende praktisches Interesse an Gegenwartsproblemen hat. Damit sollten freilich verwaltungsbezogene Bildungsaktivitäten nicht schlechthin ausgeschlossen, in ihrer beruflichen Erheblichkeit allerdings auf die Frage nach dem Eintritt in den öffentlichen Dienst verschoben sein und damit Weiterbildung bedeuten (Painter 1976).

Die öffentliche Verwaltung ist an den britischen Universitäten so vor allem ein akademischer Gegenstand des Studiums der Politischen Wissenschaft. Vom Ende der sechziger Jahre an fand sie als Komponente der Politik Eingang in die neue polytechnische Ausbildung. Spezifischer Charakter wurde ihr bei der Ausbildung von Studenten aus Entwicklungsländern zugewiesen. Nachdem ein neuer öffentlicher Managerialismus die alte Whitehall-Verwaltung und ihre administrative Klasse abgelöst hat, stellt sich die Bildungsfrage neu. Managementstudien für den öffentlichen Sektor werden immer mehr innerhalb und außerhalb von „Business Schools" angeboten. In Kontinentaleuropa ist es nach wie vor das juristische Studium, das als professionelle Ausbildung vor allem die Qualifikation für den allgemeinen höheren Verwaltungsdienst vermittelt. Allerdings ist in den 1970er und 1980er Jahren Absolventen von wirtschafts- und sozialwissenschaftlichen Studiengängen immer mehr der Weg zum Verwaltungsgeneralisten eröffnet worden (Dose 1999). Später hat insbesondere das New Public Management Beschäftigungsmöglichkeiten für Absolventen der Betriebswirtschaftslehre erleichtert, zumal diese ohnehin aus einem professionalisierten Studiengang kommen.

Das Studium der öffentlichen Verwaltung wird in der Politischen Wissenschaft Europas unterschiedlich wahrgenommen. In Skandinavien hat es herkömmlich einen

Platz. Anderenorts sieht sich mancher eher in der Tradition politischer Bildung als der Berufstätigkeit in Parlaments- und Parteiapparaten, Verbänden und öffentlichen Bürokratien. Heute wird die Verwaltungswissenschaft aber immer mehr als politikwissenschaftliches Teilgebiet akzeptiert und die öffentliche Verwaltung als Staatsorganisation, als öffentlicher Dienst, als politische Planung usw. im Studium berücksichtigt. Nicht zuletzt die jüngere Aufmerksamkeit für „Policy Analysis" rückt Verwaltungsphänomene von der Politikformulierung bis zur Politikimplementation nach vorne. Allerdings sind auch „Public Administration" und „Public Policy" zusammen in den meisten Fällen nicht wirkmächtig genug, um politikwissenschaftlichen Fakultäten ein stringentes professionelles Qualifikationsprofil zu vermitteln.

Von den 1960er Jahren an gibt es in Europa Unternehmungen, das Studium der öffentlichen Verwaltung als komprehensiven und professionellen verwaltungswissenschaftlichen Studiengang zu etablieren. In einzelnen Universitäten in Deutschland, Finnland, den Niederlanden, Spanien und 1977 selbst im realsozialistischen Polen wurden entsprechende Studiengänge eingerichtet. Man greift einerseits auf verwaltungsrelevante Fächer wie Rechtswissenschaft, Politikwissenschaft, Wirtschaftswissenschaften, Soziologie usw. zurück. Auf der anderen Seite kommt es zu spezifischen Gegenstandskonstellationen wie: öffentliche Planung und Entscheidung, Staats- und Verwaltungsorganisation, Haushalt und öffentliche Finanzen, öffentlicher Dienst und Personal und Verwaltung in funktionaler Sicht; Kommunen, Regionen, Länder, Nationalstaaten, Europäische Union in territorialer Sicht; Umweltpolitik, Sozialpolitik, Technikpolitik in sektoraler Sicht.

Solche spezifischen verwaltungswissenschaftlichen Universitätsstudiengänge sind aus zwei Gesichtspunkten ausgeweitet worden: Zum einen in Westeuropa unter dem Vorzeichen der europäischen Integration – European Master of Public Administration – zum Beispiel in Belgien (Beyers u.a. 1999); zum anderen in Osteuropa als Folge der Transformation der realsozialistischen Kaderverwaltung und ihres Bildungssystems. Anschauungsfälle bieten Universitäten von Ungarn bis Estland (König 1999). Hier lässt sich auch ein deutlicher Einfluss von US-amerikanischen Vorstellungen zum Studium von Public Administration feststellen. Heute muss man zu solchen Entwicklungen den Bologna-Prozess und die Ausweitung von Verwaltungsstudien selbst in Ländern mit legalistischer Verwaltungstradition wie Österreich hinzurechnen. Insgesamt ist jedoch – mit Ausnahme wohl der Niederlande – nicht ein Grad universitärer Institutionalisierungen herbeigeführt worden, so dass man in Europa von einem eigenen, grundständigen Studiengang der öffentlichen Verwaltung sprechen könnte, der sich in seiner Verbreitung mit professionellen Studien wie der Rechtswissenschaft oder der Betriebswirtschaftslehre vergleichen könnte.

2. Zum Wissenschaftsverständnis

Die Rezeption verschiedener Master-Titel aus den Vereinigten Staaten – Public Administration, Public Policy, Public Management usw. – weist auf einen Pluralismus der inhaltlichen Schwerpunktsetzung hin, obwohl hinter allem die Verwaltung im weiteren Sinne steht und es nicht um Spezialisten – Ärzte, Architekten, Ingenieure, Psychologen usw. –, sondern um Generalisten einschlägiger Berufs- und Tätigkeitsfelder geht. Institutionell kann man, wenn man wiederum auf den Kontext von Politik und Verwaltung abstellt, zwischen zwei organisatorischen Verankerungen unterscheiden: die „Comprehensive School" und das „Department for Political Science". Bei komprehensiver Organisation stützt sich das Studium der öffentlichen Verwaltung neben der Politischen Wissenschaft auch auf weitere Sozial-, Wirtschafts- und Rechtswissenschaften. Bei der departementalen Organisation ist es die Politische Wissenschaft selbst, die dem Studium die grundständige Ausprägung gibt. Die Übergänge sind freilich fließend. Ein Fachbereich kann sich aus benachbarten Disziplinen verstärken und Praktiker aus Politik und Verwaltung zur Lehre beiziehen. Beide akademischen Ansätze findet man in den USA wie in Europa, und zwar mit unterschiedlichen Tendenzen: in den Niederlanden und Belgien wohl mit komprehensiven Präferenzen, in Skandinavien eher mit departementalen Ausprägungen. Bei der europäischen Perzeption der US-amerikanischen Verhältnisse sind es zuerst die großen „Comprehensive Schools", die die Wahrnehmung bestimmen. Bei der Zahl von über 30.000 Studenten vor allem im Master-Programm in den USA darf man aber nicht übersehen, dass nur eine Minderheit Zugang zu den hoch ausgestatteten Schulen hat, während die Mehrheit in eher departementalen Organisationen studiert. Hier dominiert die Politische Wissenschaft. Allerdings wird sie dadurch relativiert, dass vielerorts in den USA Public Administration inzwischen als eigenes Studienfach angesehen wird (McCurdy 1977). Insgesamt ändert die jeweilige akademische Ausprägung aber nichts daran, dass Political Science als „mainstream" einschlägiger Graduiertenstudien von Public Management bis Public Policy gilt.

Da es das „Dilemma des Verwaltungsmanns" wie auch der Verwaltungsfrau ist, sowohl innerhalb wie auch außerhalb der Politik zu stehen (Morstein Marx 1963), konnten sich Verwaltungskulturen gerade in der Abgrenzung vom Politischen bilden. Die Ursprünge der US-amerikanischen Verwaltungsausbildung beruhen eben auf einer Verwaltungsreformbewegung, die sich in der Wende vom 19. zum 20. Jahrhundert gegen Korruption, Patronage, Inkompetenz, Disziplinlosigkeit, Misswirtschaft wandte und das Geschäftsmäßige der öffentlichen Verwaltung – „a field of business" – betonte (Langrod 1954). Sie brachte die einschlägigen Bildungsanstrengungen mit dem Managementgedanken zusammen, zumal dieser als Scientific Management einen wissenschaftlichen Anspruch erhob und so auch für die höhere Bildung angemessen erschien. Frederick W. Taylors Vorstellung vom „One best way" zusammen mit den aus Europa eingeführten Gedanken von Henri Fayol über administrative Formen der Rationalisierung fanden Eingang in die Verwaltungswissenschaft. Die Entdeckung des optimalen Weges, menschliche Handlungen zu verrichten, und zwar seine Erforschung mit wissenschaftlichen Methoden, wurde als Leitbild nicht nur für Industrie und Wirtschaft, sondern auch für die öffentliche Verwaltung wirksam. Von da aus ist die manageriale Komponente selbstverständlicher Bestandteil des Verwaltungsstudiums (Gulick/Urwick 1947).

Wenn so auch das öffentliche Management in den USA von besonderer Attraktivität ist und viele meinen, dass ein gutes Staatswesen durch gutes Management hervorgebracht werden könne, so ist doch das Politische als Gegenströmung immer präsent. Viele Strömungen und Schulen in den Vereinigten Staaten sehen in der öffentlichen

Verwaltung mehr Probleme der Politik, denn des Managements. Der Einfluss der politischen Schulen auf das Verwaltungsstudium kann so kaum überschätzt werden. Woodrow Wilson, der Staatsmann und Staatslehrer, gilt als einer der Gründungsväter des Studiums der öffentlichen Verwaltung. Nach dem zweiten Weltkrieg hat die Politische Wissenschaft nachhaltigen Einfluss auf das Verwaltungsstudium genommen. Wie sehr politische Schulen zur Hauptströmung des Verwaltungsstudiums gehören, mag man daran ersehen, dass das Buch „Politics of the Budgetary Process" (Wildavsky 1964) – nicht Management – zu den meistzitierten Werken gehört. Im Grunde ist das Konzept der öffentlichen Verwaltung in den USA tief von demokratischen Werten und politischen Bürgerrechten geprägt. So stellt dann dort die Vergleichende Verwaltungswissenschaft bei der Gegenüberstellung von anglo-amerikanischer und kontinentaleuropäischer Verwaltungskultur herkömmlich nicht auf den Unterschied zwischen managerialistischer und legalistischer Bürokratie ab (Heady 1991). Der politische Faktor ist die Bezugsgröße. Dort ist es die Civic Culture-Administration, die in historischer Kontinuität eines politisch-demokratischen Regimes steht, das Verwaltungen hervorbringt und begrenzt. Welche Eigendynamiken solche öffentlichen Bürokratien dann auch immer hervorbringen, sie müssen sich in der fortdauernden demokratisch-partizipativen Ordnung einer bürgerschaftlichen Kultur definieren.

Die politischen Schulen im Studium der öffentlichen Verwaltung der USA decken ein breites Spektrum von Gegenständen und Methoden ab. So scheint zum Beispiel die Fallmethode besonders geeignet, dem Studenten ein „Gefühl" für das Politische in den Verwaltungsgeschäften zu vermitteln, jedenfalls mehr als in den Lehren orthodoxer Verwaltungsprinzipien. Die Theorie- und Methodenvielfalt hat zum Beispiel in jüngster Zeit die Rezeption der Diskurstheorie hervorgebracht. Unter der Bezeichnung „Postmodern Public Administration" wird die Kommunikation in öffentlichen Angelegenheiten diskutiert (Fox/Miller 1995). Man sollte sich insoweit nicht von missverständlichen Titeln irritieren lassen. Für das Verwaltungsstudium ist maßgeblich, dass neotayloristischen Überzeichnungen eine politisch-partizipative Zivilkultur entgegengesetzt wird. Jedenfalls gibt es im Verwaltungsstudium eine Diskursbewegung, die Auseinandersetzungen in Methodenfragen, aber auch in Sachfragen wie der Verantwortlichkeit ausgelöst hat. Man erwartet von der Diskurstheorie davor gerettet zu werden, von einem „market-based rational-choice brand of thought" übernommen zu werden.

In den Gegenständen wird die Breite politischer Einflussfaktoren abgehandelt, nicht zuletzt die Macht der Öffentlichen Verwaltung selbst. Das Verhältnis der „Professional Schools" des Verwaltungsstudiums zu den „Political Science Departments" ist nicht spannungsfrei. Das hindert indessen nicht an der breiten Rezeption politikwissenschaftlicher Erkenntnisse. Public Administration hat demgegenüber die Sicherheit des Gegenstandes, mit dem nicht nur die kontinentaleuropäische Politologie gewisse Schwierigkeiten hat.

Die englische Sprache bietet die Möglichkeit, die Dimensionen des Politischen in jeweils eigenen Begriffen zum Ausdruck zu bringen: „Polity" – als politisches Institutionengefüge, politische Ordnung, Verfassung; „Politics" – als Machtgenerierung, Konflikt, Konsens; „Policy" – als politischer Inhalt, politische Aufgabe. „Public Policy" bezeichnet dann eine der wirkmächtigsten Schulen des Verwaltungsstudiums in der jüngeren Zeit, die zu entsprechenden Gründungen von Studiengängen und Studienorganisationen geführt hat. Die öffentliche Verwaltung bleibt dabei im Blickfeld, denn sie ist der Hauptort für Politikformulierung und Politikimplementation, und dort liegen auch die Berufschancen. Entsprechend wird das Interesse von Public Policy nicht nur auf die inhaltliche Seite der Umweltpolitik oder Bildungspolitik oder Verkehrspolitik gerichtet. Vielmehr spielen prozessuale und methodologische Momente der Aufgabengestaltung eine Rolle. Damit sind auch schon zwei Nachbarschaften bezeichnet. Public Policy als Schule des Verwaltungsstudiums überschneidet sich mit „Policy Analysis" als breiten sozialwissenschaftlichen Ansatz der Politikfelduntersuchung.

Andere Überschneidungen bestehen zum Beispiel zur rationalistischen Schule des Managements. Das wird insbesondere an den reformorientierten Vorläufern von Public Policy in den 1960er Jahren auf dem Gebiet der öffentlichen Planung deutlich. Der Gedanke des Planning-Programming-Budgeting Systems (PPBS) in den USA wurde folgerichtig als „Entscheidungshilfen für die Regierung – Modelle, Instrumente, Probleme" durch die Politische Wissenschaft (Böhret 1970) und als „Programmbudgets in Regierung und Verwaltung – Möglichkeiten und Grenzen von Planungs- und Entscheidungssystemen (Reinermann 1975) durch die Betriebswirtschaftslehre in Deutschland rezipiert.

Die Fragen nach den Inhalten der öffentlichen Sachpolitiken, nach ihren Gründen, Voraussetzungen, Einflussgrößen, nach ihren Wirkungen und Folgen manifestieren sich in einem organisierten Politikzyklus. Es ist insbesondere die Ministerialverwaltung, die die Politik formuliert, Probleme identifiziert, an der Agendabildung und Zielfindung mitwirkt und schließlich die Programme schreibt. Programme vollziehen sich nicht von selbst, sondern bedürfen der Konkretisierung, der Mittelverteilung, der Einzelfallentscheidung. Dazu sind die öffentlichen Vollzugsverwaltungen da. Folgen und Wirkungen der Sachprogramme müssen überprüft werden, sei es durch Kontrollinstanzen wie Rechnungshöfe, sei es als Rückkopplung für Revisionen durch die Ministerialverwaltung selbst. Der Verwaltungsfaktor ist also bei allem dabei, und er hat immer auch zugleich eine politische Dimension.

Das Wissenschaftsverständnis der akademischen Lehre hängt aber nicht nur davon ab, was vom Fach her genuin eingebracht wird, sondern auch davon, was man zu rezipieren bereit ist. Webers Bürokratieforschung wurde zwar in den USA weniger als Herrschafts-, mehr als Organisationstheorie aufgenommen. Indessen wird aus solchen Ambivalenzen deutlich, dass die Verwaltungswissenschaft in den USA auch als Politikwissenschaft keine prinzipiellen Schwierigkeiten hatte, die reichhaltigen organisationswissenschaftlichen Strömungen und ihre Relevanz für die öffentliche Verwaltung zu adaptieren. Der Managerialismus – mochte man ihn auch in seinen Zuspitzungen bekämpfen – blieb für die Politische Wissenschaft nicht fremd. Charakteristisch ist der schon klassische Aphorismus: „Public and private management are fundamentally alike in all unimportant respects" (Allison 1987). Auf der einen Seite wird akzeptiert, dass in poltisch-administrativen Organisationen wie in privaten Wirtschaftsunternehmen ähnliche allgemeine Managementleistungen zu erbringen sind: eine Ziel- und Prioritätensetzung für die Organisation mit entsprechenden operationalen Plänen, Organisations- und Verfahrensgestaltungen einschließlich Koordination, Personalrekrutierung, Personalentwicklung, Personalverwaltung, Kontrollen unter dem Vorzeichen von Haushaltsbindung, Leistung, Produktivität usw. Umso deutlicher werden in einem solchen Bezugsrahmen die Unterschiede aufgewiesen.

Das gilt für die verschiedenen Autoritätsstrukturen in Reflexion eben verschiedener Umwelten, nämlich Markt- und Eigentumsrechte bzw. Demokratie und Rule of Law. Von den Wählern bis zu Volksvertretungen, von den organisierten Interessen bis zu den Massenmedien reichen die Einflussmuster, die das politisch-administrative Management eigenständig ausprägen. Zeithorizonte werden dort politischen Terminierungen angepasst. In Spitzenpositionen gibt es eine eigene Faktizität der Amtsdauer. Insgesamt wird für den öffentlichen Sektor weniger Autonomie, Flexibilität, mehr fragmentierte Befugnisse, Formalismus usw. konstatiert.

Auch die rechtlichen Einflüsse, die Gesetzgebung, die Rechtssprechung werden für das öffentliche Management höher veranschlagt, und zwar selbst wenn man Legalismus als „constraint" begreift. Öffentliche Ziele gelten als komplexer, unbestimmter, intangibler, konfligierender. Die öffentliche Erwartung an Fairness, Zuverlässigkeit, Verantwortlichkeit, Rechenschaftspflicht wird höher veranschlagt. Werte der Gleichbehandlung, des Ausgleichs, der Vermittlung werden betont. Man könnte solche spezifischen Einflussgrößen von der monopolistischen Handlungssituation bis zur umfassenden öffentlichen Kontrolle weiter auflisten. Auch in den Vereinigten Staaten werden öffentlicher Dienst, Karrieresystem, problematische Leistungsanreize als relevante Faktoren angesehen. Letztlich wird dann darauf rekurriert, dass es dem öffentlichen Management an der klaren „bottom line" des privaten Geschäftslebens fehle, nämlich Gewinn, Behauptung am Markt, Überleben in der Geldwirtschaft.

Hingegen ist der Stellenwert des Rechtes im Studium von Public Administration begrenzt, was auch von Seiten der Politischen Wissenschaft kritisiert wird (Waldo 1968). Denn auch die US-amerikanische Verwaltung steht auf dem Boden des Rechts und ist durchaus wie die deutsche Verwaltung mit einer Normflut konfrontiert. Die Unterschiede werden deutlich, wenn man sich daran erinnert, wie das Recht in der kontinental-europäischen Verwaltungskultur zum historischen Widerpart des Politischen wurde. In Kontinentaleuropa wechselte das Beamtentum nicht nur vom Fürstendiener zum Staatsdiener. Angesichts der Risiken der Staatlichkeit entwickelte sich die Rechtsstaatlichkeit zum Komplement des Politischen. Sie bedeutet nicht nur, dass es eine für die öffentliche Verwaltung verpflichtende Rechtsordnung, und zwar mit unmittelbar geltenden Verfassungsprinzipien gibt. Vielmehr besteht ein hochdifferenziertes und hochsystematisiertes Verwaltungsrecht. Trotz einer breit angelegten Verwaltungsgerichtsbarkeit beruht dieses Verwaltungsrecht dem Grunde nach auf Gesetzen. Es reflektiert eine Rechtstradition, die sich vernunftrechtlich im geschriebenen Recht, eben im durch Gesetze positivierten Recht artikuliert. Das hat die curriculare Folge, dass ein Verwaltungsstudium in Deutschland immer auch Rechtskenntnisse vermitteln muss. Dabei geht es weniger um Rechtsdogmatik, als um den Grundbestand wirklich maßgeblicher Verfassungs- und Verwaltungsrechtsnormen. Bei solchen Anforderungen kann man heute über die kontinentale Tradition hinaus auf den Verwaltungsraum der europäischen Integration abstellen. In der Europäischen Union ist es das Recht, das stärker als Demokratie und Wirtschaftserfolg das Verwaltungshandeln legitimiert.

Genauso wenig wie der Managerialismus kann indessen der Legalismus das Politische aus der Verwaltung verdrängen. Von hier ist zu verstehen, dass manche auch in

Deutschland die „Verwaltungswissenschaft als Teil der Politikwissenschaft" sehen (Scharpf 1971). Nur bewegt sich ein Graduiertenstudium im Kontext von Politik und Verwaltung nicht in der Welt wissenschaftstheoretischer Standortbestimmungen, sondern in der der Wissenschaftsvollzüge. Andere mögen so in der Erfahrung von „Comprehensive Schools" in den USA deswegen für die kontinentaleuropäischen Verhältnisse ein transdisziplinäres Verständnis gegenüber den Rechts-, Wirtschafts- und Sozialwissenschaften einnehmen. Freilich zeigt der departementale Ansatz in den USA auch, dass sich die Politische Wissenschaft in einer Weise entfalten kann, dass sie einem Verwaltungsstudium eine zufrieden stellende Grundlage vermittelt.

3. Zu den Rahmenbedingungen

In bestimmten historischen Situationen bedarf die Einrichtung von Verwaltungsstudiengängen einer umfassenden Ergründung relevanter Bestimmungsgrößen. Das gilt für den Aufbau von Verwaltungsschulen in Entwicklungsländern (Engelbert/König 1984), für die Einrichtung von Verwaltungsfakultäten in postsozialistischen Ländern (König 1999), selbst für die Umstellung der Ausbildung des gehobenen Dienstes in Deutschland auf die Fachhochschulebene (König 1978). Man mag bezweifeln, ob der Bologna-Prozess einen vergleichbaren Einschnitt in die herkömmlichen Bildungsverhältnisse darstellt. In den genannten Fällen kam es zu einer beachtlichen Mobilisierung von Ressourcen. Entsprechendes hört man nicht von „Bologna". Gleichwohl muss man sich über die wissenschaftliche Selbstverständigung hinaus einiger Rahmenbedingungen vergewissern. In den USA liegen im Verwaltungsberuf Chancen des sozialen Aufstiegs. Oft schließt der zweite Zyklus akademischer Bildung nicht unmittelbar an die Graduierung als Bachelor an. Insbesondere in den Metropolen kann das Graduiertenstudium in fließenden Übergängen, auch in Abendschulen absolviert werden. Fernstudien sind eine andere Möglichkeit, der Berufstätigkeit Rechnung zu tragen. Es gibt jedoch auch die Differenzierung zwischen zeitlicher Verklammerung beider Zyklen einerseits und der Abhebung eines Executiv-Graduierungsprogramms andererseits, das sich gezielt an Personen mit mehrjähriger Berufserfahrung wendet, wie etwa das „Mid-carreer-program" von Harvard. Executiv-Programme sind oft mit anspruchsvollen curricularen Gestaltungen verbunden.

Wieweit Universitäten in Deutschland im Stande und willens sind, das Graduiertenstudium im Kontext von Politik und Verwaltung über die Politische Wissenschaft hinaus in einen komprehensiven Zusammenhang multidisziplinärer und interdisziplinärer Lehre einzustellen, ist zumindest offen, wenn man von den Universitäten Konstanz, Potsdam und der Hochschule Speyer absieht. Dafür gibt es immaterielle wie materielle Gründe. Nach dem Ende der Rechts- und Staatswissenschaftlichen Fakultäten hat die Selbstreferenz der akademischen Fächer noch zugenommen. Wenn man die die Ranking-Listen anführenden „Comprehensive Schools" in den USA besucht, begegnet man einem Ressourcenreichtum, der sich im deutschen Falle wohl schwer mobilisieren lässt. Das lässt sich auch nicht durch hohe Studiengebühren kompensieren. Bei den Law-Schools und den Business-Schools mögen sich hohe Bildungsinvestitionen für den Studenten und seine Familien noch rechnen. Bei Studien für Berufe in öffentlichen Angelegenheiten und Verwaltung weiß man auch in den USA, dass die zukünftigen Einkommen geringen Spielraum für die Studienfinanzierung lassen. Dabei darf man nicht nur auf Gebührenskalen achten. Eine Verwaltungsfakultät in den USA mag für sich in Anspruch nehmen können, dass sie für ihr Graduiertenstudium genauso viele Stipendien in Bewegung setzen kann, wie sie über Studienplätze verfügt. Grundlage der Elitebildung in solchen Schulen ist es jedenfalls, dass in der Beziehung von Bewerberpotential und Finanzierungsmöglichkeit die Begabung der Studenten in den Vordergrund gerückt wird.

Auch in der Politischen Wissenschaft der USA besteht eine Spannungslage zwischen Bildungsorientierung – Liberal Arts –, heute stärker Forschungsorientierung und einem „professional school approach". Der spezifisch auf Berufs- und Tätigkeitsfelder ausgerichtete Studiengang schafft zusätzliche Belastungen, insbesondere, wenn Filter wie Staatsprüfungen, die Studienerfolge mediatisieren, fehlen. So begegnet man auch Gelehrten, die – obwohl auf dem Gebiet von Public Administration ausgewiesen – zögern, vom Political Science Department zur Professional School zu wechseln. Dort reichen die Probleme von den internen Konflikten zu Auswahl und Ausgestaltung bestimmter professioneller Bezüge bis zu Erfolgszurechnungen, die über den Studienerfolg hinaus den Berufszugang betreffen. „Placement" der Absolventen wird als eine Aufgabe angesehen, die auch die graduierende Fakultät betrifft.

Zur Zielgruppenproblematik eines professionalisierten Graduiertenstudiums im Kontext von Politik und Verwaltung lohnt es sich ebenfalls, auf die Vereinigten Staaten zu sehen und insbesondere die aktuelle Diskussion zum „New Public Service" (Light 1999) zu verfolgen. In Deutschland neigt man dazu, einschlägige Überlegungen vor allem in Lichte der aktuellen Arbeitsmarktsituation anzustellen. Selbst eine so auf die öffentliche Verwaltung ausgerichtete Institution wie die Deutsche Hochschule für Verwaltungswissenschaften Speyer gibt heute in ihrem Ergänzungsstudium der Ausbildung für den Anwaltsberuf einen erhöhten Rang. Die Universität Konstanz, die seit Jahren mit dem Namen der Verwaltungswissenschaft verbunden ist, ist mit dem Umstand konfrontiert, dass öffentliche Verwaltungen in den letzten Jahren kaum rekrutiert haben. In den USA ist trotz eines beachtlichen Personalabbaus die Beschäftigungssituation in der öffentlichen Verwaltung günstiger. Entsprechend kann der Absolvent eines Graduiertenstudiums die Fülle von Einflussfaktoren berücksichtigen, also Gehalt, soziale Sicherung, Beförderungschancen, Arbeitsplatzsicherheit usw. Es wird ein „New Public Service" postuliert, der nicht eine lebenslange Tätigkeit in der öffentlichen Verwaltung intendiert, nicht staatszentriert ist, sondern nach Interessen und Chancen zwischen öffentlichem Sektor, Drittem Sektor und Privatsektor wechselt.

Als empirischer Beleg wurden erste und aktuelle Arbeitsplätze von Absolventen führender Studiengänge auf dem Gebiet von öffentlichen Angelegenheiten und Verwaltung ermittelt, wobei unterschiedliche Schultypen – Comprehensive Schools, Schulen spezialisiert auf Public Administration, Schulen spezialisiert auf Public Policy – berücksichtigt wurden. Es zeigte sich, dass der Berufseinstieg in den Staatsdienst von 76 Prozent in den Klassen 1973 und 1974 auf 49 Prozent in den Klassen von 1993 zurückgegangen ist. Die aktuelle Beschäftigung der Graduierten im Erhebungsjahr 1993 lag bei 41 Prozent für den Staatsdienst, 26 Prozent für den Privatsektor und 28 Prozent für den Nonprofit-Bereich. Mithin legt eine Graduierung in Public Administration,

Public Policy und dann Public Management, Government, Public Affairs, Governance bei einer offeneren Beschäftigungssituation nicht auf eine Tätigkeit im Staatsdienst fest. Beim Zielgruppenkonzept eines professionalisierten Graduiertenstudiums im Kontext von Politik und Verwaltung sind zwei gesellschaftliche Grundsachverhalte der Moderne im Auge zu behalten: Wir leben zum einen in einer verwalteten Welt. Verwaltungsphänomene bestimmten nicht nur die Staatsbürokratien. Auch private Firmen, Versicherungen, Banken, Industriebetriebe, Handelsketten usw. und dann Gewerkschaften, Industrieverbände, Verbraucherorganisationen, Sozialwerke usw. bedürfen einer professionellen Verwaltung. Zum anderen ist die moderne Gesellschaft eine der öffentlichen Angelegenheiten. Diesen widmet sich die öffentliche Verwaltung. Aber auch private Unternehmen und gemeinnützige Organisationen sind in öffentliche Angelegenheiten involviert und auf einen entsprechenden Sachverstand angewiesen. Der Beruf des Generalisten in der Verwaltung öffentlicher Angelegenheiten lässt sich von diesen gesellschaftlichen Grundlagen her breit verstehen.

Die Akkreditierung von Gradiertenprogrammen im Kontext von Politik und Verwaltung gehört als Ausdruck wissenschaftlicher Autonomie in die Hände der akademischen Selbstorganisation. Privatwirtschaftlich organisierte Akkreditierungsagenturen sind problematisch (Lege 2005: 698). Die selbstorganisierte Wissenschaft garantiert am besten, dass eine „Peer Group"-Evaluation erfolgt, die kompetente Mitglieder des Faches zusammenbringt, eine Bewertung der Substanz nach vornimmt und nicht Prozeduren und Methoden der Evaluation nach vorn schiebt. Aus einer solchen akademischen Selbstorganisation heraus lassen sich zuerst noch Programm-Standards entwickeln, die für die Evaluation und Akkreditierung erforderlich sind. Entsprechend ist es in den USA die National Association of Schools of Public Affairs and Administration, die die einschlägigen Akkreditierungen ausspricht.

Deutschland verfügt über keine vergleichbare akademische Organisation. So erweist es sich als Ausdruck der europäischen Integration und Begleiterscheinung des Bologna-Prozesses, dass eine „European Association for Public Administration Accreditation" zusammen gefunden hat. Zu ihren Mitgliedern gehören namhafte Universitäten in Nord-, West- und Südeuropa mit Ausdehnung auch nach Mittel- und Osteuropa, in Deutschland die Universitäten Konstanz und Potsdam. Angestrebt ist nicht die Konformität der Programme, wohl aber die Sicherung von Kernbereichen bei Respektierung nationaler Eigenheiten einschließlich nationaler rechtlicher Vorgaben. Mit EAPAA verbindet sich auch der Gedanke des Studentenaustauschs und der grenzüberschreitenden Zusammenarbeit der Universitäten in gemeinsamen Studienprogrammen. Sieht man auf die Größenordnungen eines „Europäischen Hochschulraums" auf dem Felde eines professionalisierten Graduiertenstudiums im Kontext von Politik und Verwaltung und vergleicht diese mit globalen Mitspielern wie den USA, dann liegt angesichts der knappen Ressourcenausstattung einschlägiger europäischer und deutscher Bemühungen in den „Joint programs" ein beachtliches Potential der Qualitätssicherung.

Literatur

Allison, Graham T., 1987: Public and Private Management: Are They Fundamentally Alike in all Unimportant Respects?, in: *Shafritz, Jay M./Hyde, Albert C.* (Hrsg.), Classics of Public Administration. 2. Auflage. Chicago: Wadsworth, 510.

Beyers, Jan/Plees, Yves/Bellamy, Chris/Connaughton, Bernadette, 1999: Public Administration in Belgium, the UK and Eire, in: Public Administration, 911.

Böhret, Carl, 1970: Entscheidungshilfen für die Regierung. Modelle, Instrumente, Probleme. Opladen: Westdeutscher Verlag.

Dose, Nicolai, 1999: Teaching Public Administration in Germany, in: Public Administration, 652.

Engelbert, Ernest E./König, Klaus, 1984: International Cooperation for Education and Training in Public Management with Emphasis upon Developing Nations. Berlin: Deutsche Stiftung für internationale Entwicklung.

Fox, Charles James/Miller, Hugh T., 1995: Postmodern Public Administration. Toward Discourse. Thousand Oaks, California: Sage.

Goodnow, Frank J., 1967: Politics and Administration: A Study in Government (1900). New York: Russell and Russell.

Gulick, Luther/Urwick, Lyndall, 1947: Papers on the Science of Administration, 2. Auflage. New York: Columbia University Press.

Heady, Ferrel, 1991: Public Administration. A Comparative Perspective. 4. Auflage. New York/Basel: Marcel Dekker.

König, Klaus, 1978: Curriculumentwicklung zur Fachhochschule für öffentliche Verwaltung. Baden-Baden: Nomos.

König, Klaus, 1999: „Eurofaculty"-Mission, structure and Performance, in: IIAS Research Papers. Paris, 1/13.

König, Klaus, 2002: Zwei Paradigmen des Verwaltungsstudiums – Vereinigte Staaten von Amerika und Kontinentaleuropa, in: *König, Klaus* (Hrsg.), Deutsche Verwaltung an der Wende zum 21. Jahrhundert. Baden-Baden: Nomos, 393.

Langrod, Georges, 1954: La Science et l'Enseignement de l'Administration Publique aux Etats-Unis. Paris: Armand Colin.

Lege, Joachim, 2005: Die Akkreditierung von Studiengängen. Wissenschaftsfreiheit in den Händen privater Parallelverwaltung?, in: Juristenzeitung, 698.

Light, Paul C, 1999: The New Public Service. Washington D.C.: Brookings Institution Press.

Lynn Jr., Laurence E., 1996: Knowledge for Practice: Of What Use are the Discilpnes?, in: *Ketl, Donald F./Milward, H. Brinton* (Hrsg.), The State of Public Management. Baltimore/London: The Johns Hopkins Press, 47.

McCurdy, Howard E., 1977: Public Administration. A Synthesis. Menlo Park, Ca.: Benjamin/Cummings.

McCurdy, Howard E., 1986: Public Administration. A Bibliographie Guide to the Literature. New York: M. Dekker.

Morstein Marx, Fritz 1963: Das Dilemma des Verwaltungsmannes. Berlin: Duncker & Humblot.

Painter, Chris, 1976: The British Civil Service in the Post-Fulton Era. Tampere: Public Administration.

Reinermann, Heinrich, 1975: Programmbudgets in Regierung und Verwaltung. Möglichkeiten und Grenzen von Planungs- und Entscheidungssystemen. Baden-Baden: Nomos.

Scharpf, Fritz, W., 1971: Verwaltungswissenschaft als Teil der Politikwissenschaft, in: Schweizerisches Jahrbuch für politische Wissenschaft, 1.

Waldo, Dwight, 1968: The Study of Public Administration, 11. Neudruck. New York: Doubleday.

Wildavsky, Aaron, 1964: The Politics of Budgetary Process. Boston: Little Brown.

Wilson, Woodrow, 1887: The Study of Public Administration, in: Political Science Quarterly, 197.

„Schulen der Macht"? – Governance Schools in Deutschland*

Christoph Bertram / Gregor Walter / Michael Zürn

1. Einleitung

„Schulen der Macht" – mit diesem Titel überschrieb „Die Zeit" 2002 einen Artikel über amerikanische Professional Schools for Public Policy.[1] Einrichtungen wie die School for Advanced International Studies (SAIS) der Johns Hopkins University, die School of International and Public Affairs (SIPA) an der New Yorker Columbia University, die Woodrow Wilson School in Princeton und die sehr bekannte John F. Kennedy School of Government (KSG) an der Harvard University, aber auch die ENA in Frankreich gelten als Ausbildungsstätten für politische Eliten. Diese „Schools" zeichnen sich zum einen durch eine gezielt anwendungsorientierte Forschung und Lehre aus. Dadurch entstehen vergleichsweise enge Kontakte zu den Entscheidungsträgern in der Politik und zunehmend auch in der Wirtschaft. Zum anderen stellt ein Studienabschluss in diesen Einrichtungen eine Art Eintrittskarte für viele politisch relevante Netzwerke und Institutionen dar.

Als der Artikel in „Die Zeit" erschien, gab es vergleichbare Einrichtungen in Deutschland noch nicht. Die Hochschule in Speyer und die Studiengänge für Verwaltungswissenschaften an den Universitäten Konstanz und Potsdam haben deren Funktionen nur partiell erfüllt. Mittlerweile haben jedoch die Universität Erfurt mit ihrer „School of Public Policy" und die Hertie-Stiftung mit der „Hertie School of Governance" zwei Einrichtungen ins Leben gerufen, die vom amerikanischen Modell der „Professional School" zumindest inspiriert sind. Weitere derartige Einrichtungen sind in Duisburg und in Frankfurt an der Oder in der Planung. Hinzu kommen eine ganze Reihe von neuen „Professional Schools" im Bereich der Wirtschaft und des Rechts. Die Bucerius Law School in Hamburg sowie die Wissenschaftliche Hochschule für Unternehmensführung, Vallendar oder die European School of Management and Technology, Berlin als sog. Business Schools sind bekanntere Beispiele. Diese Einrichtungen sind zumeist privat finanziert und stellen autonome Einrichtungen mit einem deutlich schmaleren Programmangebot dar als die Gesamtuniversität, obgleich sie allesamt mehr als nur eine wissenschaftliche Disziplin in die Programme integrieren.

Was aber genau steckt hinter diesen Neugründungen und ganz spezifisch hinter dem Konzept einer „Professional School for Public Policy"? Warum sollten gerade jetzt solche „Governance Schools" auch in Deutschland entstehen? Und was bedeutet dies für die gegenwärtige Diskussion um Eliten-(aus-)Bildung? Braucht Deutschland Schulen der Macht? Der folgende Aufsatz führt dazu zunächst in das Konzept der „Governance Schools" ein und beleuchtet dabei insbesondere zwei zentrale Merkmalsbündel:

---

* Wir danken den Gutachtern und Herausgebern dieses Bandes für hilfreiche Kommentierungen und Anregungen. Ein ganz besonderer Dank gebührt Werner Jann, der diesen Beitrag intensiv gelesen und zahlreiche Anregungen gegeben hat.
1 Kraweil, Christiane „Schulen der Macht", in: *Die Zeit* vom 23.05.2002, S. 79.

Die Kerncharakteristika des Konzepts der „Professional Schools" einerseits und die mit der Einführung dieses Konzeptes verbundenen Implikationen für die deutsche Hochschullandschaft andererseits. Anschließend wird das Konzept im Kontext der gegenwärtigen Bildungsdiskussion verortet. Dabei werden ein im engeren Sinne bildungspolitischer und ein elitentheoretischer Diskurs unterschieden. Der entsprechende bildungs- und wissenschaftspolitische Diskurs verbindet mit der Einführung von Professional Schools weitreichende Hoffnungen. Daher wollen wir in diesem Beitrag diskutieren, welche bildungspolitischen Innovationen mit solchen „Governance Schools" einhergehen und inwieweit die bildungspolitischen Hoffnungen berechtigt sind. Der elitentheoretische Diskurs hat hingegen einen primär kritischen Impetus: mit dem Konzept der „Professional Schools" werden erhebliche Befürchtungen über eine Abschottung von Eliten mit technokratischem Selbstverständnis verbunden. In diesem Zusammenhang wird insbesondere diskutiert, ob „Governance Schools" tatsächlich in dem Sinne „Schulen der Macht" sind, dass sie einem selbstreferentiellen Zirkel der Elitenrekrutierung Vorschub leisten und damit tendenziell die Ansprüche unterhöhlen, die in demokratischen politischen Systemen an die Elitenauswahl zu stellen sind.

Zusammengefasst lassen sich „Governance Schools" als multidisziplinäre, praxisorientierte Ausbildungseinrichtungen verstehen, die Studierende unmittelbar für den Berufsalltag in einem weit verstandenen Feld von „Politik" in Staat, Wirtschaft und Zivilgesellschaft qualifizieren wollen. Bildungspolitisch stellen sie keine Konkurrenz, sondern eine Ergänzung zu den stärker wissenschaftlich-disziplinären Angeboten der öffentlichen Universitäten dar und können dabei allenfalls den Anspruch erheben, ein wenig „Hefe" im derzeit – aus guten Gründen – ohnehin stark gärenden „Teig" der deutschen Bildungslandschaft zu sein. Gleichwohl könnten durch diesen Effekt einige interessante bildungspolitische Innovationen befördert werden. Elitentheoretisch argumentieren wir, dass angesichts des derzeitigen Standes der Zugangsstrukturen insbesondere zu öffentlichen Leitungspositionen in Deutschland „Governance Schools" einem Leistungsprinzip Vorschub leisten sollen, das sowohl unter Effektivitäts- als auch unter Legitimitätsgesichtspunkten zu einer Verbesserung gegenüber dem Status quo führt. Angesichts der noch immer in den meisten Bereichen existierenden Juristendominanz und der zentralen Rolle der Parteien in der Elitenrekrutierung, wollen „Governance Schools" in Deutschland zunächst eine andere Form der Selbstreferentialität aufbrechen. Der Blick auf die negativen Auswüchse von „Schulen der Macht" in anderen Ländern Europas macht zudem deutlich, dass erstens eine Umkehrung der Verhältnisse im Sinne eines fast vollständigen Monopols der Elitenrekrutierung für entsprechende Ausbildungseinrichtungen nicht wünschenswert sein kann und dass zweitens den Aufnahmeverfahren für entsprechende Einrichtungen besondere Aufmerksamkeit zu widmen ist, um den Offenheitsanspruch des Leistungsprinzips in der Elitenrekrutierung aufrecht zu erhalten. Negativ interpretiert evoziert der Ausdruck „Schule der Macht" im besten Fall das Bild eines quasi automatischen „Karrieresprungbrettes" und im schlimmsten Fall das einer „Initiations-Institution". Beides werden und wollen „Governance Schools" in Deutschland nicht sein, sondern vielmehr Einrichtungen, die ihre Absolventen dazu ausbilden, auf der Höhe verschiedener akademischer Diskurse zur Lösung moderner Regelungsprobleme beizutragen.

2. Das Konzept einer Professional School for Public Policy

2.1 Das Modell

Zwei europäische Vorgaben setzen den Rahmen für die Reform des deutschen Hochschulwesens in der ersten Dekade des 21. Jahrhunderts. Zum einen entwirft die „Bologna-Erklärung" der europäischen Bildungsminister aus dem Jahre 1999 die Perspektive eines europäischen Bildungsraumes im Jahre 2010, der durch internationale Vergleichbarkeit und einen gemeinsamen europäischen Lernprozess geprägt sein soll. Zum zweiten hat der „Lissabon-Prozess" zum Ziel, Europa bis spätestens 2010 zur führenden wissensbasierten Ökonomie der Welt zu machen und dabei die Ausgaben für Forschung und Entwicklung auf 3% des BIP und die Zahl der Wissenschaftler um 50% anzuheben. Europa soll damit zu einem bevorzugten Ziel von Studenten und Forschern aus anderen Weltgegenden werden. Im Rahmen dieser Parameter hat sich in Deutschland eine Hochschulreformdebatte entwickelt, bei der jeder Stein umgedreht wird. Sie wird vermutlich tiefgreifendere Veränderungen der Hochschullandschaft zur Folge haben als 1968. Jedenfalls ist das nach wie vor vorherrschende Außenbild deutscher Hochschulen als schwerfällig bis unreformierbar und von Beamtenmentalität geprägt etwas realitätsfremd. Das Tempo der Veränderung ist enorm, wenn man es mit dem Tempo des Reformprozesses in anderen Sektoren des Landes vergleicht. Die Vielfalt der Maßnahmen ist längst unüberschaubar.

Wir wollen aus dieser Vielfalt das Reformmodell der *Professional School* herausgreifen. Es stellt eine für Deutschland neuartige Verbindung von Anwendungsbezug und Wissenschaftlichkeit dar. Eine Professional School wird hier verstanden als eine Einrichtung, die sich für einen „bestimmten Bereich gesellschaftlicher Aufgaben (...) als zugleich interdisziplinäres und anwendungsbezogenes Kompetenzzentrum auf höchstem wissenschaftlichem Niveau und mit einem inhaltlichen Profil definiert" (Weiler 2003: 200). Professional Schools sind nach ihrem Selbstverständnis und ihrer wissenschaftlichen Binnenorganisation sehr viel weniger an disziplinären Traditionen und sehr viel mehr am Wissens- und Ausbildungsbedarf bestimmter gesellschaftlicher Bereiche wie Rechtswesen, Bildungswesen, Gesundheit etc. orientiert (Weiler 2005). Forschungs- und Lehrgegenstand der in Deutschland gerade entstehenden *Professional Schools for Public Policy* sind dabei nicht mehr nur „Regierung" (vgl. z.B. die Namensgebung Kennedy School of *Government*) und staatliche Politiken (vgl. Goldman School of *Public Policy* in Berkeley), sondern *„Governance"*, verstanden als die „zielgerichtete Regelung gesellschaftlicher Beziehungen und der ihnen zugrunde liegenden Konflikte mittels verlässlicher und dauerhafter Maßnahmen und Institutionen statt durch unvermittelte Macht- und Gewaltanwendung."[2] Es geht somit um einen weit verstandenen Begriff von „Regieren", der über das Agieren von Regierungen hinausreicht.

Im internationalen Vergleich existieren zwei Varianten derartiger Schools: Zum einen die stärker national orientierte französische Version mit hierarchischem Charakter (mit den Grandes Ecoles und der Ecole Nationale d'Administration, ENA, an der Spitze), zum anderen die stärker international ausgerichtete angelsächsische Version, die

---

2 Zürn (2004: 12); vgl. auch Walter (2005: 46), Kohler-Koch (1993: 116), Keohane/Nye (2000: 12).

vom Wettbewerb der Schools geprägt ist – besonders gewichtige Spieler sind hier selbstverständlich die eingangs bereits erwähnten Schools an den amerikanischen Ivy League-Universitäten, z.B. in Columbia, Harvard, Princeton, aber inzwischen auch entsprechende Bereiche an der LSE. Beide Modelle waren ursprünglich explizit darauf ausgerichtet, Eliten für den schnell wachsenden Interventionsstaat und die daraus folgenden Anforderungen zu entwickeln (vgl. Anderson 2003: Kap. 2 und 3). So waren es in den USA die gewaltige Ausdehnung staatlicher Aktivitäten im Zuge des „New Deal" und in Frankreich der Wiederaufbau der Nation nach dem Zweiten Weltkrieg, die den entscheidenden Impuls für die Einrichtung entsprechender Ausbildungseinrichtungen gaben. Das französische Modell hat sich dabei in den letzten 60 Jahren als erstaunlich stabil erwiesen. So werden die besten französischen Nachwuchskräfte noch immer in einem inhaltlich stark standardisierten Studium für Spitzenpositionen in der französischen Wirtschaft und Verwaltung ausgebildet. Hierbei steht Netzwerkbildung im Vordergrund, und es wird eine grundlegende Einführung in die wichtigsten wissenschaftlichen Disziplinen angestrebt (Silguy 2003). Die Forschung spielt eine stark nachgeordnete Rolle. Das angelsächsische Modell hat sich im Gegensatz hierzu speziell in den letzten 50 Jahren nicht zuletzt infolge der Wettbewerbsdynamik mehrfach „neu erfunden" (für eine Übersicht vgl. Jann 1987). Anwendungsbezug und Interdisziplinarität, internationale Netzwerkbildung und ein breit gefächertes Tätigkeitsprofil der Absolventen, aber auch eine explizite Forschungsorientierung sind prägende Merkmale dieses Ansatzes. Besonderes Augenmerk wird auf die Verbindung von Theorie und Praxis gelegt, in den Worten von Alexander George (1993) mithin auf die Fähigkeit „to bridge the gap."

Die gegenwärtigen Neugründungen in der Bundesrepublik orientieren sich an diesem angelsächsischen Modell. Zum einen ist das französische Modell mit seiner Orientierung auf einen Staatsapparat und mit seiner Forschungsferne offensichtlich nicht mehr zeitgemäß. Das zeigen nicht zuletzt neuere Entwicklungen in Frankreich, wie etwa die Gründung einer Professional School for Public Policy mit internationaler Ausrichtung an der Sciences Po. Zum anderen wäre eine derartig geschlossene Elitenrekrutierung hierzulande weder funktional noch vermittelbar. Moderne Professional Schools definieren sich vielmehr durch drei grundlegende Merkmale.

a) Anwendungsbezug

Die deutsche Hochschul- und Bildungslandschaft zeichnet sich durch eine besonders ausgeprägte Trennung von Theorie und Praxis sowie eigentümliche Geringschätzung „praktischer Intelligenz" aus (vgl. Bensel 2003; Neuweiler 2002). Anwendungsbezug von Lehre und Forschung wird gerne mit wissenschaftlicher Zweitklassigkeit und Parteilichkeit im Sinne von sog. Gefälligkeitsgutachten assoziiert. Auf der anderen Seite mehren sich die Stimmen in Wirtschaft, Politik und auch Wissenschaft, die argumentieren, dass „eine Gesellschaft, deren Wettbewerbsfähigkeit vor allem von ihrer Innovationskraft abhängig ist, [...] es sich nicht leisten [kann], die Wissenspotentiale, die zwischen Hochschule und Markt liegen, ungenutzt zu lassen" (Bensel u.a. 2003: 44). Angesichts sich verändernder Anforderungsprofile an Absolventen wird verstärkt eine stärkere Hinwendung der Universitäten zur Praxis gefordert.

Das Spannungsverhältnis von Anwendungsorientierung und Grundlagenforschung ist dabei allgemeiner Natur. Als „typisch deutsch" erweist sich nur die ausgeprägte Trennung von Theorie und Praxis und die damit verbundene Geringschätzung angewandter Forschung im Wissenschaftsbetrieb. So beschreiben Lisa Anderson (2003) und David Featherman u.a. (2001) die Entwicklungsdynamik der US-amerikanischen Policy Schools als Ausdruck genau dieses Spannungsverhältnisses. Sie stellen in eindrucksvoller Weise einen ständigen Wandel und Wechsel zwischen einer Hinwendung zur Praxis und der Rückkehr zur Theorie dar, der nicht zuletzt durch realpolitische Entwicklungen und Staatsbilder strukturiert wurde. Ähnlich argumentiert auch William Chase (1982) mit Blick auf die berühmten Law Schools in den USA.

Die Professional School ist in ihrer Struktur darauf ausgerichtet, den Gegensatz und das Spannungsverhältnis von Theorie und Praxis aufzunehmen, beiden Seiten ihre begründeten Funktionsmuster zu belassen, beide aber auch in sinnvoller Weise zusammenzuführen. Wissenschaftliche Konzepte und analytische Methoden sollen vorrangig daraufhin geprüft werden, ob sie zur Verbesserung der Praxis beitragen können. Einhergehen würde damit ein verstärkter Fokus auf Methoden und auf „mid-range theories" anstelle der allgemeinen Sozialtheorie und der Meta-Theorie. Studierende werden in diesem Prozess nicht zu disziplinären Experten ausgebildet. Vielmehr sollen sie mit Problemlösungs-Techniken und Methoden vertraut gemacht werden, erweitert um eine gesunde Dosis kritischen Denkens.

Diesem Zweck dienen einige typische Instrumente der Professional School of Public Policy. So zielen die gleichzeitige Einbindung von Praktikern und Wissenschaftlern in gemeinsamen Forschungs- und Lehrprojekten und die akademisch hochwertige Vermittlung von aus der Praxis gewonnenen Anschauungsobjekten in diese Richtung. Die Professional School verfolgt typischerweise keine grundlagentheoretischen, sondern sachproblemorientierte Fragestellungen. In der Bearbeitung und Durchdringung dieser Problemstellungen gilt es aber, höchsten wissenschaftlichen Standards zu folgen. Ähnliches gilt für die Gestaltung des Curriculums: Zum einen folgt sie höchsten wissenschaftlichen Ansprüchen in der Berufung von Lehrkräften und in der Ausgestaltung ihrer Lehrprogramme, auf der anderen Seite bezieht sie die Anforderungen und Belange der Praxisinstitutionen des ihr korrespondierenden gesellschaftlichen Bereichs in ihre Planungen mit ein. Von zentraler Bedeutung ist dabei das Instrument der Fallstudien-Lehre. Das Lernen anhand von konkreten Entscheidungssituationen ermöglicht es, die identifizierten Probleme aus der Sicht des Praktikers zu sehen und dabei das Verständnis für Handlungszwänge zu erhöhen.

b) Inter- bzw. Multidisziplinarität und Problemorientierung

Da die gesellschaftliche Wirklichkeit sich kaum in den Rastern wissenschaftlicher Disziplinen begreifen lässt, führt der Anspruch der Anwendungsorientierung unmittelbar zu Multi- bzw. Interdisziplinarität. Somit erfordern sowohl Lehre als auch Forschung eine durchdachte und systematische Verknüpfung disziplinärer Erkenntnisinteressen und Wissensbestände. Berufsorientierte Ausbildung bedarf daher interdisziplinärer Analysen von Problemen und eine perspektivenübergreifende Rekonstruktion von problematischen Situationen. Sowohl im französischen als auch im angelsächsischen Modell werden für den Bereich der Public Policy die Disziplinen Rechtswissenschaft, Wirtschaftswissenschaft, Politikwissenschaft, Soziologie und (Politische) Philosophie als konstitutiv angesehen. Hinzu kommt die Verwaltungswissenschaft i.e.S, also neudeutsch „Public Management." Von der Verwaltungswissenschaft i.w.S., wie sie in Konstanz und Potsdam gelehrt wird (vgl. zu dieser Unterscheidung Bogumil/Jann 2005) unterscheidet sich eine Professional School of Public Policy nicht zuletzt durch die Betonung dieser Multidisziplinarität. Verwaltungswissenschaft wird also nicht „als Teil der Politikwissenschaft" (Scharpf 1971) definiert und insbesondere der Ökonomie wird dementsprechend ein deutlich größerer Raum zugewiesen. Die Professional School for Public Policy sieht sich auch nicht als eigenständige wissenschaftliche Disziplin, weshalb es auch keine Bestrebungen gibt, einen eigenständigen Doktorentitel einzuführen. Generell erlaubt die notwendige Autonomie einer Professional School entweder außerhalb oder innerhalb einer Universität die Zusammenführung von verschiedenen Disziplinen unter einem Dach. Als „normaler" Bestandteil einer Universität wäre der Zwang sich selbst als ein eigenes Fach zu definieren so groß, dass er über kurz oder lang Gefahr liefe, den Anspruch der Multidisziplinarität zu unterminieren – entweder durch eine Verengung des Lehrgebiets oder durch die „Schaffung" eines neuen Fachs. Zu einem gewissen Grad lassen sich beide Prozesse in Konstanz und Potsdam beobachten.

Freilich ergibt sich aus einer solchen multidisziplinären Grundorientierung die Gefahr, dass die Mitglieder einer Professional School u.U. den Anschluss an die Fachwissenschaft verlieren und somit langfristig die wissenschaftliche Qualität leidet. Das Instrument der „Joint Appointments" ist in diesem Zusammenhang besonders wichtig: Dadurch können Hochschullehrer gleichzeitig in der „Fach-Community" bleiben und anwendungsbezogen die Erkenntnisse ihres Fachs in die Professional School einbringen. Sicherlich ist auch ein solches Modell nicht frei von Kritik und Akzeptanzproblemen. Doch können Joint Appointments gerade für kleinere Einheiten neben der Lehrleistung auch zur Profilbildung beitragen.

Generell müssen Professional Schools die Gratwanderung zwischen der Vermittlung von disziplinären Kenntnissen und dem Imperativ der Ausbildung zur sektorenübergreifenden Kommunikation und Kompetenz unter Berücksichtigung verschiedener disziplinärer Perspektiven bewältigen. Es spricht Manches dafür, dass dies in einer autonomen Organisationsform, wie sie mit der Professional School verbunden ist, leichter gelingen kann als ohne Sonderstatus im Rahmen des Wettbewerbs der Disziplinen an einer Universität. Erst die organisatorische und finanzielle Eigenständigkeit erlaubt es, andere Kriterien für die Leistungsfähigkeit als nur die der disziplinären Erstklassigkeit anzulegen. Insofern könnten Professional Schools of Public Policy mittelfristig die Erwartungen erfüllen, die die verwaltungswissenschaftlichen Studiengänge nur partiell einlösen konnten.

c) Die Rolle der Forschung an einer Professional School

Eine Professional School ist keine Fachhochschule. Forschung spielt demnach auch an einer Professional School eine mindestens ebenso wichtige und grundlegende Rolle wie in den universitären Einzeldisziplinen. Die Forschung dient allerdings den Grundsätzen der School, dem Anwendungsbezug und der Problemorientierung, ihr Zweck sind Wissenstransfer und die Verbesserung von Public Policy. Wissenschaftler sollen in diesem

Modell, um mit Karl Polanyi zu sprechen, neben ihrer Zugehörigkeit zur „republic of science" auch Angehörige eines politischen Gemeinwesens sein. Dabei haben sich die guten Professional Schools längst vom technokratischen Modell der Politikberatung getrennt, wonach scheinbar wertfreie Wissenschaftler Politiker hinsichtlich der angemessenen Instrumentenwahl beraten. Beide in dieses Modell eingehende Prämissen erscheinen uns nicht plausibel: Weder können die agierenden Personen der Wissenschaft wertfrei denken, noch haben die Politiker keinerlei a priori Präferenzen über die richtigen Politikinstrumente. Es geht daher vielmehr darum, die Kommunikation, den Austausch und die wechselseitige Befruchtung von Wissenschaft und Politik zu ermöglichen und zu gestalten. Die Forschung an der Professional School möchte die allzu kategorial gehandhabte Trennung von „Wahrheit" und „Macht" aufbrechen, die ihren wichtigen Beitrag zur (teilweise selbstgewählten) geringen Bedeutung der Wissenschaft in der Politik geleistet hat. David Featherman, der frühere Präsident des Social Science Research Council, schreibt dazu: „it is perhaps ironic that academics in disciplines such as economics, political science, and sociology – in their quest for professional integrity and scientific objectivity – may have unintentionally undermined these disciplines' long term relevance to policy and thereby conceded the main battlefield to the private, often partisan, think tanks (Featherman 2001: 2)." Die Professional School entwickelt zur Erreichung dieses Ziels anders geartete Anreizstrukturen: Forschungen zu Fragestellungen, die sich aus politischen Problemlagen ableiten, zählen genauso wie die, die sich an theoretischen Diskursen orientieren. Der Anwendungsbezug wird somit belohnt; „middle-range theory" Entwicklung wird besonders hoch angesehen; die Teilnahme am öffentlichen Diskurs wird als akademische Leistung anerkannt, und die Organisation von Forschung in interdisziplinären Arbeitsgruppen wird als wertvoll angesehen, auch wenn sie nicht zu Beiträgen in den disziplinären „Top Journals", sondern zu Aufsätzen in „Policy Journals" führen.[3]

2.2 Spezifische Merkmale der deutschen Professional Schools

Die Gründung von Professional Schools for Public Policy in Deutschland wird nicht zu einer bloßen Kopie der Ivy-League Vorbilder führen. Man erinnere sich Woodrow Wilsons, der noch als Professor in Princeton, in der zweiten Ausgabe der „Political Sciences Quarterly" im Zuge der Gründung der amerikanischen Politikwissenschaft argumentierte, dass die existierende „science of administration" eine „foreign science" sei, „developed by French and German Professors" und dass deswegen gelte: „to answer our purposes, it must be adapted [...] if we employ it we must Americanize it" (vgl. Wilson 1887: 4). Die Übernahme eines Modells in einen anderen Kontext kann also mittel- und langfristig durchaus zu weit mehr als nur zur billigen Kopie werden. Inhaltlich

---

3 Besonders instruktiv in diesem Zusammenhang ist ein Beitrag von Jentleson (2002), der zeigt wie die Ausrichtung führender Journals im Bereich der internationalen Politik eine Art des Wissens produziert hat, die systematisch ungeeignet war, um denkbare Antworten auf die Herausforderung des 11. Septembers mitprägen zu können. Er fordert daher, dass durch die Praxis vorgegebene Fragestellungen als ebenso wichtig angesehen werden, wie die Fragestellungen, die sich aus innerdisziplinären Theoriediskursen ergeben (Jentleson 2002).

lässt sich vermuten, dass die entstehenden Professional Schools quantitative Methodik und Mikroökonomik etwas weniger stark betonen werden als in den USA zumeist üblich und dass sie stattdessen die Wertgeladenheit der Politik sowie die Bedeutung von historischen Pfadabhängigkeiten herausstellen werden (Zürn 2004). Im Vordergrund wird aber zunächst eine andere Besonderheit der deutschen Professional Schools for Public Policy stehen: Sie sind allesamt Gründungen, die bewusst und gezielt außerhalb der etablierten staatlichen Hochschullandschaft platziert werden. Das trifft auf die meisten Business Schools ebenso zu wie auf die stiftungsgetragenen Institutionen Bucerius Law School und Hertie School of Governance. Auch die Humboldt-Viadrina School of Governance sollte mit privaten Geldern und als An-Institut ins Leben gerufen werden. Diese Finanzierungsmodelle sind einerseits der Skepsis mancher Stiftung gegenüber etablierten Universitäten und andererseits den enormen Finanzerfordernissen bei der Gründung einer Volluniversität mit dem gesamten Fächerspektrum geschuldet. Aus dieser Not ergibt sich allerdings eine gewichtige Tugend. Alle diese Gründungen entsprechen nämlich dem ausgeprägten Autonomiebedarf, den eine Professional School benötigt und den Professional Schools in den amerikanischen Universitäten auch genießen. Damit werden sie aber in der deutschen Hochschullandschaft zu Sonderlingen.

Die Gründung einer privaten Professional School kann andere Wege gehen als die traditionellen Universitätsinstitutionen. Sie kann tradierte, an Disziplinen orientierte Organisationsprinzipien ignorieren, sie kann mit ihren Lehrkräften auf Lehre und Anwendungsbezug gerichtete Arbeitsverträge schließen, sie kann ihre Studierenden unabhängig auswählen, sie unterliegt nicht der kameralistischen Haushaltslogik etc. Sicherlich lassen sich im Zuge der rasch voranschreitenden Hochschulreform auch bei den großen Universitäten ähnlich gelagerte Veränderungen beobachten. Eine private Gründung kann diese Ansätze aber mit anderer Konsequenz zur Anwendung bringen und somit auch für den öffentlichen Bereich „auskundschaften", welche Instrumente sich in der Praxis bewähren und welche nicht. Der Hauptvorteil, den private Gründungen in einem verstärkt wettbewerblichen Umfeld haben, besteht keinesfalls in überlegenen finanziellen Ausstattungen (vgl. Weiler 2005): Es ist die Autonomie. Ohne Autonomie gibt es keinen realen Wettbewerb. In diesem Sinne könnte die weitreichende Autonomie der privaten Professional Schools die Erhöhung der Autonomie der staatlichen Universitäten gleichsam erzwingen. Das zeigt sich insbesondere an drei Punkten:

a) Profilbildung und Hochschul-Governance

Durch die Spezialisierung auf die anwendungsbezogene Lehre und Forschung in Governance und durch die Möglichkeit, (relativ) ungehindert neue interdisziplinäre Zusammenhänge zu schaffen, können private Professional Schools leichter als staatliche Einrichtungen Profile entwickeln und ein dem staatlichen Angebot komplementäres Programm schaffen. Damit die kleinen Professional Schools überhaupt erkennbar werden, sind sie zu einer vollständigen Konzentration auf Stärken und Kernkompetenzen gezwungen. Profile können also mit gleichsam 100prozentigen Mitteleinsatz und nicht vor dem Hintergrund von zunehmenden Verteilungskonflikten bei (relativ zu den Studierenden) sinkender Finanzierung entwickelt werden. Diese Ausdifferenzierung des Ausbildungsangebots könnte dann wiederum zu einer stärkeren Flexibilisierung des Hochschulsystems als Ganzes führen, welches mit seinen unterschiedlichen Bildungs-,

Forschungs- und Dienstleistungen besser auf gesellschaftliche und wissenschaftliche Ansprüche zu reagieren in der Lage ist. Speziell vor dem Hintergrund des politischen Willens zur staatlichen Massenuniversität kann durch private Neugründungen der „Druck auf das System" zum Zweck der Profilbildung erhöht werden.

Ähnliches lässt sich mit Blick auf die Governance von Hochschulen sagen. Die genannten Professional Schools haben allesamt neuartige Governance-Strukturen geschaffen. Zum einen besitzen diese Schools eine starke, entscheidungsbefugte Leitung mit dem Ziel, Arbeitskapazitäten aufgrund der Reduktion von Bürokratie und kleinteiliger Selbstverwaltung freizusetzen. Zum anderen zielen diese Governance-Strukturen auf eine systematische Berücksichtigung der Bedürfnisse der Studierenden. Sie schreiben drittens einem multiperspektivisch zusammengesetzten Beirat oder Kuratorium eine wichtige Beratungs- und Kontrollfunktion zu – gleichsam als Ersatz für die Ministerialbürokratie.

b) Finanzierung

Dem deutschen Hochschulsystem fehlt es im internationalen Vergleich signifikant an Finanzmitteln. Während Dänemark und Schweden über 7% ihres BIP für Bildung aufwenden, liegt Deutschland mit 4,4% an 20. Stelle unter den 28 OECD Staaten (OECD 2005: 9) und somit selbst nach Einbeziehung der privaten Ausgaben im Dualen System noch weit unter dem Durchschnitt. Diese Zahlen lassen sich vor dem Hintergrund des Studierendenanteils an einem Jahrgang noch dramatisieren: mit einer Zahl von 36% Studenten in einem Altersjahrgang ist Deutschland immer noch weit entfernt vom Durchschnitt der Industrieländer von 47%. Auf der anderen Seite ist in Anbetracht eines hohen Staatsdefizits offensichtlich, dass die zusätzlichen Mittel nicht alleine aus der öffentlichen Hand kommen werden. Private Geldgeber sind notwendig, um durch finanzielle Unterstützung und die Einführung von marktwirtschaftlichen Elementen eine entsprechende Entwicklung anzustoßen.

Das größte Ausgabenvolumen privater Anbieter im Bildungsbereich befand sich in Deutschland im Jahr 2000 im vorschulischen Bereich (7 Mrd. Euro), das kleinste im Hochschulbereich (0,2 Mrd. Euro) (Sackmann 2004: 74). In Deutschland nimmt der Anteil privater Elemente im Bildungssystem also mit höheren Bildungsstufen in einem Tempo ab, das im internationalen Maßstab nur als exotisch bezeichnet werden kann. Eine weitere Zahl kann das Problem weiter verdeutlichen: Während sowohl die USA als auch die Bundesrepublik etwas mehr als 1% des BIP für Hochschulen aus öffentlichen Haushalten aufwenden, kommen in den USA nochmals ca. 1,8% private Mittel hinzu (Sackmann 2004). Oder noch pointierter: Die Kosten für die gesamte Exzellenzinitiative zur Leistungssteigerung der deutschen Wissenschaft könnten recht mühelos aus dem jährlichen Spendenaufkommen allein der Stanford University finanziert werden (Weiler 2005: 4).

Es liegt also nahe, auch in Deutschland, private Gelder zur Stärkung der Hochschulen einzusetzen. In den horrenden Summen, die in den nächsten Jahrzehnten in diesem Land vererbt werden, liegt dabei ganz fraglos ein großes Potential. Gleichwohl müssen potentielle Stifter von der Sichtbarkeit und der Erfolgsträchtigkeit eines Engagements überzeugt werden. Obgleich Professional Schools ihrem Wesen nach sowohl öffentlich als auch privat finanziert werden können, bieten sie privaten Sponsoren eine gute Gelegenheit, ihre Gelder in einem zwar übersichtlichen, aber zugleich sichtbaren Rahmen anzulegen. Speziell als Governance Schools, die im Gegensatz zu Business Schools auf die Bereitstellung öffentlicher Güter ausgerichtet sind und mithin eine explizite Gemeinwohlorientierung aufweisen, passen Professional Schools gut in das Förderspektrum vieler Institutionen. Insofern verbindet sich mit den frühen Gründungen eine gewisse Hoffnung auf eine Diffusion der Finanzierungsquellen für die deutschen Hochschulen. Hingegen sind die gerne vorgetragenen Vorwürfe von privilegierten Studiengängen bei gleichzeitiger Aushungerung der Massenstudiengänge als Ausdruck einer groß angelegten neo-liberalen Strategie etwas sehr weit hergeholt (vgl. z.B. Altvater 2003). Private Neugründungen ziehen im Allgemeinen den öffentlichen Universitäten keine Finanzmittel ab, vielmehr führen sie dem chronisch unterfinanzierten deutschen Hochschulsystem als Ganzes zusätzliche Mittel zu. Freilich bleibt festzuhalten, dass der Anteil privater Mittel im verstaatlichten deutschen Hochschulsystem noch lange Zeit nur Bruchteile der Gesamtfinanzierung ausmachen wird.

c) Studiengebühren und Studierende

Ein erheblicher Vorbehalt gegenüber Privatgründungen von Universitäten besteht zumeist in der Frage des Finanzierungsbeitrages von Studierenden. Private Professional Schools erheben durchweg Studiengebühren. Durch Gebühren kann, so lautet die Argumentation, ein gewisser (in der Regel geringer) Teil des Budgets gedeckt werden, und diese Summen können wiederum Lehre und Forschung zufließen. Zudem lassen sich Gebühren als „Preissignal" verstehen, das anzeigt, dass (1) eine hochwertige Ausbildung geboten wird, die den internationalen Vergleich nicht scheuen muss und dass (2) Studierende im Sinne einer abgeschwächt marktförmigen Transaktion exzellente Leistungen von Seiten der Ausbildungsinstitution einfordern können, auf die sie durch ihre Gebührenentrichtung ein Recht „erworben" haben. Um mit diesen Prinzipien nicht das Problem sozialer Selektivität zu erhöhen, ist in einigen der privaten Professional Schools wie etwa bei der Bucerius Law School oder der Hertie School of Governance das Modell der „need-blind admission" etabliert. Dabei werden Studierende ohne Berücksichtigung ihrer finanziellen Lage nur aufgrund ihrer besonderen Eignung für den Studiengang gewählt. Erst in einem zweiten Schritt werden für die ausgewählten Bewerber Finanzierungsmodelle entwickelt, die Eigenbeiträge beinhalten aber auch Stipendien für Gebühren und Lebenshaltungskosten oder auch Darlehensmodelle und „umgekehrte Generationenverträge".

Die positiven Nebeneffekte von Studiengebühren können sich aber nur dann entfalten, wenn sie sich mit einem inhaltlich motivierten Mechanismus der Auswahl von Studierenden verbinden. Durch die damit entstehende doppelte Wahlsituation – die Studierenden wählen unter Berücksichtigung von Preissignalen ihre Hochschule, die Lehrenden wählen sich ihre Studierenden aus – entsteht von vornherein eine Arbeitssituation, die sich von der Anonymität in Massenuniversitäten unterscheidet und in der Studierende ihre Anforderungen stellen und Professoren für die Qualität ihrer Studierenden Verantwortung übernehmen. Dieses Wechselspiel der gegenseitigen Anspruchssteigerung macht eine gute akademische Einrichtung aus. Eine intensive und nützliche Studierendenbetreuung inklusive der Unterstützung bei der Arbeitsplatzsuche nach einem Abschluss muss dann auch kaum noch erzwungen werden. Sie wird zur beidseitig akzeptierten Selbstverständlichkeit.

2.3 Bildungspolitische Effekte

Einige der in Abschnitt 2.1 genannten allgemeinen Merkmale der „Professional Schools" werden im Kontext der deutschen Bildungsdiskussion auf eine größere Resonanz stoßen. So ist beispielsweise der Anwendungsbezug von Lehre und Forschung an Professional Schools dazu geeignet, die Debatte über die Berufsfähigkeit von Hochschulabsolventen zu beleben. Robert Behn schätzt die Zeit bis zur Komplettierung von „professional repertoires" – dem Wissen um Abläufe und Strukturmerkmale bestimmter beruflicher Tätigkeitsbereiche – auf zehn Jahre (Behn 2003). In Deutschland setzen diese zehn Jahre häufig erst nach der akademischen Ausbildung ein: Die entsprechenden Praxisinstitutionen sehen sich daher genötigt, erhebliche Investitionen in die Praxisfertigkeiten von Berufseinsteigern zu tätigen. Das Alter, in dem Nachwuchskräfte ihre höchste berufliche Produktivität erreichen, ist dementsprechend hoch und die anschließende Produktivitätsphase verkürzt. Professional Schools zeigen, dass man zumindest anstreben kann, diese Phasenaufteilung effizienter zu gestalten, ohne Abstriche am akademischen Niveau der Ausbildung machen zu müssen. Darüber hinaus demonstrieren Professional Schools, dass es sinnvoll sein kann, die disziplinären Grenzen in der Lehre und teilweise auch in der Forschung institutionell zu überwinden. Interdisziplinarität ist allzu häufig nicht mehr als ein hoher Anspruch, der im akademischen Betrieb eingespielter Fakultäten nur in seltenen Fällen eingelöst werden kann. Das herkömmliche Institutionengeflecht der deutschen Hochschullandschaft bietet offensichtlich nicht die richtigen Anreize. Professional Schools demonstrieren, dass zumindest eine gelebte Multidisziplinarität dann möglich ist, wenn sie sowohl der Zielbeschreibung als auch dem institutionellen Design einer Hochschule eingeschrieben ist.

Die übrigen Merkmale der deutschen Professional Schools, wie sie in Abschnitt 2.2 diskutiert wurden, sind sachlogisch nicht notwendigerweise mit dem Modell der Professional School verbunden. Im spezifischen Kontext der deutschen Hochschullandschaft zu Beginn des 21. Jahrhunderts ergibt sich aber eine Art Wahlverwandtschaft zwischen neuen Formen der Profilbildung, der Finanzierung und der Studierendenauswahl einerseits und den neu gegründeten Professional Schools andererseits. Es sind insbesondere diese Wahlverwandtschaften, die Anlass zu bildungspolitischen Hoffnungen geben. Professional Schools können ihre Autonomie nutzen, um gewisse bildungs- und wissenschaftspolitische Reformmaßnahmen in großer Konsequenz durchzuführen. Sie können damit – je nach Sichtweise – „Stein des Anstoßes" oder „reformpolitischer Motor" sein. Es ist jedoch kein Zufall, dass in diesem Zusammenhang immer wieder von „Impulsen" gesprochen wird. In der Tat darf nicht übersehen werden, dass die entsprechenden Einrichtungen schon aufgrund ihrer geringen Größe kaum zum „Reformmotor" für die Riesentanker großer öffentlicher Universitäten taugen. Sie könnten allerdings – um im Bild zu bleiben – Modellschiffe abgeben, deren gelungene Komponenten von den Tankern beim Umbau auf hoher See übernommen werden können. Insofern ist hinsichtlich der Erwartung größerer bildungspolitisch-systemischer Effekte zwar Vorsicht geboten, aber auch Hoffnung angebracht.

3. Governance Schools im Kontext der Elitendiskussion

Während somit einige der bildungspolitischen Hoffnungen, die mit den neuen Professional Schools verknüpft werden, mehr mit den spezifischen Defiziten des deutschen Hochschulsystems zu tun haben als mit dem Konzept der Professional School als solchem, machen sich die Befürchtungen unmittelbar am Wesen der Governance Schools selbst fest. Dabei geht es um die Kritik, dass mit der Etablierung von Governance Schools einer Abschottung von Eliten mit technokratischem Selbstverständnis Vorschub geleistet wird und damit die Ansprüche unterhöhlt werden, die in demokratischen politischen Systemen an die Elitenauswahl zu stellen sind. Zum Zwecke der Klärung der damit verbundenen Fragen ist es zunächst notwendig, den durchaus schillernden Elitenbegriff zu beleuchten. Wir wollen dann aufgrund einer kritischen Diskussion der Verfallsform der Professional School die Anforderungen ableiten, die aus elitentheoretischer Sicht an eine Professional School for Public Policy zu stellen sind.

3.1 Elitenbegriff

Nachdem in Deutschland der Begriff „Elite" viele Jahre lang im bildungspolitischen Diskurs weitgehend verpönt war, erlebt er derzeit eine Renaissance (vgl. jetzt Münkler u.a. 2005). Er ist Gegenstand äußerst kontroverser Auseinandersetzungen, in denen die vorherige Tabuisierung nachwirkt. Lange Zeit wurde es als zentrale Aufgabe der Bildungspolitik angesehen, Ausbildungsmöglichkeiten und somit soziale Aufstiegschancen für möglichst breite Gesellschaftsschichten zu öffnen und die soziale Abschottung von Eliten aufzubrechen. Zu diesem Zweck zielte die Bildungspolitik auf eine Öffnung der Gymnasien und Universitäten, um den Anteil derjenigen eines Jahrgangs zu erhöhen, der ein Studium an einer Hochschule aufnehmen kann. Das Ergebnis ist ambivalent: Zwar beginnen inzwischen – wie oben beschrieben – 37 Prozent eines Jahrgangs ein Studium an einer Hochschule, aber diese Kennziffer liegt deutlich unterhalb des OECD-Schnitts. Gleichzeitig ächzen die meisten Fachbereiche der Hochschulen unter einer Überlast, mit der sich eine unzureichende Betreuung der Studierenden verbindet. Wenn nun vor diesem Hintergrund insbesondere Governance Schools beginnen, diesen Fokus auf die Input-Seite des Bildungssystems in Frage zu stellen und stattdessen auf einer Auswahl der Studierenden sowie auf Studiengebühren als Steuerungsinstrument bestehen, um die Qualität der Ausbildung zu erhöhen, so erscheint dies folgerichtig. Ebenso folgerichtig ist es jedoch, dass kritische Rückfragen zur sozialen Selektivität aufgeworfen werden. Schließlich treten Governance Schools mit dem Anspruch an, Studierende für Public Policy, also für den Bereich gesellschaftlich verbindlicher Entscheidungen auszubilden. Eine hohe soziale Selektivität in Governance Schools könnte unzweifelhaft zu einer ungewünschten Abschottung zukünftiger politischer Eliten führen.

Die Schärfe der Diskussion ist dabei nicht zuletzt darauf zurückzuführen, dass nicht selten analytisch-deskriptive und normative Elemente des Elitenbegriffs miteinander vermengt werden. Analytisch-deskriptiv besagt der Elitenbegriff zunächst „lediglich", dass in jeder Gesellschaft eine bestimmte (mehr oder weniger) klar abgegrenzte Minderheit über asymmetrisch große Einfluss- und Gestaltungschancen hinsichtlich gesellschaftlich bedeutsamer Entscheidungen verfügt (vgl. Kaina 2004: 20). Die Existenz so verstandener politischer Eliten wird zumeist als sachlogisches Ergebnis der Ausdifferenzierung moderner Gesellschaften angesehen, da stark arbeitsteilige und spezialisierte Subsysteme notwendigerweise derartige Asymmetrien hervorbringen.

Dieser schlanke Elitenbegriff erfährt allerdings zumeist normative Aufladungen, die jedoch selten expliziert werden und daher Missverständnissen Tür und Tor öffnen. Einer Variante einer solchen normativen Aufladung ist zumeist die Vorstellung inhärent, dass Fähigkeiten und Talente in jeder Gesellschaft ungleich verteilt sind, dass diese Ungleichheit „natürlich" ist und dass daher Eliten notwendigerweise kleine, klar abgegrenzte Gruppen sind, die der besonderen Förderung bedürfen, um sie in diejenigen Positionen zu bringen, in denen sie ihre Fähigkeiten am Besten entfalten können. In einer idealtypischen – im Wortsinn – „aristokratischen" Variante wird dabei zusätzlich angenommen, dass der Versuch, bestehende Elitenstrukturen in ihrer Tendenz zur sozialen Reproduktion aufzubrechen, erstens die Effizienz und Legitimität überkommener Elitenrekrutierung in ungerechtfertigter Weise in Frage stellt und zweitens zum Scheitern verurteilt ist, weil er auf „Gleichmacherei" und eine Verwässerung von Bildungsstandards hinausläuft. Die Kritik an einem solchen Elitenbegriff macht sich dann zumeist am prämissenhaften Charakter der Ungleichheit fest sowie an der impliziten Infragestellung der Möglichkeit vertikaler Mobilität. Radikalere Kritiker argumentieren, dass es sich bei derartigen normativen Elitenbegriffen um Apologien handelt, mit denen sich Elitenkartelle gegenüber der Gesellschaft abschotten, um ihre Herrschaft zu zementieren (vgl. Hartmann 2004).

Eine zweite Variante der normativen Aufladung denkt sich Eliten als Verantwortungseliten. Demnach bringt jedes gesellschaftliche Subsystem Leistungsträger und Funktionseliten hervor, die jedoch erst dann den Eintritt in die Gruppe der Verantwortungseliten finden, wenn sie in der Lage sind, sektoren- bzw. funktionsübergreifend zu denken, zu kommunizieren und zu handeln. In dieser Sicht ist es neben der Öffentlichkeit vor allem eine solche Verantwortungselite (die zudem die Öffentlichkeit entscheidend prägt), die die Aufgabe der normativen Integration der Gesellschaft übernehmen kann und übernimmt. Aus einer solchen Perspektive wird weniger der Elitenbegriff als solches, sondern vielmehr das Fehlen einer solchen Elite oder der Rückzug der Eliten in ihre jeweiligen Funktionssysteme beklagt (vgl. Kaina 2004).

Entscheidend ist, dass die normative Verwendung des Elitenbegriffs nicht notwendigerweise eine unkritische oder affirmative Haltung indiziert. Im Gegenteil: Ein zu einem gewissen Maße normativ aufgeladener Elitenbegriff ist unbedingt notwendig, um kritisch mit dem deskriptiven Phänomen der Eliten umgehen zu können. Gerade eine Elite, die entweder als solche nicht thematisiert wird oder *per* se als Übel angesehen wird, hat die Möglichkeit, sich still und leise abzuschotten und sich mithin jeder Bewertung zu entziehen. Vor diesem Hintergrund besteht die entscheidende Frage in der Debatte um Eliten also nicht darin, ob Eliten existieren könnten oder sollten (das tun sie ohnehin), sondern wer dazu gehört und ob die Eliten ihre Aufgaben hinreichend erfüllen, ob sie also Aufgaben einer sog. Verantwortungselite übernehmen. In den Kern der Auseinandersetzung gehören die Fragen der Elitenrekrutierung und des Verhältnisses von Eliten und Gesamtgesellschaft. Für unsere Zwecke bestimmen wir die politische Elite also deskriptiv als die Gesamtheit der Inhaber von Leitungsfunktionen für die Regelung öffentlicher Angelegenheiten – sei es in Staat, Wirtschaft oder Zivilgesellschaft – und legen gleichzeitig aber normative Kriterien an, die denen aus dem Diskurs über Verantwortungseliten ähnlich sind (siehe 3.3).

3.2 „Geschlossene Gesellschaft": Die Verfallsform der Eliteschulen

Der Daseinszweck von Governance Schools besteht darin, Studierende für die Mitarbeit bzw. Mitgliedschaft in einer so verstandenen politischen Elite auszubilden. Die zentrale Befürchtung, die sich mit der Einrichtung solcher Institutionen verbindet, bezieht sich auf den Auswahlprozess. Man befürchtet eine vorgelagerte und gesellschaftlich nicht kontrollierte Elitenselektion in dem Maße, wie Professional Schools ihren Absolventen einen privilegierten Zugang zu Leitungsfunktionen ermöglichen. Dies ist im Falle der Governance Schools umso bedeutsamer, weil es sich hier (anders als z.B. bei Business Schools) um den Zugang zu politischen Leitungsfunktionen handelt. Radikaler formuliert stehen „Governance Schools" somit im Verdacht, Instrumente der Elitenkartelle zu seien, in denen die Elite ihre eigenen Kinder heranzieht.

Niemand hat diese Vorstellung pointierter herausgearbeitet als Pierre Bourdieu, in dessen Werk die Kritik am oben skizzierten französischen Modell der Governance School einen wichtigen Stellenwert einnimmt. Mit Blick auf das System der Grandes Ecoles formulierte er: „Im Wesentlichen besteht die Rolle der Schule darin, einen Adel zu schaffen, d.h. Akteure, die nicht nur sich für anders halten und sich berechtigt fühlen, anders zu sein, sondern die als solche auch angesehen und anerkannt sind und daher separaten Orten und Laufbahnen versprochen sind, die von dem, was allen offen steht, strikt unterschieden sind" (Bourdieu 1991: 80). Nach dieser Vorstellung ist die Kernfunktion entsprechender Ausbildungsstätten die institutionelle Verfestigung und Reproduktion sozialer Distinktion. So sind sachliche Inhalte und Qualifikationen sekundär: Im Zentrum steht die Bildung eines Staatsadels, einer „Noblesse d'état" (Bourdieu 1989). Sehr detailliert hat Bourdieu in dieser Untersuchung herausgearbeitet, wie die vorgeblich dem republikanischen Ideal verpflichteten Auswahlkriterien für die Grandes Ecoles auf ein kulturelles Milieu rekurrieren, welches genau in den Strukturen jener Elite angesiedelt ist, deren nächste Generation es zu rekrutieren gilt. Einmal aufgenommen, werden die Studenten in eine soziale Gruppe hinein sozialisiert, die sie ihr restliches Leben lang nicht mehr verlassen werden und die gleichzeitig einen exklusiven Anspruch auf fast alle Leitungsfunktionen in Staat und Gesellschaft erheben kann. Im schlimmsten Fall ist das Ergebnis so verstandener „Schulen der Macht" eine geschlossene Kaste von Technokraten, die die legitimen Systeme der Interessenmediation (Parteien und Parlament) untergräbt und sich in einem geschlossenen Zirkel reproduziert, ohne dass sie durch die Mittel der demokratischen Kontrolle wirksam zur Verantwortung gezogen bzw. ausgetauscht werden könnte (vgl. auch Hartmann 2004 mit Blick auf Deutschland).

Ähnlich argumentiert Jerome Karabel (2005) in „The Chosen" mit Blick auf das deutlich offenere angelsächsische Modell. Demnach ist die Einführung der Evaluationsdimension „character" bzw. „extracurricular activities" beim Aufnahmeverfahren in den großen amerikanischen Universitäten Harvard, Princeton und Yale, die ursprünglich zur Verhinderung eines zahlenmäßigen Übergewichts jüdischer Studierender gedacht war (sic!), langfristig zum zentralen Reproduktionsprinzip herrschender politischer Eliten geworden. Indem eben nicht nur mehr nach den Notenbesten und Leistungsstärksten gesucht worden ist, obsiegte das Prinzip der Nützlichkeit über das meritokratische Prinzip. Ausgewählt werden Dank der Persönlichkeitseinschätzung nach Karabel nun die, von denen man glaubt, dass sie später zur Elite gehören werden und gut für das eigene Image sind. Damit hat jedoch das faule, aber umgangssichere Millionärskind von vornherein bessere Zugangschancen als das zielstrebige, aber eigenbrötlerische Kind der unteren Mittelschicht.

Es liegt auf der Hand, dass diese Selektionseffekte im diametralen Widerspruch zu dem politischen Credo stehen, mit dem eine ganze Generation von deutschen Bildungspolitikern angetreten war: den Zugang zu Elitenpositionen zu öffnen, vertikale Mobilität zu erleichtern und die Gesellschaft als Ganzes durchlässiger zu machen. Allerdings, so argumentieren wir, ist dieses Verfallsszenario keineswegs unausweichlich und Deutschland durch die Gründung von Governance Schools auch nicht auf dem Weg dahin. Hinzu kommt, dass die sozialen Selektionseffekte des deutschen Modells der unterausgestatteten Massenuniversität ohne eigene Auswahlrechte deutlich unterschätzt werden. Zunächst ist es allerdings hilfreich, sich zu vergegenwärtigen, welche Anforderungen in einem demokratischen Kontext an Rekrutierung und Struktur politischer Eliten zu stellen sind und wie die Situation in Deutschland dabei einzuschätzen ist.

3.3 Kriterien für legitime politische Eliten und Anforderungen an Governance Schools

Wenn man die Prämisse teilt, nach der Elitenbildung im Kontext hochdifferenzierter moderner Gesellschaften unausweichlich und somit zunächst nur ein deskriptiver Tatbestand ist, verschiebt sich die normative Frage darauf, welche Auswahlkriterien für die Angehörigen von Eliten unter demokratischen Gesichtspunkten zu gelten haben. Es ist also die Frage zu stellen, was unter Legitimitätsperspektive Anforderungen an Elitenrekrutierung und -struktur sein können. Aus der Perspektive der Governance Schools sind dabei vor allem zwei Kriterien relevant: Elitenrekrutierung und Schlüsselkompetenzen. Ersteres, weil sich eine Governance School als Teil des Rekrutierungsprozesses verstehen muss, und Letzteres, weil es den Kern ihrer Aufgaben ausmacht, entsprechende Kompetenzen zu vermitteln.

a) Elitenrekrutierung nach meritokratischem Prinzip

Dieses Prinzip bedeutet, dass Eliten als „Leistungseliten" (Pareto) bzw. „Funktionseliten" (Stammer) auf Basis ihrer spezifischen Fähigkeiten für die jeweiligen Aufgaben rekrutiert werden, die sie erfüllen sollen. Das historische Gegenmodell meritokratischer Elitenrekrutierung ist die Auswahl auf Basis sozialer Herkunft, im Sinne einer Aristokratie. Bemerkenswert ist allerdings, dass rein begriffsgeschichtlich auch die Aristokratie meritokratisch zu verstehen ist, da sie wörtlich die Herrschaft der *aristoi*, der Besten, meint. Im historischen System des Feudalismus war die Aristokratie jedoch im Aristotelischen Sinne bestenfalls oligarchisch und geriet im Zuge der Aufklärung und des Bedeutungsgewinns des Bürgertums entsprechend unter Druck. Die oben skizzierte Kritik Bourdieus an der Elitenrekrutierung in Frankreich beispielsweise ist umso bitterer, wenn man bedenkt, dass der Begriff „Élitisme" für die französischen Revolutionäre ein positiv konnotierter Begriff war, der sich gerade als republikanischer Kampfbegriff gegen die *Noblesse* verstand. Napoleon Bonaparte wird in diesem Zusammenhang das berühmte Diktum „La carrière ouverte aux talents!" zugeschrieben – und ohne Zweifel ist die erstaunliche Karriere des Korsen eher das Ergebnis von (wie auch immer zu bewertenden) Talenten als von Herkunft. Am Ende des feudalistischen Zeitalters waren solche Gedanken keineswegs auf Frankreich beschränkt. So stammt aus dem Umfeld der amerikanischen Revolution die Vorstellung der „aristocracy of achievement based on a democracy of opportunity".[4] Hier wird – wie schon bei Aristoteles – die Vorstellung der Aristokratie als Meritokratie deutlich. Im demokratischen Zeitalter ist Herkunft als Rekrutierungsprinzip für Eliten jedenfalls inakzeptabel.

Mit Blick auf die Situation in Deutschland ist in diesem Zusammenhang zunächst zu konstatieren, dass es einen bemerkenswerten Erfolg der Bildungspolitik der vergangenen dreißig Jahre darstellt, mit der Öffnung der Universitäten demonstriert zu haben, dass es eine wesentlich breitere Verteilung der Leitungsfähigkeit in Schichten unterschiedlicher sozialer Herkunft gibt als bis dahin sichtbar war. Was die politische Elite angeht, so ist dies umso bedeutsamer als das Bildungsniveau der deutschen politischen Eliten deutlich gestiegen ist (vgl. Hoffmann-Lange 2004: 33f.). Von Beyme (1992) argumentiert, dass das Fehlen von Elitebildungseinrichtungen nach französischem Vorbild den deutschen politischen Eliten die Selbst-Reproduktion signifikant erschwert und dass außerdem Politik als gesellschaftliches Subsystem für Oberschichtangehörige nicht sonderlich attraktiv sei (so auch Hartmann 2004). Nimmt man diese Befunde zusammen, so scheint dies zunächst nahe zu legen, dass das meritokratische Prinzip bei der Rekrutierung politischer Eliten in Deutschland relativ gut verankert ist: Die Selbst-Reproduktion der politischen Eliten ist erschwert; die wichtigste Zugangsvoraussetzung sind die Parteizugehörigkeit und eine gewisse akademische Bildung (Jura), und beide Voraussetzungen sind auf den ersten Blick sozial breit gestreut. Dieses vergleichsweise positive Bild wird mit Blick auf die soziale Offenheit auch von den Ergebnissen der Potsdamer Elitenstudie und der neuen Konstanzer Studie gestützt (vgl. Schnapp 1997: 76f. sowie den Beitrag von Schwanke/Ebinger in diesem Band).

---

4 Diese Formulierung wird zwar zumeist Thomas Jefferson zugeschrieben, ist aber tatsächlich in ihrer Herkunft unklar. Vgl. die Angaben auf der Homepage der „Jefferson Library", in: *http://www.monticello.org/library/reference/quotes.html* (10.12.2005).

Soziale Offenheit allein (so erfreulich sie ist) ist jedoch kaum als hinreichende Bedingung für meritokratische Elitenrekrutierung aufzufassen. Die beiden zentralen Rekrutierungsmechanismen administrativer und politischer Eliten in diesem Land mögen zwar relativ gesehen sozial wenig selektiv sein, sie erscheinen aber für die Leistungsfähigkeit der Politik zunehmend dysfunktional und werfen somit Zweifel an der Einhaltung des meritokratischen Prinzips auf. Durch Wahl werden sog. „Delegationseliten" bestimmt (Parlamentarier, Gremienmitglieder etc.), während Ernennung der zentrale Mechanismus der Formierung der „Karriereeliten" ist, wie sie u.a. für den Verwaltungsapparat typisch sind (vgl. Hoffmann-Lange 2004: 32f.). Für den Mechanismus „Wahl" ist dabei in Deutschland die (auch verfassungsrechtlich) stark herausgehobene Rolle der Parteien von entscheidender Bedeutung: Karrieren in der Delegationselite sind vor allem Parteikarrieren. Funktionalistisch gedeutet lässt sich dabei zwar annehmen, dass in Parteien vor allem diejenigen Personen Karriere machen werden, die am besten nach den Spielregeln dieses Subsystems zu spielen bereit und fähig sind – ob dies aber mit einem meritokratischen Auswahlprozess im Sinne der Auslese der Besten für die Erfüllung politischer Leitungsaufgaben identisch ist, darf zumindest bezweifelt werden (vgl. Wiesendahl 2004: 138–140). Zusätzlich ist zu berücksichtigen, dass die beiden großen Volksparteien in Deutschland seit Jahren große Probleme haben, adäquaten Nachwuchs zu rekrutieren (vgl. Feldenkirchen 2004), was es wiederum unwahrscheinlich macht, dass dem meritokratischen Prinzip Genüge getan werden kann.

Was die Karriereeliten angeht, so zeichnet sich die deutsche politische Elite nach wie vor durch eine auch im internationalen Vergleich ungewöhnlich herausgehobene Stellung juristischer Ausbildungswege als Rekrutierungsmechanismus aus. Dies ist keineswegs nur auf die hohe Zahl entsprechender Absolventen zurückzuführen, wie teilweise behauptet wird (vgl. Wasner 2004: 138). Vielmehr wirkt die Tradition des formal nicht mehr existierenden sog. „Juristenmonopols" (d.h. der exklusiven Rekrutierung von Juristen in Spitzenpositionen in Wirtschaft und Verwaltung) gerade im Bereich der Öffentlichen Verwaltung nach wie vor nach. Es mag zwar Abschwächungstendenzen geben (vgl. Schnapp 1997: 83), der Anteil der Juristen an den Verwaltungseliten ist aber zwischen 1987 und 2005 nur geringfügigst zurück gegangen: von 62,6 Prozent auf 60,8 Prozent (vgl. Schwanke/Ebinger in diesem Band). Kickert (2004) führt dies auf die in Deutschland besonders ausgeprägte kontinental-europäische Tradition der Rechtsstaatlichkeit zurück, die immerhin so stark war, dass es den Reformimpulsen der siebziger Jahre mit der Einrichtung von eigenen verwaltungswissenschaftlichen Studiengängen (in Speyer und Konstanz) nicht gelang, die entsprechenden Rekrutierungsmechanismen nachhaltig aufzubrechen. Auch in diesem Fall sind Zweifel angebracht, ob die dominante Rekrutierung von Juristen für Ernennungseliten im politischen Raum tatsächlich den Anforderungen des meritokratischen Prinzips im Sinne der Auswahl der für die jeweilige Leitungsaufgabe am besten Geeigneten gerecht wird.

Hinzu kommt ein Weiteres: Das Rekrutierungsprinzip Parteizugehörigkeit durchdringt auch die Ernennungseliten. 75 Prozent der verbeamteten Staatssekretäre und 60 Prozent der Abteilungsleiter in den Ministerien gehören in Deutschland einer Partei an und werden mit jedem Regierungswechsel kräftig hin und her verschoben. Gleichzeitig sinkt die Loyalität gegenüber den Ministerien und das Selbstbild als politisierter Beamter, der auch gegen Ministerwünsche der Sache zuliebe agiert, nimmt dramatisch zu (Schwanke/Ebinger in diesem Band).

Schließlich mehren sich in jüngster Zeit auch die Zweifel an der sozialen Offenheit des deutschen Systems. PISA und TIMMS haben nachdrücklich aufgezeigt, dass deutsche Schulen in einem Bereich besonders schlecht sind: der Eingliederung von Migrantenkindern und Kindern aus stark benachteiligten Schichten (OECD 2005). Verstärkt wird dieser Effekt wohl noch dadurch, dass die deutschen Universitäten sich zwar in der Aufnahme von Studierenden als sehr offen erweisen, die Betreuung danach aber defizitär ist und daher extrem viele Studierende entweder Langzeitstudierende oder Abbrecher sind. An den Massenuniversitäten finden sich die Studierenden zurecht, die bereits vorab den selbständigen Umgang mit Bildungsmedien gelernt haben und außerdem weniger für den Lebenserhalt arbeiten müssen. Das sind Kinder aus besserem Hause. Bei den in unserem Zusammenhang besonders interessierenden Jurastudierenden kommt noch hinzu, dass das für die Massenuniversität typische Repetitorium gleichfalls sozial selektiv wirkt. Manches spricht also dafür, dass mit diesem Mechanismus nur ein anderes, besonders subtiles Mittel der Benachteiligung unterer Schichten greift. Jedenfalls zeigen quantitative Untersuchungen, dass das „Education Regime" deutscher Prägung in der allgemeinen Reproduktionsquote sozialer Klassen dem angelsächsischen System, das sich auch in Teilen Mitteleuropas durchzusetzen scheint, nur minimal nachsteht und gemeinsam die Spitze belegt (Windzio u.a. 2005: 13). Der Status Quo ist also auch hinsichtlich der sozialen Selektion kaum verteidigenswert.

Die soziale Offenheit der deutschen Elitenrekrutierung entpuppt sich so zunehmend als Mythos und kann deshalb kaum dazu dienen, das gegenwärtige System zu verteidigen.

b) Schlüsselkompetenzen: Fungibilität, Internationalität und Innovationsfähigkeit

Ursprünglich galt das „Juristenmonopol" sowohl für die Verwaltung als auch für die Wirtschaft. In der Wirtschaft ist es jedoch weitgehend verschwunden, was damit zusammenhängen mag, dass schon seit längerem eindeutige Qualifikationskriterien für wirtschaftliche Führungskräfte existieren, während die Schlüsselqualifikationen für Führungskräfte im Bereich „Public Policy" bzw. „Politik" bisher – zumindest in Deutschland – noch als weitgehend unklar gelten (vgl. Wiesendahl 2004: 127). In die entstehende Lücke stößt die Vorstellung des Juristen als mit Querschnittskompetenzen ausgestattetem Generalisten. Wir denken jedoch, dass sich gegenwärtig zumindest drei zentrale Schlüsselkompetenzen ausmachen lassen, die keineswegs Bestandteil der juristischen Ausbildung sind, die aber für die Gestaltung von Governance im 21. Jahrhundert eine zentrale Rolle spielen werden.

Erstens folgt aus der Diagnose vom Wandel der Politik von „government" zu „governance", dass Regieren heute zunehmend unter Beteiligung von Akteuren aus Wirtschaft und Zivilgesellschaft erfolgt und dass dieser Trend sich in Zukunft verstärken wird. Demnach wird sich der Staat bei der Regelung öffentlicher Belange immer öfter in der Rolle des *primus inter pares* wieder finden, der möglicherweise Rahmenbedingungen setzt, möglicherweise auch direkt beteiligt ist, der aber keineswegs Prozess und Regelungen als gewaltbegabter autoritativer Akteur im klassischen Sinne „von oben" dominiert. Dies impliziert eine Verschiebung der Tätigkeiten öffentlicher Institutionen weg von direkter Produktion von Leistungen hin zu indirekter Lenkung und Beteiligung einer Vielzahl von Agenturen und Mitwirkenden in immer komplexer werdenden Beziehungsnetzen (Murnane/Levy 1996). Wenn dies zutrifft, so ist es von zentraler Bedeutung, dass politische Führungskräfte in der Lage sind, entsprechende Arrangements mitzugestalten. Sie müssen somit eine sektorenübergreifende Problemlösungskompetenz besitzen, die sie in die Lage versetzt, die Möglichkeiten der verschiedenen Akteurstypen optimal einzusetzen. Die Integration von unterschiedlichen Wissensbereichen wird zum zentralen Element (BMBF 1998): „Leadership without walls". Veränderte Aufgabenprofile sowie gewachsene Anforderungen an die Steuerungsleistungen von Systemen erfordern eine neue Generation nicht-hierarchisch verstandener „Führungspersönlichkeiten", die vor allem die Fähigkeit besitzen, Wissensbestände und Menschen zu Teams zusammenzuführen.[5] Dies lässt sich am besten damit erreichen, dass die entsprechenden Führungskräfte eine hohe *Fungibilität* aufweisen, die sie zur erfolgreichen Arbeit in verschiedenen gesellschaftlichen Subsystemen befähigt. Genau dies ist bisher in Deutschland nicht der Fall – zumindest ist der Elitenaustausch zwischen den gesellschaftlichen Sektoren im internationalen Vergleich z.B. mit Frankreich und den USA ausgesprochen niedrig (vgl. Wasner 2004: 141), und zahlreiche Beispiele belegen, dass es beispielsweise Mitgliedern der Verwaltungselite mitunter ausgesprochen schwer fällt, Handlungslogik und -motivation von wirtschaftlichen Eliten zu verstehen und *vice versa*.

Zweitens ist davon auszugehen, dass es sich bei Globalisierung nicht um einen vorübergehenden Modetrend handelt, sondern tatsächlich um einen epochalen Wandel, der Wirtschaft, Politik und Kultur im „globalisierten" Teil der Welt (d.h. vor allem innerhalb der OECD) nachhaltig verändern wird. Das zentrale politische Problem dieses Prozesses besteht darin, dass politische und soziale Räume zunehmend auseinander fallen (vgl. Held 1995: 16; Beisheim u.a. 1999). Die nach wie vor dominanten nationalen Institutionen und Prozesse von Governance können im Kontext der Globalisierung immer öfter ihre Ziele nicht erreichen, weil sie einen wachsenden Anteil der Transaktionen verfehlen, die sie verregeln sollen. Mit der Reduktion der Effektivität nationaler Politiken erhöht sich umgekehrt die relative Bedeutung von internationalen Institutionen und damit die Bedeutung von Mehrebenensystemen (Zürn 2005). Zweifellos wird daher der Steuerung durch internationale Governance-Strukturen im 21. Jahrhundert eine besondere Bedeutung zukommen. Vor diesem Hintergrund ist es von zentraler Bedeutung, dass politische Leistungseliten über ein hohes Maß an *Internationalität* verfügen. Sie müssen ein Problembewusstsein für die epochalen Konsequenzen der Globalisierung aufweisen, ihnen müssen die Spielregeln europäischer und internationaler Politik selbstverständlich geläufig sein und sie müssen sich auf internationaler Ebene mühelos bewegen können. Leider ist dies mit Blick auf die deutsche politische Elite keineswegs der Fall. Es soll an dieser Stelle der Hinweis genügen, dass die Bundesrepublik Deutschland nach wie vor große Schwierigkeiten hat, ein hinreichendes Kontingent an Personal für Positionen in internationalen Organisationen zu stellen und dass Mehr-

---

5 Dies gilt nicht exklusiv für den Öffentlichen Bereich – ein Blick über die (anspruchsvollere) „Leadership"-Literatur offenbart, dass sich die Ansprüche an „Leader" aus den Bereichen Regierung, Wirtschaft und Gesellschaft weit angenähert haben.

sprachigkeit auch in der deutschen Spitzenverwaltung noch immer keine Selbstverständlichkeit ist (vgl. Berliner Initiative 2002).

Drittens schließlich ist davon auszugehen, dass angesichts des Wandels von Governance, angesichts der Globalisierung und angesichts so fundamentaler Herausforderungen wie dem demographischen Wandel, *Innovationsfähigkeit* zu den zentralen Schlüsselkompetenzen politischer Führungskräfte gehören muss. Innovationsfähigkeit ist dabei nicht nur konzeptionell gemeint, im Sinne eines *thinking outside the box*, das nach Lösungen jenseits von Pfadabhängigkeiten sucht. Innovationsfähigkeit besteht im deutschen Kontext vor allem auch darin, politischen Wandel in einem politischen System einleiten, gestalten und orchestrieren zu können, dass wie kaum ein zweites reformresistent ist und dessen einst so erfolgreiche und stabile „semi-sovereignty" (Katzenstein) zunehmend als Hemmschuh für notwendige politische Veränderungen empfunden wird.[6] Diese Reformresistenz ist teilweise einem Institutionengeflecht geschuldet, das eine große Zahl von Veto-Playern aufweist (vgl. Strohmeier 2003); sie ist aber auch Ergebnis eines bestimmten Bewusstseins der politischen Elite, deren Hauptinteressen eindeutig gegen Innovation sprechen (vgl. auch Grieswelle 2004). Innovationsfähigkeit muss daher notwendigerweise die Kenntnis um die geschriebenen und ungeschriebenen Spielregeln des Systems beinhalten, um Anreizstrukturen und um den politischen Prozess, mithin die „politics"-Dimension politischen Handelns.

Insgesamt findet also eine Entwicklung statt, bei der sich die Anforderungen an die administrativen Eliten drastisch wandeln, und die mit der Formel „vom Verwalter zum Verhandler" umschrieben werden kann, der in der Lage sein muss mit unterschiedlichen Expertisen umgehen zu können. Eine solche Entwicklung ist keinesfalls auf Deutschland beschränkt. Wilson/Barker (2003) zeigen Ähnliches eindrucksvoll für England auf, und Aberbach und Rockman (2000) weisen über einen längeren Zeitraum einen Typenwandel beim Anforderungsprofil an Spitzenadministratoren in den USA nach.

c) Elitentheoretische Anforderungen an Governance Schools

Was folgt aus diesen Überlegungen für Governance Schools? Vier Anforderungen an Governance Schools erscheinen uns vor dem Hintergrund der elitentheoretischen Überlegungen von besonderer Bedeutung.

Zunächst einmal bedarf die prinzipielle Rolle der Governance Schools im Prozess der Elitenrekrutierung der Reflektion. So gibt es ein grundsätzliches Spannungsverhältnis zwischen dem Prinzip der demokratischen Egalität einerseits und der Vorstellung der Elitenrekrutierung andererseits (vgl. Kaina 2002: 43). Dieses Spannungsverhältnis mag das Unbehagen an der Diskussion um Eliteschulen mit erklären. Gleichzeitig aber ist die Existenz von Eliten für hochdifferenzierte Gesellschaften unumgänglich. Vor diesem Hintergrund folgt aus dem Egalitätsprinzip selbst, dass in demokratischen Systemen nur ein meritokratisches Rekrutierungssystem als legitim gelten kann, das Leitungsfunktionen für die Regelung öffentlicher Angelegenheiten mit den jeweils am besten Qualifizierten besetzt und dabei soziale Offenheit bewahrt. Governance Schools müssen sich also dem meritokratischen Prinzip bedingungslos verpflichten.

---

6 Vgl. dazu z.B. die Beiträge in Paterson/Green (2005).

Wie die Analyse der Rekrutierungspraktiken bestehender Eliteeinrichtungen wie etwa der ENA oder der Ivy League Universitäten zeigt, stehen diese in der Tat strukturell in der Gefahr, das Kriterium der sozialen Offenheit zu gefährden (Hartmann 2005; Karabel 2005). Es scheint wahrscheinlich, dass auch bei noch so sorgfältigem Design eine exklusive Elitenrekrutierung über entsprechende Schulen notwendigerweise zu der von Bourdieu diagnostizierten „Kastenbildung" führt, wobei ein solcher „Staatsadel" immer in der Gefahr stehen wird, sich abzuschotten und zirkulär zu reproduzieren. Zu fordern ist daher, dass Professional Schools für Public Policy zwar als *ein* Weg der Elitenrekrutierung zugelassen werden, dass sie aber gleichzeitig nur ein Element in einem größeren System pluralistischer Elitenrekrutierung bleiben. Sie sollten mithin keinerlei Anspruch auf Exklusivität beim Zugang zu öffentlichen Leitungsfunktionen erheben. Es darf also kein Automatismus entstehen, wonach die Graduierung von einer solchen School einer Eintrittskarte für den lebenslangen Zugang zur Welt der politischen Elite gleichkommt. Es obliegt vielmehr den Rekrutierungsinstitutionen selbst, die Leistungsfähigkeit und Eignung auch im Falle entsprechender Absolventen im Einzelfall zu überprüfen.

Wenn die Absolventen entsprechender Schulen aber auch nur wegen der gezielten Ausbildung überdurchschnittliche Chancen bei der Elitenrekrutierung haben, so findet mit der Aufnahme in eine solche Schule dennoch eine vorgelagerte Eliteauswahl statt, die sich dem Kriterium der sozialen Offenheit stellen muss. Bei der Auswahl der Studierenden sollten also ausschließlich leistungsorientierte Aufnahmekriterien verwendet werden, die zwar nicht mechanisch auf die Schul- und Studiennoten rekurrieren, aber auch die Bedeutung der extra-curricularen Aktivitäten nicht zu groß werden lässt. Kleine Einrichtungen haben in diesem Zusammenhang günstige Voraussetzungen, weil sie sich aufgrund der geringen Größe und der starken Ausrichtung auf die Studierenden eine besonders eingehende Prüfung der Eignung erlauben können. Gleichzeitig müssen private Governance Schools besondere Sorgfalt bei der sozialen Abfederung der Studiengebühren walten lassen, wie dies oben bereits mit dem Prinzip der „need blind-admission" illustriert wurde. Wenn es tatsächlich gelingt, Studiengebühren systematisch als Steuerungsinstrument (und nicht als Finanzierungsinstrument zur Behebung von Finanznotlagen) einzusetzen, dann können sie sogar dazu dienen, Studierenden aus sozial besonders benachteiligten Elternhäusern ein hochwertiges Studium zu ermöglichen. In dem Maße wie Studierende aus betuchteren Elternhäusern, die zudem unmittelbar nach Abschluss des Studiums mit attraktiven Beschäftigungsmöglichkeiten rechnen können, Studiengebühren entrichten, können diese in Form von Lebenshaltungsstipendien an stark Benachteiligte partiell weitergegeben werden.

Schließlich bleibt außerdem zu hoffen, dass es Governance Schools gelingt, durch eine Orientierung der Ausbildung an inhaltliche Zielvorstellungen wie der oben skizzierten Trias von Fungibilität, Internationalität und Innovationsfähigkeit zur Etablierung eines Sets von Schlüsselkompetenzen beizutragen. Dieses kann erstens den Zugang auch zur politischen Elite im meritokratischen Sinne von fassbaren Leistungskriterien abhängig machen, wie das in anderen gesellschaftlichen Subsystemen bereits Gang und Gäbe ist. Zweitens (und *last but not least!*) kann dies einen wichtigen Beitrag dazu leisten, mit den Herausforderungen der Politik im 21. Jahrhundert besser umzugehen.

4. Schlussfolgerungen

Die derzeit hierzulande entstehenden „Governance Schools", verstanden als multidisziplinäre, praxisorientierte Ausbildungseinrichtungen für Nachwuchsführungskräfte in
Staat, Wirtschaft und Zivilgesellschaft sind keine „Schulen der Macht". Sie erheben explizit keinen Anspruch auf eine Monopolstellung in der Rekrutierung politischer Eliten. Sie sind keine Konkurrenz, sondern eine Ergänzung zu den bestehenden Ausbil-
dungsangeboten.

Gleichwohl können durch derartige Neugründungen einige interessante bildungspolitische Innovationen befördert werden. Durch die große Autonomie, die derartige
Neugründungen aufweisen, können sie allgemeine Impulse für die Governance und Finanzierung von Hochschulen abgeben und neue Modelle der Studierendenauswahl und
-betreuung erproben. Diese bildungspolitischen Hoffnungen sind primär dem Tatbestand geschuldet, dass Professional Schools ein besonders interessantes Objekt für re-
formorientierte Stiftungen und private Spender darstellen. Professional Schools sind
vergleichsweise überschaubar, aber eben doch auch öffentlich sichtbar. Es ergibt sich
mithin eine Art Wahlverwandtschaft zwischen privater Finanzierung und großer Autonomie einerseits und dem Strukturmodell der Professional School andererseits. In dieser Wahlverwandtschaft liegen die meisten bildungspolitischen Hoffnungen begründet,
die sich mit den Professional Schools verbinden.

Die elitentheoretischen Befürchtungen beziehen sich hingegen in der Tat auf die
konstitutiven Merkmale der „Governance Schools". Sie erscheinen aber zumindest als
überzogen und teilweise fehlgeleitet. Der derzeitige Stand der Zugangsstrukturen insbesondere zu öffentlichen Leitungspositionen in Deutschland kann kaum zufrieden stellen, und zwar weder unter Effektivitäts- noch unter Legitimitätsgesichtspunkten. Angesichts der noch immer in den meisten Bereichen existierenden Juristendominanz und
der zentralen Rolle der Parteien in der Elitenrekrutierung wollen „Governance Schools"
in Deutschland einen anderen Typ von politischem Leitungspersonal ausbilden, der in-
terdisziplinär, problemfeldübergreifend und innovationsorientiert zu denken gelernt
hat. Der Blick auf die negativen Auswüchse von „Schulen der Macht" in anderen Ländern Europas macht zwar deutlich, dass erstens eine Umkehrung der Verhältnisse im
Sinne eines fast vollständigen Monopols der Elitenrekrutierung für entsprechende Ausbildungseinrichtungen nicht wünschenswert sein kann und dass zweitens den Aufnahmeverfahren für entsprechende Einrichtungen besondere Aufmerksamkeit zu widmen
ist, um den Offenheitsanspruch des Leistungsprinzips in der Elitenrekrutierung aufrecht zu erhalten. Diesen elitentheoretischen Anforderungen an Governance Schools
scheinen die Neugründungen in Deutschland aber weitgehend zu entsprechen. Dass
eine Governance School irgendwann einmal die politische Klasse monopolisieren könnte, erscheint in Deutschland äußerst unwahrscheinlich, zumindest aber in weiter Ferne.
Der entsprechende Warnruf scheint eher dem Versuch der Verteidigung eines etablierten Monopols zu entspringen als einer realen Bedrohung.

Freilich sollte man sich keinen Illusionen hingeben. Genauso wenig wie die Schaffung privater Governance Schools eine hinreichende Bedingung für die notwendigen
Reform- und Finanzierungsdefizite der deutschen Hochschullandschaft sein kann, können leistungsorientierte Auswahlverfahren, gute Stipendiensysteme und intensive Stu-

dierendenbetreuung in einigen kleinen Hochschulen allein die soziale Selektivität in diesem Lande verringern. Hierzu ist nicht nur eine Reform der gesamten Hochschullandschaft notwendig, es bedarf vielmehr eines Ansatzes, der das Finanzierungssystem der Ausbildung ganz auf den Kopf stellt. Eine Struktur, wonach bei der Finanzierung der Kindergärten und der Schulen der private Anteil sehr hoch ist, dieser aber bei den höheren („berufsgarantierenden") Bildungsinstitutionen abnimmt, ist ausgesprochen kurios. Sie zu ändern, ist Aufgabe der öffentlichen Politik. Dazu können Governance Schools nur indirekt einen Beitrag leisten.

Literatur

Aberbach, Joel D./Rockman, Bert A., 2000: In the Web of Politics: Three Decades of the U.S. Federal Executive. Washington, D.C.: Brookings Institution Press.

Alexander, M./Hickman, L. (Hrsg.), 1998: The Essential Dewey. Bloomington, Indiana: Indiana University Press.

Altvater, Elmar, 2003: Popelig und elitär zugleich, in: Die Tageszeitung vom 9. Dezember 2003: 23.

Anderson, Lisa, 2003: Pursuing Truth, Exercising Power. Social Sciences and Public Policy in the 21st century. New York: Columbia University Press.

Behn, Robert D., 2003: Creating Leadership Capacity for the 21st Century: Not Another Technical Fix, in: *Donahue, John D./Nye Jr., Joseph S.* (Hrsg.), For the People. Can we fix Public Service? Washington, D.C.: Brookings Institution Press, 191–224.

Beisheim, Marianne/Dreher, Sabine/Walter, Gregor/Zangl, Bernhard/Zürn, Michael, 1999: Im Zeitalter der Globalisierung? Thesen und Daten zur gesellschaftlichen und politischen Denationalisierung. Baden-Baden: Nomos Verlag.

Bensel, Norbert/Weiler, Hans N./Wagner, Gert G. (Hrsg.), 2003: Hochschulen, Studienreform und Arbeitsmärkte. Voraussetzungen erfolgreicher Beschäftigungs- und Hochschulpolitik. Bielefeld: Bertelsmann Verlag.

Berliner Initiative, 2002: Berliner Initiative für mehr Internationalität in Bildung, Ausbildung und Personalpolitik. Ergebnisbericht 2002. Berlin.

Bogumil, Jörg/Jann, Werner, 2005: Verwaltung und Verwaltungswissenschaft in Deutschland. Einführung in die Verwaltungswissenschaft. Wiesbaden: VS Verlag für Sozialwissenschaften.

Bourdieu, Pierre, 1989: La Noblesse d'Etat. Grandes écoles et esprit de corps. Paris: Les Editions de Minuit.

Bourdieu, Pierre, 1991: Das Feld der Macht und die technokratische Herrschaft, in: *Dölling, Irene* (Hrsg.), Pierre Bourdieu. Die Intellektuellen und die Macht. Hamburg: VSA, 67–99.

Bundesministerium für Bildung und Forschung (BMWF), 1998: Delphi-Befragung 1996/1998. Bonn.

Chase, William C., 1982: The American Law School and the Rise of Administrative Government. University of Wisconsin Press.

Featherman, David/Vinovskis, Maris A. (Hrsg.), 2001: Social Science and Policy-Making: A Search for Relevance in the 20th Century. Ann Arbor: University of Michigan Press.

George, Alexander L., 1993: Bridging the Gap: Theory and Practice in Foreign Policy. Washington, D.C.: U.S. Institute of Peace Press.

Hartmann, Michael, 2004: Eliten in Deutschland. Rekrutierungswege und Karrierepfade, in: Aus Politik und Zeitgeschichte, B 10, 17–24.

Hartmann, Michael, 2005: Studiengebühren und Hochschulzugang: Vorbild USA?, in: Leviathan 33:4, 439–469.

Held, David, 1995: Democracy and The Global Order: From the Modern State to Cosmopolitan Governance. Cambridge: Polity Press.

Hoffmann-Lange, Ursula, 2004: Die Elitenstruktur moderner demokratischer Gesellschaften, in: *Gabriel, Oscar W./Neuss, Beate/Rüther, Günther* (Hrsg.), Konjunktur der Köpfe. Eliten in der modernen Wissensgesellschaft. Düsseldorf: Droste: 25–40.

Ingraham, Patricia W., 1996: The Reform Agenda for National Civil Service Systems: External Stress and Internal Strains, in: *Hans, A.G./Bekke, G./Perry, James/Toomen, Theo A.J.* (Hrsg.), Civil Service Systems in Comparative Perspective. Indiana University Press, 241–267.

Jann, Werner, 1987: Policy-orientierte Aus- und Fortbildung für den öffentlichen Dienst. Erfahrungen in den USA und Lehren für die Bundesrepublik Deutschland. Stuttgart: Birkhäuser Verlag.

Kaina, Victoria, 2002: Elitenvertrauen und Demokratie. Zur Akzeptanz gesellschaftlicher Führungskräfte im vereinten Deutschland. Wiesbaden: VS Verlag für Sozialwissenschaften.

Kaina, Victoria, 2004: Was sind Eliten, in: *Gabriel, Oscar W./Neuss, Beate/Rüther, Günther* (Hrsg.), Konjunktur der Köpfe. Eliten in der modernen Wissensgesellschaft. Düsseldorf: Droste, 16–24.

Jentleson, Bruce, 2002: The Need for Praxis: Bringing Policy Relevance Back In. Working Paper Series, SAN 02-01, Terry Sanford Institute of Public Policy. Duke University, Durham, N.C.

Karabel, Jerome, 2005: The Chosen: The Hidden History of Admission and Exclusion at Harvard, Yale, and Princeton. New York.

Karl, K.A./Sutton, C.L., 1998: Job Values in Today's Workforce: A Comparison of Public and Private Sector Employees, in: Public Personnel Management, 27:4, 515–527.

Kohler-Koch, Beate, 1993: Die Welt regieren ohne Weltregierung, in: *Böhret, Carl/Wewer, Göttrik* (Hrsg.), Regieren im 21. Jahrhundert. Zwischen Globalisierung und Regionalisierung. Opladen: Leske + Budrich, 109–141.

Keohane, Robert O./Nye, Joseph, 2000: Introduction, in: *Nye, Joseph/Donahue, John D.* (Hrsg.), Governance in a Globalizing World. Washington, D.C.: Brookings Institution Press, 1–41.

Kickert, Walter, 2004: Distinctiveness in the Study of Public Management in Europe. A Historical-institutional Analysis of France, Germany and Italy. Presentation to the International Research Seminar on Public Management (IRSPM), Budapest, 31.03–02.04.2004.

Levin, Henry (Hrsg.), 2001: Privatizing Education. Boulder Colorado: Westview.

Light, Paul C., 1999: The New Public Service. Brookings Institution Press.

Münkler, Herfried/Straßenberger, Grit/Bohlender, Matthias, 2005: Deutschlands Eliten im Wandel. Frankfurt a.M./New York: Campus.

Murnane, Richard J./Levy, Frank, 1996: Teaching the New Basic Skills: Principles for Educating Children to Thrive in a Changing Economy. Free Press.

Neuweiler, Gerhard, 2002: Von Reformansätzen zur Reform? Zur Situation der Hochschulen nach der 5. Novelle zum Hochschulrahmengesetz, in: Aus Politik und Zeitgeschichte, B 26, 7–11.

OECD, 2005: Education at a Glance, Country Chapter Germany, im Internet unter *http://www. oecd.org/dataoecd/21/12/35344382.pdf*

Paterson, William E./Green, Simon, 2005: Governance in Contemporary Germany. The Semisovereign State Revisited. Cambridge: Cambridge University Press.

Reich, Robert, 1991: The Work of Nations. Preparing Ourselves for 21st Century Capitalism. Vintage Press.

Sackmann, Reinhold, 2004: Internationalisierung von Bildungsmärkten? Empirische Daten zur Kommerzialisierung von Bildung in Deutschland und den USA, in: Beiträge zur Hochschulforschung, 26:4, 62–92.

Schnapp, Kai-Uwe, 1997: Soziale Zusammensetzung von Elite und Bevölkerung – Verteilung von Aufstiegschancen in die Elite im Zeitvergleich, in: *Bürklin, Wilhelm/Rebenstorf, Hilke* et al. (Hrsg.), Eliten in Deutschland. Rekrutierung und Integration. Opladen: Leske + Budrich, 69–99.

Simon, Herbert, 1979: Information Processing Models of Cognition, in: Annual Review of Psychology, Vol. 30, 363–396.

Silguy, Yves-Thibault de, 2003: Moderniser l'Etat: le cas de l'ENA, Commission sur la réforme de l'ENA et la formation des cadres supérieurs des fonctions publiques. Paris: Documentation Française.

Strohmeier, Gerd Andreas, 2003: Zwischen Gewaltenteilung und Reformstau: Wie viele Vetospieler braucht das Land?, in: Aus Politik und Zeitgeschichte, B 51, 17–22.

von Beyme, Klaus, 1992: Der Begriff der politischen Klasse. Eine neue Dimension der Elitenforschung?, in: Politische Vierteljahresschrift, 33:1, 4–32.

Walter, Gregor, 2005: Globales Netz und globale Politik? Politische Antworten auf Globalisierung am Beispiel des Internet. Baden-Baden: Nomos.

Wasner, Barbara, 2004: Eliten in Europa. Einführung in Theorien, Konzepte und Befunde. Wiesbaden: VS Verlag für Sozialwissenschaften.

Weiler, Hans N., 2003: Anwendungsbezug und interdisziplinäre Wissenschaft: Das Strukturmodell der Professional School, in: *Bensel, Norbert/Weiler, Hans N./Wagner Gert G.* (Hrsg.), Hochschulen, Studienreform und Arbeitsmärkte – Voraussetzungen erfolgreicher Beschäftigungs- und Hochschulpolitik. Gütersloh: Bertelsmann, 199–211.

Weiler, Hans N., 2005: Private Hochschulen in Deutschland – Reformmotor oder Randerscheinung? Resümee und Ausblick. Abschlussvortrag zu einem Symposium der Hertie School of Governance und des Centrums für Hochschulentwicklung in Berlin am 7/8.11.2005.

Wilson, Woodrow, 1887: The Study of Administration, in: Political Science Quarterly, II:2, June 1887.

Wilson, Graham K./Barker, Anthony, 2003: Bureaucrats and Politicians in Britain, in: Governance: An International Journal of Policy, Administration and Institutions, 16:3, 349–372.

Wiesendahl, Elmar, 2004: Elitenrekrutierung in der Parteiendemokratie, in: *Gabriel, Oscar W./Neuss, Beate/Rüther, Günther* (Hrsg.), Konjunktur der Köpfe. Eliten in der modernen Wissensgesellschaft. Düsseldorf: Droste, 124–141.

Windzio, Michael/Sackmann, Reinhold/Martens, Kerstin, 2005: Types of Governance in Education. TranState Working Papers 25. Bremen.

Zürn, Michael, 2004: Mission Statement des Akademischen Direktors der Hertie School of Governance, HSOG Papers No. 2. Berlin.

Zürn, Michael, 2005: Regieren jenseits des Nationalstaates. Globalisierung und Denationalisierung als Chance. Frankfurt a.M.: Suhrkamp, 2. Auflage mit einem Nachwort.

Zusammenfassungen

Jörg Bogumil / Werner Jann / Frank Nullmeier, **Politik und Verwaltung – Perspektiven der politikwissenschaftlichen Verwaltungsforschung,** S. 9–26.

Ausgehend von einer überblicksartigen Bilanz der Entwicklung der politikwissenschaftlichen Verwaltungsforschung der letzten 25 Jahre geben die Herausgeber zunächst einen Überblick über aktuelle empirische Erträge und theoretische Erkenntnisse, bevor sie sich den Perspektiven der Verwaltungsforschung zuwenden. Skizziert wird, wie normative Theorien der Verwaltung, insbesondere die New Public Managementbewegung, die verwaltungswissenschaftliche und verwaltungspolitische Diskussion prägten und welche Konsequenzen dies mit sich brachte. Im Zuge der zunächst normativ geprägten Governancedebatte wendet sich die verwaltungswissenschaftliche Forschung dann stärker analytisch ausgerichteten Theorien zu. Die Herausgeber diskutieren die Tragfähigkeit und Problemlagen unterschiedliche Ansätze positiver Theorien der Verwaltung. Deutlich wird, dass die Verwaltungsforschung, nachdem sie früher bereits als Anreger einer politikwissenschaftlichen Konsolidierung insbesondere im Feld der Policy-Analysen tätig war, sich heutzutage nahtlos in die politikwissenschaftliche Forschung eingefädelt: Sie nutzt die üblichen Ansätze, Konzepte und Methoden, und arbeitet ebenso wie andere Teilgebiete an deren Weiterentwicklung mit. Dies zeigen auch die verschiedenen Beiträge dieses Bandes. Zudem geben sie einen breiten Überblick über aktuelle empirische Tendenzen im Bereich von Politik und Verwaltung, national, vergleichend und in internationaler Perspektive. Deutlich wird das gemeinsame Band aller Beiträge, die darauf abzielen, die empirische wie theoretische Relevanz des Gegenstandsbereiches und Tätigkeitsfeldes „öffentliche Verwaltung" für die politikwissenschaftliche Forschung (und damit auch Lehre) zu erkunden. Ausgangspunkt sind meist die organisatorischen und institutionellen Voraussetzungen des Regierens. Im Mittelpunkt des Interesses steht der Stellenwert der öffentlichen Verwaltung in der Formulierung, Implementierung und Evaluierung öffentlicher Politiken, auch und gerade in modernen Governance-Strukturen. Verwaltungswissenschaft in diesem „engeren Sinne" beschäftigt sich daher auch mit allgemeinen Fragen von Governance, aber immer unter dem Blickwinkel des spezifischen Beitrages und der Problemlösungsfähigkeit des öffentlichen Sektors, und dabei ganz besonders mit den Voraussetzungen, Merkmalen und Folgen seiner Veränderungen.

Arthur Benz, **Eigendynamiken von Governance in der Verwaltung,** S. 29–49.

Ausgehend von dem Konzept „Governance" wird in dem Artikel eine analytische Perspektive für die sozialwissenschaftliche Verwaltungsforschung skizziert. Während die meisten Untersuchungen davon auszugehen scheinen, dass in der Verwaltung ein bestimmter Regelungs- und Koordinationsmodus vorherrscht, lassen sich sowohl reale Entwicklungen in der Praxis wie Reformkonzepte nur als Zusammenwirken von „elementaren" Governanceformen wie Hierarchie, Netzwerke, Verhandlungen oder Wettbewerb verstehen. Die einzelnen Regelsysteme bzw. Koordinationsmodi können die Funktionsfähigkeit der Verwaltung wechselseitig unterstützen, oft entstehen aber strukturelle Widersprüche zwischen den Koordinationsmechanismen. Diese Widersprüche können nicht durch Reorganisation aufgelöst werden, vielmehr müssen Akteure in Verwaltungsverfahren mit ihnen strategisch umgehen. Dadurch entstehen Eigendynamiken von Governanceregimen der Verwaltung, die bislang sowohl in der Analyse bestehender Verwaltungen als auch in der Debatte um die Leistungsfähigkeit und Modernisierung der Verwaltung unbeachtet geblieben sind.

Joachim Blatter, **Governance als transdisziplinäres Brückenkonzept für die Analyse von Formen und Transformationen politischer Steuerung und Integration, S. 50–76.**

In dem Beitrag wird argumentiert, dass der Governance-Begriff für die Politik- und Verwaltungswissenschaft die Chance bietet, vielfältige sozialwissenschaftliche Ansätze zur Steuerung und Integration von Gesellschaften zu verbinden. Diese Verbindung sollte nicht durch eine Synthese sondern durch eine differenzierte Typologie von Governance-Formen erfolgen, um die Gefahr zu vermeiden, dass der Governance-Begriff zu einem diffusen und unpräzisen Modebegriff verkommt. Eine solche Typologie wird im vorliegenden Beitrag unter Rückgriff auf grundlegende Theorien entwickelt. Sie umfasst vier Governance-Formen, bei denen die politisch-administrativen Steuerungsinstitutionen und -mechanismen als Ausführungsinstrumente – jeweils unterschiedlich konzipierter – gesellschaftlicher Interessen betrachtet werden: Centralized Government, Concerted Governments, Competing Governments und Contracting Governments. Zusätzlich werden vier Governance-Formen entwickelt, die auf ein kommunikativ-konstitutives Zusammenwirken von gesellschaftlichen und politischen Akteuren ausgerichtet sind: Communitarian Governance, Civic Governance, Creative Governance und Cogent Governance. Abschließend wird auf den vielfältigen Nutzen einer solch differenzierten und theoretisch fundierten Governance-Typologie hingewiesen und kurz die zentralen Ergebnisse einer umfangreichen Arbeit über den historischen Wandel von Paradigmen und Realitäten im Bereich der US-amerikanischen Metropolitan Governance skizziert.

Frank Janning, **Koexistenz ohne Synergieeffekte? Über das Verhältnis zwischen Policy-Forschung und Verwaltungswissenschaft, S. 77–96.**

Anhand der Policy-Forschung lassen sich die Spannungen und Ambivalenzen im Verhältnis zwischen Politikwissenschaft und Verwaltungswissenschaft sehr gut aufzeigen. Die Verwaltungswissenschaft steht nämlich vor einem Dilemma: Zwar hat sie in der kurzen Phase der sozialdemokratischen Planungs- und Reformeuphorie in den frühen 70er Jahren maßgeblich zur Ankunft der Policy-Forschung in Deutschland beigetragen, aber in deren Weiterentwicklung und neuen Forschungsansätzen taucht die Verwaltung als zentraler Akteur kaum noch auf. Dies wäre weniger bedenklich, wenn die Verwaltungswissenschaft zur Analyse des arbeitenden Staates oder der Verwaltung als Teil einer Implementationsstruktur nicht auf Ansätze und Forschungsmethoden der Policy-Forschung angewiesen wäre. Der Beitrag beschäftigt sich deshalb mit der Frage, was sich die Verwaltungswissenschaft an Perspektivengewinn oder -verlust einhandelt, wenn sie auf Konzepte und Methoden der Politikfeldanalyse zurückgreift. Es wird die These entwickelt, dass sie sich zwangsläufig in die Gefahr begibt, die Verwaltung als eigentlichen Forschungsgegenstand und die vielleicht wichtigste Forschungsfrage – wie interagiert die Verwaltung und wie wirken die Interaktionen auf sie zurück? – aus den Augen zu verlieren.

Niels Åkerstrøm Andersen, **Diskursive analytische Strategien in der Verwaltungswissenschaft, S. 97–120.**

Diskursanalysen werden in der verwaltungswissenschaftlichen Debatte häufig als äußerst theoretisch und exotisch wahrgenommen. Dieser Aufsatz versucht herauszuarbeiten, welchen Beitrag diskursanalytische Ansätze zur Verwaltungsforschung leisten können. Dabei wird nicht versucht, Argumente für eine Überlegenheit dieses Ansatzes im Vergleich zu anderen Methoden zu finden. Die Diskursanalyse wird vielmehr als kleine Nische betrachtet, welche spezifische Erkenntnisse bei der Erforschung der öffentlichen Verwaltung liefern kann. Zur Darlegung dieser Qualitäten wird das Konzept der Diskursanalyse überblicksartig, von Foucault und Laclau bis hin zu Koselleck, Luhmann und Derrida vorgestellt.

Werner Jann, **Die skandinavische Schule der Verwaltungswissenschaft: Neo-Institutionalismus und die Renaissance der Bürokratie, S. 121–148.**

Verwaltungsforschung gilt oft als eklektisch, fallstudienfixiert, wenig analytisch, deskriptiv oder sogar unreflektiert präskriptiv, also sowohl als methodologisch, empirisch und theoretisch unterentwickelt. Dass dies ein irreführendes Bild ist, zeigt ein Blick auf die skandinavische Verwaltungsforschung. Diese „skandinavische Schule" zeichnet sich aus durch eine eindeutige politikwissenschaftliche Orientierung, eine enge Verbindung zur sozialwissenschaftlichen Organisationsforschung und -theorie, durch eine ausgeprägte empirische Fundierung und durch eigene neo-institutionalistischer Ansätze, die inzwischen auch den *Mainstream* der Politikwissenschaft beeinflussen. Der Beitrag skizziert Entwicklung und Hintergründe im Kontrast zur deutschen Entwicklung, diskutiert die zentralen institutionalistischen Annahmen und Konzepte und zeigt die praktische wie theoretische Relevanz anhand der Diskussionen über Voraussetzungen und Folgen von Verwaltungsreformen und Verwaltungspolitik und über die Zukunft der Bürokratie. Die Kombination unterschiedlicher institutioneller Ansätze ermöglicht es, komplexere, aber auch realitätsnähere Beschreibungen und Erklärungen zu formulieren, wie der öffentliche Sektor strukturiert ist, wie er arbeitet, aber auch wie und warum er sich ändert und welche Folgen das hat. Diese zusätzliche Komplexität macht Erklärungen zwar weniger elegant, aber erheblich realistischer als konkurrierende theoretische Angebote.

Jörg Bogumil / Stephan Grohs / Sabine Kuhlmann, **Ergebnisse und Wirkungen kommunaler Verwaltungsmodernisierung in Deutschland – Eine Evaluation nach zehn Jahren Praxiserfahrung, S. 151–184.**

Etwas mehr als zehn Jahre nach dem Beginn der New Public Management-Bewegung in Deutschland unternimmt der Beitrag den Versuch einer Zwischenbilanz der Verwaltungsmodernisierung auf kommunaler Ebene. Mittels intensiver Fallstudien sowie einer bundesweiten schriftlichen Umfrage werden die Einführung des „Neuen Steuerungsmodells" und dessen Auswirkungen auf das Verwaltungshandeln evaluiert. Die vorgestellten Befunde zeichnen ein ambivalentes Bild: Einerseits gibt es in den deutschen Kommunen eine breite Verwaltungsmodernisierungsbewegung. Zahlreiche Maßnahmen wurden in die Wege geleitet, z.T. erfolgreich, aber auch mit deutlichen Rückschlägen. Andererseits ist keine einheitliche Entwicklung vom weberianischen Bürokratiemodell zum New Public Management auszumachen. Vielmehr ist der neue Instrumentenmix, der sich zu etablieren beginnt, mit zahlreichen Inkompatibilitäten und unbeabsichtigten (negativen) Folgen verbunden. Diese haben inzwischen schon eine Reihe von Anpassungs- und Korrekturmaßnahmen erforderlich gemacht, die ebenfalls in die evaluative Bilanz einbezogen werden.

Lars Holtkamp, **Partizipative Verwaltung – hohe Erwartungen, ernüchternde Ergebnisse,** S. 185–207.

Seit den 1990er Jahren setzte in den deutschen Kommunen ein Trend in Richtung einer stärker partizipativen Verwaltung ein. Die Bürger verfügen mit der Direktwahl des Bürgermeisters, mit den neu eingeführten Bürgerbegehren und den Bürgerforen über eine stärkere Position im kommunalen Willensbildungs- und Entscheidungsprozess als jemals zuvor in der Geschichte der Bundesrepublik Deutschland. Die lokale Politikforschung verbindet mit diesen neuen Reformelementen hohe Erwartungen. Sie sollen zu einer gleichzeitigen Steigerung der Input- und Outputlegitimität kommunalen Handelns führen. Die bisher vorgelegten empirischen Evaluationsstudien zeigen demgegenüber, dass diese Erwartungen nicht erfüllt werden. Bei keinem der drei Reformelemente (Direktwahl, Bürgerforen und Bürgerbegehren) gelingt eine gleichzeitige Steigerung von Input- und Output-Legitimität. Zum Teil wurden durch diese Reformen sogar die bestehenden Probleme in Bezug auf die Output-Legitimität noch maßgeblich verschärft. In Form eines Soll-Ist-Vergleichs beschreibt der Beitrag die hohen Erwartungen der lokalen Politikforschung und die ernüchternden Ergebnisse dieser Reformelemente.

Marian Döhler, **Regulative Politik und die Transformation der klassischen Verwaltung,** S. 208–227.

Bei der Analyse moderner Staatstätigkeit wird häufig der Bedeutungszuwachs regulativer Politik hervorgehoben. Dies begründet die Frage, ob Regulierung auch zur Herausbildung eines neuen Verwaltungstypus führt. Basierend auf der Unterscheidung zwischen drei Idealtypen wird untersucht, inwieweit sich eine Verschiebung von der klassischen bzw. modernen Verwaltung in Richtung regulative Verwaltung beobachten lässt. Dabei werden die Merkmale der institutionellen, der prozeduralen und der Policy-Dimension berücksichtigt. Die Analyse führt zu dem Schluss, dass zwar keine flächendeckende, wohl aber eine punktuelle Transformation stattfindet. Der sich sukzessive herausbildende Typus regulativer Verwaltung besitzt größere Beurteilungsspielräume, mehr politische Unabhängigkeit und stärker konsultativ geprägte Umweltbeziehungen als sie in der klassischen Verwaltung verherrschen.

Katja Schwanke / Falk Ebinger, **Politisierung und Rollenverständnis der deutschen Administrativen Elite 1970 bis 2005. Wandel trotz Kontinuität,** S. 228–249.

Im Mittelpunkt dieses Beitrags stehen der persönliche Hintergrund, das Rollenverständnis und die Politisierung der Spitzenbeamten des Bundes. Durch die Auswertung einer neuen empirischen Untersuchung, der Konstanzer Elitestudie – Politisch-Administrative Elite 2005 (PAE 2005), die in Form einer Replikation der Comparative Elite Studies (CES) in den Monaten vor der vorgezogenen Bundestagswahl 2005 durchgeführt wurde, können anknüpfend an die Vorläuferstudien Ergebnisse eines Längsschnittsvergleich über einen Zeitraum von 35 Jahren vorgelegt werden. Neben der Auskunft darüber, wer die Führungskräfte in den Bundesministerium eigentlich sind, stehen dabei vor allem Fragen zur Parteipolitisierung, den Rollenbildern und der funktionalen Politisierung dieser Gruppe im Vordergrund des Interesses. Hier zeigt sich, dass sich trotz nur geringfügiger Änderungen in der Parteipolitisierung und einer erstaunlichen Kontinuität in den Rollenbildern der Beamten ein tief greifender Wandel im Loyalitätsverständnis und der Wahrnehmung der eigenen Aufgabe vollzogen hat.

Nathalie Behnke, **Ethik-Maßnahmen für die öffentliche Verwaltung – Modeerscheinung oder Mauerblümchen?,** S. 250–274.

Das Bemühen um Effizienz, Loyalität und die Vermeidung von Interessenkonflikten und Korruption im öffentlichen Dienst ist so alt wie die Bürokratie selbst. Dieses Themenfeld aber unter dem Stichwort „Ethik" zu behandeln, ist eine vergleichsweise neue Entwicklung, insbesondere in Deutschland. In diesem Artikel wird untersucht, in welchen Formen Ethik-Maßnahmen in der öffentlichen Verwaltung in Deutschland vorkommen, was neu daran ist und sie im internationalen Vergleich zu bewerten sind. Dabei wird eine doppelte Perspektive eingenommen, da eine Bestandsaufnahme zum einen der politischen Diskussion und praktischen Umsetzung realer Maßnahmen geleistet wird, zum anderen der wissenschaftlichen Debatte, die mehr oder weniger Berührungspunkte mit der praktischen Diskussion aufweisen kann. Es wird gezeigt, dass Deutschland sich hinsichtlich der praktischen Sicherung von Ethik international durchaus im guten Mittelfeld befindet. Zwar werden neue Maßnahmen nur zurückhaltend eingeführt, aufgrund des institutionellen Rahmens, des Rechtssystems und der Verwaltungskultur sind sie aber auch weniger nötig als in anderen Ländern. Wissenschaftlich ist das Thema in Deutschland nur wenig aufgearbeitet, insbesondere fehlt eine Vernetzung zwischen Wissenschaft, Politik und Verwaltungspraxis, wie sie das US-amerikanische System kennzeichnet. In dem Maße, wie sich das deutsche Verwaltungssystem ändert, wird auch die verstärkte Übernahme von Ethik-Maßnahmen wahrscheinlicher.

Sabine Kropp, **Ausbruch aus „exekutiver Führerschaft"? Ressourcen- und Machtverschiebungen im Dreieck von Regierung, Verwaltung und Parlament,** S. 275–298.

Es gehört zum Gemeingut politikwissenschaftlicher Forschung, dass Parlamente gegenüber Regierung und Verwaltung über eine nur eingeschränkte Durchsetzungsfähigkeit verfügen. Der Beitrag analysiert insbesondere auf der Grundlage neo-institutionalistischer Ansätze, welche Anpassungs- und Gegenstrategien Parlamente in Europa entwickelt haben, um die behauptete, offenbar unausweichliche „exekutive Führerschaft" auszugleichen. Hierfür werden formale wie informelle Mechanismen der parlamentarischen Mitsteuerung untersucht. Der Aufsatz kommt zu differenzierten vorläufigen Ergebnissen: Zwar ist die Palette unterschiedlicher parlamentarischer Anpassungsformen durchaus beträchtlich; jedoch scheint als Folge dieser Entwicklung insbesondere die Binnendifferenzierung innerhalb von Arbeitsparlamenten zuzunehmen. Aus diesem Befund ergeben sich für künftige Forschungen eine Reihe demokratietheoretischer Fragestellungen. Der Beitrag plädiert angesichts dessen für eine stärkere wechselseitige Öffnung von Verwaltungspolitologie und „klassischer" Parlamentsforschung.

Frank Nullmeier / Tanja Klenk, **Das Ende der funktionalen Selbstverwaltung?**, S. 299–324.

Die Selbstverwaltung nimmt in der deutschen Verwaltungsorganisation eine zentrale Stellung ein. Neben der Verwaltung auf der kommunalen Ebene sind zahlreiche weitere öffentliche Aufgabenfelder von hoher gesellschaftlicher Bedeutung nach diesem Steuerungsprinzip organisiert: die soziale Sicherung, die Arbeitsverwaltung, die Hochschulen, die Wirtschaftsverwaltung etc. Die Selbstverwaltung ist ein traditionsreicher, aber zugleich auch ein höchst umstrittener Verwaltungstypus. In der Kritik steht dabei insbesondere die so genannte „funktionale Selbstverwaltung". Dies sind teilautonome Verwaltungsträger, deren Aufgabenfeld „funktional" (und im Gegensatz zur kommunalen Selbstverwaltung nicht territorial) entlang verschiedener gesellschaftlicher Aufgaben bestimmt ist. Kritiker monieren sowohl Funktions- als auch Legitimationsdefizite und fordern grundlegende Reformen, wenn nicht gar die Abschaffung dieses Verwaltungstypus. Zeichnet sich ein Ende dieses Steuerungsmechanismus ab? Der Beitrag untersucht Entwicklung und Reformen der funktionalen Selbstverwaltung in den letzten 15 Jahren und fragt, wie es um die Idee der funktionalen Selbstverwaltung vor dem Hintergrund von Ökonomisierung, Europäisierung und Partizipations- und Legitimationswandel bestellt ist.

Kai-Uwe Schnapp, **Comparative Public Administration**, S. 327–353.

Die politikwissenschaftlich orientierte Verwaltungsforschung bemüht sich seit langem um die vergleichende, auch um die quantifizierend vergleichende Betrachtung ihres Gegenstandes. Hans-Ulrich Derlien beschrieb ihren Stand im Jahre 1992 dennoch kritisch als ein Unternehmen, das zwar Informationen produziere, die man vergleichen könne, das aber den unmittelbaren Vergleich oft vermissen lasse. Vierzehn Jahre später ist diese Diagnose zumindest teilweise als überholt zu bezeichnen. „We are still muddling", könnte man mit Lindblom sagen, „and not yet through", aber die vergleichende Verwaltungsforschung hat entscheidende Fortschritte erzielt. Der vorliegende Beitrag hat das Ziel, diesen erreichten Stand der vergleichenden Verwaltungsforschung zu skizzieren. Dabei sollen sowohl theoretische Entwicklungen als auch Fortschritte des Kenntnisstandes über die Verwaltungsrealität reflektiert werden. Nach einem Überblick über Theorien, die als für den Vergleich fruchtbar erachtet werden, geht es zunächst darum, eine konzeptionelle Brücke zwischen klassischen Konzepten des Verwaltungshandelns und Entwicklungen auf der Basis des historischen und des Rational-Choice-

Institutionalismus zu schlagen und zu zeigen, welche Möglichkeiten diese institutionalistischen Theorien bieten, ein sehr heterogenes Feld von Beobachtungsgrößen aus unterschiedlichen strukturellen, kulturellen und Wirkungskontexten unter einem konzeptionellen Dach zu vereinigen. Bei der Beschreibung des empirischen Forschungsstandes
greift der Beitrag mit Strukturen, Personal und Macht zunächst drei Gegenstandsbereiche der vergleichenden Verwaltungsforschung auf, die sowohl empirisch wie theoretisch einen hohen Stellenwert haben. Ergänzt wird diese Darstellung durch einen
Überblick über die auf den Erwerb von Anleitungs- und Reformwissen gerichtete Forschung. Dabei werden neben dem zentralen Stichwort New Public Management folgende Themen in gebotener Kürze aufgegriffen. abschreibungsorientierte Rechnungsführung (accrual accounting), leistungsorientierte Budgetierung, finanzpolitische Entscheidungsprozesse, unabhängige Ausführungs- und Regulierungsbehörden (agencies),
Korruption und Ethikstandards sowie E-Government. Den Schluss des Beitrages bildet
die Auflistung einer Reihe von Herausforderungen, vor denen die vergleichende Verwaltungswissenschaft gegenwärtig steht.

Gert Bouckaert, **Auf dem Weg zu einer neo-weberianischen Verwaltung? New Public
Management im internationalen Vergleich?**, S. 354–372.

Aufbauend auf einer Nachzeichnung der veränderten Organisationsparadigmen öffentlicher Verwaltung entwirft dieser Beitrag das Modell eines aufkommenden Post-NPM-
Paradigmas in Europa. Dabei wird die Hypothese vertreten, dass sich der kontinentaleuropäische weberianische Staat unter dem Einfluss eines auf Erhaltung, Modernisierung und Performance basierenden Verlaufs der Public Management Reform in Richtung eines Neo-Weberianischen Staates (NWS) verändert hat. Anknüpfend an die Definition dieses NWS-Modells bezieht sich der Beitrag analytisch auf empirische Belege
aus mehreren Ländern, und versucht diesen Wandel auf der Grundlage verschiedener
Beschreibungen und Bewertungen zu umreißen.

Christoph Demmke, **Quo vadis? Personalpolitik in Europa zwischen Tradition, Modernisierung und Vielfalt**, S. 373–396.

Die „Europäisierungs"-Theorie sowie die Theorie über die Entstehung eines europäischen Verwaltungsraumes sind gleichermaßen von großem intellektuellem Interesse wie
auch von wissenschaftlicher Bedeutung. Tatsächlich ist es eine große Herausforderung,
einen Bereich zu untersuchen, in dem die Kompetenzverteilungen zwischen der EU
und den Mitgliedstaaten noch sehr unklar sind. Daher muss auch die Frage, welche
Bedeutung die EU für die nationalen Personalpolitiken hat, weitestgehend unbeantwortet geblieben. Tatsächlich weiß niemand genau, wo der Einfluss der EU beginnt
und wo er endet.

Sabine Kuhlmann, **Wandel lokaler Verwaltung in Kontinentaleuropa: ein deutsch-
französischer Vergleich**, S. 397–423.

Die politische und akademische Diskussion von Public Sector Reformen weist ein auf-
fälliges Defizit im Hinblick auf klassisch-kontinentaleuropäische Staaten und deren
Verwaltungsreformen auf der lokalen Ebene auf. Zudem konzentrierte sich die verglei-

chende Verwaltungsforschung (comparative public administration) bisher stark auf die Ebene von Nationalstaaten und den ministerialen Verwaltungsapparat. Mit dem vorliegenden Beitrag sollen diese Forschungslücken ein Stück weit geschlossen werden. Im Mittelpunkt stehen lokale Verwaltungsreformen im deutsch-französischen Vergleich, die auf ihre Wirkungen im jeweiligen Lokalsystem hin untersucht werden. Dabei wird eine Unterscheidung zwischen drei wesentlichen Reformpfaden getroffen: Dezentralisierung, Demokratisierung und Ökonomisierung/NPM. Es soll die Frage diskutiert werden, inwieweit durch Verwaltungsreformen die Lokalsysteme in wesentlichen Basismerkmalen (funktional, politisch, organisatorisch-administrativ) verändert wurden oder ob eher institutionelle Kontinuität festzustellen ist und wie dies erklärt werden kann.

Hellmut Wollmann, **Staatsorganisation zwischen Territorial- und Funktionalprinzip im Ländervergleich – Varianten der Institutionalisierung auf der dezentral-lokalen Ebene,** S. 424–452.

In dem Aufsatz werden die Entwicklungslinien (trajectories) und der gegenwärtige Stand der Staatsorganisation, insbesondere deren Institutionalisierung im dezentral-lokalen Politik- und Verwaltungsraum, in UK/England, Frankreich, Schweden und Deutschland unter der Fragestellung vergleichend diskutiert, ob und in welchem Umfang die (dezentral-lokalen) Strukturen von einer gebietsbezogen multi-funktionalen oder aber von einer ein-funktionalen Organisationsform („Organisationslogik") geprägt sind. Die Erörterung der Institutionenbildung und deren Bestimmungsfaktoren (institutional change, what shapes institutions?) kommt zum Ergebnis, dass zwar die Pluralisierung und Fragmentierung der (lokalen) Handlungsebene durch ein-funktionale (single-purpose) Organisationen und Akteure (und damit die Ausbildung der vielfach so genannten governance-Strukturen) als konvergente Entwicklungstendenz in den vier herangezogenen Ländern (also auch in Schweden und Deutschland) fortschreitet. Jedoch bleiben die Entwicklungen darin ausgeprägt divergent, dass in Schweden und Deutschland die Kommunen als politisch und (multi-)funktionale dezentrale Handlungseinheiten nach wie vor eine maßgebliche Rolle spielen, während in UK/England die ein-funktionalen Organisationen und Akteure („Quangos") auf der lokalen Ebene dominieren. Zur Frage nach der „Leistungsfähigkeit" (performance) der unterschiedlichen Organisationsformen und -„logiken") (do institutions matter?) wird argumentiert, dass in Schweden und Deutschland die Kommunen als politisch verantwortliche multi-funktionale Handlungseinheiten institutionell und politisch viel eher im Stande sind, eine gemeinwohlorientierte Koordination der Einzelpolitiken und Einzelinteressen im governance-Kontext herbeizuführen und durchzusetzen, als in Großbritannien/England mit seiner Vielzahl von ein-funktionalen Organisationen und geschwächten local government und in Frankreich mit seiner großen Zahl von zwischengemeindlichen Verbänden (intercommunalité) bei fortbestehender territorialer Fragmentierung und funktionaler Schwäche der Kommunen der Fall ist.

Herbert Kubicek, **Zentralisierung der Datenverarbeitung im E-Government – Europäische Trends und Perspektiven für Deutschland, S. 453–471.**

Das Angebot an Online-Zugängen zu Verwaltungsleistungen ist zwar gestiegen, die Nutzung jedoch äußerst gering. Zumeist bietet der Online-Zugang keinen zusätzlichen Nutzen. Zunehmend wird erkannt, dass dazu die Verwaltungsprozesse reorganisiert werden müssen. Daher verlagert sich das Forschungs- und Gestaltungsinteresse von den Webseiten und -portalen, dem so genannten Frontoffice, auf die Hintergrundverfahren der Datenverarbeitung, die so genannten Backoffices. Weil viele Verwaltungsdienstleistungen durch ein Zusammenspiel mehrerer Verwaltungen erbracht werden, wird eine Reorganisation der Abläufe zwischen diesen Backoffices, die sog. Backoffice-Integration, immer wichtiger. In einer Studie für die Europäische Kommission wurden 30 Fälle fortgeschrittener Backoffice-Reorganisation identifiziert und analysiert. Nach einem kurzen Ländervergleich werden diese auf drei grundlegende Organisationsmodelle reduziert: Zentralisierung, Standardisierung und Clearingstellen. Eine nähere Analyse zeigt, dass alle Fälle ein gewisses Maß an Zentralisierung aufweisen. Dies wirft für Deutschland mit seiner föderalen Verwaltungsstruktur grundlegende Probleme auf, die jedoch, wie das Beispiel des Meldewesens zeigt, angesichts der deutlichen Nutzensteigerungen und erheblichen Einsparungen bewältigt werden können. Entscheidend ist dabei die Erkenntnis, dass eine Zentralisierung von Aufgaben der Datenverarbeitung auch bei dezentraler Wahrnehmung der Fachaufgaben zu Effizienzsteigerungen führen kann.

Klaus H. Goetz, **Europäisierung der öffentlichen Verwaltung – oder europäische Verwaltung, S. 472–490.**

Der Einfluss der EU-Integration auf die institutionelle Verfassung der nationalen Verwaltungssysteme wurde bislang in erster Linie unter vier Gesichtspunkten problematisiert: die Stellung der Exekutive innerhalb der Staatsorganisation; die Beziehungen zwischen Politik und Verwaltung innerhalb der zentralstaatlichen Regierungsorganisation; interministerielle Machtverteilung; und intergouvermentale Beziehungen. Die materiellen Folgen des EU-Integrationsprozesses sind umstritten. Belege für die Konzentrationsthese – also horizontale und vertikale Machtverlagerung auf die zentralstaatliche Exekutive und insbesondere eine privilegierte administrative „Kernexekutive" – sind weniger eindeutig, als ihre Verfechter glauben machen wollen. Im Einklang mit den Erklärungsansätzen der politikwissenschaftlichen Europäisierungsforschung lassen sich empirisch vier unterschiedliche Logiken der Europäisierung nachweisen, die am Beispiel Mittel-und Osteuropas illustriert werden. Dabei kann zum einen zwischen rationalen Ansätzen und solchen Erklärungsversuchen, die soziologisch-historischen Varianten des Neoinstitutionalismus zuzuordnen sind, unterschieden werden; zum anderen ist von Bedeutung, ob Europäisierung primär als das Ergebnis von „Anpassung" – gleich ob im Sinne „folgenorientierten" oder „angemessenen" Verhaltens – oder des „Gebrauchs von Europa" verstanden wird. Die zahlreichen Untersuchungen zu den Europäisierungserfahrungen der Verwaltungssysteme der EU-25 liefern vielfältige Belege für die weit reichenden Folgen der EU-Integration. Mit ihrer Ausrichtung auf binnenstaatliche Reaktionsmuster läuft die Europäisierungsforschung allerdings Gefahr, zwischen- und transnationale administrative Verflechtungstatbestände zu vernachlässigen.

Andrea Liese / Silke Weinlich, **Die Rolle von Verwaltungsstäben internationaler Organisationen. Lücken, Tücken und Konturen eines (neuen) Forschungsfelds, S. 491– 524.**

Von der zunehmenden Anzahl internationaler Organisationen verfügt nahezu jede über einen Verwaltungsstab. Neben rein administrativer Unterstützung des politischen Tagesgeschäfts- der historische Ursprung des internationalen Beamtentums – umfasst deren Tätigkeitsbereich zunehmend Aktivitäten wie Wissens- und Informationsmanagement, die Unterstützung multilateraler Verhandlungsprozesse, die Normengenerierung, -entwicklung und -unterstützung bis hin zur Übernahme operativer Tätigkeiten. Bislang hat die aktuelle Forschung zu internationaler Politik dieses Forschungsfeld weitgehend vernachlässigt; lange Zeit wurde nicht einmal davon ausgegangen, dass internationale Organisationen und ihre Bürokratien von Bedeutung sind. Der vorliegende Artikel möchte daher einen Beitrag dazu leisten, die Tätigkeiten der Verwaltungsstäbe und ihr Wirken auf internationale Politik näher zu bestimmen sowie Lücken und Tücken der derzeitigen Annäherung an dieses (neue) Forschungsgebiet aufzudecken. Erstens geben wir einen Überblick über die Charakteristika internationaler Verwaltungsstäbe, um zweitens Beispiele für deren Wirkung auf internationale Politik zu systematisieren. In einem dritten Schritt analysieren wir die Debatte zum Akteurscharakter internationaler Organisationen, um Quellen und Bedingungen eigenständigen Einflusses zu identifizieren. Der Beitrag endet mit Empfehlungen für künftige Forschungsstrategien.

Klaus König, **Zur Professionalisierung eines Graduiertenstudiums im Bereich von Politik und Verwaltung, S. 527–538.**

Der Bologna-Prozess stellt die Politische Wissenschaft vor die Frage, ob und wie sie im Kontext von Politik und Verwaltung ein professionalisiertes Graduiertenstudium einführen soll. Herkömmliche Anbieter von Verwaltungsstudien treffen hier mit neuen Akteuren zusammen. Titel wie Master of Public Administration, Master of Public Policy usw. weisen darauf hin, dass die einschlägigen Anregungen älter als „Bologna" sind und von den US-amerikanischen Universitäten mit ihren verbreiteten Studiengängen der öffentlichen Angelegenheiten und Verwaltung, sei es in „Comprehensive Schools", sei es in „Political Science Departements", kommen. Auch in Europa gibt es inzwischen entsprechende Traditionen. Die Politische Wissenschaft zählt dabei zu einer Hauptströmung des Verwaltungsstudiums, und zwar auch in Zusammenhang mit anderen Disziplinen. Das Politische ist, ob im Hinblick auf einen Managerialismus wie in den USA oder einen Legalismus wie in Kontinentaleuropa, Komponente öffentlichen Verwaltens. Die Politische Wissenschaft kann sich in Bezug auf Nachbarwissenschaften und die Verwaltungspraxis in einer Weise entfalten, dass sie dem Verwaltungsstudium eine zufrieden stellende Grundlage zu vermitteln in der Lage ist, selbst wenn es etwa wegen knapper Ressourcen nicht gelingt, eine „Comprehensive School" aufzubauen. Dabei sind die Interessenten für ein Graduiertenstudium nicht nur unter denen zu suchen, die in die öffentliche Verwaltung streben. Entsprechende Berufsfelder finden sich auch im Dritten wie im privaten Sektor. Eine der akademischen Autonomie entspre-chende Akkreditierung finden professionalisierte Graduiertenstudiengänge jetzt in der „European Association for Public Administration Accreditation".

Christoph Bertram / Gregor Walter / Michael Zürn, **Schulen der Macht? – Governance Schools in Deutschland,** S. 539–563.

„Governance Schools" lassen sich als multidisziplinäre, praxisorientierte Ausbildungs-einrichtungen verstehen, die Studierende unmittelbar für den Berufsalltag in einem weit verstandenen Feld von „Politik" in Staat, Wirtschaft und Zivilgesellschaft qualifi-zieren wollen. Bildungspolitisch stellen sie keine Konkurrenz, sondern eine Ergänzung zu den stärker wissenschaftlich-disziplinären Angeboten der öffentlichen Universitäten dar und können dabei allenfalls den Anspruch erheben, ein wenig „Hefe" im derzeit – aus guten Gründen – stark gärenden „Teig" der deutschen Bildungslandschaft zu sein. Gleichwohl könnten Governance Schools als Hochschulen mit großer Autonomie als Impulsgeber in der gegenwärtigen Reformdiskussion fungieren. Hinsichtlich der mögli-chen Effekte auf die Elitenrekrutierung sollten Governance Schools angesichts des der-zeitigen Standes der Zugangsstrukturen insbesondere zu öffentlichen Leitungspositio-nen in Deutschland nicht dramatisiert werden. Statt der befürchteten, selbstreferentiel-len Abschottung politischer Eliten mit homogenen Ausbildungshintergrund können sie u.U. sogar dem Leistungsprinzip Vorschub leisten, dass sowohl unter Effektivitäts- als auch unter Legitimitätsgesichtspunkten zu einer Verbesserung gegenüber dem Status quo führt. Angesichts der noch immer in den meisten Bereichen existierenden Juristen-dominanz und der zentralen Rolle der Parteien in der Elitenrekrutierung wollen „Governance Schools" in Deutschland zunächst andere Vereinseitigungen der politi-schen Elitenrekrutierung aufbrechen. Der Blick auf die negativen Auswüchse von „Schulen der Macht" in anderen Ländern Europas macht gleichwohl deutlich, dass ers-tens eine Umkehrung der Verhältnisse im Sinne eines fast vollständigen Monopols der Elitenausbildung durch entsprechende Einrichtungen nicht wünschenswert sein kann und dass zweitens den Aufnahmeverfahren besondere Aufmerksamkeit zu widmen ist, um den Offenheitsanspruch des Leistungsprinzips in der Elitenrekrutierung aufrecht zu erhalten.

Abstracts

Jörg Bogumil / Werner Jann / Frank Nullmeier, **Politics and Administration – Perspectives in Public Administrative Research as a Political Science Discipline,** pp. 9–26.

Departing from a cursory overview of the developments in Public Administration Research throughout the last 25 years the editors present an outline of the empirical knowledge and theoretical attainments achieved by today before turning to the future perspectives of the academic discipline. It is outlined how and with witch consequences normative theories of administration, especially the New Public Management paradigm, coined the discussion in administrative research and administrative politics. Picking up the initially normative governance debate the public administration research soon turned to more analytical theoretical approaches. The editors discuss the viability and problems of different positivist theories of public administration. It becomes obvious that public administration research – after already having acted as a stimulator for its consolidation, especially in the field of policy analysis – nowadays smoothly integrates into political science. The same approaches, paradigms and methods are used and, as becomes apparent in this volume, the discipline joins the common efforts for further development. The contributions to this volume give a broad overview over the current empirical trends in politics, policies and administration as well as in national, comparative and international perspective. The common denominator of all articles presented here is to explore the empirical and theoretical pertinence of public administration research for political science and hence academic teaching. Points of departure are mostly the organisational and institutional prerequisites of government. Particular attention is laid on the role and importance of public administration in the process of articulation and implementation and evaluation of public policies – particularly in the context of modern governance structures. Public administration research in this "narrow sense" is thus as well focused on the general questions of governance. However the possible contributions of this approach for public sector functioning and performance – above all the preconditions, features and consequences of any change – are never lost out of sight.

Arthur Benz, **Dynamics of Governance in Public Administration,** pp. 29–49.

Drawing on the governance concept, the article outlines an analytical perspective for research on administration in social science. While most studies in this field seem to assume that a single mode of governance predominates and can explain how administration works, we find both in reality and in reform concepts a combination of basic modes of governance like hierarchy, networks, negotiations and competition. Depending on the way how these governance modes are combined they improve effectiveness of administration or they cause deficits due to contradictory effects. In the latter case, institutional reforms provide no solution. Instead actors have to learn to cope with contradictions. This leads to dynamics of governance regime that so far has been ignored in research and in the debates on effectiveness and modernisation of administration as well.

Joachim Blatter, **Governance as a trans-disciplinary approach for analysing forms and transformations of political steering and integration,** pp. 50–76.

The article provides an argument that the broad use of the term "governance" can be seen as an opportunity for Political and Public Administration Science to integrate economic and sociological theories of steering and integrating societies. This integration should be achieved not by synthesising but by developing a differentiated typology of forms of governance in order to take advantages of disciplinary specialization and in order to avoid a fuzzy and analytically useless notion of governance. In the following, such a typology is developed with reference to basic social theory. Four ideal-type forms of governance are based on an instrumental/rationalist perspective on institutions and mechanisms: Centralized Government, Concerted Governments, Competing Governments und Contracting Governments. Another four ideal-types are derived from constitutional/social constructivist understandings of institutions and mechanisms: Communitarian Governance, Civic Governance, Creative Governance und Cogent Governance. Finally, we will point out the various uses of such a differentiated and theoretically grounded typology and provide some results from an extensive study on the history of paradigms and realities of metropolitan governance in the United States.

Frank Janning, **Ko-existence Without Synergetic Effects? On the Relationship Between Policy Analysis and Public Administration Research,** pp. 77–96.

The tensions and ambivalence comprised in the relationship between political science and public administration research can be well depicted using policy analysis. Public administration is presently confronted with a dilemma: although it contributed to policy analysis in germany during the short period of socialdemocratic planning and reform enthusiam of the early 70s, it then became almost entirely absent from any developments and further contributions to management science. This would be less alarming if admninstration science was not considered as an appendage to the analysis of the working state or to the management side of implementation structures. The article therefore considers the question of which perspectives can be gained or lost by administration science if it returns to use concepts and methods stemming from political analysis. We develop the thesis that there presently exists an inevitable risk that administration becomes extinct as research topic and that it's most important research question – how does administration interact and how do these interactions affect it? – will be lost entirely.

Niels Åkerstrøm Andersen, **Strategies of Discourse Analysis in Public Administration Research,** pp. 97–120.

Within public administration research discourse analysis is often conceived as abstract and exotic. This article tries to frame, what discourse analysis in general have to offer public administration research. The article does not argue for the general strengths of discourse analysis in relation to other approaches. Discourse analysis is viewed as a small niche, which is able to perform regarding a particular kind knowledge and insight within the felt of public administration. Discourse analysis is treated rather broadly in the article from Foucault and Laclau to Koselleck, Luhmann and Derrida.

Werner Jann, **The Scandinavian School of Public Administration: Neo-Institutionalism and the Renaissance of Bureaucracy, pp. 121–148.**

Public administration research is often seen as eclectic, case-study-oriented, non-analytic, descriptive or even naïve prescriptive, i.e. as both methodologically, empirically and theoretically underdeveloped. A closer look at Scandinavian public administration research reveals that this picture is at least misleading. The "Scandinavian School of Public Administration" is characterized by a distinct orientation towards political science, a close association with organization research and theory, a solid empirical foundation, and by neo-institutional approaches which are by now even influencing mainstream political science. The paper sketches development and background in contrast to the German experience, discusses the central institutional assumptions and concepts, and shows the relevance of the approach using the findings concerning the prerequisites and consequences of public sector reform and the discussions about the future of bureaucracy. The combination of different institutional theories makes it possible to develop more complex but also more practically relevant descriptions and explanations of the structure, work and possible changes of the public sector. The added complexity makes explanations less elegant but more realistic than competing theoretical offerings.

Jörg Bogumil / Stephan Grohs / Sabine Kuhlmann, **Results and Effects of Local Government Modernization in Germany – An Evaluation after a Decade of Reform Experience, pp. 151–184.**

Around a decade after the launch of the New Public Management-movement in Germany this contribution attempts to sum up the modernization of local government in German municipalities. Using extensive case studies as well as a comprehensive survey in German cities and counties the introduction of the "New Steering Model" and its impact on the performance of administrative action is being evaluated. The presented results are ambivalent. On one hand there is a broad movement of administrative reform in German municipalities. Numerous measures have been initiated – with partial success, but some with serious drawbacks. On the other hand, there is no observable clear paradigm shift from a Weberian bureaucracy to a New Public Management. Rather, the establishing new mix of instruments has involved incompatibilities and unintended side-effects. This has necessitated a series of adaptive and corrective measures in the meantime which are also included in the evaluative account.

Lars Holtkamp, **Participative Government: high expectations and disillusioning results, pp. 185–207.**

During the 1990s, local authorities in Germany increasingly introduced elements of participative government. Citizens have been empowered to participate in policy design and decision-making by new democratic elements, such as the direct election of the mayor, town meetings and newly implemented petitions for a referendum. The reforms, which have lead to a formerly unknown degree of local political participation, have implied high expectations among local government researchers. The reforms has been regarded as a means to stipulate both input and output legitimacy, but first empirical evidence indicates that these expectations will not be fulfilled. So far, empirical evaluation studies suggest that neither the direct election of the mayor nor town meetings nor petitions for a referendum foster both input and output legitimacy at the same time. On the contrary, existing output legitimacy deficiencies have been partly increased by the above mentioned reforms. The article aims at describing both the prevailing expectations and the disillusioning results of the reforms by a target-performance comparison.

Marian Döhler, **Regulation and the Transformation of Classic Public Administration,** pp. 208–227.

Regulation is often regarded as an increasingly relevant trait of modern state activity. This paper asks whether this policy change will also generate a new type of administrative agency. Based on the ideal-type distinction between classic, modern and regulatory bureaucracy the analysis is focusing on institutional, procedural and policy shifts related to regulation. The conclusion is that no all-embracing change is taking place, but a rather selective transformation. As opposed to the classic type of public administration, the emerging regulatory bureaucracy has greater policy discretion, is more independent from political control and needs more clientele consultation.

Katja Schwanke / Falk Ebinger, **Politicization and Role Perception of the German Federal Adminstrative Elite 1970 to 2005. Change despite Continuity,** pp. 228–249.

This contribution centres on the presentation of new data on personal background, role perception and politicization of the federal top officials in Germany. By analysing new empirical data the Konstanz Elite Study – Political Administrative Elite 2005 (PAE 2005) replicated the high profil Comparative Elite Studies (CES). The investigation was conducted shortly before the accelerated federal elections in autumn 2005. Drawing on the historic datasets a longitudinal analysis over a time span of 35 years becomes feasible. Besides basic personal background information a focus is set on the issues of party politicization, role perception and functional politicization. It becomes apparent that despite only slight changes in party politicization and astonishing continuity in role perception a fundamental change in the top officials allegiance took place.

Nathalie Behnke, **Ethics Measures for the public administration – fashionable or disregarded?,** pp. 250–274.

Efforts to secure efficiency and loyalty and to avoid conflicts of interest and corruption in the public sector are as old as bureaucracy itself. To discuss these subjects under the heading of "ethics", however, is a rather recent trend, in particular in Germany. This article analyses which ethics measures were introduced in Germany, what is new about them and how they are to be evaluated in an international comparison. A dual perspective is taken in the analysis: on the one hand it focuses on the political discussion and implementation of real ethics measures, on the other hand on the academic discourse about ethics measures, which can be more or less closely connected to the discussion among politicians and practitioners. It can be shown that as regards the implementation of ethics measures, Germany ranges in middle camp in international comparison. New measures are introduced, albeit in a restrained manner, but the institutional framework, the legal system and administrative tradition make new measures less urgent than in other countries. The academic discourse is not fully fledged, in particular no network between scholars, politicians and practitioners has been established, as it marks the ethics system in the US. To the degree, however, that the administrative system and culture change in Germany, the adoption of new ethics measures becomes more likely.

Sabine Kropp, **The Dusk of "Executive Predominance"? Changes in Resources and Power Structures in the relation of Government, Administration and Parliament,** pp. 275–298.

In political science it is commonplace that parliaments suffer from problems to assert themselves against the dominating governments and administrations. Based on the ideas of new institutionalism the paper analyses adaptations and counter strategies parliaments have developed in order to compensate the "executive predominance". Thereby, the contribution focuses on formal as well as on informal techniques of parliamentary co-governing. Our preliminary results show that parliaments have developed a broad range of instruments which are contrary to the idea of deparliamentarisation; at the same time, these adaptations cause a differentiation of formal positions and informal roles inside the legislatures. These findings raise different questions about the quality of parliamentary democracies. In this context, the contribution supports the idea of a common research agenda to be worked out by studies on public administration and "classical" parliamentary research.

Frank Nullmeier / Tanja Klenk, **The end of functional self-administration?,** pp. 299–324.

Self-administration is an important steering principal in the German administration system. The article focus on a certain form of self-administration: the so called "functional self-administration". These are administration units with a functional (and, in contrast to the local self-administration, not territorial) defined scope of duties. This form of self-administration is highly contested: Proponents of the self-administration principle refer to the participatory and efficiency-raising effects, opponents claim severe deficits on the input and the output side. The article deals with the idea of self-administration and its current practice. It analyses how the context has changed as a result of economisation and Europeanisation of the public administration and modified forms of citizen involvement and it asks for the future of functional self-administration in Germany.

Kai-Uwe Schnapp, **Comparative Public Administration,** pp. 327–353.

Public administration research has been struggling with true comparison for a very long time. In 1992, Hans-Ulrich Derlien described its state as "rather comparable than comparative". Fourteen years later things have started to change. "We are still muddling", one could say with reference to Charles Lindblom "and not yet through", but important progress has been made. This article aims at sketching the theoretical as well as empirical state of the art of Comparative Administration. First theories are reviewed that are considered useful as a guide to comparison. Then, classical concepts of bureaucracy and new developments based on historical and rational choice institutionalism are brought together in order to demonstrate, how a very heterogeneous field of facts can be analyzed empirically from a common theoretical perspective. In describing the state of the art in empirical research the article first focuses on matters at the core of comparative public administration: structures, personal and bureaucratic power. It then provides an overview of research topics which are more oriented towards problems of current administrative practice. In this context New Public Management is discussed as well as accrual accounting, performance oriented budgeting and reporting, fiscal rules and fiscal policy making, the role of independent agencies, anti corruption measures and civil service ethics, and e-government. The article concludes with a list of challenges comparative public administration faces.

Gert Bouckaert, **Heading for a Neo-Weberian Administration? New Public Management in International Comparision,** pp. 354–372.

Following-up the shifts in organisational paradigms of public administration this contribution develops the model of an emerging post-NPM paradigm in Europe. It is hypothesised that under the influence of a conservation, modernisation and performance oriented public management reform the weberian states in central Europe changed into neo-weberian states (NWS). Following the delineation of the defining characteristics of this new paradigm the observed changes are depicted on the basis of empirical evidence from several countries.

Christoph Demmke, **Between Tradition, Modernisation and Plurality – Human Resources Policies in Europe,** pp. 373–396.

Both the theory of the Europeanisation of public administration and public services and the emergence of a European Administrative Space are certainly of great intellectual interest. Today, it is a real challenge for scholars to do research in an area where EU competence is not clearly defined or does not even exist. Because of this, the question as to the impact of the integration process on public services and HRM policies has – despite different views on the subject – basically been left unanswered. In fact, nobody can say for sure where the influence of the EU on national administrations starts and where it ends.

Sabine Kuhlmann, **Reforming Local Government in Continental Europe: a French-German Comparison**, pp. 397–423.

Administrative reforms at local government level in the classic states of continental Europe have been largely neglected in comparative public sector research. Furthermore, comparative public administration has hitherto primarily concentrated on central government and civil service research while leaving aside local government. The following article is aimed at filling in, to some extent, this "missing link" in comparative public sector research. It focuses on local government reforms from a French-German comparative perspective and on the effects caused within the respective local systems. A distinction is made between three crucial trajectories of reform: decentralization, democratization and New Public Management (NPM). What is under question is whether administrative reforms have produced a "systemic change" in local government in the two countries under scrutiny with respect to major functional, political, organizational and administrative features. To what extent can we observe institutional inertia and continuity and how can these developments be explained?

Hellmut Wollmann, **Public Sector Organisation between Territory and Function – A Cross-National Comparison of Institution Building in Local Administration**, pp. 424–452.

The article discusses the development of the political and administrative structures, particularly at the decentral local level, in the UK/England, France, Sweden and Germany the guiding question being whether and to which degree the decentral local structures have been characterised by a territory-related multi-functional or by a one-functional/single-purpose organisational form (organisational "logic"). The discussion of institution building and its determinants (institutional change, "what shapes institutions?") concludes that, on the one hand, the pluralisation and fragmentation of the local arena through single-purpose organisations and actors (and hence the emergence of what has come to be often called "governance") has advanced as a convergent trend in all four countries under consideration, including Sweden and Germany. On the other hand, however, the country trajectories remain conspicuously divergent, insofar as Sweden's as well as Germany's local government continue to play a significant role as politically and (multi-)functionally strong decentral local level, while in Great Britain/England the single-purpose organisations and actors ("quangos") have come to dominate the local level. Addressing the question on the performance of the different organisational forms and "logics" ("do institutions matter?") the article argues that Sweden's and Germany's local governments are institutionally and politically clearly better equipped to bring about the common good-oriented co-ordination of diverse policies and interests in the governance setting than this is the case in Great Britain/England with its multitude of single-purpose organisations and an enfeebled local government as well as in France with a host of inter-communal bodies (intercommunalité) and the persistence of territorially fragmented and functionally week communes.

Herbert Kubicek, **The Centralization of Data Processing in e-Government. European Trends and prospects for Germany,** pp. 453–471.

More and more governmental services are being offered online, but their usage is still quite low. Quite often, online delivery alone does not provide additional value to the user. It rather becomes obvious that the administrative processes have to be reorganized. Accordingly, the research and development focus is shifting from web portals and front offices to backend systems or offices. As many government services involve two or more different governmental offices, reorganizaton of procedures has to be achieved in and between these, i. e. back-office integration becomes a crucial success factor. In a study for the European Commission, 30 cases of advanced back-office integration in the former 15 member states have been selected and analysed. Following a brief comparison by country, these cases are assigned to three basic organization models of back-office integration: centralization, standardization and clearinghouses. A deeper analysis shows that these models are not completely exclusive, but that a certain degree of centralization occurs in all the cases. With regard to the federal structure of the German state, this may cause concerns. However, as can be shown at the example of citizens' registration, additional value and cost savings can be achieved by centralizing certain functions. This is because these effects are due to the centralization of tasks of data processing which is possible under a decentral authority over the original administrative tasks.

Klaus H. Goetz, **Europeanized Public Administration – or European Administration?,** pp. 472–490.

Studies of the influence of EU integration on the institutional features of national administrative systems have so far concentrated on four dimensions: the position of the executive amongst the main political institutions; the relationships between politics and bureaucracy within the executive; the interministerial distribution of power; and intergovernmental relations. The substantive consequences of EU integration remain contested. Many observers detect signs of progressive concentration, i.e. a horizontal and vertical shift of power towards the central executive and, in particular, a privileged administrative "core executive"; but the evidence for such a scenario is less convincing than its proponents suggest. In accordance with the explanatory approaches of political science Europeanization research, one can distinguish four "logics of administrative Europeanization", which are illustrated with reference to Central and Eastern Europe. These four logics are based on the distinction between rationalist and sociological-historical variants of the new institutionalism, on the one hand; and the distinction between Europeanization as a result of "adaptation" and the domestic "usage of Europe", on the other. Studies of Europeanization have done much to improve our understanding of how national administrative systems have responded to European integration; but with their focus on domestic reactions, they are in danger of neglecting the importance of international and transnational forms of administrative interaction.

Andrea Liese / Silke Weinlich, **The Bureaucracies of International Organizations. Pitfalls, Perils and Outlines of a (new) Research Program,** pp. 491–524.

International administrations are quickly spreading. Nearly each of the growing number of international organizations possesses an administrative body that provides substantial services to the organization and its member states. The activities of international bureaucracies go beyond merely administrative and supportive tasks which historically lie at the origins of international civil service. More substantial activities include knowledge- and information-management, the support of multilateral negotiations, the generation, development and support of norms as well as operative tasks. So far, disciplines studying international politics have mostly disregarded international bureaucracies and their effects on international politics. For a long time, they did not even consider international organizations to be actors in international politics. By reviewing studies on the activities of international bureaucracies and their influence on international politics, this article seeks to identify gaps and pitfalls of current research on international organizations and their bureaucracies. We first provide an overview about the characteristics of international administrative bodies; secondly, we systematize examples for their influence on international politics. In a third step, we analyse the debate on the agency of international organizations in order to identify the international administration's sources of autonomous action and influence as well as assumptions concerning the enabling and constraining conditions for the exertion of influence. We conclude by recommending strategies for further research.

Klaus König, **On the professionalization of graduate studies in the context of politics and public administration,** pp. 527–538.

For the political science the Bologna Process has raised the question if and how they should adopt professionalized graduate studies in the context of politics and public administration. On this scene traditional providers of administrative study courses meet with new actors. Titles like Master of Public Administration, Master of Public Policy and so on point to the fact that the respective suggestions date back to a time preceding the Bologna Process and that they have their origin in US American Colleges with their widespread study courses of public affairs and administration either in "Comprehensive Schools" or in "Political Science Departments". Also in Europe there are corresponding traditions by now and the Political Science, at the same time, is ranking among a mainstream within Public Administration studies being associated with other disciplines as well. Politics are a component of Public Administration either in view of a "managerialism" like in the USA or of a "legalism" like in Continental Europe. The political science with regard to neighbouring disciplines and to the administrative experience can unfold in a way that will be in a Position to provide a sustainable basis for public administration studies even though the attempt to establish a "Comprehensive School" might be doomed as a result, for instance, of tight resources. It should be clearly kept in mind that interested students for graduate studies can be found not only among those aiming at a career in the Civil Service since both the Third Sector and the Private Sector feature adequate vocational fields as well. Professionalized graduate studies now can find accreditation corresponding to academic autonomy at the "European Association for Public Administration Accreditation".

Christoph Bertram / Gregor Walter / Michael Zürn, **Schools of power? – Governance schools in Germany,** pp. 539–563.

Governance schools should be understood as multidisciplinary and practice-oriented institutions of higher learning. Upon graduating students are qualified to master daily affairs in the areas of political government, economy and civil society. Governance schools are not in competition with the scientific-disciplinary oriented public universities, but rather they should be viewed as complementary. They can merely claim to represent a pinch of yeast on the vibrant educational landscape, where they help to make the dough rise. Nevertheless, governance schools could function as a source of innovation for reform discussions, because of their greater autonomy. The fears that elitist admission processes of governance schools will lead to a self perpetuating and isolated political leadership with homogenous educational background are unfounded. To the contrary, they could lead to an improvement of the status quo. In light of the central role of parties in leadership recruitment and of a dominance of lawyers in the higher areas of public leadership, governance schools in Germany want to create a balance to the current one-sided elitist recruitment. In view of developments in other European countries, where elite recruitments has been centrally monopolised by certain schools, it becomes clear however, that governance schools in Germany should be different from these so-called schools of power. It is also important to divert attention to the admissions process by having transparent admission criteria, in order to sustain fair principles of recruitment.

Verzeichnis der Autorinnen und Autoren

Die Herausgeber:

Bogumil, Jörg, Prof. Dr., Lehrstuhl für Vergleichende Stadt- und Regionalpolitik an der Fakultät für Sozialwissenschaft der Ruhr-Universität Bochum. (Joerg.bogumil@rub.de)

Jann, Werner, Prof. Dr., Lehrstuhl für Politikwissenschaft, Verwaltung und Organisation an der Wirtschafts- und Sozialwissenschaftliche Fakultät der Universität Potsdam. (jann@rz.uni-potsdam.de)

Nullmeier, Frank, Prof. Dr., Zentrum für Sozialpolitik, Abteilung „Theorie und Verfassung des Wohlfahrtsstaates", Universität Bremen. (frank.nullmeier@zes.uni-bremen.de)

Die Autorinnen und Autoren:

Andersen, Niels Åkerstrøm, Prof., Direktor der Research Group of Public and Political Management, Department of Management, Politics and Philosophy, Copenhagen Business School, Dänemark. (na.lpf@cbs.dk)

Behnke, Nathalie, Dr. rer. soc., FernUniversität Hagen, Institut für Politikwissenschaft, Lehrgebiet Politikwissenschaft I: Staat und Regieren. (Nathalie.Behnke@fernuni-hagen.de)

Benz, Arthur, Prof. Dr., FernUniversität Hagen, Institut für Politikwissenschaft, Lehrgebiet Politikwissenschaft I: Staat und Regieren. (Arthur.Benz@Fernuni-hagen.de)

Bertram, Christoph, wiss. Mitarbeiter an der Hertie School of Governance in Berlin. (bertram@hertie-school.org)

Blatter, Joachim, PD Dr., Assistenzprofessor an der Erasmus Universität Rotterdam. (Joachim.Blatter@uni-konstanz.de)

Bouckaert, Gert, Prof. Dr., Direktor des Public Management Institute am Department of Political Sciences der Katholieke Universiteit Leuven, Belgien.

Demmke, Christoph, Associate Prof. Dr., European Institute of Public Administration, Maastricht, Niederlande.

Döhler, Marian, Prof. Dr., FernUniversität Hagen, Institut für Politikwissenschaft, Lehrgebiet Politikwissenschaft IV: Politik und Verwaltung. (marian.doehler@fernuni-hagen.de)

Ebinger, Falk, wissenschaftlicher Mitarbeiter, Lehrstuhl für Vergleichende Stadt- und Regionalpolitik an der Fakultät für Sozialwissenschaft der Ruhr-Universität Bochum. (falk.ebinger@rub.de)

Goetz, Klaus H., Prof. Dr., Universität Potsdam, Wirtschafts- und Sozialwissenschaftliche Fakultät, Lehrstuhl Regierungssystem der BRD. (khgoetz@uni-potsdam.de)

Grohs, Stephan, wiss. Mitarbeiter am Lehrstuhl für Vergleichende Stadt- und Regionalpolitik an der Fakultät für Sozialwissenschaft der Ruhr-Universität Bochum. (stephan.grohs@uni-konstanz.de)

Holtkamp, Lars, Dr. rer. soc., wiss. Angestellter an der FernUniversität Hagen im Lehrgebiet Politische Regulierung und Steuerung. (Lars.Holtkamp@fernuni-hagen.de)

Janning, Frank, Dr. rer. soc., wissenschaftlicher Assistent an der Universität Konstanz, Fachbereich Politik- und Verwaltungswissenschaft. (Frank.janning@uni-konstanz.de)

Klenk, Tanja, wiss. Mitarbeiterin an der Universität Bremen, Zentrum für Sozialpolitik. (tanjaklenk@gmx.net)

König, Klaus, Prof. Dr. em., em. Universitätsprofessor der Deutschen Hochschule für Verwaltungswissenschaften Speyer (Verwaltungswissenschaft, Regierungslehre und Öffentliches Recht). (k.koenig@dhv-speyer.de)

Kropp, Sabine, Prof. Dr. , Lehrstuhl Vergleich politischer Systeme und Politikfeldanalyse am Sozialwissenschaftlichen Institut der Heinrich-Heine-Universität Düsseldorf. (kropp@phil-fak.uni-duesseldorf.de)

Kubicek, Herbert, Prof. Dr., Professur für Angewandte Informatik an der Universität Bremen. (kubicek@informatik.uni-bremen.de)

Kuhlmann, Sabine, Dr. rer. soc., wiss. Mitarbeiterin an der Universität Potsdam, Wirtschafts- und Sozialwissenschaftliche Fakultät, Lehrstuhl Regierungssystem der BRD. (skuhlman@rz.uni-potsdam.de)

Liese, Andrea, Dr., wissenschaftliche Assistentin an der Arbeitsstelle für Transnationale Beziehungen, Außen- und Sicherheitspolitik am Otto-Suhr-Institut für Politikwissenschaft der Freien Universität Berlin. (aliese@zedat.fu-berlin.de)

Schnapp, Kai-Uwe, Dr. rer. pol., wiss. Mitarbeiter an der Martin-Luther-Universität Halle-Wittenberg. (schnapp@politik.uni-halle.de)

Schwanke, Katja, wissenschaftliche Mitarbeiterin, Lehrstuhl Innenpolitik und öffentliche Verwaltung am Fachbereich Politik- und Verwaltungswissenschaft der Universität Konstanz. (Katja.Schwanke@uni-konstanz.de)

Walter, Gregor, wiss. Mitarbeiter an der Hertie School of Governance in Berlin. (walter@hertie-school.org)

Weinlich, Silke, Dipl. Pol., wissenschaftliche Mitarbeiterin am Institut für Interkulturelle und Internationale Studien (InIIS) und im Sonderforschungsbereich 597 „Staatlichkeit im Wandel", Universität Bremen. (weinlich@uni-bremen.de)

Wollmann, Hellmut, Prof. Dr. em, Humboldt Universität zu Berlin, Institut für Sozialwissenschaft. (hellmut.wollmann@rz.hu-berlin.de)

Zürn, Michael, Prof. Dr., Hertie School of Governance in Berlin. (zuern@hertie-school.org)

Neu im Programm
Politikwissenschaft

Neu im Programm Politikwissenschaft